국어 마무리에 날개를 달아줄!

9·7급 공무원 국어

2024 요정노트 매일 30분 하프 모의고사 파이널

커넥츠 공단기

동영상 강의 https://gong.conects.com

김병태 편저

목차

Contents

PART Ⅲ 필수 문법 400선

정답 및 해설

PART Ⅳ 4개년 기출 문제

정답 및 해설

국어 마무리에 날개를 달아줄!

2024 요정노트 매일 30분

하프 모의고사

파 이 널

PART

I

매일 30분 하프모의고사

하프모의고사

1회~22회

2024 요정노트

매일 30분 하프 모의고사 01회

Date : . . .
Time : 20 min
점 수 : / 10

01 ▢▢▢

| 2023. 국가직 9급 |

다음 글의 빈칸에 들어갈 사자성어로 적절한 것은?

> 세상에는 어려운 일들이 많지만 외국 여행 다녀온 사람의 입을 막는 것도 그중 하나이다. 특히 그것이 그 사람의 첫 외국 여행이었다면, 입 막기는 포기하고 미주알고주알 늘어놓는 여행 경험을 들어 주는 편이 정신 건강에 좋다. 그 사람이 별것 아닌 사실을 [　　　　] 하거나 특수한 경험을 지나치게 일반화한들, 그런 수다로 큰 피해를 입는 것도 아니지 않은가?

① 刻舟求劍　② 捲土重來
③ 臥薪嘗膽　④ 針小棒大

02 ▢▢▢

| 2023. 국가직 9급 |

㉠~㉣ 중 한글 맞춤법에 맞게 쓰인 것만을 모두 고르면?

> • 혜인 씨에게 ㉠ <u>무정타</u> 말하지 마세요.
> • 재아에게는 ㉡ <u>섭섭치</u> 않게 사례해 주자.
> • 규정에 따라 딱 세 명만 ㉢ <u>선발토록</u> 했다.
> • ㉣ <u>생각컨대</u> 그의 보고서는 공정하지 못했다.

① ㉠, ㉡　② ㉠, ㉢
③ ㉡, ㉣　④ ㉢, ㉣

03 ▢▢▢

| 2023. 국가직 9급 |

㉠~㉣의 한자로 적절하지 않은 것은?

> 예정보다 지연되긴 했으나 열 시쯤에는 마애불에 ㉠ <u>도착</u>할 수가 있었다. 맑은 날씨에 빛나는 햇살이 환히 비춰 ㉡ <u>불상</u>들은 불그레 물들어 있었다. 만일 신비로운 ㉢ <u>경지</u>라는 말을 할 수 있다면 바로 이런 경우가 아닐지 모르겠다. 꼭 보고 싶다는 숙원이 이루어진 기쁨에 가슴이 벅차 왔다. 아마 잊을 수 없는 ㉣ <u>추억</u>의 한 토막으로 남을 것 같다.

① ㉠ : 到着　② ㉡ : 佛像
③ ㉢ : 境地　④ ㉣ : 記憶

04 

| 2023. 국가직 9급 |

밑줄 친 단어가 표준어 규정에 맞게 쓰인 것은?

① 저기 보이는 게 암염소인가, <u>수염소</u>인가?
② 오늘 <u>윗층</u>에 사시는 분이 이사를 가신대요.
③ 봄에는 여기저기에서 <u>아지랭이</u>가 피어오른다.
④ 그는 수업을 마치면 <u>으레</u> 친구들과 운동을 한다.

05

| 2023. 지방직 9급 |

㉠~㉣을 설명한 내용으로 적절하지 않은 것은?

- ㉠ 지원은 자는 동생을 깨웠다.
- 유선은 도자기를 ㉡ 만들었다.
- 물이 ㉢ 얼음이 되었다.
- ㉣ 어머나, 현지가 언제 이렇게 컸지?

① ㉠ : 동작의 주체를 나타내는 주어이다.
② ㉡ : 주어와 목적어를 요구하는 서술어이다.
③ ㉢ : 서술어를 꾸며주는 부사어이다.
④ ㉣ : 문장의 다른 성분과 직접적으로 관련을 맺지 않는 독립어이다.

06

| 2023. 지방직 9급 |

㉠~㉣과 바꿔 쓸 수 있는 유사한 표현으로 적절하지 않은 것은?

- 서구의 문화를 ㉠ 맹종하는 이들이 많다.
- 안일한 생활에서 ㉡ 탈피하여 어려운 일에 도전하고 싶다.
- 회사의 생산성을 ㉢ 제고하기 위해 노력하자.
- 연못 위를 ㉣ 부유하는 연잎을 바라보며 여유를 즐겼다.

① ㉠ : 무분별하게 따르는 ② ㉡ : 벗어나
③ ㉢ : 끌어올리기 ④ ㉣ : 헤엄치는

07

| 2023. 지방직 9급 |

㉠~㉣에 들어갈 단어로 적절하지 않은 것은?

- 우리 회사는 올해 최고 수익을 창출해서 전성기를 [㉠] 하고 있다.
- 그는 오래 살아온 자기 명의의 집을 [㉡] 하려 했는데 사려는 사람이 없다.
- 그들 사이에 [㉢] 이 심해서 중재자가 필요하다.
- 제가 부족하니 앞으로 많은 [㉣] 을 부탁드립니다.

① ㉠ : 구가(謳歌) ② ㉡ : 매수(買受)
③ ㉢ : 알력(軋轢) ④ ㉣ : 편달(鞭撻)

08

| 2023. 지방직 9급 |

밑줄 친 단어의 쓰임이 올바르지 않은 것은?

① 이 일은 정말 힘에 부치는 일이다.
② 그와 나는 전부터 알음이 있던 사이였다.
③ 대문 앞에 서 있는데 대문이 저절로 닫혔다.
④ 경기장에는 걷잡아서 천 명이 넘게 온 듯하다.

09 

| 2023. 지방직 9급 |

㉠~㉢의 한자 표기로 올바른 것은?

- 복지부 ㉠ <u>장관</u>은 의료시설이 대도시에 편중된 문제에 대해 대책을 마련하라고 지시하였다.
- 박 주무관은 사유지의 국유지 편입으로 발생한 주민들의 피해를 ㉡ <u>보상</u>하는 업무를 맡고 있다.
- 김 주무관은 이 팀장에게 부서 운영비와 관련된 ㉢ <u>결재</u>를 올렸다.

	㉠	㉡	㉢
①	長官	補償	決裁
②	將官	報償	決裁
③	長官	報償	決濟
④	將官	補償	決濟

10 

| 2022. 국가직 9급 |

밑줄 친 말의 쓰임이 옳지 않은 것은?

① 그는 아까운 능력을 <u>썩히고</u> 있다.
② 음식물 쓰레기를 <u>썩혀서</u> 거름으로 만들었다.
③ 나는 이제까지 부모님 속을 <u>썩혀</u> 본 적이 없다.
④ 그들은 새로 구입한 기계를 창고에서 <u>썩히고</u> 있다.

매일 3분 하프 모의고사 02회

Date : . . .
Time : 20 min
점 수 : / 10

01

| 2022. 국가직 9급 |

사자성어의 쓰임이 적절하지 않은 것은?

① 그는 구곡간장(九曲肝腸)이 끊어지는 듯한 슬픔에 빠졌다.
② 학문의 정도를 걷지 않고 곡학아세(曲學阿世)하는 이가 있다.
③ 이유 없이 친절한 사람은 구밀복검(口蜜腹劍)일 수 있으니 조심해야 한다.
④ 신중한 태도로 문제의 본질에 접근하는 당랑거철(螳螂拒轍)의 자세가 필요하다.

02

| 2022. 국가직 9급 |

㉠~㉢에 들어갈 말로 가장 적절한 것은?

- 그들의 끈기가 이 경기의 승패를 [㉠] 했다.
- 올해 영화제 시상식은 11개 [㉡]으로 나뉜다.
- 그 형제는 너무 닮아서 누가 동생이고 누가 형인지 [㉢] 할 수 없다.

	㉠	㉡	㉢
①	가름	부문	구별
②	가름	부분	구분
③	갈음	부문	구별
④	갈음	부분	구분

03

| 2022. 국가직 9급 |

한자 표기가 옳지 않은 것은?

① 오늘 협상에서 만족(滿足)할 만한 성과를 거두었다.
② 김 위원의 주장을 듣고 그 의견에 동의하여 재청(再請)했다.
③ 우리 지자체의 해묵은 문제를 해결(解結)할 방안이 생각났다.
④ 다수가 그 의견에 동의하지 않았기에 재론(再論)이 필요하다.

04

| 2022. 국가직 9급 |

다음 규정에 근거할 때 옳지 않은 것은?

> 한글 맞춤법 제30항
> 사이시옷은 다음과 같은 경우에 받치어 적는다.
> (가) 순우리말로 된 합성어로서 앞말이 모음으로 끝나면서 뒷말의 첫소리가 된소리로 나는 것
> (나) 순우리말과 한자어로 된 합성어로서 앞말이 모음으로 끝나면서 뒷말의 첫소리가 된소리로 나는 것

① (가)에 따라 '아래 + 집'은 '아랫집'으로 적는다.
② (가)에 따라 '쇠 + 조각'은 '쇳조각'으로 적는다.
③ (나)에 따라 '전세 + 방'은 '전셋방'으로 적는다.
④ (나)에 따라 '자리 + 세'는 '자릿세'로 적는다.

05 □□□

| 2022. 지방직 7급 |

(가)에 들어갈 한자성어로 가장 적절한 것은?

> 소설가 에번 코넬은 단편소설의 초고를 읽어 내려가면서 쉼표를 하나하나 지웠다가 다시 한번 읽으면서 쉼표를 원래 있던 자리에 되살려 놓는 과정을 거치면 단편 하나가 완성된다고 했다. 강박증 환자처럼 보이지만 실은 치열한 문장가가 아닌가! 불필요한 곳에 나태하게 찍혀 있는 쉼표는 글의 논리와 리듬을 망쳐 놓는다. 쉼표를 사용할 필요가 없는 [(가)] 의 문장을 쓰거나 쉼표의 앞뒤를 섬세하게 짚게 하는 치밀한 문장을 만들어야 한다.

① 髀肉之歎　② 聲東擊西
③ 苦盡甘來　④ 天衣無縫

06 □□□

| 2022. 지방직 7급 |

밑줄 친 부분의 한자 표기가 옳은 것은?

① 이번 연주회의 <u>백미(百眉)</u>는 단연 바이올린 독주였다.
② 그분은 고령에도 불구하고 <u>노익장(老益壯)</u>을 과시했다.
③ 신춘문예 공모는 젊은 소설가들의 <u>등용문(燈龍門)</u>이다.
④ 우리 회사에는 <u>미봉책(未縫策)</u>이 아닌 근본 대책이 필요하다.

07 □□□

| 2022. 지방직 7급 |

밑줄 친 말이 표준어가 아닌 것은?

① 그는 구멍 난 양말을 <u>꼬매고</u> 있다.
② 그는 자동차에 대해서 <u>빠삭한</u> 편이다.
③ 그는 나를 보고 <u>계면쩍게</u> 웃기만 했다.
④ 밥을 제대로 차려 먹기에는 <u>어중된</u> 시간이다.

08 □□□

| 2022. 지방직 7급 |

㉠~㉣을 활용하여 사례의 밑줄 친 부분을 분석한 것으로 옳지 않은 것은?

> 어간과 결합하는 어미는 다음과 같이 분류될 수 있다. 먼저 실현되는 위치에 따라 ㉠ <u>선어말 어미</u>와 어말 어미로 나뉜다. 다음으로 어말 어미는 그 기능에 따라 ㉡ <u>연결 어미</u>, ㉢ <u>종결 어미</u>, ㉣ <u>전성 어미</u>로 나뉜다.

	사례	분석
①	형이 어머니를 잘 <u>모시겠지만</u> 조금은 걱정돼.	어간 + ㉠ + ㉡
②	많은 사람들이 <u>오갔기</u> 때문에 소독을 해야 해.	어간 + ㉠ + ㉣
③	어머니께서 할머니께 전화를 <u>드리셨을</u> 텐데.	어간 + ㉠ + ㉠ + ㉡
④	아버지께서 지난주에 편지를 <u>보내셨을걸</u>.	어간 + ㉠ + ㉠ + ㉢

09

| 2022. 지방직 7급 |

밑줄 친 단어가 다의어 관계로 묶인 것은?

① 무를 강판에 갈아 즙을 내었다.
고장 난 전등을 새것으로 갈아 끼웠다.
② 안개에 가려서 앞이 잘 안 보인다.
음식을 가리지 말고 골고루 먹어야 한다.
③ 긴장이 되면 입술이 바짝바짝 탄다.
벽난로에서 장작불이 활활 타고 있다.
④ 이 경기에서 지면 결승 진출이 좌절된다.
모닥불이 지면 한기가 느껴지기 시작한다.

10

| 2022. 지방직 9급 |

단어에 대한 설명으로 적절하지 않은 것은?

① 가난 : 한자어 '간난'에서 'ㄴ'이 탈락하면서 된 말이다.
② 어리다 : '어리석다'는 뜻에서 '나이가 적다'는 뜻으로 바뀐 말이다.
③ 수탉 : 'ㅎ'을 종성으로 갖고 있던 '숳'에 '닭'이 합쳐져 이루어진 말이다.
④ 점잖다 : '의젓함'을 나타내는 '점잖이'에 '하다'가 붙어 형성된 말이다.

Date : . . .
Time : 20 min
점 수 : / 10

01 | 2022. 지방직 9급 |

밑줄 친 단어 중 사람의 몸을 지시하는 말이 포함되지 않은 것은?

① 선생님께서는 슬하에 세 명의 자녀를 두셨다고 한다.
② 그는 수완이 좋아서 사람들에게 인정을 받는다.
③ 여러 팀이 우승을 위해 긴 시간 동안 각축을 벌였다.
④ 사업단의 발족으로 미뤄 뒀던 일들이 진행되기 시작했다.

02 | 2022. 지방직 9급 |

밑줄 친 말의 쓰임이 올바른 것은?

① 습관처럼 중요한 말을 되뇌이는 버릇이 있다.
② 나는 친구 집을 찾아 골목을 헤매이고 다녔다.
③ 너무 급하게 밥을 먹으면 목이 메이기 마련이다.
④ 그는 어린 시절 기계에 손가락이 끼이는 사고를 당했다.

03 | 2022. 지방직 9급 |

밑줄 친 부분의 한자 표기가 옳지 않은 것은?

① 우리 시대 영웅으로 소방관(消防官)이 있다.
② 과학자(科學者)는 청소년들이 선망하는 직업이다.
③ 그는 인공지능 연구소의 연구원(研究員)이 되었다.
④ 그는 법원의 명령에 따라 변호사(辯護事)로 선임되었다.

04 | 2022. 지방직 9급 |

밑줄 친 부분에 어울리는 한자 성어로 가장 적절한 것은?

> 추사 김정희의 '세한도'는 글씨를 쓰다 남은 먹을 버리기 아까워 그린 듯이 갈필(渴筆)의 거친 선 몇 개로 이루어져 있다. 정말 큰 기교는 겉으로 보기에는 언제나 서툴러 보이는 법이다. 그러나 대가의 덤덤한 듯, 툭 던지는 한마디는 예리한 비수가 되어 독자의 의식을 헤집는다.

① 巧言令色　② 寸鐵殺人
③ 言行一致　④ 街談巷說

05

| 2021. 국가직 9급 |

맞춤법에 맞는 것만으로 묶은 것은?

① 돌나물, 꼭지점, 페트병, 낚시꾼
② 흡입량, 구름양, 정답란, 칼럼난
③ 오뚝이, 싸라기, 법석, 딱다구리
④ 찻간(車間), 홧병(火病), 셋방(貰房), 곳간(庫間)

06

| 2021. 국가직 9급 |

㉠의 단어와 의미가 같은 것은?

> 친구에게 줄 선물을 예쁜 포장지에 ㉠ 싼다.

① 사람들이 안채를 겹겹이 싸고 있다.
② 사람들은 봇짐을 싸고 산길로 향한다.
③ 아이는 몇 권의 책을 싼 보퉁이를 들고 있다.
④ 내일 학교에 가려면 책가방을 미리 싸 두어라.

07

| 2021. 국가직 9급 |

㉠, ㉡의 사례로 옳은 것만을 짝 지은 것은?

> 용언의 불규칙활용은 크게 ㉠ 어간만 불규칙하게 바뀌는 부류, ㉡ 어미만 불규칙하게 바뀌는 부류, 어간과 어미 둘 다 불규칙하게 바뀌는 부류로 나눌 수 있다.

	㉠	㉡
①	걸음이 빠름	꽃이 노람
②	잔치를 치름	공부를 함
③	라면이 불음	합격을 바람
④	우물물을 품	목적지에 이름

08

| 2021. 국가직 9급 |

한자 표기가 옳은 것은?

① 그분은 냉혹한 현실(現室)을 잘 견뎌 냈다.
② 첫 손님을 야박(野薄)하게 대해서는 안 된다.
③ 그에게서 타고난 승부 근성(謹性)이 느껴진다.
④ 그는 평소 희망했던 기관에 채용(債用)되었다.

09

| 2021. 지방직 7급 |

밑줄 친 부분이 어법상 맞는 것은?

① 어머니는 밥을 하려고 솥에 쌀을 <u>앉혔다</u>.
② 요리사는 마른 멸치와 고추를 간장에 <u>조렸다</u>.
③ 다른 사람에 비해 실력이 <u>딸리니</u> 더 열심히 노력해야겠다.
④ 오랫동안 나를 기다리던 친구는 화가 나서 잔뜩 <u>불어</u> 있었다.

10

| 2021. 지방직 7급 |

다음에 제시된 단어의 의미에 맞게 쓴 문장으로 적절하지 않은 것은?

단어	의미	문장
풀다	모르거나 복잡한 문제 따위를 알아내거나 해결하다.	㉠
	어려운 것을 알기 쉽게 바꾸다.	㉡
	긴장된 분위기나 표정 따위를 부드럽게 하다.	㉢
	금지되거나 제한된 것을 할 수 있도록 터놓다.	㉣

① ㉠ : 나는 형이 낸 수수께끼를 풀다가 결국 포기하고 말았다.
② ㉡ : 선생님은 난해한 말을 알아들을 수 있게 풀어 설명하셨다.
③ ㉢ : 막내도 잘못을 뉘우치니, 아버지도 그만 얼굴을 푸세요.
④ ㉣ : 경찰을 풀어서 행방불명자를 백방으로 찾으려 하였다.

매일 3분 하프 모의고사 04회

Date : . . .
Time : 20 min
점 수 : / 10

01

| 2021. 지방직 7급 |

다음 글의 상황에 어울리는 한자 성어로 적절한 것은?

> 우리나라 축구 대표팀은 올림픽 예선에서 놀라운 성과를 거두었다. 예선이 있기 전 주전 선수들의 부상과 감독의 교체 등으로 대표팀 내부가 어수선했지만, 우리 대표팀은 하루도 쉬지 않고 훈련을 계속하여 조 1위라는 좋은 성적으로 올림픽 본선행을 결정지었다. 우리 대표팀은 국민들의 찬사와 응원 속에 메달권을 향해 더 강도 높은 훈련을 이어가며 경기력 향상에 매진하고 있다.

① 走馬加鞭　② 走馬看山
③ 切齒腐心　④ 見蚊拔劍

02

| 2021. 지방직 7급 |

밑줄 친 부분의 한자 표기가 잘못된 것은?

① 이 경기의 승리는 노력의 결과(結果)이다.
② 사상 초유(初有)의 사태 앞에서 한없이 나약했다.
③ 그는 수많은 곡절(曲絕)을 겪은 후 대통령이 되었다.
④ 그 모임은 새로운 변화의 서막(序幕)을 올린 사건이다.

03

| 2021. 지방직 7급 |

㉠~㉣에 해당하는 예로 옳지 않은 것은?

> 표준 발음법 제29항
> 합성어 및 파생어에서, 앞 단어나 접두사의 끝이 자음이고 뒤 단어나 접미사의 첫음절이 '이, 야, 여, 요, 유'인 경우에는, 'ㄴ' 음을 첨가하여 [니, 냐, 녀, 뇨, 뉴]로 발음한다.
> 예 색-연필[생년필]
>
> • 다만, 다음과 같은 말들은 'ㄴ' 음을 첨가하여 발음하되, 표기대로 발음할 수 있다. ……… ㉠
> 예 야금-야금[야금냐금/야그먀금]
>
> • [붙임 1] 'ㄹ' 받침 뒤에 첨가되는 'ㄴ' 음은 [ㄹ]로 발음한다. ……… ㉡
> 예 서울-역[서울력]
>
> • [붙임 2] 두 단어를 이어서 한 마디로 발음하는 경우에도 이에 준한다. ……… ㉢
> 예 잘 입다[잘립따]
>
> • 다만, 다음과 같은 단어에서는 'ㄴ(ㄹ)' 음을 첨가하여 발음하지 않는다. ……… ㉣
> 예 3.1절[사밀쩔]

① ㉠ : 혼합약　② ㉡ : 휘발유
③ ㉢ : 열여덟　④ ㉣ : 등용문

04 ☐☐☐ | 2021. 지방직 9급 |

밑줄 친 부분이 바르게 쓰이지 않은 것은?

① 바쁘다더니 여긴 웬일이야?
② 결혼식이 몇 월 몇 일이야?
③ 굳은살이 박인 오빠 손을 보니 안쓰럽다.
④ 그는 주말이면 으레 친구들과 야구를 한다.

05 ☐☐☐ | 2021. 지방직 9급 |

밑줄 친 조사의 쓰임이 옳은 것은?

① 언니는 아버지의 딸로써 부족함이 없다.
② 대화로서 서로의 갈등을 풀 수 있을까?
③ 드디어 오늘로써 그 일을 끝내고야 말았다.
④ 시험을 치는 것이 이로서 세 번째가 됩니다.

06  | 2021. 지방직 9급 |

단어의 뜻풀이가 옳지 않은 것은?

① 반나절 : 하루 낮의 반
② 달포 : 한 달이 조금 넘는 기간
③ 그끄저께 : 오늘로부터 사흘 전의 날
④ 해거리 : 한 해를 거른 간격

07 ☐☐☐ | 2021. 지방직 9급 |

밑줄 친 부분과 바꿔 쓸 수 있는 관용 표현으로 적절하지 않은 것은?

① 몹시 가난한 형편에 누구를 돕겠느냐? – 가랑이가 찢어질
② 그가 중간에서 연결해 주어 물건을 쉽게 팔았다. – 호흡을 맞춰
③ 그는 상대편을 보고는 속으로 깔보며 비웃었다. – 코웃음을 쳤다
④ 주인의 말에 넘어가 실제보다 비싸게 이 물건을 샀다. – 바가지를 쓰고

08 ☐☐☐

| 2021. 지방직 9급 |

(가)에 들어갈 한자성어로 적절한 것은?

> "집안 내력을 알고 보믄 동기간이나 진배없고, 성환이도이자는 대학생이 됐으니께 상의도 오빠겉이 그렇게 알아놔라."하고 장씨 아저씨는 말하는 것이었다. 그러나 상의는 처음 만났을 때도 그랬지만 두 번째도 거부감을 느꼈다. 사람한테 거부감을 느꼈기보다 제복에 거부감을 느꼈는지 모른다. 학교규칙이나 사회의 눈이 두려웠는지 모른다. 어쨌거나 그들은 청춘남녀였으니까. 호야 할매 입에서도 성환의 이름이 나오기론 이번이 처음이 아니었다.
>
> "(가)________, 손주 때문에 눈물로 세월을 보내더니, 이자는 성환이도 대학생이 되었으니 할매가 원풀이 한풀이를 다했을 긴데 아프기는 와 아프는고, 옛말 하고 살아야 하는 긴데."
>
> \- 박경리, 「토지」에서-

① 오매불망(寤寐不忘)　② 망운지정(望雲之情)
③ 염화미소(拈華微笑)　④ 백아절현(伯牙絕絃)

09 ☐☐☐

| 2020. 국가직 9급 |

안긴문장이 없는 것은?

① 나는 동생이 시험에 합격하기를 고대한다.
② 착한 영호는 언제나 친구들을 잘 도와준다.
③ 해진이는 울산에 살고 초희는 광주에 산다.
④ 아버지께서는 나에게 내일 가족 여행을 가자고 말씀하셨다.

10 ☐☐☐

| 2020. 국가직 9급 |

밑줄 친 부분이 바르게 쓰이지 않은 것은?

① 지금쯤 <u>골아떨어졌겠지</u>?
② 그 친구, 생각이 깊던데 <u>책깨나</u> 읽었겠어.
③ 갖은 <u>곤욕</u>과 모멸과 박대는 각오한 바이다.
④ 김 과장은 <u>그러고 나서</u> 서류를 보완해 달라고 했다.

매일 30분 하프 모의고사 05회

Date : . . .
Time : 20 min
점 수 : / 10

01

| 2020. 국가직 9급 |

문장 성분의 호응이 자연스러운 것은?

① 내가 강조하고 싶은 점은 우리가 고유 언어를 가졌다.
② 좋은 사람과 대화하며 함께한 일은 즐거운 시간이었다.
③ 내 생각은 집을 사서 이사하는 것이 좋겠다고 결정했다.
④ 그는 내 생각이 옳지 않다고 여러 사람 앞에서 말을 하였다.

02

| 2020. 국가직 9급 |

㉠~㉣을 사전에 올릴 때 '한글 맞춤법 규정'에 따른 순서로 적절한 것은?

㉠ 긇	㉡ 규탄
㉢ 곳간	㉣ 광명

① ㉠ → ㉢ → ㉡ → ㉣
② ㉠ → ㉢ → ㉣ → ㉡
③ ㉢ → ㉠ → ㉡ → ㉣
④ ㉢ → ㉠ → ㉣ → ㉡

03

| 2020. 국가직 9급 |

밑줄 친 말의 의미와 거리가 먼 것은?

- 넌 얼마나 오지랖이 넓기에 남의 일에 그렇게 미주알고주알 캐는 거냐?
- 강쇠네는 입이 재고 무슨 일에나 오지랖이 넓었지만, 무작정 덤벙거리고만 다니는 새줄랑이는 아니었다.

① 謁見　② 干涉
③ 參見　④ 干與

04

| 2020. 국가직 9급 |

㉠~㉣의 한자 표기로 옳은 것은?

과학사를 들춰 보면 기존의 학문 체계에 ㉠ 도전했다가 낭패를 본 인물들의 이야기를 자주 만날 수 있다. 대표적인 인물이 천동설을 부정하고 지동설을 주장한 갈릴레이이다. 천동설을 ㉡ 지지하던 당시의 권력층은 그들의 막강한 힘을 이용하여 갈릴레이를 신의 권위에 도전하는 이단자로 욕하고 목숨까지 위협했다. 갈릴레이가 영원한 ㉢ 침묵을 ㉣ 맹세하지 않고 계속 지동설을 주장했더라면 그는 단두대의 이슬로 사라졌을지도 모른다.

① ㉠ 逃戰　② ㉡ 持地
③ ㉢ 浸黙　④ ㉣ 盟誓

05

| 2020. 국가직 9급 |

글의 통일성을 고려할 때 ㉠에 들어갈 문장으로 가장 적절한 것은?

기술 혁신의 상징으로 화려하게 등장한 이후 글로벌 아이콘이 됐던 소위 스마트폰이 그 진화의 한계에 봉착한듯하다. 게다가 최근 들어 중국 업체들의 성장세가 만만치 않은 상황이 펼쳐지고 있다. 이런 가운데 오랜 기간 스마트폰 생산량의 수위를 지켜 왔던 기업들의 호시절도 끝난 분위기다. (㉠)

그렇다면 스마트폰 이후 글로벌 주도 산업은 무엇일까. 첫손가락에 꼽히는 것은 페이스북, 아마존, 넷플릭스, 구글을 뜻하는 '팡(FANG)'이다. 모바일 퍼스트 시대에서 소프트웨어, 플랫폼 사업에 눈뜬 기업들이다. 이들은 지난해 매출과 순이익이 크게 늘었으며 주가도 폭등했다. 하지만 이들이라고 영속 불멸하지는 않을 것이다.

① 온 국민이 절치부심(切齒腐心)하여 반성하지 않으면 안 된다.
② 정보 기술 업계의 권불십년(權不十年)이라 하지 않을 수 없다.
③ 다른 나라의 기업들을 보고 아전인수(我田引水)해야 할 때다.
④ 글로벌 위기의 내우외환(內憂外患)에 국가 간 협력이 절실하다.

06

| 2020. 지방직 9급 |

다음에 해당하는 사례로 적절하지 않은 것은?

역전앞'과 마찬가지로 '피해(被害)를 당하다'에도 의미의 중복이 나타난다. '피해'의 '피(被)'에 이미 '당하다'라는 의미가 포함되어 있기 때문이다.

① 형<u>부터</u> <u>먼저</u> 해라.
② 채훈이는 <u>오로지</u> 빵<u>만</u> 좋아한다.
③ 발언자<u>마다</u> <u>각각</u> 다른 주장을 편다.
④ 그는 예의가 바를 <u>뿐더러</u> <u>무척</u> 부지런하다.

07

| 2020. 지방직 9급 |

밑줄 친 단어의 쓰임이 옳은 것은?

① <u>하노라고</u> 한 것이 이 모양이다.
② 물품 대금은 나중에 예치금에서 자동으로 <u>결재된다</u>.
③ 예산을 대충 <u>걷잡아서</u> 말하지 말고 잘 뽑아 보세요.
④ 행운이 가득하기를 기원하는 것으로 치사를 <u>가름합니다</u>.

08 □□□

| 2020. 지방직 9급 |

밑줄 친 부분의 활용형이 옳지 않은 것은?

① 집에 오면 그는 항상 사랑채에 머물었다.
② 나는 고향 집에 한 사나흘 머무르면서 쉴 생각이다.
③ 일에 서툰 것은 연습이 부족한 까닭이다.
④ 그는 외국어가 서투르므로 해외 출장을 꺼린다.

09 □□□

| 2020. 지방직 9급 |

다음에 서술된 A사의 상황을 가장 적절하게 표현한 한자성어는?

최근 출시된 A사의 신제품이 뜨거운 호응을 얻고 있다. 이번 신제품의 성공으로 A사는 B사에게 내주었던 업계 1위 자리를 탈환했다.

① 兎死狗烹　② 捲土重來
③ 手不釋卷　④ 我田引水

10 □□□

| 2020. 지방직 9급 |

밑줄 친 단어와 바꿔 쓸 수 있는 한자어로 가장 적절한 것은?

① 그는 가수가 되려는 꿈을 버리고 직장을 구했다.
→ 遺棄하고
② 휴가철인 7~8월에 버려지는 반려견들이 가장 많다.
→ 根絕되는
③ 그는 집 앞에 몰래 쓰레기를 버리고 간 사람을 찾고 있다.
→ 投棄하고
④ 취직하려면 그녀는 우선 지각하는 습관을 버려야 할 것이다.
→ 抛棄해야

2024 요정노트

매일 3분 하프 모의고사 06회

Date : . . .
Time : 20 min
점 수 : / 10

01 ☐☐☐

| 2020. 지방직 9급 |

밑줄 친 부분의 띄어쓰기가 옳은 것은?

① 해도해도 너무한다.
② 빠른 시일 내 지원해 줄 것이다.
③ 이 그릇은 귀한 거라 손님 대접하는데나 쓴다.
④ 소비 절약을 호소하는 정공법 밖에 달리 도리는 없다.

02 ☐☐☐

| 2020. 국가직 7급 |

밑줄 친 말이 불규칙 활용 용언이 아닌 것은?

① 카페에는 조용한 음악이 흘렀다.
② 하늘이 맑고 파래 한참 동안 바라보았다.
③ 그들은 자정에 이르러서야 집에 도착했다.
④ 외출할 때는 반드시 가스 밸브를 잠가야 한다.

03 ☐☐☐

| 2020. 국가직 7급 |

밑줄 친 단어가 다의어로 묶인 것은?

① 그는 의심하는 눈으로 나를 쳐다보았다.
봄이 오니 나뭇가지에 눈이 튼다.
② 얘가 글씨를 또박또박 잘 쓴다.
어른에게는 존댓말을 써야 한다.
③ 어머니가 아끼시던 화초가 죽었다.
아저씨의 거칠던 성질이 요즈음은 많이 죽었다.
④ 폭풍우가 치는 바람에 배가 출항하지 못한다.
나무가 가지를 많이 쳐서 제법 무성하다.

04 ☐☐☐

| 2020. 국가직 7급 |

한시의 한글 풀이를 참조할 때 ㉠~㉢에 들어갈 말로 가장 적절한 것은?

天高日月明	하늘이 높으니 해와 달이 밝고
㉠ 草木生	땅이 두터우니 풀과 나무가 나도다.
春來梨花白	봄이 오니 배꽃이 하얗고
夏至 ㉡ 靑	여름이 이르니 나뭇잎이 푸르도다.
㉢ 黃菊發	가을은 서늘하여 누런 국화가 피고
冬寒白雪來	겨울은 차가우니 흰 눈이 내리도다.

	㉠	㉡	㉢
①	至厚	木葉	科涼
②	地厚	樹葉	秋涼
③	地后	樹葉	私諒
④	地侯	樹草	秋涼

05 □□□

| 2020. 국가직 7급 |

괄호 안에 들어갈 말로 가장 적절한 것은?

> 판소리 사설은 운문과 산문이 혼합되어 있을 뿐 아니라 여러 계층의 청중들을 상대로 하여 (　　　　)으로 발달한 까닭에 언어의 층위가 매우 다채롭다. 그 속에는 기품 있는 한문 취미의 대목이 있는가 하면 극도로 익살스럽고 노골적인 욕설 · 속어가 들어 있으며, 무당의 고사나 굿거리 가락이 유식한 한시구와 나란히 나오기도 한다. 이 밖에 민요, 무가, 잡가 등 각종 민간 가요가 판소리 사설 속에 많이 삽입되었다.

① 골계적(滑稽的)　② 연행적(演行的)
③ 우화적(寓話的)　④ 적층적(積層的)

06 □□□

| 2020. 국가직 7급 |

밑줄 친 부분이 어법상 적절하지 않은 것은?

① 그토록 찾던 그 친구를 오늘 우연찮게 길에서 만났다.
② 당시 변변한 직업이 없던 그는 어디든 취업하길 바랐다.
③ 칠칠치 못하게 그 중요한 문서를 아무 데나 흘리고 다니느냐.
④ 친구가 그렇게 안절부절하는 모습을 보니 나까지 불안한 마음이 들었다.

07 □□□

| 2020. 국가직 7급 |

밑줄 친 부분의 문법적 성격이 다른 하나는?

① 내가 어제 책을 산 서점은 우리 집 옆에 있다.
② 저는 제가 직접 그분을 만난 기억이 없습니다.
③ 그 화가는 붓을 놓고 이마에 흐르는 땀을 씻었다.
④ 횃불을 추켜든 사람들이 골짜기를 샅샅이 뒤졌다.

08 □□□

| 2020. 지방직 7급 |

밑줄 친 외래어 표기가 옳은 것은?

① 그 주제로 심포지엄을 열었다.
② 위험물 주위에 바리케이트를 쳤다.
③ 이 광고에 대한 컨셉트를 논의했다.
④ 인터넷을 통해 많은 컨텐츠가 제공되었다.

09

| 2020. 지방직 7급 |

밑줄 친 활용형 중 옳은 것은?

① 식은 국을 따뜻하게 데서 먹었다.
② 아이가 소란을 펴서 정신이 없다.
③ 어린이가 한시를 줄줄 왜서 놀랐다.
④ 나는 뜬눈으로 밤을 새서 너무 피곤하다.

10

| 2020. 지방직 7급 |

㉠, ㉡의 한자 표기로 옳은 것은?

• ㉠ 간발의 차이로 비행기를 놓쳤다.
• 그의 실력은 장인의 실력에 ㉡ 비견될 만하다.

	㉠	㉡
①	間髮	批肹
②	簡拔	比房
③	間髮	比房
④	簡拔	批肹

Date : . .
Time : 20 min
점 수 : / 10

01

| 2020. 지방직 7급 |

밑줄 친 한자어를 고쳐 쓴 것으로 적절하지 않은 것은?

① 우리 시에서는 그 안건을 부의(附議)하겠다고 밝혔다.
→ 우리 시에서는 그 안건을 토의에 부치겠다고 밝혔다.
② 당국은 불법 점유 토지를 명도(明渡)하라고 지시했다.
→ 당국은 불법 점유 토지를 명확하게 파악하라고 지시했다.
③ 우리 조합은 주민들에게 동의서 징구(徵求)를 결정했다.
→ 우리 조합은 주민들에게 동의서 제출 요구를 결정했다.
④ 이 기업은 상여금을 임금에 산입(算入)할 것인지를 논의했다.
→ 이 기업은 상여금을 임금에 포함할 것인지를 논의했다.

03

| 2020. 지방직 7급 |

밑줄 친 단어가 바르게 쓰인 것은?

① 그는 평생 호의호식을 하며 지냈다.
② 그는 환골탈퇴의 자세로 새 일에 임했다.
③ 부모님은 주야장창으로 자식 걱정뿐이다.
④ 산수갑산을 가는 한이 있어도 그 일은 꼭 하고 싶다.

02

| 2020. 지방직 7급 |

㉠~㉣의 음운 변동에 대한 설명으로 옳지 않은 것은?

㉠ 식용유	㉡ 헛걸음
㉢ 안팎일	㉣ 입학생

① ㉠과 ㉢은 각각 음운의 첨가가 나타난다.
② ㉠과 ㉣은 각각 음운 변동 전과 후의 음운 개수가 같다.
③ ㉡과 ㉢은 각각 음운의 대치가 나타난다.
④ ㉡과 ㉣은 같은 유형의 음운 변동이 있다.

04

| 2020. 지방직 7급 |

밑줄 친 어구와 같은 뜻의 한자 성어는?

> 이생(李生)은 그 이후로 인간사에 게을러져 친척과 빈객의 길흉사가 있어도 문을 닫고 나가지 않았다. 늘 아내 최씨(崔氏)와 더불어 시를 주고받으며 사이좋게 지냈다.
>
> – 김시습, 「이생규장전(李生窺墻傳)」에서 –

① 琴瑟相和　② 女必從夫
③ 談笑自若　④ 男負女戴

05 □□□

다음 밑줄 친 말이 표준어인 것은?

① 오늘따라 유달리 마음이 설레인다.
② 어제 학교에서 실기 시험을 치렀다.
③ 나뭇가지에 다래 덩쿨이 엉켜 있었다.
④ 억울한 사람에게 덤테기를 씌우지 마라.

06 □□□

다음 한자의 독음을 쓰시오.

龜裂(　　) 殺到(　　) 詰難(　　) 缺陷(　　)
誇張(　　) 捷徑(　　) 慟哭(　　) 解弛(　　)
諧謔(　　) 恍惚(　　)

07 □□□

다음 밑줄 친 단어의 한자 표기로 적절한 것은?

> 저 사람의 거동이 왠지 수상하지 않아?

① 受賞　　② 殊常
③ 樹霜　　④ 隨想

08 □□□

밑줄 친 부분의 한자가 다른 것은?

① 아이가 아직 어려서 돈에 대한 개념이 없다.
② 모든 행동은 내적 욕구와 개연 관계가 있다.
③ 이 작품에서 시대의 역사적 개괄을 시도했다.
④ 팀장은 사장에서 이번 사업의 개요를 보고했다.

09 ▢▢▢

짝지어진 어휘의 의미 관계가 이질적인 것은?

① 叱責：稱讚
② 模倣：踏襲
③ 黎明：黃昏
④ 擴大：縮小

10 ▢▢▢

다음 설명에 해당하는 한자어는?

> 다른 것에 영향을 받아 어떤 현상이 나타남.

① 反影
② 反映
③ 反射
④ 反撥

Date : . .
Time : 20 min
점 수 : / 10

01 □□□

다음에 나타난 상황을 표현하기에 적절한 말은?

자본주의 사회에서 모든 인간은 생존하기 위하여 많은 물질 가치를 확보하지 않으면 안 된다. 현재의 생존이 해결된다고 해서 미래의 생존 문제도 해결되는 것은 아니기 때문이다. 결국 자본주의 사회에서 인간의 위상은 달리는 자전거를 타고 있는 것과 같다. 달리는 자전거는 계속 달리지 않으면 쓰러진다. 충분한 거리를 달렸다고 해서 쉬어도 되는 것은 아니다.

① 騎虎之勢 ② 自家撞着
③ 守株待兎 ④ 望洋之嘆

02 □□□

다음 단어 중 표준어로만 묶인 것은?

① 냄비, 여직껏, 입때껏, 서울내기
② 시뉘, 꼬시다, 물봉선화, 한통치다
③ 다닫다, 짓물다, 짚북데기, 가탈스럽다
④ 수캐미, 검은엿, 주책이다, 게슴츠레하다

03 □□□

〈보기〉를 참고할 때, ㄱ~ㄹ을 탐구한 내용으로 적절하지 않은 것은?

/ 보기 /

형태가 동일한 서술어라도 의미에 따라 필수적으로 요구하는 문장 성분의 개수가 다를 수 있다. 예를 들어, '보내다'의 경우 사용되는 의미에 따라 문장 성분의 개수가 달라진다. ㄱ~ㄹ은 '보내다'가 다양한 의미로 사용된 예문이다.

ㄱ. 그는 방학이면 아이를 시골에 보냈다.
ㄴ. 그 노인은 홀로 쓸쓸한 시간을 보냈다.
ㄷ. 관중들은 선수에게 열렬한 응원을 보냈다.
ㄹ. 야구 협회는 대표 팀을 국제 대회에 보냈다.

① ㄱ을 보니, '보내다'가 '사람이나 물건 따위를 다른 곳으로 가게 하다.'의 의미로 쓰일 때는 세 자리 서술어로군.
② ㄴ을 보니, '보내다'가 '시간이나 세월을 지나가게 하다.'의 의미로 쓰일 때는 두 자리 서술어로군.
③ ㄷ을 보니, '보내다'가 '상대편에게 자신의 마음가짐을 느끼어 알도록 표현하다.'의 의미로 쓰일 때는 두 자리 서술어로군.
④ ㄹ을 보니, '보내다'가 '운동 경기나 모임 따위에 참가하게 하다.'의 의미로 쓰일 때는 세 자리 서술어로군.

04 □□□

다음 한자의 독음을 쓰시오.

看做(　　) 缺乏(　　) 乖離(　　) 刮目(　　)
呵責(　　) 醵出(　　) 汨沒(　　) 尨大(　　)
陶冶(　　) 杳然(　　)

05 □□□

밑줄 친 부분의 음이 나머지 셋과 다른 것은?

① 復古
② 復歸
③ 復活
④ 收復

06 □□□

다음 밑줄 친 단어의 한자 표기로 적절한 것은?

그는 몸에 이상을 느끼고 병원을 찾았다.

① 以上
② 理想
③ 異常
④ 異狀

07 □□□

한자 성어의 의미가 나머지 셋과 다른 것은?

① 匹夫匹婦
② 樵童汲婦
③ 張三李四
④ 囊中之錐

08

다음 작품과 관련된 한자 성어로 적절한 것은?

> 어버이 사라신 제 셤길 일란 다 ᄒᆞ여라.
> 디나간 후면 애ᄃᆞᆲ다 엇디하리.
> 평ᄉᆡᇰ애 고텨 못할 일이 이ᄲᅮᆫ인가 ᄒᆞ노라.

① 姑息之計(고식지계) ② 榮枯盛衰(영고성쇠)
③ 切齒腐心(절치부심) ④ 昏定晨省(혼정신성)

09

다음 한자어의 독음이 모두 옳은 것은?

① 矜恤(긍휼), 羈縻(기미), 懦弱(유약), 懶怠(나태)
② 洗濯(세탁), 遡及(유급), 甦生(갱생), 刷新(쇄신)
③ 辛辣(실랄), 齷齪(악착), 斡旋(알선), 隘路(애로)
④ 障碍(장애), 前揭(전제), 稠密(조밀), 措置(차치)

10

제시된 낱말을 활용하여 문장을 만든 것으로 적절하지 않은 것은?

① 바치다 : 그분은 나라를 위해 목숨을 바쳤다.
   받치다 : 꼬마들이 우산을 나란히 받치고 간다.
② 걷잡다 : 불길이 걷잡을 수 없이 번져 나갔다.
   겉잡다 : 일을 마치려면 겉잡아 일주일은 걸린다.
③ 안치다 : 그녀는 솥에 쌀을 안치러 부엌으로 갔다.
   앉히다 : 그는 딸을 앞에 앉혀 놓고 잘못을 타일렀다.
④ 조리다 : 그를 오늘 만나지 못할까 봐 가슴을 조렸다.
   졸이다 : 밑반찬으로 멸치와 고추를 간장에 졸였다.

2024 요정노트

매일 30분 하프 모의고사 09회

Date : . . .
Time : 20 min
점 수 : / 10

01

다음 밑줄 친 단어 중, '보조 용언'이 아닌 것은?

① 그녀의 집은 형편이 넉넉하지 <u>못하다</u>.
② 순이는 커피 두 잔을 사서 들고 <u>갔다</u>.
③ 사장님은 서류를 찢어 <u>버리고</u> 말았다.
④ 철수가 영희의 밥을 대신 먹어 <u>주었다</u>.

02

외래어 표기가 맞는 것끼리 묶은 것은?

① 샌들(sandal), 알콜(alcohol), 배지(badge), 포탈 사이트(Portal Site)
② 샌달(sandal), 알콜(alcohol), 뱃지(badge), 포털 사이트(Portal Site)
③ 샌들(sandal), 알코올(alcohol), 배지(badge), 포털 사이트(Portal Site)
④ 샌달(sandal), 알코올(alcohol), 뱃지(badge), 포탈 사이트(Portal Site)

03

다음 한자의 독음을 쓰시오.

未洽( )	撲殺( )	奢侈( )	掠奪( )
歪曲( )	桎梏( )	叱責( )	推敲( )
墜落( )	暴惡( )		

04

한자 성어의 뜻풀이가 적절하지 않은 것은?

① 苛斂誅求 : 세금 같은 것을 가혹하게 받고 물건을 강제로 청구하여 백성을 못살게 구는 일.
② 刻舟求劍 : 사리에 어둡고 융통성이 없음.
③ 間於齊楚 : 서로 적대적인 관계에 있는 사람이 협력해야 하는 상황에 처함.
④ 隔靴搔癢 : 성에 차지 않거나 철저하지 못한 안타까움을 이르는 말.

05 □□□

다음 밑줄 친 단어의 한자 표기로 적절한 것은?

> 나는 그 사람과 결혼할 <u>의사</u>가 전혀 없다.

① 意思 ② 疑事
③ 義士 ④ 義思

06 □□□

다음 상황에 어울리는 한자 성어는?

> 지난 날 내게 큰 기쁨이 되었던 것들이 지금 나에게 재앙으로 다가올 줄은 전혀 몰랐다.

① 甘呑苦吐 ② 塞翁之馬
③ 胡蝶之夢 ④ 指鹿爲馬

07 □□□

다음 중, 한자의 쓰임이 적절하지 않은 것은?

① 대관령에서는 高冷地 농업을 한다.
② 설날 아침에 부모님께 歲拜를 드렸다.
③ 늦가을이 되자 온 산에 丹風이 들었다.
④ 우리나라는 寒暑의 차가 심한 기후이다.

08 □□□

다음 ㉠~㉣에 들어갈 말이 알맞게 짝지어진 것은?

> 언어학에서 변별적 자질은 두 대상이 어떤 특성에서 구별된다는 것을 나타내는 유용한 개념이다. 변별적 자질은 [+F]나 [-F]와 같은 형식으로 표시되는데, 이때 'F'는 음성적 특성을, '+/-'는 그러한 음성적 특성의 있고 없음을 나타낸다. 예컨대 두 음운 /ㅁ/과 /ㅂ/은 두 입술로 공기를 막았다가 터뜨리는 공통점이 있으나, 공기가 코를 통과한다는 점에서는 차이를 보이므로 /ㅁ/은 [㉠ , ㉡], /ㅂ/은 [㉢ , ㉣]이라는 변별적 자질들의 묶음으로 표시될 수 있다.

	㉠	㉡	㉢	㉣
①	+양순성	+비음성	+양순성	-비음성
②	+양순성	-비음성	-양순성	+비음성
③	-양순성	+비음성	+양순성	-비음성
④	-양순성	-비음성	-양순성	+비음성

09

〈보기〉에 제시된 선생님의 질문에 대한 답으로 적절한 것은?

/ 보기 /

선생님 : 음운 변동 현상을 유형에 따라 정리하면 다음과 같습니다.

- 교체 : 음운 변동의 결과 한 음운이 다른 음운으로 바뀌는 현상
- 축약 : 두 음운이 만나 하나의 음운으로 합쳐지는 현상
- 탈락 : 두 음운이 만나 한 음운이 아예 사라지는 현상
- 첨가 : 두 음운 사이에 새로운 음운이 덧붙는 현상

그럼, '밭이랑에는 옥수수를 심었다.'에서 '밭이랑'을 발음할 때 일어나는 음운 변동 현상을 모두 골라 볼까요? 단, 음운 변동의 순서는 상관없습니다.

① 교체, 첨가　② 교체, 축약
③ 탈락, 첨가　④ 교체, 첨가, 축약

10

〈보기〉의 규정을 적용한 예로 적절하지 않은 것은?

/ 보기 /

〈표준 발음법〉 제2장 제5항

다만 3. 자음을 첫소리로 가지고 있는 음절의 'ㅢ'는 [ㅣ]로 발음한다.

다만 4. 단어의 첫음절 이외의 '의'는 [ㅣ]로, 조사 '의'는 [ㅔ]로 발음함도 허용한다.

① '우리의 희망'은 [우리에 희망]으로 발음할 수 있다.
② '합의'는 [하븨]와 [하비] 두 가지로 발음할 수 있다.
③ '의사들의 의복'은 [의사드레 의복]으로 발음해도 된다.
④ '민주주의의 의의'는 [민주주의에 의이]로 발음할 수 있다.

Date : . . .
Time : 20 min
점 수 : / 10

01 □□□

다음 문장의 ㉠에 해당하는 한자로 바른 것은?

> 그는 모든 비리 의혹에 대해 ㉠ 부정으로 일관했다.

① 不正　② 不淨
③ 不貞　④ 否定

02 □□□

밑줄 친 부분의 뜻이 다른 것은?

① 利率　② 統率
③ 能率　④ 稅率

03 □□□

한자어의 독음이 바른 것은?

① 參考－삼고　② 履歷－이력
③ 餘暇－서가　④ 勇猛－용감

04 □□□

다음 중, 한자 표기가 적절한 것은?

① 주마간산－走馬間山
② 우공이산－愚公離山
③ 살신성인－殺身成人
④ 구상유취－口尙乳臭

05 ☐☐☐

다음 ( ) 안에 들어갈 한자 성어로 가장 알맞은 것은?

> 학업 성적도 비슷하고, 체육 실력과 음악 실력도 비슷하니, 너희 둘은 정말 (   )로구나!

① 難兄難弟　　② 莫逆之友
③ 肝膽相照　　④ 走馬加鞭

07 ☐☐☐

다음 문장에서 한자가 잘못 표기된 것은?

① 우리 동네에는 漁夫들이 직접 販賣하는 漁市場이 있다.
② 急變하는 현대 사회에서는 선견지명이 切實히 必要하다.
③ 이제 指紋만으로 金融 去來를 할 수 있는 세상이 되었다.
④ 할머니는 밭에서 상추와 오이 등의 菜蔬를 栽倍하고 있다.

06 ☐☐☐

㉠~㉣에 들어갈 한자어의 독음으로 바르지 않은 것은?

> • 경찰은 이번 사고의 원인 糾明(㉠)에 최선을 다하고 있다.
> • 최근 소액도 현금 대신 카드로 決濟(㉡)하는 경우가 늘었다.
> • 사람이 붐비는 곳은 화장실 標識(㉢)를 눈에 띄게 해야 한다.
> • 문장을 쓸 때는 句讀點(㉣) 하나도 결코 소홀히 해서는 안 된다.

① ㉠ : 규명　　② ㉡ : 결제
③ ㉢ : 표식　　④ ㉣ : 구두점

08 ☐☐☐

나이와 그 나이를 나타내는 표현을 연결하시오.

> ㄱ. 15세　ㄴ. 20세　ㄷ. 30세　ㄹ. 40세
> ㅁ. 50세　ㅂ. 60세　ㅅ. 70세

> ⓐ 知天命　ⓑ 而立　ⓒ 弱冠　ⓓ 從心
> ⓔ 耳順　ⓕ 志學　ⓖ 不惑

09 □□□

다음은 동자 이음어를 사용한 단어이다. 한자어의 독음을 쓰시오.

遊說(　　　) 傳說(　　　) 便益(　　　) 便所(　　　)
推薦(　　　) 推敲(　　　) 暴君(　　　) 暴惡(　　　)
劣惡(　　　) 憎惡(　　　)

10 □□□

다음 밑줄 친 한자어의 문맥에 맞는 독음을 쓰시오.

우리나라 선수가 마라톤 세계 기록을 <u>更新</u>했다.

2024 요정노트

매일 30분 하프 모의고사  회

Date : . . .
Time : 20 min
점 수 : / 10

01 □□□

다음 밑줄 친 부분의 한자 표기로 적절한 것은?

> 권투 시합을 위해 운동장 한가운데에 가설 링을 만들었다.

① 假說　② 架設
③ 假設　④ 街說

02 □□□

다음 중, 한자 표기가 적절한 것은?

① 온고지신－溫古知新　② 동고동락－同孤同樂
③ 금상첨화－錦上添花　④ 초근목피－草根木彼

03 □□□

다음 밑줄 친 한자가 같은 의미로 쓰인 것끼리 짝지어진 것은?

① 地圖－試圖　② 運命－運動
③ 失手－喪失　④ 持論－持病

04 □□□

다음 (　) 안에 들어갈 말로 알맞은 것은?

> 전염병인 콜레라가 세계 곳곳에서 창궐하고 있어 (　　)을/를 강화하고 있다.

① 檢問　② 檢疫
③ 檢閱　④ 檢定

05

㉠~㉣의 한자 표기가 적절하지 않은 것은?

신화(神話)는 영원(永遠)하고 ㉠ 상징(象徵)적인 시간 세계에서 신이나 선조, 영웅적이고 ㉡ 비범(非凡)한 사람들에게 일어난 사건을 담고 있다. 이런 이야기는 인간에게 우주와 현실 세계의 질서(秩序)를 보여 주며, 그 속에서 가치(價値) 있는 것이 무엇인지를 알려 준다. 또한 신화는 공동체가 ㉢ 공유(公有)하는 사고방식을 표현하여 동질감을 느끼게 하고, 때로는 그들의 조상과도 의사소통을 할 수 있게 해 준다. 이를 통해 신화는 그 공동체가 지니고 있는 집단적인 무의식의 ㉣ 원형(原型)을 드러낸다.

① ㉠　　② ㉡
③ ㉢　　④ ㉣

06

㉠에 해당하는 예로 적절하지 않은 것은?

/ 보기 /

음운 변동의 유형으로는 '교체, 탈락, 축약, 첨가'가 있다. 한 단어가 발음될 때에 한 가지 유형의 음운 변동만 나타나는 경우가 있고, 여러 유형의 음운 변동이 나타나는 경우가 있다. 가령 '꽃밭[꼳빧]'은 '교체' 한 가지만 나타나지만, '[㉠]'은/는 '교체'와 '첨가' 두 가지가 나타난다.

① 꽃잎[꼰닙]　　② 색연필[생년필]
③ 값하다[가파다]　　④ 설익다[설릭따]

07

밑줄 친 한자의 독음과 뜻풀이가 옳지 않은 것은?

① 핵 실험 <u>猶豫</u>에 동의하다 → 유예 : 일을 결행하는 데 날짜나 시간을 미룸.
② 춘추 전국 시대는 영웅들이 천하를 <u>割據</u>하던 시대였다. → 할거 : 땅을 나누어 차지하고 굳게 지킴.
③ 직원들은 부장이 <u>親疏</u> 관계를 따져 일을 배분하는 것에 불만이 많았다. → 친소 : 친함과 친하지 아니함.
④ 건물을 짓는 공사가 순조롭게 <u>進陟</u>되고 있었다. → 개척 : 새로운 영역, 진로 따위를 처음으로 열어 나감.

08

다음 글의 내용과 관계있는 한자 성어는?

큰 길은 비록 멀리 돌아가는 길이기는 하나, 여러 역참이 있어서 숙식이 편리하다. 그래서 중론에 따르지 않고 큰길을 따라서 온 것이다. 이 역에 이르러서 지름길의 형편을 물으니, 요사이는 사람들이 통행하지 못한다고 했다. 만일 중론에 따랐더라면 중도에서 반드시 크게 낭패할 뻔했다. 급하게 서두르면 도리어 이루지 못한다는 옛사람의 경계는 진실로 이런 경우를 두고 한 말이다.

① 尾生之信　　② 得隴望蜀
③ 欲速不達　　④ 一敗塗地

다음 한자의 독음을 쓰시오.

① 蛇足	② 墨守	③ 似而非	④ 胡蝶夢
⑤ 徹頭徹尾	⑥ 視聽者	⑦ 關係	⑧ 充實
⑨ 批評	⑩ 逸話		

10

'모순된 것을 끝까지 우겨서 남을 속이려는 짓'을 비유적으로 이르는 말은?

① 自家撞着
② 言語道斷
③ 指鹿爲馬
④ 菽麥不辨

2024 요정노트

매일 3분 하프 모의고사 12회

Date : . . .
Time : 20 min
점 수 : / 10

01 □□□

밑줄 친 부분이 〈한글 맞춤법〉에 어긋나는 것은?

① 철수가 밥을 막 먹을려는 찰나에 초인종이 올렸다.
② 아기가 울고 있으니 내가 가려야 갈 수가 없다.
③ 돌쇠는 커다란 장작을 한 번에 뻐갰다.
④ 금이 서 돈이면, 말순이 시집을 보내고도 남겠구나.

02 □□□

밑줄 친 한자가 적절하지 않은 것은?

① 역사에 대한 인식(認識)이 없다.
② 그가 나에게 정신적인 부담(負擔)을 주었다.
③ 국립 도서관에는 서적이 많이 비치(備置)되어 있다.
④ 그는 학교에서 배포(配包)한 홍보물을 나에게 주었다.

03 □□□

다음 한자 성어의 의미를 잘못 제시한 것은?

① 亡羊之歎 : 이미 어떤 일을 실패한 뒤에 뉘우쳐도 아무 소용이 없음을 이르는 말
② 牽强附會 : 이치에 맞지 않는 말을 억지로 끌어 붙여 자기에게 유리하게 함.
③ 聲東擊西 : 적을 유인하여 이쪽을 공격하는 체하다가 그 반대쪽을 치는 전수을 이르는 말
④ 寸鐵殺人 : 간단한 말로도 남을 감동하게 하거나 남의 약점을 찌를 수 있음을 이르는 말

04 □□□

진구렁에 빠지고 숯불에 탄다는 뜻으로 '몹시 곤궁하여 고통스러운 지경'을 이르는 한자어는?

① 塗炭　② 崩壞
③ 破綻　④ 憤慨

05

밑줄 친 한자의 음이 나머지 셋과 다른 것은?

① 記載　② 決濟
③ 決裁　④ 財貨

06

㉠~㉣의 한자 표기가 잘못된 것은?

- 우정이 ㉠ 돈독하다.
- 산사태로 집이 ㉡ 매몰되다.
- 사람의 마음을 ㉢ 처연하게 만드는 비였다.
- 그는 그동안의 진행 과정을 ㉣ 부연하여 설명하였다.

① ㉠ 敦篤　② ㉡ 埋沒
③ ㉢ 凄然　④ ㉣ 附椽

07

밑줄 친 표현이 바른 것은?

① 그 책은 내 거야.
② 그는 나이에 비해 애띠어 보였다.
③ 남의 물건을 함부로 건들이면 안 된다.
④ 우리 팀은 결승에서 어의없이 지고 말았다.

08

밑줄 친 부분의 한자가 잘못된 것은?

① 수정(受精)을 끝낸 난자는 수정란이 된다.
② 연구원들은 인공위성의 궤도를 수정(修正)하였다.
③ 조선 건국 후 토지 제도는 수정(修精)이 계속되었다.
④ 그는 책을 출간하지 전에 오타를 수정(修訂)하였다.

09 □□□

밑줄 친 부분의 한자가 잘못된 것은?

① 그에게 모든 일의 책임이 전가(轉嫁)되었다.
② 우리 모두는 그들의 아픔에 공감(公感)하고 있었다.
③ 자만(自慢)에 빠진 선수들은 결국 실수를 하고 말았다.
④ 그 사람은 항상 격식(格式)을 차리는 것을 중요하게 생각했다.

10 □□□

다음 밑줄 친 단어의 한자가 적절한 것은?

책의 세계는 정신의 자기 회귀를 강화하는 고독한 성찰과 불안한 의심의 극장, 의식이 의식을 만나 협상하고 교섭하는 대화의 극장, 인간이 유한성의 조건 속에서 그 유한성에 보복할 모든 가능한 책략들을 꾸미는 음모의 극장이다.

① 성찰 – 省察
② 협상 – 協傷
③ 보복 – 報服
④ 책략 – 責略

2024 요정노트

매일 30분 하프 모의고사 13회

Date : . . .
Time : 20 min
점 수 : / 10

01

㉠~㉣에 들어갈 한자어로 적절하지 않은 것은?

> 책을 읽는 문화와 책을 읽지 않는 문화는 기억(㉠), 사유(㉡), 상상(㉢), 표현의 층위(㉣)에서 상당히 다른 개인들을 만들어 내고 상당한 질적 차이를 가진 사회적 주체들을 생산한다.

① ㉠ 記憶
② ㉡ 思惟
③ ㉢ 想傷
④ ㉣ 層位

02

밑줄 친 한자의 독음이 나머지 셋과 다른 것은?

① 偏見
② 謁見
③ 豫見
④ 卓見

03

밑줄 친 내용과 가장 가까운 의미를 가진 한자 성어는?

> 디자인의 기본 개념은 기능과 모양새다. 이 두 요소는 서로 상반된 목적을 지향하고 있어 양자 사이의 조화를 찾는 일이 쉽지는 않다. <u>기능을 중시하다 보면 모양새가 마땅치 않고, 모양새에 치중하다 보면 기능이 떨어지는 경우가 대부분이다.</u>

① 望洋之嘆
② 暗中摸索
③ 左顧右眄
④ 進退兩難

04

밑줄 친 단어의 표기가 바른 것은?

① 불량 청년들의 <u>해코지</u>는 어른도 겁낸다.
② 어젯밤에 할머니께서 <u>뇌졸증</u>으로 쓰러지셨다.
③ 일이 <u>께림직하게</u> 되어 가더니만 결국 사달이 났다.
④ 만날 장소를 정하지 못해서 약속이 결국 <u>파토</u>가 났다.

05

밑줄 친 관용 표현이 적절하지 않게 쓰인 것은?

① 사업이 영 게걸음만 치고 있다.
② 워낙 귀가 질긴 친구라 알아듣지 못할 것이다.
③ 그는 직설적으로 알기 쉽게 변죽을 치며 설명했다.
④ 돌아가면서도 고추 먹은 소리하는 것이 영 불만인 모양이었다.

06

〈보기〉에서 음이 같은 한자끼리 연결된 것을 모두 고른 것은?

/ 보기 /

ㄱ. 侍－待	ㄴ. 埋－理
ㄷ. 給－級	ㄹ. 浦－捕

① ㄱ, ㄴ　② ㄴ, ㄷ
③ ㄴ, ㄹ　④ ㄷ, ㄹ

07

다음 글과 가장 관련 있는 한자 성어는?

> 천지는 만물에 좋은 것만을 다 가질 수는 없게 하였다. 그러므로 뿔이 있는 것은 이가 없고, 날개가 있는 것은 다리가 둘뿐이며, 이름난 꽃은 열매가 없고, 채색 구름은 쉽게 흩어진다. 사람에게 있어서도 마찬가지로, 뛰어난 재주가 있으면 공명까지는 없는 것이니 이치가 그러한 것이다.
>
> - 이인로, 《파한집》

① 角者無齒　② 破邪顯正
③ 錦上添花　④ 諸行無常

08

다음 중 나머지 셋과 의미가 다른 한자성어는?

① 金蘭之交　② 肝膽相照
③ 伯牙絕絃　④ 伯仲之間

09 □□□

㉠~㉣의 한자 표기가 모두 옳은 것은?

- 비밀이 다른 회사로 ㉠ <u>누설</u>되다.
- 투자손실을 부동산을 매각함으로써 ㉡ <u>보전</u>하였다.
- 사람이 붐비는 곳은 화장실 ㉢ <u>표지</u>를 눈에 띄게 해야 한다.
- 유엔 안보리는 그 나라를 군사적으로 ㉣ <u>제재</u>할 것을 가결했다.

	㉠	㉡	㉢	㉣
①	漏泄	補展	標紙	製裁
②	漏洩	補塡	標識	制裁
③	縷說	補傳	標識	制齋
④	漏設	補塡	表紙	提栽

10 □□□

다음 내용과 가장 관계있는 것은?

> 다른 사람의 처지를 불쌍하고 가련하게 여기는 마음

① 感情　② 慙愧
③ 憐愍　④ 苦惱

Date : . . .
Time : 20 min
점 수 : / 10

01 □□□

㉠~㉣의 한자 표기가 모두 적절한 것은?

- 그러한 조처는 정치적 ㉠ 고려에서 나온 것이다.
- 과거의 일을 돌이켜 생각하는 것을 ㉡ '고려'라고 한다.
- ㉢ 고려 시대에는 불교가 성하고, 건축 미술이 발달했다.
- 무엇인가 고심하여 애써 생각하는 것을 ㉣ '고려'라고 한다.

	㉠	㉡	㉢	㉣
①	考慮	苦慮	高麗	顧慮
②	苦慮	考慮	顧慮	高麗
③	考慮	顧慮	高麗	苦慮
④	顧慮	高麗	苦慮	考慮

02 □□□

'학문이나 어떤 일에 힘써 노력한다.'는 의미의 한자 성어가 아닌 것은?

① 隔靴搔癢　② 發憤忘食
③ 不恥下問　④ 自强不息

03 □□□

다음 한자의 독음을 쓰시오.

① 要塞	② 破壞	③ 埋沒	④ 悽然
⑤ 絕叫	⑥ 宿泊	⑦ 洗濯	⑧ 賣買
⑨ 援助	⑩ 昭詳		

04 □□□

다음 중 사이시옷의 쓰임이 모두 옳은 것은?

① 곳간, 고랫재, 뒷머리, 선짓국
② 햇님, 머릿방, 인삿말, 전셋집
③ 훗일, 공깃밥, 피잣집, 횟가루
④ 나룻터, 베갯잇, 머릿기름, 도리깻열

05

밑줄 친 말이 표준어인 것은?

① 풀만 먹은 풀소는 일을 잘 못한다.
② 이런 상황에서도 주책스레 잠이 왔다.
③ 그는 도박에 빠져 모든 재산을 떨어먹었다.
④ 에먼 사람에게 죄를 뒤집어씌우면 안 된다.

06

밑줄 친 부분과 뜻이 통하는 한자어로 적절하지 않은 것은?

① 나는 아침밥을 먹었다. → 食事하다
② 그는 다시 하기로 마음을 먹었다. → 受領하다
③ 골고루 음식을 먹어야 한다. → 攝取하다
④ 상대편에게 먼저 한 골을 먹었다. → 失點하다

07

다음 밑줄 친 부분의 한자가 나머지 셋과 다른 하나는?

① 견강부회　② 견리사의
③ 견문발검　④ 견물생심

08

다음 (　) 안에 들어갈 한자어로 가장 적절한 것은?

> 問余何事棲碧山 / 笑而不答心(　　)
> 桃花流水杳然去 / 別有天地非人間
>
> – 이태백, 〈산중문답〉

① 自哀　② 自怒
③ 自恨　④ 自閑

09 □□□

다음 한자의 독음을 쓰시오.

① 探險	② 矛盾	③ 貨幣	④ 詐欺
⑤ 惹起	⑥ 灼熱	⑦ 荊棘	⑧ 破綻
⑨ 洞察	⑩ 箴言	⑪ 惡寒	⑫ 奢侈

10 □□□

다음 문장에서 한자어의 독음이 모두 올바른 것은?

㉠ 동계 올림픽에서 ○○○ 선수가 기록을 更新했다.
㉡ 그는 이 사건에 一切의 책임을 지고 자리에서 물러났다.

	㉠	㉡		㉠	㉡
①	경신	일체	②	갱신	일절
③	경신	일절	④	갱신	일체

2024 요정노트

매일 30분 하프 모의고사 15 회

Date : . . .
Time : 20 min
점 수 : / 10

01

다음 ( ) 안에 들어갈 한자어를 바르게 연결한 것은?

㉠ 많은 경비가 ( )되다.
㉡ 인도적 지원을 ( )하다.
㉢ 대규모 난민이 ( )되다.

	㉠	㉡	㉢
①	小搖	祭供	誘入
②	所要	提供	流入
③	逍遙	提供	誘入
④	騷擾	諸公	流入

02

밑줄 친 단어 중 〈한글 맞춤법〉에 어긋난 것은?

① 그렇게만 해 주시면 작히 좋겠습니까?
② 그 아이는 나이가 너무 어리고, 더욱이 몸도 약하다.
③ 이 섬 구석에서 아둥바둥 살아갈 것이 아니고 훌쩍 떠나자.
④ 이번 업무를 처리하는 데에는 겉잡아도 일주일은 걸릴 것이다.

03

다음 밑줄 친 부분의 한자가 나머지 셋과 다른 하나는?

① 동고동락
② 동량지재
③ 동병상련
④ 동상이몽

04

㉠에 들어갈 한자성어로 가장 적절한 것은?

국제이주기구(IOM)에 따르면 지난해 지브롤터 해협에서 5000여 명의 아프리카인들이 익사하거나 실종된 것으로 나타났다. 그들이 목숨을 걸고 유럽으로 향하는 것은 끝 모를 내전과 빈곤, 기아와 질병에 시달려온 고달픈 삶에서 벗어나기 위해서이다. 이 지역은 최근 가뭄과 홍수 등 이상 기후로 인해 식량난이 더욱 극심해지고 있어 (㉠)의 상황에 놓여 있다.

① 전화위복(轉禍爲福)
② 다다익선(多多益善)
③ 설상가상(雪上加霜)
④ 견위치명(見危致命)

05

다음 한자의 독음을 모두 쓰시오.

① 構築	② 看做	③ 涉獵	④ 叱責
⑤ 投擲	⑥ 破敵	⑦ 拿捕	⑧ 比較
⑨ 秋毫	⑩ 未練	⑪ 健康	⑫ 不肖

06

다음 밑줄 친 단어를 한자로 바꿀 때에 모두 적절한 것은?

㉠ 책을 읽은 감상을 기록하였다.
㉡ 명화를 감상하기 위해 미술관에 간다.
㉢ 가을에는 감상에 젖어 눈물을 흘리곤 한다.

	㉠	㉡	㉢
①	感想	感傷	鑑賞
②	感傷	鑑賞	感想
③	鑑賞	感傷	感想
④	感想	鑑賞	感傷

07

다음 ( )에 들어갈 한자가 모두 적절한 것은?

㉠ 문서를 ( )하다.
㉡ 안건을 ( )하다.
㉢ 정책을 ( )하다.
㉣ 시급한 ( )을 처리하다.

	㉠	㉡	㉢	㉣
①	起案	提案	公告	事案
②	騏雁	除案	鞏固	司案
③	奇案	擠案	工庫	査案
④	妓案	提案	功苦	斜眼

08

다음 ( ) 안에 들어갈 말을 순서대로 바르게 연결한 것은?

- 다른 부서와 보조를 ( ).
- 이번 잔치에 쓸 떡을 미리 ( ).
- 수수께끼의 정답을 정확히 ( ).
- 터져 나오는 울음을 참고 간신히 말을 ( ).

① 맞추다 – 맞추다 – 맞히다 – 마치다
② 맞추다 – 맞히다 – 맞추다 – 마치다
③ 맞히다 – 마치다 – 맞추다 – 맞추다
④ 맞추다 – 맞추다 – 마치다 – 맞히다

09

㉠에 들어갈 한자 성어로 가장 적절한 것은?

> '봄은 전보도 안 치고 온다'지만 도처에 꽃 전보가 도착했다. 풀과 나무에 새싹이 돋고 꽃이 흐드러지게 피어나는 이 봄, 꽃구경하러 멀리까지 갈 수 없다면 꽃이 있는 미술관을 찾는 것은 어떨까. 꽃구경도 하고 미술관 관람도 한다면 (㉠)일 것이다.

① 경국지색(傾國之色)
② 점입가경(漸入佳境)
③ 득롱망촉(得隴望蜀)
④ 금상첨화(錦上添花)

10

'樂山'에서 밑줄 친 한자와 음이 같은 것은?

① 樂水
② 樂士
③ 音樂
④ 喜喜樂樂

Date : . . .
Time : 20 min
점 수 : / 10

01

다음 문장에 각각 들어갈 한자를 모두 바르게 연결한 것은?

㉠ 감염 확산을 ( )하다.
㉡ ( ) 조치가 필요하다.
㉢ 지침을 철저히 ( )하다.
㉣ 결과를 신속하게 ( )하다.

	㉠	㉡	㉢	㉣
①	低地	先除	已行	保辜
②	底止	船梯	易行	報告
③	豬脂	先帝	移行	寶庫
④	沮止	先制	履行	報告

02

다음 밑줄 친 부분이 〈한글 맞춤법〉에 따라 바르게 표기된 것은?

① 이웃 간의 정은 <u>두터울수록</u> 바람직하다.
② 그녀는 남편의 귀에 무언가를 <u>소근거렸다</u>.
③ 옆 사람이 껌을 씹는 소리가 신경을 <u>거스린다</u>.
④ 그는 큰아들이 명문대에 합격했다고 <u>으시댔다</u>.

03

㉠~㉣에 들어갈 내용을 바르게 묶은 것은?

- 발음 규정 1 : 겹받침 'ㄺ'은 어말 또는 자음 앞에서 '[㉠]'(으)로 발음한다. 그러나 '(㉡)'와/과 같은 경우에는 이 규정이 적용되지 않는다.
- 발음 규정 2 : 겹받침 'ㄼ'은 어말 또는 자음 앞에서 '[㉢]'(으)로 발음한다. 그러나 '(㉣)'와/과 같은 경우에는 이 규정이 적용되지 않는다.

	㉠	㉡	㉢	㉣
①	ㄱ	묽고	ㅂ	넓고
②	ㄹ	흙과	ㅂ	넓둥글다
③	ㄹ	흙과	ㄹ	넓다
④	ㄱ	묽고	ㄹ	넓둥글다

04

다음 밑줄을 그은 부분을 표현하기에 가장 적절한 한자 성어는?

1971년도 이후 핀란드의 교육 정책은 한 번도 바뀌지 않았다고 한다. 교육은 백년지대계라고 하는데, <u>우리 교육 정책은 자고 일어나면 바뀐다</u>. 그러니 자연적으로 교육에 대한 신뢰가 떨어질 수밖에 없다.

① 조령모개(朝令暮改) ② 맹모삼천(孟母三遷)
③ 본말전도(本末顚倒) ④ 괄목상대(刮目相對)

05 □□□

다음 중 한자어의 사용이 바른 것은?

① 그 직원의 사표가 드디어 修理되었다.
② 어제 작성한 서류의 오타를 修正하였다.
③ 否定 청탁을 방지하기 위한 법이 제정되었다.
④ 공무원의 금품 收受는 금지되어 있다.

06 □□□

다음 (　　) 안에 들어갈 한자를 모두 바르게 연결한 것은?

> ㉠ 경비 내역을 (　　)하다.
> ㉡ 정보화 교육을 (　　)하다.
> ㉢ 업무 효율화에 (　　)하다.
> ㉣ (　　)하여 주시기 바랍니다.

	㉠	㉡	㉢	㉣
①	産出	追陳	其餘	措置
②	算出	趨進	寄與	調治
③	算出	推進	寄與	措置
④	産出	推進	其餘	調治

07 □□□

밑줄 친 용언의 활용형 표기가 옳은 것은?

① 서슴지 말고 분명하게 의견을 밝혀라.
② 아무쪼록 맡은 일이 잘 마무리되길 빌께.
③ 그 사람들은 뗄레야 뗄 수 없는 관계이다.
④ 전화번호가 쓰여져 있는 메모지를 잃어버렸다.

08 □□□

밑줄 친 부분과 뜻이 통하는 한자어로 적절하지 않은 것은?

① 고장난 시계를 고치다. → 修理하다
② 이 병원은 병을 잘 고친다. → 治療하다
③ 언니의 옷을 고쳐서 입었다. → 修繕하다
④ 시골집의 부엌을 입식으로 고쳤다. → 訂正하다

09 □□□

㉠~㉣과 비슷한 의미를 가진 속담으로 적절하지 않은 것은?

㉠ 夫唱婦隨	㉡ 衆寡不敵
㉢ 得隴望蜀	㉣ 塞翁之馬

① ㉠ : 두 손뼉이 맞아야 소리가 난다.
② ㉡ : 계란으로 바위 치기.
③ ㉢ : 말 타면 경마 잡히고 싶다.
④ ㉣ : 양지가 음지 되고 음지가 양지 된다.

10 □□□

다음 중 한자어의 사용이 바른 것은?

① 그 사건의 진상을 철저히 照射해야한다.
② 즐겁게 일할 수 있는 분위기를 組成해야 한다.
③ 하절기에는 출근 시간을 8시로調整해야 한다.
④ 차량 造作이 미숙하면 사고가 발생할 수 있다.

17 회

Date : . . .
Time : 20 min
점 수 : / 10

01

밑줄 친 부분과 뜻과 음이 모두 동일한 한자는?

> 子曰 學而時習之면 不亦說乎아 : 공자왈, 배우고 그것을 때때로 익히면 기쁘지 않겠는가.

① 設備　　② 喜悅
③ 閱覽　　④ 至樂

02

다음과 관련이 있는 표현으로 적절한 것은?

> 맹자가 학업을 중단하고 돌아오자, 그의 어머니가 짜던 베를 끊어서 학문을 중도에 그만둔 것을 훈계하였다.

① 각주구검(刻舟求劍)　　② 단기지계(斷機之戒)
③ 적공성탑(積功成塔)　　④ 절치부심(切齒腐心)

03

어휘의 활용이 옳지 않은 것은?

① 아름다움을 渴望하는 것은 인간의 본성이다.
② 아름다움에 대한 基準은 사람마다 다를 수 있다.
③ 자신의 가치를 잘 發揮하는 사람이 아름다운 사람이다.
④ '나, 개인'이라는 의미가 있는 '아름답다'라는 말은 '그 사람답다, 나답다'라는 말로 解析할 수 있다.

04

〈보기〉를 참고할 때, 사이시옷 표기 조건을 따지는 사고 과정으로 옳지 않은 것은?

/ 보기 /

> 사이시옷 표기 조건은 다음과 같이 따져볼 수 있다.
>
> 1단계 : 앞말이 모음으로 끝난 합성어인가?
> 2단계 : '고유어+고유어', '고유어+한자어', '한자어+고유어'인가?
> 3단계 : (1) 뒷말의 첫소리가 된소리로 나는가?
> (2) 뒷말의 첫소리 'ㄴ, ㅁ' 앞에서 'ㄴ' 소리가 덧나는가?
> (3) 뒷말의 첫소리 모음 앞에서 'ㄴㄴ' 소리가 덧나는가?
>
> 각 단계별로 '그러하다'라고 답할 수 있을 때 사이시옷을 표기하게 된다.

① '나뭇잎'은 1단계를 통과하고 2단계에서 '고유어+고유어'이며 3단계의 (3)을 통과했으니까 올바른 표기겠군.
② '장맛비'는 1단계를 통과하고 2단계에서 '한자어+고유어'이며 3단계의 (1)을 통과했으니까 올바른 표기겠군.
③ '늦잠'은 [늗짬]으로 뒷말의 첫소리가 된소리로 발음됨에도 불구하고 1단계를 통과하지 못하였으므로 '늦잠'이라고 써야겠군.
④ '핑크빛'은 [핑크삗]으로 뒷말의 첫소리가 된소리로 발음됨에도 불구하고 1단계는 통과했으나 2단계를 통과하지 못하므로 사이시옷 표기를 할 수 없겠군.

05

한자어의 득음이 옳은 것은?

① 빚쟁이들을 피해 夜半逃走하였다. → 야밤도주
② 유명 연예인의 聲帶模寫를 잘한다. → 성대묘사
③ 그야말로 絕體絕命의 위기에 처했다. → 절체절명
④ 사업 실패로 집안이 風飛雹散이 되었다. → 풍지박산

06

밑줄 친 한자를 바르게 바꾼 것은?

① 연말을 즈음하여 야전 병원에 疑問 공연단이 왔다. → 慰問
② 전세 계약을 하기 전에 등기부 一覽을 하려고 등기소에 갔다. → 觀覽
③ 어찌 된 셈인지 들이는 努力에 비해서 별로 남는 것이 없었다. → 勞力
④ 어려움을 헤쳐 나가려는 지혜와 현실에 대한 內省이 필요하다. → 反省

07

밑줄 친 용언의 활용형의 표기가 옳지 않는 것은?

① 헐거워진 나사를 바짝바짝 죘다.
② 그분을 뵈면 돌아가신 아버님이 생각난다.
③ 형이 휴가를 나와서 가족과 함께 명절을 쇘다.
④ 지연이가 생각도 정리할 겸 외국에서 바람을 쐤다.

08

다음 중 한글 맞춤법 규정에 대한 이해로 적절하지 않은 것은?

> 제27항 둘 이상의 단어가 어울리거나 접두사가 붙어서 이루어진 말은 각각 그 원형을 밝히어 적는다.
> 제28항 끝소리가 'ㄹ'인 말과 딴 말이 어울릴 적에 'ㄹ' 소리가 나지 아니하는 것은 아니 나는 대로 적는다.
> 제29항 끝소리가 'ㄹ'인 말과 딴 말이 어울릴 적에 'ㄹ' 소리가 'ㄷ' 소리로 나는 것은 'ㄷ'으로 적는다.

① '솔향기'는 '솔'과 '향기'라는 두 단어가 어울린 것으로 그 원형을 밝혀 적었으니 제27항에 해당하는 예이군.
② '홀아비, 홀어미' 등과 비교해 볼 때, '홀몸'은 접두사 '홀'이 '홑'으로 변화한 것으로 제28항에 해당하는 예이군.
③ '설', '삼질'이란 단어를 고려해 보면, '섣달', '삼짇날'은 모두 제29항에 해당하는 예이군.
④ '섣부르다'를 '서뿌르다'로 적지 않고 '섣부르다'로 적는 것은 제29항의 규정을 적용한 것이군.

09 □□□

㉠, ㉡의 밑줄 친 단어의 품사가 서로 같은 것은?

① ㉠ 이 일은 아무라도 할 수 있어.
㉡ 아무 연필이라도 빨리 가져오너라.

② ㉠ 소년은 길을 잘못 들어서 한참 헤맸다.
㉡ 그는 모든 원인을 자기의 잘못으로 돌렸다.

③ ㉠ 그는 자기 일 밖의 다른 일에는 관심이 없다.
㉡ 성격이 다른 사람하고는 함께 사는 것은 쉽지 않다.

④ ㉠ 초저녁부터 달이 휘엉청 밝았다.
㉡ 한학에 밝은 할아버지께서 그에게 논어를 가르치셨다.

10 □□□

밑줄 친 단어 중 어문 규정에 맞는 것은?

① 향기 나는 미끼 아래 반듯이 죽는 고기 있다.

② 그녀는 늘 얼루기 포플린 치마를 입고 있었다.

③ 유진사는 집이 가난한 데다가 더우기 흉년을 만나 살아갈 길이 막연했다.

④ 일찌기 신립은 변방의 야인들을 막아내는 데 있어 그 명성을 떨친 장수였다.

18회

Date : . . .
Time : 20 min
점 수 : / 10

01 □□□

밑줄 친 말이 한글 맞춤법에 맞는 것은?

① 나는 그의 속마음을 가름할 수가 없다.
② 나의 과거를 뒤돌아보니 반성할게 많다.
③ 청문회가 끝난 뒤 증인들에 대한 비난이 잇따랐다.
④ 우리의 제안을 어떻게 생각할런지 모르겠어.

02 □□□

'걱정거리로 마음이 괴로워 잠을 이루지 못함'을 이르는 한자 성어는?

① 전전반측(輾轉反側) ② 전전긍긍(戰戰兢兢)
③ 임기응변(臨機應變) ④ 조변석개(朝變夕改)

03 □□□

밑줄 친 단어 중 쓰임이 적절하지 않은 것은?

① 오늘도 하릴없이 발품만 들였지 된 일은 아무것도 없다.
② 그렇게 외곬으로 생각을 하면 해결의 여지를 찾기가 어렵다.
③ "그러지 말고 그 애들 돈푼 줘서 입을 씻으세요."하고 일러 준다.
④ 그들은 도둑질을 하다가 들킨 듯 무르춤해 있는 칠보와 달님이를 둘러쌌다.

04 □□□

[보기]와 같은 불규칙 활용을 보여주는 예는?

/ 보기 /
이르다 : 자정에 이르러서야 집에 돌아왔다.

① 비 온 뒤라 그런지 앞산이 한결 더 푸르러 보인다.
② 이것으로 내가 일러 줄 것은 모두 일렀다.
③ 경기 시작 무렵에 터진 골이 이날의 승 부를 갈랐다.
④ 선수들은 금메달을 목에 걸고 태극기를 우러러 경례를 하였다.

05 □□□

밑줄 친 용언의 활용형과 그 표기가 올바르지 않은 것은?

① 그와 얼굴이 마주치자 마지못해 인사를 꾸벅한다.
② 정부에서는 기업인들에게 노동자를 해고하지 말라고 강박하고 나섰다.
③ 그는 어린 시절에 얼굴이 까매서 놀림을 많이 받은 기억이 있다.
④ 뭐 이 물건이 가장 나은 물건이라고? 낫기는 개코가 나. 이틀 만에 고장이 났잖아.

06 □□□

다음에 제시된 한글 맞춤법 규정 중에서 '다달이'로 표기하는 것과 관련된 조항으로 알맞은 것은?

> ㉠ [제19항] 어간에 '-이'나 '-음/-ㅁ'이 붙어서 명사로 된 것과 '-이'나 '-히'가 붙어서 부사로 된 것은 그 어간의 원형을 밝히어 적는다.
> ㉡ [제20항] 명사 뒤에 '-이'가 붙어서 된 말은 그 명사의 원형을 밝히어 적는다.
> ㉢ [제21항] 명사나 혹은 용언의 어간 뒤에 자음으로 시작된 접미사가 붙어서 된 말은 그 명사나 어간의 원형을 밝히어 적는다.
> ㉣ [제28항] 끝소리가 'ㄹ'인 말과 딴말이 어울릴 적에 'ㄹ' 소리가 나지 아니하는 것은 아니 나는 대로 적는다.
> ㉤ [제51항] 부사의 끝음절이 분명히 '이'로만 나는 것은 '-이'로 적고, '히'로만 나거나 '이'나 '히'로 나는 것은 '-히'로 적는다.

① ㉠, ㉡　　② ㉡, ㉢
③ ㉢, ㉣　　④ ㉣, ㉤

07 □□□

밑줄 친 부분 중 어법이 올바르지 못한 것은?

① 그녀가 신이 들렸다는 소문이 온 동리에 쫙 퍼졌다.
② 이번에 아내는 실내 장식에 정말로 많은 돈을 들였다.
③ 분홍 두루마기에 연두 토시를 끼고 머리에는 갑사댕기를 들였다.
④ 어제 퇴근하는 길에 포장마차에 들렀다가 우연히 그 친구를 만났다.

08 □□□

다음 중 한글 맞춤법에 맞는 단어들로만 짝지어진 것은?

① 더욱이 – 곰곰히 – 떳떳이 – 번번이
② 윗층 – 초점 – 전세방 – 장밋빛
③ 간편게 – 거북지 – 생각건대 – 섭섭치
④ 널따랗다 – 넓적하다 – 높다랗다 – 겸연쩍다

09

[보기]의 밑줄 친 설명의 예로 가장 적절한 것은?

/ 보기 /

품사 통용 현상이 나타나는 원인은 대략 다음 세 가지다. 첫째, 품사 분류가 임의적이기 때문에 나타난 것들이다. 이런 예들은 품사 분류를 달리하면 해소된다. 둘째, 통시적인 변화 과정에 있기 때문에 두 가지 기능을 가지고 나타나는 예들이다. 셋째, 의미상의 특성 때문에 두 가지 품사로 쓰이는 경우이다. 물론 '품/품다'. '띠/띠다', '신/신다'등과 같이 그 이유를 명확하게 설명하기 쉽지 않은 경우도 있다.

① 그는 이성적이다. [명사] / 그는 이성적 인간이다. [관형사]
② 여덟에 둘을 더하면 열이 된다. [수사] / 모인 사람은 모두 열 명이다. [관형사]
③ 그는 나보다 두 살 위이다. [조사] / 보다 빠르게 뛰어야 제시간에 도착할 것 같다. [부사]
④ 아니 땐 굴뚝에 연기 날까. [부사] / 아니, 이게 어떻게 된 일이냐. [감탄사]

10

[보기]를 이용하여 국어 문장 구조에 관한 수업을 진행하였다. 발표 내용으로 적절하지 않은 것은?

/ 보기 /

ㄱ. 담징은 이마에 흐르는 땀을 씻었다.
ㄴ. 그가 착한 사람임을 모르는 사람은 거의 없다.
ㄷ. 그 사람은 아는 것도 없이 잘난 척을 해.

① 위 문장의 밑줄 친 부분은 모두 다른 문장 속에 안긴 문장입니다.
② 그런데 ㄱ, ㄴ, ㄷ에서 밑줄 친 부분은 각각 관형어, 목적어, 부사어의 구실을 하고 있습니다.
③ ㄱ의 밑줄 친 부분에는 주어가 나타나 있지 않은데, 생략된 주어는 '담징'입니다.
④ ㄴ에서는 밑줄 친 부분뿐 아니라 '그가 착한'과 '그가 착한 사람임을 모르는'도 안긴 문장입니다.

19회

Date : . . .
Time : 20 min
점 수 : / 10

01 □□□

밑줄 친 부분 중, 한글 맞춤법에 어긋난 것은?

① 중학교에 들어가면서 아이의 말수가 부썩 줄었다.
② 소매치기가 극성이라 자칫하면 지갑을 잃어버리기 쉽다.
③ 하니바람에 엿장수 골낸다더니 딱 그 모양이네.
④ 이 녀석, 넁큼 일어나지 못하겠느냐?

02 □□□

[보기]의 설명에 해당하는 예로 보기 어려운 것은?

/ 보기 /

'축약'은 두 음운이 하나로 합치거나 두 음절이 한 음절로 줄어드는 현상을 말한다. '먹히다'가 [머키다]로 '좋다'가 [조: 타]로 발음되는 자음 축약 현상과, '사이'가 '새'로, '주어라'가 '줘라'로, '가시었다'가 '가셨다'로 바뀌는 모음 축약 현상이 있다.

① 꽃 한 송이[꼬탄송이]도 찾아볼 수 없는 공터였다.
② 막 잠에서 깬 듯 그의 눈엔 눈곱이 끼어[끼여] 있었다.
③ 의사는 흥분한 환자를 붙잡아 가까스로 침대에 도로 뉘었다.
④ 요즘은 몸이 아파 눈에 뵈는 것이 없다.

03 □□□

한글 맞춤법에 따른 준말 표현이 적절하지 않은 것은?

① 어제저녁(→ 엊저녁) 꿈에 말이지, 아주 예쁜 여자가 나를 껴안지 않았겠나.
② 그는 언덕을 달려 내려가다가 발을 헛디뎌(→ 헛딛어) 땅바닥에 곤두박질쳤다.
③ 그녀가 눈을 깜빡이자 눈에 괴어(→ 괘) 있던 눈물이 흘러내렸다.
④ 노모는 무엇이(→ 뭣이) 뭔가도 분간 못 하면서 나비춤을 추어 사람들을 웃겼다.

04 □□□

[보기]의 ㉠~㉣을 고치기 위한 의견으로 적절하지 않은 것은?

/ 보기 /

어릴 적, 우리 집안은 너무 가난하여 ㉠ 삯월세를 살았다. 그래도 ㉡ 고샅에서 아이들과 뛰어 놀 수 있어 행복했다. 때로는 ㉢ 숫기와를 주워 아이들과 비석치기를 하기도 했다.

그러다가 ㉣ 지리해지면 말뚝박기로 놀이 종목을 바꾸곤 했다.

① ㉠의 '삯월세'는 어원에서 멀어진 형태로 굳어져 사용되는 말이니까 표준어인 '사글세'로 고쳐야겠어.
② ㉡은 문맥상 '마을의 좁은 골목길'을 뜻하므로 '고샅'으로 고쳐야겠어.
③ ㉢은 접두사 다음에서 나는 거센소리를 인정하므로 '수키와'로 고쳐야겠어.
④ ㉣은 발음이 바뀌어 굳어진 형태이므로 고쳐 쓸 필요가 없어.

05 □□□

밑줄 친 단어 중 표준어 규정에 어긋나지 않은 것은?

① 빌려는 먹어도 다리아랫소리 하기는 싫다.
② 앗아라, 욕도 그만큼 먹였으면 고만이지, 그렇게 원수치부 할거야 뭐 있니
③ 재털이와 부자는 모일수록 더럽다.
④ 고구마 넝쿨을 툇마루에 올려놓는 것 외에는 달리 비설거지 할 만한 게 없다.

06 □□□

다음 글에서 밑줄 친 단어의 의미를 바르게 풀이한 것끼리 짝지어진 것은?

/ 보기 /

나·랏:말ᄊᆞ·미 中듕國·귁·에 달·아, 文문字·ᄍᆞᆼ·와·로 서르 ᄉᆞᄆᆞᆺ·디 아·니ᄒᆞᆯ·ᄊᆡ,
·이런 젼·ᄎᆞ·로 어·린 百·ᄇᆡᆨ姓·셩이 니르·고·져·ᄒᆞᇙ·배 이·셔·도,
ᄆᆞ·ᄎᆞᆷ:내 제 ᄠᅳ·들 시·러 펴·디 :몯ᄒᆞᇙ ·노·미 하·니·라.
·내 ·이·ᄅᆞᆯ 爲·윙·ᄒᆞ·야 :어엿·비 너·겨, ·새·로 ·스·믈 여·듧 字·ᄍᆞᆼ·ᄅᆞᆯ ᄆᆡᇰ·ᄀᆞ노·니,
:사ᄅᆞᆷ:마·다 :ᄒᆡ·ᅇᅧ :수·ᄫᅵ 니·겨 ·날·로 ·ᄡᅮ·메 便뼌安한·킈 ᄒᆞ·고·져 ᄒᆞᇙ ᄯᆞᄅᆞ·미니·라

① ᄉᆞᄆᆞᆺ디 – 통하지[通], 전ᄎᆞ – 까닭[故], 하니라 – 있다[有]
② ᄉᆞᄆᆞᆺ디 – 통하지[通], 여엿비 – 예쁘게[娟], 수ᄫᅵ – 쉽게[易]
③ 어린 – 어린[幼], 어엿비 – 불쌍히[憫], ᄡᅮ메 – 씀에[書]
④ 하니라 – 많다[多], 수ᄫᅵ – 쉽게[易], ᄡᅮ메 – 씀에[用]

07 □□□

밑줄 친 '요'에 대한 설명으로 적절하지 않은 것은

① 그렇게 해 주시기만 하면요 정말 감사하겠어요.
 – 청자에게 존대의 뜻을 나타내는 보조사이다.
② "이놈, 네가 유리창을 깨뜨렸지" / "아니요, 제가 안 그랬어요.
 – 상대에 대한 존대의 뜻을 나타내는 접미사이다.
③ 나는 왜 요 모양 요 꼴로 살아야 하는 거니
 – 대상은 낮잡아 이르는 뜻을 나타내는 관형사이다.
④ 이것은 말이요, 그것은 소요, 저것은 돼지이다.
 – 어떤 사물이나 사실 따위를 열거할 때 쓰이는 연결 어미이다.

08 □□□

다음 단어에는 모두 받침 'ㅅ'이 쓰였다. 성격이 같은 것끼리만 묶인 것은?

① 고깃배, 아랫니, 이웃집, 헛소문
② 옷값, 킷값, 나룻배, 짓고생
③ 등굣길, 훗일, 자릿삯, 혓바닥
④ 노랑이짓, 곳간, 싯누렇다, 햇빛

09 □□□

한글 맞춤법에 맞게 고쳐 쓴 결과가 적절하지 않은 것은?

① 아직은 우리한테 해꼬지(→ 해코지)한 일은 없지 않은가
② 우리 부서에는 젊어서 한가닥(→ 한가락) 안 한 사람이 없었다.
③ 그는 살 궁리는 안 하고 허구헌 날(→ 허구한 날) 술만 퍼마시고 다녔다.
④ 웃통(→ 위통)은 벌거숭이고 찢어진 내의가 허리에 걸쳐서 너덜대고 있었다.

10 □□□

다음 중 밑줄 친 낱말이 표준어가 아닌 것은?

① 순신간에 도로가 휑하니 비어 버렸다.
② 그는 병이 다 나았다고 했지만 조금 핼쓱해 보였다.
③ 아이들이 시끄럽게 떠드는 바람에 외운 내용이 헷갈렸다.
④ 부모님께 여쭈워 보고 결정하기로 했다.

2024 요정노트

매일 3분 하프 모의고사  20 회

Date : . . .
Time : 20 min
점 수 : / 10

01

[보기]의 밑줄 친 단어들의 품사적 특성에 대한 설명으로 적절하지 않은 것은?

/ 보기 /

- 아직 멀쩡한 것을 왜 버리느냐
- 그를 만난 지도 꽤 오래되었다.
- 그와 나는 시간이 어긋나는 바람에 서로 만나지 못했다.
- 이번에 입주하는 새집이 더할 나위 없이 좋다.

① 반드시 그 앞에서 관형어가 수식해야 문장에 쓰일 수 있다.
② 그 뒤에 결합하는 조사에는 특별한 제한이 따르지 않는다.
③ 그 앞에 오는 관형사형 어미에는 제한이 따르는 경우가 있다.
④ 안긴문장의 서술어에 제약이 따르는 경우도 있다.

02

한자 성어의 사용이 적절한 것은?

① 회사가 성장하자 창립 공신들은 모두 兎死狗烹되어 요직을 차지하였다.
② 수업 시간에 조는 학생을 줄인 김 선생의 교수법을 反面教師로 삼아야 한다.
③ A사와 B사의 경쟁이 蚌鷸之爭이 되어 그 승자인 A사가 시장 지배자가 되었다.
④ 성 범죄자에게 전자 발찌를 채우는 것만으로는 隔靴搔癢이라는 평가를 피할 수 없다.

03

밑줄 친 부분을 문맥에 맞게 바꾼 결과가 적절하지 않은 것은?

① 정작 죄지은 놈들은 도망친 다음이라 엄한 사람들이 얻어맞고 나동그라졌다. → 애먼
② 서로 무릎맞춤하는 가까운 벗끼리, 봄날을 즐기려고 여기에 모였다. → 너나들이하는
③ 한번 결딴을 내리면 바꾸는 일이 없는 그는 죽기를 결심한 사람처럼 비장해 보였다. → 결단
④ 그는 묻는 말에 그저 "예, 예."하며 대답하였다. → 거저

04

문맥으로 보아 밑줄 친 단어 중, 그 쓰임이 적절한 것은?

① 감자를 으깨어 요리를 하다가 갑자기 마늘을 으겨 찌개에 넣었다.
② 간부들이 죽을 만큼 두들겨 패서 구속을 시켜 버렸습니다.
③ 주인에게 내일까지 반드시 아파트 잔금을 치뤄야 한다.
④ 밤이면 아무 집으로나 찾아들어 사정을 호소하고 하룻밤씩 드새었다.

05 □□□

밑줄 친 단어 중, 한글 맞춤법에 어긋난 것은?

① 어떻게 들으면 말을 만들어 보려고 짓궂이 비꼬는 강강한 어투가 또 들린다.

② 언제 기회가 있으면 지리산 일대의 동굴을 샅샅이 찾아보았으면 하는 생각이 있었다.

③ 그는 비스듬히 마주 보이는 담배 가게 옆댕이의 사진관을 쳐다보고 있었다.

④ 그 집에는 작은 문 옆에 차가 드나들 수 있을 만큼 넓다란 문이 나 있다.

06 □□□

공통으로 쓰인 한자의 독음이 같은 것으로 묶인 것은?

① • 세계 여러 나라와의 交易 활동이 활발하다.
  • 퇴근 시간대라서 빈 택시를 잡기가 容易하지 않다.

② • 자금 부족 때문에 探索을 중단해야 할 위기에 처했다.
  • 앙상한 나뭇가지만 보이는 겨울 풍경은 索莫하고 을씨년스러웠다.

③ • 이번 제주도 여행은 見聞을 넓히는 좋은 기회가 되었다.
  • 김 판서는 재상 몇 사람과 뜻을 모은 뒤 임금께 謁見을 청하였다.

④ • 축구 대표팀은 성적 부진의 책임을 물어 감독을 更迭하였다.
  • 정부는 추가 更正 예산안을 국회에 제출하였다.

07 □□□

밑줄 친 단어의 표기가 적절한 것은?

① 그는 긴 여행에 체력이 부쳐서 집에서 꼼짝하지 않고 쉬고 있었다.

② 그녀는 오늘도 야무지게 소맷자락을 걷어부치고 설거지를 하고 있다.

③ 그는 물통을 어깨에 걸머맨 채 집으로 향했다.

④ 이렇게 끔찍스런 살인 사건은 난생 겪어 보지 못했다.

08 □□□

다음에서 설명하고 있는 음운 변동의 예로 적절하지 않은 것은?

> 음운 변동은 그 결과에 따라 한 음운이 다른 음운으로 바뀌는 교체(交替), 원래 있던 음운이 없어지는 탈락(脫落), 없던 음운이 추가되는 첨가(添加), 두 개의 음운이 합쳐져서 하나로 되는 축약(縮約) 등으로 분류할 수 있다.

① 교체 – 키읔[키윽] ② 탈락 – 같이[가치]
③ 첨가 – 맨입[맨닙] ④ 축약 – 맏형[마텽]

09

다음 중 괄호 안의 한자어가 적절히 사용된 것은?

① 악법의 개정(改訂)에 힘쓰다.
② 죄인에게 개전(改悛)의 기회를 주다.
③ 그녀는 남편의 부정(不淨)을 참을 수 없었다.
④ 훌륭한 기술자 배출(排出)이 우리 학교의 목표이다.

10

밑줄 친 단어의 품사가 적절하지 않은 것은?

① 둘에 셋을 더하면 다섯이다. [수사]
② 아는 이를 만났다. [대명사]
③ 기차가 참 빨리 가지요. [조사]
④ 내 힘이 닿는 한 그를 도와주도록 하겠네. [명사]

Date : . . .
Time : 20 min
점 수 : / 10

01

다음 중 품사가 다른 하나는?

① 그는 내다 버려야 누가 거들떠 보지도 않게 생긴 헌 고무신을 신었다.
② 이제 너도 건강 생각해서 그렇게 편식하지 말고 다른 것도 먹어라.
③ 내가 지금 찾아가려고 하는 친구네 집은 우리 집 바로 뒤야.
④ 나는 무엇보다도 야구를 잘하는 그런 남자가 좋다.

02

다음 중 밑줄 친 용언의 활용형이 다른 하나는?

① 달리기를 하는데 고무줄이 끊어져서 체육복 바지가 흘러 버렸다.
② 된장을 물에 푼 후 체로 걸러 내어 맑은 된장국을 끓였다.
③ 전화번호를 불러 줄 테니 꼭 전화해라.
④ 그는 집에 가는 길에 술집을 들러 한잔했다.

03

밑줄 친 부분 중 [보기]의 원칙이 적용되지 않는 것은?

/ 보기 /

겹받침 'ㄳ', 'ㄵ', 'ㄼ, ㄽ, ㄾ', 'ㅄ'은 어말 또는 자음 앞에서 각각 [ㄱ, ㄴ, ㄹ, ㅂ]으로 발음한다.

－'표준 발음법' 제10항

① 쟁기와 소를 빌린 삯과 함께 밀린 외상도 지불했다.
② 금침을 개어 얹고 방바닥을 쓸었다.
③ 난 네가 내 뒤를 밟는다는 기분이 들었어.
④ 하긴 용모가 아름다운 여인들은 용모에 값할 만한 숱한 풍문들이 떠돌기 마련이었다.

04

다음 [보기] 중 외래어 표기가 올바른 것은 모두 몇 개인가?

/ 보기 /

심포지움	넌센스	부르주아	컨셉트	컴플렉스
레포트	싱가폴	카라멜	밀크셰이크	바베큐
앙케이트	팜플렛			

① 1개　② 2개
③ 3개　④ 4개

05

[보기]의 밑줄 친 설명에 부합하는 예로 가장 적절한 것은?

/ 보기 /

학자에 따라서는 접속 조사를 열거격이나 접속격으로 보아 격조사에 포함시키기도 한다. 하지만 학교 문법에서는 접속 조사에 속한 부류들이 체언을 병렬시키는 기능을 하므로 이는 격(格)의 일반적인 정의에서 벗어나는 것으로 보아격조사가 아니니 특별한 부류로서 '접속 조사'를 따로 설정한다.

① 너는 누구하고 갈 테냐
② 나는 오빠와 함께 청소를 했다.
③ 나는 미희랑 함께 영화를 보러 갔다.
④ 레몬과 귤은 비타민 시(C)가 많다.

06

밑줄 친 한자어의 사용이 적절하지 않은 것은?

① 얼른 들으면 그럴듯하나 실상은 억설이고 詭辯이란 말이야.
② 네 행실이 到底했다면 그가 그런 대접을 하지 않았을 것이다.
③ 학생들에게 독서를 助長하는 일은 매우 중요하고 필요하다.
④ 그녀는 그의 비밀을 누설해 결국 그의 憾情을 사고 말았다.

07

다음 [보기]의 밑줄 친 부분에 해당하는 예시로만 이루어진 것은?

/ 보기 /

어근과 어근의 형식적 결합 방식에 따라 합성어를 나누어 볼 수 있다. 형식적 결합 방식이란 어근과 어근의 배열 방식이 국어의 정상적인 단어 배열 방식, 즉 통사적 구성과 같고 다름을 고려한 것이다. 여기에는 합성어의 각 구성 성분들이 가지는 배열 방식이 국어의 정상적인 단어 배열법과 같은 '통사적 합성어'와 정상적인 배열 상식에서 어긋나는 '비통사적 합성어'가 있다.

① 높푸르다, 굶주리다, 굳세다
② 애호박, 논밭, 부슬비
③ 스며들다, 힘들다, 이슬비
④ 덮밥, 검붉다, 오르내리다

08

[보기]의 설명에 해당하는 예로 보기에는 부적절한 요소가 들어 있는 것은?

/ 보기 /

둘 이상의 단어가 어울리거나 접두사가 붙어서 이루어진 말은 각각 그 원형을 밝히어 적는다.

① 함부로 남을 업신여기지 마라.
② 그는 이야기를 다 듣고 나자 기가 막혀 헛웃음만 지었다.
③ 전쟁터에 끌려와 오랫동안 욕망에 굶주렸다.
④ 사치미 떼지 마세요. 밖에서 죄다 엿들었어요.

09 □□□

밑줄 친 '문'의 뜻이 다른 하나는?

① 문일지십
② 불문가지
③ 경당문노
④ 불치하문

10 □□□

밑줄 친 부분의 발음이 옳지 않은 것은?

① 사 들고 온 휘발유 병을 열어 페인트를 묽게[물께] 개었다.
② 그녀가 아니라면 결혼도 싫고, 돈을 버는 것도 싫소[실쏘].
③ 혼자서 산길을 뚫는[뚤른] 일은 결코 쉽지 않다.
④ 그는 경험이 많아[마나] 그리 당황하지 않았다.

2024 요정노트

매일 3분 하프 모의고사 22회

Date : . . .
Time : 20 min
점 수 : / 10

01

다음 문장이 밑줄 친 '씨'에 대한 설명으로 올바르지 않은 것은?

① 그 집안 사람들은 씨가 모두 그렇다.
→ 어떤 가문의 혈통이나 근원을 낮잡아 이르는 말로 명사다.

② 그 일은 김 씨가 맡기로 했네.
→ 성년이 된 사람의 성이나 성명, 이름 아래에 쓰여 그 사람을 높이거나 대접하여 부르거나 이르는 말로 의존명사다. 앞말과 띄어 쓰며, 대체로 윗사람에게 쓴다.

③ 소설가 이청준 씨가 운명하셨다. 씨는 문단의 권위자이다.
→ '그 사람'을 높여 이르는 삼인칭 대명사다. 주로 글에서 쓰는데, 앞에서 성명을 이미 밝힌 경우에 쓸 수 있다.

④ 씨는 하(河)이고, 본관은 진주이다.
→ 주로 문집이나 비문 따위의 문어에 쓰여 같은 성(姓)의 계통을 표시하는 말로 명사다.

02

다음 맞춤법의 설명에서 밑줄 친 내용에 해당하지 않는 것은?

제4절 합성어 및 접두사가 붙은 말
제27항 둘 이상의 단어가 어울리거나 접두사가 붙어서 이루어진 말은 각각 그 원형을 밝히어 적는다.
[붙임 1] 어원은 분명하나 소리만 특이하게 변한 것은 변한대로 적는다.
[붙임 2] 어원이 분명하지 아니한 것은 원형을 밝히어 적지 아니한다.

① 할아범
② 골병
③ 며칠
④ 부리나케

03

밑줄 친 한자어의 사용이 적절하지 않은 것은?

① 지역 균형 발전을 위해서는 문화 시설 대부분이 수도권에 偏在해 있는 현실을 시정해야 한다.
② 사장의 갖은 노력에도 불구하고, 그 회사는 어음을 決濟하지 못해 부도 처리가 됐다.
③ 그때 그는 "의롭게 죽느냐? 개처럼 사느냐" 하는 죽고 사는 歸路에서 헤매었던 것이다.
④ 내가 목격한 그 광경은 하도 駭怪罔測해서 소름이 끼칠 정도였다.

04

밑줄 친 부분의 맞춤법이 옳은 것은?

① 개나리 가지에 새싹이 나았다.
② 그녀는 소맷자락을 걷어부치고 설거지를 하고 있다.
③ 추위에 손가락이 곱아 일을 할 수가 없다.
④ 병이 씻은 듯이 났다.

05 □□□

[보기]의 ㉠~㉣을 고치기 위한 의견으로 알맞지 않은 것은?

/ 보기 /

말다툼하는 친구들을 말린다고 ㉠ 끼여들었다가 말을 잘못 해서 되레 친구들과 다투게 되는 경우가 있다. 그러다 보면 틀림없이 친구들과의 관계가 서먹해질 수도 있다. 그럴때 먼저 "아무러면 내가 너를 ㉡ 미워서 그랬겠니"라고 말한마디를 건네 친구의 오해가 ㉢ 풀려지도록 해 보자. ㉣ 물론 이런 오해가 생기지 않도록 평소에 말을 가려 쓰는 것이 가장 좋다.

① ㉠은 '끼다'와 '들다'가 결합된 말이므로 '끼어들었다가'로 바꿔야겠어.
② ㉡은 '밉다'가 목적어를 가질 수 없으므로 '미워해서'로 바꿔야겠어.
③ ㉢은 피동 표현이 두 번 사용되었으니 '풀리도록'으로 바꾸는게 좋겠어.
④ ㉣은 문장의 연결 관계를 고려하여 '그런데도'로 바꿔야겠어.

06 □□□

문장 부호의 쓰임이 옳지 않은 것은?

① 조선 시대의 시인 강백(1690?~1777?)의 자는 자청이고, 호는 우곡이다.
② 멀리뛰기는 도움닫기 – 도약 – 공중 자세 – 착지의 순서로 이루어진다.
③ 광역시: 광주, 대구, 대전, ……
④ 《훈민정음》은 1997년에 유네스코 세계기록유산으로 지정됐다.

07 □□□

다음 중 유사한 뜻을 갖는 한자성어끼리 짝을 지어놓은 항목이 아닌 것은?

① 拔本塞源 – 姑息之計
② 刎頸之交 – 金蘭之交
③ 愚公移山 – 磨斧作針
④ 九牛一毛 – 滄海一粟

08 □□□

밑줄 친 단어의 한자 표기가 바르지 않은 것은?

① 남편의 외도로 결혼 생활이 파탄(破綻)에 이르렀다.
② 길 잃은 어린아이처럼 그의 모습은 초라하고 나약(懦弱)해 보였다.
③ 밥알을 삭혀 어머니는 제사상에 올릴 식혜(食醯)를 담그고 계셨다.
④ 검찰은 이번 기회에 악덕 상인의 농단(壟斷)을 뿌리 뽑겠다고 다짐했다.

09

어문 규범에 맞는 단어로만 묶은 것은?

① 곰곰이, 간질이다, 닥달하다
② 통채, 발자욱, 구렛나루
③ 귀뜸, 핼쓱하다, 널찍하다
④ 대물림, 구시렁거리다, 느지막하다

10

다음 중 표준어로만 묶인 것은?

① 놀놀하다, 숙덕이다, 볍씨, 너부렁이
② 누누이, 깜짝이다, 댑싸리, 땟갈
③ 꺼림하다, 번득이다, 수퇘, 겸연쩍다
④ 쓱싹쓱싹, 새벽별, 안팎, 익살꾼

국어 마무리에 날개를 달아줄!

2024 요정노트 매일 30분

하프 모의고사

파 이 널

PART

I

매일 30분 하프모의고사

정답 및 해설

1회~22회

2024 요정노트

매일 30분 하프 모의고사  회 정답 및 해설

01 □□□ | 2023. 국가직 9급 |

다음 글의 빈칸에 들어갈 사자성어로 적절한 것은?

> 세상에는 어려운 일들이 많지만 외국 여행 다녀온 사람의 입을 막는 것도 그중 하나이다. 특히 그것이 그 사람의 첫 외국 여행이었다면, 입 막기는 포기하고 미주알고주알 늘어놓는 여행 경험을 들어 주는 편이 정신 건강에 좋다. 그 사람이 별것 아닌 사실을 [　　　　] 하거나 특수한 경험을 지나치게 일반화한들, 그런 수다로 큰 피해를 입는 것도 아니지 않은가?

① 刻舟求劍　② 捲土重來
③ 臥薪嘗膽　④ 針小棒大

정답과 해설

④ 침소봉대(針小棒大) : 작은 일을 크게 불리어 떠벌림.
문맥상 과장한다는 의미의 성어가 들어가는 것이 적절하다.

오답 피하기

① 각주구검(刻舟求劍) : 융통성 없이 현실에 맞지 않는 낡은 생각을 고집하는 어리석음을 이르는 말.
② 권토중래(捲土重來) : 땅을 말아 일으킬 것 같은 기세로 다시 온다는 뜻으로, 한 번 실패하였으나 힘을 회복하여 다시 쳐들어옴을 이르는 말.
③ 와신상담(臥薪嘗膽) : 불편한 섶에 몸을 눕히고 쓸개를 맛본다는 뜻으로, 원수를 갚거나 마음먹은 일을 이루기 위하여 온갖 어려움과 괴로움을 참고 견딤을 비유적으로 이르는 말.

02 □□□ | 2023. 국가직 9급 |

㉠~㉣ 중 한글 맞춤법에 맞게 쓰인 것만을 모두 고르면?

- 혜인 씨에게 ㉠ 무정타 말하지 마세요.
- 재아에게는 ㉡ 섭섭치 않게 사례해 주자.
- 규정에 따라 딱 세 명만 ㉢ 선발토록 했다.
- ㉣ 생각컨대 그의 보고서는 공정하지 못했다.

① ㉠, ㉡　② ㉠, ㉢
③ ㉡, ㉣　④ ㉢, ㉣

㉠ '무정하다'는 'ㅏ'만 줄어 '무정타'가 된다.
㉡ '섭섭하지'는 '하' 앞의 받침의 소리가 'ㅂ'이므로 '하'가 통째로 줄어 '섭섭지'가 된다.
㉢ '선발하도록'은 'ㅏ'만 줄어 '선발토록'이 된다.
㉣ '생각하건대'는 '하' 앞의 받침의 소리가 'ㄱ'이므로 '하'가 통째로 줄어 '생각건대'가 된다.

정답과 해설

② 한글 맞춤법 제40항에서는 "어간의 끝음절 '하'의 'ㅏ'가 줄고 'ㅎ'이 다음 음절의 첫소리와 어울려 거센소리로 될 적에는 거센소리로 적는다."라고 규정하고 있다. 붙임 규정에서는 "'하'가 통째로 줄어드는 경우에는 소리 나는 대로 적는다."라고 규정하고 있는데, '하'가 줄어드는 기준은 '하' 앞에 오는 받침의 소리이다. '하' 앞의 받침의 소리가 [ㄱ, ㄷ, ㅂ]이면 '하'가 통째로 줄고 그 외의 경우에는 'ㅎ'이 남는다.

03 ☐☐☐

| 2023. 국가직 9급 |

㉠~㉣의 한자로 적절하지 않은 것은?

> 예정보다 지연되긴 했으나 열 시쯤에는 마애불에 ㉠ 도착할 수가 있었다. 맑은 날씨에 빛나는 햇살이 환히 비춰 ㉡ 불상들은 불그레 물들어 있었다. 만일 신비로운 ㉢ 경지라는 말을 할 수 있다면 바로 이런 경우가 아닐지 모르겠다. 꼭 보고 싶다는 숙원이 이루어진 기쁨에 가슴이 벅차 왔다. 아마 잊을 수 없는 ㉣ 추억의 한 토막으로 남을 것 같다.

① ㉠ : 到着　　② ㉡ : 佛像
③ ㉢ : 境地　　④ ㉣ : 記憶

정답과 해설

④ 追憶(쫓을 추, 생각할 억) : 지난간 일을 돌이켜 생각함. 또는 그런 생각이나 일.
記憶(기록할 기, 생각할 억) 이전의 인상이나 경험을 의식 속에 간직하거나 도로 생각해 냄.

오답 피하기

① 도착(到着) : 목적한 곳에 다다름.
② 불상(佛像) : 부처의 형상을 표현한 상.
③ 경지(境地) : 「1」 일정한 경계 안의 땅.
「2」 학문, 예술, 인품 따위에서 일정한 특성과 체계를 갖춘 독자적인 범주나 부분.
「3」 몸이나 마음, 기술 따위가 어떤 단계에 도달해 있는 상태.

04 ☐☐☐

| 2023. 국가직 9급 |

밑줄 친 단어가 표준어 규정에 맞게 쓰인 것은?

① 저기 보이는 게 암염소인가, 수염소인가?
② 오늘 윗층에 사시는 분이 이사를 가신대요.
③ 봄에는 여기저기에서 아지랭이가 피어오른다.
④ 그는 수업을 마치면 으레 친구들과 운동을 한다.

정답과 해설

④ '으레'는 '두말할 것 없이 당연히'라는 의미의 부사로 표준어이다. 원래 '의례(依例)'에서 '으례'가 되었던 것인데 모음이 단순화한 형태를 표준어로 규정하여 '레'로 바뀌었으므로 '으레'를 표준어로 삼았다.

오답 피하기

① 일반적으로 수컷을 이르는 접두사는 '수-'로 통일하지만 '숫양, 숫염소, 숫쥐'는 '숫-'을 표준어로 삼는다.*
② '웃-' 및 '윗-'은 명사 '위'에 맞추어 '윗-'으로 통일하지만 된소리나 거센소리 앞에서는 '위-'를 표준어로 하므로 '위층'이 맞다.
③ 일반적으로 'ㅣ' 역행 동화 현상에 의한 발음은 표준 발음으로 인정하지 않는다. 하지만 '아지랑이'는 '아지랭이'로 고쳐진 것이 교과서에 반영되어 '아지랭이'가 표준어로 쓰여 왔으나, 현대 언중들이 '아지랑이'를 표준으로 인식하는 경향이 강해 '아지랑이'를 표준어로 삼았다.

* '수'와 뒤의 말이 결합할 때, 발음상 [ㄴ(ㄴ)] 첨가가 일어나거나 뒤의 예사소리가 된소리가 되는 경우 사이시옷과 유사한 효과를 보이는 것이라 판단하여 '수'에 'ㅅ'을 붙인 '숫'을 표준어형으로 규정하였다. 이러한 경우에는 '다만 2' 규정에서 언급한 예들만 해당한다. '숫양, 숫염소'는 발음이 [순냥], [순념소]이지 [수양], [수염소]가 아니므로 '수양, 수염소'와 같은 형태를 비표준어로 규정하였다. 또 '숫쥐'는 발음이 [숟쮜]이지 [수쥐]가 아니므로 '수쥐'와 같은 형태를 비표준어로 규정하였다.

05

| 2023. 지방직 9급 |

㉠~㉣을 설명한 내용으로 적절하지 않은 것은?

- ㉠ 지원은 자는 동생을 깨웠다.
- 유선은 도자기를 ㉡ 만들었다.
- 물이 ㉢ 얼음이 되었다.
- ㉣ 어머나, 현지가 언제 이렇게 컸지?

① ㉠ : 동작의 주체를 나타내는 주어이다.
② ㉡ : 주어와 목적어를 요구하는 서술어이다.
③ ㉢ : 서술어를 꾸며주는 부사어이다.
④ ㉣ : 문장의 다른 성분과 직접적으로 관련을 맺지 않는 독립어이다.

정답과 해설

③ '얼음이'는 부사어가 아니라 보어이다. 보어는 '되다, 아니다'를 보충하는 '무엇이'에 해당하는 성분을 말한다. '되다'와 '아니다'는 주어와 보어가 필요한 서술어이다.

오답 피하기

① 동생을 깨우는 행동의 주체는 '지원'이다. 주격 조사가 생략되고 보조사가 결합한 형태이다.
② '만들다'는 주어와 목적어를 필요로 하는 두 자리 서술어이다.
④ '어머나'는 독립어이다. 독립어는 문장 내에서 다른 성분들과 직접적인 관계를 맺지 않고 독립적으로 쓰이는 문장 성분을 의미한다.

06

| 2023. 지방직 9급 |

㉠~㉣과 바꿔 쓸 수 있는 유사한 표현으로 적절하지 않은 것은?

- 서구의 문화를 ㉠ 맹종하는 이들이 많다.
- 안일한 생활에서 ㉡ 탈피하여 어려운 일에 도전하고 싶다.
- 회사의 생산성을 ㉢ 제고하기 위해 노력하자.
- 연못 위를 ㉣ 부유하는 연잎을 바라보며 여유를 즐겼다.

① ㉠ : 무분별하게 따르는　② ㉡ : 벗어나
③ ㉢ : 끌어올리기　④ ㉣ : 헤엄치는

정답과 해설

④ '헤엄치다'는 '사람이나 물고기 따위가 물속에서 나아가기 위하여 팔다리를 젓거나 지느러미를 움직이다.'라는 의미이다. 연잎은 헤엄을 칠 수 있는 대상이 아니므로 떠다닌다는 의미의 '부유하다'가 적절하다.

* 부유하다(浮遊하다/浮游하다) : 물 위나 물속, 또는 공기 중에 떠다니다.

오답 피하기

① 맹종하다(盲從하다) : 옳고 그름을 가리지 않고 남이 시키는 대로 덮어놓고 따르다.
② 탈피하다(脫皮하다) : 일정한 상태나 처지에서 완전히 벗어나다.
③ 제고하다(提高하다) : 수준이나 정도 따위를 끌어올리다.

07

| 2023. 지방직 9급 |

㉠~㉣에 들어갈 단어로 적절하지 않은 것은?

- 우리 회사는 올해 최고 수익을 창출해서 전성기를 [㉠] 하고 있다.
- 그는 오래 살아온 자기 명의의 집을 [㉡] 하려 했는데 사려는 사람이 없다.
- 그들 사이에 [㉢] 이 심해서 중재자가 필요하다.
- 제가 부족하니 앞으로 많은 [㉣] 을 부탁드립니다.

① ㉠ : 구가(謳歌)　② ㉡ : 매수(買受)
③ ㉢ : 알력(軋轢)　④ ㉣ : 편달(鞭撻)

정답과 해설

② 그는 자기가 살던 집을 팔려고 하는 것이므로 물건을 팔고 사는 일을 의미하는 '매수(買售)'가 들어가는 것이 적절하다. '매수(買受)'는 물건을 사들이는 것을 의미하므로 적절하지 않다.

* 매수(買受) : 물건을 사서 넘겨받음.
* 매수(買售) : 물건을 팔고 사는 일.=매매.

오답 피하기

① 구가하다(謳歌하다) : 「1」 여러 사람이 입을 모아 칭송하여 노래하다
「2」 행복한 처지나 기쁜 마음 따위를 거리낌 없이 나타내다.
③ 알력(軋轢) : 수레바퀴가 삐걱거린다는 뜻으로, 서로 의견이 맞지 아니하여 사이가 안 좋거나 충돌하는 것을 이르는 말.
④ 편달(鞭撻) : 경계하고 격려함.

08

| 2023. 지방직 9급 |

밑줄 친 단어의 쓰임이 올바르지 않은 것은?

① 이 일은 정말 힘에 부치는 일이다.
② 그와 나는 전부터 알음이 있던 사이였다.
③ 대문 앞에 서 있는데 대문이 저절로 닫혔다.
④ 경기장에는 걷잡아서 천 명이 넘게 온 듯하다.

정답과 해설

④ 경기장에 온 인원을 어림잡아 짐작해 보는 것이므로 '겉잡아서'를 쓰는 것이 옳다.

* 걷잡다 : 한 방향으로 치우쳐 흘러가는 형세 따위를 붙들어 잡다.
(예 걷잡을 수 없는 사태.)
* 겉잡다 : 겉으로 보고 대강 짐작하여 헤아리다.
(예 예산을 대충 겉잡아서 말하지 말고 잘 뽑아 보시오.)

오답 피하기

① 부치다 : 모자라거나 미치지 못하다.
② 알음 : 사람끼리 서로 아는 일.
③ 닫히다 : 열린 문짝, 뚜껑, 서랍 따위가 도로 제자리로 가 막히다. '닫다'의 피동사

09 □□□

| 2023. 지방직 9급 |

㉠~㉢의 한자 표기로 올바른 것은?

- 복지부 ㉠ 장관은 의료시설이 대도시에 편중된 문제에 대해 대책을 마련하라고 지시하였다.
- 박 주무관은 사유지의 국유지 편입으로 발생한 주민들의 피해를 ㉡ 보상하는 업무를 맡고 있다.
- 김 주무관은 이 팀장에게 부서 운영비와 관련된 ㉢ 결재를 올렸다.

	㉠	㉡	㉢
①	長官	補償	決裁
②	將官	報償	決裁
③	長官	報償	決濟
④	將官	補償	決濟

정답과 해설

① ㉠ 장관(長官) : 국무를 나누어 맡아 처리하는 행정 각부의 우두머리.
㉡ 보상(補償) : 남에게 끼친 손해를 갚음.
㉢ 결재(決裁) : 결정할 권한이 있는 상관이 부하가 제출한 안건을 검토하여 허가하거나 승인함.

오답 피하기

㉠ 장관(將官) : 군사를 거느리는 우두머리.
㉡ 보상 (報償) : 남에게 진 빚 또는 받은 물건을 갚음.
㉢ 결제(決濟) : 「1」 일을 처리하여 끝냄.
「2」 증권 또는 대금을 주고받아 매매 당사자 사이의 거래 관계를 끝맺는 일.

10 □□□

| 2022. 국가직 9급 |

밑줄 친 말의 쓰임이 옳지 않은 것은?

① 그는 아까운 능력을 썩히고 있다.
② 음식물 쓰레기를 썩혀서 거름으로 만들었다.
③ 나는 이제까지 부모님 속을 썩혀 본 적이 없다.
④ 그들은 새로 구입한 기계를 창고에서 썩히고 있다.

정답과 해설

③ '걱정이나 근심 따위로 마음이 몹시 괴로운 상태가 되게 만들다.'라는 의미의 단어는 '썩이다'이므로 '부모님 속을 썩여'로 써야 한다.

오답 피하기

① '물건이나 사람 또는 사람의 재능 따위가 쓰여야 할 곳에 제대로 쓰이지 못하고 내버려진 상태로 있게 하다.'라는 의미로 쓰였으므로 '썩히다'가 맞다.
② '유기물이 부패 세균에 의하여 분해됨으로써 원래의 성질을 잃어 나쁜 냄새가 나고 형체가 뭉개지는 상태가 되게 하다.'라는 의미로 쓰였으므로 '썩히다'가 맞다.
④ '물건이나 사람 또는 사람의 재능 따위가 쓰여야 할 곳에 제대로 쓰이지 못하고 내버려진 상태로 있게 하다.'라는 의미로 쓰였으므로 '썩히다'가 맞다.

썩이다 「동사」【…을】
걱정이나 근심 따위로 마음이 몹시 괴로운 상태가 되게 만들다. '썩다'의 사동사.
예 이제 부모 속 좀 작작 썩여라.
예 여태껏 부모 속을 썩이거나 말을 거역한 적이 없었다

썩히다 「동사」【…을】
「1」 유기물이 부패 세균에 의하여 분해됨으로써 원래의 성질을 잃어 나쁜 냄새가 나고 형체가 뭉개지는 상태가 되게 하다. '썩다'의 사동사.
예 음식을 썩혀 거름을 만들다.

「2」 물건이나 사람 또는 사람의 재능 따위가 쓰여야 할 곳에 제대로 쓰이지 못하고 내버려진 상태로 있게 하다. '썩다'의 사동사.
예 그는 시골구석에서 재능을 썩히고 있다.
예 기술자가 없어서 고가의 장비를 썩히고 있다.
예 이제는 자네 뽐낼 시대도 왔으니 한번 나서 보게. 아까운 영어를 썩히지 말고.≪변영로, 명정 40년≫

「3」 (속되게) 본인의 의사와 관계없이 어떤 곳에 얽매이게 하다. '썩다'의 사동사.

매일 30분 하프 모의고사 02회 정답 및 해설

01 □□□

| 2022. 국가직 9급 |

사자성어의 쓰임이 적절하지 않은 것은?

① 그는 구곡간장(九曲肝腸)이 끊어지는 듯한 슬픔에 빠졌다.
② 학문의 정도를 걷지 않고 곡학아세(曲學阿世)하는 이가 있다.
③ 이유 없이 친절한 사람은 구밀복검(口蜜腹劍)일 수 있으니 조심해야 한다.
④ 신중한 태도로 문제의 본질에 접근하는 당랑거철(螳螂拒轍)의 자세가 필요하다.

정답과 해설

④ '당랑거철(螳螂拒轍)'은 중국 제나라 장공(莊公)이 사냥을 나가는데 사마귀가 앞발을 들고 수레바퀴를 멈추려 했다는 데서 유래한 말로, 제 역량을 생각하지 않고 강한 상대나 되지 않을 일에 덤벼드는 무모한 행동거지를 비유적으로 이르는 말이다. 신중한 태도와는 거리가 멀다.

오답 피하기

① '구곡간장(九曲肝腸)'은 굽이굽이 서린 창자라는 뜻으로, 깊은 마음속 또는 시름이 쌓인 마음속을 비유적으로 이르는 말이므로 그 쓰임이 적절하다.
② '곡학아세(曲學阿世)'는 바른길에서 벗어난 학문으로 세상 사람에게 아첨한다는 의미로 그 쓰임이 적절하다.
③ '구밀복검(口蜜腹劍)'은 입에는 꿀이 있고 배 속에는 칼이 있다는 뜻으로, 말로는 친한 듯하나 속으로는 해칠 생각이 있음을 이르는 말이므로 그 쓰임이 적절하다.

02 □□□

| 2022. 국가직 9급 |

㉠~㉢에 들어갈 말로 가장 적절한 것은?

- 그들의 끈기가 이 경기의 승패를 [㉠] 했다.
- 올해 영화제 시상식은 11개 [㉡] 으로 나뉜다.
- 그 형제는 너무 닮아서 누가 동생이고 누가 형인지 [㉢] 할 수 없다.

	㉠	㉡	㉢
①	가름	부문	구별
②	가름	부분	구분
③	갈음	부문	구별
④	갈음	부분	구분

정답과 해설

① 승부나 등수 따위를 정하는 일은 '가름'이다. 일정한 기준에 따라 분류하는 것은 '부문'이고, 성질에 따라 갈라놓은 것은 '구별'이다.

오답 피하기

단어	뜻	예
가늠	헤아리다.	▸ 높이를 가늠하다.
가름	둘로 나누다. 승부나 등수를 정하다.	▸ 둘로 가름. ▸ 외발 싸움에서 가름이 났다.
갈음	교체하다. 대체하다.	▸ 인사말을 갈음하다.

단어	뜻	예
부문	일정한 기준에 따라 분류	▸ 중공업 부문 ▸ 사회 과학 부문
부분	전체를 이루는 작은 범위	▸ 썩은 부분을 잘라 내다. ▸ 사를 세 부분으로 나누어 진행하다.

단어	뜻	예
구별	성질이나 종류에 따라 갈라놓음.	▸ 공과 사의 구별
구분	일정한 기준에 따라 전체를 몇 개로 갈라 나눔.	▸ 서정시와 서사시의 구분은 상대적일 뿐이다.

03

| 2022. 국가직 9급 |

한자 표기가 옳지 않은 것은?

① 오늘 협상에서 만족(滿足)할 만한 성과를 거두었다.
② 김 위원의 주장을 듣고 그 의견에 동의하여 재청(再請)했다.
③ 우리 지자체의 해묵은 문제를 해결(解結)할 방안이 생각났다.
④ 다수가 그 의견에 동의하지 않았기에 재론(再論)이 필요하다.

정답과 해설

③ 제기된 문제를 해명하거나 얽힌 일을 잘 처리한다는 의미의 '해결'은 '解 풀 해, 決 결정할 결'로 쓴다.
- 해결(解決) : 解 풀 해, 決 결정할 결(○)
- 해결(解結) : 解 풀 해, 結 맺을 결(×)

오답 피하기

① 만족(滿足) : 마음에 흡족함. 모자람이 없이 넉넉함.
만족(滿 찰 만, 足 발 족)
② 재청(再請) : 이미 한 번 한 것을 다시 청함.
재청(再 다시 재, 請 청할 청)
④ 재론(再論) : 이미 논의한 것을 다시 논의함.
재론(再 다시 재, 論 논의할 론)

04

| 2022. 국가직 9급 |

다음 규정에 근거할 때 옳지 않은 것은?

> 한글 맞춤법 제30항
> 사이시옷은 다음과 같은 경우에 받치어 적는다.
> (가) 순우리말로 된 합성어로서 앞말이 모음으로 끝나면서 뒷말의 첫소리가 된소리로 나는 것
> (나) 순우리말과 한자어로 된 합성어로서 앞말이 모음으로 끝나면서 뒷말의 첫소리가 된소리로 나는 것

① (가)에 따라 '아래 + 집'은 '아랫집'으로 적는다.
② (가)에 따라 '쇠 + 조각'은 '쇳조각'으로 적는다.
③ (나)에 따라 '전세 + 방'은 '전셋방'으로 적는다.
④ (나)에 따라 '자리 + 세'는 '자릿세'로 적는다.

정답과 해설

③ '전세(傳貰)'와 '방(房)'은 모두 한자어이다. 순우리말이 들어간 합성어가 아니므로 사이시옷을 적지 않고 '전세방'으로 적는다.

오답 피하기

① '아래'와 '집'은 순우리말이고 [아래찝/아랟찝]과 같이 된소리로 발음되므로 (가)에 따라 '아랫집'으로 적는다.
② '쇠'와 '조각'은 순우리말이고 [쇠쪼각/쉗쪼각]과 같이 된소리로 발음되므로 (가)에 따라 '쇳조각'으로 적는다.
④ '자리'와 '세(貰)'는 순우리말과 한자어로 된 합성어이고 [자리쎄/자릳쎄]와 같이 된소리로 발음되므로 (나)에 따라 '자릿세'로 적는다.

05

| 2022. 지방직 7급 |

(가)에 들어갈 한자성어로 가장 적절한 것은?

> 소설가 에번 코넬은 단편소설의 초고를 읽어 내려가면서 쉼표를 하나하나 지웠다가 다시 한번 읽으면서 쉼표를 원래 있던 자리에 되살려 놓는 과정을 거치면 단편 하나가 완성된다고 했다. 강박증 환자처럼 보이지만 실은 치열한 문장가가 아닌가! 불필요한 곳에 나태하게 찍혀 있는 쉼표는 글의 논리와 리듬을 망쳐 놓는다. 쉼표를 사용할 필요가 없는 [(가)] 의 문장을 쓰거나 쉼표의 앞뒤를 섬세하게 짚게 하는 치밀한 문장을 만들어야 한다.

① 髀肉之歎 ② 聲東擊西
③ 苦盡甘來 ④ 天衣無縫

정답과 해설

④ '天衣無縫(천의무봉)'은 천사의 옷은 꿰맨 흔적이 없다는 뜻으로, 일부러 꾸민 데 없이 자연스럽고 아름다우면서 완전함을 이르는 말이다. (가)는 쉼표가 필요 없는 완벽한 문장을 의미하므로 '天衣無縫(천의무봉)'이 가장 적절하다.

오답 피하기

① 髀肉之嘆(비육지탄) : 재능을 발휘할 때를 얻지 못하여 헛되이 세월만 보내는 것을 한탄함을 이르는 말이다. ≪삼국지≫ 〈촉지(蜀志)〉에서 중국 촉나라 유비가 오랫동안 말을 타고 전쟁터에 나가지 못하여 넓적다리만 살찜을 한탄한 데서 유래한다.
② 聲東擊西(성동격서) : 동쪽에서 소리를 내고 서쪽에서 적을 친다는 뜻으로, 적을 유인하여 이쪽을 공격하는 체하다가 그 반대쪽을 치는 전술을 이르는 말이다.
③ 苦盡甘來(고진감래) : 쓴 것이 다하면 단 것이 온다는 뜻으로, 고생 끝에 즐거움이 옴을 이르는 말이다.

06 □□□

| 2022. 지방직 7급 |

밑줄 친 부분의 한자 표기가 옳은 것은?

① 이번 연주회의 백미(百眉)는 단연 바이올린 독주였다.
② 그분은 고령에도 불구하고 노익장(老益壯)을 과시했다.
③ 신춘문예 공모는 젊은 소설가들의 등용문(燈龍門)이다.
④ 우리 회사에는 미봉책(未縫策)이 아닌 근본 대책이 필요하다.

정답과 해설

② 노익장(老益壯) : 늙었지만 의욕이나 기력은 점점 좋아짐. 또는 그런 상태. (老 늙을 로, 益 더할 익, 壯 장할 장)

오답 피하기

① 白眉(백미) : 흰 눈썹이라는 뜻으로, 여럿 가운데에서 가장 뛰어난 사람이나 훌륭한 물건을 비유적으로 이르는 말. 중국 촉한(蜀漢) 때 마씨(馬氏) 다섯 형제가 모두 재주가 있었는데 그중에서도 눈썹 속에 흰 털이 난 마량(馬良)이 가장 뛰어났다는 데서 유래한다. (白 흰 백, 眉 눈썹 미)
百 : 일백 백
③ 등용문(登龍門) : 용문(龍門)에 오른다는 뜻으로, 어려운 관문을 통과하여 크게 출세하게 됨. 또는 그 관문을 이르는 말. 잉어가 중국 황허강(黃河江) 중류의 급류인 용문을 오르면 용이 된다는 전설에서 유래한다. (登 오를 등, 龍 용 용, 門 문 문)
燈 : 등 등
④ 彌縫策(미봉책) : 눈가림만 하는 일시적인 계책(計策). ≒미봉지책. (彌 미륵 미, 縫 꿰맬 봉, 策 꾀 책)
未 : 아닐 미

07 □□□

| 2022. 지방직 7급 |

밑줄 친 말이 표준어가 아닌 것은?

① 그는 구멍 난 양말을 꼬매고 있다.
② 그는 자동차에 대해서 빠삭한 편이다.
③ 그는 나를 보고 계면쩍게 웃기만 했다.
④ 밥을 제대로 차려 먹기에는 어중된 시간이다.

정답과 해설

① '옷 따위의 해지거나 뚫어진 데를 바늘로 깁거나 얽어매다'라는 뜻의 단어는 '꼬매다'가 아니라 '꿰매다'이다. '꿰매다'는 '꿰매어, 꿰매, 꿰매니' 등과 같이 활용한다.

오답 피하기

② '빠삭하다'는 '어떤 일을 자세히 알고 있어서 그 일에 대하여 환하다.'라는 의미의 형용사로 표준어이다. '그는 컴퓨터에 빠삭하다. 그래 봬도 언니가 대중가요는 빠삭한 모양이야.'와 같이 쓰인다.
③ '계면쩍다'는 '쑥스럽거나 미안하여 어색하다.'라는 의미를 가진 형용사 '겸연쩍다'의 변한말로 표준어이다. '계면쩍게 웃다. 안주 얼마 가지고 떠든 것이 계면쩍기도 했다. 그녀를 쳐다보기가 계면쩍어 피식 웃었다.'와 같이 쓰인다.
④ '어중되다'는 '이도 저도 아니어서 어느 것에도 알맞지 아니하다.'라는 의미의 형용사로 표준어이다.

08 □□□

| 2022. 지방직 7급 |

㉠~㉣을 활용하여 사례의 밑줄 친 부분을 분석한 것으로 옳지 않은 것은?

> 어간과 결합하는 어미는 다음과 같이 분류될 수 있다. 먼저 실현되는 위치에 따라 ㉠ 선어말 어미와 어말 어미로 나뉜다. 다음으로 어말 어미는 그 기능에 따라 ㉡ 연결 어미, ㉢ 종결 어미, ㉣ 전성 어미로 나뉜다.

	사례	분석
①	형이 어머니를 잘 모시겠지만 조금은 걱정돼.	어간 + ㉠ + ㉡
②	많은 사람들이 오갔기 때문에 소독을 해야 해.	어간 + ㉠ + ㉣
③	어머니께서 할머니께 전화를 드리셨을 텐데.	어간 + ㉠ + ㉠ + ㉡
④	아버지께서 지난주에 편지를 보내셨을걸.	어간 + ㉠ + ㉠ + ㉢

정답과 해설

③ 드리셨을 : 드리-(어간), -시-(선어말 어미), -었-(선어말 어미), -을(관형사형 전성 어미) / '-을'은 연결 어미가 아니라 관형사형 전성 어미이다.

오답 피하기

① 모시겠지만 : 모시-(어간), -겠-(선어말 어미), -지만(연결 어미)
② 오갔기 : 오가-(어간), -았-(선어말 어미), -기(명사형 전성 어미)
④ 보내셨을걸 : 보내-(어간), -시-(선어말 어미), -었-(선어말 어미), -을걸(종결 어미)

09

| 2022. 지방직 7급 |

밑줄 친 단어가 다의어 관계로 묶인 것은?

① 무를 강판에 갈아 즙을 내었다.
고장 난 전등을 새것으로 갈아 끼웠다.
② 안개에 가려서 앞이 잘 안 보인다.
음식을 가리지 말고 골고루 먹어야 한다.
③ 긴장이 되면 입술이 바짝바짝 탄다.
벽난로에서 장작불이 활활 타고 있다.
④ 이 경기에서 지면 결승 진출이 좌절된다.
모닥불이 지면 한기가 느껴지기 시작한다.

정답과 해설

③ 동음이의어와 다의어를 구별하는 문제이다. 동음이의어는 서로 의미상 연관성이 없지만, 다의어는 의미상 연관성이 있다는 것이 가장 큰 차이점이다. '타다'는 중심 의미 '불씨나 높은 열로 불이 붙어 번지거나 불꽃이 일어나다.' 외에 '피부가 햇볕을 오래 쬐어 검은색으로 변하다, 뜨거운 열을 받아 검은색으로 변할 정도로 지나치게 익다, 마음이 몹시 달다, 물기가 없어 바싹 마르다.'의 주변적 의미로도 쓰인다.
'벽난로에서 장작불이 활활 타고 있다.'는 중심 의미로 쓰인 것이고, '긴장이 되면 입술이 바짝바짝 탄다.'는 '물기가 없어 바싹 마르다.'라는 주변적 의미로 쓰인 것이다.

오답 피하기

① '무를 강판에 갈아 즙을 내었다.'에서 '갈다'는 '잘게 부수기 위하여 단단한 물건에 대고 문지르거나 단단한 물건 사이에 넣어 으깨다'라는 의미이고, '고장 난 전등을 새것으로 갈아 끼웠다.'에서 '갈다'는 '이미 있는 사물을 다른 것으로 바꾸다.'라는 의미이다. 두 단어는 의미적 연관성이 없는 동음이의어이다.
② '안개에 가려서 앞이 잘 안 보인다.'에서 '가리다'는 '보이거나 통하지 못하도록 막히다.'라는 의미의 동사이고, '음식을 가리지 말고 골고루 먹어야 한다.'에서 '가리다'는 '음식을 골라서 먹다.'라는 의미의 동사이다. 두 단어는 의미적 연관성이 없는 동음이의어이다.
④ '이 경기에서 지면 결승 진출이 좌절된다.'에서 '지다'는 '내기나 시합, 싸움 따위에서 재주나 힘을 겨루어 상대에게 꺾이다.'라는 의미이고, '모닥불이 지면 한기가 느껴지기 시작한다.'에서 '지다'는 '불이 타 버려 사위어 없어지거나 빛이 희미하여지다.'라는 의미이다. 두 단어는 서로 의미상 연관성이 없는 동음이의어이다.

	다의 관계 (다의어)	동음이의 관계 (동음이의어)
차이점	• 하나의 의미만 지녔던 단어가 의미가 확대된 경우 • 의미들 사이에 관련이 있음. • 중심적 의미가 하나임. (나머지는 주변적 의미) • 사전에서 하나의 단어(표제어)로 처리	• 서로 다른 단어가 우연히 소리(발음)만 같은 경우 • 의미들 사이에 관련이 없음. • 중심적 의미가 여러 개임. (단어마다 있음) • 사전에서 서로 다른 단어(표제어)로 처리
공통점	하나의 소리에 여러 의미가 결합됨.	

10

| 2022. 지방직 9급 |

단어에 대한 설명으로 적절하지 않은 것은?

① 가난 : 한자어 '간난'에서 'ㄴ'이 탈락하면서 된 말이다.
② 어리다 : '어리석다'는 뜻에서 '나이가 적다'는 뜻으로 바뀐 말이다.
③ 수탉 : 'ㅎ'을 종성으로 갖고 있던 '숳'에 '둙'이 합쳐져 이루어진 말이다.
④ 점잖다 : '의젓함'을 나타내는 '점잖이'에 '하다'가 붙어 형성된 말이다.

정답과 해설

④ '점잖다'는 '점잖이'에 '하다'가 붙은 것이 아니라, '젊다'와 '-지 않다'가 축약이 되어 형성된 말이다. (한글 맞춤법 39항 : 어미 '-지' 뒤에 '않-'이 어울려 '-잖-'이 될 적과 '-하지' 뒤에 '않-'이 어울려 '-찮-'이 될 적에는 준 대로 적는다.)

오답 피하기

① '가난'은 한자어 '간난(艱難)'에서 'ㄴ'이 탈락한 형태이다. (艱 어려울 간, 難 어려울 난)
② '어리다'는 중세 국어에서는 '어리석다'라는 뜻이었는데, 현대 국어에서는 '나이가 적다'라는 뜻으로 사용된다. 단어의 의미가 이동한 예시에 해당한다.
③ '수탉'에서 '수'의 옛말은 'ㅎ'을 종성으로 가진 '숳'였다. '숳'과 '둙'이 결합하여 오늘날 '수탉'의 형태가 된 것이다.

2024 요정노트

매일 30분 하프 모의고사  회 정답 및 해설

01 ☐☐☐ | 2022. 지방직 9급 |

밑줄 친 단어 중 사람의 몸을 지시하는 말이 포함되지 않은 것은?

① 선생님께서는 슬하에 세 명의 자녀를 두셨다고 한다.
② 그는 수완이 좋아서 사람들에게 인정을 받는다.
③ 여러 팀이 우승을 위해 긴 시간 동안 각축을 벌였다.
④ 사업단의 발족으로 미뤄 뒀던 일들이 진행되기 시작했다.

정답과 해설

③ 각축(角逐)은 서로 이기려고 다투며 덤벼드는 것을 의미한다. '脚(다리 각)'을 사용할 것이라고 착각해서 틀린 경우가 많은데, '각축(角逐)'은 '角(뿔 각)'자를 사용한다. 뿔은 동물에게 있는 것이므로, 사람의 몸을 지시하는 말이라고 할 수 없다.

오답 피하기

① 슬하(膝下)는 무릎의 아래라는 뜻으로, 어버이나 조부모의 보살핌 아래, 주로 부모의 보호를 받는 테두리 안을 이른다. 사람의 몸을 지시하는 말로 '슬(膝 무릎 슬)'이 포함되어 있다. (膝 무릎 슬, 下 아래 하)
② 수완(手腕)은 일을 꾸미거나 치러 나가는 재간을 의미한다. 사람의 몸을 지시하는 말로 이루어져 있다. (手 손 수, 腕 팔 완)
④ 발족(發足)은 어떤 조직체가 새로 만들어져서 일이 시작됨. 또는 그렇게 일을 시작함을 의미한다. 사람의 신체를 나타내는 말로 '족(足 발 족)'이 포함되어 있다. (發 필 발, 足 발 족)

02 ☐☐☐ | 2022. 지방직 9급 |

밑줄 친 말의 쓰임이 올바른 것은?

① 습관처럼 중요한 말을 되뇌이는 버릇이 있다.
② 나는 친구 집을 찾아 골목을 헤매이고 다녔다.
③ 너무 급하게 밥을 먹으면 목이 메이기 마련이다.
④ 그는 어린 시절 기계에 손가락이 끼이는 사고를 당했다.

정답과 해설

④ '끼이다'는 '벌어진 사이에 들어가 죄이고 빠지지 않게 되다.'라는 의미로, '끼다'의 피동사이다. '끼이어, 끼이니, 끼여' 등으로 활용하고, '기계에 손가락이 끼여 다쳤다.'와 같이 쓰이므로 문맥상 그 쓰임이 적절하다.

오답 피하기

① '되뇌다'는 '같은 말을 되풀이하여 말하다.'라는 의미로 '되뇌어, 되놰, 되뇌니' 등과 같이 활용한다. '되뇌이다'는 '되뇌다'의 잘못된 표현이다.
② '헤매다'는 '갈 바를 몰라 이리저리 돌아다니다.'라는 의미로 '헤매어, 헤매, 헤매니' 등과 같이 활용한다. '헤매이다'는 '헤매다'의 잘못된 표현이다.
③ '메다'는 '뚫려 있거나 비어 있는 곳이 막히거나 채워지다.'라는 의미로 '메어, 메, 메니'와 같이 활용하고, '밥을 급히 먹으면 목이 멘다.'와 같이 쓰인다. 문맥상 '메이다'는 '메다'의 잘못된 표현이다. '메이다'는 '어깨에 걸치거나 올려놓다, 어떤 책임을 지거나 임무를 맡다.'의 의미인 '메다'의 피동사로 쓰일 경우에만 적절하다.

03 ☐☐☐ | 2022. 지방직 9급 |

밑줄 친 부분의 한자 표기가 옳지 않은 것은?

① 우리 시대 영웅으로 소방관(消防官)이 있다.
② 과학자(科學者)는 청소년들이 선망하는 직업이다.
③ 그는 인공지능 연구소의 연구원(研究員)이 되었다.
④ 그는 법원의 명령에 따라 변호사(辯護事)로 선임되었다.

정답과 해설

④ 사람을 나타내는 단어를 알면 쉽게 풀 수 있다. '변호사'에서 '사'는 직업의 뜻을 더하는 접미사로, '事(일 사)'가 아닌 '士(선비 사)'를 사용한다. 변호사(辯 말 잘할 변, 護 보호할 호, 士 선비 사)

오답 피하기

① 소방관(消防官) : 消 꺼질 소, 防 막을 방, 官 벼슬 관
② 과학자(科學者) : 科 품등 과, 學 배울 학, 者 놈 자
③ 연구원(研究員) : 研 갈 연, 究 궁구할 구, 員 관원 원

04 ☐☐☐ | 2022. 지방직 9급 |

밑줄 친 부분에 어울리는 한자 성어로 가장 적절한 것은?

> 추사 김정희의 '세한도'는 글씨를 쓰다 남은 먹을 버리기 아까워 그린 듯이 갈필(渴筆)의 거친 선 몇 개로 이루어져 있다. 정말 큰 기교는 겉으로 보기에는 언제나 서툴러 보이는 법이다. 그러나 대가의 덤덤한 듯, 툭 던지는 한마디는 예리한 비수가 되어 독자의 의식을 헤집는다.

① 巧言令色　② 寸鐵殺人
③ 言行一致　④ 街談巷說

정답과 해설

② 촌철살인(寸鐵殺人)은 한 치의 쇠붙이로도 사람을 죽일 수 있다는 뜻으로, 간단한 말로도 남을 감동하게 하거나 남의 약점을 찌를 수 있음을 이르는 말이다. '툭 던지는 한마디는 예리한 비수가 되어 독자의 의식을 헤집는다.'라는 내용과 가장 잘 어울린다.

오답 피하기

① 교언영색(巧言令色) : 아첨하는 말과 알랑거리는 태도
③ 언행일치(言行一致) : 말과 행동이 하나로 들어맞음. 또는 말한 대로 실행함. ≒말짓일치.
④ 가담항설(街談巷說) : 거리나 항간에 떠도는 소문. ≒가담항어, 가담항의, 가설항담.

05

| 2021. 국가직 9급 |

맞춤법에 맞는 것만으로 묶은 것은?

① 돌나물, 꼭지점, 페트병, 낚시꾼
② 흡입량, 구름양, 정답란, 칼럼난
③ 오뚝이, 싸라기, 법석, 딱다구리
④ 찻간(車間), 홧병(火病), 셋방(貰房), 곳간(庫間)

오답 피하기

① '꼭짓점'이 바른 표기이다.
③ '딱따구리'가 바른 표기이다. '싸라기'는 부스러진 쌀알을 의미한다.
④ 사이시옷을 받치어 적는 두 음절로 된 한자어 6개는 '곳간(庫間), 셋방(貰房), 숫자(數字), 찻간(車間), 툇간(退間), 횟수(回數)'이다. 홧병(火病)'은 '화병'으로 적어야 한다.

06

| 2021. 국가직 9급 |

㉠의 단어와 의미가 같은 것은?

> 친구에게 줄 선물을 예쁜 포장지에 ㉠ 싼다.

① 사람들이 안채를 겹겹이 싸고 있다.
② 사람들은 봇짐을 싸고 산길로 향한다.
③ 아이는 몇 권의 책을 싼 보퉁이를 들고 있다.
④ 내일 학교에 가려면 책가방을 미리 싸 두어라.

정답과 해설

③ ㉠은 '물건을 안에 넣고 보이지 않게 씌워 가리거나 둘러 말다.'라는 의미로 쓰였다. 이와 의미가 같은 것은 '책을 싼 보퉁이'의 '싸다'이다.

오답 피하기

① '어떤 물체의 주위를 가리거나 막다.'라는 의미로 쓰였다.
②, ④ '어떤 물건을 다른 곳으로 옮기기 좋게 상자나 가방 따위에 넣거나 종이나 천, 끈 따위를 이용해서 꾸리다.'라는 의미로 쓰였다.

07

| 2021. 국가직 9급 |

㉠, ㉡의 사례로 옳은 것만을 짝 지은 것은?

> 용언의 불규칙활용은 크게 ㉠ 어간만 불규칙하게 바뀌는 부류, ㉡ 어미만 불규칙하게 바뀌는 부류, 어간과 어미 둘 다 불규칙하게 바뀌는 부류로 나눌 수 있다.

	㉠	㉡
①	걸음이 빠름	꽃이 노람
②	잔치를 치름	공부를 함
③	라면이 불음	합격을 바람
④	우물물을 품	목적지에 이름

정답과 해설

④ '푸다'는 어미 '-어' 앞에서 어간의 'ㅜ'가 탈락하는 '우' 불규칙 용언으로, 어간 불규칙에 해당한다. '이르다'는 어미 '-어'가 결합할 때 어미 '-어'가 '러'로 바뀌는 '러' 불규칙 용언으로, 어미 불규칙에 해당한다.

오답 피하기

① '빠르다'는 모음 어미 앞에서 어간의 'ㅡ'가 탈락 후 'ㄹ' 덧생기는 '르' 불규칙으로, 어간 불규칙에 해당한다. '노랗다'는 어간의 끝소리 'ㅎ'이 탈락하면서 어미 '-아/-어'가 '-애/-에'로 바뀌는 'ㅎ' 불규칙 활용을 하는 용언으로, 어간과 어미가 모두 바뀐다.
② '치르다'는 어미 '-어/-아' 앞에서 어간의 'ㅡ'가 탈락하는데, 'ㅡ' 탈락은 규칙 활용에 해당한다. '하다'는 '하-' 뒤에 어미 '-아'가 결합할 때 '-아'가 '-여'로 바뀌는 '여' 불규칙 활용을 하는 용언으로, 어미 불규칙에 해당한다.
③ '불음'의 기본형은 '붇다'이다. '붇다'는 모음 어미 앞에서 어간의 'ㄷ'이 'ㄹ'로 바뀌는 'ㄷ' 불규칙 활용을 하는 용언으로, 어간 불규칙에 해당한다. '바람'의 기본형인 '바라다'는 어간 '바라-' 뒤에 모음 어미 '-아'가 결합할 때 'ㅏ'가 줄어드는 규칙 활용을 하는 용언이다.

08

| 2021. 국가직 9급 |

한자 표기가 옳은 것은?

① 그분은 냉혹한 현실(現室)을 잘 견뎌 냈다.
② 첫 손님을 야박(野薄)하게 대해서는 안 된다.
③ 그에게서 타고난 승부 근성(謹性)이 느껴진다.
④ 그는 평소 희망했던 기관에 채용(債用)되었다.

정답과 해설

② 야박(野薄) : 野 들 야, 薄 엷을 박

오답 피하기

① 현실(現實) : 現 나타날 현, 實 열매 실
③ 근성(根性) : 根 뿌리 근, 性 성품 성
④ 채용(採用) : 採 캘 채, 用 쓸 용

09 □□□

| 2021. 지방직 7급 |

밑줄 친 부분이 어법상 맞는 것은?

① 어머니는 밥을 하려고 솥에 쌀을 앉혔다.
② 요리사는 마른 멸치와 고추를 간장에 조렸다.
③ 다른 사람에 비해 실력이 딸리니 더 열심히 노력해야겠다.
④ 오랫동안 나를 기다리던 친구는 화가 나서 잔뜩 불어 있었다.

정답과 해설

② '조리다'는 '양념을 한 고기나 생선, 채소 따위를 국물에 넣고 바짝 끓여서 양념이 배어들게 하다.'라는 의미로 어법에 맞게 쓰였다. 참고로 '졸이다'는 '졸다'의 사동사로 '찌개, 국, 한약 따위의 물을 증발시켜 분량을 적어지게 하다.'라는 의미로 '찌개를 졸이다'와 같이 쓰인다.

오답 피하기

① '밥, 떡, 찌개 따위를 만들기 위하여 그 재료를 솥이나 냄비 따위에 넣고 불 위에 올리다.'라는 의미의 단어는 '안치다'이다. '쌀을 안쳤다'로 적어야 올바르다.
③ '재물이나 기술, 힘 따위가 모자라다.'라는 의미의 단어는 '달리다'이다. '실력이 달리니'로 적어야 올바르다.
④ '성이 나서 뾰로통해지다.'라는 의미의 단어는 '붓다'이다. '붓다'는 'ㅅ 불규칙 활용'을 하므로 '잔뜩 부어'로 적어야 한다.

10 □□□

| 2021. 지방직 7급 |

다음에 제시된 단어의 의미에 맞게 쓴 문장으로 적절하지 않은 것은?

단어	의미	문장
풀다	모르거나 복잡한 문제 따위를 알아내거나 해결하다.	㉠
	어려운 것을 알기 쉽게 바꾸다.	㉡
	긴장된 분위기나 표정 따위를 부드럽게 하다.	㉢
	금지되거나 제한된 것을 할 수 있도록 터놓다.	㉣

① ㉠ : 나는 형이 낸 수수께끼를 풀다가 결국 포기하고 말았다.
② ㉡ : 선생님은 난해한 말을 알아들을 수 있게 풀어 설명하셨다.
③ ㉢ : 막내도 잘못을 뉘우치니, 아버지도 그만 얼굴을 푸세요.
④ ㉣ : 경찰을 풀어서 행방불명자를 백방으로 찾으려 하였다.

정답과 해설

④ '경찰을 풀어서'의 '풀다'는 '사람을 동원하다.'라는 뜻이므로 ㉣의 예시로 적절하지 않다. ㉣의 예시로는 '구금을 풀다. 통금을 풀다.'가 있다.

오답 피하기

① '수수께끼를 풀다'의 '풀다'는 '모르거나 복잡한 문제 따위를 알아내거나 해결하다.'라는 의미로 쓰였으므로 적절하다.
② '풀어 설명하셨다'의 '풀다'는 '어려운 것을 알기 쉽게 바꾸어 설명했다'라는 의미로 쓰였으므로 적절하다.
③ '얼굴을 푸세요'의 '풀다'는 '긴장된 분위기나 표정 따위를 부드럽게 하다'라는 의미로 쓰였으므로 적절하다.

2024 요정노트

매일 3분 하프 모의고사  회 정답 및 해설

01 ☐☐☐ | 2021. 지방직 7급 |

다음 글의 상황에 어울리는 한자 성어로 적절한 것은?

> 우리나라 축구 대표팀은 올림픽 예선에서 놀라운 성과를 거두었다. 예선이 있기 전 주전 선수들의 부상과 감독의 교체 등으로 대표팀 내부가 어수선했지만, 우리 대표팀은 하루도 쉬지 않고 훈련을 계속하여 조 1위라는 좋은 성적으로 올림픽 본선행을 결정지었다. 우리 대표팀은 국민들의 찬사와 응원 속에 메달권을 향해 더 강도 높은 훈련을 이어가며 경기력 향상에 매진하고 있다.

① 走馬加鞭　　② 走馬看山
③ 切齒腐心　　④ 見蚊拔劍

정답과 해설

① '走馬加鞭(주마가편)'은 달리는 말에 채찍질한다는 뜻으로, 잘하는 사람을 더욱 장려함을 이르는 말이다. 우리나라 대표팀은 올림픽 예선에서 놀라운 성과를 거두고도 메달권을 향해 더 강도 높은 훈련을 이어가고 있는 상황이므로 '走馬加鞭(주마가편)'이 가장 적절하다.

오답 피하기

② '走馬看山(주마간산)'은 말을 타고 달리며 산천을 구경한다는 뜻으로, 자세히 살피지 아니하고 대충대충 보고 지나감을 이르는 말이다. 대표팀은 본선행을 결정짓고도 더 강도 높은 훈련을 이어가고 있으므로 상황에 어울리지 않는다.
③ '切齒腐心(절치부심)'은 몹시 분하여 이를 갈며 속을 썩임을 이르는 말이다. 팀 내부가 어수선하긴 했지만 '切齒腐心(절치부심)'의 상황이라고 보기는 어렵다.
④ '見蚊拔劍(견문발검)'은 모기를 보고 칼을 뺀다는 뜻으로, 사소한 일에 크게 성내어 덤빔을 이르는 말이다.

02 ☐☐☐ | 2021. 지방직 7급 |

밑줄 친 부분의 한자 표기가 잘못된 것은?

① 이 경기의 승리는 노력의 결과(結果)이다.
② 사상 초유(初有)의 사태 앞에서 한없이 나약했다.
③ 그는 수많은 곡절(曲絕)을 겪은 후 대통령이 되었다.
④ 그 모임은 새로운 변화의 서막(序幕)을 올린 사건이다.

정답과 해설

③ '순조롭지 아니하게 얽힌 이런저런 복잡한 사정이나 까닭'을 뜻하는 곡절은 '曲折'로 표기한다. (曲 굽을 곡, 折 꺾을 절) '曲絶'은 없는 단어이다. (曲 굽을 곡, 絶 끊을 절)

오답 피하기

① '열매를 맺음. 또는 그 열매, 어떤 원인으로 결말이 생김. 또는 그런 결말의 상태.'를 뜻하는 '결과'는 '結果'로 표기한다. (結 맺을 결, 果 실과 과)
② '처음으로 있음.'을 뜻하는 '초유'는 '初有'로 표기한다. (初 처음 초, 有 있을 유)
④ '일의 시작이나 발단.'을 뜻하는 '서막'은 '序幕'과 같이 표기한다. (序 차례 서, 幕 막을 막)

03 □□□ | 2021. 지방직 7급 |

㉠~㉣에 해당하는 예로 옳지 않은 것은?

> 표준 발음법 제29항
>
> 합성어 및 파생어에서, 앞 단어나 접두사의 끝이 자음이고 뒤 단어나 접미사의 첫음절이 '이, 야, 여, 요, 유'인 경우에는, 'ㄴ' 음을 첨가하여 [니, 냐, 녀, 뇨, 뉴]로 발음한다.
>
> 예 색-연필[생년필]
>
> • 다만, 다음과 같은 말들은 'ㄴ' 음을 첨가하여 발음하되, 표기대로 발음할 수 있다. ············ ㉠
>
> 예 야금-야금[야금냐금/야그먀금]
>
> • [붙임 1] 'ㄹ' 받침 뒤에 첨가되는 'ㄴ' 음은 [ㄹ]로 발음한다. ············ ㉡
>
> 예 서울-역[서울력]
>
> • [붙임 2] 두 단어를 이어서 한 마디로 발음하는 경우에도 이에 준한다. ············ ㉢
>
> 예 잘 입다[잘립따]
>
> • 다만, 다음과 같은 단어에서는 'ㄴ(ㄹ)' 음을 첨가하여 발음하지 않는다. ············ ㉣
>
> 예 3.1절[사밀쩔]

① ㉠ : 혼합약 ② ㉡ : 휘발유

③ ㉢ : 열여덟 ④ ㉣ : 등용문

정답과 해설

① '혼합약'은 명사 '혼합'과 명사 '약'이 결합한 합성어이다. 앞 단어 '혼합'의 끝이 자음이고 뒤 단어의 첫음절이 '약'인 경우에 해당한다. '혼합약'은 'ㄴ' 음을 첨가하고(혼합냑) 비음화를 반영하여 [혼:함냑]으로 발음한다. 표기대로 발음하는 단어가 아니므로 ㉠의 예시로 적절하지 않다. '색연필[생년필]'과 같이 제29항의 일반적인 예시에 해당한다.

오답 피하기

② '휘발유'는 명사 '휘발'과 접사 '-유'가 결합한 파생어이다. 앞 단어인 '휘발'의 끝이 자음이고 뒤 단어의 첫음절이 '유'인 경우에 해당하므로 'ㄴ' 음을 첨가하여 발음하는 제29항의 내용으로 적절하다. 또한 'ㄹ' 받침 뒤에 첨가되는 'ㄴ'은 유음화로 인해 [휘발류]와 같이 발음하므로, ㉡의 예시로 적절하다.

③ '열여덟'은 '열'과 '여덟'이 결합한 합성어이다. 앞 단어인 '열'의 끝이 자음이고 뒤 단어의 첫음절이 '여'인 경우에 해당하므로 'ㄴ' 음을 첨가하여 발음하는 제29항의 내용으로 적절하다. 또한 두 단어를 이어서 [열려덜]로 발음하므로, ㉢의 예시로 적절하다.

④ '등용문'은 'ㄴ'음을 첨가하여 발음하지 않고, [등용문]으로 발음한다. '3.1절[사밀쩔]'과 같이 'ㄴ' 음을 첨가하여 발음하지 않으므로, ㉣의 예시로 적절하다.

04 □□□ | 2021. 지방직 9급 |

밑줄 친 부분이 바르게 쓰이지 않은 것은?

① 바쁘다더니 여긴 웬일이야?

② 결혼식이 몇 월 몇 일이야?

③ 굳은살이 박인 오빠 손을 보니 안쓰럽다.

④ 그는 주말이면 으레 친구들과 야구를 한다.

정답과 해설

② 한글 맞춤법 제27항의 '붙임2' 규정에서는 '어원이 분명하지 아니한 것은 원형을 밝히어 적지 아니한다.'라고 규정하며 '며칠, 업신여기다, 부리나케' 등을 예시로 제시하고 있다. '며칠'이 바른 표기이다.

오답 피하기

① '어찌 된 일. 의외의 뜻'을 나타내는 말은 '웬일'이 맞다.

③ '박이다'는 '손바닥, 발바닥 따위에 굳은살이 생기다.'라는 의미의 동사로 그 쓰임이 적절하다.

④ '으레'는 '다음 단어는 모음이 단순화한 형태를 표준어로 삼는다.'라는 표준어 사정 원칙 제10항에 따라 '으레'로 쓴다. '으레'는 원래 '의례(依例)'에서 '으례'가 되었던 것인데 '례'의 발음이 '레'로 바뀌었으므로 '으레'를 표준어로 삼은 것이다.

05 □□□ | 2021. 지방직 9급 |

밑줄 친 조사의 쓰임이 옳은 것은?

① 언니는 아버지의 딸로써 부족함이 없다.

② 대화로서 서로의 갈등을 풀 수 있을까?

③ 드디어 오늘로써 그 일을 끝내고야 말았다.

④ 시험을 치는 것이 이로서 세 번째가 됩니다.

정답과 해설

'로써'는 다음과 같이 세 가지의 의미가 있다.

「1」 어떤 물건의 재료나 원료를 나타내는 격 조사.

「2」 어떤 일의 수단이나 도구를 나타내는 격 조사.

「3」 시간을 셈할 때 셈에 넣는 한계를 나타내거나 어떤 일의 기준이 되는 시간임을 나타내는 격 조사.

③ '오늘로써'는 시간을 셈할 때 한계를 나타내므로 그 쓰임이 적절하다.

오답 피하기

① '아버지의 딸'이라는 지위나 신분 또는 자격을 나타내므로 '딸로서'가 적절하다.

② '대화'는 갈등을 해결하는 수단을 의미하므로 '대화로써'가 적절하다.

④ 시간을 셈하는 것이므로, '이로써'가 적절하다. '로써「3」 시간을 셈할 때 셈에 넣는 한계를 나타내거나 어떤 일의 기준이 되는 시간임을 나타내는 격 조사'로 쓰인 것이다.

06 | 2021. 지방직 9급 |

단어의 뜻풀이가 옳지 않은 것은?

① 반나절 : 하루 낮의 반
② 달포 : 한 달이 조금 넘는 기간
③ 그끄저께 : 오늘로부터 사흘 전의 날
④ 해거리 : 한 해를 거른 간격

정답과 해설

① 국립국어원 사전 정보에 따르면 '반나절'은 '한나절의 반'을 의미하므로 '하루 낮의 반'이라는 풀이는 부적절하다. 하지만 표준국어대사전에서 '반나절'의 두 번째 의미로 '하룻낮의 반(半). =한나절.'이라고 제시하고 있으므로 두 번째 의미를 기준으로 본다면 정답에 대한 논란의 여지가 있을 수 있다. / 정답 없음.

오답 피하기

② '달포'는 '한 달이 조금 넘는 기간'으로 그 뜻풀이가 정확하다.
③ '그끄저께'는 '그저께의 전날, 오늘로부터 사흘 전의 날'을 의미하므로 그 풀이가 정확하다.
④ '해거리'는 '한 해를 거름. 또는 그런 간격.'을 의미하므로 그 뜻풀이가 정확하다.

07 | 2021. 지방직 9급 |

밑줄 친 부분과 바꿔 쓸 수 있는 관용 표현으로 적절하지 않은 것은?

① <u>몹시 가난한</u> 형편에 누구를 돕겠느냐? – 가랑이가 찢어질
② 그가 중간에서 <u>연결해 주어</u> 물건을 쉽게 팔았다. – 호흡을 맞춰
③ 그는 상대편을 보고는 속으로 <u>깔보며 비웃었다</u>. – 코웃음을 쳤다
④ 주인의 말에 넘어가 <u>실제보다 비싸게</u> 이 물건을 샀다. – 바가지를 쓰고

정답과 해설

② '연결해 준다'라는 의미를 가진 관용 표현은 '다리를 놓다'이다.

오답 피하기

① '가랑이가 찢어지다'는 '몹시 가난하다'라는 의미이다.
③ '코웃음을 치다'는 '남을 깔보고 비웃다'라는 의미이다.
④ '바가지를 쓰다'는 '부당하게 많은 돈을 치르다'라는 의미이다.

08 | 2021. 지방직 9급 |

(가)에 들어갈 한자성어로 적절한 것은?

> "집안 내력을 알고 보믄 동기간이나 진배없고, 성환이도이자는 대학생이 됐으니께 상의도 오빠겉이 그렇게 알아놔라."하고 장씨 아저씨는 말하는 것이었다. 그러나 상의는 처음 만났을 때도 그랬지만 두 번째도 거부감을 느꼈다. 사람한테 거부감을 느꼈기보다 제복에 거부감을 느꼈는지 모른다. 학교규칙이나 사회의 눈이 두려웠는지 모른다. 어쨌거나 그들은 청춘남녀였으니까. 호야 할매 입에서도 성환의 이름이 나오기론 이번이 처음이 아니었다.
>
> "[　　　　　], 손주 때문에 눈물로 세월을 보내더니, 이자는 성환이도 대학생이 되었으니 할매가 원풀이 한풀이를 다했을 긴데 아프기는 와 아프는고, 옛말 하고 살아야 하는 긴데."
>
> - 박경리, 「토지」에서-

① 오매불망(寤寐不忘)　② 망운지정(望雲之情)
③ 염화미소(拈華微笑)　④ 백아절현(伯牙絕絃)

정답과 해설

① 오매불망(寤寐不忘)은 '자나 깨나 잊지 못함.'을 의미하므로, 손주를 그리워하는 할머니의 심정에 가장 적절하다.

오답 피하기

② 망운지정(望雲之情)은 '자식이 객지에서 고향에 계신 어버이를 생각하는 마음'을 의미한다.
③ 염화미소(拈華微笑)는 '말로 통하지 아니하고 마음에서 마음으로 전하는 일'을 의미한다.
④ 백아절현(伯牙絕絃)은 '자기를 알아주는 참다운 벗의 죽음을 슬퍼함'을 의미한다.

09 ☐☐☐

| 2020. 국가직 9급 |

안긴문장이 없는 것은?

① 나는 동생이 시험에 합격하기를 고대한다.
② 착한 영호는 언제나 친구들을 잘 도와준다.
③ 해진이는 울산에 살고 초희는 광주에 산다.
④ 아버지께서는 나에게 내일 가족 여행을 가자고 말씀하셨다.

정답과 해설

③ '혜진이는 울산에 산다'라는 문장과 '초희는 광주에 산다'라는 두 문장이 이어진 것입니다. 안은문장은 [주어+(주어+서술어)+서술어]의 구조이고, 이어진문장은 [주어+서술어]+[주어+서술어]의 구조입니다.

오답 피하기

① '동생이 시험에 합격하다'라는 문장이 명사형 전성 어미 '-기'를 통해 명사절로 안긴문장입니다.
② '영호가 착하다'라는 문장이 관형사형 어미 '-ㄴ'을 통해 관형절로 안긴문장입니다.
④ '내일 가족 여행을 가자'라는 아버지의 말이 인용절로 안긴문장입니다. 참고로 직접 인용은 부사격 조사 '라고'를 사용하고, 간접 인용은 부사격 조사 '고'를 사용합니다.

※ 안은문장

명사절을 안은문장	• 안긴문장이 전체 문장에서 주어, 목적어, 보어 등의 기능을 하는 문장 • 명사형 어미 '-(으)ㅁ', '-기' 등을 통해 실현 ▸ 농부들은 비가 오기를 학수고대했다. ▸ 결국 그 사람이 범인이었음이 밝혀졌다.
관형절을 안은문장	• 안긴문장이 전체 문장에서 관형어의 기능을 하는 문장 • 관형사형 어미 '-(으)ㄴ, -(으)ㄹ, -는, -던' 등을 통해 실현 ▸ 비가 오는 소리가 들린다. ▸ 철수는 새로 맞춘 양복을 입었다. ▸ 윤규가 지하철에서 만났던 사람은 의사이다.
부사절을 안은문장	• 안긴문장이 전체 문장에서 부사어의 기능을 하는 문장 • 부사형 어미 '-게', '-도록' 등을 통해 실현 ▸ 하늘이 눈이 부시게 푸르다. ▸ 철수가 발에 땀이 나도록 뛰었다. ▸ 우리는 돈 없이 여행을 떠났다.
서술절을 안은문장	• 안긴문장이 전체 문장에서 서술어의 기능을 하는 문장 • 주어+(주어+서술어)의 형태로 실현 • 특정한 절 표지가 따로 없음. ▸ 토끼는 앞발이 짧다. ▸ 코끼리는 코가 길다.
인용절을 안은문장	• 말하는 이의 생각이나 남의 말을 안긴문장으로 인용한 문장 • 인용의 부사격 조사 '라고'(직접 인용)나 '고'(간접 인용)를 통해 실현 ▸ 우리는 인간이 존귀하다고 믿는다. ▸ 아이는 "선생님이 좋아요."라고 말했다.

홑문장	'주어+서술어' 관계가 한 번만 나타나는 문장
겹문장	'주어+서술어' 관계가 두 번 이상 나타나는 문장
이어진문장	[주어+서술어]+[주어+서술어]
안은문장	[주어+(주어+서술어)+서술어]

10 ☐☐☐

| 2020. 국가직 9급 |

밑줄 친 부분이 바르게 쓰이지 않은 것은?

① 지금쯤 골아떨어졌겠지?
② 그 친구, 생각이 깊던데 책깨나 읽었겠어.
③ 갖은 곤욕과 모멸과 박대는 각오한 바이다.
④ 김 과장은 그러고 나서 서류를 보완해 달라고 했다.

정답과 해설

① '몹시 곤하거나 술에 취하여 정신을 잃고 자다'라는 의미의 단어는 '곯아떨어지다'입니다. '술에 곯아떨어지다. 졸음을 이기지 못하고 잠에 곯아떨어지다.'와 같이 쓰이며, '골아떨어지다'는 잘못된 표기입니다.

오답 피하기

② '책깨나'에서 '깨나'는 어느 정도 이상의 뜻을 나타내는 보조사입니다. '돈깨나 있다고 남을 깔보면 되겠니? 얼굴을 보니 심술깨나 부리겠더구나.'와 같이 쓰입니다.
③ '곤욕'은 '심한 모욕. 또는 참기 힘든 일'을 의미하는 명사입니다. '곤욕을 치르다. 곤욕을 겪다.'와 같이 쓰입니다.
④ '그러고 나서'의 '그러고'는 '그리하고'의 준말입니다. '그러고도 네가 잘했다고 하는 거냐? 그러고 있지 말고 이리 와 봐.'와 같이 쓰입니다. '그러고 나서'의 '나서'는 앞말이 뜻하는 행동이 끝났음을 나타내는 보조동사로 '돌아가고 나니, 일을 마치고 나니'와 같이 쓰입니다.

2024 요정노트

매일 3분 하프 모의고사  회 정답 및 해설

01 ☐☐☐ | 2020. 국가직 9급 |

문장 성분의 호응이 자연스러운 것은?

① 내가 강조하고 싶은 점은 우리가 고유 언어를 가졌다.
② 좋은 사람과 대화하며 함께한 일은 즐거운 시간이었다.
③ 내 생각은 집을 사서 이사하는 것이 좋겠다고 결정했다.
④ 그는 내 생각이 옳지 않다고 여러 사람 앞에서 말을 하였다.

정답과 해설

④ 이 문장의 주어는 '그는'이고, 서술어는 '하였다'입니다. 주어와 서술어가 자연스럽게 호응합니다.

오답 피하기

① 주어와 서술어의 호응은 자주 출제되는 유형입니다. 이 문장의 주어는 '내가 강조하고 싶은 점'입니다. 이처럼 '~것은' 이나 '~점은'이 주어라면 서술어 역시 '~것이다.'가 되어야 자연스럽게 호응합니다. 하지만 이 문장의 서술어는 '가졌다'로 주어와 호응하지 않습니다. 서술어를 '가졌다는 것이다'로 수정하는 것이 자연스럽습니다.
② 문장의 주어는 '좋은 사람과 대화하며 함께한 일'입니다. 서술어 '즐거운 시간이었다'와 호응하지 않으므로, '좋은 사람과 대화하며 함께한 일은 즐거웠다'로 수정하는 것이 적절합니다.
③ 이 문장의 주어는 '내 생각'이고, 서술어는 '결정했다'입니다. 결정한다는 것은 행동이나 태도를 분명하게 정한다는 의미인데, 주어인 '내 생각'은 서술어와 어울리지 않습니다. 주어를 '나는'으로 수정하고 '나는 집을 사서 이사하는 것이 좋겠다고 생각했다'로 수정하는 것이 적절합니다.

02 ☐☐☐ | 2020. 국가직 9급 |

㉠~㉣을 사전에 올릴 때 '한글 맞춤법 규정'에 따른 순서로 적절한 것은?

㉠ 곬	㉡ 규탄
㉢ 곳간	㉣ 광명

① ㉠ → ㉢ → ㉡ → ㉣
② ㉠ → ㉢ → ㉣ → ㉡
③ ㉢ → ㉠ → ㉡ → ㉣
④ ㉢ → ㉠ → ㉣ → ㉡

정답과 해설

② 오랜만에 출제된 사전 등재 순서 문제입니다. 모음 'ㅗ, ㅠ, ㅘ'의 순서와 받침 글자 'ㄳ, ㄹ'의 순서를 알아야 합니다. 모음의 경우 'ㅗ → ㅘ → ㅠ'의 순서로 사전에 올리고, 받침 글자는 'ㄳ → ㅅ'순서로 사전에 올립니다.

한글 맞춤법 제4항

사전에 올릴 적의 자모 순서는 다음과 같이 정한다.

▸ 자음
ㄱ ㄲ ㄴ ㄷ ㄸ ㄹ ㅁ ㅂ ㅃ ㅅ ㅆ ㅇ ㅈ ㅉ ㅊ ㅋ ㅌ ㅍ ㅎ
▸ 모음
ㅏ ㅐ ㅑ ㅒ ㅓ ㅔ ㅕ ㅖ ㅗ ㅘ ㅙ ㅚ ㅛ ㅜ ㅝ ㅞ ㅟ ㅠ ㅡ ㅢ ㅣ
▸ 받침 글자
ㄱ ㄲ ㄳ ㄴ ㄵ ㄶ ㄷ ㄹ ㄺ ㄻ ㄼ ㄽ ㄾ ㄿ ㅀ ㅁ ㅂ ㅄ ㅅ ㅆ ㅇ ㅈ ㅊ ㅋ ㅌ ㅍ ㅎ

03 □□□

| 2020. 국가직 9급 |

밑줄 친 말의 의미와 거리가 먼 것은?

- 넌 얼마나 오지랖이 넓기에 남의 일에 그렇게 미주알고주알 캐는 거냐?
- 강쇠네는 입이 재고 무슨 일에나 오지랖이 넓었지만, 무작정 덤벙거리고만 다니는 새줄랑이는 아니었다.

① 謁見　　② 干涉
③ 參見　　④ 干與

정답과 해설

① '오지랖(이) 넓다'는 쓸데없이 지나치게 아무 일에나 참견하는 면이 있다는 의미의 관용구입니다. '謁見(뵐 알, 나타날 현)'은 지체가 높고 귀한 사람을 찾아가 뵙는다는 의미이므로 밑줄 친 관용구와 거리가 멉니다.

오답 피하기

② '干涉(방패 간, 건널 섭)'은 직접 관계가 없는 남의 일에 부당하게 참견한다는 의미이므로 밑줄 친 의미와 유사합니다.
③ '參見(참여할 참, 볼 견)'은 자기와 별로 관계없는 일이나 말 따위에 끼어들어 쓸데없이 아는 체하거나 이래라저래라 하는 것을 의미하므로 '오지랖이 넓다'와 그 의미가 유사합니다.
④ '干與(방패 간, 더불 여)'는 어떤 일에 간섭하여 참여함을 의미합니다.

04 

| 2020. 국가직 9급 |

㉠~㉣의 한자 표기로 옳은 것은?

과학사를 들춰 보면 기존의 학문 체계에 ㉠ 도전했다가 낭패를 본 인물들의 이야기를 자주 만날 수 있다. 대표적인 인물이 천동설을 부정하고 지동설을 주장한 갈릴레이이다. 천동설을 ㉡ 지지하던 당시의 권력층은 그들의 막강한 힘을 이용하여 갈릴레이를 신의 권위에 도전하는 이단자로 욕하고 목숨까지 위협했다. 갈릴레이가 영원한 ㉢ 침묵을 ㉣ 맹세하지 않고 계속 지동설을 주장했더라면 그는 단두대의 이슬로 사라졌을지도 모른다.

① ㉠ 逃戰　　② ㉡ 持地
③ ㉢ 浸黙　　④ ㉣ 盟誓

정답과 해설

④ '맹세'는 일정한 약속이나 목표를 꼭 실천하겠다고 다짐한다는 의미로 '盟誓(맹세할 맹, 맹세할 서)'로 표기할 수 있습니다. '맹서'는 '맹세'의 원말입니다.

오답 피하기

① '학문 체계에 도전했다가'의 '도전'은 정면으로 맞서 싸움을 건다는 의미로, '挑戰(돋을 도, 싸울 전)'으로 표기해야 합니다.
② '천동설을 지지하던'의 '지지'는 '어떤 사람이나 단체 따위의 주의 · 정책 · 의견 따위에 찬동하여 이를 위하여 힘을 씀. 또는 그 원조'를 의미하며 '支持(지탱할 지, 가질 지)'로 표기해야 합니다.
③ '침묵'은 '沈默(잠길 침, 잠잠할 묵)'으로 표기해야 합니다.

05 

| 2020. 국가직 9급 |

글의 통일성을 고려할 때 ㉠에 들어갈 문장으로 가장 적절한 것은?

기술 혁신의 상징으로 화려하게 등장한 이후 글로벌 아이콘이 됐던 소위 스마트폰이 그 진화의 한계에 봉착한듯하다. 게다가 최근 들어 중국 업체들의 성장세가 만만치 않은 상황이 펼쳐지고 있다. 이런 가운데 오랜 기간 스마트폰 생산량의 수위를 지켜 왔던 기업들의 호시절도 끝난 분위기다. (㉠)

그렇다면 스마트폰 이후 글로벌 주도 산업은 무엇일까. 첫손가락에 꼽히는 것은 페이스북, 아마존, 넷플릭스, 구글을 뜻하는 '팡(FANG)'이다. 모바일 퍼스트 시대에서 소프트웨어, 플랫폼 사업에 눈뜬 기업들이다. 이들은 지난해 매출과 순이익이 크게 늘었으며 주가도 폭등했다. 하지만 이들이라고 영속 불멸하지는 않을 것이다.

① 온 국민이 절치부심(切齒腐心)하여 반성하지 않으면 안 된다.
② 정보 기술 업계의 권불십년(權不十年)이라 하지 않을 수 없다.
③ 다른 나라의 기업들을 보고 아전인수(我田引水)해야 할 때다.
④ 글로벌 위기의 내우외환(內憂外患)에 국가 간 협력이 절실하다.

정답과 해설

② 오랜 시간 정보 통신 업체들이 호황을 누렸지만, 지금은 그 호시절이 끝났습니다. 현재는 소프트웨어, 플랫폼 사업이 각광받고 있지만 이들 역시 계속 불멸하지는 못한다고 하였습니다. 따라서 ㉠에는 아무리 높은 권세라도 오래가지 못함을 이르는 말인 '권불십년(權不十年)'과 관련된 문장이 들어가는 것이 가장 적절합니다.

오답 피하기

① '절치부심(切齒腐心)'은 몹시 분하여 이를 갈며 속을 썩인다는 의미입니다.
③ '아전인수(我田引水)'는 자기 논에 물 대기라는 뜻으로, 자기에게만 이롭게 되도록 생각하거나 행동함을 이르는 말입니다.
④ '내우외환(內憂外患)'은 나라 안팎의 여러 가지 어려움을 의미합니다.

06 | 2020. 지방직 9급 |

다음에 해당하는 사례로 적절하지 않은 것은?

> 역전앞'과 마찬가지로 '피해(被害)를 당하다'에도 의미의 중복이 나타난다. '피해'의 '피(被)'에 이미 '당하다'라는 의미가 포함되어 있기 때문이다.

① 형부터 먼저 해라.
② 채훈이는 오로지 빵만 좋아한다.
③ 발언자마다 각각 다른 주장을 편다.
④ 그는 예의가 바를 뿐더러 무척 부지런하다.

정답과 해설

④ '-ㄹ뿐더러'는 '어떤 일이 그것만으로 그치지 않고 나아가 다른 일이 더 있음'을 나타내는 연결 어미로 원칙적으로는 '바를뿐더러'와 같이 붙여 써야 합니다. '무척'은 다른 것과 견줄 수 없다는 의미의 부사로 '부지런하다'를 수식하고 있습니다. '그는 예의가 바른 것에 그치지 않고 매우 부지런하다'라는 의미이므로, 밑줄 친 부분에서 의미의 중복은 나타나지 않았습니다. '뿐더러'를 의존 명사 '뿐'과 조사 '더러'가 결합한 것으로 보더라도 의미의 중복은 일어나지 않았습니다.

오답 피하기

① '먼저'는 시간적으로나 순서상으로 앞선 때를 의미하는 명사입니다. '부터'는 어떤 일이나 상태 따위에 관련된 범위의 시작임을 나타내는 보조사로, 둘 다 '순서'의 의미를 포함하고 있으므로 의미가 중복됩니다.
② '오로지'는 '오직 한 곬으로'라는 의미의 부사이고, '만'은 다른 것으로부터 제한하여 어느 것을 한정함을 나타내는 보조사입니다. 특정한 대상을 한정한다는 의미가 중복됩니다.
③ '마다'는 '낱낱이 모두'의 뜻을 나타내는 보조사입니다. '각각'은 '사람이나 물건의 하나하나마다'를 의미하므로 '하나하나(낱낱)'의 의미가 중복됩니다.

07 | 2020. 지방직 9급 |

밑줄 친 단어의 쓰임이 옳은 것은?

① 하노라고 한 것이 이 모양이다.
② 물품 대금은 나중에 예치금에서 자동으로 결재된다.
③ 예산을 대충 겉잡아서 말하지 말고 잘 뽑아 보세요.
④ 행운이 가득하기를 기원하는 것으로 치사를 가름합니다.

정답과 해설

① 어미 '-노라고'와 '-느라고'의 차이를 구별하야 합니다. '-노라고'는 자기 나름대로 꽤 노력했음을 나타내는 연결 어미로, '하노라고 했는데 마음에 드실지 모르겠습니다.'와 같이 쓰입니다. 이 문장에서는 그 쓰임이 적절합니다. 반면 '-느라고'는 앞 절의 사태가 뒤 절의 사태에 목적이나 원인이 됨을 나타내는 연결 어미로 '철수는 어제 책을 읽느라고 밤을 새웠다.'와 같이 쓰입니다.

오답 피하기

② '결재'와 '결제'의 차이를 알아야 합니다. '결재'는 '결정할 권한이 있는 상관이 부하가 제출한 안건을 검토하여 허가하거나 승인하는 것'을 말합니다. '결재 서류, 결재를 받다.'와 같이 쓰입니다. 반면 '결제'는 '증권 또는 대금을 주고받아 매매 당사자 사이의 거래 관계관계 관계를 끝맺는 일'을 의미합니다. '결제 자금, 어음의 결제'와 같이 쓰입니다. 선지에서는 '물품 대금'을 지급하는 것이므로 '결제된다'로 써야 합니다.
③ '걷잡다'는 '한 방향으로 치우쳐 흘러가는 형세 따위를 붙들어 잡다'라는 의미로 '걷잡을 수 없는 사태, 불길이 걷잡을 수 없이 번져 나갔다.'와 같이 쓰입니다. 반면 '겉잡다'는 '겉으로 보고 대강 짐작하여 헤아리다'라는 의미입니다. 선지의 문장에서는 예산을 대충 짐작한다는 의미를 드러내야 하므로 '겉잡아서'로 써야 합니다.
④ '갈음'은 '다른 것으로 바꾸어 대신함'을 의미하고, '가름'은 '쪼개거나 나누어 따로따로 되게 하는 일'을 의미합니다. '치사'를 대신하는 것이므로 '갈음'을 쓰는 것이 적절합니다.

08 ☐☐☐

| 2020. 지방직 9급 |

밑줄 친 부분의 활용형이 옳지 않은 것은?

① 집에 오면 그는 항상 사랑채에 머물었다.
② 나는 고향 집에 한 사나흘 머무르면서 쉴 생각이다.
③ 일에 서툰 것은 연습이 부족한 까닭이다.
④ 그는 외국어가 서투르므로 해외 출장을 꺼린다.

정답과 해설

① '머무르다'는 모음 어미 앞에서 'ㅡ'가 탈락 하고 'ㄹ' 덧생기는 '르' 불규칙 활용을 하는 용언입니다. '머물러, 머무르니'와 같이 활용하고 '머물다'로 줄여 쓸 수 있습니다. 준말 '머물다'는 모음 어미와 결합할 수 없기 때문에 '머물어, 머물었다'와 같이 쓸 수 없습니다.
모음 어미 '-었-'이 결합할 수 있는 것은 '머무르다'로 어간 ''머무르-'에서 어간의 'ㅡ'가 탈락하고 'ㄹ'이 덧생겨 '머물렀다'로 써야 합니다.

오답 피하기

② '머무르다'는 모음으로 시작하는 어미 앞에서만 불규칙 활용을 합니다. 어미 '-면서'는 모음으로 시작하는 어미가 아니므로 불규칙 활용을 하지 않습니다. 어간 '머무르-'에 그대로 결합하여 '머무르면서'로 씁니다.
③ '서툴다'는 '서투르다'의 준말로 '서투니, 서툰, 서툽니다'와 같이 활용합니다. '머물다'와 마찬가지로 준말인 '서툴다'는 모음 어미와 연결될 때에는 준말의 활용형을 인정하지 않기 때문에 '서툴어, 서툴은'과 같이 쓸 수 없습니다.
④ '서투르다'는 '머무르다'와 마찬가지로 모음 어미 앞에서 'ㅡ'가 탈락 하고 'ㄹ' 덧생기는 '르' 불규칙 활용을 합니다. 모음으로 시작하는 어미 '-어서'와 결합할 때에는 '서툴러'가 되지만, '-므로'는 모음으로 시작하는 어미가 아니므로 '-므로'와 결합할 때에는 불규칙 활용을 하지 않습니다. 따라서 '서투르므로'와 같이 쓰는 것이 맞습니다.

09 ☐☐☐

| 2020. 지방직 9급 |

다음에 서술된 A사의 상황을 가장 적절하게 표현한 한자성어는?

> 최근 출시된 A사의 신제품이 뜨거운 호응을 얻고 있다. 이번 신제품의 성공으로 A사는 B사에게 내주었던 업계 1위 자리를 탈환했다.

① 兎死狗烹 ② 捲土重來
③ 手不釋卷 ④ 我田引水

정답과 해설

② '捲土重來(권토중래)'는 땅을 말아 일으킬 것 같은 기세로 다시 온다는 뜻으로, 한 번 실패하였으나 힘을 회복하여 다시 쳐들어옴을 이르는 말입니다. 어떤 일에 실패한 뒤에 힘을 가다듬어 다시 그 일에 착수함을 비유하여 이르기도 합니다. A사가 1위를 빼았겼던 것을 실패로, 빼았겼던 1위 자리를 다시 탈환한 것을 회복한 것으로 볼 수 있으므로 A사의 상황에는 '권토중래(捲土重來)'가 가장 적절합니다.

오답 피하기

① '兎死狗烹(토사구팽)'은 토끼가 죽으면 토끼를 잡던 사냥개도 필요 없게 되어 주인에게 삶아 먹히게 된다는 뜻으로, 필요할 때는 쓰고 필요 없을 때는 야박하게 버리는 경우를 이르는 말입니다. A사의 상황과는 무관합니다.
③ '手不釋卷(수불석권)'은 '손에서 책을 놓지 아니하고 늘 글을 읽음'을 의미합니다.
④ '我田引水(아전인수)'는 자기 논에 물 대기라는 뜻으로, 자기에게만 이롭게 되도록 생각하거나 행동함을 이르는 말입니다. A사가 자신에게만 이롭게 행동하였다는 내용은 없으므로 적절하지 않습니다.

10 ☐☐☐

| 2020. 지방직 9급 |

밑줄 친 단어와 바꿔 쓸 수 있는 한자어로 가장 적절한 것은?

① 그는 가수가 되려는 꿈을 버리고 직장을 구했다.
→ 遺棄하고

② 휴가철인 7~8월에 버려지는 반려견들이 가장 많다.
→ 根絕되는

③ 그는 집 앞에 몰래 쓰레기를 버리고 간 사람을 찾고 있다.
→ 投棄하고

④ 취직하려면 그녀는 우선 지각하는 습관을 버려야 할 것이다.
→ 抛棄해야

정답과 해설

③ '投棄(던질 투, 버릴 기)'는 '함부로 버리다'라는 의미이므로 '쓰레기를 投棄하고'로 바꿔 쓸 수 있습니다.

오답 피하기

① '遺棄(남길 유, 버릴 기)'는 내다 버리는 것을 의미하므로 ②의 '버려지는'과 바꿔 쓸 수 있습니다.

② '根絕(뿌리 근, 끊을 절)'은 '다시 살아날 수 없도록 아주 뿌리째 없애 버림'을 의미하므로, ④와 바꿔 나쁜 습관을 없앤다는 의미로 쓸 수 있습니다.

④ '抛棄(던질 포, 버릴 기)'는 하려던 일을 도중에 그만두어 버리는 것을 의미하므로 ①과 바꿔 쓸 수 있습니다.

2024 요정노트

매일 30분 하프 모의고사 06회 정답 및 해설

01 □□□ | 2020. 지방직 9급 |

밑줄 친 부분의 띄어쓰기가 옳은 것은?

① 해도해도 너무한다.
② 빠른 시일 내 지원해 줄 것이다.
③ 이 그릇은 귀한 거라 손님 대접하는데나 쓴다.
④ 소비 절약을 호소하는 정공법 밖에 달리 도리는 없다.

정답과 해설

② '시일 내'에서 '내'는 '일정한 범위의 안'을 의미하는 의존 명사입니다. '범위 내, 건물 내, 일주일 내'와 같이 앞말과 띄어서 써야 합니다. 참고로 '저녁내', '끝내'는 붙여서 쓰는데, 여기서 '-내'는 부사를 만드는 접미사입니다.

오답 피하기

① '해도해도'는 합성 동사가 아니라 동사가 두 개 이어진 것입니다. '해도 해도'와 같이 띄어서 써야 합니다. 참고로, '하고하다, 하고많다'는 합성 동사로 붙여서 씁니다.
③ '대접하는'의 수식을 받는 '데'는 의존 명사로 앞말과 띄어서 '대접하는 데'와 같이 써야 합니다. 앞말과 붙여서 쓰는 '-데'는 아래에 표로 정리하였습니다.
④ 밑줄 친 '밖에'는 '그것 말고는', '그것 이외에는'의 뜻을 나타내는 보조사로 앞말과 붙여서 '정공법밖에'로 써야 합니다. 앞말과 띄어서 쓰는 '밖에'는 바깥을 뜻하는 명사 '밖'과 조사 '에'의 결합으로 '밖에 누가 왔니?'와 같이 쓰입니다.

02 □□□ | 2020. 국가직 7급 |

밑줄 친 말이 불규칙 활용 용언이 아닌 것은?

① 카페에는 조용한 음악이 흘렀다.
② 하늘이 맑고 파래 한참 동안 바라보았다.
③ 그들은 자정에 이르러서야 집에 도착했다.
④ 외출할 때는 반드시 가스 밸브를 잠가야 한다.

정답과 해설

④ 어미 '-어/-아' 앞에서 'ㅡ'가 탈락하는 것은 규칙 활용이에요. '잠그-'에 어미 '-아'가 결합하여 '잠가'가 되는 것은 'ㅡ' 탈락으로, 규칙 활용입니다. 이와 같은 예로는 '바쁘-' + '-아' → '바빠', '담그-' + '-아' → '담가', '치르-' + '-어' → '치러' 등이 있어요.

오답 피하기

① '흘러'는 모음 어미 앞에서 'ㅡ' 탈락 후 'ㄹ' 덧생기는 '르' 불규칙 활용을 해요. '흘러' 외에도 '부르다(불러), 오르다(올라), 타오르다(타올라) 등이 있어요.
② '파래'는 어간의 끝소리 'ㅎ'이 탈락하면서 어미 '-아/-어'가 '-애/-에'로 바뀌는 'ㅎ' 불규칙 활용을 하는 용언이에요. '누렇다, 빨갛다, 까맣다' 역시 'ㅎ' 불규칙 활용을 하지요.
③ '이르러'는 어미 '-어'가 결합할 때 어미 '-어'가 '러'로 바뀌는 '러' 불규칙 활용을 해요.

※ 불규칙 활용

불규칙 활용	어간과 어미가 결합하는 과정에서 어간이나 어미, 또는 어간과 어미가 모두 바뀌어 불규칙적인 모습을 보이는 활용	
어간 바뀜	'ㅅ' 불규칙	모음 어미 앞에서 'ㅅ'이 탈락(짓+어 → 지어) ▸ 잇다, 붓다, 낫다[勝, 好] ↔ 벗다, 빗다, 솟다, 빼앗다
	'ㄷ' 불규칙	모음 어미 앞에서 'ㄷ'이 'ㄹ'로 바뀜 (걷+어 → 걸어) ▸ 싣다, 붇다, 일컫다, 긷다, 묻다[問] ↔ 닫다, 쏟다, 얻다
	'ㅂ' 불규칙	모음 어미 앞에서 'ㅂ'이 'ㅗ/ㅜ'로 바뀜 (돕+아 → 도와) ▸ 곱다, 줍다, 눕다, 덥다, 무겁다 ↔ 뽑다, 좁다, 잡다, 입다
	'르' 불규칙	모음 어미 앞에서 'ㅡ' 탈락 후 'ㄹ' 덧생김 (흐르+어 → 흘러) ▸ 부르다, 오르다, 타오르다, 가르다 ↔ 치르다, 우러르다
	'우' 불규칙	어미 '-어' 앞에서 'ㅜ'가 탈락(푸+어 → 퍼) ▸ '푸다'뿐임 ↔ 주다, 구다, 두다, 쑤다
어미 바뀜	'여' 불규칙	'하-' 뒤에 어미 '-아'가 결합할 때 '-아'가 '-여'로 바뀜 ▸ 하+아 → 하여 ↔ 사다, 나다, 차다, 파다
	'러' 불규칙	어미 '-어'가 결합할 때 어미 '-어'가 '러'로 바뀜 ▸ 이르+어 → 이르러[至], 푸르다, 누르다, 노르다 ↔ 들르다
	'오' 불규칙	'달다'의 명령형 어미가 '-오'로 변함 (달+아라 → 다오) ▸ '다오' 뿐임 ↔ 주다
어간+어미	'ㅎ' 불규칙	어간의 끝소리 'ㅎ'이 탈락하면서 어미 '-아/-어'가 '-애/-에'로 바뀜(파랗+아 → 파래) ▸ 누렇다, 빨갛다, 까맣다 ↔ 좋다, 좋다

※ 규칙 활용

규칙 활용	활용할 때 어간과 어미의 형태 변화가 없거나, 형태 변화가 있어도 보편적인 음운 규칙으로 설명되는 활용	
종류	'ㄹ' 탈락	'ㄴ, ㄹ, ㅂ, 시, 오'로 시작하는 어미 앞에서 'ㄹ'이 탈락 ▸ 날 + 는 → 나는 (날으는 X) ▸ 팔 + 는 → 파는 (팔으는 X)
	'ㅡ' 탈락	어미 '-어/-아' 앞에서 'ㅡ'가 탈락 ▸ 바쁘 + 아 → 바빠 ▸ 담그 + 아 → 담가 ▸ 치르 + 어 → 치러

03

| 2020. 국가직 7급 |

밑줄 친 단어가 다의어로 묶인 것은?

① 그는 의심하는 눈으로 나를 쳐다보았다.
봄이 오니 나뭇가지에 눈이 튼다.
② 얘가 글씨를 또박또박 잘 쓴다.
어른에게는 존댓말을 써야 한다.
③ 어머니가 아끼시던 화초가 죽었다.
아저씨의 거칠던 성질이 요즈음은 많이 죽었다.
④ 폭풍우가 치는 바람에 배가 출항하지 못한다.
나무가 가지를 많이 쳐서 제법 무성하다.

정답과 해설

③ 다의어와 동음이의어를 구별하는 문제예요. '화초가 죽었다'에서 '죽다'는 '생명이 없어지거나 끊어지다'라는 의미로 '죽다'의 중심적 의미에 해당해요. '성질이 죽었다'에서 '죽다'는 '성질이나 기운 따위가 꺾이다'라는 의미로, '죽다'의 중심 의미에서 파생된 주변적 의미에 해당하죠. 이처럼 중심 의미와 주변적 의미를 가지고 있는 단어는 다의어예요.

오답 피하기

① '의심하는 눈'에서 '눈'은 '빛의 자극을 받아 물체를 볼 수 있는 감각 기관'을 의미하고, '나뭇가지에 눈이 튼다'에서 '눈'은 '새로 막 터져 돋아나려는 초목의 싹'을 의미해요. 두 단어는 서로 소리만 같고 의미는 전혀 다른 동음이의어예요.
② '또박또박 잘 쓴다'에서 '쓰다'는 '붓, 펜, 연필과 같이 선을 그을 수 있는 도구로 종이 따위에 획을 그어서 일정한 글자의 모양이 이루어지게 하다'라는 의미이고, '존댓말을 써야 한다'에서 '쓰다'는 '어떤 말이나 언어를 사용하다'라는 의미예요. 서로 의미의 유사성이 없는 동음이의어예요.
④ '폭풍우가 치는'에서 '치다'는 '바람이 세차게 불거나 비, 눈 따위가 세차게 뿌리다'라는 의미의 단어예요. 반면 '나무가 가지를 많이 쳐서'의 '치다'는 '식물이 가지나 뿌리를 밖으로 돋아 나오게 하다'라는 의미로 두 단어는 서로 유미상 관련성이 없는 동음이의어예요.

※ 다의어와 동음이의어

	다의 관계 (다의어)	동음이의 관계 (동음이의어)
차이점	• 하나의 의미만 지녔던 단어가 의미가 확대된 경우 • 의미들 사이에 관련이 있음. • 중심적 의미가 하나임. (나머지는 주변적 의미) • 사전에서 하나의 단어(표제어)로 처리	• 서로 다른 단어가 우연히 소리(발음)만 같은 경우 • 의미들 사이에 관련이 없음. • 중심적 의미가 여러 개임. (단어마다 있음) • 사전에서 서로 다른 단어(표제어)로 처리
공통점	하나의 소리에 여러 의미가 결합됨.	

04

| 2020. 국가직 7급 |

한시의 한글 풀이를 참조할 때 ㉠~㉢에 들어갈 말로 가장 적절한 것은?

天高日月明	하늘이 높으니 해와 달이 밝고
㉠ 草木生	땅이 두터우니 풀과 나무가 나도다.
春來梨花白	봄이 오니 배꽃이 하얗고
夏至 ㉡ 青	여름이 이르니 나뭇잎이 푸르도다.
㉢ 黃菊發	가을은 서늘하여 누런 국화가 피고
冬寒白雪來	겨울은 차가우니 흰 눈이 내리도다.

	㉠	㉡	㉢
①	至厚	木葉	科涼
②	地厚	樹葉	秋涼
③	地后	樹葉	私諒
④	地侯	樹草	秋涼

정답과 해설

② 땅이 두텁다는 의미의 한자어는 '地厚(땅 지, 두터울 후)'예요. 나뭇잎을 의미하는 한자어는 '樹葉(나무 수, 잎 엽)', '木葉(나무 목, 잎 엽)' 모두 가능해요. 가을의 서늘한 기운을 의미하는 한자어는 '秋涼(가을 추, 서늘할 량)'이므로 모두 적절한 것은 ②번이에요.

오답 피하기

① 至厚(이를 지, 두터울 후)
③ 私諒(사사로울 사, 살펴 알 량)
④ 地侯(땅 지, 제후 후)

05

| 2020. 국가직 7급 |

괄호 안에 들어갈 말로 가장 적절한 것은?

판소리 사설은 운문과 산문이 혼합되어 있을 뿐 아니라 여러 계층의 청중들을 상대로 하여 (　　　　　)으로 발달한 까닭에 언어의 층위가 매우 다채롭다. 그 속에는 기품 있는 한문 취미의 대목이 있는가 하면 극도로 익살스럽고 노골적인 욕설 · 속어가 들어 있으며, 무당의 고사나 굿거리 가락이 유식한 한시구와 나란히 나오기도 한다. 이 밖에 민요, 무가, 잡가 등 각종 민간 가요가 판소리 사설 속에 많이 삽입되었다.

① 골계적(滑稽的)　② 연행적(演行的)
③ 우화적(寓話的)　④ 적층적(積層的)

정답과 해설

④ 괄호 안에는 판소리 사설에서 언어 층위가 다채로운 까닭이 들어가야 해요. 판소리에는 평민의 언어도 있지만, 양반의 기품있는 언어도 포함되어 있지요. 이것은 판소리가 '적층'문학이기 때문이에요. '적층적'이라는 것은 한 개인의 창작물이 아니라 여러 사람의 이야기가 합쳐진 것을 의미해요.

오답 피하기

① '골계적(滑稽的)'은 '익살을 부리는 가운데 어떤 교훈을 주는 것'을 의미해요. 판소리 사설에서 골계적인 표현이 사용되는 경우가 많기는 하지만, 언어의 층위가 다채로운 것과는 관련이 없어요.
② '연행적(演行的)'은 '배우가 연기를 하거나 연출로 행하는 것'을 의미해요. 판소리가 연행적인 성격을 가지고 있는 것은 맞지만, 언어의 층위가 다채로운 것과는 관련이 없어요.
③ '우화적(寓話的)'은 '인격화한 동식물이나 기타 사물을 주인공으로 하여 그들의 행동 속에 풍자와 교훈의 뜻을 나타내는 것'이에요. 언어의 층위가 다채로운 것과는 무관하죠. 참고로 판소리 '수궁가'가 우화적인 작품에 해당해요.

06

| 2020. 국가직 7급 |

밑줄 친 부분이 어법상 적절하지 않은 것은?

① 그토록 찾던 그 친구를 오늘 <u>우연찮게</u> 길에서 만났다.
② 당시 <u>변변한</u> 직업이 없던 그는 어디든 취업하길 바랐다.
③ <u>칠칠치 못하게</u> 그 중요한 문서를 아무 데나 흘리고 다니느냐.
④ 친구가 그렇게 <u>안절부절하는</u> 모습을 보니 나까지 불안한 마음이 들었다.

정답과 해설

④ 한글 맞춤법 제25항에서는 '의미가 똑같은 형태가 몇 가지 있을 경우, 그중 어느 하나가 압도적으로 널리 쓰이면, 그 단어만을 표준어로 삼는다.'라고 규정하고 있어요. 이에 따라 '안절부절못하다'가 표준어이고, '안절부절하다'는 비표준어예요.

오답 피하기

① 한글 맞춤법 제39항에서는 '어미 '-지' 뒤에 '않-'이 어울려 '-잖-'이 될 적과 '-하지' 뒤에 '않-'이 어울려 '-찮-'이 될 적에는 준 대로 적는다.'라고 규정하고 있어요. 이에 따라 '우연하지 않게'는 '우연찮게'로 적는 것이 적절해요.
② '변변하다'는 '제대로 갖추어져 충분하다, 지체나 살림살이가 남보다 떨어지지 아니하다.'라는 의미예요. 제시된 문장은 제대로 된 직업이 없었다는 의미이므로 '변변한'은 문장에서 적절하게 쓰였어요. 반면 '변변찮다'는 '제대로 갖추어지지 못하여 부족한 점이 있다. 지체나 사는 형편이 남보다 좀 못하다.'라는 의미예요.
③ '칠칠하다'는 '성질이나 일 처리가 반듯하고 야무지다.'라는 의미예요. 제시된 문장은 일처리가 야무지지 못하다는 의미이므로 '칠칠치 못하게'로 쓴 것은 적절해요.

07

| 2020. 국가직 7급 |

밑줄 친 부분의 문법적 성격이 다른 하나는?

① 내가 어제 책을 산 서점은 우리 집 옆에 있다.
② 저는 제가 직접 그분을 만난 기억이 없습니다.
③ 그 화가는 붓을 놓고 이마에 흐르는 땀을 씻었다.
④ 횃불을 추켜든 사람들이 골짜기를 샅샅이 뒤졌다.

정답과 해설

② 동격 관형절과 관계 관형절을 구별하는 문제예요. 관형절이 수식하는 체언이 관형절 안의 문장 성분과 일치하여 그 성분이 생략되면 관계 관형절이에요. 반면 동격 관형절은 안긴문장이 바로 뒤에 오는 체언과 동일한 의미를 가지는데, 체언의 내용을 설명하는 것이므로 문장 성분을 생략할 수 없어요. '제가 직접 그분을 만난'은 '기억'의 내용을 설명하는 것이므로 문장 성분을 생략할 수 없는 동격 관형절에 해당해요.

오답 피하기

① 밑줄 친 부분은 본래 '내가 어제 서점에서 책을 샀다'라는 문장이었어요. 관형절로 안기면서 '서점에서'가 생략된 관계 관형절이에요.
③ 밑줄 친 부분은 본래 '이마에 땀이 흐르다'라는 문장이었어요. 관형절로 안기면서 주어 '땀이'가 생략된 관계 관형절이에요.
④ 밑줄 친 부분은 본래 '사람들이 횃불을 추켜들다'라는 문장이었어요. 관형절로 안기면서 주어 '사람들이'가 생략된 관계 관형절이에요.

<table>
<tr><th colspan="2">관형절을 안은문장</th></tr>
<tr><td colspan="2">• 안긴문장이 전체 문장에서 관형어의 기능을 하는 문장
• 관형사형 어미 '-(으)ㄴ, -(으)ㄹ, -는, -던' 등을 통해 실현</td></tr>
<tr><td>동격 관형절</td><td>• 안긴문장이 바로 뒤에 오는 체언과 동일한 의미를 가지는 것
• 체언의 내용을 설명하는 것이므로 문장 성분을 생략할 수 없음
▸ 나는 그가 착한 사람이라는 생각이 들었다.
▸ 눈이 내리는 풍경이 아름답다.</td></tr>
<tr><td>관계 관형절</td><td>• 뒤에 오는 체언이 관형절 속의 성분과 동일하여 그것을 생략한 것
• 뒤의 체언이 앞의 관형절에서 어떠한 문장 성분으로 기능할 수 있음
▸ 한국인의 따뜻한 마음을 안고 떠납니다.
▸ 지민은 그 예쁜 고양이가 자꾸 생각났다.
▸ 정국이가 그린 그림이 좋다.</td></tr>
</table>

08

| 2020. 지방직 7급 |

밑줄 친 외래어 표기가 옳은 것은?

① 그 주제로 심포지엄을 열었다.
② 위험물 주위에 바리케이트를 쳤다.
③ 이 광고에 대한 컨셉트를 논의했다.
④ 인터넷을 통해 많은 컨텐츠가 제공되었다.

정답과 해설

① 'symposium'은 '심포지엄'으로 표기하는 것이 옳아요. '심포지움'은 잘못된 표기이므로 주의해야 해요. 2014 지방직 9급에서도 출제된 단어이니 반드시 기억해야 해요.

오답 피하기

② 'barricate'는 '바리케이드'로 표기해야 해요.
③, ④ 'con-'은 '콘-'으로 표기하기도 하고, '컨-'으로 표기하기도 해요. '컨-'으로 표기하는 단어는 '컨트롤, 컨디션, 컨테이너, 컬렉션' 등이 있어요. '콘-'으로 표기하는 단어는 '콘텐츠, 콘셉트, 콘테스트, 콤플렉스' 등이 있지요. 'concept'는 '콘셉트'로, 'contents'는 '콘텐츠'가 옳은 표기예요. 'con-'의 표기는 자주 출제니 '컨-'으로 표기하는 단어와 '콘-'으로 표기하는 단어는 암기하고 있어야 해요.

※ 유의해야 할 외래어 표기

[ʌ], [ɔ]	
디지털	디지탈X
컨트롤	콘트롤X
컨디션	콘디션X
리모컨	리모콘X
에어컨	에어콘X
커미션	코미션X
컨테이너	콘테이너X
컬렉션	콜렉션X
매스컴	매스콤X
콘서트	컨서트X
콘텐츠	컨텐츠X
콘셉트	컨셉트X
콘테스트	컨테스트X
콤플렉스	컴플렉스X

음성 모음	
소파	쇼파X
캐럴	캐롤X
캐럿	캐롯X
케첩	케찹
타월	타올X
스펀지	스폰지X
어댑터	어답터X
미스터리	미스테리X
스탠더드	스탠다드X
커스터드	커스타드X
심포지엄	심포지움X
오리지널	오리지날X

09

| 2020. 지방직 7급 |

밑줄 친 활용형 중 옳은 것은?

① 식은 국을 따뜻하게 데서 먹었다.
② 아이가 소란을 펴서 정신이 없다.
③ 어린이가 한시를 줄줄 왜서 놀랐다.
④ 나는 뜬눈으로 밤을 새서 너무 피곤하다.

정답과 해설

③ '왜서'는 '외다'에 어미 '-어서'가 결합하여 준말이에요. '외어서'는 줄여서 '왜서'로 쓸 수 있지요. '외다'는 '글이나 말을 기억하여 두었다가 한 자도 틀리지 않게 그대로 말하다.'의 의미를 가진 '외우다'의 준말이에요. 준말과 본말이 다 같이 널리 쓰이면서 준말의 효용이 뚜렷이 인정되는 것은, 두 가지를 다 표준어로 삼는다는 규정에 따라 '외다, 외우다' 모두 표준어예요. 참고로 '외우다'는 어미 '-어서'와 결합하면 '외워서'로 활용하죠.

오답 피하기

① '식었거나 찬 것을 덥게 하다.'라는 의미의 단어는 '데우다'예요. '데우다'는 '데우어(데워), 데우니'와 같이 활용해요. 밑줄 친 부분은 '데워서'로 수정해야 해요.
② 일부 명사와 함께 쓰여 그 명사가 뜻하는 행동이나 태도를 나타내다.'라는 의미의 단어는 '피우다'예요. '피우어(피워), 피우니'와 같이 활용하지요. 밑줄 친 부분은 '피워서'로 수정해야 해요.
④ '한숨도 자지 아니하고 밤을 지내다'라는 의미의 단어는 '새우다'예요. '새우어(새워), 새우니'와 같이 활용하지요. 밑줄 친 부분은 '새워서'로 수정해야 해요. 참고로 '새다'는 '날이 밝아 오다'라는 의미의 동사이고, '날이 새는지 창문이 부옇게 밝아 온다.'와 같이 쓰여요.

10

| 2020. 지방직 7급 |

㉠, ㉡의 한자 표기로 옳은 것은?

• ㉠ 간발의 차이로 비행기를 놓쳤다.
• 그의 실력은 장인의 실력에 ㉡ 비견될 만하다.

	㉠	㉡
①	間髮	批腑
②	簡拔	比房
③	間髮	比肩
④	簡拔	批腑

정답과 해설

③ '아주 잠시 또는 아주 적음을 이르는 말'인 '간발(間髮)'은 '間髮(사이 간, 터럭 발)'이 옳은 표기예요.
'서로 비슷한 위치에서 견줌. 또는 견주어짐'의 '비견(比肩)'은 '比肩(견줄 비, 어깨 견)'으로 표기해요.

오답 피하기

㉠ 簡拔(대쪽 간, 뺄 발)
'簡拔(간발)'은 '여러 사람 가운데 골라 뽑음'을 의미해요.
㉡ 批腑(칠 비, 장부 부), 比房(견줄 비, 방 방)

2024 요정노트

매일 3분 하프 모의고사  회 정답 및 해설

01 □□□

| 2020. 지방직 7급 |

밑줄 친 한자어를 고쳐 쓴 것으로 적절하지 않은 것은?

① 우리 시에서는 그 안건을 부의(附議)하겠다고 밝혔다.
→ 우리 시에서는 그 안건을 토의에 부치겠다고 밝혔다.

② 당국은 불법 점유 토지를 명도(明渡)하라고 지시했다.
→ 당국은 불법 점유 토지를 명확하게 파악하라고 지시했다.

③ 우리 조합은 주민들에게 동의서 징구(徵求)를 결정했다.
→ 우리 조합은 주민들에게 동의서 제출 요구를 결정했다.

④ 이 기업은 상여금을 임금에 산입(算入)할 것인지를 논의했다.
→ 이 기업은 상여금을 임금에 포함할 것인지를 논의했다.

정답과 해설

② '명도(明渡)'는 '건물·토지·선박 따위를 남에게 넘겨주거나 맡김. 또는 그러한 일'을 의미하므로, '명확하게 파악'하는 것으로 고쳐 쓰는 것은 적절하지 않아요. (明 밝을 명, 渡 건널 도)

오답 피하기

① '부의(附議)'는 '토의에 부침'을 의미해요. '안건을 부의하겠다'를 '토의에 부치겠다'로 고쳐 쓴 것은 적절해요. (附 붙을 부, 議 의논할 의)

③ '징구(徵求)'는 '돈·곡식 따위를 요구함'을 의미해요. 따라서 '동의서 징구'를 '동의서 제출 요구'로 고쳐 쓰는 것은 적절해요. (徵 부를 징, 求 구할 구)

④ '산입(算入)'은 '셈에 넣음.'을 의미해요. '미수금은 월수에 산입하지 않았다, 급료에는 특근 수당이 산입되었다.'와 같이 쓰이지요. 따라서 '임금에 산입할 것'을 '임금에 포함할 것'으로 고쳐 쓴 것은 적절해요. (算 셀 산, 入 들 입)

02 

| 2020. 지방직 7급 |

㉠~㉣의 음운 변동에 대한 설명으로 옳지 않은 것은?

㉠ 식용유	㉡ 헛걸음
㉢ 안팎일	㉣ 입학생

① ㉠과 ㉢은 각각 음운의 첨가가 나타난다.

② ㉠과 ㉣은 각각 음운 변동 전과 후의 음운 개수가 같다.

③ ㉡과 ㉢은 각각 음운의 대치가 나타난다.

④ ㉡과 ㉣은 같은 유형의 음운 변동이 있다.

㉠ '식용유'는 연음과 'ㄴ'첨가가 일어나 [시공뉴]로 발음돼요. 'ㄴ'이 첨가되는 것은 합성어 및 파생어에서, 앞 단어나 접두사의 끝이 자음이고 뒤 단어나 접미사의 첫음절이 '이, 야, 여, 요, 유'인 경우에는 'ㄴ' 음을 첨가하여 [니, 냐, 녀, 뇨, 뉴]로 발음하기 때문이에요.

㉡ '헛걸음'은 음절의 끝소리 규칙에 따라 '헛'이 '헏'으로 바뀌고, 이후에 된소리되기가 일어나 [헏꺼름]으로 발음해요. (받침 'ㄱ,ㄷ,ㅂ' 뒤에 연결되는 예사소리는 된소리로 발음해요.)

㉢ '안팎일'은 음절의 끝소리 규칙에 따라 '팎'이 '팍'으로 바뀌고 ㉠과 마찬가지로 'ㄴ'첨가가 일어나 '안팍닐'이 돼요. 이후 비음화가 일어나 최종적으로 [안팡닐]로 발음돼요.

㉣ '입학생'은 'ㅂ'과 'ㅎ'이 'ㅍ'으로 축약되어 '이팍생'이 돼요. 또한 받침 'ㄱ,ㄷ,ㅂ' 뒤에 연결되는 예사소리는 된소리로 발음하므로 최종적으로 [이팍쌩]으로 발음해요.

정답과 해설

② '식용유'의 음운 변동 전 음운 개수는 'ㅅ, ㅣ, ㄱ, ㅛ, ㅇ, ㅠ' 6개였어요. 하지만 음운 변동 후에는 'ㄴ'이 첨가되어 'ㅅ, ㅣ, ㄱ, ㅛ, ㅇ, ㄴ, ㅠ' 7개가 되었어요. '입학생'의 음운 변동 전 음운 개수는 'ㅣ, ㅂ, ㅎ, ㅏ, ㄱ, ㅅ, ㅐ, ㅇ' 8개였는데, 음운 변동 후에는 'ㅣ, ㅍ, ㅏ, ㄱ, ㅆ, ㅐ, ㅇ' 7개로 줄었어요.

오답 피하기

① ㉠과 ㉢은 모두 'ㄴ'첨가가 일어났어요. 합성어 및 파생어에서, 앞 단어나 접두사의 끝이 자음이고 뒤 단어나 접미사의 첫음절이 '이, 야, 여, 요, 유'인 경우에는 이처럼 'ㄴ' 음이 첨가되기 때문이지요.

③ 음운의 '대치'는 '교체'와 같은 말이에요. ㉡은 음절의 끝소리 규칙과 된소리되기가 일어났으므로 대치가 나타난 것이 맞아요. ㉢은 음절의 끝소리 규칙과 비음화가 일어났지요. '팎'의 종성 'ㄲ'이 'ㄱ'으로 변화한 것도 음절의 끝소리 규칙에 해당돼요. 된소리도 하나의 음운이므로, 'ㄲ'이 'ㄱ'이 된 것은 탈락이 아니라 대치(=교체)예요,

④ ㉡은 음절의 끝소리 규칙과 된소리되기가 일어났어요. ㉣은 축약과 된소리되기가 일어났지요. 모두 대치에 해당하는 음운 변동이 있어요.

03 ☐☐☐

| 2020. 지방직 7급 |

밑줄 친 단어가 바르게 쓰인 것은?

① 그는 평생 호의호식을 하며 지냈다.
② 그는 환골탈퇴의 자세로 새 일에 임했다.
③ 부모님은 주야장창으로 자식 걱정뿐이다.
④ 산수갑산을 가는 한이 있어도 그 일은 꼭 하고 싶다.

정답과 해설

① '호의호식(好衣好食)'은 '좋은 옷을 입고 좋은 음식을 먹음'을 의미해요. 제시된 문장에서 바르게 쓰였어요.

오답 피하기

② '환골탈태(換骨奪胎)'는 '사람이 보다 나은 방향으로 변하여 전혀 딴사람처럼 됨'을 의미해요. 비슷한 말로는 '탈태, 환골, 환탈' 등이 있지요. '환골탈퇴'는 잘못된 표현이에요.
③ '주야장천(晝夜長川)'은 '밤낮으로 쉬지 아니하고 연달아'라는 의미의 부사예요. '부모님들은 주야장천 자식 걱정뿐이다.'처럼 쓰이지요. '주야장창, 주구장창'은 모두 잘못된 표현이에요.
④ '삼수갑산(三水甲山)'은 우리나라에서 가장 험한 산골이라 이르던 삼수와 갑산을 의미해요. 조선 시대에 귀양지의 하나였지요. 관용 표현 '삼수갑산에 가는 한이 있어도'는 자신에게 닥쳐올 어떤 위험도 무릅쓰고라도 어떤 일을 단행할 때 하는 말이에요. '산수갑산'은 잘못된 표현이에요.

04 ☐☐☐

| 2020. 지방직 7급 |

밑줄 친 어구와 같은 뜻의 한자 성어는?

> 이생(李生)은 그 이후로 인간사에 게을러져 친척과 빈객의 길흉사가 있어도 문을 닫고 나가지 않았다. 늘 아내 최씨(崔氏)와 더불어 시를 주고받으며 사이좋게 지냈다.
>
> – 김시습, 「이생규장전(李生窺墻傳)」에서 –

① 琴瑟相和 ② 女必從夫
③ 談笑自若 ④ 男負女戴

정답과 해설

① '琴瑟相和(금슬상화)'는 금(琴)과 슬(瑟)이 합주하여 화음(和音)이 조화되는 것같이 부부 사이가 다정하고 화목함을 비유적으로 이르는 말이에요. 이생과 아내 최씨가 사이좋게 지내는 상황과 가장 잘 어울려요.

오답 피하기

② '女必從夫(여필종부)'는 아내는 반드시 남편을 따라야 한다는 말이에요. 부부가 서로 사이좋게 지내는 것과는 거리가 멀어요.
③ '談笑自若(담소자약)'은 근심이나 놀라운 일을 당하였을 때도 보통 때와 같이 웃고 이야기하는 것을 의미해요. 두 사람이 서로 시를 주고받으며 사이좋게 지낸 것은 근심이나 놀라운 일과는 관련이 없어요. 인간사에 게을러진 것을 근심이나 놀라운 일이라고 보기는 어려워요.
④ '男負女戴(남부여대)'는 남자는 지고 여자는 인다는 뜻으로, 가난한 사람들이 살 곳을 찾아 이리저리 떠돌아다님을 비유적으로 이르는 말이에요. 이생과 최씨는 인간사를 멀리하고 외부적인 활동을 하지 않았으므로 이리저리 떠돌아다닌다는 성어는 적절하지 않아요.

05 ☐☐☐

다음 밑줄 친 말이 표준어인 것은?

① 오늘따라 유달리 마음이 설레인다.
② 어제 학교에서 실기 시험을 치뤘다.
③ 나뭇가지에 다래 덩쿨이 엉켜 있었다.
④ 억울한 사람에게 덤테기를 씌우지 마라.

정답과 해설

② '치르다'에 과거 시제 선어말 어미가 붙으면 '치르-+-었-+다'가 되고 '—' 탈락이 일어나 최종적으로 '치렀다'가 된다. '치루었다'나 '치뤘다'는 틀린 표현이다.

오답 피하기

① '설레이다(설레인다)'는 비표준어이므로, '설레다(설렌다)'라고 써야 한다.
③ '덩쿨'은 비표준어이므로, '덩굴'이나 '넝쿨'이라고 써야 한다.
④ '덤테기'는 비표준어이다. '덤터기'라고 써야 한다.

06 ☐☐☐

다음 한자의 독음을 쓰시오.

龜裂( ) 殺到( ) 詰難( ) 缺陷( )
誇張( ) 捷徑( ) 慟哭( ) 解弛( )
諧謔( ) 恍惚( )

정답과 해설

龜裂(균열) : 거북의 등에 있는 무늬처럼 갈라져 터짐.
殺到(쇄도) : 전화, 주문 따위가 한꺼번에 세차게 몰려듦.
詰難(힐난) : 트집을 잡아 거북할 만큼 따지고 듦.
缺陷(결함) : 부족하거나 완전하지 못하여 흠이 되는 부분.
誇張(과장) : 사실보다 지나치게 불려서 나타냄.
捷徑(첩경) : 멀리 돌지 않고 가깝게 질러 통하는 길.
慟哭(통곡) : 소리를 높여 슬피 욺.
解弛(해이) : 긴장이나 규율 따위가 풀려 마음이 느슨함.
諧謔(해학) : 익살스럽고도 품위가 있는 말이나 행동. ≒ 배회, 호해, 회해.
恍惚(황홀) : 눈이 부시어 어릿어릿할 정도로 찬란하거나 화려함.

07

다음 밑줄 친 단어의 한자 표기로 적절한 것은?

> 저 사람의 거동이 왠지 <u>수상</u>하지 않아?

① 受賞 ② 殊常
③ 樹霜 ④ 隨想

정답과 해설

殊常 : '수상하다'의 어근. / 수상하다(殊常하다) : 보통과는 달리 이상하여 의심스럽다.

오답 피하기

① 受賞(수상) : 상을 받음.
③ 樹霜(수상) : 상고대. 나무나 풀에 내려 눈처럼 된 서리.
④ 隨想(수상) : 그때그때 떠오르는 느낌이나 생각.

08

밑줄 친 부분의 한자가 다른 것은?

① 아이가 아직 어려서 돈에 대한 <u>개</u>념이 없다.
② 모든 행동은 내적 욕구와 <u>개</u>연 관계가 있다.
③ 이 작품에서 시대의 역사적 <u>개</u>괄을 시도했다.
④ 팀장은 사장에서 이번 사업의 <u>개</u>요를 보고했다.

정답과 해설

② 개연(蓋然) : 확실하게 단정할 수는 없지만 대개 그럴 것이라고 생각되는 상태.

오답 피하기

① 개념(槪念) : 어떤 사물이나 현상에 대한 일반적인 지식.
③ 개괄(槪括) : 중요한 내용이나 줄거리를 대강 추려 냄.
④ 개요(槪要) : 간결하게 추려 낸 주요 내용.

09

짝지어진 어휘의 의미 관계가 이질적인 것은?

① 叱責 : 稱讚 ② 模倣 : 踏襲
③ 黎明 : 黃昏 ④ 擴大 : 縮小

정답과 해설

② 模倣(모방) : 踏襲(답습) → 유의 관계

오답 피하기

① 叱責(질책) : 稱讚(칭찬) → 반의 관계
③ 黎明(여명) : 黃昏(황혼) → 반의 관계
④ 擴大(확대) : 縮小(축소) → 반의 관계

10

다음 설명에 해당하는 한자어는?

> 다른 것에 영향을 받아 어떤 현상이 나타남.

① 反影 ② 反映
③ 反射 ④ 反撥

정답과 해설

② 反映(반영) : 다른 것에 영향을 받아 어떤 현상이 나타남. 또는 어떤 현상을 나타냄.

오답 피하기

① 反影(반영) : 반사하여 비치는 그림자.
③ 反射(반사) : 일정한 방향으로 나아가던 파동이 다른 물체의 표면에 부딪쳐서 나아가던 방향을 반대로 바꾸는 현상.
④ 反撥(반발) : 탄력이 있는 물체가 퉁겨져 일어남.

2024 요정노트

매일 30분 하프 모의고사  회 정답 및 해설

01 □□□

다음에 나타난 상황을 표현하기에 적절한 말은?

> 자본주의 사회에서 모든 인간은 생존하기 위하여 많은 물질 가치를 확보하지 않으면 안 된다. 현재의 생존이 해결된다고 해서 미래의 생존 문제도 해결되는 것은 아니기 때문이다. 결국 자본주의 사회에서 인간의 위상은 달리는 자전거를 타고 있는 것과 같다. 달리는 자전거는 계속 달리지 않으면 쓰러진다. 충분한 거리를 달렸다고 해서 쉬어도 되는 것은 아니다.

① 騎虎之勢　② 自家撞着
③ 守株待兎　④ 望洋之嘆

정답과 해설

① 기호지세(騎虎之勢) : 호랑이를 타고 달리는 형세라는 뜻으로, 이미 시작한 일을 중도에서 그만둘 수 없는 경우를 비유적으로 이르는 말.

오답 피하기

② 자가당착(自家撞着) : 같은 사람의 말이나 행동이 앞뒤가 서로 맞지 아니하고 모순됨. ≒모순당착.
③ 수주대토(守株待兎) : 한 가지 일에만 얽매여 발전을 모르는 어리석은 사람을 비유적으로 이르는 말. 중국 송나라의 한 농부가 우연히 나무 그루터기에 토끼가 부딪쳐 죽은 것을 잡은 후, 또 그와 같이 토끼를 잡을까 하여 일도 하지 않고 그루터기만 지키고 있었다는 데서 유래한다.
④ 망양지탄(望洋之歎/望洋之嘆) : 큰 바다를 바라보며 하는 한탄이란 뜻으로, 어떤 일에 자기 자신의 힘이 미치지 못할 때에 하는 탄식을 이르는 말.

02 □□□

다음 단어 중 표준어로만 묶인 것은?

① 냄비, 여직껏, 입때껏, 서울내기
② 시뉘, 꼬시다, 물봉선화, 한통치다
③ 다닫다, 짓물다, 짚북데기, 가탈스럽다
④ 수캐미, 검은엿, 주책이다, 게슴츠레하다

정답과 해설

② 모두 표준어이다.

오답 피하기

① '여직껏'은 '여태껏'의 잘못된 표기이다.
③ '다닫다'는 '다다르다'의 잘못된 표기이다. '짓물다'는 '짓무르다'의 잘못된 표기이다.
④ '수개미'가 표준어이다. '주책이다'도 표준어이다.

03 □□□

〈보기〉를 참고할 때, ㄱ~ㄹ을 탐구한 내용으로 적절하지 않은 것은?

/ 보기 /

> 형태가 동일한 서술어라도 의미에 따라 필수적으로 요구하는 문장 성분의 개수가 다를 수 있다. 예를 들어, '보내다'의 경우 사용되는 의미에 따라 문장 성분의 개수가 달라진다. ㄱ~ㄹ은 '보내다'가 다양한 의미로 사용된 예문이다.
>
> ㄱ. 그는 방학이면 아이를 시골에 보냈다.
> ㄴ. 그 노인은 홀로 쓸쓸한 시간을 보냈다.
> ㄷ. 관중들은 선수에게 열렬한 응원을 보냈다.
> ㄹ. 야구 협회는 대표 팀을 국제 대회에 보냈다.

① ㄱ을 보니, '보내다'가 '사람이나 물건 따위를 다른 곳으로 가게 하다.'의 의미로 쓰일 때는 세 자리 서술어로군.
② ㄴ을 보니, '보내다'가 '시간이나 세월을 지나가게 하다.'의 의미로 쓰일 때는 두 자리 서술어로군.
③ ㄷ을 보니, '보내다'가 '상대편에게 자신의 마음가짐을 느끼어 알도록 표현하다.'의 의미로 쓰일 때는 두 자리 서술어로군.
④ ㄹ을 보니, '보내다'가 '운동 경기나 모임 따위에 참가하게 하다.'의 의미로 쓰일 때는 세 자리 서술어로군.

정답과 해설

③ '관중들은 선수에게 열렬한 응원을 보냈다.'에서 '보내다'는 주어('관중들은')와 목적어('응원을'), 부사어('선수에게')를 모두 필요로 하는 세 자리 서술어로 쓰이고 있다. 주어, 목적어, 부사어 중에서 하나라도 빠지면 문장이 어색해진다.

오답 피하기

① '그는 방학이면 아이를 시골에 보냈다.'에서 '보내다'는 주어('그는'), 목적어('아이를'), 부사어('시골에')를 모두 갖추어야 되는 세 자리 서술어이다.
② '그 노인은 홀로 쓸쓸한 시간을 보냈다.'에서 '보내다'는 주어('노인은')와 목적어('시간을')만을 필요로 하는 두 자리 서술어로 쓰이고 있다.
④ '야구 협회는 대표 팀을 국제 대회에 보냈다.'에서 '보내다'는 주어('야구 협회는')와 목적어('(대표) 팀을'), 부사어('(국제) 대회에')를 모두 필요로 하는 세 자리 서술어로 쓰이고 있다. 참고로, '대표'와 '국제'는 각각 '팀'과 '대회'를 수식하는 관형어이다. 하지만 문장에서는 수식하는 체언과 함께 한 단어처럼 쓰이고 있다.

04

다음 한자의 독음을 쓰시오.

看做(　　) 缺乏(　　) 乖離(　　) 刮目(　　)
呵責(　　) 醵出(　　) 汨沒(　　) 尨大(　　)
陶冶(　　) 杳然(　　)

정답과 해설

看做(간주) : 상태, 모양, 성질 따위가 그와 같다고 봄. 또는 그렇다고 여김.
缺乏(결핍) : 있어야 할 것이 없어지거나 모자람.
乖離(괴리) : 서로 어그러져 동떨어짐.
刮目(괄목) : 눈을 비비고 볼 정도로 매우 놀람.
呵責(가책) : 자기나 남의 잘못에 대하여 꾸짖어 책망함.
醵出(갹출) : 같은 목적을 위하여 여러 사람이 돈을 나누어 냄. ≒거출.
汨沒(골몰) : 다른 생각을 할 여유도 없이 한 가지 일에만 파묻힘
尨大(방대) : '방대하다'의 어근. / 방대하다(厖大하다/尨大하다) : 규모나 양이 매우 크거나 많다.
陶冶(도야) : 훌륭한 사람이 되도록 몸과 마음을 닦아 기름을 비유적으로 이르는 말.
杳然(묘연) : '묘연하다'의 어근. / 묘연하다(杳然하다) : 소식이나 행방 따위를 알 길이 없다.

05

밑줄 친 부분의 음이 나머지 셋과 다른 것은?

① 復古　② 復歸
③ 復活　④ 收復

정답과 해설

③ 復活(부활) :죽었다가 다시 살아남.

오답 피하기

① 復古(복고) : 과거의 모양, 정치, 사상, 제도, 풍습 따위로 돌아감.
② 復歸(복귀) : 본디의 자리나 상태로 되돌아감.
④ 收復(수복) : 잃었던 땅이나 권리 따위를 되찾음.

06

다음 밑줄 친 단어의 한자 표기로 적절한 것은?

그는 몸에 이상을 느끼고 병원을 찾았다.

① 以上　② 理想
③ 異常　④ 異狀

정답과 해설

③ 이상(異常) : 1. 정상적인 상태와 다름. 2. 별나거나 색다름.

오답 피하기

① 이상(以上) : 수량이나 정도가 일정한 기준보다 더 많거나 나음.
② 이상(理想) : 생각할 수 있는 범위 안에서 가장 완전하다고 여겨지는 상태.
④ 이상(異狀) : 1. 평소와는 다른 상태
2. 서로 다른 모양.

07

한자 성어의 의미가 나머지 셋과 다른 것은?

① 匹夫匹婦　② 樵童汲婦
③ 張三李四　④ 囊中之錐

정답과 해설

④ 낭중지추(囊中之錐) : 주머니 속의 송곳이라는 뜻으로, 재능이 뛰어난 사람은 숨어 있어도 저절로 사람들에게 알려짐을 이르는 말.

① 필부필부(匹夫匹婦) : 평범한 남녀.
② 초동급부(樵童汲婦) : 땔나무를 하는 아이와 물을 긷는 아낙네라는 뜻으로 보통 사람을 이르는 말.
③ 장삼이사(張三李四) : 장씨(張氏)의 셋째 아들과 이씨(李氏)의 넷째 아들이라는 뜻으로, 이름이나 신분이 특별하지 아니한 평범한 사람들을 이르는 말.

08

다음 작품과 관련된 한자 성어로 적절한 것은?

> 어버이 사라신 제 셤길 일란 다 ᄒᆞ여라.
> 디나간 후면 애ᄃᆞᆲ다 엇디하리.
> 평ᄉᆡᆼ애 고텨 못할 일이 이ᄲᅮᆫ인가 ᄒᆞ노라.

① 姑息之計(고식지계)　② 榮枯盛衰(영고성쇠)
③ 切齒腐心(절치부심)　④ 昏定晨省(혼정신성)

정답과 해설

④ 혼정신성(昏定晨省) : 밤에는 부모의 잠자리를 보아 드리고 이른 아침에는 부모의 밤새 안부를 묻는다는 뜻으로, 부모를 잘 섬기고 효성을 다함을 이르는 말. ≒ 정성, 조석정성.

오답 피하기

① 고식지계(姑息之計) : 우선 당장 편한 것만을 택하는 꾀나 방법. 한때의 안정을 얻기 위하여 임시로 둘러맞추어 처리하거나 이리저리 주선하여 꾸며 내는 계책을 이른다.
② 영고성쇠(榮枯盛衰) : 인생이나 사물의 번성함과 쇠락함이 서로 바뀜.
③ 절치부심(切齒腐心) : 몹시 분하여 이를 갈며 속을 썩임.

09

다음 한자어의 독음이 모두 옳은 것은?

① 矜恤(긍휼), 羈縻(기미), 懦弱(유약), 懶怠(나태)
② 洗濯(세탁), 遡及(유급), 甦生(갱생), 刷新(쇄신)
③ 辛辣(신랄), 齷齪(악착), 斡旋(알선), 隘路(애로)
④ 障碍(장애), 前揭(전제), 稠密(조밀), 措置(차치)

정답과 해설

③ 辛辣(신랄), 齷齪(악착), 斡旋(알선), 隘路(애로)

오답 피하기

① 懦弱(나약) : 의지가 굳세지 못함.
② 遡及(소급) : 과거에까지 거슬러 올라가서 미치게 함.
甦生(소생) : 거의 죽어 가다가 다시 살아남.
④ 措置(조치) : 벌어지는 사태를 잘 살펴서 필요한 대책을 세워 행함. 또는 그 대책.

10

제시된 낱말을 활용하여 문장을 만든 것으로 적절하지 않은 것은?

① 바치다 : 그분은 나라를 위해 목숨을 바쳤다.
받치다 : 꼬마들이 우산을 나란히 받치고 간다.
② 걷잡다 : 불길이 걷잡을 수 없이 번져 나갔다.
겉잡다 : 일을 마치려면 겉잡아 일주일은 걸린다.
③ 안치다 : 그녀는 솥에 쌀을 안치러 부엌으로 갔다.
앉히다 : 그는 딸을 앞에 앉혀 놓고 잘못을 타일렀다.
④ 조리다 : 그를 오늘 만나지 못할까 봐 가슴을 조렸다.
졸이다 : 밑반찬으로 멸치와 고추를 간장에 졸였다.

정답과 해설

④ '조리다'는 '양념을 한 고기나 생선, 채소 따위를 국물에 넣고 바짝 끓여서 양념이 배어들게 하다.'라는 뜻이고, '졸이다'는 '속을 태우다시피 초조해하다'라는 뜻이므로, '그를 오늘 만나지 못할까 봐 가슴을 졸였다.'와 '밑반찬으로 멸치와 고추를 간장에 조렸다.'로 고쳐 써야 한다.

오답 피하기

① '바치다'가 '무엇을 위하여 모든 것을 아낌없이 내놓거나 쓰다.'라는 뜻으로 적절하게 사용되었으며, '받치다'도 '비나 햇빛과 같은 것이 통 하지 못하도록 우산이나 양산을 펴 들다'라는 뜻으로 적절하게 사용되었다.
② '걷잡다'가 '한 방향으로 치우쳐 흘러가는 형세 따위를 붙들어 잡다.'라는 뜻으로 적절하게 사용되었으며, '겉잡다'도 '겉으로 보고 대강 짐작하여 헤아리다.'라는 뜻으로 적절하게 사용되었다.
③ '안치다'가 '밥, 떡, 찌개 따위를 만들기 위하여 그 재료를 솥이나 냄비 따위에 넣고 불 위에 올리다.'라는 뜻으로 적절하게 사용되었으며, '앉히다'도 '사람이나 동물이 윗몸을 바로 한 상태에서 엉덩이에 몸무게를 실어 다른 물건이나 바닥에 몸을 올려놓다.'라는 뜻으로 적절하게 사용되었다.

매일 3분 하프 모의고사 09회 정답 및 해설

01

다음 밑줄 친 단어 중, '보조 용언'이 아닌 것은?

① 그녀의 집은 형편이 넉넉하지 못하다.
② 순이는 커피 두 잔을 사서 들고 갔다.
③ 사장님은 서류를 찢어 버리고 말았다.
④ 철수가 영희의 밥을 대신 먹어 주었다.

정답과 해설

② '순이는 커피 두 잔을 사서 들고 갔다.'에서 '가다(갔다)'는 문맥상 서술의 기능을 하고 있으며 어휘적 의미('한 장소에서 다른 장소로 위치를 옮김')도 뚜렷한 본용언이다. '순이는 커피 두 잔을 사서 들고 갔다.'는 '순이가 커피 두 잔을 샀다'와 '순이가 커피 두 잔을 들었다', '순이가 갔다'라는 세 문장이 연결 어미 '-아서'와 '-고'로 연결된 문장이다. 즉, '사다(사서)', '들다(들고)'와 '가다(갔다)'의 의미가 모두 자립적으로 사용된 본용언이다. 참고로 '가다'는 보조적 연결 어미 '-어/-아' 뒤에서만 보조 용언으로 사용된다.

오답 피하기

① '못하다'가 앞말이 뜻하는 상태에 미치지 아니함을 나타내는 보조 형용사로 사용되었다.
③ '버리다(버리고)'가 앞말이 나타내는 행동이 이미 끝났음을 나타내는 보조 동사로 사용되었다. 참고로 '찢어 버리고 말았다'는 '본용언 + 보조 용언 + 보조 용언'의 구성이다.
④ '주다(주었다)'가 앞 동사의 행위가 다른 사람의 행위에 영향을 미침을 나타내는 보조 동사로 사용되었다.

02

외래어 표기가 맞는 것끼리 묶은 것은?

① 샌들(sandal), 알콜(alcohol), 배지(badge), 포탈 사이트(Portal Site)
② 샌달(sandal), 알콜(alcohol), 뱃지(badge), 포털 사이트(Portal Site)
③ 샌들(sandal), 알코올(alcohol), 배지(badge), 포털 사이트(Portal Site)
④ 샌달(sandal), 알코올(alcohol), 뱃지(badge), 포탈 사이트(Portal Site)

정답과 해설

③ 모두 올바른 외래어 표기이다.

오답 피하기

① '알콜'이 아니라 '알코올'로, '포탈 사이트'가 아니라 '포털 사이트'로 표기해야 한다.
② '샌달'이 아니라 '샌들'로, '알콜'이 아니라 '알코올'로, '뱃지'가 아니라 '배지'로 표기해야 한다.
④ '샌들'로, '배지'로 표기해야 한다.

03

다음 한자의 독음을 쓰시오.

未洽( )	撲殺( )	奢侈( )	掠奪( )
歪曲( )	桎梏( )	叱責( )	推敲( )
墜落( )	暴惡( )		

정답과 해설

未洽(미흡) : 아직 흡족하지 못하거나 만족스럽지 않음.
撲殺(박살) : 손으로 쳐서 죽임.
奢侈(사치) : 필요 이상의 돈이나 물건을 쓰거나 분수에 지나친 생활을 함.
掠奪(약탈) : 폭력을 써서 남의 것을 억지로 빼앗음.
歪曲(왜곡) : 사실과 다르게 해석하거나 그릇되게 함.
桎梏(질곡) : 몹시 속박하여 자유를 가질 수 없는 고통의 상태를 비유적으로 이르는 말.
叱責(질책) : 꾸짖어 나무람. ≒초양.
推敲(퇴고) : 글을 지을 때 여러 번 생각하여 고치고 다듬음. 또는 그런 일.
墜落(추락) : 높은 곳에서 떨어짐.
暴惡(포악) : 사납고 악함.

04 ☐☐☐

한자 성어의 뜻풀이가 적절하지 않은 것은?

① 苛斂誅求 : 세금 같은 것을 가혹하게 받고 물건을 강제로 청구하여 백성을 못살게 구는 일.
② 刻舟求劍 : 사리에 어둡고 융통성이 없음.
③ 間於齊楚 : 서로 적대적인 관계에 있는 사람이 협력해야 하는 상황에 처함.
④ 隔靴搔癢 : 성에 차지 않거나 철저하지 못한 안타까움을 이르는 말.

정답과 해설

③ 간어제초(間於齊楚) : 약자가 강자들 틈에 끼어서 괴로움을 겪음을 이르는 말. 중국의 주나라 말엽 등나라가 제나라와 초나라 사이에 끼어서 괴로움을 겪었다는 데서 유래한다.
그리고 뜻풀이와 관련된 한자 성어는 '吳越同舟(오월동주)'이다.
오월동주(吳越同舟) : 서로 적의를 품은 사람들이 한자리에 있게 된 경우나 서로 협력하여야 하는 상황을 비유적으로 이르는 말.

오답 피하기

① 가렴주구(苛斂誅求) : 세금을 가혹하게 거두어들이고, 무리하게 재물을 빼앗음.
② 각주구검(刻舟求劍) : 융통성 없이 현실에 맞지 않는 낡은 생각을 고집하는 어리석음을 이르는 말. 초나라 사람이 배에서 칼을 물속에 떨어뜨리고 그 위치를 뱃전에 표시하였다가 나중에 배가 움직인 것을 생각하지 않고 칼을 찾았다는 데서 유래한다.
③ 간어제초(間於齊楚) : 약자가 강자들 틈에 끼어서 괴로움을 겪음을 이르는 말. 중국의 주나라 말엽 등나라가 제나라와 초나라 사이에 끼어서 괴로움을 겪었다는 데서 유래한다.
④ 격화소양(隔靴搔癢) : 신을 신고 발바닥을 긁는다는 뜻으로, 성에 차지 않거나 철저하지 못한 안타까움을 이르는 말.

05 ☐☐☐

다음 밑줄 친 단어의 한자 표기로 적절한 것은?

> 나는 그 사람과 결혼할 <u>의사</u>가 전혀 없다.

① 意思 ② 疑事
③ 義士 ④ 義思

정답과 해설

① 意思 : 무엇을 하고자 하는 생각.

오답 피하기

② 疑事 : 의심스러운 일.
③ 義士 : 의로운 지사(志士).
④ 義思 : 사전에 올라 있지 않은 단어로, 글자 그대로 해석하면 '옳은 생각'이라는 뜻.

06 ☐☐☐

다음 상황에 어울리는 한자 성어는?

> 지난 날 내게 큰 기쁨이 되었던 것들이 지금 나에게 재앙으로 다가올 줄은 전혀 몰랐다.

① 甘呑苦吐 ② 塞翁之馬
③ 胡蝶之夢 ④ 指鹿爲馬

정답과 해설

② 새옹지마(塞翁之馬) : 인생의 길흉화복은 변화가 많아서 예측하기가 어렵다는 말.

오답 피하기

① 감탄고토(甘呑苦吐) : 달면 삼키고 쓰면 뱉는다는 뜻으로, 자신의 비위에 따라서 사리의 옳고 그름을 판단함을 이르는 말.
③ 호접지몽(胡蝶之夢) : 나비에 관한 꿈이라는 뜻으로, 인생의 덧없음을 이르는 말.
④ 지록위마(指鹿爲馬) : 윗사람을 농락하여 권세를 마음대로 함을 이르는 말. 중국 진(秦)나라의 조고(趙高)가 자신의 권세를 시험하여 보고자 황제 호해(胡亥)에게 사슴을 가리키며 말이라고 한 데서 유래한다.

07 ☐☐☐

다음 중, 한자의 쓰임이 적절하지 않은 것은?

① 대관령에서는 高冷地 농업을 한다.
② 설날 아침에 부모님께 歲拜를 드렸다.
③ 늦가을이 되자 온 산에 丹風이 들었다.
④ 우리나라는 寒暑의 차가 심한 기후이다.

정답과 해설

③ '丹風'이 아니라 '丹楓(단풍)'으로 표기해야 한다.

오답 피하기

① 고랭지(高冷地 : 저위도에 있고 표고가 600미터 이상으로 높고 한랭한 곳)
② 세배(歲拜 : 정초에 웃어른께 인사로 하는 절)
④ 한서(寒暑 : 추위와 더위)

08

다음 ㉠~㉣에 들어갈 말이 알맞게 짝지어진 것은?

> 언어학에서 변별적 자질은 두 대상이 어떤 특성에서 구별된다는 것을 나타내는 유용한 개념이다. 변별적 자질은 [+F]나 [-F]와 같은 형식으로 표시되는데, 이때 'F'는 음성적 특성을, '+/-'는 그러한 음성적 특성의 있고 없음을 나타낸다. 예컨대 두 음운 /ㅁ/과 /ㅂ/은 두 입술로 공기를 막았다가 터뜨리는 공통점이 있으나, 공기가 코를 통과한다는 점에서는 차이를 보이므로 /ㅁ/은 [㉠ , ㉡], /ㅂ/은 [㉢ , ㉣]이라는 변별적 자질들의 묶음으로 표시될 수 있다.

	㉠	㉡	㉢	㉣
①	+양순성	+비음성	+양순성	-비음성
②	+양순성	-비음성	-양순성	+비음성
③	-양순성	+비음성	+양순성	-비음성
④	-양순성	-비음성	-양순성	+비음성

정답과 해설

① /ㅁ/은 두 입술로 공기를 막았다가 터뜨리므로 양순성이 있고, 공기가 코를 통과하므로 비음성도 있다. 그리고 /ㅂ/은 두 입술로 공기를 막았다가 터뜨리므로 양순성은 있으나, 공기가 코를 통과하지 않으므로 비음성은 없다.

09

〈보기〉에 제시된 선생님의 질문에 대한 답으로 적절한 것은?

/ 보기 /

선생님 : 음운 변동 현상을 유형에 따라 정리하면 다음과 같습니다.

- 교체 : 음운 변동의 결과 한 음운이 다른 음운으로 바뀌는 현상
- 축약 : 두 음운이 만나 하나의 음운으로 합쳐지는 현상
- 탈락 : 두 음운이 만나 한 음운이 아예 사라지는 현상
- 첨가 : 두 음운 사이에 새로운 음운이 덧붙는 현상

그럼, '밭이랑에는 옥수수를 심었다.'에서 '밭이랑'을 발음할 때 일어나는 음운 변동 현상을 모두 골라 볼까요? 단, 음운 변동의 순서는 상관없습니다.

① 교체, 첨가　② 교체, 축약
③ 탈락, 첨가　④ 교체, 첨가, 축약

정답과 해설

① '밭이랑'은 [밭니랑(ㄴ 첨가 : 첨가) → 받니랑(음절의 끝소리 규칙 : 교체) → 반니랑(비음화 : 교체)]의 과정을 거쳐 [반니랑]으로 발음된다. 따라서 '첨가'와 '교체'의 음운 변동 현상이 일어난다.

10

〈보기〉의 규정을 적용한 예로 적절하지 않은 것은?

/ 보기 /

〈표준 발음법〉 제2장 제5항
다만 3. 자음을 첫소리로 가지고 있는 음절의 'ㅢ'는 [ㅣ]로 발음한다.
다만 4. 단어의 첫음절 이외의 '의'는 [ㅣ]로, 조사 '의'는 [ㅔ]로 발음함도 허용한다.

① '우리의 희망'은 [우리에 희망]으로 발음할 수 있다.
② '합의'는 [하븨]와 [하비] 두 가지로 발음할 수 있다.
③ '의사들의 의복'은 [의사드레 의복]으로 발음해도 된다.
④ '민주주의의 의의'는 [민주주의에 의이]로 발음할 수 있다.

정답과 해설

① '우리의 희망'은 [우리에 히망]이나 [우리의 히망]으로 발음해야 한다.

오답 피하기

② '합의'는 단어의 첫음절 이외의 '의'는 [ㅣ]로 발음함을 허용한다는 규정에 따라 [하븨]와 [하비] 두 가지로 발음할 수 있다.
③ '의사들의 의복'은 [의사드릐 의복]으로 발음하는 것이 원칙이나 조사 '의'는 [ㅔ]로 발음함도 허용한다는 규정에 따라 [의사드레 의복]으로도 발음할 수 있다.
④ '민주주의의 의의'는 [민주주의의 의의], [민주주이에 의이], [민주주이에 의의], [민주주이의 의의], [민주주이의 의이], [민주주의에 의의], [민주주의에 의이], [민주주의의 의이] 등 여덟 가지로 발음할 수 있다.

매일 3마분 하프 모의고사 10회 정답 및 해설

01

다음 문장의 ㉠에 해당하는 한자로 바른 것은?

그는 모든 비리 의혹에 대해 ㉠ 부정으로 일관했다.

① 不正　② 不淨
③ 不貞　④ 否定

정답과 해설

④ 否定 : 그렇지 아니하다고 단정하거나 옳지 아니하다고 반대함. '긍정(肯定)'의 반대말.

오답 피하기

① 不正 : 올바르지 아니하거나 옳지 못함.
② 不淨 : 깨끗하지 못함.
③ 不貞 : 혼인한 사람이 정조를 지키지 않음.

02

밑줄 친 부분의 뜻이 다른 것은?

① 利率　② 統率
③ 能率　④ 稅率

정답과 해설

② 통솔(統率) : 무리를 거느려 다스림.

오답 피하기

① 이율(利率) : 원금에 대한 이자의 비율.
③ 능률(能率) : 일정한 시간에 할 수 있는 일의 비율.
④ 세율(稅率) : 과세 표준에 의하여 세금을 계산하여 매기는 법정률(法定率).

03

한자어의 독음이 바른 것은?

① 參考 – 삼고　② 履歷 – 이력
③ 餘暇 – 서가　④ 勇猛 – 용감

정답과 해설

② 履歷(이력) :지금까지 거쳐 온 학업, 직업, 경험 등의 내력.

오답 피하기

① 參考(참고) : 살펴서 생각함.
③ 餘暇(여가) : 일이 없어 남는 시간.
④ 勇猛(용맹) : 용감하고 사나움.

04

다음 중, 한자 표기가 적절한 것은?

① 주마간산 – 走馬間山
② 우공이산 – 愚公離山
③ 살신성인 – 殺身成人
④ 구상유취 – 口尙乳臭

정답과 해설

④ 구상유취(口尙乳臭) : 입에서 아직 젖내가 난다는 뜻으로, 말이나 행동이 유치함을 이르는 말.

오답 피하기

① 주마간산(走馬看山) : 말을 타고 달리며 산천을 구경한다는 뜻으로, 자세히 살피지 아니하고 대충대충 보고 지나감을 이르는 말.
② 우공이산(愚公移山) : 우공이 산을 옮긴다는 뜻으로, 어떤 일이든 끊임없이 노력하면 반드시 이루어짐을 이르는 말.
③ 살신성인(殺身成仁) : 자기의 몸을 희생하여 인(仁)을 이룸. ≪논어≫의 〈위령공편(衛靈公篇)〉에 나오는 말이다.

05

다음 ( ) 안에 들어갈 한자 성어로 가장 알맞은 것은?

> 학업 성적도 비슷하고, 체육 실력과 음악 실력도 비슷하니, 너희 둘은 정말 ( )로구나!

① 難兄難弟 ② 莫逆之友
③ 肝膽相照 ④ 走馬加鞭

정답과 해설

① 난형난제 : 두 사물이 비슷하여 낫고 못함을 정하기 어려움을 이르는 말.

오답 피하기

② 막역지우 : 허물이 없이 아주 친한 친구를 이르는 말.
③ 간담상조 : 서로 속마음을 털어놓고 친하게 사귐.
④ 주마가편 : 잘하는 사람을 더욱 장려함을 이르는 말.

06

㉠~㉣에 들어갈 한자어의 독음으로 바르지 않은 것은?

> • 경찰은 이번 사고의 원인 糾明(㉠)에 최선을 다하고 있다.
> • 최근 소액도 현금 대신 카드로 決濟(㉡)하는 경우가 늘었다.
> • 사람이 붐비는 곳은 화장실 標識(㉢)를 눈에 띄게 해야 한다.
> • 문장을 쓸 때는 句讀點(㉣) 하나도 결코 소홀히 해서는 안 된다.

① ㉠ : 규명 ② ㉡ : 결제
③ ㉢ : 표식 ④ ㉣ : 구두점

정답과 해설

③ '識'은 '알 식, 적을 지, 깃발 치' 등 '식'과 '지', '치'로 읽을 수 있다. ㉢은 '표식'이 아니라 '표지'로 읽어야 한다.

07

다음 문장에서 한자가 잘못 표기된 것은?

① 우리 동네에는 漁夫들이 직접 販賣하는 漁市場이 있다.
② 急變하는 현대 사회에서는 선견지명이 切實히 必要하다.
③ 이제 指紋만으로 金融 去來를 할 수 있는 세상이 되었다.
④ 할머니는 밭에서 상추와 오이 등의 菜蔬를 栽倍하고 있다.

정답과 해설

① 우리 동네에는 어부들이 직접 판매하는 어시장이 있다. '漁市場'이 아니라 '魚市場'으로 써야 한다.
어시장(魚市場) : 생선 따위의 어물을 파는 시장

오답 피하기

② 급변(急變) : 상황이나 상태가 갑자기 달라짐.
절실(切實) : 매우 시급하고도 긴요한 상태
필요(必要) : 반드시 요구되는 바가 있음.
③ 지문(指紋) : 손가락 끝마디 안쪽에 있는 살갗의 무늬. 또는 그것이 남긴 흔적.
금융 거래(金融 去來) : 돈을 대어 주고 받아 들이고 하는 일.
④ 채소(菜蔬) : 밭에서 기르는 농작물. 주로 그 잎이나 줄기, 열매 따위를 식용한다.
재배(栽培) : 식물을 심어 가꿈.

08

나이와 그 나이를 나타내는 표현을 연결하시오.

> ㄱ. 15세 ㄴ. 20세 ㄷ. 30세 ㄹ. 40세
> ㅁ. 50세 ㅂ. 60세 ㅅ. 70세

> ⓐ 知天命 ⓑ 而立 ⓒ 弱冠 ⓓ 從心
> ⓔ 耳順 ⓕ 志學 ⓖ 不惑

정답과 해설

ⓐ 지천명(知天命) : 「1」 하늘의 뜻을 앎. 「2」 쉰 살을 달리 이르는 말.
ⓑ 이립(而立) : 서른 살을 달리 이르는 말. ≪논어≫ 〈위정편(爲政篇)〉에서, 공자가 서른 살에 자립했다고 한 데서 나온 말이다.
ⓒ 약관(弱冠) : 「1」 스무 살을 달리 이르는 말. ≪예기≫ 〈곡례편(曲禮篇)〉에서, 공자가 스무 살에 관례를 한다고 한 데서 나온 말이다.
ⓓ 종심(從心) : 일흔 살을 달리 이르는 말. ≪논어≫의 〈위정(爲政)〉 편에서 공자가 '칠십이종심소욕불유구(七十而從心所欲不踰矩)'라고 한 것에서 유래한다.
ⓔ 이순(耳順) : 예순 살을 달리 이르는 말. ≪논어≫ 〈위정편(爲政篇)〉에서, 공자가 예순 살부터 생각하는 것이 원만하여 어떤 일을 들으면 곧 이해가 된다고 한 데서 나온 말이다.
ⓕ 지학(志學) : 「1」 학문에 뜻을 둠. 「2」 열다섯 살을 달리 이르는 말. ≪논어≫ 〈위정편(爲政篇)〉에서, 공자가 열다섯 살에 학문에 뜻을 두었다고 한 데서 나온 말이다.
ⓖ 불혹(不惑) : 「1」 미혹되지 아니함. 「2」 마흔 살을 달리 이르는 말. ≪논어≫ 〈위정편(爲政篇)〉에서, 공자가 마흔 살부터 세상일에 미혹되지 않았다고 한 데서 나온 말이다.

09

다음은 동자 이음어를 사용한 단어이다. 한자어의 독음을 쓰시오.

遊說(　　)	傳說(　　)	便益(　　)	便所(　　)
推薦(　　)	推敲(　　)	暴君(　　)	暴惡(　　)
劣惡(　　)	憎惡(　　)		

정답과 해설

유세(遊說) : 자기 의견 또는 자기 소속 정당의 주장을 선전하며 돌아다님.
전설(傳說) : 옛날부터 민간에서 전하여 내려오는 이야기.
편익(便益) : 편리하고 유익함.
변소(便所) : 대소변을 보도록 만들어 놓은 곳. ≒정방, 청측, 측간, 측실, 측청, 혼측, 회치장.
추천(推薦) : 어떤 조건에 적합한 대상을 책임지고 소개함. ≒추거.
퇴고(推敲) : 글을 지을 때 여러 번 생각하여 고치고 다듬음. 또는 그런 일.
폭군(暴君) : 사납고 악한 임금.
포악(暴惡) : 사납고 악함.
열악(劣惡) : 품질이나 능력, 시설 따위가 매우 떨어지고 나쁨.
증오(憎惡) : 아주 사무치게 미워함. 또는 그런 마음.

10

다음 밑줄 친 한자어의 문맥에 맞는 독음을 쓰시오.

우리나라 선수가 마라톤 세계 기록을 <u>更新</u>했다.

정답과 해설

경신(更新) : ① 이미 있던 것을 고쳐 새롭게 함.
② 종전의 기록을 깨뜨림.
cf. 갱신(更新) : 이미 있던 것을 고쳐 새롭게 함.

01

다음 밑줄 친 부분의 한자 표기로 적절한 것은?

> 권투 시합을 위해 운동장 한가운데에 <u>가설</u> 링을 만들었다.

① 假說　　② 架設
③ 假設　　④ 街說

정답과 해설

③ 假設 : 임시로 설치함.

오답 피하기

① 假說(가설 : 어떤 사실을 설명하기 위하여 설정한 가정.)
② 架設(가설 : 전깃줄이나 교량 따위를 공중에 건너질러 설치함.)
④ 街說(가설 : 거리에 떠도는 소문)

02

다음 중, 한자 표기가 적절한 것은?

① 온고지신 – 溫古知新　　② 동고동락 – 同孤同樂
③ 금상첨화 – 錦上添花　　④ 초근목피 – 草根木彼

정답과 해설

③ 금상첨화(錦上添花) : 비단 위에 꽃을 더한다는 뜻으로, 좋은 일 위에 또 좋은 일이 더하여짐을 비유적으로 이르는 말.

오답 피하기

① 온고지신(溫故知新) : 옛것을 익히고 그것을 미루어서 새것을 앎. '古'가 아니라 '故'로 써야 한다.
② 동고동락(同苦同樂) : 괴로움도 즐거움도 함께함. '孤'가 아니라 '苦'로 써야 한다.
④ 초근목피(草根木皮) : 풀뿌리와 나무껍질이라는 뜻으로, 맛이나 영양가치가 없는 거친 음식을 비유적으로 이르는 말. '彼'가 아니라 '皮'로 써야 한다.

03

다음 밑줄 친 한자가 같은 의미로 쓰인 것끼리 짝지어진 것은?

① 地<u>圖</u> – 試<u>圖</u>　　② <u>運</u>命 – <u>運</u>動
③ <u>失</u>手 – 喪<u>失</u>　　④ <u>持</u>論 – <u>持</u>病

정답과 해설

④ '지론'과 '지병'에서 '持'는 모두 '가지다'는 의미로 사용됨.

오답 피하기

① '지도'에서 '圖'는 '그림'이라는 뜻이고, '시도'에서 '圖'는 '꾀하다'는 뜻이다.
② '운명'에서 '運'은 '타고난 운수'라는 뜻이고, '운동'에서 '運'은 '움직이다'는 뜻이다.
③ '실수'에서 '失'은 '잘못'이라는 뜻이고, '상실'에서 '失'은 '잃다'라는 뜻이다.

04

다음 ( ) 안에 들어갈 말로 알맞은 것은?

> 전염병인 콜레라가 세계 곳곳에서 창궐하고 있어 ( )을/를 강화하고 있다.

① 檢問　　② 檢疫
③ 檢閱　　④ 檢定

정답과 해설

② 검역 : 해외에서 전염병이나 해충이 들어오는 것을 막기 위하여 공항과 항구에서 하는 일들을 통틀어 이르는 말.

오답 피하기

① 검문 : 검사하기 위하여 따져 물음.
③ 검열 : 살펴 조사하는 일.
④ 검정 : 자격이나 조건을 검사하여 결정함.

05 □□□

㉠~㉣의 한자 표기가 적절하지 않은 것은?

신화(神話)는 영원(永遠)하고 ㉠ 상징(象徵)적인 시간 세계에서 신이나 선조, 영웅적이고 ㉡ 비범(非凡)한 사람들에게 일어난 사건을 담고 있다. 이런 이야기는 인간에게 우주와 현실 세계의 질서(秩序)를 보여 주며, 그 속에서 가치(價値) 있는 것이 무엇인지를 알려 준다. 또한 신화는 공동체가 ㉢ 공유(公有)하는 사고방식을 표현하여 동질감을 느끼게 하고, 때로는 그들의 조상과도 의사소통을 할 수 있게 해 준다. 이를 통해 신화는 그 공동체가 지니고 있는 집단적인 무의식의 ㉣ 원형(原型)을 드러낸다.

① ㉠　　② ㉡
③ ㉢　　④ ㉣

정답과 해설

③ 문맥상 ③은 '公有'가 아니라 '共有'로 표기해야 한다. '共有'는 '두 사람 이상이 한 물건을 공동으로 소유함.'이라는 뜻이고, '公有'는 '국가나 지방 자치 단체의 소유.'라는 뜻이다.

오답 피하기

㉠ 상징(象徵) : 추상적인 개념이나 사물을 구체적인 사물로 나타냄. 또는 그렇게 나타낸 표지(標識) · 기호 · 물건 따위.
㉡ 비범(非凡) : 보통 수준보다 훨씬 뛰어남.
㉣ 원형(原型) : 같거나 비슷한 여러 개가 만들어져 나온 본바탕

06 □□□

㉠에 해당하는 예로 적절하지 않은 것은?

/ 보기 /

음운 변동의 유형으로는 '교체, 탈락, 축약, 첨가'가 있다. 한 단어가 발음될 때에 한 가지 유형의 음운 변동만 나타나는 경우가 있고, 여러 유형의 음운 변동이 나타나는 경우가 있다. 가령 '꽃밭[꼳빧]'은 '교체' 한 가지만 나타나지만, '[㉠]'은/는 '교체'와 '첨가' 두 가지가 나타난다.

① 꽃잎[꼰닙]　　② 색연필[생년필]
③ 값하다[가파다]　　④ 설익다[설릭따]

정답과 해설

③ 겹받침 'ㅄ'이 이 단독으로 발음되거나 자음으로 시작하는 말 앞에서 발음될 때는 대표음인 'ㅂ'으로 발음된다. '탈락' 이후 'ㅂ'과 'ㅎ'이 만나 'ㅍ'으로 변하여 축약(거센소리되기)이 나타난다.

오답 피하기

① '꽃잎[꼰닙]'은 '꽃[꼳]'과 '잎[입]'에서 음절의 끝소리 규칙이 나타나고, 두 형태소가 결합하면서 'ㄴ'이 첨가되고 'ㄷ'이 'ㄴ'으로 교체되어 발음된다. 따라서 교체와 첨가, 두 가지가 나타난다.
② 합성 명사에서 앞말이 자음으로 끝나고, 뒷말의 첫 음절이 모음 '이, 야, 여, 요, 유'로 시작하는 경우에는 뒷말의 초성 자리에 'ㄴ'이 첨가되어 '니, 냐, 녀, 뇨, 뉴'로 발음된다. 이후 [색년필]의 '색'이 [생]'으로 발음되어 교체(비음화)가 나타난다.
④ 'ㄹ' 받침 뒤에 첨가되는 [ㄴ] 음은 [ㄹ]로 발음되므로, 첨가('ㄴ' 첨가), 교체(유음화)가 나타난다. '다'가 [따]로 발음되는 것도 교체(된소리되기)이다.

07

밑줄 친 한자의 독음과 뜻풀이가 옳지 않은 것은?

① 핵 실험 猶豫에 동의하다 → 유예 : 일을 결행하는 데 날짜나 시간을 미룸.
② 춘추 전국 시대는 영웅들이 천하를 割據하던 시대였다. → 할거 : 땅을 나누어 차지하고 굳게 지킴.
③ 직원들은 부장이 親疏 관계를 따져 일을 배분하는 것에 불만이 많았다. → 친소 : 친함과 친하지 아니함.
④ 건물을 짓는 공사가 순조롭게 進陟되고 있었다. → 개척 : 새로운 영역, 진로 따위를 처음으로 열어 나감.

정답과 해설

④ 진척(進陟) : 일이 목적한 방향대로 진행되어 감.

08

다음 글의 내용과 관계있는 한자 성어는?

큰 길은 비록 멀리 돌아가는 길이기는 하나, 여러 역참이 있어서 숙식이 편리하다. 그래서 중론에 따르지 않고 큰길을 따라서 온 것이다. 이 역에 이르러서 지름길의 형편을 물으니, 요사이는 사람들이 통행하지 못한다고 했다. 만일 중론에 따랐더라면 중도에서 반드시 크게 낭패할 뻔했다. 급하게 서두르면 도리어 이루지 못한다는 옛사람의 경계는 진실로 이런 경우를 두고 한 말이다.

① 尾生之信 ② 得隴望蜀
③ 欲速不達 ④ 一敗塗地

정답과 해설

③ 욕속부달 : 일을 빨리하려고 하면 도리어 이루지 못함.

오답 피하기

① 미생지신 : 융통성(融通性)이 없이 약속(約束)만을 굳게 지킴을 비유
② 득롱망촉 : 만족할 줄을 모르고 계속 욕심을 부리는 경우를 비유
④ 일패도지 : 여지없이 패하여 다시 일어날 수 없게 되는 지경에 이름을 이르는 말

09

다음 한자의 독음을 쓰시오.

① 蛇足 ② 墨守 ③ 似而非 ④ 胡蝶夢
⑤ 徹頭徹尾 ⑥ 視聽者 ⑦ 關係 ⑧ 充實
⑨ 批評 ⑩ 逸話

정답과 해설

① 사족(蛇足) : 뱀을 다 그리고 나서 있지도 아니한 발을 덧붙여 그려 넣는다는 뜻으로, 쓸데없는 군짓을 하여 도리어 잘못되게 함을 이르는 말.
② 묵수(墨守) : 제 의견이나 생각, 또는 옛날 습관 따위를 굳게 지킴을 이르는 말. 중국 춘추 시대 송나라의 묵자(墨子)가 성을 잘 지켜 초나라의 공격을 아홉 번이나 물리쳤다는 데서 유래한다.
③ 사이비(似而非) : 겉으로는 비슷하나 속은 완전히 다름. 또는 그런 것. ≒사시이비.
④ 호접몽(胡蝶夢) : 나비에 관한 꿈이라는 뜻으로, 인생의 덧없음을 이르는 말. 중국의 장자(莊子)가 꿈에 호랑나비가 되어 훨훨 날아다니다가 깨서는, 자기가 꿈에 호랑나비가 되었던 것인지 호랑나비가 꿈에 장자가 되었는지 모르겠다고 한 이야기에서 유래한다.
⑤ 철두철미(徹頭徹尾) : 처음부터 끝까지 철저하게. ≒철상철하.
⑥ 시청자(視聽者) : 텔레비전의 방송 프로그램을 시청하는 사람.
⑦ 관계(關係) : 둘 이상의 사람, 사물, 현상 따위가 서로 관련을 맺거나 관련이 있음. 또는 그런 관련.
⑧ 충실(充實) : 내용이 알차고 단단함.
⑨ 비평(批評) : 사물의 옳고 그름, 아름다움과 추함 따위를 분석하여 가치를 논함.
⑩ 일화(逸話) : 세상에 널리 알려지지 아니한 흥미 있는 이야기.

10

'모순된 것을 끝까지 우겨서 남을 속이려는 짓'을 비유적으로 이르는 말은?

① 自家撞着 ② 言語道斷
③ 指鹿爲馬 ④ 菽麥不辨

정답과 해설

③ 지록위마 : 윗사람을 농락하며 권세를 마음대로 함.

오답 피하기

① 자가당착 : 말과 행동이 모순됨.
② 언어도단 : 어이가 없어 할 말이 없음.
④ 숙맥불변 : 사리 분별을 못 하고 세상 물정을 잘 모름을 이르는 말.

매일 30분 하프 모의고사 12회 정답 및 해설

01

밑줄 친 부분이 〈한글 맞춤법〉에 어긋나는 것은?

① 철수가 밥을 막 먹을려는 찰나에 초인종이 울렸다.
② 아기가 울고 있으니 내가 가려야 갈 수가 없다.
③ 돌쇠는 커다란 장작을 한 번에 뻐갰다.
④ 금이 서 돈이면, 말순이 시집을 보내고도 남겠구나.

정답과 해설

① 먹으려고 : '-으려고'는 어떤 행동을 할 의도나 욕망을 가지고 있음을 나타내거나 곧 일어날 움직임이나 상태의 변화를 나타내는 연결어미이다. '-을려고'는 틀린 표기이다. '-으려는'은 '-으려고 하는'이 줄어든 말이다.

오답 피하기

② 받침 없는 동사 어간, 'ㄹ' 받침인 동사 어간 또는 어미 '-으시-' 뒤에 붙는 '-려야'는 '-려고 하여야'가 줄어든 말이다. '-ㄹ려야, -ㄹ래야'는 틀린 표기이다.
③ '크고 딴딴한 물건을 두 쪽으로 가르다.'라는 의미의 '뻐개다'는 맞는 표기이다.
④ 수량이 셋임을 나타내는 말로, '돈, 말, 발, 푼'은 '서'로 '냥, 되, 섬, 자'는 '석'으로 표기한다.

02

밑줄 친 한자가 적절하지 않은 것은?

① 역사에 대한 인식(認識)이 없다.
② 그가 나에게 정신적인 부담(負擔)을 주었다.
③ 국립 도서관에는 서적이 많이 비치(備置)되어 있다.
④ 그는 학교에서 배포(配包)한 홍보물을 나에게 주었다.

정답과 해설

④ 配布(나눌 배, 펼 포) : 신문이나 책자 따위를 널리 나눠 줌.

오답 피하기

① 인식(認識) : 사물을 분별하고 판단하여 앎.
② 부담(負擔) : 어떠한 의무나 책임을 짐.
③ 비치(備置) : 마련하여 갖추어 둠.

03

다음 한자 성어의 의미를 잘못 제시한 것은?

① 亡羊之歎 : 이미 어떤 일을 실패한 뒤에 뉘우쳐도 아무 소용이 없음을 이르는 말
② 牽强附會 : 이치에 맞지 않는 말을 억지로 끌어 붙여 자기에게 유리하게 함.
③ 聲東擊西 : 적을 유인하여 이쪽을 공격하는 체하다가 그 반대쪽을 치는 전술을 이르는 말
④ 寸鐵殺人 : 간단한 말로도 남을 감동하게 하거나 남의 약점을 찌를 수 있음을 이르는 말

정답과 해설

① 망양지탄 : 갈림길이 매우 많아 잃어버린 양을 찾을 길이 없음을 탄식한다는 뜻으로, 학문의 길이 여러 갈래여서 한 갈래의 진리도 얻기 어려움을 이르는 말

오답 피하기

② 견강부회
③ 성동격서
④ 촌철살인

04

진구렁에 빠지고 숯불에 탄다는 뜻으로 '몹시 곤궁하여 고통스러운 지경'을 이르는 한자어는?

① 塗炭　② 崩壞
③ 破綻　④ 憤慨

정답과 해설

① 도탄

오답 피하기

② 붕괴 : 허물어져 무너짐.
③ 파탄 : 일이나 계획 따위가 원만하게 진행되지 못하고 중도에서 잘못됨.
④ 분개 : 몹시 분하게 여김.

05

밑줄 친 한자의 음이 나머지 셋과 다른 것은?

① 記載 ② 決濟
③ 決裁 ④ 財貨

정답과 해설

② 결제(決濟) : 일을 처리하여 끝을 냄.

오답 피하기

① 기재(記載) : 문서 따위에 기록하여 올림.
③ 결재(決裁) : 결정할 권한이 있는 상관이 부하가 제출한 안건을 검토하여 허가하거나 승인함.
④ 재화(財貨) : 사람이 바라는 바를 충족시켜 주는 모든 물건.

06

㉠~㉣의 한자 표기가 잘못된 것은?

- 우정이 ㉠ 돈독하다.
- 산사태로 집이 ㉡ 매몰되다.
- 사람의 마음을 ㉢ 처연하게 만드는 비였다.
- 그는 그동안의 진행 과정을 ㉣ 부연하여 설명하였다.

① ㉠ 敦篤 ② ㉡ 埋沒
③ ㉢ 凄然 ④ ㉣ 附椽

정답과 해설

④ • 敷衍(부연) : 이해하기 쉽도록 설명을 덧붙여 자세히 말함.
• 附椽(부연) : 처마 서까래의 끝에 덧얹는 네모지고 짧은 서까래

오답 피하기

① 돈독(敦篤) : 도탑고 성실함.
② 매몰(埋沒) : 보이지 아니하게 파묻히거나 파묻음.
③ 처연(凄然) : 기운이 차고 쓸쓸함.

07

밑줄 친 표현이 바른 것은?

① 그 책은 내 거야.
② 그는 나이에 비해 애띠어 보였다.
③ 남의 물건을 함부로 건들이면 안 된다.
④ 우리 팀은 결승에서 어의없이 지고 말았다.

정답과 해설

① '것'을 구어적으로 이르는 말. 서술격 조사 '이다'가 붙을 때에는 '거다'가 되고, 주격 조사 '이'가 붙을 때에는 '게'로 형태가 바뀐다.

오답 피하기

② '앳돼'로 수정한다. 기본형 '앳되다'는 '애티가 있어 어려 보이다'라는 뜻이다.
③ '건드리면'으로 수정한다.
④ '어이없이'로 수정한다. '어처구니없다'와 뜻이 같다.

08

밑줄 친 부분의 한자가 잘못된 것은?

① 수정(受精)을 끝낸 난자는 수정란이 된다.
② 연구원들은 인공위성의 궤도를 수정(修正)하였다.
③ 조선 건국 후 토지 제도는 수정(修精)이 계속되었다.
④ 그는 책을 출간하지 전에 오타를 수정(修訂)하였다.

정답과 해설

③ 修整 : 고치어 정돈함.

오답 피하기

① 受精 : 암수의 생식 세포가 새로운 개체를 이루기 위해 하나로 합쳐지는 일
② 修正 : 바로잡아 고침.
④ 修訂 : 문장이나 글자 등의 잘못된 것을 고침.

09

밑줄 친 부분의 한자가 잘못된 것은?

① 그에게 모든 일의 책임이 전가(轉嫁)되었다.
② 우리 모두는 그들의 아픔에 공감(公感)하고 있었다.
③ 자만(自慢)에 빠진 선수들은 결국 실수를 하고 말았다.
④ 그 사람은 항상 격식(格式)을 차리는 것을 중요하게 생각했다.

정답과 해설

② 공감(共感) : 남의 감정, 의견, 주장 따위에 대하여 자기도 그렇다고 느낌.

오답 피하기

① 전가(轉嫁) : 잘못이나 책임을 다른 사람에게 넘겨씌움.
③ 자만(自慢) : 자신이나 자신과 관련 있는 것을 스스로 자랑하며 뽐냄.
④ 격식(格式) : 격에 맞는 일정한 방식.

10

다음 밑줄 친 단어의 한자가 적절한 것은?

> 책의 세계는 정신의 자기 회귀를 강화하는 고독한 성찰과 불안한 의심의 극장, 의식이 의식을 만나 협상하고 교섭하는 대화의 극장, 인간이 유한성의 조건 속에서 그 유한성에 보복할 모든 가능한 책략들을 꾸미는 음모의 극장이다.

① 성찰 – 省察 ② 협상 – 協傷
③ 보복 – 報服 ④ 책략 – 責略

정답과 해설

① 성찰(省察) : 자기의 마음을 반성하고 살핌.

오답 피하기

② 협상(協商) : 어떤 목적에 부합되는 결정을 하기 위하여 여럿이 서로 의논함.
③ 보복(報復) : 남이 저에게 해를 준 대로 저도 그에게 해를 줌.=앙갚음.
④ 책략(策略) : 어떤 일을 꾸미고 이루어 나가는 교묘한 방법.

매일 3문 하프 모의고사 13회 정답 및 해설

01

㉠~㉣에 들어갈 한자어로 적절하지 않은 것은?

책을 읽는 문화와 책을 읽지 않는 문화는 기억(㉠), 사유(㉡), 상상(㉢), 표현의 층위(㉣)에서 상당히 다른 개인들을 만들어 내고 상당한 질적 차이를 가진 사회적 주체들을 생산한다.

① ㉠ 記憶 ② ㉡ 思惟
③ ㉢ 想傷 ④ ㉣ 層位

정답과 해설

③ 想像 : 실제로 경험하지 않은 현상이나 사물에 대하여 마음속으로 그려 봄.

오답 피하기

① ㉠ 기억(記憶) : 이전의 인상이나 경험을 의식 속에 간직하거나 도로 생각해 냄.
② ㉡ 사유(思惟) : 대상을 두루 생각하는 일.
④ ㉣ 층위(層位) : 어떤 유(類)의 언어 요소가 전체 언어 구조에서 차지하는 위치.

02

밑줄 친 한자의 독음이 나머지 셋과 다른 것은?

① 偏<u>見</u> ② 謁<u>見</u>
③ 豫<u>見</u> ④ 卓<u>見</u>

정답과 해설

② 알현(謁見) : 지체가 높고 귀한 사람을 찾아가 뵘.

오답 피하기

① 편견(偏見) : 공정하지 못하고 한쪽으로 치우친 생각.
③ 예견(豫見) : 앞으로 일어날 일을 미리 짐작함.
④ 탁견(卓見) : 두드러진 의견이나 견해.

03

밑줄 친 내용과 가장 가까운 의미를 가진 한자 성어는?

디자인의 기본 개념은 기능과 모양새다. 이 두 요소는 서로 상반된 목적을 지향하고 있어 양자 사이의 조화를 찾는 일이 쉽지는 않다. <u>기능을 중시하다 보면 모양새가 마땅치 않고, 모양새에 치중하다 보면 기능이 떨어지는 경우가 대부분이다.</u>

① 望洋之嘆 ② 暗中摸索
③ 左顧右眄 ④ 進退兩難

정답과 해설

④ 양자의 조화를 이루어야 하는 상황, 두 가지 다 살려야 하는 상황이다. '이럴 수도, 저럴 수도 없는 상황' 즉 '진퇴양난'의 상황이다.

오답 피하기

① 망양지탄(望洋之嘆) : 큰 바다를 바라보며 하는 한탄이란 뜻으로, 어떤 일에 자기 자신의 힘이 미치지 못할 때에 하는 탄식을 이르는 말.
② 암중모색(暗中摸索) : 물건 따위를 어둠 속에서 더듬어 찾음.
③ 좌고우면(左顧右眄) : 이쪽저쪽을 돌아본다는 뜻으로, 앞뒤를 재고 망설임을 이르는 말.

04

밑줄 친 단어의 표기가 바른 것은?

① 불량 청년들의 <u>해코지</u>는 어른도 겁낸다.
② 어젯밤에 할머니께서 <u>뇌졸중</u>으로 쓰러지셨다.
③ 일이 <u>께림직하게</u> 되어 가더니만 결국 사달이 났다.
④ 만날 장소를 정하지 못해서 약속이 결국 <u>파토</u>가 났다.

정답과 해설

① 남을 해치고자 하는 짓

오답 피하기

② '뇌졸중(腦卒中)'이 맞는 말이다.
③ '꺼림칙하다'가 맞는 말이다. 매우 꺼림하다. ≒ 께름칙하다
④ '파투'가 맞는 말이다. 일이 잘못되어 흐지부지됨을 비유적으로 이르는 말이다.

05 □□□

밑줄 친 관용 표현이 적절하지 않게 쓰인 것은?

① 사업이 영 게걸음만 치고 있다.
② 워낙 귀가 질긴 친구라 알아듣지 못할 것이다.
③ 그는 직설적으로 알기 쉽게 변죽을 치며 설명했다.
④ 돌아가면서도 고추 먹은 소리하는 것이 영 불만인 모양이었다.

정답과 해설

③ '변죽을 치다'는 '바로 집어 말을 하지 않고 둘러서 말을 하다.'는 의미이므로 '직설적으로 알기 쉽게'와 어울릴 수 없다.

오답 피하기

① 게걸음 치다 : 걸음이 몹시 느리거나 사업이 발전이 없다.
② 귀(가) 질기다 : 둔하여 남의 말을 잘 이해하지 못하다.
④ 고추 먹은 소리 : 못마땅하게 여겨 씁쓸해하는 말

06 □□□

〈보기〉에서 음이 같은 한자끼리 연결된 것을 모두 고른 것은?

/ 보기 /

ㄱ. 侍－待　　ㄴ. 埋－理
ㄷ. 給－級　　ㄹ. 浦－捕

① ㄱ, ㄴ　　② ㄴ, ㄷ
③ ㄴ, ㄹ　　④ ㄷ, ㄹ

정답과 해설

④ ㄷ. 給(줄 급)－級(등급 급)
ㄹ. 浦(개 포)－捕(잡을 포)

오답 피하기

ㄱ. 侍(모실 시)－待(기다릴 대)
ㄴ. 埋(묻을 매)－理(다스릴 리)

07 □□□

다음 글과 가장 관련 있는 한자 성어는?

> 천지는 만물에 좋은 것만을 다 가질 수는 없게 하였다. 그러므로 뿔이 있는 것은 이가 없고, 날개가 있는 것은 다리가 둘뿐이며, 이름난 꽃은 열매가 없고, 채색 구름은 쉽게 흩어진다. 사람에게 있어서도 마찬가지로, 뛰어난 재주가 있으면 공명까지는 없는 것이니 이치가 그러한 것이다.
>
> \- 이인로, 《파한집》

① 角者無齒　　② 破邪顯正
③ 錦上添花　　④ 諸行無常

정답과 해설

① 각자무치 : 뿔이 있는 짐승은 이가 없다는 뜻으로, 한 사람이 여러 가지 재주나 복을 다 가질 수 없다는 말이다.

오답 피하기

② 파사현정 : 그릇된 생각을 버리고 올바른 도리를 행함을 비유
③ 금상첨화 : 좋은 일 위에 또 좋은 일이 더하여짐을 비유적으로 이르는 말
④ 제행무상 : 우주의 모든 사물은 늘 돌고 변하여 한 모양으로 머물러 있지 아니함.

08 □□□

다음 중 나머지 셋과 의미가 다른 한자성어는?

① 金蘭之交　　② 肝膽相照
③ 伯牙絕絃　　④ 伯仲之間

정답과 해설

④ 백중지간(伯仲之間) : 서로 우열을 가리기 힘든 형세.
①~③은 친구와 관련된 한자 성어이다.

오답 피하기

① 금란지교(金蘭之交) : 친구 사이의 매우 두터운 정을 이르는 말.
② 간담상조(肝膽相照) : 서로 속마음을 털어놓고 친하게 사귐.
③ 백아절현(伯牙絕絃) : 자기를 알아주는 참다운 벗의 죽음을 슬퍼함.

09

㉠~㉣의 한자 표기가 모두 옳은 것은?

- 비밀이 다른 회사로 ㉠ 누설되다.
- 투자손실을 부동산을 매각함으로써 ㉡ 보전하였다.
- 사람이 붐비는 곳은 화장실 ㉢ 표지를 눈에 띄게 해야 한다.
- 유엔 안보리는 그 나라를 군사적으로 ㉣ 제재할 것을 가결했다.

	㉠	㉡	㉢	㉣
①	漏泄	補展	標紙	製裁
②	漏洩	補塡	標識	制裁
③	縷說	補傳	標識	制齋
④	漏設	補塡	表紙	提栽

정답과 해설

② 漏洩 – 補塡 – 標識 – 制裁

오답 피하기

㉠ 누설(漏泄/漏洩) : 「1」 기체나 액체 따위가 밖으로 새어 나감.
「2」 비밀이 새어 나감.
㉡ 보전(補塡) : 부족한 부분을 보태어 채움.
㉢ 표지(標識) : 표시나 특징으로 어떤 사물을 다른 것과 구별하게 함.
㉣ 제재(制裁) : 법이나 규정을 어겼을 때 국가가 처벌이나 금지 따위를 행함.

10

다음 내용과 가장 관계있는 것은?

다른 사람의 처지를 불쌍하고 가련하게 여기는 마음

① 感情 ② 慙愧
③ 憐愍 ④ 苦惱

정답과 해설

③ 연민(憐憫/憐愍) : 불쌍하고 가련하게 여김.

오답 피하기

① 감정(感情) : 어떤 현상이나 일에 대하여 일어나는 마음이나 느끼는 기분.
② 참괴(慙愧) : 매우 부끄러워함.
④ 고뇌(苦惱) : 괴로워하고 번뇌함.

2024 요정노트

매일 30분 하프 모의고사 14회 정답 및 해설

01

㉠~㉣의 한자 표기가 모두 적절한 것은?

- 그러한 조치는 정치적 ㉠ 고려에서 나온 것이다.
- 과거의 일을 돌이켜 생각하는 것을 ㉡ '고려'라고 한다.
- ㉢ 고려 시대에는 불교가 성하고, 건축 미술이 발달했다.
- 무엇인가 고심하여 애써 생각하는 것을 ㉣ '고려'라고 한다.

	㉠	㉡	㉢	㉣
①	考慮	苦慮	高麗	顧慮
②	苦慮	考慮	顧慮	高麗
③	考慮	顧慮	高麗	苦慮
④	顧慮	高麗	苦慮	考慮

정답과 해설

③ 考慮 - 顧慮 - 高麗 - 苦慮

오답 피하기

㉠ 考慮 : 생각하고 헤아려 봄.
㉡ 顧慮 : 이미 지난 일을 다시 돌이켜 생각함.
㉢ 高麗 : 왕건이 개성에 도읍하여 세운 나라
㉣ 苦慮 : 애써 생각함.

02

'학문이나 어떤 일에 힘써 노력한다.'는 의미의 한자 성어가 아닌 것은?

① 隔靴搔癢　　② 發憤忘食
③ 不恥下問　　④ 自强不息

정답과 해설

① 격화소양 : 신을 신고 발바닥을 긁는다는 뜻으로, 성에 차지 않거나 철저하지 못한 안타까움을 이르는 말

오답 피하기

② 발분망식 : 끼니까지도 잊을 정도로 어떤 일에 열중하여 노력함.
③ 불치하문 : 손아랫사람이나 지위나 학식이 자기만 못한 사람에게 모르는 것을 묻는 일을 부끄러워 하지 아니함.
④ 자강불식 : 스스로 힘써 몸과 마음을 가다듬어 쉬지 아니함.

03

다음 한자의 독음을 쓰시오.

① 要塞　② 破壞　③ 埋沒　④ 悽然
⑤ 絕叫　⑥ 宿泊　⑦ 洗濯　⑧ 賣買
⑨ 援助　⑩ 昭詳

정답과 해설

① 요새(要塞) : 군사적으로 중요한 곳에 튼튼하게 만들어 놓은 방어 시설. 또는 그런 시설을 한 곳.
② 파괴(破壞) : 때려 부수거나 깨뜨려 헐어 버림.
③ 매몰(埋沒) : 보이지 아니하게 파묻히거나 파묻음.
④ 처연(悽然) : 애달프고 구슬프다.
⑤ 절규(絕叫) : 있는 힘을 다하여 절절하고 애타게 부르짖음.
⑥ 숙박(宿泊) : 여관이나 호텔 따위에서 잠을 자고 머무름.
⑦ 세탁(洗濯) : 주로 기계를 이용하여 더러운 옷이나 피륙 따위를 빠는 일.
⑧ 매매(賣買) : 물건을 팔고 사는 일.
⑨ 원조(援助) : 물품이나 돈 따위로 도와줌.
⑩ 소상(昭詳) : 분명하고 자세하다.

04 ☐☐☐

다음 중 사이시옷의 쓰임이 모두 옳은 것은?

① 곳간, 고랫재, 뒷머리, 선짓국
② 햇님, 머릿방, 인삿말, 전셋집
③ 훗일, 공깃밥, 피잣집, 횟가루
④ 나룻터, 베갯잇, 머릿기름, 도리깻열

정답과 해설

① 곳간, 고랫재, 뒷머리, 선짓국

오답 피하기

② '해님'과 '인사말'은 사이시옷을 표기하지 않는다.
③ 외래어와 고유어가 결합되는 경우에는 사이시옷을 표기하지 않으므로 '피자집'이 맞는 표기이다.
④ 뒷말의 첫소리가 본래 된소리이거나 거센소리인 경우 사이시옷을 표기하지 않으므로 '나루터'가 맞는 표기이다.

출제자의 코멘트

제30항 사이시옷은 다음과 같은 경우에 받치어 적는다.
1. 순우리말로 된 합성어로서 앞말이 모음으로 끝난 경우
   (1) 뒷말의 첫소리가 된소리로 나는 것
   (2) 뒷말의 첫소리 'ㄴ, ㅁ' 앞에서 'ㄴ' 소리가 덧나는 것
   (3) 뒷말의 첫소리 모음 앞에서 'ㄴㄴ' 소리가 덧나는 것
2. 순우리말과 한자어로 된 합성어로서 앞말이 모음으로 끝난 경우
   (1) 뒷말의 첫소리가 된소리로 나는 것
   (2) 뒷말의 첫소리 'ㄴ, ㅁ' 앞에서 'ㄴ' 소리가 덧나는 것
   (3) 뒷말의 첫소리 모음 앞에서 'ㄴㄴ' 소리가 덧나는 것
3. 두 음절로 된 다음 한자어
   곳간, 셋방, 숫자, 찻간, 툇간, 횟수

05 ☐☐☐

밑줄 친 말이 표준어인 것은?

① 풀만 먹은 풀소는 일을 잘 못한다.
② 이런 상황에서도 주책스레 잠이 왔다.
③ 그는 도박에 빠져 모든 재산을 떨어먹었다.
④ 에먼 사람에게 죄를 뒤집어씌우면 안 된다.

정답과 해설

② '일정한 줏대가 없이 이랬다저랬다 하여 몹시 실없는 모습으로'를 의미하는 표준어는 '주책스레'이다.

오답 피하기

① '생풀만 먹어 힘을 잘 쓰지 못하는 소'를 의미하는 표준어는 '풋소'이다.
③ '재산이나 돈을 함부로 써서 몽땅 없애다'를 의미하는 표준어는 '털어먹다'이다.
④ '결과가 다른 데로 돌아가 억울하거나 엉뚱하게 느껴지는'을 의미하는 표준어는 '애먼'이다.

06 ☐☐☐

밑줄 친 부분과 뜻이 통하는 한자어로 적절하지 않은 것은?

① 나는 아침밥을 먹었다. → 食事하다
② 그는 다시 하기로 마음을 먹었다. → 受領하다
③ 골고루 음식을 먹어야 한다. → 攝取하다
④ 상대편에게 먼저 한 골을 먹었다. → 失點하다

정답과 해설

② '먹다'는 '어떤 마음이나 감정을 품다'의 의미이므로 '決心(결심)하다'가 뜻이 통하는 한자어이다.

오답 피하기

① 식사
② 수령
③ 섭취
④ 실점

07 ☐☐☐

다음 밑줄 친 부분의 한자가 나머지 셋과 다른 하나는?

① 견강부회 ② 견리사의
③ 견문발검 ④ 견물생심

정답과 해설

① 견강부회(牽強附會) : 이치에 맞지 않는 말을 억지로 끌어 붙여 자기에게 유리하게 함.

오답 피하기

② 견리사의(見利思義) : 눈앞의 이익을 보면 의리를 먼저 생각함.
③ 견문발검(見蚊拔劍) : 모기를 보고 칼을 뺀다는 뜻으로, 사소한 일에 크게 성내어 덤빔을 이르는 말.
④ 견물생심(見物生心) : 어떠한 실물을 보게 되면 그것을 가지고 싶은 욕심이 생김.

08 □□□

다음 (　　) 안에 들어갈 한자어로 가장 적절한 것은?

問余何事棲碧山 / 笑而不答心(　　　)
桃花流水杳然去 / 別有天地非人間

－이태백, 〈산중문답〉

① 自哀　② 自怒
③ 自恨　④ 自閑

정답과 해설

④ 自閑

현대어 풀이

왜 산에 사냐고 묻길래
웃기만 하고 대답하지 않으니 마음이 절로 한가롭네.
복사꽃잎 아득히 물에 떠내려가는 곳
여기는 별천지라 인간세상 아니라네.

09 □□□

다음 한자의 독음을 쓰시오.

① 探險	② 矛盾	③ 貨幣	④ 詐欺
⑤ 惹起	⑥ 灼熱	⑦ 荊棘	⑧ 破綻
⑨ 洞察	⑩ 箴言	⑪ 惡寒	⑫ 奢侈

정답과 해설

① 탐험(探險) : 위험을 무릅쓰고 어떤 곳을 찾아가서 살펴보고 조사함.
② 모순(矛盾) : 어떤 사실의 앞뒤, 또는 두 사실이 이치상 어긋나서 서로 맞지 않음을 이르는 말.
③ 화폐(貨幣) : 상품 교환 가치의 척도가 되며 그것의 교환을 매개하는 일반화된 수단.
④ 사기(詐欺) : 나쁜 꾀로 남을 속임
⑤ 야기(惹起) : 일이나 사건 따위를 끌어 일으킴.
⑥ 작열(灼熱) : 불 따위가 이글이글 뜨겁게 타오름.
⑦ 형극(荊棘) : 「1」 나무의 온갖 가시
「2」 '고난'을 비유적으로 이르는 말.
⑧ 파탄(破綻) : 찢어져 터짐.
⑨ 통찰(洞察) : 예리한 관찰력으로 사물을 꿰뚫어 봄.
⑩ 잠언(箴言) : 가르쳐서 훈계하는 말.
⑪ 오한(惡寒) : 몸이 오슬오슬 춥고 떨리는 증상.
⑫ 사치(奢侈) : 필요 이상의 돈이나 물건을 쓰거나 분수에 지나친 생활을 함.

10 □□□

다음 문장에서 한자어의 독음이 모두 올바른 것은?

㉠ 동계 올림픽에서 ○○○ 선수가 기록을 更新했다.
㉡ 그는 이 사건에 一切의 책임을 지고 자리에서 물러났다.

	㉠	㉡
①	경신	일체
②	갱신	일절
③	경신	일절
④	갱신	일체

정답과 해설

① 경신-일체
㉠ 更新(경신) : 기록경기 따위에서, 종전의 기록을 깨뜨림.
更新(갱신) : 이미 있던 것을 고쳐 새롭게 함.
㉡ 一切(일체) : 모든 것, 전부, 완전히
一切(일절) : 아주, 전혀, 절대로

매일 3분 하프 모의고사 15회 정답 및 해설

01 □□□

다음 ( ) 안에 들어갈 한자어를 바르게 연결한 것은?

> ㉠ 많은 경비가 (   )되다.
> ㉡ 인도적 지원을 (   )하다.
> ㉢ 대규모 난민이 (   )되다.

	㉠	㉡	㉢
①	小搖	祭供	誘入
②	所要	提供	流入
③	逍遙	提供	誘入
④	騷擾	諸公	流入

정답과 해설

② 所要-提供-流入
- ㉠ 所要(소요)되다 : 필요로 하거나 요구되다.
- ㉡ 提供(제공)하다 : 무엇을 내주거나 갖다 바치다.
- ㉢ 流入(유입)되다 : 사람이 어떤 곳으로 모이다.

02 □□□

밑줄 친 단어 중 〈한글 맞춤법〉에 어긋난 것은?

① 그렇게만 해 주시면 작히 좋겠습니까?
② 그 아이는 나이가 너무 어리고, 더욱이 몸도 약하다.
③ 이 섬 구석에서 아둥바둥 살아갈 것이 아니고 훌쩍 떠나자.
④ 이번 업무를 처리하는 데에는 겉잡아도 일주일은 걸릴 것이다.

정답과 해설

③ '무엇을 이루려고 애를 쓰거나 우겨 대는 모양'의 의미를 지닌 단어는 '아등바등'이다.

오답 피하기

① '작히'는 '어찌 조금만큼만' 또는 '얼마나'의 의미이다.
② '더욱이'는 '그러한 데다가 더'의 의미이다.
④ '겉잡다'는 '겉으로 대강 짐작하여 헤아리다'의 의미이다. '한 방향으로 치우쳐 흘러가는 형세 따위를 붙들어 잡다'의 의미를 지닌 '걷잡다'와 구분하여 써야 한다.

출제자의 코멘트

〈한글 맞춤법〉 제51항 부사의 끝음절 '이'와 '히'

1. '이'로 적는 것
   - 첩어 또는 준첩어인 명사 뒤에서
   - 'ㅅ' 받침 뒤에서
   - 'ㅂ' 불규칙 용언의 어간 뒤에서
   - '-하다'가 붙지 않는 용언 어간 뒤에서
   - 부사 뒤에서 예 더욱이

2. '-히'로 적는 것
   - '-하다'가 붙는 어근 뒤(단, 'ㅅ' 받침 제외)
   - '-하다'가 붙는 어근에 '-히'가 결합하여 된 부사가 줄어진 형태
   - 어원적으로는 '-하다'가 붙지 않는 어근에 부사화 접미사가 결합한 형태로 분석되더라도, 그 어근 형태소의 본뜻이 유지되고 있지 않은 단어의 경우

03

다음 밑줄 친 부분의 한자가 나머지 셋과 다른 하나는?

① 동고동락　② 동량지재
③ 동병상련　④ 동상이몽

정답과 해설

② 동량지재(棟梁之材) : 마룻대와 들보로 쓸 만한 재목이라는 뜻으로, 집안이나 나라를 떠받치는 중대한 일을 맡을 만한 인재를 이르는 말.

오답 피하기

① 동고동락(同苦同樂) : 괴로움도 즐거움도 함께함.
③ 동병상련(同病相憐) :같은 병을 앓는 사람끼리 서로 가엾게 여긴다는 뜻으로, 어려운 처지에 있는 사람끼리 서로 가엾게 여김을 이르는 말.
④ 동상이몽(同牀異夢) : 같은 자리에 자면서 다른 꿈을 꾼다는 뜻으로, 겉으로는 같이 행동하면서도 속으로는 각각 딴생각을 하고 있음을 이르는 말.

04

㉠에 들어갈 한자성어로 가장 적절한 것은?

국제이주기구(IOM)에 따르면 지난해 지브롤터 해협에서 5000여 명의 아프리카인들이 익사하거나 실종된 것으로 나타났다. 그들이 목숨을 걸고 유럽으로 향하는 것은 끝 모를 내전과 빈곤, 기아와 질병에 시달려온 고달픈 삶에서 벗어나기 위해서이다. 이 지역은 최근 가뭄과 홍수 등 이상 기후로 인해 식량난이 더욱 극심해지고 있어 (　㉠　)의 상황에 놓여 있다.

① 전화위복(轉禍爲福)　② 다다익선(多多益善)
③ 설상가상(雪上加霜)　④ 견위치명(見危致命)

정답과 해설

③ 설상가상(雪上加霜) : 눈 위에 또 서리가 덮인 격이라는 뜻으로, 어려운 일이 연거푸 일어남을 비유하여 이르는 말. 엎친 데 덮친 격.

오답 피하기

① 전화위복(轉禍爲福) : 재앙과 근심, 걱정이 바뀌어 오히려 복이 됨.
② 다다익선(多多益善) : 많으면 많을수록 더욱 좋음.
④ 견위치명(見危致命) : 나라가 위태로울 때 자기의 몸을 나라에 바침.

05

다음 한자의 독음을 모두 쓰시오.

① 構築	② 看做	③ 涉獵	④ 叱責
⑤ 投擲	⑥ 破敵	⑦ 拿捕	⑧ 比較
⑨ 秋毫	⑩ 未練	⑪ 健康	⑫ 不肖

정답과 해설

① 구축(構築) : 어떤 시설물을 쌓아 올려 만듦.
② 간주(看做) : 상태, 모양, 성질 따위가 그와 같다고 봄. 또는 그렇다고 여김.
③ 섭렵(涉獵) : 물을 건너 찾아다닌다는 뜻으로, 많은 책을 널리 읽거나 여기저기 찾아다니며 경험함을 이르는 말.
④ 질책(叱責) : 꾸짖어 나무람. ≒초양.
⑤ 투척(投擲) : 물건 따위를 던짐.
⑥ 파적(破敵) : 적을 쳐부숨.
⑦ 나포(拿捕) : 죄인을 붙잡음.
⑧ 비교(比較) : 둘 이상의 사물을 견주어 서로 간의 유사점, 차이점, 일반 법칙 따위를 고찰하는 일.
⑨ 추호(秋毫) : 「1」 가을철에 털갈이하여 새로 돋아난 짐승의 가는 털.
「2」 매우 적거나 조금인 것을 비유적으로 이르는 말.
⑩ 미련(未練) : 깨끗이 잊지 못하고 끌리는 데가 남아 있는 마음.
⑪ 건강(健康) : 정신적으로나 육체적으로 아무 탈이 없고 튼튼함. 또는 그런 상태.
⑫ 불초(不肖) : 아버지를 닮지 않았다는 뜻으로, 못나고 어리석은 사람을 이르는 말.

06

다음 밑줄 친 단어를 한자로 바꿀 때에 모두 적절한 것은?

㉠ 책을 읽은 감상을 기록하였다.
㉡ 명화를 감상하기 위해 미술관에 간다.
㉢ 가을에는 감상에 젖어 눈물을 흘리곤 한다.

	㉠	㉡	㉢
①	感想	感傷	鑑賞
②	感傷	鑑賞	感想
③	鑑賞	感傷	感想
④	感想	鑑賞	感傷

정답과 해설

④ 感想 – 鑑賞 – 感傷
㉠ 感想 : 마음 속에서 일어나는 느낌이나 생각
㉡ 鑑賞 : 주로 예술 작품을 이해하여 즐기고 평가함.
㉢ 感傷 : 하찮은 일에도 쓸쓸하고 슬퍼져서 마음이 상함. 또는 그런 마음

07

다음 ( )에 들어갈 한자가 모두 적절한 것은?

㉠ 문서를 ( )하다.
㉡ 안건을 ( )하다.
㉢ 정책을 ( )하다.
㉣ 시급한 ( )을 처리하다.

	㉠	㉡	㉢	㉣
①	起案	提案	公告	事案
②	鵙雁	除案	鞏固	司案
③	奇案	擠案	工庫	查案
④	妓案	提案	功苦	斜眼

정답과 해설

① 起案 – 提案 – 公告 – 事案
㉠ 起案(기안)하다 : 사업이나 활동 계획의 초안을 만든다.
㉡ 提案(제안)하다 : 의안을 내어 놓다.
㉢ 公告(공고)하다 : 세상에 널리 알리다.
㉣ 事案(사안) : 법률이나 규정 따위에서 문제가 되는 일이나 안

08

다음 ( ) 안에 들어갈 말을 순서대로 바르게 연결한 것은?

- 다른 부서와 보조를 ( ).
- 이번 잔치에 쓸 떡을 미리 ( ).
- 수수께끼의 정답을 정확히 ( ).
- 터져 나오는 울음을 참고 간신히 말을 ( ).

① 맞추다 – 맞추다 – 맞히다 – 마치다
② 맞추다 – 맞히다 – 맞추다 – 마치다
③ 맞히다 – 마치다 – 맞추다 – 맞추다
④ 맞추다 – 맞추다 – 마치다 – 맞히다

정답과 해설

① '서로 어긋남이 없이 조화를 이루다' 또는 '일정한 규격의 물건이 되도록 미리 주문을 하다'의 의미를 지닌 단어는 '맞추다'이다. 또 '문제에 대한 답을 틀리지 않다'의 의미를 지닌 단어는 '맞히다', '어떤 일이나 과정, 절차 따위가 끝나다'의 의미를 지닌 단어는 '마치다'이다.

09

㉠에 들어갈 한자 성어로 가장 적절한 것은?

'봄은 전보도 안 치고 온다'지만 도처에 꽃 전보가 도착했다. 풀과 나무에 새싹이 돋고 꽃이 흐드러지게 피어나는 이 봄, 꽃구경하러 멀리까지 갈 수 없다면 꽃이 있는 미술관을 찾는 것은 어떨까. 꽃구경도 하고 미술관 관람도 한다면 (㉠)일 것이다.

① 경국지색(傾國之色)
② 점입가경(漸入佳境)
③ 득롱망촉(得隴望蜀)
④ 금상첨화(錦上添花)

정답과 해설

④ 금상첨화(錦上添花) : 비단 위에 꽃을 보탠다는 뜻으로, 좋은 일에 또 좋은 일이 더함.

오답 피하기

① 경국지색(傾國之色) : 임금이 혹하여 나라가 기울어져도 모를 정도의 미인이라는 뜻으로, 뛰어나게 아름다운 미인을 이르는 말.
② 점입가경(漸入佳境) : 「1」 들어갈수록 점점 재미가 있음.
「2」 시간이 지날수록 하는 짓이나 몰골이 더욱 꼴불견임을 비유적으로 이르는 말.
③ 득롱망촉(得隴望蜀) : 농(隴)을 얻고서 촉(蜀)까지 취하고자 한다는 뜻으로, 만족할 줄을 모르고 계속 욕심을 부리는 경우를 비유적으로 이르는 말.

10

'樂山'에서 밑줄 친 한자와 음이 같은 것은?

① 樂水
② 樂士
③ 音樂
④ 喜喜樂樂

정답과 해설

① 樂山(요산), 樂水(요수)
樂 : 풍류 악, 즐거울 락, 즐길 요

오답 피하기

② 악사(樂士) : 악기로 음악을 연주하는 사람.
③ 음악(音樂) : 박자, 가락, 음성 따위를 갖가지 형식으로 조화하고 결합하여, 목소리나 악기를 통하여 사상 또는 감정을 나타내는 예술.
④ 희희낙락(喜喜樂樂) : 매우 기뻐하고 즐거워함.

매일 30분 하프 모의고사 16회 정답 및 해설

01 □□□

다음 문장에 각각 들어갈 한자를 모두 바르게 연결한 것은?

> ㉠ 감염 확산을 ( )하다.
> ㉡ ( ) 조치가 필요하다.
> ㉢ 지침을 철저히 ( )하다.
> ㉣ 결과를 신속하게 ( )하다.

	㉠	㉡	㉢	㉣
①	低地	先除	已行	保辜
②	底止	船梯	易行	報告
③	豬脂	先帝	移行	寶庫
④	沮止	先制	履行	報告

정답과 해설

④ 沮止 – 先制 – 履行 – 報告
㉠ 沮止(저지)하다 : 막아서 못하게 하다.
㉡ 先制(선제) : 선수를 쳐서 상대를 제압함.
㉢ 이行(이행)하다 : 실제로 행하다.
㉣ 報告(보고)하다 : 일에 관한 내용이나 결과를 말이나 글로 알리다.

02 □□□

다음 밑줄 친 부분이 <한글 맞춤법>에 따라 바르게 표기된 것은?

① 이웃 간의 정은 <u>두터울수록</u> 바람직하다.
② 그녀는 남편의 귀에 무언가를 <u>소근거렸다</u>.
③ 옆 사람이 껌을 씹는 소리가 신경을 <u>거스린다</u>.
④ 그는 큰아들이 명문대에 합격했다고 <u>으시댔다</u>.

정답과 해설

① '신의, 믿음, 관계, 인정 따위가 굳고 깊은'을 의미하는 단어는 '두꺼운'이 아니라 '두터운'이다.

오답 피하기

② '남이 알아듣지 못하도록 작은 목소리로 가만가만 이야기하다'를 의미하는 단어는 '소근거리다'가 아니라 '소곤거리다'이다. (=소곤대다)
③ '(비위, 신경 따위의 명사와 함께 쓰여) 남의 마음을 언짢게 하거나 기분을 상하게 하다'를 의미하는 단어는 '거스리다'가 아니라 '거스르다'이다. '(~에) 거슬리다'도 유사한 의미이다.
④ '어울리지 아니하게 우쭐거리며 뽐내다'를 의미하는 단어는 '으시대다'가 아니라 '으스대다'이다.

03 □□□

㉠~㉣에 들어갈 내용을 바르게 묶은 것은?

> • 발음 규정 1 : 겹받침 'ㄺ'은 어말 또는 자음 앞에서 '[㉠]'(으)로 발음한다. 그러나 '(㉡)'와/과 같은 경우에는 이 규정이 적용되지 않는다.
> • 발음 규정 2 : 겹받침 'ㄼ'은 어말 또는 자음 앞에서 '[㉢]'(으)로 발음한다. 그러나 '(㉣)'와/과 같은 경우에는 이 규정이 적용되지 않는다.

	㉠	㉡	㉢	㉣
①	ㄱ	묽고	ㅂ	넓고
②	ㄹ	흙과	ㅂ	넓둥글다
③	ㄹ	흙과	ㄹ	넓다
④	ㄱ	묽고	ㄹ	넓둥글다

정답과 해설

④ ㄱ – 묽고 – ㄹ – 넓둥글다

오답 피하기

① ㉢, ㉣이 잘못되어 있다. '넓다'는 [널따]로 발음되므로 '발음 규정 2'가 적용된다.
② ㉠, ㉡, ㉢이 잘못되어 있다. '흙과'는 [흑꽈]로 발음되므로 '발음 규정 1'이 적용된다.
③ ㉠, ㉡, ㉣이 잘못되어 있다.

04

다음 밑줄을 그은 부분을 표현하기에 가장 적절한 한자 성어는?

> 1971년도 이후 핀란드의 교육 정책은 한 번도 바뀌지 않았다고 한다. 교육은 백년지대계라고 하는데, 우리 교육 정책은 자고 일어나면 바뀐다. 그러니 자연적으로 교육에 대한 신뢰가 떨어질 수밖에 없다.

① 조령모개(朝令暮改) ② 맹모삼천(孟母三遷)
③ 본말전도(本末顚倒) ④ 괄목상대(刮目相對)

정답과 해설

① 조령모개(朝令暮改) : 법령을 자꾸 고쳐서 갈피를 잡기가 어려움을 이르는 말

오답 피하기

② 맹모삼천(孟母三遷) : 맹자가 어렸을 때 묘지 가까이 살았더니 장사 지내는 흉내를 내기에, 맹자 어머니가 집을 시전 근처로 옮겼더니 이번에는 물건 파는 흉내를 내므로, 다시 글방이 있는 곳으로 옮겨 공부를 시켰다는 것으로, 맹자의 어머니가 아들을 가르치기 위하여 세 번이나 이사를 하였음을 이르는 말.
③ 본말전도(本末顚倒) : 본말이 거꾸로 됨. 근본과 끝이 뒤집어진 상태.
④ 괄목상대(刮目相對) : 눈을 비비고 상대편을 본다는 뜻으로, 남의 학식이나 재주가 놀랄 만큼 부쩍 늚을 이르는 말.

05

다음 중 한자어의 사용이 바른 것은?

① 그 직원의 사표가 드디어 修理되었다.
② 어제 작성한 서류의 오타를 修正하였다.
③ 否定 청탁을 방지하기 위한 법이 제정되었다.
④ 공무원의 금품 收受는 금지되어 있다.

정답과 해설

④ 收受(수수) : 무상으로 금품을 받음.
授受(수수) : 주고받음.

오답 피하기

① 修理(수리) : 고장 난 데를 손보아 고침.
受理(수리) : 서류를 받아 처리함.
② 修正(수정) : 바로잡아 고침(예 궤도 수정)
修訂(수정) : 글이나 글자 등의 잘못을 고침.
③ 否定(부정) : 그렇지 않다고 단정함.
不正(부정) : 올바르지 아니함.

06

다음 (　　) 안에 들어갈 한자를 모두 바르게 연결한 것은?

> ㉠ 경비 내역을 (　　)하다.
> ㉡ 정보화 교육을 (　　)하다.
> ㉢ 업무 효율화에 (　　)하다.
> ㉣ (　　)하여 주시기 바랍니다.

	㉠	㉡	㉢	㉣
①	産出	追陳	其餘	措置
②	算出	趨進	寄與	調治
③	算出	推進	寄與	措置
④	産出	推進	其餘	調治

정답과 해설

③ 算出 – 推進 – 寄與 – 措置
㉠ 算出(산출)하다 : 계산하여 내다.
産出(산출)하다 : 물건을 생산하여 내거나 인물 · 사상 따위를 내다.
㉡ 推進(추진)하다 : 밀고 나아가다.
㉢ 寄與(기여)하다 : 도움이 되도록 이바지하다.
㉣ 措置(조치)하다 : 문제를 해결하기 위해 필요한 대책을 세워 행하다.

07

밑줄 친 용언의 활용형 표기가 옳은 것은?

① 서슴지 말고 분명하게 의견을 밝혀라.
② 아무쪼록 맡은 일이 잘 마무리되길 빌께.
③ 그 사람들은 뗄레야 뗄 수 없는 관계이다.
④ 전화번호가 쓰여져 있는 메모지를 잃어버렸다.

정답과 해설

① '결단을 내리지 못하고 머뭇거리며 망설이다'의 의미를 지닌 '서슴다'는 흔히 '서슴지'의 꼴로 '않다', '말다' 따위의 부정어와 함께 쓰인다.

오답 피하기

② 용언의 관형사형 '-(으)ㄹ' 뒤에 연결되는 'ㄱ, ㄷ, ㅂ, ㅅ, ㅈ'은 된소리로 발음하지만 표기는 된소리로 하지 않는다. 다만 '-ㄹ까, -ㄹ쏘냐, -ㄹ꼬'와 같은 의문형 어미는 된소리로 표기한다.
③ '떼다'에 '-려고 해야'가 붙어 '떼려고 해야'가 된 후, 이것이 줄어들어 '떼려야'가 된다.
④ '쓰다'에 '-어지다'를 붙여 피동형을 만들면 어간의 'ㅡ'가 탈락해 '써지다'가 된다. 그리고 '써지다'의 활용형은 '써져'가 된다. '쓰다'에 접미사 '-이-'를 붙여 '쓰이다'가 될 경우 '쓰이어'로 활용되고, 이를 줄인 '쓰여' 또는 '씌어'도 가능하다. 그러나 '쓰여져'는 이중 피동이 된다.

08

밑줄 친 부분과 뜻이 통하는 한자어로 적절하지 않은 것은?

① 고장난 시계를 <u>고치다</u>. → 修理하다
② 이 병원은 병을 잘 <u>고친다</u>. → 治療하다
③ 언니의 옷을 <u>고쳐서</u> 입었다. → 修繕하다
④ 시골집의 부엌을 입식으로 <u>고쳤다</u>. → 訂正하다

정답과 해설

④ 정정하다
④의 '고치다'는 '본디의 것을 손질하여 다른 것이 되게 하다.'의 의미이므로 '改良(개량)하다'가 뜻이 통하는 한자어이다.

오답 피하기

① 수리하다
② 치료하다
③ 수선하다

09

㉠~㉣과 비슷한 의미를 가진 속담으로 적절하지 않은 것은?

㉠ 夫唱婦隨	㉡ 衆寡不敵
㉢ 得隴望蜀	㉣ 塞翁之馬

① ㉠ : 두 손뼉이 맞아야 소리가 난다.
② ㉡ : 계란으로 바위 치기.
③ ㉢ : 말 타면 경마 잡히고 싶다.
④ ㉣ : 양지가 음지 되고 음지가 양지 된다.

정답과 해설

① 夫唱婦隨(부창부수) : 남편이 노래하면 아내가 따라 함. 남편이 어떤 일을 하고 나서면 아내는 그 일을 도와가며 서로 협동하고 화합하는 부부를 가리키는 말
㉠ 부창부수
㉡ 중과부적
㉢ 득롱망촉
㉣ 새옹지마

10

다음 중 한자어의 사용이 바른 것은?

① 그 사건의 진상을 철저히 照射해야한다.
② 즐겁게 일할 수 있는 분위기를 組成해야 한다.
③ 하절기에는 출근 시간을 8시로調整해야 한다.
④ 차량 造作이 미숙하면 사고가 발생할 수 있다.

정답과 해설

③ 調整(조정) : 어떤 기준이나 실정에 맞게 정돈함.

오답 피하기

① 照射(조사) : 빛을 쬠.
調査(조사) : 내용을 살펴 봄.
② 組成(조성) : 여러 개의 요소나 성분으로 얽거나 짜서 만듦.
造成(조성) : 분위기나 정세를 생기게 함.
④ 造作(조작) : 사실인 듯이 꾸며 만듦.
操作(조작) : 기계나 장치 따위를 다루어 움직임.

매일 3분 하프 모의고사 17회 정답 및 해설

01

밑줄 친 부분과 뜻과 음이 모두 동일한 한자는?

> 子曰 學而時習之면 不亦說乎아 : 공자왈, 배우고 그것을 때때로 익히면 기쁘지 않겠는가.

① 設備 ② 喜悅
③ 閱覽 ④ 至樂

정답과 해설

② 희열 : '說'은 대개 '말씀 설'로 쓰이나, 기쁘다는 뜻일 때에는 '悅(기쁠 열)'과 동일하게 읽는다.

오답 피하기

① 설비(設備) : 필요한 것을 베풀어서 갖춤. 또는 그런 시설.
③ 열람(閱覽) : 책이나 문서 따위를 죽 훑어보거나 조사하면서 봄.
④ 지락(至樂) : 더할 나위 없는 즐거움.

02

다음과 관련이 있는 표현으로 적절한 것은?

> 맹자가 학업을 중단하고 돌아오자, 그의 어머니가 짜던 베를 끊어서 학문을 중도에 그만둔 것을 훈계하였다.

① 각주구검(刻舟求劍) ② 단기지계(斷機之戒)
③ 적공성탑(積功成塔) ④ 절치부심(切齒腐心)

정답과 해설

② 단기지계(斷機之戒)는 맹모단기(孟母斷機)와 같은 말로, 베틀(機)의 베를 끊어서(斷)하는 (之)훈계(戒)라는 뜻이다.

오답 피하기

① 각주구검(刻舟求劍) : 융통성 없이 현실에 맞지 않는 낡은 생각을 고집하는 어리석음을 이르는 말.
③ 적공성탑(積功成塔) : 공을 쌓아 탑을 완성하다.
④ 절치부심(切齒腐心) : 몹시 분하여 이를 갈며 속을 썩임.

03

어휘의 활용이 옳지 않은 것은?

① 아름다움을 渴望하는 것은 인간의 본성이다.
② 아름다움에 대한 基準은 사람마다 다를 수 있다.
③ 자신의 가치를 잘 發揮하는 사람이 아름다운 사람이다.
④ '나, 개인'이라는 의미가 있는 '아름답다'라는 말은 '그 사람답다, 나답다'라는 말로 解析할 수 있다.

정답과 해설

④ '아름답다'라는 어휘의 의미를 풀이하는 것이므로 해석(解釋)이 적절하다.
해석(解析) : 사물을 자세히 풀어서 논리적으로 밝힘.
해석(解釋) : 문장이나 사물 따위로 표현된 내용을 이해하고 설명함.

오답 피하기

① 갈망(渴望) : 간절히 바람.
② 기준(基準) : 기본이 되는 표준.
③ 발휘(發揮) : 재능, 능력 따위를 떨치어 나타냄.

04 ☐☐☐

〈보기〉를 참고할 때, 사이시옷 표기 조건을 따지는 사고 과정으로 옳지 않은 것은?

/ 보기 /

사이시옷 표기 조건은 다음과 같이 따져볼 수 있다.

1단계 : 앞말이 모음으로 끝난 합성어인가?
2단계 : '고유어+고유어', '고유어+한자어', '한자어+고유어' 인가?
3단계 : (1) 뒷말의 첫소리가 된소리로 나는가?
(2) 뒷말의 첫소리 'ㄴ, ㅁ' 앞에서 'ㄴ' 소리가 덧나는가?
(3) 뒷말의 첫소리 모음 앞에서 'ㄴㄴ' 소리가 덧나는가?

각 단계별로 '그러하다'라고 답할 수 있을 때 사이시옷을 표기하게 된다.

① '나뭇잎'은 1단계를 통과하고 2단계에서 '고유어+고유어'이며 3단계의 (3)을 통과했으니까 올바른 표기겠군.
② '장맛비'는 1단계를 통과하고 2단계에서 '한자어+고유어'이며 3단계의 (1)을 통과했으니까 올바른 표기겠군.
③ '늦잠'은 [늗짬]으로 뒷말의 첫소리가 된소리로 발음됨에도 불구하고 1단계를 통과하지 못하였으므로 '늦잠'이라고 써야겠군.
④ '핑크빛'은 [핑크삗]으로 뒷말의 첫소리가 된소리로 발음됨에도 불구하고 1단계는 통과했으나 2단계를 통과하지 못하므로 사이시옷 표기를 할 수 없겠군.

정답과 해설

② '장마'는 고유어이므로 '장맛비'는 '장마+비', 즉 '고유어+고유어'이다.

오답 피하기

③ '늦잠'의 '늦-'은 접두사이다.
④ '핑크'는 고유어가 아니므로 2단계를 통과하지 못한다.

05 ☐☐☐

한자어의 득음이 옳은 것은?

① 빚쟁이들을 피해 夜半逃走하였다. → 야밤도주
② 유명 연예인의 聲帶模寫를 잘한다. → 성대묘사
③ 그야말로 絕體絕命의 위기에 처했다. → 절체절명
④ 사업 실패로 집안이 風飛雹散이 되었다. → 풍지박산

정답과 해설

③ 절체절명(絕體絕命) : 몸도 목숨도 다 되었다는 뜻으로, 어찌할 수 없는 절박한 경우를 비유적으로 이르는 말.

오답 피하기

① 야반도주(夜半逃走) : 남의 눈을 피하여 한밤중에 도망함.
② 성대모사(聲帶模寫) : 다른 사람의 목소리나 새, 짐승 따위의 소리를 흉내 내는 일을 비유적으로 이르는 말.
④ 풍비박산(風飛雹散) : 사방으로 날아 흩어짐.

06 ☐☐☐

밑줄 친 한자를 바르게 바꾼 것은?

① 연말을 즈음하여 야전 병원에 <u>疑問</u> 공연단이 왔다. → 慰問
② 전세 계약을 하기 전에 등기부 <u>一覽</u>을 하려고 등기소에 갔다. → 觀覽
③ 어찌 된 셈인지 들이는 <u>努力</u>에 비해서 별로 남는 것이 없었다. → 勞力
④ 어려움을 헤쳐 나가려는 지혜와 현실에 대한 <u>內省</u>이 필요하다. → 反省

정답과 해설

① 의문(疑問), 위문(慰問)

오답 피하기

② '일람(一覽)' 대신 '열람(閱覽)'이 적절하다. - 관람(觀覽)
③ 努力(목적을 이루기 위하여 몸과 마음을 다해 애씀.), 勞力(힘들여 일함.). 바뀌지 않는 것이 적절하다.
④ 內省과 反省은 모두 스스로를 돌아보는 것이므로 內省보다 각성(覺醒)이 적절하다.

07

밑줄 친 용언의 활용형의 표기가 옳지 않는 것은?

① 헐거워진 나사를 바짝바짝 쟀다.
② 그분을 봬면 돌아가신 아버님이 생각난다.
③ 형이 휴가를 나와서 가족과 함께 명절을 쇘다.
④ 지연이가 생각도 정리할 겸 외국에서 바람을 쐤다.

정답과 해설

② '뵈+면'이므로 '뵈면'이 맞는다.

오답 피하기

① '조이었다'의 준말이므로 '좼다'가 옳다.
③ '쇠다'에서 '쇠+었+다'로 활용하므로 '쇘다'가 옳다.
④ '바람을 쏘이다'에서 '쏘이었다'의 준말이므로 '쐤다'가 옳다.

08

다음 중 한글 맞춤법 규정에 대한 이해로 적절하지 않은 것은?

> 제27항 둘 이상의 단어가 어울리거나 접두사가 붙어서 이루어진 말은 각각 그 원형을 밝히어 적는다.
> 제28항 끝소리가 'ㄹ'인 말과 딴 말이 어울릴 적에 'ㄹ' 소리가 나지 아니하는 것은 아니 나는 대로 적는다.
> 제29항 끝소리가 'ㄹ'인 말과 딴 말이 어울릴 적에 'ㄹ' 소리가 'ㄷ' 소리로 나는 것은 'ㄷ'으로 적는다.

① '솔향기'는 '솔'과 '향기'라는 두 단어가 어울린 것으로 그 원형을 밝혀 적었으니 제27항에 해당하는 예이군.
② '홀아비, 홀어미' 등과 비교해 볼 때, '홑몸'은 접두사 '홀'이 '홑'으로 변화한 것으로 제28항에 해당하는 예이군.
③ '설', '삼질'이란 단어를 고려해 보면, '섣달', '삼짇날'은 모두 제29항에 해당하는 예이군.
④ '섣부르다'를 '서뿌르다'로 적지 않고 '섣부르다'로 적는 것은 제29항의 규정을 적용한 것이군.

정답과 해설

② '홀-'은 '홀아비, 홀어미' 등의 예처럼 단순히 '짝이 없이 혼자뿐인'의 뜻으로 제27항에 해당한다. '홑-'은 '홑바지, 홑옷, 홑이불, 홑몸' 등처럼 '한 겹으로 된' 또한 '하나인, 혼자인'의 뜻을 나타내는 접두사이다.

오답 피하기

④ '섣부르다'(솜씨가 설고 어설프다.)는 '설다'(경험이 없어 서투르다.)와의 연관성이 인정되는 구조이므로, 제29항 규정을 적용하여 '(설부르다 →)섣부르다'로 적는다.

09

㉠, ㉡의 밑줄 친 단어의 품사가 서로 같은 것은?

① ㉠ 이 일은 아무라도 할 수 있어.
　㉡ 아무 연필이라도 빨리 가져오너라.
② ㉠ 소년은 길을 잘못 들어서 한참 헤맸다.
　㉡ 그는 모든 원인을 자기의 잘못으로 돌렸다.
③ ㉠ 그는 자기 일 밖의 다른 일에는 관심이 없다.
　㉡ 성격이 다른 사람하고는 함께 사는 것은 쉽지 않다.
④ ㉠ 초저녁부터 달이 휘영청 밝았다.
　㉡ 한학에 밝은 할아버지께서 그에게 논어를 가르치셨다.

정답과 해설

④ ㉠과 ㉡ 모두 형용사이다.

오답 피하기

① ㉠의 '아무'는 대명사, ㉡의 '아무'는 관형사이다.
② ㉠의 '잘못'은 부사, ㉡의 '잘못'은 명사이다.
③ ㉠의 '다른'은 '-해당되는 것 이외의-'라는 의미이며 품사는 관형사이고, ㉡의 '다른'은 '-서로 같지 않다-'라는 의미이며 품사는 형용사이다.

10

밑줄 친 단어 중 어문 규정에 맞는 것은?

① 향기 나는 미끼 아래 반듯이 죽는 고기 있다.
② 그녀는 늘 얼루기 포플린 치마를 입고 있었다.
③ 유진사는 집이 가난한 데다가 더우기 흉년을 만나 살아갈 길이 막연했다.
④ 일찌기 신립은 변방의 야인들을 막아내는 데 있어 그 명성을 떨친 장수였다.

정답과 해설

② 얼룩얼룩한 점이나 무늬

오답 피하기

① 마음을 끄는 꼬임에 걸려들어 죽는 줄도 모르고 덤벼들지 말라고 경계하는 말이다. 이 속담에는 '반드시'가 옳다.
③ '더욱이'가 옳다.
④ '일찍이'가 옳다.

2024 요정노트

매일 30분 하프 모의고사 18회 정답 및 해설

01

밑줄 친 말이 한글 맞춤법에 맞는 것은?

① 나는 그의 속마음을 가름할 수가 없다.
② 나의 과거를 뒤돌아보니 반성할게 많다.
③ 청문회가 끝난 뒤 증인들에 대한 비난이 잇따랐다.
④ 우리의 제안을 어떻게 생각할런지 모르겠어.

정답과 해설

③ '잇따르다'는 '잇달다'와 같은 말이다. '잇다르다'는 틀린 표현이다.

오답 피하기

① '가늠할'이 바른 표현이다.
② '되돌아보니'가 적절한 표현이다.
④ '할는지'나 '할지'로 써야 한다.

02

'걱정거리로 마음이 괴로워 잠을 이루지 못함'을 이르는 한자 성어는?

① 전전반측(輾轉反側) ② 전전긍긍(戰戰兢兢)
③ 임기응변(臨機應變) ④ 조변석개(朝變夕改)

정답과 해설

① 전전반측(輾轉反側)

오답 피하기

② 전전긍긍 : 몹시 두려워서 벌벌 떨며 조심함.
③ 임기응변 : 그때 그때 처한 형편에 따라 대체함.
④ 조변석개 : 계획이나 결정 따위를 일관성이 없이 자주 고침.

03

밑줄 친 단어 중 쓰임이 적절하지 않은 것은?

① 오늘도 하릴없이 발품만 들였지 된 일은 아무것도 없다.
② 그렇게 외곬으로 생각을 하면 해결의 여지를 찾기가 어렵다.
③ "그러지 말고 그 애들 돈푼 줘서 입을 씻으세요."하고 일러 준다.
④ 그들은 도둑질을 하다가 들킨 듯 무르춤해 있는 칠보와 달님이를 둘러쌌다.

정답과 해설

③ '입을 씻다'는 '이익 따위를 혼자 차지하거나 개로채고서는 시치미를 떼다.'의 뜻이다. 적절한 관용구의 사용이 아니다. '돈이나 물건 따위를 주어 자기에게 불리한 말을 못하도록 하다.'를 뜻하는 관용구인 '입을 씻기다'가 와야 적절한 문맥이다.

오답 피하기

① '할 일 없이'라고 잘못 쓰기 쉽지만 '달리 어떻게 할 도리가 없이'의 뜻으로는 '하릴없이'를 쓴다.
② '외골수로'라고 잘못 쓰기 쉽다. '단 하나의 방법이나 방향으로'의 뜻으로는 '외곬으로'라고 써야 맞다. '외골수'는 '단 한 곳으로만 파고드는 사람'을 이르는 말이다.
④ '무르춤하다'는 '뜻밖의 사실에 놀라 뒤로 물러서려는 듯이 하여 행동을 갑자지 멈추다.'의 뜻이므로, 적절한 단어 사용이다. 비슷한 말로 '무춤하다'가 있다.

04

[보기]와 같은 불규칙 활용을 보여주는 예는?

/ 보기 /

이르다 : 자정에 이르러서야 집에 돌아왔다.

① 비 온 뒤라 그런지 앞산이 한결 더 푸르러 보인다.
② 이것으로 내가 일러 줄 것은 모두 일렀다.
③ 경기 시작 무렵에 터진 골이 이날의 승부를 갈랐다.
④ 선수들은 금메달을 목에 걸고 태극기를 우러러 경례를 하였다.

정답과 해설

① 〈보기〉의 '이르다[至]'는 '러 불규칙' 활용을 하는 용언이다. '푸르다'도 어미 '-어'가 와야 할 자리에 '-러'가 오는 '러 불규칙' 활용을 한다.

오답 피하기

② '일러 줄 것'에서 '이르다'는 '르 불규칙' 활용을 하는 용언이다. '르'가 모음 어미 앞에서 'ㄹㄹ'로 바뀌는 특징이 있다.
③ '승부를 갈랐다'에서 '가르다'는 '르'가 모음 어미 앞에서 'ㄹㄹ'로 바뀌는 '르 불규칙' 용언이다.
④ '우러르다'는 규칙 활용을 하는 용언이다. 어간의 일부인 'ㅡ'가 탈락한 것으로, 'ㅡ 탈락'은 규칙 활용에 속한다.

05

밑줄 친 용언의 활용형과 그 표기가 올바르지 않은 것은?

① 그와 얼굴이 마주치자 마지못해 인사를 꾸벅한다.
② 정부에서는 기업인들에게 노동자를 해고하지 말라고 강박하고 나섰다.
③ 그는 어린 시절에 얼굴이 까매서 놀림을 많이 받은 기억이 있다.
④ 뭐 이 물건이 가장 나은 물건이라고? 낫기는 개코가 나. 이틀 만에 고장이 났잖아.

정답과 해설

④ '나아'는 '낫다'의 활용형이다. '낫다'는 'ㅅ' 불규칙 용언이므로 '나아, 나으니, 나았다'처럼 활용한다. '낫기는 개코가 나아'로 써야 옳다.

오답 피하기

① '마지못하다'는 '마음이 내키지는 아니하지만 사정에 따라서 그렇게 하지 아니할 수 없다.'라는 의미의 형용사로 흔히 '마지못해' 꼴로 쓰인다.
② '해고하지 말라고'에서 '말다'는 앞말이 뜻하는 행동을 하지 못하게 함을 나타내는 보조 동사로, 그 활용이 적절하다.
③ '까맣다'는 'ㅎ' 불규칙 용언이며, '까마니, 까말, 까마면, 까마오, 까매서'와 같이 활용한다.

06

다음에 제시된 한글 맞춤법 규정 중에서 '다달이'로 표기하는 것과 관련된 조항으로 알맞은 것은?

㉠ [제19항] 어간에 '-이'나 '-음/-ㅁ'이 붙어서 명사로 된 것과 '-이'나 '-히'가 붙어서 부사로 된 것은 그 어간의 원형을 밝히어 적는다.
㉡ [제20항] 명사 뒤에 '-이'가 붙어서 된 말은 그 명사의 원형을 밝히어 적는다.
㉢ [제21항] 명사나 혹은 용언의 어간 뒤에 자음으로 시작된 접미사가 붙어서 된 말은 그 명사나 어간의 원형을 밝히어 적는다.
㉣ [제28항] 끝소리가 'ㄹ'인 말과 딴말이 어울릴 적에 'ㄹ' 소리가 나지 아니하는 것은 아니 나는 대로 적는다.
㉤ [제51항] 부사의 끝음절이 분명히 '이'로만 나는 것은 '-이'로 적고, '히'로만 나거나 '이'나 '히'로 나는 것은 '-히'로 적는다.

① ㉠, ㉡　　② ㉡, ㉢
③ ㉢, ㉣　　④ ㉣, ㉤

정답과 해설

④ '다달이'는 어근 '달달(명사+명사)'에 부사화 접미사 '-이'가 결합한 파생 부사이다. 하지만 이때 어근 '달달'의 '달-'에서 'ㄹ'이 탈락하여 '다달'이 되며 이는 '제28항'에 해당한다. 또한 '다달이'의 끝음절의 분명히 '이'로 소리 나므로 이는 '제51항'에 해당한다

07

밑줄 친 부분 중 어법이 올바르지 못한 것은?

① 그녀가 신이 들렸다는 소문이 온 동리에 쫙 퍼졌다.
② 이번에 아내는 실내 장식에 정말로 많은 돈을 들였다.
③ 분홍 두루마기에 연두 토시를 끼고 머리에는 갑사댕기를 들였다.
④ 어제 퇴근하는 길에 포장마차에 들렀다가 우연히 그 친구를 만났다.

정답과 해설

③에는 '땋은 머리 끝에 댕기를 물리다.'의 뜻으로 쓰이는 '드리다'의 활용형인 '드렸다'가 와야 한다.

오답 피하기

① '귀신이나 넋 따위가 덮치다.'의 뜻으로 쓰이는 '들리다'의 활용형이다.
② '어떤 일에 돈, 시간, 노력, 물자 따위가 쓰이다.'의 뜻인 '들다'에서 파생된 사동사 '들이다'의 활용형이다.
④ '지나가는 길에 잠깐 들어가 머무르다.'의 뜻인 '들르다'의 활용형이다.

08

다음 중 한글 맞춤법에 맞는 단어들로만 짝지어진 것은?

① 더욱이 - 곰곰히 - 떳떳이 - 번번이
② 윗층 - 초점 - 전세방 - 장밋빛
③ 간편게 - 거북지 - 생각건대 - 섭섭치
④ 널따랗다 - 넓적하다 - 높다랗다 - 겸연쩍다

정답과 해설

④ '넓다'에서 '널따랗다'와 '넓적하다'가 될 때는 'ㄼ'에서 앞의 받침이 발음되는 [널따라타]는 '널따랗다'로 적고, 뒤의 받침이 발음되는 [넙쩌카다]는 '넓적하다'로 적는다.

오답 피하기

① 곰곰히 → 곰곰이. '곰곰', '더욱', '일찍' 등과 같은 부사 뒤에는 부사화 접미사 '-이'가 붙는다.
② 윗층 → 위층. 된소리나 거센소리 앞에는 사이시옷을 쓰지 않는다. 그러므로 '위층'이 바른 표기이다.
③ 간편게 → 간편케. 울림소리 다음에 나오는 어간의 '하'에서는 'ㅏ'가 줄고 'ㅎ'이 어울려 거센소리가 된다. 그러므로 '간편하게'가 줄면 '간편케'가 된다. 안울림소리 다음에 나오는 '하'는 통째로 생략되어 '거북하지'는 '거북지'로 줄고, '섭섭치'는 '섭섭지'가 된다.

09 □□□

[보기]의 밑줄 친 설명의 예로 가장 적절한 것은?

/ 보기 /

품사 통용 현상이 나타나는 원인은 대략 다음 세 가지다. 첫째, 품사 분류가 임의적이기 때문에 나타난 것들이다. 이런 예들은 품사 분류를 달리하면 해소된다. 둘째, 통시적인 변화 과정에 있기 때문에 두 가지 기능을 가지고 나타나는 예들이다. 셋째, 의미상의 특성 때문에 두 가지 품사로 쓰이는 경우이다. 물론 '품/품다', '띠/띠다', '신/신다' 등과 같이 그 이유를 명확하게 설명하기 쉽지 않은 경우도 있다.

① 그는 이성적이다. [명사] / 그는 이성적 인간이다. [관형사]
② 여덟에 둘을 더하면 열이 된다. [수사] / 모인 사람은 모두 열 명이다. [관형사]
③ 그는 나보다 두 살 위이다. [조사] / 보다 빠르게 뛰어야 제시간에 도착할 것 같다. [부사]
④ 아니 땐 굴뚝에 연기 날까. [부사] / 아니, 이게 어떻게 된 일이냐. [감탄사]

정답과 해설

③ '보다'의 경우 조사였던 것이 독립적으로 쓰이면서 부사로 변화한 것에 해당한다. 통시적인 변화 과정에 있는 것으로 볼 수 있다. 유사한 예로 '만큼'을 들 수 있다. '만큼' 역시 의존 명사였던 것이 조사로 변화해 가는 과정이라서 두 가지 기능을 가지게 된 것이다. (숨소리가 들릴 만큼 조용했다. [의존 명사]
명주는 무명만큼 질기지 못하다. [조사])

오답 피하기

①, ② 품사 분류가 임의적이기 때문에 나타난 것들이다. 이런 예들은 품사 분류를 달리하면 해소된다.
④ 의미상의 특성 때문에 두 가지 품사로 쓰이는 경우이다.

10 □□□

[보기]를 이용하여 국어 문장 구조에 관한 수업을 진행하였다. 발표 내용으로 적절하지 않은 것은?

/ 보기 /

ㄱ. 담징은 이마에 흐르는 땀을 씻었다.
ㄴ. 그가 착한 사람임을 모르는 사람은 거의 없다.
ㄷ. 그 사람은 아는 것도 없이 잘난 척을 해.

① 위 문장의 밑줄 친 부분은 모두 다른 문장 속에 안긴 문장입니다.
② 그런데 ㄱ, ㄴ, ㄷ에서 밑줄 친 부분은 각각 관형어, 목적어, 부사어의 구실을 하고 있습니다.
③ ㄱ의 밑줄 친 부분에는 주어가 나타나 있지 않은데, 생략된 주어는 '담징'입니다.
④ ㄴ에서는 밑줄 친 부분뿐 아니라 '그가 착한'과 '그가 착한 사람임을 모르는'도 안긴 문장입니다.

정답과 해설

③ ㄱ의 밑줄 친 부분에서 서술어가 '흐르다'이므로 생략된 주어는 '땀'이다. '담징'은 전체 문장의 서술어인 '씻었다'의 주어가 된다.

오답 피하기

①, ② 밑줄 친 부분을 기준으로 볼 때 ㄱ은 관형절을 안은 문장, ㄴ은 명사절을 안은 문장, ㄷ은 부사절을 안은 문장이다.
④ 우리말은 서술어를 기준으로 문장을 파악하므로, 서술어의 개수가 곧 문장의 개수이다. ㄴ은 '착하다, 모르다'가 서술어이므로 각각 안긴 문장에 해당한다. 이렇게 우리말은 안긴 문장을 써서 복잡한 사고의 과정을 표현할 수 있다.

2024 요정노트

매일 3분 하프 모의고사 19회 정답 및 해설

01

밑줄 친 부분 중, 한글 맞춤법에 어긋난 것은?

① 중학교에 들어가면서 아이의 말수가 부썩 줄었다.
② 소매치기가 극성이라 자칫하면 지갑을 잃어버리기 쉽다.
③ 하니바람에 엿장수 골낸다더니 딱 그 모양이네.
④ 이 녀석, 닁큼 일어나지 못하겠느냐?

정답과 해설

③ '하늬바람'은 서쪽에서 부는 바람을 말한다. 발음은 [하니바람]이지만 '하늬바람'으로 적는다.

오답 피하기

① '거침새 없이 갑자기 나아가거나 늘거나 주는 모양'을 뜻하는 단어는 '부썩'이 맞다.
② '자칫하면은'은 'ㄷ'소리로 나는 받침 중에서 'ㄷ'으로 적을 근거가 없는 것에 해당하여 '자칟하면'으로 적지 않는다.
④ 발음은 [닝큼]이지만, 표기는 '닁큼'이 맞다. '넹큼'으로 적기 쉬운데, 이는 표준어가 아니고 '냉큼'이 맞다.

02

[보기]의 설명에 해당하는 예로 보기 어려운 것은?

/ 보기 /

'축약'은 두 음운이 하나로 합치거나 두 음절이 한 음절로 줄어드는 현상을 말한다. '먹히다'가 [머키다]로 '좋다'가 [조ː타]로 발음되는 자음 축약 현상과, '사이'가 '새'로, '주어라'가 '줘라'로, '가시었다'가 '가셨다'로 바뀌는 모음 축약 현상이 있다.

① 꽃 한 송이[꼬탄송이]도 찾아볼 수 없는 공터였다.
② 막 잠에서 깬 듯 그의 눈엔 눈곱이 끼어[끼여] 있었다.
③ 의사는 흥분한 환자를 붙잡아 가까스로 침대에 도로 뉘었다.
④ 요즘은 몸이 아파 눈에 뵈는 것이 없다.

정답과 해설

② '끼어'의 표준 발음은 [끼어/끼여]이다. [끼여]로 발음할 때 일어나는 음운 변동은 모음 축약이 아니라 반모음 첨가이다.

오답 피하기

① 음절 사이에 휴지를 두지 않으면 자음 축약(거센소리되기)이 일어나 [꼬탄송이]로 발음한다.
③ 모음 축약 (누이다 → 뉘다)
④ 모음 축약 (보이다 → 뵈다)

03

한글 맞춤법에 따른 준말 표현이 적절하지 않은 것은?

① 어제저녁(→ 엊저녁) 꿈에 말이지, 아주 예쁜 여자가 나를 껴안지 않았겠나.
② 그는 언덕을 달려 내려가다가 발을 헛디뎌(→ 헛딛어) 땅바닥에 곤두박질쳤다.
③ 그녀가 눈을 깜빡이자 눈에 괴어(→ 괘) 있던 눈물이 흘러내렸다.
④ 노모는 무엇이(→ 뭣이) 뭔가도 분간 못 하면서 나비춤을 추어 사람들을 웃겼다.

정답과 해설

② '디디다'의 준말이 '딛다'인 것은 맞다. 그러나 모음으로 시작하는 어미가 붙을 경우에는 준말로 활용하지 않는다. 따라서 '헛디뎌'를 '헛딛어'로 바꿔 쓸 수 없다. 이러한 사정은 '가지다'의 준말이 '갖다'이지만 '갖어'로 활용할 수 없는 것과 같다.

오답 피하기

① 엊저녁「명사」: '어제저녁'의 준말.
③ '괴다'는 '괴어, 괘, 괴니'와 같이 활용하고, '괘'는 '괴어'의 준말이다.
④ 뭣「대명사」: '무엇'의 준말.

04 ☐☐☐

[보기]의 ㉠~㉣을 고치기 위한 의견으로 적절하지 않은 것은?

/ 보기 /

어릴 적, 우리 집안은 너무 가난하여 ㉠ 삯월세를 살았다. 그래도 ㉡ 고삿에서 아이들과 뛰어 놀 수 있어 행복했다. 때로는 ㉢ 숫기와를 주워 아이들과 비석치기를 하기도 했다.

그러다가 ㉣ 지리해지면 말뚝박기로 놀이 종목을 바꾸곤 했다.

① ㉠의 '삯월세'는 어원에서 멀어진 형태로 굳어져 사용되는 말이니까 표준어인 '사글세'로 고쳐야겠어.

② ㉡은 문맥상 '마을의 좁은 골목길'을 뜻하므로 '고샅'으로 고쳐야겠어.

③ ㉢은 접두사 다음에서 나는 거센소리를 인정하므로 '수키와'로 고쳐야겠어.

④ ㉣은 발음이 바뀌어 굳어진 형태이므로 고쳐 쓸 필요가 없어.

정답과 해설

④ ㉣은 모음의 발음 변화를 인정하여, 발음이 바뀌어 굳어진 형태를 표준어로 삼으므로 '지루해지면'으로 고쳐 써야 한다.

오답 피하기

① 표준어 규정 제5항 '어원에서 멀어진 형태로 굳어져서 널리 쓰이는 것은, 그것을 표준어로 삼는다.'라는 규정에 따라 '사글세'로 쓴다.

② 예전에는 '지붕을 일 때에 쓰는 새끼'와 '좁은 골목이나 길'을 모두 '고샅'으로 써 왔는데, 앞의 뜻의 말에 대해 어원 의식이 희박해져서, 앞의 뜻의 말을 '고삿'을 표준어로 정하였다. '시골 마을의 좁은 골목길. 또는 골목 사이'의 뜻은 '고샅'이 표준어이다.

③ 표준어 규정 제7항 '수컷을 이르는 접두사는 '수-'로 통일한다'라고 규정하고 있지만, '다만 1. 다음 단어에서는 접두사 다음에서 나는 거센소리를 인정한다.'라는 조항을 통해 '수키와'를 표준어로 규정하였다.

05 ☐☐☐

밑줄 친 단어 중 표준어 규정에 어긋나지 않은 것은?

① 빌려는 먹어도 다리아랫소리 하기는 싫다.

② 앗아라, 욕도 그만큼 먹였으면 고만이지, 그렇게 원수치부할거야 뭐 있니

③ 재털이와 부자는 모일수록 더럽다.

④ 고구마 넝쿨을 툇마루에 올려놓는 것 외에는 달리 비설거지할 만한 게 없다.

정답과 해설

④ '설거지'가 표준어이고, '설겆이'는 비표준어이다. 비가 오려고 하거나 올 때, 비에 맞으면 안 되는 물건을 치우거나 덮는 일을 이르는 말로도 당연히 '비설겆이'가 아니라 '버설거지'가 표준어이다.

오답 피하기

① 아무리 궁핍하여도 비굴하게 남에게 아첨하거나 빌붙기는 싫음을 비유적으로 이르는 말로는 '빌어는 먹어도 다리아랫소리 하기는 싫다.'나 '벌어먹어도 절하고 싶지 않다.'를 쓴다. 이 경우는 '남의 물건을 공짜로 달라고 호소하여 얻다.'의 의미이므로 '빌리다'가 아니라 '빌다'를 써야 한다. 관용 표현이므로 '벌어는'을 '빌려는'으로 대체할 수 없다.

② 그렇게 하지 말라고 금지할 때 하는 말인 '아서라'나 '아서'는 감탄사이다. 어원적으로는 '앗다'에서 왔겠지만 '앗다'의 활용형으로 보지 않는다. 따라서 '앗아라'나 '앗아'로 활용하는 것은 표준어 규정에 어긋난다.

③ '재떨이와 부자는 모일수록 더럽다.'는 사람은 재물이 많이 모이면 모일수록 재물에 대한 욕심이 더욱더 생기고 마음씨가 인색해짐을 비유적으로 이르는 말이다. '재떨이'가 맞는 표기이다.

06 ☐☐☐

다음 글에서 밑줄 친 단어의 의미를 바르게 풀이한 것끼리 짝지어진 것은?

/ 보기 /

나·랏:말ᄊᆞ·미 中듕國·귁·에 달·아, 文문字·ᄍᆞᆼ·와·로 서르 <u>ᄉᆞᄆᆞᆺ·디</u> 아·니ᄒᆞᆯ·ᄊᆡ,

·이런 <u>젼·ᄎᆞ·로</u> 어·린 百·ᄇᆡᆨ姓·셩이 니르·고·져·ᄒᆞᇙ·배 이·셔·도,

ᄆᆞ·ᄎᆞᆷ:내 제 ᄠᅳ·들시·러 펴·디 :몯ᄒᆞᇙ ·노·미 <u>하·니·라</u>.

·내 ·이·ᄅᆞᆯ 爲·윙·ᄒᆞ·야 <u>:어엿·비</u> 너·겨, ·새·로 ·스·믈 여·듧 字·ᄍᆞᆼ·ᄅᆞᆯ ᄆᆡᇰ·ᄀᆞ노·니,

:사ᄅᆞᆷ:마·다 :ᄒᆡ·ᅇᅧ <u>:수·ᄫᅵ</u> 니·겨 ·날·로 <u>·ᄡᅮ·메</u> 便뼌安한·킈 ᄒᆞ·고·져 ᄒᆞᇙ ᄯᆞᄅᆞ·미니·라

① ᄉᆞᄆᆞᆺ디 – 통하지[通], 젼ᄎᆞ – 까닭[故], 하니라 – 있다[有]
② ᄉᆞᄆᆞᆺ디 – 통하지[通], 여엿비 – 예쁘게[娟], 수ᄫᅵ – 쉽게[易]
③ 어린 – 어린[幼], 어엿비 – 불쌍히[憫], ᄡᅮ메 – 씀에[書]
④ 하니라 – 많다[多], 수ᄫᅵ – 쉽게[易], ᄡᅮ메 – 씀에[用]

정답과 해설

④ 단어의 뜻은 다음과 같다.
- ᄉᆞᄆᆞᆺ·디 – 통하지[通]
- 젼ᄎᆞ – 까닭[故]
- 어린 – 어리석은[愚]
- 하니라 – 많다[多]
- 여엿비 – 불쌍히[憫]
- 수ᄫᅵ – 쉽게[易]
- ᄡᅮ메 – 씀에[用]

현대어 풀이

우리나라의 말이 중국과 달라 한자와는 서로 통하지 아니하여서
이런 까닭으로 어리석은 백성이 말하고자 하는 바가 있어도
마침내 제 뜻을 펴지 못하는 사람이 많다.
내가 이것을 가엾게 생각하여 새로 스물여덟 글자를 만드니,
모든 사람으로 하여금 쉽게 익혀서 날마다 쓰는 데 편하게 하고자 할 따름이다.

– 〈훈민정음〉, 세조 5년(1459년)

07 ☐☐☐

밑줄 친 '요'에 대한 설명으로 적절하지 않은 것은?

① 그렇게 해 주시기만 하면<u>요</u> 정말 감사하겠어<u>요</u>.
– 청자에게 존대의 뜻을 나타내는 보조사이다.
② "이놈, 네가 유리창을 깨뜨렸지" / "아니<u>요</u>, 제가 안 그랬어요.
– 상대에 대한 존대의 뜻을 나타내는 접미사이다.
③ 나는 왜 <u>요</u> 모양 <u>요</u> 꼴로 살아야 하는 거니
– 대상은 낮잡아 이르는 뜻을 나타내는 관형사이다.
④ 이것은 말이<u>요</u>, 그것은 소<u>요</u>, 저것은 돼지이다.
– 어떤 사물이나 사실 따위를 열거할 때 쓰이는 연결 어미이다.

정답과 해설

② 윗사람이 묻는 말에 부정하여 대답할 때 쓰는 말로 쓰이는 '아니요'는 한 단어이며 감탄사이다. 따라서 '요'를 접미사로 보지 않는다. 애당초부터 '-요'라는 형태의 접미사가 국어에는 존재하지 않는다. 윗사람의 부름에 대답하거나 묻는 말에 긍정하여 대답할 때 쓰이는 말인 '네'나 '예'도 모두 감탄사이다.

오답 피하기

① 요「조사」: 청자에게 존대의 뜻을 나타내는 보조사. 격식을 갖추어야 하는 상대에게는 잘 쓰지 않는다.
③ 요「관형사」: '이'를 낮잡아 이르거나 귀엽게 이르는 말.
④ 요「어미」: 어떤 사물이나 사실 따위를 열거할 때 쓰이는 연결 어미.

08 ☐☐☐

다음 단어에는 모두 받침 'ㅅ'이 쓰였다. 성격이 같은 것끼리만 묶인 것은?

① 고깃배, 아랫니, 이웃집, 헛소문
② 옷값, 킷값, 나룻배, 짓고생
③ 등굣길, 훗일, 자릿삯, 혓바닥
④ 노랑이짓, 곳간, 싯누렇다, 햇빛

정답과 해설

③ 받침 ㅅ은 모두 사이시옷에 해당한다. 따라서 해당 단어는 모두 합성어이다. '고깃배, 아랫니, 킷값, 나룻배, 곳간, 햇빛'의 받침 ㅅ도 같은 성격의 사이시옷이다. '헛소문, 짓고생, 싯누렇다'의 '헛-, 짓-, 싯-'은 모두 접두사로 사이시옷과는 무관하다. '이웃집, 옷값, 노랑이짓'은 모두 합성어이지만 사이시옷이 쓰인 것은 아니다. 어근 자체에 받침 ㅅ이 포함되어 있는 것이다

09 □□□

한글 맞춤법에 맞게 고쳐 쓴 결과가 적절하지 않은 것은?

① 아직은 우리한테 해꼬지(→ 해코지)한 일은 없지 않은가
② 우리 부서에는 젊어서 한가닥(→ 한가락) 안 한 사람이 없었다.
③ 그는 살 궁리는 안 하고 허구헌 날(→ 허구한 날) 술만 퍼마시고 다녔다.
④ 웃통(→ 위통)은 벌거숭이고 찢어진 내의가 허리에 걸쳐서 너덜대고 있었다.

정답과 해설

④ 문맥상 '몸에서 허리 위의 부분'을 뜻하는 말이 와야 하며, 적절한 표현은 '웃통'이다. '위통'은 '물건의 위가 되는 부분'이란 뜻이다.

오답 피하기

① '해꼬지'는 '해코지'의 잘못된 말이다.
② '어떤 방면에서 썩 훌륭한 재주나 솜씨'를 나타내는 말은 '한가락'이다. '한 가닥'은 '아주 약간'의 뜻으로 '한 가닥의 희망'처럼 쓰인다.
③ '허구하다'의 활용형이 와야 할 문맥으로 '허구헌 날'이 아니라, '허구한 날'이 맞는 표현이다.

10 □□□

다음 중 밑줄 친 낱말이 표준어가 아닌 것은?

① 순신간에 도로가 휑하니 비어 버렸다.
② 그는 병이 다 나았다고 했지만 조금 핼쓱해 보였다.
③ 아이들이 시끄럽게 떠드는 바람에 외운 내용이 헷갈렸다.
④ 부모님께 여쭈워 보고 결정하기로 했다.

정답과 해설

② '얼굴에 핏기가 없고 파리하다.'라는 뜻으로 '핼쑥하다'나 '해쓱하다'를 쓸 수 있으나 '핼쓱하다'는 잘못된 표현이다.

오답 피하기

① 휑하니 : 구멍 따위가 막힌 데 없이 매우 시원스럽게 뚫려 있다는 뜻이다.
③ '헷갈리다'와 '헛갈리다'는 '정신이 혼란스럽게 되다.', '여러 가지가 뒤섞여 갈피를 잡지 못한다.'라는 뜻으로 둘 다 표준어이다.
④ '여쭙다'와 '여쭈다'가 모두 표준어이므로 그 활용형인 '여쭈워(여쭙+어)'와 '여쭈어(여쭈 + 어)' 둘 다 쓸 수 있다.

매일 3분 하프 모의고사  회 정답 및 해설

01

[보기]의 밑줄 친 단어들의 품사적 특성에 대한 설명으로 적절하지 않은 것은?

/ 보기 /

- 아직 멀쩡한 것을 왜 버리느냐
- 그를 만난 지도 꽤 오래되었다.
- 그와 나는 시간이 어긋나는 바람에 서로 만나지 못했다.
- 이번에 입주하는 새집이 더할 나위 없이 좋다.

① 반드시 그 앞에서 관형어가 수식해야 문장에 쓰일 수 있다.
② 그 뒤에 결합하는 조사에는 특별한 제한이 따르지 않는다.
③ 그 앞에 오는 관형사형 어미에는 제한이 따르는 경우가 있다.
④ 안긴문장의 서술어에 제약이 따르는 경우도 있다.

정답과 해설

② 〈보기〉의 밑줄 친 단어는 모두 의존 명사다. '것, 데, 바, 이' 같은 의존 명사를 흔히 보편성 의존 명사라고 하는데, 이들은 그 뒤에 결합하는 조사에 특별한 제한이 따르지 않는다. 그러나 의존 명사 중에는 그 뒤에 결합하는 조사에 특별한 제한이 따르는 경우가 많다. '나위, 리, 수, 법, 턱' 등은 주어성 의존 명사라고 하는데, 대체로 주격 조사 '이/가'와 결합한다는 제약이 따른다.

오답 피하기

① '것'은 의존 명사이다. 의존 명사는 그 명칭에서 보듯이 문장의 첫머리에 나타날 수 없고, 문장의 중간에 쓰일 때에는 반드시 그 앞에 관형어가 나타난다.
③ 의존 명사 '바람' 앞에는 관형사형 어미 중 '-는'만이 온다. 즉 '어긋날 바람에'와 같은 문장을 만들 수 없다. 즉 그 앞에 오는 관형사형 어미에 제한이 따르는 의존 명사가 많다.
④ 의존 명사 '나위' 뒤에는 '있다, 없다'와 같은 존재를 나타내는 용언이 서술어로 따르는 제약이 있다. 비슷한 예로 의존 명사 '줄' 다음에는 '알다, 모르다'와 같은 인지 동사가 서술어로 온다. 즉 의존 명사와 관련하여 안긴문장의 서술어에 제약이 따르는 경우도 있다.

02

한자 성어의 사용이 적절한 것은?

① 회사가 성장하자 창립 공신들은 모두 兎死狗烹되어 요직을 차지하였다.
② 수업 시간에 조는 학생을 줄인 김 선생의 교수법을 反面教師로 삼아야 한다.
③ A사와 B사의 경쟁이 蚌鷸之爭이 되어 그 승자인 A사가 시장 지배자가 되었다.
④ 성 범죄자에게 전자 발찌를 채우는 것만으로는 隔靴搔癢이라는 평가를 피할 수 없다.

정답과 해설

④ '격화소양(隔靴搔癢)'은 '신을 신고 발바닥을 긁는다는 뜻으로, 성에 차지 않거나 철저하지 못한 안타까움을 이르는 말'이다. 따라서 성 범죄자에 대한 대책이 부족하다는 문맥과 어울린다.

오답 피하기

① 토사구팽(兎死狗烹) : 토끼가 죽으면 토끼를 잡던 사냥개도 필요 없게 되어 주인에게 삶아 먹히게 된다는 뜻으로, 필요할 때는 쓰고 필요 없을 때는 야박하게 버리는 경우를 이르는 말 → 요직을 차지했다는 문맥과 어울리지 않는다.
② 반면교사(反面教師) : 사람이나 사물 따위의 부정적인 면에서 얻는 깨달음이나 가르침을 주는 대상을 이르는 말 → 모범으로 삼아야 한다는 문맥과 어울리지 않는다.
③ 방휼지쟁(蚌鷸之爭) : 도요새가 조개와 다투다가 다 같이 어부에게 잡히고 말았다는 뜻으로, 대립하는 두 세력이 다투다가 결국은 구경하는 다른 사람에게 득을 주는 싸움을 비유적으로 이르는 말 → 당사자 중 하나가 이익을 취했다는 문맥과 어울리지 않는다.

03

밑줄 친 부분을 문맥에 맞게 바꾼 결과가 적절하지 <u>않은</u> 것은?

① 정작 죄지은 놈들은 도망친 다음이라 <u>엄한</u> 사람들이 얻어맞고 나동그라졌다. → 애먼
② 서로 <u>무릎맞춤하는</u> 가까운 벗끼리, 봄날을 즐기려고 여기에 모였다. → 너나들이하는
③ 한번 <u>결딴</u>을 내리면 바꾸는 일이 없는 그는 죽기를 결심한 사람처럼 비장해 보였다. → 결단
④ 그는 묻는 말에 <u>그저</u> "예, 예."하며 대답하였다. → 거저

정답과 해설

④ '그저'는 '다른 일은 하지 않고 그냥'의 뜻으로 쓰는 말이고, '거저'는 '아무런 노력이나 대가 없이'의 뜻으로 쓰는 말이다. ④의 경우에는 '그저'가 문맥에 맞는 표현이다.

오답 피하기

① '일의 결과가 다른 데로 돌아가 억울하게 느껴지는'의 뜻으로는 관형사 '애먼'을 쓴다. '엄한'은 '엄하다'의 관형사형이다.
② '가까운 벗'이라고 했으므로 '서로 너니 나니 하고 부르며 허물없이 말을 건네다.'의 뜻인 '너나들이하다'가 와야 적절한 문맥이다. '무릎맞춤하다'는 '두 사람의 말이 서로 어긋날 때, 제삼자를 앞에 두고 전에 한 말을 되풀이하여 옳고 그름을 따지다.'의 뜻으로 쓰이는 말이므로 문맥에 어울리지 않는다.
③ '결딴'은 '어떤 일이나 물건 따위가 아주 망가져서 도무지 손을 쓸 수 없게 된 상태'의 뜻으로 쓰이는 말이다. '결단(決斷)'이 와야 맞다.

04

문맥으로 보아 밑줄 친 단어 중, 그 쓰임이 적절한 것은?

① 감자를 으깨어 요리를 하다가 갑자기 마늘을 <u>으겨</u> 찌개에 넣었다.
② 간부들이 죽을 만큼 <u>두둘겨</u> 패서 구속을 시켜 버렸습니다.
③ 주인에게 내일까지 반드시 아파트 잔금을 <u>치뤄야</u> 한다.
④ 밤이면 아무 집으로나 찾아들어 사정을 호소하고 하룻밤씩 <u>드새었다</u>.

정답과 해설

④ '길을 가다가 집이나 쉴 만한 곳에 들어가 밤을 지내다.'의 뜻으로는 '드새다'를 쓴다. '드세다'는 '힘이나 기세가 몹시 강하고 사납다.'의 뜻이므로 혼동하지 않도록 주의해야 한다.

오답 피하기

① '으깨다'라는 단어는 있어도 '으기다'라는 단어는 없다. '칼 따위로 잘게 썰어서 짓찧어 다지'는 일을 나타내는 단어는 '으기다'가 아니고 '이기다'이다. '고기를 이기다.'나 '마늘을 이겨 찌개에 넣었다.'처럼 쓴다.
② '두둘기다'는 비표준어이고, '두들기다'만 표준어이다.
③ '주어야 할 돈을 내주다.'의 뜻을 나타내는 말은 '치루다'가 아니라 '치르다'이다. 그래서 '~잔금을 치러야 한다.'가 맞다.

05

밑줄 친 단어 중, 한글 맞춤법에 <u>어긋난</u> 것은?

① 어떻게 들으면 말을 만들어 보려고 <u>짓궂이</u> 비꼬는 강강한 어투가 또 들린다.
② 언제 기회가 있으면 지리산 일대의 동굴을 <u>샅샅이</u> 찾아보았으면 하는 생각이 있었다.
③ 그는 비스듬히 마주 보이는 담배 가게 <u>옆댕이</u>의 사진관을 쳐다보고 있었다.
④ 그 집에는 작은 문 옆에 차가 드나들 수 있을 만큼 <u>넓다란</u> 문이 나 있다.

정답과 해설

④ '넓다랗다'로 적지 않고 소리 나는 대로 '널따랗다'로 적는다.

오답 피하기

① 짓궂이 「부사」: 장난스럽게 남을 괴롭고 귀찮게 하여 달갑지 아니하게.
② 샅샅이 「부사」: 틈이 있는 곳마다 모조리. 또는 빈틈없이 모조리
③ 옆댕이 「명사」: '옆'을 속되게 이르는 말.

06

공통으로 쓰인 한자의 독음이 같은 것으로 묶인 것은?

① • 세계 여러 나라와의 交易 활동이 활발하다.
• 퇴근 시간대라서 빈 택시를 잡기가 容易하지 않다.
② • 자금 부족 때문에 探索을 중단해야 할 위기에 처했다.
• 앙상한 나뭇가지만 보이는 겨울 풍경은 索莫하고 을씨년스러웠다.
③ • 이번 제주도 여행은 見聞을 넓히는 좋은 기회가 되었다.
• 김 판서는 재상 몇 사람과 뜻을 모은 뒤 임금께 謁見을 청하였다.
④ • 축구 대표팀은 성적 부진의 책임을 물어 감독을 更迭하였다.
• 정부는 추가 更正 예산안을 국회에 제출하였다.

정답과 해설

④ 更迭(경질) - 更正(경정)

오답 피하기

① 交易(교역) - 容易(용이)
② 探索(탐색) - 索莫(삭막)
③ 見聞(견문) - 謁見(알현)

07

밑줄 친 단어의 표기가 적절한 것은?

① 그는 긴 여행에 체력이 부쳐서 집에서 꼼짝하지 않고 쉬고 있었다.
② 그녀는 오늘도 야무지게 소맷자락을 걷어부치고 설거지를 하고 있다.
③ 그는 물통을 어깨에 걸머맨 채 집으로 향했다.
④ 이렇게 끔찍스런 살인 사건은 난생 겪어 보지 못했다.

정답과 해설

① '모자라거나 미치지 못하다'의 뜻으로는 '붙이다'가 아니라 '부치다'를 쓴다.

오답 피하기

② '소매나 바짓가랑이 따위를 말아 올리다.'의 뜻으로는 '걷어부치다'가 아니라 '걷어붙이다'를 쓴다.
③ '한쪽 어깨에 걸치어 놓다.'의 뜻으로는 '걸머메다' 또는 '걸메다'를 쓴다. 따라서 '걸머멘'이 맞다.
④ 기본형이 '끔찍스럽다(ㅂ불규칙 활용 용언)'이므로 '끔찍스러운'으로 활용한다.

08

다음에서 설명하고 있는 음운 변동의 예로 적절하지 않은 것은?

> 음운 변동은 그 결과에 따라 한 음운이 다른 음운으로 바뀌는 교체(交替), 원래 있던 음운이 없어지는 탈락(脫落), 없던 음운이 추가되는 첨가(添加), 두 개의 음운이 합쳐져서 하나로 되는 축약(縮約) 등으로 분류할 수 있다.

① 교체 – 키읔[키윽]
② 탈락 – 같이[가치]
③ 첨가 – 맨입[맨닙]
④ 축약 – 맏형[마텽]

정답과 해설

② '같이'를 [가치]라고 발음하므로 음운 변동 중 '구개음화' 현상에 해당한다. 이 현상은 'ㄷ, ㅌ'이 'ㅣ' 모음 앞에서 'ㅈ, ㅊ'으로 발음되는 음운 변동을 의미한다. 따라서 '탈락'에 해당하는 것이 아니라 한 음운이 다른 음운으로 바뀌는 '교체'라고 할 수 있다.

오답 피하기

① 음절의 끝소리 규칙에 따라 '키읔'의 받침 'ㅋ'은 'ㄱ'으로 교체되어 [키윽]으로 발음된다. 음절의 끝소리 규칙은 받침(홑받침, 쌍받침)이 대표음 'ㄱ, ㄴ, ㄷ, ㄹ, ㅁ, ㅂ, ㅇ' 중 하나로만 발음되는 것으로 교체 현상에 해당한다.
③ 합성어 및 파생어에서, 앞 단어나 접두사의 끝이 자음이고 뒤 단어나 접미사의 첫 음절이 '이, 야, 여, 요, 유'인 경우에, 'ㄴ' 음을 첨가하여 [니, 냐, 녀, 뇨, 뉴]로 발음되는 'ㄴ'첨가 현상이 일어난다. 이에 따라 '맨입'은 'ㄴ'이 첨가되어 [맨닙]으로 발음한다.
④ 예사소리 'ㅂ, ㄷ, ㅈ, ㄱ'과 'ㅎ'이 만나 거센소리 'ㅍ, ㅌ, ㅊ, ㅋ'으로 바뀌는 자음 축약 현상이 일어난다. 이에 따라 '맏형'은 'ㄷ'과 'ㅎ'이 축약되어 [마텽]으로 발음한다.

09

다음 중 괄호 안의 한자어가 적절히 사용된 것은?

① 악법의 개정(改訂)에 힘쓰다.
② 죄인에게 개전(改悛)의 기회를 주다.
③ 그녀는 남편의 부정(不淨)을 참을 수 없었다.
④ 훌륭한 기술자 배출(排出)이 우리 학교의 목표이다.

정답과 해설

② 개전(改悛) : 행실이나 태도의 잘못을 뉘우치고 마음을 바르게 고쳐 먹음.

오답 피하기

① 개정(改訂) → 개정(改正)
개정(改訂) : 글자와 글의 틀린 곳을 고쳐 바로잡음
개정(改正) : 주로 문서의 내용 따위를 고쳐 바르게 함.
③ 부정(不淨) → 부정(不貞)
부정(不淨) : 깨끗하지 못함. 사람이 죽는 따위의 불길한 일.
부정(不貞) : 부부가 서로의 정조를 지키지 아니함.
④ 배출(排出) → 배출(輩出)
배출(排出) : 안에서 밖으로 밀어 내보냄.
배출(輩出) : 인재(人材)가 계속하여 나옴.

10

밑줄 친 단어의 품사가 적절하지 않은 것은?

① 둘에 셋을 더하면 다섯이다. [수사]
② 아는 이를 만났다. [대명사]
③ 기차가 참 빨리 가지요. [조사]
④ 내 힘이 닿는 한 그를 도와주도록 하겠네. [명사]

정답과 해설

② 이 [의존 명사] '사람'의 뜻을 나타내는 말.

오답 피하기

① 다섯 [수사] 넷에 하나를 더한 수.
③ 요 [조사] 청자에게 존대의 뜻을 나타내는 보조사.
④ 한 [명사] (주로 '-는 한' 구성으로 쓰여) 조건의 뜻을 나타내는 말.

2024 요정노트

매일 3분 하프 모의고사  회 정답 및 해설

01

다음 중 품사가 다른 하나는?

① 그는 내다 버려야 누가 거들떠 보지도 않게 생긴 헌 고무신을 신었다.
② 이제 너도 건강 생각해서 그렇게 편식하지 말고 다른 것도 먹어라.
③ 내가 지금 찾아가려고 하는 친구네 집은 우리 집 바로 뒤야.
④ 나는 무엇보다도 야구를 잘하는 그런 남자가 좋다.

정답과 해설

③ 모두 체언을 수식하고 있다는 공통점을 지니고 있다. 그러나 다른 것이나 다른 데에 있는 것이 아니라는 뜻으로 특정 대상을 집어서 가리키는 말인 '바로'는 관형사가 아니라 부사로 분류한다.

오답 피하기

①, ②, ④ 모두 관형사이다. 용언의 관형사형이 아니라는 점에 주의해야 한다.

02

다음 중 밑줄 친 용언의 활용형이 다른 하나는?

① 달리기를 하는데 고무줄이 끊어져서 체육복 바지가 흘러 버렸다.
② 된장을 물에 푼 후 체로 걸러 내어 맑은 된장국을 끓였다.
③ 전화번호를 불러 줄 테니 꼭 전화해라.
④ 그는 집에 가는 길에 술집을 들러 한잔했다.

정답과 해설

④ 들르다 : 지나는 길에 잠깐 들어가 머무르다. (으 규칙 활용) 들르+어 → 들러

오답 피하기

① 르 불규칙 활용 : 흐르다 흐르+어 → 흘러
② 르 불규칙 활용 : 거르다 거르+어 → 걸러
③ 르 불규칙 활용 : 부르다 부르+어 → 불러

03

밑줄 친 부분 중 [보기]의 원칙이 적용되지 않는 것은?

/ 보기 /

겹받침 'ㄳ', 'ㄵ', 'ㄼ, ㄽ, ㄾ', 'ㅄ'은 어말 또는 자음 앞에서 각각 [ㄱ, ㄴ, ㄹ, ㅂ]으로 발음한다.

– '표준 발음법' 제10항

① 쟁기와 소를 빌린 삯과 함께 밀린 외상도 지불했다.
② 금침을 개어 얹고 방바닥을 쓸었다.
③ 난 네가 내 뒤를 밟는다는 기분이 들었어.
④ 하긴 용모가 아름다운 여인들은 용모에 값할 만한 숱한 풍문들이 떠돌기 마련이었다.

정답과 해설

③ '밟는다는'의 경우 '밟-'의 겹받침 'ㄼ'이 규정처럼 'ㄹ'로 발음되지 않는다. 만약 'ㄹ'로 발음된다면 현실 발음은 [발ː른다는](유음화)이나 [반ː는다는](비음화)이 되어야 한다. 하지만 현실 발음(표준 발음)은 [(밥ː는다는) → 밤ː는다는]이다. 이러한 예외적인 발음은 '넓죽하다[넙쭈카다]' 등에서도 나타난다. 즉 '밟-'은 자음 앞에서 [밥]으로 발음하고, '넓-'은 파생어나 합성어인 경우 [넙]으로 발음한다.

오답 피하기

① '삯'의 겹받침 'ㄳ'는 '과' 앞에서 [ㄱ]으로 발음되어 [삭꽈]로 발음한다.
② '얹'의 겹받침 'ㄵ'은 '고' 앞에서 [ㄴ]으로 발음되어 [언꼬]로 발음한다.
④ '값'의 겹받침 'ㅄ'은 자음 앞에서 [갑]으로 발음되는데, '할'의 'ㅎ'과 축약되어 최종적으로 [가팔]로 발음한다. [(갑할) → 가팔]

04

다음 [보기] 중 외래어 표기가 올바른 것은 모두 몇 개인가?

/ 보기 /

심포지옴	넌센스	부르주아	컨셉트	컴플렉스
레포트	싱가폴	카라멜	밀크셰이크	바베큐
앙케이트	팜플렛			

① 1개　② 2개
③ 3개　④ 4개

정답과 해설

② '부르주아, 밀크셰이크'만 올바른 표기이다.

오답 피하기

심포지옴 → 심포지엄
넌센스 → 난센스
컨셉트 → 콘셉트
컴플렉스 → 콤플렉스
레포트 → 리포트
싱가폴 → 싱가포르
카라멜 → 캐러멜
바베큐 → 바비큐
앙케이트 → 앙케트
팜플렛 → 팸플릿

05

[보기]의 밑줄 친 설명에 부합하는 예로 가장 적절한 것은?

/ 보기 /

학자에 따라서는 접속 조사를 열거격이나 접속격으로 보아 격조사에 포함시키기도 한다. 하지만 학교 문법에서는 접속 조사에 속한 부류들이 체언을 병렬시키는 기능을 하므로 이는 격(格)의 일반적인 정의에서 벗어나는 것으로 보아격조사가 아니니 특별한 부류로서 '접속 조사'를 따로 설정한다.

① 너는 누구하고 갈 테냐
② 나는 오빠와 함께 청소를 했다.
③ 나는 미희랑 함께 영화를 보러 갔다.
④ 레몬과 귤은 비타민 시(C)가 많다.

정답과 해설

④ 밑줄 친 '과'는 둘 이상의 사물을 같은 자격으로 이어주는 접속 조사이다. 이때 '과'는 경우에 따라 생략이 가능하며, 생략된 자리에는 반점을 찍는다.

오답 피하기

① 밑줄 친 '하고'는 일 따위를 함께함을 나타내는 부사격 조사이다.
② 밑줄 친 '와'는 일 따위를 함께함을 나타내는 부사격 조사이다.
③ 밑줄 친 '랑'은 어떤 행동을 함께하거나 상대로 하는 대상임을 나타내는 부사격 조사이다.

06

밑줄 친 한자어의 사용이 적절하지 않은 것은?

① 얼른 들으면 그럴듯하나 실상은 억설이고 詭辯이란 말이야.
② 네 행실이 到底했다면 그가 그런 대접을 하지 않았을 것이다.
③ 학생들에게 독서를 助長하는 일은 매우 중요하고 필요하다.
④ 그녀는 그의 비밀을 누설해 결국 그의 憾情을 사고 말았다.

정답과 해설

③ '조장(助長)하다'는 '바람직하지 않은 일을 더 심해지도록 부추기다'의 뜻으로 쓰는 말이다. 학생들에게 독서는 행위의 성격상 '勸奬(권장)'할 일인 것이지 '助長(조장)'할 일이 아니다.

오답 피하기

① 궤변(詭辯) : 상대편을 이론으로 이기기 위하여 상대편의 사고(思考)를 혼란시키거나 감정을 격앙시켜 거짓을 참인 것처럼 꾸며 대는 논법
② 도저(到底)하다 : 행동이나 몸가짐이 빗나가지 않고 곧아서 훌륭하다.
④ 감정(憾情) : 원망하거나 성내는 마음

07

다음 [보기]의 밑줄 친 부분에 해당하는 예시로만 이루어진 것은?

/ 보기 /

어근과 어근의 형식적 결합 방식에 따라 합성어를 나누어 볼 수 있다. 형식적 결합 방식이란 어근과 어근의 배열 방식이 국어의 정상적인 단어 배열 방식, 즉 통사적 구성과 같고 다름을 고려한 것이다. 여기에는 합성어의 각 구성 성분들이 가지는 배열 방식이 국어의 정상적인 단어 배열법과 같은 '통사적 합성어'와 정상적인 배열 상식에서 어긋나는 '비통사적 합성어'가 있다.

① 높푸르다, 굶주리다, 굳세다
② 애호박, 논밭, 부슬비
③ 스며들다, 힘들다, 이슬비
④ 덮밥, 검붉다, 오르내리다

정답과 해설

③ '스며들다'는 '스미다'와 '들다'가 연결 어미로 연결된 통사적 합성어이다. '힘들다'는 조사가 생략된 합성어인데, 우리말에서 조사의 생략은 일반적인 현상이므로 통사적 합성어에 해당한다. '이슬비'는 명사와 명사의 합성으로 정상적인 배열 방식의 합성어이다.

오답 피하기

① 높푸르다, 굶주리다, 굳세다 : 연결 어미가 생략된 비통사적 합성어이다.
② 애호박 : 파생어
논밭 : 통사적 합성어
부슬비 : 부사가 명사를 수식하는 것은 우리말의 일반적인 배열 상식에서 벗어나는 것으로, 비통사적 합성어이다.
④ 덮밥, 검붉다, 오르내리다 : 어미가 생략된 비통사적 합성어이다.

08

[보기]의 설명에 해당하는 예로 보기에는 부적절한 요소가 들어 있는 것은?

/ 보기 /

둘 이상의 단어가 어울리거나 접두사가 붙어서 이루어진 말은 각각 그 원형을 밝히어 적는다.

① 함부로 남을 업신여기지 마라.
② 그는 이야기를 다 듣고 나자 기가 막혀 헛웃음만 지었다.
③ 전쟁터에 끌려와 오랫동안 욕망에 굶주렸다.
④ 사치미 떼지 마세요. 밖에서 죄다 엿들었어요.

정답과 해설

① '없이+여기다'에서 온 듯하지만 그렇게 보면 발음이 [업씨여기다]로 되어야 하는데, 이 단어의 현실 발음은 [업씬녀기다]이다. 이러한 발음 변화를 설명할 수 없기 때문에 '업신'은 어원이 분명하지 않은 단어로 처리하여 소리 나는 대로 적어야 한다. '여기다'는 어원이 분명하므로 원형을 밝혀 '업신여기다'로 적는다.

오답 피하기

② '헛-'이라는 접두사의 원형을 밝혀 적은 예이다.
③ 합성어의 어근인 '굶-'과 '주리-'의 원형을 밝혀 적은 예이다.
④ '엿-'은 '몰래'의 뜻을 더하는 접두사이다. 그 원형을 밝혀 적는 예이다.

09

밑줄 친 '문'의 뜻이 다른 하나는?

① 문일지십 ② 불문가지
③ 경당문노 ④ 불치하문

정답과 해설

① 문일지십(聞一知十) : 하나를 듣고 열 가지를 미루어 안다는 뜻으로, 지극히 총명함을 이르는 말.

오답 피하기

② 불문가지(不問可知) : 묻지 아니하여도 알 수 있음.
③ 경당문노(耕當問奴) : 농사일은 의당 머슴에게 물어보아야 한다는 뜻으로, 모르는 일은 잘 아는 사람에게 상의하여야 함을 이르는 말.
④ 불치하문(不恥下問) : 손아랫사람이나 지위나 학식이 자기만 못한 사람에게 모르는 것을 묻는 일을 부끄러워하지 아니함.

10

밑줄 친 부분의 발음이 옳지 않은 것은?

① 사 들고 온 휘발유 병을 열어 페인트를 묽게[물께] 개었다.
② 그녀가 아니라면 결혼도 싫고, 돈을 버는 것도 싫소[실쏘].
③ 혼자서 산길을 뚫는[뚤른] 일은 결코 쉽지 않다.
④ 그는 경험이 많아[마나] 그리 당황하지 않았다.

정답과 해설

④ 'ㅎ(ㄶ, ㅀ)' 뒤에 모음으로 시작된 어미나 접미사가 결합되는 경우에는, 'ㅎ'을 발음하지 않는다. 낳은[나은], 놓아[노아], 쌓이다[싸이다], 않은[아는], 닳아[다라], 싫어도[시러도] 등이 그러하다. 그런데 '많아'는 장음으로, 즉 [마ː나]로 발음해야 한다.

오답 피하기

① 용언 어간의 겹받침 'ㄺ'은 'ㄱ' 앞에서 앞 자음 'ㄹ'이 탈락하는 대신 뒤 자음 'ㄱ'이 탈락하여 [ㄹ]로 발음된다. 그래서 'ㄺ'으로 끝나는 어간 뒤에 '-고, -거나, -거든' 등과 같은 어미가 결합하는 경우에는 'ㄺ'을 [ㄹ]로 발음한다. 이것은 용언의 활용형뿐만 아니라 '긁개[글깨], 밝기[발끼]'와 같은 파생어에도 그대로 적용된다.
② 'ㅎ(ㄶ, ㅀ)' 뒤에 'ㅅ'이 결합되는 경우에는, 'ㅅ'을 [ㅆ]으로 발음한다.
③ 'ㄶ, ㅀ' 뒤에 'ㄴ'이 결합되는 경우에는, 'ㅎ'을 발음하지 않는다. 뚫는[(뚤는) → 뚤른]

매일 30분 하프 모의고사 22회 정답 및 해설

01 □□□

다음 문장이 밑줄 친 '씨'에 대한 설명으로 올바르지 않은 것은?

① 그 집안 사람들은 씨가 모두 그렇다.
→ 어떤 가문의 혈통이나 근원을 낮잡아 이르는 말로 명사다.

② 그 일은 김 씨가 맡기로 했네.
→ 성년이 된 사람의 성이나 성명, 이름 아래에 쓰여 그 사람을 높이거나 대접하여 부르거나 이르는 말로 의존명사다. 앞말과 띄어 쓰며, 대체로 윗사람에게 쓴다.

③ 소설가 이청준 씨가 운명하셨다. 씨는 문단의 권위자이다.
→ '그 사람'을 높여 이르는 삼인칭 대명사다. 주로 글에서 쓰는데, 앞에서 성명을 이미 밝힌 경우에 쓸 수 있다.

④ 씨는 하(河)이고, 본관은 진주이다.
→ 주로 문집이나 비문 따위의 문어에 쓰여 같은 성(姓)의 계통을 표시하는 말로 명사다.

정답과 해설

② 의존 명사 '씨(氏)'의 경우 성년이 된 사람의 성이나 성명, 이름 아래에 쓰여 그 사람을 높이거나 대접하여 부르는 말이다. 윗사람에게는 쓰기 어려운 말로, 대체로 동료나 아랫사람에게 쓴다.

오답 피하기

① 씨「명사」: 어떤 가문의 혈통이나 근원을 낮잡아 이르는 말.
예 사람한테는 반드시 씨가 있다. 상놈의 씨, 양반의 씨가 바로 그것이야.
③ 씨「대명사」: '그 사람'을 높여 이르는 삼인칭 대명사. 주로 글에서 쓰는데, 앞에서 성명을 이미 밝힌 경우에 쓸 수 있다.
예 씨는 문단의 권위자이다.
④ 씨「명사」: (주로 문집이나 비문 따위의 문어에 쓰여) 같은 성(姓)의 계통을 표시하는 말.
예 씨는 김이고, 본관은 김해이다.

02 □□□

다음 맞춤법의 설명에서 밑줄 친 내용에 해당하지 않는 것은?

> 제4절 합성어 및 접두사가 붙은 말
> 제27항 둘 이상의 단어가 어울리거나 접두사가 붙어서 이루어진 말은 각각 그 원형을 밝히어 적는다.
> [붙임 1] 어원은 분명하나 소리만 특이하게 변한 것은 변한대로 적는다.
> [붙임 2] 어원이 분명하지 아니한 것은 원형을 밝히어 적지 아니한다.

① 할아범　　② 골병
③ 며칠　　④ 부리나케

정답과 해설

① '할아범'은 [붙임 1]에 해당하는 것으로, 어원은 분명하나 소리만 특이하게 변한 예이다.

오답 피하기

②, ③, ④ '골병, 며칠, 부리나케'는 27항 [붙임 2] '어원이 분명하지 아니한 것'에 해당하는 단어들이다. [붙임 2]에 속하는 단어들은 ' 골병, 골탕, 끌탕, 며칠, 아재비, 오라비, 업신여기다, 부리나케' 등이 있다. [붙임 1] '어원이 분명하나 소리만 특이하게 변한 것'에 해당하는 단어는 '할아버지, 할아범' 등이 있다.

03

밑줄 친 한자어의 사용이 적절하지 않은 것은?

① 지역 균형 발전을 위해서는 문화 시설 대부분이 수도권에 偏在해 있는 현실을 시정해야 한다.
② 사장의 갖은 노력에도 불구하고, 그 회사는 어음을 決濟하지 못해 부도 처리가 됐다.
③ 그때 그는 "의롭게 죽느냐? 개처럼 사느냐" 하는 죽고 사는 歸路에서 헤매었던 것이다.
④ 내가 목격한 그 광경은 하도 駭怪罔測해서 소름이 끼칠 정도였다.

정답과 해설

③ '귀로(歸路)'는 '돌아오는 길'이란 뜻이고, '기로(岐路)'는 '갈림길'이란 뜻이다. 갈림과 선택의 문제일 때는 당연히 '귀로(歸路)'가 아니라 '기로(岐路)'를 써야 한다.

오답 피하기

① '편재(偏在)'는 '돌이 한 지역에만 치우쳐 있음. 반면의 여러 곳을 골고루 차지하지 못하고 어느 일방에만 치우친 상태'를 의미한다.
② '결재(決裁)'는 결정할 권한이 있는 상관이 부하가 제출한 안건을 검토하여 허가하거나 승인함을 뜻한다. '재가(裁可)'로 순화하여 써야 한다. '결제(決濟)'는 증권 또는 대금을 주고받아 매매 당사자 사이의 거래 관계를 끝맺는 일을 뜻한다. '비용을 카드로 결제하다.'처럼 쓴다. (決 결단할 결, 濟 건널 제)
④ '말할 수 없이 괴상하고 야릇함'의 뜻으로 쓰는 말이 '해괴망측(駭怪罔測)'이다. 이와 관련하여 '駭怪罔測'을 '해괴망칙'으로 읽지 않도록 주의해야 한다. 당연히 국어에 '망측하다'라는 단어는 있어도 '망칙하다'라는 단어는 없다.

04

밑줄 친 부분의 맞춤법이 옳은 것은?

① 개나리 가지에 새싹이 나았다.
② 그녀는 소맷자락을 걷어부치고 설거지를 하고 있다.
③ 추위에 손가락이 곱아 일을 할 수가 없다.
④ 병이 씻은 듯이 났다.

정답과 해설

③ 곱다 : 손가락이나 발가락이 얼어서 감각이 없고 놀리기가 어렵다.

오답 피하기

① 나다 : 신체 표면이나 땅 위에 솟아나다.
한글 맞춤법 34항 규칙에 따라 '났다'로 표기해야 맞다.
② 걷어붙이다 : 소매나 바짓가랑이 따위를 말아 올리다.
③ 낫다 : 병이나 상처 따위가 고쳐져 본래대로 되다.
났다 → 나았다('ㅅ'불규칙 활용)

05

[보기]의 ㉠~㉣을 고치기 위한 의견으로 알맞지 않은 것은?

/ 보기 /

말다툼하는 친구들을 말린다고 ㉠ 끼여들었다가 말을 잘못 해서 되레 친구들과 다투게 되는 경우가 있다. 그러다 보면 틀림없이 친구들과의 관계가 서먹해질 수도 있다. 그럴때 먼저 "아무러면 내가 너를 ㉡ 미워서 그랬겠니"라고 말한마디를 건네 친구의 오해가 ㉢ 풀려지도록 해 보자. ㉣ 물론 이런 오해가 생기지 않도록 평소에 말을 가려 쓰는 것이 가장 좋다.

① ㉠은 '끼다'와 '들다'가 결합된 말이므로 '끼어들었다가'로 바꿔야겠어.
② ㉡은 '밉다'가 목적어를 가질 수 없으므로 '미워해서'로 바꿔야겠어.
③ ㉢은 피동 표현이 두 번 사용되었으니 '풀리도록'으로 바꾸는게 좋겠어.
④ ㉣은 문장의 연결 관계를 고려하여 '그런데도'로 바꿔야겠어.

정답과 해설

④ 앞 문장에서는 오해를 푸는 방법을 제시하고 있고 뒤 문장에서는 원천적으로 오해를 피할 수 있는 방법을 제시하고 있으므로, 문장의 연결 관계를 고려할 때 '(앞의 내용은) 말할 것도 없이'라는 의미의 접속사인 '물론'을 그대로 두는 것이 타당하다.

오답 피하기

① '끼여들다'는 피동인 '끼이다'와 능동인 '들다'가 결합한 꼴이 되어 어법에 맞지 않는다.
② '밉다'는 자동사이므로, 목적어 뒤에는 타동사인 '미워하다'를 써야 한다.
③ '풀다'의 피동형은 '풀리다'와 '풀어지다'의 두 가지 형태가 있는데, 이 둘을 겹쳐쓰는 '풀려지다'는 이중 피동이 되어 어색하다.

06

문장 부호의 쓰임이 옳지 않은 것은?

① 조선 시대의 시인 강백(1690?~1777?)의 자는 자청이고, 호는 우곡이다.
② 멀리뛰기는 도움닫기 – 도약 – 공중 자세 – 착지의 순서로 이루어진다.
③ 광역시 : 광주, 대구, 대전, ……
④ 《훈민정음》은 1997년에 유네스코 세계기록유산으로 지정됐다.

정답과 해설

③ 쉼표(,) : 열거할 어구들을 생략할 때 사용하는 줄임표 앞에는 쉼표를 쓰지 않음.

오답 피하기

① 물음표(?) : 모르거나 불확실한 내용임을 나타낼 때 물음표 사용
② 붙임표(-) : 차례대로 이어지는 내용을 하나로 묶어 열거할 때 각 어구 사이, 또는 두 개 이상의 어구가 밀접한 관련이 있음을 나타내고자 할 때는 붙임표 사용
④ 겹낫표, 겹화살괄호 : 책 제목이나 신문이름 등을 나타낼 때는 겹낫표나 겹화살괄호를 쓰는 것이 원칙. 큰따옴표를 대신 쓸 수 있음.

07

다음 중 유사한 뜻을 갖는 한자성어끼리 짝을 지어놓은 항목이 아닌 것은?

① 拔本塞源 – 姑息之計
② 刎頸之交 – 金蘭之交
③ 愚公移山 – 磨斧作針
④ 九牛一毛 – 滄海一粟

정답과 해설

① 발본색원(拔本塞源) : 좋지 않은 일의 근본 원인이 되는 요소를 완전히 없애 버려서 다시는 그러한 일이 생길 수 없도록 함.
고식지계(姑息之計) : 우선 당장 편한 것만을 택하는 꾀나 방법.

오답 피하기

② 문경지교(刎頸之交) : 서로를 위해서라면 목이 잘린다 해도 후회하지 않을 정도의 사이라는 뜻.
금란지교(金蘭之交) : 친구 사이의 매우 두터운 정을 이르는 말.
③ 우공이산(愚公移山) : 우공이 산을 옮긴다는 뜻으로, 어떤 일이든 끊임없이 노력하면 반드시 이루어짐을 이르는 말.
마부작침(磨斧作針) : 도끼를 갈아 바늘을 만든다는 뜻으로, 아무리 어려운 일이라도 끈기있게 노력하면 이룰 수 있음을 비유하는 말.
④ 구우일모(九牛一毛) : 아홉 마리의 소 가운데 박힌 하나의 털이란 뜻으로, 매우 많은 것 가운데 극히 적은 수를 이르는 말.
창해일속(滄海一粟) : 넓고 큰 바닷속의 좁쌀 한알이라는 뜻으로, 아주 많거나 넓은 것 가운데 있는 매우 하찮고 작은 것을 이르는 말.

08

밑줄 친 단어의 한자 표기가 바르지 않은 것은?

① 남편의 외도로 결혼 생활이 파탄(破綻)에 이르렀다.
② 길 잃은 어린아이처럼 그의 모습은 초라하고 나약(懦弱)해 보였다.
③ 밥알을 삭혀 어머니는 제사상에 올릴 식혜(食醢)를 담그고 계셨다.
④ 검찰은 이번 기회에 악덕 상인의 농단(壟斷)을 뿌리 뽑겠다고 다짐했다.

정답과 해설

③ 우리나라 전통 음료의 하나로 제사상에 오르는 '식혜'의 한자 표기는 '食醯(食 밥식/醯 식혜 혜)'이다. '식해(≒ 생선젓)'는 생선에 약간의 소금과 밥을 섞어 숙성시킨 식품을 이르는 말이며, 한자 표기는 '食醢(食 밥 식/醢육장 해)'이다. 따라서 가자미를 삭혀서 만든 함경도 고유의 젓갈 이름은 '가자미식해'이지 '가자미식혜'가 아니다.

오답 피하기

① 파탄(破綻) : 찢어져 터짐. 일이나 계획 따위가 원만하게 진행되지 못하고 중도에서 어긋나 깨짐. (破 깨뜨릴 파, 綻 솔기 터질 탄)
② 나약(懦弱) : 의지가 굳세지 못함. (懦 나약할 나, 弱 약할 약)
④ 농단(壟斷) : 이익이나 권리를 독차지함을 이르는 말. 어떤 사람이 시장에서 높은 곳에 올라가 사방을 둘러보고 물건을 사 모아 비싸게 팔아 상업상의 이익을 독점하였다는 데서 유래한다. (壟 밭두둑 농, 斷 끊을 단)

09

어문 규범에 맞는 단어로만 묶은 것은?

① 곰곰이, 간질이다, 닥달하다
② 통채, 발자욱, 구렛나루
③ 귀뜸, 핼쓱하다, 널찍하다
④ 대물림, 구시렁거리다, 느지막하다

정답과 해설

④ '사물이나 가업 따위를 후대의 자손에게 남겨 주어 자손이 그것을 이어 나감.'을 의미하는 단어는 '되물림'이 아니라 '대물림'이다. '못마땅하여 군소리를 듣기 싫도록 자꾸 하다.'를 의미하는 단어는 '궁시렁거리다'가 아니라 '구시렁거리다, 구시렁대다(복수 표준어)'이다. '시간이나 기한이 매우 늦다.'를 의미하는 단어는 '느즈막하다'가 아니라 '느지막하다'이다.

오답 피하기

① '남을 단단히 윽박질러서 혼을 내다'를 의미하는 단어는 '닥달하다'가 아니라 '닦달하다'이다.
② '나누지 아니한 덩어리 전부'를 의미하는 단어는 '통채'가 아니라 '통째'이다. '발로 밟은 자리에 남은 모양'을 의미하는 단어는 '발자욱'이 아니라 '발자국'이다. '귀밑에서 턱까지 잇따라 난 수염'을 의미하는 단어는 '구렛나루'가 아니라 '구레나룻'이다.
③ '상대편이 눈치로 알아차릴 수 있도록 미리 슬그머니 일깨워 줌.'을 의미하는 단어는 '귀뜸'이 아니라 '귀띔'이다. '얼굴에 핏기나 생기가 없어 파리하다.'를 의미하는 단어는 '핼쓱하다'가 아니라 '해쓱하다'이다.

10

다음 중 표준어로만 묶인 것은?

① 놀놀하다, 숙덕이다, 볍씨, 너부렁이
② 누누이, 깜짝이다, 댑싸리, 땟갈
③ 꺼름하다, 번득이다, 수탉, 겸연쩍다
④ 쓱싹쓱싹, 새벽별, 안팎, 익살꾼

정답과 해설

① 한 단어 안에서 같은 음절이나 비슷한 음절이 겹쳐 나는 부분은 같은 글자로 적는다는 규정(〈한글 맞춤법〉 제13항)에 따라 '놀롤하다'가 아니라 '놀놀하다'로 적는다. '-거리다'가 붙을 수 있는 시늉말 어근에 '-이다'가 붙어서 된 용언은 그 어근을 밝히어 적는다는 규정(〈한글 맞춤법〉 제24항)에 따라 '숙덕이다'로 적는다('쑥덕이다'도 표준어이다.) 두 말이 어울릴 적에 'ㅂ'소리나 'ㅎ' 소리가 덧나는 것은 소리대로 적는다는 규정(〈한글 맞춤법〉 제31항)에 따라 '벼씨'가 아니라 '볍씨'로 적는다. 어감의 차이를 나타내는 단어 또는 발음이 비슷한 단어들이 다 같이 널리 쓰이는 경우에는, 그 모두를 표준어로 삼는다는 규정(〈표준어 규정〉 제19항)에 따라 '나부랭이'와 '너부렁이'는 모두 표준어이다.

오답 피하기

② 접미사 '-깔'은 된소리로 적는다는 규정(〈한글 맞춤법〉 제54항)에 따라 '땟갈'이 아니라 '때깔'로 적는다.
③ 어감의 차이를 나타내는 단어 또는 발음이 비슷한 단어들이 다 같이 널리 쓰이는 경우에는, 그 모두를 표준어로 삼는다는 규정(〈표준어 규정〉 제19항)에 따라 '꺼림하다'와 '께름하다'는 모두 표준어로 인정한다. 그러나 '꺼름하다'나 '께림하다'는 표준어로 인정하지 않는다.
④ 의미가 똑같은 형태가 몇 가지 있을 경우, 그 중 어느 하나가 압도적으로 널리 쓰이면, 그 단어만을 표준어로 삼는다는 규정(〈표준어 규정〉 제25항)에 따라 '새벽별'을 버리고 '샛별'을 표준어로 인정한다.

국어 마무리에 날개를 달아줄!

2024 요정노트
매일 30분

하프 모의고사
파 이 널

PART

Ⅱ

매일 30분 한자 어휘

시험에 꼭 나오는 필수 한자성어 370

번호	한자성어				독음	의미
1	苛 가혹할 가	斂 거둘 렴	誅 벨 주	求 구할 구	가렴주구	세금을 가혹하게 거두어들이고, 무리하게 재물을 빼앗음
2	佳 아름다울 가	人 사람 인	薄 엷을 박	命 목숨 명	가인박명	미인은 불행하거나 병약하여 요절하는 일이 많음
3	刻 새길 각	苦 쓸 고	勉 힘쓸 면	勵 힘쓸 려	각고면려	어떤 일에 고생을 무릅쓰고 몸과 마음을 다하여, 무척 애를 쓰면서 부지런히 노력함
4	刻 새길 각	骨 뼈 골	難 어려울 난	忘 잊을 망	각골난망	남에게 입은 은혜가 뼈에 새길 만큼 커서 잊히지 아니함
5	刻 새길 각	舟 배 주	求 구할 구	劍 칼 검	각주구검	융통성 없이 현실에 맞지 않는 낡은 생각을 고집하는 어리석음을 이르는 말
6	肝 간 간	膽 쓸개 담	相 서로 상	照 비칠 조	간담상조	서로 속마음을 털어놓고 친하게 사귐
7	間 사이 간	於 어조사 어	齊 제나라 제	楚 초나라 초	간어제초	약자가 강자들 틈에 끼어서 괴로움을 겪음을 이르는 말
8	甘 달 감	言 말씀 언	利 이로일 이	說 말씀 설	감언이설	귀가 솔깃하도록 남의 비위를 맞추거나 이로운 조건을 내세워 꾀는 말
9	甘 달 감	呑 삼킬 탄	苦 쓸 고	吐 토할 토	감탄고토	달면 삼키고 쓰면 뱉는다는 뜻으로, 자신의 비위에 따라서 사리의 옳고 그름을 판단함을 이르는 말
10	甲 갑옷 갑	男 사내 남	乙 새 을	女 여자 녀	갑남을녀	갑이란 남자와 을이란 여자라는 뜻으로, 평범한 사람들을 이르는 말
11	甲 갑옷 갑	論 논할 론	乙 새 을	駁 논박할 박	갑론을박	여러 사람이 서로 자신의 주장을 내세우며 상대편의 주장을 반박함
12	改 고칠 개	過 지날 과	遷 옮길 천	善 착할 선	개과천선	지난날의 잘못이나 허물을 고쳐 올바르고 착하게 됨
13	蓋 덮을 개	棺 널 관	事 일 사	定 정할 정	개관사정	시체를 관에 넣고 뚜껑을 덮은 후에야 일을 결정할 수 있다는 뜻으로, 사람이 죽은 후에야 비로소 그 사람에 대한 평가가 제대로 됨을 이르는 말
14	擧 들 거	案 책상 안	齊 가지런할 제	眉 눈썹 미	거안제미	밥상을 눈썹과 가지런하도록 공손히 들어 남편 앞에 가지고 간다는 뜻으로, 남편을 깍듯이 공경함을 이르는 말
15	乾 하늘 건	坤 땅 곤	一 한 일	擲 던질 척	건곤일척	주사위를 던져 승패를 건다는 뜻으로, 운명을 걸고 단판걸이로 승부를 겨룸을 이르는 말

16	隔 사이 격	世 세상 세	之 갈 지	感 느낄 감	격세지감	오래지 않은 동안에 몰라보게 변하여 아주 다른 세상이 된 것 같은 느낌
17	隔 사이 격	靴 신 화	搔 긁을 소	癢 가려울 양	격화소양	신을 신고 발바닥을 긁는다는 뜻으로, 성에 차지 않거나 철저하지 못한 안타까움을 이르는 말
18	牽 이끌 견	强 강할 강	附 붙을 부	會 모일 회	견강부회	이치에 맞지 않는 말을 억지로 끌어 붙여 자기에게 유리하게 함
19	見 볼 견	利 이로울 리	思 생각 사	義 옳을 의	견리사의	눈앞의 이익을 보면 의리를 먼저 생각함
20	犬 개 견	馬 말 마	之 갈 지	勞 일할 로	견마지로	개나 말 정도의 하찮은 힘이라는 뜻으로, 윗사람에게 충성을 다하는 자신의 노력을 낮추어 이르는 말
21	見 볼 견	蚊 모기 문	拔 뽑을 발	劍 칼 검	견문발검	모기를 보고 칼을 뺀다는 뜻으로, 사소한 일에 크게 성내어 덤빔을 이르는 말
22	見 볼 견	物 물건 물	生 날 생	心 마음 심	견물생심	어떠한 실물을 보게 되면 그것을 가지고 싶은 욕심이 생김
23	犬 개 견	兎 토끼 토	之 갈 지	爭 다툴 쟁	견토지쟁	개와 토끼의 다툼이라는 뜻으로, 두 사람의 싸움에 제삼자가 이익을 봄을 이르는 말
24	結 맺을 결	者 사람 자	解 풀 해	之 갈 지	결자해지	맺은 사람이 풀어야 한다는 뜻으로, 자기가 저지른 일은 자기가 해결하여야 함을 이르는 말
25	結 맺을 결	草 풀 초	報 갚을 보	恩 은혜 은	결초보은	죽은 뒤에라도 은혜를 잊지 않고 갚음을 이르는 말
26	輕 가벼울 경	擧 들 거	妄 망령될 망	動 움직일 동	경거망동	경솔하여 생각 없이 망령되게 행동함. 또는 그런 행동
27	傾 기울 경	國 나라 국	之 갈 지	色 빛 색	경국지색	임금이 혹하여 나라가 기울어져도 모를 정도의 미인이라는 뜻으로, 뛰어나게 아름다운 미인을 이르는 말
28	鷄 닭 계	卵 알 란	有 있을 유	骨 뼈 골	계란유골	달걀에도 뼈가 있다는 뜻으로, 운수가 나쁜 사람은 모처럼 좋은 기회를 만나도 역시 일이 잘 안됨을 이르는 말
29	孤 외로울 고	立 설 립	無 없을 무	援 도울 원	고립무원	고립되어 구원을 받을 데가 없음
30	姑 시어머니 고	息 쉴 식	之 갈 지	計 셀 계	고식지계	우선 당장 편한 것만을 택하는 꾀나 방법. 한때의 안정을 얻기 위하여 임시로 둘러맞추어 처리하거나 이리저리 주선하여 꾸며 내는 계책을 이른다
31	苦 쓸 고	肉 고기 육	之 갈 지	策 꾀 책	고육지책	자기 몸을 상해 가면서까지 꾸며 내는 계책이라는 뜻으로, 어려운 상태를 벗어나기 위해 어쩔 수 없이 꾸며 내는 계책을 이르는 말

32	孤	掌	難	鳴	고장난명	외손뼉만으로는 소리가 울리지 아니한다는 뜻으로, 혼자의 힘만으로 어떤 일을 이루기 어려움을 이르는 말
	외로울 고	손바닥 장	어려울 난	울 명		
33	苦	盡	甘	來	고진감래	쓴 것이 다하면 단 것이 온다는 뜻으로, 고생 끝에 즐거움이 옴을 이르는 말
	쓸 고	다할 진	달 감	올 래		
34	曲	學	阿	世	곡학아세	바른 길에서 벗어난 학문으로 세상 사람에게 아첨함
	굽을 곡	배울 학	언덕 아	세상 세		
35	過	猶	不	及	과유불급	정도를 지나침은 미치지 못함과 같다는 뜻으로, 중용(中庸)이 중요함을 이르는 말
	지날 과	오히려 유	아닐 불	미칠 급		
36	管	鮑	之	交	관포지교	관중과 포숙의 사귐이란 뜻으로, 우정이 아주 돈독한 친구 관계를 이르는 말
	대롱 관	물고기 포	갈 지	사귈 교		
37	刮	目	相	對	괄목상대	눈을 비비고 상대편을 본다는 뜻으로, 남의 학식이나 재주가 놀랄 만큼 부쩍 늚을 이르는 말
	긁을 괄	눈 목	서로 상	대할 대		
38	矯	角	殺	牛	교각살우	소의 뿔을 바로잡으려다가 소를 죽인다는 뜻으로, 잘못된 점을 고치려다가 그 방법이나 정도가 지나쳐 오히려 일을 그르침을 이르는 말
	바로잡을 교	뿔 각	죽일 살	소 우		
39	巧	言	令	色	교언영색	아첨하는 말과 알랑거리는 태도
	공교할 교	말씀 언	하여금 영	빛 색		
40	膠	柱	鼓	瑟	교주고슬	아교풀로 비파나 거문고의 기러기발을 붙여 놓으면 음조를 바꿀 수 없다는 뜻으로, 고지식하여 조금도 융통성이 없음을 이르는 말
	아교 교	기둥 주	북 고	거문고 슬		
41	九	曲	肝	腸	구곡간장	굽이굽이 서린 창자라는 뜻으로, 깊은 마음속 또는 시름이 쌓인 마음속을 비유적으로 이르는 말
	아홉 구	굽을 곡	간 간	창자 장		
42	口	蜜	腹	劍	구밀복검	입에는 꿀이 있고 배 속에는 칼이 있다는 뜻으로, 말로는 친한 듯하나 속으로는 해칠 생각이 있음을 이르는 말
	입 구	꿀 밀	배 복	칼 검		
43	口	尙	乳	臭	구상유취	입에서 아직 젖내가 난다는 뜻으로, 말이나 행동이 유치함을 이르는 말
	입 구	오히려 상	젖 유	냄새 취		
44	九	牛	一	毛	구우일모	아홉 마리의 소 가운데 박힌 하나의 털이란 뜻으로, 매우 많은 것 가운데 극히 적은 수를 이르는 말
	아홉 구	소 우	한 일	터럭 모		
45	九	折	羊	腸	구절양장	아홉 번 꼬부라진 양의 창자라는 뜻으로, 꼬불꼬불하며 험한 산길을 이르는 말
	아홉 구	꺾을 절	양 양	창자 장		
46	群	鷄	一	鶴	군계일학	닭의 무리 가운데에서 한 마리의 학이란 뜻으로, 많은 사람 가운데서 뛰어난 인물을 이르는 말
	무리 군	닭 계	한 일	학 학		
47	群	盲	評	象	군맹평상	맹인(盲人) 여럿이 코끼리를 만진다는 뜻으로, 사물을 좁은 소견과 주관으로 잘못 판단함을 이르는 말
	무리 군	눈 멀 맹	평할 평	코끼리 상		

48	權 권세 권	謀 꾀 모	術 재주 술	數 셈 수	권모술수	목적 달성을 위하여 수단과 방법을 가리지 아니하는 온갖 모략이나 술책
49	勸 권할 권	上 윗 상	搖 흔들 요	木 나무 목	권상요목	나무에 오르게 하고 흔든다는 뜻으로, 남을 부추겨 놓고 낭패를 보도록 방해함을 이르는 말
50	勸 권할 권	善 착할 선	懲 징계할 징	惡 악할 악	권선징악	착한 일을 권장하고 악한 일을 징계함
51	捲 말 권	土 흙 토	重 무거울 중	來 올 래	권토중래	땅을 말아 일으킬 것 같은 기세로 다시 온다는 뜻으로, 한 번 실패하였으나 힘을 회복하여 다시 쳐들어옴을 이르는 말
52	橘 귤 귤	化 될 화	爲 할 위	枳 탱자 지	귤화위지	회남의 귤을 회북에 옮겨 심으면 탱자가 된다는 뜻으로, 환경에 따라 사람이나 사물의 성질이 변함을 이르는 말
53	近 가까울 근	墨 먹 묵	者 사람 자	黑 검을 흑	근묵자흑	먹을 가까이하는 사람은 검어진다는 뜻으로, 나쁜 사람과 가까이 지내면 나쁜 버릇에 물들기 쉬움을 비유적으로 이르는 말
54	金 쇠 금	蘭 난초 란	之 갈 지	交 사귈 교	금란지교	친구 사이의 매우 두터운 정을 이르는 말
55	金 쇠 금	石 돌 석	之 갈 지	交 사귈 교	금석지교	쇠나 돌처럼 굳고 변함없는 사귐
56	錦 비단 금	衣 옷 의	夜 밤 야	行 다닐 행	금의야행	「1」 비단옷을 입고 밤길을 다닌다는 뜻으로, 자랑삼아 하지 않으면 생색이 나지 않음을 이르는 말 「2」 아무 보람이 없는 일을 함을 이르는 말
57	騎 말 탈 기	虎 범 호	之 갈 지	勢 형세 세	기호지세	호랑이를 타고 달리는 형세라는 뜻으로, 이미 시작한 일을 중도에서 그만둘 수 없는 경우를 비유적으로 이르는 말
58	難 어려울 난	兄 형 형	難 어려울 난	弟 아우 제	난형난제	누구를 형이라 하고 누구를 아우라 하기 어렵다는 뜻으로, 두 사물이 비슷하여 낫고 못함을 정하기 어려움을 이르는 말
59	南 남녘 남	柯 가지 가	一 한 일	夢 꿈 몽	남가일몽	남쪽 가지에서의 꿈이란 뜻으로, 덧없는 꿈이나 한때의 헛된 부귀영화를 이르는 말
60	南 남녘 남	橘 귤 귤	北 북녘 북	枳 탱자 지	남귤북지	강남의 귤을 강북에 심으면 탱자가 된다는 뜻으로, 사람은 사는 곳의 환경에 따라 착하게도 되고 악하게도 됨을 비유적으로 이르는 말
61	男 사내 남	負 질 부	女 여자 녀	戴 일 대	남부여대	남자는 지고 여자는 인다는 뜻으로, 가난한 사람들이 살 곳을 찾아 이리저리 떠돌아다님을 비유적으로 이르는 말
62	濫 넘칠 남		觴 잔 상		남상	양쯔 강(揚子江) 같은 큰 하천의 근원도 잔을 띄울 만큼 가늘게 흐르는 시냇물이라는 뜻으로, 사물의 처음이나 기원을 이르는 말
63	囊 주머니 낭	中 가운데 중	之 갈 지	錐 송곳 추	낭중지추	주머니 속의 송곳이라는 뜻으로, 재능이 뛰어난 사람은 숨어 있어도 저절로 사람들에게 알려짐을 이르는 말

64	勞 일할 노	心 마음 심	焦 탈 초	思 생각 사	노심초사	몹시 마음을 쓰며 애를 태움
65	論 논할 논	功 공 공	行 다닐 행	賞 상줄 상	논공행상	공적의 크고 작음 따위를 논의하여 그에 알맞은 상을 줌
66	弄 희롱할 농	璋 홀 장	之 갈 지	慶 경사 경	농장지경	아들을 낳은 즐거움.
67	累 여러 누	卵 알 란	之 갈 지	危 위태할 위	누란지위	층층이 쌓아 놓은 알의 위태로움이라는 뜻으로, 몹시 아슬아슬한 위기를 비유적으로 이르는 말
68	能 능할 능	小 작을 소	能 능할 능	大 큰 대	능소능대	모든 일에 두루 능함
69	多 많을 다	岐 갈림길 기	亡 망할 망	羊 양 양	다기망양	「1」 갈림길이 많아 잃어버린 양을 찾지 못한다는 뜻으로, 두루 섭렵하기만 하고 전공하는 바가 없어 끝내 성취하지 못함을 이르는 말. 「2」 방침이 많아서 도리어 갈 바를 모름.
70	斷 끊을 단	金 쇠 금	之 갈 지	交 사귈 교	단금지교	쇠라도 자를 만큼 강한 교분이라는 뜻으로, 매우 두터운 우정을 이르는 말
71	簞 소쿠리 단	食 먹일 사	瓢 표주박 표	飮 마실 음	단사표음	대나무로 만든 밥그릇에 담은 밥과 표주박에 든 물이라는 뜻으로, 청빈하고 소박한 생활을 이르는 말
72	堂 집 당	狗 개 구	風 바람 풍	月 달 월	당구풍월	서당에서 기르는 개가 풍월을 읊는다는 뜻으로, 그 분야에 대하여 경험과 지식이 전혀 없는 사람이라도 오래 있으면 얼마간의 경험과 지식을 가짐을 이르는 말
73	螳 사마귀 당	螂 사마귀 랑	拒 막을 거	轍 바퀴 철	당랑거철	제 역량을 생각하지 않고, 강한 상대나 되지 않을 일에 덤벼드는 무모한 행동거지를 비유적으로 이르는 말
74	大 큰 대	同 같을 동	小 작을 소	異 다를 이	대동소이	큰 차이 없이 거의 같음
75	同 같을 동	價 값 가	紅 붉을 홍	裳 치마 상	동가홍상	같은 값이면 다홍치마라는 뜻으로, 같은 값이면 좋은 물건을 가짐을 이르는 말
76	同 함께 동	苦 쓸 고	同 함께 동	樂 즐길 락	동고동락	괴로움도 즐거움도 함께함
77	同 같을 동	病 병 병	相 서로 상	憐 불쌍할 련	동병상련	같은 병을 앓는 사람끼리 서로 가엾게 여긴다는 뜻으로, 어려운 처지에 있는 사람끼리 서로 가엾게 여김을 이르는 말
78	東 동녘 동	奔 달릴 분	西 서녘 서	走 달릴 주	동분서주	동쪽으로 뛰고 서쪽으로 뛴다는 뜻으로, 사방으로 이리저리 몹시 바쁘게 돌아다님을 이르는 말
79	同 같을 동	床 명상 상	異 다를 이	夢 꿈 몽	동상이몽	같은 자리에 자면서 다른 꿈을 꾼다는 뜻으로, 겉으로는 같이 행동하면서도 속으로는 각각 딴생각을 하고 있음을 이르는 말 ≒동상각몽

80	凍 얼 동	足 발 족	放 놓을 방	尿 오줌 뇨	동족방뇨	언 발에 오줌 누기라는 뜻으로, 잠시 동안만 효력이 있을 뿐 효력이 바로 사라짐을 비유적으로 이르는 말
81	得 얻을 득	隴 농나라 농	望 바랄 망	蜀 촉나라 촉	득롱망촉	농(隴)을 얻고서 촉(蜀)까지 취하고자 한다는 뜻으로, 만족할 줄을 모르고 계속 욕심을 부리는 경우를 비유적으로 이르는 말
82	登 오를 등	高 높을 고	自 스스로 자	卑 낮을 비	등고자비	「1」 높은 곳에 오르려면 낮은 곳에서부터 오른다는 뜻으로, 일을 순서대로 하여야 함을 이르는 말 「2」 지위가 높아질수록 자신을 낮춤을 이르는 말
83	燈 등 등	下 아래 하	不 아닐 부	明 밝을 명	등하불명	등잔 밑이 어둡다는 뜻으로, 가까이에 있는 물건이나 사람을 잘 찾지 못함을 이르는 말
84	磨 갈 마	斧 도끼 부	作 지을 작	針 바늘 침	마부작침	도끼를 갈아 바늘을 만든다는 말로, 아무리 어려운 일이라도 꾸준히 노력하면 이룰 수 있다는 뜻
85	馬 말 마	耳 귀 이	東 동녘 동	風 바람 풍	마이동풍	동풍이 말의 귀를 스쳐 간다는 뜻으로, 남의 말을 귀담아듣지 아니하고 지나쳐 흘려버림을 이르는 말
86	麻 삼 마	中 가운데 중	之 갈 지	蓬 쑥 봉	마중지봉	삼밭 속의 쑥이라는 뜻으로, 곧은 삼밭 속에서 자란 쑥은 곧게 자라게 되는 것처럼 선한 사람과 사귀면 그 감화를 받아 자연히 선해짐을 비유적으로 이르는 말
87	莫 없을 막	逆 거스릴 역	之 갈 지	友 벗 우	막역지우	서로 거스름이 없는 친구라는 뜻으로, 허물이 없이 아주 친한 친구를 이르는 말
88	亡 망할 망	羊 양 양	補 도울 보	牢 우리 뢰	망양보뢰	양을 잃고 우리를 고친다는 뜻으로, 이미 어떤 일을 실패한 뒤에 뉘우쳐도 아무 소용이 없음을 이르는 말
89	望 바랄 망	洋 큰 바다 양	之 갈 지	嘆 탄식할 탄	망양지탄	큰 바다를 바라보며 하는 한탄이란 뜻으로, 어떤 일에 자기 자신의 힘이 미치지 못할 때에 하는 탄식을 이르는 말
90	亡 망할 망	羊 양 양	之 갈 지	歎 탄식할 탄	망양지탄	갈림길이 매우 많아 잃어버린 양을 찾을 길이 없음을 탄식한다는 뜻으로, 학문의 길이 여러 갈래여서 한 갈래의 진리도 얻기 어려움을 이르는 말
91	茫 아득할 망	然 그럴 연	自 스스로 자	失 잃을 실	망연자실	멍하니 정신을 잃음
92	望 바랄 망	雲 구름 운	之 갈 지	情 뜻 정	망운지정	자식이 객지에서 고향에 계신 어버이를 생각하는 마음
93	買 살 매	占 점칠 점	賣 팔 매	惜 아낄 석	매점매석	물건값이 오를 것을 예상하여 한꺼번에 샀다가 팔기를 꺼려 쌓아 둠
94	麥 보리 맥	秀 빼어날 수	之 갈 지	嘆 탄식할 탄	맥수지탄	고국의 멸망을 한탄함을 이르는 말
95	面 낯 면	從 좇을 종	腹 배 복	背 배반할 배	면종복배	겉으로는 복종하는 체하면서 내심으로는 배반함

96	命	在	頃	刻	명재경각	거의 죽게 되어 곧 숨이 끊어질 지경에 이름
	목숨 명	있을 재	잠깐 경	새길 각		
97	目	不	識	丁	목불식정	아주 간단한 글자인 '丁' 자를 보고도 그것이 '고무래' 인 줄을 알지 못한다는 뜻으로, 아주 까막눈임을 이르는 말
	눈 목	아닐 불	알 식	고무래 정		
98	無	所	不	爲	무소불위	하지 못하는 일이 없음
	없을 무	바 소	아닐 불	할 위		
99	刎	頸	之	交	문경지교	서로를 위해서라면 목이 잘린다 해도 후회하지 않을 정도의 사이라는 뜻으로, 생사를 같이할 수 있는 아주 가까운 사이, 또는 그런 친구를 이르는 말
	목 벨 문	목 경	갈 지	사귈 교		
100	門	外	漢		문외한	「1」 어떤 일에 직접 관계가 없는 사람 「2」 어떤 일에 전문적인 지식이 없는 사람
	문 문	바깥 외	한나라 한			
101	聞	一	知	十	문일지십	하나를 듣고 열 가지를 미루어 안다는 뜻으로, 지극히 총명함을 이르는 말
	들을 문	한 일	알 지	열 십		
102	尾	生	之	信	미생지신	우직하여 융통성이 없이 약속만을 굳게 지킴을 비유적으로 이르는 말. 중국 춘추 시대에 미생(尾生)이라는 자가 다리 밑에서 만나자고 한 여자와의 약속을 지키기 위하여 홍수에도 피하지 않고 기다리다가 마침내 익사하였다는 고사에서 유래한다
	꼬리 미	날 생	갈 지	믿을 신		
103	反	哺	報	恩	반포보은	먹이를 돌려드림으로써 은혜에 보답함. 즉 깊은 효심을 가리키는 말
	돌이킬 반	먹일 포	갚을 보	은혜 은		
104	拔	本	塞	源	발본색원	좋지 않은 일의 근본 원인이 되는 요소를 완전히 없애 버려서 다시는 그러한 일이 생길 수 없도록 함
	뽑을 발	근본 본	막힐 색	근원 원		
105	發	憤	忘	食	발분망식	끼니까지도 잊을 정도로 어떤 일에 열중하여 노력함
	필 발	분할 분	잊을 망	밥 식		
106	傍	若	無	人	방약무인	곁에 사람이 없는 것처럼 아무 거리낌 없이 함부로 말하고 행동하는 태도가 있음
	곁 방	같을 약	없을 무	사람 인		
107	背	恩	忘	德	배은망덕	남에게 입은 은덕을 저버리고 배신하는 태도가 있음
	배반할 배	은혜 은	잊을 망	덕 덕		
108	杯	中	蛇	影	배중사영	술잔 속에 비친 뱀의 그림자라는 뜻으로, 부질없이 의심을 품으면 엉뚱한 데에서 탈이 난다는 것을 비유한 말
	잔 배	가운데 중	긴 뱀 사	그림자 영		
109	白	骨	難	忘	백골난망	죽어서 백골이 되어도 잊을 수 없다는 뜻으로, 남에게 큰 은덕을 입었을 때 고마움의 뜻으로 이르는 말
	흰 백	뼈 골	어려울 난	잊을 망		
110	百	年	河	淸	백년하청	중국의 황허 강(黃河江)이 늘 흐려 맑을 때가 없다는 뜻으로, 아무리 오랜 시일이 지나도 어떤 일이 이루어지기 어려움을 이르는 말
	일백 백	해 년	물 하	맑을 청		
111	伯	牙	絕	絃	백아절현	자기를 알아주는 참다운 벗의 죽음을 슬퍼함
	맏 백	어금니 아	끊을 절	줄 현		

112	百 일백 백	尺 자 척	竿 낚싯대 간	頭 머리 두	백척간두	백 자나 되는 높은 장대 위에 올라섰다는 뜻으로, 몹시 어렵고 위태로운 지경을 이르는 말
113	法 법 법	古 옛 고	創 비롯할 창	新 새 신	법고창신	옛것을 본받아 새것을 창조해 냄
114	俯 구부릴 부	仰 우러를 앙	無 없을 무	愧 부끄러울 괴	부앙무괴	하늘을 우러러보나 세상을 굽어보나 양심에 거리낄 것이 없음
115	夫 지아비 부	唱 부를 창	婦 며느리 부	隨 따를 수	부창부수	남편이 주장하고 아내가 이에 잘 따름. 또는 부부 사이의 그런 도리
116	附 붙을 부	和 화할 화	雷 우레 뇌	同 한가지 동	부화뇌동	「우레 소리에 맞춰 함께한다」는 뜻으로,자신(自身)의 뚜렷한 소신 없이 그저 남이 하는 대로 따라가는 것을 의미함
117	粉 가루 분	骨 뼈 골	碎 부술 쇄	身 몸 신	분골쇄신	뼈가 가루가 되고 몸이 부서진다는 뜻으로,있는 힘을 다해 노력(努力)함. 또는 남을 위(爲)하여 수고를 아끼지 않음
118	不 아닐 불	立 설 립	文 글월 문	字 글자 자	불립문자	불도의 깨달음은 마음에서 마음으로 전하는 것이므로 말이나 글에 의지하지 않는다는 말
119	不 아닐 불	問 물을 문	可 옳을 가	知 알 지	불문가지	묻지 않아도 옳고 그름을 가히 알 수 있음
120	不 아닐 불	問 물을 문	曲 굽을 곡	直 곧을 직	불문곡직	옳고 그른 것을 묻지 아니함
121	不 아닐 불	恥 부끄러울 치	下 아래 하	問 물을 문	불치하문	손아랫사람이나 지위나 학식이 자기만 못한 사람에게 모르는 것을 묻는 일을 부끄러워하지 아니함
122	不 아닐 불	偏 치우칠 편	不 아닐 부	黨 무리 당	불편부당	아주 공평하여 어느 쪽으로도 치우침이 없음
123	髀 넓적다리 비	肉 고기 육	之 갈 지	嘆 탄식할 탄	비육지탄	재능을 발휘할 때를 얻지 못하여 헛되이 세월만 보내는 것을 한탄함을 이르는 말
124	貧 가난할 빈	則 곧 즉	多 많을 다	事 일 사	빈즉다사	가난한 살림에 일은 많다는 뜻으로, 가난하면 살림에 시달리고 번거로운 일이 많아서 바쁨을 이르는 말
125	四 넉 사	顧 돌아볼 고	無 없을 무	親 친할 친	사고무친	의지할 만한 사람이 아무도 없음
126	四 넉 사	面 낯 면	楚 초나라 초	歌 노래 가	사면초가	아무에게도 도움을 받지 못하는, 외롭고 곤란한 지경에 빠진 형편을 이르는 말
127	四 넉 사	分 나눌 분	五 다섯 오	裂 찢을 열	사분오열	「1」 여러 갈래로 갈기갈기 찢어짐 「2」 질서 없이 어지럽게 흩어지거나 헤어짐 「3」 천하가 심히 어지러워짐

128	駟 사마 사	不 아닐 불	及 미칠 급	舌 혀 설	사불급설	아무리 빠른 사마(駟馬)라도 혀를 놀려서 하는 말을 따르지 못한다는 뜻으로, 소문은 순식간에 퍼지는 것이므로 말을 조심하여야 함을 이르는 말
129	砂 모래 사	上 윗 상	樓 다락 누	閣 집 각	사상누각	모래 위에 세운 누각이라는 뜻으로, 기초가 튼튼하지 못하여 오래 견디지 못할 일이나 물건을 이르는 말
130	殺 죽일 살	身 몸 신	成 이룰 성	仁 어질 인	살신성인	자기의 몸을 희생하여 인(仁)을 이룸
131	三 석 삼	顧 돌아볼 고	草 풀 초	廬 농막집 려	삼고초려	유비(劉備)가 제갈공명(諸葛孔明)을 세 번이나 찾아가 군사(軍師)로 초빙(招聘)한 데서 유래(由來)한 말로, 「1」 임금의 두터운 사랑을 입다라는 뜻 「2」 인재(人材)를 맞기 위(爲)해 참을성 있게 힘씀
132	三 석 삼	旬 열흘 순	九 아홉 구	食 밥 식	삼순구식	삼십 일 동안 아홉 끼니밖에 먹지 못한다는 뜻으로, 몹시 가난함을 이르는 말
133	三 석 삼	人 사람 인	成 이룰 성	虎 범 호	삼인성호	세 사람이 짜면 거리에 범이 나왔다는 거짓말도 꾸밀 수 있다는 뜻으로, 근거 없는 말이라도 여러 사람이 말하면 곧이듣게 됨을 이르는 말
134	桑 뽕나무 상	田 밭 전	碧 푸를 벽	海 바다 해	상전벽해	뽕나무밭이 변하여 푸른 바다가 된다는 뜻으로, 세상일의 변천이 심함을 비유적으로 이르는 말
135	上 윗 상	行 다닐 행	下 아래 하	效 본받을 효	상행하효	윗사람이 하는 일을 아랫사람이 본받음
136	塞 변방 새	翁 늙은이 옹	之 갈 지	馬 말 마	새옹지마	인생의 길흉화복은 변화가 많아서 예측하기가 어렵다는 말
137	先 먼저 선	公 공평할 공	後 뒤 후	私 사사 사	선공후사	공적인 일을 먼저 하고 사사로운 일은 뒤로 미룸
138	雪 눈 설	上 윗 상	加 더할 가	霜 서리 상	설상가상	눈 위에 서리가 덮인다는 뜻으로, 난처한 일이나 불행한 일이 잇따라 일어남을 이르는 말
139	聲 소리 성	東 동녘 동	擊 칠 격	西 서녘 서	성동격서	동쪽에서 소리를 내고 서쪽에서 적을 친다는 뜻으로, 적을 유인하여 이쪽을 공격하는 체하다가 그 반대쪽을 치는 전술을 이르는 말
140	小 작을 소	貪 탐낼 탐	大 큰 대	失 잃을 실	소탐대실	작은 것을 탐하다가 오히려 큰 것을 잃음
141	束 묶을 속	手 손 수	無 없을 무	策 꾀 책	속수무책	손을 묶은 것처럼 어찌할 도리가 없어 꼼짝 못 함
142	率 거느릴 솔	先 먼저 선	垂 드리울 수	範 법 범	솔선수범	남보다 앞장서서 행동해서 몸소 다른 사람의 본보기가 됨
143	送 보낼 송	舊 옛 구	迎 맞을 영	新 새 신	송구영신	묵은해를 보내고 새해를 맞음

144	首 머리 수	丘 언덕 구	初 처음 초	心 마음 심	수구초심	여우가 죽을 때에 머리를 자기가 살던 굴 쪽으로 둔다는 뜻으로, 고향을 그리워하는 마음을 이르는 말
145	首 머리 수	鼠 쥐 서	兩 두 양	端 끝 단	수서양단	구멍에서 머리를 내밀고 나갈까 말까 망설이는 쥐라는 뜻으로, 머뭇거리며 진퇴나 거취를 정하지 못하는 상태를 이르는 말
146	水 물 수	魚 물고기 어	之 갈 지	交 사귈 교	수어지교	물이 없으면 살 수 없는 물고기와 물의 관계라는 뜻으로, 아주 친밀하여 떨어질 수 없는 사이를 비유적으로 이르는 말.
147	守 지킬 수	株 그루 주	待 기다릴 대	兎 토끼 토	수주대토	한 가지 일에만 얽매여 발전을 모르는 어리석은 사람을 비유적으로 이르는 말
148	菽 콩 숙	麥 보리 맥	不 아닐 불	辨 분별할 변	숙맥불변	콩인지 보리인지를 구별하지 못한다는 뜻으로, 사리 분별을 못하고 세상 물정을 잘 모름을 이르는 말
149	宿 잘 숙	虎 범 호	衝 찌를 충	鼻 코 비	숙호충비	자는 호랑이의 코를 찌른다는 뜻으로, 가만히 있는 사람을 공연히 건드려서 화를 입거나 일을 불리하게 만듦을 이르는 말
150	脣 입술 순	亡 망할 망	齒 이 치	寒 찰 한	순망치한	입술이 없으면 이가 시리다는 뜻으로, 서로 이해관계가 밀접한 사이에 어느 한쪽이 망하면 다른 한쪽도 그 영향을 받아 온전하기 어려움을 이르는 말
151	尸 주검 시	位 자리 위	素 본디 소	餐 밥 찬	시위소찬	재덕이나 공로가 없어 직책을 다하지 못하면서 자리만 차지하고 녹(祿)을 받아먹음을 비유적으로 이르는 말
152	識 알 식	字 글자 자	憂 근심 우	患 근심 환	식자우환	학식이 있는 것이 오히려 근심을 사게 됨
153	信 믿을 신	賞 상줄 상	必 반드시 필	罰 벌할 벌	신상필벌	공이 있는 자에게는 반드시 상을 주고, 죄가 있는 사람에게는 반드시 벌을 준다는 뜻으로, 상과 벌을 공정하고 엄중하게 하는 일을 이르는 말
154	十 열 십	伐 칠 벌	之 갈 지	木 나무 목	십벌지목	열 번 찍어 베는 나무라는 뜻으로, 열 번 찍어 안 넘어가는 나무가 없음을 이르는 말
155	十 열 십	匙 숟가락 시	一 한 일	飯 밥 반	십시일반	밥 열 술이 한 그릇이 된다는 뜻으로, 여러 사람이 조금씩 힘을 합하면 한 사람을 돕기 쉬움을 이르는 말
156	十 열 십	人 사람 인	十 열 십	色 빛 색	십인십색	열 사람의 열 가지 색이라는 뜻으로, 사람의 모습이나 생각이 저마다 다름을 이르는 말
157	阿 언덕 아	鼻 코 비	叫 부르짖을 규	喚 부를 환	아비규환	여러 사람이 비참한 지경에 빠져 울부짖는 참상을 비유적으로 이르는 말
158	啞 벙어리 아	然 그럴 연	失 잃을 실	色 빛 색	아연실색	뜻밖의 일에 얼굴빛이 변할 정도로 놀람
159	我 나 아	田 밭 전	引 끌 인	水 물 수	아전인수	자기 논에 물 대기라는 뜻으로, 자기에게만 이롭게 되도록 생각하거나 행동함을 이르는 말

160	安 편안 안	貧 가난할 빈	樂 즐길 낙	道 길 도	안빈낙도	가난한 생활을 하면서도 편안한 마음으로 도를 즐겨 지킴
161	眼 눈 안	下 아래 하	無 없을 무	人 사람 인	안하무인	눈 아래에 사람이 없다는 뜻으로, 방자하고 교만하여 다른 사람을 업신여김을 이르는 말
162	暗 어두울 암	中 가운데 중	摸 본뜰 모	索 찾을 색	암중모색	「1」 물건 따위를 어둠 속에서 더듬어 찾음 「2」 어림으로 무엇을 알아내거나 찾아내려 함 「3」 은밀한 가운데 일의 실마리나 해결책을 찾아내려 함
163	弱 약할 약	肉 고기 육	强 강할 강	食 먹을 식	약육강식	약한 자가 강한 자에게 먹힌다는 뜻으로, 강한 자가 약한 자를 희생시켜서 번영하거나, 약한 자가 강한 자에게 끝내는 멸망됨을 이르는 말
164	羊 양 양	頭 머리 두	狗 개 구	肉 고기 육	양두구육	양의 머리를 걸어 놓고 개고기를 판다는 뜻으로, 겉보기만 그럴듯하게 보이고 속은 변변하지 아니함을 이르는 말
165	兩 두 양	者 사람 자	擇 가릴 택	一 한 일	양자택일	둘 중에서 하나를 고름
166	漁 고기잡을 어	父 지아비 부	之 갈 지	利 이로울 리	어부지리	두 사람이 이해관계로 서로 싸우는 사이에 엉뚱한 사람이 애쓰지 않고 가로챈 이익을 이르는 말
167	語 말씀 어	不 아닐 불	成 이룰 성	說 말씀 설	어불성설	말이 조금도 사리에 맞지 아니함
168	言 말씀 언	語 말씀 어	道 길 도	斷 끊을 단	언어도단	말할 길이 끊어졌다는 뜻으로, 어이가 없어서 말하려 해도 말할 수 없음을 이르는 말
169	言 말씀 언	中 가운데 중	有 있을 유	骨 뼈 골	언중유골	말 속에 뼈가 있다는 뜻으로, 예사로운 말 속에 단단한 속뜻이 들어 있음을 이르는 말
170	如 같을 여	反 돌이킬 반	掌 손바닥 장		여반장	손바닥을 뒤집는 것 같다는 뜻으로, 일이 매우 쉬움을 이르는 말
171	易 바꿀 역	地 땅 지	思 생각 사	之 갈 지	역지사지	처지를 바꾸어서 생각하여 봄
172	緣 인연 연	木 나무 목	求 구할 구	魚 물고기 어	연목구어	나무에 올라가서 물고기를 구한다는 뜻으로, 도저히 불가능한 일을 굳이 하려 함을 비유적으로 이르는 말
173	炎 불꽃 염	涼 서늘할 량	世 세상 세	態 모습 태	염량세태	세력이 있을 때는 아첨하여 따르고 세력이 없어지면 푸대접하는 세상인심을 비유적으로 이르는 말
174	五 다섯 오	里 마을 리	霧 안개 무	中 가운데 중	오리무중	오 리나 되는 짙은 안개 속에 있다는 뜻으로, 무슨 일에 대하여 방향이나 갈피를 잡을 수 없음을 이르는 말
175	傲 거만할 오	慢 거만할 만	放 놓을 방	恣 방자할 자	오만방자	남을 업신여기며 제멋대로 행동함

176	寤 잠 깰 오	寐 잘 매	不 아닐 불	忘 잊을 망	오매불망	자나 깨나 잊지 못함
177	吾 나 오	鼻 코 비	三 석 삼	尺 자 척	오비삼척	내 코가 석 자라는 뜻으로, 자기 사정이 급하여 남을 돌볼 겨를이 없음을 이르는 말
178	吳 성씨 오	越 넘을 월	同 같을 동	舟 배 주	오월동주	서로 적의를 품은 사람들이 한자리에 있게 된 경우나 서로 협력하여야 하는 상황을 비유적으로 이르는 말
179	溫 따뜻할 온	故 연고 고	知 알 지	新 새 신	온고지신	옛것을 익히고 그것을 미루어서 새것을 앎
180	臥 누울 와	薪 섶 신	嘗 맛볼 상	膽 쓸개 담	와신상담	불편한 섶에 몸을 눕히고 쓸개를 맛본다는 뜻으로, 원수를 갚거나 마음먹은 일을 이루기 위하여 온갖 어려움과 괴로움을 참고 견딤을 비유적으로 이르는 말
181	樂 좋아할 요	山 산 산	樂 좋아할 요	水 물 수	요산요수	산수(山水)의 자연을 즐기고 좋아함
182	欲 하고자할 욕	速 빠를 속	不 아닐 부	達 통달할 달	욕속부달	일을 빨리하려고 하면 도리어 이루지 못함
183	愚 어리석을 우	公 공평할 공	移 옮길 이	山 산 산	우공이산	우공이 산을 옮긴다는 뜻으로, 어떤 일이든 끊임없이 노력하면 반드시 이루어짐을 이르는 말
184	雲 구름 운	泥 진흙 니	之 갈 지	差 다를 차	운니지차	구름과 진흙의 차이라는 뜻으로, 서로 간의 차이가 매우 심함을 이르는 말
185	遠 멀 원	禍 재앙 화	召 부를 소	福 복 복	원화소복	화를 물리치고 복을 불러들임
186	韋 가죽 위	編 엮을 편	三 석 삼	絕 끊을 절	위편삼절	공자가 주역을 즐겨 읽어 책의 가죽끈이 세 번이나 끊어졌다는 뜻으로, 책을 열심히 읽음을 이르는 말
187	有 있을 유	名 이름 명	無 없을 무	實 열매 실	유명무실	이름만 그럴듯하고 실속은 없음
188	有 있을 유	備 갖출 비	無 없을 무	患 근심 환	유비무환	미리 준비가 되어 있으면 걱정할 것이 없음
189	類 무리 류	類 무리 유	相 서로 상	從 좇을 종	유유상종	같은 무리끼리 서로 사귐
190	悠 멀 유	悠 멀 유	自 스스로 자	適 맞을 적	유유자적	속세를 떠나 아무 속박 없이 조용하고 편안하게 삶
191	吟 읊을 음	風 바람 풍	弄 희롱할 농	月 달 월	음풍농월	맑은 바람과 밝은 달을 대상으로 시를 짓고 흥취를 자아내어 즐겁게 놂

192	泣 울 읍	斬 벨 참	馬 말 마	謖 일어날 속	읍참마속	큰 목적을 위하여 자기가 아끼는 사람을 버림을 이르는 말
193	以 써 이	心 마음 심	傳 전할 전	心 마음 심	이심전심	마음과 마음으로 서로 뜻이 통함
194	一 한 일	擧 들 거	兩 두 양	得 얻을 득	일거양득	한 가지 일을 하여 두 가지 이익을 얻음
195	日 날 일	暮 저물 모	途 길 도	遠 멀 원	일모도원	날은 저물고 갈 길은 멀다는 뜻으로, 늙고 쇠약한데 앞으로 해야 할 일은 많음을 이르는 말
196	一 한 일	罰 벌할 벌	百 일백 백	戒 경계할 계	일벌백계	한 사람을 벌주어 백 사람을 경계한다는 뜻으로, 다른 사람들에게 경각심을 불러일으키기 위하여 본보기로 한 사람에게 엄한 처벌을 하는 일을 이르는 말
197	一 한 일	場 마당 장	春 봄 춘	夢 꿈 몽	일장춘몽	한바탕의 봄꿈이라는 뜻으로, 헛된 영화나 덧없는 일을 비유적으로 이르는 말
198	一 한 일	進 나아갈 진	一 한 일	退 물러날 퇴	일진일퇴	한 번 앞으로 나아갔다 한 번 뒤로 물러섰다 함
199	一 한 일	觸 닿을 촉	卽 곧 즉	發 필 발	일촉즉발	한 번 건드리기만 해도 폭발할 것같이 몹시 위급한 상태
200	日 날 일	就 나아갈 취	月 달 월	將 장수 장	일취월장	나날이 다달이 자라거나 발전함
201	一 한 일	波 물결 파	萬 일만 만	波 물결 파	일파만파	하나의 물결이 연쇄적으로 많은 물결을 일으킨다는 뜻으로, 한 사건이 그 사건에 그치지 아니하고 잇따라 많은 사건으로 번짐을 이르는 말
202	臨 임할 임	機 틀 기	應 응할 응	變 변할 변	임기응변	그때그때 처한 사태에 맞추어 즉각 그 자리에서 결정하거나 처리함
203	自 스스로 자	家 집 가	撞 칠 당	着 붙을 착	자가당착	같은 사람의 말이나 행동이 앞뒤가 서로 맞지 아니하고 모순됨
204	自 스스로 자	繩 노끈 승	自 스스로 자	縛 얽을 박	자승자박	자기의 줄로 자기 몸을 옭아 묶는다는 뜻으로, 자기가 한 말과 행동에 자기 자신이 옭혀 곤란하게 됨을 비유적으로 이르는 말
205	自 스스로 자	畵 그림 화	自 스스로 자	讚 기릴 찬	자화자찬	자기가 그린 그림을 스스로 칭찬한다는 뜻으로, 자기가 한 일을 스스로 자랑함을 이르는 말
206	張 베풀 장	三 석 삼	李 오얏 이	四 넉 사	장삼이사	장씨(張氏)의 셋째 아들과 이씨(李氏)의 넷째 아들이라는 뜻으로, 이름이나 신분이 특별하지 아니한 평범한 사람들을 이르는 말
207	賊 도둑 적	反 돌이킬 반	荷 멜 하	杖 지팡이 장	적반하장	도둑이 도리어 매를 든다는 뜻으로, 잘못한 사람이 아무 잘못도 없는 사람을 나무람을 이르는 말

208	積 쌓을 적	小 작을 소	成 이룰 성	大 큰 대	적소성대	작거나 적은 것도 쌓이면 크게 되거나 많아짐
209	戰 싸움 전	戰 싸움 전	兢 떨릴 긍	兢 떨릴 긍	전전긍긍	몹시 두려워서 벌벌 떨며 조심함
210	輾 돌아누울 전	轉 구를 전	反 돌이킬 반	側 곁 측	전전반측	누워서 몸을 이리저리 뒤척이며 잠을 이루지 못함
211	轉 구를 전	禍 재앙 화	爲 할 위	福 복 복	전화위복	재앙과 화난이 바뀌어 오히려 복이 됨
212	切 끊을 절	磋 갈 차	琢 다듬을 탁	磨 갈 마	절차탁마	옥이나 돌 따위를 갈고 닦아서 빛을 낸다는 뜻으로, 부지런히 학문과 덕행을 닦음을 이르는 말
213	切 끊을 절	齒 이 치	腐 썩을 부	心 마음 심	절치부심	몹시 분하여 이를 갈며 속을 썩임
214	漸 점점 점	入 들 입	佳 아름다울 가	境 지경 경	점입가경	「1」 들어갈수록 점점 재미가 있음 「2」 시간이 지날수록 하는 짓이나 몰골이 더욱 꼴불견임을 비유적으로 이르는 말
215	井 우물 정	底 밑 저	之 갈 지	蛙 개구리 와	정저지와	우물 안 개구리
216	朝 아침 조	令 하여금 령	暮 저물 모	改 고칠 개	조령모개	아침에 명령을 내렸다가 저녁에 다시 고친다는 뜻으로, 법령을 자꾸 고쳐서 갈피를 잡기가 어려움을 이르는 말
217	朝 아침 조	變 변할 변	夕 저녁 석	改 고칠 개	조변석개	아침저녁으로 뜯어고친다는 뜻으로, 계획이나 결정 따위를 일관성이 없이 자주 고침을 이르는 말
218	朝 아침 조	三 석 삼	暮 저물 모	四 넉 사	조삼모사	간사한 꾀로 남을 속여 희롱함을 이르는 말
219	鳥 새 조	足 발 족	之 갈 지	血 피 혈	조족지혈	새 발의 피라는 뜻으로, 매우 적은 분량을 비유적으로 이르는 말
220	左 왼 좌	顧 돌아볼 고	右 오른쪽 우	眄 곁눈질할 면	좌고우면	이쪽저쪽을 돌아본다는 뜻으로, 앞뒤를 재고 망설임을 이르는 말
221	坐 앉을 좌	不 아닐 불	安 편안 안	席 자리 석	좌불안석	앉아도 자리가 편안하지 않다는 뜻으로, 마음이 불안하거나 걱정스러워서 한군데에 가만히 앉아 있지 못하고 안절부절못하는 모양을 이르는 말
222	坐 앉을 좌	井 우물 정	觀 볼 관	天 하늘 천	좌정관천	우물 속에 앉아서 하늘을 본다는 뜻으로, 사람의 견문(見聞)이 매우 좁음을 이르는 말
223	走 달릴 주	馬 말 마	加 더할 가	鞭 채찍 편	주마가편	달리는 말에 채찍질한다는 뜻으로, 잘하는 사람을 더욱 장려함을 이르는 말

224	走 달릴 주	馬 말 마	看 볼 간	山 산 산	주마간산	말을 타고 달리며 산천을 구경한다는 뜻으로, 자세히 살피지 아니하고 대충대충 보고 지나감을 이르는 말
225	重 무거울 중	言 말씀 언	復 다시 부	言 말씀 언	중언부언	이미 한 말을 자꾸 되풀이함
226	知 알 지	己 몸 기	之 갈 지	友 벗 우	지기지우	자기의 속마음을 참되게 알아주는 친구
227	指 가리킬 지	鹿 사슴 록	爲 할 위	馬 말 마	지록위마	「1」 윗사람을 농락하여 권세를 마음대로 함을 이르는 말. 「2」 모순된 것을 끝까지 우겨서 남을 속이려는 짓을 비유적으로 이르는 말
228	支 지탱할 지	離 떠날 리	滅 꺼질 멸	裂 찢을 렬	지리멸렬	이리저리 흩어지고 찢기어 갈피를 잡을 수 없음
229	進 나아갈 진	退 물러날 퇴	兩 두 양	難 어려울 난	진퇴양난	이러지도 저러지도 못하는 어려운 처지
230	進 나아갈 진	退 물러날 퇴	維 벼리 유	谷 골 곡	진퇴유곡	이러지도 저러지도 못하고 꼼짝할 수 없는 궁지.
231	天 하늘 천	高 높을 고	馬 말 마	肥 살찔 비	천고마비	하늘이 높고 말이 살찐다는 뜻으로, 하늘이 맑아 높푸르게 보이고 온갖 곡식이 익는 가을철을 이르는 말
232	千 일천 천	慮 생각할 려	一 한 일	失 잃을 실	천려일실	천 번 생각에 한 번 실수라는 뜻으로, 슬기로운 사람이라도 여러 가지 생각 가운데에는 잘못되는 것이 있을 수 있음을 이르는 말
233	千 일천 천	慮 생각할 려	一 한 일	得 얻을 득	천려일득	천 번을 생각하여 하나를 얻는다는 뜻으로, 어리석은 사람이라도 많은 생각을 하면 그 과정에서 한 가지쯤은 좋은 것이 나올 수 있음을 이르는 말
234	天 하늘 천	壤 흙덩이 양	之 갈 지	差 다를 차	천양지차	하늘과 땅 사이와 같이 엄청난 차이
235	千 일천 천	載 실을 재	一 한 일	遇 만날 우	천재일우	「천 년에 한 번 만난다」는 뜻으로,좀처럼 얻기 어려운 좋은 기회(機會)를 이르는 말
236	天 하늘 천	井 우물 정	不 아닐 부	知 알 지	천정부지	천장을 모른다는 뜻으로,물건(物件)의 값 따위가 자꾸 오르기만 함을 이르는 말
237	千 일천 천	篇 책 편	一 한 일	律 법칙 률	천편일률	「여러 시문의 격조가 변화 없이 비슷비슷하다」는 뜻으로, 여러 사물이 거의 비슷비슷하여 특색이 없음을 비유하여 이르는 말
238	靑 푸를 청	雲 구름 운	之 갈 지	志 뜻 지	청운지지	높은 지위에 오르고자 하는 욕망
239	靑 푸를 청	出 나갈 출	於 어조사 어	藍 쪽 람	청출어람	쪽에서 뽑아낸 푸른 물감이 쪽보다 더 푸르다는 뜻으로, 제자나 후배가 스승이나 선배보다 나음을 비유적으로 이르는 말

240	草 풀 초	綠 푸를 록	同 같을 동	色 빛 색	초록동색	풀빛과 녹색은 같은 빛깔이란 뜻으로, 같은 처지의 사람과 어울리거나 기우는 것
241	春 봄 춘	蘭 난초 란	秋 가을 추	菊 국화 국	춘란추국	봄의 난초와 가을의 국화는 각각 특색이 있어 어느 것이 더 낫다고 할 수 없음
242	取 가질 취	捨 버릴 사	選 가릴 선	擇 가릴 택	취사선택	여럿 가운데서 쓸 것은 쓰고 버릴 것은 버림
243	針 바늘 침	小 작을 소	棒 막대 봉	大 큰 대	침소봉대	작은 일을 크게 불리어 떠벌림
244	他 다를 타	山 산 산	之 갈 지	石 돌 석	타산지석	다른 산의 나쁜 돌이라도 자신의 산의 옥돌을 가는 데에 쓸 수 있다는 뜻으로, 본이 되지 않은 남의 말이나 행동도 자신의 지식과 인격을 수양하는 데에 도움이 될 수 있음을 비유적으로 이르는 말
245	貪 탐낼 탐	官 벼슬 관	汚 더러울 오	吏 관리 리	탐관오리	백성의 재물을 탐내어 빼앗는, 행실이 깨끗하지 못한 관리
246	兎 토끼 토	死 죽을 사	狗 개 구	烹 삶을 팽	토사구팽	토끼가 죽으면 토끼를 잡던 사냥개도 필요 없게 되어 주인에게 삶아 먹히게 된다는 뜻으로, 필요할 때는 쓰고 필요 없을 때는 야박하게 버리는 경우를 이르는 말
247	破 깨뜨릴 파	邪 간사할 사	顯 나타날 현	正 바를 정	파사현정	불교에서, 부처의 가르침에 어긋나는 사악한 도리를 깨뜨리고 바른 도리를 드러낸다는 뜻으로, 그릇된 생각을 버리고 올바른 도리를 행함을 비유해 이르는 말
248	破 깨뜨릴 파	竹 대나무 죽	之 갈 지	勢 형세 세	파죽지세	대를 쪼개는 기세라는 뜻으로, 적을 거침없이 물리치고 쳐들어가는 기세를 이르는 말
249	八 여덟 팔	方 모 방	美 아름다울 미	人 사람 인	팔방미인	「1」 여러 방면에 능통한 사람을 비유적으로 이르는 말 「2」 한 가지 일에 정통하지 못하고 온갖 일에 조금씩 손대는 사람을 놀림조로 이르는 말 「3」 주관이 없이 누구에게나 잘 보이도록 처세하는 사람을 낮잡아 이르는 말
250	布 베 포	衣 옷 의	寒 찰 한	士 선비 사	포의한사	베옷을 입은 가난한 선비라는 뜻으로, 벼슬이 없는 가난한 선비를 이르는 말
251	風 바람 풍	樹 나무 수	之 갈 지	嘆 탄식할 탄	풍수지탄	효도를 다하지 못한 채 어버이를 여읜 자식의 슬픔을 이르는 말
252	風 바람 풍	月 달 월	主 주인 주	人 사람 인	풍월주인	맑은 바람과 밝은 달 따위의 아름다운 자연을 즐기는 사람
253	風 바람 풍	前 앞 전	燈 등 등	火 불 화	풍전등화	「1」 바람 앞의 등불이라는 뜻으로, 사물이 매우 위태로운 처지에 놓여 있음을 비유적으로 이르는 말. 「2」 사물이 덧없음을 비유적으로 이르는 말
254	下 아래 하	石 돌 석	上 윗 상	臺 대 대	하석상대	아랫돌 빼서 윗돌 괴고 윗돌 빼서 아랫돌 괸다는 뜻으로, 임시변통으로 이리저리 둘러맞춤을 이르는 말
255	鶴 학 학	首 머리 수	苦 쓸 고	待 기다릴 대	학수고대	학의 목처럼 목을 길게 빼고 간절히 기다림

256	邯 조나라 한	鄲 조나라 단	之 갈 지	步 걸음 보	한단지보	함부로 자기 본분을 버리고 남의 행위를 따라 하면 두 가지 모두 잃는다는 것을 이르는 말
257	咸 다 함	興 일어날 흥	差 어긋날 차	使 부릴 사	함흥차사	심부름을 가서 오지 아니하거나 늦게 온 사람을 이르는 말
258	虛 빌 허	張 베풀 장	聲 소리 성	勢 기세 세	허장성세	실속은 없으면서 큰소리치거나 허세를 부림
259	孑 외로울 혈	孑 외로울 혈	單 홑 단	身 몸 신	혈혈단신	의지할 곳이 없는 외로운 홀몸
260	狐 여우 호	假 빌릴 가	虎 범 호	威 위엄 위	호가호위	남의 권세를 빌려 위세를 부림
261	好 좋을 호	事 일 사	多 많을 다	魔 마귀 마	호사다마	좋은 일에는 흔히 방해되는 일이 많음. 또는 그런 일이 많이 생김
262	虎 범 호	視 볼 시	眈 노려볼 탐	眈 노려볼 탐	호시탐탐	범이 눈을 부릅뜨고 먹이를 노려본다는 뜻으로, 남의 것을 빼앗기 위하여 형세를 살피며 가만히 기회를 엿봄
263	浩 넓을 호	然 그럴 연	之 갈 지	氣 기운 기	호연지기	거침없이 넓고 큰 기개
264	昏 어두울 혼	定 정할 정	晨 새벽 신	省 살필 성	혼정신성	밤에는 부모의 잠자리를 보아 드리고 이른 아침에는 부모의 밤새 안부를 묻는다는 뜻으로, 부모를 잘 섬기고 효성을 다함을 이르는 말
265	和 화합할 화	而 조사 이	不 아닐 부	同 같을 동	화이부동	남과 사이좋게 지내기는 하나 무턱대고 어울리지는 아니함
266	宦 벼슬 환	海 바다 해	風 바람 풍	波 물결 파	환해풍파	벼슬살이에서 겪는 온갖 험한 일
267	嚆 울릴 효		矢 화살 시		효시	옛날에 전쟁을 시작할 때 소리가 나는 화살을 쏘아 올려 신호 삼아 전투를 開始(개시)함. 사물의 맨 처음. 비슷한 말로 濫觴(남상), 鼻祖(비조) 등이 있음
268	後 뒤 후	生 날 생	可 옳을 가	畏 두려워할 외	후생가외	젊은 후학들을 두려워할 만하다는 뜻으로, 후진들이 선배들보다 젊고 기력이 좋아, 학문을 닦음에 따라 큰 인물이 될 수 있으므로 가히 두렵다는 말
269	厚 두터울 후	顏 얼굴 안	無 없을 무	恥 부끄러울 치	후안무치	뻔뻔스러워 부끄러움이 없음
270	興 일어날 흥	盡 다할 진	悲 슬플 비	來 올 래	흥진비래	즐거운 일이 다하면 슬픈 일이 닥쳐온다는 뜻으로, 세상일은 순환되는 것임을 이르는 말
271	默 잠잠할 묵	默 잠잠할 묵	不 아닐 부	答 대답할 답	묵묵부답	잠자코 아무 대답도 하지 않음.

272	街 거리 가	談 말씀 담	巷 거리 항	說 말씀 설	가담항설	거리나 항간에 떠도는 소문.
273	彌 꿰맬 미	縫 꿰맬 봉	策 꾀 책		미봉책	눈가림만 하는 일시적인 계책(計策). ≒미봉지책.
274	癡 어리석을 치	人 사람 인	說 말씀 설	夢 꿈 몽	치인설몽	어리석은 사람이 꿈 이야기를 한다는 뜻으로, 허황된 말을 지껄임을 이르는 말.
275	錦 비단 금	上 위 상	添 더할 첨	花 꽃 화	금상첨화	비단 위에 꽃을 더한다는 뜻으로, 좋은 일 위에 또 좋은 일이 더하여짐을 비유적으로 이르는 말. 왕안석의 글에서 유래한다.
276	改 고칠 개	過 지날 과	不 아닐 불	吝 아낄 린	개과불린	허물이 있다면 머뭇거리지 말고 즉시 고치라는 뜻.
277	蚌 방합 방	鷸 도요새 휼	之 갈 지	爭 다툴 쟁	방휼지쟁	도요새가 조개와 다투다가 다 같이 어부에게 잡히고 말았다는 뜻으로, 대립하는 두 세력이 다투다가 결국은 구경하는 다른 사람에게 득을 주는 싸움을 비유적으로 이르는 말. ≒휼방지쟁.
278	對 대답할 대	牛 소 우	彈 탄알 탄	琴 거문고 금	대우탄금	소를 마주 대하고 거문고를 탄다는 뜻으로, 어리석은 사람에게는 깊은 이치를 말해 주어도 알아듣지 못하므로 아무 소용이 없음을 이르는 말.
279	漱 양치질 수	石 돌 석	枕 베개 침	流 흐를 류	수석침류	돌로 양치질하고 흐르는 물을 베개 삼는다는 말로, 억지 고집을 부린다는 뜻.
280	小 작을 소	隙 틈 극	沈 잠길 침	舟 배 주	소극침주	조그만 틈으로 물이 새어 들어 배가 가라앉는다는 뜻으로, 작은 일을 게을리하면 큰 재앙이 닥치게 됨을 이르는 말.
281	堤 방죽 제	潰 무너질 궤	蟻 개미 의	穴 구멍 혈	제궤의혈	개미구멍으로 마침내 큰 둑이 무너진다는 뜻으로, 소홀히 한 작은 일이 큰 화를 불러옴을 이르는 말. ≒제궤의공.
282	水 물 수	滴 물방울 적	穿 뚫을 천	石 돌 석	수적천석	물방울이 바위를 뚫는다는 뜻으로, 작은 노력(努力)이라도 끈기 있게 계속(繼續)하면 큰 일을 이룰 수 있음.
283	魚 물고기 어	魯 노둔할 로	不 아닐 불	辨 분별할 변	어로불변	어(魚) 자와 노(魯) 자를 구별하지 못한다는 뜻으로, 아주 무식함을 비유적으로 이르는 말.
284	弘 넓을 홍	益 더할 익	人 사람 인	間 사이 간	홍익인간	널리 인간을 이롭게 함. 단군의 건국 이념으로서 우리나라 정치, 교육, 문화의 최고 이념이다.
285	天 하늘 천	衣 옷 의	無 없을 무	縫 꿰맬 봉	천의무봉	천사의 옷은 꿰맨 흔적이 없다는 뜻으로, 일부러 꾸민 데 없이 자연스럽고 아름다우면서 완전함을 이르는 말.
286	頂 정수리 정	門 문 문	一 하나 일	鍼 바늘 침	정문일침	정수리에 침을 놓는다는 뜻으로, 따끔한 충고나 교훈을 이르는 말. ≒정상일침.
287	猫 고양이 묘	頭 머리 두	懸 매달 현	鈴 방울 령	묘두현령	쥐가 고양이 목에 방울을 단다는 뜻으로, 실행할 수 없는 헛된 논의를 이르는 말. 쥐가 고양이의 습격을 미리 막기 위한 수단으로 고양이의 목에 방울을 다는 일을 의논하였으나, 실행 불가능으로 끝났다는 우화에서 유래한다. ≒묘항현령.

번호	한자 1	한자 2	한자 3	한자 4	한자성어	뜻
288	修 닦을 수	身 몸 신	齊 가지런할 제	家 집 가	수신제가	몸과 마음을 닦아 수양하고 집안을 다스림.
289	今 이제 금	昔 옛 석	之 갈 지	感 느낄 감	금석지감	지금과 옛날의 차이가 너무 심하여 생기는 느낌.
290	渴 목마를 갈	而 말 이을 이	穿 을 천	井 우물 정	갈이천정	목이 말라야 우물을 판다는 뜻.
291	喜 기쁠 희	怒 성낼 로	哀 슬플 애	樂 즐길 락	희로애락	기쁨과 노여움과 슬픔과 즐거움을 아울러 이르는 말.
292	憂 근심 우	國 나라 국	衷 속마음 충	情 뜻 정	우국충정	나랏일을 근심하고 염려하는 참된 마음.
293	殃 재앙 앙	及 미칠 급	池 못 지	魚 물고기 어	앙급지어	재앙이 못의 물고기에 미친다는 뜻으로, 제삼자가 엉뚱하게 재난을 당함을 이르는 말. 성문(城門)에 난 불을 끄려고 못의 물을 전부 퍼 온 탓으로 그 못의 물고기가 말라 죽었다는 고사에서 유래한다. ≒지어지앙.
294	心 마음 심	心 마음 심	相 서로 상	印 도장 인	심심상인	말없이 마음과 마음으로 뜻을 전함.
295	博 넓을 박	覽 볼 람	強 강할 강	記 기록할 기	박람강기	여러 가지의 책을 널리 많이 읽고 기억을 잘함.
296	遼 멀 요	東 동녘 동	之 갈 지	豕 돼지 시	요동지시	요동 땅의 돼지라는 뜻으로, 남이 보기에는 대단찮은 물건을 대단히 귀한 것으로 생각하는 어리석은 태도를 말한다.
297	吾 나 오	不 아닐 불	關 빗장 관	焉 어찌 언	오불관언	나는 그 일에 상관하지 아니함.
298	前 앞 전	虎 범 호	後 뒤 후	狼 이리 랑	전호후랑	앞문에서 호랑이를 막고 있으려니까 뒷문으로 이리가 들어온다는 뜻으로, 재앙이 끊일 사이 없이 닥침을 비유적으로 이르는 말.
299	雨 비 우	後 뒤 후	竹 대 죽	筍 죽순 순	우후죽순	비가 온 뒤에 여기저기 솟는 죽순이라는 뜻으로, 어떤 일이 한때에 많이 생겨남을 비유적으로 이르는 말.
300	寸 마디 촌	鐵 쇠 철	殺 죽일 살	人 사람 인	촌철살인	한 치의 쇠붙이로도 사람을 죽일 수 있다는 뜻으로, 간단한 말로도 남을 감동하게 하거나 남의 약점을 찌를 수 있음을 이르는 말.
301	道 길 도	聽 들을 청	塗 진흙 도	說 말씀 설	도청도설	길에서 듣고 길에서 말한다는 뜻으로, 길거리에 퍼져 돌아다니는 뜬소문을 이르는 말. ≒도설.
302	生 날 생	寄 부칠 기	死 죽을 사	歸 돌아올 귀	생기사귀	사람이 이 세상에 사는 것은 잠시 머무는 것일 뿐이며 죽는 것은 원래 자기가 있던 본집으로 돌아가는 것임을 이르는 말.
303	簞 소쿠리 단	瓢 바가지 표	陋 좁을 누	巷 거리 항	단표누항	누항에서 먹는 한 그릇의 밥과 한 바가지의 물이라는 뜻으로, 선비의 청빈한 생활을 이르는 말. ≒누항단표.

304	談 말씀 담	笑 웃을 소	自 스스로 자	若 같을 약	담소자약	근심이나 놀라운 일을 당하였을 때도 보통 때와 같이 웃고 이야기함. ≒언소자약.
305	換 바꿀 환	骨 뼈 골	奪 빼앗을 탈	胎 아이 밸 태	환골탈태	뼈대를 바꾸어 끼고 태를 바꾸어 쓴다는 뜻으로, 고인의 시문의 형식을 바꾸어서 그 짜임새와 수법이 먼저 것보다 잘되게 함을 이르는 말.
306	晝 낮 주	夜 밤 야	長 길 장	川 내 천	주야장천	밤낮으로 쉬지 아니하고 연달아. ≒장천.
307	三 석 삼	水 물 수	甲 갑옷 갑	山 메 산	삼수갑산	우리나라에서 가장 험한 산골이라 이르던 삼수와 갑산. 조선 시대에 귀양지의 하나였다.
308	梁 들보 양	上 위 상	君 임금 군	子 아들 자	양상군자	들보 위의 군자라는 뜻으로, 도둑을 완곡하게 이르는 말.
309	勞 일할 노	謙 겸손할 겸	君 임금 군	子 아들 자	노겸군자	공로가 있으면서도 겸손한 군자.
310	內 안 내	憂 근심 우	外 바깥 외	患 근심 환	내우외환	나라 안팎의 여러 가지 어려움.
311	手 손 수	不 아닐 불	釋 풀 석	卷 책 권	수불석권	손에서 책을 놓지 아니하고 늘 글을 읽음.
312	滄 찰 창	桑 뽕나무 상	世 세대 세	界 경계 계	창상세계	급격히 바뀌어 변모하는 세상.
313	角 뿔 각	者 놈 자	無 없을 무	齒 이 치	각자무치	뿔이 있는 짐승은 이가 없다는 뜻으로, 한 사람이 여러 가지 재주나 복을 다 가질 수 없다는 말.
314	陸 뭍 육	績 지을 적	懷 품을 회	橘 귤 귤	육적회귤	지극한 효성을 비유하는 말.
315	招 부를 초	搖 흔들 요	過 지날 과	市 저자 시	초요과시	남의 이목(耳目)을 끌도록 요란스럽게 하며 저자거리를 지나간다는 뜻.
316	不 아닐 불	識 알 식	泰 클 태	山 뫼 산	불식태산	인재를 알아볼 줄 모르는 것을 이르는 말.
317	花 꽃 화	朝 아침 조	月 달 월	夕 저녁 석	화조월석	꽃 피는 아침과 달 밝은 밤이라는 뜻으로, 경치가 좋은 시절을 이르는 말.
318	衛 지킬 위	正 바를 정	斥 물리칠 척	邪 간사할 사	위정척사	구한말에, 주자학을 지키고 가톨릭을 물리치기 위하여 내세운 주장. 본디 정학(正學)과 정도(正道)를 지키고 사학(邪學)과 이단(異端)을 물리치자는 것으로, 외국과의 통상 반대 운동으로 이어졌다.
319	莫 없을 막	無 없을 무	可 옳을 가	奈 어찌 내	막무가내	달리 어찌할 수 없음. ≒막가내하, 무가내, 무가내하.

320	矯 바로잡을 교	枉 굽을 왕	過 지날 과	直 곧을 직	교왕과직	굽은 것을 바로잡으려다가 정도에 지나치게 곧게 한다는 뜻으로, 잘못된 것을 바로잡으려다가 너무 지나쳐서 오히려 나쁘게 됨을 이르는 말.
321	先 먼저 선	憂 근심 우	後 뒤 후	樂 즐길 락	선우후락	세상의 근심할 일은 남보다 먼저 근심하고 즐거워할 일은 남보다 나중에 즐거워한다는 뜻으로, 지사(志士)나 어진 사람의 마음씨를 이르는 말.
322	晚 늦을 만	時 때 시	之 갈 지	歎 탄식할 탄	만시지탄	시기에 늦어 기회를 놓쳤음을 안타까워하는 탄식. ≒후시지탄.
323	釣 낚시 조	而 말 이을 이	不 아닐 불	網 그물 망	조이불망	낚시질은 해도 그물질은 하지 않는다는 뜻.
324	敎 가르칠 교	外 바깥 외	別 다를 별	傳 전할 전	교외별전	선종에서, 부처의 가르침을 말이나 글에 의하지 않고 바로 마음에서 마음으로 전하여 진리를 깨닫게 하는 법. ≒교외.
325	一 하나 일	日 날 일	三 석 삼	秋 가을 추	일일삼추	하루가 삼 년 같다는 뜻으로, 몹시 애태우며 기다림을 이르는 말.=일일여삼추.
326	得 얻을 득	意 뜻 의	滿 찰 만	面 낯 면	득의만면	일이 뜻대로 이루어져 기쁜 표정이 얼굴에 가득함.
327	山 메 산	紫 자주 빛 자	水 물 수	明 밝을 명	산자수명	산은 자줏빛이고 물은 맑다는 뜻으로, 경치가 아름다움을 이르는 말.
328	名 이름 명	論 논의할 론	卓 높을 탁	說 말씀 설	명론탁설	훌륭하고 이름난 이론이나 학설.
329	單 홑 단	刀 칼 도	直 곧을 직	入 들 입	단도직입	혼자서 칼 한 자루를 들고 적진으로 곧장 쳐들어간다는 뜻으로, 여러 말을 늘어놓지 아니하고 바로 요점이나 본문제를 중심적으로 말함을 이르는 말.
330	去 갈 거	頭 머리 두	截 끊을 절	尾 꼬리 미	거두절미	머리와 꼬리를 잘라 버림.
331	滄 찰 창	海 바다 해	一 하나 일	粟 조 속	창해일속	넓고 큰 바닷속의 좁쌀 한 알이라는 뜻으로, 아주 많거나 넓은 것 가운데 있는 매우 하찮고 작은 것을 이르는 말.
332	屍 시체 시	山 메 산	血 피 혈	海 바다 해	시산혈해	사람의 시체가 산같이 쌓이고 피가 바다같이 흐름을 이르는 말.
333	異 다를 이	口 입 구	同 같을 동	聲 소리 성	이구동성	입은 다르나 목소리는 같다는 뜻으로, 여러 사람의 말이 한결같음을 이르는 말. ≒이구동음.
334	如 같을 여	出 날 출	一 하나 일	口 입 구	여출일구	한 입에서 나오는 것처럼 여러 사람의 말이 같음을 이르는 말.
335	魂 넋 혼	飛 날 비	魄 넋 백	散 흩을 산	혼비백산	혼백이 어지러이 흩어진다는 뜻으로, 몹시 놀라 넋을 잃음을 이르는 말. ≒백산, 혼불부신, 혼불부체.

336	干 방패 간	名 이름 명	犯 범할 범	義 옳을 의	간명범의	명분을 거스르고 의리를 어기는 행위.
337	泉 샘 천	石 돌 석	膏 기름 고	肓 명치끝 황	천석고황	자연의 아름다운 경치를 몹시 사랑하고 즐기는 성벽(性癖).=연하고질.
338	煙 연기 연	霞 놀 하	痼 고질 고	疾 병 질	연하고질	자연의 아름다운 경치를 몹시 사랑하고 즐기는 성벽(性癖).≒연하지벽, 천석고황.
339	江 강 강	湖 호수 호	閑 한가할 한	情 뜻 정	강호한정	자연을 예찬하며 한가로이 즐김.
340	螢 개똥벌레 형	雪 눈 설	之 갈 지	功 공 공	형설지공	반딧불 · 눈과 함께 하는 노력이라는 뜻으로, 고생을 하면서 부지런하고 꾸준하게 공부하는 자세를 이르는 말.
341	自 스스로 자	強 강할 강	不 아닐 불	息 숨쉴 식	자강불식	스스로 힘써 몸과 마음을 가다듬어 쉬지 아니함.
342	如 같을 여	鳥 새 조	數 자주 삭	飛 날 비	여조삭비	새가 하늘을 날기 위해 자주 날갯짓하는 것과 같다는 뜻으로, 배우기를 쉬지 않고 끊임없이 연습(練習)하고 익힘.
343	破 깨뜨릴 파	壁 벽 벽	飛 날 비	去 갈 거	파벽비거	벽을 깨고 날아갔다는 뜻으로, 평범(平凡)한 사람이 갑자기 출세(出世)함을 이르는 말.
344	貴 귀할 귀	鵠 고니 곡	賤 천할 천	鷄 닭 계	귀곡천계	고니를 귀하게 여기고 닭을 천하게 여긴다는 뜻으로, 드문 것은 귀하게, 흔한 것은 천하게 여김을 이르는 말.
345	出 날 출	谷 골 곡	遷 옮길 천	喬 높을 교	출곡천교	봄이면 새가 깊은 산골짜기에서 나와 높은 나무 위에 올라앉는다는 뜻으로, 사람의 출세(出世)를 비유(比喻 · 譬喻)해 이르는 말.
346	利 이로울 리	用 쓸 용	厚 두터울 후	生 날 생	이용후생	기구를 편리하게 쓰고 먹을 것과 입을 것을 넉넉하게 하여, 국민의 생활을 나아지게 함.
347	空 빌 공	理 다스릴 리	空 빌 공	論 논의할 론	공리공론	실천이 따르지 아니하는, 헛된 이론이나 논의.
348	實 열매 실	事 일 사	求 구할 구	是 옳을 시	실사구시	사실에 토대를 두어 진리를 탐구하는 일.
349	搖 흔들릴 요	之 갈 지	不 아닐 부	動 움직일 동	요지부동	흔들어도 꼼짝하지 아니함.
350	事 일 사	必 반드시 필	歸 돌아올 귀	正 바를 정	사필귀정	모든 일은 반드시 바른길로 돌아감.
351	一 하나 일	敗 패할 패	塗 진흙 도	地 땅 지	일패도지	싸움에 한 번 패하여 간과 뇌가 땅바닥에 으깨어진다는 뜻으로, 여지없이 패하여 다시 일어날 수 없게 되는 지경에 이름을 이르는 말.

352	犬 개 견	猿 원숭이 원	之 갈 지	間 사이 간	견원지간	개와 원숭이의 사이라는 뜻으로, 사이가 매우 나쁜 두 관계를 비유적으로 이르는 말.
353	是 옳을 시	是 옳을 시	非 아닐 비	非 아닐 비	시시비비	여러 가지의 잘잘못.
354	與 더불 여	世 세상 세	推 옮길 추	移 옮길 이	여세추이	세상이 변하는 대로 따라 변함. ≒여세부침.
355	功 공 공	虧 어지러질 휴	一 하나 일	簣 삼태기 궤	공휴일궤	산을 쌓아 올리는데 한 삼태기의 흙을 게을리하여 완성을 보지 못한다는 뜻으로, 거의 이루어진 일을 중지하여 오랜 노력이 아무 보람도 없게 됨을 비유적으로 이르는 말.
356	本 근본 본	末 끝 말	顚 엎드러질 전	倒 넘어질 도	본말전도	일이 처음과 나중이 뒤바뀜.
357	季 계절 계	布 베 포	一 한 일	諾 허락할 낙	계포일낙	계포(季布)가 한 번 한 약속(約束)이라는 뜻으로, 초(楚)나라의 계포(季布)는 한 번 승낙(承諾)한 일이면 꼭 실행(實行)하는 약속(約束)을 잘 지키는 사람이었음에서 비롯하여, 틀림없이 승낙(承諾)함을 뜻함.
358	格 격식 격	物 만물 물	致 이를 치	知 알 지	격물치지	실제 사물의 이치를 연구하여 지식을 완전하게 함.
359	草 풀 초	根 뿌리 근	木 나무 목	皮 가죽 피	초근목피	풀뿌리와 나무껍질이라는 뜻으로, 맛이나 영양 가치가 없는 거친 음식을 비유적으로 이르는 말.
360	目 눈 목	不 아닐 불	忍 참을 인	見 볼 견	목불인견	눈앞에 벌어진 상황 따위를 눈 뜨고는 차마 볼 수 없음. ≒불인견.
361	狗 개 구	尾 꼬리 미	續 이을 속	貂 담비 초	구미속초	담비 꼬리가 모자라 개의 꼬리로 잇는다는 뜻으로, 벼슬을 함부로 줌을 비유적으로 이르는 말.
362	一 하나 일	石 돌 석	二 두 이	鳥 새 조	일석이조	돌 한 개를 던져 새 두 마리를 잡는다는 뜻으로, 동시에 두 가지 이득을 봄을 이르는 말.
363	言 말씀 언	行 다닐 행	一 하나 일	致 이를 치	언행일치	말과 행동이 하나로 들어맞음. 또는 말한 대로 실행함. ≒말짓일치.
364	怒 성낼 노	氣 기운 기	登 오를 등	天 하늘 천	노기등천	성이 하늘을 찌를 듯이 머리끝까지 치받쳐 있음을 이르는 말.
365	百 일백 백	難 어려울 난	之 갈 지	中 가운데 중	백난지중	온갖 괴로움과 어려움을 겪는 가운데.
366	夏 여름 하	爐 화로 로	冬 겨울 동	扇 부채 선	하로동선	여름의 화로와 겨울의 부채라는 뜻으로, 격(格)이나 철에 맞지 아니함을 이르는 말.
367	夏 여름 하	蟲 벌레 충	疑 의심할 의	氷 얼음 빙	하충의빙	여름의 벌레는 얼음을 안 믿는다는 뜻으로, 견식(見識)이 좁음을 비유해 이르는 말.

368	雪 눈 설	中 가운데 중	松 소나무 송	柏 잣나무 백	설중송백	눈 속의 소나무와 잣나무라는 뜻으로, 높고 굳은 절개를 이르는 말.
369	松 소나무 송	茂 우거질 무	柏 잣나무 백	悅 기쁠 열	송무백열	소나무가 무성하면 잣나무가 기뻐한다는 뜻으로, 벗이 잘되는 것을 기뻐함을 비유적으로 이르는 말.
370	啐 빠는 소리 줄	啄 쫄 탁	同 한가지 동	時 때 시	줄탁동시	병아리가 알에서 깨어나기 위해서는 어미 닭이 밖에서 쪼고 병아리가 안에서 쪼며 서로 도와야 일이 순조롭게 완성됨을 의미함.

CHAPTER 02 88개로 끝내는 핵심 한자어

1	假定	가정	거짓 가, 정할 정	사실이 아니거나 또는 사실인지 아닌지 분명하지 않은 것을 임시로 인정함. 예 6월 초 선거가 실시된다는 가정 아래 준비를 해 왔다.
2	簡單	간단	대쪽 간, 홑 단	단순하고 손쉽다. 예 간단한 해결책
3	激怒	격노	과격할 격, 성낼 로	몹시 분하고 노여운 감정이 북받쳐 오름.
4	激論	격론	과격할 격, 논의할 론	몹시 세차고 사나운 논쟁. 예 선거 방식을 놓고 상당한 격론이 예상된다.
5	隔意	격의	막을 격, 뜻 의	서로 터놓지 않는 속마음 예 두 사람은 격의 없이 서로의 감정을 이야기했다.
6	缺乏	결핍	이지러질 결, 가난할 핍	있어야 할 것이 없어지거나 모자람. 예 영양 결핍
7	高踏	고답	높을 고, 밟을 답	속세에 초연하며 현실과 동떨어진 것을 고상하게 여기는 데가 있음.
8	固守	고수	굳을 고, 지킬 수	차지한 물건이나 형세 따위를 굳게 지킴 예 올해 우리 팀은 선두권 고수를 목표로 삼고 있다.
9	歸路	귀로	돌아올 귀, 길 로	돌아오는 길
10	岐路	기로	갈림길 기, 길 로	어느 한쪽을 선택해야 할 상황을 비유적으로 이르는 말. 예 성공과 실패의 기로에 있다.
11	樂勝	낙승	즐길 락, 이길 승	힘들이지 아니하고 쉽게 이김. 예 그 경기는 우리 편의 낙승으로 끝났다.
12	納付/納附	납부	들일 납, 줄 부 / 들일 납, 붙을 부	세금이나 공과금 따위를 관계 기관에 냄.
13	納稅	납세	들일 납, 세금 세	세금을 냄.
14	勞動	노동	수고로울 로, 움직일 동	몸을 움직여 일을 함. 예 그는 노동으로 생계를 꾸린다.
15	勞使	노사	수고로울 로, 부릴 사	노동자와 사용자를 아울러 이르는 말. 예 노사는 밤샘 협상 끝에 서로 합의했다

16	籠絡	농락	대그릇 롱, 헌솜 락
		새장과 고삐라는 뜻으로, 남을 교묘한 꾀로 휘어잡아서 제 마음대로 놀리거나 이용함. 예 농락에 놀아나다.	
17	腦裏	뇌리	뇌 뇌, 속 리
		사람의 의식이나 기억, 생각 따위가 들어 있는 영역.	
18	惱殺	뇌쇄	괴로워할 뇌, 죽일 살(감할 쇄)
		애가 타도록 몹시 괴로워함. 특히 여자의 아름다움이 남자를 매혹하여 애가 타게 함을 이른다. 예 그는 그녀의 아름다움에 뇌쇄를 당했다.	
19	腦卒中	뇌졸중	뇌 뇌, 마칠 졸, 가운데 중
		뇌에 혈액 공급이 제대로 되지 않아 손발의 마비, 언어 장애, 호흡 곤란 따위를 일으키는 증상.	
20	大衆	대중	큰 대, 무리 중
		수많은 사람의 무리. 예 대중을 모아 놓고 연설하다.	
21	到底	도저	다다를 도, 밑 저
		학식이나 생각, 기술 따위가 아주 깊다. 예 학문이 도저하다.	
22	名譽	명예	이름 명, 기릴 예
		세상에서 훌륭하다고 인정되는 이름이나 자랑. 예 명예를 더럽히다.	
23	默殺	묵살	잠잠할 묵, 죽일 살
		의견이나 제안 따위를 듣고도 못 들은 척함.	
24	物議	물의	만물 물, 의논할 의
		어떤 사람 또는 단체의 처사에 대하여 많은 사람이 이러쿵저러쿵 논평하는 상태. 예 물의를 일으키다.	
25	味覺	미각	맛 미, 깨달을 각
		맛을 느끼는 감각.	
26	密談	밀담	빽빽할 밀, 말씀 담
		남몰래 이야기함.	
27	妨害	방해	방해할 방, 해로울 해
		남의 일을 간섭하고 막아 해를 끼침.	
28	伏魔殿	복마전	엎드릴 복, 마귀 마, 큰 집 전
		비밀리에 나쁜 일을 꾸미는 무리들이 모이거나 활동하는 곳을 비유적으로 이르는 말.	
29	非難	비난	아닐 비, 어려울 난
		남의 잘못이나 결점을 책잡아서 나쁘게 말함.	
30	祥瑞	상서	상서로울 상, 상서 서
		복되고 길한 일이 일어날 조짐.	
31	善戰	선전	착할 선, 싸울 전
		있는 힘을 다하여 잘 싸움. 예 선수들이 예상을 뛰어넘는 선전을 펼치고 있다.	

32	雪辱	설욕	눈 설, 욕될 욕
		부끄러움을 씻음.	
33	疏通	소통	트일 소, 통할 통
		1. 막히지 아니하고 잘 통함. 예 소통 장애. 2. 뜻이 서로 통하여 오해가 없음. 예 서로의 의견 소통이 잘 이루어지다.	
34	召喚	소환	부를 소, 부를 환
		법원이 피고인, 증인, 변호인, 대리인 따위의 소송 관계인에게 소환장을 발부하여, 공판 기일이나 그 밖의 일정한 일시에 법원 또는 법원이 지정한 장소에 나올 것을 명령하는 일. 예 검찰에 피의자 소환을 요구하다.	
35	鎖國	쇄국	쇠사슬 쇄, 나라 국
		다른 나라와의 통상과 교역을 금지함.	
36	刷新	쇄신	쓸 쇄, 새로울 신
		그릇된 것이나 묵은 것을 버리고 새롭게 함. 예 분위기 쇄신.	
37	收納	수납	거둘 수, 들일 납
		돈이나 물품 따위를 받아 거두어들임. 예 경기 침체로 조세 수납에 차질을 빚고 있다.	
38	辛勝	신승	매울 신, 이길 승
		경기 따위에서 힘들게 겨우 이김. 예 어제 열린 축구 경기에서는 우리 편이 3 대 2로 한 점 차의 신승을 거두었다.	
39	信仰	신앙	믿을 신, 우러를 앙
		믿고 받드는 일.	
40	失手	실수	잃을 실, 손 수
		조심하지 아니하여 잘못함.	
41	艾年	애년	쑥 애, 해 년
		머리털이 약쑥같이 희어지는 나이라는 뜻으로, 쉰 살을 이르는 말.	
42	哀悼	애도	슬플 애, 슬퍼할 도
		사람의 죽음을 슬퍼함.	
43	隘路	애로	좁을 애, 길 로
		1. 좁고 험한 길. 예 그 도로의 남쪽 끝은 암벽으로 이루어진 애로가 되었다. 2. 어떤 일을 하는 데 장애가 되는 것. 예 애로 사항.	
44	抑制	억제	누를 억, 억제할 제
		1. 감정이나 욕망, 충동적 행동 따위를 내리눌러서 그치게 함. 2. 정도나 한도를 넘어서 나아가려는 것을 억눌러 그치게 함. 예 소비 억제.	
45	抑止	억지	누를 억, 그칠 지
		억눌러 못 하게 함.	
46	輿論	여론	수레 여, 논의할 론
		사회 대중의 공통된 의견. 예 여론 정치.	
47	連敗	연패	잇닿을 련, 패할 패
		싸움이나 경기에서 계속하여 짐. 예 연패를 당하다.	

48	連霸	**연패** 잇닳을 련, 으뜸 패 운동 경기 따위에서 연달아 우승함. 예 그 선수는 작년에 이어 올해 마라톤 경기에서도 우승함으로써 2년 연패를 기록했다.
49	熱中	**열중** 더울 열, 가운데 중 한 가지 일에 정신을 쏟음. 예 우리가 방문했을 때 그는 일에 열중인 상태였다.
50	夭折	**요절** 일찍 죽을 요, 꺾을 절 젊은 나이에 죽음.
51	僞善	**위선** 거짓 위, 착할 선 겉으로만 착한 체함.
52	僞證	**위증** 거짓 위, 증거 증 거짓으로 증명함.
53	誘惑	**유혹** 꾈 유, 미혹할 혹 꾀어서 정신을 혼미하게 하거나 좋지 아니한 길로 이끎. 예 유혹에 넘어가다.
54	隱喩法	**은유법** 숨을 은, 깨달을 유, 법도 법 사물의 상태나 움직임을 암시적으로 나타내는 수사법.
55	隱逸	**은일** 숨을 은, 잃을 일 세상을 피하여 숨음. 예 그의 작품에는 벼슬길에 대한 혐오감과 은일을 흠모하는 심정이 잘 나타나 있다.
56	應答	**응답** 응할 응, 대답할 답 부름이나 물음에 응하여 답함.
57	應當	**응당** 응할 응, 마땅할 당 그렇게 하거나 되는 것이 이치로 보아 옳게. 예 응당 해야 할 일을 했을 뿐입니다.
58	擬人法	**의인법** 헤아릴 의, 사람 인, 법도 법 사람이 아닌 것을 사람에 비겨 사람이 행동하는 것처럼 표현하는 수사법.
59	一介	**일개** 하나 일, 끼일 개 보잘것없는 한 낱
60	自充手	**자충수** 스스로 자, 가득할 충, 손 수 스스로 행한 행동이 결국에 가서는 자신에게 불리한 결과를 가져오게 됨. 예 그는 실언을 해서 자충수를 두는 꼴이 되었다.
61	底意	**저의** 밑 저, 뜻 의 겉으로 드러나지 아니한, 속에 품은 생각. 예 그가 왜 갑자기 내게 잘해 주는지 그 저의를 모르겠다.
62	齊唱	**제창** 가지런할 제, 부를 창 1. 여러 사람이 다 같이 큰 소리로 외침. 2. 같은 가락을 두 사람 이상이 동시에 노래함. 예 애국가 제창
63	猝地	**졸지** 갑자기 졸, 땅 지 갑작스러운 판국. 예 집중 사격에 아군의 상당수가 졸지에 희생을 당했다.

64	挫折	좌절	꺾을 좌, 꺾을 절
			어떠한 계획이나 일 따위가 도중에 실패로 돌아감. 예 경기 침체로 인한 사업의 좌절로 큰 충격을 받았다.
65	直喩法	직유법	곧을 직, 깨달을 유, 법도 법
			비슷한 성질이나 모양을 가진 두 사물을 '같이', '처럼', '듯이'와 같은 연결어로 결합하여 직접 비유하는 수사법
66	集中力	집중력	모을 집, 가운데 중, 힘 력
			마음이나 주의를 집중할 수 있는 힘.
67	處理	처리	곳 처, 다스릴 리
			1. 사무나 사건 따위를 절차에 따라 정리하여 치르거나 마무리를 지음. 예 새 컴퓨터는 처리 속도가 빨랐다. 2. 일정한 결과를 얻기 위하여 화학적 또는 물리적 작용을 일으킴. 예 폐수 처리 시설을 설치하다.
68	焦眉	초미	그을릴 초, 눈썹 미
			눈썹에 불이 붙었다는 뜻으로, 매우 급함을 이르는 말
69	觸覺	촉각	닿을 촉, 깨달을 각
			물건이 피부에 닿아서 느껴지는 감각.
70	追悼	추도	쫓을 추, 슬퍼할 도
			죽은 사람을 생각하여 슬퍼함.
71	醜態	추태	추할 추, 모양 태
			더럽고 지저분한 태도나 짓. 예 그날 밤 난생처음 모주망태가 되어 나는 별의별 추태를 다 벌였다.
72	取消	취소	취할 취, 꺼질 소
			발표한 의사를 거두어들이거나 예정된 일을 없애 버림.
73	卓越	탁월	높을 탁, 넘을 월
			남보다 두드러지게 뛰어나다.
74	吐露	토로	토할 토, 이슬 로(드러낼 로)
			마음에 있는 것을 죄다 드러내어서 말함.
75	跛行	파행	절뚝발이 파, 다닐 행
			1. 절뚝거리며 걸음. 2. 일이나 계획 따위가 순조롭지 못하고 이상하게 진행됨을 비유적으로 이르는 말. 예 파행으로 치닫다.
76	貶下	폄하	떨어뜨릴 폄, 아래 하
			가치를 깎아내림.
77	弊端	폐단	폐단 폐, 바를 단
			어떤 일이나 행동에서 나타나는 옳지 못한 경향이나 해로운 현상.
78	該博	해박	갖출 해, 넓을 박
			여러 방면으로 학식이 넓다. 예 해박한 지식.
79	解放	해방	풀 해, 놓을 방
			구속이나 억압, 부담 따위에서 벗어나게 함. 예 과중한 업무에서 해방이 된 홀가분한 마음.

번호	한자어	독음	풀이
80	核心	핵심	씨 핵, 마음 심
		사물의 가장 중심이 되는 부분.	
81	險路	험로	험할 험, 길 로
		1. 험한 길. 예 험로를 헤매다. 2. 험난한 삶. 예 그 어린것이 혼자서 이 험로를 어찌 헤쳐 나갈까.	
82	革命	혁명	가죽 혁, 목숨 명
		1. 헌법의 범위를 벗어나 국가 기초, 사회 제도, 경제 제도, 조직 따위를 근본적으로 고치는 일. 예 혁명이 일어나다. 2. 이전의 관습이나 제도, 방식 따위를 단번에 깨뜨리고 질적으로 새로운 것을 급격하게 세우는 일. 예 근대의 과학적, 기술적 혁명과 더불어 인간은 자연을 이용하는 자유를 누리게 되었다.	
83	革新	혁신	가죽 혁, 새로울 신
		묵은 풍속, 관습, 조직, 방법 따위를 완전히 바꾸어서 새롭게 함.	
84	衒學	현학	자랑할 현, 배울 학
		학식이 있음을 자랑하여 뽐냄.	
85	嫌疑	혐의	싫어할 혐, 의심할 의
		1. 꺼리고 미워함. 2. 범죄를 저질렀을 가능성이 있다고 봄. 예 범죄 혐의.	
86	忽待	홀대	소홀히 할 홀, 기다릴 대
		소홀히 대접함.	
87	貨幣	화폐	재화 화, 비단 폐
		상품 교환 가치의 척도가 되며 그것의 교환을 매개하는 일반화된 수단.	
88	嗅覺	후각	냄새 맡을 후, 깨달을 각
		냄새를 맡는 감각. 기체 상태의 자극물이 코의 말초 신경을 자극하여 생기는 감각을 이른다.	

CHAPTER 03 혼동하기 쉬운 한자어

01

更新 — **갱신** | 다시 갱, 새로울 신

1. 이미 있던 것을 고쳐 새롭게 함
   예 단체 협상 갱신이 무산되었다.
2. 법률관계의 존속 기간이 끝났을 때 그 기간을 연장하는 일
   예 계약 갱신 / 비자 갱신
3. 기존의 내용을 변동된 사실에 따라 변경 · 추가 · 삭제하는 일
   예 시스템의 갱신

更新 — **경신** | 고칠 경, 새로울 신

1. 이미 있던 것을 고쳐 새롭게 함
   예 중요 개량 경신
2. 기록경기 따위에서, 종전의 기록을 깨뜨림
   예 마라톤 세계 기록 경신
3. 어떤 분야의 종전 최고치나 최저치를 깨뜨림
   예 무더위로 최대 전력 수요 경신이 계속되고 있다.

02

決裁 — **결재** | 결정할 결, 마를 재

결정할 권한이 있는 상관이 부하가 제출한 안건을 검토하여 허가하거나 승인함

決濟 — **결제** | 결정할 결, 건널 제

1. 일을 처리하여 끝을 냄
2. 증권 또는 대금을 주고받아 매매 당사자 사이의 거래 관계를 끝맺는 일
   예 결제 자금 / 어음의 결제

03

困辱 — **곤욕** | 괴로울 곤, 욕될 욕

심한 모욕
   예 곤욕을 치르다

困惑 — **곤혹** | 괴로울 곤, 미혹할 혹

곤란한 일을 당하여 어찌할 바를 모름
   예 예기치 못한 질문에 곤혹을 느끼다.

04

區別 — **구별** | 구역 구, 다를 별

성질이나 종류에 따라 차이가 남. 또는 성질이나 종류에 따라 갈라놓음
   예 공과 사의 구별

區分 — **구분** | 구역 구, 나눌 분

일정한 기준에 따라 전체를 몇 개로 갈라 나눔
   예 구분을 짓다

05

琴瑟 — **금슬** | 거문고 금, 큰 거문고 슬

1. 거문고와 비파를 아울러 이르는 말
2. 금실의 원말

琴瑟 — **금실** | 거문고 금, 큰 거문고 슬

부부간의 사랑
   예 금실 좋은 부부

06

歸 路	귀로	돌아올 귀, 길 로
		1. 돌아오는 길 2. 전원에서 부하로 전력을 공급하는 회로
岐 路	기로	갈림길 기, 길 로
		1. 여러 갈래로 갈린 길 2. 어느 한쪽을 선택해야 할 상황을 비유적으로 이르는 말 예 성공과 실패의 기로에 있다.

07

團 合	단합	둥글 단, 합할 합
		많은 사람이 마음과 힘을 한데 뭉침 예 우리 팀은 단합이 잘 된다.
談 合	담합	말씀 담, 합할 합
		1. 서로 의논하여 합의함 예 그 가게는 이웃 가게와 담합하여 물건값을 대폭 인상했다. 2. 경쟁 입찰을 할 때에 입찰 참가자가 서로 의논하여 미리 입찰 가격이나 낙찰자 따위를 정하는 일

08

莫 逆	막역	없을 막, 거스를 역
		허물없이 아주 친하다 예 이 친구와 나는 아주 막역한 사이이다.
漠 然	막연	사막 막, 그럴 연
		1. 갈피를 잡을 수 없게 아득하다 예 앞으로 살아갈 길이 막연하다. 2. 뚜렷하지 못하고 어렴풋하다 예 막연한 기대 / 막연한 생각

09

反 證	반증	돌이킬 반, 증거 증
		1. 어떤 사실이나 주장이 옳지 아니함을 그에 반대되는 근거를 들어 증명함 예 우리에겐 그 사실을 뒤집을 만한 반증이 없다. 2. 어떤 사실과 모순되는 것 같지만, 거꾸로 그 사실을 증명하는 것
傍 證	방증	곁 방, 증거 증
		사실을 직접 증명할 수 있는 증거가 되지는 않지만, 주변의 상황을 밝힘으로써 간접적으로 증명에 도움을 줌 예 방증 자료

10

保 全	보전	보전할 보, 온전할 전
		온전하게 보호하여 유지함 예 생태계 보전 / 환경 보전
保 存	보존	보전할 보, 있을 존
		잘 보호하고 간수하여 남김 예 보존 창고 / 유물 보존 / 영토 보존

11

由 來	유래	말미암을 유, 올 래
		사물이나 일이 생겨남
類 例	유례	무리 류(유), 법식 례
		1. 같거나 비슷한 예 2. 이전부터 있었던 사례

12

一 切	일체	하나 일, 모두 체
		[명사] 1. 모든 것 예 그는 재산 일체를 학교에 기부하였다. [부사] 1. 모든 것을 다 예 걱정 근심일랑 일체 털어 버리고 자
一 切	일절	하나 일, 끊을 절
		[부사] 아주, 전혀, 절대로의 뜻으로, 흔히 행위를 그치게 하거나 어떤 일을 하지 않을 때에 쓰는 말 예 출입을 일절 금하다.

13

炸 裂	작렬	터질 작, 찢을 렬
		1. 포탄 따위가 터져서 쫙 퍼짐 예 수류탄이 작렬하다. 2. 박수 소리나 운동 경기에서의 공격 따위가 포탄이 터지듯 극렬하게 터져 나오는 것을 비유적으로 이르는 말 예 폭죽 같은 홈런의 작렬
灼 熱	작열	사를 작, 더울 열
		1. 불 따위가 이글이글 뜨겁게 타오름 예 작열하는 사막 2. 몹시 흥분하거나 하여 이글거리듯 들끓음을 비유적으로 이르는 말

14

再 考	재고	다시 재, 상고할 고
		어떤 일이나 문제 따위에 대하여 다시 생각함 예 그 일의 결과는 너무나 뻔하므로 재고의 여지도 없다.
提 高	제고	끌 제, 높을 고
		수준이나 정도 따위를 끌어올림 예 생산성의 제고 / 능률의 제고

15

再 演	재연	다시 재, 멀리 흐를 연
		1. 연극이나 영화 따위를 다시 상연하거나 상영함 2. 한 번 하였던 행위나 일을 다시 되풀이함 예 현장 재연
再 現	재현	다시 재, 나타날 현
		1. 다시 나타남 2. 이미 경험하거나 학습한 정보를 다시 기억해 내는 일

16	主要	주요	주인 주, 중요할 요
			주되고 중요함 예 올해의 주요 사건
	重要	중요	중요할 중, 중요할 요
			귀중하고 요긴함 예 중요 과제 / 중요 기관
17	仲介	중개	버금 중, 끼일 개
			제삼자로서 두 당사자 사이에 서서 일을 주선함 예 중개 수수료
	中繼	중계	가운데 중, 이을 계
			1. 중간에서 이어 줌 2. 어느 방송국의 방송을 다른 방송국에서 연결하여 방송하는 일 예 라디오 중계 3. 극장, 경기장, 국회, 사건 현장 등 방송국 밖에서의 실황을 방송국이 중간에서 연결하여 방송하는 일 예 스포츠 중계 / 현장 중계
18	止揚	지양	그칠 지, 오를 양
			더 높은 단계로 오르기 위하여 어떠한 것을 하지 아니함
	志向	지향	뜻 지, 향할 향
			어떤 목표로 뜻이 쏠리어 향함 예 미래 지향의 생활 태도
	指向	지향	가리킬 지, 향할 향
			작정하거나 지정한 방향으로 나아감 예 길을 잃고 지향 없이 헤매다.
19	混沌/渾沌	혼돈	섞을 혼, 어두울 돈 / 흐릴 혼, 어두울 돈
			1. 마구 뒤섞여 있어 갈피를 잡을 수 없음 예 혼돈에 빠지다. 2. 하늘과 땅이 아직 나누어지기 전의 상태
	混同	혼동	섞을 혼, 같을 동
			구별하지 못하고 뒤섞어서 생각함 예 잠이 다 깨지 않았는지 그는 현실과 꿈 사이에서 혼동을 일으켰다.

한글 맞춤법

한글 맞춤법 ❶ –이어요, –이에요 / –여요, –예요

받침이 있는 체언 이어요.
이에요.

책상이어요. 칠판이어요.
책상이에요. 칠판이에요.
갈 것이어요.
갈 것이에요.

받침이 없는 체언 여요.
예요.

저여요. 갈 거여요.
저예요. 갈 거예요.
쌍둥이여요. 민국이여요.
쌍둥이예요. 민국이예요.

* 아니어요, 아니에요.

한글 맞춤법 ❷ 중요한 준말

본말	준말
빼앗다	**뺏다**
빼앗아	뺏어
빼앗았다	뺏었다
빼앗은	뺏은
빼앗기다	**뺏기다**
빼앗기어 → 빼앗겨	뺏기어 → 뺏겨
빼앗기었다 → 빼앗겼다	뺏기었다 → 뺏겼다
빼앗기었나 → 빼앗겼나	뺏기었나 → 뺏겼나

한글 맞춤법 ❸ 중요한 사이시옷

순댓국, 북엇국, 선짓국, 뭇국, 만둣국
공깃밥, 고깃간, 푸줏간
가겟집, 전셋집, 꼭짓점
등굣길, 하굣길, 공붓벌레
장밋빛, 우윳빛
화젯거리, 이야깃거리
구둣발, 구두주걱
고갯짓, 날갯짓, 베갯잇, 뱃멀미
맥줏집, 소줏집 *맥주잔, 소주잔
노랫말 *머리말, 인사말, 소개말, 반대말, 예사말
콧방울 *코방아
나랏돈, 나랏일, 나랏밥

*** 사이시옷 쓰면 안 되는 단어**
위층, 위쪽
위턱, 머리털

개수(個數)
시가(市價)
대가(代價)
초점(焦點)
이점(利點)
화병(火病)
마구간(馬廏間)
수라간(水刺間)
전세방(傳貰房)
* 해님, 나라말, 나라님

한글 맞춤법 ❹ ㅎ불규칙 활용 표기

① 파랗다
파랗아(X) → 파래(O)
파랗아지다(X) → 파래지다(O)
② 퍼렇다
퍼렇어(X) → 퍼레(O)
퍼렇어지다(X) → 퍼레지다(O)
③ 하얗다
하얗아(X) → 하얘(O)
하얗아지다(X) → 하얘지다(O)
④ 허옇다
허옇어(X) → 허예(O)
허옇어지다(X) → 허예지다(O)
⑤ 부옇다
부옇어(X) → 부예(O)
부옇어지다(X) → 부예지다(O)
⑥ 노랗다
노랗아(X) → 노래(O)
노랗아지다(X) → 노래지다(O)
⑦ 커다랗다
커다랗아(X) → 커다래(O)
커다랗아지다(X) → 커다래지다(O)
커다랗았습니다(X) → 커다랬습니다(O)
⑧ 조그맣다
조그맣아(X) → 조그매(O)
조그맣아지다(X) → 조그매지다(O)
조그맣았습니다(X) → 조그맸습니다(O)

한글 맞춤법 ❺ 중요한 표기법

① 좋던지 싫던지(X) → 좋든지 싫든지(O)
좋든가 싫든가(O)
② 오랫만에(X) → 오랜만에(O)
③ 짖궂은(X) → 짓궂은(O)
④ 걸맞는(X) → 걸맞은(O)
알맞는(X) → 알맞은(O)
⑤ 좋아할른지(X) → 좋아할는지(O)
좋아할런지(X)
⑥ 처주다(X) → 쳐주다(O)
처내다(X) → 쳐내다(O)
⑦ 쳐박히다(X) → 처박히다(O)
⑧ 뒤쳐지다(X) → 뒤처지다(O)
⑨ 잘 처져요(X) → 잘 쳐져요(O)
⑩ 쌀뜻물(X) → 쌀뜨물(O)
⑪ 누른밥(X) → 눌은밥(O)
⑫ 낫가리(X) → 낟가리(O)
⑬ 엇다가(X) → 얻다가(O)
⑭ 흐리멍텅하다(X) → 흐리멍덩하다(O)
⑮ 잇딴(X) → 잇단(O)
⑯ 몸이 부는 바람에(X) → 몸이 붇는 바람에(O)
⑰ 내 말이 맞을껄(X) → 내말이 맞을걸(O)
⑱ 굶기가 일수이다(X) → 굶기가 일쑤이다(O)
⑲ 이젠 집안을 아주 결단을 내려고 하는군(X)
→ 이젠 집안을 아주 결딴을 내려고 하는군(O)

한글 맞춤법, 표준어 사정 원칙

표준어 사정 원칙 16항

본말	준말
머무르다 (르 불규칙)	**머물다 (ㄹ규칙)**
머물러 (O)	머물어 (X)
머물렀다 (O)	머물었다 (X)
머물러서 (O)	머물어서 (X)
머물러도 (O)	머물어도 (X)
머물러야 (O)	머물어야 (X)
머무른 (O)	머물은 (X) 머문(O)
서두르다 (르 불규칙)	**서둘다 (ㄹ규칙)**
서둘러 (O)	서둘어 (X)
서둘렀다 (O)	서둘었다 (X)
서둘러서 (O)	서둘어서 (X)
서둘러도 (O)	서둘어도 (X)
서둘러야 (O)	서둘어야 (X)
서두른 (O)	서둘은 (X) 서둔(O)
서투르다 (르 불규칙)	**서툴다 (ㄹ규칙)**
서툴러 (O)	서툴어 (X)
서툴렀다 (O)	서툴었다 (X)
서툴러서 (O)	서툴어서 (X)
서툴러도 (O)	서툴어도 (X)
서툴러야 (O)	서툴어야 (X)
서투른 (O)	서툴은 (X) 서툰(O)
외우다	**외다**
외워 (O)	외어 (O) → 왜(O)
외웠다 (O)	외었다 (O) → 왰다(O)
외워서 (O)	외어서 (O) → 왜서(O)
외워도 (O)	외어도 (O) → 왜도(O)
외워야 (O)	외어야 (O) → 왜야(O)

한글 맞춤법 32항

본말	준말
내디디다	**내딛다**
내디뎌 (O)	내딛어 (X)
내디뎠다 (O)	내딛었다 (X)
내디뎌서 (O)	내딛어서 (X)
내디뎌도 (O)	내딛어도 (X)
내디뎌야 (O)	내딛어야 (X)
가지다	**갖다**
가져 (O)	갖어 (X)
가졌다 (O)	갖었다 (X)
가져서 (O)	갖어서 (X)
가져도 (O)	갖어도 (X)
가져야 (O)	갖어야 (X)
가져라 (O)	갖어라 (X)

한글 맞춤법 36항

(날씨가) 개다
개어 (O) → 개 (O)
개어요 (O) → 개요 (O)
개었다 (O) → 갰다 (O
개어서 (O) → 개서 (O)
개어도 (O) → 개도 (O)
개어야 (O) → 개야 (O)

개이어 (X) → 개여 (X)
개이었다 (X) → 개였다 (X)
개이어서 (X) → 개여서 (X)
개이어도 (X) → 개여도 (X)
개이어야 (X) → 개여야 (X)

표준어 사정 원칙 26항

가엽다	≒	**가엾다**
가여워 (O)		가엾어 (O)
가여웠다 (O)		가엾었다 (O)
가여워서 (O)		가엾어서 (O)
가여워도 (O)		가엾어도 (O)
가여운 (O)		가엾은 (O)
서럽다	≒	**섧다**
서러워 (O)		설워 (O)
서러웠다 (O)		설웠다 (O)
서러워서 (O)		설워서 (O)
서러워도 (O)		설워도 (O)
서러운 (O)		설운 (O)
여쭈다	≒	**여쭙다**
여쭤 (O)		여쭈워 (O)
여쭸다 (O)		여쭈웠다 (O)
여쭤서 (O)		여쭈워서 (O)
여쭤도 (O)		여쭈워도 (O)
여쭌 (O)		여쭈운 (O)

한글 맞춤법 35항

잘되다
잘되어요 (O) → 잘돼요 (O)
잘되었다 (O) → 잘됐다 (O)
잘되어서 (O) → 잘돼서 (O)
잘되어야 (O) → 잘돼야 (O)

선뵈다
선뵈어요 (O) → 선봬요 (O)
선뵈었다 (O) → 선뵀다 (O)
선뵈어서 (O) → 선봬서 (O)
선뵈어야 (O) → 선봬야 (O)
선뵈었더니 (O) → 선뵀더니 (O)

(설을) 쇠다
쇠어요 (O) → 쇄요 (O)
쇠었다 (O) → 쇘다 (O)
쇠어서 (O) → 쇄서 (O)
쇠어야 (O) → 쇄야 (O)

한글 맞춤법 5항, 13항, 26~28항, 54항

5항 된소리

1. 두 모음 사이에서 나는 된소리
   해쓱하다≒핼쑥하다
   거꾸로≒가꾸로≒까꾸로 (꺼꾸로X)
   부썩, 부쩍, 애꿎다, 애끊다, 애끓다

2. 'ㄴ, ㄹ, ㅁ, ㅇ' 받침 뒤에서 나는 된소리
   담뿍, 문득≒문뜩, 방긋≒방끗

다만
깍두기, 색시, 갑자기, 몹시
싹둑≒삭둑, 언덕바지≒언덕배기
뚝배기, 학배기, 북적거리다, 왁자지껄하다, 깍둑썰기

*닭달하다, 섞박지, 늦깎이

13항 겹쳐 나는 소리

딱딱, 쌕쌕, 씩씩, 딱따구리
똑딱똑딱, 쓱싹쓱싹
연연불망(戀戀不忘), 유유상종(類類相從), 누누이(屢屢-)
놀놀하다, 밋밋하다
씁쓸하다, 씁쓸하다, 짭짤하다

예외
냉랭(冷冷)하다, 녹록(碌碌)하다
늠름(凜凜)하다, 열렬하다(烈烈하다)
연년생(年年生) 염념불망(念念不忘)
역력(歷歷)하다, 적나라(赤裸裸)하다

54항 된소리로 적는 접미사

-꾼	-때기	-빼기
-깔	-꿈치	-적다

익살꾼, 지게꾼, 사냥꾼
때깔
귀때기, 볼때기, 판자때기, 판때기
거적때기 *상판대기
뒤꿈치, 발뒤꿈치
이마빼기, 코빼기 (*콧방울, 코방아)

* 곱빼기, 밥빼기, 악착빼기, 얼룩빼기

겸연쩍다, 계면쩍다, 객쩍다, 멋쩍다
괴란쩍다

28항 끝소리가 'ㄹ'인 말과 딴 말이 어울릴 적에 'ㄹ' 소리가 나지 아니하는 것은 아니 나는 대로 적는다.

날날이(X) → 나날이(O)
달달이(X) → 다달이(O)
활살(X) → 화살(O)
쌀전(X) → 싸전(O)
불삽(X) → 부삽(O)
불손(X) → 부손(O)
말소(X) → 마소(O)
말되(X) → 마되(O)
열닫이(X) → 여닫이(O)

울짖다(X) → 우짖다(O)
물자위(X) → 무자위(O)
딸님(X) → 따님(O)
아들님(X) → 아드님(O)
바늘질(X) → 바느질(O)
솔나무(X) → 소나무(O)
간난(X) → 가난(O)

29항 끝소리가 'ㄹ'인 말과 딴 말이 어울릴 적에 'ㄹ' 소리가 'ㄷ' 소리로 나는 것은 'ㄷ'으로 적는다.

반질고리(X) → 반짇고리(O)
이틀날(X) → 이튿날(O)
사흘날(X) → 사흗날(O)
며칠날(X) → 며칟날(O)

삼질날(X) → 삼짇날(O)
설달(X) → 섣달(O)
술가락(X) → 숟가락(O)
풀소(X) → 푿소(O)

*길다랗다(X) → 기다랗다(O) ≒ 기닿다(O)
멀다랗다(X) → 머다랗다(O)
곱다랗다(O) ≒ 곱닿다(O)

*참따랗다(O) ≒ 참땋다(O)
짤따랗다(O)
널따랗다(O)
얄따랗다(O)

잘주름(X) → 잗주름(O)
설부르다(X) → 섣부르다(O)
잘다듬다(X) → 잗다듬다(O)
잘다랗다(X) → 잗다랗다(O) ≒ 잗닿다(O)

26항 '-하다'나 '-없다'가 붙어서 된 용언은 그 '-하다'나 '-없다'를 밝히어 적는다.

1. '-하다'가 붙어서 용언이 된 것

푹하다, 숱하다, 달리하다, 같이하다, 함께하다, 그럴듯하다, 그럴싸하다, 없이하다
마주하다, 맞이하다, 무엇하다, 뭐하다, 뭣하다 귀띔하다
느지막하다, 나지막하다, 맞절하다.

① 불구하다(不拘하다) : 거리끼지 아니하다.
몸살에도 불구하고 출근하다.
② 불고하다(不顧하다) : 돌아보지 아니하다.
염치 불고하고 이 판서 옆에 비집고 누웠다.
③ 허구하다(許久하다) : 날, 세월 따위가 매우 오래다.
허구한 날 술만 퍼마시고 다녔다.
④ 내로라하다 : 어떤 분야를 대표할 만하다.
내로라하는 재계의 인사들이 한곳에 모였다.
⑤ 심란하다(心亂하다) : 마음이 어수선하다.
심란한 얼굴을 하다.
⑥ 심난하다(甚難하다) : 매우 어렵다. ≒ 지난하다(至難하다)
아버지는 심난했던 지난날이 생각나시는지 눈시울이 붉어지셨다.
⑦ 석연하다(釋然하다) : 의혹이나 꺼림칙한 마음이 없이 환하다.
분위기가 석연치 않다.
⑧ 일천하다(日淺하다) : 시작한 뒤로, 날짜가 얼마 되지 아니하다.
경험이 일천하다.
⑨ 일축하다(一蹴하다) : 제안이나 부탁 따위를 단번에 거절하거나 물리치다.
모두 그의 의견을 일축해 버렸다.
⑩ 좌시하다(坐視하다) : 참견하지 아니하고 앉아서 보기만 하다.
정국의 혼란에 대해 좌시하고 있을 수만은 없지 않겠습니까?
⑪ 개의하다(介意하다) : 어떤 일 따위를 마음에 두고 생각하거나 신경을 쓰다.
남의 말에 개의치 않고 내 신념대로 밀고 나가겠다.
* 한가락 : 어떤 방면에서 썩 훌륭한 재주나 솜씨.
한가락 하다.

2. '-없다'가 붙어서 용언이 된 것

① 부질없다 : 대수롭지 아니하거나 쓸모가 없다.
부질없는 생각.
② 상없다(常없다) : 보통의 이치에서 벗어나 막되고 상스럽다.
상없는 말버릇. 상없게 굴다.
③ 시름없다 : 근심과 걱정으로 맥이 없다.
그는 시름없는 얼굴로 힘겹게 터벅터벅 걷는다.
④ 열없다 : 좀 겸연쩍고 부끄럽다.
나는 내 실수가 열없어서 얼굴이 붉어졌다.
⑤ 하염없다 : 어떤 행동이나 심리 상태 따위가 자신의 의지와는 상관없이 계속되는 상태이다.
하염없는 눈물만 흐르고 있네.

***'-없다'가 붙어서 단어가 된 것**

너나없다
스스럼없다
문제없다
허물없다
난데없다
간데없다
관계없다
상관없다
정신없다
하릴없다
속절없다
쓸데없다

물샐틈없다
두말없다
빈틈없다
실없다
뜬금없다
재미없다
사정없다
인정사정없다
다름없다
간곳없다
온데간데없다
보잘것없다
볼썽없다
*남김없이(모조리)

*** '같다'가 붙어서 단어가 된 것**

감쪽같다
찰떡같다
생때같다
실낱같다
득달같다

* 어중(於中)되다
* 어쭙잖다

한글 맞춤법 18항 (규칙과 불규칙 활용)

규칙 활용

'ㄹ' 규칙 활용

(찌개가) 졸다 * 존 찌개	(음식을) 만들다 * 만들려고
(하늘을) 날다 * 하늘을 나는 비행기	(잔치를) 베풀다 * 베풀려고, 베풂

cf) (국어를) 공부하려고, (집에) 가려고

'으' 규칙 활용

(김장을) 담그다 * 담가, 담가야	(시험을) 치르다 * 치렀더니
(문을) 잠그다 * 잠가, 잠가야	(부모님의 뜻을) 따르다 * 따라야

불규칙 활용

어간

'ㄷ' 불규칙 활용

(라면이) 붇다 * 불었다, 붇는	(길을) 묻다 * 물었다
(밥이) 눋다 * 눌었다, 눌은밥	(짐을) 싣다 * 실었다, 싣고

'ㅂ' 불규칙 활용

(쓰레기를) 줍다 * 주우면서	(처지가) 섧다 * 설운 사연, 설워서
(노가리를) 굽다 * 구워야, 구운 노가리	(청춘이) 꽃답다 * 꽃다운 청춘

'ㅅ' 불규칙 활용

(얼굴이) 붓다 * 부었다	(집을) 짓다 * 지었다
(밧줄을) 잇다 * 이어서	(병이 씻은 듯이) 낫다 * 나았다

'르' 불규칙 활용

(산이) 가파르다 * 가팔라서	(낙엽을) 불사르다 * 불살라서
(마음이) 곧바르다 * 곧발라서	(생각이) 올바르다 * 올발라서

cf) (돈이) 모자라다 * 모자라서

'우' 불규칙 활용

(밥을) 푸다 * 퍼, 펐다 푸어(X), 푸었다(X)

어미

'여' 불규칙 활용

공부하다 * 공부하여, 공부해
행복하다 * 행복하여, 행복해

'러' 불규칙 활용

(색깔이) 푸르다 * 푸르러	(색깔이) 누르다 * 누르러
(색깔이) 노르다 * 노르러	(목적지에) 이르다 * 이르러

cf) (약속 시간을) 이르다, 친구에게 약속 시간을 일러 주었다.

어간과 어미 —— 'ㅎ' 불규칙 활용

(새싹이)파랗다 * 파래, 파래지다	(얼굴이)하얗다 * 하얘, 하얘지다
(새싹이)퍼렇다 * 퍼레, 퍼레지다	(얼굴이) 허옇다 * 허예, 허예지다

한글 맞춤법 57항(구별하여 적기)

ㄱ

가름	갈음
* 차림새만 봐서는 여자인지 남자인지 가름이 되지 않는다.	* 이것으로 인사말을 갈음합니다.
거름	**걸음**
* 거름 구덩이	* 빠른 걸음으로 걷다.
거치다	**걷히다**
* 대구를 거쳐 부산으로 가다.	* 안개가 걷히다. * 외상값이 잘 걷혔다.
걷잡다	**겉잡다**
* 걷잡을 수 없는 사태. * 걷잡을 수 없이 흐르는 눈물.	* 예산을 대충 겉잡아서 말하지 말고 잘 뽑아 보시오.
그러므로	**그럼으로(써)**
* 인간은 말을 한다. 그러므로 동물과 구별된다. * 담배를 끊으므로 건강이 좋아졌다.	* 그는 열심히 공부한다. 그럼으로써 부모님의 은혜에 보답한다. * 담배를 끊음으로써 용돈을 줄이겠다.

ㄴ

노름	놀음(놀이)
* 화투 노름	* 신선놀음하다 * 놀이터, 놀잇감 색싯감, 신붓감
늘이다	**늘리다**
* 고무줄을 늘이다. * 바짓단을 늘이다.	* 주차장의 규모를 늘리다. * 실력을 늘려서 다음에 다시 도전해 보아라.
벌이다	**벌리다**
* 잔치를 벌이다. * 사업을 벌이다. * 장기판을 벌이다. * 음식점을 벌이다.	* 줄 간격을 벌리다. * 생선의 배를 갈라 벌리다. * 입을 벌리고 하품을 하다. * 양팔을 옆으로 벌리다.

ㄷ

다리다	달이다
* 다리미로 옷을 다리다.	* 간장을 달이다. * 보약을 달이다.
닫치다	**닫히다**
* 문을 힘껏 닫쳤다.	* 문이 저절로 닫혔다.

ㅁ

맞히다	맞추다
* 퀴즈의 정답을 맞히다. * 수수께끼에 대한 답을 정확하게 맞히면 상품을 드립니다. * 소박을 맞히다. * 비를 맞히다. * 주사를 맞히다.	* 답안지를 정답과 맞추다. * 문짝을 문틀에 맞추다. * 다른 부서와 보조를 맞추다. * 시간에 맞춰 전화를 하다. * 약속 시간을 맞추려면 지금 길을 나서야 한다.
목거리	**목걸이**
* 목이 붓고 아픈 병	* 진주 목걸이

ㅂ

바치다	받히다
* 관청에 세금을 바치다. * 음식을 바치다.	* 소에게 받혀서 꼼짝을 못 한다. * 고추가 워낙 값이 없어서 백 근을 시장 상인에게 받혀도 변변한 옷 한 벌 사기가 힘들다.
받치다	**밭치다**
* 책받침을 받치다. * 우산을 받치다. * 그는 설움에 받쳐 울음을 터뜨렸다. * 아침에 먹은 것이 자꾸 받쳐서 점심을 굶어야겠다.	* 술을 체에 밭쳤다. * 씻어 놓은 상추를 채반에 밭쳤다.

반드시	반듯이 (반듯하게)
* 언행은 반드시 일치해야 한다.	* 그는 반듯이 몸을 누이고 천장을 향해 누워 있었다.
부딪치다	**부딪히다**
* 한눈을 팔다가 전봇대에 머리를 부딪쳤다. * 달걀을 그릇 모서리에 부딪쳐 깼다. * 자전거가 빗길에 자동차와 부딪쳤다. * 승용차가 승합차와 부딪쳤다.	* 배가 세찬 파도에 부딪혔다. * 지나가는 행인에게 부딪혀 뒤로 넘어졌다. * 어려운 문제와 부딪히면 언제든지 도움을 요청해라. * 마차가 화물차에 부딪혔다.
부치다	**붙이다**
* 편지를 부치다. * 논밭을 부치다. * 힘이 부치다. * 빈대떡을 부치다. * 부채를 부치다. * 식목일에 부치는 글 * 회의에 부치는 안건 * 인쇄에 부치는 원고 * 숙식을 부치다. * 학비와 용돈을 부치다. * 비밀에 부치다. * 불문에 부치다. * 벗어부치다.	* 우표를 붙이다. * 책상을 벽에 붙이다. * 연탄에 불을 붙이다. * 감시원을 붙이다. * 조건을 붙이다. * 흥정을 붙이다. * 별명을 붙이다. * 취미를 붙이다. * 희망을 붙이다. * 주석을 붙이다. * 정을 붙이다. * 말을 붙이다. 쏘아붙이다 걸어붙이다 밀어붙이다 몰아붙이다 올려붙이다

ㅅ

시키다	식히다
* 인부에게 일을 시키다.	* 끓인 물을 식히다. * 열정을 식히다.
삭이다	**삭히다**
* 분을 삭이다. * 생강차는 기침을 삭이는 데 좋다.	* 김치를 삭히다. * 멸치젓을 삭히다.
썩이다	**썩히다**
* 이제 부모 속 좀 작작 썩여라. * 부모 속을 썩이다.	* 음식을 썩혀 거름을 만들다. * 그는 시골구석에서 재능을 썩히고 있다.

ㅇ

앎 (아는 일)	알음 (사람끼리 서로 아는 일)
* 앎은 힘이다.	* 그와는 서로 알음이 있는 사이다.
안치다	**앉히다**
* 시루에 떡을 안치다.	* 친구를 의자에 앉혔다.
어름 (두 사물의 끝이 맞닿은 자리)	**얼음**
* 바닷물과 갯벌이 맞물려 있는 어름에 그물이 설치되어 있었다.	* 녹지 않고 쌓인 눈이 얼음으로 바뀌다.
이따가 (조금 지난 뒤에)	**있다가**
* 이따가 갈게. * 이따가 단둘이 있을 때 얘기하자.	* 돈은 있다가도 없다.

ㅈ

저리다	절이다
* 다친 다리가 저린다.	* 배추를 소금물에 절이다.
조리다	**졸이다**
* 생선을 조리다. * 멸치와 고추를 간장에 조렸다. * 통조림, 장조림, 병조림	* 찌개를 졸이다. * 마음을 졸이다. * 가슴을 졸이다.
주리다	**줄이다**
* 여러 날을 주렸다.	* 비용을 줄인다. * 집을 줄여 이사를 하였다.

ㅎ

하노라고	하느라고
* 하노라고 한 것이 이 모양이다.	* 공부하느라고 밤을 새웠다.
-(으)러 (목적)	**-(으)려 (의도)**
* 공부하러 간다.	* 서울 가려 한다.
(으)로서 (자격)	**(으)로써 (수단)**
* 사람으로서 그럴 수는 없다. * 언니는 아버지의 딸로서 부족함이 없다고 생각했다. * 이 문제는 너로서 시작되었다.	* 닭으로써 꿩을 대신했다. * 대화로써 갈등을 풀 수 있을까? * 드디어 오늘로써 그 일을 끝내고야 말았다.
-(으)므로 (어미)	**-(ㅁ, -음)으로(써) (조사)**
* 그가 나를 믿으므로 나도 그를 믿는다.	* 그는 믿음으로(써) 산 보람을 느꼈다.

한글 맞춤법 19항~51항

19항	20항	21항	22항	23항	25항	51항
용언의 어간 1. '-이' → 명사화 접미사 먹이, 미닫이, 놀이 2. '-(으)ㅁ' → 명사화 접미사 웃음, 울음, 졸음 3. '-이' → 부사화 접미사 같이, 많이, 짓궂이 4. '-히' → 부사화 접미사 밝히, 익히, 작히 다만, 목거리(목병), 무녀리 노름(도박) 붙임 (1) 명사로 바뀐 것 죽+엄 → 주검 묻+엄 → 무덤 맞+웅 → 마중 막+애 → 마개 막+암 → 마감 (1) 부사로 바뀐 것 넘+우 → 너무 밭+우 → 바투 잦+우 → 자주 비롯+오 → 비로소	명사 1. '-이-' → 부사화 접미사 틈틈이, 몫몫이 샅샅이, 집집이 푼푼이, 간간이 cf) 푼푼히, 간간히 2. '-이' → 한정적 접미사 곰배팔이 육손이 붙임 꼴+악서니 → 꼬락서니 끝+으머리 → 끄트머리 박+아지 → 바가지 밖+앝 → 바깥 집+웅 → 지붕 잎+아리 → 이파리 쌀+아기 → 싸라기 짚+우라기 → 지푸라기	명사, 용언의 어간 1. 명사 + 자음으로 시작된 접미사 값지다, 옆댕이 홑지다, 잎사귀 2. 어간 + 자음으로 시작된 접미사 덮개, 뜯게질 굵다랗다, 높다랗다 넓적하다, 굵직하다 깊숙하다, 늙수그레하다 다만, (1) 겹받침의 끝소리가 드러나지 아니하는 것 널따랗다, 얄따랗다 짤따랗다, 널찍하다 말쑥하다, 실큼하다 (2) 어원이 분명하지 아니하거나 본뜻에서 멀어진 것 골막하다, 납작하다	용언의 어간 1. '-이, -히, -리, -기, -우, -구, -추, -으키, -이키, -애' 높이다, 덮이다 쌓이다, 굳히다 뚫리다, 웃기다 돋우다, 돋구다 맞추다, 곧추다 일으키다, 돌이키다 없애다 2. '-치, -뜨리, -트리' 놓치다, 덮치다 흩뜨리다 / 흩트리다 붙임 '-업, -읍, -브' 믿+업다 → 미덥다 웃+읍다 → 우습다 믿+브다 → 미쁘다	'-하다'나 '-거리다'가 붙는 어근 + '-이' → 명사화 접미사 배불뚝+이 푸석+이 깔쭉+이 오뚝+이 홀쭉+이 삐죽+이 더펄+이 코납작+이 붙임 칼싹두기 깍두기 부스러기 딱따구리 뻐꾸기 얼루기	'-하다'가 붙는 어근 1. '-이, -히' → 부사화 접미사 도저히 딱히 어렴풋이 깨끗이 부사 2. '-이' → 한정적 접미사 곰곰이 더욱이 일찍이 오뚝이 생긋이 해죽이	1. '이'로만 나는 것 ① 'ㅅ' 받침 뒤 버젓이, 의젓이 ② 겹쳐 쓰는 명사 뒤나 부사 뒤 번번이 cf)번번히 틈틈이 ③ 'ㅂ'불규칙 용언의 어간 뒤 가까이 가벼이 대수로이 번거로이 ④ '하다'가 붙지 않는 용언의 어간 뒤 많이 적이 헛되이 깊숙이 나직이 수북이 빽빽이 촉촉이 멀찍이 끔찍이 두둑이 나지막이 고즈넉이

유의해야 할 외래어 표기

콘서트	에어컨
콘테스트	리모컨
콘셉트	컨트롤
콘텐츠	컨테이너

색소폰	로봇
플루트	로켓
알코올	카펫
앙코르	보닛
앙케트	플랫
스태프	

바비큐
소시지
리소토
크로켓
오믈렛
초콜릿
캐러멜
수프
커스터드
케이크

메시지
코미디

커피숍
솔뮤직
윈도
아이섀도
옐로
스노보드
밀크셰이크
스트로
도넛
보트

싱가포르
포르투갈
베네수엘라
터키 / 튀르키예
맨해튼
할리우드
라스베이거스
게티즈버그
아바나
아이티

카스텔라
카디건
가톨릭

내비게이션
내레이션
다이내믹
스낵

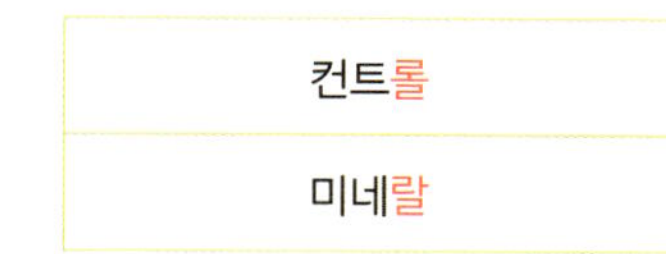

캐럿
캐럴
프러포즈

컨트롤
미네랄

Note

01. 한글 맞춤법

제1장 총칙	
1항	한글 맞춤법은 표준어를 소리대로 적되, 어법에 맞도록 함을 원칙으로 한다.
2항	문장의 각 단어는 띄어 씀을 원칙으로 한다.
3항	외래어는 '외래어 표기법'에 따라 적는다.

제2장 자모	
4항	한글 자모의 수는 스물넉 자로 하고, 그 순서와 이름은 다음과 같이 정한다. 자음 : ㄱ ㄲ ㄴ ㄷ ㄸ ㄹ ㅁ ㅂ ㅃ ㅅ ㅆ ㅇ ㅈ ㅉ ㅊ ㅋ ㅌ ㅍ ㅎ 모음 : ㅏ ㅐ ㅑ ㅒ ㅓ ㅔ ㅕ ㅖ ㅗ ㅘ ㅙ ㅚ ㅛ ㅜ ㅝ ㅞ ㅟ ㅠ ㅡ ㅢ ㅣ

제3장 소리에 관한 것

제1절 된소리	제2절 구개음화	제3절 'ㄷ' 소리 받침	제4절 모음		제5절 두음법칙			제6절 겹쳐나는 소리
5항	6항	7항	8항	9항	10항	11항	12항	13항
된소리 표기	'ㄷ, ㅌ' 표기	'ㅅ' 표기	'계, 례, 몌, 폐, 혜' 'ㅖ'로 표기	'ㅢ' 표기	한자어 녀 뇨 뉴 니 → 여 요 유 이	한자어 랴 려 례 료 류 리 → 야 여 예 요 유 이	한자어 라 래 로 뢰 루 르 → 나 내 노 뇌 누 느	같은 글자로 표기
1. 두 모음 사이 된소리 어깨 오빠 소쩍새 가끔 으뜸 기쁘다 2. 'ㄴ, ㄹ, ㅁ, ㅇ' 뒤 된소리 산뜻 살짝 담뿍 다만, 'ㄱ, ㅂ' 받침 뒤 된소리 X 국수 싹둑 깍두기	맏이 같이 끝이 굳이 해돋이	덧저고리 돗자리 웃어른 핫옷 핫아비	혜택 계집 핑계 폐품 •게 게송(偈頌) 게시판(揭示板) 휴게실(休憩室) 게양(揭揚)	늴리리 닁큼 띄어쓰기 하늬바람 희망	**두음법칙** 여자(女子) 요소(尿素) 유대(紐帶) 익명(匿名) 연세(年歲) 이토(泥土) **첫머리 이외는 본음** 남녀(男女) 당뇨(糖尿) 결뉴(結紐) 은닉(隱匿) **둘째 음절 이하 적용** 신여성(新女性) 공염불(空念佛) 남존여비(男尊女卑)	**두음법칙** 양심(良心) 용궁(龍宮) 역사(歷史) 유행(流行) 예의(禮儀) 이발(理髮) **첫머리 이외는 본음** 선량(善良) 쌍룡(雙龍) **'모음', 'ㄴ' 받침 뒤 적용** 렬(列, 烈, 裂, 劣), 률(律, 率, 栗, 慄) 규율(規律) 선열(先烈) 비율(比率) 진열(陳列) 실패율(失敗率) 전율(戰慄) 분열(分裂) 백분율(百分率) **준말 본음** 국련(국제 연합) 국연X	낙원(樂園) 뇌성(雷聲) 내일(來日) 누각(樓閣) 노인(老人) 능묘(陵墓) **고유어, 외래어 + 난(欄)** 어린이난 어머니난 가십난 스포츠난 **한자어 + 란(欄)** 가정란 공란 **둘째 음절 이하 적용** 내내월(來來月) 실낙원(失樂園) 중노동(重勞動) 비논리적(非論理的)	딱딱 씩씩 쌉쌀하다 씁쓸하다 짭짤하다 연연불망 유유상종 **예외** 연년생 열렬하다 냉랭하다 늠름하다 녹록하다 염념불망

제4장 형태에 관한 것

제1절	제2절 어간과 어미				제3절 접미사가 붙어서 된 말							
14항	15항	16항	17항	18항	19항	20항	21항	22항	23항	24항	25항	26항
체언 조사 구분	어간 어미 구분	모음 조화	조사 '요'	규칙과 불규칙	어간+이, 음(ㅁ) → (명) 어간+이, 히 → (부)	명사+이 → (명) 명사+이 → (부)	자음 시작 접미사	어간+접미사	'하다', '거리다' 어근+이 → (명)	'-거리다' → '이다'	'-하다' 어근 +히, 이 → (부) 부사+-이 → (부)	'하다' '없다'
			읽어 읽어요 좋지 좋지요 참으리 참으리오	**규칙활용** ① 'ㄹ' 살다 사니 산 사오 ② 'ㅡ' 담그아 → 담가(담궈X) **불규칙활용** 1. 어간이 바뀐 경우 ① 'ㅅ' 낫다 나아 나으니 나았다 ② 'ㄷ' 싣다[載] 실어 실으니 실었다 ③ 'ㅂ' 돕다[助] 도와 도와서 도와도 ④ '르' 가르다 갈라 갈랐다 ⑤ '우' 푸다 퍼 펐다 2. 어미가 바뀐 경우 ① '여' 하다 하여 하여서 하여도 하여라 ② '러' 푸르다 푸르러 푸르렀다 3. 어간과 어미가 바뀐 경우 ① 'ㅎ' 파랗다 파라니 파랄 파라면 파라오	1. '이' → (명) 길이, 길이, 높이 2. '음(ㅁ)' → (명) 얼음, 믿음, 앎 3. '이' → (부) 같이, 높이, 짓궂이 4. '히' → (부) 밝히, 익히, 작히 붙임. 명사로 바뀐 것 너머(←넘-+-어) 주검(←죽-+-엄) 마개(←막-+-애) 무덤(←묻-+-엄) 붙임. 부사로 바뀐 것 너무(←넘-+-우) 바투(←밭-+-우) 자주(←잦-+-우) 차마(←참-+-아) 붙임. 조사로 바뀐 것 나마(←남-+-아) 부터(←붙-+-어) 조차(←좇-+-아)	명사로 바뀐 것 곰배팔이 바둑이 부사로 바뀐 것 곳곳이 낱낱이 몫몫이 집집이 '이' 외 모음 접미사 바가지(←박+-아지) 터럭(←털+-억) 끄트머리(←끝+-으머리) 지붕(←집+-웅) 꼬락서니(←꼴+-악서니)	명사 뒤 값지다 넋두리 빛깔 어간 뒤 뜯게질 굵다랗다 굵직하다 깊숙하다 넓적하다 높다랗다 늙수그레하다 널따랗다 널찍하다 얄따랗다 짤따랗다	쌓이다 앉히다 뚫리다 웃기다 돋우다 돋구다 맞추다 일으키다 돌이키다 없애다 받치다 밭치다 놓치다 흩뜨리다 흩트리다 미덥다 우습다 미쁘다	깔쭉이 꿀꿀이 눈깜짝이 더펄이 배불뚝이 삐죽이 살살이 쌕쌕이 오뚝이 코납작이 푸석이 홀쭉이 깍두기 딱따구리 얼루기 부스러기 칼싹두기 뻐꾸기	지껄이다	어근+히, 이 급히 꾸준히 도저히 깨끗이 반듯이 딱히 부사+이 곰곰이 더욱이 생긋이 오뚝이 일찍이 해죽이 꼼꼼히 푼푼히	숱하다 푹하다 열없다

제4장 형태에 관한 것

제4절 합성어 및 접두사					제5절 준말								
27항	28항	29항	30항	31항	32항	33항	34항	35항	36항	37항	38항	39항	40항
원형	ㄹ 탈락	ㄹ→ㄷ	사이시옷	ㅂ, ㅎ 덧나는 것	모음 축약	체언+조사	ㅏ,ㅓ+ 아, 어, 았, 었	ㅗ,ㅜ+ 아, 어, 았, 었	ㅣ+어 → ㅕ				거센소리
꺾꽂이 꽃잎 홑몸 윗니 빗나가다 새파랗다 샛노랗다 시꺼멓다 싯누렇다 올벼	나날이 다달이 싸전 화살 우짖다 여닫이 여닫다 미닫이 따님 바느질	섣달 푿소 숟가락 사흗날 이튿날 삼짇날 반짇고리 잗다랗다 잗다듬다	귓밥 냇물 냇가 잇몸 바닷가 나뭇잎 아랫집 전셋집 햇바늘 예삿일 아랫니 훗일 곳간(庫間) 셋방(貰房) 숫자(數字) 찻간(車間) 툇간(退間) 횟수(回數) 머리말 인사말 반대말 소개말 예사말 농사일	1. 'ㅂ' 소리가 덧나는 것 멥쌀(메ㅂ쌀) 볍씨(벼ㅂ씨) 입때(이ㅂ때) 입쌀(이ㅂ쌀) 접때(저ㅂ때) 좁쌀(조ㅂ쌀) 햅쌀(해ㅂ쌀) 댑싸리(대ㅂ싸리) 2. 'ㅎ' 소리가 덧나는 것 수캐(수ㅎ개) 수컷(수ㅎ것) 수탉(수ㅎ닭) 안팎(안ㅎ밖) 암캐(암ㅎ개) 암컷(암ㅎ것) 암탉(암ㅎ닭) 살코기(살ㅎ고기) 머리카락(머리ㅎ가락)	기러기야→기럭아 어제저녁→엊저녁 가지고→갖고 가지지→갖지 디디고→딛고 디디지→딛지	무엇이 ↓ 뭣이 무에 무엇을 ↓ 뭣을 무얼 뭘	가 갔다 켜 켰다 서 섰다 개어 개 세어 세 하여 해	꼬아 꽈 보아 봐 쏘아 쏴 놓아 놔 되어 돼 쇠어 쇄	가지어 가져 견디어 견뎌	싸이다 쌔다 누이다 뉘다 펴이다 폐다 보이다 뵈다 쓰이다 씌다	싸이어 쌔어 싸여 뜨이어 띄어 보이어 뵈어 보여 쓰이어 씌어 쓰여	그렇잖은 적잖은 만만찮다 변변찮다	간편하게 간편케 다정하다 다정타 정결하다 정결타 가하다 가타 흔하다 흔타

제5장 띄어쓰기

제1절 조사	제2절 의존명사 단위를 나타내는 명사 및 열거하는 말					제3절 보조용언	제4절 고유명사 및 전문용어		
41항	42항	43항	44항	45항	46항	47항	48항	49항	50항
조사	의존명사	단위명사	수	열거	단음절	보조용언	이름, 호, 호칭, 관직명	고유명사	전문용어
꽃이 꽃마저 꽃밖에 꽃에서부터 꽃으로만 꽃이나마 꽃이다 꽃입니다 멀리는 웃고만	수, 뿐, 데 ,바, 지, 것, 줄, 터, 만, 리, 대로, 만큼, 뿐, 만 나도 할 수 있다. 네가 뜻한 바를 알겠다. 그가 떠난 지가 오래다. 아는 것이 힘이다. 먹을 만큼 먹어라. 아는 이를 만났다.	손(2) 고등어 한 손 조기 한 손 죽, 갓, 뭇(10) 버선 한 죽 청어 한 갓 굴비 한 갓 삼치 한 뭇 두름, 코, 축, 쾌, 제(20) 굴비 한 두름 낙지 한 코 오징어 한 축 북어 한 쾌 한약 한 제 거리(50) 오이 한 거리 가지 한 거리 쌈(24) 바늘 한 쌈 접, 톳(100) 배추 한 접 김 한 톳	'만(萬)' 단위 띄어쓰기	국장 겸 과장 열 내지 스물 청군 대 백군 책상, 걸상 등 이사장 및 이사들 사과, 배, 귤 등등 사과, 배 등속 부산, 광주 등지	좀더 큰것 이말 저말 한잎 두잎	원칙 / 허용 불이 꺼져 간다. / 불이 꺼져간다. 내 힘으로 막아 낸다. / 내 힘으로 막아낸다. 비가 올 듯하다. / 비가 올듯하다. 그 일은 할 만하다. / 그 일은 할만하다. 일이 될 법하다. / 일이 될법하다. 비가 올 성싶다. / 비가 올성싶다. 잘 아는 척한다. / 잘 아는척한다. 책을 읽어도 보고……. 네가 덤벼들어 보아라. 이런 기회는 다시없을 듯하다. 그가 올 듯도 하다. 잘난 체를 한다.	김양수(金良洙) 서화담(徐花潭) 채영신 씨 최치원 선생 박동식 박사 충무공 이순신 장군	대한 중학교 대한중학교 한국 대학교 사범 대학 한국대학교 사범대학	만성 골수성 백혈병 만성골수성백혈병 중거리 탄도 유도탄 중거리탄도유도탄

제6장 그 밖의 것

51항		52항 한자의 본음과 속음		53항	54항		55항	56항	57항
이	히	본음	속음	-(으)ㄹ게 -(으)ㄹ걸 -(으)ㄹ진대 -(으)ㄹ진저 -(으)ㄹ까? -(으)ㄹ쏘냐? -(으)ㄹ꼬? -(으)리까? -(스)ㅂ니까?	꾼	심부름꾼, 익살꾼, 일꾼, 장난꾼	맞추다 입을 맞춘다. 양복을 맞춘다. 뻗치다 다리를 뻗친다. 멀리 뻗친다.	1. 과거 : '-더라','-던' 얼마나 놀랐던지 몰라 2. 선택 : '-든지' 배든지 사과든지 마음대로 먹어라. 가든지 오든지 마음대로 해라.	비슷한 단어 구별
깨끗이 버젓이 번번이 일일이 집집이 틈틈이 *깊숙이 나직이 수북이 빽빽이 촉촉이 끔찍이 두둑이 멀찍이 나지막이	작히 족히 이, 히 →히 솔직히꼼꼼히	승낙(承諾)	수락(受諾), 쾌락(快諾), 허락(許諾)		깔	때깔, 빛깔, 성깔			
		안녕(安寧)	의령(宜寧), 회령(會寧)		때기	귀때기, 볼때기, 판자때기			
		분노(忿怒)	대로(大怒), 희로애락(喜怒哀樂)		꿈치	뒤꿈치, 팔꿈치			
		토론(討論)	의논(議論)		빼기	이마빼기, 코빼기, 악착빼기, 곱빼기			
		오륙십(五六十)	오뉴월, 유월(六月)		쩍다	객쩍다, 겸연쩍다			
		십일(十日)	시방정토(十方淨土), 시왕(十王), 시월(十月)		데기	새침데기, 부엌데기			
		팔일(八日)	초파일(初八日)		박이	붙박이, 판박이, 점박이, 오이소박이, 차돌박이			

02. 표준 발음법

제1장 총칙

1항	표준 발음법은 표준어의 실제 발음을 따르되, 국어의 전통성과 합리성을 고려하여 정함을 원칙으로 한다.

제2장 자모

2항	3항	4항	5항 이중모음
자음 19	모음 21	단모음 10	'ㅑ ㅒ ㅕ ㅖ ㅘ ㅙ ㅛ ㅝ ㅞ ㅠ ㅢ'는 이중 모음으로 발음 다만 1. 져[저], 쪄[쩌], 쳐[처]: 가지어→가져[가저], 찌어→쪄[쩌], 다치어→다쳐[다처] 다만 2. '예, 례' 이외는 [ㅔ]발음 허용: 계집[계 : 집/게 : 집], 혜택[혜 : 택/헤 : 택] 다만 3. 자음이 첫소리인 'ㅢ'는 [ㅣ]로 발음: 늴리리[닐리리], 닁큼[닝큼], 무늬[무니], 띄어쓰기[띠어쓰기], 희망[히망] 다만 4. 첫음절 이외의 '의'는 [ㅣ]로, 조사'의'는 [ㅔ]로 발음 허용: 주의[주의/주이], 협의[혀븨/혀비], 우리의[우리의/우리에], 국어의 의의[국어에 의이] 민주주의의 의의 [민주주이에 의 : 이/민주주의의 의의/민주주이에 의 : 의] [민주주이에 으 : 이 X]

제3장 음의 길이

6항 단어의 첫음절만 장음	7항 단음
눈보라[눈 : 보라] / 많다[만 : 타]	어간+모음 어미 또는 어간+피동 사동 접미사 감다[감 : 따] 감기다[감기다] 감으니[가므니] 밟다[밥 : 따] 밟히다[발피다] 밟으면[발브면]
다만, 합성어의 경우에는 둘째 음절 이하에서도 장음 인정 반신반의 [반 : 신바 : 늬/반 : 신바 : 니] 재삼재사 [재 : 삼재 : 사]	예외 끌다[끌 : 다] — 끌어[끄 : 러] 떫다[떨 : 따] — 떫은[떨 : 븐] 벌다[벌 : 다] — 벌어[버 : 러] 썰다[썰 : 다] — 썰어[써 : 러] 끌리다[끌 : 리다] 없애다[업 : 쌔다]
붙임. 단음절 어간+어미 '-아/-어' 축약되는 경우 장음 보아→봐[봐 :] 되어→돼[돼 :] 두어→둬[둬 :] 하여→해[해 :]	
눈[눈 :] 내리는 저녁에 밤[밤 :]을 먹으면서 말[말 :]하다.	

제4장 받침의 발음

8항	9항 홑받침, 쌍받침	10항 겹받침	11항 겹받침
음절의 끝소리 규칙 'ㄱ, ㄴ, ㄷ, ㄹ, ㅁ, ㅂ, ㅇ' 7개 자음만 발음	ㄲ,ㅋ→ㄱ, ㅅ, ㅆ, ㅈ, ㅊ, ㅌ→ㄷ ㅍ→ㅂ	ㄳ→ㄱ ㄵ→ㄴ ㄼ, ㄽ, ㄾ→ㄹ ㅄ→ㅂ	ㄺ→ㄱ ㄻ→ㅁ ㄿ→ㅂ
	닦다[닥따] 키읔[키윽] 웃다[욷 : 따] 있다[읻따] 꽂[꼳] 덮다[덥따]	넋[넉] 앉다[안따] 여덟[여덜] 없다[업 : 따] 밟다[밥 : 따] 밟소[밥 : 쏘] 넓죽하다[넙쭈카다] 넓둥글다[넙뚱글다]	닭[닥] 흙과[흑꽈] 맑다[막따] 삶[삼 :] 읊고[읍꼬] 'ㄺ'은 'ㄱ' 앞에서 [ㄹ] 맑게[말께] 묽고[물꼬] 얽거나[얼꺼나]

12항 받침 'ㅎ'
1. ㅎ(ㄶ, ㅀ)+ㄱ, ㄷ, ㅈ→ㅋ, ㅌ, ㅊ 놓고[노코] 좋던[조 : 턴] 쌓지[싸치] 많고[만 : 코]
붙임 1 ㄱ(ㄺ), ㄷ, ㅂ(ㄼ), ㅈ(ㄵ)+ㅎ→ㅋ, ㅌ, ㅍ, ㅊ 각하[가카] 먹히다[머키다] 밝히다[발키다]
붙임 2 옷 한 벌[오탄벌] 낮 한때[나탄때] 숱하다[수타다]
3. ㅎ+ㄴ→[ㄴ]으로 발음 놓는[논는] 쌓네[싼네]
4. ㅎ(ㄶ,ㅀ) + 모음으로 시작하는 어미, 접미사 → ㅎ 발음X 낳은[나은] 놓아[노아] 많아[마 : 나] 않은[아는]

13항	14항	15항	16항
홑받침, 쌍받침 + 모음 형식형태소 (어미, 조사, 접사)	겹받침 + 모음 형식 형태소 (어미, 조사, 접사)	받침 + 'ㅏ,ㅓ,ㅗ,ㅜ,ㅟ' 실질 형태소	자모 이름 발음
끝을[끄틀]	넋이[넉씨]	밭 아래[바다래]	디귿이[디그시]
깎아[까까]	앉아[안자]	늪 앞[느밥]	키읔이[키으기]
낮이[나지]	닭을[달글]	젖어미[저더미]	피읖이[피으비]
밭에[바테]	젊어[절머]	맛없다[마덥따]	
앞으로[아프로]	곬이[골씨]	헛웃음[허두슴]	
덮이다[더피다]	없어[업 : 써]	꽃 위[꼬뒤]	
		넋 없다[너겁따]	
		닭 앞에[다가페]	

제5장 음의 동화

17항 구개음화	18항 비음화			19항 비음화	
굳이[구지]	백마[뱅마]	긁는[긍는]	키읔만[키응만]	담력[담 : 녁]	막론[막논→망논]
밭이[바치]	먹는[멍는]	몫몫이[몽목씨]	앞마당[암마당]	강릉[강능]	석류[석뉴→성뉴]
같이[가치]	국물[궁물]	젖멍울[전멍울]	옷맵시[온맵씨]	종로[종노]	십리[십니→심니]

20항 유음화	21항 비표준발음	22항 반모음첨가
칼날[칼랄] 물난리[물랄리] 별내[별래] 생일날[생일랄] 할는지[할른지]	감기[감 : 기](X[강 : 기])	되어[되어/되여]
붙임. 'ㄴ'이 'ㄾ','ㅀ' 뒤에 있을 때: 뚫는[뚤른]	문법[문뻡](X[뭄뻡])	피어[피어/피여]
다만, 의견란[의 : 견난] 임진란[임 : 진난] 생산량[생산냥] 결단력[결딴녁] 공권력[공꿘녁] 이원론[이 : 원논]	꽃길[꼳낄](X[꼭낄]) 꽃밭[꼳빧](X[꼽빧])	이오[이오/이요] 아니오[아니오/아니요]

제6장 경음화

23항	24항	25항	26항	27항	28항
국밥[국빱]	신고[신 : 꼬]	넓게[널께]	갈등[갈뜽]	할 것을[할꺼슬]	문-고리[문꼬리]
깎다[깍따]	앉고[안꼬]	핥다[할따]	발동[발똥]	할 바를[할빠를]	눈-동자[눈똥자]
삯돈[삭똔]	얹다[언따]	훑소[훌쏘]	말살[말쌀]	할 수는[할쑤는]	신-바람[신빠람]
닭장[닥짱]	닮고[담 : 꼬]	떫지[떨 : 찌]	물질[물찔]	만날 사람[만날싸람]	잠-자리[잠짜리]
옆집[엽찝]	젊지[점 : 찌]		몰상식[몰쌍식]	할걸[할껄]	등-불[등뿔]
				할밖에[할빠께]	유리잔[유리잔]

제7장 음의 첨가

29항			30항 사이시옷
이	여	요	냇가[내 : 까/낻 : 까]
솜-이불[솜 : 니불]	한-여름[한녀름]	담-요[담 : 뇨]	샛길[새 : 낄/샏 : 낄]
홑-이불[혼니불]	남존-여비[남존녀비]	눈-요기[눈뇨기]	콧등[코뜽/콛뜽]
막-일[망닐]	신-여성[신녀성]	영업-용[영엄뇽]	콧날[콛날→콘날]
야	남존-여비[남존녀비]	유	아랫니[아랟니→아랜니]
내복-약[내 : 봉냑]	신-여성[신녀성]	식용-유[시공뉴]	나뭇잎[나묻닙→나문닙]

03. 외래어 표기법

장	항	내용	항	내용
제1장 표기원칙	1항	외래어는 국어의 현용 24 자모만으로 적는다.	4항	파열음 표기에는 된소리를 쓰지 않는 것을 원칙으로 한다. **예외** 빵, 껌, 히로뽕, 마오쩌둥
	2항	외래어의 1 음운은 원칙적으로 1 기호로 적는다.	5항	이미 굳어진 외래어는 관용을 존중하되, 그 범위와 용례는 따로 정한다. 예 슈퍼마켓(supermarket), 오렌지, 초콜릿, 소파, 라디오, 카메라
	3항	받침에는 'ㄱ, ㄴ, ㄹ, ㅁ, ㅂ, ㅅ, ㅇ'만을 쓴다.		
제2장		표기 일람표(기본서 참고)		

제3장 표기세칙

1항	2항	3항				4항			
무성 파열음 ([p], [t], [k])	유성 파열음 [b], [d], [g]	마찰음 ([s], [z], [f], [v], [θ], [ð], [ʃ], [ʒ])				파찰음 ([ʦ], [ʣ], [ʧ], [ʤ])			
gap[gæp] 갭 cat[kæt] 캣 apt[æpt] 앱트 make[meik] 메이크 cape[keip] 케이프	land[lænd] 랜드 lobster[lɔbstə] 로브스터 랍스터	[ʃ]어말	시 flash[flæʃ] 플래시 brush[brʌʃ] 브러시 English[ˈɪŋglɪʃ] 잉글리시 dash[dæʃ] 대시	[ʃ]모음	'샤', '섀', '셔', '셰', '쇼', '슈', '시' shark[ʃɑːk] 샤크 eyeshadow[ˈaɪʃædəʊ] 아이섀도 milkshake[ˈmɪlkʃeɪk] 밀크셰이크 shopping[ʃɔpiŋ] 쇼핑 shoe[ʃuː] 슈 leadership[ˈliːdəʃɪp] 리더십	[ʦ], [ʣ] 어말, 자음 앞	'츠', '즈' Keats[kiːʦ] 키츠 bodds[ɔdz] 오즈 Pittsburgh[pitsbəːg] 피츠버그	[ʧ], [ʤ] 모음 앞	'ㅊ', 'ㅈ' chart[ʧɑːt] 차트 virgin[vəːʤin] 버진
		[ʃ]자음	슈 shrimp[ʃrɪmp] 슈림프		jazz[ʤæz] 재즈 mask[mɑːsk] 마스크 thrill[θril] 스릴 graph[græf] 그래프 bathe[beið] 베이드 olive[ɔliv] 올리브	[ʧ], [ʤ] 어말, 자음 앞	'치', '지' switch[swiʧ] 스위치 bridge[briʤ] 브리지 hitchhike[hiʧhaik] 히치하이크		

5항	6항		7항	8항	9항	10항
	유음 [l]		장모음	중모음 [ai],[au],[ei],[ɔi],[ou],[auə]	반모음 [w] [j]	복합어
비음 ([m], [n], [ŋ])	[l] 어말, 자음 앞	받침으로 hotel[houtel] 호텔 pulp[pʌlp] 펄프	team[tiːm] 팀 route[ruːt] 루트	house[haus] 하우스 boat[bout] 보트 tower[tauə] 타워 window[ˈwɪndəʊ] 윈도 snow[snoʊ] 스노		flashgun[flæʃgʌn] 플래시건 top class[tɔpklæs] 톱 클래스/톱클래스
	[l] 모음 앞 비음 앞	ㄹㄹ slide[slaid] 슬라이드 film[film] 필름 helm[helm] 헬름 swoln[swouln] 스월른 Hamlet[hæmlit] 햄릿 Henley[henli] 헨리				

제4장 인명, 지명 표기원칙

1절	2절 동양의 인명, 지명 표기			제3절 바다, 섬, 강, 산 등의 표기(붙여쓰기)	
	1항	2항	3항	1항	3항
	중국 인명		일본의 인명과 지명	바다	한자 사용 지역 지명
표기원칙	孔子 공자 登小平 등소평 胡錦濤 후진타오	중국역사지명	豊臣秀吉 도요토미 히데요시 伊藤博文 이토 히로부미	바다는 '해(海)'로 통일 홍해 발트해 아라비아해	'강', '산', '호', '섬' 등은 겹쳐 적는다. 주장강(珠江) 도시마섬(利島)
			4항	2항	4항
			중국과 일본의 지명	섬	산맥, 산, 강
			東京 도쿄, 동경 京都 교토, 경도 上海 상하이, 상해 臺灣 타이완, 대만 黃下 황허, 황하	우리나라를 제외하고 섬은 모두 '섬'으로 통일 타이완섬 코르시카섬 우리나라: 제주도, 울릉도	'산맥', '산', '강' 등을 겹쳐 적는다. Rio Grande 리오그란데강 Monte Rosa 몬테로사산

04. 유의해야 할 외래어 표기

쟈, 져, 죠, 쥬, 챠, 쳐, 츄 X	
비전	비젼X
주스	쥬스X
차트	챠트X
캐리커처	캐리커쳐X
텔레비전	텔레비젼X

된소리X	
가스	까스X
달러	딸러X
센터	쎈터X
재즈	째즈X
카페	까페X
코냑	꼬냑X
콩트	꽁트X
파리	빠리X
배터리	빳데리X
서비스	써비스X
피에로	삐에로X
모차르트	모짜르트X

거센 소리	
가톨릭	카톨릭X
카디건	가디건X
쿠데타	쿠테타X
요구르트	야쿠르트X
헬리콥터	해리콥터X
호치키스	호치캐스X

나라, 도시	
터키	터어키X
싱가포르	싱가폴X
시칠리아	시실리아X
옥스퍼드	옥스포드X
라스베이거스	라스베가스X
도이칠란트	도이칠란드X
게티즈버그	게티스버그X

애, 에	
새시	샤시, 샷시X
마니아	매니아X
메시지	메세지X
바비큐	바베큐X
소시지	소세지X
악센트	액센트X
오믈렛	오믈릿X
챔피언	챔피온X
코미디	코메디X
탤런트	탈렌트X
팸플릿	팜플렛X
내레이션	나레이션X
내비게이션	네비게이션X
다이내믹	다이나믹X
액세서리	악세사리X
엘리베이터	엘레베이터X
밸런타인데이	발렌타인데이X

우, 위	
데뷔	데뷰X
루주	루즈X
뷔페	부페X
뉘앙스	누앙스X
랑데부	랑데뷰X
리더십	리더쉽X
쥐라기	쥬라기X
플래시	플래쉬X

이/잇	
보닛	보넷X
재킷	자켓X
타깃	타겟X
리포트	레포트X
초콜릿	초콜렛X

일본식 표기	
링거	링겔X
밸런스	발란스X
프러포즈	프로포즈X

음성 모음	
소파	쇼파X
캐럴	캐롤X
캐럿	캐롯X
케첩	케찹X
타월	타올X
스펀지	스폰지X
어댑터	어답터X
미스터리	미스테리X
스탠더드	스탠다드X
커스터드	커스타드X
심포지엄	심포지움X
오리지널	오리지날X

양성 모음	
판다	팬더X
미네랄	미네럴X
색소폰	섹스폰X
할리우드	헐리우드X
다이아몬드	다이야몬드X

사람 이름	
뉴턴	뉴튼X
아서	아더X
루스벨트	루즈벨트X
칭기즈칸	징기스칸X

부정 접두어	
난센스	넌센스X
논픽션	난픽션X
논스톱	난스톱X

둘 다 인정	
샤쓰, 셔츠	
랍(로브)스터	롭스터X

군더더기	
윈도	윈도우X
스트로	스트로우X
스노보드	스노우보드X
러키	럭키X
보트	보우트X
커닝	컨닝X
데생	뎃생X
배지	뱃지X
세트	셋트X
카세트	카셋트X
마사지	맛사지X
앙케트	앙케이트X
플라자	프라자X
러닝셔츠	런닝셔츠X
블라우스	브라우스X
킬로미터	키로미터X
포클레인	포크라인X
하이라이트	하일라이트X
드라이클리닝	드라이크리닝X

부당한 생략	
불도그	불독X
스태프	스탭X
알코올	알콜X
앙코르	앵콜X
케이크	케잌X
콩쿠르	콩쿨XX
티브이	티비X
플루트	플룻X
쇼트커트	숏컷X
알레르기	알러지X
엔도르핀	엔돌핀X
가스레인지	가스렌지X
스테인리스	스텐레스X
레크리에이션	레크레이션X

[ʌ], [ɔ]	
디지털	디지탈X
컨트롤	콘트롤X
컨디션	콘디션X
리모컨	리모콘X
에어컨	에어콘X
커미션	코미션X
컨테이너	콘테이너X
컬렉션	콜렉션X
매스컴	매스콤X
콘서트	컨서트X
콘텐츠	컨텐츠X
콘센트	컨센트X
콘테스트	컨테스트X
콤플렉스	컴플렉스X

기타	
도넛	도너츠, 도우넛X
라이선스	라이센스X
로봇	로보트X
렌터카	렌트카X
류머티즘	류마티스X
멜론	메론X
밀크셰이크	밀크쉐이크X
바통	바톤X
샤부샤부	샤브샤브X
샌들	샌달X
스낵	스넥X
스프링클러	스프링쿨러X
스튜어디스	스튜디어스X
스티로폼	스치로폼X
심벌	심볼X
아콰마린	아쿠아마린X
앰뷸런스	앰뷸란스X
아웃렛	아울렛X
카스텔라	카스테라X
카운슬링	카운셀링X
커튼	커텐X
커피숍	커피샵X
플래카드	플랜카드X

05. 로마자 표기법

제1장 표기의 기본 원칙

1항	국어의 로마자 표기는 국어의 표준발음법에 따라 적는 것을 원칙으로 한다.
2항	로마자 이외의 부호는 되도록 사용하지 않는다.

제2장 표기 일람

1항

1. 단모음

ㅏ	ㅓ	ㅗ	ㅜ	ㅡ	ㅣ	ㅐ	ㅔ	ㅚ	ㅟ
a	eo	o	u	eu	i	ae	e	oe	wi

2. 이중모음

ㅑ	ㅕ	ㅛ	ㅠ	ㅒ	ㅖ	ㅘ	ㅙ	ㅝ	ㅞ	ㅢ
ya	yeo	yo	yu	yae	ye	wa	wae	wo	we	ui

[붙임]
1. 'ㅢ'는 'ㅣ'로 소리 나더라도 'ui'로 적는다.

광희문 Gwanghuimun, 여의도 Yeouido

2. 장모음의 표기는 따로 표기 하지 않는다.

거북선 Geobukseon

2항

1. 파열음

ㄱ	ㄲ	ㅋ	ㄷ	ㄸ	ㅌ	ㅂ	ㅃ	ㅍ
g, k	kk	k	d, t	tt	t	b, p	pp	p

2. 파찰음

ㅈ	ㅉ	ㅊ
j	jj	ch

3. 마찰음

ㅅ	ㅆ	ㅎ
s	ss	h

4. 비음

ㄴ	ㅁ	ㅇ
n	m	ng

5. 유음

ㄹ
r, l

[붙임]
1. 'ㄱ,ㄷ,ㅂ'은 모음 앞에서 'g, d, b'로, 자음 앞이나 어말에서는 'k, t, p'로 적는다.

구미 Gumi, 영동 Yeongdong, 백암[배감] Baegam, 옥천 Okcheon, 합덕 Hapdeok, 호법 Hobeop, 월곶[월곧] Wolgot, 벚꽃[벋꼳] beotkkot , 한밭[한받] Hanbat

2. 'ㄹ'은 모음 앞에서는 'r', 자음 앞이나 어말에서는 'l'로 적는다.(단, 'ㄹㄹ'은 'l l')

구리 Guri, 설악[서락] Seorak, 칠곡 Chilgok, 울릉 Ulleung, 임실 Imsil, 대관령[대괄령] Daegwallyeong

제3장 표기상 유의점

1항

1. 비음화			2. 유음화		3. ㄴ 첨가	4. 구개음화	5. 'ㄱ, ㄷ, ㅂ, ㅈ' + 'ㅎ'=거센소리
역행동화	순행동화	상호동화 ㄱ-ㄹ, ㅂ-ㄹ	순행동화	역행동화			
백마[뱅마] Baengma	종로[종노] Jongno 강릉[강능] Gangneung	극락전[긍낙쩐] Geungnakjeon 독립문[동님문] Dongnimmun 백령도[뱅녕도] Baengnyeongdo 속리산[송니산] Songnisan 촉석루[촉썽누] Chokseongnu 왕십리[왕심니] Wangsimni 압록강[암녹깡] Amnokgang 범륜사[범눈사] Beomnyunsa	별내[별래] Byeollae	신라[실라] Silla 선릉[설릉] Seolleung 대관령[대 : 괄령] Daegwallyeong	알약[알략] allyak 학여울[항녀울] Hangnyeoul	같이[가치] gachi 굳히다[구치다] guchida 해돋이[해도지] haedoji	좋고[조 : 코] joko 잡혀[자펴] japyeo **다만, 체언에서 'ㄱ, ㄷ, ㅂ' 뒤 'ㅎ'일 때** 묵호(Mukho) 집현전(Jiphyeonjeon) **[붙임] 된소리되기는 표기에 반영X** 팔당 Paldang 샛별 saetbyeol

2항	3항	4항	5항	6항	7항	8항
발음상 혼동 시 붙임표(-) 허용 반구대 Ban-gudae 해운대 Hae-undae	**고유 명사 첫 글자는 대문자** 부산 Busan 세종 Sejong	**인명 붙임표(-) 허용** **1. 이름에서 일어나는 음운 변화 표기 X** 한복남 Han Boknam (Han Bok-nam) 홍빛나 Hong Bitna (Hong Bit-na)	**행정구역 붙임표(-)** **붙임표(-) 앞뒤에서 일어나는 음운 변화는 표기X** 제주도 Jeju-do 의정부시 Uijeongbu-si 양주군 Yangju-gun 도봉구 Dobong-gu 신창읍 Sinchang-eup 삼죽면 Samjuk-myeon 인왕리 Inwang-ri 당산동 Dangsan-dong 종로 2가 Jongno 2(i)-ga 시, 군, 읍' 단위는 생략 가능 청주시 Cheongju	**자연 지물명, 문화재명, 인공 축조물명은 붙임표X** 남산 Namsan 경복궁 Gyeongbokgung 무량수전 Muryangsujeon 극락전 Geungnakjeon 안압지 Anapji 남한산성 Namhansanseong	**인명, 회사명, 단체명 등은 그동안 써 온 표기를 쓸 수 있다.**	**연구 논문 등 특수 분야에서 한글 복원을 전제로 표기할 경우 한글 표기를 대상으로 적는다.** 집 jib 밖 bakk 값 gabs 붓꽃 buskkoch 물엿 mul-yeos 굳이 gud-i 좋다 johda

06. 전음법과 전자법

전음법(轉音法) 국어의 단어를 발음대로 적는 방법	전자법(轉字法) 국어의 단어를 표기하는 대로 적는 방법
1. 연음현상 백암[배감] Baegam　설악[서락] Seorak　북악[부각] Bugak　밀양[Miryang] **2. 자음동화** ㄴ 첨가: 알약[알략] allyak 유음화: 신라[실라] Silla　선릉[설릉] Seolleung　별내[별래] Byeollae　대관령[대 : 괄령] Daegwallyeong　광한루[광 : 할루] Gwanghallu 비음화: 왕십리[왕심니] Wangsimni　청량리[청냥니] Cheongnyangni　백마[뱅마] Baengma　답십리[답씸니] Dapsimni　속리산[송니산] Songnisan　독립문[동님문] Dongnimmun　극락전[긍낙쩐] Geungnakjeon　촉석루[촉썽누] Chokseongnu	1. 'ㅢ'는 [ㅣ]로 소리나더라도 ui로 표기 광희문 Gwanghuimun, 여의도 Yeouido 2. 체언에서 받침이 'ㄱ, ㄷ, ㅂ'이고, 두 번째 음절이하의 초성이 'ㅎ'일 때 축약하지 않는 것 집현전[지편전] Jiphyeonjeon　식혜[시켸] sikhye　오죽헌[오주컨] Ojukheon　묵호[무코] Mukho 3. 된소리되기 표기 하지 않는 것 압구정[압꾸정] Apgujeong　낙동강[낙똥강]Nakdonggang 합덕[합떡] Hapdeok　팔당[팔땅] Paldang 샛별[[새 : 별/샏 : 뼐] saetbyeol * 된소리 표기: 볶음밥[보끔밥] bokkeumbap　벚꽃[벋꼳] beotkkot 4. 붙임표(-) 앞뒤의 음운변동 적용하지 않음 삼죽면[삼중면] Samjuk-myeon 인왕리[이낭-니] Inwang-ri

07. 표준어 사정 원칙

제1장 총칙

1항	표준어는 교양 있는 사람들이 두루 쓰는 현대 서울말로 정함을 원칙으로 한다.	2항	외래어는 따로 사정한다.

제2장 발음 변화에 따른

제1절 자음

3항 거센소리 O	3항 거센소리 X	4항 예사소리 O	4항 예사소리 X	5항 어원에서 멀어진 O	5항 어원에서 멀어진 X	6항 한 가지 형태 O	6항 한 가지 형태 X	7항 수컷 접두사 '수-' O	7항 수컷 접두사 '수-' X
끄나풀	끄나불	가을-갈이	가을-카리	강낭-콩	강남-콩	돌	돐	수-꿩	수-퀑/숫-꿩
나팔-꽃	나발-꽃	거시기	거시키	고삿	고샅	빌리다	빌다	수-놈	숫-놈
녘	녁	분침	푼침	사글-세	삭월-세	둘-째	두-째	수-소	숫-소
부엌	부억			울력-성당	위력-성당	셋-째	세-째	수-캉아지	숫-강아지
살-쾡이	삵-괭이			다만, 원형에 더 가까운 형태		넷-째	네-째	수-캐	숫-개
칸	간			갈비	가리	다만, '둘째'는 십 단위 이상의 서수사에 쓰일 때에 '두째'로		수-컷	숫-것
※ '초가삼간, 윗간'의 경우에는 '간'임				갓모	갈모			수-키와	숫-기와
털어-먹다	떨어-먹다			굴-젓	구-젓			수-탉	숫-닭
				말-곁	말-겻	열두-째		수-탕나귀	숫-당나귀
				물-수란	물-수랄	스물두-째		수-톨쩌귀	숫-돌쩌귀
				밀-뜨리다	미-뜨리다			수-퇘지	숫-돼지
				적-이	저으기			수-평아리	숫-병아리
				휴지	수지			예외 : 숫-양, 숫-염소, 숫-쥐	

제2절 모음

8항 음성 모음 O	8항 음성 모음 X	9항 'ㅣ' 역행 동화 O	9항 'ㅣ' 역행 동화 X	10항 단모음 O	10항 단모음 X	11항 발음이 바뀌어진 O	11항 발음이 바뀌어진 X	12항 윗, 위, 웃 O	12항 윗, 위, 웃 X
깡충-깡충	깡총-깡총	-내기	-나기	괴팍-하다	괴퍅-하다	-구려	-구료	윗-눈썹	웃-눈썹
-둥이	-동이	냄비	남비	-구먼	-구면	깍쟁이	깍정이	윗-니	웃-니
발가-숭이	발가-송이	동댕이-치다	동당이-치다	미루-나무	미류-나무	나무라다	나무래다	윗-도리	웃-도리
보퉁이	보통이	'ㅣ' 역행 동화가 일어나지 않은 형태를 표준어로		미륵	미력	미수	미시	윗-목	웃-목
봉죽	봉족			여느	여늬	바라다	바래다	윗-잇몸	웃-잇몸
뻗정-다리	뻗장-다리	아지랑이	아지랭이	온-달	왼-달	상추	상치	위(거센소리 앞에서)	
오뚝-이	오똑-이	기술자에게는 '-장이', 그 외에는 '-쟁이'		으레	으례	시러베-아들	실업의-아들	위-쪽	웃-쪽
주추	주초			케케-묵다	켸켸-묵다	주책	주착	위-층	웃-층
※ '주춧돌'은 맞음		미장이	미쟁이	허우대	허위대	지루-하다	지리-하다	위-턱	웃-턱
예외: 부조, 사돈, 삼촌		유기장이	유기쟁이	허우적-허우적	허위적-허위적	튀기	트기	웃('아래, 위'가 없음)	
		멋쟁이	멋장이			허드레	허드래	웃-돈	윗-돈
		소금쟁이	소금장이			호루라기	호루루기	웃-어른	윗-어른
		담쟁이덩굴/넝쿨	담장이-덩굴					웃-옷	윗-옷
		골목쟁이	골목장이					13항 구(句)	
		발목쟁이	발목장이					구절	귀절
								예외: 귀글, 글귀	

제3장 어휘 선택에 따른

제3절 준말						제4절 단수 표준어						제5절 복수 표준어			
14항 준말		15항 본말		16항 준말과 본말		17항 단수 표준어						18항 복수 표준어		19항 복수 표준어	
O	X	O	X	본말	준말	O	X	O	X			원칙	허용	표준어	표준어
귀찮다	귀치 않다	귀이-개	귀-개	거짓-부리	거짓-불	귀-고리	귀엣-고리	뻐개다[斫]	뻐기다			네	예	거슴츠레하다	게슴츠레하다
김	기음	돗-자리	돗	노을	놀	귀-지	귀에-지	뻐기다[誇]	뻐개다			쇠-	소-	고까	꼬까
똬리	또아리	맵자-하다	맵자다	머무르다	머물다	꼭두-각시	꼭둑-각시	상-판대기	쌍-판대기			괴다	고이다	고린-내	코린-내
무	무우	부스럼	부럼	서두르다	서둘다	너[四]	네	잠-투정	잠-투세			꾀다	꼬이다	교기(驕氣)	갸기
뱀	배암	※정월 보름에 쓰는 '부럼'은 표준어		서투르다	서툴다	넉[四]	너/네	천장	천정			쐬다	쏘이다	구린-내	쿠린-내
생-쥐	새앙-쥐			시-누이	시-뉘/시-누	댑-싸리	대-싸리	-던가	-든가			죄다	조이다	꺼림-하다	께름-하다
솔개	소리개	살얼음-판	살-판	오-누이	오-뉘/오-누	-(으)려고	-(으)ㄹ려고	떨려야	뗄려야			쬐다	쪼이다	나부랭이	너부렁이
온-갖	온-가지	죽-살이	죽-살	외우다	외다	봉숭아	봉숭화	하려고	할려고						
장사-치	장사-아치	한통-치다	통-치다	찌꺼기	찌끼	※봉선화는 표준어		좋아하려야	좋아할래야						

제1절 고어		제2절 한자어				제3절 방언		제4절 단수 표준어					
20항 고어		21항 고유어		22항 한자어		23항 방언과 표준어		25항					
O	X	O	X	O	X	표준어(방언)	표준어	O	X	O	X	O	X
설거지하다	설겆다	까막-눈	맹-눈	개다리소반	개다리밥상	멍게	우렁쉥이	고구마	참감자	붉으락 푸르락	푸르락 붉으락	아주	영판
애달프다	애닯다	늙-다리	노-닥다리	겸-상	맞-상	물-방개	선두리	고치다	낫우다			안다미씌우다	안다미시키다
오동-나무	머귀-나무			고봉-밥	높은-밥	애-순	어린-순	광주리	광우리	새앙손이	생강손이	안쓰럽다	안슬프다
자두	오얏			양-파	둥근-파	24항 방언		길잡이	길앞잡이	샛별	새벽별	안절부절못하다	안절부절하다
				어질-병	어질-머리	O	X	※길라잡이는 표준어		손목시계	팔목시계	알사탕	구슬사탕
				총각-무	알-무/알타리-무	빈대-떡	빈자-떡	까치발	까치다리	순대	골집	애벌레	어린벌레
						생인-손	생안-손	농지거리	기롱지거리	술고래	술꾸러기	얇은꾀	물탄꾀
						역-겹다	역-스럽다	떡보	떡충이	신기롭다	신기스럽다	취락펴락	펴락취락
						코-주부	코-보	부각	다시마자반	※신기하다는 표준어		청대콩	푸른콩
								부스러기	부스럭지	쌍동밤	쪽밤	칡범	갈범

제5절 복수 표준어																	
26항																	
표준어			표준어			표준어			표준어			표준어			표준어		
가뭄	가물		꽃-도미	붉-돔		들락날락	들랑날랑		버들강아지	버들개지		성글다	성기다		여태껏	이제껏	입때껏
가엾다	가엽다		나귀	당-나귀		땅콩	호콩		벌레	버러지		-(으)세요	-(으)셔요		역성-들다	역성-하다	
개수통	설거지통		넝쿨	덩굴		-뜨리다	-트리다		보조개	볼우물		심술꾸러기	심술쟁이		연-달다	잇-달다	
-거리다	-대다		녘	쪽		마파람	앞바람		부침개질	부침질	지짐질	알은척	알은체		옥수수	강냉이	
것	해		눈대중	눈어림	눈짐작	만큼	만치		뾰두라지	뾰루지		어이없다	어처구니없다		욕심꾸러기	욕심쟁이	
고깃간	푸줏간		다달이	매달		모내다	모심다		살-쾡이	삵		어림잡다	어림치다		-이에요	-이어요	
곰곰	곰곰이		닭의장	닭-장		멀찌감치	멀찌가니	멀찍이	삽살-개	삽사리		언덕바지	언덕배기		우레	천둥	
꼬까	때때	고까	댓돌	툇돌		물봉숭아	물봉선화		생	새앙	생강	여쭈다	여쭙다		척	체	
꼬리별	살별		되우	된통	되게	발모가지	발목쟁이		서럽다	섧다		여태	입때		추어올리다	추어주다	

03. 제6장 그 밖의 것

57항 구별하여 적어야 하는 말들

가늠	가름	갈음
헤아리다. 예 높이를 가늠하다.	둘로 나누다. 예 둘로 가름.	교체하다. 대체하다. 예 인사말을 갈음하다.

거름	걸음
비료 예 나무에 거름을 주었다.	걷는 동작 예 빠른 걸음으로 걷다.

거치다	걷히다
경유하다. 예 영월을 거쳐 왔다.	'걷다'의 피동형 예 외상값이 잘 걷힌다.

걷잡다	겉잡다
붙들어 잡다. 예 걷잡을 수 없는 불길 예 걷잡을 수 없는 상태	대충 헤아리다. 예 겉잡아 이틀 걸릴 일

그러므로	그럼으로(써)
그러니까 예 그는 성실하다. 그러므로 잘 산다.	그러는 것으로써 예 그는 열심히 공부한다. 그럼으로써 은혜에 보답한다.

노름	놀음
도박 예 노름판이 벌어졌다.	놀이 예 술래잡기는 즐거운 놀음이다.

느리다	늘이다	늘리다
걸리는 시간이 길다. 예 진도가 느리다.	선을 연장하다. 예 바짓단을 늘이다. 예 고무줄을 늘이다.	넓이, 부피를 키우다. 예 마당을 늘리다. 예 세력을 늘리다.

다르다	틀리다
같지 않다. 예 방법이 서로 다르다.	사실이나 셈이 맞지 않다. 예 답이 틀리다.

다리다	달이다
다리미로 문지르다. 예 옷을 다리다.	액체를 끓여서 진하게 만들다. 예 보약을 달이다.

다치다	닫히다	닫치다
상처를 입다. 예 사람들이 다쳤다.	'닫다'의 피동사 예 문이 바람에 닫혔다. 예 문이 저절로 닫혔다.	세게 닫다. 예 문을 힘껏 닫쳤다.

마치다	맞히다	맞추다
끝내다. 예 일과를 마치다.	적중하다. 예 정답을 맞히다. 예 소박을 맞히다.	비교해서 살피다. 예 일정을 맞춰 보다.

바라다	바래다
기대하다. 예 건강하기를 바라.	배웅하다. 빛이 변하다. 예 옷감의 빛이 바랬다.

바치다	받치다
마음과 몸을 내놓다. 세금을 내다. 예 뇌물을 바치다.	밑을 괴다. 예 우산을 받치다. 예 책받침을 받치다.

받히다	밭치다
'받다'의 피동사 예 쇠뿔에 받히다.	'밭다'의 강세어 예 술을 체에 밭치다.

반드시	반듯이
꼭 예 약속은 반드시 지켜라.	기울거나 비뚤어지지 않고 똑바로 예 반듯이 서라.

지그시	지긋이
슬며시 힘을 주는 모양 예 눈을 지그시 감다.	나이가 비교적 많아 듬직하게 참을성 있게 끈지게 예 그는 나이가 지긋이 들어 보인다.

부딪치다	부딪히다
'부딪다'의 강세 자 타 예 파도가 바위에 부딪쳤다. 예 파도가 뱃전에 부딪쳤다. 예 머리를 전봇대에 부딪쳤다.	'부딪다'의 피동 자 예 파도가 바위에 부딪혔다. 예 파도가 뱃전에 부딪혔다. 예 마차가 화물차에 부딪혔다.

부치다	붙이다
1. 힘이 모자라다. 예 힘이 부치는 일이다. 2. 편지나 물건을 보내다. 예 편지를 부치다. 예 돈을 부치다. 3. 바람을 일으키다. 예 신문지로 연방 바람을 부치다. 4. 농사를 짓다. 예 논밭을 부친다. 5. 전을 익혀서 만들다. 예 빈대떡을 부친다. 6. 회부하다. 예 회의에 부치는 안건 7. 의탁하다. 예 삼촌 집에 숙식을 부친다. 8. 어떤 일을 거론하거나 문제 삼지 않는 상태에 있게 하다. 예 비밀에 부치다. 예 불문에 부치다. *단어 벗어부치다	1. 맞닿아서 떨어지지 않게 하다. 예 우표를 붙이다. 2. 불을 붙게 하다. 예 불을 붙이다. 3. 딸리게 하다. 예 감시원을 붙이다. 4. 노름 싸움 등을 어울리게 하다. 예 흥정을 붙이다. 5. 마음을 당기게 하다. 예 취미를 붙이다. 6. 이름을 지어달다. 예 별명을 붙이다. 7. 기대나 희망을 걸다. 예 희망을 붙이다. 8. 주가 되는 것에 달리거나 딸리다. 예 본문에 주석을 붙이다. 9. 조건을 따르게 하다. 예 조건을 붙이다. *단어 쏘아붙이다 걷어붙이다 밀어붙이다 몰아붙이다

아름	알음
두 팔을 둥글게 모아서 만든 둘레 예 세 아름이나 되는 나무의 둘레	사람끼리 서로 아는 일 예 전부터 알음이 있는 사이

안치다	앉히다
끓이거나 찔 물건을 솥에 넣다. 예 밥을 안치다.	'앉다'의 사동사. 앉게 하다. 예 자리에 앉힌다.

어름	얼음
두 물건의 끝이 서로 닿은 자리 예 바다와 땅이 닿은 어름이 수평선	물이 얼어 고체로 된 것 예 날이 추워 얼음이 얼었다.

웬일	왠지
어찌된 일 예 웬일로 여기까지 왔니?	'왜인지'의 준말 예 그는 왠지 달갑지 않은 표정이다.

이따가	있다가
조금 지난 뒤에 예 이따가 오너라.	어떤 물체를 소유하거나 자격이나 능력 따위를 가진 상태 예 돈은 있다가도 없다.

일체	일절
모든 것, 온갖 것 예 재산 일체를 기부한다.	'전혀'의 뜻으로 행위를 그치게 하거나 어떤 일을 하지 않을 때 쓴다. 예 그 이후로 연락을 일절 끊었다.

저리다	절이다
살이 눌려서 피가 잘 돌지 못해 감각이 둔하다. 예 손발이 저리다.	'절다'의 사동사. (염분을 먹여서) 절게 하다. 예 배추를 절인다.

조리다	졸이다
어육이나 채소 등은 양념하여 바특하게 끓이다. 예 생선을 조린다.	졸아들게 하다. 예 찌개를 졸이다. 마음을 초조하게 하다. 예 마음을 졸인다.

주리다	줄이다
먹는 것을 목지 못해 배곯다. 예 여러 날을 주렸다. 욕망을 못 채워 모자람을 느끼다. 예 그녀는 사랑에 주려 있다.	'줄다'의 사동사 예 비용을 줄인다.

-(으)러(목적)	-(으)려(의도)
가거나 오거나 하는 동작의 목적을 나타내는 연결 어미 예 공부하러 간다.	어떤 행동을 할 의도나 욕망을 가지고 있음을 나타내는 연결어미. 예 서울에 가려 한다.

-노라고	-느라고
자신의 행동에 대한 의도나 목적을 나타내는 연결어미 예 하노라고 한 것이 이 모양이다.	앞 절이 뒤 절의 목적이나 원인이 됨을 나타내는 연결어미 예 공부하느라고 밤을 새웠다.

-느니보다(어미)	-는 이보다(의존명사)
앞 절을 선택하기보다 뒤 절의 사태를 선택함을 나타내는 연결어미 예 나를 찾아오느니보다 집에 있거라.	'사람'의 뜻을 나타내는 의존 명사 '이'에 조사 '보다'가 붙은 말 예 오는 이가 가는 이보다 많다.

-(으)리만큼(어미)	-(으)ㄹ 이만큼(의존명사)
'-ㄹ 정도로'의 뜻을 나타내는 연결어미 예 한 걸음도 더 걷지 못하리만큼 지쳤다.	'사람'의 뜻을 나타내는 의존 명사 '이'에 조사 '만큼'이 붙은 말 예 반대할 이는 찬성할 이만큼 많지 않은 것이다.

-(으)로서(자격)	-(으)로써(수단)
지위나 신분 또는 자격을 나타내는 격조사 예 사람으로서 그럴 수는 없다.	어떤 일의 수단이나 도구를 나타내는 격조사 예 닭으로써 꿩을 대신한다.

-(으)므로(어미)	-(ㅁ, 음)으로(써)(조사)
까닭이나 근거를 나타내는 연결어미 예 그가 나를 믿으므로 나도 그를 믿는다.	어떤 일의 원인이나 이유를 나타내는 격조사 예 그는 믿음으로(써) 산 보람을 느꼈다.

04. 심화 한글 맞춤법

가여운	가엾은

1
① 표준어 규정 제 26항에서는 '가엽다'와 '가엾다'를 복수 표준어로 인정하였다.
예 부모 잃은 [가여운/가엾은] 아이.
② 비슷한 용례: [서럽게/섧게] 운다. (서럽다O/섧다O)

가졌다O	갖었다X

2
① 가지다: '자기 것이 되게 하다.'의 뜻
예 가지다: 가지고, 가지니, 가지어>가져, 가지었다>가졌다
예 갖다: 갖고, *갖어X/*갖었다X.
② 비슷한 용례
· 디디다: 디디어>디뎌, 디디었다>디뎠다. 예 발을 디뎠다.
· 딛다: 딛고(자음 어미 앞에서만 쓰임), *딛었다X

가정란O	가정난X

3
① 한자어 뒤에 오는 1음절의 한자어는 두음법칙을 적용하지 않는다.
예 가정란(家庭欄), 독자란(讀者欄), 학습란(學習欄), 투고란(投稿欄)
② 고유어, 외래어 뒤에서는 두음법칙이 적용된다.
예 어린이난(欄), 어머니난(欄), 스포츠난(欄), 가십난(欄)
[참고]
• 두음법칙이 적용되는 단어는 그 앞에 다른 말이 와서 새로운 단어의 일부가 될 적에도 두음법칙에 따라 적는다.
예 여성(女性) → 신여성(新女性)
• 앞뒤가 짝을 이루는 한자 성어도 그 뒷말을 두음법칙에 따라 적는다.
예 장삼이사(張三李四), 남존여비(男尊女卑), 부화뇌동(附和雷同)

간	칸

4
① '칸'은 한자어 '간(間)'이 바뀐 형태인데, 언중의 발음이 '칸'으로 굳어진 말이다.
② '칸'은 '사방을 둘러막은 그 선의 안'이란 뜻이다.
예 방 한 칸, 중앙으로 한 칸 된 수에 악수 없다. 다음 빈 칸을 채우시오.
③ '초가삼간(草家三間)'은 한자 성어이므로 관용에 따라 '간'으로 적는다.
④ '윗간'은 온돌방에서 아궁이로부터 먼 부분, 굴뚝에 가깝다.

깡충깡충O	깡총깡총X

5
① 모음조화의 규칙성을 인정한 말이었으나 언중의 발음 현상이 양성 모음에서 음성 모음으로 굳어져서 '깡충깡충'을 표준어로 인정하였다.(표준어 규정 제8항)
② 비슷한 용례
• -동이 → -둥이, 발가송이 → 발가숭이, 보통이 → 보퉁이, 봉족 → 봉죽
• 뻗장다리 → 뻗정다리, 앗아, 앗아라 → 아서, 아서라, 오똑이 → 오뚝이

개다O	개이다X

6
개다': '날씨가 맑아지다.'의 뜻 예 날씨가 맑게 개었다.
개이다': '개다'의 피동태로 '개이다'라는 말은 없다.

깨끗이O	깨끗히X

7
① 맞춤법 제 51항에 의하면 '부사의 끝음절이 분명히 '이'로만 나는 것은 '-이'로 적고, '히'로만 나는 것은 '-히'로 적는다.'라고 했다. 그러나 이 것은 막연한 규정으로 발음하는 사람의 습관에 따라 달라질 수 있기 때문에 다음과 같은 규칙성을 제시하고 있다.
② '이'로 적는 것
• 'ㅅ' 받침 뒤에 결합하는 부사화 접미사
예 기웃이, 깨끗이, 느긋이, 남짓이, 따뜻이, 번듯이, 빠듯이, 산뜻이, 지긋이
• 첩어(명사) 뒤에 결합하는 부사화 접미사
예 간간이, 겹겹이, 곳곳이, 나날이, 다달이, 번번이, 알알이, 일일이, 줄줄이
• 부사에 결합하는 접미사
예 곰곰이, 더욱이, 생긋이, 오뚝이, 일찍이, 히죽이, 해죽이
• '-하다'가 붙지 않는 용언 어간에 결합하는 부사화 접미사
예 같이, 굳이, 길이, 높이, 많이, 실없이, 적이, 헛되이
• 'ㅂ' 불규칙 용언의 어간에 결합하는 부사화 접미사
예 가벼이, 기꺼이, 부드러이, 새로이, 새삼스러이, 애처로이, 외로이, 즐거이

깨뜨리다	깨트리다

8 표준어 규정 제 26항에서 '-뜨리다'와 '-트리다'를 복수 표준어로 인정하고 있다.

깨뜨리다, 떨어뜨리다, 쏟뜨리다.
깨트리다, 떨어트리다, 쏟트리다.

고깃배O	고기배X

9 사잇소리 유무에 따라 의미의 분화를 가져온다.

- 고깃배: '고기잡이를 하는 배[船]'라는 뜻. [고기빼]로 발음한다.

구절O	귀절X

10 한자 '구(句)'

'글귀(-句), 귀글(句-)'을 제외하고는 진부 '구'로 읽는다.
구절(句節), 경구(警句), 문구(文句), 시구(詩句), 어구(語句)……

'국제 연합(國際聯合)'의 줄임말

11 ① 주로 네 글자로 되어 있는 한자 단어의 단절은 대체로 첫째 글자와 셋째 글자를 따거나, 둘째 글자와 넷째 글자를 따온다.
② 두음법칙에 해당하는 한자어가 합성어의 준말에서는 소리나는 대로 적는다.(한글 맞춤법 제11항 붙임 3)
③ 용례: 국제연합 → 국련, 대한교육연합회 → 대한교련, 전기 요금 → 전기료

그러다	그렇다

12 ① 그러다(←그리하다): 그러고, 그러지; 그러니, 그런; 그래, 그랬다 → 동사
② 그렇다(←그러하다): 그렇고, 그렇지; 그러니, 그런; 그래, 그랬다 → 형용사

[참고]
그러고 나서: '어떤 일을 끝낸 후'라는 뜻
그리고 나서: '그리다'라는 용언이 따로 없으므로 쓸 수 없다

끼어들기O	끼여들기X

13 끼어들기: '끼어들다'에서 온 말 예 끼어들기를 하지 맙시다.
끼여들기: '끼이어들다'라는 말이 없으므로 틀린 말이다.

나는O	날으는X

14 나는: '날다'의 어간 'ㄹ'이 'ㄴ' 앞에서 탈락한 'ㄹ' 불규칙 용언 예 하늘을 나는 원더우먼
날으는: '날다'가 활용할 때 'ㄹ'이 탈락되므로 '으'가 삽입될 수 없다. 예 하늘을 (*날으는X/나는O) 원더우먼
[참고] 시적 표현을 위하여 '날으는 새' 등으로 표현할 수는 있다.

나무꾼O	나뭇꾼X

15 ① 한글 맞춤법 제54항
- 표준어: -꾼, -깔, -때기, -꿈치, -빼기, -쩍다
- 비표준어: -(ㅅ)군, -(ㅅ)갈, -(ㅅ)대기, -(ㅅ)굼치, -(ㅅ)배기, -(ㅅ)적다

② 용례
- 낚시꾼, 나무꾼, 사기꾼, 소리꾼, 심부름꾼
- 때깔, 빛깔, 성깔, 맛깔
- 귀때기, 볼때기, 판자때기
- 뒤꿈치, 팔꿈치
- 곱빼기, 이마빼기, 코빼기
- 겸연쩍다, 의심쩍다.

③ '언덕배기'는 '언덕바지'와 짝을 맞추기 위하여 '언덕빼기'가 아니라 '언덕배기'로 적는다.(표준어 규정 제26항: '언덕배기'와 '언덕바지'를 복수 표준어로 인정)

내로라O	내노라X

16
① 바른 표기: '내로라'
예 내로라하는 사람들이 다 모였다.
② 어원: 대명사 '나'에서 서술격 조사 '이-', 주어가 화자일 때 쓰이는 선어말 어미 '-오-' (흔히 의도법 선어말 어미나 1인칭 선어말 어미라 불린다.), 평서형 종결 어미, '-다'가 차례로 결합된 형식이다.
③ 합성 과정: [나]+[이-]+[-오-]+[-다] → 나+이+오+다(라) → 내오다 → 내로라
④ 중세 국어에서는 서술격 조사 '이다' 뒤에서 선어말 어미 '-오-'가 '-로-'로 바뀌고, 선어말 어미 '-오-'뒤에서 평서형 어미 '-다'가 '-라'로 바뀌는 현상이 있다.
⑤ '[나]+[이-]+[-오-]+[-다]'는 '내로라[나+이-+-로- +-라]'로 나타난다.

-노라고	-느라고

17
① -노라고: 말하는 이의 말로, '자기 나름으로는 한다고'란 뜻을 표시하는 어미
예 하노라고 했다. 쓰노라고 쓴 게 이 모양이다.
② -느라고: '하는 일로 인하여'란 뜻을 나타내는 어미
예 원고를 쓰느라고 밤을 새웠다. 자느라고 가지 못했다.

-내기	-배기

18
① -내기
• 일부 명사 뒤에서 '그 지역에서 태어나고 자라서 그 지역 특성을 지니고 있는 사람.'
예 시골내기
• 그런 특성을 지닌 사람의 뜻, 흔히 그런 사람을 얕잡아 이를 때 쓴다.
예 신출내기(어떤 일에 처음 나서서 일이 서투른 사람)
② -배기
• 어린아이의 나이를 나타내는 명사구 뒤에 붙어 '그 나이를 먹은 아이'의 뜻
• 몇몇 명사 뒤에 붙어 '그것이 들어 있거나 차 있음, 혹은 그런 물건'을 나타낸다.
예 두 살배기(두 살 먹은 아이), 나이배기(겉보기보다 나이가 많은 사람을 얕잡아 이르는 말), 진짜배기(진짜를 속되게 이르는 말)
[참고] '뚝배기, 학배기(잠자리 애벌레)'는 각각 단일 형태소이다.

늘이다	늘리다

19
① 늘이다: 길이가 있는 물체를 당겨 더 길게 하거나 아래로 길게 처지게 하다.
예 엿가락을 늘이다, 고무줄을 당겨 늘이다. 머리를 길게 땋아 늘이다, 바짓단을 늘이다
② 늘리다: '늘다'의 사동사로 그 반대말은 '줄이다'이다.
예 인원을 늘리다, 재산을 늘리다. 실력을 늘리다

다르다	틀리다

20
① 다르다: '같지 않다'라는 뜻을 지닌 형용사 예 이론과 현실은 다르다.
② 틀리다: '어떤 일이 틀어지다.'라는 뜻의 동사이다.
예 계산이 틀리다.(셈이나 사실 따위가 맞지 않다.)
어, 약속이 틀리는데.(어떤 일이나 사물이 예정된 상태에서 벗어나다.)
[참고] '보통의 것과 다르거나 특출나다.'라는 뜻으로 사용되는 '틀리다'는 동사가 아니라 형용사 문맥에 차츰 쓰여 '다르다'와 비슷한 용법을 보이고 있으나 아직 표준어로 인정받지 못하고 있다.
예 야, 이곳은 분위기부터 틀리다(→ 다르다). 그렇지?

더욱이, 일찍이, 오뚝이O	더우기, 일찌기, 오뚜기X

21
① 한글 맞춤법 제25항 부사에 '-이'가 붙어서 뜻을 더하는 경우에는 부사의 원형을 밝혀 적는다.
예 곰곰이, 더욱이, 생긋이, 오뚝이, 일찍이, 해죽이
② '오또기'는 모음조화 약화 현상에 따라 '오뚝이'로 바꾸었다.

-던	-든

22
① '-던'은 과거의 뜻, '-든'은 선택의 뜻을 나타낸다.
• 과거: 어제 왔던 사람이 진주 신랑감이래. 얼마나 울었던지.
• 선택: 가든(지) 말든(지) 알아서 하시오. 배든(지) 사과든(지).
② '-던'은 회상 시제 선어말 어미 '-더-'에 관형사형 어미 '-ㄴ'이 결합된 형태이며, '-든'은 연결형 어미이다.

-데	-대

① '-데'는 과거에 직접 경험한 내용임을 표시한다.
- 형용사: 어제 보니까 혜정이가 참 예쁘데. 사진을 보니 옛날에는 참 예뻤겠데.
- 동사: 그 아이가 밥을 잘 먹데. 철수가 벌써 제대했데.
- 서술격 조사: 곁에서 보니 참 훌륭한 신랑감이데.('-더라'의 뜻)
- 의문문: 밖에 누게 왔데? 얼마나 되데?('-던가'의 뜻)

23

② '-대'는 '-다(고)해'가 줄어서 된 형태로 남의 말을 전달할 때 쓰인다.
- 형용사: 사람들이 그러는데 진옥이가 예쁘대. / 예뻤대 / 예쁘겠대.
- 동사: 진옥이가 결혼한대.
- 서술격 조사: 진옥이가 학생회장이래. / 학생회장이었대.('-대'가 '-래'로 바뀜)

③ '-(느)ㄴ데'는 스스로 감탄하는 투로 넌지시 상대방의 반응을 묻기도 한다.
- 형용사: 오늘은 날씨가 참 시원한데. 오늘은 기분이 참 좋은데.
- 동사: 두 사람이 아주 잘 어울리는데.
- 서술격 조사: 철수가 아니라 진옥이가 학생회장인데.

④ '-ㄴ데'는 '-ㄴ대'의 구별
- '-ㄴ데': 앞말이 형용사일 때 예 참신한데
- '-ㄴ대': 앞말이 동사일 때 예 결혼한대

⑤ '-던-' 뒤에는 '-데'만 올 수 있고, '-대'는 올 수 없다. 따라서 '-던데'는 가능하여도 '-던대'는 불가능하다.
예 어제는 참 시원하던데, 오늘은 무척이나 무덥다.

돌O	돐X

24

① 표준어 규정 제6항
유사하면서도 차이가 있는 뜻을 구별하기 위하여 발음 형태를 달리 잡았던 낱말들 중, 어느 한 가지 형태만으로 익숙하게 쓰이는 경우 그 한 가지 형태로 통일하였다.

② '주기(週期)'의 뜻으로 쓰였던 '돌'과 첫 생일의 뜻으로 쓰였던 '돐'을 '생일, 주기'의 뜻으로 '돌'로 통일 시켰다.
예 돌떡, 돌잔치, 두 돌을 넘긴 아이, 우리 회사는 창립한 지 열 돌을 맞았다.

되어	돼

25

① 돼: '되어'의 준말 [되어, 되어서, 되었다 → 돼, 돼서, 됐다]

② 돼요, 됐다: '그러면 안 돼요.(← 되어요), 일이 잘 됐다.(← 되었다)'

[참고]
- '되다'는 '되어, 되어라, 되었다'와 같이 '되-'와 '-어'가 결합하여 줄면, '돼-'가 되어 각각 '돼, 돼라, 됐다'가 된다.
- '되-'가 '-어'로 시작하는 어미와 결합하지 않는 경우에는 '돼-'로 줄지 않는다.
- 간접 인용문에서의 명령형은 '하라체'의 '되라'로 나타난다.
  예 할머니께서는 장차 훌륭한 사람이 되라고 말씀하셨다.

띠다	띄다	떼다

26

① 띠다: 어떤 빛깔을 조금 가지다, 용무나 사명을 가지다.
예 미소를 띠다. 하늘이 붉은 색을 띠다. 그는 역사적 사명을 띠고 파견되었다.

② 띄다: '뜨이다'의 준말, 감긴 눈이 열리다. 물건이 눈에 보이다.
예 눈에 띄는 행동을 하지 말아라, 알맞게 띄어 써야 글이 읽기가 쉽다.

③ 떼다: 붙었던 것을 떨어지게 하다. 둘 사이를 벌어지게 하다.
예 젖을 떼다. 벽보를 떼다. 기초 영어를 떼다.

'-ㄹ게'O	'-ㄹ께'X

27

① '-ㄹ게': 구어체에서 어떤 행동을 할 것을 약속하는 것을 나타내는 종결 어미이다.
예 내일은 꼭 갈게.

-ㄹ는지O	-ㄹ런지X

28

① '-ㄹ는지'가 맞는 표기법이다. 예 우리의 제안을 어떻게 생각할는지 모르겠어.

② '-ㄹ는지' 보다 '-ㄹ지'가 더 자연스러운 문장이 된다. 예 우리의 제안을 어떻게 생각할지 모르겠어.

-로서	-로써

29

① -로서: 지위나 신분 또는 자격을 나타내는 부사격 조사, 어떤 동작이 일어나거나 시작되는 곳
예 그는 친구로서는 좋으나, 남편감으로서는 부족한 점이 많다.
예 그 싸움은 나로서 시작되었다.
② -로써: • 어떤 물건의 재료나 원료, 수단이나 도구를 나타내는 부사격 조사, 셈의 한계
예 말로써 천 냥 빚을 갚는다고 하였다.
예 내가 그녀를 만나기 위해서 시도한 게 이번으로써 열 번째이다.
• '로써'의 '써'를 생략할 수 있다.
예 눈물로(써) 호소하다.

마파람	안팎

30

① 한글 맞춤법 제31항
옛말에 'ㅎ' 끝소리를 가지고 있던 낱말인 '머리[←마리:頭], 살[←슳: 肌], 수[雄], 암[雌], 안[內], 마[霖雨]'등에 다른 낱말이 결합하여 이루어진 합성어 중에서 'ㅎ'음이 첨가되어 발음되는 낱말은 소리나는 대로(뒤 소리의 첫소리를 거센소리로) 적는다.
② 용례: 머리ㅎ+가락>머리카락, 살ㅎ+고기>살코기, 수ㅎ+개>수캐, 암ㅎ+닭>암탉, 안ㅎ+밖>안팎, 마ㅎ+바람>마파람

만듦, 이끎O	만듬, 이끔X

31

① '만들다, 이끌다'의 명사형은 '만듦, 이끎'이다. 즉 '-ㄹ'로 끝나는 말의 명사형은 '-ㄻ'형이다. 다만, '삶, 앎'은 파생 명사의 용법도 지닌다.
② '울다, 얼다'의 파생 명사는 '울음, 얼음'으로 '-ㄹ'로 끝나는 말의 파생 명사는 '-ㄹ음'형이다.
③ '울다, 얼다'의 명사형, '욺, 얾'은 대체로 어색한 어형이다.
예 *강이 꽁꽁 얾에 따라......

맞는	알맞은

32

① 맞는: 동사로서 기본형은 '맞다'이다. 현재 관형사형 '-는'이 결합될 수 있다.
예 맞는 일, 맞지 않는 일.(보조 용언이 '-는'을 취함)
② 알맞은
• 형용사로서 기본형은 '알맞다'이다. 현재 관형사형 '-(으)ㄴ'이 결합된다.
예 알맞은 일, 알맞지 않은 일.(보조 용언이 '-(으)ㄴ'이 결합된다).
• '걸맞다'도 형용사로 '분위기에 걸맞은 옷차림' 등으로 쓰인다.

맞추다	맞히다

33

① 맞추다
• 서로 틀리거나 어긋남이 없도록 일치하게 하다.
예 계산을 맞추다. 발을 맞추어 걷다. 음식의 간을 맞추다.
• 제 자리에 맞게 갖다 연결시키다.
예 입을 맞추다. 기계를 뜯었다 맞추다. 양복을 맞추다. 짝을 맞추다.
• '보다'와 함께 쓰이어 서로 틀리거나 어긋남이 없는가를 마주 대어 보고 살피다.
예 영희는 자신이 쓴 답과 텔레비전에서 제시한 답안을 맞추어 보더니 기뻤다.
② 맞히다.
예 옳은 답을 대다. 예 프로 야구 우승팀을 맞히다. 정답을 맞히다.
예 목표에 맞게 하다. 예 화살로 과녁을 맞히다.
예 눈, 비 또는 침이나 매 따위를 맞게 하다. 예 비를 맞히다, 예방 주사를 맞히다.

머물러O	머물어X

34

① 머무르다: 머무르고, 머무르니, 머물러/머물렀다.
② 머물다: 머물고, 머무니 *머물어X/머물었다X
[참고] '머무르다, 서투르다, 서두르다'의 준말인 '머물다, 서툴다, 서둘다'는 '-었-, -어'와 같은 모음 어미 앞에서는 쓰이지 않는다.

머지않아	멀지 않아

35

① 한글 맞춤법 제18항 1의 붙임: 'ㄹ'이 준 말은 준 대로 적는다.
예 멀지 않아 → '머지않아'[불원간(不遠間: 부사)]
② 복합어가 아니고 보조 용언을 거느린 본용언으로 사용될 때는 '멀지 않다'가 쓰인다.
예 여기선 학교가 멀지 않다.

멋쟁이, 중매쟁이O	멋장이, 중매장이X

36
① 전통적인 수공업에 종사하는 기술자일 때: '-장이' 예 미장이, 유기장이, 땜장이
② 기술자 이외의 말일 때: '-쟁이'(표준어 규정 제8항 붙임 2)
예 멋쟁이, 중매쟁이, 소금쟁이, 골목쟁이, 담쟁이, 점쟁이, 침쟁이

며칠O	몇 일X

37
① 어원이 불분명한 말은 원형을 밝히지 않고 소리나는 대로 적는다.
② '며칠'을 '몇 일'로 분석한다면, 실질 형태소인 '몇[幾]'과 '일(日)'의 결합 형태인데, 이는 [면일 → 면닐 → 면닐]로 발음되어야 한다. 그런데 형식 형태소인 접미사나 어미, 조사가 결합하는 형식에서와 마찬가지로 'ㅊ' 받침이 내리이어져 [며칠]로 발음되므로 '몇 일'이 아니라 '며칠'이 바른 표기이다.
예 오늘이 몇 월 며칠이냐?

바람	바램

38
① 바람: 소원대로 이루어지기를 기다리다[希]. '바라다'에서 온 말
예 우리의 바람은 오직 남과 북이 하나로 통일되는 것이다.
② 바램: 햇빛이나 습기를 받아 빛이 변하다[變色]. '바래다'에서 온 말
예 저고리의 색이 바램.

반드시	반듯이

39
① 반드시: '꼭, 틀림없이[必]'란 뜻의 부사이다. 예 그는 반드시 온다
② 반듯이
- '비뚤어지거나 기울거나 굽지 않고 바르게'란 뜻의 부사이다.
- '반듯이'는 '반듯하다[直, 正]'의 '반듯-'에 '-이'가 결합되어 파생된 부사이다.
  예 반듯이 서다, 선을 반듯이 그어라.

받치다	받히다	바치다

40
① 받치다: '받다'에 강세 접미사 '-치-'가 붙은 형태이다.
예 우산을 받치다, 그릇을 받쳐 들다. 두 손으로 머리를 받치고 누워 있다.
② 받히다: '받다'에 피동 접미사 '-히-'가 결합되어 피동사가 된 형태이다.
예 기둥에 머리를 받히다. 소에게 받히다.
③ 바치다: 윗사람에게 드린다의 뜻을 지닌 말이다.
예 예물을 바치다. 나라를 위해 목숨을 바치다.

벌이다	벌리다

41
① 벌이다: 일을 베풀어 놓다, 물건을 늘어놓다. 가게를 차리다의 뜻이다.
예 싸움을 벌이다. 사업을 벌이다. 화투짝을 벌여 놓다.
② 벌리다: 두 사이를 넓게 하다의 뜻으로 반대말은 '오므리다, 닫다, (입을) 다물다'이다.
예 입을 벌리다. 밤송이를 벌리고 알밤을 꺼내다. 자루를 벌리다.

부치다	붙이다

42
① 부치다
- 힘이 미치지 못하다. 부채같은 것을 흔들어서 바람을 일으키다.
- 편지 또는 물건을 보내다, 논밭을 다루어서 농사를 짓다.
- 번철에 기름을 바르고 누름적, 전병 따위를 익혀 만들다.
- 어떤 문제를 의논 대상으로 내놓다. 원고를 인쇄로 넘기다.
- 몸이나 식사 따위를 의탁하다.
  예 힘이 부치다. 편지를 부치다. 논밭을 부치다. 빈대떡을 부치다.

② 붙이다
- 붙게 하다, 서로 맞닿게 하다. 두 편의 관계를 맺게 하다.
- 암컷과 수컷을 교합시키다, 불이 옮아서 타게 하다.
- 노름이나 싸움 따위를 어울리게 만들다. 딸려 붙게 하다.
- 습관이나 취미 등이 익숙하게 하다. 이름을 가지게 하다.
- 뺨이나 볼기를 손으로 때리다.
  예 봉투에 우표를 붙이다. 정을 붙이다. 불을 붙이다. 조건을 붙이다, 별명을 붙이다. 취미를 붙이다.

부딪치다	부딪히다

43
① 기본형 '부딪다': 물건과 물건이 힘있게 마주 닿다.
예 뱃전에 부딪는 물결 소리, 벽에 머리를 부딪고 죽다. 눈길이 부딪는 순간......
② 부딪치다: '부딪다'에 강세 접미사 '-치-'가 붙은 형태이다.
예 파도가 바위에 부딪치다. 자전거가 빗길에 자동차와 부딪쳤다.
③ 부딪히다: '부딪다'에 피동 접미사 '-히-'가 붙은 형태이다. 예 자전거에 부딪혀 팔이 부러졌다.

불가불가(不可不可)

44
① 우리의 문장은 구조적 중의성을 띠고 있는 것이 많다. 이러한 구조적 중의성을 해소하기 위해서는 수식어를 피수식어 바로 앞에 놓거나, 반점(,)을 사용하면 해소될 수 있다. 또한 중의적 표현을 완전히 풀어 써도 중의성은 사라질 수 있다.
② '불가불가'
- '불가불, 가': '어쩔 수 없이 한다.'의 뜻
- '불가, 불가': '절대 안 된다'의 뜻 (반점 표시로 중의성을 해소한다.)

③ 비슷한 예
- 슬픈, 곡예사의 운명: 곡예사의 슬픈 운명
- 슬픈 곡예사의, 운명: 마음이 슬픈 곡예사의 운명

[참고] '마음이 슬픈 곡예사의 운명'처럼 수식어를 피수식어 앞에 놓아도 중의성은 해소된다.
④ 관형격 조사 '의'에 의한 중의성
예 어머니의 사진
- 어머니가 가지고 있는 사진
- 어머니를 찍은 사진
- 어머니가 찍은 사진

[참고] 내용에 맞게 풀어 써서 중의성을 해소할 수 있다.

붉다	붉는다

45
① 형용사의 현재형의 표지는 따로 없고 기본 형태가 현재를 나타낸다.
② 동사의 현재형은 '-(으)ㄴ/-는'에 의해서 표시되는데, 그 자체가 진행의 뜻을 간직한다.
③ 형용사 '붉다, 밝다, 맑다, 크다' 등은 사물의 상태를 나타내지만, '붉는다, 밝는다, 맑는다. 큰다' 등 현재 시제의 표지가 연결되면 현재 진행의 뜻을 간직함으로 동사로 바뀐다.
④ 품사의 통용
단어들 가운데는 하나 이상의 문법적 성질을 함께 보여 주는 경우가 있다. 그 중 대표적인 것은 같은 단어가 품사를 달리하면서 문장 성분으로 쓰이기도 하는데, 이를 품사의 통용이라 한다. 전통 문법에서는 품사의 전성이라고 설명하기도 하는데, 한 단어가 둘 이상의 품사적 기능을 공유하고 있는 것으로 본다.

빌다	빌리다

46
① 빌다: '구걸하다[乞]'와 '축원하다[祝]'의 뜻일 때 쓰인다.
예 밥을 빌어먹다, 잘못했다고 빌다. 당신의 행복을 빕니다.
② 빌리다: '꾸어 주다[貸]'와 '꾸어 오다[借]'의 뜻일 때 쓰인다.
예 돈을 빌려 주다. 술의 힘을 빌려 사랑을 고백했다.

사글세O 삭월세X	강낭콩O 강남콩X

47
① 표준어 규정 제5항
어원에서 멀어진 형태로 굳어져서 널리 쓰이는 것은, 그것을 표준어로 삼는다.
② 사글세: '삭월세(朔月貰)'의 변형으로 다루어 왔으나, '다달이 초하룻날 내는 세'라는 어원적 의미도 인식되어 있지 않거니와, 현실적 발음 형태가 '사글세'로 굳어져 있기 때문에 '사글세'를 표준어로 삼는다.
예 사글셋방, 사글셋집
* '월세(月貰)'는 '다달이 내는 세'라는 뜻이 적용되어 그대로 '월세'로 적는다.
③ 강낭콩: '강남(江南)+콩'으로 된 합성어이지만, '강남(중국 양자강 이남)'이란 어원적 의미도 인식되고 있지 않거니와 현실적으로 발음 형태가 [강낭콩]으로 굳어져 있기 때문에 그것을 표준어로 삼는다.

삼가 주십시오O	삼가해 주십시오X

48
- '삼가하다': '삼가하다'라는 말은 없으므로 '삼가해'라는 단어는 성립되지 않는다.
- '삼가다': '조심하다, 경계하다'란 뜻의 말이다.

예 흡연을 삼가 주십시오.

49

싸이어, 쌔어, 싸여

① 한글 맞춤법 제 38항

'ㅏ, ㅗ, ㅜ, ㅡ' 뒤에 '-이어'가 어울려 줄어질 적에는 준 대로 적는다.

② 용례: 싸이어 → 쌔어(싸+이>어)/싸여(싸>이+어)

③ 같은 류의 말

- 보이어 → 뵈어/보여, 쏘이어 → 쐬어/쏘여, 누이어 → 뉘어/누여
- 쓰이어 → 씌어/쓰여, 트이어 → 틔어/트여, 뜨이어 → 띄어

50 

쌍둥이	쌍동밤

① 쌍둥이: '동(童)'에 접미사 '-이'가 결합되어 이루어진 낱말이 접미사화한 '-동이'가 '아이'라는 뜻으로 사용되었고, '바람둥이, 흰둥이'처럼 '아이'라는 뜻을 지니지 않은 말은 '-둥이'로 구별하였는데, 이를 '-둥이'로 통일하였다. 따라서 '쌍동이'가 아니라 '쌍둥이'가 표준어이다.

② 쌍동밤: '쌍동(雙童)'에 접미사 '-이'가 결합된 '쌍동이'가 현대에 와서 '-둥이' 형태의 접미사로 흡수되었지만, '-둥이' 형식이 아닌 경우에는 한자어 '쌍동'의 형태가 유지되기 때문에, '쌍동밤' '쌍동아들' 등은 표준어로 인정하고 있다.

51

생각건대O	생각컨대X

① '하다'가 다른 말에 붙어 용언화할 때 무성음 뒤에서는 '하-'가 생략될 수 있다.

예 거북하지>거북지, 생각하건대>생각건대, 넉넉하지>넉넉지

② '하다'가 유성음 뒤에 붙을 때는 '하-'의 모음만 탈락한다.

예 간편하지>간편치, 다정하지>다정치, 청하건대>청컨대, 무심하지>무심치

52

설거지O	설겆이X

① '설겆다'는 현실적으로 쓰이지 않고 있으므로 사어(死語)로 처리하여 고어의 범주에 넣고 있다.

② '설겆다'가 사어로 처리됨에 따라 '설겆이하다'라는 어휘도 그 원형을 찾을 필요가 없기 때문에 소리나는 대로 '설거지하다'로 적는다.

③ '설거지하다'는 '설거지'에 접미사 '하다'가 붙은 형태이므로 표준어는 '설거지'이다.

53

썩이다	썩히다

① 썩이다: '썩게 하다'의 뜻으로 '속을 썩이다'만 쓰인다.

예 왜 이렇게 속을 썩이니?

② 썩히다: '썩다'의 사동형이다.

예 쌀을 썩히다, 재주를 썩히다.

54

세 살배기O	세 살바기X

· 나이배기: 보기보다 나이가 많아 보이는 사람을 얕잡아 이르는 말이다.

· 바른 표기: 세 살배기 아이.

[참고] 국어의 각 단어는 다른 단어들과 여러 가지 관계를 맺고 있는데, 서로 연관된 단어들은 표기상으로도 그 관련성이 드러나도록 하는 것이 좋다. 즉, '의미상으로 관련된 단어는 표기상으로도 관련되게'라는 원리가 존재한다고 생각하여도 좋을 것이다. 그런데 이 단어와 관련된 단어로 '겉보기보다 나이가 많이 든 사람'을 가리키는 '나이배기'가 있다. 따라서 이 단어의 표기는 기존의 '나이배기'를 고려하여 '-배기' 형태를 표준으로 정하였다.

55

셋째O	세째X

① 표준어 규정 제6항: '둘, 셋, 넷'에 접미사 '-째'가 결합된 형태

② 바른 표기: 둘째, 셋째, 넷째

56

소고기	쇠고기

(표준어 규정 제18항)

① 복수 표준어: 소고기/쇠고기, 소가죽/쇠가죽, 소기름/쇠기름, 소머리/쇠머리

② 비슷한 예: 네/예, 괴다/고이다, 꾀다/꼬이다. 쐬다/쏘이다. 죄다/조이다, 쬐다/쪼이다

아니에요	아니어요

57

① 표준어 규정 제26항: '-이에요, -이어요'를 복수 표준어로 인정하였다.
- 받침 있는 체언 뒤에 둘 다 나타난다.

예 책이에요(이어요)
- 받침 없는 체언 뒤에는 준말인 '-예요, 여요' 형으로 나타난다.

예 저+이에요/이어요>예요/여요 → 저예요/저여요

② '-이에요, -이어요'의 '-이'는 서술격 조사의 어간이므로 체언을 앞세운다.
- '아니다'는 용언이기 때문에 표준어 규정 제26항의 적용이 어렵다.
- 그러나 서술격 조사 '이다'와 형용사 '아니다'는 활용 형태가 거의 동일하다.

③ '이다'와 '아니다' 활용형
- '-아서/-어서'형: 먹어서 / 좋아서 → 책이라서 /책이 아니라서
- '-는구나, -구나'형: 먹는구나/좋구나 → 책이로구나 / 책이 아니로구나

[참고]
- 서술격 조사 '이다'와 '아니다'의 활용 형태는 같이 나타내고 있다.
- 이것은 기원적으로 형용사 '아니다'는 명사 '아니'에 서술격 조사 '이다'가 결합하여 형성되었다는 것을 보여 준다.
- ['아니'(명사)+'이-'(서술격 조사)]의 구조를 가지던 말이 근대 국어 말기에 형용사 어간 '아니-'로 재구조화되었다고 할 수 있다.
- 따라서 '아니다'는 비록 체언이 아니나 서술격 조사 '이다'를 이미 포함하고 있는 말이므로 '이에요, -이어요'에서 서술격 조사 부분 '-이-'가 빠진 '-에요, 어요'가 결합하게 된다.
- 즉, '아니다'에 표준어 규정 제26항을 대입하면, '아니- +-에요/-어요 → 아니에요/아니어요'의 형태가 된다.

아니요	아니오

58

① 아니요: '예'의 상대적인 말로 감탄사로 쓰인다.

예 • 숙제 다 했니? → 예, 다했어요. / 아니요(아뇨), 조금 남았어요.(해요체)
 • 숙제 다 했니? → 응, 다 했어. / 아니, 조금 남았어.(해체)

② 아니오: 형용사 '아니다'의 '하오체' 활용 형태 예 그것은 내 잘못이 아니오.

③ '이다, 아니다' 어간 뒤에 붙어 나열의 뜻을 나타내는 '-요'는 연결형 어미이다.

예 이것은 책이요, 저것은 공책이다.

아뭏든X 아무튼O	어떻든O 어떠튼X

59

① '아뭏다'라는 말은 존재하지 않으므로 '아무튼'이 표준어가 된다.

② '어떻다'는 현재 살이 있는 말이므로 그 어원을 밝혀 '어떻든'이 표준어가 된다.

아지랑이O	아지랭이X

60

ㅣ모음 역행 동화가 일어나지 않은 형태를 표준어로 삼은 규정으로, 이것은 ㅣ모음 역행 동화가 일어나서 발음되는 '아지랭이'와 그렇지 아니한 '아지랑이'가 병용되었으나, 현실적인 발음 형태가 '아지랑이'가 우세하기 때문에 ㅣ모음 역행 동화가 일어나지 않은 '아지랑이'를 표준어로 삼았다.

안	않-

61

① '안'은 '아니'의 준말로 부사이고, '않-'은 '아니하-'의 준말로 용언의 어간이다.

예 안 가다, 안 보이다, 안 먹는다, 안 어울린다, 담배를 안 피운다.

② '않다'는 주로 '-지 않다'와 같이 보조 용언으로 쓰인다.

예 집에 가지 않는다(아니한다). 철수가 먹지 않았다(아니하였다).

안절부절못하다O	안절부절하다X

62

① '안절부절'이란 낱말이 없어, 그 어원이 분명하지 않으나 관용 형태가 '안절부절못하다'로 굳어진 말이므로 표준어로 삼는다.

② '안달하다, 안달복달하다'와 같은 형식에서 유추하여 '안절부절하다'로 쓰이기도 하나, 이것은 어형을 잘못 인식하여 쓰이는 것이다.

애달프다O	애닯다X

63

① 표준어 규정 제20항: 사어(死語)가 되어 쓰이지 않게 된 단어는 고어로 처리하고, 현재 널리 사용되는 단어를 표준어로 삼는다.

② '애닯다'는 예로부터 쓰여 온 형태이지만, 현대에 와서 쓰이지 않게 되고 같은 뜻으로 '애달프다'가 널리 쓰이고 있으므로 '애닯다'는 고어로 처리하고, '애달프다'를 표준어로 삼는다.

-오	-요

64

① '-오'
- '이다, 아니다' 어간, 받침 없는 용언의 어간 등에 붙어 설명, 의문, 명령, 청유 등의 뜻을 나타내는 하오체 종결 어미이다.
  예 어서 오시오. 따님이 참 예쁘오. 정말로 사표를 내는 것이오?
- '-오'는 어미로 생략할 수 없으며, 앞에 '-십시-' 등과 같은 어미가 올 수 있다.
  예 공사 중이니 돌아가 주(십시)오.

② '-요'
- 해요체의 종결 어미에 붙어 높임의 뜻을 나타내는 조사로 생략할 수 있다.
  예 따님이 참 예뻐요.(해요체) → 따님이 참 예뻐.(해체)
- 열거의 기능을 가진 조사로도 사용된다.
  예 이것은 말이요. 저것은 소요. 그것은 호랑이오.

-올시다O	-올습니다X

65

① '-올시다': '-(으)ㅂ니다'를 좀더 친근하게 표현하는 형식이다. (표준어 규정 제17항)
  예 저는 김가올시다. 글쎄올시다. 저는 학생이 아니올시다.
② '-올습니다': '-올시다'를 잘못 인식하여 좀더 점잖게 표현하고자 한 것이나 표준어로 인정하지 않는다.

외톨이	이파리

66

① 한글 맞춤법 제20항: 명사 뒤에 '-이'가 붙어서 된 말은, 그 명사의 원형을 밝히어 적는다.
- 부사: 곳곳이, 낱낱이, 몫몫이, 샅샅이, 앞앞이, 집집이......
- 명사: 곰배팔이, 바둑이, 삼발이, 애꾸눈이, 육손이, 절뚝발이/절름발이......

② 한글 맞춤법 제20항 [붙임]: '-이' 이외의 모음으로 시작된 접미사가 붙어서 된 말은, 그 명사의 원형을 밝히어 적지 아니한다.
  예 꼬락서니(꼴+악서니), 끄트머리(끝+으머리), 모가지(목+아지), 바깥(밝+앝), 사타구니(샅+아구니), 싸라기(쌀+아기)

③ '외톨이': 이 말은 '외돌토리'의 준말로 다루어지기 때문에 '외톨이'가 되었다.
'이파리': '잎+아리>이파리'가 된 것으로 앞의 규정에 따라 표기된 말이다.

우레O	우뢰X

67

① 고유어를 한자어로 잘못 알고 쓴 예, 즉, '우레'를 한자어 '우뢰(雨雷)'에서 온 말이라고 인식한 것, 동의어는 '천둥(天動)'으로 복수 표준어로 인정된다.
② '우레'는 '울게>울에>우레'로 변한 말이다.

왠지O	웬지X

68

① 왠지: '왜인지'가 줄어든 말이다.
  예 왠지 가슴이 두근거린다.
② 웬지: '웬지'라는 말은 없고 '웬'은 관형사이다.
  예 웬 험상궂게 생긴 사람이 날 따라 오더라.

웃어른O	윗어른X

69

① 웃
- 옛말 '우[上]'에 사이시옷이 결합되어 굳어진 말로 접두사이다.
- 체언 앞에 붙어 '위'의 뜻을 나타낸다.

표준어 규정 제12항 다만 2

'웃'과 '윗'이 서로 혼돈되어 모두를 '윗-' 형태로 통일하였으나, '아래, 위'의 대립이 없는 단어는 '웃-'으로 발음되는 형태를 표준어로 삼았다.
  예 웃국, 웃기, 웃돈, 웃비, 웃어른, 웃옷(맨 겉에 입는 옷)

② 윗
- '위[上]'는 명사
- '윗-': '위'+명사=합성 명사가 될 때 사이시옷이 첨가된 형태

표준어 규정 제12항
- '웃-'및 '윗-'은 명사 '위'에 맞추어 '윗-'으로 통일한다.
- 위와 아래의 대립이 있을 때만 '윗-'을 쓴다.
  예 윗니, 윗눈썹, 윗도리, 윗목
- 위쪽, 위채, 위층, 위턱(된소리나 거센소리 앞에서는 'ㅅ'을 적지 않는다.)

-(으)ㅁ으로(써)	-(으)므로

70

① '-(으)ㅁ으로(써)': 앞말을 명사 구실을 하게 하는 어미 '-(으)ㅁ'에 도구나 수단의 의미를 지닌 조사 '으로'가 붙은 표현이다, 또 그 뜻을 강조할 때는 끝에 '써'가 붙을 수 있다.

예 그는 열심히 공부함으로(써) 부모님의 은혜에 보답하고자 한다.

② '-(으)므로': 까닭이나 근거를 나타내는 연결 어미로 그 뒤에 '써'가 붙을 수 없다.

예 강물이 깊으므로 배 없이 건널 수 없다.

-이에요	-이어요

71

① 구별
- '-이어요': 서술격 조사 어간 '이-'에 종결어미 '-어요'가 결합한 말이다.
- '-이에요': '-이어요'가 변한 말이다.

② 요즘에는 '-이에요'가 '-이어요'보다 우세하게 쓰여 복수 표준어로 처리하였다.

③ 용법
- 둘 다 체언 뒤에 붙는데, 모음 뒤에 붙을 때는 '-예요, -여요'로 줄어들기도 한다.
- 받침이 있는 인명의 경우에는 접사 '-이'가 먼저 붙기 때문에 줄어든 대로 적는다.

  예 영수예요. / 영수여요.
- '아니다'에는 '-에요'와 '-어요'가 붙으므로 '아니에요/아녜요', '아니어요/아녀요'라고 적어야 한다.

  예 영숙이가 아니에요. / 아녜요.(아니어요/아녀요)

④ 조사로 보는 견해: 받침 없는 체언 뒤에 쓰일 때는 '이에요/이어요'가 쓰이지 않고 준말인 '예요/여요'만 쓰이므로 조사로 볼 수도 있다.

예 *저이어요 → 저예요.(저+예요)

잇달다	잇따르다

72

① 일종의 복수 표준어이다.

② '이어 달다'의 뜻일 때는 '잇달다'만 허용된다.

예 기관차에 객차들이 잇달았다.
장군은 훈장에 훈장을 잇단 복장으로 등장하였다.

③ '어떤 사건이나 행동 따위가 이어 발생하다.'의 뜻일 때는 '잇달다, 잇따르다, 연달다'를 함께 쓸 수 있다. 그리고 '연달다'는 주로 '연달아' 형태로 쓰인다.

예 청문회가 끝난 뒤에 증인들에 대한 비난이 잇따랐다/잇달았다/연달았다.
석교를 지나자마자 주점과 점포들이 잇따라/잇달아/연달아 나타났다.

④ '움직이는 물체가 다른 물체의 뒤를 이어 따르다.'라는 뜻일 때에는 '잇따르다'가 자연스럽다.

예 유세장에 유권자들이 잇따라 몰려왔다.

③ 같은 동사이지만 '잇따르다'에 비하여 '잇달다/연달다'는 다소 형용사에 가까운 특성이 있다.

예 잇따르고 있다 → *잇달고 있다/*연달고 있다.

있다가	이따가

73

① 있다가: '있다'의 '있-'에 어떤 동작이나 상태가 끝나고 다른 동작이나 상태로 옮겨지는 뜻을 표시하는 어미 '-다가'가 붙은 형태

예 여기 있다가 갔다. 며칠 더 있다가 가마.

② 이따가: '조금 뒤에' 라는 뜻을 지닌 부사

예 이따가 보자. 이따가 주겠다.

있사오니/없사오니	있아오니/없아오니X

① 공손 선어말 어미로는 '-오-, -옵-, -사오-, -자오-' 등이 있다.

② 자음 다음에는 '-사오-'가, 모음 뒤에서는 '-오-'가 쓰인다.

예 있사오니, 없사오니, 먹사오니[-사오-]
가오니, 드리오니, 예쁘오니[-오-]

있습니다O	있읍니다X

① 용언의 하십시오체의 대표적인 평서형 어미는 '-ㅂ니다'이다.

② 용언이 '-ㅂ니다'와 함께 사용될 경우, 예전에는 '-읍니다'로 표기하였지만, 이제는 사람들의 발음 습관을 고려하여 '-습니다'로 그 표기법이 바뀌었다. 따라서 '있읍니다'가 아니고 '있습니다'가 표준어 표기법이다.

예 제주도에는 많은 볼거리가 있습니다.

76

있음/없음O	있슴/없슴X

① 용언의 명사형 어미는 '-(으)ㅁ'으로 어간에 직접 붙는다.

예 먹다 → 먹-고, 먹-지, 먹-어, 먹-으니, 먹-습니다......먹음(먹+음)
있다 → 있-고, 있-지, 있-어, 있-으니, 있-습니다......있음(있+음)
없다 → 없-고, 없-지, 없-어, 없-으니, 없-습니다......없음(없+음)

② 명사형 어미는 모음 다음에는 '-ㅁ'으로 실현되고, 자음 다음에서는 '-음'으로 나타난다.

[참고]

- 일부 사람들은 '있음, 없음'을 '있습니다, 없습니다'의 준말로 보아 '있슴, 없슴'으로 써야 한다고 생각하는 경향이 있다.
- 또, '있다, 없다'의 명사형은 '있음, 없음'이지만, '있습니다. 없습니다'의 명사형은 '있슴, 없슴'이라고 생각하는 사람도 있다.
- '있다, 없다'의 명사형은 용언의 어간에 명사형 어미 '-(으)ㅁ'이 결합되는 것으로 오직 '있음, 없음'이 있을 뿐이다.
- 또한, 일부 문맥에서 명사형 어미가 종결 어미처럼 기능할 때(예 독일 국민에게 고함.)도 있으나, 그 때에도 여전히 명사형 어미로서 종결 어미의 기능을 하는 것일 뿐이지, 그것이 종결어미 '-습니다'에서 줄어든 형태라서 종결 어미로 기능하는 것은 아니다. '-습니다' 형태는 준말이 존재하지 않기 때문이다. 따라서 '있음, 없음'은 '있다, 없다'의 명사형일 뿐이다.

77

자문(諮問)	주책(主着)

① 자문

- '윗사람이나 상급 기관이 일정한 기관이나 전문가에게 어떤 문제에 관하여 의견을 물음'이라는 사전적 정의가 된다. 따라서 자문은 하는 것이지 구하거나 받는 것이 아니라고 해석된다.
  예 전문가에게 자문하다.(반대말은 '자문에 응하다')
- 근래에 와서 '자문을 구하다/받다'로 쓰이면서 '자문하여 얻게 되는 판단이나 의견'이라는 뜻으로 의미가 변화 중에 있다.

② 주책

- '주착(主着)'에서 온 말이지만 현실적인 발음 형태가 '주책'으로 굳어져 이를 표준어로 삼았다.
- '주책'은 '일정하게 자리잡힌 생각'이라는 뜻이므로, '일정한 요량이 없다.'는 뜻으로 풀이되는 낱말은 '주책없다'이다.
- 표준어 규정 제25항에 따라 '주책없다'의 비표준형으로 규정해 온 '주책이다'를 표준형으로 인정한다.

78

짜깁기O	짜집기X

바른 표기는 '짜깁기'로, 찢어지거나 구멍이 뚫린 부분을 실로 짜서 깁는 것을 말한다.

79

제사O	젯상X

① 둘 다 한자어로 된 말은 祭床이다.

② 한자어로 된 말에는 그 사이에 사이시옷을 적지 않는다.

예 초점(焦點), 대가(代價), 개수(個數), 내과(內科), 화병(火病), 소수(素數)

③ 예외적으로 다음 6개의 단어는 사이시옷을 붙여 적는다.

예 곳간(庫間), 셋방(貰房), 숫자(數字), 찻간(車間), 툇간(退間), 횟수(回數)

[참고] 뒷말의 첫소리가 된소리로 나거나 뒷말의 첫소리 'ㄴ, ㅁ'이나 모음 앞에 'ㄴ' 소리가 덧나는 합성어 중에서 '고유어+고유어(아랫집, 나뭇잎), 고유어+한자어(귓병, 깃발), 한자어+고유어(전셋집, 예삿일)' 방식에는 사이시옷을 적고, '한자어+한자어' 방식에서는 사이시옷을 적지 않는다, 예 전세방(傳貰房) ↔ 전셋집(傳貰집)

80

체	채

① '체'는 '하다'와 어울려 '체한다, 척하다, 듯하다' 등과 같이 보조 용언으로 쓰인다.

예 그는 날보고도 못 본 체한다.

② '채'는 관형사형 어미 뒤에서 의존 명사로 사용된다. 비슷한 말로 명사 뒤에 붙는 '-째'는 접미사이다.

예 불을 켠 채(로) 잠을 잤다. / 통째, 껍질째(접미사)

81

출석률O	출석율X

'렬, 률'은 'ㄴ'이나 모음 뒤에는 '열, 율'로 적는다.

예 법률, 능률, 출석률, 행렬, 결렬 ↔ 운율, 비율, 백분율, 분열, 우열

82

풍비박산O	풍지박산X

① 풍비박산(風飛雹散): '사방으로 날아 흩어진다.'는 뜻인데, 정확한 표준어 어형을 모르고 '풍지박산'이라고 발음하는 잘못을 범하고 있다.

83

하려고O	할려고X

① 의도형 연결 어미로는 '-려고'이다. 언어 습관에 의하여 일부 사람들이 쓸데없이 'ㄹ'을 덧붙이기도 하는데 이런 습관은 버려야 한다.

예 집에 가려고 한다.

하지 마라	하지 말아라

84

① '말다'에 명령형어미 '-아', '-아라', '-아요' 등이 결합할 때는 어간 끝의 'ㄹ'이 탈락하기도 하고 탈락하지 않기도 한다.
예 내가 하는 말 농담으로 듣지 마/말아.
예 얘야, 아무리 바빠도 제사는 잊지 마라/말아라.
예 아유, 말도 마요/말아요.
[참고] '한글 맞춤법 제18항 1의 붙임'에 의하면 어간 끝받침 'ㄹ' 'ㄷ, ㅈ' 앞에서 줄어지지 않는 것이 원칙이나 관용상 'ㄹ'이 줄어진 형태로 굳어져 쓰이는 것은, 준대로 적는다고 하였다.
예 말지 못하다 → 마지못하다, 말지 않다 → 마지않다, 하다 말다 → 하다마다, 하자말자 → 하자마자
③ '-어라'와 '-(으)라'의 차이: '-어라'는 직접 명령형 어미이고, '-(으)라'는 불특정 다수의 청자나 발화 현장에 없는 청자에게 하는 간접 명령형 어미이다.
• 직접 명령형: 이것 좀 보아라. 천천히 먹어라.
• 간접 명령형: 알맞은 답을 고르라. 기대하시라, 개봉 박두!

-할게, -할걸O	-할께, -할껄X

85

① 예사소리로 적는 이미들(한글 맞춤법 제53항)

-(으)ㄹ거나	-(으)ㄹ걸	-(으)ㄹ게	-(으)ㄹ세
-(으)ㄹ세라	-(으)ㄹ수록	-(으)ㄹ시	-(으)ㄹ지
-(으)ㄹ지니라	-(으)ㄹ지라도	-(으)ㄹ지어다	-(으)ㄹ지언정
-(으)ㄹ진대	-(으)ㄹ진저	-올시다	

② 의문을 나타내는 다음 어미들은 된소리로 적는다.

-(으)ㄹ까	-(으)ㄹ꼬	-(으)ㄹ쏘냐?	-(으)리까?
-(스)ㅂ니까?	-나이까?	-더이까?	-ㅂ디까?

허예, 허옜다	하얘, 하얬다

86

① 음성 모음 뒤에서는 '에' 형: 허옇다/허예/허옜다, 누렇다/누레/누렜다.
② 양성 모음 뒤에서는 '애'형: 하얗다/하얘/하얬다, 노랗다/노래/노랬다
③ 음성 모음, 양성 모음의 교체를 보이지 않는 '이렇다, 저렇다, 그렇다' 류는 항상 '애'형: 이렇다/이래/이랬다. 저렇다/저래/저랬다, 그렇다/그래/그랬다
[참고] 접두사 '새(샛'와 '시(싯)'의 쓰임
• 양성 모음 앞에는 '새': 새까맣다(된소리 거센소리 앞) / 샛노랗다(예사소리 앞)
• 음성 모음 앞에는 '시': 시꺼멓다(된소리나 거센소리 앞) / 싯누렇다(예사소리 앞)

홀몸	홑몸

87

① 홀몸: 배우자나 형제가 없는 사람
② 홑몸: 딸린 사람이 없는 몸, 임신하지 않은 몸
예 홑몸이 아니라 몸이 무겁다

회계 연도O	회계 년도X

88

• 회계연도 / 영업 연도 / 제작 연도 / 졸업 연도=회계연도 /영업 연도 / 제작 연도 / 졸업 연도
※ 1980년도 출생 /1990년도 졸업식 / 2004년도 예산안
[참고]
• '연도'는 사무나 회계 결산 따위의 처리를 위하여 편의상 구분한 일 년 동안의 기간으로 사용된다.
예 회계 연도 / 회계연도(붙여 써도 같다.)
• '년도'는 해[年]를 뜻하는 말 뒤에 쓰여 일정 기간 단위로서의 그 해를 의미한다.
예 1980년도 출생

횟집, 장밋빛O	회집, 장미빛X

89

① 합성어 과정에서 '한자어+고유어'가 모음 뒤에 오는 첫소리가 된소리로 나는 말은 사이시옷을 붙인다.
예 횟집(膾집), 장밋빛(薔薇빛)
② 혼란을 보이는 말
값: 기댓값(期待값), 대푯값(代表값), 초깃값(初期값), 극솟값(極小값), 최댓값(最大값)
국: 두붓국(豆腐국), 만둣국(饅頭국), 시래깃국, 순댓국
길: 등굣길(登校길), 성묫길(省墓길), 휴갓길(休暇길)
빛: 무지갯빛, 보랏빛, 연둣빛, 우윳빛
집: 소줏집(燒酒집), 맥줏집(麥酒집)

05. 한글 맞춤법 연습하기

틀린 표기	바른 표기	틀린 표기	바른 표기
가리워지다	가리어지다	구비구비	굽이굽이
가자미식혜	가자미식해	구태어	구태여
강남콩	강낭콩	굴따랗다	굵다랗다
개거품	게거품	굼뱅이	굼벵이
개나리봇짐	괴나리봇짐	굽닐다	굼닐다
개피	개비	굽신거리다 (O 2014년 추가)	굽실거리다
거치장스럽다	거추장스럽다	궁시렁거리다	구시렁거리다
건늘목	건널목	귀거리	귀걸이 / 귀고리
걷우다	거두다	귀뜸	귀띔
걸죽하다	걸쭉하다	금새 (물건의 값)	금세 (지금 바로)
검정색	검은색	기어히	기어이
결백증	결벽증	깅가밍가	긴가민가
겸연적다	겸연쩍다	까탈스럽다 (O 2016년 추가)	까다롭다
고수래	고수레	깎두기	깍두기
골치꺼리	골칫거리	꺽꽂이	꺾꽂이
곯병	골병	꼬매다	꿰매다
곰곰히	곰곰이	꼬시다 (O 2014년 추가)	꾀다 / 꼬이다
곱배기	곱빼기	꼭둑각시	꼭두각시
곱술머리	곱슬머리 / 고수머리	꼼장어	곰장어 / 먹장어
괄세하다	괄시하다	꽃봉우리	꽃봉오리
괴퍅하다	괴팍하다	끄나불	끄나풀
구렛나루	구레나룻	끝발	끗발
끝트머리	끄트머리	되뇌이다	되뇌다
나꿔채다	낚아채다	되려	되레
나즈막하다	나지막하다	두더쥐	두더지
날개쭉지	날갯죽지	두루말이	두루마리
너스래	너스레	돌뿌리	돌부리
넉두리	넋두리	뒤치닥거리	뒤치다꺼리
넌즈시	넌지시	뒷굼치	뒤꿈치
널쩍하다	넓적하다	뒷꽁무니	뒤꽁무니
널판지	널빤지	뒷힘	뒷심
넓직하다	널찍하다	딱다구리	딱따구리
넓따랗다	널따랗다	떠벌이	떠버리
넘겨집다	넘겨짚다	떡볶기	떡볶이
넙쩍다리	넓적다리	띠엄띠엄	띄엄띄엄
놀잇감(O 2014년 추가)	장난감	마굿간	마구간(馬廐間)
농짓거리	농지거리	마늘쫑	마늘종
높따랗다	높다랗다	망서리다	망설이다
뇌졸증	뇌졸중	매시껍다	메스껍다
누룽밥	눌은밥 / 누룽지	맨보리밥	꽁보리밥

틀린 표기	바른 표기	틀린 표기	바른 표기
눈꼽	눈곱	메주알고주알	미주알고주알
눈쌀	눈살	모밀국수	메밀국수
느즈감치	느지감치	모음냄비	모둠냄비
느즈막이	느지막이	모자르다	모자라다
늙그수레하다, 늘수레하다	늙수그레하다 늙수레하다	몫돈	목돈
늙으막	늘그막	무릎쓰다	무릅쓰다
닥달하다	닦달하다	뭉기적거리다	뭉그적거리다
단촐하다	단출하다	뭉클어지다	뭉크러지다
달디달다	다디달다	미싯가루	미숫가루
닭도리탕	닭볶음탕	민밋하다	밋밋하다
담구다	담그다	밀어부치다	밀어붙이다
더우기	더욱이	밉쌀스럽다	밉살스럽다
덤테기	덤터기	반지르하다	반지르르하다
덤풀	덤불	배개	베개
덥썩	덥석	배불뚜기	배불뚝이
덩쿨	덩굴 / 넝쿨	베낭	배낭
도령님	도련님	보라빛	보랏빛
돈까스	돈가스(돼지고기 튀김)	볼쌍사납다	볼썽사납다
돌맹이	돌멩이	부비다	비비다
부수러기	부스러기	아뭏든	아무튼
부숴지다	부서지다	아지랭이	아지랑이
부시시하다	부스스하다	악발이	악바리
부추키다	부추기다	알맞는	알맞은
불견듯	불현듯	알멩이	알맹이
비게	비계	알송달송	알쏭달쏭
비뚜루	비뚜로	애개개	애걔걔
빈털털이	빈털터리	애닯다	애달프다
뼈다구해장국	뼈다귀해장국	얇다랗다	얄따랗다
뾰죽하다	뾰족하다	얕으막하다	야트막하다
산골짝이	산골짜기	얘기꺼리	얘깃거리
살고기	살코기	어거지	억지
상치쌈	상추쌈	어떠튼	어떻든
새벽별	샛별	어름장	으름장
서서이	서서히	어리광대	어릿광대
설겆이	설거지	어울어지다	어우러지다
설농탕	설렁탕	어줍잖다	어쭙잖다
섬찟하다(O 2014년 추가)	섬뜩하다	어중띠다	어중되다
섯달	섣달	어쨌던	어쨌든
소근거리다	소곤거리다	얼띠기	얼뜨기
소꼽장난	소꿉장난	얼룩이	얼루기
소꾸리	소쿠리	얼키고설키다	얽히고설키다
수재비	수제비	얼핏하면	걸핏하면

틀린 표기	바른 표기	틀린 표기	바른 표기
술레잡기	술래잡기	얽메다	얽매다
숨박꼭질	숨바꼭질	에그머니나	에구머니나
쉽상	십상	여지껏	여태껏
실날	실낱	연거퍼	연거푸
실증	싫증	연연생	연년생
싸가지	싹수	영판	아주
씨래기	시래기	옛스럽다	예스럽다
싸래기	싸라기	오똑하다	오뚝하다
쌀전	싸전	오뚜기	오뚝이
쌉살하다	쌉쌀하다.	오래비	오라비
쓴나물	씀바귀	오랜동안	오랫동안
아구찜	아귀찜	오랫만	오랜만
아나고	붕장어	오무라지다	오므라지다
아둥바둥	아등바등	오무리다	오므리다
옳바르다	올바르다	짖궂다	짓궂다
왁짜지껄	왁자지껄	짓물다	짓무르다
왠일	웬일	짜집기	짜깁기
요세	요새	짧다랗다	짤따랗다
요컨데	요컨대	짭잘하다	짭짤하다
우유빛	우윳빛	쨍알거리다	짱알거리다
우통	웃통	쪽빡	쪽박
욱박지르다	윽박지르다	쪽집개	족집게
욱씬거리다	욱신거리다	쭈꾸미	주꾸미
울궈먹다	우려먹다	찌게	찌개
웅큼	움큼	찐덕거리다	찐득거리다
웬간하다	엔간하다	찐드기	진드기
윗층	위층	챙피하다	창피하다
육계장	육개장	체신없다	채신없다
으스렁 거리다	어슬렁거리다	초생달	초승달
으시대다	으스대다	촉촉히	촉촉이
으시시	으스스	추스리다	추스르다
응큼하다	엉큼하다	치고박다	치고받다
으례	으레	치닥거리	치다꺼리
이크(○ 2015년 추가)	이키	치떠보다	칩떠보다
익숙이	익숙히	칠흙	칠흑
임마	인마	꼐꼐묵다	케케묵다
잎파리	이파리	콧망울	콧방울
장농	장롱	콧방아	코방아
짱아치	장아찌	터무늬없다	터무니없다
재털이	재떨이	통채	통째
저으기	적이	통털어	통틀어
저질르다	저지르다	트름	트림

틀린 표기	바른 표기	틀린 표기	바른 표기
젓깔	젓갈	티각태각	티격태격
조무라기	조무래기	파토	파투
족집개	족집게	펀뜻	언뜻
존대말	존댓말	펴락쥐락	쥐락펴락
졸립다	졸리다	풍덩이	풍뎅이
주루루	주르르	풍지박산	풍비박산
주책덩어리	주첵덩어리	하마트면	하마터면
죽은깨	주근깨	하옇든	하여튼
지리하다	지루하다	할일없다	하릴없다
해꼬지	해코지	호도	호두
핼쓱하다	해쓱하다, 핼쑥하다	호로자식	호래자식
행가래	헹가래	화토	화투
허드랫일	허드렛일	회계년도	회계연도
허얘지다	허예지다	후덥찌근하다	후덥지근하다 후텁지근하다
허위대	허우대	후두둑후두둑	후드득후드득
허위적거리다	허우적거리다	흐리멍텅하다	흐리멍덩하다
헛깨비	허깨비	흐트리다	흩트리다
헛탕	허탕	흙받이	흙받기
헛투루	허투루	희죽희죽	히죽히죽, 해죽해죽
헝겁	헝겊	히히덕거리다	시시덕거리다
헝크러지다	헝클어지다		

01. 새로 추가된 표준어

1. 새로 추가된 표준어 목록(2011. 8. 31.)

① 현재 표준어와 같은 뜻으로 추가로 표준어로 인정한 것(11개)

추가된 표준어	현재 표준어	추가된 표준어	현재 표준어
간지럽히다	간질이다	세간살이	세간
남사스럽다	남우세스럽다	쌉싸름하다	쌉싸래하다
등물	목물	토란대	고운대
맨날	만날	허접쓰레기	허섭스레기
묫자리	묏자리	흙담	토담
복숭아뼈	복사뼈		

② 현재 표준어와 별도의 표준어로 인정한 것(25개)

추가된 표준어	현재 표준어	추가된 표준어	현재 표준어
~길래	~기에	횡하니	횡허케
개발새발 -개의 발과 새의 발	괴발개발 -고양이의 발과 개의 발	걸리적거리다	거치적거리다
나래 -'날개'의 문학적 표현	날개	끄적거리다	끼적거리다
내음 -향기롭거나 나쁘지 않은 냄새	냄새	두리뭉실하다	두루뭉술하다
눈꼬리 -눈의 귀쪽으로 째진 부분	눈초리 -눈에 나타나는 표정	맨숭맨숭/ 맹숭맹숭	맨송맨송
떨구다 -시선을 아래로 향하다	떨어뜨리다	바둥바둥	바동바동
뜨락 -추상적 공간을 비유	뜰	새초롬하다	새치름하다
먹거리	먹을거리	아웅다웅	아옹다옹
메꾸다 -무료한 시간을 적당히 보내다.	메우다	야멸차다	야멸치다
손주-손자와 손녀	손자(孫子) -아들의 아들 또는 딸의 아들	오손도손	오순도순
어리숙하다 - 어리석음	어수룩하다 -순박함 / 순진함	찌뿌둥하다	찌뿌듯하다
연신 -반복성	연방 -연속성	추근거리다	치근거리다

③ 두 가지 표기를 모두 표준어로 인정한 것(3개)

태껸-택견(추가) 자장면-짜장면(추가) 품세-품새(추가)

2. 새로 추가된 표준어 목록(2014. 12. 15.)

① 현재 표준어와 같은 뜻을 가진 표준어로 인정한 것(5개)

추가된 표준어	현재 표준어
구안와사	구안괘사
굽신*	굽실
눈두덩이	눈두덩
삐지다	삐치다
초장초	작장초

'굽신'이 표준어로 인정됨에 따라, '굽신거리다, 굽신대다, 굽신하다, 굽신굽신, 굽신굽신하다' 등도 표준어로 함께 인정됨.

② 현재 표준어와 뜻이나 어감이 차이가 나는 별도의 표준어로 인정한 것(8개)

추가된 표준어	현재 표준어	뜻차이
개기다	개개다	개기다: (속되게) 명령이나 지시를 따르지 않고 버티거나 반항하다. (개개다: 성가시게 달라붙어 손해를 끼치다.)
꼬시다	꾀다	꼬시다: '꾀다'를 속되게 이르는 말. (꾀다: 그럴듯한 말이나 행동으로 남을 속이거나 부추겨서 자기 생각대로 끌다.)
놀잇감	장난감	놀잇감: 놀이 또는 아동 교육 현장 따위에서 활용되는 물건이나 재료. (장난감: 아이들이 가지고 노는 여러 가지 물건.)
딴지	딴죽	딴지: ((주로 '걸다, 놓다'와 함께 쓰여)) 일이 순순히 진행되지 못하도록 훼방을 놓거나 어기대는 것.(딴죽: 이미 동의하거나 약속한 일에 대하여 딴전을 부림을 비유적으로 이르는 말.)
사그라들다	사그라지다	사그라들다: 삭아서 없어져 가다. (사그라지다: 삭아서 없어지다.)
섬찟*	섬뜩	섬찟: 갑자기 소름이 끼치도록 무시무시하고 끔찍한 느낌이 드는 모양. (섬뜩: 갑자기 소름이 끼치도록 무섭고 끔찍한 느낌이 드는 모양.)
속앓이	속병	속앓이: 「1」 속이 아픈 병. 또는 속에 병이 생겨 아파하는 일. 「2」겉으로 드러내지 못하고 속으로 걱정하거나 괴로워하는 일. (속병: 「1」 몸속의 병을 통틀어 이르는 말. 「2」 '위장병01'을 일상적으로 이르는 말. 「3」 화가 나거나 속이 상하여 생긴 마음의 심한 아픔.
허접하다	허접스럽다	허접하다: 허름하고 잡스럽다. (허접스럽다: 허름하고 잡스러운 느낌이 있다.)

* '섬찟'이 표준어로 인정됨에 따라, '섬찟하다, 섬찟섬찟, 섬찟섬찟하다' 등도 표준어로 함께 인정됨.

3. 새로 추가된 표준어 목록(2015. 12. 14.)

① 복수 표준어: 현재 표준어와 같은 뜻을 가진 표준어로 인정한 것(4개)

추가 표준어	현재 표준어	비고
마실	마을	• '이웃에 놀러 다니는 일'의 의미에 한하여 표준어로 인정함. '여러 집이 모여 사는 곳'의 의미로 쓰인 '마실'은 비표준어임. • '마실꾼, 마실방, 마실돌이, 밤마실'도 표준어로 인정함. 예 나는 아들의 방문을 열고 이모네 마실 갔다 오마고 말했다.
이쁘다	예쁘다	• '이쁘장스럽다, 이쁘장스레, 이쁘장하다, 이쁘디이쁘다'도 표준어로 인정함. 예 어이구, 내 새끼 이쁘기도 하지.
찰지다	차지다	• 사전에서 <'차지다'의 원말>로 풀이함. 예 화단의 찰진 흙에 하얀 꽃잎이 화사하게 떨어져 날리곤 했다.
-고프다	-고 싶다	• 사전에서 <'-고 싶다'가 줄어든 말>로 풀이함. 예 그 아이는 엄마가 보고파 앙앙 울었다.

② **별도 표준어: 현재 표준어와 뜻이 다른 표준어로 인정한 것(5개)**

추가 표준어	현재 표준어	뜻 차이
꼬리연	가오리연	• 꼬리연: 긴 꼬리를 단 연. ※ 가오리연: 가오리 모양으로 만들어 꼬리를 길게 단 연. 띄우면 오르면서 머리가 아래위로 흔들린다. 예 행사가 끝날 때까지 하늘을 수놓았던 대형 꼬리연도 비상을 꿈꾸듯 끊임없이 창공을 향해 날아올랐다.
의론	의논	• 의론(議論): 어떤 사안에 대하여 각자의 의견을 제기함. 또는 그런 의견. ※ 의논(議論): 어떤 일에 대하여 서로 의견을 주고 받음. • '의론되다, 의론하다'도 표준어로 인정함. 예 이러니저러니 의론이 분분하다.
이크	이키	• 이크: 당황하거나 놀랐을 때 내는 소리. '이키'보다 큰 느낌을 준다. ※ 이키: 당황하거나 놀랐을 때 내는 소리. '이끼'보다 거센 느낌을 준다. 예 이크, 이거 큰일 났구나 싶어 허겁지겁 뛰어갔다.
잎새	잎사귀	• 잎새: 나무의 잎사귀. 주로 문학적 표현에 쓰인다. ※ 잎사귀: 낱낱의 잎. 주로 넓적한 잎을 이른다. 예 잎새가 몇 개 남지 않은 나무들이 창문 위로 뻗어올라 있었다.
푸르르다	푸르다	• 푸르르다: '푸르다'를 강조할 때 이르는 말. ※ 푸르다: 맑은 가을 하늘이나 깊은 바다, 풀의 빛깔과 같이 밝고 선명하다. • '푸르르다'는 '으불규칙용언'으로 분류함. 예 겨우내 찌푸리고 있던 잿빛 하늘이 푸르르게 맑아 오고 어디선지도 모르게 흙냄새가 뭉클하니 풍겨 오는 듯한 순간 벌써 봄이 온 것을 느낀다.

③ **복수 표준형: 현재 표준적인 활용형과 용법이 같은 활용형으로 인정한 것(2개)**

추가 표준형	현재 표준형	비고
말아 **말아라** **말아요**	마 마라 마요	• '말다'에 명령형어미 '-아', '-아라', '-아요' 등이 결합할 때는 어간 끝의 'ㄹ'이 탈락하기도 하고 탈락하지 않기도 함. 예 내가 하는 말 농담으로 듣지 마/말아. 얘야, 아무리 바빠도 제사는 잊지 마라/말아라. 아유, 말도 마요/말아요.
노랗네 **동그랗네** **조그맣네** …	노라네 동그라네 조그마네 …	• ㅎ불규칙용언이 어미 '-네'와 결합할 때는 어간 끝의 'ㅎ'이 탈락하기도 하고 탈락하지 않기도 함. • '그렇다, 노랗다, 동그랗다, 뿌옇다, 어떻다, 조그맣다, 커다랗다' 등등 모든 ㅎ불규칙용언의 활용형에 적용됨. 예 생각보다 훨씬 노랗네/노라네. 이 빵은 동그랗네/동그라네. 건물이 아주 조그맣네/조그마네.

4. 새로 추가된 표준어 목록(2016.12.27.)

① **추가 표준어(4항목)**

추가 표준어	현재 표준어	비고
걸판지다	거방지다	**걸판지다** [형용사] ① 매우 푸지다. 예 술상이 걸판지다 / 마침 눈먼 돈이 생긴 것도 있으니 오늘 저녁은 내가 걸판지게 사지. ② 동작이나 모양이 크고 어수선하다. 예 싸움판은 자못 걸판져서 구경거리였다. / 소리판은 옛날이 걸판지고 소리할 맛이 났었지. **거방지다** [형용사] ① 몸집이 크다. ② 하는 짓이 점잖고 무게가 있다. ③ =걸판지다 ①.
겉울음	건울음	**겉울음** [명사] ① 드러내 놓고 우는 울음. 예 꼭꼭 참고만 있다 보면 간혹 속울음이 겉울음으로 터질 때가 있다. ② 마음에도 없이 겉으로만 우는 울음. 예 눈물도 안 나면서 슬픈 척 겉울음 울지 마. **건울음** [명사] = 강울음. **강울음** [명사] 눈물 없이 우는 울음, 또는 억지로 우는 울음.
까탈스럽다	까다롭다	**까탈스럽다** [형용사] ① 조건, 규정 따위가 복잡하고 엄격하여 적응하거나 적용하기에 어려운 데가 있다. '가탈스럽다 「1」'보다 센 느낌을 준다. 예 까탈스러운 공정을 거치다 / 규정을 까탈스럽게 정하다 / 가스레인지에 길들여진 현대인들에게 지루하고 **까탈스러운** 숯 굽기 작업은 쓸데없는 시간 낭비로 비칠 수도 있겠다. ② 성미나 취향 따위가 원만하지 않고 별스러워 맞춰 주기에 어려운 데가 있다. '가탈스럽다 「2」'보다 센 느낌을 준다. 예 까탈스러운 입맛 / 성격이 까탈스럽다 / 딸아이는 사 준 옷이 맘에 안 든다고 까탈스럽게 굴었다. ※ 같은 계열의 '가탈스럽다'도 표준어로 인정함. **까다롭다** [형용사] ① 조건 따위가 복잡하거나 엄격하여 다루기에 순탄하지 않다. ② 성미나 취향 따위가 원만하지 않고 별스럽게 까탈이 많다.
실뭉치	실몽당이	**실뭉치** [명사] 실을 한데 뭉치거나 감은 덩이. 예 뒤엉킨 실뭉치 / 실뭉치를 풀다 / 그의 머릿속은 엉클어진 **실뭉치같이** 갈피를 못 잡고 있었다. **실몽당이** [명사] 실을 풀기 좋게 공 모양으로 감은 뭉치.

② **추가 표준형(2항목)**

추가 표준어	현재 표준어	비고
엘랑	에는	• 표준어 규정 제 25항에서 '에는'의 비표준형으로 규정해 온 '엘랑'을 표준형으로 인정함. • '엘랑' 외에도 'ㄹ랑'에 조사 또는 어미가 결합한 '에설랑, 설랑, -고설랑, -어설랑, -질랑'도 표준형으로 인정함. • '엘랑, -고설랑' 등은 단순한 조사/어미 결합형이므로 사전 표제어로는 다루지 않음. 예 서울엘랑 가지를 마오. 교실에설랑 떠들지 마라. 나를 앞에 앉혀놓고설랑 자기 아들 자랑만 하더라.
주책이다	주책없다	• 표준어 규정 제25항에 따라 '주책없다'의 비표준형으로 규정해 온 '주책이다'를 표준형으로 인정함. • '주책이다'는 '일정한 줏대가 없이 되는대로 하는 짓'을 뜻하는 '주책'에 서술격조사 '이다'가 붙은 말로 봄. • '주책이다'는 단순한 명사+조사 결합형이므로 사전 표제어로는 다루지 않음. 예 이제 와서 오래 전에 헤어진 그녀를 떠올리는 나 자신을 보며 '나도 참 주책이군' 하는 생각이 들었다.

5. 새로 추가된 표준어 목록(2018.10.16.)

① **복수 표준어**

표준어	뜻
꺼림칙이 = 꺼림직이	마음에 걸려서 언짢고 싫은 느낌이 있게.
꺼림칙하다 ≒ 꺼림직하다	마음에 걸려서 언짢고 싫은 느낌이 있다.
께름칙하다 ≒ 께름직하다	마음에 걸려서 언짢고 싫은 느낌이 꽤 있다.
추어올리다 ≒ 추켜올리다, 치켜올리다	「1」 옷이나 물건, 신체 일부 따위를 위로 가뜬하게 올리다.
추어올리다 ≒ 추어주다, 추켜올리다, 치켜올리다	「2」 실제보다 과장되게 칭찬하다.
치켜세우다 ≒ 추켜세우다	「1」 옷깃이나 신체 일부 따위를 위로 가뜬하게 올려 세우다. 「2」 정도 이상으로 크게 칭찬하다

기출 고유어 211

1	가납사니	쓸데없는 말을 지껄이기를 좋아하는 사람
2	가리	곡식이나 장작 따위의 스무 단
3	가리사니	① 사물을 판단할 만한 지각(知覺) ② 사물을 분간하여 판단할 수 있는 실마리
4	가멸다	재산이나 자원 따위가 넉넉하고 많다.
5	가뭇없다	① 보이던 것이 전연 보이지 않아 찾을 곳이 감감하다. ② 눈에 띄지 않게 감쪽같다.
6	가붓하다	조금 가벼운 듯하다.
7	가시	음식물에 생긴 구더기
8	가탈	일이 수월하게 되지 않도록 방해하는 조건. 또는 트집을 잡아 까다롭게 구는 일≒까탈
9	가풀막	몹시 가파르게 비탈진 곳
10	갈무리	① 물건을 잘 정돈하여 간수하다. ② 일을 잘 처리하여 마무리하다.
11	감잡히다	남과 시비(是非)를 다툴 때, 약점을 잡히다.
12	갓	청어나 굴비 열 마리
13	강굴	물이나 그 밖의 다른 어떤 것도 섞지 아니한 굴의 살
14	강밥	국이나 찬도 없이 맨밥으로 먹는 밥
15	거리	오이, 가지 따위의 오십 개

16	걱실걱실하다	성질이 너그러워 행동이 시원스럽다.
17	겅성드뭇하다	많은 수효가 듬성듬성 흩어져 있다.
18	겉볼안	겉을 보면 속은 안 보아도 짐작할 수 있다는 말
19	겨끔내기	서로 번갈아 하기
20	결곡하다	얼굴 생김새나 마음씨가 깨끗하고 여무져서 빈틈이 없다.
21	겻불	겨를 태우는 불. 불기운이 미미하다.
22	곁불	① 얻어 쬐는 불 ② 가까이하여 보는 덕
23	고래실논	바닥이 깊고 물길이 좋아 기름진 논
24	고샅	① 시골 마을의 좁은 골목길. 또는 골목 사이 ② 좁은 골짜기의 사이
25	고수레	① 주로 흰떡을 만들 때에, 반죽을 하기 위하여 쌀가루에 끓는 물을 훌훌 뿌려서 물이 골고루 퍼져 섞이게 하는 일 ② 주로 논농사에서, 갈아엎은 논의 흙을 물에 잘 풀리게 짓이기는 일 ③ 민간 신앙에서, 산이나 들에서 음식을 먹을 때나 무당이 굿을 할 때, 귀신에게 먼저 바친다는 뜻으로 음식을 조금 떼어 던지는 일
26	골막하다	담긴 것이 가득 차지 아니하고 조금 모자란 듯하다.
27	곰바지런하다	일하는 것이 시원시원하지는 못하지만 꼼꼼하고 바지런하다.

28	곰비임비	자꾸자꾸 계속하여
29	곰삭다	① 옷 따위가 오래 되어서 올이 삭고 질이 약해지다. ② 젓갈 따위가 오래되어서 푹 삭다. ③ 풀, 나뭇가지 따위가 썩거나 오래되어 푸슬푸슬해지다. ④ 두 사람의 사이가 스스럼없이 가까워지다.
30	곰살궂다	① 태도나 성질이 부드럽고 친절하다. ② 꼼꼼하고 자세하다.
31	괴괴하다	쓸쓸한 느낌이 들 정도로 아주 고요하다.
32	괴이하다	정상적이지 않고 별나며 괴상하다.≒이상야릇하다
33	구레나룻	귀밑에서 턱까지 잇따라 난 수염
34	구순하다	서로 사귀거나 지내는 데 사이가 좋아 화목하다.
35	궁도련님 (宮---)	① 종친으로서 군(君)에 봉해진 젊은 사람 ② 예전에, 거만하고 약삭빠른 궁방(宮房)의 젊은 사람을 이르던 말 ③ 부유한 집에서 자라나 세상의 어려운 일을 잘 모르는 사람을 비유적으로 이르는 말
36	궁싯거리다	① 잠이 오지 아니하여 누워서 몸을 이리저리 뒤척거리다.≒궁싯대다 ② 어찌할 바를 몰라 이리저리 머뭇거리다.≒궁싯대다
37	귓불	귓바퀴의 아래쪽에 붙어 있는 살≒귓밥
38	근천스럽다	보잘것없고 초라한 데가 있다.
39	길섶	길의 가장자리. 흔히 풀이 나 있는 곳을 가리킨다.

40	깜냥	스스로 일을 헤아림. 또는 헤아릴 수 있는 능력
41	깨단하다	오랫동안 생각해 내지 못하던 일 따위를 어떠한 실마리로 말미암아 깨닫거나 분명히 알다.
42	꼭뒤	뒤통수의 한가운데
43	끌끌하다	마음이 맑고 바르고 깨끗하다.≒깔깔하다
44	끌밋하다	모양이나 차림새 따위가 매우 깨끗하고 훤칠하다.
45	나앉다	하던 일을 그만두거나 직책에서 물러나다.
46	난달	길이 여러 갈래로 통한 곳
47	너나들이	서로 너니 나니 하고 부르며 허물없이 말을 건넴. 또는 그런 사이
48	너볏하다	몸가짐이나 행동이 번듯하고 의젓하다.
49	널빈지	한 짝씩 끼웠다 떼었다 할 수 있게 만든 문. 흔히 가게에서 문 대신 쓴다.
50	널빤지	판판하고 넓게 켠 나뭇조각
51	노가리	경지(耕地) 전면에 여기저기 흩어지게 씨를 뿌리는 일
52	노느매기	여러 몫으로 갈라 나누는 일. 또는 그렇게 나누어진 몫
53	노루목	① 노루가 자주 다니는 길목 ② 넓은 들에서 다른 곳으로 이어지는 좁은 지역
54	노박이	한곳에 붙박이로 있는 사람(충청)

55	노박이로	① 줄곧 한가지에만 붙박이로 ② 줄곧 계속적으로
56	누긋하다	성질이나 태도가 좀 부드럽고 순하다.
57	눈살	두 눈썹 사이에 잡히는 주름
58	는개	'안개비'보다는 조금 굵고 '이슬비'보다는 가는 비
59	능갈치다	교묘하게 잘 둘러대다.
60	다따가	난데없이 갑자기
61	다문다문	① 시간적으로 잦지 아니하고 좀 드문 모양 ② 공간적으로 배지 아니하고 사이가 좀 드문 모양
62	달막거리다	① 가벼운 물체 따위가 자꾸 들렸다 내려앉았다 하다. ② 어깨나 엉덩이 따위가 자꾸 가볍게 들렸다 놓였다 하다. ③ 마음이 자꾸 조금 설레다. 또는 그렇게 되게 하다. ④ 말할 듯이 입술이 자꾸 가볍게 열렸다 닫혔다 하다. ⑤ 자꾸 남에 대하여 들추어 말하다.
63	대갈마치	① 말굽에 대갈을 박을 때 쓰는 작은 마치 ② 온갖 어려운 일을 겪어서 아주 야무진 사람을 비유하는 말
64	던적스럽다	하는 짓이 보기에 매우 치사하고 더러운 데가 있다.
65	데면데면하다	사람을 대하는 태도가 친밀감이 없이 예사롭다.

66	데생기다	생김새나 성품의 됨됨이가 완전하게 이루어지지 못하여 못나게 생기다.
67	도두룩하다	① 무엇이 돋아난 것처럼 가운데 부분이 볼록하다. ② 보기 좋을 정도로 자라나 있다.
68	두남두다	① 잘못을 두둔하다. ② 애착을 가지고 돌보다.
69	두루치기	① 한 가지 물건을 여기저기 두루 씀. 또는 그런 물건 ② 두루 미치거나 두루 해당함. ③ 한 사람이 여러 방면에 능통함. 또는 그런 사람
70	두름	①고사리 따위의 산나물을 열 모숨(줌) 정도씩 엮은 것 ②조기 따위의 물고기를 한 줄에 열 마리씩 두 줄로 엮은 스무 마리
71	두억시니	모질고 사나운 귀신의 하나≒야차(夜叉)
72	둘리다	그럴듯한 꾀에 속다.
73	뒷공론	① 일이 끝난 뒤 쓸데없이 이러니저러니 다시 말함 ② 겉으로 떳떳이 나서지 않고 뒤에서 이러쿵저러쿵 시비조로 말하는 일
74	드레	인격적으로 점잖은 무게
75	드팀전	예전에, 온갖 피륙을 팔던 가게
76	들뜨다	마음이나 분위기가 가라앉지 아니하고 조금 흥분되다.
77	들르다	지나는 길에 잠깐 들어가 머무르다.
78	등걸잠	옷을 입은 채 아무것도 덮지 아니하고 아무 데나 쓰러져 자는 잠

79	디딤돌	마루 아래 같은 데에 놓아서 디디고 오르내릴 수 있게 한 돌
80	뗏장	흙이 붙어 있는 상태로 뿌리 째 떠낸 잔디의 조각
81	뜯적뜯적하다	① 자꾸 손톱이나 칼끝 따위로 뜯거나 진집을 내다. ② 괜히 트집을 잡아 자꾸 짓궂게 건드리다.
82	마뜩하다	제법 마음에 들 만하다.
83	마파람	뱃사람들의 은어로, '남풍(南風)'을 이르는 말≒경풍, 오풍, 앞바람, 마풍
84	맛문하다	몹시 지친 상태에 있다.
85	모꼬지	여러 사람이 놀이나 잔치 따위의 일로 모이는 것, 즉 '연회', '집회'
86	몸가축	몸을 매만지고 다듬음
87	몽니쟁이	음흉하고 심술궂게 욕심을 부리는 사람
88	몽따다	알고 있으면서 일부러 모르는 체하다
89	무람없다	예의를 지키지 않으며 조심하는 것이 없다.
90	무릎맞춤	두 사람의 말이 어긋날 때 제삼자 앞에서 대면시켜 옳고 그름을 따짐
91	무릎맞춤하다	두 사람의 말이 서로 어긋날 때, 제삼자를 앞에 두고 전에 한 말을 되풀이하여 옳고 그름을 따지다.
92	뭇	물고기를 열 마리씩 세는 단위
93	미립	경험에서 얻은 묘한 이치
94	미쁘다	믿음성이 있다

95	바투	① 두 대상이나 물체의 사이가 썩 가깝게 ② 시간이나 길이가 아주 짧게
96	바특하다	두 대상이나 물체 사이가 조금 가깝다.
97	버름하다	① 물건의 틈이 꼭 맞지 않고 조금 벌어져 있다. ② 마음이 서로 맞지 않아 사이가 뜨다.
98	벼르다	어떤 일을 이루려고 마음속으로 준비를 단단히 하고 기회를 엿보다.
99	벽창호	고집이 세며 우둔하여 말이 도무지 통하지 아니하는 무뚝뚝한 사람
100	복대기다	① 많은 사람들이 복잡하게 떠들어 대거나 왔다 갔다 움직이다. ② 정신을 차릴 수 없을 만큼 일이나 사람을 서둘러 죄어치거나 몹시 몰아치다.
101	부시다	그릇 따위를 씻어 깨끗하게 하다.
102	붓다	① 살가죽이나 어떤 기관이 부풀어 오르다. ② (속되게)성이 나서 뾰로통해지다.
103	비웃	'청어(靑魚)'를 식료품으로 이르는 말
104	삐꾸하다	① 맞추어 끼울 물건이 꼭 들어맞지 아니하고 어긋나다. ② 잘못하여 일이 어긋나다.
105	사잇밥	농사꾼이나 일꾼들이 끼니 외에 참참이 먹는 음식≒곁두리
106	삭신	몸의 근육과 뼈마디≒골신
107	산소리	어려운 가운데서도 속은 살아서 남에게 굽히지 않으려고 하는 말

번호	어휘	뜻
108	살천스럽다	쌀쌀하고 매섭다.
109	상고대	나무나 풀에 내려 눈처럼 된 서리
110	새살거리다	샐샐 웃으면서 재미있게 자꾸 지껄이다.
111	새치름하다	쌀쌀맞게 시치미를 떼는 태도가 있다.
112	생때같다	① 아무 탈 없이 멀쩡하다. ② 공을 많이 들여 매우 소중하다.
113	서슴다	결단을 내리지 못하고 머뭇거리며 망설이다.
114	선걸음	① 현재 서서 내디뎌 걷고 있는 그대로의 걸음 ② 이왕 내디딘 걸음
115	소슬바람	으스스하고 쓸쓸하게 부는 바람
116	손	고등어나 꽁치, 조기 두 마리
117	손방	아주 할 줄 모르는 솜씨
118	손씻이	남의 수고에 보답하는 마음으로 적은 물건을 주는 일. 또는 그 물건
119	숟가락총	숟가락의 자루
120	숫밥	① 손대지 않은 깨끗한 밥 ② 솥에서 처음으로 푼 밥
121	숫접다	순박하고 진실하다.
122	슬겁다	① 집이나 세간 따위가 겉으로 보기보다 속이 너르다. ② 마음씨가 너그럽고 미덥다.
123	시앗	남편의 첩

번호	어휘	뜻
124	실큼하다	싫은 생각이 있다.
125	쌈	바늘 스물네 개
126	쌩이질	한창 바쁠 때에 쓸데없는 일로 남을 귀찮게 구는 짓≒씨양이질
127	안갚음	① 까마귀 새끼가 자라서 늙은 어미에게 먹이를 물어다 주는 일 ② 자식이 커서 부모를 봉양하는 일≒반포(反哺)
128	안갚음하다	자식이 커서 부모를 봉양(奉養)하다.
129	안다미로	담은 것이 그릇에 넘치도록 많이
130	안잠자기	여자가 남의 집에서 잠을 자며 그 집의 일을 도와주는 일. 또는 그런 여자≒안잠
131	알심	① 속으로 은근히 동정하는 마음 ② 보기보다는 야무진 힘
132	알천	① 재산 가운데 가장 값나가는 물건 ② 음식 가운데서 제일 맛있는 음식
133	알토란같다	살림과 재산 등이 옹골차게 실속이 있다.
134	암살/엄살	엄살을 부리며 버티고 겨루는 태도가 있다.
135	앙갚음	남이 저에게 해를 준 대로 저도 그에게 해를 줌. ≒반보(反報), 보복(報復)
136	앙갚음하다	남이 저에게 해를 준 대로 저도 그에게 해를 주다.

137	애먼	① 일의 결과가 다르게 돌아가 억울하게 느껴지는 ② 일의 결과가 다르게 돌아가 엉뚱하게 느껴지는
138	애오라지	① '겨우'를 강조하여 이르는 말 ② '오로지'를 강조하여 이르는 말
139	약비나다	정도가 너무 지나쳐서 진저리가 날 만큼 싫증이 나다.
140	어르다	① 몸을 움직여 주거나 또는 무엇을 보여 주거나 들려주어서, 어린 아이를 달래거나 기쁘게 하여 주다. ② 사람이나 짐승을 놀리며 장난하다. ③ 어떤 일을 하도록 사람을 구슬리다.
141	어안	어이없어 말을 못하고 있는 혀 안
142	얼금뱅이	얼굴이 얼금얼금 얽은 사람
143	엉너리	남의 환심을 사려고 어벌쩡하게 서두르는 짓
144	에움길	굽은 길. 또는 에워서 돌아가는 길
145	엔간하다	대중으로 보아 정도가 표준에 꽤 가깝다.
146	여봐란듯이	우쭐대고 자랑하듯이
147	여북하다	('여북하면', '여북해야' 꼴로 의문문에 쓰여) 정도가 매우 심하거나 상황이 좋지 않다.
148	여우비	볕이 나 있는 날 잠깐 오다가 그치는 비
149	열없다	조금 부끄럽다. 담이 작고 겁이 많다.
150	영절스럽다	아주 그럴듯하다.
151	오금	무릎의 구부러지는 오목한 안쪽 부분
152	오늬	화살의 머리를 활시위에 끼도록 에어낸 부분
153	오롯이	① 모자람이 없이 온전하게 ② 고요하고 쓸쓸하게

154	오지랖	웃옷이나 윗도리에 입는 겉옷의 앞자락
155	옴나위	꼼짝할 만큼의 작은 움직임
156	옹골지다	실속이 있게 속이 꽉 차 있다.
157	왜장질	쓸데없이 큰 소리로 마구 떠드는 짓
158	우두망찰하다	정신이 얼떨떨하여 어찌할 바를 모르다.
159	우리	기와를 세는 단위. 한 우리는 기와 2천 장
160	우세스럽다	남에게 놀림과 비웃음을 받을 듯하다. ≒남우세스럽다·남사스럽다·남세스럽다
161	울력	여러 사람이 힘을 합해서 하는 일. 또는 그런 힘
162	웃비	아직 우기(雨氣)는 있으나 좍좍 내리다가 그친 비
163	웅숭깊다	① 생각이나 뜻이 크고 넓다. ② 사물이 되바라지지 아니하고 깊숙하다.
164	윤똑똑이	자기만 혼자 잘나고 영악한 체하는 사람을 낮잡아 이르는 말
165	을씨년스럽다	① 보기에 날씨나 분위기 따위가 몹시 스산하고 쓸쓸한 데가 있다. ② 보기에 살림이 매우 가난한 데가 있다.
166	음전하다	말이나 행동이 곱고 우아하다. 또는 얌전하고 점잖다.
167	의뭉스럽다	보기에 겉으로는 어리석어 보이나 속으로는 엉큼한 데가 있다.
168	이러구러	① 이럭저럭 일이 진행되는 모양 ② 이럭저럭 시간이 흐르는 모양

번호	어휘	뜻
169	이악스럽다	① 달라붙는 기세가 굳세고 끈덕진 데가 있다. ② 이익을 위하여 지나치게 아득바득하는 태도가 있는 듯하다.
170	입시	하인이나 종이 먹는 밥을 낮잡아 이르는 말
171	자리끼	밤에 자다가 마시기 위하여 잠자리의 머리맡에 준비하여 두는 물
172	자발없다	행동이 가볍고 참을성이 없다.
173	자부락거리다	가만히 있는 사람을 실없이 자꾸 건드려 귀찮게 하다.
174	자분자분	① 좀스럽게 짓궂은 말이나 행동 따위로 자꾸 남을 귀찮게 하는 모양 ② 음식에 섞인 잔모래 따위가 귀찮게 자꾸 씹히는 모양 ③ 성질이나 태도가 부드럽고 조용하며 찬찬한 모양 ④ 부드러운 물건이 씹히는 모양
175	잔생이	① 지긋지긋하게 말을 듣지 아니하는 모양 ② 애걸복걸하는 모양
176	장돌뱅이	장돌림(여러 장을 돌아다니며 물건을 파는 장수)을 낮잡아 부르는 말
177	저어하다	염려하거나 두려워하다.
178	저지레	일이나 물건에 문제가 생기게 만들어 그르치는 일
181	젯메	제사 때 올리는 밥≒제반(祭飯)
182	조쌀하다	늙었어도 얼굴이 깨끗하고 맵시 있다.

번호	어휘	뜻
183	졸이다	① '졸다(찌개, 국, 한약 따위의 물이 증발하여 분량이 적어지다.)'의 사동사. 찌개나 국의 국물을 줄게 하는 것을 이르는 말이다. ② (주로'마음', '가슴' 따위와 함께 쓰여) 속을 태우다시피 초조해하다.
184	죽	버선, 옷이나 그릇 열 벌
185	줄행랑	'도망'을 속되게 이르는 말
186	중둥밥	① 팥을 달인 물에 흰쌀을 안쳐 지은 밥 ② 찬밥에 물을 조금 치고 다시 무르게 끓인 밥
187	지청구하다	까닭 없이 남을 탓하고 원망하다.
188	진솔	옷이나 버선 따위가 한 번도 빨지 않은 새 것 그대로인 것
189	징건하다	먹은 것이 잘 소화되지 아니하여 더부룩하고 그득한 느낌이 있다.
190	짜장	과연 정말로
191	짬짜미	남모르게 자기들끼리 짜고 하는 약속이나 수작
192	채	인삼 백 근
193	책상물림	세상 물정을 모르는 사람
194	축	오징어 스무 마리
195	춥춥스럽다	보기에 너절하고 염치없는 데가 있다.
196	콧방울	코끝 양쪽으로 둥글게 방울처럼 내민 부분
197	쾌	북어 스무 마리
198	탐탁하다	모양이나 태도, 또는 어떤 일 따위가 마음에 들어 만족하다.
199	투미하다	어리석고 둔하다.
200	푹하다	겨울 날씨가 퍽 따뜻하다.

201	푼푼하다	① 모자람이 없이 넉넉하다. ② 옹졸하지 아니하고 시원스러우며 너그럽다.
202	하늬바람	서쪽에서 부는 바람≒갈바람, 가수알바람
203	하릴없이	① 달리 어떻게 할 도리가 없이 ② 조금도 틀림이 없이
204	함초롬하다	(젖거나 서려있는 모양이나 상태가)가지런하고 곱다.
205	해거름	해가 서쪽으로 넘어가는 일. 또는 그런 때≒일모(日暮)·해름
206	해미	바다 위에 낀 아주 짙은 안개
207	호젓하다	① 후미져서 무서움을 느낄 만큼 고요하다. ② 매우 홀가분하여 쓸쓸하고 외롭다.
208	후줄근하다	① 옷이나 종이 따위가 약간 젖거나 풀기가 빠져 보기 흉하게 축 늘어져 있다. ② 지치고 고단하여 몸이 축 늘어질 정도로 힘이 없다.
209	화수분	재물이 계속 나오는 보물단지. 그 안에 온갖 물건을 담아 두면 끝없이 새끼를 쳐 그 내용물이 줄어들지 않는다는 설화상 단지를 이른다.
210	희나리	채 마르지 아니한 장작
211	희아리	약간 상한 채로 말라서 희끗희끗한 고추

주제별 고유어

나의 성격 · 행동					
ㄱ	걱실걱실하다	결곡하다	곰살궂다	끌끌하다	끌밋하다
ㄴ	너볏하다	누긋하다	노긋하다		
ㅅ	숫접다	슬겁다			
ㅇ	음전하다	옹골지다			

나의 속성		
ㄱ	가리사니	깜냥
ㄷ	드레	
ㅁ	미립	
ㅇ	알심	알천 (짝퉁! 영절스럽다)

나의 바람			
궁도련님	가멸다	화수분	깝살리다
조쌀하다			

윤똑똑이			
ㄱ	근천스럽다		
ㄴ	능갈치다		
ㄷ	던적스럽다	데생기다	
ㅁ	무람없다	몽니쟁이	몽따다
ㅅ	살천스럽다		
ㅇ	의뭉스럽다	이악스럽다	
ㅈ	자발없다	지청구하다	저지레
이걸 보는 나는 저어하다 실큼하다 약비나다			

지명		
노루목	난달	에움길
고샅	가풀막	
길섶	물매	

나와 친구의 관계						
너나들이	구순하다	골막하다	잔생이	안다미로	우두망찰하다	데면데면하다
(연락 끊고 청평으로........)						
괴괴하다	소슬바람	을씨년스럽다	호젓하다	(돌아와서 처음처럼 마시고)		곰삭다

조카
새살거리다
자부락거리다
쌩이질
왜장질

김병태	
괴이하다	
노박이	노박이로
달막거리다	
두억시니	

힘없는 수험생
투미하다
맛문하다
마뜩잖다

신체					
정수리	꼭뒤	귓불	어안	목덜미	활개
볼기	오금	장딴지	정강이	종아리	허벅지

바람		비	별	
동	샛바람, 강쇠바람	안개비	유성	별똥별
서	하늬바람, 갈바람	는개	항성	붙박이별
남	마파람, 앞바람	이슬비	금성	샛별
북	된바람, 뒤바람	가랑비	혜성	꼬리별, 살별

주제별 고유어와 의미

1	걱실걱실하다	성질이 너그러워 말과 행동이 시원스럽다.
2	결곡하다	얼굴 생김새나 마음씨가 깨끗하고 여무져서 빈틈이 없다.
3	곰살궂다	태도나 성질이 부드럽고 친절하다. 꼼꼼하고 자세하다.
4	끌끌하다	마음이 맑고 바르고 깨끗하다. = 깔깔하다03
5	끌밋하다	모양이나 차림새 따위가 매우 깨끗하고 훤칠하다.
6	너볏하다	몸가짐이나 행동이 번듯하고 의젓하다.
7	누긋하다	성질이나 태도가 좀 부드럽고 순하다. 메마르지 않고 좀 눅눅하다.
8	노긋하다	성질이나 태도가 좀 보드랍고 순하다. 힘이 없고 나른하다.
9	숫접다	순박하고 진실하다.
10	슬겁다	마음씨가 너그럽고 미덥다.
11	음전하다	말이나 행동이 곱고 우아하다. 또는 얌전하고 점잖다.
12	옹골지다	실속이 있게 속이 꽉 차 있다.
13	웅숭깊다	생각이나 뜻이 크고 넓다.
14	가리사니	사물을 판단할 만한 지각(知覺). 「준」 가리산01.
15	깜냥	스스로 일을 헤아림. 또는 헤아릴 수 있는 능력.
16	드레	인격적으로 점잖은 무게.
17	미립	경험을 통하여 얻은 묘한 이치나 요령.
18	알심	은근히 동정하는 마음. 보기보다 야무진 힘.
19	알천	재산 가운데 가장 값나가는 물건. 음식 가운데서 제일 맛있는 음식.
20	영절스럽다	아주 그럴듯하다.
21	궁도련님	부유한 집에서 자라나 세상의 어려운 일을 잘 모르는 사람
22	가멸다	재산이나 자원 따위가 넉넉하고 많다.
23	화수분	재물이 계속 나오는 보물단지
24	깝살리다	찾아온 사람을 따돌려 보내다. 재물이나 기회 따위를 흐지부지 다 없애다.
25	조쌀하다	늙었어도 얼굴이 깨끗하고 맵시 있다.
26	곤천스럽다	보잘것없고 초라한 데가 있다.
27	능갈치다	교묘하게 잘 둘러대는 재주가 있다. 아주 능청스럽다.
28	던적스럽다	하는 짓이 보기에 매우 치사하고 더러운 데가 있다.
29	데생기다	생김새나 됨됨이가 완전하게 이루어지지 못하여 못나게 생기다.
30	무람없다	예의를 지키지 않으며 삼가고 조심하는 것이 없다.
31	몽니쟁이	몽니를 부리는 사람. (몽니: 받고자 하는 대우를 받지 못할 때 내는 심술.)
32	몽따다	알고 있으면서 일부러 모르는 체하다.
33	살천스럽다	쌀쌀하고 매섭다.
34	의뭉스럽다	보기에 겉으로는 어리석어 보이나 속으로는 엉큼한 데가 있다.
35	이악스럽다	이익을 위하여 지나치게 아득바득하는 태도가 있는 듯하다.
36	자발없다	행동이 가볍고 참을성이 없다.

37	지청구하다	까닭 없이 남을 탓하고 원망하다.
38	저지레	일이나 물건에 문제가 생기게 만들어 그르치는 일.
39	저어하다	염려하거나 두려워하다.
40	실큼하다	싫은 생각이 있다.
41	약비나다	정도가 너무 지나쳐서 진저리가 날 만큼 싫증이 나다.
42	너나들이	서로 너니 나니 하고 부르며 허물없이 말을 건네는 사이. ≒이여01(爾汝).
43	구순하다	서로 사귀거나 지내는 데 사이가 좋아 화목하다.
44	골막하다	담긴 것이 가득 차지 아니하고 조금 모자란 듯하다.
45	잔생이	지긋지긋하게 말을 듣지 아니하는 모양. 애걸복걸하는 모양.
46	안다미로	담은 것이 그릇에 넘치도록 많이.
47	우두망찰하다	정신이 얼떨떨하여 어찌할 바를 모르다. ≒우두망절하다
48	데면데면하다	사람을 대하는 태도가 친밀감이 없이 예사롭다.
49	괴괴하다	쓸쓸한 느낌이 들 정도로 아주 고요하다.
50	소슬바람	가을에, 외롭고 쓸쓸한 느낌을 주며 부는 으스스한 바람. ≒솔바람02.
51	을씨년스럽다	보기에 날씨나 분위기 따위가 몹시 스산하고 쓸쓸한 데가 있다.
52	호젓하다	후미져서 무서움을 느낄 만큼 고요하다. 매우 홀가분하여 쓸쓸하고 외롭다.
53	곰삭다	두 사람의 사이가 스스럼없이 가까워지다. 올이 삭고 질이 약해지다.
54	노루목	넓은 들에서 다른 곳으로 이어지는 좁은 지역. 노루가 자주 다니는 길목.
55	고샅	시골 마을의 좁은 골목길. 또는 골목 사이. ≒고샅길.
56	길섶	길의 가장자리. 흔히 풀이 나 있는 곳을 가리킨다.
57	난달	길이 여러 갈래로 통한 곳.
58	가풀막	몹시 가파르게 비탈진 곳.
59	물매	수평을 기준으로 한 경사도.
60	에움길	굽은 길. 또는 에워서 돌아가는 길.
61	새살거리다	샐샐 웃으면서 재미있게 자꾸 지껄이다. ≒새살대다.
62	자부락거리다	가만히 있는 사람을 실없이 자꾸 건드려 귀찮게 하다. ≒자부락대다.
63	쌩이질	한창 바쁠 때에 쓸데없는 일로 남을 귀찮게 구는 짓.
64	왜장질	쓸데없이 큰 소리로 마구 떠드는 짓.
65	괴이하다	=이상야릇하다.
66	노박이	『방언』 한곳에 붙박이로 있는 사람(충청).
67	노박이로	줄곧 한 가지에만 붙박이로. 줄곧 계속적으로.
68	달막거리다	어깨나 엉덩이 따위가 자꾸 가볍게 들렸다 놓였다 하다.≒달막대다[1] 「2」.
69	두억시니	모질고 사나운 귀신의 하나. ≒야차01(夜叉) 「1」.
70	투미하다	어리석고 둔하다.
71	맛문하다	몹시 지친 상태에 있다.
72	마뜩잖다	마음에 들 만하지 아니하다.

· Note ·

국어 마무리에 날개를 달아줄!

2024 요정노트 매일 30분

하프 모의고사

파 이 널

PART

III

필수 문법 400선

1. 음운 · 형태 · 문장

2. 국어의 특질 · 의미 관계 · 국어사

3. 한글 맞춤법 · 띄어쓰기

4. 어문 규정

1. 음운론

001 1 2 3

〈보기〉의 조건에 따라서 국어의 단모음을 나눈다면 가장 맞지 않는 것은? 2020 경찰직 1차

> 보기
>
> 국어의 단모음은 '혀의 앞뒤(앞, 뒤)'와 '혀의 높낮이(높음, 중간, 낮음)', '입술의 둥긂(둥긂, 안 둥긂)'에 따라 나눈다.

① ㅣ: 앞, 높음, 안 둥긂
② ㅓ: 뒤, 중간, 둥긂
③ ㅜ: 뒤, 높음, 둥긂
④ ㅚ: 앞, 중간, 둥긂

002 1 2 3

〈보기〉에서 음의 첨가 현상이 일어나지 않는 것을 모두 고른 것은? 2020 서울시 9급

> 보기
>
> ㄱ. 등용문　　ㄴ. 한여름　　ㄷ. 눈요기　　ㄹ. 송별연

① ㄱ, ㄷ　　② ㄱ, ㄹ
③ ㄴ, ㄷ　　④ ㄴ, ㄹ

003 1 2 3

㉠~㉣에 대한 예로 가장 적절한 것은? 2020 소방직

> 특정 음운 환경에서 'ㄱ, ㄷ, ㅂ, ㅅ, ㅈ' 같은 예사소리가 'ㄲ, ㄸ, ㅃ, ㅆ, ㅉ' 같은 된소리로 바뀌는 현상이 일어나는데, 이를 된소리되기 또는 경음화라고 한다. 된소리되기의 종류로는 ㉠ 'ㄱ, ㄷ, ㅂ' 뒤에서 일어나는 된소리되기, ㉡ 어간 받침 'ㄴ, ㅁ' 뒤에서 일어나는 된소리되기, ㉢ 'ㄹ'로 끝나는 한자와 'ㄷ, ㅅ, ㅈ'으로 시작하는 한자가 결합할 때 일어나는 된소리되기, ㉣ 관형사형 어미 '-(으)ㄹ' 뒤에 있는 체언에서 일어나는 된소리되기 등이 있다.

① ㉠: 잡고 → [잡꼬]
② ㉡: 손재주 → [손째주]
③ ㉢: 먹을 것 → [머글껃]
④ ㉣: 갈등 → [갈뜽]

004 1 2 3

다음 〈보기〉와 같이 국어의 음운 변동 현상을 유형화할 때, 각 단어에 나타난 음운 변동 현상에 대한 설명으로 옳은 것은? 2019 국회직 9급

> 보기
>
> ㉠ 대치: XaY → XbY 예 국물[궁물]
> ㉡ 축약: XabY → XcY 예 국화[구콰]
> ㉢ 탈락: XaY → XY 예 좋으니[조:으니]
> ㉣ 첨가: XY → XaY 예 솜이불[솜:니불]

① '물난리'를 발음할 때에는 ㉠과 ㉡이 모두 일어난다.
② '짧다'를 발음할 때에는 ㉠과 ㉢이 모두 일어난다.
③ '몸값'을 발음할 때에는 ㉡과 ㉢이 모두 일어난다.
④ '막일'을 발음할 때에는 ㉡과 ㉣이 모두 일어난다.
⑤ '따뜻하다'를 발음할 때에는 ㉢과 ㉣이 모두 일어난다.

005 1 2 3

다음에서 알 수 있는 '나'의 이름은? 2019 소방직

> 안녕하세요? 제 소개를 하겠습니다. 먼저 제 이름은 아랫입술과 윗입술이 맞닿아서 나는 소리가 한 개 들어 있습니다. 파열음이나 파찰음은 없고 비음이 포함되어 있어서 발음하기 부드럽습니다. 제 이름을 발음할 때 혀의 위치는 가장 높았다가 낮게 내려가면서 저절로 미소가 지어지기도 합니다. 제 이름은 무엇일까요?

① 민애　　② 진주
③ 하은　　④ 정빈

006 1 2 3

〈보기〉의 음운 변동 사례 중 옳은 것은? 2019 서울시 7급

> 보기
>
> 교체, 탈락, 축약, 첨가의 음운 변동이 일어나는 경우 음운 개수의 변화가 나타나기도 한다. 먼저 ㉠'집일[짐닐]'은 첨가 및 교체가 일어나 음운의 개수가 늘었다. 그런데 ㉡'닭만[당만]'은 탈락만 일어나 음운의 개수가 줄었고, ㉢'뜻하다[뜨타다]'는 축약만 일어나 음운의 개수가 줄었다. 한편 ㉣'맡는[만는]'은 교체가 두 번 일어나 음운의 개수가 2개 증가하였다.

① ㉠　　② ㉡
③ ㉢　　④ ㉣

007 1 2 3

〈보기〉와 같이 발음할 때 적용되는 음운 변동 규칙이 아닌 것은?

2019 소방직

보기

홑이불 → [혼니불]

① 'ㄴ' 첨가 ② 두음 법칙
③ 자음 동화 ④ 음절의 끝소리 규칙

008 1 2 3

다음에 대한 설명으로 적절한 것은?

2019 지방직 9급

㉠ 가을일[가을릴] ㉡ 텃마당[턴마당]
㉢ 입학생[이팍쌩] ㉣ 흙먼지[흥먼지]

① ㉠: 한 가지 유형의 음운 변동이 나타난다.
② ㉡: 인접한 음의 영향을 받아 조음 위치가 같아지는 동화 현상이 나타난다.
③ ㉢: 음운 변동 전의 음운 개수와 음운 변동 후의 음운 개수가 서로 다르다.
④ ㉣: 음절 끝에 'ㄱ, ㄴ, ㄷ, ㄹ, ㅁ, ㅂ, ㅇ' 이외의 자음이 오면 이 7개의 자음 중 하나로 바뀌는 규칙이 적용된다.

009 1 2 3

국어의 주요한 음운 변동을 다음과 같이 유형화할 때, '부엌일'에 일어나는 음운 변동 유형으로 옳은 것은?

2019 국가직 9급

	변동 전		변동 후
㉠	XaY	→	XbY(교체)
㉡	XY	→	XaY(첨가)
㉢	XabY	→	XcY(축약)
㉣	XaY	→	XY(탈락)

① ㉠, ㉡ ② ㉠, ㉣
③ ㉡, ㉢ ④ ㉡, ㉣

010 1 2 3

〈보기〉의 ㉠~㉣에 대한 다음 설명 중 가장 적절하지 않은 것은?

2019 법원직 9급

보기

㉠ 부엌+일 → [부엉닐]
㉡ 콧+날 → [콘날]
㉢ 앉+고 → [안꼬]
㉣ 훑+는 → [훌른]

① ㉠, ㉡: '맞+불 → [맏뿔]'에서처럼 음절 끝에 올 수 있는 자음이 제한되어 있기 때문에 일어난 음운 변동이 있다.
② ㉠, ㉡, ㉣: '있+니 → [인니]'에서처럼 인접하는 자음과 조음 방법이 같아진 음운 변동이 있다.
③ ㉢: '앓+고 → [알코]'에서처럼 자음이 축약된 음운 변동이 있다.
④ ㉢, ㉣: '몫+도 → [목또]'에서처럼 음절 끝에 둘 이상의 자음이 오지 못하기 때문에 일어난 음운 변동이 있다.

011 1 2 3

다음을 바탕으로 음운 변동의 사례를 설명할 때 적절한 것은?

2018 지역인재 9급

- 대치: 한 음운이 다른 음운으로 바뀌는 현상
- 탈락: 한 음운이 없어지는 현상
- 첨가: 없던 음운이 생기는 현상
- 축약: 두 음운이 합쳐져서 제3의 음운으로 바뀌는 현상

① '팥하고[파타고]'를 발음할 때, 탈락 현상이 일어난다.
② '떡잎[떵닙]'을 발음할 때, 첨가 현상과 대치 현상이 일어난다.
③ '밝고[발꼬]'를 발음할 때, 축약 현상과 탈락 현상이 일어난다.
④ '부엌도[부억또]'를 발음할 때, 대치 현상과 첨가 현상이 일어난다.

012 1 2 3

표준 발음법에 맞게 발음할 때 일어나는 음운 변동에 대한 설명으로 적절하지 않은 것은?

2018 기상직 9급

① '갈등'은 조음 위치와 조음 방법이 모두 그대로이다.
② '해돋이'는 조음 위치와 조음 방법이 모두 바뀌었다.
③ '앞문'은 조음 위치는 그대로이고, 조음 방법이 바뀌었다.
④ '설날'은 조음 방법은 그대로이고, 조음 위치가 바뀌었다.

013 1 2 3

'깎다'의 활용형에 적용된 음운 변동에 대한 설명으로 옳은 것은? 2018 국가직 9급

- 교체: 한 음운이 다른 음운으로 바뀌는 현상
- 탈락: 한 음운이 없어지는 현상
- 첨가: 없던 음운이 생기는 현상
- 축약: 두 음운이 합쳐져서 또 다른 음운 하나로 바뀌는 현상
- 도치: 두 음운의 위치가 서로 바뀌는 현상

① '깎는'은 교체 현상에 의해 '깡는'으로 발음된다.
② '깎아'는 탈락 현상에 의해 '까까'로 발음된다.
③ '깎고'는 도치 현상에 의해 '깍꼬'로 발음된다.
④ '깎지'는 축약 현상과 첨가 현상에 의해 '깍찌'로 발음된다.

014 1 2 3

〈보기〉 중 음운 변동으로 음운의 수에 변화가 있는 단어를 모두 고른 것은? 2018 서울시 7급

보기

ㄱ. 발전　　ㄴ. 국화　　ㄷ. 솔잎　　ㄹ. 독립

① ㄱ, ㄴ　　② ㄱ, ㄹ
③ ㄴ, ㄷ　　④ ㄷ, ㄹ

015 1 2 3

〈보기〉의 단어에 공통으로 적용된 음운 변동은? 2018 서울시 9급

보기

- 꽃내음[꼰내음]
- 바깥일[바깐닐]
- 학력[항녁]

① 중화　　② 첨가
③ 비음화　　④ 유음화

016 1 2 3

다음 단어를 표준 발음법에 맞게 발음할 때 일어나는 음운 변동에 대한 설명으로 옳은 것은? 2017 기상직 7급

① '서울역'은 교체가 한 번 일어나며 음운의 개수가 변하지 않는다.
② '값지다'는 탈락 및 교체가 일어나며 음운의 개수가 한 개 줄어든다.
③ '내복약'은 첨가 및 교체가 일어나며 음운의 개수가 두 개 늘어난다.
④ '숱하다'는 교체 및 축약이 일어나며 음운의 개수가 변하지 않는다.

017 1 2 3

밑줄 친 부분이 〈보기〉에 해당하지 않는 것은? 2017 서울시 7급

보기

국어에는 동일한 모음이 연속될 때 하나가 탈락하는 현상이 나타난다.

① 늦었으니 어서 자.
② 여기 잠깐만 서서 기다려.
③ 조금만 천천히 가자.
④ 일단 가 보면 알 수 있겠지.

018 1 2 3

밑줄 친 부분 중 음운 변동의 성격이 다른 것은? 2016 기상직 7급

① 그는 떨리는 마음으로 무대 위에 섰다.
② 그녀는 가운데 과녁을 향해 활을 쐈다.
③ 명절이 되면 부모님을 따라 큰집에 갔다.
④ 우는 아이를 달래기 위해 우스꽝스러운 표정을 지었다.

019 1 2 3

밑줄 친 부분 중 음운의 탈락 현상이 나타나지 않은 것은? 2015 지방직 7급

① 지난해 새로 집을 지었다.
② 잘 우는 남자는 매력이 없다.
③ 그는 사과문을 써서 벽에 붙였다.
④ 국이 뜨겁고 매워서 먹지 못하겠다.

2. 형태론

020 1 2 3

주어진 단어를 의미를 가진 요소들로 더 이상 나눌 수 없을 때까지 나누었을 때 그 요소의 수가 가장 많은 것은? 2019 서울시 7급

① 파김치 ② 짜임새
③ 주름살 ④ 지름길

021 1 2 3

형태소의 개수가 가장 많은 것은? 2019 서울시 9급

① 떠내려갔다 ② 따라 버렸다
③ 빌어먹었다 ④ 여쭈어봤다

022 1 2 3

〈보기〉의 문장을 형태소로 분석할 때 전체 형태소는 몇 개인가? 2015 경찰직 2차

보기
떡볶이를 팔 사람은 어서 가.

① 8개 ② 9개 ③ 10개 ④ 11개

023 1 2 3

〈보기〉의 문장을 바탕으로 국어의 형태소를 이해한 것으로 가장 옳지 않은 것은? 2017 서울시 7급

보기
선생님께서 우리들에게 숙제를 주신다.

① '선생님께서'의 '께서', '우리들에게'의 '들', '주신다'의 '주'는 모두 의존 형태소에 해당하는 것들이다.
② '선생님께서'의 '께서', '숙제를'의 '를', '주신다'의 '다'는 모두 형식 형태소에 해당하는 것들이다.
③ '선생님께서'의 '님', '숙제를'의 '숙제', '주신다'의 '주'는 모두 실질 형태소에 해당하는 것들이다.
④ '선생님께서'의 '선생', '우리들에게'의 '우리', '숙제를'의 '숙제'는 모두 자립 형태소에 해당하는 것들이다.

024 1 2 3

〈보기〉의 밑줄 친 부분과 같은 품사인 것은? 2020 경찰직 1차

보기
나에게 <u>놀라운</u> 일이 벌어졌다.

① 내가 <u>만난</u> 사람은 키가 컸다.
② <u>너무</u> 매운 음식은 건강에 안 좋다.
③ 그는 신이 <u>닳도록</u> 열심히 뛰어다녔다.
④ 이 집은 <u>맛있기로</u> 유명한 순댓국을 판다.

025 1 2 3

〈보기 1〉의 내용을 참고할 때, 〈보기 2〉에서 관형사를 모두 골라 바르게 묶은 것은? 2020 법원직 9급

보기 1
관형사는 체언 앞에서 그 체언의 뜻을 분명하게 제한하는 품사이다. 특히 관형사는 체언을 꾸며 주면서도 형태 변화를 하지 않는다는 특징을 가진다. 또한 관형사는 용언이 아니므로 어미를 가지지 않음은 물론 보조사를 포함한 어떤 조사와도 결합하지 않는다.

보기 2
㉠: 도대체 <u>무슨</u> 말을 하는 거야?
㉡: <u>모든</u> 사람들이 너를 보고 있어.
㉢: <u>빠른</u> 일 처리가 무척 맘에 드는군.
㉣: 눈앞에 <u>아름다운</u> 풍경이 펼쳐졌다.

① ㉠, ㉡ ② ㉠, ㉣
③ ㉡, ㉢ ④ ㉢, ㉣

026 1 2 3

밑줄 친 부분이 〈보기〉의 ㉠에 해당하지 않는 것은? 2019 서울시 7급

보기
국어의 '있다'는 경우에 따라 ㉠ <u>동사적인 모습</u>을 보여 주기도 하고 형용사적인 모습을 보여 주기도 한다.

① 나는 오늘 집에 <u>있는다</u>.
② 할아버지는 재산이 많이 <u>있으시다</u>.
③ 눈이 그칠 때까지 가만히 <u>있어라</u>.
④ 비도 오니 그냥 집에 <u>있자</u>.

027 1 2 3

밑줄 친 부분의 품사가 옳지 않은 것은? 2019 서울시 7급

① 오늘이 3월 1일입니다. (명사)
　오늘 할 일을 내일로 미루지 마라. (부사)
② 자기가 먹을 만큼 먹어라. (의존 명사)
　나도 철수만큼 잘할 수 있다. (조사)
③ 그곳은 비교적 교통이 편리하다. (부사)
　이 연구는 비교적인 관점에서 이루어졌다.(명사)
④ 혀가 굳어 말이 잘 나오지 않는다. (형용사)
　그는 사람됨이 굳고 인색해서 함부로 돈을 빌려주지 않는다. (동사)

028 1 2 3

㉠~㉣에 대한 설명으로 옳은 것은? 2019 지방직 7급

- 현주가 취직이 되었대. ㉠ 이는 참으로 잘된 일이야.
- 지금 사는 ㉡ 그 집이 싫으면 다른 집을 알아보자.
- 걔는 우리가 싫어했던 ㉢ 저것이 마음에 든대.
- 어르신, 제가 ㉣ 저 건물까지 부축해 드리겠습니다.

① ㉠: 앞에 발화된 진술의 내용을 지시하는 기능을 한다.
② ㉡: 화자와 청자 모두 모르는 대상을 지시하는 기능을 한다.
③ ㉢: 화자는 모르지만 청자는 아는 내용을 지시하는 기능을 한다.
④ ㉣: 화자와 청자 모두에게 가까이 위치한 대상을 지시하는 기능을 한다.

029 1 2 3

〈보기〉의 ㉠~㉣ 중 품사가 나머지와 다른 것은? 2019 기상직 9급

보기

관형어는 체언 앞에서 체언의 뜻을 꾸며 주는 구실을 하는 문장 성분이다. 동사나 형용사의 관형사형, 또는 관형사 등이 문장에서 관형어로 기능한다.
㉠ 긴 이불을 팔다.
㉡ 한 이불을 덮다.
㉢ 저 이불을 빨다.
㉣ 새 이불을 사다.

① ㉠　② ㉡　③ ㉢　④ ㉣

030 1 2 3

밑줄 친 부사 중 기능상 분류가 나머지와 다른 하나는? 2019 국회직 8급

① 그 실력으로 과연 취직 시험에 합격할 수 있을까?
② 그 약이 정말 그렇게 효과가 있는지는 알 수 없다.
③ 오자마자 바로 떠난다니?
④ 응당 해야 할 일을 했을 뿐입니다.
⑤ 제발 비가 왔으면 좋겠다.

031 1 2 3

다음 예의 밑줄 친 부분에 대한 설명으로 가장 적절한 것은? 2019 경찰직 1차

㉠ 포돌이가 웃는다. 그리고 포순이가 웃는다.
㉡ 포돌이와 포순이가 웃는다.
㉢ 포돌이와 포순이가 서로 닮았다.
㉣ 포돌이 및 포순이가 웃는다.

① ㉠의 '그리고'는 문장의 다른 성분을 수식하지 않고 독립적으로 기능하므로 감탄사이다.
② ㉡의 '와'는 그 앞말이 필수적인 부사어임을 나타내는 부사격 조사이다.
③ ㉢의 '와'는 두 문장이 결합되었음을 뜻하는 접속 조사이다.
④ ㉣의 '및'은 두 문장이 결합될 때 쓰이는 접속 부사(문장 부사)이다.

032 1 2 3

밑줄 친 단어의 품사를 같은 것끼리 묶은 것은? 2019 국가직 9급

- 쌍둥이도 서로 성격이 ㉠다른 법이다.
- 날씨가 건조하면 나무가 잘 ㉡크지 못한다.
- 남부 지방에 홍수가 ㉢나서 많은 수재민이 생겼다.
- 그 사람이 농담은 하지만 ㉣허튼 말은 하지 않는다.
- 상대에게 자유를 주는 것이 진정한 사랑이 ㉤아닐까?

① ㉠, ㉡　② ㉡, ㉢
③ ㉢, ㉣　④ ㉣, ㉤

033 1 2 3

밑줄 친 부분의 품사가 다른 하나는? 2019 서울시 9급(추)

① 옷 색깔이 아주 밝구나!
② 이 분야는 전망이 아주 밝단다.
③ 내일 날이 밝는 대로 떠나겠다.
④ 그는 예의가 밝은 사람이다.

034 1 2 3

다음 중 국어의 부사에 대한 설명으로 가장 적절하지 않은 것은? 2018 경찰직 2차

① "그녀는 정말 많이 운다."에서 '정말'은 동사를 꾸며 준다.
② "과연 그는 훌륭한 예술가로구나."에서 '과연'은 문장을 꾸며 준다.
③ "영이는 아주 새 사람이 되었다."에서 '아주'는 관형사를 꾸며 준다.
④ "아이는 맨 흙투성이로 집에 들어왔다."에서 '맨'은 명사를 꾸며 준다.

035 1 2 3

다음 밑줄 친 어휘 중 품사가 다른 하나는? 2018 국회직 9급

① 우리는 정말 폭염이 너무하다 싶었다.
② 이번 여름 이렇게 날이 덥다니 너무하군.
③ 너무하건 말건 안 되는 것은 안 되는 것이네.
④ 빙수 한 그릇에 만 원은 너무하지 않으냐고 사정사정했다.
⑤ 동네에서 다 아는 처지에 정말 너무하신 처삽니다.

036 1 2 3

국어 품사에 대한 설명으로 가장 옳지 않은 것은? 2018 서울시 7급(추)

① 관형사는 체언만 수식할 수 있다.
② 명사가 다른 명사를 수식하는 경우도 있다.
③ 부사가 체언을 수식하는 경우는 없다.
④ 부사 뒤에 조사가 오는 경우도 있다.

037 1 2 3

밑줄 친 단어의 품사로 가장 옳지 않은 것은? 2018 서울시 9급(추)

① 나도 참을 만큼 참았다. 〈의존 명사〉
  나도 그 사람만큼 할 수 있다. 〈조사〉
② 오늘은 바람이 아니 분다. 〈부사〉
  아니, 이럴 수가 있단 말인가? 〈감탄사〉
③ 그 아이는 열을 배우면 백을 안다. 〈명사〉
  열 사람이 백 말을 한다. 〈관형사〉
④ 그는 이지적이다. 〈명사〉
  그는 이지적 인간이다. 〈관형사〉

038 1 2 3

밑줄 친 단어가 같은 품사로 묶인 것은? 2017 국가직 7급

① 이것 말고 다른 물건을 보여 주세요.
  질소는 산소와 성질이 다른 원소이다.
② 나 보기가 역겨워 가실 때에는 말없이 보내 드리겠습니다.
  철수는 떡국을 떠먹어 보았다.
③ 그 사과는 크고 빨개서 먹음직스럽다.
  아이가 크면서 점점 총명해졌다.
④ 김홍도의 그림은 한국적이다.
  이 그림은 한국적 정취가 물씬 풍긴다.

039 1 2 3

다음 중 밑줄 친 단어의 품사가 다른 것은? 2017 국회직 9급

① 아무런 증세가 없어서 조기 발견이 어렵다.
② 키가 몰라보게 컸구나.
③ 앞으로 사흘만 있으면 추석이다.
④ 내일 아침이 밝으면 떠나겠다.
⑤ 사람은 늙거나 병들면 죽는다.

040 1 2 3

다음 글을 읽고 ㉠과 ㉡의 예를 바르게 짝지은 것은? 2017 기상직 7급

> '있다, 없다'는 동사 성격과 형용사 성격을 모두 공유하고 있는데, 이를 중요시하여 따로 존재사를 설정하는 경우가 있다. 예컨대, 동사에는 관형사형 어미 '-는'이 붙을 수 있고, 형용사에는 '-는'이 붙지 못하는 특성이 있는데, '있다, 없다'는 '있는, 없는'에서 보는 것처럼 둘 다 가능하다는 것이다. 그렇다고 이 둘이 의미상으로 동작의 움직임이나 과정을 나타내는 동사인가 하면, 그렇지도 않으니, 동사 · 형용사 품사 배정에 어려움이 있다는 것이다. 따라서 동사 · 형용사 두 가지 특성을 보이는 새로운 품사로 존재사라는 것을 설정하자는 것이다. 그러나 이 두 난어 때문에 새로운 품사를 설정하는 것은 바람직하지 않다고 본다. 예컨대, '있다'는 '있는다, 있어라'라는 표현이 가능한 점이 있으나 '없다'는 '*없는다, *없어라'가 불가능하니, 각각 동사와 형용사로 인정하는 게 나으리라 판단된다. 학교 문법에서는 의미상의 분류를 그 기준으로 하고 있어 '있다, 없다' 둘 다 형용사로 나누고 있는 실정이다. 하긴, '있다'를 자세히 보면 ㉠동사로서의 '있다'와 ㉡형용사로서의 '있다'로 나뉜다고도 할 수 있을 것이다.

① ㉠ 나는 신이 있다고 믿는다. ㉡ 그는 내일 집에 있는다고 했다.
② ㉠ 오늘 회식이 있으니 모두 참석하세요. ㉡ 그는 있는 집 자손이다.
③ ㉠ 떠들지 말고 얌전하게 있어라. ㉡ 우리 모두 함께 있자.
④ ㉠ 앞으로 사흘만 있으면 추석이다. ㉡ 그는 서울에 있다.

041 1 2 3

밑줄 친 단어의 품사가 같은 것은? 2017 국가직 9급(추)

① 모두 제 잘못입니다.
심판은 규칙을 잘못 적용하여 비난을 받았다.
② 집에 도착하는 대로 편지를 쓰다.
큰 것은 큰 것대로 따로 모아 두다.
③ 비교적 교통이 편리한 곳에 사무실이 있다.
우리나라의 출산율은 비교적 낮은 편이다.
④ 이 사과가 맛있게 생겼다.
이보다 더 좋을 수는 없다.

042 1 2 3

다음 중 품사가 다른 하나는? 2017 소방직(추)

① 구름 한 점 없는 하늘
② 온 사람이 만 명이나 되어 보인다.
③ 광장에 사람들이 모였다.
④ 가뭄에 나무가 잘 크지 않는다.

043 1 2 3

다음 설명을 참고할 때, 문장 부사가 실현된 것은? 2018 국회직 8급

> 부사는 한 성분을 수식하느냐 문장 전체를 수식하느냐에 따라 성분 부사와 문장 부사로 나뉜다.

① 개나리가 활짝 피었다.
② 집 바로 뒤에 공원이 있다.
③ 강아지가 사료를 안 먹는다.
④ 일 끝나면 이리 와.
⑤ 의외로 철수가 빨리 왔다.

044 1 2 3

㉠~㉣ 중에서 밑줄 친 단어의 품사가 같은 것끼리 짝지어 묶인 것은? 2018 기상직 9급

> ㉠ 음식을 먹을 만큼 담아라.
> 눈물이 날 만큼 고향이 그리웠다.
> ㉡ 둘에 셋을 더하면 다섯이다.
> 쟁반에 사과 다섯 개가 있다.
> ㉢ 너는 커서 어떤 사람이 되고 싶니?
> 발이 커서 신발이 맞지 않는다.
> ㉣ 그는 충분히 잠으로써 피로를 풀었다.
> 허리가 아파 바르게 누워 자기가 어렵다.

① ㉠, ㉡ ② ㉠, ㉣
③ ㉡, ㉢ ④ ㉢, ㉣

045 1 2 3

밑줄 친 부분 중에서 품사가 다른 하나는? 2018 서울시 9급

① 그곳은 비교적 교통이 편하다.
② 손이 저리다. 아니, 아프다.
③ 보다 나은 내일을 위해 노력해라.
④ 얼굴도 볼 겸 내일 만나자.

046 1 2 3

밑줄 친 단어의 품사가 다른 하나는? 2018 서울시 9급(추)

① 그곳에서 갖은 고생을 다 겪었다.
② 우리가 찾던 것이 바로 이것이구나.
③ 인천으로 갔다. 그리고 배를 탔다.
④ 아기가 방글방글 웃는다.

047 1 2 3

밑줄 친 단어의 품사가 나머지 셋과 다른 것은? 2017 국가직 7급(추)

① 노력했지만 아직 부족함이 많다.
② 곧 날이 밝으면 출발할 수 있다.
③ 노인들은 꽃나무를 잘들 키우신다.
④ 노장은 결코 늙지 않는다는 말이 있다.

048 1 2 3

㉠~㉢에 대한 설명으로 적절하지 않은 것은? 2017 지방직 9급(추)

• 형님은 ㉠자기 자신을 애국자라고 생각했다.
• 형님은 ㉡당신 스스로 애국자라고 생각했다.
• 형님은 ㉢그의 선물을 나에게 주었다.

① ㉠과 ㉡은 모두 형님을 가리킨다.
② ㉠은 1인칭이고 ㉡은 2인칭이다.
③ ㉡은 ㉠보다 높임 표현이다.
④ ㉢은 ㉠과 달리 형님 이외의 다른 대상을 가리킬 수 있다.

049 1 2 3

다음 밑줄 친 단어에 대한 설명으로 가장 적절하지 않은 것은? 2018 경찰직 1차

㉠ 당신은 누구시오?
㉡ 당신, 요즘 직장에서 피곤하시죠?
㉢ 뭐? 당신? 누구한테 당신이야!
㉣ 할아버지께서는 생전에 당신의 장서를 소중히 다루셨다.

① ㉠에서 '당신'은 청자를 가리키는 2인칭 대명사이다.
② ㉡에서 '당신'은 부부 사이에서 상대편을 높여 이르는 2인칭 대명사이다.
③ ㉢에서 '당신'은 맞서 싸울 때 상대편을 낮잡아 이르는 2인칭 대명사이다.
④ ㉣에서 '당신'은 상대방을 높여 부르는 2인칭 대명사이다.

050 1 2 3

문장의 밑줄 친 부분 중 품사가 다른 것은? 2017 기상직 9급

① 어머니는 당신께서 기른 채소를 종종 드셨어.
② 벌써 거기까지 갔을 리가 없지 않니?
③ 우리가 다니는 학교는 참 시설이 좋아.
④ 대영아, 조기 한 두름만 사오너라.

051 1 2 3

㉠, ㉡의 밑줄 친 단어의 품사가 서로 같은 것은? 2017 지방교행직 9급

① ㉠: 마음이 진짜 아팠어.
　㉡: 모조품을 진짜처럼 만들었다.
② ㉠: 인간은 이성적 동물이다.
　㉡: 우리 이성적으로 생각하자.
③ ㉠: 나는 좋은 친구가 있어.
　㉡: 나는 조용히 집에 있으려고 해.
④ ㉠: 나는 너와 다른 사람이야.
　㉡: 너는 하루가 다르게 예뻐지는구나.

052 1 2 3

명사의 개수가 가장 많은 것은? 2016 지방직 9급

① 타율에 관한 한 독보적인 기록도 깨졌다.
② 상자에 이런 것이 깔끔하게 정돈되어 있었다.
③ 친구 외에는 다른 사람에게 항상 못되게 군다.
④ 저 모퉁이에서 얼굴이 하얀 이가 걸어오고 있다.

053 1 2 3

밑줄 친 단어의 품사가 나머지 셋과 다른 것은? 2016 지방교행직 9급

① 그는 믿을 만한 사람이다.
② 누가 볼까 싶어 가슴이 두근거렸다.
③ 그는 말이 많기는 하지만 부지런하다.
④ 그는 이유도 묻지 않고 부탁을 들어주었다.

054 1 2 3

밑줄 친 단어 가운데 품사를 바꾸어 주는 접사가 포함된 것은? 2016 지방직 7급

① 그 남자가 미간을 좁혔다.
② 청년이 여자의 어깨를 밀쳤다.
③ 이 말에 그만 아버지의 울화가 치솟았다.
④ 나는 문틈 사이에 눈을 대고 바깥을 엿보았다.

055 1 2 3

밑줄 친 단어의 품사가 적절하지 않은 것은? 2016 지방교행직 7급

① ㄱ. 방 안이 밝아서 독서하기가 좋다. (형용사)
ㄴ. 그는 날이 밝기가 무섭게 집을 나섰다. (동사)
② ㄱ. 밤이 깊어지자 길거리에 아무도 없었다. (대명사)
ㄴ. 그는 아무 말도 없이 그냥 고개만 끄덕이고 있었다. (관형사)
③ ㄱ. 동생네는 첫째가 벌써 고등학교 3학년이다. (수사)
ㄴ. 우리 동네 도서관은 매월 첫째 주 월요일에 쉰다. (관형사)
④ ㄱ. 제 딴에는 열심히 했는데 실력이 조금 부족했나봐요. (명사)
ㄴ. 버스 안에서 딴 생각을 하느라고 정류장을 지나쳤다. (관형사)

056 1 2 3

밑줄 친 단어 중 동사만을 모두 고른 것은? 2015 국가직 7급

ㄱ. 옥수수는 가만 두어도 잘 큰다.
ㄴ. 이 규칙을 중시하지 않은 사람은 아무도 없었다.
ㄷ. 그 연예인도 사람인지라 늙는 것은 어쩔 수 없구나.

① ㄱ, ㄴ ② ㄱ, ㄷ
③ ㄴ, ㄷ ④ ㄱ, ㄴ, ㄷ

057 1 2 3

밑줄 친 단어 중 품사가 다른 하나는? 2009 지방직 7급

① 사람은 왜 자꾸 늙느냐?
② 어린애는 날마다 조금씩 키가 큰다.
③ 되지도 않는 소리 하지 말고 일이나 해라.
④ 음식이 생각보다 맛이 없느냐?

058 1 2 3

밑줄 친 단어의 품사가 나머지 셋과 다른 것은? 2015 지방직 7급

① 금고 가득히 눈부신 금괴가 쌓여 있었다.
② 바람이 가볍게 부는 날씨에 기분 좋았다.
③ 소인은 없이 사는 것을 부끄럽게 여긴다.
④ 반죽이 되게 묽어 국수 만들기가 힘들다.

059 1 2 3

밑줄 친 단어의 품사가 나머지 셋과 다른 것은? 2015 지방직 9급

① 비 온 뒤에 땅이 굳는 법이다.
② 성격이 다른 사람끼리는 함께 살기 어렵다.
③ 새해에는 으레 새로운 마음이 생기기 마련이다.
④ 몸이 아픈 사람은 교실에 남아 있었다.

060 1 2 3

〈보기〉의 밑줄 친 단어의 품사를 바르게 짝지은 것은? 2015 지방교행직 9급

보기

같은 형태가 때로 서로 다른 품사에 속하기도 한다.
글씨가 ㉠크지 않아서 잘 안 보인다.
가뭄 때문에 나무가 제대로 ㉡크지 못해서 걱정이다.
회의 자료는 ㉢어제 다 마련해 두었다.
민원 때문에 ㉣어제 오후에 회의가 개최되었다.

	㉠	㉡	㉢	㉣
①	동사	형용사	명사	부사
②	형용사	동사	명사	부사
③	동사	형용사	부사	명사
④	형용사	동사	부사	명사

061 1 2 3

다음 중 〈보기 1〉을 바탕으로 〈보기 2〉에 대해 탐구한 것 중에서 올바른 것은? 2018 법원직 9급

보기 1

'-ㅁ/-음'에 대하여
• 명사형 어미: 동사의 어간 뒤에 붙어서 동사를 명사형이 되게 하는 역할을 한다. 동사의 명사형은 서술성이 있어 주어를 서술하며 품사가 변하지 않는다. 앞에 부사적 표현이 쓰일 수 있다.
• 접미사: 동사의 어간 뒤에 붙어서 동사를 명사로 파생시킨다. 파생된 명사는 서술성이 없으므로 앞에 부사적 표현이 쓰일 수 없고, 관형어가 올 수 있다.

보기 2

㉠ 그의 선조들은 불우한 삶을 살았다.
㉡ 겨울이어서 노면에 얼음이 자주 얼었다.
㉢ 영희는 깊은 잠[1]을 잠[2]으로써 피로를 풀었다.
㉣ 진행자가 크게 웃음으로써 분위기를 바꾸었다.

① ㉠의 '삶'의 '-ㅁ'은 명사형 어미이다.
② ㉡의 '얼음'은 '얼다'라는 동사에서 파생된 명사이다.
③ ㉢의 '잠[1]'의 '-ㅁ'은 명사형 어미이고, '잠[2]'의 '-ㅁ'은 접미사이다.
④ ㉣의 '웃음'은 '크게'의 수식을 받으므로 '웃음'의 '-음'은 접미사이다.

062 1 2 3

밑줄 친 부분에 해당하는 것은? 2017 지방직 9급(추)

> '-ㅁ/-음'은 'ㄹ'을 제외한 받침 있는 용언의 어간이나 어미 '-었-', '-겠-' 뒤에 붙어, 그 말이 명사 구실을 하게 하는 어미로 쓰이는 경우와, 어간 말음이 자음인 용언 어간 뒤에 붙어 명사를 만드는 접미사로 쓰이는 경우가 있다.

① 그는 수줍음이 많은 사람이다.
② 그는 죽음을 각오하고 일에 매달렸다.
③ 태산이 높음을 사람들은 알지 못한다.
④ 나라를 위해 젊음을 바친 사람이 애국자다.

063 1 2 3

다음 예문에 대한 설명으로 옳은 것은? 2012 국가직 7급

> 너는 학생이므로 그 위험한 일에서 한발 비켜서야 한다.

① '너'와 '그'는 문장 성분은 다르지만 품사는 같다.
② 이 문장은 11개의 단어로 구성되어 있다.
③ '한발'은 '한∨발'로 띄어 쓰는 것이 맞다.
④ '위험한'과 같은 품사의 예로, '헌 물건'의 '헌'을 들 수 있다.

064 1 2 3

밑줄 친 조사의 성격이 다른 하나는? 2019 서울시 7급

① 인생은 과연 뜬구름과 같은 것일까?
② 누구나 영수하고 친하게 지낸다.
③ 고등학교 때 수학과 영어를 무척 좋아했다.
④ 나와 그 친구는 서로 의지하는 사이였다.

065 1 2 3

다음 중 밑줄 친 '의'의 쓰임이 다른 것은? 2018 국회직 8급

① 아 조선의 독립국임과 조선인의 자주민임을 선언하노라.
② 민족자존의 정권을 영유케 하노라.
③ 생존권의 박상됨이 무릇 기하ㅣ며
④ 민족의 갈 길은 정해졌다.
⑤ 일본의 소의함을 죄하려 안이하노라.

066 1 2 3

(가)~(라)에 대한 고쳐쓰기 방안으로 옳지 않은 것은? 2018 국가직 9급

> (가) 수학 성적은 참 좋군. 국어 성적도 좋고.
> (나) 친구가 "난 학교에 안 가겠다."고 말했다.
> (다) 동생은 가던 길을 멈추면서 나에게 달려왔다.
> (라) 대통령은 진지한 연설로서 국민을 설득했다.

① (가): '수학 성적은 참 좋군.'은 국어 성적이 좋을 가능성을 배제하는 의미가 포함되어 있다. 따라서 보조사 '은'을 주격 조사 '이'로 바꿔 쓴다.
② (나): 직접 인용문 다음이므로 인용 조사는 '고'가 아닌 '라고'를 쓴다.
③ (다): 어미 '-면서'는 두 동작의 동시성을 나타내지 못하므로 '-고'로 바꿔 쓴다.
④ (라): '로서'는 자격을 나타내는 기능을 하므로 수단을 나타내는 기능을 하는 조사 '로써'로 바꿔 쓴다.

067 1 2 3

국어의 조사에 대한 설명으로 가장 옳지 않은 것은? 2018 서울시 7급(추)

① '에서'는 '집에서 가져왔다'의 경우에는 부사격 조사이지만 '우리 학교에서 우승을 차지했다'의 경우에는 주격 조사이다.
② '는'은 '그는 학교에 갔다'의 경우에는 주격 조사이지만 '일을 빨리는 한다'의 경우에는 보조사이다.
③ '가'는 '아이가 운동장에서 놀고 있다'의 경우에는 주격 조사이지만 '그것은 종이가 아니다'의 경우에는 보격 조사이다.
④ '과'는 '눈과 같이 하얗다'의 경우에는 부사격 조사이지만 '책과 연필이 있다'의 경우에는 접속 조사이다.

068 1 2 3

'의존 명사-조사'의 짝이 아닌 것은? 2018 서울시 7급(추)

① ┌ 할 만큼 했다.
　└ 나는 밥통째 먹으리만큼 배가 고팠다.
② ┌ 들어오는 대로 전화 좀 해 달라고 전해 주세요.
　└ 네 멋대로 일을 처리하면 안 된다.
③ ┌ 10년 만에 우리는 만났다.
　└ 너만 와라.
④ ┌ 시키는 대로 할 뿐이다.
　└ 그래야 우리는 다섯뿐이다.

069 1 2 3

〈보기〉의 ㉠과 ㉡에 해당하는 단어로 적절한 것은? 2019 기상직 9급

보기
㉠: 어간과 어근이 일치하는 경우
㉡: 어간과 어근이 일치하지 않는 경우

	㉠	㉡
①	기르다	먹히다
②	비우다	먹었다
③	정답다	귀엽다
④	앳되다	드높다

070 1 2 3

〈보기〉의 ㄱ~ㅁ에 대한 설명 중 옳지 않은 것은? 2020 국회직 8급

보기
ㄱ. 나는 봄꽃이 좋다.
ㄴ. 그 사람은 감발을 벗었다.
ㄷ. 그는 진짜 거짓말을 못한다.
ㄹ. 그 왕고집을 누가 당하겠어?
ㅁ. 나는 가슴을 두근두근하며 발표를 기다렸다.

① ㄱ의 '봄꽃'과 ㄷ의 '거짓말'은 단어 형성 방법이 같다.
② ㄴ의 '감발'과 '독서', '검붉다'는 단어 형성 방법이 같다.
③ ㄷ의 '진짜'와 '코뚜레', '집게'는 단어 형성 방법이 같다.
④ ㄹ의 '왕고집'과 '범민족', '최고참'은 단어 형성 방법이 같다.
⑤ ㅁ의 '두근두근하며'와 '빛나다', '잘되다'는 단어 형성 방법이 같다.

071 1 2 3

〈보기〉의 밑줄 친 부분에 해당하는 예로 가장 옳은 것은? 2020 법원직 9급

보기
국어의 단어 형성 방식을 보면, 실질적인 의미를 갖는 어근들끼리 만나 새말을 만들기도 하지만, 특정한 뜻을 더하는 접사가 어근 앞에 붙어 새말을 만들기도 한다. 전자의 예로는 어근 '뛰다'가 어근 '놀다'를 만나 '뛰놀다'를 만드는 것을 들 수 있고, 후자의 예로는 '군'이 어근 '살' 앞에 붙어 '쓸데없는'의 뜻을 더하면서 '군살'을 만드는 것을 들 수 있다.

① '강'은 '마르다' 앞에 붙어 '심하게'의 뜻을 더하면서 '강마르다'를 만든다.
② '첫'은 '눈' 앞에 붙어 '처음의'의 뜻을 더하면서 '첫눈'을 만든다.
③ '새'는 '해' 앞에 붙어 '새로운'의 뜻을 더하면서 '새해'를 만든다.
④ '얕'은 '보다' 앞에 붙어 '얕게'의 뜻을 더하면서 '얕보다'를 만든다.

072 1 2 3

다음 밑줄 친 부분에 해당하는 예로 가장 적절한 것은? 2019 경찰직 2차

단어는 하나의 실질 형태소로 이루어진 ㉠ 단일어와 두 개 이상의 형태소가 결합하여 만들어진 복합어로 나눌 수 있다. 복합어는 다시 실질 형태소에 접사가 붙어서 만들어진 ㉡ 파생어와 둘 이상의 실질 형태소가 결합하여 만들어진 ㉢ 합성어로 나눌 수 있다. [이하 생략]

	㉠	㉡	㉢
①	아버지	값어치	덮밥
②	바가지	값어치	마중
③	아버지	곧잘	마중
④	바가지	곧잘	덮밥

073 1 2 3

밑줄 친 부분이 ㉠의 예에 해당하는 것은? 2019 국가직 7급

어근의 앞이나 뒤에 파생 접사가 결합된 것을 파생어라 한다. 파생 접사는 그 위치에 따라 접두사와 접미사로 나누는데 접두사는 어근의 품사를 바꿀 수 없지만, ㉠ 접미사는 어근의 품사를 바꾸기도 한다.

① 황금을 보기를 돌같이 하라.
② 세 자매가 정답게 앉아 있다.
③ 옥수수 알이 크기에는 안 좋은 날씨이다.
④ 그곳은 낚시질하기에 가장 좋은 자리였다.

074 1 2 3

파생어로만 묶인 것은? 2019 국회직 8급

① 강추위, 날강도, 온갖, 짓누르다
② 공부하다, 기대치, 되풀다, 들이닥치다
③ 게을러빠지다, 끝내, 참꽃, 한겨울
④ 들개, 어느덧, 움직이다, 한낮
⑤ 들쑤시다, 마음껏, 불호령, 여남은

075 1 2 3

파생어끼리 묶인 것으로 가장 적절한 것은? 2018 경찰직 3차

① 치솟다, 고무신
② 새빨갛다, 놀이
③ 얽매다, 풋사랑
④ 굶주리다, 까막까치

076 1 2 3

다음 중 단어 형성 방법이 나머지와 다른 것은? 2018 지방교행직(경)

① 가위질　　② 달리기
③ 멋쟁이　　④ 책가방

077 1 2 3

〈보기〉의 ㉠~㉣에 대한 설명으로 적절하지 않은 것은? 2018 법원직 9급

보기
- 그는 ㉠슬픔에 젖어 말을 잇지 못했다.
- 간호사는 환자의 팔뚝에 붕대를 ㉡휘감았다.
- 그 사이 한 해가 저물고 ㉢새해가 왔다.
- 그의 집은 인근에서 ㉣알부자로 소문난 집이다.

① ㉠은 어근과 접미사의 결합으로 이루어진 파생어로 품사가 형용사에서 명사로 바뀌었다.
② ㉡은 접두사와 어근의 결합으로 만들어진 파생어이다.
③ ㉢은 어근과 어근의 결합인 '관형사+명사' 형태의 통사적 합성어이다.
④ ㉣은 어근과 어근의 결합인 '명사+명사' 형태의 통사적 합성어이다.

078 1 2 3

다음 중 합성어로만 묶인 것은? 2018 국회직 8급

① 비행기, 새해, 밑바닥, 짓밟다, 겁나다, 낯설다
② 새해, 막내둥이, 돌부처, 얄밉다, 깔보다, 본받다
③ 새해, 늙은이, 어깨동무, 정들다, 앞서다, 손쉽다
④ 비행기, 개살구, 산들바람, 겁나다, 낯설다, 그만두다
⑤ 늙은이, 막내둥이, 척척박사, 본받다, 앞서다, 배부르다.

079 1 2 3

단어 형성 원리에 대한 설명으로 가장 옳은 것은? 2018 서울시 9급

① 형용사 '기쁘다'에 동사 파생 접미사 '-하다'가 붙으면 동사 '기뻐하다'가 생성된다.
② '시누이'와 '선생님'은 접미 파생 명사들이다.
③ '빛나가다'와 '공부하다'는 합성 동사들이다.
④ '한여름'은 단일 명사이다.

080 1 2 3

단어에 대한 설명으로 옳지 않은 것은? 2017 국가직 9급(추)

① '바다', '맑다'는 어근이 하나인 단일어이다.
② '회덮밥'은 파생어 '덮밥'에 새로운 어근 '회'가 결합된 합성어이다.
③ '곁눈질'은 합성어 '곁눈'에 접미사 '-질'이 결합된 파생어이다.
④ '웃음'은 어근 '웃-'에 접미사 '-음'이 붙어 명사가 된 파생어이다.

081 1 2 3

비통사적 합성어로만 묶은 것은? 2017 국가직 7급

① 힘들다, 작은집, 돌아오다
② 검붉다, 굳세다, 밤낮
③ 부슬비, 늦더위, 굶주리다
④ 빛나다, 보살피다, 오르내리다

082 1 2 3

다음 문장에 대한 설명으로 적절하지 않은 것은? 2018 기상직 9급

어제 우리는 둘러앉아 군밤과 밤고구마를 먹었다.

① 이 문장에서 파생어는 1개이다.
② 이 문장에서 복합어는 3개이다.
③ 이 문장은 6개의 어절로 이루어져 있다.
④ 이 문장은 9개의 단어로 이루어져 있다.

083 1 2 3

다음 중 합성어의 수는? 2017 국회직 9급

> 나무꾼, 뒤엎다, 병마개, 엿보다, 작은아버지, 짙푸르다, 헛되다

① 2개 ② 3개
③ 4개 ④ 5개
⑤ 6개

084 1 2 3

다음 중 합성어로만 묶인 것은? 2017 서울시 7급

① 손목, 눈물, 할미꽃, 어깨동무, 굳세다, 날뛰다
② 잠보, 점쟁이, 일꾼, 덮개, 넓이, 조용히
③ 지붕, 군것질, 선생님, 먹히다, 거멓다, 고프다
④ 맨손, 군소리, 풋사랑, 시누이, 빗나가다, 새파랗다

085 1 2 3

( ) 안에 들어갈 말로 적절한 것은? 2015 국가직 9급

> '개살구', '잠', '새파랗다' 등은 어휘 형태소인 '살구', '자-', '파랗-'에 '개-', '-ㅁ', '새-'와 같은 접사가 덧붙어서 파생된 단어들이다. 이처럼 직접 구성 요소 중 접사가 확인되는 단어들을 '파생어'라고 한다. 반면, (   ) 등은 각각 실질적 의미를 지닌 두 요소가 결합하여 한 단어가 된 경우인데, 이를 '파생어'와 구분하여 '합성어'라고 한다.

① 고추장, 놀이터, 손짓, 장군감
② 면도칼, 서릿발, 쉰둥이, 장난기
③ 깍두기, 선생님, 작은형, 핫바지
④ 김치찌개, 돌다리, 시나브로, 암탉

086 1 2 3

'본용언 + 보조 용언' 구성이 아닌 것은? 2018 서울시 9급(추)

① 영수는 쓰레기를 주워서 버렸다.
② 모르는 사람이 나를 아는 척한다.
③ 요리 맛이 어떤지 일단 먹어는 본다.
④ 우리는 공부를 할수록 더 많은 것을 알아 간다.

087 1 2 3

밑줄 친 단어의 문법적 기능이 나머지 셋과 다른 하나는? 2018 서울시 7급

① 어머니가 바구니를 들고 가셨다.
② 나는 그 일을 끝내지 못했다.
③ 새 옷을 입어 보았다.
④ 그는 나를 놀려 대곤 했다.

088 1 2 3

짝지어진 두 문장의 밑줄 친 부분이 모두 보조 용언인 것은? 2017 사회복지직 9급

① 이 책도 한번 읽어 보거라.
   밖의 날씨가 매우 더운가 보다.
② 야구공으로 유리를 깨 먹었다.
   여름철에는 음식물을 꼭 끓여 먹자.
③ 이것 좀 너희 아버지께 가져다 드리렴.
   나는 주말마다 어머니 일을 거들어 드린다.
④ 이것 말고 저것을 주시오.
   게으름을 피우던 그가 시험에 떨어지고 말았다.

089 1 2 3

밑줄 친 부분 중 보조 용언이 결합되지 않은 것은? 2015 국가직 9급

① 창문 너머로 날이 밝아 온다.
② 동생이 내 과자를 먹어 버렸다.
③ 우체국에 들러 선배의 편지를 부쳐 주었다.
④ 그는 환갑이 지났지만 40대처럼 젊어 보인다.

090 1 2 3

밑줄 친 용언의 종류가 다른 것은? 2014 국가직 9급

① 어머니가 바구니를 들고 가셨다.
② 그녀는 화가 나 밖으로 나가 버렸다.
③ 자고 나서 어디로 갈 거야?
④ 나도 그거 한번 먹어 보자.

091 1 2 3

밑줄 친 부분의 활용형이 옳지 않은 것은? 2020 지방직 9급

① 집에 오면 그는 항상 사랑채에 머물었다.
② 나는 고향 집에 한 사나흘 머무르면서 쉴 생각이다.
③ 일에 서툰 것은 연습이 부족한 까닭이다.
④ 그는 외국어가 서투르므로 해외 출장을 꺼린다.

092 1 2 3

밑줄 친 단어의 형태가 옳지 않은 것은? 2019 서울시 9급

① 멀리서 보기와 달리 산이 가팔라서 여러 번 쉬었다.
② 예산이 100만 원 이상 모잘라서 구입을 포기해야 했다.
③ 영혼을 불살라서 이룬 깨달음이니 더욱 소중하다.
④ 말이며 행동이 모두 올발라서 흠잡을 데 없는 사람이다.

093 1 2 3

불규칙 활용을 하는 용언이 아닌 것은? 2019 서울시 9급

① 묻다[問] ② 덥다[暑]
③ 낫다[愈] ④ 놀다[遊]

094 1 2 3

다음의 음운 현상이 일어난 사례는? 2018 지방교행직 9급

> 어간 '가-'에 어미 '-아서'가 결합하면 '가서'가 된다. 이러한 사례처럼 어간과 어미가 결합할 때, 동일한 모음이 연속되면 그중 하나가 탈락한다.

① 봄이 가고 여름이 온다.
② 집에 가니 벌써 밤이었다.
③ 우리만 먼저 가도 괜찮을까
④ 학교에 가면 친구들을 만난다.

095 1 2 3

국어의 불규칙 활용에 대한 <보기>의 설명과 그 예를 가장 바르게 짝지은 것은? 2018 서울시 7급(추)

> 보기
> (가) 불규칙 용언 가운데는 어간의 일부가 탈락되는 경우가 있다.
> (나) 불규칙 용언 가운데는 어간의 일부가 다른 것으로 바뀌는 경우가 있다.
> (다) 불규칙 용언 가운데는 어미가 다른 것으로 바뀌는 경우가 있다.
> (라) 불규칙 용언 가운데는 어간과 어미가 함께 바뀌는 경우가 있다.

① (가)－짓다, 푸다, 눕다
② (나)－깨닫다, 춥다, 씻다
③ (다)－푸르다, 하다, 노르다
④ (라)－좋다, 파랗다, 부옇다

096 1 2 3

밑줄 친 용언의 활용형 중 가장 옳지 않은 것은? 2018 서울시 7급(추)

① 아주 곤혹스런 상황에 빠졌다.
② 할아버지께 여쭈워 보시면 됩니다.
③ 라면이 붇기 전에 빨리 먹어라.
④ 내 처지가 너무 설워서 눈물만 나온다.

097 1 2 3

다음 밑줄 친 단어의 기본형이 틀린 것은? 2017 소방직(추)

① 붇다 → 오랫동안 목욕을 했더니 몸이 퉁퉁 불었다.
② 치루다 → 친구 장례식을 치렀으니 몸살이 날 만도 하지.
③ 싣다 → 이사를 위한 짐을 모두 실어 날랐다.
④ 낫다 → 감기가 완벽히 나았다.

098 1 2 3

밑줄 친 단어의 불규칙 활용 유형이 같은 것은? 2017 국가직 9급(추)

① 나뭇잎이 누르니 가을이 왔다.
나무가 높아 오르기 힘들다.
② 목적지에 이르기는 아직 멀었다.
앞으로 구르기를 잘한다.
③ 주먹을 휘두르지 마라.
머리를 짧게 자른다.
④ 그를 불운한 천재라 부른다.
색깔이 아주 푸르다.

099 1 2 3

밑줄 친 말의 기본형이 옳지 않은 것은? 2017 국가직 9급

① 무를 강판에 가니 즙이 나온다. (기본형: 갈다)
② 오래되어 불은 국수는 맛이 없다. (기본형: 불다)
③ 아이들에게 위험한 데서 놀지 말라고 일렀다. (기본형: 이르다)
④ 퇴근하는 길에 포장마차에 들렀다가 친구를 만났다.(기본형: 들르다)

100 1 2 3

밑줄 친 용언의 활용형의 표기가 옳은 것은? 2017 사회복지직 9급

① 집에서 학교까지 거리가 가까왔다.
② 일이 다 잘되서 다행이다.
③ 입구에 붉은 글씨가 씌어 있다.
④ 생각컨대 조금 더 기다려 보자.

101 1 2 3

밑줄 친 부분이 〈보기〉의 ㉠과 같은 구성 방식으로 이루어진 것은? 2016 지방교행직 9급

보기
김 대리, 박 대리가 빨리 사무실로 ㉠오래.

① (옆에 있는 동료의 의사를 확인하고자 물으며) 우리 이제 그만 갈래?
② (이른 더위를 못마땅하게 생각하며 혼잣말로) 아직 6월인데 왜 이렇게 덥대?
③ (귀가를 서두르자는 동생의 말을 언니에게 전달하며) 어서 집으로 돌아가재.
④ (옆에 있는 동료에게 과거에 직접 본 영화를 평가하여 말하며) 그 영화 별로 재미없데.

102 1 2 3

밑줄 친 용언의 활용이 잘못된 것은? 2015 지방직 9급

① 그는 허구헌 날 술만 마신다.
② 네가 시험에 합격했으니 동네 어른들과 잔치라도 벌여야겠구나.
③ 무슨 말을 해도 괜찮으니 내게 서슴지 말고 말해 보아라.
④ 담당자의 서투른 일 처리 때문에 창구에서 큰 혼란이 있었다.

103 1 2 3

〈보기〉의 ㉠과 ㉡에 해당하는 예로만 묶은 것은? 2015 지방교행직 9급

보기
불규칙 용언은 그 활용형에 따라 ㉠어간만이 불규칙적으로 바뀌는 것, 어미만이 불규칙적으로 바뀌는 것, ㉡어간과 어미 모두가 불규칙적으로 바뀌는 것으로 나뉜다.

	㉠	㉡
①	(고기를)굽다	(진실을)깨닫다
②	(고기를)굽다	(하늘이)파랗다
③	(들판이)푸르다	(진실을)깨닫다
④	(들판이)푸르다	(하늘이)파랗다

3. 문장론

104 1 2 3

안긴문장이 없는 것은? 2020 국가직 9급

① 나는 동생이 시험에 합격하기를 고대한다.
② 착한 영호는 언제나 친구들을 잘 도와준다.
③ 해진이는 울산에 살고 초희는 광주에 산다.
④ 아버지께서는 나에게 내일 가족 여행을 가자고 말씀하셨다

105 1 2 3

〈보기〉를 이해한 내용으로 가장 적절하지 않은 것은? 2020 경찰직 1차

보기
㉠ 평소에 운동하지 않으면 빨리 달리기가 어렵다.
㉡ 그는 민수와는 다르게 운동을 좋아한다.
㉢ 농구를 잘하는 영희는 키가 전봇대만큼 크다.

① ㉠은 안긴문장의 서술어가 한 자리 서술어이고, ㉡은 안긴문장의 서술어가 두 자리 서술어이다.
② ㉠은 명사의 역할을 하는 안긴문장이 있고, ㉢은 서술어의 역할을 하는 안긴문장이 있다.
③ ㉡은 부사어의 역할을 하는 안긴문장이 있고, ㉢은 관형어의 역할을 하는 안긴문장이 있다.
④ ㉠은 안긴문장에 부사어가 없지만, ㉢은 안긴문장에 부사어가 있다.

106 1 2 3

밑줄 친 절의 성격이 나머지 셋과 다른 것은? 2019 서울시 7급

① 나는 영수가 만든 음식이 정말 맛있다.
② 영수가 한 질문이 너무 어려웠다.
③ 나는 영수가 애쓴 사실을 알고 있다.
④ 영수가 들은 소문은 헛소문이었다

107 1 2 3

ㄱ, ㄴ에 대한 설명으로 옳지 않은 것은? 2019 소방직

보기
ㄱ. 우리 부모님께서는 내가 시험에 합격하기를 원하신다.
ㄴ. 우리는 이곳이 교통사고 발생의 빈도가 잦음을 전혀 몰랐다.

① ㄱ과 ㄴ 모두 명사절이 안겨 있다.
② ㄱ과 ㄴ 모두 안긴문장 속에 목적어가 있다.
③ ㄱ과 달리 ㄴ에는 안긴문장 속에 관형어가 있다.
④ ㄴ과 달리 ㄱ에는 안긴문장 속에 부사어가 있다

108 1 2 3

〈보기〉를 바탕으로 '필요한 문장 성분'에 대해 판단한 내용으로 적절한 것은? 2019 기상직 9급

보기
㉠ 벤치에 앉은 그녀는 너무 예뻤다.
㉡ 경찬이는 TV에서 만화를 보았다.
㉢ 할아버지께서 우리들에게 세뱃돈을 주셨다.
㉣ 우리도 경전철이 언제 개통될지 모른다.

① ㉠에는 문장 성분이 여러 개 있지만 필수적인 것은 주어와 부사어와 서술어이다.
② ㉡에서 필수적인 문장 성분은 4개이다.
③ ㉢을 보면 문장의 부속 성분인 부사어 '우리들에게'도 필수적인 문장 성분이 될 수 있다.
④ ㉣에는 서술어 '개통되다'의 주어가 2개이므로 중복되는 주어를 생략해야 한다.

109 1 2 3

밑줄 친 부분의 문장 성분이 다른 것은? 2019 경찰직 1차

① 4월이면 매년 시에서 나무를 심었다.
② 어느덧 벚꽃이 활짝 피었다.
③ 목련은 소리도 없이 진다.
④ 사람들은 그곳에서 봄을 즐겼다.

110 1 2 3

밑줄 친 부분의 문장 성분이 다른 것은? 2019 서울시 9급(추)

① 그는 밥도 안 먹고 일만 한다.
② 몸은 아파도 마음만은 날아갈 것 같다.
③ 그는 그녀에게 물만 주었다.
④ 고향의 사투리까지 싫어할 이유는 없었다.

111 1 2 3

밑줄 친 부분 중에서 목적어가 아닌 것은? 2018 서울시 9급

① 우리는 그의 제안을 수용할지를 결정하지 못했다.
② 사공들은 바람이 불기를 기다렸다.
③ 아이들이 건강하지를 않아 걱정이다.
④ 나는 일이 어렵고 쉽고를 가리지 않는다.

112 1 2 3

다음 밑줄 친 성분에 대한 설명 중 가장 적절한 것은? 2018 경찰직 1차

㉠ 영선이가 참 아름답다.
㉡ 과연 영선이는 똑똑하구나.
㉢ 영선이는 엄마와 닮았다.
㉣ 그러나 영선이는 역경을 이겨 냈다.

① ㉠과 ㉡의 밑줄 친 부분은 문장 내의 다른 성분을 수식하는 성분 부사어이다.
② ㉡과 ㉢의 밑줄 친 부분은 문장 전체를 수식하는 문장 부사어이다.
③ ㉢과 ㉣의 밑줄 친 부분은 앞뒤를 연결해 주는 접속 부사어이다.
④ ㉠부터 ㉣까지 밑줄 친 부분은 모두 부사어이다.

113 1 2 3

밑줄 친 부사어의 문장 내에서의 역할이 나머지 셋과 가장 다른 것은? 2018 서울시 7급(추)

① 고기가 까맣게 탔다.
② 비겁하게 굴지 마라.
③ 두 사람은 격렬하게 싸웠다.
④ 이 술은 시원하게 마셔야 맛있다.

114 1 2 3

다음 예문 중에서 관형절의 성격이 다른 하나는? 2017 사회복지직 9급

① 비가 오는 소리가 들린다.
② 철수는 새로 맞춘 양복을 입었다.
③ 나는 길에서 주운 지갑을 역 앞 우체통에 넣었다.
④ 윤규가 지하철에서 만났던 사람은 의사이다.

115 1 2 3

밑줄 친 안긴문장과 같은 기능을 하는 안긴문장을 포함한 것은? 2017 지방교행직 9급

> 내가 바라던 합격이 현실이 되었다.

① 내 마음이 바뀌기는 어렵다.
② 하늘이 눈이 부시게 푸르다.
③ 나는 그 사람이 잡은 손을 놓지 않았다.
④ 우리의 싸움은 내가 항복함으로써 끝났다.

116 1 2 3

안긴문장이 주성분으로 쓰이지 않은 것은? 2016 국가직 9급

① 그 학교는 교정이 넓다.
② 농부들은 비가 오기를 학수고대했다.
③ 아이들이 놀다 간 자리는 항상 어지럽다.
④ 대화가 어디로 튈지 아무도 몰랐다.

117 1 2 3

밑줄 친 안긴문장의 종류로 옳지 않은 것은? 2016 지방직 7급

> 나는 ㉠내가 평소에 관심이 많았던 중원 고구려비를 조사하였다. ㉡중원 고구려비는 장수왕이 남한강 유역의 여러 성을 공략하고 개척한 후에 세운 기념비라고 한다. 5세기 후반에 건립된 것으로 추정된다고 하는데, 5세기 후반이면 지금으로부터 1,500년 이전에 세워졌다는 계산이 나온다. 다음으로 문화재청 홈페이지에서 중원 고구려비에 대한 내용을 찾았다. 이 설명은 ㉢중원 고구려비가 이제 나라의 재산임을 ㉣일반인들도 쉽게 알 수 있도록 보여주고 있다.

① ㉠ 관형절　　② ㉡ 인용절
③ ㉢ 서술절　　④ ㉣ 부사절

118 1 2 3

〈보기〉의 조건을 모두 만족시키는 문장은? 2016 기상직 9급

> 보기
> • 관형사가 들어 있을 것
> • 필수적 부사어가 들어 있을 것
> • 객체를 높이는 서술어가 들어 있을 것

① 동생은 어제 산 새 옷을 할아버지께 드렸다.
② 그는 아버지와 함께 했던 옛 추억을 떠올렸다.
③ 어머니께서 할머니를 모시고 시장에 다녀오셨다.
④ 할머니께서는 손자가 무슨 말을 해도 좋다고 하셨다.

119 1 2 3

아래 문장의 밑줄 친 관형절 중 피수식어와의 관계에서 그 성격이 나머지와 다른 것은 무엇인가? 2014 서울시 7급

① 길 가는 친구를 붙잡았다.
② 고기를 주식으로 먹는 사람들은 건강이 썩 좋지 않다.
③ 순희는 어제 고향에 살고 있는 가족들에게 편지를 보냈다.
④ 그 사람이 결국 실패했다는 사실을 나만 안다.
⑤ 여기서 팔리는 물건은 모두 질이 좋다.

120 1 2 3

다음 문장에 대한 설명으로 적절하지 않은 것은? 2012 국회직 8급

> 일기 예보를 듣고 아침에 널었던 빨래를 얼른 걷었다.

① 주절과 종속절의 주어가 동일하다.
② 생략된 문장 성분이 있다.
③ 용언을 수식하는 절은 없다.
④ 문장 속의 용언들은 모두 타동사이다.
⑤ 내포와 접속 중 하나만 사용되었다.

121 1 2 3

다음 밑줄 친 성분에 대한 설명 중 가장 적절한 것은? 2018 경찰직 2차

> • 잎이 노랗게 ㉠물들었다.
> • 그는 이 소설책을 열심히 ㉡읽었다.
> • 저 사람은 전혀 다른 사람이 ㉢되었다.
> • 그녀는 자신의 행운을 당연하게 ㉣여긴다.

① ㉠은 부사어를 필수적으로 요구하는 두 자리 서술어이다.
② ㉡은 부사어를 필수적으로 요구하는 세 자리 서술어이다.
③ ㉢은 보어를 필수적으로 요구하지 않는 한 자리 서술어이다.
④ ㉣은 목적어 외에 부사어를 필수적으로 요구하지 않는 두 자리 서술어이다.

122 1 2 3

다음 <보기>에 대한 설명으로 가장 적절한 것은? 2017 경찰직 2차

보기
㉠ 철이는 아이가 아니다.
㉡ 영선이는 엄마와 닮았다.
㉢ 철이는 영선이를 사랑한다.
㉣ 철이가 영선이에게 편지를 보냈다.

① ㉠에서 '아이가 아니다'는 서술절이다.
② ㉡에서 '엄마와'는 부사어이지만 생략하면 안 되는 필수적 부사어이다.
③ ㉢에서 '사랑하다'는 주어, 목적어, 서술어를 요구하는 세자리 서술어이다.
④ ㉣에서 부사어 '영선이에게'와 목적어 '편지를'의 위치를 바꾸면 ㉣은 비문(非文)이 된다.

123 1 2 3

다음 중 서술어의 자릿수를 잘못 제시한 것은? 2016 서울시 7급

① 우정은 마치 보석과도 같단다. → 두 자리 서술어
② 나 엊저녁에 시험공부로 녹초가 됐어. → 두 자리 서술어
③ 철수의 생각은 나와는 아주 달라. → 세 자리 서술어
④ 원영이가 길가 우체통에 편지를 넣었어. →세 자리 서술어

124 1 2 3

다음 문장 중 밑줄 친 서술어의 자릿수가 다른 것은? 2016 경찰직 9급 1차

① 어제 만났던 그는 이제 선생님이 <u>아니다</u>.
② 군대에 가는 민수는 후배들에게 책을 <u>주었다</u>.
③ 배가 많이 고팠던 철수는 라면을 맛있게 <u>먹었다</u>.
④ 삶에 관심이 많은 학생들이 도서관에서 책을 <u>읽는다</u>.

125 1 2 3

<보기>의 ㉠~㉣에 대해 탐구한 것으로 적절하지 <u>않은</u> 것은? 2018 기상직 9급

보기
㉠ 아버지는 마음이 넓다.
㉡ 그 아이는 집으로 갔다.
㉢ 우리는 그가 담임 선생님임을 알았다.
㉣ 나는 어머니가 선물로 주신 가방을 멨다.

① ㉠에서 안은문장의 주어와 안긴문장의 주어는 다르다.
② ㉡은 주어와 서술어의 관계가 한 번 나타나므로 홑문장이다.
③ ㉢에는 목적어의 기능을 하는 안긴문장이 있고, ㉣에는 관형어의 기능을 하는 안긴문장이 있다.
④ ㉣에서 안긴문장의 목적어는 안은문장의 목적어와 다르므로 생략되지 않았다.

126 1 2 3

다음 ㉠~㉣의 문장 성분과 문장 구조에 대한 설명으로 적절하지 <u>않은</u> 것은? 2017 기상직 7급

㉠ 농부들은 시원한 비가 오기를 기다린다.
㉡ 아이가 작은 침대에서 소리도 없이 잔다.
㉢ 내가 사과를 산 시장은 값이 싸다.
㉣ 내가 만난 친구는 마음이 정말 따뜻하다.

① ㉠은 주어가 생략된 안긴문장이 있다.
② ㉡은 부사어의 기능을 하는 안긴문장이 있다.
③ ㉢은 목적어가 생략된 안긴문장이 있다.
④ ㉣은 절표지가 없이 안긴문장이 있다.

127 1 2 3

다음 밑줄 친 부분에 해당하는 예로 가장 적절하지 <u>않은</u> 것은? 2017 경찰직 1차

문장은 홑문장과 겹문장으로 나뉘며, 겹문장은 다시 이어진 문장과 안은문장으로 나뉜다. 이어진문장은 두 개의 홑문장이 대등한 자격으로 이어지는 ㉠<u>대등하게 이어진 문장</u>과 앞의 홑문장이 뒤의 홑문장에 종속적으로 연결되는 ㉡<u>종속적으로 이어진 문장</u>으로 나눌 수 있다. (이하 생략)

① ㉠: 나는 밥을 먹고 학교에 갔다.
② ㉠: 어제는 눈이 왔고 오늘은 비가 온다.
③ ㉡: 가을이 되면 단풍이 든다.
④ ㉡: 공원에 갔는데 사람들이 많았다.

128 1 2 3

다음 중 문장의 구성이 <u>다른</u> 것은? 2016 경찰직 9급 1차

① 꽃이 피는 봄이 되었다.
② 재물을 보기를 돌같이 하라.
③ 누나가 시험에 합격했음을 알렸다.
④ 운동을 매일 하는데도 건강이 안 좋다.

129 1 2 3

다음 중 문장의 짜임이 나머지 셋과 <u>다른</u> 것은? 2015 서울시 7급

① 그 일은 하기가 쉽지 않다.
② 봄이 오면 꽃이 핀다.
③ 철수는 발에 땀이 나도록 뛰었다.
④ 우리는 인간이 존귀하다고 믿는다.

130 1 2 3

〈보기〉의 ㉠, ㉡에 해당하는 것은? 2020 법원직 9급

보기

우리말의 용언 중에는 피동사와 사동사의 형태가 동일한 것이 있다. 예를 들어, '글을 보고 거기에 담긴 뜻을 헤아려 알다.'의 뜻인 '읽다'에서 파생된 사동사와 피동사의 형태는 모두 '읽히다'로, 그 형태가 같다.
– 사동사: '부하 장수들에게 병서를 읽혔다.'
– 피동사: '이 책은 비교적 쉽게 읽힌다.'
이때 ㉠ 사동사인지, ㉡ 피동사인지의 구별은 문장에서의 의미와 쓰임을 통해 이루어진다.

	㉠	㉡
①	성탄절에는 교회에서 종을 울렸다.	형이 장난감을 뺏어 동생을 울렸다.
②	동생이 새 시계를 내게 보였다.	멀리 건물 사이로 하늘이 보였다.
③	우리는 난로 앞에서 몸을 녹였다.	따스한 햇살이 고드름을 서서히 녹였다.
④	나는 손에 짐이 들려 문을 열 수가 없다.	부부 싸움을 한 친구에게 꽃을 들려 집에 보냈다

131 1 2 3

㉠, ㉡의 예로 가장 적절하지 않은 것은? 2019 경찰직 2차

접사 '–이–', '–히–', '–리–', '–기–'는 ㉠ 피동사를 만들기도 하고 ㉡ 사동사를 만들기도 한다. 피동사로 만들어진 문장은 어떤 행위나 동작이 주어로 나타내어진 인물이나 사물이 제힘으로 행하는 것이 아니라, 남의 행동에 의해서 됨을 표현하고, 사동사로 만들어진 문장은 남으로 하여금 어떤 동작을 하게 함을 표현한다.

① ㉠: 시청에 태극기가 걸렸다.
② ㉠: 눈발이 하늘 위로 날렸다.
③ ㉡: 형은 힘차게 팽이를 돌렸다.
④ ㉡: 토끼가 사자에게 다리를 물렸다

132 1 2 3

〈보기〉에 제시된 문장은 주동문과 사동문 그리고 능동문과 피동문이다. 다음 중 사동문과 피동문에 대한 설명으로 가장 옳지 않은 것은? 2019 서울시 7급

보기

(가) 내가 책을 읽었다.
(나) 선생님께서 나에게 책을 읽히셨다.
(다) 우리가 산을 봅니다.
(라) 산이 우리에게 보입니다.

① 사동문과 피동문의 서술어인 사동사와 피동사는 모두 파생어이다.
② 사동문과 피동문에는 행위의 주체에 해당되는 문장 성분이 필수적으로 제시된다.
③ 사동문과 피동문에 나타난 부사어는 각각 주동문의 주어와 능동문의 주어이다.
④ 주동문이 사동문으로 전환될 때나 능동문이 피동문으로 전환될 때 서술어의 자릿수에 변화가 나타난다.

133 1 2 3

〈보기〉를 참고할 때, ㉠~㉣에 해당하는 예문으로 적절하지 않은 것은? 2019 기상직 9급

보기

닦다 [동]
(1) 때, 먼지, 녹 따위의 더러운 것을 없애거나 윤기를 내려고 거죽을 문지르다.
(2) 거죽의 물기를 훔치다.

	피동사	사동사
닦다(1)	㉠ 닦이다	㉡ 닦이다
닦다(2)	㉢ 닦이다	㉣ 닦이다

① ㉠: 얼룩이 깨끗이 닦인 유리창을 보니 기분이 상쾌해졌다.
② ㉡: 때밀이에게 아이의 몸을 닦였지만 마음에 들지 않았다.
③ ㉢: 그가 손으로 코를 문지르자 흐르던 콧물이 닦였다.
④ ㉣: 식탁 위 우유가 깨끗하게 닦이지 않았다.

134 1 2 3

다음은 접미사 '-히'에 대한 설명과 용례를 제시한 것이다. ㉠~㉣의 용례를 추가할 때 적절하지 않은 것은? 2018 경찰직 2차

	접미사 '-히'의 의미 및 기능	접미사 '-히'의 용례
㉠	(일부 동사 어간 뒤에 붙어) '사동'의 뜻을 더하는 접미사	나뭇가지를 뒤로 젖혔다.
㉡	(일부 동사 어간 뒤에 붙어) '피동'의 뜻을 더하는 접미사	맺힌 매듭을 풀어야 한다.
㉢	(일부 형용사 어간 뒤에 붙어) '사동'의 뜻을 더하고 동사를 만드는 접미사	자리를 넓혀 앉았다.
㉣	(형용사의 어근이나 '하다'가 붙어 형용사가 되는 어근 뒤에 붙어) 부사를 만드는 접미사	학생들이 교실에서 조용히 공부하고 있다.

① ㉠의 용례로 "학생들에게 주로 신문 사설을 읽혔다."에서의 '읽혔다'를 추가할 수 있다.
② ㉡의 용례로 "그는 굽힌 허리를 천천히 세웠다."에서의 '굽힌'을 추가할 수 있다.
③ ㉢의 용례로 "무더위가 훈련 중인 선수들을 괴롭혔다."에서의 '괴롭혔다'를 추가할 수 있다.
④ ㉣의 용례로 "둘이 나란히 앉았다."에서의 '나란히'를 추가할 수 있다.

135 1 2 3

사동 표현이 없는 것은? 2018 지방직 7급

① 목동이 양들에게 풀부터 뜯겼다.
② 아이들은 종이비행기만 하늘로 날렸다.
③ 태희는 반지마저 유진에게 보여 주었다.
④ 소영의 양손에 무거운 보따리가 들려 있다.

136 1 2 3

다음 밑줄 친 성분에 대한 설명 중 가장 적절한 것은? 2018 국가직 7급

> 한국어의 피동 표현 중 '-어/아지다'에 의한 피동이 있다. 이것은 연결 어미 '-어/아'에 보조 동사 '지다'가 결합된 통사적 구성으로 통사적 피동이라 부르기도 한다. 그런데 '-어/아지다'가 피동의 의미보다는 '-게 되다'와 비슷한 의미를 가져 어떠어떠한 상태로 된다는 과정화의 의미가 더 강할 때가 있다.

① 이 책이 잘 읽혀진다.
② 방에 우유가 쏟아졌다.
③ 그 가게에 잘 가지지 않아요.
④ 이 연필은 글씨가 잘 써진다.

137 1 2 3

사동법의 특징을 고려할 때 밑줄 친 단어의 쓰임이 옳은 것은? 2018 지방직 9급

① 그는 김 교수에게 박 군을 소개시켰다.
② 돌아오는 길에 병원에 들러 아이를 입원시켰다.
③ 생각이 다른 타인을 설득시킨다는 건 참 힘든 일이다.
④ 우리는 토론을 거쳐 다양한 사회적 갈등을 해소시킨다.

138 1 2 3

밑줄 친 사동 표현이 바르게 사용된 문장은? 2017 기상직 7급

① 군 당국은 김 중위를 대위로 승진시켰다.
② 그는 차를 최대한 벽에 가깝게 주차시켰다.
③ 위원회는 김 회장을 해임시킬 수밖에 없었다.
④ 법원은 판결까지의 기간을 단축시킬 것으로 알려졌다.

139 1 2 3

다음 중 〈보기〉에 대한 이해로 적절하지 않은 것은? 2016 서울시 9급

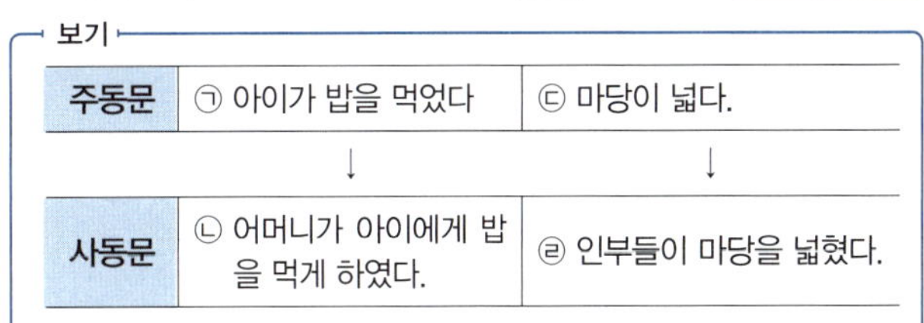
보기

주동문	㉠ 아이가 밥을 먹었다	㉢ 마당이 넓다.
	↓	↓
사동문	㉡ 어머니가 아이에게 밥을 먹게 하였다.	㉣ 인부들이 마당을 넓혔다.

① ㉡, ㉣을 보니, 사동문에는 두 가지 유형이 있군.
② ㉡, ㉣을 보니, 주동문의 주어는 사동문에서 다른 문장 성분으로 나타날 수 있군.
③ 〈보기〉를 보니, 동사만 사동화될 수 있군.
④ 〈보기〉를 보니, 주동문을 사동문으로 바꾸면 서술어의 자릿수가 변화할 수 있군.

140 1 2 3

높임 표현에 대한 설명으로 가장 적절한 것은? 2019 국가직 7급

① "제 말씀 좀 들어 보세요."에서의 '말씀'은 '말'을 높여 이르는 단어이므로 '말'로 바꾸는 것이 바람직하다.
② "혜정아, 할아버지께서는 생전에 당신의 장서를 진짜 소중히 여기셨어."에서의 '당신'은 3인칭 '자기'를 아주 높여 이르는 말이다.
③ 남에게 말할 때는 자기와 관계된 부분을 낮추어 '저희 학과', '저희 학교', '저희 회사', '저희 나라' 등과 같이 표현해야 한다.
④ 요즈음 흔히 들을 수 있는 "그건 만 원이세요.", "품절이십니다."에서의 '-세요', '-십니다'는 객체를 높이는 새로운 표현 방식이다.

141 1 2 3

다음 중 〈보기〉의 ㉠과 ㉣이 모두 사용된 문장은? 2019 국회직 9급

보기

우리말에서는 아래와 같이 높임을 나타내는 다양한 방법이 발달되어 있다.
㉠ 주체를 높이는 용언
㉡ 객체를 높이는 용언
㉢ 높여야 할 인물을 직접 높이는 명사
㉣ 높여야 할 인물과 관련된 것을 높이는 명사

① 나는 아직 그분의 말씀을 기억하고 있다.
② 누나는 여쭐 것이 있다며 할머니 댁에 갔다.
③ 할아버지께서는 편찮으셔서 거동을 잘 못하신다.
④ 어머니께서는 몹시 피곤하셨는지 거실에서 주무신다.
⑤ 생신을 맞이하신 할머니께서는 케이크를 잘 잡수셨다.

142 1 2 3

높임 표현의 쓰임이 적절하지 않은 것은? 2019 지방직 7급

① 부장님, 넥타이가 잘 어울리시네요.
② 어머님, 아비가 아직 안 들어왔습니다.
③ 선생님, 어머니께서 위임장을 주셨습니다.
④ 시장님, 저에게 여쭤 보셨던 내용을 검토했습니다.

143 1 2 3

㉠~㉣의 높임법에 대해 탐구한 것으로 적절하지 않은 것은? 2019 기상직 9급

보기

㉠ 선생님께 여쭤봐야 할 일이 생겼습니다.
㉡ 어제 그녀가 시립 미술관에 갔었니?
㉢ 네가 친구한테 휴대폰을 가져다주었구나.
㉣ 우리 학교에 가서 새로운 내용을 공부합시다.

① ㉠에서는 격 조사와 특수한 어휘를 사용하여 객체 높임을 실현하고 있다.
② ㉡은 상대를 낮추는 표현이고, 하게체 문장이다.
③ ㉢은 종결 어미에 '요'를 붙일 수 없다는 점에서 ㉡과 격식성 여부가 동일하다.
④ ㉣에 사용된 청유형 종결 어미 '-ㅂ시다'는 격식체 중 하오체 어미이다.

144 1 2 3

〈보기〉를 참고하여 문장에 실현되는 높임법을 분석할 때, 다음 중 옳지 않은 것은? 2019 서울시 7급

보기

국어의 높임법에는 주체 높임법, 객체 높임법, 상대 높임법이 있다. 이처럼 다양한 높임법을 체계적으로 살펴보기 위해서 아래의 예와 같이 이들 높임법이 문장에 나타날 때와 그렇지 않을 때를 '+'와 '-'로 표시할 수 있을 것이다.
예 영수가 동생에게 과자를 주었습니다.
(- 주체, - 객체, +상대)

① 어머니께서 영희에게 과자를 주셨다.
(+주체, - 객체, - 상대)
② 영희가 할머니께 과자를 드렸다.
(- 주체, +객체, +상대)
③ 어머니께서 영희에게 과자를 주셨습니다.
(+주체, - 객체, +상대)
④ 어머니께서 할머니께 과자를 드리셨습니다.
(+주체, +객체, +상대)

145 1 2 3

다음 글의 괄호 안에 들어갈 문장으로 적절한 것은? 2019 국가직 9급

국어의 높임법에는 말하는 이가 듣는 이에 대하여 높이거나 낮추어 말하는 상대 높임법, 서술어의 주체를 높이는 주체 높임법, 서술어의 객체를 높이는 객체 높임법 등이 있다. 이러한 높임 표현은 한 문장에서 복합적으로 실현되기도 하는데, (   )의 경우 대화의 상대, 서술어의 주체, 서술어의 객체를 모두 높인 표현이다.

① 아버지께서 할머니를 모시고 댁에 들어가셨다.
② 제가 어머니께 그렇게 말씀을 드리면 될까요?
③ 어머니께서 아주머니께 이 김치를 드리라고 하셨습니다.
④ 주민 여러분께서는 잠시만 제 이야기에 귀를 기울여 주시기 바랍니다.

146 1 2 3

높임법에 대한 설명으로 옳지 않은 것은? 2017 국가직 9급(추)

보기
ㄱ. 할아버지께서 노인정에 가셨습니다.
ㄴ. 선생님께서는 휴일에는 댁에 계십니다.
ㄷ. 여러분, 아이들을 자리에 앉혀 주십시오.
ㄹ. 우리는 할머니를 모시고 산책을 다녀왔다.

① ㄱ, ㄴ: 문장의 주체를 높이고 있다.
② ㄱ, ㄴ, ㄷ: 듣는 이를 높이고 있다.
③ ㄴ, ㄹ: 특수한 어휘를 사용하여 높임을 표현하고 있다.
④ ㄷ, ㄹ: 목적어를 높이고 있으므로 객체를 높이는 표현이다.

147 1 2 3

〈보기〉의 ㉠과 ㉡에 해당하는 높임법의 예로 가장 적절하지 않은 것은? 2017 경기북부 여경 1차

보기
국어에서 높임법은 화자가 높이려는 대상에 따라 주체 높임법, 상대 높임법, 객체 높임법으로 구분된다. ㉠주체 높임법은 주어가 나타내는 대상인 주체를 높이는 것이며, 상대 높임법은 대화의 상대인 청자를 높이는 것이고 ㉡객체 높임법은 문장의 목적어나 부사어가 나타내는 대상인 객체를 높이는 것이다.

① ㉠에 해당하는 예로, "할아버지께서 산에 가셨다."를 들 수 있다.
② ㉡에 해당하는 예로, "선생님, 영이가 혼자 갔어요."를 들 수 있다.
③ ㉠에 해당하는 예로, "할머니는 예쁜 지갑이 있으시다."를 들 수 있다.
④ ㉡에 해당하는 예로, "영이는 존경하는 선생님을 뵈었다."를 들 수 있다.

148 1 2 3

〈보기〉의 문장에 사용된 높임법의 종류가 일치하는 것끼리 묶인 것은? 2017 기상직 9급

보기
ㄱ. 얘들아, 우리 빨리 이 과제 끝내자.
ㄴ. 어머니께서 선생님께 이 편지를 드리라고 하셨어요.
ㄷ. 할아버지께서는 우리들을 많이 사랑해주셔서 자주 뵙고 싶습니다.
ㄹ. 잘 모르겠으면 아버지께 여쭤보는 게 좋겠어.

① ㄱ, ㄴ　② ㄴ, ㄷ
③ ㄷ, ㄹ　④ ㄱ, ㄴ, ㄷ

149 1 2 3

"숙희야, 내가 선생님께 꽃다발을 드렸다."의 문장을 다음 규칙에 따라 옳게 표시한 것은? 2017 지방직 9급

우리말에는 주체 높임, 객체 높임, 상대 높임 등이 있다. 주체 높임과 객체 높임의 경우 높임은 +로, 높임이 아닌 것은 −로 표시하고 상대 높임의 경우 반말체를 −로, 해요체를 +로 표시한다.

① [주체−], [객체+], [상대−]
② [주체+], [객체−], [상대+]
③ [주체−], [객체+], [상대+]
④ [주체+], [객체−], [상대−]

150 1 2 3

다음 중 상대 높임법의 등급이 다른 하나는? 2017 서울시 7급

① 여보게, 어디 가는가?
② 김 군, 벌써 봄이 왔다네.
③ 오후에 나와 같이 산책하세.
④ 어느덧 벚꽃이 다 지는구려.

151 1 2 3

〈보기〉는 국어의 시제에 대한 설명이다. 밑줄 친 부분의 예로 가장 적절한 것은? 2020 경찰직 1차

보기
절대 시제란 발화시를 기준으로 한 시제이고, 상대 시제란 발화시가 아닌 다른 시점을 기준으로 한 시제이다.

① 공원에는 운동하는 사람들이 많이 보였다.
② 철수는 다음 달에 유학을 간다.
③ 넌 이제 큰일 났다.
④ 내일은 비가 오겠다.

1. 국어의 특질

001 1 2 3

국어의 특징으로 가장 옳지 않은 것은? 2018 서울시 9급

① 조사와 어미가 발달한 교착어적 특성을 보여 준다.
② '값'과 같이 음절 말에서 두 개의 자음이 발음될 수 있다.
③ 담화 중심의 언어로서 주어, 목적어 등이 흔히 생략된다.
④ 가족 관계를 나타내는 친족어가 발달해 있다.

002 1 2 3

국어의 특질에 대한 설명으로 적절한 것은? 2017 경찰직 1차

① 장애음(특히 파열음과 파찰음)이 '평음－경음－유성음'의 3항 대립을 보인다.
② 조사와 어미가 발달한 굴절어적 특성을 보인다.
③ 음절 초에 'ㄲ', 'ㄸ', 'ㅃ' 등 둘 이상의 자음이 함께 올 수 있다.
④ 화용론적으로 소유 중심의 언어가 아니라 존재 중심의 언어이다.

003 1 2 3

다음 중 국어의 '형태적' 특징은? 2015 서울시 9급

① 수식어는 반드시 피수식어 앞에 온다.
② 동사와 형용사의 활용이 유사하다.
③ 문장 성분의 순서를 비교적 자유롭게 바꿀 수 있다.
④ 언어 유형 중 '주어－목적어－동사'의 어순을 갖는 SOV형 언어이다.

004 1 2 3

한국어의 특성으로 맞지 않는 것은? 2009 국가직 9급

① 한국어는 첨가어이므로 접사나 어미가 발달되어 있다.
② 한국어에서는 주어가 잇달아 나타나는 문장 구성이 가능하다.
③ 한국어에서 관형어는 항상 체언 앞에 온다.
④ 한국어의 관형사는 형용사처럼 활용한다.

2. 어휘의 의미 관계

005 1 2 3

〈보기〉와 같은 의미 관계로 짝지어진 것은? 2020 경찰직 1차

> 보기
> ㉠ 힘을 쓰다. ㉡ 모자를 쓰다.

① 친구와 같이 윷을 놀았다.
철수가 놀고 있는 우리에게 방해를 놀았다.
② 친구들과 공을 차면서 놀았다.
싱크대의 나사가 헐거워져서 논다.
③ 그 사람이 곗돈을 먹고 달아났다고 한다.
그 일은 나이를 먹고 할 일이 아니다.
④ 귀가 먹어서 잘 들리지 않는다.
마음을 먹어서 이렇게 하는 것이다

006 1 2 3

〈보기〉의 내용을 참고할 때, 밑줄 친 ⓐ에 해당하는 것이 아닌 것은? 2020 법원직 9급

> 보기
> 상보 반의어는 양분적 대립 관계에 있기 때문에 두 단어가 상호 배타적인 영역을 갖는다. 즉, 상보 반의어는 한 단어의 긍정이 다른 단어의 부정을 함의하는 관계에 있다. 등급 반의어는 두 단어 사이에 등급성이 있다. 다시 말하면 두 단어 사이에 중간 상태가 있을 수 있으며 그렇기 때문에 한쪽을 부정하는 것이 바로 다른 쪽을 의미하는 것이 아니다. ⓐ 관계 반의어는 두 단어가 상대적 관계에 있으면서 의미상 대칭을 이루고 있다. '남편'과 '아내'를 예로 들면 두 단어 사이에서 x가 y의 남편이면 y가 x의 아내가 되는 상대적 관계가 있으며 두 단어는 어떤 기준을 사이에 두고 대칭관계를 이루고 있으므로 관계 반의어라고 할 수 있는 것이다.

① 사다 － 팔다 ② 부모 － 자식
③ 동쪽 － 서쪽 ④ 있다 － 없다

007 1 2 3

〈보기〉의 밑줄 친 부분과 문맥적 의미가 가장 가까운 것은?

2020 서울시 9급

> 보기
> 현재 그녀는 건강이 매우 좋다.

① 그녀의 성격은 더할 수 없이 좋다.
② 서울 간 길에 한 번 뵈올 땐 혈색이 좋으셨는데?
③ 다음 주 토요일은 결혼식을 하기에는 매우 좋은 날이다.
④ 대화를 하는 그의 말투는 기분이 상쾌할 정도로 좋았다.

008 1 2 3

㉠의 문맥적 의미와 가장 가까운 것은?

2020 소방직

> 문화의 특성도 인간의 성격도 크게 나누어 보면 '심근성(深根性)'과 '천근성(淺根性)'으로 ㉠ 나누어 볼 수 있다. 심근성의 문화는 이념이나 정통에 깊이 뿌리를 박고 있는 대륙형 문화이며, 천근성의 문화는 이식과 수용 · 적응이 잘되는 해양성 섬 문화이다. 소나무 가지는 한번 꺾이고 부러지면 재생 불가능이지만 버들은 아무 데서나 새 가지가 돋는다. 이렇게 고지식하고 융통성이 없는 깐깐한 소나무 문화와는 달리 버드나무는 뿌리가 얕으므로 오히려 덕을 본다.

① 우리는 그 문제에 대해서 의견을 나누었으나 결론을 내지는 못했다.
② 학생들은 청군과 백군으로 나누어 편을 갈랐다.
③ 형제란 한 부모의 피를 나눈 사람들이다.
④ 이 사과를 세 조각으로 나누자

009 1 2 3

다음 중 〈보기〉에서 밑줄 친 말과 같은 의미로 사용된 것은?

2019 국회직 9급

> 보기
> 범인은 경찰의 손이 미치지 않는 곳으로 도망갔다.

① 요즘에는 손이 부족하다.
② 그 일은 손이 많이 간다.
③ 그는 두 손 모아 기도한다.
④ 그는 장사꾼의 손에 놀아났다.
⑤ 그 일은 선배의 손에 떨어졌다

010 1 2 3

의미 관계와 단어들의 연결이 옳지 않은 것은?

2019 서울시 7급

① 동의 관계(synonymy) – 근심 : 시름
② 반의 관계(antonymy) – 볼록 : 오목
③ 상하 관계(hyponymy) – 할아버지 : 손자
④ 부분 관계(meronymy) – 코 : 얼굴

011 1 2 3

다음에 해당하는 사례로 적절하지 않은 것은?

2019 지방직 9급

> 대립쌍을 이루는 단어들이 일정한 방향성을 이루고 있다.

① 성공(成功) : 실패(失敗)
② 시상(施賞) : 수상(受賞)
③ 판매(販賣) : 구매(購買)
④ 공격(攻擊) : 방어(防禦)

012 1 2 3

다음에 제시된 단어의 의미에 맞게 쓴 문장으로 적절하지 않은 것은?

2019 지방직 9급

단어	의미	문장
살다	경기나 놀이에서, 상대편에게 잡히지 않고 제 기능을 하다.	㉠
	어떤 직분이나 신분의 생활을 하다.	㉡
	마음이나 의식 속에 남아 있거나 생생하게 일어나다.	㉢
	움직이던 물체가 멈추지 않고 제 기능을 하다.	㉣

① ㉠: 장기에서 포는 죽고 차만 살아 있다.
② ㉡: 그는 벼슬을 살기 싫어 속세를 버렸다.
③ ㉢: 옷에 풀기가 아직 살아 있다.
④ ㉣: 그렇게 세게 부딪혔는데도 시계가 살아 있다.

013 1 2 3

다음을 참고할 때 밑줄 친 단어의 반의어로 적절하지 않은 것은?

2018 지역인재 9급

> 단어는 문맥에 따라 여러 가지 뜻을 가질 수 있으므로 반의어도 여럿이 될 수 있다. 예를 들어, '벗다'의 반의어가 '옷을 벗었다.'의 경우에 '입다'이지만 '모자를 벗었다.'의 경우에는 '쓰다'이다.

① 산 그림자가 깊다. – 옅다
② 그녀는 생각이 깊다. – 가볍다
③ 선생님의 병환이 깊다. – 가깝다
④ 우리나라는 역사가 깊다. – 짧다

014 1 2 3

반의 관계 어휘에 대한 설명으로 옳지 않은 것은? 2018 국가직 9급

① '크다/작다'의 경우, 두 단어를 동시에 긍정하거나 부정하면 모순이 발생한다.
② '출발/도착'의 경우, 한 단어의 부정이 다른 쪽 단어의 부정과 모순되지 않는다.
③ '참/거짓'의 경우, 한 단어의 부정은 다른 쪽 단어의 긍정을 함의한다.
④ '넓다/좁다'의 경우, 한 단어의 의미가 다른 쪽 단어의 부정을 함의한다.

015 1 2 3

밑줄 친 부분과 같은 의미로 사용된 것은? 2018 지방직 9급

> 지도 위에 손가락을 짚어 가며 여행 계획을 설명하였다.

① 이마를 짚어 보니 열이 있었다.
② 그는 두 손으로 땅을 짚어야 했다.
③ 그들은 속을 짚어 낼 수가 없는 사람들이었다.
④ 시험 문제를 짚어 주었는데도 성적이 좋지 않다.

016 1 2 3

밑줄 친 단어 중 그 의미가 나머지 셋과 가장 다른 것은?

2018 서울시 7급(추)

① 그는 음식이 너무 매워 거의 먹지 못했다.
② 장군은 흐르는 눈물 때문에 말을 잇지 못했다.
③ 그 아이는 부모의 바람만큼 똑똑하지 못했다.
④ 오늘은 너무 바빠서 동창회에 가지 못했다.

017 1 2 3

〈보기〉의 내용 중 밑줄 친 '쓰다'의 쓰임이 다의 관계를 보이는 것은?

2018 서울시 7급

> 보기
> ㄱ. 연습장에 붓글씨를 쓰다.
> ㄴ. 그는 억울하게 누명을 썼다.
> ㄷ. 공원묘지에 묘를 쓰다.
> ㄹ. 그는 아무에게나 반말을 쓴다.
> ㅁ. 입맛이 써서 맛있는 게 없다.
> ㅂ. 아르바이트를 하는 데 시간을 많이 썼다.

① ㄱ – ㄷ ② ㄴ – ㅁ
③ ㄷ – ㄹ ④ ㄹ – ㅂ

018 1 2 3

밑줄 친 단어가 다음에서 설명한 동음어로 묶인 것은? 2017 국가직 7급

> 동음어는 의미상 서로 관련이 없거나 역사적으로 기원이 다른데 소리만 우연히 같게 된 말들의 집합이며, 국어 사전에는 서로 다른 표제어로 등재된다.

① 지수는 빨래를 할 때 합성세제를 쓰지 않는다.
　이 일은 인부를 쓰지 않으면 하기 어렵다.
② 새로 구입한 의자는 다리가 튼튼하다.
　박물관에 가려면 한강 다리를 건너야 한다.
③ 이 방은 너무 밝아서 잠자기에 적당하지 않다.
　그는 계산에 밝은 사람이다.
④ 그 영화는 뒤로 갈수록 재미가 없었다.
　너의 일이 잘될 수 있도록 내가 뒤를 봐주겠다.

019 1 2 3

㉠~㉢에 들어갈 말로 가장 적절한 것은? 2017 국가직 7급

> • 외래문화의 무분별한 수입은 가치관의 (㉠)을 초래하였다.
> • 지역 간, 세대 간의 갈등을 (㉡)하고 희망찬 미래로 나아갑시다.
> • 아름다운 자연을 관광 자원으로 (㉢)하려고 한다.

	㉠	㉡	㉢
①	혼돈	지양	개발
②	혼돈	지향	계발
③	혼동	지양	개발
④	혼동	지향	계발

020 1 2 3

밑줄 친 ㉠~㉢을 설명할 수 있는 예시로 옳은 것은? 2020 국회직 8급

> 언어는 통시적으로 꾸준히 변화하고, 음운, 어휘, 문법, 의미 등 언어를 구성하는 모든 부분에서 변화가 일어난다. 그중 의미 변화는 어떤 말의 중심 의미가 새로 생겨난 다른 의미와 함께 사용되다가 마침내 다른 의미로 바뀌는 현상이다. 단어가 의미 변화를 겪고 난 후의 결과를 보면 단어가 지시하는 범위, 곧 의미 영역에 변화가 일어나는데, ㉠ 의미가 확대되는 경우와 ㉡ 축소되는 경우, 그리고 ㉢ 제3의 다른 의미로 바뀌는 경우를 볼 수 있다.

	㉠	㉡	㉢
①	마누라	놈	식구
②	놀부	짐승	언니
③	온	메	인정(人情)
④	어리다	외도(外道)	손
⑤	무릉도원	방송(放送)	말씀

021 1 2 3

〈보기〉의 밑줄 친 ㉠에 대한 이해로 가장 적절한 것은? 2019 서울시 7급

보기

> 사회 구조가 복잡해지고 새로운 사물과 행동이 나타나게 되면 그에 맞도록 언어가 변화하는데 이러한 변화의 예로는 ㉠ 기존 어휘의 의미가 확대되거나 새로운 의미로 변화하는 경우, 아예 새로운 어휘가 나타나는 경우를 들 수 있다.

① 식당에서 여성 종업원을 '이모'라고 부르기도 한다.
② 예전에는 '통닭'이라고 했지만 요즘엔 '치킨'이라고 한다.
③ '아침 겸 점심'을 뜻하는 말로 '아점'이라는 말이 나타났다.
④ 천연두가 사라지면서 '마마'라는 말도 이제는 쓰이지 않게 되었다.

022 1 2 3

〈보기〉의 어휘들은 통시적으로 변화된 양상을 보여 준다. 이들에 대한 설명으로 가장 옳지 않은 것은? 2019 서울시 7급

보기

> (가) 놈: '사람 평칭' → '남자의 비칭'
> (나) 겨레: '종친, 친척' → '민족, 동족'
> (다) 아침밥 > 아침
> (라) 맛비 > 장맛비

① (가)는 시대의 변화에 따라 의미가 축소된 예이다.
② (나)는 시대의 변화에 따라 의미가 확대된 예이다.
③ (다)는 형태의 일부가 생략된 후 나머지에 전체 의미가 잔류한 예이다.
④ (라)는 형태의 일부가 덧붙여진 후에도 전체 의미가 변하지 않은 예이다.

023 1 2 3

글의 내용을 구체적으로 설명하기 위한 예로 적절하지 않은 것은? 2019 국가직 9급

> 하나의 개념에 두 개 이상의 단어가 필요한 것은 아니다. 따라서 동의어는 서로 경쟁을 통해 하나가 없어지거나 각기 다른 의미 영역을 확보하는 등의 다양한 양상을 보인다. 현실 언어에서 동의어로 공존하면서 경쟁을 계속하는 경우가 있으며, 한쪽은 살아남고 다른 쪽은 소멸하는 경우가 있다. 동의 충돌의 결과 의미 영역이 바뀌는 경우도 있다. 이는 의미 축소, 의미 확대, 의미 교체 등으로 구분된다.

① '가을걷이'와 '추수'는 공존하며 경쟁하고 있다.
② '말미'는 쓰지 않고 '휴가'라는 말을 사용하고 있다.
③ '얼굴'은 '형체'의 뜻에서 '안면'의 뜻으로 의미가 축소되었다.
④ '겨레'는 '친척'의 뜻에서 '민족'의 뜻으로 의미가 확대되었다.

024 1 2 3

다음 중세 국어 짝의 의미 관계가 옳지 않은 것은? 2017 국회직 9급

① 됴타(좋다) / 조타(깨끗하다)
② 디다(짋어지다) / 지다(떨어지다)
③ 녀름(여름) / 여름(열매)
④ 소(늪) / 쇼(소)
⑤ 묻(무리) / 믈(물)

025 1 2 3

다음 중 반의 관계의 성격이 다른 하나는? 2017 서울시 9급

① 살다－죽다
② 높다－낮다
③ 늙다－젊다
④ 뜨겁다－차갑다

026 1 2 3

다음 중 한자어의 의미 관계가 나머지 셋과 가장 다른 것은? 2017 서울시 7급

① 發送－郵送
② 供給－需要
③ 脫退－加入
④ 惡化－好轉

027 1 2 3

밑줄 친 말의 문맥적 의미가 같은 것은? 2017 국가직 9급

> 고장 난 시계를 고치다.

① 부엌을 입식으로 고치다.
② 상호를 순우리말로 고치다.
③ 정비소에서 자동차를 고치다.
④ 국민 생활에 불편을 주는 낡은 법을 고치다.

028 1 2 3

'잡다'의 유의어에 해당하는 예문으로 적절하지 않은 것은? 2017 지방직 9급

유의어	예문
죽이다	㉠
쥐다	㉡
어림하다	㉢
진압하다	㉣

① ㉠: 할아버지는 돼지를 잡아 잔치를 베푸셨다.
② ㉡: 그들은 멱살을 잡고 싸우고 있다.
③ ㉢: 술집 주인은 손님의 시계를 술값으로 잡았다.
④ ㉣: 산불이 난 지 열 시간 만에 불길을 잡았다.

029 1 2 3

㉠과 ㉡에 대한 설명으로 옳지 않은 것은? 2017 기상직 9급

> 명태 한 마리 놓고 ㉠딴전 본다.
> 그 사람은 일부러 ㉡딴청을 부렸다.

① ㉠의 어원적 의미는 '다른 가게'이다.
② ㉠은 비표준어이고 ㉡은 표준어이다.
③ ㉠과 ㉡의 의미 관계는 유의 관계이다.
④ ㉡은 '피우다'와도 자연스럽게 어울린다.

030 1 2 3

어휘의 의미 관계가 나머지와 다른 하나는? 2017 소방직 1차

① 수사(修辭)－은유(隱喩)
② 친숙(親熟)－생경(生梗)
③ 비옥(肥沃)－척박(瘠薄)
④ 달변(達辯)－눌변(訥辯)

031 1 2 3

"이렇게 된 터에 더 이상 참을 수만은 없다."의 '터'와 같은 문맥적 의미로 쓰였다고 보기 가장 어려운 것은? 2017 서울시 7급

① 첫 출근 날이라 힘들었을 터이니 어서 쉬어.
② 자기 앞가림도 못하는 터에 남 걱정을 한다.
③ 이제야 후회한다고 해도 너무 늦은 터였다.
④ 이틀을 굶은 터에 찬밥 더운밥 가릴 겨를이 없다.

032 1 2 3

두 한자어의 의미 관계가 나머지 셋과 다른 것은? 2016 국가직 9급

① 광정(匡正)－확정(廓正)
② 부상(扶桑)－함지(咸池)
③ 중상(中傷)－비방(誹謗)
④ 갈등(葛藤)－알력(軋轢)

033 1 2 3

밑줄 친 단어의 의미 관계가 〈보기〉의 ㉠, ㉡과 유사한 것은? 2016 기상직 9급

> 보기
> • 민수는 점심을 많이 먹어서 ㉠배가 불렀다.
> • 바다를 향해 힘차게 나아가는 ㉡배를 보아라.

① 철수는 다방면으로 발이 넓다.
그는 발을 재촉하며 걸었다.
② 고향으로 가는 길이 수월했다.
그 문제는 풀어낼 길이 없다.
③ 심한 운동을 해서 다리에 쥐가 났다.
영희는 아슬아슬하게 다리를 건넜다.
④ 그는 손을 힘껏 뻗어 물건을 집었다.
이번 일은 손이 부족하여 힘이 든다.

034 1 2 3

다음 글에 나타난 '그림: 액자'의 관계와 가장 비슷한 것은?

2015 국가직 9급

> 2000년이 된 기념으로 ○○화랑에서 화가 200인의 작품 전시회를 개최하였다. 큐레이터가 보내 준 카탈로그를 보고 전화로 김○○ 화백의 그림을 바로 예약했다. 큐레이터는 "작품이 작은데 병 속에 세 명이 들어가 있어 답답한 느낌이 들지 않느냐?"라고 했지만, 나는 내가 설정한 '가족'이라는 주제에 어울린다고 생각하여 구입하기로 하였다.
> 전시회가 끝난 뒤 작품을 받아 보니 액자가 그림보다 훨씬 컸다. 이렇게 액자가 크니, 큐레이터의 걱정과는 달리 그림이 답답해 보이지는 않았다. 이것이 바로 '액자의 힘'이다. 내가 아는 어떤 애호가는 좋은 액자를 꾸준히 모은다. 갖고 있는 그림의 액자를 바꾸기 위해.

① 유명 인사들의 사회적 성공은 어디에서 비롯되었을까. 그들은 그 요인으로 하나같이 좋은 습관을 든다. - '성공: 습관'
② 나는 가끔 책을 장난감 블록처럼 다양하게 쌓아 본다. 책의 무거움, 진부함, 지루함을 해소하고, 즐겁고 유쾌하게 책을 재발견하고자 하는 것이다. - '책: 장난감 블록'
③ 로댕은 돌을 바라봅니다. 그 안에서 손을 발견합니다. 그리고 자신의 손을 움직여 돌 속의 손을 끄집어내려고 합니다. 그러다 실패하지요. 실패했다고 포기하지 않고 로댕은 다시 새 돌을 꺼내 바라봅니다. - '돌: 손'
④ 인간은 단 몇 초 만에 상대방에 대한 호감도를 결정한다고 한다. 몇 초 만에 자신의 내면을 드러내기가 쉽지 않다는 것을 고려하면, 내면을 돋보이게 할 수 있는 옷차림은 분명 무시할 수 없는 요인이다. - '내면: 옷차림'

035 1 2 3

밑줄 친 부분의 의미 관계가 나머지 셋과 다른 것은? 2015 국가직 9급

① 세 시간이 흐르도록 분분했던 의견들이 마침내 하나로 합치하였다.
② 아무리 논리적 사고라 하더라도 거기에는 비판이 따르게 마련이다.
③ 사회적 지위가 높은 사람이 보여주는 겸손은 가끔 오만으로 비칠 수도 있다.
④ 결미에 제시된 결론이 모두에서 진술한 내용과 관련을 맺는다면 좀 더 긴밀한 구성이 될 것이다.

036 1 2 3

다음의 특성을 지닌 어휘 관계만으로 묶인 것은? 2015 국회직 8급

> • 각각의 의미 영역이 상호 배타적이다.
> • 한쪽을 부정하면 곧 다른 쪽을 긍정하는 것이 된다.
> • 정도 부사의 수식을 받을 수 없고 비교 표현도 사용할 수 없다.

① 남성－여성, 알다－모르다, 빠르다－느리다
② 높다－낮다, 밝다－어둡다, 가다－오다
③ 살다－죽다, 참－거짓, 있다－없다
④ 아래－위, 부모－자식, 주다－받다
⑤ 좋다－싫다, 깨끗하다－더럽다, 맞다－틀리다

3. 국어사

037 1 2 3

다음 글에서 알 수 있는 중세 국어의 특징으로 적절하지 않은 것은?

2020 소방직

> [중세 국어 문헌]
> 불·휘 기·픈 남·ᄀᆞᆫ ᄇᆞᄅᆞ·매 아·니 :뮐·ᄊᆡ,
> 곶 :됴코 여·름 ·하ᄂᆞ·니.
> :ᄉᆡ·미 기·픈 ·므·른 ·ᄀᆞᄆᆞ·래 아·니 그·츨·ᄊᆡ,
> :내·히 이·러 바·ᄅᆞ래 ·가ᄂᆞ·니.
>
> [현대 국어 풀이]
> 뿌리 깊은 나무는 바람에 움직이지 아니하므로,
> 꽃 좋고 열매 많습니다.
> 샘이 깊은 물은 가뭄에 그치지 아니하므로,
> 내[川]가 이루어져 바다에 갑니다.

① 이어 적기가 적용되었다.
② 모음 조화가 잘 지켜지지 않았다.
③ 주격 조사 '가'는 사용되지 않았다.
④ 소리의 높낮이를 나타내는 방점이 쓰였다.

038 1 2 3

중세 국어의 문법적 특징에 대한 설명으로 옳지 않은 것은?

2020 국회직 8급

① 중세 국어의 객체 높임 선어말 어미 '－ᅀᆞᆸ－'은 현대 국어의 '하옵고' 등에 그 용법이 남아 있다.
② 중세 국어에서는 주격 조사로 주로 'ㅣ'를 사용하였는데, '너'에 주격 조사가 결합하면 '네'가 된다.
③ 중세 국어에서는 '네 겨집 그려 가던다'에서 보듯이 주어가 2인칭일 때에는 '－ㄴ다'를 의문형 종결 어미로 사용하였다.
④ 중세 국어에서는 주어가 1인칭 화자일 경우에는 '우리ᄃᆞᆯ히 毒藥ᄋᆞᆯ 그르 머구니'와 같이 선어말 어미 '－오/우－'를 사용하였다.
⑤ 중세 국어에서 명사절을 만드는 방법은 '날로 ᄡᅮ메'에서 보듯 현대 국어와 다르다.

039 1 2 3

ⓐ에 들어갈 내용으로 가장 적절하지 못한 것은?

2019 법원직 9급

- 학습 목표

중세 국어의 특징을 이해한다.

- 학습 자료

㉠ 孔子(공ᄌᆞ)ㅣ 曾子(증ᄌᆞ)ᄃᆞ려 닐러 ᄀᆞᆯᄋᆞ샤ᄃᆡ 몸이며 얼굴이며 머리털이며 ㉡ ᄉᆞᆯᄒᆞᆫ 父母(부모)ᄭᅴ ㉢ 받ᄌᆞ온 거시라 敢(감)히 헐워 샹ᄒᆡ오디 아니 홈이 효도ᄋᆡ 비르소미오 몸을 셰워 道(도)를 行(ᄒᆡᆼ)ᄒᆞ야 일홈을 後世(후셰)예 베퍼 ㉣ ᄡᅥ 父母(부모)ᄅᆞᆯ 현뎌케 홈이 효도ᄋᆡ ᄆᆞᄎᆞᆷ이니라.

－《소학언해》

- 학습 자료의 활용 계획

ⓐ

① ㉠: 중세 국어 시기에도 주격 조사를 사용했다는 사례로 제시한다.
② ㉡: 중세 국어 시기에는 'ㅎ'으로 끝나는 체언을 사용했다는 사례로 제시한다.
③ ㉢: 중세 국어 시기에는 객체를 높이는 형태소로 '－ᄌᆞᆸ－'이 있었다는 사례로 제시한다.
④ ㉣: 중세 국어 시기에 어두에 두 개 자음을 하나의 자음처럼 발음했다는 사례로 제시한다.

040 1 2 3

다음 글에 따라 추론한 내용으로 옳지 않은 것은?

2019 국회직 8급

단어의 형태는 시간의 흐름에 따라 변화한다. 단어들의 형태 변화는 많은 경우 음운의 변화에 의해 나타나게 된다. 중세 국어에는 현대 국어와 달리 체언 말음에 'ㅎ'을 가진 단어들이 제법 많이 존재하였다. '하늘, 나라'는 중세 국어에서 '하ᄂᆞᆶ, 나랗'이었다. 이 단어들은 '하ᄂᆞᆯ'처럼 단독형으로 쓰일 때나 관형격 조사 'ㅅ' 앞에서는 'ㅎ'이 실현되지 않았다. 그러나 '하ᄂᆞᆯ콰, 하ᄂᆞᆯ토'와 같이 'ㄱ, ㄷ'으로 시작하는 조사와 결합할 때에는 'ㅎ' 말음이 뒤에 오는 조사와 결합하여 'ㅋ, ㅌ'으로 축약되었다. 또한 '하ᄂᆞᆯ히'와 같이 모음이나 매개모음으로 시작하는 조사 앞에서는 연음이 되어 나타났다. 현대 국어에서는 대체로 'ㅎ'이 탈락하였으나 '안팎, 암캐, 머리카락' 등의 복합어에 그 흔적이 남아 있는 경우도 있고 'ᄯᅡᇂ>땅'처럼 받침 'ㅇ'으로 나타나거나 '셓, 넿>셋, 넷'처럼 'ㅅ'으로 나타나기도 한다.

중세 국어에는 현대 국어와 달리 뒤에 결합하는 조사에 따라 체언이 달리 나타나기도 하였다. 현대 국어의 '나무'에 해당하는 중세 국어 어형인 '나모'는 '나모, 나모도, 나모와'와 같이 단독형으로 쓰일 때나 자음으로 시작하는 조사나 '와'와 결합할 때는 '나모'로 나타난다. 그런데 '남기, 남ᄀᆞᆫ, 남ᄀᆞᆯ'에서 보듯이 '와'를 제외한 모음으로 시작하는 조사와 결합할 때는 '낡'으로 나타났음을 보여 준다. 물론 이 때도 체언과 조사 사이에는 모음조화가 적용되었다. 현대 국어에서는 '나무, 나무와, 나무도, 나무가, 나무는'과 같이 하나의 형태로 고정되게 되었다. '구멍'에 해당하는 중세 국어의 '구무'도 '나무'와 동일한 양상을 보여 준다.

① 현대 국어의 '하늘과 땅도'는 중세 국어에서는 '하ᄂᆞᆯ콰 ᄯᅡ토'로 나타났겠군.
② '수캐, 수탉'의 단어들을 보면 '수'도 중세 국어에서는 '숳'이었을 가능성이 있겠군.
③ 중세 국어에서는 '셋히, 셋흐로'로 쓰이던 것이 현대 국어에서 '셋이, 셋으로'가 되었겠군.
④ '나무'는 중세 국어에서 '와'를 제외한 모음으로 시작하는 조사와 결합하던 형태가 현대 국어로 오면서 사라진 것이군.
⑤ 중세 국어의 '구무'도 다른 조사와 결합할 때 '구무도, 구무와, 굼기, 굼근'과 같이 쓰였겠군.

041 1 2 3

다음 글에 따를 때, ㉠~㉢에 들어갈 말로 옳은 것은? 2019 국회직 8급

> 일반적으로 중세 국어에서는 체언에 처소를 나타내는 부사격 조사가 붙을 때 모음의 종류에 따라 그에 맞는 조사가 선택된다. 먼저 체언의 모음이 양성 모음 'ㆍ, ㅗ, ㅏ' 중의 하나이면 '애'가 쓰였다.
> - 世尊이 象頭山애(상두산 + 애) 가샤 (세존이 상두산에 가시어)
>
>   체언의 모음이 음성 모음 'ㅡ, ㅜ, ㅓ' 중의 하나이면 '에'가 쓰였다.
> - 기픈 굴헝에(굴메 + 에) ᄢᅡ디여 (깊은 구렁에 빠져)
>
>   그리고 체언의 모음이 중성 모음 'ㅣ'나 반모음 'ㅣ'일 때는 '예'가 쓰였다.
> - 齒頭ㅅ소리예(소리 + 예) 쓰고 (치두의 소리에 쓰고)
> - 귀예(귀 + 예) 듣논가 너기ᅀᆞᄫᅡ쇼셔 (귀로 듣는 것처럼 여기시옵소서)

> ㉠ (블 + □) ᄆᆞᆯ뢰야 (불에 말리어)
> ㉡ (웃닛머리 + □) 다ᄂᆞ니라 (윗니의 머리에 닿느니라)
> ㉢ (ᄆᆞᅀᆞᆷ + □) 사기며 (마음에 새기며)

	㉠	㉡	㉢
①	브래	웃닛머리에	ᄆᆞᅀᆞ매
②	브레	웃닛머리예	ᄆᆞᅀᆞ매
③	브래	웃닛머리애	ᄆᆞᅀᆞ메
④	브레	웃닛머리예	ᄆᆞᅀᆞ메
⑤	브례	웃닛머리에	ᄆᆞᅀᆞ메

042 1 2 3

다음 자료를 토대로 중세 국어의 특징을 설명한 것으로 가장 적절하지 않은 것은? 2018 경찰직 2차

중세 국어의 자료	중세 국어의 특징
나·라·해, 불·휘 기·픈	㉠ 받침을 조사나 어미에 연달아 소리 나는 대로 이어 적는 표기를 활용하고 있다.
:됴ᄒᆞᆫ, ·ᄠᅳ·디	㉡ 구개음화가 일어나지 않고 있다.
:수·ᄫᅵ니·겨·날 ·로·ᄡᅮ·메	㉢ 명사형 어미 '-움'이 사용되고 있다.
:내·히 이·러 바·ᄅᆞ·래 ·가ᄂᆞ·니	㉣ 주격 조사 '-히'가 사용되고 있다.

① ㉠ ② ㉡
③ ㉢ ④ ㉣

043 1 2 3

㉠~㉣에 대한 설명으로 적절하지 않은 것은? 2018 국가직 7급

> 千世우희 미리 定ᄒᆞ샨 漢水北에 ㉠ <u>累仁開國ᄒᆞ샤</u> 卜年이 ᄀᆞᇫ 업스시니
> 聖神이 니ᅀᆞ샤도 ㉡ <u>敬天勤民ᄒᆞ샤ᅀᅡ</u> 더욱 구드시리이다
> ㉢ <u>님금하</u> ㉣ <u>아ᄅᆞ쇼셔</u> 洛水예 山行가 이셔 하나빌 미드니잇가

① ㉠에서 '-샤'는 주체 높임 선어말 어미에 연결 어미 '-아'가 결합된 형태로, 현대 국어의 '-시어'에 대응된다.
② ㉡에서 '-ᅀᅡ'는 선행하는 활용형과 결합하여 그 뜻을 강조하는 조사로, 현대 국어의 '-서'에 대응된다.
③ ㉢에서 '-하'는 높임을 받는 대상에 쓰는 호격 조사로, 현대 국어의 '-이시여'에 대응된다.
④ ㉣에서 '-쇼셔'는 청자를 높여 주며 명령을 나타내는 종결 어미로, 현대 국어의 '-십시오'에 대응된다.

044 1 2 3

다음 중 국어의 역사에 대한 설명으로 옳은 것은? 2017 서울시 9급

① 띄어쓰기는 1933년 한글 맞춤법 통일안에서 규범화되었다.
② 주격 조사 '가'는 고대 국어에서부터 등장한다.
③ 'ㆍ'는 17세기 이후의 문헌에서부터 나타나지 않는다.
④ 'ㅸ'은 15세기 중반까지 사용되다가 'ㅃ'으로 변하였다.

045 1 2 3

밑줄 친 부분에 대한 설명으로 적절한 것은? 2018 국가직 9급

> 말ᄊᆞᄆᆞᆯ ㉠<u>ᄉᆞᆯᄫᆞ리</u> 하ᄃᆡ 天命을 疑心ᄒᆞ실ᄊᆡ ᄭᅮ므로 ㉡<u>뵈아시니</u>
> 놀애ᄅᆞᆯ 브르리 ㉢<u>하ᄃᆡ</u> 天命을 모ᄅᆞ실ᄊᆡ ᄭᅮ므로 ㉣<u>알외시니</u>
> (말씀을 아뢸 사람이 많지만, 天命을 의심하시므로 꿈으로 재촉하시니
> 노래를 부를 사람이 많지만, 天命을 모르므로 꿈으로 알리시니)
>
> -〈용비어천가〉 13장

① ㉠에서 '-이'는 주격을 나타내는 조사로 기능한다.
② ㉡에서 '-아시-'는 높임을 나타내는 선어말 어미로 기능한다.
③ ㉢에서 '-ᄃᆡ'는 이유를 나타내는 연결 어미로 기능한다.
④ ㉣에서 '-외-'는 사동을 나타내는 접미사로 기능한다.

046 1 2 3

중세 국어 표기법에 대한 설명 중 옳은 것을 모두 고른 것은? 2018 서울시 7급

보기
ㄱ. 종성 표기에는 원칙적으로 'ㄱ, ㆁ, ㄷ, ㄴ, ㅂ, ㅁ, ㅅ, ㄹ'의 8자만 쓰였다.
ㄴ. 사잇소리에는 'ㅅ'과 'ㅿ'외의 자음이 쓰이지 않았다.
ㄷ. 한자를 적을 때는 동국정운식 한자음을 한자 아래 병기했다.
ㄹ. 음절을 초성, 중성, 종성의 3분법으로 분석하였으나 종성 글자는 따로 만들지 않고 초성 글자를 그대로 다시 썼다.
ㅁ. 'ㅇ'을 순음 아래 이어쓰면 순경음이 된다.

① ㄱ, ㄴ, ㄷ ② ㄱ, ㄷ, ㄹ
③ ㄴ, ㄹ, ㅁ ④ ㄱ, ㄹ, ㅁ

047 1 2 3

〈보기〉는 중세 국어의 표기법에 대한 설명이다. 이에 따른 표기로 가장 옳지 않은 것은? 2018 서울시 9급

보기
중세 국어 표기법의 일반적 원칙은 표음적 표기법으로, 이는 음운의 기본 형태를 밝혀 적지 않고 소리 나는 대로 적는 표기를 말한다. 이어 적기는 이러한 원리에 따른 것으로 받침이 있는 체언이나 받침이 있는 용언 어간에 모음으로 시작하는 조사나 어미가 붙을 때 소리 나는 대로 이어 적는 표기를 말한다.

① 불휘 기픈
② ᄇᆞᄅᆞ매 아니 뮐ᄊᆡ
③ 쟝긔판ᄂᆞᆯ ᄆᆡᇰᄀᆞᆯ어ᄂᆞᆯ.
④ 바ᄅᆞ래 가ᄂᆞ니

048 1 2 3

다음 〈보기〉 중 중세 국어의 특징으로 옳지 않은 것을 모두 고르면? 2018 국회직 8급

보기
ㄱ. 된소리가 등장하기 시작하였다.
ㄴ. 성조가 사라지고 방점의 기능이 소멸되었다.
ㄷ. 아래아(ㆍ)의 음가가 완전히 소실되었다.
ㄹ. 중세 특유의 주체 높임법, 객체 높임법 등이 있었다.
ㅁ. 몽골어, 여진어 등 외래어가 들어오기도 하였다.

① ㄱ, ㄷ ② ㄴ, ㄷ
③ ㄷ, ㄹ ④ ㄱ, ㄴ, ㄷ
⑤ ㄴ, ㄹ, ㅁ

049 1 2 3

다음 자료가 간행된 시기에 나타난 국어의 특징으로 가장 옳지 않은 것은? 2017 사회복지직 9급

太子ㅣ 道理 일우샤 ᄌᆞ개 慈悲호라 ᄒᆞ시ᄂᆞ니 〈석보상절〉

① 'ㅚ'와 'ㅟ'가 단모음화된 시기이다.
② 합용 병서와 각자 병서가 쓰였던 시기이다.
③ 주격 조사 '가'가 나타나지 않았던 시기이다.
④ 모음 조화가 현대 국어보다 뚜렷하게 나타났던 시기이다.

050 1 2 3

우리말과 글에 대한 설명으로 옳지 않은 것은? 2016 국가직 7급

① 《훈몽자회(訓蒙字會)》에는 한글 자모의 명칭과 순서가 나타난다.
② '보라매'와 '수라'는 몽고어에서 유입된 말이다.
③ 모음 조화 현상은 현대 국어보다 중세 국어에서 더 뚜렷하게 나타난다.
④ 15세기부터 주격 조사 형태 '가'가 나타나서 활발하게 사용되었다.

051 1 2 3

다음 중 중세 국어에 대한 설명으로 가장 옳지 않은 것은? 2016 서울시 7급

① 'ㅿ'은 'ㅸ'보다는 오래 쓰였지만 16세기 후반에 가서는 거의 사라졌다.
② 대략 10세기부터 16세기 말까지의 국어를 말한다.
③ 중세 국어 전기에 새로운 주격 조사 '가'가 사용 폭을 넓혀 갔다.
④ 중세 국어의 전기에는 원나라의 영향으로 몽골어가 많이 유입되었다.

052 1 2 3

다음 중 설명 의문문은? 2016 기상직 7급

① 이 ᄯᆞ리 너희 죵가
② 이 엇던 광명(光明)고
③ 내 ᄒᆞ마 명종(命終)호라
④ 그듸ᄂᆞᆫ 보디 아니ᄒᆞᄂᆞ다

053 1 2 3

〈보기〉를 참고하여 ㉠~㉢에 들어갈 격조사로 적절한 것은?

2016 기상직 9급

> 孟ᄆᆡᆼ子ᄌᆞ(㉠) ᄀᆞᄅᆞ샤ᄃᆡ, 사ᄅᆞᆷ(㉡) 道도(㉢) 이시매
> 먹기를 ᄇᆡ브르 ᄒᆞ며 오ᄉᆞᆯ 덥게 ᄒᆞ야 편안히 잇고, ᄀᆞᄅᆞ치미 업스면 곧 즘승에 갓가오릴ᄉᆡ, …

보기

> 중세 국어의 주격 조사는 '이'가 사용되었는데, 환경에 따라 다음과 같이 세 가지 경우로 나타난다. 자음 아래에서는 '이', 모음 아래에서는 'ㅣ', 그리고 'ㅣ'모음 아래에서는 생략되었다.

	㉠	㉡	㉢
①	이	ㅣ	생략
②	이	이	생략
③	ㅣ	ㅣ	이
④	ㅣ	이	ㅣ

054 1 2 3

〈보기〉와 관련하여, 중세 국어의 어법에 맞지 <u>않는</u> 것은?

2015 기상직 9급

보기

> 중세 국어에서 의문은 물음말의 존재 여부에 따라 '-ㄴ가', '-ㄹ가'와 같은 '아'형 어미와 '-ㄴ고', '-ㄹ고'와 같은 '오'형 어미를 구별하여 사용하였다. '아'형은 물음말이 없는 의문문에 사용되고, '오'형은 물음말이 있는 의문문에 사용되었다. 그리고 주어가 2인칭인 의문문에는 물음말의 존재와 관계없이 '-ㄴ다'가 사용되었다.

① 西京(서경)은 편안 ᄒᆞᆫ가 몯ᄒᆞᆫ가
② 이도곤 ᄀᆞᄌᆞᆫ ᄃᆡ ᄯᅩ어듸 잇닷 말고
③ 너ᄂᆞᆫ 천고 흥망을 아ᄂᆞᆫ다, 몰ᄋᆞᄂᆞᆫ다
④ 쇼양강 ᄂᆞ린 믈이 어드러로 든단 말가

055 1 2 3

밑줄 친 변화의 흔적을 확인할 수 있는 것은?

2014 기상직 9급

> 중세 국어에는 현대 국어와 달리 마찰음인 'ㅸ([ß])', 'ㅿ([Z])'와 같은 자음이 더 있었다. 이 중에서 <u>'ㅸ'는 15세기 말에 이르러 반모음 'ㅗ/ㅜ'([W])로 바뀌었다.</u> '더ᄫᅥ>더워', '쉬ᄫᅳᆫ>쉬운' 등에서 그 변화의 모습을 볼 수 있다. 'ㅿ'는 15세기 말에서 16세기 초에 걸쳐 소멸하였다. 'ᄆᆞᅀᆞᆷ>마음', '처ᅀᅥᆷ>처음' 등에서 그 변화의 모습을 볼 수 있다.

① 잡다 ② 반갑다
③ 배우다 ④ 들어오다

056 1 2 3

다음 글의 설명에 어긋나는 문장은?

2013 국가직 7급

> 중세 국어의 의문문은 명사에 보조사가 통합되어 이루어지기도 한다. 의문사가 없이 가부(可否)의 판단만을 묻는 판정 의문에는 '가'가 쓰이고, 의문사가 있어 상대방에게 설명을 요구하는 설명 의문에는 '고'가 쓰인다. 의문의 보조사 '가, 고'는 'ㄹ'이나 'ㅣ' 모음 뒤에서는 'ㄱ'이 'ㅇ'으로 약화되어 '아, 오'로 나타난다.

① 이 두 사ᄅᆞ미 眞實로 네 항것가
② 그 ᄠᅳ디 ᄒᆞᆫ가지오 아니오
③ 니르샤ᄃᆡ 이엇던 光明고
④ 法法이 므슴 얼굴오

057 1 2 3

국어의 역사적인 변화에 대한 설명으로 옳은 것은?

2011 지방직 9급

① 15세기 국어의 모음 'ㅐ, ㅔ, ㅚ, ㅟ' 등은 현대 국어로 오면서 소릿값(음가)이 바뀌었다.
② 15세기 국어의 주격 조사에는 '가'와 '이'가 있었지만, 점차 '이'가 더 많이 쓰이게 되었다.
③ '어리다'라는 단어의 뜻은 '나이가 적다'에서 현대 국어로 오면서 '현명하지 못하다'로 바뀌었다.
④ 15세기 국어는 방점으로 소리의 장단을 표시하였으나, 그 장단은 점차 소리의 높낮이로 바뀌었다.

4. 훈민정음

058 1 2 3

다음 중 ㉠에 해당하지 <u>않는</u> 것은?

2015 기상직 9급

> 世 · ᄉᆡᆼ宗 · 종御 · ᅌᅥᆼ製 · 졩訓 · 훈民민正 · 졍音 · ᅙᅳᆷ
> 나 · 랏:말ᄊᆞ · 미 中듕國 · 귁 · 에 달 · 아, 文문字 · ᄍᆞᆼ · 와 · 로 서르 ᄉᆞᄆᆞᆺ · 디 아 · 니ᄒᆞᆯ · ᄊᆡ, · 이런 젼 · ᄎᆞ · 로 어 · 린 百 · ᄇᆡᆨ 姓 · ᄉᆡᆼ이 니르 · 고 · 져 · ᄒᆞᇙ · 배 이 · 셔 · 도, ᄆᆞ · ᄎᆞᆷ:내 제 · ᄠᅳ · 들시 · 러 펴 · 디:몯ᄒᆞᇙ · 노 · 미 하 · 니 · 라. · 내 · 이 · ᄅᆞᆯ 爲 · ᅌᅱᆼ · ᄒᆞ · 야:어엿 · 비 너 · 겨, · 새 · 로 ㉠ · <u>스 · 믈 여 · 듧 字 · ᄍᆞᆼ</u> · ᄅᆞᆯ ᄆᆡᆼ · ᄀᆞ노 · 니, :사ᄅᆞᆷ:마 · 다:ᄒᆡ · ᅇᅧ:수 · ᄫᅵ 니 · 겨 · 날 · 로 · ᄡᅮ · 메 便뼌安한 · 킈 ᄒᆞ · 고 · 져 ᄒᆞᇙᄯᆞᄅᆞ · 미니 · 라
> 國之語音 異乎中國 與文字 不相流通
> 故 愚民 有所欲言 而終不得伸其情者 多矣
> 予爲此憫然 新製二十八字 欲使人人易習 便於日用耳

① ㅿ ② ㅸ ③ ㆆ ④ ㆍ

059 1 2 3

〈보기〉의 밑줄 친 ㉠에 해당하는 글자가 아닌 것은? 2019 서울시 9급(추)

보기

한글 중 초성자는 기본자, 가획자, 이체자로 구분된다. 기본자는 조음 기관의 모양을 상형한 글자이다. ㉠가획자는 기본자에 획을 더한 것으로, 획을 더할 때마다 그 글자가 나타내는 소리의 세기는 세어진다는 특징이 있다. 이체자는 획을 더한 것은 가획자와 같지만 가획을 해도 소리의 세기가 세어지지 않는다는 차이가 있다.

① ㄹ ② ㄷ ③ ㅂ ④ ㅊ

060 1 2 3

훈민정음의 28 자모(字母) 체계에 들지 않는 것은? 2017 국가직 9급

① ㆆ ② ㅿ ③ ㆅ ④ ㅸ

061 1 2 3

다음 중 한글 창제 당시 초성 17자에 포함되지 않는 글자가 쓰인 것은? 2017 서울시 9급

① 님금 ② 늣거사
③ 바올 ④ 가비야본

062 1 2 3

훈민정음 해례본에 나오는 한글의 제자 원리로 가장 옳은 것은? 2016 서울시 9급

① 초성은 발음 기관을 본떠 만들었는데 'ㄱ'은 혀가 윗잇몸에 닿는 모양을 본뜬 것이다.
② 'ㄱ, ㄴ, ㅁ, ㅅ, ㅇ' 5개의 기본 문자에 가획의 원리로 'ㅋ, ㄷ, ㅌ, ㄹ, ㅂ, ㅈ, ㅊ, ㅎ' 총 8개의 문자를 만들었다.
③ 문자의 수는 초성 10자, 중성 10자, 종성 8자로 모두 28자이다.
④ 연서(連書)는 'ㅇ'을 이용한 것으로서 예로는 'ㅸ'이 있다.

063 1 2 3

다음 밑줄 친 부분에 부합하는 훈민정음의 창제 원리로 가장 적절한 것은? 2016 국회직 9급

중세 국어에 존재했다가 사라진 글자에 'ㆆ'이 있다. 이 글자는 목구멍에서 나는 소리를 적은 글자이다. 'ㆆ'을 흔히 '여린히읗'이라고 부르는데 이것은 'ㅎ'에 비해 여리다는 의미를 지닌다.

① 초성자는 발음 기관의 모양을 형상화하여 만든다.
② 초성자는 획을 더하여 글자를 만든다.
③ 종성자는 따로 만들지 않고 초성자를 다시 사용한다.
④ 중성자는 하늘, 땅, 사람을 본떠서 만든다.
⑤ 초성, 중성, 종성을 합쳐서 글자를 완성한다.

064 1 2 3

'훈민정음'에 대한 설명으로 옳지 않은 것은? 2016 사회복지직 9급

① '훈민정음(訓民正音)'이란 문자의 이름인 동시에 그 문자를 설명한 책의 이름이기도 하다.
② 문자로서의 '훈민정음'은 유네스코(UNESCO)에서 지정한 세계문화유산으로 등재되어 있다.
③ '훈민정음 해례본'은 한글의 음가와 제자 방법, 한글의 사용 방법 등을 한자로 적은 책이다.
④ 치두음(齒頭音)과 정치음(正齒音)에 대한 내용은 '훈민정음 해례본'에 포함되어 있지 않다.

065 1 2 3

훈민정음에 대한 설명 중 틀린 것을 모두 고른 것은? 2016 경찰직 1차

가. 1443년에 창제하고 1446년에 반포하였다.
나. 초성자의 기본자는 'ㄱ, ㄴ, ㄷ, ㅁ, ㅅ, ㅇ'이다.
다. 중성자의 기본자는 조음 기관을 상형하여 창제하였다.
라. 종성자는 따로 창제하지 않고 초성자를 다시 사용하게 하였다.
마. 'ㄲ', 'ㄸ', 'ㅃ'처럼 글자를 나란히 쓰는 방식을 합용 병서라고 한다.

① 가, 다 ② 가, 나, 라
③ 나, 라 ④ 나, 다, 마

066 1 2 3

다음에서 설명하는 훈민정음 제자 원리에 해당하는 것은? 2015 서울시 9급

> 'ㄱ, ㄷ, ㅂ, ㅅ, ㅈ, ㅎ' 등을 가로로 나란히 써서 'ㄲ, ㄸ, ㅃ, ㅆ, ㅉ, ㆅ'을 만드는 것인데, 필요한 경우에는 'ㅺ, ㅼ, ㅽ, ㅲ, ㅶ, ㅳ, ㅴ, ㅵ' 등도 만들어 썼다.

① 象形　② 加劃
③ 竝書　④ 連書

067 1 2 3

훈민정음 28자에 대한 설명으로 옳지 않은 것은? 2015 지방직 7급

① 초성의 기본자는 발음 기관을 상형한 'ㄱ, ㄴ, ㅁ, ㅅ, ㅇ'이다.
② 초성 17자에는 전탁자 'ㄲ, ㄸ, ㅃ, ㅉ, ㅆ, ㆅ'도 포함된다.
③ 중성의 기본자는 '天, 地, 人'을 상형한 'ㆍ, ㅡ, ㅣ'이다.
④ 중성 11자에는 재출자 'ㅑ, ㅕ, ㅛ, ㅠ'도 포함된다.

068 1 2 3

발음 기관에 따라 '아음(牙音)', '설음(舌音)', '순음(脣音)', '치음(齒音)', '후음(喉音)'으로 구별하고 있는 훈민정음의 자음 체계를 참조할 때, 다음 휴대 전화의 자판에 대한 설명으로 옳지 않은 것은? 2018 지방직 9급

ㄱ ㅋ	ㅣ ㅡ	ㅏ ㅑ
ㄷ ㅌ	ㄴ ㄹ	ㅓ ㅕ
ㅁ ㅅ	ㅂ ㅍ	ㅗ ㅛ
ㅈ ㅊ	ㅇ ㅎ	ㅜ ㅠ

① 훈민정음의 자음 체계에 따른다면, 'ㅅ'은 'ㅈ ㅊ' 칸에 함께 배치할 수 있다.
② 'ㅁ ㅅ' 칸은 조음 위치와 조음 방식의 양면을 모두 고려하여 같은 성질의 소리끼리 묶은 것이다.
③ 'ㄷ ㅌ'과 'ㄴ ㄹ' 칸은 훈민정음 창제 당시 적용된 가획 등의 원리에 따른 제자 순서보다 소리의 유사성을 중시하여 배치한 것이다.
④ 훈민정음의 자음 체계에서 'ㅇ'과 'ㆁ'은 구별되었다. 훈민정음의 자음 체계에 따른다면, 이 중에서 'ㆁ'은 'ㄱ ㅋ' 칸에 함께 배치할 수 있다.

069 1 2 3

훈민정음에서 설명한 내용과 부합하지 않는 용례는? 2011 국가직 7급

> 보기
> ㄱ. 乃냉終ᄌᆞᆼ 소리ᄂᆞᆫ 다시 첫소리ᄅᆞᆯ ᄡᅳᄂᆞ니라
> ㄴ. 첫소리ᄅᆞᆯ 어울워 ᄡᅮᇙ디면 ᄀᆞᆯ바ᄡᅳ라
> ㄷ. ㅣ와 ㅏ와 ㅓ와 ㅑ와 ㅕ와란 올ᄒᆞᆫ녀긔 브텨 쓰라
> ㄹ. 믈읫 字ᄍᆞᆼㅣ 모로매 어우러ᅀᅡ소리 이ᄂᆞ니

① ㄱ: 첫　② ㄴ: 바
③ ㄷ: 녀　④ ㄹ: 민

070 1 2 3

다음을 분석한 것으로 옳지 않은 것은? 2017 국가직 7급(추)

> 이랑이 소ᄅᆡᄅᆞᆯ 놉히 ᄒᆞ야 나를 불러 져긔 믈밋ᄎᆞᆯ 보라 웨거ᄂᆞᆯ 급히 눈을 드러 보니 믈밋 홍운을 헤앗고 큰 실오리 ᄀᆞᆺᄒᆞᆫ 줄이 븕기 더옥 긔이ᄒᆞ며 긔운이 진홍 ᄀᆞᆺᄒᆞᆫ 것이 ᄎᆞᄎᆞ나 손바닥 너ᄇᆡ ᄀᆞᆺᄒᆞᆫ 것이 그믐밤의 보는 숫불빗 ᄀᆞᆺ더라. ᄎᆞᄎᆞ 나오더니 그 우흐로 젹은 회오리밤 ᄀᆞᆺᄒᆞᆫ 것이 븕기 호박 구ᄉᆞᆯ ᄀᆞᆺ고 ᄆᆞᆰ고 통낭ᄒᆞ기ᄂᆞᆫ 호박도곤 더 곱더라.

① 혼철 표기가 발견된다.
② 명사형 어미 '-기'가 사용된다.
③ 원순 모음화를 반영한 표기가 나타나지 않는다.
④ '의'가 현대 국어와 다른 용법으로 사용되기도 하였다.

1. 한글 맞춤법

001 1 2 3

밑줄 친 부분이 바르게 쓰이지 않은 것은? 2020 국가직 9급

① 지금쯤 골아떨어졌겠지?
② 그 친구, 생각이 깊던데 책깨나 읽었겠어.
③ 갖은 곤욕과 모멸과 박대는 각오한 바이다.
④ 김 과장은 그러고 나서 서류를 보완해 달라고 했다.

002 1 2 3

밑줄 친 단어의 쓰임이 옳은 것은? 2020 지방직 9급

① 하노라고 한 것이 이 모양이다.
② 물품 대금은 나중에 예치금에서 자동으로 결재된다.
③ 예산을 대충 걷잡아서 말하지 말고 잘 뽑아 보세요.
④ 행운이 가득하기를 기원하는 것으로 치사를 가름합니다.

003 1 2 3

밑줄 친 단어의 기본형이 옳지 않은 것은? 2019 국가직 7급

① 아침이면 얼굴이 부어서 늘 고생이다. (→ 붓다)
② 개울물이 불어서 징검다리가 안 보인다. (→ 불다)
③ 은행에 부은 적금만도 벌써 천만 원이다. (→ 붓다)
④ 물속에 오래 있었더니 손과 발이 퉁퉁 불었다. (→ 붇다)

004 1 2 3

밑줄 친 단어의 맞춤법이 옳은 것은? 2019 국가직 7급

① 그대와의 추억이 있으매 저는 행복하게 살아갑니다.
② 신제품을 선뵜어도 매출에는 큰 영향이 없을 거예요.
③ 생각지 못한 일이 자꾸 생기니 그때의 상황이 참 야속터군요.
④ 그 발가숭이 몸뚱이가 위로 번쩍 쳐들렸다가 물속에 텀벙 처박히는 순간이었습니다

005 1 2 3

밑줄 친 부분의 표기가 맞춤법에 맞지 않는 것은? 2019 서울시 7급

① 바짝 존 찌개를 다시 끓였다.
② 가을이라 그런지 은행잎들이 정말 노라네.
③ 앉은 자세가 곧바라야 허리에 무리가 가지 않는다.
④ 생김은 저러나 마음은 매우 유순하다.

006 1 2 3

맞춤법에 맞는 어휘로 짝지어진 것은? 2019 기상직 9급

① 넝쿨, 넷째, 녹슨, 녹이다, 꼰지르다
② 눈썹, 눌어붙다, 늘그막, 널리리, 물크러지다
③ 나지막하다, 난쟁이, 냄비, 너희들, 콧망울
④ 담배꽁초, 더욱이, 덮이다, 도저히, 짭잘하다

007 1 2 3

〈한글 맞춤법〉에 따라 바르게 표기된 것만 나열한 것은? 2019 서울시 9급(추)

① 새까맣다 – 싯퍼렇다 – 샛노랗다
② 시뻘겋다 – 시허옇다 – 싯누렇다
③ 새퍼렇다 – 새빨갛다 – 샛노랗다
④ 시하얗다 – 시꺼멓다 – 싯누렇다

008 1 2 3

맞춤법 사용이 올바르지 않은 것으로만 묶인 것은? 2019 서울시 9급(추)

① 웃어른, 사흗날, 베갯잇
② 널리리, 남존녀비, 헤택
③ 적잖은, 생각건대, 하마터면
④ 홑몸, 밋밋하다, 선율

009 1 2 3

〈보기〉의 규정이 적용된 단어가 아닌 것은? 2018 경찰직 2차

보기

제29항 끝소리가 'ㄹ'인 말과 딴 말이 어울릴 적에 'ㄹ' 소리가 'ㄷ' 소리로 나는 것은 'ㄷ'으로 적는다.

삼짇날[삼질+날]	숟가락[술+가락]

① 푿소 ② 여닫다
③ 잔주름 ④ 섣부르다

010 1 2 3

밑줄 친 단어 중에서 맞춤법에 맞지 않는 것은? 2018 국회직 9급

① 사춘기 소년처럼 보였지만 사실은 군대까지 다녀온 나이배기였다.
② 봄에 산란을 위해 서해를 찾아오는 알박이 조기는 특히 맛이 좋다.
③ 철수는 나무가 듬성듬성 서 있는 언덕배기를 힘겹게 올라갔다.
④ 오이를 쪼개 가지고 부추 양념해서 무쳐서 넣는 것이 오이소박이란다.
⑤ 아들의 얼굴이 아버지와 판박이로군요.

011 1 2 3

다음 밑줄 친 단어의 표기가 바른 것은? 2018 해경 2차

① 나는 쌀뜻물에 된장을 풀어 국을 끓이고 있었다.
② 그는 밥솥에 눌어붙은 누른밥으로 요리를 했다.
③ 나는 소쿠리에 음식을 주섬주섬 담기 시작했다.
④ 온종일 정신이 흐리멍텅해서 일을 할 수 없었다

012 1 2 3

다음 〈한글 맞춤법〉 규정의 예로 옳지 않은 것은? 2018 지방직 9급

(가) 제19항 어간에 '-이'나 '-음/ㅁ'이 붙어서 명사로 된 것과 '-이'나 '-히'가 붙어서 부사로 된 것은 그 어간의 원형을 밝히어 적는다.
(나) 제19항 [붙임] 어간에 '-이'나 '-음' 이외의 모음으로 시작된 접미사가 붙어서 다른 품사로 바뀐 것은 그 어간의 원형을 밝히어 적지 아니한다.
(다) 제20항 명사 뒤에 '-이'가 붙어서 된 말은 그 명사의 원형을 밝히어 적는다.
(라) 제20항 [붙임] '-이' 이외의 모음으로 시작된 접미사가 붙어서 된 말은 그 명사의 원형을 밝히어 적지 아니한다.

① (가): 미닫이, 졸음, 익히
② (나): 마개, 마감, 지붕
③ (다): 육손이, 집집이, 곰배팔이
④ (라): 끄트머리, 바가지, 이파리

013 1 2 3

맞춤법 표기가 가장 옳은 것은? 2018 서울시 9급(추)

① 이렇게 하면 되?
② 이번에는 꼭 합격할께요.
③ 서로 도우고 사는 게 좋다.
④ 그 사람은 제가 잘 압니다.

014 1 2 3

밑줄 친 말 중 맞춤법에 따라 올바르게 쓰인 것은? 2018 기상직 9급

① 그는 돈이 없어서 막걸리도 푼푼이 못 마셨다.
② 그 서점은 내가 오면가면 들르는 곳이다.
③ 그는 숨바꼭질을 하면서 갈잎 낫가리 속에 숨었다.
④ 나는 가방을 엇다가 두었는지 기억이 나지 않는다.

015 1 2 3

맞춤법이 가장 옳지 않은 것은? 2018 서울시 9급

① 철수는 열심히 일함으로써 보람을 느꼈다.
② 이제 각자의 답을 정답과 맞혀 보도록 해라.
③ 강아지가 고깃덩어리를 넙죽 받아먹었다.
④ 아이가 밥을 먹었을는지 모르겠어.

016 1 2 3

밑줄 친 부분의 어법이 틀린 것은? 2018 지방교행직(경)

① 민원을 연월일별로 구체적으로 기록할 것.
② 중요한 임무를 띤 출장인 만큼 최선을 다할 것.
③ 공공장소에서는 휴대 전화 통화를 삼가서 타인에게 폐가 되지 않도록 할 것.
④ 민원이 발생할 경우 매뉴얼대로 대응하므로써 혼란이 생기지 않도록 할 것

017 1 2 3

밑줄 친 부분이 〈보기〉의 '가져라'와 같은 사례는? 2018 지방교행직 9급

보기

'가지어라'의 축약형 '가져라'의 표준 발음은 [가저라]이지만 '가져라'로 적는다. 이는 형태를 밝혀 적는 방식이다.

① 우리 편 이겨라.
② 따뜻이 입고 다녀라.
③ 비빔밥을 맛있게 비벼라.
④ 고장이 난 시계를 얼른 고쳐라.

018 1 2 3

다음 〈보기〉 중 〈한글 맞춤법〉 규정에 맞게 표기한 것을 모두 고르면? 2018 국회직 8급

보기

ㄱ. 얼룩배기	ㄴ. 판때기	ㄷ. 나이빼기
ㄹ. 이맛배기	ㅁ. 거적때기	ㅂ. 상판대기

① ㄱ, ㄷ, ㅁ　② ㄱ, ㄹ, ㅂ
③ ㄴ, ㄷ, ㄹ　④ ㄴ, ㄷ, ㅂ
⑤ ㄴ, ㅁ, ㅂ

019 1 2 3

밑줄 친 부분의 고쳐쓰기에 대한 설명으로 적절하지 않은 것은? 2018 지방직 7급

① 그 일을 한 사람은 민국예요.
→ '민국이'와 '이에요'가 결합하였으므로, '민국예요'는 '민국이예요'로 바꾸어야 한다.
② 교실에서는 좀 조용히 해 주십시오.
→ 문장을 종결하는 어미가 나와야 하므로, '주십시요'로 바꾸어야 한다.
③ 자신이 한 말은 반듯이 책임을 져야 한다.
→ '반듯이'는 '반듯하게'의 의미이므로 문맥에 맞게 '꼭'이라는 의미의 '반드시'로 고쳐야 한다.
④ 선수들의 잇딴 부상으로 전력에 문제가 생겼다.
→ 동사 '잇달-'과 어미 '-은'이 결합한 활용형은 '잇단'이므로, '잇딴'은 '잇단'으로 바꾸어야 한다.

020 1 2 3

밑줄 친 단어의 쓰임이 옳은 것은? 2017 국가직 7급(추)

① 차에 치다.
② 고기를 재다.
③ 날이 개이다.
④ 담배를 피다.

021 1 2 3

맞춤법이 옳은 것은? 2017 국가직 7급

① 이상을 실현하기 위해서는 그만큼의 댓가를 치뤄야 한다.
② 매일 만나는 사람인데 오늘따라 왠지 멋있어 보인다.
③ 살코기는 장에 졸여 먹고 창자는 젓갈을 담궈 먹는다.
④ 명절에 아랫사람들은 윗어른께 인사를 드린다.

022 1 2 3

다음 중 밑줄 친 부분이 국어의 어법상 옳은 것은? 2017 국회직 9급

① 우리 할머니는 항상 옛스러운 한복을 곱게 차려 입고 다니신다.
② 우리 교민이 많이 사는 연변 지역에서는 예전부터 구정만 쇘다고 하더라.
③ 학교까지 얼만큼 더 가야 하는지 알 수 없었다.
④ 바이올린 신동의 연주가 끝나자 우뢰와 같은 박수소리가 콘서트홀 안을 가득 메웠다.
⑤ 여기가 우리의 홈구장이라는 잇점을 감안하면 현재 랭킹에서 좀 밀리지만 박빙의 승부가 펼쳐질 듯하다.

023 1 2 3

〈한글 맞춤법〉에 맞는 것으로만 묶은 것은? 2017 국가직 7급(추)

① 반듯이, 수나비, 에두르다
② 쓱싹쓱싹, 명중률, 푸주간
③ 등교길, 늠름하다, 깡충깡충
④ 돋보이다, 거적떼기, 야단법석

024 1 2 3

밑줄 친 부분이 어문 규정에 맞는 것은? 2017 국가직 9급

① 병이 씻은 듯이 낳았다.
② 넉넉치 못한 선물이나 받아 주세요.
③ 그는 자물쇠로 책상 서랍을 잠갔다.
④ 옷가지를 이여서 밧줄처럼 만들었다.

025 1 2 3

밑줄 친 말이 어법에 맞는 것은? 2017 지방직 9급

① 바닷물이 퍼레서 무서운 느낌이 든다.
② 또아리 튼 뱀은 쳐다보지 마라.
③ 머릿말에 쓸 내용을 생각해 둬라.
④ 문을 잘 잠궈야 한다.

026 1 2 3

맞춤법에 맞는 것은? 2016 지방직 9급

① 희생을 치뤄야 대가를 얻을 수 있다.
② 내로라하는 선수들이 뒤쳐진 이유가 있겠지.
③ 방과 후 삼촌 댁에 들른 후 저녁에 갈 거여요.
④ 가스 밸브를 안 잠궈 화를 입으리라고는 전혀 생각지 못했다.

027 1 2 3

밑줄 친 단어 중 〈한글 맞춤법〉에 맞는 것은? 2016 국가직 7급

① 대화는 열기를 띄기 시작했다.
② 여우도 제 굴이 있고 공중에 나는 새도 깃들일 곳이 있다.
③ 아침에 찌은 쌀이라서 밥맛이 정말 고소하군요.
④ 아침부터 오던 비가 개이고, 하늘에는 구름 한 점 없다.

028 1 2 3

맞춤법이 옳은 것은? 2016 지방교행직(경)

① 드넓고 살진 옥토에서 해콩의 수확이 한창이다.
② 어느 틈엔가 장맛비가 그치고 날이 활짝 개였다.
③ 냄비에 밥을 할 때는 밥이 눌지 않게 조심해야 한다.
④ 산이 가팔라서 힘들었지만 우리는 힘차게 발을 내딛었다.

029 1 2 3

맞춤법에 맞는 것은? 2015 국가직 7급

① 뒷뜰에 있는 옥수수나 따서 가져올게.
② 짐작건대, 그 사람은 야속다고 푸념만 한 것 같아.
③ 거름을 다 쳐내고 나서 어르신을 뵈러 길을 떠난대요.
④ 답을 얻기 위해 눈 덮힌 산야를 하염없이 헤매고 있을 거야.

030 1 2 3

〈한글 맞춤법〉 규정에 맞게 표기된 낱말들로 이루어진 것은? 2014 국회직 8급

① 몹시, 색시, 법썩, 깍뚜기, 갑지기
② 깨끗이, 일일이, 간간히, 틈틈히, 소홀히
③ 선짓국, 자릿세, 전셋집, 장맛비, 베갯잇
④ 오뚝이, 뻐꾸기, 깔쭈기, 홀쭉이, 배불뚝이
⑤ 다정타, 어떻든, 익숙치, 섭섭치, 생각건대

031 1 2 3

다음 중 〈한글 맞춤법〉 및 〈표준어 규정〉에 맞게 쓴 것은? 2014 국회직 8급

① 큰일은 다 치뤘으니 이제 당분간 홀가분하게 쉬십시오.
② 부모님께 이 자리를 빌어 감사의 말씀을 드립니다.
③ 살을 에는 추위에 쓰레기를 주으면서 등산을 했다.
④ 창고에 벌여 놓았던 책들을 다시 수레에 실으러 갔다.
⑤ 지난주에는 활짝 개인 날씨가 계속되었지만 오늘은 갑자기 우레가 쳤다.

032 1 2 3

다음 중 밑줄 친 부분의 표기가 옳지 않은 것은? 2016 국회직 9급

① 나사는 죄야 하나?
② 봄 신상품을 선뵈어야 매출이 오를 거야.
③ 자네 덕에 생일을 잘 쇠서 고맙네.
④ 그는 오랜만에 고향 땅에 발을 딛는 감회가 새로웠다.
⑤ 장마 후 날씨가 개어서 가족과 함께 가까운 곳으로 소풍을 갔다.

033 1 2 3

밑줄 친 단어의 표기가 옳은 것은? 2014 지방직 9급

① 어제 선생님을 뵜습니다.
② 오늘따라 피아노가 잘 안 쳐져요.
③ 삼촌이 그러는데요, 민희가 무척 예뻐졌데요.
④ 놀이터에서 놀고 있는 두 아이는 쌍둥이에요.

034 1 2 3

〈보기 1〉을 참고할 때, 〈보기 2〉에서 사이시옷을 적을 수 있는 것끼리 바르게 짝지은 것은? 2019 법원직 9급

보기 1

제30항 사이시옷은 다음과 같은 경우에 받치어 적는다.
1. 순우리말로 된 합성어로서 앞말이 모음으로 끝난 경우
(1) 뒷말의 첫소리가 된소리로 나는 것
(2) 뒷말의 첫소리 'ㄴ, ㅁ' 앞에서 'ㄴ' 소리가 덧나는 것
(3) 뒷말의 첫소리 모음 앞에서 'ㄴㄴ' 소리가 덧나는 것

2. 순우리말과 한자어로 된 합성어로서 앞말이 모음으로 끝난 경우
(1) 뒷말의 첫소리가 된소리로 나는 것
(2) 뒷말의 첫소리 'ㄴ, ㅁ' 앞에서 'ㄴ' 소리가 덧나는 것
(3) 뒷말의 첫소리 모음 앞에서 'ㄴㄴ' 소리가 덧나는 것

3. 두 음절로 된 다음 한자어
곳간(庫間), 셋방(貰房), 숫자(數字), 찻간(車間), 툇간(退間), 횟수(回數)

보기 2

㉠ 대+잎　　㉡ 아래+마을
㉢ 머리+말　　㉣ 코+병
㉤ 위+층　　㉥ 개(個)+수(數)

① ㉠, ㉡, ㉢　　② ㉠, ㉡, ㉣
③ ㉡, ㉣, ㉤　　④ ㉢, ㉤, ㉥

035 1 2 3

밑줄 친 부분이 어법에 맞는 것은? 2019 지방직 9급

① 이 가곡의 노래말은 아름답다.
② 그 집의 순대국은 아주 맛있다.
③ 하교길은 늘 아이들로 북적인다.
④ 선생님은 간단한 인사말을 건넸다.

036 1 2 3

다음은 사이시옷 규정의 일부이다. 이 조건에 부합하지 않는 것은? 2018 지방직 7급

- 순우리말로 된 합성어로서 앞말이 모음으로 끝난 경우
  (1) 뒷말의 첫소리가 된소리로 나는 것
  (2) 뒷말의 첫소리 'ㄴ, ㅁ' 앞에서 'ㄴ' 소리가 덧나는 것
  (3) 뒷말의 첫소리 모음 앞에서 'ㄴㄴ' 소리가 덧나는 것
- 순우리말과 한자어로 된 합성어로서 앞말이 모음으로 끝난 경우
  (1) 뒷말의 첫소리가 된소리로 나는 것
  (2) 뒷말의 첫소리 'ㄴ, ㅁ' 앞에서 'ㄴ' 소리가 덧나는 것
  (3) 뒷말의 첫소리 모음 앞에서 'ㄴㄴ' 소리가 덧나는 것

① 예삿일　　② 훗날
③ 윗옷　　④ 냇가

037 1 2 3

다음 중 사이시옷의 쓰임이 모두 옳은 것은? 2017 국회직 8급

① 아랫집, 볏가리, 선짓국, 댓가지, 가겟집
② 화젯거리, 수랏간, 폿말, 나뭇잎, 연둣빛
③ 꼭짓점, 횟배, 킷값, 구둣발, 공깃밥
④ 버드나뭇과, 장밋과, 봇둑, 무싯날, 쇳조각
⑤ 갯수, 귀갓길, 사삿일, 시래깃국, 노잣돈

2. 띄어쓰기

038 1 2 3

밑줄 친 부분의 띄어쓰기가 옳은 것은? 2020 지방직 9급

① 해도해도 너무한다.
② 빠른 시일 내 지원해 줄 것이다.
③ 이 그릇은 귀한 거라 손님 대접하는데나 쓴다.
④ 소비 절약을 호소하는 정공법 밖에 달리 도리는 없다.

039 1 2 3

밑줄 친 부분의 띄어쓰기가 옳지 않은 것은? 2020 국회직 8급

① 그 일은 할만하다.
② 그들은 2 시간 동안 줄곧 걸었다.
③ 나에게만이라도 행운이 찾아오면 좋겠다.
④ 우리는 마을에서 불량배들을 쫓아내버렸다.
⑤ 유가의 문학 사상은 주로 철학적 문제나 사회와 관련지어 논의되었다.

040 1 2 3

띄어쓰기가 옳은 것은? 2019 국가직 7급

① 이끄는 대로 따라갈밖에.
② 용수야, 5년만인데 한잔해야지.
③ 일이 오늘부터는 잘돼야 할텐데.
④ 태권도에서 만큼은 발군의 실력을 낼 거야.

041 1 2 3

다음 중 띄어쓰기가 모두 옳은 것은? 2019 국회직 9급

① 행색이∨초라한∨게∨보아∨하니∨시골∨양반∨같다.
② 이처럼∨희한한∨구경은∨난생∨처음입니다.
③ 이제∨별볼일이∨없으니∨그냥∨돌아갑니다.
④ 하잘것없는∨일로∨형제∨끼리∨다투어서야∨되겠소?
⑤ 동생네는∨때맞추어∨모든∨일을∨잘∨처리해∨나갔다.

042 1 2 3

다음 중 띄어쓰기가 가장 적절한 것은? 2019 경찰직 2차

① 가지∨말라는∨데는∨가지∨말아야지∨왜∨그런∨곳에 ∨간∨거야?
② 너∨만큼∨나도∨그∨사람을∨보고∨싶어.
③ 그∨일을∨왜∨해야∨하는∨지를∨잘∨모르겠어.
④ 나도∨그곳에서∨보다∨이곳에서의∨생활이∨더∨좋아.

043 1 2 3

밑줄 친 부분의 띄어쓰기가 옳지 않은 것은? 2019 지방직 7급

① 형은 항상 열 시쯤 돌아온다.
② 나는 사과를 천 원어치 샀다.
③ 그녀는 스무 살남짓 되어 보였다.
④ 그 일은 이십 세기경 일어난 일이다.

044 1 2 3

다음 중 띄어쓰기가 가장 옳은 것은? 2019 서울시 9급

① 열 길 물속은 알아도 한 길 사람의 속은 모른다.
② 데칸 고원은 인도 중부와 남부에 위치한 고원이다.
③ 못 본 사이에 키가 전봇대 만큼 자랐구나!
④ 이번 행사에서는 쓸모 있는 주머니만들기를 하였다.

045 1 2 3

띄어쓰기가 틀린 문장은? 2019 소방직

① 내가∨믿을∨것은∨오직∨성실함뿐이다.
② 그녀는∨사실을∨아는∨대로∨설명했다.
③ 이∨약초는∨감기를∨낫게∨하는데∨쓰인다.
④ 사람들은∨그를∨자기밖에∨모른다고∨놀렸다.

046 1 2 3

밑줄 친 부분의 띄어쓰기가 옳은 것은? 2019 지방직 9급

① 그 중에 깨끗한 옷만 골라 입으세요.
② 어제는 밤이 늦도록 옛 책을 뒤적였다.
③ 시간 날 때 낚시나 한 번 같이 갑시다.
④ 사람들은 황급히 굴 속으로 모여들었다.

047 1 2 3

밑줄 친 부분의 띄어쓰기가 옳은 것은? 2019 국회직 8급

① 전국 단위 민방위 훈련이 21년만에 실시된다.
② 최근 개성공단은 공장 가동률이 30%가량 떨어진 것으로 알려졌다.
③ ○○백화점 명품관도 올해 3월말까지 1년간 20~30대가 구매 고객의 52%를 차지했다.
④ 소방청은 대피 훈련을 20분내에 마쳐야 한다고 밝혔다.
⑤ 600여개 부스는 수많은 관람객들로 북적였다.

048 1 2 3

다음의 띄어쓰기에 대한 설명으로 가장 적절한 것은? 2019 경찰직 1차

① 우리나라: '대한민국'을 뜻하는 경우, 의미가 변하여 파생어가 되었으므로 붙여 쓴다.
② 언제∨할∨지∨모른다: '지'는 의존 명사이므로 띄어 쓴다.
③ 교재의∨제∨일장: '제-'는 접두사이므로 뒷말에 붙여 써야 하는데, 띄어 썼으므로 맞지 않다.
④ 떠난지가∨오래다: '지'는 의존 명사이므로 붙여 쓸 수 있다.

049 1 2 3

다음 중 띄어쓰기가 옳지 않은 것은? 2019 서울시 9급(추)

① 불이 꺼져 간다.
② 그 사람은 잘 아는척한다.
③ 강물에 떠내려 가 버렸다.
④ 그가 올 듯도 하다.

050 1 2 3

〈보기 1〉의 내용을 참고할 때, 〈보기 2〉에서 띄어쓰기가 올바른 것을 모두 고른 것은? 2019 법원직 9급

보기 1

'노력한 만큼 대가를 얻다.'에서의 '만큼'과 '나도 너만큼은 공부를 잘 해.'의 '만큼'은 단어의 형태는 같으나 단어가 수행하는 기능은 다르다. 즉, 전자의 '만큼'은 의존 명사이지만, 후자의 '만큼'은 조사이다. 의존 명사의 경우는 앞말과 띄어 써야 하고 조사의 경우는 앞말에 붙여 써야 한다.

보기 2

㉠ 집에 도착하는 내로 전화하도록 해.
㉡ 부모님 말씀 대로 행동해야 한다.
㉢ 느낀대로 표현하고 싶었다.
㉣ 내가 가진 것은 이것뿐이다.
㉤ 그 이야기는 소문으로 들었을뿐이다.

① ㉠, ㉣ ② ㉡, ㉢
③ ㉠, ㉢, ㉣ ④ ㉠, ㉣, ㉤

051 1 2 3

밑줄 친 부분의 띄어쓰기가 모두 옳은 것은? 2018 국가직 7급

① 그 길을 걸어 온 사람들도 이 연구에 참여하는데 큰 문제가 없다.
② 대책 없이 쓸 데 없는 일만 골라 하니 저렇게 시간을 낭비할 수밖에 없다.
③ 이 기계가 어떻게 사용되어야 하는 지에 대해서 자세히 알아볼 수 없었다.
④ 예기치 못했던 불미스러운 사고가 있었던바 재발 방지책을 찾아야 한다.

052 1 2 3

다음 중 띄어쓰기가 옳지 않은 것은? 2018 국회직 9급

① 꽃 중의 꽃 무궁화가 활짝 피었다.
② 새로 들어온 요리사는 다년간의 경험을 살려 손님을 끌었다.
③ 정말로 아무것도 아닌 사람이 행복하다는 말을 하고 싶다.
④ 그런 거짓말을 하는 것을 보니 심보가 참 못 된 친구이다.
⑤ 두 사람은 가까워지기는커녕 점점 더 멀어져만 갔다

053 1 2 3

띄어쓰기가 옳은 것은? 2018 지방직 7급

① 부모와 자식간에도 예의는 지켜야 한다.
② 김 양의 할머니는 안동 권씨라고 합니다.
③ 내일이 이 충무공 탄신 50돌이라고 합니다.
④ 이번 여름에는 카리브 해로 휴가를 가기로 했어.

054 1 2 3

밑줄 친 부분의 띄어쓰기가 옳지 않은 것은? 2018 국가직 9급

① 이처럼 좋은 걸 어떡해?
② 제 3장의 내용을 요약해 주세요.
③ 공사를 진행한 지 꽤 오래되었다.
④ 결혼 10년 차에 내 집을 장만했다.

055 1 2 3

띄어쓰기가 옳지 않은 것은? 2018 지방직 9급

① 졸지에 부도를 맞았다니 참 안됐어.
그렇게 독선적으로 일을 처리하면 안 돼.
② 그건 사실 아무것도 아니니 걱정하지 말게.
지금 네가 본 것은 실상의 절반에도 못 미쳐.
③ 저 집은 부부 간에 금실이 좋아. 집을 살 때
부모님이 얼마간을 보태 주셨어.
④ 저 사람은 아무래도 믿을 만한 인물이 아니야.
지난번 해일이 밀어닥칠 때 집채만 한 파도가 해변을 덮쳤다.

056 1 2 3

띄어쓰기가 가장 옳은 것은? 2018 서울시 9급(추)

① 창조적 독해가 현실적인 문제 해결 방안으로 활용될 수 밖에 없다.
② 사소한 오해로 철수가 나하고 사이가 멀어졌다.
③ 아는 체하는 걸 보니 공부 깨나 했나 보다.
④ 동해로 가는김에 평창에도 들렀다 가자.

057 1 2 3

다음 중 띄어쓰기가 옳은 것은? (∨는 띄어쓰기 표시) 2018 기상직 9급

① 그는∨네팔∨인∨셰르파와∨함께∨에베레스트∨산∨ 등정에∨성공하였다.
② 그가∨십여∨년∨만에∨고국을∨찾아∨온∨것은∨매우∨큰∨사건이었다.
③ 그는∨이틀∨간∨집에∨머물렀고,∨그동안∨한∨끼도∨밥을∨먹지∨않았다.
④ 그는∨꿈속의∨기억이∨너무도∨생생해서∨지금도∨눈에∨떠오르는∨듯했다.

058 1 2 3

띄어쓰기가 모두 옳은 문장은? 2018 서울시 7급

① 밥을 먹은지 두 시간밖에 안 지났다.
② 학력이나 나이에 관계 없이 누구나 지원할 수 있다.
③ 이번 휴가에 발리 섬으로 여행을 간다.
④ 하늘을 보니 비가 올 듯도 하다.

059 1 2 3

다음 띄어쓰기 규정의 '원칙'에 맞게 쓴 것 중 가장 적절한 것은? 2018 경찰직 1차

① 희망의∨불씨가∨꺼져간다.
② 한국대학교∨사범대학∨최치원∨교수
③ 이천십팔∨년∨삼∨월∨이십사∨일∨제일∨차∨공무원∨시험
④ 제발∨여기에서만이라도∨집에서∨처럼∨못∨되게∨ 굴지∨않았으면∨좋겠다.

060 1 2 3

〈보기〉를 참고할 때, 다음 중 붙여 쓸 수 없는 것은? 2018 법원직 9급

보기

㉠ 나는 그 책을 거의 다 읽어 간다.
㉡ 나는 영희에게 사과를 깎아 주었다.
용언은 그 쓰임에 따라 본용언과 보조 용언으로 나뉜다. 본용언은 ㉠의 '읽어'처럼 문장의 주어를 주되게 서술해 주는 말로 보조 용언의 도움을 받는다. 반면에 보조 용언은 ㉠의 '간다'처럼 본용언과 연결되어 그것의 뜻을 보충하는 역할을 하는 용언으로 자립성이 없어 단독으로 주어를 서술하지 못한다. 한글 맞춤법 규정 제47항에 따르면, 이와같은 보조 용언은 띄어 씀을 원칙으로 하되 붙여 쓰는 것도 허용한다. 그런데 ㉡의 '주었다'처럼 단독으로 주어를 서술하는 것이 가능하면 본용언 뒤에 또 다른 본용언이 결합되어 있는 것으로 본다. 이 경우 두 본용언은 띄어 쓴다.

① 철수가 농구를 하고 있다.
② 그녀는 가족의 빨래를 빨아 말렸다.
③ 그는 부모님을 여읜 슬픔을 이겨 냈다.
④ 그녀는 하루 종일 어머니 일을 도와 드렸다.

061 1 2 3

다음과 같은 사전의 풀이를 참고하여 작성한 문장 가운데 띄어쓰기가 옳지 <u>않은</u> 것은? 2018 국회직 8급

> • 듯이: 의존 명사. (어미 '-은', '-는', '-을' 뒤에 쓰여) 짐작이나 추측의 뜻을 나타내는 말
> • 듯: 의존 명사. ① '듯이'의 준말. ② ('-은 듯 만 듯', '-는 듯 마는 듯', '-을 듯 말 듯' 구성으로 쓰여) 그런 것 같기도 하고 그렇지 아니한 것 같기도 함을 나타내는 말
> • -듯이: 어미. ('이다'의 어간, 용언의 어간 또는 어미 '-으시-', '-었-', '-겠-' 뒤에 붙어) 뒤 절의 내용이 앞 절의 내용과 거의 같음을 나타내는 연결 어미
> • -듯: 어미. '-듯이'의 준말
> • 듯하다: 보조 형용사. (동사나 형용사, 또는 '이다'의 관형사형 뒤에 쓰여) 앞말이 뜻하는 사건이나 상태 따위를 짐작하거나 추측함을 나타내는 말

① 예전에는 여기가 <u>황량했던 듯하다</u>.
② 그의 행동을 보아하니 곧 <u>떠날 듯이</u> 보인다.
③ 마치 구름을 <u>걷는 듯</u> 도무지 생시가 아닌 것만 같았다.
④ 거대한 파도가 <u>일 듯이</u> 사람들의 가슴에 분노가 일었다.
⑤물이 깊을수록 <u>조용하듯</u> 사람도 아는 게 많을수록 조용하다.

062 1 2 3

띄어쓰기가 옳지 <u>않은</u> 것은? 2017 국가직 9급(추)

① 조금 의심스러운 부분이 있어서 물어도 보았다.
② 매일같이 지각하던 김 선생이 직장을 그만두었다.
③ 이번 시험에서 우리 중 안 되어도 세 명은 합격할 듯하다.
④ 지난주에 발생한 사고를 어떻게 해결해야 할지 회의를 했다.

063 1 2 3

띄어쓰기가 옳지 <u>않은</u> 것은? 2017 국가직 7급

① 형은 비밀이 드러날 것을 걱정하여 안절부절못했다.
② 학부모 간담회에는 약 20여 명이 참석하였다.
③ 서류를 검토한 바 몇 가지 미비한 사항이 발견되었다.
④ 아는 만큼 보인다는데 나에게는 그 가치를 평가할 만한 심미안이 부족하다.

064 1 2 3

띄어쓰기가 옳은 것은? 2017 지방직 9급(추)

① 일이 얽히고 설켜서 풀기가 어렵다.
② 나를 알아 주는 사람은 너 밖에 없다.
③ 그는 고향을 등지고 정처 없이 떠돌아다녔다.
④ 잃어버린 물건을 찾겠다는 생각은 속절 없는 짓이었다.

065 1 2 3

밑줄 친 부분의 띄어쓰기가 옳지 <u>않은</u> 것은? 2017 지방직 7급

① 너 말 <u>한번</u> 잘 했다.
② 값이 얼만지 <u>한번</u> 물어보세요.
③ 우리는 겨우 일주일에 <u>한번</u>밖에 못 만난다.
④ <u>한번</u> 엎지른 물은 다시 주워 담지 못한다.

066 1 2 3

밑줄 친 부분의 띄어쓰기가 옳은 것은? 2017 지역인재 9급

① 정수는 <u>커피보다</u> 녹차를 더 좋아한다.
② 호승이도 그 정도는 <u>할수</u> 있다.
③ 물은 <u>높은데서</u> <u>낮은데로</u> 흐른다.
④ <u>하루내지</u> 이틀만 기다려 보아라.

067 1 2 3

다음 중 띄어쓰기가 적절하지 <u>않은</u> 것은? 2017 경찰직 2차

① 철이는 키가 장대만큼 크다.
② 내가 좋아하는 사람은 너뿐이다.
③ 영희는 합리적이기 보다는 감정적이다.
④ 볼펜, 연필, 지우개 따위를 문구류라 한다.

068 1 2 3

다음 〈보기〉 중 띄어쓰기가 옳은 것은? 2017 서울시 9급

보기

㉠창 밖은 가을이다. 남쪽으로 난 창으로 햇빛은 하루하루 깊이 안을 넘본다. 창가에 놓인 우단 의자는 부드러운 잿빛이다. 그러나 손으로 ㉡우단천을 결과 반대 방향으로 쓸면 슬쩍 녹둣빛이 돈다. 처음엔 짙은 쑥색이었다. 그 의자는 아무짝에도 쓸모가 없다. ㉢30년 동안을 같은 자리에서 움직이지 않은 채 하는 일이라곤 햇볕에 자신의 몸을 잿빛으로 바래는 ㉣일 밖에 없다.

① ㉠ ② ㉡ ③ ㉢ ④ ㉣

069 1 2 3

밑줄 친 부분의 띄어쓰기가 옳은 것은? 2017 국가직 9급

① 한밤중에 전화가 왔다.
② 그는 일도 잘할 뿐더러 성격도 좋다.
③ 친구가 도착한 지 두 시간만에 떠났다.
④ 요즘 경기가 안 좋아서 장사가 잘 안 된다.

070 1 2 3

다음 중 띄어쓰기가 옳은 것은? 2017 국회직 8급

① 그∨녀석∨고마워하기는∨커녕∨알은체도∨않더라.
② 집채∨만한∨파도가∨몰려온다.
③ 한∨번은∨네거리에서∨큰∨사고를∨낼∨뻔했다.
④ 보잘것없는∨수입이지만∨저는∨이∨일이∨좋습니다.
⑤ 김∨양의∨할머니는∨안동∨권∨씨라고∨합니다.

071 1 2 3

다음 중 밑줄 친 부분의 띄어쓰기가 옳은 것은? 2017 경기북부 여경 1차

① 천 원은 커녕 백 원도 없다.
② 이 책은 읽을 수록 감동을 준다.
③ 그가 여기를 떠난지가 오래되었다.
④ 하늘을 보니 오늘 저녁에 비가 올듯하다.

072 1 2 3

다음 문장 중 띄어쓰기가 바르지 않은 것은? 2017 기상직 9급

① 공부를∨조금∨더∨열심히∨할걸.
② 선생님이∨떠난∨지도∨오래되었다.
③ 키가∨클수록∨농구를∨잘한다는∨말은∨거짓이다.
④ 나는∨오늘∨저녁에∨엄마를∨도와∨요리를∨할거야.

073 1 2 3

밑줄 친 부분의 띄어쓰기가 옳은 것은? 2017 사회복지직 9급

① 그 친구의 키는 장대 만큼 크다.
② 그 친구의 집에는 사과, 감, 귤 들이 많이 있다.
③ 그 친구와 연락한 지 세 시간만에 만났다.
④ 그 친구의 대답이 맞는 지 모르겠다.

074 1 2 3

띄어쓰기가 옳은 것은? 2016 국가직 9급

① 그는 우리 시대의 스승이라기 보다는 자상한 어버이이다.
② 그는 황소 같이 일을 했다.
③ 하루 종일 밥은 커녕 물 한 모금도 마시지 못했다.
④ 내 모자는 그것하고 다르다.

1. 표준어 사정 원칙

001 1 2 3

〈보기〉의 〈표준어 규정〉에 해당하는 사례로만 묶인 것은?

2020 국회직 8급

보기

제21항 고유어 계열의 단어가 널리 쓰이고 그에 대응되는 한자어 계열의 단어가 용도를 잃게 된 것은, 고유어 계열의 단어만을 표준어로 삼는다.

① 푼돈, 밥소라, 사래밭
② 벽지다, 움파, 흰말
③ 박달나무, 성냥, 두껍창
④ 목발, 솟을무늬, 구들장
⑤ 잎초, 가루약, 메찰떡

002 1 2 3

다음 중 표준어로만 묶인 것은?

2019 국회직 9급

① 사글세, 멋쟁이, 아지랭이, 윗니
② 웃어른, 으레, 상판때기, 고린내
③ 딴전, 어저께, 가엽다, 귀이개
④ 주근깨, 코빼기, 며칠, 가벼히
⑤ 뭇국, 느즈감치, 마늘종, 통째로

003 1 2 3

다음 〈보기〉의 〈표준어 규정〉에 해당하는 사례로 옳지 않은 것은?

2019 국회직 9급

보기

제14항 준말이 널리 쓰이고 본말이 잘 쓰이지 않는 경우에는, 준말만을 표준어로 삼는다.

① 똬리
② 뒤웅박
③ 귀찮다
④ 뱀장어
⑤ 장사치

004 1 2 3

다음 중 어법에 어긋남이 없이 바른 문장은?

2019 법원직 9급

① 어느 땐가 절망 속에 헤매이던 시절이 있었다.
② 그곳엔 내노라하는 씨름꾼들이 다 모여 있었다.
③ 운명을 건 거사의 날, 칠흙같이 어두운 밤이었다.
④ 이번 여름은 후텁지근한 날이 많아 견디기 어렵다.

005 1 2 3

다음 밑줄 친 단어의 표기가 바른 것은?

2018 해경 2차

① 화가 난 오빠는 괜시리 샌드백을 투덕거렸다.
② 에계, 이까짓 것을 어디다 쓰라고 그러는 거야?
③ 아들이 어느새 잼잼과 곤지곤지를 하기 시작했다.
④ 갑자기 찾아온 그는 짐도 없이 단출한 차림이었다.

006 1 2 3

표준어끼리 묶인 것으로 가장 옳지 않은 것은?

2018 서울시 9급(추)

① 등물, 남사스럽다, 쌉싸름하다, 복숭아뼈
② 까탈스럽다, 걸판지다, 주책이다, 겉울음
③ 찰지다, 잎새, 꼬리연, 푸르르다
④ 개발새발, 이쁘다, 덩쿨, 마실

007 1 2 3

밑줄 친 단어 중 표준어가 아닌 것은?

2018 서울시 7급(추)

① 잘못한 사람이 되려 큰소리를 친다.
② 너는 시험이 코앞인데 맨날 놀기만 하니?
③ 어제 일을 벌써 깡그리 잊어버렸다.
④ 영화를 보면서 눈물을 억수로 흘렸다.

008 1 2 3

밑줄 친 부분이 표준어가 아닌 것은? 2018 지방교행직 9급

① 맑은 시냇물에 발을 담갔다.
② 친구의 사연이 너무 애닯구나.
③ 가여운 강아지에게 밥을 주렴.
④ 이 문제는 무척 까다로워 보인다.

009 1 2 3

다음 중 표준어로만 묶인 것은? 2017 기상직 7급

① 메꾸다, 찌뿌듯하다, 내음, 맨날
② 까탈스럽다, 꼬시다, 눈꼽, 품세
③ 새치롬하다, 이쁘다, 구안괘사, 마실
④ 두리뭉실하다, 찰지다, 개발새발, 늘상

010 1 2 3

밑줄 친 말이 표준어인 것은? 2017 지방직 9급

① 큰 죄를 짓고도 그는 뉘연히 대중 앞에 나섰다.
② 아주머니는 부엌에서 갖가지 양념을 뒤어내고 있었다.
③ 사업에 실패했던 원인을 이제야 깨단하게 되었다.
④ 그 사람은 허구헌 날 팔자 한탄만 한다.

011 1 2 3

다음 중 비표준어가 포함된 것은? 2016 서울시 7급

① 마을 – 마실
② 예쁘다 – 이쁘다
③ 새초롬하다 – 새치름하다
④ 부스스하다 – 부시시하다

012 1 2 3

다음 중 복수 표준어가 아닌 것은? 2016 국회직 9급

① 어림잡다 – 어림재다
② 변덕스럽다 – 변덕맞다
③ 장가가다 – 장가들다
④ 흠가다 – 흠지다
⑤ 기세부리다 – 기세피우다

013 1 2 3

〈보기〉는 복수 표준어에 대한 설명이다. 이에 따른 표기로 가장 옳지 않은 것은? 2019 서울시 9급

보기
한 가지 의미를 나타내는 형태 몇 가지가 널리 쓰이며 표준어 규정에 맞으면, 그 모두를 표준어로 삼는다.

① 가는허리 / 잔허리
② 고깃간 / 정육간
③ 관계없다 / 상관없다
④ 기세부리다 / 기세피우다

014 1 2 3

표준어로만 이루어진 문장을 〈보기〉에서 모두 고르면? 2019 국회직 8급

보기
ㄱ. 그는 충부리 앞에서 두 손을 번쩍 추켜올렸다.
ㄴ. 구하기 힘든 약이라 웃돈을 주고 특별히 주문해서 사 왔다.
ㄷ. 늘 그랬었지만 오늘따라 더욱 따라나서기가 께름직하다.
ㄹ. 거짓말을 한 피노키오의 코가 기다래졌다.

① ㄱ, ㄴ ② ㄱ, ㄹ
③ ㄷ, ㄹ ④ ㄱ, ㄷ, ㄹ
⑤ ㄱ, ㄴ, ㄷ, ㄹ

015 1 2 3

밑줄 친 부분이 어법에 맞지 않는 것은? 2018 지방직 7급

① 밥이 차져서 내 입맛에 맞았다.
② 아기가 이쁘디이쁜 미소를 짓고 있다.
③ 그녀가 내 소맷깃을 슬며시 잡아당겼다.
④ 동생은 안경을 맞춘 지 얼마 되지 않아서 안경 도수를 더 돋구었다.

2. 표준 발음법

016 1 2 3

표준 발음으로 가장 옳지 않은 것은? 2020 서울시 9급

① 풀꽃아[풀꼬다]
② 옷 한 벌[오탄벌]
③ 넓둥글다[넙뚱글다]
④ 늙습니다[늑씀니다]

017 1 2 3

밑줄 친 부분의 표준 발음이 옳지 않은 것은? 2020 국회직 8급

① 그래도 일사병[일사뼝]에 쓰러진 대원이 없었다.
② 올여름에는 납량[남냥] 드라마가 줄을 잇고 있다.
③ 그는 시조 한 수를 처량하게 읊고[읍꼬] 길을 떠났다.
④ 그들은 불법적[불뻡쩍] 방법으로 돈을 엄청나게 벌었다.
⑤ 아직 저학년의 글이라 띄어쓰기[띠여쓰기]가 미흡하다.

018 1 2 3

〈보기〉 중 〈표준 발음법〉에 가장 맞지 않는 것은 모두 몇 개인가? 2020 경찰직 1차

보기

그믐달[그믐딸]	늑막염[능망념]	맑게[말께]
서울역[서울력]	숙맥[쑥맥]	식용유[시공뉴]
젖먹이[점머기]	직행열차[지캥렬차]	

① 2개 ② 3개 ③ 4개 ④ 5개

019 1 2 3

㉠~㉣에 해당하는 예를 바르게 연결한 것은? 2019 국가직 7급

경음화는 장애음 중 평음이 일정한 환경에서 경음으로 바뀌는 현상이다. 한국어의 대표적인 경음화 유형은 다음과 같다.
㉠ 'ㄱ, ㄷ, ㅂ' 뒤에 연결되는 평음은 경음으로 발음된다.
㉡ 비음으로 끝나는 용언 어간에 연결되는 어미의 첫소리는 경음으로 발음된다.
㉢ 관형사형 어미 '-(으)ㄹ' 뒤에 연결되는 평음은 경음으로 발음된다.
㉣ 한자어에서 'ㄹ' 뒤에 연결되는 'ㄷ, ㅅ, ㅈ'은 경음으로 발음된다.

	㉠	㉡	㉢	㉣
①	잡고	담고	갈 곳	하늘소
②	받고	앉더라	발전	물동이
③	놓습니다	삶더라	열 군데	절정
④	먹고	껴안더라	어찌할 바	결석

020 1 2 3

밑줄 친 단어의 표준 발음으로 옳지 않은 것은? 2019 소방직

① 보름에는 달이 밝다.[박따]
② 마루에 등불이 켜져 있다.[등뿔]
③ 음식이 앞마당에 차려져 있다.[암마당]
④ 여기저기 다니며 막일이라도 하자.[마길]

021 1 2 3

밑줄 친 부분의 표준 발음이 옳은 것만을 〈보기〉에서 모두 고르면? 2019 국회직 8급

보기

ㄱ. 이번 일을 계기[계:기]로 삼자.
ㄴ. 퇴임하는 직원을 위한 송별연[송:벼련]을 열다.
ㄷ. 그의 넓죽한[널쭈칸] 얼굴이 그리웠다.
ㄹ. 낙엽을 밟고[밥:꼬] 지나가다.
ㅁ. 월드컵 때문에 축구의 열병[열뼝]이 전국을 휩쓸었다.

① ㄱ, ㄴ, ㄷ ② ㄱ, ㄴ, ㄹ
③ ㄱ, ㄷ, ㄹ ④ ㄴ, ㄹ, ㅁ
⑤ ㄷ, ㄹ, ㅁ

022 1 2 3

국어의 발음 및 표기와 관련하여 가장 적절하지 않은 것은?

2019 경찰직 1차

① '찾을 도리'는 [차즐또리]로 발음하면 된다.
② '맑고 맑다'를 [말꼬]와 [막따]로 소리 내어 읽었다.
③ 김희혜 씨의 이름을 글자대로 발음하기 어려워서 〈표준 발음법〉에 따라 [김히헤]로 호명하였다.
④ 현대 국어의 종성으로 발음되는 자음은 7가지이다. 이러한 특징을 반영하여 [keik]로 발음되는 외래어를 '케잌'이라 적지 않고 '케익'으로 적었다.

023 1 2 3

밑줄 친 부분의 발음이 현행 〈표준 발음법〉에서 표준 발음으로 인정되지 않는 것은? (단, ':'은 장모음 표시임.)

2019 서울시 9급(추)

① 비가 많이 내려서 물난리가 났다. – 물난리[물랄리]
② 그는 줄곧 신문만 읽고 있었다. – 신문[심문]
③ 겨울에는 보리를 밟는다. – 밟는다[밤:는다]
④ 날씨가 벌써 한여름과 같다. – 한여름[한녀름]

024 1 2 3

밑줄 친 발음이 표준 발음이 아닌 것은?

2018 국가직 7급

① 연계[연게] 교육
② 차례[차레] 지내기
③ 충의의[충이의] 자세
④ 논의[노늬]에 따른 방안

025 1 2 3

표준 발음법 상 'ㄹ'의 발음이 동일한 것들을 바르게 묶은 것은?

2018 서울시 7급(추)

① 상견례, 의견란, 백리
② 임진란, 공권력, 광한루
③ 대관령, 입원료, 협력
④ 동원령, 구근류, 난로

026 1 2 3

〈보기〉에서 밑줄 친 부분의 발음으로 가장 옳지 않은 것은?

2018 서울시 9급(추)

보기

손자: 할아버지, 여기 있는 ㉠밭을 우리가 다 매야 해요?
할아버지: 응. 이 ㉡밭만 매면 돼.
손자: 이 ㉢밭 모두요?
할아버지: 왜? ㉣밭이 너무 넓으니?

① ㉠:[바슬] ② ㉡: [반만]
③ ㉢:[받] ④ ㉣: [바치]

027 1 2 3

〈보기〉의 밑줄 친 ㉠~㉤ 중 표준 발음으로 옳은 것을 모두 고르면?

2018 국회직 8급

보기

- 이 문제는 입주민들과의 ㉠협의[혀븨]를 통해서 해결합시다.
- 외국인들은 한글의 복잡한 ㉡띄어쓰기[띠어쓰기]를 어려워 한다.
- 관객들이 ㉢썰물[썰:물]처럼 빠져나갔다.
- 나라다운 나라 만들기라는 ㉣우리의[우리에] 소망이 이루어질까?
- ㉤반신반의[반:신 바:니]하는 분위기였다.

① ㉠, ㉡, ㉢ ② ㉠, ㉢, ㉣
③ ㉠, ㉣, ㉤ ④ ㉡, ㉢, ㉤
⑤ ㉡, ㉣, ㉤

028 1 2 3

다음 문장의 밑줄 친 부분을 〈표준 발음법〉에 맞게 발음한 것은?

2017 국회직 9급

"이 바지는 길이가 너무 짧네요."

① [짬네요] ② [짤브네요]
③ [짭네요] ④ [짤레요]
⑤ [짤네요]

029 1 2 3

밑줄 친 ㉠을 고려할 때 표준 발음으로 옳지 않은 것은?
2017 사회복지직 9급

> [표준어 규정] 제2부 표준 발음법
> 제12항 받침 'ㅎ'의 발음은 다음과 같다.
> 4. ㉠'ㅎ(ㄶ, ㅀ)' 뒤에 모음으로 시작된 어미나 접미사가 결합되는 경우에는, 'ㅎ'을 발음하지 않는다.
>
> 낳은[나은], 쌓이다[싸이다], 많아[마:나], 싫어도[시러도]……

① 바지가 다 닳아서[다라서] 못 입게 되었다.
② 저녁 반찬으로 찌개를 끓이고[끄리고] 있다.
③ 가지고 온 책은 책상 위에 놓아[노아] 두렴.
④ 기회를 놓치지 않은[안는] 사람이 결국에는 성공하더라.

030 1 2 3

표준 발음에 대한 다음의 설명 중 ㉠과 ㉡에 들어갈 내용을 바르게 묶은 것은?
2017 지방교행직(경)

> • 발음 규정 1: 겹받침 'ㄺ', 'ㄼ'은 모음 앞에서 각각 'ㄱ', 'ㅂ'만 뒤 음절 첫소리로 옮겨 발음한다.
> • 발음 규정 2: 겹받침 'ㄺ', 'ㄼ'은 어말 또는 자음 앞에서 각각 ㉠ '___'(으)로 발음한다. 그러나 ㉡ '___'와/과 같은 경우는 '발음 규정 2'가 적용되지 않는다.

	㉠	㉡
①	[ㄱ], [ㄹ]	늙지, 넓죽한
②	[ㄱ], [ㄹ]	맑고, 밟거나
③	[ㄹ], [ㅂ]	굵다, 섧지
④	[ㄹ], [ㅂ]	묽게, 얇게

031 1 2 3

다음 〈보기〉의 밑줄 친 ㉠~㉤에 대한 표준 발음으로 옳은 것을 모두 고르면?
2017 국회직 8급

> 보기
> • ㉠깃발이 바람에 날리다. – [기빨]
> • ㉡불법적인 방법으로 돈을 벌고 있다. – [불법쩍]
> • 나는 오늘 점심을 ㉢면류로 간단히 때웠다. – [멸류]
> • ㉣도매금은 도매로 파는 가격을 말한다. – [도매금]
> • 준법의 테두리 안에서 시위를 한다면 ㉤공권력 발동을 최대한 자제할 것이다. – [공:꿘녁]

① ㉠, ㉡, ㉢　② ㉠, ㉡, ㉤
③ ㉠, ㉢, ㉤　④ ㉡, ㉢, ㉣
⑤ ㉡, ㉣, ㉤

032 1 2 3

다음 중 단어의 표기나 발음이 옳지 않은 것은?
2017 국회직 8급

① 나는 커서 선생님이 되고[뒈고] 싶다.
② 한글 자모 'ㅌ'의 이름에 조사가 붙을 때의 발음은 '티읕+이[티그시]', '티읕+을[티그슬]'이다.
③ 내 발을 밟지[밥:찌] 마라.
④ 웬일[웬:닐]로 학교에 왔니?
⑤ 운동장이 생각보다 넓지[널찌] 않다.

033 1 2 3

〈표준 발음법〉에 맞지 않는 것은?
2016 국가직 7급

① 솜이불[솜:니불]　② 직행열차[지캥열차]
③ 내복약[내:봉냑]　④ 막일[망닐]

3. 외래어 표기법

034 1 2 3

〈보기〉 중 〈외래어 표기법〉에 맞지 않는 단어의 개수는?
2020 서울시 9급

> 보기
> 로봇(robot)　배지(badge)　타깃(target)
> 텔레비전(television)　플룻(flute)

① 1개　② 2개　③ 3개　④ 4개

035 1 2 3

〈보기〉에서 외래어 표기가 옳은 것은 모두 몇 개인가?
2020 국회직 8급

> 보기
> ㄱ. 앰풀(ampoule)
> ㄴ. 리조토(risotto)
> ㄷ. 마오쩌둥(Mao Zedong)
> ㄹ. 포퓔리슴(populisme)
> ㅁ. 캐시밀론(Cashmilon)

① 1개　② 2개
③ 3개　④ 4개
⑤ 5개

036 1 2 3

외래어 표기가 모두 옳은 것은? 2019 서울시 7급

① 옐로카드(yellow card), 스태프(staff), 케이크(cake)
② 가디건(cardigan), 뷔페(buffet), 캐러멜(caramel)
③ 냅킨(napkin), 점퍼(jumper), 초콜렛(chocolate)
④ 팡파레(fanfare), 크로켓(croquette), 마사지(massage)

037 1 2 3

〈외래어 표기법〉 규정에 맞는 단어로만 짝지어진 것은? 2019 기상직 9급

① 그라나다(Grenada), 에콰도르(Ecuador)
② 에티오피아(Ethiopia), 포르투칼(Portugal)
③ 싱가포르(Singapore), 베네주엘라(Venezuela)
④ 아이티(Haïti), 아랍 에미리트(Arab Emirates)

038 1 2 3

외래어 표기가 옳은 것만을 〈보기〉에서 모두 고르면? 2019 국회직 8급

보기
ㄱ. 기타큐슈(Kitakyûshû)
ㄴ. 소셔드라마(sociodrama)
ㄷ. 도스토예프스키(Dostoevsky)
ㄹ. 하바나(Havana)
ㅁ. 키리바시(Kiribati)

① ㄱ, ㄴ, ㅁ
② ㄱ, ㄹ, ㅁ
③ ㄴ, ㄷ, ㄹ
④ ㄴ, ㄷ, ㅁ
⑤ ㄷ, ㄹ, ㅁ

039 1 2 3

외래어 표기 용례로 올바른 것은? 2019 서울시 9급(추)

① dot – 다트
② parka – 파카
③ flat – 플래트
④ chorus – 코루스

040 1 2 3

다음에 쓰인 외래어 중 〈외래어 표기법〉에 맞게 표기된 것을 고르면? 2018 국회직 9급

① 오랜만에 우리 <u>랍스터</u>를 먹으러 갑시다.
② 나는 반려견으로 <u>달마시안</u>을 키우고 싶다.
③ 날이 너무 더우니 어디 시원한 <u>까페</u>에 들어갈까요?
④ 어제 친구와 남이섬에 가서 <u>메타세콰이어</u> 길을 걸었다.
⑤ 생일을 맞은 친구를 위해서 맛있는 <u>케일</u>을 구워 봤어요.

041 1 2 3

외래어 표기가 옳지 <u>않은</u> 것은? 2016 국가직 9급

① flash – 플래시
② shrimp – 쉬림프
③ presentation – 프레젠테이션
④ Newton – 뉴턴

042 1 2 3

외래어 표기 규정에 모두 맞는 것은? 2016 지방직 7급

① 브러쉬, 케익
② 카페트, 파리
③ 초콜릿, 셰퍼드
④ 슈퍼마켙, 서비스

043 1 2 3

〈보기〉의 외래어 표기법을 고려할 때, 다음 중 외래어 표기가 올바른 것은? 2017 경기북부 여경 1차

보기
제1항 외래어는 국어의 현용 24자모만으로 적는다.
제2항 외래어의 1음운은 원칙적으로 1기호로 적는다.
제3항 받침에는 'ㄱ, ㄴ, ㄹ, ㅁ, ㅂ, ㅅ, ㅇ'만을 쓴다.
제4항 파열음 표기에는 된소리를 쓰지 않는 것을 원칙으로 한다.

① fighting 화이팅
② coffee shop 커피숖
③ jazz 째즈
④ conte 콩트

044 1 2 3

〈보기〉의 밑줄 친 ㉠~㉤의 외래어 표기 중 옳지 않은 것을 모두 고르면? 2017 국회직 8급

보기
- 간식으로 ㉠커스타드푸딩(custard pudding)을 먹었다.
- ㉡아서(Arthur)왕은 고대 영국을 다스렸다고 전해지는 전설의 왕이다.
- 그의 목깃에 달린 ㉢배지(badge)는 그가 법무관이란 것을 알려 주고 있었다.
- ㉣소울 뮤직(soul music)은 노예 제도하에서 발생한 미국 흑인들의 음악이다.
- ㉤시칠리아(Sicilia) 섬은 지중해에 있는 섬 가운데 가장 크다.

① ㉠, ㉣ ② ㉠, ㉤
③ ㉡, ㉤ ④ ㉠, ㉡, ㉤
⑤ ㉡, ㉢, ㉣

045 1 2 3

다음에 제시된 외래어 표기법의 기본 원칙 중 적절하지 않은 것은? 2017 경찰직 1차

외래어 표기법은 외래어를 한글로 표기하는 방법에 대한 규정으로 현행 표기법은 1986년에 고시되었다. 현재 영어, 독일어, 중국어, 일본어 등 21개 언어에 대한 표기 세칙이 마련되어 있다. 외래어 표기법의 제1장에서는 표기의 기본 원칙을 다음과 같이 밝혔다.

제1항 외래어는 국어의 현용 24자모만으로 적는다.
제2항 외래어의 1음운은 원칙적으로 1기호로 적는다.
제3항 받침에는 'ㄱ, ㄴ, ㄷ, ㄹ, ㅁ, ㅂ, ㅅ, ㅇ'만을 쓴다.
제4항 파열음 표기에는 된소리를 쓰지 않는 것을 원칙으로 한다.
제5항 이미 굳어진 외래어는 관용을 존중하되, 그 범위와 용례는 따로 정한다.

① 제1항 ② 제2항
③ 제3항 ④ 제4항

046 1 2 3

〈보기〉의 외래어 표기 중 옳은 것을 모두 고르면? 2018 국회직 8급

보기
ㄱ. 게티스버그(Gettysburg)
ㄴ. 알레르기(Allergie)
ㄷ. 컬렉션(collection)
ㄹ. 미네랄(mineral)
ㅁ. 아쿠아마린(aquamarine)

① ㄱ, ㄴ, ㅁ ② ㄴ, ㄷ, ㄹ
③ ㄷ, ㄹ, ㅁ ④ ㄱ, ㄴ, ㄷ, ㄹ
⑤ ㄱ, ㄴ, ㄷ, ㄹ, ㅁ

047 1 2 3

외래어 표기가 옳은 것만을 모두 고른 것은? 2017 국가직 7급(추)

ㄱ. 커미션(commission)
ㄴ. 콘서트(concert)
ㄷ. 컨셉트(concept)
ㄹ. 에어컨(← air conditioner)
ㅁ. 리모콘(← remote control)

① ㄱ, ㄴ ② ㄱ, ㄴ, ㄹ
③ ㄴ, ㄷ, ㄹ ④ ㄴ, ㄷ, ㅁ

048 1 2 3

외래어 표기가 옳은 것만을 모두 고른 것은? 2017 지방직 9급(추)

ㄱ. yellow: 옐로 ㄴ. cardigan: 카디건
ㄷ. lobster: 롭스터 ㄹ. vision: 비전
ㅁ. container: 콘테이너

① ㄱ, ㅁ ② ㄷ, ㄹ
③ ㄱ, ㄴ, ㄹ ④ ㄴ, ㄷ, ㅁ

049 1 2 3

외래어 표기가 맞는 것끼리 묶은 것은? 2017 지방교행직(경)

① 캐럴(carol), 샌달(sandal), 케찹(ketchup)
② 캐럴(carol), 카디건(cardigan), 케이크(cake)
③ 멤버쉽(membership), 케이크(cake), 케찹(ketchup)
④ 멤버쉽(membership), 샌달(sandal), 카디건(cardigan)

050 1 2 3

외래어 표기가 맞는 것을 〈보기〉에서 있는 대로 고른 것은? 2017 지방교행직 9급

보기
ㄱ. 카톨릭(Catholic) ㄴ. 시뮬레이션(simulation)
ㄷ. 숏커트(short cut) ㄹ. 카레(curry)
ㅁ. 챔피온(champion) ㅂ. 캐리커쳐(caricature)

① ㄱ, ㅁ ② ㄴ, ㄹ
③ ㄱ, ㄹ, ㅂ ④ ㄴ, ㄷ, ㅁ

051 1 2 3

다음 외래어 표기의 근거만을 바르게 제시한 것은? 2014 지방직 7급

[표기] leadership－리더십
[근거]
㉠ 모음 앞의 [ʃ]는 뒤따르는 모음에 따라 '샤', '섀', '셔', '셰', '쇼', '슈', '시'로 적는다.
㉡ 받침에는 'ㄱ, ㄴ, ㄹ, ㅁ, ㅂ, ㅅ, ㅇ'만을 적는다.
㉢ 이미 굳어진 외래어는 관용을 존중한다.
㉣ [l]이 어말 또는 자음 앞에 올 때는 'ㄹ'로 적는다.

① ㉠　② ㉠, ㉡
③ ㉠, ㉡, ㉢　④ ㉠, ㉡, ㉢, ㉣

4. 로마자 표기법

052 1 2 3

〈보기〉의 로마자 표기가 옳은 것을 모두 고르면? 2019 서울시 9급

ㄱ. 오죽헌 Ojukeon
ㄴ. 김복남(인명) Kim Bok－nam
ㄷ. 선릉 Sunneung
ㄹ. 합덕 Hapdeok

① ㄱ, ㄴ　② ㄱ, ㄷ
③ ㄴ, ㄹ　④ ㄷ, ㄹ

053 1 2 3

〈보기〉의 ㉠~㉣을 현행 〈로마자 표기법〉에 따라 표기한 것으로 가장 적절한 것은? 2019 서울시 9급(추)

보기
㉠ 다락골　㉡ 국망봉　㉢ 낭림산　㉣ 한라산

① ㉠ – Dalakgol　② ㉡ – Gukmangbong
③ ㉢ – Nangrimsan　④ ㉣ – Hallasan

054 1 2 3

국어의 〈로마자 표기법〉에 대한 설명으로 가장 적절하지 않은 것은? 2018 경찰직 2차

① '청주시 Cheongju', '함평군 Hampyeong', '순창읍 Sunchang'처럼 '시, 군, 읍'의 행정 구역 단위는 생략할 수 있다.
② '묵호 Mukho', '집현전 Jiphyeonjeon'처럼 체언에서 'ㄱ, ㄷ, ㅂ' 뒤에 'ㅎ'이 따를 때에는 'ㅎ'을 밝혀 적는다.
③ '홍빛나 Hong Bitna', '한복남 Han Boknam'처럼 이름은 붙여 쓰는 것을 원칙으로 하되 음절 사이에 붙임표(–)를 쓰는 것을 허용하지 않는다.
④ '남산 Namsan', '독도 Dokdo'처럼 자연 지물명, 문화재명, 인공 축조물명은 붙임표(–) 없이 붙여 쓴다.

055 1 2 3

로마자 표기법에 관한 다음 규정이 적용된 것은? 2018 국가직 9급

발음상 혼동의 우려가 있을 때에는 음절 사이에 붙임표 (–)를 쓸 수 있다.

① 독도: Dok－do　② 반구대: Ban－gudae
③ 독립문: Dok－rip－mun　④ 인왕리: Inwang－ri

056 1 2 3

〈보기〉의 로마자 표기법을 고려할 때, 다음 중 로마자 표기가 올바른 것은? 2017 경기북부 여경 1차

보기
제3항 고유 명사는 첫 글자를 대문자로 적는다.
제4항 인명은 성과 이름의 순서로 띄어 쓴다. 이름은 붙여 쓰는 것을 원칙으로 하되 음절 사이에 붙임표(–)를 쓰는 것을 허용한다.
(1) 이름에서 일어나는 음운 변화는 표기에 반영하지 않는다.
(2) 성의 표기는 따로 정한다.
제5항 '도, 시, 군, 구, 읍, 면, 리, 동'의 행정 구역 단위와 '가'는 각각 'do, si, gun, gu, eup, myeon, ri, dong, ga'로 적고, 그 앞에는 붙임표(–)를 넣는다. 붙임표(–) 앞뒤에서 일어나는 음운 변화는 표기에 반영하지 않는다.

① 민용하 MinYongHa　② 종로 2가 Jongno 2(i)－ga
③ 삼죽면 Samjung－myeon　④ 홍빛나 Hong Binna

057 1 2 3

로마자 표기법으로 가장 옳지 않은 것은? 2018 서울시 7급(추)

① 독립문 Dongnimmun, 광화문 Gwanghwamun
② 선릉 Seolleung, 정릉 Jeongneung
③ 신문로 Sinmunno, 율곡로 Yulgongro
④ 한라산 Hallasan, 백두산 Baekdusan

058 1 2 3

로마자 표기법이 가장 옳지 않은 것은? 2018 서울시 7급

① 신리: Sin-li
② 일직면: Iljik-myeon
③ 사직로: Sajik-ro
④ 진량읍: Jillyang-eup

059 1 2 3

로마자 표기의 예로 옳지 않은 것은? 2018 서울시 9급

① 종로[종노] → Jongro
② 알약[알략] → allyak
③ 같이[가치] → gachi
④ 좋고[조코] → joko

060 1 2 3

국어의 로마자 표기와 그에 대한 설명으로 가장 적절한 것은? 2018 경찰직 1차

① 압구정-'Apgujeong'-된소리되기는 표기에 반영하지 않는다.
② 속리산-'Songni-san'-자연 지물명, 문화재명 등은 붙임표를 붙여 쓴다.
③ 한복남-'Han Bongnam'-인명에서 일어나는 음운 변화는 표기에 반영한다.
④ 집현전-'Jipyeonjeon' -'ㄱ, ㄷ, ㅂ, ㅈ'이 'ㅎ'과 합하여 거센소리로 나는 경우 거센소리로 적는다.

061 1 2 3

다음 로마자 표기가 옳은 것은? 2017 소방직(추)

① 집현전 Jiphyeonjeon
② 학여울 hagyeoul
③ 합덕 habdeok
④ 촉석루 choksseoknu

062 1 2 3

국어의 로마자 표기법에 어긋나는 것은? 2017 지역인재 9급

① 압구정: Apgujeong
② 낙동강: Nakdonggang
③ 독립문: Dongnimmun
④ 신라: Sinla

063 1 2 3

다음 중 제시된 단어의 표준 발음과 로마자 표기가 모두 옳은 것은? 2017 서울시 9급

① 선릉[선능]-Seonneung
② 학여울[항녀울]-Hangnyeoul
③ 낙동강[낙똥강]-Nakddonggang
④ 집현전[지편전]-Jipyeonjeon

064 1 2 3

다음 중 로마자 표기법이 옳지 않은 것은? 2017 서울시 7급

① 독도: Dokdo ② 불국사: Bulguksa
③ 극락전: Geukrakjeon ④ 촉석루: Chokseongnu

5. 어법에 맞는 문장

065 1 2 3

밑줄 친 부분이 어법상 가장 적절한 것은? 2019 국가직 7급

① 시간 내에 역에 도착하려면 가능한 빨리 달려야 합니다.
② 그는 그들에 뒤지지 않는 근력을 길렀기에 메달과 인연을 맺을 수 있었습니다.
③ 자율 학습 시간을 줄이는 대신 보충 수업 시간을 늘리는 것에 대해 매우 부정적입니다.
④ 그다지 효과적이지 않는 논평이 계속 이어지면서 발표 대회의 분위기는 급격히 안 좋아졌습니다.

066 1 2 3

다음 중 가장 어법에 맞고 자연스러운 것은? 2019 경찰직 2차

① 그 계획은 가능한 한 빨리 실행되어야 한다.
② 철수는 근거 없는 낭설에 휘말려 곤혹스러웠다.
③ 내가 너에게 하고 싶은 이야기는 힘든 일이 있더라도 잘 극복하길 바란다.
④ 영희는 철수와 싸운 뒤로 일체 대화를 하지 않는다.

067 1 2 3

어법에 어긋난 문장을 수정하고 설명한 예로 적절하지 않은 것은? 2019 지방직 9급

① 유사한 내용의 제안이 접수되었을 때에는 먼저 접수된 것이 우선한다.
→ '접수되었을 때에는'은 사건이나 행위가 완료된 상황을 나타내므로 '접수될 때에는'으로 바꾼다.
② 안내서 및 과업 지시서 교부는 참가 신청자에게만 교부한다.
→ '과업 지시서 교부'와 서술어 '교부하다'는 의미상 중복되며 호응하지 않으므로 앞의 '교부'를 삭제한다.
③ 해안선에서 200미터 이내의 수역을 제외된 상태에서 논의를 진행하겠습니다.
→ 목적어 '수역을'과 서술어 '제외되다'는 호응하지 않으므로 '제외된'은 '제외한'으로 바꾼다.
④ 관련 도서는 해당 부서에 비치하고 관계자에게 열람한다.
→ 서술어 '열람하다'는 부사어 '관계자에게'와 호응하지 않으므로 '열람하게 한다.'와 같이 바꾼다.

068 1 2 3

어법에 어긋나는 문장을 수정하고 설명한 예로 옳지 않은 것은? 2018 지방직 9급

① 전철 내에서 뛰지 말고, 문에 기대거나 강제로 열려고 하지 마십시오.
→ '열다'는 타동사이므로 '강제로'와 '열려고' 사이에 목적어 '문을'을 보충하여야 한다.
② ○○시에서 급증하는 생활용수를 안정적으로 공급하기 위하여 시행하는 사업임
→ 생활용수에 대한 수요가 급증하는 것이지 생활용수가 급증하는 것이 아니므로, '급증하는 생활용수의 수요에 대응하여 생활용수를 안정적으로 공급하기 위하여'로 고쳐야 한다.
③ 사고 원인 파악과 재발 방지 대책을 조속히 마련하여
→ '사고 원인 파악을 마련하여'로 해석될 수 있으므로 앞의 명사구를 '사고 원인을 파악하고'로 고쳐 절과 절의 접속으로 바꾸어야 한다.
④ 도량형은 미터법 사용을 원칙으로 하되 각종 증빙 서류 등을 미터법 이외의 도량형으로 작성할 경우 미터법으로 환산한 수치를 병기함
→ '하되'는 앞뒤 문장의 내용을 연결하는 어미로 적합하지 않으므로 '하며'로 고쳐야 한다.

069 1 2 3

어법에 맞는 문장은? 2017 지방직 7급

① 그 어른은 웬간해서는 내색을 안 하시는 분이다.
② 일이 얽히고설켜서 풀기가 어렵다.
③ 불필요한 기능은 빠지고 필요한 기능만 살렸다.
④ 공사가 언제부터 시작되고 언제 개통될지 알 수 없다.

070 1 2 3

어법에 맞는 것은? 2016 국가직 7급

① 날씨가 내일부터 누그러져 주말에는 예년 기온을 되찾을 것으로 예상됩니다.
② 내가 유학을 떠날 때, 친구가 소개시켜 준 학교는 유명한 학교가 아니었다.
③ 1반 축구팀은 불안한 수비와 문전 처리가 미숙하여 2반 축구팀에 패배하였다.
④ 방송 장비를 휴대한 트럭이 현장에 대기하면서 실시간으로 상황을 중계합니다.

071 1 2 3

가장 자연스러운 문장은? 2015 국가직 7급

① 그는 이 문제에 대해 가능한 충실히 논의해 왔다.
② 이 물건은 후보 공천 시점에 보낸 것인지도 모른다.
③ 디지털 텔레비전 시대에는 고화질의 화면은 물론 다양한 정보도 손쉽게 얻을 수 있다.
④ 지금까지는 문제를 회피하기만 했지만 이제는 이와 같은 관례를 깨뜨릴 때도 되었다는 생각이다.

072

밑줄 친 말이 가장 자연스러운 것은? 2015 국가직 7급

① <u>닫혀진</u> 마음을 열 길이 없구나.
② 저쪽 복도에 <u>놓여진</u> 화분은 엄청 예쁘구나.
③ 그 토의에서 궁극적으로 <u>받아들여진</u> 것이 결국 뭐지?
④ 장마로 인해 <u>끊겨진</u> 통신 선로가 드디어 복구되었군요.

073 1 2 3

다음 중 문장을 잘못 고친 것은? 2015 지방직 7급

① 실내에서 담배를 피우지 맙시다. → 실내에서 담배를 피지 맙시다.
② 사용 후 반듯이 물을 내려 주십시오. → 사용 후 반드시 물을 내려 주십시오.
③ 화장실을 깨끗히 사용합시다. → 화장실을 깨끗이 사용합시다.
④ 지나친 흡연을 삼가합시다. → 지나친 흡연을 삼갑시다.

074 1 2 3

어법에 맞는 문장은? 2015 지방직 7급

① 인간은 자연을 지배하기도 하고 복종하기도 한다.
② 북극의 빙하는 수십 년 내에 없어질 것으로 예측되어졌다.
③ 국가 경쟁력을 높이는 요소 중 하나는 인문학적 상상력이다.
④ 교육부는 새 교과서를 편찬함에 있어서 전인 교육의 충실화에 두었다.

075 1 2 3

어법에 맞게 쓰인 것은? 2015 국가직 9급

① 내일 야유회 간데요?
② 그이가 말을 아주 잘하대.
③ 연예인을 보니 그렇게 좋던?
④ 제가 직접 봤는데 너무 크대요.

076 1 2 3

어법상 가장 자연스러운 것은? 2014 지방직 7급

① 내가 주장하고 싶은 점은 대중 스타를 맹목적으로 추종하는 것은 바람직하지 않다는 점을 강조하고 싶다.
② 실력 있는 강사진이 수강생 여러분을 직접 교육시켜 드립니다.
③ 이 제품을 사용하다가 궁금한 점이나 작동이 잘 안 될 때는 바로 연락을 주시기 바랍니다.
④ 성과란 것을 무조건 양적인 면만으로 따진다는 것도 문제가 없지는 않다.

077 1 2 3

다음에 해당하는 사례로 적절하지 <u>않은</u> 것은? 2020 지방직 9급

> '역전 앞'과 마찬가지로 '피해(被害)를 당하다'에도 의미의 중복이 나타난다. '피해'의 '피(被)'에 이미 '당하다'라는 의미가 포함되어 있기 때문이다.

① 형<u>부터</u> <u>먼저</u> 해라.
② 채훈이는 <u>오로지</u> 빵<u>만</u> 좋아한다.
③ 발언자<u>마다</u> <u>각각</u> 다른 주장을 편다.
④ 그는 예의가 바를 <u>뿐더러</u> <u>무척</u> 부지런하다.

078 1 2 3

〈보기〉에서 중의성을 유발하는 요인이 같은 것으로만 묶인 것은? 2020 국회직 8급

> 보기
> ㄱ. 길이 있다.
> ㄴ. 영수가 보고 싶은 친구들이 많다.
> ㄷ. 어머니는 아버지보다 딸을 더 사랑한다.
> ㄹ. 시내에서 가까운 곳에 우리 집이 있다.

① (ㄱ), (ㄴ, ㄷ, ㄹ)
② (ㄴ), (ㄱ, ㄷ, ㄹ)
③ (ㄱ, ㄴ), (ㄷ, ㄹ)
④ (ㄱ, ㄷ), (ㄴ, ㄹ)
⑤ (ㄱ, ㄹ), (ㄴ, ㄷ)

079 1 2 3

의미의 중복이 없이 자연스러운 문장은? 2020 국회직 8급

① 나는 오늘 저녁에 역전 앞에서 선이를 만나기로 했다.
② 그 문제에 대해서는 더 이상 다시 재론할 필요가 없다.
③ 요즘 들어 여러 가지 제반 문제들이 우리를 난처하게 한다.
④ 민수는 단풍이 울긋불긋하게 물든 설악산으로 여행을 떠났다.
⑤ 언어의 의미 변화가 왜 일어나는가의 원인을 살펴보기로 한다.

080 1 2 3

다음 중 의미 중복이 없는 문장은? 2019 지방직 7급

① 투고한 원고는 돌려주지 않습니다.
② 나는 아무 생각 없이 길거리를 도보로 걸었다.
③ 요즈음 남자들의 절반은 담배를 피우지 않는다.
④ 버스 안에 탄 승객은 우리와 자매결연을 맺은 분들이다.

081 1 2 3

〈보기〉의 문장은 구조상 중의성(重義性: 여러 가지 뜻을 갖는 성질)을 가지고 있다. 이 문장의 구조로부터 형성되는 의미로 가장 적절하지 <u>않은</u> 것은? 2018 서울시 9급

보기

봄이면, 아름다운 서울의 공원과 거리의 나무에서 봄꽃들이 활짝 피어난다.

① 봄꽃은 아름답다.
② 서울은 아름답다.
③ 거리의 나무는 아름답다.
④ 서울의 공원은 아름답다.

082 1 2 3

다음 표현에 대한 설명으로 가장 적절하지 <u>않은</u> 것은? 2018 경찰직 1차

㉠ 용감한 그의 아버지는 적군을 향해 돌진했다.
㉡ 아버지는 어머니의 초상화를 팔았다.
㉢ 선생님이 보고 싶은 학생이 많다.
㉣ 철이와 영선이는 결혼했다.

① ㉠은 '용감한'이 '그'를 꾸미는지, '그의 아버지'를 꾸미는지 불분명하다.
② ㉡은 '어머니가 그린 초상화'인지, '어머니를 그린 초상화'인지, '어머니가 소유한 초상화'인지 불분명하다.
③ ㉢은 '선생님이 보고 싶어 하는 학생'인지, '선생님을 보고 싶어 하는 학생'인지 불분명하다.
④ ㉣은 '철이'가 '영선'이와 결혼했다는 의미로 명확한 의미의 문장이다.

083 1 2 3

다음 중 중의적으로 해석되는 문장이 <u>아닌</u> 것은? 2017 소방직(추)

① 그는 고향에서 온 친구를 어제 만났다.
② 할아버지께서는 귤과 사과 2개를 주었다.
③ 목소리가 예쁜 영희의 동생을 만났다.
④ 오빠는 동생과 선생님을 만나러 갔다.

084 1 2 3

(가)의 ㉠, ㉡, ㉢에 해당하는 예를 (나)의 A~D에서 골라 바르게 짝지은 것은? 2017 기상직 7급

(가) 중의성을 유발하는 요인이 언어 형식에 의한 내적인 문제인가 아니면 언어 외적인 문제인가에 따라서 중의성을 우선 두 가지 유형으로 구별할 수 있다. 그리고 언어 내적인 요인에 의한 중의성은 다시 ㉠<u>어휘적 중의성</u>, ㉡<u>구조적 중의성</u>, ㉢<u>영향권 중의성</u>의 세 가지 유형으로 세분할 수 있다. 어휘적 중의성은 문장 속에 사용된 어휘의 특성에 의해서 나타나는 중의성이며, 구조적 중의성은 문장을 이루고 있는 성분들 사이의 통사적 관계에 의해서 나타나는 중의성이다. 그리고 영향권 중의성은 어떤 단어가 의미 해석에 영향을 미치는 작용역(scope)이 달라짐으로써 생기는 중의성으로 영향권 중의성 또는 작용역 중의성(scope ambiguity)이라고 한다. 이에 반하여, 문장 표현의 내부적인 문제가 아니라 언어 외적 요소, 즉 발화 장면에 의해서 일어나는 중의성을 화용적 중의성이라고 한다.

(나) A. 우리는 가야 할 길이 있다.
B. 학생이 모두 오지 않았다.
C. 영수가 보고 싶은 친구들이 많다.
D. 이모가 차를 준비했습니다.

	㉠	㉡	㉢
①	A	B	C
②	A	C	B
③	D	A	C
④	D	B	A

085 1 2 3

문장 성분의 호응이 자연스러운 것은? 2020 국가직 9급

① 내가 강조하고 싶은 점은 우리가 고유 언어를 가졌다.
② 좋은 사람과 대화하며 함께한 일은 즐거운 시간이었다.
③ 내 생각은 집을 사서 이사하는 것이 좋겠다고 결정했다.
④ 그는 내 생각이 옳지 않다고 여러 사람 앞에서 말을 하였다.

086 1 2 3

문장 성분의 호응이 가장 자연스러운 것은? 2018 지방직 7급

① 대화명을 규정에 맞게 변경하지 않는 사람은 관리자가 카페 이용을 제한해야 한다.
② 그 일이 벌어졌을 때 아마 마음속으로라도 박수를 보내는 사람은 얼마나 되었을까.
③ 월드컵에서 보여 준 에너지를 바탕으로 국민 대통합과 국가 경쟁력을 제고해야 한다.
④ 행복의 조건으로서 물질적 기반 이외에 자질의 연마, 인격, 원만한 인간관계 등이 필요하다는 것이다.

087 1 2 3

문장 성분의 호응이 가장 자연스러운 것은? 2018 국가직 7급

① 세종이 한글을 만든 것은 모든 한자 사용을 없애고자 한 의도였다.
② 우리는 균형 있는 식단 마련과 쾌적한 실내 분위기를 조성하는 노력을 꾸준히 해 왔다.
③ 우리 팀에서는 가능한 한 많은 관중이 동원될 수 있도록 모든 홍보 방안을 고려해 왔다.
④ 아래에 제시된 두 가지 통계 자료를 살펴보면, 2000년대 이후 복지 정책에 상당히 큰 변화가 일어나고 있다.

088 1 2 3

다음 중 고친 문장이 적절하지 않은 것은? 2015 지방직 9급

① 그는 창작 활동과 전시회를 열었다. → 그는 창작 활동을 하고 전시회를 열었다.
② 그는 천재로 불려졌다. → 그는 천재로 불렸다.
③ 그는 마음씨 좋은 할머니의 손자이다. → 그는 마음씨가 좋은 할머니의 손자이다.
④ 나는 오늘 아침 나무에게 물을 주었다. → 나는 오늘 아침 나무에 물을 주었다.

6. 언어 예절

089 1 2 3

다음 중 우리말 표현으로 가장 적절한 것은? 2020 경찰직 1차

① (길에서 친구에게) 오랜만이야. 선고(先考)께서는 잘 계시지?
② (카페에서 손님에게) 주문하신 커피 나오셨습니다.
③ (평사원이 전무에게) 전무님, 과장님은 오전에 외근 나가셨습니다.
④ (병원에서 손님에게) 잠시 기다리세요. 주사 맞고 가실게요.

090 1 2 3

호칭어와 지칭어의 사용이 적절한 것은? 2017 지방직 9급(추)

① (남편의 형에게) 큰아빠, 전화 받으세요.
② (시부모에게 남편을) 오빠는 요즘 무척 바빠요.
③ (남편의 누나에게) 형님, 어떤 것이 좋을까요?
④ (다른 사람에게 자기 배우자를) 이쪽은 제 부인입니다.

091 1 2 3

밑줄 친 지칭어의 쓰임이 옳지 않은 것은? 2017 지역인재 9급

① 사위: 장인어른, 장모님께서도 평안하시지요?
② 아내: 여보, 우리 이번 주말에 친정아버지께 다녀와요.
③ 동료: 김 선생님, 내일이 제 선친의 칠순 잔칫날입니다.
④ 며느리: 어머니, 얼마 전 아비가 승진을 했어요.

092 1 2 3

전화를 걸 때의 표준 언어 예절에 대한 설명으로 적절하지 않은 것은? 2017 지방직 7급

① 전화를 거는 사람은 인사를 하고 자신의 신분을 밝히는 것이 바람직하다. 나이 어린 사람의 경우 어른이 전화를 받았을 때는 '안녕하십니까? 저는 ○○(친구)의 친구 ○○(이름)입니다.'처럼 통화하고 싶은 사람과 어떤 관계인가를 밝히는 것이 예(禮)이다.
② 대화를 마치고 전화를 끊을 때 '고맙습니다.', '안녕히 계십시오.' 하고 인사하고 끊는다. '들어가세요.'라는 말도 많이 쓰이는데, 상대방을 배려하는 표현이므로 사용하는 것이 좋다. 만약 통화하고 싶은 사람이 없어 전화를 끊어야 할 때도 자신을 밝히고 끊어야 하며, 어른보다 먼저 전화를 끊는 것은 예의에 어긋난 행동이다.
③ 통화하고 싶은 사람이 없을 때 '죄송합니다만, ○○(이름)한테서 전화 왔었다고 전해 주시겠습니까?', '말씀 좀 전해 주시겠습니까?'라는 말을 쓴다. 이 상황에서도 '전해 주시겠습니까?'를 '전해 주시면 고맙겠습니다.' 등으로 적절히 바꾸어 쓸 수 있다.
④ 전화가 잘못 걸렸을 때 '죄송합니다. 전화가 잘못 걸렸습니다.' 또는 '미안합니다. 전화가 잘못 걸렸습니다.'라고 예의를 갖추어 정중히 말하는 것이 바람직한 표현이다.

093 1 2 3

다음 글을 뒷받침하는 예로 적절하지 않은 것은? 2017 지방직 7급

> "요즘 젊은 것들은…." 하는 나무람을 들어 보지 않은 젊은이는 그리 많지 않을 것이다. 그 나무람에서 어르신 세대의 불편한 심기를 읽는 것은 어려운 일이 아니다. 말이란 시대에 따라 변하기 마련인데, 그 변화에 대한 감각이 세대에 따라 크게 다르다. 어르신 세대가 민감하게 반응하는 것 중의 하나가 젊은 세대의 존대법이다. 어르신 세대가 보기에, 젊은 세대의 존대법은 혼란스럽기 짝이 없어 불쾌하기까지 한 것이다.

① "요즘 애들은 어른을 만나서 말을 할 때도 '저'라고 하지 않고 '나'라고 하더군."
② "선생님께 질문을 하면서 '제가 한 말씀은요.'라고 하는데 아주 깜짝 놀랐어."
③ "친구 아들이 날 '과장님'이라 부르더군. 직함이 과장이라고 그렇게 부르더군."
④ "어른한테 '수고하세요.'란 말을 어떻게 할 수 있는지 도대체 알 수가 없어."

094 1 2 3

전화를 사용할 때, 표준 언어 예절로 바람직하지 않은 것은?

2016 국가직 7급

① 아닌데요, 전화 잘못 거셨습니다.
② 네, 잠깐 기다려 주십시오. 바꾸어 드리겠습니다.
③ 지금 안 계십니다. 들어오시면 뭐라고 전해 드릴까요?
④ 잘 알겠습니다. 이만 끊겠습니다. 안녕히 계십시오.

095 1 2 3

다음 대화에서 A가 범한 어법 사용의 오류와 가장 유사한 것은?

2014 국가직 9급

A: 여보세요.
B: 여보세요. 김 선생님 계신가요?
A: 지금 안 계시는데요.
B: 어디 멀리 가셨나요?
A: 예, 지금 수업 중이십니다.
B: 수업은 언제 끝나나요?
A: 글쎄요, 수업 끝나고 학생들과 면담이 계시다고 하셨어요.
B: 아유, 그럼 통화하기가 어렵겠군요.

① 내일 서울역전 앞에서 만나자.
② 손님, 주문하신 햄버거 나오셨습니다.
③ 국장님, 과장님이 외부에 나갔습니다.
④ 선생님은 학교에 볼일이 있으셔서 일찍 학교에 가셨습니다.

096 1 2 3

높임법 사용이 옳은 것은?

2017 국가직 7급

① 교수님, 연구실에서 교수님을 직접 보고 말씀을 드리겠습니다.
② 큰아버지, 오늘 약주를 많이 드셨는데, 제가 집까지 모셔다 드리겠습니다.
③ 김 과장님, 부장님께서 빨리 오시라는데 오후에 시간 계십니까?
④ 철수야, 이것은 중요한 문제니까 부모님께 여쭈어 보고 결정할게.

097 1 2 3

높임법이 가장 옳지 않은 것은?

2018 서울시 7급

① 부장님의 따님은 집에 계신가요?
② 담임 선생님은 키가 굉장히 크시다.
③ 할아버지, 지팡이가 아주 멋지세요.
④ 선생님, 비가 오는데 우산 있으세요?

098 1 2 3

높임법의 사용이 자연스럽지 않은 것은?

2017 국가직 7급(추)

① 제 말씀을 그렇게 곡해하시다니 정말 섭섭합니다.
② 그분은 항상 걱정이 많으시니 각별히 배려해 드려야 합니다.
③ 당신께서 생전에 아끼시던 물품이라 당장에 처분하기는 어렵습니다.
④ 아버님께서는 집안의 대소사에 대해 항상 아랫사람들에게 여쭈어 보십니다.

7. 논증과 오류

099 1 2 3

〈보기〉와 같은 유형의 논리적 오류에 해당하는 것은?

2018 서울시 9급

보기

네가 내게 한 약속을 지키지 않은 것은 곧 나를 사랑하지 않는다는 증거야.

① 항상 보면 이등병들이 말썽이더라.
② 내 부탁을 거절하다니, 넌 나를 싫어하는구나.
③ 김 씨는 참말만 하는 사람이다. 왜냐하면 그는 거짓말을 하지 않는 사람이기 때문이다.
④ 거짓말을 하는 것은 죄악이다. 그러므로 의사가 환자에게 거짓말을 하는 것은 당연히 죄악이다.

100 1 2 3

다음 글과 논증 방식이 가장 가까운 것은?

2017 국가직 7급(추)

기존의 틀을 벗어나려면 새로운 가치가 필요하다. 운동선수가 뜀틀을 넘으려면 도약대가 있어야 하듯, 낡은 사고, 인습, 그리고 변화에 저항하는 틀을 뛰어넘기 위해서는 믿고 따를 분명한 디딤판이 필요하다. 또한, 기존의 틀을 벗어나려면 운동선수가 뜀틀을 향해 달려가는 것처럼 변화하고자 하는 의지도 필요하다. 도전하려는 의지가 수반될 때에 뜀틀 너머의 새로운 사회를 만날 수 있다.

① 미국 헌법은 미국 시민의 투표권을 보장한다. 미국 여성은 미국 시민이다. 그러므로 미국 헌법은 미국 여성의 투표권을 보장한다.
② 나는 유해한 모든 일을 피하려고 한다. 전자파가 유해하다는 것은 널리 알려진 사실이다. 전자레인지는 전자파를 방출하는 대표적인 기기이다. 따라서 나는 전자레인지 사용을 자제하려고 한다.
③ 전선을 통한 전기의 흐름은 도관을 통한 물의 흐름과 유사하다. 지름이 큰 도관은 지름이 작은 도관에 비해 많은 양의 물을 전달할 수 있다. 따라서 큰 지름의 전선은 작은 지름의 전선보다 많은 양의 전기를 전달할 수 있을 것이다.
④ 주말이면 동네에서 크고 작은 문화 행사를 한다. 박물관에는 다양한 문화재들이 항상 전시되어 있으며, 대학로의 소극장이나 예술의 전당 같은 문화 공간에서는 다양한 공연이 열리고 있다. 문화는 우리 생활 구석구석에 스며들어 있다.

101 1 2 3

다음 예문과 같은 유형의 논리적 오류가 나타난 것은? 2017 서울시 9급

> 이 식당은 요즘 SNS에서 굉장히 뜨고 있어. 그러니까 엄청 맛있을 거야.

① 이 식당 음식을 꼭 먹어보도록 해. 만나는 사람들마다 이 집이야기를 하는 걸 보니 맛이 괜찮은가 봐.
② 누구도 이 식당이 맛없다고 말한 사람은 없어. 그러니까 엄청 맛있는 집이란 소리지.
③ 여기는 유명한 개그맨이 맛있다고 한 식당이니까 당연히 맛있겠지. 그러니까 꼭 여기서 먹어야 해.
④ 이번에는 이 식당에서 밥을 먹자. 내가 얼마나 여기서 먹어 보고 싶었는지 몰라. 꼭 한번 오게 되기를 간절하게 바랐어.

102 1 2 3

논증의 과정에서 범할 수 있는 오류와 그 예를 연결한 것으로 적절하지 않은 것은? 2017 기상직 9급

① 정선, 김홍도, 신윤복, 강희안, 장승업 등은 모두 탁월한 화가들이다. 그러므로 한민족은 세계에서 가장 뛰어난 미술적 재능을 지닌 민족이다. → 성급한 일반화의 오류
② 지난 학기에 학사 경고를 받은 학생은 모두 26명이다. 그중 남학생이 18명이고 여학생이 8명이다. 그러므로 남학생들이 여학생들보다 학업에 소홀했다. → 원천 봉쇄의 오류
③ 참된 능력은 언제나 드러나기 마련이다. 능력 있는 자는 자신이 내세우지 않아도 그 재능을 인정받는다. 그러므로 능력 있는 자는 자신의 재능을 알리려고 애쓸 필요가 없다. → 순환 논증의 오류
④ 우리 사회 특히 산업 현장에서는 대학이 유능한 전문 기능인을 길러 주기를 원한다. 다시 말해 전인 교육보다 기능 교육이 중시되기를 사회는 대학에게 요청하고 있다. 그러나 대학이 기능 교육만을 담당할 수는 없다. 대학은 학문을 하는 곳이며, 학문이란 진리를 탐구하는 일이다. 대학이 진리 탐구를 포기하고 권력의 시녀가 되었을 때 상아탑의 이념은 없어지고 만다. → 논점 일탈의 오류

103 1 2 3

다음 글의 논리적 오류와 같은 종류의 오류가 있는 것은? 2016 지방직 7급

> 규칙적인 생활을 하고 운동을 열심히 하는 사람은 건강 합니다. 왜냐하면, 건강한 사람은 규칙적인 생활을 하고 운동을 열심히 하기 때문입니다.

① 분열은 화합으로 극복할 수 있다. 화합한 사회에서는 분열이 일어나지 않는다.
② 미확인 비행 물체(UFO)가 없다는 주장이 입증되지 않았으므로 미확인 비행 물체는 존재한다.
③ 지금 서른 분 가운데 열 분이 손을 들어 반대하셨습니다. 손을 안 드신 분은 모두 제 의견에 찬성하는 것으로 알겠습니다.
④ A 지역에서 생산한 사과도 맛이 없고, B 지역에서 생산한 사과도 맛이 없습니다. 따라서 올해는 맛있는 사과를 맛볼 수 없을 것입니다.

104 1 2 3

다음 중 〈보기〉에서 보이는 오류의 유형과 같은 오류가 있는 것은? 2015 서울시 7급

> "그 놈은 나쁜 놈이니 사형을 당해야 해. 사형을 당하는 걸 보면 나쁜 놈이야."

① 분열은 화합으로 극복할 수 있다. 그러므로 우리는 분열을 치유하기 위해 모두가 하나 되는 사회를 만들어야 한다.
② 국민의 67%가 사형 제도에 찬성했다. 그러므로 사형 제도는 정당하다.
③ 하나를 보면 열을 안다고, 국어 성적이 좋은 걸 보니 혜림이는 공부를 잘하는 학생이구나.
④ 이번 학생 회장 선거에서 나를 뽑지 않은 것으로 보아 너는 나를 아주 싫어하는구나.

· Note ·

국어 마무리에 날개를 달아줄!

2024 요정노트
매일 30분

하프 모의고사
파 이 널

PART

필수 문법 400선 정답 및 해설

1. 음운 · 형태 · 문장
2. 국어의 특질 · 의미 관계 · 국어사
3. 한글 맞춤법 · 띄어쓰기
4. 어문 규정

1. 음운론

001 1 2 3 정답 ②

해설 ② 'ㅓ'는 혀의 최고점이 입안의 뒤쪽에 있는 후설모음이에요. 또한 혀의 높낮이가 중간인 중모음이고, 입술을 둥글지 않게 발음하는 평순 모음이에요.

002 1 2 3 정답 ②

해설 ② '등용문'은 [등용문]으로 발음하므로 첨가가 일어나지 않아요. '한여름'은 'ㄴ'첨가가 일어나 [한녀름]으로 발음되고, '눈요기' 역시 'ㄴ' 첨가가 일어나 [눈뇨기]로 발음해요. '송별연'은 [송:벼련]으로 발음하고, 첨가는 일어나지 않아요.

003 1 2 3 정답 ①

해설 ① '잡고'는 'ㅂ' 뒤에서 된소리되기가 일어나 [잡꼬]로 발음되므로, ㉠의 예시로 적절해요. '손재주'는 사잇소리 현상에 해당하고, '먹을 것'은 ㉣의 사례, '갈등'은 ㉢의 사례예요.

004 1 2 3 정답 ②

해설 ② '짧다'는 대치인 된소리되기와 탈락인 자음군 단순화가 일어나 [짤따]로 발음돼요. '물난리'는 대치만 일어나고, '몸값'은 대치와 탈락이 일어나요. '막일'은 첨가와 대치가 일어나고, '따뜻하다'는 대치와 축약이 일어나요.

005 1 2 3 정답 ①

해설 ① '아랫입술과 윗입술이 맞닿아서 나는 소리'는 입술소리를 말해요. 'ㅂ, ㅃ, ㅍ, ㅁ'가 입술소리죠. '민애'에서 'ㅁ'은 입술소리이면서 파열음이나 파찰음이 아니고, 'ㄴ'은 비음이에요. 혀의 위치가 가장 높은 것은 고모음이고, 낮게 내려가는 것은 저모음이므로, '나'의 이름에는 앞글자에는 고모음이, 이후 글자에는 저모음이 들어가야 해요. 모음 'ㅣ'는 고모음이고 'ㅐ'는 저모음이므로 발음할 때 '혀의 위치가 가장 높았다가 낮게 내려간다'라는 조건에 부합해요.
② 진주: 'ㅈ'은 파찰음이므로 적절하지 않아요.
③ 하은: 파열음이나 파찰음은 없으나 입술소리가 없으므로 적절하지 않아요.
④ 정빈: 'ㅂ'은 입술소리이나 파열음이고, 'ㅈ'은 파찰음이므로 적절하지 않아요.

006 1 2 3 정답 ①

해설 ① 집일'은 발음할 때 사잇소리 현상(첨가)에 의해 'ㄴ'이 첨가되어 '집일 → [집닐]'이 되고, 다시 비음화(교체)가 일어나 '[집닐] → [짐닐]'이 되므로, 첨가와 교체가 일어났어요. 또한 음운의 개수는 '집일'은 'ㅈ/ㅣ/ㅂ/ㅣ/ㄹ' 5개이지만, [짐닐]은 'ㅈ/ㅣ/ㅁ/ㄴ/ㅣ/ㄹ' 6개가 되어 1개 늘어났어요.

007 1 2 3 정답 ②

해설 ① '홑이불'은 앞말에 받침이 있고, 뒷말이 '이' 모음으로 시작하므로 뒷말 첫소리에 'ㄴ'이 첨가되어 [혼니불]이 돼요.
② '두음 법칙'은 단어 첫소리에 올 수 없는 자음에 대한 법칙으로 '홑이불'에서 일어나는 변동과는 관련이 없어요.
③ '홑이불'은 음절의 끝소리 규칙으로 인해 '혼니불'이 되었다가 비음 'ㄴ'의 영향으로 앞말의 종성 'ㄷ'이 비음 'ㄴ'으로 바뀌었어요. 비음화는 자음 동화에 해당해요.
④ '홑이불'의 받침 'ㅌ'은 음절의 끝소리 규칙에 의해 받침 'ㄷ'으로 바뀌어 '혿이불'이 돼요.

008 1 2 3 정답 ③

해설 ③ '입학생'은 [이팍쌩]으로 발음돼요. 축약과 된소리되기가 일어난 것이죠. 변동 전 음운의 개수는 'ㅣ/ㅂ/ㅎ/ㅏ/ㄱ/ㅅ/ㅐ/ㅇ'으로 8개예요. 변동 후에는 'ㅣ/ㅍ/ㅏ/ㄱ/ㅆ/ㅐ/ㅇ'으로 7개가 되었죠. 음운의 개수가 하나 줄었어요. 된소리(ㅆ)는 하나의 음운이에요. 'ㅅ' 두 개라고 생각해서 변동 후의 음운 개수에 변화가 없다고 생각하면 곤란해요.

009 1 2 3 정답 ①

해설 ① '부엌일'은 [부엉닐]이라고 발음해요. '부엌([부억])'과 '일'이 합성되면서 'ㄴ'소리가 첨가되어 '부엌닐'이 돼요. '부엌'의 'ㅋ'이 음절의 끝소리 규칙(교체)에 의해 'ㄱ'이 되고 마지막으로 받침의 'ㄱ'이 '닐'의 'ㄴ'의 영향을 받아 비음화(교체)되어 최종적으로 [부엉닐]로 발음되는 것이죠. '부엌일'을 발음할 때에는 'ㄴ' 첨가, 음절의 끝소리 규칙, 비음화가 일어나므로 '부엌일'에 일어나는 음운 변동은 '교체'와 '첨가'라고 할 수 있어요.

010 1 2 3 정답 ③

해설 ③ '앉+고'는 [ㅈ] 다음의 [ㄱ]이 경음화(된소리되기)가 되면서 [앉꼬]가 되고, 이어 'ㄵ'이 [ㄴ]으로 되는 자음군 단순화가 이루어지면서 [안꼬]로 발음돼요. 한편, '앓+고'는 겹받침의 'ㅎ'이 'ㄱ'을 만나 [ㅋ]으로 변하는 거센소리되기(자음축약)가 일어나요. 따라서 자음이 축약된 음운 변동은 '앓+고 → [알코]'에서만 나타나고 ㉢에서는 나타나지 않아요.

011 1 2 3 정답 ②

해설 ② 합성어 및 파생어에서, 앞 단어나 접두사의 끝이 자음이고 뒤 단어나 접미사의 첫음절이 '이, 야, 여, 요, 유'인 경우에는, 'ㄴ' 음을 첨가하여 [니, 냐, 녀, 뇨, 뉴]로 발음해요. '떡잎'의 음운 환경 또한 여기에 해당하죠. 따라서 'ㄴ'이 첨가되어 [떡닢]이 되고, 음절의 끝소리 규칙이 일어나 [떡닙]이 된 다음, 다시 [ㄱ]이 [ㄴ]을 만나 [ㅇ]으로 변하는 비음화가 일어나서 최종 발음이 [떵닙]이 돼요. 즉 첨가 현상과 대치(교체) 현상이 나타나죠.

012 1 2 3 정답 ④

해설 ① '갈등'은 'ㄷ'이 'ㄸ'으로 바뀌어 [갈뜽]으로 발음돼요. 이 둘은 모두 혀끝소리이고 파열음이므로 조음 위치와 조음 방법은 모두 그대로예요.
② '해돋이'는 구개음화가 일어나 [해도지]로 발음돼요. 즉 'ㄷ'이 'ㅈ'으로 발음되는데, 'ㄷ'은 혀끝소리–파열음이고, 'ㅈ'은 혓바닥소리–파찰음이죠. 따라서 조음 위치와 조음 방법이 모두 바뀌었어요.
③ '앞문'은 비음화가 일어나 [암문]이 되는데, 'ㅍ'이 'ㅁ'으로 바뀌었어요. 이 둘은 모두 입술소리이므로 조음 위치는 변화가 없고, 각각 파열음과 비음이므로 조음 방법만 바뀌었어요.
④ '설날'은 유음화가 일어나 [설랄]로 발음돼요. 비음인 'ㄴ'이 유음인 'ㄹ'로 바뀌었지만 'ㄴ'과 'ㄹ'은 조음 위치는 그대로 혀끝소리예요. 조음 방법만 바뀐 것이지요.

013 1 2 3 정답 ①

해설 ① '깎는'은 음절의 끝소리 규칙에 따라 [깍는]이 돼요. [ㄲ]이 [ㄱ]으로 교체됐죠. ('ㄲ'에서 'ㄱ'이 된 것을 'ㄱ'이 하나 떨어진 탈락이라고 생각하면 곤란해요! 된소리는 하나의 음운이랍니다.) 이후 [깍]의 종성 'ㄱ'과 [는]의 초성 'ㄴ'이 만나 비음화가 일어나서 최종적으로 [깡는]으로 발음돼요. 정리해보면 '깎는' → (음절의 끝소리 규칙) → [깍는] → (비음화) → [깡는]이 되죠. 음절의 끝소리 규칙과 비음화는 교체에 해당하는 음운 변동이므로 적절한 설명이에요.

014 1 2 3 정답 ③

해설 ③ '발전[발쩐]'은 된소리되기가 일어나요. 된소리되기는 음운이 추가가 된 것이 아니라 교체가 된 것이기에 음운 변동 후에도 음운 수는 6개예요. '국화[구콰]'는 원래 5개의 음운이었는데 'ㄱ'과 'ㅎ'이 'ㅋ'으로 합쳐져서 음운의 수는 4개로 줄었어요. '솔잎[솔립]'은 'ㄴ'이 첨가되고 음절의 끝소리 규칙에 따라 [솔닙]이 돼요. 이후 유음화가 일어나 [솔립]이 되는데, 앞에서 첨가된 'ㄴ'으로 인해 음운 개수는 원래 5개에서 6개로 늘었어요. '독립[동닙]'은 자음 동화가 일어나 'ㄱ'은 'ㅇ'으로, 'ㄹ'은 'ㄴ'으로 변했지만 변화 후에도 음운 수는 6개로 동일해요.

015 1 2 3 정답 ③

해설 ③ '꽃내음'은 음절의 끝소리 규칙에 의해 [꼳내음]이 되고, 이후 비음화가 일어나 [꼰내음]으로 발음돼요. 음절의 끝소리 규칙(중화)과 비음화가 일어난 것이죠. '바깥일'은 음절의 끝소리 규칙(중화)과 'ㄴ'첨가로 인해 [바깓닐]이 되고, 이후 비음화가 일어나 [바깐닐]로 발음돼요. '학력'은 동화가 일어나 [학녁]이 되고, 이후 비음화가 일어나 [항녁]으로 발음돼요.

016 1 2 3 정답 ②

해설 ① '서울역'은 'ㄴ'첨가와 유음화(교체)가 일어나 [서울력]으로 발음돼요. 'ㄴ'이 첨가되었기에 음운의 수가 6개에서 7개로 늘어나요.
② '값지다'는 지음군 단순화(탈락)가 일어나 [갑지다]가 되고, 이후 된소리되기가 일어나 [갑찌다]로 발음돼요. 음운의 개수는 자음군 단순화로 인해 8개에서 7개로 줄어들어요. (된소리되기는 첨가가 아니라 교체라는 것에 유의하세요!)
③ '내복약'은 'ㄴ'이 첨가되어 [내복냑]이 되고 이후 비음화(교체)가 일어나 [내봉냑]으로 발음해요. 음운의 개수는 'ㄴ'이 첨가되어 7개에서 8개로 늘어나요.
④ '숱하다'는 음절의 끝소리 규칙(교체)으로 인해 [숟하다]가 된 후 축약이 일어나 [수타다]로 발음돼요. 자음 축약이 일어나서 음운의 개수가 7개에서 6개로 줄어들어요.

017 1 2 3 정답 ③

해설 ① '자'는 '자+아'에서 동음이 탈락한 것이에요.
② '서서'는 '서-+어서'로 동음이 탈락한 것이에요.
③ '가자'는 '가-+자'의 결합으로, 여기서 '-자'는 청유형 어미예요. 동음 탈락이 나타나지 않았어요.
④ '가'는 '가-+아'에서 동음이 탈락한 것이에요.

018 1 2 3 정답 ②

해설 ① '섰다'를 분석하면 '서+었+다'로, 동음 탈락이 일어났어요.
② '쐈다'는 '쏘았다'의 준말이에요. 탈락이 아니라 축약이 일어났어요.
③ '따라'를 분석하면 '따르-+아'예요. 'ㅡ'가 탈락되었어요.
④ '우는'을 분석하면 '울-+는'이에요. 'ㄹ'이 탈락되었어요.

019 1 2 3 정답 ④

해설 ① '지었다'의 기본형은 '짓다'예요. '짓다'는 어간 받침 'ㅅ'이 모음 어미 앞에서 탈락하는 'ㅅ' 불규칙 활용을 해요.
② '우는'의 기본형은 '울다'예요. '울+는'에서 'ㄹ'이 탈락한 것인데, 'ㄹ' 탈락은 규칙 활용이에요.
③ '써서'의 기본형은 '쓰다'예요. 어간 '쓰-'의 'ㅡ'모음이 '-아/-어'로 시작되는 어말 어미 앞에서 탈락하여 '써서'가 된 것이에요. 'ㅡ'탈락은 규칙 활용이에요.
④ '매워서'의 기본형은 '맵다'예요. '맵-'의 'ㅂ'이 'ㅜ'로 변화한 것으로, 이것은 탈락이 아니에요.

2. 형태론

020 1 2 3 정답 ②

해설 ① 파김치: '파(명사)+김치(명사)' = 2개
② 짜임새: '짜-('짜다'의 어간)+-이-(피동 접사)+-ㅁ(명사하 접미사)+-새(접사)' = 4개
③ 주름살: '주름(명사)+살(명사)' = 2개
④ 지름길: '지르-('지르다'의 어간)+-ㅁ(명사형 전성 어미)+길(명사)' = 3개

021 1 2 3 정답 ①

해설 ① 뜨/어/내리/어/가/았/다 = 7개
② 따르/아/버리/었/ 다 = 5개
③ 빌/어/먹/었/다 = 5개
④ 여쭈/어/보/았/다 = 5개

022 1 2 3 정답 ④

해설 ④ '떡/볶/이/를/파/ㄹ/사람/은/어서/가/아' = 11개
떡(명사), 볶(어간), 이(접미사), 를(조사), 파(어간), ㄹ(어미), 사람(명사), 은(조사), 어서(부사), 가(어간), 아(어미)'로 11개예요. 생략된 어미 '아'까지 형태소 개수에 포함해야 해요.

023 1 2 3 정답 ③

해설 ① '께서'는 조사, '들'은 접사, '주-'는 어간이에요. 모두 의존 형태소예요.
② '께서, 를'은 조사이고, '다'는 어미예요. 모두 형식 형태소예요.
③ '숙제'와 '주신다'의 '주'는 실질 형태소가 맞아요. 하지만 '선생님께서'의 '님'은 접미사이므로 형식 형태소예요.
④ '선생, 숙제', '우리'는 모두 자립 형태소가 맞아요.

024 1 2 3 정답 ④

해설 ④ 〈보기〉의 '놀라운'의 기본형은 '놀랍다'로 상태나 성질을 나타내는 형용사예요. '맛있기로'의 기본형은 '맛있다'로 형용사예요. '만난'과 '닳도록'은 동사이고, '너무'는 부사예요.

025 1 2 3 정답 ①

해설 ① ㉠ '무슨'은 체언인 '말'을 꾸미는 관형사이고, ㉡ '모든'은 체언인 '사람'을 꾸미는 관형사예요. ㉢ '빠른'은 '빠르다'의 활용형인 형용사이고 ㉣ '아름다운'은 '아름답다'의 활용형으로 관형사가 아니라 형용사예요.

026 1 2 3 정답 ②

해설 ② '있다'가 '재산이 많이 있다'와 같이 어떤 사실이나 현상이 현실로 존재하는 상태라는 의미를 지니면 형용사예요. 형용사는 현재 시제 선어말 어미 '-는-'을 쓰지 못하고, 명령형이나 청유형 어미와 결합하지 못해요.

027 1 2 3 정답 ④

④ 앞의 '굳다'는 동사로 '근육이나 뼈마디가 뻣뻣하게 되다'라는 의미예요. 뒤의 '굳다'는 형용사로 '재물을 아끼고 지키는 성질이 있다'라는 의미예요.

028 1 2 3 정답 ①

해설 ① '이는 참으로 잘된 일이야.'에서 '이'는 바로 앞의 발화 내용인 '현주가 취직이 되었다'라는 사실을 가리키므로 앞의 내용을 지시하는 기능을 한다는 설명은 적절해요.

029 1 2 3 정답 ①

해설 ① ㉠ '긴'은 형용사로 '길다'의 관형사형이에요. ㉡ '한'은 '같은'의 뜻을 나타내는 관형사이고 ㉢ '저'는 말하는 이와 듣는 이로부터 멀리 있는 대상을 가리키는 관형사예요. ㉣ '새' 역시 관형사예요.

030 1 2 3 정답 ③

해설 ① '과연'은 문장 전체를 꾸미는 문장 부사예요.
② '정말'은 문장 전체를 꾸미는 문장 부사예요.
③ '바로'는 '떠난다니'라는 용언을 꾸미는 성분 부사예요.
④ '응당'은 문장 전체를 꾸미는 문장 부사예요.
⑤ '제발'은 문장 전체를 꾸미는 문장 부사예요.

031 1 2 3 정답 ④

해설 ① '그리고'는 '포돌이가 웃는다.'라는 문장과 '포순이가 웃는다.'라는 문장을 이어 주는 접속 부사예요.
② '포돌이'라는 단어와 '포순이'라는 단어를 같은 자격으로 이어 주는 접속 조사예요.
③ '와'는 서로 상대로 하는 대상임을 나타내는 격 조사예요.
④ '및'은 '포돌이'와 '포순이'를 이어 주는 접속 부사예요.

032 1 2 3 정답 ②

해설 ㉠ '성격이 다른'에서 '다르다'는 형용사예요. '성격이 다르다'와 같이 서술성을 가지고 있고, '성격이 다르고'와 같이 형태 변화도 가능해요.
㉡ '나무가 잘 큰다'와 같이 현재 시제 선어말 어미 'ㄴ'과 결합이 가능한 ㉡은 동사예요.
㉢ '나서'에도 현재 시제 선어말 어미를 붙여 보면 '홍수가 난다'처럼 말이 돼요. 따라서 '나서'는 동사예요.
㉣ '허튼'은 체언을 수식하는 관형사예요.
㉤ 현재형 선어말 어미 '–ㄴ–'과 결합이 불가능하므로 '아니다'는 형용사예요.

033 1 2 3 정답 ③

해설 ① '밝구나'는 '빛깔의 느낌이 환하고 산뜻하다.'라는 뜻을 지닌 형용사예요.
② '밝단다'는 '예측되는 미래 상황이 긍정적이고 좋다.'라는 뜻을 지닌 형용사예요.
③ '밝는'은 '밤이 지나고 환해지며 새날이 오다.'라는 뜻을 지닌 동사예요.
④ '밝은'은 '생각이나 태도가 분명하고 바르다.'라는 뜻을 지닌 형용사예요.

034 1 2 3 정답 ①

해설 ① '정말'은 부사 '많이'를 꾸며 줘요.
② '과연'은 문장 부사 중 양태 부사로 문장을 꾸며 줘요.
③ '아주'는 성분 부사 중 성상 부사로 관형사 '새'를 꾸며 줘요.
④ '맨'은 성분 부사 중 성상 부사로 명사 '흙투성이'를 꾸며 줘요.

035 1 2 3 정답 ③

해설 ① '일정한 정도나 한계를 넘어 지나치다.'라는 의미로 쓰이는 '너무하다'는 형용사예요.
② '일정한 정도나 한계를 넘어 지나치다.'라는 의미로 쓰이는 '너무하다'는 형용사예요.
③ '너무하건'은 '비위에 거슬리는 말이나 행동을 도에 지나치게 하다.'라는 의미로 쓰였으므로 동사예요.
④ '너무하지'는 '일정한 정도나 한계를 넘어 지나치다.'라는 의미로 쓰였으므로 형용사예요.
⑤ '너무하신'은 '일정한 정도나 한계를 넘어 지나치다.'라는 의미로 쓰였으므로 형용사예요.

036 1 2 3 정답 ③

해설 ① 관형사는 체언 앞에서, 그 체언을 꾸며 주는 역할을 해요.
② 관형격 조사 '의'를 생략하여 명사가 다른 명사를 수식할 수 있어요.
③ 부사는 '바로 너'와 같이 명사를 꾸미기도 해요.
④ '빨리도 먹는다'와 같이 부사에 보조사가 결합할 수도 있어요.

037 1 2 3 정답 ③

해설 ① 용언의 관형사형 다음에 오는 '만큼'은 의존 명사이고, 체언 다음에 오는 '만큼'은 조사예요.
② '아니' 뒤에 용언이 붙으면 '아니'는 부사이고, '아니'가 독립적으로 쓰이면 감탄사예요.
③ '백을 안다'에서 백'은 '십의 열 배가 되는 수'이며, 조사와 결합했기 때문에 수사예요.
④ 접미사 '–적'이 붙은 말 뒤에 조사가 붙으면 명사이고, 접미사 '–적'이 붙은 말이 뒤에 오는 체언을 수식하면 관형사예요.

038 1 2 3 정답 ②

해설 ① '다른 물건'에서 '다른'은 뒤에 오는 체언 '물건'을 수식하고 있어요. 체언을 수식하고 있으니 품사는 관형사예요. '성질이 다른'에서 '다른'은 '성질이 다르다'와 같이 서술성이 있으므로 품사는 형용사예요.
② '나 보기가'에서 '보기'는 동사 '보다'가 명사형 전성 어미와 결합한 것으로 동사라는 본질은 변함이 없기에 '나를 보다'와 같이 서술성이 있어요. '떠먹어 보았다'의 '보다'는 어떤 행동을 시험 삼아 한다는 의미를 가진 보조 동사예요.
③ '크다'는 동사로도 쓰이고 형용사로도 쓰여요. '동식물이 몸의 길이가 자란다.'라는 의미로 쓰이면 움직임이 드러나는 '동사'에 해당해요. 반면 '사람이나 사물의 외형적 길이, 넓이, 높이, 부피 따위가 보통 정도를 넘다.'라는 상태의 의미를 나타내면 형용사예요.
④ '한국적이다'에서는 서술격 조사 '이다'와 결합한 명사예요. 반면 '한국적 정취'에서 '한국적'은 뒤에 있는 명사 '정취'를 수식하므로 관형사예요.

039 1 2 3 정답 ①

해설 ① '없다'는 항상 형용사예요
② '몸의 길이가 자라다.'라는 의미로 쓰였으므로 동사예요.
③ '얼마의 시간이 경과하다.'라는 의미이므로 동사예요.
④ '밤이 지나고 환해지며 새날이 오다.'라는 의미의 '밝다'는 동사예요.
⑤ '늙다'는 항상 동사예요.

040 1 2 3 정답 ④

해설 ① ㉠의 '있다고'는 '사람, 동물, 물체 따위가 실제로 존재하는 상태이다.'라는 뜻이므로 형용사예요. ㉡의 '있는다고'는 '사람이나 동물이 어느 곳에서 떠나거나 벗어나지 아니하고 머물다.'라는 뜻이므로 동사예요.
② ㉠의 '있으니'는 '어떤 일이 이루어지거나 벌어질 계획이다.'라는 뜻이고 ㉡의 '있는'은 '재물이 넉넉하거나 많다.'라는 뜻이므로 둘 다 형용사예요.
③ ㉠의 '있어라'와 ㉡의 '있자'는 '사람이나 동물이 어떤 상태를 계속 유지하다.'라는 뜻이므로 동사예요.
④ ㉠의 '있으면'은 '얼마의 시간이 경과하다.'라는 뜻이므로 동사이고 ㉡의 '있다'는 '사람이나 동물이 어느 곳에 머무르거나 사는 상태이다.'라는 뜻이므로 형용사예요

041 1 2 3 정답 ③

해설 ① '잘못'은 명사로도 쓰이고, 부사로도 쓰여요. 첫 번째 문장의 '잘못'은 서술격 조사 '이다'와 결합기에 '명사'예요. 두 번째 문장의 '잘못'은 '적용하다'라는 서술어를 수식하고 있으므로 '부사'예요.
② '대로'는 의존 명사로도 쓰이고, 조사로도 쓰여요. 첫 문장에서 '대로'는 관형어 '도착하는'의 수식을 받고 있으므로 '의존 명사'예요. 두 번째 문장의 '대로'는 명사 '것'과 결합기에 두 번째 문장에서 '대로'의 품사는 '조사'예요.
③ '비교적'은 관형사로도 쓰이고, 명사로도 쓰이고, 부사로도 쓰여요. 첫 문장에서 '비교적'은 '편리하다'라는 용언을 수식하므로 부사에 해당해요. 두 번째 문장의 '비교적' 역시 '낮다'라는 서술어를 수식하므로 부사에 해당해요.
④ '이'는 관형사로도 쓰이고, 대명사로도 쓰여요. 첫 번째 문장의 '이'는 뒤에 오는 체언 '사과'를 수식하고 있으므로 관형사에 해당해요. 두 번째 문장의 '이'는 조사 '보다'와 결합으므로 대명사예요.

042 1 2 3 정답 ①

해설 ① '없다'는 항상 형용사예요.
② '되다'는 '어떤 때나 시기, 상태에 이르다.'의 의미로 사용되면 동사예요.
③ '모이다'는 '모으다'에 피동 접미사 '–이'가 붙은 피동사예요.
④ '크다'는 동사로도 쓰이고 형용사로도 쓰이는데, '동식물이 몸의 길이가 자란다.'라는 의미로 쓰이면 움직임이 드러나는 '동사'에 해당해요.

043 1 2 3 정답 ⑤

해설 ① '활짝'은 뒤에 오는 용언을 수식하는 성분 부사예요.
② '바로'는 다른 데에 있는 것이 아니라는 뜻으로 특정의 대상을 집어서 가리키

는 말로 성분 부사예요.
③ '안'은 뒤에 오는 용언을 수식하는 성분 부사예요.
④ '이리'는 뒤에 오는 용언을 수식하는 성분 부사예요.
⑤ '의외로'는 '일반적인 생각이나 예상한 것과는 다르게'를 뜻하며, 문장 전체를 수식하는 문장 부사예요.

044 1 2 3 정답 ②

해설 ㉠ 띄어쓰기를 한 '만큼'은 (주로 어미 '-은, -는, -을' 뒤에 쓰여) 앞의 내용에 상당한 수량이나 정도임을 나타내는 의존 명사예요.
㉡ '다섯'은 조사와 붙여 쓰면 수사이고 체언을 수식하면 관형사예요.
㉢ 위 문장의 '커서'는 '사람이 자라서 어른이 되다.'라는 의미의 동사이고 아래 문장의 '커서'는 '신, 옷 따위가 맞아야 할 치수 이상으로 되어 있다.'라는 의미의 형용사예요.
㉣ 위 문장에서는 '그는 충분히 자다.'라는 의미가 성립하므로 '잠'은 동사이고, 아래 문장에서는 '바르게 누워 자다.'라는 의미가 성립하므로 '자기'도 동사예요.

045 1 2 3 정답 ④

해설 ① '비교적'이 조사 없이 용언(편하다)을 수식할 때는 부사이고, 조사가 붙으면 명사예요.
② '아니'가 명사와 명사 사이에 쓰이거나, 문장과 문장 사이에 쓰여 '어떤 사실을 더 강조'할 때에는 부사예요.
③ '보다'가 '어떤 수준에 비하여 한층 더'의 뜻으로 쓰여 용언을 수식하고 있으므로 부사예요. '보다'가 체언 뒤에 붙을 때는 '~에 비해서'의 뜻을 나타내는 조사예요.
④ '겸'은 두 가지 이상의 동작이나 행위를 아울러 함을 나타내는 말로 의존 명사예요.

046 1 2 3 정답 ①

해설 ① '갖은'은 '골고루 다 갖춘. 또는 여러 가지의'라는 뜻으로, 명사 '고생'을 수식하는 관형사예요.
② '바로'는 '다름이 아니라 곧'을 뜻하는 부사예요.
③ 단어, 구, 절, 문장 따위를 병렬적으로 연결할 때 쓰는 접속 부사예요.
④ '입을 조금 벌리고 소리 없이 자꾸 귀엽고 보드랍게 웃는 모양'을 나타내는 부사예요.

047 1 2 3 정답 ①

해설
① 기본형 '많다' 자체가 현재 형을 나타내고, 현재형 선어말 어미와 결합하지 않지요. 관형사형 어미를 결합해 보아도 '-은'을 써서 '많은'과 같이 활용하죠. 이를 통해 '많다'가 형용사임을 알 수 있어요.
② '날이 밝는다'와 같이 현재형 선어말 어미 '-는-'과 어울릴 수 있으므로 동사예요.
③ '키우다'는 '크다'의 사동사로, '동식물이 몸의 길이가 자라게하다.'라는 의미를 가지고 있는 동사예요. '키운다'와 같이 현재형 선어말 어미 '-ㄴ-'과 결합이 가능하고, '키우는 나무'와 같이 관형사형 어미 '-는'과 결합해요.
④ '늙다'는 '늙는다'와 같이 현재형 선어말 어미 '-는-'과 결합이 가능한 동사예요.

048 1 2 3 정답 ②

해설 ① ㉠과 ㉡은 모두 앞에서 나온 바 있는 '형님'을 다시 지칭하는 말이에요.
② ㉠에서 '자기'는 앞에서 이미 말하였거나 나온 바 있는 사람을 도로 가리키는 3인칭 재귀 대명사예요. '형님'을 다시 지칭하고 있죠. ㉡ '당신'은 ㉠과 마찬가지로 '형님'을 다시 지칭하는 재귀 대명사예요. 여기서 '당신'은 '자기'를 아주 높여 이르는 3인칭 재귀 대명사예요. 가리키는 대상은 '형님'으로 동일하지만 ㉠과 차이점은 높임이 들어갔다는 것이에요. ㉢의 '그'는 말하는 이와 듣는 이가 아닌 사람을 가리키는 3인칭 대명사예요. 따라서 '그'는 '형님'을 의미할 수도 있고, 그 외의 사람을 의미할 수도 있어요. 1인칭은 말하는 이가 자기 자신을 가리키는 것을 말해요. ㉠은 3인칭 대명사 중에서도 앞에서 한 번 나온 대상을 다시 가리키는 재귀 대명사이므로 1인칭이라는 설명은 적절하지 않아요. ㉡ 역시 3인칭 재귀 대명사이므로, 2인칭이라는 설명은 부적절해요.
③ ㉠과 ㉡은 모두 3인칭 재귀 대명사예요. ㉠ '자기'는 앞에서 이미 말하였거나 나온 바 있는 사람을 도로 가리키는 삼인칭 대명사이고, ㉡은 ㉠을 아주 높여 이르는 3인칭 재귀 대명사예요.
④ ㉢은 '형님'을 의미할 수도 있고, '동생'과 같은 타인을 의미할 수도 있어요. '그'는 말하는 이와 듣는 이가 아닌 사람을 가리키는 3인칭 대명사이기 때문이죠. 하지만 ㉠은 3인칭 재귀 대명사로, 앞에서 나온 '형님'만을 가리켜요.

049 1 2 3 정답 ④

해설 ① ㉠의 '당신'은 듣는 이를 가리키는 2인칭 대명사예요.
② ㉡에서 '당신'은 부부 사이에서 상대편을 높여 이르는 2인칭 대명사예요.
③ ㉢의 '당신'은 맞서 싸울 때 상대편을 낮잡아 이르는 2인칭 대명사예요.
④ ㉣의 '당신'은 할아버지를 가리키는 말로 3인칭 대명사 '자기'를 아주 높여 이르는 말이에요.

050 1 2 3 정답 ①

해설 ① '당신'은 앞에 제시된 '어머니'를 가리키는 말로 3인칭 대명사 '자기'를 아주 높여 이르는 말이에요. 품사는 대명사예요.
② (어미 '-을' 뒤에 '있다', '없다' 따위와 함께 쓰여) '까닭', '이치'의 뜻을 나타내는 '리'는 의존 명사예요.
③ '학교'는 명사예요.
④ '두름'은 명사로 조기 따위의 물고기를 짚으로 한 줄에 열 마리씩 두 줄로 엮은 것이에요. 관형사 '한'의 수식을 받으므로 단위를 나타내는 의존 명사로 쓰였어요.

051 1 2 3 정답 ④

해설 ① ㉠의 '진짜'는 용언을 수식하는 부사이고 ㉡의 '진짜'는 조사 '처럼'과 결합하므로 '명사'예요.
② ㉠의 '이성적'은 명사 '동물'을 수식하므로 관형사이고 ㉡의 '이성적'은 조사 '으로'와 결합하므로 명사예요.
③ ㉠의 '있어'는 존재의 상태를 표현하는 형용사이고 ㉡의 '있어'는 '머무르다'의 뜻을 나타내는 동사예요.
④ ㉠과 ㉡의 '다르다'는 서술성을 지니고 있으므로 모두 형용사예요.

052 1 2 3 정답 ①

해설 ① 타율, 한(의존 명사), 독보적, 기록: 4개
② 상자, 것(의존 명사): 2개
③ 친구, 외(의존 명사), 사람: 3개
④ 모퉁이, 얼굴, 이(의존 명사): 3개

053 1 2 3 정답 ④

해설 ① '만하다'는 형용사로만 쓰여요.
② '싶다'는 형용사로만 쓰여요.
③ '하다'는 동사와 형용사로 모두 쓰이는데, 여기에서는 형용사로 쓰였어요.
④ 보조 용언으로 사용된 '않다'는 본용언의 품사를 따라가요. '묻다'가 동사이므로 '않고'도 동사예요.

054 1 2 3 정답 ①

해설 ① '좁다'에 사동 접미사 '-히-'가 붙은 '좁히다'는 동사예요. '-히-'는 (일부 형용사 어간 뒤에 붙어) '사동'의 뜻을 더하고 동사를 만드는 접미사예요.
② '-치-'는 '강조'의 뜻을 더하는 접미사예요. '밀다', '밀치다' 모두 동사예요.
③ '치-'는 '위로 향하게' 또는 '위로 올려'의 뜻을 더하는 접두사예요. '솟다', '치솟다' 모두 동사예요.
④ '엿-'은 '몰래'의 뜻을 더하는 접두사예요. '보다', '엿보다' 모두 동사예요.

055 1 2 3 정답 ③

해설 ① ㄱ의 '밝아서'는 불빛 따위가 환하다는 의미로 쓰인 형용사예요. ㄴ의 '밝기'는 명사절 '날이 밝기'의 서술어의 기능을 하고 있으므로 동사의 명사형이

에요.
② ㄱ의 '아무'는 어떤 사람을 특별히 정하지 않고 이르는 인칭 대명사이고 ㄴ의 '아무'는 '전혀 어떠한'의 뜻을 나타내는 말로 관형사예요.
③ ㄱ에 쓰인 '첫째'는 수사가 아니라 명사예요. ㄴ의 '첫째'는 '순서가 가장 먼저인 차례의'의 뜻으로 쓰였으므로 관형사예요.
④ ㄱ의 '딴'은 자기 나름대로의 생각이나 기준의 의미로 쓰인 명사이고, ㄴ의 '딴'은 '아무런 관계가 없이 다른'의 의미로 쓰인 관형사예요

056 1 2 3 정답 ④

해설 ④ ㄱ은 '동식물이 몸의 길이가 자라다.'의 뜻으로 쓰였으므로 '큰다'는 동사예요. ㄴ은 앞말 '중시하다'의 품사가 동사이므로, '않은'은 역시 동사예요. ㄷ '늙다'도 동사예요. '늙다'는 동사로만 쓰여요.

057 1 2 3 정답 ④

해설 ① '늙다'는 동사이고 '젊다'는 형용사예요.
② '크다'는 동사로도 쓰이고 형용사로도 쓰이는데 여기에서는 동사로 쓰였어요. '작다'는 형용사로만 쓰여요.
③ '되지도' 다음에 '않는'이 온 것을 통해 동사임을 알 수 있어요. 동사는 '않는'과 결합이 가능하지만 형용사는 불가능해요.
④ '없느냐'는 형용사이고 나머지는 동사예요.

058 1 2 3 정답 ②

해설 ① '가득히'는 형용사 '가득하다'로부터 파생된 부사예요.
② '가볍게'는 바람이 이는 정도가 약하다는 뜻을 지닌 형용사예요.
③ '없이'는 형용사 '없다'에서 부사를 만드는 접미사 '-이'가 붙어 파생된 부사예요.
④ '되게'는 '아주 몹시'란 뜻의 부사예요.

059 1 2 3 정답 ①

해설 ① '굳다'는 '자국이 나지 아니할 만큼 단단하다.'의 뜻일 때는 형용사이고, '무른 물질이 단단하게 되다.'의 뜻으로 사용되면 동사예요. ①은 동사로 쓰였어요.
② '다른'은 형용사예요.
③ '새로운'은 형용사예요.
④ '아픈'은 형용사예요.

060 1 2 3 정답 ④

해설 ④ '크다'가 '다른 일반의 것과 비교하여 그 정도가 더한 상태'의 의미로 쓰이면 형용사이고 동식물이 생장하거나 성숙하다.'의 의미로 쓰이면 동사예요. 따라서 ㉠은 형용사, ㉡은 동사예요. '어제'가 용언을 수식하면 부사, 체언을 수식하면 관형어의 역할을 하는 명사예요. ㉢은 '마련해 두었다'를 수식하기 때문에 부사이고, ㉣은 '오후'를 수식하기 때문에 명사예요.

061 1 2 3 정답 ②

해설 ① 서술성이 없으며, 관형어 '불우한'의 수식을 받고 있으므로 '-ㅁ'은 접미사예요.
② 서술성이 없으므로 '얼음'은 명사예요.
③ '잠[1]'은 관형어 '깊은'의 수식을 받고 있으므로 명사이고, '잠[2]'는 서술성이 있으므로 명사형이에요.
④ 부사어 '크게'의 수식을 받으므로 '-음'은 명사형 어미예요.

062 1 2 3 정답 ③

해설 ① '수줍음이 많은'은 문장에서 관형절로 안겨 있는 부분이에요. 안긴 문장(절)에서 '수줍음'은 주어 역할을 하고, 서술성은 '많은'이 가지고 있어요. 따라서 '많은'이 용언이고, '수줍음'은 형용사 '수줍다'에 명사 파생 접미사 '-음'이 붙어 파생된 명사예요.
② '그는 죽음을 각오하다.'와 '그는 일에 매달렸다.'라는 문장이 이어진 형태예요. '죽음을 각오하고'에서 '죽음'은 목적어에 해당하고, 서술성은 '각오하고'에 있어요. '죽음'은 서술성이 없으므로 명사 파생 접미사가 붙은 것이에요.
③ '태산이 높음'은 '태산이 높다.'라는 문장이 명사절로 안긴 형태예요. 명사절에서 주어는 '태산'이고, '높음'은 '높다'와 같이 서술성을 가지고 있어요. 따라서 '높음'은 형용사 '높다'에 명사형 전성 어미 '-음'이 결합한 형태이고, 품사는 형용사예요.
④ '젊음을 바친'은 '젊음을 바치다'라는 문장이 관형절로 안겨있는 형태예요. 안긴문장에서 '젊음'은 목적어이고, 서술성을 가지고 있는 것은 '바치다'예요. 따라서 '젊음'의 품사는 명사로, '젊다'의 어간에 명사 파생 접미사 '-음'이 결합한 것이에요

063 1 2 3 정답 ②

해설 ① '너'는 명사, '그'는 관형사예요.
② '너(대명사), 는(조사), 학생(명사), 이므로(조사), 그(관형사), 위험한(형용사), 일(명사), 에서(조사), 한발(부사), 비켜서야(동사), 한다(동사)' 11개의 단어로 구성되어 있어요.
③ '한발'은 어떤 동작이나 행동이 다른 동작이나 행동보다 시간 · 위치상으로 약간의 간격을 두고 일어남을 나타내는 부사예요. 하나의 단어이므로 붙여서 써야 해요.
④ '헌 물건'의 '헌'은 관형사예요. '위험한'은 기본형이 '위험하다'로 형용사예요.

064 1 2 3 정답 ③

해설 ③ '수학과 영어'에서 '과'는 둘 이상의 사물이나 사람을 같은 자격으로 이어 주는 접속 조사예요. ①은 비교 부사격 조사이고, ②와 ④는 동반 부사격 조사예요.

065 1 2 3 정답 ②

해설 ② '민족자존의 정권'에서 '의'는 의미상 관형격 조사예요. 다른 선지들의 '의'는 모두 의미상 주격 조사예요.

066 1 2 3 정답 ③

해설 ① 보조사 '은'은 어떤 대상이 다른 것과 대조됨을 나타내는 보조사예요. (가)는 국어 성적과 수학 성적이 모두 좋다는 의미를 담고 있으므로 배제의 의미를 가진 '은'을 사용하는 것은 적절하지 않아요. '수학 성적이 참 좋군.'으로 고쳐 쓰는 것은 적절한 방안이에요.
② 다른 사람의 말을 직접 인용할 경우에는 인용된 말에 큰따옴표(" ")를 하고 인용의 조사 '라고'를 사용해요. 반면 간접 인용의 경우에는 별도의 인용 부호 없이 인용의 조사 '고'를 사용하죠. (나)는 직접 인용문이므로 조사 '라고'로 고쳐 쓰는 것은 적절해요.
③ 어미 '-면서'는 두 가지 이상의 움직임이나 사태 따위가 동시에 겸하여 있음을 나타내는 연결 어미예요. (다)의 경우 멈추는 것과 달려오는 행위가 동시적으로 이루어 질 수 없어서 어색한 것이지, 어미 '-면서'가 동시성을 나타내지 못해서 문제가 되는 것은 아니에요.
④ '로서'는 지위나 신분 또는 자격을 나타내는 격 조사예요. 반면 '로써'는 어떤 일의 수단이나 도구를 나타내는 격 조사로 조사 '로'보다 분명한 뜻을 나타내요. (라) 는 '진지한 연설'을 수단으로 국민을 설득한다는 의미이므로, 수단이나 도구를 나타내는 격조사 '로써'로 바꿔 쓰는 것이 적절해요.

067 1 2 3 정답 ②

해설 ① '에서'가 단체를 나타내는 명사 뒤에 붙으면 앞말이 주어임을 나타내는 주격 조사예요.
② 주격 조사 위치에 오는 '은/는'은 주격 조사를 대체하는 보조사예요. '일을 빨리는 한다'에서 '는'은 부사 '빨리'에 결합하여 강조나 대조의 뜻을 나타내는 보조사예요.
③ '되다'와 '아니다'가 서술어인 경우 '이/가'는 보격 조사예요.
④ '눈과 같이 하얗다'에서 '과'는 다른 것과 비교하거나 기준으로 삼는 대상임을 나타내는 부사격 조사예요. 반면 '책과 연필이 있다'에서 '과'는 둘 이상의 사물이나 사람을 같은 자격으로 이어 주는 접속 조사예요.

068 1 2 3 정답 ①

해설 ① '할 만큼 했다.'의 '만큼'은 의존 명사이므로 띄어 써야 해요. '먹으리만큼'의 '-만큼'은 '-으리만큼'의 형태로 어간 다음에 붙여 쓰며 '…을 정도로'의 뜻을 나타내는 연결 어미예요.
② '들어오는 대로'의 '대로'는 의존 명사이고 '멋' 뒤에 붙은 '대로'는 보조사예요.
③ '10년 만에'의 '만'은 시간이나 거리를 나타내는 말인 '10년' 뒤에 쓰여 '앞말이 가리키는 동안이나 거리'를 나타내는 의존 명사이고, '너만'의 '만'은 보조사로 앞말에 붙여 써요.
④ '할 뿐이다'의 '뿐'은 관형절 '시키는 대로 할'의 수식을 받는 의존 명사이고, '다섯뿐이다'에서 '뿐'은 '그것만이고 더는 없음.'을 나타내는 보조사예요.

069 1 2 3 정답 ①

해설 ① '기르다'의 '기르-'는 어간이면서 어근이고 '먹히다'의 '먹히-'는 어간이고 '먹-'은 어근이에요.
② '비우다'의 '비우-'는 어간이고 '비-'는 어근이므로 일치하는 경우가 아니에요. '먹었다'의 '먹-'은 어간이면서 어근이에요.
③ '정답다'의 어간은 '정답-'이고 어근은 '정-'이에요. '-답-'은 접사이므로 일치하는 경우가 아니에요. '귀엽다'의 '귀엽-'은 어간이면서 어근이에요.
④ '앳되다'의 '앳되-'는 어간이고 '애-/앳-'은 어근, '-되다'는 접사이므로 일치하는 경우가 아니에요. '드높다'의 '드높-'은 어간이고 '높-'은 어근, '드-' 접사이므로 일치하는 경우가 아니에요.

070 1 2 3 정답 ⑤

해설 ⑤ '두근두근하다'는 부사 '두근두근'에 동사를 만드는 접미사 '-하다'가 결합한 파생어예요. '빛나다'는 명사 '빛'과 동사 '나다'가 결합한 합성어이고, '잘되다'는 부사 '잘'에 동사 '되다'가 결합한 합성어예요.

071 1 2 3 정답 ①

해설 ① '강마르다'는 '심하게, 바싹, 부드럽지 못한'의 의미를 가진 접두사 '강'과 '마르다'가 결합하여 만들어진 파생어예요. '첫눈', '새해', '얕보다'는 모두 합성어예요.

072 1 2 3 정답 ①

해설 ① '아버지'는 하나의 어근으로 이루어진 단일어예요. '값어치'는 어근 '값'에 접사 '-어치'가 결합한 파생어이고, '덮밥'은 '덮다'의 어근 '덮-'에 어근 '밥'이 결합한 합성어예요.

073 1 2 3 정답 ②

해설 ② '정답게'의 '-답-'은 형용사를 만드는 접미사예요. 명사 '정'에 붙어 '성질이 있음'의 뜻을 더하여 형용사인 '정답다'를 파생한 것이에요.

074 1 2 3 정답 ②

해설 ① 강(접두사)+추위(명사) - 파생어 / 날(접두사)+강도(명사) - 파생어 / 온+갖 - 합성어 / 짓(접두사)+누르다(동사) - 파생어
② 공부(명사)+하다(접미사) - 파생어 / 기대(명사)+치(접미사) - 파생어 / 되(접두사)+풀다(동사) - 파생어 / 들이(접두사)+닥치다(동사) - 파생어
③ 게을러(형용사)+빠지다(동사) - 합성어 / 끝(명사)+내(접미사) - 파생어 / 참(접두사)+꽃(명사) - 파생어 / 한(접두사)+겨울(명사) - 파생어 /
④ 들(접두사)+개(명사) - 파생어 / 어느(관형사)+덧(명사) - 합성어 / 움직(시늉말 어근)+이다(접미사) - 파생어 / 한(접두사)+낮(명사) - 파생어
⑤ 들(접두사)+쑤시다(동사) - 파생어 / 마음(명사)+껏(접미사) - 파생어 / 불(접두사)+호령(명사) - 파생어 / 여(수사 '열')+남은(동사) - 합성어

075 1 2 3 정답 ②

해설 ① 치(접두사)+솟다(동사) - 파생어 / 고무(명사)+신(명사) - 합성어
② 새(접두사)+빨갛다(형용사) - 파생어 / 놀(동사의 어간)+이(접미사) - 파생어
③ 얽(동사의 어간)+매다(동사) - 합성어 / 풋(접두사)+사랑(명사) - 파생어
④ 굶(동사의 어간)+주리다(동사) - 합성어 / 까마귀(명사)+까치(명사) - 합성어

076 1 2 3 정답 ④

해설 ① 가위(어근)+질(접미사) - 파생어
② 달리(어근)+기(접미사) - 파생어
③ 멋(어근)+쟁이(접미사) - 파생어
④ 책(어근)+가방 (어근) - 합성어

077 1 2 3 정답 ④

해설 ① 형용사의 어간 '슬프-'에 명사화 접미사 '-ㅁ'이 결합한 파생어예요.
② '휘감다'는 동사 '감다'에 접두사 '휘-'가 결합하여 만들어진 파생어예요.
③ 관형사 '새'와 명사 '해'가 결합하여 만들어진 합성어예요. '관형사+명사'의 구성으로 만들어진 합성어는 통사적 합성어예요.
④ '알-'은 접두사이므로 ㉣은 합성어가 아니라 파생어예요.

078 1 2 3 정답 ③

해설 ① 비행(명사)+기(접미사), 짓(접두사)+밟(어근)+다(어미) - 파생어
② 막내(어근)+둥이(접미사) - 파생어
③ 새(관형사)+해(명사) / 늙은(동사의 관형사형)+이(명사) / 어깨(명사)+동무(명사) / 정(명사)+들다(동사) / 앞(명사)+서다(동사) / 손(명사)+쉽다(형용사)
④ 비행(명사)+기(접미사), 개(접두사)+살구(명사) - 파생어
⑤ 막내(명사)+둥이(접미사) - 파생어

079 1 2 3 정답 ①

해설 ① 형용사 '기쁘다'에 접미사 '-하다'가 붙어 '기뻐하다'라는 파생 동사가 형성되었어요.
② '시누이'의 '시-'는 접두사이고, '선생님'의 '-님'은 접미사예요.
③ '빗나가다'는 접두사 '빗-'이 붙은 파생 동사이고, '공부하다'는 접미사 '-하다'가 붙은 파생 동사예요.
④ '한여름'은 '한창인'의 뜻을 더하는 접두사 '한-'이 붙은 파생어예요.

080 1 2 3 정답 ②

해설 ① '바다'는 하나의 형태소로 이루어진 단일어예요. '맑다'는 어간 '맑-'과 어미 '-다'로 나눌 수 있지만, 어근은 하나이므로 단일어예요.
② '회덮밥'은 합성어 '덮밥'에 '회'가 결합하여 만들어진 단어예요. '덮밥'은 어근 '덮-'에 관형사형 어미 '-은'이 생략되고, 바로 '밥'과 결합하여 만들어진 비통사적 합성어예요.
③ '곁눈질'은 명사 '곁'과 명사 '눈'이 합성되어 만들어진 '곁눈'에 접미사 '-질'이 붙어서 만들어진 파생어예요. '곁눈'이라는 합성어가 먼저 만들어지고, 이후 접미사가 결합한 것이므로 최종 관계가 '곁눈 + 질'이에요. 따라서 '곁눈질'은 파생어에 해당해요.
④ 접미사 '-음'은 어근의 품사를 바꾸는 지배적 접사예요. '웃음'은 동사 '웃다'의 어간 '웃-'에 명사화 접미사 '-음'이 결합하여 만들어진 명사로, 파생어예요.

081 1 2 3 정답 ③

해설 ③ '부슬비'는 부사 '부슬'이 명사 '비'를 수식하고 있어요. 부사는 일반적으로 용언을 수식하고, 직접 명사를 수식하지 않아요. 하지만 '부슬비'의 경우, 부사가 명사를 수식하고 있으므로 비통사적 합성어에 해당해요. '늦더위'는 '늦은 더위'라는 의미인데, 관형사형 전성어미 '-은'을 생략하고 단어가 합성되었어요. 관형사형 전성 어미가 생략된 것은 비통사적 합성어예요. '굶주리다'는 '굶고 주리다'의 의미인데, 연결 어미 '-고'가 생략되어 있어요. 이처럼 연결 어미를 생략하고 합성된 것은 비통사적 합성어예요.

082 1 2 3 정답 ①

해설 ① 이 문장에는 파생어가 없어요.
② '둘러앉다, 군밤, 밤고구마'가 복합어예요.
③ 어절은 띄어쓰기 단위를 말해요. 이 문장은 6개의 어절로 이루어져 있어요.
④ '어제(부사) 우리(대명사)는(조사) 둘러앉아(동사) 군밤(명사)과(조사) 밤고구마(명사)를(조사) 먹었다(동사).' 모두 9개의 단어로 이루어져 있어요.

083 1 2 3 정답 ②

해설 합성어: '병-마개, 작은-아버지, 짙-푸르다'
파생어: '나무-꾼, 뒤-엎다, 엿-보다, 헛-되다'

084 1 2 3 정답 ①

해설 ① '손목, 눈물, 할미꽃, 어깨동무, 굳세다, 날뛰다'는 모두 합성어예요.
② '잠보, 점쟁이, 일꾼, 덮개, 넓이, 조용히'는 모두 파생어예요.
③ '지붕, 군것질, 선생님, 먹히다'는 파생어, '거멓다, 고프다'는 단일어예요.
④ '맨손, 군소리, 풋사랑, 시누이, 빗나가다, 새파랗다'는 모두 파생어예요.

085 1 2 3 정답 ①

해설 ① '고추장'에서 '장'은 간장, 고추장, 된장 따위를 통틀어 이르는 명사이므로 합성어예요. '놀이터'의 '터'는 '자리'나 '장소'의 뜻을 나타내는 명사이므로 합성어예요. '손짓'의 '짓'은 좋지 않은 행위나 행동을 이를 때 사용되는 명사이므로 합성어예요. '장군감'에서 '감'은 '자격을 갖춘 사람'의 뜻을 나타내는 명사이므로 합성어예요.
② '쉰둥이'에서 '-둥이'는 어떤 특징을 지닌 어린아이의 뜻을 나타내는 접미사예요. '장난기'에서 '-기'는 '느낌 · 기운'의 뜻을 나타내는 접미사이므로 파생어예요.
③ '깍두기'는 '깍둑+이(사람, 동물, 사물의 뜻을 더하는 접미사)'로 구성된 파생어예요. '선생님'에서 '-님'은 접미사이고, '핫바지'에서 '핫-'은 접두사이므로 파생어예요.
④ '시나브로'는 단일어예요. '암탉'에서 '암-'은 접두사이므로 합성어예요.

086 1 2 3 정답 ①

해설 ① '주워서'와 '버렸다'는 자립적이고 본래의 의미를 유지하고 있으므로 '본용언+본용언'의 구성이에요.
② '척하다'는 '그럴듯하게 거짓으로 꾸미다. 체하다.'의 뜻으로 쓰이는 보조 용언이에요.
③ '보다'는 시험 삼아서 함을 나타내는 보조 용언이에요.
④ '가다'는 그 동작이 계속 진행됨을 나타내는 보조 용언이에요.

087 1 2 3 정답 ①

해설 ① '어머니가 바구니를 들다+어머니가 가셨다' 두 문장으로 나눌 수 있으므로, '가셨다'는 본용언이에요.
② 본동사 뒤에서 '-지 못하다' 구성으로 쓰인 '못하다'는 보조 동사예요.
③ 본동사 뒤에서 '-어 보다' 구성으로 쓰인 '보다'는 보조 동사예요.
④ 본동사 뒤에서 '-어 대다' 구성으로 쓰인 '대다'는 보조 동사예요.

088 1 2 3 정답 ①

해설 ① '보거라, 보다'가 눈으로 본다는 의미로 사용되었으면 본용언이고 앞말의 보조적 의미로 사용되었으면 보조 용언이에요. 모두 '보다'라는 의미로 사용되지 않았으므로 보조 용언이에요.
② '깨 먹었다'의 '먹다'는 앞말이 뜻하는 행동을 강조하는 보조 용언이고, '끓여 먹자'의 '먹다'는 음식 따위를 입을 통하여 배 속으로 들여보낸다는 뜻으로 사용되었으므로 본용언이에요.
③ '드리렴'은 다른 사람에게 준다는 의미로 사용되고 있으므로 본용언이고 '드린다'는 '거들어'를 보조하는 의미이므로 보조 용언이에요.
④ '말다'는 동사일 때는 '어떤 일이나 행동을 하지 않거나 그만두다.'의 뜻으로 사용되고, 보조 동사일 때는 '앞말이 뜻하는 행동을 하지 못하게 함을 나타내는 말'이거나 '앞말이 뜻하는 행동이 끝내 실현됨을 나타내는 말'로 쓰여요. '이것 말고'에서 '말고'는 본동사이고, '떨어지고 말았다'에서 '말았다'는 보조 동사예요.

089 1 2 3 정답 ④

해설 ① 두 개의 용언이 서술어로 사용되었을 때, 앞의 용언을 빼고 뒤의 용언만 남겨 놓은 문장에 원래 문장의 의미 일부가 담겨 있으면 두 용언 모두 본용언이고, 그렇지 않으면 뒤의 용언이 보조 용언이에요. '창문 너머로 날이 온다.'에는 원래 문장의 의미 일부가 담겨 있지 않으므로 보조 용언이에요.
② '동생이 내 과자를 버렸다.'에는 원래 문장의 의미 일부가 담겨 있지 않으므로 보조 용언이에요.
③ '우체국에 들러 선배의 편지를 주었다.'에는 원래 문장의 의미 일부가 담겨 있지 않으므로 보조 용언이에요.
④ '그는 환갑이 지났지만 40대처럼 보인다.'에는 '그는 환갑이 지났지만 40대처럼 젊어 보인다.'의 의미 일부가 담겨 있어요. 따라서 '젊어'와 '보인다' 모두 본용언이에요.

090 1 2 3 정답 ①

해설 ① 문장에서 '들고'와 '가셨다'는 모두 본용언이에요. '가셨다'는 자립하여 쓰이며 원래의 의미를 그대로 유지하고 있어요.
② 이 문장에서 '버렸다'는 보조 용언으로 동사 뒤에서 앞말이 나타내는 행동이 이미 끝났음을 나타내는 보조 용언이에요.
③ 이 문장에서 '나서'는 앞말이 나타내는 행동이 끝났음을 나타내는 보조 용언이에요.
④ 이 문장에서 '보자'는 어떤 행동을 시험 삼아 함을 나타내는 보조 용언이에요.

091 1 2 3 정답 ①

해설 ① '머무르다'는 모음 어미 앞에서 '—'가 탈락하고 'ㄹ' 덧생기는 '르' 불규칙 활용을 하는 용언이에요. '머물러, 머무르니'와 같이 활용하고 '머물다'로 줄여 쓸 수 있는데, 준말 '머물다'는 모음 어미와 결합할 수 없기 때문에 '머물어, 머물었다'와 같이 쓸 수 없어요. 모음 어미 '-었-'이 결합할 수 있는 것은 '머무르다'로 어간 '머무르-'에서 어간의 '—'가 탈락하고 'ㄹ'이 덧생겨 '머물렀다'로 써야 해요.

092 1 2 3 정답 ②

해설 ① '가파르다'는 '르'가 모음 어미 앞에서 'ㄹㄹ'로 바뀌는 '르' 불규칙 활용을 해요. '가팔라, 가파르니' 등으로 활용을 해요.
② '모자라다'는 '모자라, 모자라니' 등으로 활용하므로 '모자라서'로 수정해야 해요.
③ '불사르다'는 '르'가 모음 어미 앞에서 'ㄹㄹ'로 바뀌는 '르' 불규칙 활용을 해요. '불살라, 불사르니' 등과 같이 활용을 해요.
④ '올바르다'는 '르'가 모음 어미 앞에서 'ㄹㄹ'로 바뀌는 '르' 불규칙 활용을 해요. '올발라, 올바르니' 등과 같이 활용을 해요.

093 1 2 3 정답 ④

해설 ① '묻다[問]'는 어간 받침 'ㄷ'이 모음 어미 앞에서 'ㄹ'로 바뀌어 '물어, 물으니' 등으로 활용하는 'ㄷ' 불규칙 용언이에요.
② '덥다[暑]'는 어간 받침 'ㅂ'이 모음 어미 앞에서 '오/우'로 바뀌어 '더워, 더우니' 등으로 활용하는 'ㅂ' 불규칙 용언이에요.
③ '낫다[愈]'는 어간 받침 'ㅅ'이 모음 어미 앞에서 탈락해 '나아, 나으니' 등으로 활용하는 'ㅅ' 불규칙 용언이에요.
④ '놀다[遊]'는 '놀아, 노니, 노오' 등으로 활용해요. 'ㄹ' 탈락 규칙 용언이에요.

094 1 2 3 정답 ③

해설 ① 어간 '가-'에 어미 '-고'가 결합한 것으로 탈락 현상은 일어나지 않았어요.
② 어간 '가-'에 어미 '-니'가 결합한 것으로 탈락 현상은 일어나지 않았어요.
③ 어간 '가-'에 어미 '-아도'가 결합하였어요. 이때 동일한 '아' 모음이 연속되어 모음 '아'가 탈락했어요.
④ 어간 '가-'에 어미 '-면'이 결합한 것으로 탈락 현상은 일어나지 않았어요.

095 1 2 3 정답 ③

해설 ① '짓다'는 어간 '짓-'에 모음 어미가 오면 어간 '짓-'의 'ㅅ'이 탈락하는 'ㅅ' 불규칙 활용을 해요. '푸다'는 어간 '푸-'에 모음 어미가 오면 어간 '푸-'의 '우'가 탈락하는 '우' 불규칙 활용을 해요. 하지만 '눕다'는 어간 '눕-'에 모음 어미가 오면 어간 '눕-'의 'ㅂ'이 '우'로 바뀌는 'ㅂ' 불규칙 활용을 하는 용언으로 (나)에 해당해요.
② '깨닫다'와 '춥다'는 (나)에 해당해요. 하지만 '씻다'는 (나)에 해당하지 않아요.
③ '푸르다, 노르다'는 모음 어미 앞에서 '러'로 바뀌는 '러' 불규칙 활용을 해요. '하다'는 어간 '하-'에 모음 어미가 오면 모음 어미가 '여'로 바뀌는 '여' 불규칙

활용을 해요. 모두 (다)에 해당해요.
④ '파랗다, 부옇다'는 모음 어미 앞에서 어간의 일부인 'ㅎ'이 없어지고 어미도 바뀌는 'ㅎ' 불규칙 활용을 해요. 하지만 '좋다'는 규칙 활용에 해당하므로 적절하지 않아요.

096 1 2 3

정답 ①

해설 ① '곤혹스럽다'는 'ㅂ'을 '우'로 적는 게 원칙이므로 '곤혹스러운'으로 써야 해요.
② '여쭈-'에 '-어'가 연결되면 '여쭈어'가 돼요. 참고로 '여쭙다'와 '여쭈다'는 복수 표준어로, '여쭙-'에 '-어'가 연결되면 '여쭈워'가 돼요.
③ '붇다'는 모음으로 된 어미와 결합할 때에 'ㄷ' 불규칙 활용을 하여 '불어'가 돼요. 하지만 '붇기'는 명사형 전성 어미인 '-기'와 결합한 것으로, 어간이나 어미가 변하지 않아요.
④ '서럽다'의 복수 표준어인 '섧다'는 'ㅂ' 불규칙 활용을 하는 용언이에요. 모음 어미가 오면 '설워서'로 활용해요.

097 1 2 3

정답 ②

해설 ① '물에 젖어서 부피가 커지다.'라는 뜻을 나타내는 동사 '붇다'는 어간의 끝소리 'ㄷ'이 모음 앞에서 'ㄹ'로 바뀌는 'ㄷ' 불규칙 용언이에요. '불어, 불으니, 붇고'와 같이 활용해요.
② 기본형은 '치르다'가 맞는 표현이에요. '치렀다'는 기본형 '치르다'에 과거 시제 선어말 어미가 결합한 것으로, 올바른 표현이에요.
③ '싣다'는 'ㄷ'이 모음 앞에서 'ㄹ'로 바뀌는 'ㄷ' 불규칙 용언이에요. '실어'는 올바른 표현이에요.
④ '병이 낫다'의 '낫다'는 'ㅅ' 불규칙 용언으로, 'ㅅ'이 모음 어미 앞에서 탈락해요. '나아, 나았다'와 같이 활용해요.

098 1 2 3

정답 ③

해설 ① '누르-' + '-어' → '누르러': 어간 '누르-'는 그대로 있고, 어미 '-어'만 '-러'로 바뀌었어요. '러 불규칙'에 해당해요. '오르-' + '-아' → '올라': 어간 '오르-'에서 'ㅡ'가 탈락하고, 'ㄹ'이 생겼어요. 어간이 변화한 '르 불규칙'에 해당해요.
② '이르-' + '-어' → '이르러': 어간 '이르-'는 그대로 있고, 어미 '-어'만 '-러'로 바뀌었어요. '러 불규칙'에 해당해요. '구르-' + '-어' → '굴러': 어간 '구르-'에서 'ㅡ'가 탈락하고, 'ㄹ'이 생겼어요. 어간이 변화한 '르 불규칙'에 해당해요.
③ '휘두르-' + '-어' → '휘둘러': 어간 '휘두르-'에서 '-'가 사라지고 'ㄹ'이 생겼어요. 어간이 변화한 '르 불규칙'에 해당해요. '자르-' + '-아' → '잘라': 어간의 '자르-'에서 '-'가 사라지고 'ㄹ'이 생겼어요. 어간이 변화한 '르 불규칙'에 해당해요. 둘 다 '르 불규칙'으로 불규칙 활용 유형이 같아요.
④ '부르-' + '-어' → '불러': 어간 '부르-'에서 'ㅡ'가 탈락하고, 'ㄹ'이 생겼어요. 어간이 변화한 '르 불규칙'에 해당해요. '푸르-' + '-어' → '푸르러': 어간 '푸르-'는 그대로 있고, 어미 '-어'만 '-러'로 바뀌었어요. '러 불규칙'에 해당해요.

099 1 2 3

정답 ②

해설 ① '가니'의 기본형은 '갈다'로, 'ㄹ 규칙' 활용을 해요. 'ㄹ 규칙'은 'ㄴ, ㄹ, ㅂ, 시, 오'로 시작하는 어미 앞에서 'ㄹ'이 탈락하는 것이죠. '갈다'는 '가니, 가는, 가시오, 가오, 갑니다'와 같이 활용해요.
② '불은 국수'에서 '불은'의 기본형은 '붇다'인데, 모음 어미 앞에서 'ㄷ'이 'ㄹ'로 바뀌는 'ㄷ 불규칙' 활용을 하여 '불은'이 된 것이에요. '불다'는 '바람이 일어나서 어느 방향으로 움직이다.'라는 의미이고, '붇다'는 '물에 젖어서 부피가 커지다.'라는 의미죠.
③ '무엇이라고 말하다.'라는 의미의 '이르다'는 '일러'와 같이 활용해요. 모음 어미 앞에서 'ㅡ' 가 탈락한 다음 'ㄹ'이 덧생기는 '르 불규칙' 활용을 하는 것이죠. 반면 '장소나 시간에 닿다.'라는 의미의 '이르다'는 형태는 같지만 '러 불규칙' 활용을 해서 어미 '-어'가 결합할 때 어미 '-어'가 '-러'로 바뀌어 '이르러'가 돼요.
④ '들르다'는 '르 불규칙' 활용을 하는 용언으로, 모음 어미 앞에서 'ㅡ' 탈락 후 'ㄹ' 덧생겨서 '들러, 들러서, 들렀다가'와 같이 활용해요.

100 1 2 3

정답 ③

해설 ① '가까웠다'는 기본형이 '가깝다'로 'ㅂ 불규칙 용언'이에요. '가까웠다'가 맞는 표기예요.
② '잘되어서'의 축약형은 '잘돼서'가 맞는 표기예요.
③ '쓰다'는 '씌어'(쓰+이 → 씌)와 '쓰여'(이어 → 여) 모두 맞는 표기예요.
④ '생각건대'는 '생각하건대'에서 '하'가 통째로 줄어드는 경우에 해당해요. '생각건대'가 바른 표기예요.

101 1 2 3

정답 ③

해설 ① '-ㄹ래'는 장차 어떤 일을 하려고 하는 스스로의 의사를 나타내거나 상대편의 의사를 묻는 데 쓰이는 종결 어미예요.
② '-대'는 어떤 사실을 주어진 것으로 치고 그 사실에 대한 의문을 나타내는 종결 어미예요.
③ '오래'는 '오라고 해'의 준말로, 다른 사람의 말을 전달한 것이에요. '돌아가재'도 '돌아가자고 해'의 준말로, 다른 사람의 말을 전달한 것이므로 〈보기〉와 같은 구성방식으로 이루어진 것이에요.
④ '-데'는 화자가 직접 경험한 사실을 나중에 보고하듯이 말할 때 쓰이는 말이에요. 반면 '-대'는 남이 말한 내용을 간접적으로 전달하는 데 쓰여요.

102 1 2 3

정답 ①

해설 ① 기본형이 '허구하다'이므로 '허구한'으로 활용해요.
② '벌여야겠구나'는 '벌이어야겠구나'의 준말이에요.
③ '서슴지'는 '서슴-'에 어미 '-지'가 붙은 형태로 적절해요.
④ '서투르다'에 관형사형 전성 어미 '-ㄴ'이 결합 '서투른'은 적절한 표기예요.

103 1 2 3

정답 ②

해설 ② '굽다'는 '구워, 구우니' 등으로 활용하는 'ㅂ' 불규칙 용언이에요. 어간만 불규칙적으로 바뀌는 것이에요. '파랗다'는 '파래, 파라니' 등으로 활용하는 'ㅎ' 불규칙 용언이므로 어간과 어미 모두 불규칙적으로 바뀌어요. '깨닫다'는 '깨달아, 깨달으니' 등으로 활용하는 'ㄷ' 불규칙 용언이에요. 어간만 불규칙적으로 바뀌어요. '푸르 '는 '푸르러, 푸르니' 등으로 활용하는 '러' 불규칙 용언이므로 어미만 불규칙적으로 바뀌어요.

3. 문장론

104 1 2 3

정답 ③

해설 ③'해진이는 울산에 산다'라는 문장과 '초희는 광주에 산다'라는 문장이 연결된 문장이에요. 두 개의 홑문장은 연결 어미 '-고'를 통해 대등하게 이어져있어요.

105 1 2 3

정답 ④

해설 ④ '빨리 달리기'는 명사절로 안긴 문장이에요. 여기서 '빨리'는 부사어예요. '키가 전봇대만큼 크다'는 서술절로 안긴 문장으로, 여기서 '전봇대만큼'은 부사어예요.

106 1 2 3

정답 ③

해설 ③ '영수가 애썼다'라는 문장이 '나는 사실을 알고 있다'라는 안은문장에 관형절로 안겨 있는 문장이에요. 안은문장에 안길 때 문장 성분이 생략되지 않았기에 동격 관형절이에요. 다른 문장들은 모두 문장 성분의 생략이 있는 관계 관형절에 해당해요.

107 1 2 3

정답 ②

해설 ② ㄱ과 은 모두 안긴 문장 속에 목적어가 없고, 안긴문장 전체가 목적어예요. ㄱ은 안긴 문장 '내가 시험에 합격하기를'이 목적어이고, ㄴ도 안긴 문장 '이곳이 교통사고 발생의 빈도가 잦음을'이 목적어예요.

108 1 2 3

정답 ③

해설 ① '예쁘다'는 한 자리 서술어예요. 필수적인 성분은 주어예요.
② '보다'는 두 자리 서술어예요. 필수적인 문장 성분은 '주어, 목적어, 서술어'예요.
③ '주다'는 세 자리 서술어예요. 필수적인 문장 성분은 '주어, 목적어, 필수 부사어, 서술어'예요.
④ '경전철이 언제 개통될지'는 명사절로 안긴 문장으로, '개통되다'의 주어는 '경전철이'에요. '개통되다'의 주어가 2개라는 설명은 적절하지 않아요.

109 1 2 3

정답 ①

해설 ① '시에서'의 문장 성분은 서술어 '심었다'의 주체가 되므로 주어예요. '에서'는 단체를 나타내는 명사 뒤에 붙어 앞말이 주어임을 나타내요.
② '활짝'의 문장 성분은 서술어 '피었다'를 수식하는 부사어예요.
③ '소리도 없이'는 부사절로 안겨 서술어 '진다'를 수식해요. 전체 문장 안에서 부사어로 기능해요.
④ '그곳에서'는 서술어 '즐겼다'를 수식하는 부사어예요.

110 1 2 3

정답 ②

해설 ① '밥도'는 서술어 '안 먹고'의 대상으로 '무엇을'에 해당하는 목적어예요.
② '마음만은'은 서술어 '날아갈 것 같다'의 주체에 해당해요. '무엇이'에 해당하므로 주어예요.
③ '물만'은 서술어 '주었다'의 대상으로, 내용상 '무엇을'에 해당하므로 목적어예요.
④ '사투리까지'는 안긴문장의 서술어 '싫어할'의 대상이므로 '무엇을'에 해당하는 목적어예요.

111 1 2 3

정답 ③

해설 ① '그의 제안을 수용할지를'은 목적어 역할을 해요.
② '바람이 불기를'은 목적어 역할을 하는 명사절이에요.
③ '건강하지를'은 서술어예요.
④ '일이 어렵고 쉽고'는 '무엇을'에 해당하므로 문장 안에서 목적어 역할을 해요.

112 1 2 3

정답 ④

해설 ① '과연'은 문장 전체를 수식하는 문장 부사어예요.
② '엄마와'는 '닮았다'를 수식하는 성분 부사어예요.
③ '그러나'는 접속 부사어이고, '엄마와'는 성분 부사어예요.
④ ㉠은 '참으로'를 뜻하는 부사이고, ㉡은 '결과에 있어서도 참으로'를 뜻하는 부사예요. ㉢은 부사격 조사 '와'가 결합하여 부사어로 쓰였고, ㉣은 접속 부사이므로 모두 부사어예요.

113 1 2 3

정답 ②

해설 ① '까맣게'는 생략이 가능한 수의적 부사어예요.
② '굴다'는 필수 부사어를 요구하는 동사로, '비겁하게'는 서술어 '굴다'를 수식하는 필수 성분에 해당해요.
③ '격렬하게'는 생략이 가능한 수의적 부사어예요.
④ '시원하게'는 생략이 가능한 수의적 부사어예요

114 1 2 3

정답 ①

해설 ① 관형절 '비가 오는'의 수식을 받는 체언 '소리'는 관형절 안의 문장이 아니에요. 따라서 동격 관형절이에요.
② 관형절 '새로 맞춘'의 수식을 받는 '양복'이 관형절 안의 문장 성분이므로 관계 관형절이에요.
③ 관형절 '길에서 주운'의 수식을 받는 '지갑'은 관형절 안의 성분이므로 관계 관형절이에요.
④ 관형절 '지하철에서 만났던'의 수식을 받는 '사람'은 관형절 안의 성분이므로 관계 관형절이에요.

115 1 2 3

정답 ③

해설 ① '마음이 바뀌기는'은 명사절로, 안은문장에서 주어의 기능을 해요.
② '눈이 부시게'는 부사절로, '푸르다'를 수식하는 부사어의 기능을 해요.
③ 〈보기〉는 관형절을 안은 문장이고, 밑줄 친 부분은 '합격'을 수식하는 관형어로 기능해요. '그 사람이 잡은'이 명사 '손'을 수식하는 관형절이므로 〈보기〉의 밑줄 친 안긴문장과 같은 기능을 해요.
④ '내가 항복함'은 명사절로, 안은문장에서 부사어의 기능을 해요.

116 1 2 3

정답 ③

해설 ① '교정이 넓다'는 서술절로 서술어로 기능해요.
② '비가 오기를'은 명사절로 목적어의 기능을 수행해요.
③ '놀다 간'은 관형절로 명사 '자리'를 수식해요. 관형어는 주성분에 해당하지 않아요.
④ '대화가 어디로 튈지'는 문장의 목적어 역할을 하고 있으므로, 문장의 주성분으로 쓰인 것이에요.

117 1 2 3

정답 ③

해설 ① '내가 평소에 관심이 많았던'이라는 절이 명사구인 '중원 고구려비'를 수식하는 관형절이에요.
② '기념비라고'에서 인용절을 나타내는 조사가 붙은 인용절이에요.
③ '중원 고구려비가 이제 나라의 재산임을'은 목적어의 구실을 하는 명사절이에요.
④ '일반인들도 쉽게 알 수 있도록'은 서술어 '보여 주고 있다'를 수식하는 부사절이에요.

118 1 2 3

정답 ①

해설 ① '새'는 체언 '옷'을 꾸미는 관형사이고, '할아버지께'는 서술어 '드렸다'가 필요로 하는 필수적 부사어예요. 보조사 '께'와 높임의 의미를 지닌 '드렸다'를 통해 문장의 객체인 할아버지를 높이고 있어요.
② '옛'이라는 관형사가 있고 '아버지와'라는 필수적 부사어가 사용되었지만 객체를 높이는 서술어가 없어요.
③ 높임의 특수 어휘인 '모시고'를 서술어로 사용하여 객체인 '할머니'를 높이고 있고 '시장에'라는 필수적 부사어가 사용되었지만 관형사가 없어요.
④ '무슨'이라는 관형사가 있지만 필수적 부사어와 객체를 높이는 서술어가 없어요.

119 1 2 3

정답 ④

해설 ① 관형절의 꾸밈을 받는 명사가 관형절의 일부 성분이에요. 의미상으로 피수식어가 관형절의 주어에 해당하므로 관계 관형절에 해당해요.
② 관형절의 꾸밈을 받는 명사가 관형절의 일부 성분이에요. 의미상으로 피수식어가 관형절의 주어에 해당해요.
③ 관형절의 꾸밈을 받는 명사가 관형절의 일부 성분이 되는 관계 관형절이에요. 의미상으로 피수식어가 관형절의 주어에 해당해요.
④ '그 사람이 결국 실패했다.'는 꾸밈을 받는 명사 '사실'과 의미상 동격일 뿐 성분상 간섭하지 못하는 동격 관형절이에요.

120 1 2 3

정답 ⑤

해설 ① '아침에 널었던 빨래를 얼른 걷었다.'의 주어(나는)와 '일기 예보를 듣고'의 주어(나는)는 동일해요.
② 주어 '나는'이 생략되어 있어요.
③ 용언은 '듣고', '널었던', '걷었다'인데, 이를 수식하는 절은 없어요.
④ '듣고'는 목적어 '예보를'을 취하는 타동사이고, '널었던', '걷었다'는 '빨래를'을 목적어로 취하는 타동사예요.
⑤ '일기 예보를 듣다.'와 '아침에 널었던 빨래를 얼른 걷었다.'가 이어져 있으며

(접속), '아침에 널었던'은 관형절로 안긴(내포) 문장이에요.

121 1 2 3　정답 ①

해설 ① '물들다'는 주어와 부사어를 필수적으로 요구하는 두 자리 서술어예요.
② '읽다'는 주어와 목적어를 필수적으로 요구하는 두 자리 서술어예요.
③ '되다'는 주어와 보어를 필수적으로 요구하는 두 자리 서술어예요.
④ '여기다'는 주어와 목적어, 부사어를 필수적으로 요구하는 세 자리 서술어예요.

122 1 2 3　정답 ②

해설 ① ㉠은 홑문장이에요. '아이가'는 '보어'이고, '아니다'는 서술어예요.
② '닮다'는 필수 부사어를 필요로 하는 두 자리 서술어예요.
③ '사랑하다'는 주어, 목적어를 필요로 하는 두 자리 서술어예요.
④ 부사어 '영선이에게'와 목적어 '편지를'의 위치를 바꾸어도 문장이 성립해요.

123 1 2 3　정답 ③

해설 ① '같다'는 주어와 필수 부사어를 필요로 하는 두 자리 서술어예요.
② '되다'는 주어와 보어를 필요로 하는 두 자리 서술어예요.
③ '다르다'는 주어와 필수 부사어를 필요로 하는 두 자리 서술어예요.
④ '넣다'는 주어, 부사어, 목적어를 필요로 하는 세 자리 서술어예요.

124 1 2 3　정답 ②

해설 ① '아니다'는 주어와 보어가 필요한 두 자리 서술어예요.
② '주었다'는 주어와 목적어, 부사어를 요구하는 세 자리 서술어예요.
③ '먹었다'는 주어와 '목적어를 요구하는 두 자리 서술어예요.
④ '읽는다'는 주어와 목적어를 요구하는 두 자리 서술어예요.

125 1 2 3　정답 ④

해설 ① 안은문장의 주어는 '아버지는'이고 안긴문장의 주어는 '마음이'예요.
② 주어는 '아이는'이고 서술어는 '갔다'로 주술 관계가 한 번만 나타나는 홑문장이에요.
③ ㉢에서 안긴문상은 '그가 담임 선생님임'인데, 안긴문장은 명사절로 안겨서 목적어로 기능하고 있어요. ㉣에서 안긴문장은 '어머니가 선물로 주신'인데, 관형절로 안겨서 관형어로 기능하고 있어요.
④ 안긴문장 '어머니가 선물로 주신'의 목적어는 '가방을'인데, 안긴문장의 목적어와 안은문장의 목적어와 같아서 생략되었어요.

126 1 2 3　정답 ③

해설 ① ㉠에서 안긴 문장은 '시원한'인데 '시원한'이 수식하는 체언 '비'는 앞의 관형절에서 주어의 기능을 해요. 따라서 이것은 주어가 생략된 안긴문장이 있는 것이에요.
② '소리도 없이'가 부사절로 안긴 문장이에요.
③ '내가 사과를 산'이 관형절로 안긴 문장이고, '시장은'은 앞 관형절에서 부사어의 기능을 해요. 따라서 부사어가 생략된 안긴문장이 있는 것이에요.
④ '내가 만난 친구는'은 주어부이고, '마음이 정말 따뜻하다'는 서술어부예요. 그런데 서술어부에서도 주어와 서술어의 관계가 성립하므로 이것은 서술절로 안긴 문장이에요. 서술절은 절 표지가 없이 안기는 것이 특징이에요.

127 1 2 3　정답 ①

해설 ① '나는 밥을 먹고 학교에 갔다.'는 종속적으로 이어진 문장이에요.
② '어제는 눈이 왔고 오늘은 비가 온다.'는 대등하게 이어진 문장이에요.
③ '가을이 되면 단풍이 든다.'는 종속적으로 이어진 문장이에요.
④ '공원에 갔는데 사람들이 많았다.'는 종속적으로 이어진 문장이에요.

128 1 2 3　정답 ④

해설 ① '꽃이 피는'은 관형절로 안긴 문장으로, 전체 문장에서 '봄'을 수식하는 관형어로 기능해요.
② '재물을 보기'가 명사절로 안긴 문장으로, 전체 문장에서 목적어로 기능을 해요.
③ '누나가 시험에 합격했음'을 명사절로 안긴 문장으로, 전체 문장에서 목적어로 기능을 해요.
④ '운동을 매일 한다'와 '건강이 안 좋다'가 종속적으로 이어진 문장이에요.

129 1 2 3　정답 ②

해설 ① '그 일은 하기'는 명사절로 안긴 문장이에요. 전체 문장에서 주어로 기능해요.
② 종속적 연결 어미 '-면'으로 이어진 문장이에요.
③ '땀이 나도록'은 부사절로 안긴 문장이에요.
④ '인간이 존귀하다'는 인용절로 안긴 문장이에요.

130 1 2 3　정답 ②

해설 ② ㉠ '시계를 내게 보였다'는 사동사로, '시계를 내게 보게 했다'로 바꿀 수 있어요. ㉡ '하늘이 보였다'는 행위를 당하는 의미를 지니므로 피동사예요.

131 1 2 3　정답 ④

해설 ④ 피동사와 사동사는 '시킴'과 '당함'의 의미를 통해 구별할 수 있어요. '토끼'는 '사자'에게 무는 행위를 당한 것이므로, '물리다'는 사동사가 아니라 '피동사'예요.

132 1 2 3　정답 ②

해설 ① (나)의 '읽히다'는 동사 '읽다'의 어간 '읽-'에 사동 접미사 '-히-'를 결합한 사동사로 파생어예요. (라)의 '보이다'는 동사 '보다'의 어간 '보-'에 피동 접미사 '-이-'를 결합한 피동사로 파생어예요.
② (나)의 사동문에서 '읽는' 주체는 '나'이며, '나에게'는 생략이 불가능한 필수 부사어예요. 반면, (라)의 피동문에서 '보는' 주체는 '우리'인데, '우리에게'는 생략이 가능한 부사어예요. 따라서 피동문에서 행위의 주체에 해당하는 문장 성분이 필수적으로 제시된다는 설명은 적절하지 않아요.
③ 주동문을 사동문으로 바꾸면 주동문의 주어가 사동문의 부사어로 바뀌어요. 능동문을 피동문으로 바꾸면 능동문의 주어가 피동문의 부사어로 바뀌어요.
④ 주동문인 '내가 책을 읽었다.'의 서술어 '읽다'는 두 자리 서술어이고, 사동문 '선생님께서 나에게 책을 읽히셨다.'의 서술어 '읽히다'는 세 자리 서술어예요. 주동문이 사동문으로 전환될 때 서술어의 자릿수에 변화가 나타났어요. 능동문인 '우리가 산을 봅니다.'의 '보다'는 두 자리 서술어인데, 피동문인 '산이 우리에게 보입니다.'의 서술어 '보이다'는 한 자리 서술어예요. 따라서 능동문이 피동문으로 전환될 때 서술어의 자릿수에 변화가 생겼어요.

133 1 2 3　정답 ④

해설 ① ㉠의 '닦인'은 얼룩이 없어지게 문질러진 것이므로 ㉠에 해당해요.
② ㉡의 '닦였지만'은 때를 없애거나 몸을 문지르게 한 것이므로 ㉡에 해당해요.
③ ㉢의 '닦였다'는 '콧물이 훔쳐지다.'라는 의미로 쓰였으므로 ㉢에 해당해요.
④ ㉣의 '닦이지'는 '거죽의 물기가 훔쳐지다.'라는 의미로 쓰였으므로 ㉢에 해당해요.

134 1 2 3　정답 ②

해설 ① ㉠의 '젖혔다'는 어근 '젖-'에 사동 접미사 '-히-'가 붙은 사동사이고 '읽혔다'는 어근 '읽-'에 사동 접미사 '-히-'가 붙은 사동사예요.
② ㉡의 '맺힌'은 어근 '맺-'에 피동 접미사 '-히-'가 붙은 피동사이지만 '굽힌'은 어근 '굽-'에 사동 접미사 '-히-'가 붙은 사동사예요.
③ ㉢의 '넓혀'는 어근 '넓-'에 사동 접미사 '-히-'가 붙은 사동사이고 '괴롭혔다'도 어근 '괴롭-'에 사동 접미사 '-히-'가 붙은 사동사예요.
④ ㉣의 '조용히'는 어근 '조용-'에 부사 파생 접미사 '-히'가 붙은 부사예요. '나란히'도 어근 '나란-'에 부사 파생 접미사 '-히' 붙은 부사예요.

135 1 2 3　정답 ④

해설 ① 주어는 '목동'이고, 뜯는 행동을 한 것은 '양들'이에요. '목동'이 '양들'에게 풀을 뜯도록 시킨 것으로, 사동문에 해당해요.
② 주어는 '아이들'이고, 날려진 것은 '종이비행기'예요. '아이들'이 '비행기'를 날게 한 것으로 사동문에 해당해요.

③ 주어는 '태희'이고, 반지를 본 사람은 '유진'이에요. 주어인 '태희'가 반지를 본 것이 아니라, 다른 대상 '유진'이 반지를 보도록 한 것으로, 사동문에 해당해요. '보이다'는 피동사와 사동사가 모두 존재하는데, 이 문장에서는 '눈으로 대상의 존재나 형태적 특징을 알게 하다'라는 의미의 사동사로 쓰였어요.
④ 문장의 주어는 '보따리'이고, 서술어는 '들리다'예요. 주어인 '보따리'는 들림을 당하는 피동문이에요. 피동사 '들리다'는 '손에 가지게 된다.'라는 의미이고, 사동사 '들리다'는 '손에 가지게 하다.'라는 의미예요. 사동사의 경우 목적어를 필요로 하고, 피동사는 부사어를 필요로 해요.

136 1 2 3 정답 ③

해설 ① '읽혀진다'는 '읽다'에 사동 접미사 '-히-'가 결합하고, 피동의 의미를 나타내는 '-어지다'가 결합한 형태예요. 이 문장은 '이 책이 사람들에게 널리 잘 읽히어진다.'라는 의미로, 많은 이들에게 읽히고 있는 상태를 의미해요. '-어지다' 부분을 '-게 되다'로 바꾸어 보면 '이 책이 잘 읽게 된다.'와 같이 어색한 문장이 되고, 과정화의 의미가 드러나지 않아요.
② '쏟아지다'는 '물질이 그것이 들어 있는 용기에서 한꺼번에 바깥으로 나오다.'라는 의미로, 주어인 '우유'에게는 피동의 의미가 명확하죠. '방에 우유가 쏟게 되다.'로 바꾸어 보면 문장이 어색해지고, 과정화의 의미도 드러나지 않아요.
③ '가지지'는 '가다'에 '-어지다'가 결합한 형태로, 그 뒤에 보조 용언 '않다'가 결합하여 '가지지 않아요'가 되었어요. '-어지다'를 '-게 되다'로 바꿔보면 '가게 되지 않아요'가 되는데 문장이 자연스러워요. '-게 되다'로 바꾸었을 때는 피동의 의미보다 그 가게에 잘 가게 되지 않는다는 과정화의 의미가 부각되고 있어요.
④ '써진다'는 '쓰다'에 피동의 의미인 '-어지다'가 결합한 것으로, 일반적인 피동문이에요. 글씨의 입장에서는 써짐을 당하는 것으로, 피동의 의미가 명확해요. '이 연필은 글씨가 잘 쓰게 된다.'로 바꿔보면 문장이 어색해져요.

137 1 2 3 정답 ②

해설 ① 문장의 주어는 '그'이고, 소개한 행동을 한 것도 '그'예요. 사동문은 주어가 다른 대상에게 어떠한 동작을 하도록 시키는 것인데, 주어가 직접 소개하는 행동을 한 것이므로 '소개시켰다'라는 사동 표현을 쓰는 것은 부적절해요. '소개했다'로 수정하는 것이 적절해요.
② 문장의 주어는 생략되어 있어요. 원래는 '(주어가) 돌아오는 길에 병원에 들러 아이를 입원시켰다.'와 같은 문장이죠. 아이가 직접 입원한 것이 아니라, 다른 대상(예를 들면 엄마)이 아이가 입원을 하도록 시킨 것이죠. 따라서 적절한 사동 표현이에요.
③ 설득이라는 행동을 하는 주체는 문장의 주어예요. 주어가 다른 사람이 이해하도록 직접 행동한다는 의미이므로 사동 표현을 제외하고 '타인을 설득하는 건'으로 수정해야 해요.
④ 문장의 주어는 '우리'인데, 갈등을 해소해야 하는 것도 '우리'예요. 사동문에서 주어는 다른 대상에게 시켜야 하는데, 주어가 직접 해소시키는 행동을 하는 것이니 사동 표현은 적절하지 않아요. '우리는 ~ 갈등을 해소한다.'와 같이 표현하는 것이 적절해요.

138 1 2 3 정답 ①

해설 ① '승진하다'는 자동사이므로 이를 사동사로 바꾸기 위해서는 사동 접미사 '-시키다'를 활용하여 '승진시키다'로 써야 해요.
② '주차하다'는 타동사이므로 사동 접미사 '-시키다'와 결합할 필요가 없어요. '주차했다'로 수정해야 해요.
③ '해임하다'는 타동사이므로 사동 접미사 '-시키다'와 결합할 필요가 없어요. '해임할'로 수정해야 해요.
④ '단축하다'는 타동사이므로 사동 접미사 '-시키다'와 결합할 필요가 없어요. '단축할'로 수정해야 해요.

139 1 2 3 정답 ③

해설 ① 사동문에는 ㉡과 같이 '-게 하다'를 이용한 통사적 사동과 ㉣과 같이 파생 접사를 이용한 파생적 사동이 있어요.
② 주동문의 주어는 사동문에서 ㉡과 같이 부사어로 바뀌거나 ㉣과 같이 목적어로 문장 성분이 바뀌어요.
③ '넓다'는 형용사이고, 사동 접미사가 결합하여 '넓혔다'(넓-+-히+-었+-다)가 되었어요. 따라서 형용사도 사동화가 될 수 있어요.
④ 주동문인 ㉠은 두 자리 서술어이고, 사동문인 ㉡은 세 자리 서술어예요. 주동문인 ㉢은 한 자리 서술어이고, 사동문인 ㉣은 두 자리 서술어로 바뀌었어요.

140 1 2 3 정답 ②

해설 ② 이 문장에서 '당신'은 3인칭 재귀 대명사로, 2인칭 '당신'과 구분해야 해요. 이 문장에서는 앞에 나온 '할아버지'를 다시 지칭하는 3인칭 재귀칭으로 쓰였어요. 2인칭 '당신'은 '당신의 합격을 기원합니다.'와 같이 쓰여요.

141 1 2 3 정답 ⑤

해설 ⑤ '생신'은 높여야 할 대상인 '할머니'를 간접적으로 높이는 명사예요. '잡수다'는 행위의 주체인 '할머니'를 높이는 용언이에요.

142 1 2 3 정답 ④

해설 ④ '여쭙다'는 객체를 높이는 특수 어휘에 해당해요. 높임의 대상은 '시장님'으로 화자는 '시장님'보다 아랫사람이에요. 시장님은 나에게 여쭤보는 것이 아니라, 나에게 물어보는 것이 적절해요. 따라서 '저에게 물어보셨던'이라고 수정해야 해요.

143 1 2 3 정답 ②

해설 ① '선생님'을 높이기 위해 특수한 동사 '여쭈다'가 사용되었고, 객체 높임의 부사격 조사 '께'도 사용하였어요.
② '갔었니'는 하게체가 아니라 해라체 문장이에요. '갔었나'가 하게체 문장이에요.
③ ㉡과 ㉢은 해라체 문장이므로 '요'를 붙일 수 없어요.
④ ㉣의 '합시다'의 청유형 종결 어미 '-ㅂ시다'는 격식체 중 하오체 어미가 맞아요.

144 1 2 3 정답 ①

해설 ① 높임의 주격 조사 '께서'와 높임의 선어말 어미 '-시-'를 활용하여 주체인 '어머니'를 높이고 있어요. 객체인 '영희'를 높이는 표현이 없으므로 '-객체'도 맞지만 '주셨다'는 격식체 중 '해라체'에 해당하므로 '+상대'로 표시해야 해요.
② 주체인 '영희'를 높이는 표현이 없으므로 '-주체'가 맞아요. 높임의 부사격 조사 '께'와 '주다'의 높임말인 '드리다'를 활용해 객체인 '할머니'를 높이고 있으므로 '+객체'도 맞아요. '드렸다'는 격식체 중 '해라체'에 해당하므로 '+상대' 역시 적절해요.
③ 높임의 주격 조사 '께서'와 높임의 선어말 어미 '-시-'를 활용하여 주체인 '어머니'를 높이고 있으므로 '+주체'가 맞아요. 객체인 '영희'를 높이는 표현이 없으므로 '-객체'도 맞고, '주셨습니다'는 격식체 중 '하십시체'에 해당하므로 '+상대' 역시 맞는 분석이에요.
④ 높임의 주격 조사 '께서'와 높임의 선어말 어미 '-시-'를 활용하여 주체인 '어머니'를 높이고 있으므로 '+주체'가 맞아요. 높임의 부사격 조사 '께'와 '주다'의 높임말인 '드리다'를 활용해 객체인 '할머니'를 높이고 있으므로 '+객체'도 맞아요. '드리셨습니다'는 격식체 중 '하십시오체'에 해당하므로 '+상대' 역시 맞는 분석이에요.

145 1 2 3 정답 ③

해설 ① '께서'로 주체인 아버지를 높이고, '모시다'라는 특수 어휘를 통해 객체인 할머니를 높이고 있어요. '댁'은 아버지의 '집'을 높여 표현한 것으로 주체 높임에 해당해요. '들어가셨다'에서는 주체 높임의 선어말 어미 '-시-'가 있어요.
② '제가'는 자신을 내리는 겸양의 표현으로 듣는 상대를 높이려고 자신을 낮춘 것으로 상대 높임이에요. 높임의 부사격 조사 '께'와 '드리다'라는 특수 어휘를 통해 객체인 어머니를 높이고 있어요. 종결에서는 해요체를 사용하여 상대 높임도 드러나지만 주체 높임이 없어요.
③ '께서'는 높임의 주격 조사이고, '께'는 높임의 부사격 조사예요. 부사어나 목

적어는 서술어의 객체이므로 객체 높임법에 해당해요. '드리다'라는 특수 어휘는 객체인 아주머니에 대한 높임이고, '하셨습니다(하시었습니다)'에는 주체 높임의 선어말 어미 '-시-'가 쓰였어요. 또한 '-ㅂ니다'라는 종결 표현은 상대 높임의 하십시오체에 해당해요.
④ 서술의 주체는 '주민 여러분'이에요. 높임의 주격 조사 '께서'와 높임의 선어말 어미 '- 시-'를 통해 높이고 있어요. '제'와 '바랍니다'에서 상대 높임법이 드러나지만 객체 높임이 사용되지 않았어요.

146 1 2 3 정답 ④

해설 ① ㄱ에서 높임의 대상은 주체인 '할아버지'예요. 높임의 주격 조사 '께서'를 사용하여 주체를 높였고, '가셨습니다'에서는 높임의 선어말 어미 '-시-'를 사용하여 주체에 대한 높임을 표현하였어요. ㄴ에서 높임의 대상은 주체인 '선생님'으로 역시 주체를 높이는 주격 조사 '께서'를 사용하였어요. '집' 대신 높임의 명사 '댁'을 사용하고, '계시다'라는 특수 어휘를 사용하여 주체에 대한 높임을 표현하고 있기에 적절한 설명이에요.
② 듣는 이(청자)에 대한 높임은 종결 어미를 확인하면 돼요. ㄱ과 ㄴ은 하십시오체의 종결 어미 '-습니다'를 사용하였고, ㄷ은 하십시오체의 종결 어미 '-ㅂ시오'를 사용해서 듣는 이를 높이고 있어요. 또한 ㄷ은 '여러분'이라는 높임의 대명사를 사용해서 듣는 이를 높이고 있어요.
③ ㄴ은 '집'을 높이는 말인 '댁'을 사용하여 '선생님'을 높이고 있어요. ㄹ에서는 '모시다'라는 특수 어휘를 통해 높임의 대상인 '할머니'를 높이고 있기에 적절한 설명이에요.
④ ㄹ의 목적어는 '할머니'로 '모시다'라는 특수 어휘를 통해 객체인 '할머니'에 대한 높임을 표현하고 있어요. 하지만 ㄷ이 목적어를 높이고 있다는 설명은 적절하지 않아요. ㄷ에서 목적어는 '아이들'인데, '아이들'을 높이는 표현은 사용하지 않았어요. 하십시오체 종결 어미와 '여러분'이라는 높임의 대명사를 사용하여 듣는 이만 높이고 있으므로 적절하지 않은 선지예요.

147 1 2 3 정답 ②

해설 ① '가셨다'의 주체인 '할아버지'를 높이기 위해 주체 높임 선어말 어미인 '-시-'를 사용하였어요.
② 객체 높임법은 '드리다, 뵙다, 여쭈다, 모시다' 등 특정 동사에서만 가능해요. '갔어요'는 '-요'를 사용함으로써 청자를 높이는 상대 높임법이에요.
③ '있다'의 주어는 '지갑이'이고, 이는 '할머니'의 소유물이므로 '지갑'을 높여서 그 지갑의 소유자인 '할머니'를 높인 간접 주체 높임법이에요.
④ '보다'가 아닌 '뵙다'를 사용하여 목적어인 '선생님'을 높이는 객체 높임법이에요.

148 1 2 3 정답 ②

해설 ① ㄱ은 상대 높임법, ㄴ은 객체 높임법과 주체 높임법을 사용하였어요.
② ㄴ과 ㄷ은 모두 객체 높임법과 주체 높임법을 사용하였어요.
③ ㄷ은 객체 높임법과 주체 높임법을 사용하였고 ㄹ은 객체 높임법만 사용하였어요.

149 1 2 3 정답 ①

해설 ① 문장의 주어는 '내'로 말하는 화자예요. 주체 높임은 주체를 높이는 선어말 어미 '- 시-'를 사용하거나, 높임의 주격 조사 '께서'를 통해 표현해요. 하지만 이 문장에서는 주체 높임 선어말 어미를 사용하지 않았고, 주격 조사 역시 높임의 의미가 없는 '가'를 사용했어요. 따라서 [주체 -]로 표시해야 해요. 객체 높임은 문장의 부사어나 목적어를 높이는 것이에요. 제시된 문장에서 객체는 부사어인 '선생님'이에요. '선생님께'에서 높임의 의미가 담긴 부사격 조사 '께'를 사용하였고, '드리다'라는 특수 어휘를 사용했어요. 따라서 [객체+]로 표시할 수 있어요. 상대 높임은 말하는 이가 청자(숙희)를 높이거나 낮추는 방법을 말해요. '숙희야'에서 호격 조사 '야'를 사용하였는데, '야'는 손아랫사람이나 짐승 따위를 부를 때 쓰는 격 조사로, 상대에 대한 낮춤이 드러났기에 상대 높임은 실현된 것이에요. 하지만 문제에서는 상대 높임의 실현 여부를 물은 것이 아니라 '반말체'인지를 묻고 있어요. 해라체는 반말체이므로 [상대-]로 표시해야 해요.

150 1 2 3 정답 ④

해설 ① 의문형 어미 '-는가'는 상대 높임법 중 하게체에 해당해요.
② 평서형 어미 '-다네'는 상대 높임법 중 하게체에 해당해요.
③ 청유형 어미 '-세'는 상대 높임법 중 하게체에 해당해요.
④ 감탄형 어미 '-는구려'는 상대 높임법 중 하오체에 해당해요

151 1 2 3 정답 ①

해설 ① '보였다'를 사건시 기준으로 한다면 '운동하는'은 현재 시제예요. 운동을 하고 있을 때 보았던 것이므로 '보다'와 '운동하다'는 동일 시간에 벌어진 사건이에요. 따라서 '운동하는'의 상대 시제는 현재예요.

1. 국어의 특질

001 1 2 3 정답 ②

해설 ① '교착어'는 뜻을 나타내는 말에 문법적 관계를 나타내는 말을 덧붙여 문법적 구실을 나타내는 언어로 국어의 특징이에요.
② 국어는 음절 말에서는 한 개의 자음만 발음될 수 있어요. '값'은 자음군 단순화가 일어나 [갑]으로 발음돼요.
③ 국어는 담화 중심의 언어로 주어, 목적어 등이 흔히 생략돼요.
④ 국어는 '할머니, 외할머니, 증조할머니'등과 같이 가족 관계를 나타내는 친족어가 발달해 있어요.

002 1 2 3 정답 ④

해설 ① 장애음은 '평음–경음–격음'의 3항 대립을 보여요.
② '굴절어'는 단어의 어형과 어미의 변화로써 단어가 문장 속에서 가지는 여러 관계를 나타내는 언어를 말해요. 인도 · 유럽 어족에 속한 대부분의 언어가 이에 속하고, 국어는 해당하지 않아요.
③ 'ㄲ, ㄸ, ㅃ'은 두 개의 자음이 아니라 하나의 자음이에여요. 국어는 음절의 초성에 둘 이상의 자음이 올 수 없어요.
④ 영어는 소유 중심의 언어이지만, 한국어는 존재 중심의 언어예요. 화용론이란 의사소통 시 발화 맥락과 관련하여 문장의 의미를 분석하는 의미론의 한 분야를 말해요.

003 1 2 3 정답 ②

해설 ① 문장 성분, 문장 등과 관련된 특성이므로 형태적 특성이 아니라 통사적 특성이에요.
② 형태소, 단어, 품사 등과 관련된 특성은 형태적 특성이에요. 동사와 형용사의 활용은 단어, 품사와 관련된 내용이므로 형태적 특성이 맞아요.
③ 문장 성분의 순서와 관련된 특성이므로 통사적 특성에 해당해요. 통사적 특성은 문장 성분, 문장, 문법 요소 등과 관련된 특성이에요.
④ 어순과 관련된 특성이므로 통사적 특성이에요.

004 1 2 3 정답 ④

해설 ① 한국어는 조사와 어미로 문법적 관계를 표시하는 첨가어(교착어)가 맞아요.
② 서술절을 안은 문장은 주어가 잇달아 나타나는 문장 구성이에요. '의자가 다리가 네 개다.'처럼 주어가 잇달아 나타나는 문장 구성이 가능해요.
③ '예쁜 꽃'처럼 한국어에서 관형어는 항상 체언 앞에 와요.
④ 관형사와 부사는 형태가 고정돼 있어 활용하지 않아요. 활용하는 단어는 동사와 형용사, 서술격 조사 '이다'예요.

2. 어휘의 의미 관계

005 1 2 3 정답 ④

해설 ④ ㉠의 '쓰다'는 힘이나 노력 뒤의를 들인다는 의미이고 ㉡의 '쓰다'는 모자 따위를 머리에 덮는다는 의미예요. 서로 의미상 관련이 없는 동음이의 관계이죠. '귀가 먹어서'의 '먹다'는 '귀나 코가 막혀서 제 기능을 하지 못하게 되다'를 뜻하고, '마음을 먹어서'의 '먹다'는 '어떤 마음이나 감정을 품다'를 뜻하므로 의미적 연관성이 없는 동음이의 관계예요.

006 1 2 3 정답 ④

해설 ④ '있다'와 '없다'는 상보 반의어예요. 상보 반의어는 '남자:여자'와 같이 각각의 의미 사이에 중간항이 없는 반의 관계예요.

007 1 2 3 정답 ②

해설 ② 〈보기〉의 '좋다'는 '신체적 조건이나 건강 상태가 보통 이상의 수준'임을 의미해요. 이와 의미가 유사한 것은 '혈색이 좋다'의 '좋다'예요.

008 1 2 3 정답 ②

해설 ② ㉠ '나누어'는 '여러 가지가 섞인 것을 구분하여 분류하다'의 의미로 쓰였어요. 이와 유사한 의미를 가진 것은 '청군과 백군으로 나누어'의 '나누다'예요.

009 1 2 3 정답 ⑤

해설 ⑤ 〈보기〉의 '손'은 '어떤 사람의 영향력이나 권한이 미치는 범위'로 쓰였어요. 이와 유사한 의미로 사용된 것은 '그 일은 선배의 손에서 떨어졌다'의 '손'이에요.

010 1 2 3 정답 ③

해설 ① '동의 관계'는 둘 이상의 단어가 소리는 서로 다르지만 의미가 같거나 유사한 경우를 의미해요. 동의어는 의미가 유사하므로 문맥 속에서 바꾸어 쓸 수 있는 경우가 많아요. '근심'과 '시름'은 의미가 유사해 문맥 속에서 바꾸어 쓸 수 있으므로 동의 관계예요.
② '반의 관계'는 한 쌍의 단어 사이에 서로 반대되는 의미를 가지는 경우를 의미해요. 반의 관계는 둘 사이에 공통적인 의미 요소가 있으면서도 단 하나의 요소만 대조적이어야 성립해요. '볼록'과 '오목'은 '모양'이라는 공통적인 의미 요소가 있고, 각각 '조금 도드라지거나 쏙 내밀린 모양'과 '패거나 들어가 있는 모양'이라는 점에서 대조적이므로 반의 관계예요.
③ '상하 관계'는 두 개의 단어 중에서 '한 단어의 의미가 다른 단어의 의미를 포함하는 경우'를 의미해요. 다른 단어를 포함하는 단어를 '상위어'라 하고, 포함되는 단어를 '하위어'라 해요. '할아버지'와 '손자'는 '상위어'와 '하위어'가 아니며, 한쪽이 다른 쪽을 포함하거나 포함되는 관계가 아니므로 상하 관계가 성립되지 않아요.
④ '부분 관계'는 둘 이상의 단어가 전체와 구성 요소의 관계인 경우를 의미해요. '코'와 '얼굴'은 '부분'과 '전체'에 해당하므로 부분 관계가 성립돼요.

011 1 2 3 정답 ①

해설 ① 반의어는 상보 반의어, 등급 반의어, 방향 반의어가 있어요. 문제에서는 '일정한 방향성'을 이루고 있는 반의어를 찾으라고 했는데, 이건 '방향 반의어'를 말해요. 방향 반의어는 공간이나 이동의 측면에서 대립을 이루는 단어 쌍을 말해요. '위–아래'와 같이 두 단어가 상대적 관계를 지니면서 의미적인 대칭을 이루죠. A의 부정이 반드시 B가 되지 않고, B의 부정이 반드시 A가 되지 않는 것이 특징이에요. '성공'과 실패'는 방향 반의어가 아니라 등급 반의어라고 할 수 있어요.
② '시상'은 상을 주는 것이고, '수상'은 상을 받는 것이죠. 상을 주고받는 방향성이 나타나므로 방향 반의어에 해당해요.
③ 물건을 사고파는 것은 물건의 이동이라는 대립이 드러나는 것으로 반향 반의어에 해당해요.
④ 공격과 방어는 서로 맞선 방향을 전제로 의미적인 대칭을 이루고 있어요. 방향 반의어로 적절해요.

012 1 2 3 정답 ③

해설 ① 이 문장에서 '살다'는 장기라는 놀이에서 상대편에게 잡히지 않고 제 기능을 했다는 의미로 쓰였으므로 ㉠의 예문으로 적절해요.

② 이 문장에서 '살다'는 벼슬이라는 직분의 생활을 한다는 의미로 쓰였으므로 ㉡의 예문으로 적절해요.
③ 여기서 '살다'는 '본래 가지고 있던 색깔이나 특징 따위가 그대로 있거나 뚜렷이 나타나다.'라는 의미로 쓰였으므로 ㉢의 예문으로는 적절하지 않아요. '마음이나 의식 속에 남아 있거나 생생하게 일어난다.'라는 의미로 쓰인 예문은 '어렸을 때 배운 노래 한 구 절이 머릿속에 아직도 살아 있다.'가 적절해요.
④ 이 문장에서 '살다'는 움직이던 시계가 멈추지 않고 제 기능을 한다는 의미로 쓰였으므로 ㉣의 예문으로 적절해요.

013 1 2 3 정답 ③

해설 ① '깊다'가 문맥상 '어둠이나 안개 따위가 자욱하고 빡빡하다.'라는 뜻으로 사용되었어요. 따라서 '빛깔이 보통의 정도보다 흐릿하다.'라는 뜻의 '옅다'를 반의어로 삼은 것은 적절해요.
② '깊다'가 문맥상 '생각이 듬쑥하고 신중하다.'라는 뜻으로 사용되었어요. 따라서 '생각이나 언어, 행동이 침착하지 못하거나 진득하지 못하다.'라는 뜻의 '가볍다'를 반의어로 삼은 것은 적절해요.
③ '깊다'가 문맥상 '수준이 높거나 정도가 심하다.'라는 뜻으로 사용되었어요. 그런데 '가깝다'는 '어느 한 곳에서 다른 곳까지의 거리가 짧다.'나 '시간적으로 오래지 않다.' 같은 뜻을 지니고 있으므로 반의어로 적절하지 않아요. '가깝다'보다는 '병세나 상처 따위가 그다지 심하지 않다.'라는 뜻의 '가볍다'를 반의어로 삼는 것이 적절하다고 할 수 있어요.
④ '깊다'가 문맥상 '시간이 오래다.'라는 뜻으로 사용되었어요. 따라서 '이어지는 시간상의 한때에서 다른 때까지의 동안이 오래지 않다.'라는 뜻의 '짧다'를 반의어로 삼은 것은 적절해요.

014 1 2 3 정답 ①

해설 ① 반의어는 상보 반의어, 정도 반의어, 방향 반의어가 있어요. '크다/적다'는 크지도 않고 작지도 않은 중간 크기가 존재하기에, 두 단어를 동시에 부정하면 모순이 발생한다는 설명은 적절하지 않아요. '크다/적다'는 정도 반의어로, 중간이 있고 동시 부정이 가능하다는 특징이 있어요.
② '출발/도착'은 '관계, 이동, 공간' 등의 관계에 있어 대립이 되는 쌍으로, 방향 반의어예요. 출발도 도착도 하지 않은 상태가 존재하기에 한 단어의 부정이(출발하지 않았다) 다른 쪽 단어의 부정(도착하지 않았다)과 모순되지 않는다는 설명은 적절해요.
③ '참/거짓'은 상보 반의어로, 중간이 없고 동시 부정과 동시 긍정이 불가능하다는 특징이 있어요. 한 단어를 부정하면(참이 아니다) 다른 쪽 단어를 긍정(거짓이다)하는 것이 되지요.
④ '넓다/좁다'는 '크다/적다'와 같이 정도 반의어예요. 넓지도 않고 좁지도 않은 중간이 있고, 동시 부정이 가능하다는 특징이 있죠. 한 단어의 의미(넓다)는 다른 쪽 단어의 부정(좁지 않다)를 함의해요.

015 1 2 3 정답 ④

해설 ① 〈보기〉의 '짚다'는 지도 위에 있는 여러 부분 중 하나를 가리켰다는 의미예요. '가리키다'라는 말로 대체될 수 있어요. '이마를 가리키다'로 바꿔보면 문장이 자연스럽지 않아요. 또 이마는 여럿이 아니라 하나이기에 여러 부분 중 하나를 의미하지도 않아요. 여기서 '짚다'는 '손으로 이마나 머리 따위를 가볍게 눌러 대다.'의 의미로 쓰였어요.
② 그가 여러 개의 땅 중 하나를 짚은 것이 아니에요. 또한 '땅을 가리키다.'라고 바꿔보면 문장의 의미가 달라지지요. 여기서 '짚다'는 '바닥이나 벽, 지팡이 따위에 몸의 의지 하다.'라는 의미로 쓰였어요.
③ '속을 가리키다'로 바꿔보면 역시 문장이 어색해요. 여기서 '짚다'는 '상황을 헤아려 어떠할 것으로 짐작하다.'라는 의미로 쓰였어요.
④ '시험 문제를 가리키다.'로 바꿔보면 문장이 자연스러워요. 여러 개의 문제 중에서 하나를 짚어 가리켰다는 의미로, 문제에서 밑줄 친 단어의 쓰임과 유사해요.

016 1 2 3 정답 ③

해설 ① '먹지 못했다'의 '못하다'는 앞말이 뜻하는 행동에 대하여 그것이 이룰 능력이 없음을 나타내는 보조 동사예요.
② '잊지 못했다'의 '못하다'는 앞말이 뜻하는 행동에 대하여 그것이 이루어지지 않음을 나타내는 보조 동사예요.
③ '똑똑하지 못했다.'의 '못하다'는 형용사 뒤에서 '-지 못하다' 구성으로 쓰여 앞말이 뜻하는 상태에 미치지 아니함을 나타내는 보조 형용사예요.
④ '가지 못했다.'의 '못하다'는 앞말이 뜻하는 행동에 대하여 그것이 이루어지지 않거나 그것을 이룰 능력이 없음을 나타내는 보조 동사예요.

017 1 2 3 정답 ④

해설 ① ㄱ과 ㄷ은 동음이의어 관계예요.
② ㄴ과 ㅁ은 동음이의어 관계예요.
③ ㄷ과 ㄹ은 동음이의어 관계예요.
④ ㄹ과 ㅂ은 다의 관계예요. 다의 관계는 서로 의미가 밀접한 관련이 있어요.

018 1 2 3 정답 ②

해설 ① '쓰다'는 둘 이상의 의미를 지니고 있는 다의어예요. '어떤 일을 하는 데에 재료나 도구, 수단을 이용하다.'라는 것이 중심 의미죠. '사람에게 어떤 일을 하게 하다.'는 중심에서 파생된 주변 의미에 해당해요. '합성세제를 쓰지 않는다.'에서 '쓰다'는 중심 의미로 쓰인 것이고, '인부를 쓰지 않으면'의 '쓰다'는 주변 의미로 쓰인 것이에요.
② 밑줄 친 '다리'는 다리[1]과 다리[2]로 각각 사전에 등재되어 있는 동음이의어예요. '다리[1]'은 사람이나 동물의 몸통 아래 붙어 있는 신체의 부분을 의미하고, '다리[2]'는 물을 건너거나 또는 한편의 높은 곳에서 다른 편의 높은 곳으로 건너다닐 수 있도록 만든 시설물을 말하죠. 의자의 다리는 '다리[1]'이고, 한강 위에 있는 다리는 '다리[2]'에 해당해요.
③ '밝다'는 '불빛 따위가 환하다.'라는 중심 의미를 가지고 있어요. 중심 의미에서 파생된 '어떤 일에 대하여 잘 알아 막히는 데가 없다.'라는 주변 의미도 가지고 있는 다의어에 해당하죠. '방이 밝다'라는 것은 불빛이 환하다는 중심 의미로 쓰인 것이고, '계산에 밝다'라는 것은 잘 안다는 주변 의미로 쓰인 것이에요.
④ '뒤'는 다의어로, '향하고 있는 방향과 반대되는 쪽이나 곳.'이라는 중심 의미를 바탕으로 '보이지 않는 배후나 겉으로 드러나지 않는 부분, 일의 끝이나 마지막이 되는 부분, 어떤 일을 할 수 있게 이바지하거나 도와주는 힘.' 등의 주변 의미를 가지고 있어요. '뒤로 갈수록'에서 '뒤'는 끝이나 마지막 부분이라는 주변적 의미로 쓰인 것이고, '뒤를 봐준다.'에서 '뒤'는 어떤 일을 할 수 있게 돕는다는 주변적 의미로 쓰였어요.

019 1 2 3 정답 ①

해설 ㉠ 혼돈: 마구 뒤섞여 있어 갈피를 잡을 수 없음. 또는 그런 상태 / 혼동: 구별하지 못하고 뒤섞어서 생각함. 서로 뒤섞이어 하나가 됨.
➲ 외래문화가 무분별하게 들어와서 가치관이 마구 뒤섞인 상태를 초래했다는 의미이므로 '혼돈'이 적절해요. '혼동'은 여럿 가운데서 헷갈리는 상황에서 주로 쓰여요.
㉡ 지양: 더 높은 단계로 오르기 위하여 어떠한 것을 하지 아니함. / 지향: 어떤 목표로 뜻이 쏠리어 향함. 또는 그 방향이나 그쪽으로 쏠리는 의지.
➲ 세대 간의 갈등은 없애야 하는 대상이므로, 하지 않는다는 의미를 가진 '지양'을 쓰는 것이 적절해요.
㉢ 개발: 토지나 천연자원 따위를 유용하게 만듦. / 계발: 슬기나 재능, 사상 따위를 일깨워 줌.
➲ 자연을 유용하게 만든다는 의미이므로 '개발'을 쓰는 것이 적절해요. '개발'은 주로 물리적인 것에 쓰이고, '계발'은 '외국어 능력의 계발, 자기 계발, 상상력 계발'과 같이 사람에게 쓰여요.

020 1 2 3 정답 ③

해설 ③ '온'은 숫자 '백'을 의미하는 것에서 '전체'로 의미가 확대되었어요. '메'는 '밥'에서 '제사밥'으로 의미가 축소되었고, '인정'은 '뇌물'이라는 의미에서 '남을 동정하는 마음'으로 의미가 이동했어요.

021 1 2 3 정답 ①

해설 ① 식당에서 여성 종업원을 '이모'라고 부르는 것은 기존 어휘에 새로운 의미가 추가되어 어휘의 의미가 확대된 것이에요. '이모'는 어머니의 여자 형제를 이르는 말인데, 최근에는 식당에서 여성 종업원을 부르는 말로도 사용되고 있으므로 '이모'라는 어휘의 의미가 확대된 것이에요. 〈보기〉에서는 시대에 따라 언어가 변화한다는 언어의 역사성을 설명하고 있으므로 '이모'는 〈보기〉의 예시로 가장 적절해요.

022 1 2 3
정답 ④

해설 ④ '맛비'는 '여름철에 여러 날을 계속해서 비가 내리는 현상'과 '내리는 비' 두 가지 의미를 모두 가지고 있었어요. 그러다가 형태의 일부가 덧붙어지면서 '장맛비'가 되었고, '장마 때에 오는 비'라는 한 가지 의미만 갖게 되었어요. 형태의 일부가 덧붙여지면서 전체의 의미가 변화한 예에 해당해요.

023 1 2 3
정답 ②

해설 ① '가을걷이'는 가을에 익은 곡식을 거두어들이는 '추수'와 동의어예요. 어느 한쪽이 소멸되지 않고 동의어로 공존하고 있어요.
② '말미'와 '휴가'는 유의어 관계에 해당하고, 두 단어 모두 현재 쓰이고 있어요. '말미'는 일정한 직업이나 일 따위에 매인 사람이 다른 일로 말미암아 얻는 겨를을 뜻하고, '휴가'는 직장이나 학교 등의 단체에서 일정한 기간 동안 쉬는 일을 말해요.
③ '얼굴'은 원래 전신을 의미했어요. 하지만 현대에서는 '안면'만을 의미하죠. 몸 전체에서 얼굴로 의미가 축소된 경우예요.
④ '겨레'는 원래 친척만을 의미하였는데 지금은 의미가 확대되어 '민족'을 의미해요.

024 1 2 3
정답 ②

해설 ① '됴타'는 '좋아하다'의 의미이고, '조타'는 '깨끗하다'의 의미예요.
② '디다'는 '떨어지다'의 의미이고, 구개음화가 일어난 '지다' 역시 '떨어지다'의 의미예요.
③ '녀름'은 '여름'을, '여름'은 '열매'라는 의미예요.
④ '소'는 '연못'을 의미하고, '쇼'는 동물인 '소'를 의미해요.
⑤ '믈'은 여럿의 모임인 '무리'를 뜻하고, '물'은 먹는 '물'을 의미해요.

025 1 2 3
정답 ①

해설 ① '살다'와 '죽다'의 중간 상태가 존재하지 않아요. 이런 반의어를 상보 반의어라고 해요.
② '높다'와 '낮다'의 중간 상태가 존재해요. 이런 반의어를 등급 반의어, 혹은 정도 반의어라고 해요.
③ '늙다'와 '젊다'의 중간 상태가 존재하는 등급 반의어예요.
④ '뜨겁다'와 '차갑다'의 중간 상태가 존재하는 등급 반의어예요.

026 1 2 3
정답 ①

해설 ① '發送(발송)'은 '물건, 편지, 서류 따위를 우편이나 운송 수단을 이용하여 보냄.', '郵送(우송)'은 '우편으로 보냄.'의 뜻이므로 둘은 유의 관계예요.
② '供給(공급)'은 요구나 필요에 따라 물품 따위를 제공하는 것이고, '需要(수요)'는 어떤 재화나 용역을 일정한 가격으로 사려고 하는 욕구이므로 반의 관계예요.
③ '脫退(탈퇴)'는 관계하고 있던 조직이나 단체 따위에서 관계를 끊고 물러나는 것이고, '加入(가입)'은 조직이나 단체 따위에 들어가는 것이므로 반의 관계예요.
④ '惡化(악화)'는 일의 형세가 나쁜 쪽으로 바뀌는 것이고, '好轉(호전)'은 일의 형세가 좋은 쪽으로 바뀌는 것이므로 반의 관계예요.

027 1 2 3
정답 ③

해설 ① 밑줄 친 부분을 '수리하다'로 바꿔보면 '입식으로 수리하다'가 되는데 '입식으로 고치다'와 의미가 달라져요. 고장이 난 것을 고쳐 원래대로 만드는 것과 손질하여 다른 것이 되게 하는 것은 다르죠. 선지의 '고치다'는 '본디의 것을 손질하여 다른 것이 되게 하다.'라는 뜻으로, '바꾸다'와 유사한 의미로 쓰였어요.
② '우리말'은 '시계'처럼 고장이 나거나 못 쓰게 되는 대상이 아니에요. 또한 '수리하다'로 바꿔보면 어색해요. 여기서 '고치다'는 '이름, 제도 따위를 바꾸다.'라는 의미로 쓰였어요.
③ '자동차'는 '시계'와 마찬가지로 고장이 나거나 못 쓰게 되면 손질하여 쓸 수 있는 대상이에요. '수리하다'로 바꿔보아도 '자동차를 수리하다'로 자연스러워요. '시계를 고치다'와 마찬가지로 고장이 나거나 못 쓰게 된 물건을 손질하여 제대로 되게 한다는 의미로 쓰였어요.
④ '법'은 '시계'처럼 수리할 수 있는 대상이 아니에요. '법을 고치다'에서 '고치다'는 기존의 것을 바꾼다는 의미로 쓰였어요. 비슷한 다른 말로 바꿔보면 '수리하다'가 아니라 '바꾸다'가 적절하죠. 밑줄 친 '고치다'는 '이름, 제도 따위를 바꾸다.'라는 의미로 쓰였어요.

028 1 2 3
정답 ③

해설 ① ㉠에서 '잡다'는 '짐승을 죽이다'라는 의미로 쓰였어요. 유의어와 예문이 모두 적절해요.
② ㉡에서 '잡다'는 '손으로 움키고 놓지 않다.'라는 중심 의미로 쓰인 것으로, 예문과 유의어가 적절하게 연결되어 있어요.
③ ㉢에서 '잡다'는 '담보로 맡다.'라는 의미로 쓰였어요. '토지를 담보물로 잡다. 은행에서는 고객의 집을 담보로 잡고 돈을 빌려주었다.'와 같이 쓰여서 담보로 맡았다는 의미를 드러내죠. '어림하다'는 '대강 짐작으로 헤아리다.'라는 의미인데, 예문으로 제시된 문장에서 '잡다'는 '담보로 맡다'의 의미이니, 유의어와 예문의 연결이 올바르지 않아요.
④ ㉣에서 '잡다'는 '기세를 누그러뜨리다.'라는 의미로 쓰였어요. '진압하다'는 '강압적인 힘으로 억눌러 진정시키다.'라는 의미로, 두 단어는 의미가 유사하다고 볼 수 있어요.

029 1 2 3
정답 ②

해설 ① '딴'은 '아무런 관계가 없이 다른' 것을 뜻하고, '전'은 물건을 벌여 놓고 파는 가게를 뜻해요. 즉 딴전은 '다른 가게'라는 의미예요.
② '딴전'과 '딴청'이 모두 널리 쓰이므로 둘 다 표준어로 삼아요.
③ '딴전'은 어떤 일을 하는 데 그 일과는 전혀 관계없는 일이나 행동을 뜻하는 명사로 '딴청'과 비슷한 말이에요. '딴전'과 '딴청'은 유의 관계예요.
④ '딴청 피우다'와 같이 '딴청'은 '피우다'와 자연스럽게 어울려요.

030 1 2 3
정답 ①

해설 ① '수사'는 미적 표현을 위하여 문장과 언어를 꾸미는 것으로 그중 '은유'는 사물의 상태나 움직임을 암시적으로 나타내는 수사법에 속하므로 '수사'와 '은유'는 포함 관계예요.
② '친숙'은 친하여 익숙하고 허물이 없다는 뜻이고, '생경'은 두 사람 사이에 불화가 생김을 뜻하므로 반의 관계예요.
③ '비옥'은 땅이 걸고 기름지다는 뜻이고, '척박'은 땅이 기름지지 못함을 뜻하므로 반의 관계예요.
④ '달변'은 능숙하여 막힘이 없다는 뜻이고, '눌변'은 더듬거리는 서툰 말솜씨를 뜻하므로 반의 관계예요.

031 1 2 3
정답 ①

해설 ① 이 문장에서 '터'는 용언의 관형사형 어미 '-을'의 뒤에서 주로 서술격 조사 '이다'와 결합하여 '터이다'의 꼴로 쓰여 '예정'이나 '추측', '의지' 따위의 뜻을 나타내는 말이에요.
② '터'는 어미 '-는'의 뒤에 쓰여 '처지'나 '형편'의 의미를 나타내요.
③ '터'는 어미 '-은'의 뒤에 쓰여 '처지'나 '형편'의 의미를 나타내요.
④ '터'는 어미 '-은'의 뒤에 쓰여 '처지'나 '형편'의 의미를 나타내요.

032 1 2 3
정답 ②

해설 ① '광정(匡正)'은 '잘못된 것이나 부정(不正) 따위를 바로잡아 고침'의 의미이고, '확정(廓正)'은 '잘못을 바로잡음.'의 의미이므로 유의 관계예요.
② '부상'은 '중국 전설에서, 해가 뜨는 동쪽 바닷 속에 있다고 하는 상상의 나무. 또는 그 나무가 있다는 곳'을 뜻하며, '함지'는 '해가 진다고 하는 서쪽의 큰 못'을 뜻해요. '부상(扶桑)'과 '함지(咸池)'는 반의 관계예요.
③ '중상(中傷)'은 '근거 없는 말로 남을 헐뜯어 명예나 지위를 손상시킴.'의 의미이고, '비방(誹謗)'은 '남을 비웃고 헐뜯어서 말함.'의 의미이므로 유의 관계예요.
④ '갈등(葛藤)'은 '칡과 등나무가 서로 얽히는 것과 같이, 개인이나 집단 사이에 목표나 이해관계가 달라 서로 적대시하거나 충돌함.'의 의미이고, '알력(軋轢)'은 '서로 의견이 맞지 아니하여 사이가 안 좋거나 충돌하는 것을 이름.'의 의미이므로 유의 관계예요.

033 1 2 3 정답 ③

해설 ① '발이 넓다'의 '발'은 '사람이나 동물의 다리 맨 끝부분'이라는 뜻이에요. 그리고 '발을 재촉하며'의 '발'은 '걸음'을 비유적으로 이르는 말로 사용되었어요. 따라서 하나의 단어에 관련성이 있는 여러 가지 뜻이 있는 다의 관계예요.
② '고향으로 가는 길'의 '길'은 '걷거나 탈것을 타고 어느 곳으로 가는 노정(路程)'이라는 뜻으로 사용되었어요. 그리고 '풀어낼 길'의 '길'은 '방법이나 수단'이라는 뜻으로 사용되었어요. 따라서 의미 간에 유사성이 있으므로 다의 관계예요.
③ 〈보기〉의 ㉠과 ㉡은 소리는 같지만 의미 간에 아무런 관련성이 없는 동음이의 관계예요. '다리에 쥐가 났다'에서 '다리'는 신체의 부분을 뜻하며, '다리를 건넜다'에서 '다리'는 '건너다닐 수 있도록 만든 시설물'을 뜻해요. 따라서 ③의 '다리'는 〈보기〉와 같이 동음이의 관계예요.
④ '손'은 각각 신체의 일부분과 '일손(일을 하는 사람)'의 뜻으로 사용되었어요. 따라서 의미 간에 유사성이 있으므로 다의 관계예요.

034 1 2 3 정답 ④

해설 ① 좋은 '습관'은 '성공'의 요인이에요.
② '장난감 블록'은 '책'을 재발견하기 위한 모습이에요.
③ '손'은 '돌' 속에서 끄집어내려고 하는 대상이에요.
④ 〈보기〉의 '액자'는 '그림'이 답답해 보이지 않게 만들어 주는 역할을 하고 있어요. '그림'을 돋보이게 해 주는 것이지요. '옷차림'도 '내면'을 돋보이게 만들어 주는 역할을 하고 있어요.

035 1 2 3 정답 ②

해설 ① '분분(紛紛: 의견 따위가 많아 갈피를 잡을 수 없음)'과 '합치(合致: 일치하다)'는 반의 관계예요.
② 인간의 이성 작용인 '사고(思考)' 중 '비판(批判)'은 옳고 그름을 판단하여 밝히거나 잘못된 점을 지적하는 이성 작용이므로 포함 관계라고 볼 수 있어요.
③ '겸손(謙遜: 남을 존중하고 자기를 내세우지 않는 태도가 있음)'과 '오만(傲慢: 태도나 행동이 건방지거나 거만함)'은 반의 관계예요.
④ '결미(結尾, 글의 끝 부분)'와 '모두(冒頭, 말이나 문장의 첫머리)'는 반의 관계예요

036 1 2 3 정답 ③

해설 ① '남성–여성'은 상보 반의어이고, '알다–모르다, 빠르다–느리다'는 정도 반의어예요.
② '높다–낮다, 밝다–어둡다'는 정도 반의어이고, '오르다–내리다'는 방향 반의어예요.
③ 〈보기〉에서 설명한 것은 서로 겹칠 수 없는 두 구역으로 양분하는 상보 반의어예요. ③에서 제시된 단어들은 모두 개념 영역을 서로 다른 두 구역으로 양분하여 표현한 상보 반의어예요.
④ '아래–위, 주다–받다'는 방향 반의어이고, '부모–자식'은 축을 중심으로 두 대상 간의 관계를 나타내는 상관 반의어예요.
⑤ '좋다–싫다, 깨끗하다–더럽다, 맞다–틀리다'는 정도 관계의 반의어예요

3. 국어사

037 1 2 3 정답 ②

해설 ② '남 · ᄀᆞᆫ', 'ᄇᆞᄅᆞ · 매', '므 · 른', 'ᄀᆞᄆᆞ · 래'에서 모음 조화가 지켜지고 있어요. 모음 조화란 양성 모음은 양성 모음기리, 음성 모음은 음성 모음끼리 어울리는 현상을 말해요.

038 1 2 3 정답 ①

해설 ① 객체 높임은 문장에서 주어의 행위가 미치는 대상을 높여 표현하는 것이에요. 중세 국어에서는 '–ᄉᆞᆸ–'과 같은 선어말 어미를 통해 객체 높임을 표현하였으나 현대 국어에서는 특수 어휘를 써서 표현해요.

039 1 2 3 정답 ④

해설 ① '孔子(공ᄌᆞ) ㅣ'의 현대어 풀이는 '공자가'예요. 따라서 'ㅣ'가 주격 조사의 기능을 하고 있음을 알 수 있어요.
② 'ᄉᆞᆯᄒᆞᆫ(살은)'은 'ᄉᆞᆯㅎ+ᄋᆞᆫ'으로 형태소가 분석돼요. 이를 볼 때 'ᄉᆞᆯㅎ'은 종성이 'ㅎ'으로 끝나는 체언임을 알 수 있어요.
③ '받ᄌᆞ온(받은)'은 '받+ᄌᆞᆸ+온'으로 형태소 분석이 되는데, 이때 '–ᄌᆞᆸ–'이 객체 높임 선어말 어미예요.
④ 'ᄡᅥ(써)'에는 'ㅄ'이라는 어두 자음군이 사용되었어요. 하지만 당시에 두 개 자음을 하나의 자음처럼 발음했는지 여부는 알 수 없고, 어두 자음군이 된소리로 변했다는 점만 알 수 있어요.

040 1 2 3 정답 ③

해설 ① 중세 국어에서 체언 말음에 'ㅎ'을 가진 단어들이 'ㄱ, ㄷ'으로 시작하는 조사와 결합할 때에는 'ㅎ' 말음이 뒤에 오는 조사와 결합하여 'ㅋ, ㅌ'으로 축약된다고 했으므로, 현대 국어의 '하늘과 땅도'는 중세 국어에서는 '하ᄂᆞᆯ콰 ᄯᅡ토'로 표기되었을 거예요.
② 중세 국어에서 체언 말음에 'ㅎ'을 가진 단어들이 복합어에 흔적이 남아 있는 경우가 있다고 했으므로, '수캐, 수탉'의 단어들을 보면 '수'도 중세 국어에서는 '숳'이었을 거예요.
③ 중세 국어에서 체언 말음에 'ㅎ'을 가진 단어들 중에는 현대 국어에서 '셋이, 셋으로'처럼 'ㅅ'으로 나타나기도 했어요. '셓'은 중세 국어에서 모음이나 매개 모음으로 시작하는 조사 앞에서는 연음이 되어 나타난다고 했으므로, '세히, 세흐로'로 표기되었을 거예요.
④ 현대 국어의 '나무'에 해당하는 중세 국어 '나모'는 '와'를 제외한 모음으로 시작하는 조사와 결합할 때는 '낡'으로 나타나서 '남기, 남ᄀᆞᆫ, 남ᄀᆞᆯ'로 표기하였지만, 현대 국어에서는 '나무가, 나무는, 나무를'과 같이 하나의 형태로 고정되게 되었어요. 따라서 '나모'가 중세 국어에서 '와'를 제외한 모음으로 시작하는 조사와 결합하던 형태가 현대 국어로 오면서 사라졌어요.
⑤ 중세 국어의 '구무'도 '나무'와 동일한 양상을 보여 준다고 했으므로, 자음으로 시작하는 조사나 '와'와 결합할 때는 '구무'로 나타나서 '구무도, 구무와'와 같이 쓰이고, '와'를 제외한 모음으로 시작하는 조사와 결합할 때는 '굼'으로 나타나서 '굼기, 굼근'과 같이 쓰였을 거예요.

041 1 2 3 정답 ②

해설 ㉠ 블: 음성 모음 'ㅡ'에는 '에'가 쓰이므로 '브레'
㉡ 머리: 중성 모음 'ㅣ'에는 '예'가 쓰이므로 '웃닛머리예'
㉢ ᄆᆞᅀᆞᆷ: 양성 모음 'ㆍ'에는 '애'가 쓰이므로 'ᄆᆞᅀᆞ매'

042 1 2 3 정답 ④

해설 ① '받침 있는 어간(깂)'에 '어미(은)'를 이어적기 한 예로 '기 · 픈'을 들 수 있어요.
② 구개음화는 현재 끝소리가 'ㄷ, ㅌ'인 형태소가 모음 'ㅣ'나 반모음 'ĭ'로 시작되는 형식 형태소와 만나 'ㄷ, ㅌ'이 'ㅈ, ㅊ'이 되는 현상으로서, 17세기 초부터 나타나요.
③ 'ᄡᅮ메'는 'ᄡᅳ(어간)+움(명사형 어미)+에(부사격 조사)'로 분석할 수 있어요.
④ 주격 조사에 '히'는 없어요. 'ㅎ' 종성 체언은 단독형으로 쓰이면 'ㅎ'이 없어지고, 조사와 결합할 때는 '내히, 돌히'처럼 'ㅎ'이 나타나요.

043 1 2 3 정답 ②

해설 ① ㉠ '累仁開國(누인개국)하샤'는 현대어로 풀이해 보면 '누인개국하시어'가 돼요. 여기서 '–샤'는 주체 높임 선어말 어미 '–시–'에 연결 어미 '–아'가 결합한 것으로, 현대 국어의 어미 '–시어'에 대응돼요. 참고로 중세 국어의 주체 높임은 '–시–'와 '–샤–'가 있 는데, '–시–'는 자음 어미 앞에서 나타나고(믈리시니ᅌᅵ다), '–샤–'는 모음 어미 앞에 서 나타나요.(六龍이 ᄂᆞᄅᆞ샤)
② ㉡ '敬天勤民ᄒᆞ샤'는 현대어로 풀이해 보면 '敬天勤民(경천근민)하시어야'가 돼요. 'ᄒᆞ샤ᅀᅡ'의 'ᄒᆞ샤'는 ㉠과 마찬가지로, 주체 높임 선어말 어미 '–시–'에 연결 어미 '–아' 가 결합한 것으로, 현대 국어의 어미 '–시어'에 대응해요. 'ᅀᅡ'는 현대 국어에서 강조의 뜻을 더하는 보조사 '야'에 대응되므로 현대 국어의 '–서'와 대응된다는 설명은 적절하지 않아요.

③ ⓒ의 '-하'는 높임을 표현하는 호격 조사로, '임금이시여'로 풀이할 수 있어요. 따라서 현대 국어의 '-이시여'에 대응된다는 설명은 적절해요.
④ ⓔ의 '아ᄅᆞ쇼셔'는 현대 국어로 풀이하면 '아십시오'가 돼요. 현대 국어의 하십시오체 종결 어미 '-시오'와 대응해요. '-ᄒᆞ쇼셔'는 청자를 높이는 상대 높임법 'ᄒᆞ쇼셔체'의 명령형 종결 어미에 해당해요.

044 1 2 3

정답 ①

해설 ① 띄어쓰기는 1933년에 '조선어학회'가 제정 · 공표한 〈한글 맞춤법 통일안〉에서 규범화되었어요.
② 주격 조사 '가'는 17세기 이후의 근대 국어에서 나타나기 시작하였어요.
③ 'ㆍ'의 음가는 17세기에 소멸된 것으로 보이나, 글자는 20세기의 문헌에서도 모습을 보였어요. 글자 'ㆍ'는 1933년 〈한글 맞춤법 통일안〉에서 폐기하였어요.
④ 'ㅸ'은 15세기 중반까지 사용되다가 반모음 'ㅗ/ㅜ'로 바뀌었어요.

045 1 2 3

정답 ④

해설 ① '솔ᄫᆞ리'는 어간 '솔ᄫᆞ-'에 관형사형 전성 어미 '-ㄹ'과 사람을 뜻하는 명사 '이'가 결합 한 형태로 현대어로 풀이해 보면 '아뢸 사람'이에요. '이'는 사람이라는 의미의 명사이므로, 주격 조사로 풀이하는 것은 적절하지 않아요.
② '뵈아시니'의 현대어 풀이는 '재촉하시니'인데, '뵈아다'는 '재촉하다'라는 의미를 가진 옛말이에요. '뵈아다'의 어간 '뵈아-'에 주체 높임의 선어말 어미 '-시-'가 결합한 형태이므로, 선어말 어미 '-아시-'가 쓰였다는 설명은 부적절해요. 현대 국어에서 주체 높임 선어말 어미로 '-시-'만 쓰는데, 중세 국어에서는 '-시-' 외에도 '-샤-'가 있었는데 자음 어미 앞에서는 '-시-'가 쓰이고, 모음 어미 앞에서는 '-샤-'가 쓰였죠.
③ '하ᄃᆡ'의 현대어 풀이는 '많지만'이에요. '하다'는 중세에서 '많다'라는 의미로 쓰였어요. '하다'의 어간 '하-'에 반대되는 내용을 말하거나 조건을 붙여 말할 때에 쓰는 어미 '-ᄃᆡ'가 붙은 것이에요. 따라서 '-ᄃᆡ'가 이유를 나타내는 연결 어미로 기능한다는 설명은 적절하지 않아요.
④ '알외시니'는 현대어로 '알리시니'에 대응돼요. 현대어 '알리시니'는 '알-(어간)' + '- 리-(사동 접미사)' + '-시-(주체 높임 선어말 어미)' + '-니(어미)'로 분석할 수 있어요. '알리다'는 '사물이나 상황에 대한 정보나 지식을 알게 하다.'라는 의미로, '알다'의 사동사예요. 여기에 ⓔ을 대응해 보면, '알-(어간)' + '-외-(사동 접미사)' + '-시-(주체 높임 선어말 어미)' + '-니(어미)'로 분석할 수 있어요.

046 1 2 3

정답 ④

해설 ㄱ. 팔종성가족용(八終聲可足用) 규정으로 〈한글 맞춤법 통일안〉 이전까지의 종성 표기 방법이에요.
ㄴ. 중세 국어에서는 'ㅅ' 이외에도 'ㄱ, ㄷ, ㅂ, ㆆ, ㅿ' 등의 글자가 사잇소리 표기 글자로 쓰였어요. 성종 때부터 'ㅅ'으로 통일되었어요.
ㄷ. 한자를 크게 쓰고 각 글자마다 작은 크기의 동국정운식 한자음을 붙이는 것이 보편적이었지만 《월인천강지곡》은 한글로 한자음을 크게 쓰고 작은 크기의 한자를 붙이는 방식을 사용하였어요. 또한 〈용비어천가〉와 《두시언해》는 한자어에 한글로 음을 달지 않기도 했어요.
ㄹ. '종성부용초성(終聲復用初聲)' 규정이에요.
ㅁ. 연서(連書)법에 대한 설명이에요. 순음 아래에 'ㅇ'을 이어서 순경음을 만드는 규정이에요.

047 1 2 3

정답 ③

해설 ① '깊은'이라 쓰지 않고 '기픈'이라 썼으므로 이어적기 표기예요.
② 'ᄇᆞ롬애'라고 쓰지 않고 'ᄇᆞᄅᆞ매'라고 썼으므로 이어적기 표기예요.
③ '장긔판놀'은 'ㄴㄴ'을 두 번 쓴 거듭적기 표기이고, '밍ᄀᆞᆯ어늘'은 끊어적기 표기예요.
④ 'ᄇᆞ롤애'라고 쓰지 않고 '바ᄅᆞ래'라고 썼으므로 이어적기 표기예요.

048 1 2 3

정답 ②

해설 ㄱ. 후기 중세 국어의 특징으로 어두에 두 자음이 올 수 있었음을 들 수 있어요. 중세 국어 시기의 어두 자음군은 'ㅅ'계와 'ㅂ'계, 'ㅄ'계 자음군 세 계열이 존재하였어요.
ㄴ. 근대 국어 시기에 성조가 사라지고 방점의 기능이 소멸되었어요.
ㄷ. 근대 국어 시기에 'ㆍ'의 음가가 완전히 소실되었고, 1933년 〈한글 맞춤법 통일안〉을 만들면서 표기도 사라졌어요.
ㄹ. 중세 특유의 주체 높임법, 객체 높임법, 상대 높임법 등이 있어요. 주체 높임의 선어말 어미 '-시-', '-샤-', 객체 높임의 선어말 어미 '-ᅀᆞᆸ-', '-ᄌᆞᆸ-', '-ᄉᆞᆸ-', 상대 높임의 선어말 어미 '-이-', '-잇-' 등을 사용했어요.
ㅁ. '보라매, 송골매, 수라' 등의 몽골어와 '호미, 수수' 등의 여진어가 들어오기도 했어요.

049 1 2 3

정답 ①

해설 ① 《석보상절》은 1459년 간행된 책이에요. 'ㅚ'와 'ㅟ'의 단모음화는 19세기에서 20세기 초에 일어났기에 적절하지 않아요.
② 둘 이상의 자음이나 모음을 아울러 쓰는 것을 병서라 하는데, 같은 문자들을 아울러 쓰는 것을 각자 병서(各自竝書)라 하고, 서로 다른 문자들을 아울러 쓰는 것을 합용 병서(合用竝書)라 해요. 15세기에 이들은 모두 사용되었어요.
③ 주격 조사 '가'가 생성된 것은 근대 국어에 와서의 일이에요.
④ 중세까지 철저했던 모음 조화 규칙은 아래 아(ㆍ)의 소멸로 현대로 오면서 무너졌어요.

050 1 2 3

정답 ④

해설 ① 오늘날 우리가 사용하고 있는 '기역, 니은, 디귿' 등의 한글 자모의 명칭과 순서는 최세진이 지은 《훈몽자회》에서 유래한 것이에요.
② '보라매', '수라' 등은 몽골어에서 차용한 말이에요
③ 중세 국어 시기에는 모음 조화가 잘 지켜지다가 근대 국어 시기에서부터 모음 조화 파괴 현상이 두드러지게 나타났어요.
④ 주격 조사 '가'가 문헌에 나타난 것은 16세기 중반 이후예요. 그 이전에는 주격 조사로 '이, ㅣ, ∅'만이 쓰였어요.

051 1 2 3

정답 ③

해설 ① 'ㅿ'은 15세기 말부터 16세기에 걸쳐 점차 소멸되었어요.
② 중세 국어는 고려 건국(10세기)부터 임진왜란(16세기 말)까지의 국어를 가리켜요.
③ 중세 국어의 주격 조사는 '이, ㅣ, ∅' 등이 쓰였으며 16세기 중반부터 '가'가 쓰이기 시작했어요.
④ 고려 시대는 원나라의 사회 문화적 영향을 많이 받았으므로 자연스럽게 '말, 매, 음식' 관련 어휘들이 많이 유입되었어요.

052 1 2 3

정답 ②

해설 ① '이 딸이 너희 종인가?'라는 뜻으로 판정 의문문의 예예요.
② '엇던'은 의문사이고, '-고'는 설명 의문문에 쓰이는 의문형 어미이므로 이 문장이 설명 의문문이에요. 현대어로 "이 어떤 광명인가?"란 뜻이에요.
③ '내 이미 명종하였다(죽었다)'의 뜻으로 평서문이에요.
④ '그대는 보지 아니하였는가?'의 뜻으로 판정 의문문에 해당해요.

053 1 2 3

정답 ④

해설 ④ ㉠은 모음 'ㆍ' 아래이므로 〈보기〉의 설명에 따라 'ㅣ' 주격 조사가 들어가야 해요. ㉡은 자음 'ㅁ' 아래이므로 〈보기〉의 설명에 따라 '이' 주격 조사가 들어가야 해요. 마지막으로 ㉢은 모음 'ㅗ' 아래이므로 〈보기〉의 설명에 따라 'ㅣ' 주격 조사가 들어가야 해요.

054 1 2 3

정답 ④

해설 ① 판정 의문문이에요.
② 설명 의문문이에요.
③ 2인칭 의문문이에요.
④ '어드러로'는 의문사가 있으므로 '어드러로 든단 말고'로 고쳐 써야 해요.

055 1 2 3

정답 ②

해설 ① '잡다'는 규칙 활용을 하는 용언이에요.

② '반갑다'는 'ㅂ' 불규칙 활용을 하는 용언이에요.
③ '배우다'는 규칙 활용을 하는 용언이에요.
④ '들어오다'는 규칙 활용을 하는 용언이에요.

056 1 2 3 정답 ②

해설 ① 의문사가 없을 때는 '-가(-아)'형 어미를 의문형 어미로 취해요.
② 의문사가 없으므로 판정 의문문이에요. '그 ᄯᅳ디 ᄒᆞᆫ가지아 아니아'로 고쳐야 해요.
③ 1인칭과 3인칭에서 의문사가 있을 때는 '-고(-오)'형 어미를 취해요.
④ 1인칭과 3인칭에서 의문사가 있을 때는 '-고(-오)'형 어미를 취해요.

057 1 2 3 정답 ①

해설 ① 'ㅐ, ㅔ, ㅚ, ㅟ' 등은 15세기에 이중 모음이었으나 'ㅐ, ㅔ'는 근대 국어 시기에, 'ㅚ, ㅟ'는 현대 국어 시기에 단모음으로 음가가 바뀌었어요
② 15세기 국어의 주격 조사에는 'l/이/∅'만 있었는데, 근대 국어 시기에 '가'가 등장하여 현대 국어에서는 '이'와 '가'가 주격 조사로 쓰이고 있어요.
③ '어리다'라는 단어의 뜻은 '어리석다'에서 '나이가 적다'로 바뀌었어요.
④ 15세기 국어는 방점으로 소리의 높낮이를 표시하였으나, 근대 국어 시기부터 소리의 높낮이가 점차 소멸되면서 방점 표기가 사라지고, 소리의 장단으로 바뀌었어요.

4. 훈민정음

058 1 2 3 정답 ②

해설 ② 훈민정음의 자음 체계는 초성 23자로 구성되었어요. 'ㅸ(순경음 비읍)'은 고유어 표기에 사용되었지만, 초성 체계에 들어가지 않은 문자예요.

059 1 2 3 정답 ①

해설 ① 'ㄹ'은 가획자가 아니라 기본자인 'ㄴ'에 획을 더한 이체자예요.
② 'ㄷ'은 기본자인 'ㄴ'에 획을 더한 글자예요.
③ 'ㅂ'은 순음의 기본자인 'ㅁ'에 획을 더한 글자예요.
④ 'ㅊ'은 치음의 기본자인 'ㅅ'에 획을 더한 글자예요.

060 1 2 3 정답 ④

해설 ④ 훈민정음의 28 자모 체계에 'ㅸ(순경음ㅂ)'은 들어가지 않아요. 훈민정음 28 자모 체계에 들어 있는 글자는 초성 17자(ㄱ, ㅋ, ㆁ, ㄴ, ㄷ, ㅌ, ㄹ, ㅁ, ㅂ, ㅍ, ㅅ, ㅈ, ㅊ, ㅿ, ㅇ, ㆆ, ㅎ), 중성 11자(ㆍ, ㅡ, ㅣ, ㅗ, ㅏ, ㅜ, ㅓ, ㅛ, ㅑ, ㅠ, ㅕ)예요. 'ㅸ'은 문자의 운용법에서 아래로 이어서 쓰는 연서법에 해당하는 글자예요.

061 1 2 3 정답 ④

해설 ④ 'ㅸ'은 연서법(連書法, 이어쓰기)에 의해 만들어진 글자로, 초성 17자에 포함되지 않아요.

062 1 2 3 정답 ④

해설 ① 혀가 윗잇몸에 붙는 모양을 본뜬 것은 'ㄴ'이에요.'ㄱ'은 혀뿌리가 목구멍을 막는 모양을 본뜬 것이에요.
② 가획자는 'ㅋ, ㄷ, ㅌ, ㅂ, ㅍ, ㅈ, ㅊ, ㆆ, ㅎ' 9개예요.
③ 훈민정음은 초성 17자와 중성 11자를 합하여 총 28자로 이루어져 있어요.
④ '연서법(連書法)'은 순음(ㅂ, ㅁ, ㅃ, ㅍ) 아래에 'ㅇ'를 이어 써서 순경음을 만들 때 사용되었어요. 'ㅸ', 'ㅱ', 'ㅹ', 'ㆄ' 의 네 글자가 연서법이 적용된 경우예요.

063 1 2 3 정답 ②

해설 ① 밑줄 친 가획의 원리와 관련이 없어요.
② 후음 'ㅇ'에 획을 더하여 'ㆆ'을 만든 것으로 가획의 원리에 따른 것이에요.
③ '종성부용초성'의 원리를 설명한 것이에요.
④ 중성자의 '천지인' 삼재의 창제 원리를 설명한 것이에요.
⑤ 음절 이루기, 성음법을 설명한 것이에요

064 1 2 3 정답 ②

해설 ① '훈민정음'이란 '백성을 가르치는 바른 소리'라는 뜻으로 문자의 이름인 동시에 그 문자를 설명한 책의 이름이에요.
② '훈민정음'은 문자로서가 아니라 서적(훈민정음해례본)으로서 세계 기록 문화 유산에 등재되었어요.
③ 훈민정음은 '예의'와 '해례'로 나누어져 있어요. 예의는 세종이 직접 지었는데 한글을 만든 이유와 한글의 사용법을 간략하게 설명한 글이에요. 해례는 한글의 자음과 모음을 만든 원리와 사용법을 상세하게 설명한 글이에요.
④ '치두음'과 '정치음'은 중국어에 있는 음운으로 우리말에는 없어요. 따라서《훈민정음해례본》에 나타나지 않아요.

065 1 2 3 정답 ④

해설 가. 세종 25년(1443) 12월에 한글을 만들고, 3년 간 시험을 거쳐 세종 28년(1446)에 공식적으로 훈민정음을 반포했어요.
나. 초성자는 조음 위치별로 구분하고 각각의 위치에서 기본이 되는 글자(ㄱ, ㄴ, ㅁ, ㅅ, ㅇ)를 조음 기관을 본떠 만든 다음 소리의 세기에 따라 획을 더하거나 이체자(ㄹ, ㅿ, ㆁ)를 만들어 17 글자를 창제했어요.
다. 중성자는 상형 문자예요. 하늘과 땅과 사람을 상형했어요. 'ㆍ, ㅡ, ㅣ'가 기본 모음자예요.
라. 훈민정음에서 종성은 글자를 따로 만들지 아니하고 초성의 글자를 다시 쓰도록 했어요. 이를 종성부용초성(終聲復用初聲)'이라 해요.
마. 'ㄲ, ㄸ, ㅃ'처럼 같은 글자를 나란히 쓰는 방식은 각자 병서라고 했어요. 합용병서는 'ㅺ, ㅼ, ㅽ, ㅳ, ㅄ, ㅶ, ㅴ, ㅵ'처럼 다른 글자를 나란히 쓰는 방식이에요

066 1 2 3 정답 ③

해설 ① 초성의 기본자 'ㄱ, ㄴ, ㅁ, ㅅ, ㅇ'는 발음 기관을 상형하여, 중성의 기본자 'ㆍ, ㅡ, ㅣ'는 하늘과 땅과 사람의 모습을 상형하여 만들었어요.
② 초성의 기본자를 제외한 나머지 글자인 'ㅋ, ㄷ, ㅌ, ㅂ, ㅍ, ㅈ, ㅊ, ㆆ, ㅎ' 등은 기본자에 가획(加劃)하여 만들었어요.
③ 똑같은 글자를 나란히 쓰는 것을 각자 병서(各字竝書), 다른 글자를 나란히 쓰는 것을 합용 병서(合用竝書)라고 해요.
④ 입술소리 아래 'ㅇ'을 이어 써서 'ㅱ, ㅸ, ㆄ' 등과 같은 입술가벼운소리를 만들었어요.

067 1 2 3 정답 ②

해설 ① 초성의 기본자는 발음 기관을 상형한 'ㄱ, ㄴ, ㅁ, ㅅ, ㅇ'예요.
② 전탁자는 병서법에 의해 만들어진 글자로, 훈민정음 28자에 포함되지 않아요. 훈민정음 28자에 해당하는 초성 17자는 발음 기관을 상형한 기본자 'ㄱ/ㄴ/ㅁ/ㅅ/ㅇ'과 가획의 원리에 의해 만들어진 'ㅋ/ㄷ,ㅌ/ㅂ,ㅍ/ㅈ,ㅊ/ㆆ,ㅎ', 이체자 'ㆁ/ㄹ/ㅿ'예요.
③ 중성의 기본자는 'ㆍ, ㅡ, ㅣ'로 '天, 地, 人'을 상형한 것이에요.
④ 중성 11자에는 재출자 'ㅑ, ㅕ, ㅛ, ㅠ'도 포함돼요.

068 1 2 3 정답 ②

해설 ① 'ㅅ, ㅈ, ㅊ'은 모두 치음으로, 이의 모양을 본떠서 만든 글자예요. 'ㅅ'을 기본자로 하고, 획을 더해서 'ㅈ'과 'ㅊ'을 만든 것이죠. 발음 기관을 상형하여 기본자를 만들고, 가획하여 만든 훈민정음의 자음 체계에 따라 'ㅅ, ㅈ, ㅊ'은 한 칸에 함께 배치할 수 있어요.
② 'ㅁ'은 순음으로 입술에서 나는 소리예요. 반면 'ㅅ'은 치음으로 이(齒)에서 소리가 나요. 이처럼 두 자음은 조음 위치가 서로 달라요. 또한 'ㅁ'은 비음으로 울림소리이고, 'ㅅ'은 마찰음으로 안울림소리이므로 조음 방식도 달라요.
③ 'ㄴ, ㄷ, ㅌ'은 모두 설음으로 혀끝이 윗잇몸에 붙는 모양을 본떠 만든 글자예요. 기본 자 'ㄴ'에 획을 더하여 'ㄷ'과 'ㅌ'을 만들었죠. 제자 원리에 따른다면 'ㄴ'은 'ㄷ, ㅌ'과 같은 칸에 들어가야 해요. 하지만 휴대 전화의 자판에서는 'ㄴ'을 'ㄷ, ㅌ'과 같이 배치하지 않고, 'ㄹ'과 묶어서 배치하였어요. 'ㄴ'과 'ㄹ'은 울림소

리라는 유사성을 가지고 있기 때문이에요. 이를 통해 훈민정음 창제 당시 적용된 가획의 원리보다 울림소리라는 소리의 유사성을 중시하여 배치하였음을 알 수 있어요.
④ 'ㅇ'은 후음으로 목구멍을 본떠 만든 글자예요. 반면 모양은 비슷하지만 'ㆁ'은 어금니에서 소리 나는 아음의 이체자에 해당해요. 아음의 기본자는 혀뿌리가 목구멍을 막는 모양을 상형한 'ㄱ'이고, 여기에 획을 더해 'ㅋ'이 만들어졌어요. 'ㆁ'은 'ㄱ, ㅋ'과 같이 아음에 해당하므로, 훈민정음의 자음 체계를 따른다면 'ㆁ, ㄱ, ㅋ'은 한 칸에 배치할 수 있어요. 'ㅇ'은 후음의 기본자로, 획을 더하면 'ㆆ, ㅎ'이 돼요. 따라서 'ㅇ, ㆆ, ㅎ'을 같은 칸에 배치할 수 있어요.

069 1 2 3 정답 ②

해설 'ㄱ'은 끝소리 글자의 제자 원리를 설명한 것으로, 끝소리 글자는 따로 만들지 않고 첫소리 글자를 사용한다는 것이에요.
'ㄴ'은 첫소리 글자를 병서하는 방법을 설명한 것이에요. 'ㅸ'은 아래로 이어쓰는 연서법에 해당하는 글자예요.
'ㄷ'은 첫소리 글자에 가운뎃소리 글자를 붙여 쓰는 방법을 설명한 것으로, 'ㅣ, ㅏ, ㅓ, ㅑ, ㅕ'는 첫소리 글자의 오른쪽에 붙여 쓰라는 것이에요.
'ㄹ'은 성음법을 설명한 것으로, 첫소리 글자, 가운뎃소리 글자, 끝소리 글자를 모두 갖추어야 음절이 이루어진다는 것이에요.

070 1 2 3 정답 ③

해설 ① '혼철 표기'는 '거듭 적기'를 말해요. '믈밋촐'에서 혼철 표기를 확인할 수 있어요. '믈미톨'로 적지 않고 앞말의 종성도 적고 뒷말의 초성도 적어서 '믈밋촐'로 적은 것이 바로 혼철 표기예요.
② '붉기'와 '통낭ᄒᆞ기'에서 명사형 어미 '-기'를 확인할 수 있어요. '붉기'는 현대어 '밝기' 에 대응되고, '통낭ᄒᆞ기는'은 현대어로 풀이하면 '속까지 비치어 환하기는'이라는 의미예요.
③ 원순 모음화는 'ㅁ, ㅂ, ㅍ'의 영향으로 평순 모음인 'ㅡ'가 원순 모음인 'ㅜ'로 바뀌는 현상을 말해요. 예전에는 '믈', '블'이었지만 원순 모음화가 일어나서 '물'과 '불'이 되었어요. '숯불빛'에서 '불'로 표기된 것을 통해 원순 모음화를 반영한 표기를 확인할 수 있으므로 적절하지 않아요.
④ 현대 국어에서 '의'는 관형격 조사에 해당해요. 하지만 '그믐밤의'에서 '의'는 '그믐밤에'라는 의미로, 현대 국어의 부사격 조사 '에'와 같이 쓰였어요. 현대 국어와 다른 용법으로 사용된 것이에요.

1. 한글 맞춤법

001 1 2 3 정답 ①

해설 ① '몹시 곤하거나 술에 취하여 정신을 잃고 자다'라는 의미의 단어는 '곯아떨어지다'예요. '술에 곯아떨어지다. 졸음을 이기지 못하고 잠에 곯아떨어지다.'와 같이 쓰이며, '골아떨어지다'는 잘못된 표기예요.

002 1 2 3 정답 ①

해설 ① 어미 '-노라고'는 자기 나름대로 꽤 노력했음을 나타내는 연결 어미로, '하노라고 했는데 마음에 드실지 모르겠습니다.'와 같이 쓰여요. 이 문장에서는 그 쓰임이 적절해요. 반면 어미 '-느라고'는 앞 절의 사태가 뒤 절의 사태에 목적이나 원인이 됨을 나타내는 연결 어미로 '철수는 어제 책을 읽느라고 밤을 새웠다.'와 같이 쓰여요.

003 1 2 3 정답 ②

해설 ② '분량이나 수효가 많아지다'라는 뜻을 가진 단어의 기본형은 '붇다'예요. '개울물이 붇다. 체중이 붇다. 젖이 불었다.'와 같이 쓰여요. '붇다'는 'ㄷ불규칙' 용언에 해당하는데, 모음 어미 '-어서' 앞에서는 'ㄷ'이 'ㄹ'로 변화하기에 '불어서'와 같이 활용하는 것이에요. '불다'는 '바람이 일어나서 어느 방향으로 움직이다.'라는 의미의 단어예요.

004 1 2 3 정답 ①

해설 ① '있으매'는 '있다'의 어간 '있-'에 어떤 일에 대한 원인이나 근거를 나타내는 연결 어미 '-으매'가 붙은 것으로 맞춤법에 맞게 적었어요. '선뵀어도'는 '선뵀어도'로 적어야 하고, '야속터군요'는 '야속하더군요'로 적어야 해요. '쳐박히는'은 '처박히는'이 맞아요.

005 1 2 3 정답 ③

해설 ③ '곧바르다'는 모음 어미와 결합할 때 어간의 '르'가 'ㄹㄹ'로 바뀌는 '르' 불규칙 활용을 하는 단어예요. 따라서 '곧바라야'가 아니라 '곧발라야'로 적어야 해요.

006 1 2 3 정답 ②

해설 ① '넝쿨'과 '덩굴'은 표준어지만, '꼰지르다'는 '고자질하다'의 잘못된 표기예요.
② 모두 맞춤법에 맞는 어휘예요.
③ '콧망울'은 '콧방울'이 바른 표기예요.
④ '짭잘하다'는 짭짤하다'가 바른 표기예요.

007 1 2 3 정답 ②

해설 ① '싯퍼렇다'는 '퍼-'가 거센소리이며 음성 음이므로 '시퍼렇다'로 표기해야 해요.
② 모두 바르게 표기되었어요. '새-'는 어두음이 된소리나 거센소리 또는 'ㅎ'이고 첫음절의 모음이 'ㅏ, ㅗ'인 색채어 앞에 붙고, '샛-'은 어두음이 유성음이고 첫음절의 모음이 'ㅏ, ㅗ'인 색채어 앞에 붙어요. 그리고 '시-'는 어두음이 된소리나 거센소리 또는 'ㅎ'이고 첫음절의 모음이 'ㅓ, ㅜ'인 색채어 앞에 붙고, '싯-'은 어두음이 유성음이고 첫음절의 모음이 'ㅓ, ㅜ'인 색채어 앞에 붙어요.
③ '새퍼렇다'는 '퍼-'가 거센소리이며 음성 모음이므로 '시퍼렇다'로 표기해야 해요.
④ '시하얗다'는 '하-'가 어두음이 'ㅎ'이며 양성 보음이므로 '새하얗다'로 표기해야 해요.

008 1 2 3 정답 ②

해설 ① '웃-' 및 '윗-'은 명사 '위'에 맞추어 '윗-'으로 통일해요. 다만, '아래, 위'의 대립이 없는 단어는 '웃-'으로 발음되는 형태를 표준어로 삼죠. '어른'은 위 아래의 대립이 없으므로 '웃어른'으로 쓰는 것이 맞아요. '사흗날'은 '사흘'이 '날'과 어울리면서 'ㄹ'이 'ㄷ'으로 변한 것이므로 '사흗날'이라고 쓰는 것이 맞아요. '베갯잇'은 [베갠닏]로 소리 나므로 사이시옷을 받치어서 '베갯잇'으로 쓰는 것이 맞아요.
② '의'나, 자음을 첫소리로 가지고 있는 음절의 'ㅢ'는 'ㅣ'로 소리 나는 경우가 있더라도 'ㅢ'로 적어야 해요. 따라서 '닐리리'가 아니라 '늴리리'로 적어요. '남존녀비'는 '남존여비'로 적어야 하고 '헤택'은 '혜택'으로 적어야 해요.
③ '적잖은'은 '적지않은'의 준말이므로 바르게 표기되었어요. '생각건대'는 '생각하건대'의 'ㄱ' 받침 다음에 '하'가 아주 준 것이므로 바르게 표기되었어요. '하마터면'은 맞는 표기예요.
④ '홑몸'은 '딸린 사람이 없는 혼자의 몸.' 혹은 '아이를 배지 아니한 몸'이라는 뜻을 지닌 파생어로 '홑몸'이라고 적어야 해요. 한 단어 안에서 같은 음절이나 비슷한 음절이 겹쳐 나는 부분은 같은 글자로 적으므로 '밋밋하다'로 쓰는 것이 맞아요. 모음이나 'ㄴ' 받침 뒤에 이어지는 '렬, 률'은 '열, 율'로 적어어요. 따라서 '선율'은 '률'이 'ㄴ' 받침 뒤에 이어졌으므로 맞는 표기예요.

009 1 2 3 정답 ②

해설 ① '푿소'는 여름에 생풀만 먹고 사는 소로 '풀'의 'ㄹ' 받침이 'ㄷ'으로 바뀐 단어예요.
② '여닫다'는 '열다+닫다'의 구성으로 〈한글 맞춤법〉 제28항 끝소리가 'ㄹ'인 말과 딴 말이 어울릴 적에 'ㄹ' 소리가 나지 아니하는 것은 아니 나는 대로 적는다는 원칙이 적용된 단어예요.
③ '잗주름'은 옷 따위에 잡은 잔주름으로 '잘'의 'ㄹ' 받침이 'ㄷ'으로 바뀐 단어예요.
④ '섣부르다'는 솜씨가 설고 어설프다는 의미로 '설'의 'ㄹ' 받침이 'ㄷ'으로 바뀐 단어예요.

010 1 2 3 정답 ②

해설 ① '나이배기'의 '-배기'는 '그것이 들어 있거나 차 있음.'의 뜻을 더하는 접미사로 '나이배기'는 맞는 표기예요.
② '알박이'가 아니라 '알배기'가 바른 표기예요.
③ '언덕배기'와 '언덕바지'는 모두 표준어예요.
④ '오이소박이'는 오이를 갈라 소를 박은 김치로 '박다'와 의미적으로 밀접한 관련이 있으므로 '-박이'가 바른 표기예요.
⑤ 판에 박은 듯이 매우 비슷하게 닮은 사람을 뜻하므로 '판박이'가 맞아요.

011 1 2 3 정답 ③

해설 ① '쌀뜨물'이 맞는 표기예요.
②'누른밥'은 '눌은밥'의 잘못된 표기예요.
③ '소쿠리'는 예전부터 쓰이던 우리말이에요.
④ '흐리멍텅하다'는 '흐리멍덩하다'의 북한어예요. 표준어로는 '흐리멍덩하다'를 써야해요.

012 1 2 3 정답 ②

해설 ① '미닫이'의 어간은 '미닫-'으로 밀고 닫는다는 의미예요. 여기에 접미사 '-이'가 붙어서 명사가 된 것이므로 (가)의 규정에 따라 원형을 밝혀서 '미닫이'로 적어요. '졸음'은 동사 '졸다'의 어간 '졸-'에 접미사 '-이'가 붙어서 명사가 된 것이므로 (가)의 규정에 따라 원형을 밝혀서 '졸음'으로 적었어요. '익히'는 동사 '익다'의 어간 '익-'에 접미사 '- 히'가 붙어서 부사가 된 것이에요. (가)의 규정에 따라 원형을 밝혀서 '익히'로 적은 것은 적절해요.
② '마개'는 동사 '막다'의 어간 '막-'에 접미사 '-애'가 붙어 명사가 되었어요. (나)의 규정에 따라 원형을 밝히어 적지 않고 '마개'로 적은 것은 적절해요. '마감'

은 동사 '막다'의 어간 '막-'에 접미사 '-암'이 붙어 명사가 되었어요. (나)의 규정에 따라 원형을 밝히지 않고 '마개'로 적는 것이 적절해요. '지붕'은 명사 '집'에 접미사 '-웅'이 붙여서 명사 '지붕'이 되었어요. '마개'와 '마감'은 동사에서 명사로 품사의 변화가 있었는데, '지붕'은 품사의 변화가 없어요. 따라서 '지붕'은 (나) 규정의 예시로 적절하지 않아요.
③ '육손이', '집집이', '곰배팔이'는 각각 명사 '육손', '집집', '곰배팔' 뒤에 접사 '-이'가 붙어서 파생된 명사예요. (다)에 따라 원형을 밝혀서 적었기에 적절해요.
④ '끄트머리'는 명사 '끝'에 모음으로 시작하는 접미사 '-으머리'가 붙은 것으로 (라)의 규정에 따라 '끝'의 원형을 밝히지 않고 '끄트머리'로 적어요. '바가지'는 명사 '박'에 접미사 '-아지'가 결합한 것으로 '박'의 원형을 밝히지 않고 '바가지'로 적었어요. '이파리' 역시 명사 '잎'에 접미사 '-아리'가 결합한 것인데 '잎'의 원형을 밝히지 않고 '이파리' 로 적은 것으로 모두 (라) 규정의 예시로 적절해요.

013 1 2 3

정답 ④

해설 ① '되-'에 종결 어미 '-어'가 결합하면 '되어'가 되고 '돼'로 줄여 써야 해요.
② 어떤 행동에 대한 약속이나 의지를 나타내는 종결 어미는 '-ㄹ게'예요. 따라서 '합격할게요'로 써야 해요.
③ '돕-'은 자음 앞에서는 원형을 유지하여 쓰이므로 '돕고'로 써야 해요.
④ '알다'의 어간 'ㄹ' 받침이 'ㄴ, ㅂ, ㅅ' 및 '-(으)오, -(으)ㄹ' 앞에서 탈락하므로 '압니다'는 옳은 표기예요.

014 1 2 3

정답 ②

해설 ① '푼푼이'는 '한 푼씩 한 푼씩'이란 뜻으로 작은 돈을 가리킬 때 사용하는 단어이므로 '모자람이 없이 넉넉하게'를 뜻하는 '푼푼히'가 맞는 단어예요.
② '오면가면'은 '오면서 가면서'를 줄인 부사예요. '오명가명'은 잘못된 단어예요.
③ '나무, 짚 따위를 쌓은 더미'의 의미를 지닌 단어는 '낟가리'가 맞아요.
④ '어디에다가'의 준말은 '얻다가'가 맞아요.

015 1 2 3

정답 ②

해설 ① '하므로'는 '하기 때문에'란 뜻이고 '함으로'는 '하는 것으로(써)'란 뜻이에요.
② '둘 이상의 일정한 대상들을 나란히 놓고 비교하여 살피다.'의 뜻이므로 '답을 정답과 맞춰'가 맞아요.
③ '고깃덩어리'는 사잇소리 현상이 발생하는 단어예요.
④ 어떤 불확실한 사실의 실현 가능성에 대한 의문을 나타내는 종결 어미 '-을는지'가 쓰였으므로 적절해요.

016 1 2 3

정답 ④

해설 ① '연월일'은 해와 달과 날을 아울러 이르는 말로 적절해요.
② 용무나, 직책, 사명 따위를 지닐 땐 '띤'이 맞아요.
③ 기본형이 '삼가다'이므로 적절한 표기예요.
④ '대응함으로써'로 수정해야 해요.

017 1 2 3

정답 ④

해설 ① '이겨라'는 [이겨라]로 발음돼요.
② '다녀라'는 [다녀라]로 발음돼요.
③ '비벼라'는 [비벼라]로 발음돼요.
④ '고쳐라'는 "용언의 활용형에 나타나는 '져, 쪄, 쳐'는 [저, 쩌, 처]로 발음한다." 는〈표준 발음법〉 제5항에 의거하여 [고처라]로 발음되지만 '고쳐라'로 적어요.

018 1 2 3

정답 ⑤

해설 ⑤ '얼룩배기'는 '얼룩빼기'가 옳은 표기이고, '나이빼기'는 '나이배기'가 옳은 표기예요. '이맛배기'는 '이마빼기'로 적어야 해요.

019 1 2 3

정답 ②

해설 ② '요'는 종결 어미가 아니라, 높임의 의미를 더하는 보조사로 종결 어미 뒤에 붙을 수 있어요. '주십시오'에서 '-시-'는 종결 어미가 아니므로 '주십시요'와 같이 쓸 수 없어요. [주십시요]로 발음나기는 하지만, '종결형에서 사용되는 어미 '-오'는 '요'로 소리나 는 경우가 있더라도 그 원형을 밝혀 '오'로 적는다.'라는 표준어 규정 제15항 붙임2 규정에 따라 '주십시오'로 적어야 해요. 보조사 '요'는 종결 어미 뒤에 붙기에 보조사 '요'를 제외해도 문장이 성립해요. 하지만 '교실에서는 좀 조용히 해 주십시.'는 문장이 성립하지 않아요.

020 1 2 3

정답 ②

해설 ② '재다'는 '고기 따위의 음식을 양념하여 그릇에 차곡차곡 담아 두다.'라는 의미로, 본말은 '재우다'예요. 흔히 '재다'가 본말이고 '재우다'를 '재다'의 사동 표현으로 생각하기 쉬운데, '재우다'가 본말이에요. '쇠고기를 양념에 재우다, 쇠고기를 양념에 재다.'모두 옳은 표기예요.

021 1 2 3

정답 ②

해설 ② '왠지'는 '왜 그런지 모르게. 또는 뚜렷한 이유도 없이'라는 뜻의 부사예요. 밑줄 친 부분은 멋있어 보이는 이유에 대해 왜 그런지 모르겠다는 의미이므로 '왠지'를 쓰는 것은 적절해요. '왠지'는 '왜인지'에서 줄어든 말이므로, '웬지'로 쓰는 것은 잘못된 것이에요.

022 1 2 3

정답 ②

해설 ① '예스러운'이 맞는 표기예요.
② 따옴표 없이 간접 인용된 문장이므로 '쇘다라고'가 아니라 '쇘다고'로 적는 것이 옳아요.
③ '얼마만큼'이 줄어든 말은 '얼마큼'이에요.
④ '우레'가 표준어이고 '우레'와 같은 의미인 '천둥'도 표준어예요.
⑤ 한자어 합성어는 사이시옷을 표기하지 않는다는 원칙에 따라 '이점(利點)'으로 적어야 해요.

023 1 2 3

정답 ①

해설 ① '반듯이'는 '비뚤어지지 아니하고 바르게'라는 의미예요. '수나비'는 '숫나비'로 쓰지 않고 '에두르다'는 '에워서 둘러막다'라는 의미로 쓰여요.
② 푸주간(×), 푸줏간(○)
③ 등교길(×), 등굣길(○)
④ 거적떼기(×), 거적때기(○)

024 1 2 3

정답 ③

해설 ③ '잠그다'는 'ㅡ 규칙' 활용을 해요. 어미 '-어/아' 앞에서 어간의 'ㅡ'가 탈락하는 것이죠. 어간 '잠그-'에서 'ㅡ'가 탈락하고 어미 '-아'가 결합하여 '잠갔다'가 된 것은 어문 규정에 맞는 것이에요.

025 1 2 3

정답 ①

해설 ① '퍼레서'의 기본형은 '퍼렇다'로, 'ㅎ불규칙' 활용을 하는 단어예요. 'ㅎ불규칙'은 'ㅎ'으 로 끝나는 어간에 '-아/-어'로 시작하는 어미가 오면 어간의 일부인 'ㅎ'이 없어지고 어미도 변하는 현상이에요. '파랗다'는 'ㅎ불규칙'의 대표적인 단어인데, '파랗-' + '- 아' → '파래'로 활용해요. '퍼렇다'도 이와 마찬가지로 '퍼렇-' + '-어서' → '퍼레서'로 활용해요.

026 1 2 3

정답 ③

해설 ③ '들른'은 기본형이 '들르다'예요. 어간 '들르-'에 관형사형 전성 어미 '-ㄴ'이 결합한 형태로 맞춤법에 맞는 표기예요. '치뤄야'는 치러야'가 적절하고, '뒤쳐진'은 '뒤처진'이 맞는 표현이에요. '잠궈'는 '잠가'가 바른 표기예요.

027 1 2 3

정답 ②

해설 ② '깃들일'의 기본형은 '깃들이다'예요. '깃들이다'는 '주로 조류가 보금자리를 만들어 그 속에 들어 살다'의 뜻이므로 문장에서 적절하게 쓰였어요. '깃들이다'와 비슷한 '깃들다'는 '아늑하게 서려 들다. 감정이나 노력 따위가 어리거나 스미다'의 뜻이에요.

028 1 2 3 정답 ①

해설 ① '살진'의 기본형은 '살지다'로, 땅이 기름지다는 뜻을 가진 형용사예요. '해콩'은 '당해에 난'의 뜻을 가진 접두사 '해-'에 '콩'이 결합한 파생어예요. 일반적으로 접두사 해-'는 어두음이 된소리나 거센소리인 일부 명사 앞에 붙고, 그 외에는 '햇-'이 붙어요.

029 1 2 3 정답 ②

해설 ② '짐작건대'는 어간의 끝음절 '하'가 아주 줄어서 '짐작건대'로 적는 것이 맞아요. 반면 '간편케, 연구토록' 등은 어간의 끝음절 '하'의 'ㅏ'가 줄고, 'ㅎ'이 다음 음절의 첫소리와 어울려 거센소리가 되어 거센소리로 적어요.

030 1 2 3 정답 ③

해설 ① 'ㄱ, ㅂ' 받침 뒤에서 나는 된소리는, 같은 음절이나 비슷한 음절이 겹쳐 나는 경우가 아니면 된소리로 적지 아니하므로 '법썩'이 아니라 '법석', '깍뚜기'가 아니라 '깍두기'로 적어요.
② 부사의 끝음절이 분명히 '이'로만 나는 것은 '-이'로 적고, '히'로만 나거나 '이'나 '히'로 나는 것은 '-히'로 적음에 따라 '틈틈히'가 아니라 '틈틈이'로 적어요.
③ 순우리말로 된 합성어와 순우리말과 한자어로 된 합성어로서 앞말이 모음으로 끝난 경우에, 뒷말의 첫소리가 된소리로 나거나 뒷말의 첫소리 모음 앞에서 'ㄴㄴ' 소리가 덧나면 사이시옷을 받치어 적어요. 모두 규정에 맞게 표기되었어요.
④ '깔쭈기'가 아니라 '깔쭉이'가 맞아요.
⑤ '익숙치'가 아니라 '익숙지', '섭섭치'가 아니라 '섭섭지'가 맞아요.

031 1 2 3 정답 ④

해설 ④ '벌여'의 기본형은 '벌이다'로 '여러 가지 물건을 늘어놓는다'라는 의미예요. 반면 '벌리다'는 '둘 사이를 넓히거나 멀게 하다'라는 의미예요. 문장에서는 물건을 늘어놓는다는 의미로 쓰였으므로, '벌여'로 쓴 것은 적절해요.

032 1 2 3 정답 ③

해설 ③ '쇠어서'의 준말은 '쇠서'가 아니라 '쇄서'예요. '죄어야'의 준말은 '좨야'이고, '디디는'의 준말은 '딛는'이에요. '선뵈어야'는 본말이며 이것의 준말은 '선봬야'예요. '개어서'는 본말이고, 준말은 '개서'예요.

033 1 2 3 정답 ②

해설 ② '쳐져요'의 기본형은 '쳐지다'예요. '쳐지다'는 타동사 '치다'에 피동의 뜻을 나타내는 보조 용언 '-어지다'가 결합된 형태로 '쳐져요'는 옳은 표기예요. '뵜습니다'는 '뵀습니다'로, '예뻐졌데요'는 '예뻐졌대요'로 수정해야 해요. '쌍둥이에요'는 '쌍둥이예요'로 고쳐 써야 해요.

034 1 2 3 정답 ②

해설 ② ㉠ '대+잎'은 'ㄴㄴ'소리가 덧나서 [댄닙]으로 발음돼요. 1-(3)에 해당하므로 사이시옷을 받쳐 '댓잎'으로 적어요. ㉡ '아래+마을'은 'ㄴ'소리가 덧나 [아랜마을]로 발음돼요. 1-(2)에 해당하므로 '아랫마을'로 적어요. ㉣ '코+병'은 뒷말의 첫소리가 덧나 [코뼝]으로 발음돼요. 2-(1)에 해당하므로 '콧병'으로 적어야 해요.

035 1 2 3 정답 ④

해설 ④ '인사말'과 '머리말'은 사이시옷을 쓰지 않아요. '인사말'과 '머리말'의 표준 발음은 [인사말], [머리말]로 사잇소리 현상이 일어나지 않아요. '노래말'은 '노랫말'로 적어야 하고 '순대국'은 '순댓국'으로 표기해야 해요. '하교길'은 [하:교낄], [하:굗낄]로 발음돼요. 한자어와 우리말의 합성어에서 뒷말이 된 소리로 발음되는 경우이므로, 한글 맞춤법 제30항의 규정에 따라 사이시옷을 받치어 '하굣길'로 적어야 해요.

036 1 2 3 정답 ③

해설 ③ '윗옷'은 순우리말 '위'와 '옷'의 합성으로 만들어진 단어인데, 순우리말로 된 합성어 [1], [2], [3]의 조건에 해당하지 않아요. '윗옷'은 [위돋]으로 발음되는데, 뒷말의 첫소리가 된소리로 발음되지 않고, 'ㄴ'이나 'ㄴㄴ' 소리가 덧나지도 않아요. '윗옷'에 사이시옷을 받치어 적는 이유는 "'웃-' 및 '윗-'은 명사 '위'에 맞추어 '윗-'으로 통일한다."라는 표준어 규정에 따른 것이에요.

037 1 2 3 정답 ⑤

해설 ⑤ '개수, 귀갓길, 사삿일, 시래깃국, 노잣돈'은 모두 한글 맞춤법에 맞는 표기예요. ①은 '가겟집'이 바른 표기이고, ②는 '수라간'이 맞는 표기예요. ③은 '공깃밥'이 맞는 표현이고, ④는 '장미과'가 맞는 표기예요.

2. 띄어쓰기

038 1 2 3 정답 ②

해설 ② '시일 내'에서 '내'는 '일정한 범위의 안'을 의미하는 의존 명사예요. '범위 내, 건물 내, 일주일 내'와 같이 앞말과 띄어서 써야 해요. '해도해도'는 합성 동사가 아니라 동사가 두 개 이어진 것이므로 '해도 해도'와 같이 띄어서 써야 해요. '대접하는'의 수식을 받는 '데'는 의존 명사로 앞말과 띄어서 '대접하는 데'와 같이 써야 해요. 밑줄 친 '밖에'는 '그것 말고는', '그것 이외에는'의 뜻을 나타내는 보조사로 앞말과 붙여서 '정공법밖에'로 써야 해요.

039 1 2 3 정답 ④

해설 ④ '쫓아내버렸다'는 합성 용언 '쫓아내다'와 보조 용언 '버렸다'가 결합한 형태예요. 본용언와 보조 용언의 결합에서 앞말이 합성 용언인 경우에는 반드시 띄어 써야 하므로 '쫓아내 버렸다'와 같이 띄어서 써야 해요.

040 1 2 3 정답 ①

해설 ① 여기서 '대로'는 관형사형 뒤에서 수식을 받는 의존 명사로 앞말과 띄어 쓴 것은 적절해요. '따라갈밖에'에서 '-ㄹ밖에'는 다른 수가 없다는 뜻의 종결 어미예요. 어미는 어간과 붙여서 써야 하므로 '갈밖에'로 붙여 쓴 것은 적절해요.

041 1 2 3 정답 ⑤

해설 ⑤ '때맞추어'의 기본형은 '때맞추다'예요. '때맞추다'는 '시기에 알맞도록 하다'라는 의미의 동사로, 하나의 단어예요. 따라서 '때맞추어'와 같이 붙여서 쓰는 것은 적절해요.

042 1 2 3 정답 ①

해설 ① '가지 말라는 데'에서 '데'는 '장소, 일, 경우'의 뜻을 나타내는 의존 명사예요. 따라서 앞말과 띄어서 쓴 것은 적절해요. '가지 말아야지'는 본용언과 보조용언이므로 띄어서 쓰는 것이 원칙이에요.

043 1 2 3 정답 ③

해설 ③ '스무'는 수 관형사이고, '살'은 나이를 나타내는 의존 명사예요. 따라서 '살'은 앞말과 띄어 써야 해요. '남짓'은 크기, 수효, 부피 따위가 어느 한도에 차고 조금 남는 정도임을 나타내는 말로 의존 명사예요. 따라서 '스무 살 남짓'과 같이 띄어 쓰는 것이 적절해요.

044 1 2 3 정답 ①

해설 ① '열'과 '한'은 관형사로 명사 '길'과 띄어 쓰고 '물속'은 하나의 단어로 붙여 써요.
② '데칸 고원'은 '데칸고원'처럼 붙여 써야 해요.
③ '만큼'은 체언 뒤에 올 때에는 조사이므로 '전봇대만큼'과 같이 붙여 써야 해요.
④ '주머니'는 명사이고 '만들기'는 동사의 명사형으로 각각 하나의 단어이므로 '주머니 만들기'와 같이 띄어 써야 해요.

045 1 2 3 정답 ③

해설 ① 체언 다음에 오는 '뿐'은 '보조사'이므로 '성실함뿐이다'와 같이 붙여 써야 해요.
② 관형어 다음에 오는 '대로'는 '의존 명사'이므로 '아는∨대로'와 같이 띄어 써야 해요.
③ '데'는 '경우'의 뜻을 나타내는 의존 명사이므로 '하는∨데'와 같이 관형어와 띄어 써야 해요.
④ 체언 다음의 '밖에'는 '그것 말고는', '그것 이외에는'의 뜻을 나타내는 보조사이므로 '자기밖에'와 같이 붙여 써야 해요.

046 1 2 3 정답 ②

해설 ① 대명사 '그'와 명사 '중'인 것 같지만 '그중'은 '범위가 정해진 여럿 가운데'라는 의미의 명사로 한 단어예요. 명사 '그중'에 조사 '에'가 결합한 것으로 붙여서 '그중에'라고 써야 해요.
② '옛'은 '지나간 때의'라는 의미를 가진 관형사예요. 관형사는 수식하는 말과 띄어서 쓰기 때문에 '옛 책'이라고 쓴 것은 적절해요.
③ 여기서 '한번'은 '기회 있는 어떤 때에'를 의미하는 부사예요. 수 관형사 '한'과 의존 명사 '번'이 결합한 '한 번'은 수 관형사 부분을 '두'나 '세'로 바꿔도 말이 되지만, 의미가 특수화되어 합성어가 된 부사 '한번'은 '두번', '세번'으로 교체할 수 없어요.
④ '굴속'은 '굴의 안'이라는 의미의 명사로 한 단어예요. 조사 '으로'와 붙여서 '굴속으로'라고 써야해요. '굴속' 외에도 '산속', '바닷속'도 하나의 단어로 표준국어대사전에 등재되어 있어요.

047 1 2 3 정답 ②

해설 ① '만'이 보조사로 쓰여 '한정', '비교'의 뜻을 나타낼 때는 붙여 써요. 하지만 '만'이 '앞말이 가리키는 동안이나 거리'를 나타낼 때는 의존 명사이므로 띄어 써야 해요. 따라서 '21년∨만에'와 같이 띄어 써야 해요.
② '가량'은 (수량을 나타내는 명사 또는 명사구 뒤에 붙어) '정도'의 뜻을 더하는 접미사이므로 앞말에 붙여 써요.
③ '어떤 기간의 끝이나 말기'를 뜻하는 '말'은 의존 명사이므로, 앞말과 띄어 써요. 따라서 '3월∨말까지'와 같이 띄어 써야 해요.
④ '일정한 범위의 안'을 뜻하는 '내'는 의존 명사이므로 앞말과 띄어 써야 해요. 따라서 '20분∨내에'라고 띄어 써야 해요.
⑤ '낱으로 된 물건을 세는 단위'인 '개'는 의존 명사이므로 앞말과 띄어 써야 해요. '여'는 (수량을 나타내는 말 뒤에 붙어) '그 수를 넘음.'의 뜻을 더하는 접미사이므로 앞말에 붙여 써요. 따라서 '600여∨개'라고 띄어 써야 해요.

048 1 2 3 정답 ③

해설 ① 우리나라는 '우리'라는 대명사와 '나라'라는 명사가 결합하여 '우리 한민족이 세운 나라를 스스로 이르는 말' 즉, 대한민국을 뜻하는 합성어예요.
② '지'가 어떤 일이 있었던 때로부터 지금까지의 동안을 나타내는 말로 사용될 경우에는 의존 명사이므로 띄어 써야 해요.
③ '제-'는 '그 숫자에 해당되는 차례'의 뜻을 더하는 접두사이므로 이어지는 말과 붙여 써야 해요. '제일∨장'처럼 쓰는 것이 원칙이고, '제일장'처럼 붙여 쓸 수도 있어요.
④ '지'가 어떤 일이 있었던 때로부터 지금까지의 동안을 나타내는 말로 사용될 경우에는 의존 명사이므로 띄어 써야 해요. '떠난∨지가∨오래다'에서 '지'는 시간의 경과가 드러나므로 의존 명사로 쓰였음을 알 수 있고, 앞말과 띄어 써야 해요.

049 1 2 3 정답 ③

해설 ① '불이 꺼져 간다.'에서 '꺼져'는 본용언이고 '간다'는 서술성이 없는 보조 용언이에요. '꺼져∨간다'처럼 띄어 쓰는 것이 원칙이지만 '꺼져간다'처럼 붙여 쓰는 것도 허용해요.
② '그 사람은 잘 아는척한다.'에서 '아는'은 본용언이고 '척한다'는 서술성이 없는 보조 용언이에요. '아는∨척한다'처럼 띄어 써야 하지만 '아는척한다'처럼 붙여 쓰는 것도 허용해요.
③ '강물에 떠내려 가 버렸다.'에서 '떠내려가'가 본용언이고 '버렸다'가 서술성이 없는 보조 용언이에요. 그런데 '떠내려가'는 '뜨다'와 '내리다', '가다'가 결합한 합성 동사로, 한 단어이므로 붙여 써야 해요. 그리고 앞말이 합성 용언이므로 보조 용언은 반드시 본용언과 띄어 써야 해요.
④ '듯하다'처럼 단음절로 의존 명사에 '-하다'나 '-싶다'가 결합한 보조 용언 사이에 조사가 붙을 경우에는 반드시 띄어 써야 해요. 따라서 '올∨듯도∨하다'로 띄어 쓰는 것이 맞아요

050 1 2 3 정답 ①

해설 ① ㉠에서 '도착하는'이 용언이므로 이어지는 '대로'는 의존 명사임을 알 수 있어요. 따라서 '도착하는∨대로'라고 앞말과 띄어 쓰는 것이 맞아요. 그리고 ㉣에서 '이것'이 체언이므로 이어지는 '뿐'은 조사예요. 따라서 '이것뿐이다'라고 앞말에 붙여 쓰는 것이 맞아요.
② ㉡에서 '말씀'이 체언이므로 이어지는 '대로'는 조사가 돼요. 따라서 '말씀대로'처럼 앞말에 붙여 써야 해요. 그리고 ㉢에서 '느낀'은 용언이므로 이어지는 '대로'는 의존 명사가 되네요. 따라서 '느낀∨대로'처럼 띄어 써야 해요.
③ ㉢에서 '느낀'은 용언이므로 이어지는 '대로'는 의존 명사예요. 따라서 '느낀∨대로'처럼 띄어 써야 해요.
④ ㉤의 '들었을'이 용언이므로 이어지는 '뿐'은 의존 명사예요. 따라서 '들었을∨뿐이다'처럼 띄어 써야 해요.

051 1 2 3 정답 ④

해설 ① '걸어오다' 는 '목적지를 향하여 발로 걸어서 이동하여 오다.'라는 의미의 동사로 사전에 등재되어 있는 한 단어예요. 따라서 '걸어온'으로 붙여 써야 해요. '데'는 의존 명사이므로 '참여하는 데'와 같이 띄어 쓰는 것이 적절해요.
② '쓸데없다'는 '아무런 쓸모나 득이 될 것이 없다.'라는 의미의 형용사로 하나의 단어로 등재되어 있어요. 따라서 '쓸데없는'과 같이 붙여 써야 하죠. 반면 '골라하다'는 합성어로 등재된 단어가 아니므로 '골라 하니'와 같이 띄어 써야 해요.
③ 의존 명사 '지'는 어떤 일이 있었던 때로부터 지금까지의 동안을 나타내는 말로 앞말과 띄어 써야 해요. 기계가 사용되는 것은 시간의 경과와는 관련이 없으므로 앞말과 붙여서 쓰는 것이 적절해요. '알아보다'는 '조사하거나 살펴보다.'라는 의미의 동사로 하나의 단어이므로 붙여 써야 해요.
④ '-ㄴ바'는 어미로, 뒤 절에서 어떤 사실을 말하기 위하여 그 사실이 있게 된 것과 관련된 과거의 상황을 미리 제시하는 데 쓰는 연결 어미예요. 앞 절의 상황이 이미 이루어졌음을 나타내죠. '불미스러운 사고'는 이미 이루어진 과거의 상황에 해당하므로 연결 어미 '-ㄴ바'를 사용하여 붙여 쓰는 것이 적절해요. '찾아야 한다'는 본용언과 보조 용언의 결합이므로 띄어 쓰는 것이 적절해요.

052 1 2 3 정답 ④

해설 ① '꽃 중의'에서 '중'은 의존 명사이므로 앞말과 띄어 써야 해요.
② 동사 '들어오다'와 명사 '다년간'은 한 단어이므로 붙여 써야 해요.
③ 명사 '아무것'은 한 단어이므로 붙여 써야 해요.
④ 성질이 좋지 않거나 고약하다는 의미로 쓰였으므로 '못된'으로 붙여서 써야 옳아요.
⑤ '가까워지다'의 명사형인 '가까워지기'에 조사 '는커녕'이 붙은 것으로 붙여 써야 해요.

053 1 2 3 정답 ②

해설 ① 자식 간'의 '간'은 '관계'의 뜻을 나타내는 의존 명사예요. 따라서 앞말과 띄어서 써야 해요.
② '양'은 아랫사람을 조금 높여 이르거나 부르는 의존 명사예요. 의존 명사는 앞말과 띄어 써야 하죠. '안동 권씨'에서 '씨' 는 '그 성씨 자체'나 '그 성씨의 가문이나 문중'의 뜻을 더하는 접미사로 '권씨'와 같이 붙여 써요.
③ 한글 맞춤법 제48항에서는 '성과 이름, 성과 호 등은 붙여 쓰고, 이에 덧붙는 호칭어, 관직명 등은 띄어 쓴다.'라고 규정하고 있어요. 이에 따라 성 '이'와 시호인 '충무공' 은 붙여서 '이충무공'이라고 쓰는 것이 적절해요.
④ 예전에는 '해, 섬, 강, 산, 산맥, 고원' 등이 외래어에 붙을 때에는 띄어 쓰고 고유어나 한자어에 붙을 때에는 붙여 쓰도록 규정했어요. 하지만 개정안에서 이러한 내용을 삭제하여 '해, 섬, 강, 산, 산맥, 고원' 등의 앞에 어떤 말이 오느냐에 관계없이 붙여 쓰게 되었어요.

054 1 2 3 정답 ②

해설 ① 어미 '-ㄹ걸'은 후회나 추측의 의미를 드러내요. '-ㄹ걸' 자체가 하나의 어미이기에 붙여서 쓰죠. 반면 띄어서 쓰는 '-ㄹ 걸'은 '-ㄹ 것을'의 준말이에요. 의존 명사이기 때문에 앞말과 띄어서 쓰는 것이죠. 밑줄 친 '좋은 걸'은 '좋은 것을'로 풀어 쓸 수 있어요. 여기서 '것'은 의존 명사이기에 앞말과 띄어서 쓴 것은 적절해요.
② '제'는 '그 숫자에 해당되는 차례'의 뜻을 더하는 접두사예요. '제일, 제이, 제삼'과 같이 앞말에 붙여 써야 하죠. '제 3장' 은 '제3장'으로 붙여 써야 해요.
③ 의존 명사 '지'는 어떤 일이 있었던 때로부터 지금까지의 동안을 나타내는 말로 앞말과 띄어 써야 해요. 공사를 진행한 과거부터 지금까지의 시간 경과를 나타내므로 여기서 '지'는 의존 명사이고 앞말과 띄어 써야 해요.
④ '10년 차'에서 '차'는 일정한 기간을 나타내는 명시구 뒤에 쓰여 주기나 경과의 해당 시기를 나타내는 의존 명사예요. 의존 명사는 앞말과 띄어 써야 하기에 '10년 차'와 같이 쓴 것은 적절해요.

055 1 2 3 정답 ③

해설 ① '섭섭하거나 가엾어 마음이 언짢다.'라는 의미의 형용사 '안되다' 는 하나의 단어이므로 붙여서 써야 해요. 부도를 맞은 상황에 대해 안쓰러운 마음을 표현하고 있으므로, 형용사 '안되다'를 쓰는 것이 적절해요. 반면 '안 돼'는 부정이나 반대의 뜻을 나타내는 부사 '안'과 '되다'가 결합한 구의 형태로 '안 되다'와 같이 띄어서 써야 해요.
② '아무것'은 '특별히 정해지지 않은 어떤 것 일체'를 뜻하는 명사이므로 붙여서 써야 해요. 반면 '본 것'은 '보다'의 관형사형 '본'과 의존 명사 '것'이 쓰인 것이므로 '본 것'과 같이 띄어서 쓰는 것이 적절해요.
③ 부부 사이를 의미하는 '부부간'은 하나의 단어로 등재되어 있기에 붙여 써야 해요. '얼마간'은 '그리 많지 아니한 수량이나 정도'를 의미하는 명사로 역시 한 단어이므로 붙여 써야 해요.
④ '믿을 만한'에서 '만하다'는 보조 용언이에요. '믿을 만한'과 같이 띄어 쓰는 것이 원칙이지만 '믿을만한'과 같이 붙여 쓰는 것도 허용해요. '집채만 한'에서 '만'은 앞말이 나타내는 대상이나 내용 정도에 달함을 나타내는 보조사예요. 보조사는 앞말과 붙여 써야 하므로 '집채만'과 같이 써야 해요.

056 1 2 3 정답 ②

해설 ① '밖에'는 조사이므로 앞말에 붙여 '수밖에'로 써야 해요.
② '나하고'에서 '하고'는 체언 뒤에서 상대로 하는 대상임을 나타내는 격 조사이므로 앞말에 붙여 써야 해요.
③ '깨나'는 조사이므로 앞말에 붙여 '공부깨나'로 써야 해요.
④ '어떤 일의 기회나 계기'를 의미하는 경우에는 의존 명사이므로 앞말과 띄어 '가는 김에'로 써야 해요.

057 1 2 3 정답 ④

해설 ① '해, 섬, 강, 산, 산맥, 고원, 인, 족, 어……' 등의 앞에 어떤 말이 오느냐에 관계없이 붙여 써야 해요. 따라서 '네팔인'과 '에베레스트산'과 같이 붙여 써야 해요.
② '찾아온'은 '찾아오다'의 관형사형이므로 붙여 써야 해요.
③ '간'은 '동안'의 뜻을 더하는 접미사이므로 붙여 써요.
④ '꿈속'은 한 단어이므로 붙여 써요.

058 1 2 3 정답 ④

해설 ① 시간의 경과(지금까지의 동안)를 의미하는 '지'는 의존 명사이므로 띄어 써야 해요. '밖에'는 보조사이므로 앞말에 붙여 써요. 이때는 반드시 뒤에 부정을 나타내는 말이 따라요.
② '관계없이'는 한 단어로 붙여 써야 해요. 관형사형 어미 뒤에 '수'는 의존 명사이므로 앞말과 띄어 써요.
③ '해, 섬, 강, 산, 산맥, 고원, 인, 족, 어……' 등의 앞에 어떤 말이 오느냐에 관계없이 붙여 써야 하므로 '발리섬'이 적절해요.
④ 관형사형 어미 '-ㄹ' 뒤에 오는 의존 명사 '듯'은 앞말과 띄어 써요.

059 1 2 3 정답 ③

해설 ① 보조 용언은 '꺼져∨간다'와 같이 띄어 씀을 원칙으로 하되, 경우에 따라 붙여 씀도 허용해요.
② 성명 이외의 고유 명사는 단어별로 띄어 씀을 원칙으로하되, 단위별로 띄어 쓸 수 있어요. '한국∨대학교∨사범∨대학'과 같이 띄어 써야 해요.
③ 단위를 나타내는 명사는 띄어 써야 하므로 가장 적절해요.
④ 조사는 그 앞말에 붙여 쓰므로 '집에서처럼'으로, '못되다'는 한 단어이므로 '못되게'로 붙여 써요.

060 1 2 3 정답 ②

해설 ① '농구를 있다'가 성립되지 않으므로 붙여 쓸 수 있어요.
② '말랐다'는 본용언이므로 붙여 쓸 수 없어요. '빨래를 말렸다'가 성립되므로 '말렸다'는 단독으로 주어를 서술하는 것이 가능해요.
③ '슬픔을 냈다'가 성립되지 않으므로 붙여 쓸 수 있어요.
④ '일을 드렸다'가 성립되지 않으므로 붙여 쓸 수 있어요.

061 1 2 3 정답 ④

해설 ① '듯하다'는 보조 형용사이므로 앞말과 띄어 써요.
② '듯이'는 의존 명사이므로 앞말과 띄어 써요.
③ '듯'은 의존 명사이므로 앞말과 띄어 써요.
④ '일-'은 어간이고, '-듯이'는 어미이므로 앞말에 붙여 써야 해요.

062 1 2 3 정답 ③

해설 ① '물어도 보았다'는 본용언과 보조 용언이에요. 보조 용언은 띄어 씀을 원칙으로 하지만, 경우에 따라 붙여 쓰는 것도 허용하죠. 하지만 반드시 띄어서 써야 하는 경우가 있어요. 앞말에 조사가 붙거나 앞말이 합성 용언인 경우, 그리고 중간에 조사가 들어갈 적에는 반드시 띄어서 써야 하죠. '물어도 보았다'는 본용언 '물어'에 보조사 '도'가 결합한 것으로, 반드시 띄어서 써야 하는 경우에 해당해요.
② '같이'는 부사로도 쓰이고 조사로도 쓰여요. 여기서는 '앞말이 나타내는 그때'를 나타내는 부사격 조사로 쓰였어요. 따라서 앞말과 붙여 써야 하죠. 성과 이름은 붙여서 쓰지만, 성과 호칭은 띄어 써야 해요. 따라서 '김 선생'과 같이 띄어서 쓴 것도 적절하죠.
③ 이 문장에서 '안되다'는 '일정한 수준이나 정도에 이르지 못하다.'라는 의미의 동사로 사전에 등재되어 있는 한 단어예요. 따라서 붙여서 표기해야 하죠.
④ '지난주, 지난밤, 지난날'은 모두 하나의 단어로 사전에 등재되어 있어요. 따라서 붙여서 쓰는 것이 맞아요. 반면 '이번 주, 다음 주'는 하나의 단어로 인정받지 못하였기에 띄어서 써야 하죠. '할지'는 '하다'의 어간 '하-'에 추측이나 의문을 나타내는 어미 '-ㄹ지'가 결합한 것이므로 어간과 붙여서 '할지'로 쓰는 것이 맞아요.

063 1 2 3 정답 ③

해설 ① '안절부절못하다'는 '마음이 초조하고 불안하여 어찌할 바를 모르다.'라는 의미의 동사로 사전에 등재되어 있는 하나의 단어예요. 따라서 붙여 쓰는 것이 맞아요.
② '-여'는 '그 수를 넘음'의 뜻을 더하는 접미사이므로, 앞말에 붙여 쓰는 것이 맞아요. '명'은 단위성 의존 명사로 앞말과 띄어 써야 해요.
③ 어미 '-ㄴ바'는 뒤 절에서 어떤 사실을 말하기 위하여 그 사실이 있게 된 것과 관련된 과거의 어떤 상황을 미리 제시하는 데 쓰는 연결 어미로 붙여서 써야 해요. 의존 명사 '바'는 앞에서 말한 내용 그 자체나 일 따위를 나타내는 말로, 앞말과 띄어 써야 해요. '검토한바'는 '검토하다'에 연결 어미 '-ㄴ바'가 쓰인 것으로 '검토한바'와 같이 붙여 써야 해요.
④ '만큼'은 의존 명사로도 쓰이고, 조사로도 쓰여요. 의존 명사 '만큼'은 앞의 내용에 상당한 수량이나 정도임을 나타내는 말로 앞말과 띄어 써요. '아는 만큼'의 경우, '만큼'의 앞에 체언이 아니라 동사 '알다'의 관형사형이 있으므로 의존 명사로 쓰였 다는 것을 알 수 있어요. 따라서 앞말과 띄어 '아는 만큼'이라고 쓴 것은 적절해요. '평가할 만한'에서 '만한'은 '만하다'라는 보조 용언이에요. 보조 용언은 앞말과 띄어 쓰는 것이 원칙이지만 붙여서 쓰는 것도 허용해요.

064 1 2 3

정답 ③

해설 ① '얽히다'와 '설키다'가 만나 합성된 단어로, 붙여서 써야 해요.
② '알아주다'는 '남을 이해한다.'라는 의미를 가진 하나의 단어이므로 '알아주는'이라고 붙여서 써야 해요.
③ '떠돌아다니다'는 '정처 없이 이곳저곳을 옮겨 다니다.'라는 의미를 가진 하나의 단어로 사전에 등재되어 있어요. 따라서 붙여서 쓰는 것이 적절하죠.
④ '속절없다'는 '단념할 수밖에 달리 어찌할 도리가 없다'라는 의미의 형용사예요. 사전에 등재되어 있는 하나의 단어이므로 '속절없는'과 같이 붙여서 써야 해요.

065 1 2 3

정답 ③

해설 ① 여기서 '한번'은 사전에 등재된 하나의 단어예요. '한번'은 명사 바로 뒤에 쓰여서 어떤 행동이나 상태를 강조하는 부사예요.
② 밑줄 친 '한번'은 주로 '-어 보다' 구성과 함께 쓰여서 어떤 일을 시험 삼아 시도함을 나타내는 말이에요. '한번 해 보다. 한번 먹어 보다.'와 같이 쓰이죠.
③ 수 관형사 '한'과 의존 명사 '번'이 결합한 것으로 '한 번'과 같이 띄어서 써야 해요. 띄어서 쓰는 '한 번'은 수 관형사 '한'을 '두'나 '세'로 바꿔도 자연스러워요.
④ 밑줄 친 '한번'은 '일단 한 차례.'를 의미하는 부사로 붙여서 쓰는 것이 맞아요.

066 1 2 3

정답 ①

해설 ① '보다'는 조사이므로 앞말에 붙여 써야 해요.
② '수'는 의존 명사이므로 '할∨수'로 띄어 써요.
③ '데'는 의존 명사이므로 '높은∨데서∨낮은∨데로'와 같이 띄어 써요.
④ '얼마에서 얼마까지'의 뜻을 나타내는 '내지'는 부사이므로 '하루∨내지'와 같이 띄어 써요.

067 1 2 3

정답 ③

해설 ① '만큼'은 체언 뒤에 붙는 조사로서 앞말에 붙여 써요.
② '뿐'은 체언 뒤에 붙는 조사로서 앞말에 붙여 써요.
③'보다'는 '조사'이므로 '영희는 합리적이기보다는'과 같이 앞말에 붙여 써야 해요.
④ '따위'는 의존 명사이므로 앞말과 띄어 써요.

068 1 2 3

정답 ③

해설 ① '창밖'은 한 단어이므로 붙여 써요.
② '우단'은 벨벳을 뜻하는 단어이고, '천'은 실로 짠, 옷이나 이부자리 따위의 감이 되는 물건을 뜻하는 단어로, 이 둘은 별개의 단어예요. 따라서 '우단∨천'으로 띄어 써야 해요.
③ 단위를 나타내는 명사는 띄어 쓰는 것이 원칙이고, 순서를 나타내는 경우나 숫자와 어울리어 쓰이는 경우에는 붙여 쓸 수 있어요. '동안'은 명사이므로 앞말과 띄어 써야 해요.
④ '밖에'는 '그것 말고는', '그것 이외에는', '기꺼이 받아들이는', '피할 수 없는'의 뜻을 나타내는 보조사이므로 앞말에 붙여 써야 해요. 반면 '일정한 한도나 범위에 들지 않는 나머지 다른 부분이나 일'의 뜻으로 쓰이는 '밖'은 명사이므로 앞말과 띄어 써야 해요.

069 1 2 3

정답 ①

해설 ① 깊은 밤을 뜻하는 '한밤중'은 사전에 등재되어 있는 하나의 단어이므로 붙여서 쓰는 것이 맞아요.
② '-ㄹ뿐더러'는 하나의 어미로 붙여서 써야 해요.
③ '두 시간 만에'에서 '만'은 시간의 경과를 의미해요. 시간이나 횟수를 나타내는 의존 명사로, 앞말과 띄어서 써야 하죠.
④ '장사가 잘 안된다.'에서 '안되다'는 '일, 현상, 물건 따위가 좋게 이루어지지 않다.'라는 의미의 동사로 사전에 등재되어 있는 한 단어예요. 따라서 붙여서 써야 해요.

070 1 2 3

정답 ④

해설 ① '는'과 '커녕'은 보조사이므로 '고마워하기는커녕'으로 붙여 써요.
② 체언 뒤에 오는 '만'은 앞말이 나타내는 대상이나 내용 정도에 달함을 나타내는 보조사이므로 앞의 체언과 붙여 '집채만∨한'과 같이 써요.
③ '지난 어느 때나 기회'를 나타내는 '한번'은 한 단어로 붙여 써요.
④ '보잘것없다'는 '볼만한 가치가 없을 정도로 하찮다.'의 뜻으로 쓰이는 한 단어로 붙여 써야 해요.
⑤ '그 성씨 자체', '그 성씨의 가문이나 문중'의 뜻을 더하는 접미사 '씨'는 앞말에 붙여 '안동∨권씨'로 붙여서 써요.

071 1 2 3

정답 ④

해설 ① '커녕'은 보조사로 붙여 써야 하므로, '원은커녕'처럼 붙여 써요.
② '읽을수록'처럼 붙여 써요.
③ '지'가 시간의 경과를 의미하는 경우에는 의존 명사이므로 '떠난∨지가'처럼 띄어 써야 해요.
④ 보조 용언은 띄어 씀을 원칙으로 하되, 경우에 따라 붙여 씀도 허용해요. '올∨듯하다'가 원칙이지만 '올듯하다'와 같이 붙여 쓰는 것도 허용해요.

072 1 2 3

정답 ④

해설 ① '아쉬움'을 나타내는 어미의 일부 '-걸'은 앞말에 붙여 써요. 반면 의존 명사 '것'과 조사 '을'을 합성한 '걸'은 앞말과 띄어 써요. 여기에서는 아쉬움을 나타내는 표현이므로 붙여 써야 해요.
② 의존 명사 '지'는 어떤 일이 있었던 때로부터 지금까지의 동안을 나타내는 말로, '시간의 길이'와 관련된 문맥에서 쓰이고, 띄어 써야 해요.
③ 앞 절 일의 어떤 정도가 그렇게 더하여 가는 것이, 뒤 절 일의 어떤 정도가 더하거나 덜하게 되는 조건이 됨을 나타내는 연결 어미인 '-ㄹ수록'은 하나의 어미이므로 붙여 써요. 그리고 '익숙하고 능란하게 하다'의 의미인 '잘하다'는 하나의 동사이므로 붙여 써요.
④ '거야'는 의존 명사 '것'의 구어적 표현으로, '거'와 서술격 조사 '이다'의 활용형인 '이야'의 준말이에요. 따라서 동사 '하다'의 어간 '하-'에 관형사형 전성 어미 '-ㄹ'이 결합한 '할-'과 '거야'는 띄어 써야 해요.

073 1 2 3

정답 ②

해설 ① '만큼'은 앞말이 체언이나 조사일 경우에는 조사로 쓰인 것이에요. 여기서는 조사이므로 앞말과 붙여 써야 해요.
② '들'은 두 개 이상의 사물을 나열할 때, 그 열거한 사물 모두를 가리키거나, 그 밖에 같은 종류의 사물이 더 있음을 나타내는 말로 의존 명사이므로 띄어 써야 해요.
③ '세'는 수를 나타내는 관형사이므로 뒷말과 띄어 써야 하고, '만'은 의존 명사이므로 앞말과 띄어 써야 해요.
④ 어미 '-(으)ㄴ지'는 막연한 의문이 있는 채로 그것을 뒤 절의 사실이나 판단과 관련시키는 데 쓰는 연결 어미로, 앞말에 붙여 써야 해요.

074 1 2 3

정답 ④

해설 ① '보다'는 부사격 조사이므로 앞말에 붙여 써요.
② '같이'는 '앞말에 보이는 전형적인 어떤 특징처럼'의 뜻을 나타낼 때는 조사이므로 앞말에 붙여 써요.
③ '은'과 '커녕'은 보조사이므로 모두 앞말에 붙여 써요.
④ '하고'는 '비교'의 의미를 나타내는 부사격 조사이므로 앞말에 붙여 써요.

1. 표준어 사정 원칙

001 1 2 3 정답 ①

해설 ① '푼돈, 밥소라, 사래밭'은 〈표준어 규정〉 제21항에 해당하는 표준어예요. 표준어 규정에서 단순히 한자어라는 이유만으로 표준어에서 제외하지는 않아요. 한자 혹은 한자가 들어가 있는 어휘 중에 현대에 쓰이지 않는 말들을 표준어에서 제외한 것이에요.

002 1 2 3 정답 ③

해설 ③ '딴전/딴청', '어저께/어제', '가엾다/가엽다'는 모두 복수 표준어예요. 한 가지 의미를 나타내는 형태 몇 가지가 널리 쓰이면서 〈표준어 규정〉에 맞으면 그 모두를 표준어로 삼아요. '귀이개'의 경우, 준말이 쓰이고 있더라도 본말이 널리 쓰이면 본말을 표준어로 삼는다는 규정에 따라 '귀개'가 아니라 '귀이개'가 표준어예요.

003 1 2 3 정답 ②

해설 ② 준말이 쓰이고 있더라도 본말이 널리 쓰이고 있으면 본말을 표준어로 삼는다는 규정에 따라 '뒤웅박'이 표준어예요. '똬리', '귀찮다', '뱀장어', '장사치'는 널리 쓰이는 준말로 표준어예요. 반면 '또아리', '귀치 않다', '배암장어', '장사아치'는 제14항에 따라 표준어가 아니에요.

004 1 2 3 정답 ④

해설 ① '헤매이던'은 '헤매던(헤매다)'으로 바꾸어야 해요.
② '내노라하는'은 '내로라하는'으로 바꾸어야 해요.
③ '칠흙'은 '칠흑'으로 바꾸어야 해요.
④ '후텁지근하다'는 표준어예요.

005 1 2 3 정답 ②

해설 ① '괜시리'는 '괜스레'로 바꾸어야 해요.
② '에계'는 감탄사로, 어떤 것이 작고 하찮거나 기대 따위에 훨씬 못 미쳐 업신여길 때 내는 소리예요.
③ '잼잼'은 '죔죔'으로 바꾸어야 해요.
④ '단촐한'은 '단출한'으로 바꾸어야 해요.

006 1 2 3 정답 ④

해설 ① '등물/목물', '남사스럽다/남우세스럽다', '쌉싸름하다/쌉싸래하다', '복숭아뼈/복사뼈'는 복수 표준어예요.
② '까탈스럽다/까다롭다', '걸판지다/거방지다', '주책이다/주책없다/주책맞다', '겉울음/건울음'은 복수 표준어예요.
③ '찰지다/차지다', '잎새/잎사귀', '꼬리연/가오리연', '푸르르다/푸르다'는 복수 표준어예요.
④ '넝쿨'과 '덩굴'은 복수 표준어이지만, '덩쿨'은 비표준어예요. '개발새발'은 2011년에 '괴발개발'과 함께 복수 표준어로 새로 인정되었어요. '이쁘다'는 2015년에 '예쁘다'의 복수 표준어로 인정되었으며 '마실'은 '마을'의 복수 표준어로 2015년에 인정되었어요.

007 1 2 3 정답 ①

해설 ① '일반적인 생각과는 반대되거나 다르게'라는 뜻을 나타내는 '도리어'의 준말 표준어는 '되레'예요.
② '맨날' '만날'은 복수 표준어예요.
③ 부사 '깡그리'는 '하나도 남김없이'란 뜻으로 표준어예요.
④ '억수'는 '끊임없이 흘러내리는 눈물, 코피 따위를 비유적으로 이르는 말'을 뜻하는 표준어예요.

008 1 2 3 정답 ②

해설 ① '담갔다'는 어간 '담그+았+다'로 분석할 수 있어요. 표준어예요.
② '애닯구나'는 '애달프구나'의 잘못된 표기예요. '애달프다'가 표준어예요.
③ '가여운'은 '가엽+은'으로 분석할 수 있어요. 표준어예요.
④ '까다로워'는 '까다롭+어'로 분석할 수 있어요. 표준어예요.

009 1 2 3 정답 ①

해설 ① '메꾸다/메우다, 찌뿌듯하다/찌뿌둥하다, 내음/냄새, 맨날/만날'은 복수 표준어예요.
② '까탈스럽다/까다롭다, 꼬시다/꾀다, 품세/품새'는 복수 표준어예요. 하지만 '눈꼽'은 '눈곱'이 표준어예요.
③ '이쁘다/예쁘다, 구안괘사/구안와사, 마실/마을'은 복수 표준어예요. 하지만 '새치롬하다'의 표준어는 '새초롬하다/새치름하다'예요.
④ '두리뭉실하다/두루뭉술하다, 찰지다/차지다, 개발새발/괴발개발'은 복수 표준어예요. 하지만 '늘상'의 표준어는 '늘'이에요.

010 1 2 3 정답 ③

해설 ① '버젓이'가 옳은 말이고, '뉘연히'는 잘못된 말이에요.
② '뒤어내다'는 '뒤져내다'의 잘못된 표현이에요. '뒤져내다'는 '샅샅이 뒤져서 들춰내거나 찾아내다.'라는 의미예요.
③ '깨단하다'는 표준어로, '오랫동안 생각해 내지 못하던 일 따위를 어떠한 실마리로 말미암아 깨닫거나 분명히 알다.'라는 뜻이에요.
④ '허구헌'은 '허구한'의 잘못된 표현이에요. '허구한'의 기본형은 '허구하다'로 '날이나 세월 따위가 매우 오래'라는 의미를 가진 형용사예요.

011 1 2 3 정답 ④

해설 ① '마실'은 '이웃에 놀러 다니는 일'의 의미에 한하여 표준어로 인정되었어요.
② '이쁘다, 이쁘장스럽다, 이쁘장스레, 이쁘장하다, 이쁘디이쁘다'도 표준어로 인정되었어요.
③ '새초롬하다'는 2011년에 표준어로 인정되었어요.
④ '부스스하다'는 표준어지만, '부시시하다'는 비표준어예요.

012 1 2 3 정답 ①

해설 ① '어림잡다'는 '대강 짐작으로 헤아려 보다'라는 의미의 동사로 표준어이지만 '어림재다'는 비표준어예요.
② '변덕스럽다/변덕맞다'는 복수 표준어예요.
③ '장가가다/장가들다'는 복수 표준어예요.
④ '흠가다/흠지다'는 복수 표준어예요.
⑤ '기세부리다/기세피우다'는 복수 표준어예요.

013 1 2 3 정답 ②

해설 ① '가는허리/잔허리'는 복수 표준어예요.
② '고깃간/푸줏간'이 복수 표준어이고, '정육간, 정육관'은 비표준어예요.
③ '관계없다/상관없다'는 복수 표준어예요.
④ '기세부리다/기세피우다'는 복수 표준어예요.

014 1 2 3 정답 ④

해설 ④ '추켜올리다'는 표준어예요. 2017년 표순어 개정안에 따르면, '실제보다 과장되게 칭찬하다.', '정도 이상으로 크게 칭찬하다.'의 의미로 '추어올리다', '치켜세우다' 이외에 '추켜올리다', '추켜세우다', '치켜올리다'도 복수 표준어로 인정했어요. '께름직하다'는 '마음에 걸려서 언짢고 싫은 느낌이 꽤 있다.'라는 의미로 복수 표준어로 인정된 단어예요. '기다래지다'는 '기다랗게 되다'의 의미로 표준어예요. '본래의 값에 덧붙이는 돈'은 '웃돈'이 표준어이고, '윗돈'은 비표준어예요.

015 1 2 3 정답 ③

해설
① '차지다'는 '반죽이나 밥, 떡 따위가 끈기가 많다.'라는 의미의 형용사로 '차지어, 차지니'와 같이 활용해요. 참고로 '차지다'의 반대말은 '메지다'예요.
② '이쁘다'는 원래 비표준어였는데, 2015년 11월 개정에서 '예쁘다'의 복수 표준어로 인정되었어요. '이쁘다'가 표준어가 되면서 '이쁘디이쁘다' 역시 표준어로 인정받았어요.
③ '소맷부리의 구석 부분'을 의미하는 것은 '소맷귀'예요. '소맷귀'는 '윗옷의 좌우에 있어 두 팔을 꿰는 부분'인 '소매'와 '두루마리나 저고리의 섶 끝부분'을 뜻하는 '귀'가 합성된 단어예요.
④ '돋구다'는 '안경의 도수 따위를 더 높게 한다'라는 의미의 동사예요. '돋우다'와 '돋구다'를 혼동하는 경우가 많은데, '안경'만 돋구는 것이고, 그 외의 것들(입맛, 감정 등)은 돋우는 것이라고 기억해 주세요.

2. 표준 발음법

016 1 2 3 정답 ①

해설 ① '풀꽃아'는 홑받침이 모음으로 시작된 조사와 결합되는 경우이므로 받침은 뒤 음절의 첫소리로 연음되어 [폴꼬차]로 발음해야 해요.

017 1 2 3 정답 ①

해설 ① '일사병'은 한자어에서 'ㄹ' 받침 뒤에 'ㄷ, ㅅ, ㅈ'이 연결되는 경우에 해당하므로, 〈표준 발음법〉 제26항에 따라 [일싸뼝]으로 발음해야 해요. '불법'의 경우 [불법]으로 발음하는 것이 원칙이었으나 2017년에 [불법/불뻡] 두 가지를 표준 발음으로 인정하였어요.

018 1 2 3 정답 ②

해설 ② '숙맥'은 받침 'ㄱ, ㄷ, ㅂ'은 'ㄴ, ㅁ' 앞에서 [ㅇ, ㄴ, ㅁ]으로 발음해요. 따라서 [쑥맥]이 아니라 [숭맥]으로 발음해야 해요. '젖먹이'는 비음화가 일어나 [전머기]로 발음해야 하고, '직행열차'는 'ㄴ'첨가가 일어나 [지캥녈차]로 발음해야 해요.

019 1 2 3 정답 ④

해설 ④ '먹고[먹꼬]'는 'ㄱ' 뒤에 연결되는 'ㄱ'이 된소리로 발음되므로 ㉠의 예로 적절해요. '껴안더라[껴안떠라]'는 어간 '껴안-'에 연결되는 어미 '-더-'의 첫소리가 된소리로 발음되는 경우이므로 ㉡의 예로 적절해요. '어찌할 바[어찌할빠]'는 관형사형 어미 '-ㄹ' 뒤에 연결되는 'ㅂ'이 된소리로 발음되므로 ㉢의 예로 적절하고, '결석[결썩]'은 한자어에서 'ㄹ' 뒤에 연결되는 'ㅅ'이 된소리로 발음되는 경우이므로 ㉣의 예로 적절해요.

020 1 2 3 정답 ④

해설 ① '밝다'는 자음군 단순화가 일어나 [박다]가 되고, 이후 된소리되기가 일어나 최종적으로 [박따]로 발음돼요. 겹받침 'ㄺ'은 어말 또는 자음 앞에서 [ㄱ]으로 발음해요. 단, 'ㄺ'이 용언의 어간 말음일경우 'ㄱ' 앞에서는 [ㄹ]로 발음해요.
② '등불'은 사잇소리 현상이 일어나 [등뿔]과 같이 된소리로 발음돼요.
③ '앞마당'은 음절의 끝소리 규칙에 따라 [압마당]이 되고, 이후 비음화가 일어나 [암마당]으로 발음해요.
④ '막일'은 'ㄴ'첨가가 일어나 [막닐]이 되고, 이후 비음화가 일어나 [망닐]로 발음해요.

021 1 2 3 정답 ②

해설 ㄱ. 〈표준 발음법〉 제5항에 따르면, '예, 례' 이외의 'ㅖ'는 [ㅔ]로도 발음해요. 따라서 '계기'는 [계:기], [게:기] 모두 올바른 발음이에요.
ㄴ. 〈표준 발음법〉 제29항에 따르면, 합성어 및 파생어에서, 앞 단어나 접두사의 끝이 자음이고 뒤 단어나 접미사의 첫음절이 '이, 야, 여, 요, 유'인 경우에는 'ㄴ' 음을 첨가하지만, '송별연[송:벼련]'과 같이 'ㄴ' 음을 첨가하여 발음하지 않는 예외도 있어요.
ㄷ.〈표준 발음법〉 제10항에 따르면, 겹받침 'ㄼ'은 어말 또는 자음 앞에서 [ㄹ]로 발음하지만, '넓-'의 경우 '넓적하다[넙쩌카다], 넓죽하다[넙쭈카다], 넓둥글다[넙뚱글다], 넓적다리[넙쩍따리]' 등의 예외적인 경우에는 [넙]으로 발음해야 해요. 따라서 '넓죽한[넙쭈칸]'이 올바른 발음이에요.
ㄹ.〈표준 발음법〉 제10항에 따르면, '밟-'은 자음 앞에서 [밥]으로 발음하므로 '밟고[밥:꼬]'는 올바른 발음이에요.
ㅁ. 〈표준 발음법〉 제26항에 따르면, 한자어에서, 'ㄹ' 받침 뒤에 연결되는 'ㄷ, ㅅ, ㅈ'은 된소리로 발음해요. '열병'은 받침 'ㄹ' 뒤에 'ㅂ'이 오므로 [열병]이 올바른 발음이에요.

022 1 2 3 정답 ④

해설 ① '찾을 도리'는 [차즐또리]로 발음하는 것이 맞아요.
② '맑고 맑다'는 [말꼬 막따]로 발음하는 것이 맞아요. 겹받침 'ㄺ'은 어말 또는 자음 앞에서 각각 [ㄱ]으로 발음하는데, 용언의 어간 말음 'ㄺ'은 'ㄱ' 앞에서 [ㄹ]로 발음하기 때문이에요.
③ '김희혜'는 [김히헤]로 발음하는 것이 원칙이지만 [김히혜]로 발음해도 돼요. 자음을 첫소리로 가지고 있는 음절의 'ㅢ'는 [ㅣ]로 발음하고, '예, 례' 이외의 'ㅖ'는 [ㅔ]로도 발음하는 것을 허용하기 때문이에요.
④ 'cake[keik]'는 '케이크'로 적어야 해요.

023 1 2 3 정답 ②

해설 ① '물난리'는 비음 [ㄴ]이 유음 [ㄹ]을 만나 유음으로 변하는 유음화가 일어나[물랄리]로 발음돼요.
② '신문'은 표기 그대로 [신문]으로 발음돼요. '신문'을 [심문]이라고 발음하는 것은 표준 발음이 아니에요.
③ '밟-'은 자음 앞에서 [밥:-]으로 발음돼요. 따라서 '밟는다'는 [밥:는다]가 되었다가, 다시 [ㅂ]이 [ㄴ]을 만나 비음화가 되면서 최종적으로 [밤:는다]로 발음돼요.
④ 합성어 및 파생어에서, 앞 단어나 접두사의 끝이 자음이고 뒤 단어나 접미사의 첫음절이 '이, 야, 여, 요, 유'인 경우에는, 'ㄴ' 음을 첨가하여 [니, 냐, 녀, 뇨, 뉴]로 발음해요. '한여름'은 접두사의 끝이 자음이고 뒤 단어의 첫음절이 '여'인 파생어이므로, 'ㄴ' 첨가가 일어나서 [한녀름]으로 발음돼요.

024 1 2 3 정답 ②

해설 ① 표준 발음법 제5항의 '다만2'에서는 '예, 례' 이외의 'ㅖ'는 [ㅔ]로도 발음하는 것을 허용한다고 규정하고 있어요. 이에 따라 '연계'의 '계'는 [연계]로 발음하는 것을 원칙으로 하고, [연게]로 발음하는 것도 허용해요.
② 표준 발음법 제5항에서는 'ㅑ ㅒ ㅕ ㅖ ㅘ ㅙ ㅛ ㅝ ㅞ ㅠ ㅢ'는 이중 모음으로 발음한다고 규정하고 있어요. '다만2'에서 '예, 례' 이외의 'ㅖ'는 [ㅔ]로도 발음하는 것을 허용하고 있지만 '차례'의 '례'와 같이 이중 모음 앞에 'ㄹ'이 있을 때는 명백하게 이중 모음으로 발음해야 하므로 이중 모음 [차례]로 발음하는 것이 적절해요.
③ 표준 발음법 제5항 '다만4'에서는 단어의 첫음절 이외의 '의'는 [ㅣ]로, 조사 '의'는 [ㅔ]로 발음함도 허용한다고 규정하였어요. '충의'에서 '의'는 첫음절이 아니므로 '이'로 발음하는 것을 허용해요. '의'는 조사이므로 [의]로 발음하는 것이 원칙이지만, [에]로 발음하는 것도 허용되지요. 따라서 [충의의/충이의/충의에/충이에] 이렇게 네 가지 발음이 모두 가능해요.
④ 표준 발음법 제5항 '다만4'에 따라 '논의'에서 '의'는 첫음절이 아니므로 [니]로 발음할 수 있어요. [노늬/노니] 모두 표준 발음에 해당해요.

025 1 2 3 정답 ①

해설 ① 'ㄹ'을 [ㄴ]으로 발음하는 것에는 '의견란[의견난], 임진란[임진난], 생산량[생산냥], 결단력[결딴녁], 공권력[공꿘녁], 상견례[상견녜], 입원료[이뷘뇨]' 등이 있어요.
② '임진란'의 발음은 [임진난]이므로 'ㄹ'의 발음은 [ㄴ]이에요. '공권력'의 발음은 [공꿘녁]이므로 'ㄹ'의 발음은 [ㄴ]이에요. 하지만 '광한루'의 발음은 [광할루]이므로 'ㄹ'의 발음은 [ㄹ]이에요.
③ '대관령'의 발음은 [대괄령]이므로 'ㄹ'의 발음은 [ㄹ]이에요. '입원료'의 발음은 [이뷘뇨]이므로 'ㄹ'의 발음은 [ㄴ]이에요. '협력'의 발음은 [혐녁]이므로 'ㄹ'의 발음은 [ㄴ]이에요.
④ '동원령'의 발음은 [동원녕]이므로 'ㄹ'의 발음은 [ㄴ]이에요. '구근류'의 발음은 [구근뉴]이므로 'ㄹ'의 발음은 [ㄴ]이에요. 하지만 '난로'의 발음은 [날로]이므로 'ㄹ'의 발음은 [ㄹ]이에요.

026 1 2 3
정답 ①

해설 ① ㉠ '밭을'은 연음화에 따라 [바틀]로 발음해요.
② ㉡ '밭만'은 음절의 끝소리 규칙에 의해 [받만]이 된 후 비음화가 일어나 [반만]으로 발음해요.
③ ㉢ '밭'은 음절의 끝소리 규칙에 의해 [받]으로 발음해요.
④ ㉣ '밭이'는 구개음화가 일어나 [바치]로 발음해요.

027 1 2 3
정답 ③

해설 ㉠ 단어의 첫음절 이외의 경우에는 [ㅢ], [ㅣ]로 발음하므로 '협의'는 [혀븨/혀비]로 발음해요.
㉡ 자음을 첫소리로 가지고 있는 경우에는 [ㅣ]로 발음해요. 따라서 '띄어쓰기'는 [띠어쓰기/띠여쓰기]로 발음해요.
㉢ '썰물'을 그대로 [썰물]로 발음해요.
㉣ 조사 '의'는 [ㅢ], [ㅔ]로 발음해요. 따라서 '우리의'는 [우리에/우리의]로 발음해요.
㉤ 합성어의 경우에는 둘째 음절 이하에서도 긴소리를 인정해요. 따라서 '반신반의'는 [반:신바:니/반:신바:늬]로 발음해요.

028 1 2 3
정답 ④

해설 ④ 'ㄼ'은 어말 또는 자음 앞에서 [ㄹ]로 발음하므로 [짤네요]가 된 다음, 유음화가 일어나 [짤레요]로 발음돼요.

029 1 2 3
정답 ④

해설 ① '-아서'는 모음으로 시작하는 어미이므로 'ㅎ' 발음이 나지 않아요.
② '-이'는 모음으로 시작되는 사동 접미사이므로 'ㅎ'은 발음되지 않고 받침 'ㄹ'이 연음돼요.
③ '-아'는 모음으로 시작되는 어미이므로 'ㅎ'은 발음되지 않아요.
④ '-은'이 모음으로 시작되는 어미이므로 겹받침 'ㄶ'의 'ㅎ'은 발음되지 않고 'ㄴ'이 연음되어 [아는]으로 발음돼요.

030 1 2 3
정답 ②

해설 ① 늙지[늑찌], 넓죽한[넙쭈칸]
② '발음 규정 1'에 따라 겹받침 'ㄺ', 'ㄼ'은 어말 또는 자음 앞에서 각각 ㉠ 'ㄱ, ㄹ'(으)로 발음해요. ㉡ '맑고, 밟거나'와/과 같은 경우는 '발음 규정 2'가 적용되지 않으므로 [말꼬], [밥:꺼나]로 발음해요.
③ 굵다[국:따], 섧지[설:찌]
④ 묽게[물께], 얇게[얄:께]

031 1 2 3
정답 ①

해설 ㉠ 'ㄱ, ㄷ, ㅂ, ㅅ, ㅈ'으로 시작하는 단어 앞에 사이시옷이 올 때는 이들 자음만을 된소리로 발음하고 사이시옷을 [ㄷ]으로 발음하는 것도 허용해요. 따라서 '깃발'은 [기빨/긷빨]로 발음해요.
㉡ 한자어에서 'ㄹ' 받침 뒤에 연결되는 'ㄷ, ㅅ, ㅈ'은 된소리로 발음해요. '불법'은 [불법/불뻡]으로 발음해요. '불법'과 접미사 '-적'이 결합한 경우에는 된소리되기가 적용돼요.
㉢ 한자어에서 'ㄴ'은 'ㄹ'을 만나 유음화되어 [ㄹ]로 발음해요.
㉣ 표기상으로 사이시옷이 없더라도 관형격 기능을 지니는 사이시옷이 있어야 할 합성어의 경우 뒤 단어 첫소리를 된소리로 발음해요. 따라서 '도매금'은 [도매끔]으로 발음해요.
㉤ '공권력'은 [공꿘녁]으로 발음해요.

032 1 2 3
정답 ②

해설 ① '되고'는 [되고/퉤고]로 발음해요.
② 한글 자모 'ㅌ'의 명칭은 '티읕'이에요. '티읕이'는 [티으시]로, '티읕을'은 [티으슬]로 발음해요.
③ '밟-'은 자음 앞에서 [밥]으로 발음해요.
④ '웬일'은 'ㄴ'이 첨가되어 [웬닐]로 발음해요.
⑤ 'ㄼ'은 어말 또는 자음 앞에서 [ㄹ]로 발음해요.

033 1 2 3
정답 ②

해설 ① '솜이불'은 'ㄴ'첨가가 일어나 [솜니불]로 발음해요.
② '직행열차'는 'ㄴ'이 첨가되고 축약이 일어나 [지캥녈차]로 발음해야 해요.
③ '내복약'은 'ㄴ'이 첨가되고 비음화가 일어나 [내봉냑]으로 발음해요.
④ '막일'을 'ㄴ'이 첨가되고 비음화가 일어나 [망닐]로 발음해요.

3. 외래어 표기법

034 1 2 3
정답 ①

해설 ① 짧은 모음 다음의 어말 무성 파열음, 짧은 모음과 유음 · 비음 이외의 자음 사이에 오는 무성 파열음을 제외한 어말과 자음 앞의 [p], [t], [k]는 '으'를 붙여 적어요. 따라서 'flute'은 '플룻'이 아니라 '으'를 붙여 '플루트'로 적어야 해요. '로봇, 배지, 타깃, 텔레비전'은 모두 적절한 표기예요.

035 1 2 3
정답 ④

해설 ④ 'risotto'를 '리조토', '리조또'로 적는 것은 모두 옳지 않아요. 이탈리아어 자모에 따라 '리소토'로 쓰는 것이 맞아요. 'Mao Zedong'은 '마오쩌둥'으로 표기하는데, 한자음으로 읽은 이름인 '모택동'도 쓸 수 있는 표기예요. 'populisme'은 프랑스어로 해석하여 프랑스어 표기법에 맞게 '-슴'을 사용해요. 따라서 '포퓔리슴'이 맞는 표기예요.

036 1 2 3
정답 ①

해설 ① 반모음 [j]는 뒤따르는 모음과 합쳐 '야', '얘', '여', '예', '요', '유', '이'로 적어요. 다만, [d], [l], [n] 다음에 [jə]가 올 때에는 각각 '디어', '리어', '니어'로 적지요. 따라서 'yellow[jelou]'는 옐로' 로 표기해요. 또한 어말 또는 자음 앞의 [s], [z], [f], [v], [θ], [ð]는 '으'를 붙여 적으므로 '스태프', '케이크'는 옳은 표기예요.

037 1 2 3
정답 ④

해설 ① '그라나다(Granada)'와 '그레나다(Grenada)'는 'e'와 'a'로 철자가 달라요. '에콰도르(Ecuador)'는 맞는 표기예요.
② '포르투칼'이 아니라 '포르투갈'이에요.
③ '싱가포르'는 맞는 표기이지만 '베네주엘라'는 '베네수엘라'가 맞는 표기예요.
④ 둘 다 맞는 표기예요. 'Haïti'는 '하이티'로 표기하면 안 돼요.

038 1 2 3
정답 ①

해설 ① '기타큐슈', '소셔드라마', '키리바시'는 맞는 표기예요. 'Dostoevsky'는 '도스토옙스키'로 표기해야 하고, 'Havana'는 '아바나'라고 표기해야 해요.

039 1 2 3
정답 ②

해설 ① 'dot'는 의미에 따라 '도트(점 또는 물방울 무늬)'나 '닷(인터넷 도메인 이름이나 이메일 주소 등에 쓰이는 점)'으로 적어야 해요.
② 'parka'는 원칙적으로는 '파커'로 표기해야 하지만, 이미 굳어진 외래어는 관용을 존중하되, 그 범위와 용례는 따로 정한다는 규정에 따라 '파카'라고 적어요.

③ 'flat'의 [t]는 'ㅅ'으로 표기해요. 따라서 'flat'은 '플랫'이라고 적어요.
④ 'chorus'는 '코루스'가 아니라, 소리 나는 대로 '코러스'로 표기해요.

040 1 2 3 정답 ①

해설 ① '랍스터'와 '로브스터'는 복수 표준어예요.
② '달마시안'이 아니라 '달마티안'이 바른 표기예요.
③ '까페'가 아니라 '카페'가 바른 표기예요.
④ '메타세콰이어'가 아니라 '메타세쿼이아'가 바른 표기예요.
⑤ '케잌'이 아니라 '케이크'가 바른 표기예요.

041 1 2 3 정답 ②

해설 ① 어말의 [ʃ]는 '시'로 적어야 하므로 '플래시'가 올바른 표기예요.
② 어말의 [ʃ]는 '시'로 적고, 자음 앞의 [ʃ]는 '슈'로, 모음 앞의 [ʃ]는 뒤따르는 모음에 따라 '샤', '섀', '셔', '셰', '쇼', '슈', '시'로 적어요. 'shrimp'의 [ʃ]는 자음 [r] 앞에 오므로 '슈림프'로 적어야 해요.
③ '프레젠테이션'은 바른 표기예요.
④ '뉴턴'은 바른 표기예요.

042 1 2 3 정답 ③

해설 ① 어말의 [ʃ]는 '시'로 적으므로 '브러시'가 바른 표기예요. '케익'은 '케이크'로 적어야 해요.
② 'carpet'은 '카펫'으로 적어야 해요.
③ 'chocolat'은 이미 굳어진 외래어이기 때문에 '초콜릿'으로 표기해요.
④ 받침에는 'ㄱ, ㄴ, ㄹ, ㅁ, ㅂ, ㅅ, ㅇ'만을 쓰므로 '슈퍼마켓'으로 표기해야 해요.

043 1 2 3 정답 ④

해설 ① 'f'의 국어 표기는 'ㅍ'이라서 'fighting'은 '파이팅'이 맞는 표기예요.
② 받침에는 'ㅍ'을 사용할 수 없으므로 'coffee shop'은 '커피숍'이 맞는 표기예요.
③ 'jazz'는 된소리를 사용하지 않고, '재즈'라고 써야 맞는 표기예요.
④ 't'는 파열음으로 표기해야 하는데 된소리를 사용할 수 없으므로 'conte'는 '콩트'로 표기해야 해요.

044 1 2 3 정답 ①

해설 ① 'custard pudding'은 '커스터드푸딩'이 맞는 표기예요. 'Arthur'은 '아서'로, 'badge'는 '배지'로 적는 것이 맞아요. 하지만 'soul music'은 '솔뮤직/솔 뮤직'이 맞는 표기예요.

045 1 2 3 정답 ③

해설 ③ 〈외래어 표기법〉 제3항 받침에 대한 원칙에 따르면 받침에 'ㄷ'은 사용하지 않고 'ㄱ, ㄴ, ㄹ, ㅁ, ㅂ, ㅅ, ㅇ' 만을 써요.

046 1 2 3 정답 ②

해설 ② '알레르기, 컬렉션, 미네랄'은 옳은 표기예요. 하지만 '게티스버그(Gettysburg)'는 '게티즈버그'가 바른 표기이고, '아쿠아마린(aquamarine)'은 '아콰마린'이 바른 표기예요.

047 1 2 3 정답 ②

해설 ㄱ. '커미션'은 올바른 표기예요. 이외에도 '컨-'으로 표기하는 단어는 '컨트롤, 컨디션, 컨테이너, 컬렉션' 등이 있어요.
ㄴ. '콘서트'는 적절한 표기예요. '콘-'으로 표기하는 단어는 이외에도 '콘텐츠, 콘셉트, 콘테스트, 콤플렉스' 등이 있어요.
ㄷ. '컨셉트'는 '콘셉트'가 옳은 표기예요.
ㄹ. '에어컨'은 올바른 표기예요.
ㅁ. '리모콘'은 '리모컨'이 올바른 표기예요.

048 1 2 3 정답 ③

해설 ㄱ. 옐로: 흔히 '옐로우'라고 표기하는데, 적절한 표기는 '옐로'예요.
ㄴ. 카디건: '가디건'의 올바른 표기는 '카디건'이에요.
ㄷ. 롭스터 :어말과 모든 자음 앞에 오는 유성 파열음은 '으'를 붙여서 적는다는 외래어 표기법에 따라 '로브스터'라고 적어야 해요. 2016년 개정에서는 '랍스터' 역시 바른 표기로 인정해 주어서 '로브스터'와 '랍스터'가 바른 표기예요.
ㄷ. 비전: 외래어 표기에서 '쟈, 져, 죠, 쥬, 챠, 쳐, 쵸, 츄'는 사용하지 않아요. '비전'으로 표기하는 것이 적절해요.
ㄷ. 콘테이너: 'con'은 '컨'으로 표기하기도 하고, '콘'으로 표기하기도 해요. '컨'으로 표기하는 것은 '컨트롤, 컨디션, 리모컨, 에어컨, 커미션, 컨테이너' 등이 있어요. 반면 '콘'으로 표기하는 것은 '콘서트, 콘텐츠, 콘셉트, 콘테스트' 등이 있죠. '콘테이너'는 '컨테이너'로 표기해야 해요.

049 1 2 3 정답 ②

해설 ① '샌달'은 '샌들'로, '케찹'은 '케첩'으로 표기해야 해요.
② '캐럴, 카디건, 케이크'는 옳은 표기예요
③ '멤버쉽'은 '멤버십'으로, '케찹'은 '케첩'으로 표기해야 해요.
④ '멤버쉽'은 '멤버십'으로, '샌달'은 '샌들'로 표기해야 해요.

050 1 2 3 정답 ②

해설 ② '카톨릭'은 '가톨릭'으로, '숏커트'는 '쇼트커트'로 표기해야 해요. '챔피온'은 '챔피언'으로, '캐리커쳐'는 '캐리커처'가 바른 표기예요.

051 1 2 3 정답 ②

해설 ② 'leadership'을 '리더십'으로 표기해야 하는 근거는 ㉠과 ㉡이에요. 이미 굳어진 외래어는 관용을 존중하는 ㉢의 예시로는 '슈퍼마켓'이 있어요. ㉣의 예시로는 '호텔', '펄프'가 있어요.

4. 로마자 표기법

052 1 2 3 정답 ③

해설 ㄱ. 체언에서 'ㄱ, ㄷ, ㅂ' 뒤에 'ㅎ'이 따를 때에는 거센소리되기를 반영하지 않으므로 'ㅎ(h)'을 밝혀 'Ojukheon'으로 적어야 해요.
ㄴ. 인명에서 일어나는 음운 변동은 표기에 반영하지 않으므로 적절해요.
ㄷ. 로마자 표기는 표준 발음대로 적는 것을 원칙으로 해요. '선릉[설릉]'에서 'ㄹㄹ'은 'll'로 적으므로 'Seolleung'으로 적어야 해요.
ㄹ. 'ㄱ, ㄷ, ㅂ'은 모음 앞에서는 'g, d, b'로, 자음 앞이나 어말에서는 'k, t, p'로 적어야 하므로 적절한 표기예요.

053 1 2 3 정답 ④

해설 ① '다락골'은 [다락꼴]로 발되지만 경음화는 로마자 표기에 반영하지 않아요. 'ㄹ'은 모음 앞에서는 'r'로, 자음 앞이나 어말에서는 'l'로 적어야 하므로 'Darakgol'이라고 적어야 해요.
② '국망봉'은 [궁망봉]으로 발음돼요. 비음화는 로마자 표기에 반영하므로 'Gungmangbong'이라고 적어야 해요.
③ '낭림산'은 [낭님산]으로 발음돼요. 비음화는 로마자 표기에 반영하므로 'Nangnimsan'이라고 적어야 해요.
④ '한라산'은 [할라산]으로 발음돼요. 유음화는 로마자 표기에 반영하고, 'ㄹㄹ'은 'll'로 적어야 하므로 'Hallasan'은 바른 표기예요.

054 1 2 3 정답 ③

해설 ① '시, 군, 읍'의 행정 구역 단위는 생략할 수 있어요. 'Hampyeong-gun'이 원칙이나 'Hampyeong'도 허용해요.

② 체언에서 'ㄱ, ㄷ, ㅂ' 뒤에 'ㅎ'이 따를 때에는 'ㅎ'을 밝혀 적어요. 반면 체언이 아니라 어간과 어미 사이에서 'ㄱ, ㄷ, ㅂ, ㅈ'이 'ㅎ'과 합하여 거센소리로 소리 나는 경우 '좋고 joko'처럼 거센소리로 적어요.
③ 인명은 성과 이름의 순서로 띄어 써요. 이름은 붙여 쓰는 것을 원칙으로 하되 음절 사이에 붙임표를 쓰는 것을 허용하며, 이름에서 일어나는 음운 변화는 표기에 반영하지 않아요.
④ 자연 지물명, 문화재명, 인공 축조물명은 붙임표(-) 없이 붙여서 써요.

055 1 2 3 정답 ②

해설 ① '도, 시, 군, 구, 읍, 면, 리, 동'의 행정 구역 단위는 각각 'do, si, gun, gu, eup, myeon, ri, dong'으로 적고, 그 앞에는 붙임표(-)를 넣어요. 하지만 섬을 의미하는 '도'는 붙임표(-)를 넣지 않고 붙여 쓰므로 'Dokdo'로 표기해야 해요.
② '반구대'는 'Bangudae[방우대]'로 읽힐 수 있어요. 이처럼 발음의 혼동이 있을 경우에는 음절 사이에 붙임표를 쓰는 것은 허용해요.
③ 로마자 표기법 제1항에 따라, 비음화나 유음화 같은 음운 변화가 일어날 때에는 변화의 결과를 표기에 반영해 적어요. 독립문은 비음화가 일어나 [동님문]으로 발음되므로, 'Dongnimmun'이라고 적어요. 로마자 표기법 제6항에서는 자연 지물이나 문화재명, 인공 축조물명에서는 붙임표(-)를 사용하지 않는다고 규정하고 있으므로, 붙임표(-) 없이 'Dongnimmun'으로 적는 것이 올바른 표기예요.
④ '인왕리'에서 '리'는 행정구역 단위에 해당해요. 로마자 표기법 제5항에서는 '도, 시, 군, 구, 읍, 면, 리, 동'의 행정 구역 단위는 각각 'do, si, gun, gu, eup, myeon, ri, dong' 으로 적고 그 앞에는 붙임표(-)를 표기한다고 규정하고 있어요. 'Inwang-ri'는 규정에 따른 적절한 표기에 해당하지만, 문제에서 제시한 규정과 관련이 없어요. 문제에서는 발음상 혼동의 우려가 있어서 붙임표(-)를 허용하는 경우를 묻고 있는데, 'Inwang-ri'의 붙임표는 발음의 혼동 때문에 넣은 것이 아니라 행정구역을 표기한 것이므로 적절하지 않은 선지예요.

056 1 2 3 정답 ②

해설 ① 'Min Yongha'가 올바른 표기예요. 이름은 붙여 써야 하고, '하'의 'H'는 대문자로 쓸 수 없어요.
② '종로'는 [종노]로 비음화가 일어나서 'Jongno'로 표기해요.
③ 지명일 경우 붙임표 앞뒤에서 일어나는 음운 변화는 반영하지 않으므로 'Samjuk-myeon'이 올바른 표기예요.
④ 이름에서 일어나는 음운 변화는 표기에 반영하지 않으므로 'Hong Bitna'가 올바른 표기예요.

057 1 2 3 정답 ③

해설 ① 로마자 표기는 표준 발음대로 적는 것을 원칙으로 해요. '독립문'은 [동님문]으로 발음하므로 'Dongnimmun'이라 적고, '광화문'은 [광화문]으로 발음하므로 'Gwanghwamun'이라 적어요.
② '선릉'은 [설릉]으로 발음하므로 'Seolleung'이라 적고, '정릉'은 [정능]으로 발음하므로 'Jeongneung'이라 적어요.
③ '신문로'는 [신문노]로 발음되므로 자음 동화 작용을 표기에 반영하여 'Sinmunno'라고 적어요. '율곡로'에서 '로'는 행정 구역 단위이므로 행정 구역 단위 앞에 붙임표(-)를 넣어야 해요. 붙임표 앞뒤에서 일어나는 음운 변화는 표기에 반영하지 않으므로 붙임표를 넣어 'Yulgok-ro'라고 적어요.
④ '한라산'은 [할라산]으로 발음하므로 'Hallasan'이라 적어요. '백두산'은 [백뚜산]으로 발음하나 된소리되기는 표기에 반영하지 않으므로 'Baekdusan'으로 적는 것이 맞아요.

058 1 2 3 정답 ①

해설 ① 'Sin-ri'가 적절한 표기예요.
② '일직면[일찡면]'으로 발음되지만 붙임표 앞뒤에서 일어나는 음운 변화는 표기에 반영하지 않으므로 맞는 표기예요.
③ '로'는 도로명이므로 앞에 붙임표를 붙이고, 붙임표 앞뒤에서 일어나는 음운 변화는 표기에 반영하지 않으므로 'Sajik-ro'는 적절한 표기예요.
④ '진량'은 [질량]으로 발음되므로 'll'로 적어야 해요. 그리고 '읍'은 행정 구역이므로 앞에 붙임표를 표기해요.

059 1 2 3 정답 ①

해설 ① 음운 변동이 일어나면 그 발음을 로마자로 적는다는 원칙에 따라 '종로[종노]'의 로마자 표기는 비음화가 일어난 대로 'Jongno'로 적어야 해요.
② 자음 앞이나 어말에서는 'l'로 적고, 'ㄹㄹ'은 'll'로 적어요.
③ 구개음화가 일어난 것은 표기에 반영하여 발음대로 적어야 해요.
④ 'ㄱ, ㄷ, ㅂ, ㅈ'이 'ㅎ'과 합하여 거센소리로 소리 나는 경우이므로 적절한 표기예요.

060 1 2 3 정답 ①

해설 ① '압구정'은 [압꾸정]으로 발음되지만 된소리되기는 표기에 반영하지 않으므로 'Apgujeong'으로 표기해요.
② 자연 지물명, 문화재명, 인공 축조물명은 붙임표(-) 없이 붙여 써요. 따라서 'Songnisan'이 적절한 표기예요.
③ 이름에서 일어나는 음운 변화는 표기에 반영하지 않아요. 'Han Boknam(Han Bok-nam)'이 적절한 표기예요.
④ 음운 변화가 일어날 때는 변화의 결과에 따라 적지만 체언에서 'ㄱ, ㄷ, ㅂ' 뒤에 'ㅎ'이 따를 때는 'ㅎ'을 밝혀 'Jiphyeonjeon'으로 적어요.

061 1 2 3 정답 ①

해설 ① 체언에서 'ㄱ, ㄷ, ㅂ' 뒤에 'ㅎ'이 따를 때는 'ㅎ'을 밝혀 적어야 하므로 'Jiphyeonjeon'은 바른 표기예요.
② '학여울'은 'ㄴ' 소리가 덧나므로 'Hangnyeoul'로 적어야 해요.
③ 'ㄱ, ㄷ, ㅂ'은 모음 앞에서는 'g, d, b'로, 자음 앞이나 어말에서는 'k, t, p'로 적어야 하므로 'Hapdeok'으로 적어야 해요.
④ 된소리되기는 표기에 반영하지 않으므로 'Chokseongnu'로 적어야 해요

062 1 2 3 정답 ④

해설 ① 된소리되기는 표기에 반영하지 않으므로 'Apgujeong'은 적절한 표기예요.
② 된소리되기는 표기에 반영하지 않으므로 'Nakdonggang'은 적절한 표기예요.
③ 음운 변화가 일어날 때는 변화의 결과에 따라 적으므로 적절한 표기예요.
④ 음운 변화가 일어날 때는 변화의 결과에 따라 적어요. 'ㄹ'은 모음 앞에서는 'r'로, 자음 앞이나 어말에서는 'l'로 적어요. 'ㄹㄹ'은 'll'로 적어야 하므로 'Silla'가 바른 표기예요.

063 1 2 3 정답 ②

해설 ① [설릉]으로 발음되므로 규정에 따라 'Seolleung'으로 적어요.
② [항녀울]로 발음되므로 'Hangnyeoul'은 바른 표기예요.
③ 된소리되기는 표기에 반영하지 않으므로 'Nakdonggang'으로 적어야 해요.
④ 체언에서 'ㄱ, ㄷ, ㅂ' 뒤에 'ㅎ'이 따를 때는 'ㅎ[h]'을 밝혀 적으므로 'Jiphyeonjeon'으로 적어야 해요.

064 1 2 3 정답 ③

해설 ③ '극락전'은 [긍낙쩐]으로 발음해요. 된소리되기를 제외한 음운 변동은 표기에 반영하므로 'Geungnakjeon'으로 적어야 해요.

5. 어법에 맞는 문장

065 1 2 3 정답 ③

해설 ③ '늘이다'는 본디보다 더 길어지게 한다는 의미로 '고무줄을 늘이다, 바짓단을 늘이다.'와 같이 쓰여요. 반면 '늘리다'는 수나 분량, 시간 등을 본디보다 많아지게 한다는 의미로 '평수를 늘리다, 시험 시간을 늘리다.'와 같이 쓰여요. 보충 수업 시간을 추가하여 많아지게 한다는 의미이므로 '늘리다'를 사용한 것은 적절해요.

066 1 2 3

정답 ①

해설 ① '가능한 한'에서 '가능한'은 관형어이고, 뒤에 '한'은 의존 명사예요. 의존 명사 '한'이 생략되지 않았고, 모든 문장 성분이 호응하고 있으므로 어법에 맞고 자연스러운 문장이에요. '낭설'은 '터무니없는 헛소문'을 의미하고, '헛소문'은 '근거 없이 떠도는 소문'을 의미하므로 '근거 없는 낭설'은 의미가 중복되는 표현이에요. ③은 문장의 주어인 '이야기'와 호응하는 서술어가 생략되었고, ④의 '일체'는 '일절'로 수정해야 해요.

067 1 2 3

정답 ①

해설 ① '접수'라는 상황이 완료된 상황에서, 먼저 접수된 것을 우선한다는 내용이므로, '접수될 때에는'이라는 미래로 바꾸는 것은 적절하지 않아요.
② '안내서 및 과업 지시서 교부'와 서술어 '교부한다'에서 '교부'의 의미가 중복되어 문장이 어색해요. 따라서 '안내서 및 과업 지지서는 참가 신청자에게만 교부한다.'와 같이 수정하는 것이 바람직해요.
③ 목적어 '수역을'에 해당하는 서술어는 '제외된'인데 '수역을 제외되다'라고 하면 서로 호응하지 않지요. '제외되다'는 능동의 형태로 바꿔 '수역을 제외하다'라고 해야 자연스러워요.
④ 서술어 '열람한다'에 해당하는 주어가 없어서 문장이 어색해요. 열람해야 하는 주체는 '관계자'이므로, '관계자가 열람한다.'와 같이 주어를 수정하거나 '관계자에게 열람하게 한다.'와 같이 서술어를 수정해야 자연스러워요.

068 1 2 3

정답 ④

해설 ① '열다'는 목적어를 필수적으로 요구하는데, 제시된 문장에서는 '열다'에 해당하는 목적어가 없어요. 따라서 '문을'이라는 목적어를 넣어서 '문에 기대거나 강제로 문을 열려고 하지 마십시오.'와 같이 수정하는 것은 적절해요.
② 급증하는 것은 '생활용수'가 아니라 '생활용수의 수요'이므로, '급증하는 생활용수'라는 부분이 적절하지 않아요. '급증한다'는 '생활용수의 수요'와 연결해 주어야 하죠. '급증하는 생활용수의 수요에 대응하여 생활용수를 안정적으로 공급하기 위하여'로 수정하는 것이 적절해요.
③ '마련한다'라는 서술어를 '사고 원인 파악'과 '재발 방지 대책'이 공유하고 있어요. '재발 방지 대책'은 마련해야 하는 것이지만 '사고 원인 파악'은 마련하는 것이 아니므로, '사고 원인 파악'은 '사고의 원인을 파악하고'로 수정하여 이어진 문장으로 만들어 주는 것이 적절해요.
④ '-되'는 어떤 사실을 서술하면서 그와 관련된 조건이나 세부 사항을 뒤에 덧붙이는 뜻을 나타내는 연결 어미예요. 제시된 문장에서는 미터법 사용을 원칙으로 한다는 것에 대해 세부 사항을 덧붙이고 있으므로 의미상 연결 어미 '-되'를 사용하여 연결하는 것이 적절해요.

069 1 2 3

정답 ②

해설 ① '웬만하다'와 '엔간하다'는 있지만 '웬간하다'라는 단어는 없어요. 문맥상 밑줄 친 부분은 '웬만해서는'으로 수정하는 것이 적절해요.
② '얽히고설켜서'는 '얽히다'와 '설키다'가 만나 합성된 단어예요. '설키다'는 본뜻에서 멀어진 단어이므로 소리대로 적어요. 반면 '얽히다'는 '얽다'의 피동사로 그 뜻이 명확하므로 원형을 밝혀서 '얽히고'로 적어요.
③ 생략된 조사를 되살려 보면 '불필요한 기능이 빠지고 필요한 기능을 살렸다.'가 돼요. 주격 조사 '이'와 목적격 조사 '을'이 생략되고 그 자리에 보조사 '은'과 '만'이 붙은 문장이에요. 생략된 조사를 되살려 보니, 대등하게 이어진 문장인데 앞뒤 문장의 구성이 달라서 자연스럽지 않아요. 앞 문장을 '불필요한 기능을 빼고'라고 바꾸면 앞뒤 문장이 모두 목적어와 서술어 관계로 자연스럽게 호응해요.
④ '개통될지'에 해당하는 주어가 없어요. '공사가'는 '시작되고'의 주어이지, '개통될지'의 주어는 아니에요. '도로'나 '철도'와 같이 '개통될지'에 어울리는 주어를 넣어서 '공사가 언제부터 시작되고 언제 철도가 개통될지 알 수 없다.'라고 해야 문장의 의미가 명확해져요.

070 1 2 3

정답 ①

해설 ① '예상되다'는 '~으로 예상되다'의 구성으로 쓰이며, 이때 주어는 생략돼요. 반면 '예상하다'는 이러한 환경 외에도 '~을 예상하다'의 구성으로 쓰이며, 이때는 주어를 명기하는 것이 일반적이에요.
② '소개시켜'는 불필요한 사동이므로 '소개하여'로 고쳐야 해요.
③ 조사 '와/과'는 둘 이상의 사물을 같은 자격으로 이어 주는 접속 조사인데 '불안한 수비'와 '문전 처리가 미숙하여'는 위상이 다르므로 '수비가 불안하고 문전 처리가 미숙하여'로 수정해야 해요.
④ '휴대(携帶)'는 '손에 들거나 몸에 지니고 다님.'을 뜻하는 단어이므로 '탑재(搭載)'로 바꾸어야 해요. 그리고 '상황을 중계합니다'의 주체가 '트럭'일 수는 없으므로 '트럭을 현장에 대기시키고'로 고쳐서 '방송 장비를 탑재한 트럭을 현장에 대기시키고'로 수정해야 해요.

071 1 2 3

정답 ②

해설 ① '가능하다'의 관형사형인 '가능한' 뒤에 명사 '한(限)'을 이어 '가능한 한'처럼 쓰는 것이 맞아요. 이때 '한(限)'은 주로 '-는 한' 구성으로 쓰여 조건의 뜻을 나타내는 말이에요.
② 우리말에서는 상황을 공유하고 있는 경우에 주어를 생략하는 화법이 일반적이에요. '것' 명사절의 서술어 '보낸'과 호응하는 주어가 생략되어 있는데 이는 대화 맥락에서 청자가 화자와 상황을 공유하고 있기 때문이라고 볼 수 있으므로 자연스러운 문장이에요.
③ 목적어 '고화질의 화면은'과 서술어 '얻을'이 의미상 호응을 이루지 않아요. '디지털 텔레비전 시대에는 고화질의 화면을 볼 수 있음은 물론 다양한 정보도 손쉽게 얻을 수 있다.'로 고쳐야 해요.
④ 서술어 '생각이다'와 호응을 이루는 주어가 없어 자연스럽지 못한 문장이에요. '지금까지는 문제를 회피하기만 했지만 이제는 이와 같은 관례를 깨뜨릴 때도 되었다.', '지금까지는 문제를 회피하기만 했지만 이제는 이와 같은 관례를 깨뜨릴 때도 되었다고 생각한다.' 정도로 고쳐야 해요. 문맥상 '관례'보다 '관행'이라고 하는 것이 적절해요.

072 1 2 3

정답 ③

해설 ① '닫혀진'은 이중 피동의 형태이므로 '닫힌'으로 수정해야 해요.
② '놓여진'은 이중 피동의 형태이므로 '놓인'으로 수정해야 해요.
③ '받아들이다'는 '다른 사람의 의견이나 비판 따위를 찬성하여 따르다. 또는 옳다고 인정하다.'라는 뜻이에요. '받아들이다'의 피동형은 '받아들여지다'이므로 적절해요.
④ '끊겨진'은 이중 피동의 형태이므로 '끊긴'으로 수정해야 해요.

073 1 2 3

정답 ①

해설 ① '피다'는 목적어를 취할 수 없는 자동사이므로, '피우다'를 쓰는 것이 적절해요.
② '반듯이'는 '작은 물체, 또는 생각이나 행동 따위가 비뚤어지거나 기울거나 굽지 아니하고 바르게'라는 의미로 문장에 어울리지 않아요. '틀림없이 꼭'의 의미인 '반드시'가 적절해요.
③ '깨끗하다'에서 파생된 부사는 '깨끗이'예요.
④ 기본형이 '삼가다'이므로 청유형 어미 '-ㅂ시다'가 붙으면 '삼갑시다'가 적절해요.

074 1 2 3

정답 ③

해설 ① 필수 성분이 부적절하게 생략되었어요. '인간은 자연을 지배하기도 하고 자연에 복종하기도 한다.'로 수정해야 해요.
② 이중 피동이 부적절하게 사용되었었으므로 '북극의 빙하는 수십 년 내에 없어질 것으로 예측된다.'로 수정해야 해요.
③ 주어와 서술어가 호응을 이루고 있고 어법에 맞는 문장이에요.
④ 번역 투 문장으로, 목적어가 부적절하게 생략되었어요. '교육부는 전인 교육의 충실화에 중점을 두고 새 교과서를 편찬하였다.'로 수정해야 해요.

075 1 2 3

정답 ③

해설 ① '~간대요?'라고 해야 어법에 맞아요. '-대'는 남의 말을 전달할 때 쓰는 어미예요.
② '~잘하데'라고 해야 어법에 맞아요. '-데'는 자신이 직접 경험한 지난 일을 회상하여 말할 때 쓰는 어미예요.
③ '-던'은 과거에 직접 경험하여 새로이 알게 된 사실에 대한 물음을 나타내는 종결 어미로, '-더냐'보다 더 친근하게 쓰는 말이에요. 문장에서 적절하게 쓰였어

요.
④ '-데'는 자신이 직접 경험한 지난 일을 회상하여 말할 때 쓰는 어미로 '~크데요'라고 해야 어법에 맞아요.

076 1 2 3 정답 ④

해설 ① 주어와 서술어의 호응이 이루어지도록 '내가 주장하고 싶은 점은 대중 스타를 맹목적으로 추종하는 것은 바람직하지 않다는 것이다.'로 고쳐야 해요.
② '실력 있는 강사진이 수강생 여러분을 직접 교육합니다.'로 고쳐야 해요.
③ '궁금한 점'과 '작동이 잘 안 될 때'가 위상이 달라 어색한 문장이 되었어요. '이 제품을 사용하다가 궁금한 점이 있거나, 제품이 작동이 잘 안 될 때는 바로 연락을 주시기 바랍니다.'로 고쳐야 해요.
④ 명사절 '성과란 것을 ~ 따진다는 것도'가 주어이고, 서술절 '문제가 없지는 않다.'가 서술어로서, 주술 호응이 이루어진 자연스러운 문장이에요.

077 1 2 3 정답 ④

해설 ④ '-ㄹ뿐더러'는 '어떤 일이 그것만으로 그치지 않고 나아가 다른 일이 더 있음'을 나타내는 연결 어미로 원칙적으로는 '바를뿐더러'와 같이 붙여 써야 해요. '무척'은 다른 것과 견줄 수 없다는 의미의 부사로 '부지런하다'를 수식하고 있어요. '그는 예의가 바른 것에 그치지 않고 매우 부지런하다'라는 의미이므로, 밑줄 친 부분에서 의미의 중복은 나타나지 않아요.

078 1 2 3 정답 ⑤

해설 ⑤ ㄱ의 '길'과 ㄹ의 '시내'는 어휘적 중의성에 해당해요. '길'은 '도로, 물 위나 공중에서 일정하게 다니는 곳', '인생, 방법' 등 다양한 의미를 지니지요. '시내'는 '도시의 안'을 의미하기도 하고, '골짜기나 평지에서 흐르는 자그마한 내'를 의미하기도 해요. ㄴ과 ㄷ은 구조적 중의성에 해당해요.

079 1 2 3 정답 ④

해설 ④ 이 문장은 의미 중복이 일어나지 않은 문장이에요. ①은 '역전 앞'에서 '전'과 '앞'의 내용이 중복되었고, ②는 '다시'와 '재(再 다시 재)'의 내용이 중복되었어요. ③은 '여러 가지'와 '제(諸 여러 제)'의 내용이 중복되었고, ⑤는 '왜 일어나는가'와 '원인'의 내용이 중복되었어요.

080 1 2 3 정답 ③

해설 ③ 이 문장은 의미 중복이 일어나지 않았어요. ①에서 '투고'는 '의뢰를 받지 아니한 사람이 신문이나 잡지 따위에 실어 달라고 원고를 써서 보냄. 또는 그 원고'를 의미해요. 단어 안에 이미 '원고'라는 뜻이 포함되어 있으니 '보낸 원고는 돌려주지 않습니다.'라고 수정하는 것이 적절해요. ② '도보'는 탈것을 타지 않고 걸어가는 것을 의미해요. '걷는다'라는 의미가 이미 포함되어 있으므로 '나는 아무 생각 없이 길거리를 걸었다.'로 수정해야 해요. ④ '자매결연'은 '자매의 관계를 맺는 일'을 말해요. 단어 안에 이미 '맺다'라는 의미가 포함되어 있기에 '버스 안에 탄 승객은 우리와 자매결연을 한 분들이다.'로 수정하는 것이 적절해요.

081 1 2 3 정답 ①

해설 ① 〈보기〉의 문장에서 '아름다운'은 '서울', '거리의 나무', '서울의 공원'을 수식할 수 있어요. 하지만 '봄꽃'을 수식하지는 않아요.

082 1 2 3 정답 ④

해설 ① '그가 용감하다'는 의미인지, '아버지가 용감하다'는 의미인지 불분명해요.
② 격 조사 '의'에 의해 다양한 의미가 형성되었어요.
③ '보고 싶은'의 주체가 불분명해서 생긴 중의성이에요.
④ '철이'와 '영선이'가 각각 다른 사람과 결혼했다는 의미로도 해석할 수 있어요.

083 1 2 3 정답 ①

해설 ① '고향에서 온'이 '친구'를 꾸미는 것 이외의 기능을 나타내지 않으므로 중의성이 없는 문장이에요.
② 귤과 사과가 각각 2개인지 합쳐서 2개인지 혹은 귤 하나와 사과 두 개인지 알 수 없어요.
③ '목소리가 예쁜'이 '영희'를 수식하는지 '영희의 동생'을 수식하는지 알 수 없어요.
④ '오빠가 동생과 함께 선생님을 만나러 갔다.'인지 '오빠가 동생과 선생님 두 사람을 만나러 갔다.'인지 알 수 없어요.

084 1 2 3 정답 ②

해설 ② A에서 '길'은 '어휘적 중의성'을 지녀요. B에서 '모두'는 그 영향을 미치는 범위에 따라 '학생이 한 명도 오지 않았다'나 '일부'만 왔다는 의미로도 해석할 수 있어요. 따라서 이것은 '영향권 중의성'을 지녀요. C는 '영수가 친구들을 보고 싶어 하는 것'으로도, '친구들이 영수를 보고 싶어 하는 것'으로도 해석할 수 있어요. 이것은 '구조적 중의성'에 해당해요. D에서 '차'는 '어휘적 중의성'에 해당해요.

085 1 2 3 정답 ④

해설 ④ 이 문장의 주어는 '그는'이고, 서술어는 '하였다'로, 주어와 서술어가 자연스럽게 호응해요. ① '~것은' 이나 '~점은'이 주어라면 서술어 역시 '~것이다.'가 되어야 자연스럽게 호응해요. 따라서 서술어를 '가졌다는 것이다'로 수정하는 것이 자연스러워요. ② 문장의 주어와 서술어가 호응하지 않으므로, '좋은 사람과 대화하며 함께한 일은 즐거웠다'로 수정하는 것이 적절해요. ③ 주어인 '내 생각'은 서술어와 어울리지 않아요. 주어를 '나는'으로 수정하고 '나는 집을 사서 이사하는 것이 좋겠다고 생각했다'로 수정하는 것이 적절해요.

086 1 2 3 정답 ①

해설 ① 서술어는 '제한해야 한다'이고 여기에 해당하는 주어는 '대화명을 규정에 맞게 변경하지 않는 사람'이에요. 이러한 사람들에 대해서 관리자가 이용을 제한한다는 의미로, 문장에서 주어와 서술어의 호응이 자연스러워요. 물론 '관리자가 (대화명을 규정에 맞게 변경하지 않은 사람의) 카페 이용을 제한해야 한다.'라고 하면 의미가 더욱 명확하지만, 생략된 부분은 앞 내용과 중복이 되고, 문맥상 추측할 수 있는 부분이기에 위 문장과 같이 생략하여 표현해도 자연스러워요.

087 1 2 3 정답 ③

해설 ③ 이 문장의 주어는 '우리 팀에서'이고, 서술어는 '고려해 왔다'로 주어와 서술어가 적절하게 호응하고 있어요. ①은 주어와 서술어가 호응하지 않으므로 '세종이 한글을 만든 것은 모든 한자 사용을 없애려는 의도에서 비롯된 것이었다.'로 수정하는 것이 자연스러워요. ② 접속 조사 '과'의 앞과 뒤를 동일한 구조로 만들어 주어야 문장이 자연스러워요. ④ '아래에 제시된 두 가지 통계 자료를 살펴보면, 2000년대 이후 복지 정책에 상당히 큰 변화가 일어나고 있다는 것을 알 수 있다.'와 같이 수정하는 것이 적절해요.

088 1 2 3 정답 ③

해설 ① '열었다'는 '창작 활동'의 서술어가 될 수 없어요.
② 불필요한 이중 피동이 사용되었어요.
③ 마음씨가 좋은 사람이 할머니일 수도 있고, 손자일 수도 있기 때문에 중의성이 있는 문장이지만, 고친 문장에서도 중의성은 해소되지 않았어요.
④ 조사 '에게'는 유정 명사에만 붙여요.

6. 언어 예절

089 1 2 3 정답 ③

해설 ③ 직장에서는 압존법을 적용하지 않으므로 자기보다 지위가 높으면 어느 경우에서나 '-님'과 '-시-'를 붙여 말하는 것이 적절해요. ② 간접 높임은 높여야 할 대상과 밀접한 관계를 맺고 있는 경우에만 사용해요. '커피 나오셨습니다'와 같이 고객을 존대하려는 의도로 불필요하게 '-시-'를 넣는 경우가 많은데, 이는 잘못된 표현이에요.

090 1 2 3

정답 ③

해설 ① '큰아빠'는 아이가 아버지의 형을 부르는 말이에요. 남편의 형은 '아주버님'이라고 불러야 해요.
② 시부모에게 남편을 '오빠'라고 부르거나 '자기'로 부르는 것은 언어 예절에 맞지 않아요. '아범, 아비'와 같이 부르거나, 아이가 없다면 '그이'로 부를 수도 있지요.
③ 남편의 누나를 '형님'이라고 부르는 것은 적절한 표현이에요. '형님'은 손위 시누이나 손위 동서, 아내의 오빠를 지칭하는 말이에요.
④ '부인'은 남의 아내를 높여 이르는 말이므로, 자기 배우자에게 '부인'이라는 호칭을 쓰는 것은 부적절해요. 다른 사람에게 배우자를 소개할 경우에는 '처, 안사람, 집사람'으로 표현하는 것이 적절해요.

091 1 2 3

정답 ③

해설 ① 장인에게 장모를 지칭할 때는 '장모님', '어머님' 등을 사용해요.
② 아내가 남편에게 자기 아버지를 지칭할 때는 '아버지', '아빠'와 함께 '친정아버지'라고 하거나 '부산 아버지'처럼 친정의 지역 이름을 넣어 말해요.
③ '선친(先親)'은 돌아가신 자기 아버지를 남에게 이를 때 쓰는 지칭어예요.
④ 며느리가 자신의 남편을 시부모에게 지칭할 때는 '아범', '아비', '그이' 등을 사용해요.

092 1 2 3

정답 ②

해설 ① 전화를 걸 때, 상대방이 응답을 하면 '안녕하십니까? 저는 ㅇㅇ입니다. ㅇㅇ(찾는 사람) 있습니까?'하고 말하는 것이 바람직해요. 전화를 거는 사람은 인사를 하고 자신의 신분을 밝히는 것이 기본 예절이에요.
② '들어가세요.'는 많은 사람들이 전화를 끊을 때 사용하는 말이지만 언어 예절에 적절하지 않아요. '들어가세요.'는 명령형이고, 일부 지역에서만 쓰는 말이기 때문에 이와 같은 표현은 피하는 것이 좋아요.
③ '전해 주십시오.'같이 명령형으로 말하는 것은 바람직하지 않지만, '전해 주시겠습니까?', '전해주시면 고맙겠습니다.'처럼 의문형으로 말하는 것은 적절해요.
④ 전화가 잘못 걸렸을 때는 '죄송합니다.'나 '미안합니다.'와 같은 말로 사과를 먼저 하고, '전화가 잘못 걸렸습니다.'라고 말하는 것이 바람직해요.

093 1 2 3

정답 ③

해설 ① 어른 앞에서 자신을 가리켜 말할 때에는 '나'를 사용하는 것이 아니라, '저'라고 표현하는 것이 적절해요. '저'는 말하는 이가 윗사람을 상대할 때 자기를 낮추어 가리키는 대명사예요.
② '말씀'은 남을 높여 이르는 말이기도 하지만, 자기의 말을 낮추어 이르는 말이기도 해요. 선생님께 질문하는 상황에서 자신의 말을 '제가 한 말씀'이라고 표현한 것은 높임의 의미로 '말씀'을 잘못 사용한 것이에요. '제가 드릴 말씀은요.'와 같이 사용하는 것이 적절해요.
③ 아버지의 친구를 부르거나 가리키는 말은 일반적으로 '아저씨', 'ㅇㅇ(지역) 아저씨'예요. 성인이 되면 예를 갖추어 '어르신', '선생님'이라고 부르거나 가리킬 수도 있고, 아버지 친구의 직함을 빌려 '과장님', 'ㅇ 과장님'으로 부를 수도 있어요. 따라서 친구 아들이 직함을 빌려 '과장님'이라고 부르는 것은 잘못된 존대법에 해당하지 않아요.
④ 동년배나 아래 직원에게는 '먼저 갑니다. 수고하세요.'처럼 '수고'를 쓸 수 있지만, 윗사람에게 쓰는 것은 부적절해요.

094 1 2 3

정답 ①

해설 ① 전화가 잘못 걸려 왔을 때, '전화 잘못 거셨습니다.'라고 말하는 것은 전화도 제대로 못 거느냐는 느낌을 주어 전화 건 사람의 자존심을 건드릴 수도 있기 때문에 적절하지 않아요. '아닌데요, 전화 잘못 걸렸습니다.', '아닙니다. 전화 잘못 걸렸습니다.'하고 말하는 것이 좋아요.
② 전화를 바꾸어 줄 때는 '네, 잠시/잠깐/조금 기다려 주십시오. 바꾸어 드리겠습니다.'라고 하는 것이 예절에 맞아요.
③ 상대방이 찾는 사람이 없을 때는 '지금 안 계십니다. 들어오시면 뭐라고 전해 드릴까요?'라고 정중하게 응대해야 해요.
④ 대화를 마치고 전화를 끊을 때는 '안녕히 계십시오.', '고맙습니다.', '이만/그만 끊겠습니다. 안녕히 계십시오.'하고 끊어요.

095 1 2 3

정답 ②

해설 ① '역전'의 '전(前)'과 '앞'의 내용이 중복되므로 둘 중 하나만 사용해요.
② A의 주어 '면담'은 간접 높임의 대상이므로 '계시다'가 아니라 '있으시다'로 표현해야 해요. 이와 같이 간접 높임의 오류를 범하고 있는 것은 '손님, 주문하신 햄버거 나오셨습니다.'예요. 이 문장은 '손님, 주문하신 햄버거 나왔습니다.'로 고쳐야 해요.
③ 표준 언어 예절에서는 듣는 사람에 상관없이 모두 높이도록 해요. 따라서 '국장님, 과장님이 외부에 나가셨습니다.'로 고쳐야 해요.
④ '선생님께서는 학교에 볼일이 있어서 일찍 학교에 가셨습니다'로 고치는 것이 적절해요.

096 1 2 3

정답 ④

해설 ① 교수님은 높임의 대상이니 '보고' 말씀 드리는 것이 아니라 '뵙고' 말씀을 드려야 해요. (보고 → 뵙고)
② '집'대신 높임의 의미를 가진 '댁'을 사용하여 높임을 표현하는 것이 적절해요. (집 → 댁)
③ '오시라는데'의 '-시-'는 오는 행동을 해야 하는 '김 과장'을 높인 표현이에요. 김 과장을 오라고 했던 부장님에 대한 높임 표현이 빠져있기에 '오시라시는데'로 표현하는 것이 적절해요. 또한 '시간 계십니까'는 잘못된 높임 표현이에요. '시간'을 높이는 것은 간접 높임으로 허용할 수 있지만 '계시다'라는 표현은 간접 높임에서 쓸 수 없어요. '시간 있으십니까?'와 같이 높임의 선어말 어미 '-시-'를 사용하여 표현하는 것이 적절해요. (오시라는데 → 오시라시는데 / 시간 계십니까 → 시간 있으십니까)
④ 문장에서 높임의 대상은 객체인 '부모님'이고, 청자 '철수'는 높임의 대상이 아니에요. 화자는 '께'라는 높임의 부사격 조사와 '여쭈다'라는 높임의 어휘를 사용하여 '부모님'에 대한 높임을 적절하게 표현하였어요.

097 1 2 3

정답 ①

해설 ① 그의 '딸'은 높임의 대상이 아니므로 '계신가요' 대신에 '있으신가요'로 표현하는 것이 맞는 표현이에요.
② '간접 높임'은 높임 대상인 주체의 신체, 소유물 등에 '-시-'를 붙임으로써 표현돼요.
③ 주체 높임 선어말 어미 '-시-'를 붙여 주는 간접 높임법으로 사용된 표현이에요.
④ 간접 높임 표현으로 적절해요.

098 1 2 3

정답 ④

해설 ① '말씀'은 남의 말을 높여 이르는 말이기도 하지만, 자기의 말을 낮추어 이르는 말이기도 해요. '제 말씀을'에서 '말씀'은 자신의 말을 낮추어 말하는 겸양의 표현으로 쓰인 것이에요.
② 여기서 높임의 대상은 '그분'으로 문장의 주체에 해당해요. '많으시니'에서는 '그분'의 '걱정'을 높이고 있는데, 높여야 할 대상의 신체나 소유물, 밀접한 관련이 있는 것을 높이는 간접 주체 높임에 해당해요. 높임의 선어말 어미 '-시-'를 사용하여 간접 높임을 표현한 것은 적절해요. 또한 '주다' 대신 '드리다'라는 특수 어휘를 통해서도 '그분'에 대한 높임을 적절하게 표현하였어요.
③ '당신'은 2인칭 대명사로도 쓰이고, 3인칭 재귀 대명사로도 쓰여요. 여기서 '당신'은 '자기'를 아주 높여 이르는 3인칭 재귀 대명사로 쓰였어요. '아끼시던'에서 높임의 선어말 어미 '-시-'를 사용하여 '당신'에 대한 높임을 적절하게 표현했어요.
④ 이 문장에서 높임의 대상은 '아버님'이에요. 높임의 주격 조사 '께서'와 높임의 선어말 어미 '-시-'를 통해 높임을 표현한 것은 적절해요. 하지만 '아버님'이 '아랫사람들'에게 '여쭈어'본다는 표현은 부적절해요. '아랫사람들'보다 '아버님'이 높은 사람이므로, 아버님은 '여쭈어'보는 것이 아니라 '물어'보는 것이 적절하죠.

7. 논증과 오류

099 1 2 3 정답 ②

해설 ① 일부만 보고 판단을 내리므로 성급한 일반화의 오류예요.
② 두 집합만 존재한다고 보는 흑백논리의 오류예요.
③ 순환논증의 오류예요.
④ 일반적으로 그렇다고 해서 특수한 경우에도 반드시 그럴 것이라고 오해하는 원칙 혼동의 오류예요.

100 1 2 3 정답 ③

해설 ① '미국 헌법은 미국 시민의 투표권을 보장한다.'라는 일반적 명제를 바탕으로 '미국 헌법은 미국 여성의 투표권을 보장한다.'라는 새로운 명제를 이끌어 내고 있는 연역 추론의 방식을 사용하였어요.
② '나는 유해한 모든 일을 피하려고 한다.'라는 일반적 내용을 바탕으로 '나는 전자레인지 사용을 자제하려고 한다.'라는 개별적인 내용을 이끌어 내고 있기에 연역 추론에 해당해요.
③ 지문은 운동이라는 친숙한 내용에 빗대어 사회 변화를 위해 필요한 요소를 설명한 유비 추론의 방식을 사용했어요. ③도 '전기의 흐름'이라는 어려운 내용을 '물의 흐름'이라는 친숙한 대상에 빗대어 설명하고 있어요. 둘의 유사성을 바탕으로 생소하거나 어려운 것을 쉽고 친숙한 다른 것에 빗대어 설명하는 유비 추론의 방식에 해당하죠.
④ 동네에서 하는 다양한 문화 행사들은 구체적이고 개별적인 사실에 해당해요. 이를 바탕으로 '문화는 우리 생활 구석구석에 스며들어 있다.'라는 일반적인 결론을 이끌어 내고 있으므로, 귀납 추론의 방식에 해당해요.

101 1 2 3 정답 ①

해설 ① 군중 심리를 이용하여 자기의 결론에 동조하도록 만든 군중에 호소하는 오류를 범했어요.
② 무지에 호소하는 오류예요. 무지에 호소하는 오류란 단순히 어떤 명제가 거짓이라는 것이 증명되지 않았다는 것을 근거로 그 명제가 참이라고 주장하거나, 반대로 그 명제가 참이라는 것이 증명되지 않았기 때문에 거짓이라고 주장하는 오류예요.
③ 부적합한 권위에 호소하는 오류예요. 해당 분야에 공신력 있고 전문적인 권위가 있는 정보 출처가 아님에도 불구하고 단지 유명하다는 이유만으로 자신의 주장을 뒷받침하는 논거로 여기는 오류예요.
④ 연민이나 동정심 등의 감정을 이용하여 자신의 논지를 받아들이게 하는 연민에 호소하는 오류예요.

102 1 2 3 정답 ②

해설 ② 지난 학기의 사례만 근거로 하여 남학생과 여학생의 학업 충실도를 판단하고 있으므로 이것은 성급한 일반화의 오류에 해당해요.

103 1 2 3 정답 ①

해설 ① 〈보기〉의 글은 논증의 결론 자체를 전제의 일부로 사용하는 '순환 논증의 오류'를 범하고 있는데, ①도 이와 같은 오류를 범하고 있어요.
② 어떤 사실을 증명할 수 없거나 알 수 없다는 것을 근거로 그것이 거짓이라고 주장하고 있어요. 이것은 무지에 호소하는 오류예요.
③ 흑백 논리의 오류예요.
④ 성급한 일반화의 오류예요.

104 1 2 3 정답 ①

해설 ① 〈보기〉는 논증의 결론 자체를 전제의 일부로 사용하는 '순환 논증의 오류'를 범하고 있어요. ①도 이와 같은 오류를 범하고 있어요.
② 군중에 호소하는 오류예요.
③ 성급한 일반화의 오류예요.
④ 흑백 논리의 오류예요.

국어 마무리에 날개를 달아줄!

2024 요정노트
매일 30분

하프 모의고사

파 이 널

PART

IV

4개년 기출 문제

1. 2023 국가공무원 9급 기출 문제
2. 2022 국가공무원 9급 기출 문제
3. 2021 국가공무원 9급 기출 문제
4. 2020 국가공무원 9급 기출 문제
   2020 국가공무원 7급 기출 문제
5. 2023 지방공무원 7급 기출 문제
   2023 지방공무원 9급 기출 문제
6. 2022 지방공무원 7급 기출 문제
   2022 지방공무원 9급 기출 문제
7. 2021 지방공무원 7급 기출 문제
   2021 지방공무원 9급 기출 문제
8. 2020 지방공무원 7급 기출 문제
   2020 지방공무원 9급 기출 문제

01 '해양 오염'을 주제로 연설을 한다고 할 때, 다음에 제시된 조건을 모두 충족한 것은?

- 해양 오염을 줄일 수 있는 생활 속 실천 방법을 포함할 것.
- 설의적 표현과 비유적 표현을 활용할 것.

① 바다는 쓰레기 없는 푸른 날을 꿈꾸고 있습니다. 미세 플라스틱은 바다를 서서히 죽이는 보이지 않는 독입니다. 우리의 관심만이 다시 바다를 살릴 수 있을 것입니다.
② 우리가 버린 쓰레기는 바다로 흘러갔다가 해양 생물의 몸에 축적이 되어 해산물을 섭취하면 결국 다시 우리에게 돌아오게 됩니다. 분리수거를 철저히 하고 일회용품을 줄이는 것이 바다도 살리고 우리 자신도 살리는 길입니다.
③ 여름만 되면 피서객들이 마구 버린 쓰레기로 바다가 몸살을 앓는다고 합니다. 자기 집이라면 이렇게 함부로 쓰레기를 버렸을까요? 피서객들의 양심이 모래밭 위를 뒹굴고 있습니다. 자기 쓰레기는 자기가 집으로 되가져가도록 합시다.
④ 산업 폐기물이 바다로 흘러가 고래가 죽어 가는 장면을 다큐멘터리에서 본 적이 있습니다. 이대로 가다간 인간도 고통받게 되지 않을까요? 정부에서 산업 폐기물 관리 지침을 만들고 감독을 강화하지 않는다면 바다는 쓰레기 무덤이 되고 말 것입니다.

02 다음 대화에 나타난 말하기 방식을 설명한 것으로 적절하지 않은 것은?

백 팀장 : 이번 워크숍 장면을 사내 게시판에 올리는 게 좋겠어요. 워크숍 내용을 공유하면 좋을 것 같아서요.
고 대리 : 전 반대합니다. 사내 게시판에 영상을 공개하는 것은 부담스러워요. 타 부서와 비교될 것 같기도 하고요.
임 대리 : 저도 팀장님 말씀대로 정보를 공유한다는 취지는 좋다고 생각해요. 다만 다른 팀원들의 동의도 구해야 할 것 같고, 여러 면에서 우려되긴 하네요. 팀원들 의견을 먼저 들어 보고, 잘된 것만 시범적으로 한두 개 올리는 것이 어떨까요?

① 백 팀장은 팀원들에 대한 유대감을 드러내는 표현을 사용하며 자신의 바람을 전달하고 있다.
② 고 대리는 백 팀장의 제안에 반대하는 이유를 명시적으로 밝히며 백 팀장의 요청을 거절하고 있다.
③ 임 대리는 발언 초반에 백 팀장 발언의 취지에 공감하여 백 팀장의 체면을 세워 주고 있다.
④ 임 대리는 대화 참여자의 의견을 묻는 의문문을 사용하여 자신의 의견을 간접적으로 드러내고 있다.

03 관용 표현 ㉠~㉣의 의미를 풀이한 것으로 적절하지 않은 것은?

- 그의 회사는 작년에 노사 갈등으로 ㉠ 홍역을 치렀다.
- 우리 교장 선생님은 교육계에서 ㉡ 잔뼈가 굵은 분이십니다.
- 유원지로 이어지는 국도에는 차가 밀려 ㉢ 입추의 여지가 없었다.
- 그분은 세계 유수의 연구자들과 ㉣ 어깨를 나란히 하는 물리학자이다.

① ㉠ : 심한 어려움을 겪었다
② ㉡ : 오랫동안 일을 하여 그 일에 익숙한
③ ㉢ : 돌아서 갈 수 있는 방법이 없었다
④ ㉣ : 비슷한 지위나 힘을 가지는

04 다음 글에서 (가)~(다)의 순서를 자연스럽게 배열한 것은?

빅데이터가 부각된다는 것은 기업들이 빅데이터의 가치를 받아들이기 시작했다는 뜻이다. 여기에는 기업들이 데이터를 바라보는 시각이 변한 측면도 있다.

(가) 기업들은 고객이 판촉 활동에 어떻게 반응하고 평소에 어떻게 행동하며 사물에 대해 어떤 태도를 보이는지 알기 위해 많은 돈을 투자해 마케팅 조사를 해 왔다.

(나) 그런 상황에서 기업들은 SNS나 스마트폰 등 새로운 데이터 소스로부터 그러한 궁금증과 답답함을 해결할 수 있다는 것을 알게 되었다. 페이스북에 올리는 광고에 친구가 '좋아요'를 한 것에서 기업들은 궁금증과 답답함을 해결할 수 있다.

(다) 그런데 기업들의 그런 노력이 효과가 있는 경우도 있었으나 아쉬운 점도 많았다. 쉬운 예로, 기업들은 많은 광고비를 쓰지만 그 돈이 구체적으로 어느 부분에서 효과를 내는지는 알지 못했다.

결국 데이터가 있는 곳에서 기업들은 점점 더 고객의 취향에 집중할 수 있게 되었으며, 이에 따라 기업들은 소셜 미디어의 빅데이터를 중요한 경영 수단으로 수용하기 시작한 것이다.

① (가) – (나) – (다)
② (가) – (다) – (나)
③ (나) – (가) – (다)
④ (다) – (나) – (가)

05 다음 글의 빈칸에 들어갈 사자성어로 적절한 것은?

> 세상에는 어려운 일들이 많지만 외국 여행 다녀온 사람의 입을 막는 것도 그중 하나이다. 특히 그것이 그 사람의 첫 외국 여행이었다면, 입 막기는 포기하고 미주알고주알 늘어놓는 여행 경험을 들어 주는 편이 정신 건강에 좋다. 그 사람이 별것 아닌 사실을 [ ] 하거나 특수한 경험을 지나치게 일반화한들, 그런 수다로 큰 피해를 입는 것도 아니지 않은가?

① 刻舟求劍　② 捲土重來
③ 臥薪嘗膽　④ 針小棒大

06 다음 글을 감상한 내용으로 가장 적절한 것은?

> 어이 못 오던가 무슴 일로 못 오던가
> 너 오는 길 위에 무쇠로 성(城)을 쏘고 성안에 담 쏘고 담 안에란 집을 짓고 집 안에란 뒤주 노코 뒤주 안에 궤를 노코 궤 안에 너를 결박(結縛)ᄒᆞ여 너코 쌍(雙)비목 외걸쇠에 용(龍)거북 ᄌᆞ믈쇠로 수기수기 ᄌᆞᆷ갓더냐 네 어이 그리 아니 오던가
> ᄒᆞᆫ ᄃᆞᆯ이 셜흔 날이여니 날 보라 올 하루 업스랴
>
> – 작자 미상, 「어이 못 오던가」 –

① 동일 구절을 반복하여 '너'에 대한 섭섭한 감정을 표출하고 있다.
② 날짜 수를 대조하여 헤어진 기간이 길다는 것을 강조하고 있다.
③ 동일한 어휘를 연쇄적으로 나열하여 감정의 기복을 표현하고 있다.
④ 단계적으로 공간을 축소하여 '너'를 만날 수 있다는 희망을 표현하고 있다.

07 (가)와 (나)에 들어갈 말로 가장 적절한 것은?

> 특정한 작업을 수행하기 위해 신체 근육의 특정 움직임을 조작하는 능력을 운동 능력이라고 한다. 언어에 관한 운동 능력은 '발음 능력'과 '필기 능력' 두 가지인데 모두 표현을 위한 능력이다.
>
> 말로 표현하기 위해서는 발음 능력이 필요한데, 이는 음성 기관을 움직여 원하는 음성을 만들어 내는 능력이다. 이 능력은 영 · 유아기에 수많은 시행착오와 꾸준한 훈련을 통해 습득된다. 이렇게 발음 능력을 습득하면 음성 기관의 움직임은 자동화되어 음성 기관의 어느 부분을 언제 어떻게 움직일지를 화자가 거의 의식하지 않는다. 우리가 모어에 없는 외국어 음성을 발음하기 어려운 이유는 [(가)] 있기 때문이다.
>
> 글로 표현하기 위해서는 필기 능력이 필요하다. 필기에서는 글자의 모양을 서로 구별되게 쓰는 것은 기본이고 그 수준을 넘어서서 쉽게 알아볼 수 있는 모양으로 잘 쓰는 것도 필요하다. 글씨를 쓰기 위해 손을 놀리는 것은 발음을 하기 위해 음성 기관을 움직이는 것에 비해 상당히 의식적이라 할 수 있다. 그렇지만 개인의 의지와 관계없이 필체가 꽤 일정하다는 사실은 손을 놀리는 데에 [(나)] 의미한다.

① (가) : 음성 기관의 움직임이 모어의 음성에 맞게 자동화되어
　(나) : 무의식적이고 자동적인 면이 있음을
② (가) : 낯선 음성은 무의식적으로 발음하도록 훈련되어
　(나) : 유아기에 수행한 훈련이 효과적이지 않음을
③ (가) : 음성 기관의 움직임이 모어의 음성에 맞게 자동화되어
　(나) : 유아기에 수행한 훈련이 효과적이지 않음을
④ (가) : 낯선 음성은 무의식적으로 발음하도록 훈련되어
　(나) : 무의식적이고 자동적인 면이 있음을

08 ㉠~㉣ 중 한글 맞춤법에 맞게 쓰인 것만을 모두 고르면?

> • 혜인 씨에게 ㉠ <u>무정타</u> 말하지 마세요.
> • 재아에게는 ㉡ <u>섭섭치</u> 않게 사례해 주자.
> • 규정에 따라 딱 세 명만 ㉢ <u>선발토록</u> 했다.
> • ㉣ <u>생각컨대</u> 그의 보고서는 공정하지 못했다.

① ㉠, ㉡　② ㉠, ㉢
③ ㉡, ㉣　④ ㉢, ㉣

09 ㉠~㉣의 한자로 적절하지 않은 것은?

> 예정보다 지연되긴 했으나 열 시쯤에는 마애불에 ㉠ 도착할 수가 있었다. 맑은 날씨에 빛나는 햇살이 환히 비춰 ㉡ 불상들은 불그레 물들어 있었다. 만일 신비로운 ㉢ 경지라는 말을 할 수 있다면 바로 이런 경우가 아닐지 모르겠다. 꼭 보고 싶다는 숙원이 이루어진 기쁨에 가슴이 벅차 왔다. 아마 잊을 수 없는 ㉣ 추억의 한 토막으로 남을 것 같다.

① ㉠ : 到着　② ㉡ : 佛像
③ ㉢ : 境地　④ ㉣ : 記憶

10 다음 글을 이해한 내용으로 적절하지 않은 것은?

> 사람의 '지각과 생각'은 항상 어떤 맥락, 관점 혹은 어떤 평가 기준이나 가정하에서 일어난다. 이러한 맥락, 관점, 평가 기준, 가정을 프레임이라고 한다. 지각과 생각은 인간의 모든 정신 활동을 뜻한다. 따라서 우리의 모든 정신 활동은 진공 상태에서 일어나는 것이 아니라, 어떤 맥락이나 가정하에서 일어난다. 한마디로 우리가 프레임이라는 안경을 쓰고 세상을 보고 있음을 의미한다. 간혹 어떤 사람이 자신은 어떤 프레임의 지배도 받지 않고 세상을 있는 그대로, 객관적으로 본다고 주장한다면, 그 주장은 진실이 아닐 것이다.

① 인간의 정신 활동은 프레임 없이 일어나지 않는다.
② 프레임은 인간이 세상을 바라볼 때 어떤 편향성을 가지게 한다.
③ 인간의 지각과 사고를 확장하는 과정에서 프레임은 극복해야 할 대상이다.
④ 프레임은 인간의 정신 활동에 영향을 미치는 어떤 맥락이나 평가 기준이다.

11 다음 글을 이해한 내용으로 가장 적절한 것은?

> 전 세계를 대표하는 항공기인 보잉과 에어버스의 중요한 차이점은 자동조종시스템의 활용 정도에 있다. 보잉의 경우, 조종사가 대개 항공기를 조종간으로 직접 통제한다. 조종간은 비행기의 날개와 물리적으로 연결되어 있어서 어떤 상황에서도 조종사가 조작한 대로 반응한다. 이와 다르게 에어버스는 조종간 대신 사이드스틱을 설치하여 컴퓨터가 조종사의 행동을 제한하거나 조종에 개입할 수 있게 설계되었다. 보잉에서는 조종사가 항공기를 통제할 수 있는 전권을 가지지만 에어버스에서는 컴퓨터가 조종사의 조작을 감시하고 제한한다.
>
> 보잉과 에어버스의 이러한 차이는 기계를 다루는 인간을 바라보는 관점이 서로 다른 데서 비롯된다. 보잉사를 창립한 윌리엄 보잉의 철학은 "비행기를 통제하는 최종 권한은 언제나 조종사에게 있다."이다. 시스템은 불안정하고 완벽하지 않기 때문에 컴퓨터가 조종사의 판단보다 우선시될 수 없다는 것이다. 반면 에어버스의 아버지라고 불리는 베테유는 "인간은 실수할 수 있는 존재"라고 전제한다. 베테유는 이런 자신의 신념을 토대로 에어버스를 설계함으로써 조종사의 모든 조작을 컴퓨터가 모니터링하고 제한하게 만든 것이다.

① 보잉은 시스템의 불완전성을, 에어버스는 인간의 실수 가능성을 고려하여 설계되었다.
② 베테유는 인간이 실수할 수 있는 존재라고 보지만 윌리엄 보잉은 그렇지 않다고 본다.
③ 에어버스의 조종사는 항공기 운항에서 자동조종시스템을 통제하고 조작한다.
④ 보잉의 조종사는 자동조종시스템을 사용하지 않고 항공기를 조종한다.

12 다음 글에서 추론한 내용으로 가장 적절한 것은?

> 공포의 상태와 불안의 상태를 구분하는 것은 쉽지 않다. 왜냐하면 두 감정을 함께 느끼거나 한 감정이 다른 감정을 유발할 때가 많기 때문이다. 가령, 무시무시한 전염병을 목도하고 공포에 빠진 사람은 자신도 언젠가 그 병에 걸릴지 모른다는 불안 상태에 빠지게 된다. 이처럼 두 감정은 서로 밀접하게 얽혀 있다는 점에서 혼동하기 쉽다. 하지만 두 감정을 야기한 원인을 따져 보면 두 감정을 명확하게 구분할 수 있다. 공포는 실재하는 객관적 위협에 의해 야기된 상태를 의미하고, 불안은 현재 발생하지 않았으며 미래에 일어날지 모르는 불명확한 위협에 의해 야기된 상태를 의미한다. 공포와 불안의 감정은 둘 다 자아와 관련되어 있지만 여기에서도 차이를 찾을 수 있다. 공포를 느끼는 것은 '나 자신'이 위험한 상황에 놓여 있다는 사실을 아는 것이고, 불안의 경험은 '나 자신'이 위해를 입을까 봐 걱정하는 것이다.

① 자신이 처한 위험한 상황을 정확히 인식하는 경우에는 공포감에 비해 불안감이 더 크다.
② 전기 · 가스 사고가 날까 두려워 외출하지 못하는 사람은 불안한 상태에 있는 것이다.
③ 시험에 불합격할 수 있다는 생각에 사로잡힌 사람은 공포감에 빠져 있는 것이다.
④ 과거에 큰 교통사고를 경험한 사람은 공포감은 크지만 불안감은 작다.

13 다음 글의 내용과 부합하지 않는 것은?

과학 혁명 이전 아리스토텔레스 철학은 로마 가톨릭교의 정통 교리와 결합되어 있었기 때문에 오랜 시간 동안 지배적인 영향력을 발휘하였다. 천문 분야 또한 예외는 아니었다. 아리스토텔레스의 세계관을 따라 우주의 중심은 지구이며, 모든 천체는 원운동을 하면서 지구의 주위를 공전한다는 천동설이 정설로 자리 잡고 있었다. 프톨레마이오스가 천체들의 공전 궤도를 관찰하던 도중, 행성들이 주기적으로 종전의 운동과는 반대 방향으로 움직인다는 관찰 결과를 얻었을 때도 그는 이를 행성의 역행 운동을 허용하지 않는 천동설로 설명하고자 하였다. 그래서 지구를 중심으로 공전하는 원 궤도에 중심을 두고 있는 원, 즉 주전원(周轉圓)을 따라 공전 궤도를 그리면서 행성들이 운동한다고 주장하였다.

과학과 아리스토텔레스 철학의 결별은 서서히 일어났다. 그 과정에서 일어난 가장 중요한 사건은 1543년 코페르니쿠스가 행성들의 운동 이론에 관한 책을 발간한 일이다. 코페르니쿠스는 천체의 중심에 지구 대신 태양을 놓고 지구가 태양의 주위를 공전한다고 주장하였다. 태양을 우주의 중심에 둔 코페르니쿠스의 지동설은 행성들의 운동에 대해 프톨레마이오스보다 수학적으로 단순하게 설명하였다.

① 과학 혁명 이전 시기에는 천동설이 정설로 받아들여졌다.
② 프톨레마이오스의 주전원은 지동설을 지지하고자 만든 개념이다.
③ 천동설과 지동설은 우주의 중심을 어디에 두느냐에 따라 구분된다.
④ 행성의 공전에 대한 프톨레마이오스의 설명은 코페르니쿠스의 설명보다 수학적으로 복잡하였다.

14 밑줄 친 단어가 표준어 규정에 맞게 쓰인 것은?

① 저기 보이는 게 암염소인가, <u>수염소</u>인가?
② 오늘 <u>윗층</u>에 사시는 분이 이사를 가신대요.
③ 봄에는 여기저기에서 <u>아지랭이</u>가 피어오른다.
④ 그는 수업을 마치면 <u>으레</u> 친구들과 운동을 한다.

15 ㉠~㉣을 문맥에 맞게 수정하는 방안으로 적절한 것은?

난독(難讀)을 해결하려면 정독을 해야 한다. 여기서 말하는 정독은 '뜻을 새겨 가며 자세히 읽음', 즉 '정교한 독서'라는 뜻으로 한자로는 '精讀'이다. '精讀'은 '바른 독서'를 의미하는 '正讀'과 ㉠ <u>소리는 같지만 뜻이 다르다</u>. 무엇이 정교한 것일까? 모든 단어에 눈을 마주치면서 제대로 인식하는 것이다. 이와 같은 ㉡ <u>정독(精讀)</u>의 결과로 생기는 어문 실력이 문해력이다. 문해력이 발달하면 결국 독서 속도가 빨라져, '빨리 읽기'인 속독(速讀)이 가능해진다. 빨리 읽기는 정독을 전제로 할 때 빛을 발한다. 짧은 시간에 같은 책을 제대로 여러 번 읽을 수 있기 때문이다. 그래서 문해력의 증가는 '정교하고 빠르게 읽기', 즉 ㉢ <u>정속독(正速讀)</u>에서 일어나게 되어 있다. 정독이 생활화되면 자기도 모르게 정속독의 경지에 오르게 된다. 그런 경지에 오른 사람들은 뭐든지 확실히 읽고 빨리 이해한다. 자연스레 집중하고 여러 번 읽어도 빠르게 읽으므로 시간이 여유롭다. ㉣ <u>정독이 빠진 속독</u>은 곧 빼먹고 읽는 습관, 즉 난독의 일종임을 잊지 말아야 한다.

① ㉠을 '다르게 읽지만 뜻이 같다'로 수정한다.
② ㉡을 '정독(正讀)'으로 수정한다.
③ ㉢을 '정속독(精速讀)'으로 수정한다.
④ ㉣을 '속독이 빠진 정독'으로 수정한다.

16 다음 글을 이해한 내용으로 가장 적절한 것은?

루카치는 그리스 세계를 신과 인간의 결합 정도를 가리키는 '총체성' 개념을 기준으로 세 시대로 구분하였다. 첫 번째 시대에서 후대로 갈수록 총체성의 정도는 낮아진다. 첫째는 총체성이 완전히 구현되어 있는 '서사시의 시대'이다. 호메로스의 『일리아드』와 『오디세이아』에서는 신과 인간의 세계가 하나로 얽혀 있다. 인간들이 그리스와 트로이 두 패로 나뉘어 전쟁을 벌일 때 신들도 인간의 모습을 하고 두 패로 나뉘어 전쟁에 참여했다. 둘째는 '비극의 시대'이다. 소포클레스나 에우리피데스의 비극에서는 총체성이 흔들려 신과 인간의 세계가 분리된다. 하지만 두 세계가 완전히 분리되지는 않고 신탁이라는 약한 통로로 이어져 있다. 비극에서 신은 인간의 행위에 직접 개입하지 않고 신탁을 통해서 자신의 뜻을 그저 전달하는 존재로 바뀐다. 셋째는 플라톤으로 대표되는 '철학의 시대'이다. 이 시대는 이미 계몽된 세계여서 신탁 같은 것은 신뢰할 수 없게 되었다. 신과 인간의 세계가 완전히 분리됨으로써 신의 세계는 인격적 성격을 상실하여 '이데아'라는 추상성의 세계로 바뀐다. 신의 세계와 인간의 세계는 그 사이에 어떤 통로도 존재할 수 없는, 절대적으로 분리된 세계가 되었다.

① 계몽사상은 서사시의 시대에서 철학의 시대로의 전환을 이끌었다.
② 플라톤의 이데아는 신탁이 사라진 시대의 비극적 세계를 표현한다.
③ 루카치는 각기 다른 기준에 따라 그리스 세계를 세 시대로 구분하였다.
④ 에우리피데스의 비극에 비해 『오디세이아』에서는 신과 인간의 결합 정도가 높다.

17 다음 글의 내용과 부합하지 않는 것은?

몽유록(夢遊錄)은 '꿈에서 놀다 온 기록'이라는 뜻으로, 어떤 인물이 꿈에서 과거의 역사적 인물을 만나 특정 사건에 대한 견해를 듣고 현실로 돌아온다는 특징이 있다. 이때 꿈을 꾼 인물인 몽유자의 역할에 따라 몽유록을 참여자형과 방관자형으로 구분할 수 있다. 참여자형에서는 몽유자가 꿈에서 만난 인물들의 모임에 초대를 받고 토론과 시연에 직접 참여한다. 방관자형에서는 몽유자가 인물들의 모임을 엿볼 뿐 직접 그 모임에 참여하지는 않는다. 16~17세기에 창작되었던 몽유록에는 참여자형이 많다. 참여자형에서는 몽유자와 꿈속 인물들이 동질적인 이념을 공유하고 현실의 고통스러운 문제에 대해 의견을 나누며 비판적 목소리를 낸다. 그러나 주로 17세기 이후에 창작된 방관자형에서는 몽유자가 꿈속 인물들과 함께 현실을 비판하는 것이 아니라 구경꾼의 위치에 서 있다. 이 시기의 몽유록이 통속적이고 허구적인 성격으로 변모하는 것은 몽유자의 역할 변화와 무관하지 않다.

① 몽유자가 꿈속 인물들의 모임에 직접 참여하는지, 참여하지 않는지에 따라 몽유록의 유형을 나눌 수 있다.
② 17세기보다 나중 시기의 몽유록에서는 몽유자가 현실을 비판하는 경향이 강하게 나타난다.
③ 몽유자가 모임의 구경꾼 역할을 하는 몽유록은 통속적이고 허구적인 성격이 강하다.
④ 몽유자가 꿈속 인물들과 함께 현실을 비판하는 몽유록은 참여자형에 해당한다.

18 다음 글을 이해한 내용으로 적절한 것은?

디지털 트윈은 현실 세계와 똑같은 가상의 세계이다. 최근 주목받고 있는 메타버스와 개념은 유사하지만 활용 목적의 측면에서 구별된다. 메타버스는 가상 세계와 현실 세계가 융합된 플랫폼으로 이용자들에게 새로운 경제·사회·문화적 경험을 제공하는 데 목적을 둔다. 반면 디지털 트윈은 현실 세계에 존재하는 사물, 공간, 환경, 공정 등을 컴퓨터상에 디지털 데이터 모델로 표현하여 똑같이 복제하고 실시간으로 서로 반응할 수 있도록 한다. 그래서 디지털 트윈의 이용자는 가상 세계에서의 시뮬레이션을 통해 미래 상황을 예측할 수 있게 된다. 디지털 트윈에 대한 수요가 증가하면서 관련 시장도 확대되고 있으며, 국내외의 글로벌 기업들은 여러 산업 분야에서 디지털 트윈을 도입하여 사전에 위험 요소를 제거하고 수익 모델의 효율성을 높이고 있다. 디지털 트윈이 이렇게 주목받는 이유는 안정성과 경제성 때문인데 현실 세계를 그대로 옮겨 놓은 가상 세계에 데이터를 전송, 취합, 분석, 이해, 실행하는 과정은 실제 실험보다 매우 빠르고 정밀하며 안전할 뿐 아니라 비용도 적게 든다.

① 디지털 트윈을 활용함에 따라 글로벌 기업들의 고용률이 향상되었다.
② 디지털 트윈의 데이터 모델은 현실 세계의 각종 실험 모델보다 경제성이 낮다.
③ 디지털 트윈에서의 시뮬레이션으로 현실 세계의 위험 요소를 찾아내고 방지할 수 있다.
④ 디지털 트윈은 현실 세계의 이용자에게 새로운 문화적 경험을 제공하는 데 목적이 있다.

01 밑줄 친 말의 쓰임이 옳지 않은 것은?

① 그는 아까운 능력을 썩히고 있다.
② 음식물 쓰레기를 썩혀서 거름으로 만들었다.
③ 나는 이제까지 부모님 속을 썩혀 본 적이 없다.
④ 그들은 새로 구입한 기계를 창고에서 썩히고 있다.

02 (가)~(라)를 고쳐 쓴 것으로 옳지 않은 것은?

(가) 오빠는 생김새가 나하고는 많이 틀려.
(나) 좋은 결실이 맺어졌으면 하는 바람입니다.
(다) 내가 오직 바라는 것은 네가 잘됐으면 좋겠어.
(라) 신은 인간을 사랑하기도 하지만 시련을 주기도 한다.

① (가) 오빠는 생김새가 나하고는 많이 달라.
② (나) 좋은 결실을 맺었으면 하는 바램입니다.
③ (다) 내가 오직 바라는 것은 네가 잘됐으면 좋겠다는 거야.
④ (라) 신은 인간을 사랑하기도 하지만 인간에게 시련을 주기도 한다.

03 사자성어의 쓰임이 적절하지 않은 것은 ?

① 그는 구곡간장 (九曲肝腸)이 끊어지는 듯한 슬픔에 빠졌다.
② 학문의 정도를 걷지 않고 곡학아세 (曲學阿世)하는 이가 있다.
③ 이유 없이 친절한 사람은 구밀복검 (口蜜腹劍)일 수 있으니 조심해야 한다.
④ 신중한 태도로 문제의 본질에 접근하는 당랑거철 (螳螂拒轍)의 자세가 필요하다.

04 다음 대화에서 나타난 '지민'의 의사소통 방식으로 가장 적절한 것은 ?

정수 : 지난번에 너랑 같이 들었던 면접 전략 강의가 정말 유익했어.
지민 : 그랬어? 나도 그랬는데 .
정수 : 특히 아이스크림 회사의 면접 내용이 도움이 많이 됐어.
지민 : 맞아. 그중에서도 두괄식으로 답변하라는 첫 번째 내용이 정말 인상적이더라. 핵심 내용을 먼저 말하는 전략이 면접에서 그렇게 효과적일 줄 몰랐어.
정수 : 어! 그래? 나는 두 번째 내용이 훨씬 더 인상적이었는데.
지민 : 그랬구나. 하긴 아이스크림 매출 증가에 관한 통계 자료를 인용해서 답변한 전략도 설득력이 있었어. 하지만 초두 효과의 효용성도 크지 않을까 해.
정수 : 그렇긴 해.

① 자신의 면접 경험을 예로 들어 상대방을 설득하고 있다.
② 상대방의 약점을 공략하며 상대방의 이견을 반박하고 있다.
③ 상대방의 견해를 존중하면서 자신의 의견을 제시하고 있다.
④ 상대방과의 갈등 해소를 위해 자신의 감정을 표현하고 있다.

05 다음 글에 대한 이해로 적절하지 않은 것은?

승상이 말을 마치기도 전에 구름이 걷히더니 노승은 간곳이 없고 좌우를 돌아보니 팔낭자도 간 곳이 없었다 .승상이 놀라 어찌할 바를 모르는 중에 높은 대와 많은 집들이한순간에 사라지고 자기의 몸은 작은 암자의 포단 위에 앉아있었는데 향로의 불은 이미 꺼져 있었고 지는 달이 창가에 비치고 있었다.

자신의 몸을 보니 백팔염주가 걸려 있고 머리를 손으로 만져보니 갓 깎은 머리털이 까칠까칠하더라. 완연한 소화상의 몸이요, 전혀 대승상의 위의가 아니었으니, 이에 제 몸이 인간 세상의 승상 양소유가 아니라 연화도량의 행자 성진임을 비로소 깨달았다.

그리고 생각하기를, '처음에 스승에게 책망을 듣고 풍도옥으로 가서 인간 세상에 환도하여 양가의 아들이 되었지. 그리고 장원급제를 하여 한림학사가 된 후 출장입상하고 공명신퇴하여 두 공주와 여섯 낭자로 더불어 즐기던 것이다 하룻밤 꿈이었구나. 이는 필시 사부가 나의 생각이 그릇됨을 알고 나로 하여금 이런 꿈을 꾸게 하시어 인간부귀와 남녀 정욕이 다 허무한 일임을 알게 하신 것이로다.'

– 김만중, 「구운몽」에서 –

① '양소유'는 장원급제를 하여 한림학사가 되었다.
② '양소유'는 인간 세상에 환멸을 느껴 스스로 '성진'의 모습으로 되돌아왔다.
③ '성진'이 있는 곳은 인간 세상이 아니다.
④ '성진'은 자신의 외양을 통해 꿈에서 돌아' 왔음을 인식한다.

06 (가)~(라)의 ㉠~㉣에 대한 설명으로 적절하지 않은 것은?

(가) 간밤의부던 ᄇᆞ람에 눈서리 치단 말가
㉠ 낙락장송(落落長松)이 다 기우러 가노ᄆᆡ라
ᄒᆞ믈며 못다 핀 곳이야 닐러 무슴 ᄒᆞ리오.

(나) 철령 노픈 봉에 쉬여 넘는 져 구룸아
고신원루(孤臣寃淚)를 비 사마 ᄯᅴ여다가
㉡ 님 계신 구중심처(九重深處)에 ᄲᅮ려 본들 엇ᄃᆞ리.

(다) 이화우(梨花雨) 흣ᄲᅮ릴 제 울며 잡고 이별ᄒᆞᆫ 님
추풍낙엽(秋風落葉)에 ㉢ 저도 날 ᄉᆡᆼ각ᄂᆞᆫ가
천리(千里)에 외로온 ᄭᅮᆷ만 오락가락 ᄒᆞ노매.

(라) 삼동(三冬)의 뵈옷 닙고 암혈(巖穴)의 눈비 마자
구름 ᄭᅵᆫ 볏뉘도 ᄶᅬᆫ 적이 업건마ᄂᆞᆫ
서산의 ㉣ 히디다 ᄒᆞ니그를 셜워 ᄒᆞ노라.

① ㉠은 억울하게 해를 입은 충신을 가리킨다.
② ㉡은 궁궐에 계신 임금을 가리킨다.
③ ㉢은 헤어진 연인을 가리킨다.
④ ㉣은 오랜 세월을 함께한 벗을 가리킨다.

07 ㉠~㉢에 들어갈 말로 가장 적절한 것은?

• 그들의 끈기가 이 경기의 승패를 [㉠] 했다.
• 올해 영화제 시상식은 [㉡] 11개 으로 나뉜다.
• 그 형제는 너무 닮아서 누가 동생이고 누가 형인지 [㉢] 할 수 없다.

	㉠	㉡	㉢
①	가름	부문	구별
②	가름	부분	구분
③	갈음	부문	구별
④	갈음	부분	구분

08 다음 글의 '동기화 단계 조직'에 따라 (가)~(마)를 배열한 것으로 가장 적절한 것은?

설득하는 말하기의 메시지를 조직하는 방법으로 '동기화 단계 조직'이 있다. 이 방법의 세부 단계는 다음과 같다.

1단계 : 주제에 대한 청자의 주의나 관심을 환기한다.
2단계 : 특정 문제를 청자와 관련지어 설명함으로써 청자의 요구나 기대를 자극한다.
3단계 : 해결 방안을 제시하여 청자의 이해와 만족을 유도한다.
4단계 : 해결 방안이 청자에게 어떤 도움이 되는지 구체화한다.
5단계 : 구체적인 행동의 내용과 방법을 제시하여 특정 행동을 요구한다.

(가) 지난주 제 친구는 일을 마친 후 자전거를 타고 집으로 돌아오다가 사고를 당해 머리를 다쳤습니다.
(나) 여러분이 자전거를 탈 때 헬멧을 착용하면 머리를 보호할 수 있습니다.
(다) 아마 여러분도 가끔 자전거를 타는 경우가 있을 것입니다. 그런데 매년 2년 2천여 명이 자전가를 타다가 머리를 다쳐 고생한다고 합니다.
(라) 만약 자전거를 타는 모든 사람이 헬멧을 착용한다면 자전가 사고를 당해도 뇌손상을 비롯한 신체 피해를 75% 줄일 수 있습니다. 또 자전거 타기가 주는 즐거움과 편리함을 안전하게 누릴 수 있습니다.
(마) 자전가를 탈 때는 안전을 위해서 반드시 헬멧을 착용하시기 바랍니다.

① (가)–(나)–(다)–(라)–(마)
② (가)–(다)–(나)–(라)–(마)
③ (가)–(다)–(라)–(나)–(마)
④ (가)–(라)–(다)–(나)–(마)

09 다음 글에 대한 이해로 적절하지 않은 것은?

> 국가정보자원관리원과 ○○시는 빅데이터 기반의 맞춤형복지 서비스 분석 사업을 수행했다 국가정보자원관리원은 자체확보한공공데이터와 ○○시로 부터 받은 복지 사업 관련 데이터를 활용하여 '복지 공감 지도'를 제작하고 복지 기관 접근성 분석을 통해 취약 지역 지원 방안을 제시했다.
> 복지 공감 지도는 공간 분석 시스템을 활용하여 ○○시에 소재한 복지 기관들의 다양한 지원 항목과 이를 필요로 하는 복지 대상자 독거노인 장애인 등의 수급자 현황을 한눈에 확인할 수 있도록 구현한 것이다. 이 지도를 활용하면 복지 혜택이 필요한 지역과 수급자를 빨리 찾아낼 수 있으며 ,생필품 지원이나 방문 상담 등 복지 기관의 맞춤형 대응이 가능하고 최적의 복지 기관 설립 위치를 선정할 수 있다.
> 이 사업을 통해 ○○시는 그동안 복지 기관으로부터 도보로 약 15 분 내 위치한 수급자에게 복지 혜택이 집중되고 있는 것도 확인했다. 이에 교통이나 건강 등의 문제로 복지 기관 방문이 어려운 수급자를 위해 맞춤형 복지 서비스가 절실하게 필요한 상황임을 발견하고 복지 셔틀버스 노선을 4개 증설할 계획을 수립했다.

① 빅데이터를 활용하여 복지 사각지대를 줄이는 방안을 마련할 수 있다.
② 복지 기관과 수급자 거주지 사이의 거리는 복지 혜택의 정도에 영향을 준다.
③ 복지 기관 접근성 분석 결과는 복지 셔틀버스 노선 증설의근거가 된다.
④ 복지 공감 지도로 복지 혜택에 대한 수급자들의 개별 만족도를 파악할 수 있다.

10 ㉠~㉣의 사례로 적절하지 않은 것은?

> 단어의 의미가 변화하는 양상은 다양하다 첫째 "아침 먹고 또 공부하자"에서 아침은 본래의 의미인 '하루 중의 이른 시간'을 가리키지 않고 아침에 먹는 밥이라는 의미로 쓰인다. '밥'의 의미가 '아침'에 포함되어서 '아침'만으로도 '아침밥'의 의미를 표현하게 된 것으로, ㉠ <u>두 개의 단어가 긴밀한 관계여서 한쪽이 다른 한쪽의 의미까지 포함하는 의미로 변화하게 된 경우</u>이다. 둘째, '바가지'는 원래 박의 껍데기를 반으로 갈라 썼던 물건을 가리켰는데, 오늘날에는 흔히 플라스틱 바가지를 가리킨다. 이것은 ㉡ <u>언어 표현은 그대로인데 시대의 변화에 따라 지시 대상 자체가 바뀌어서 의미 변화가 발생한 경우</u>이다. 셋째, '묘수'는 본래 바둑에서 만들어진 용어이지만 일상적인 언어생활에서도 '쉽게 생각해 내기 어려운 좋은 방안'이라는 의미로 사용된다. 이는 ㉢ <u>특수한 영역에서 사용되던 말이 일반화되면서 단어의 의미가 변화한 경우</u>에 해당한다. 넷째, 호랑이를 두려워하던 시절에 사람들은 호랑이 라는 이름을 직접 부르기 꺼려서 '산신령'이라고 부르기도 했는데, 이는 ㉣ <u>심리적인 이유로 특정 표현을 피하려다 보니 그것을 대신하는 단어의 의미에 변화가 생긴 경우</u>이다.

① ㉠ : '아이들의 코 묻은 돈'에서 '코'는 '콧물'의 의미로 쓰인다,
② ㉡ : '수세미'는 원래 식물의 이름이었지만 오늘날에는 '그릇을 씻는 데 쓰는 물건'이라는 의미로 쓰인다.
③ ㉢ : '배꼽'은 일반적으로 '탯줄이 떨어지면서 배의 한가운데에 생긴 자리'를 가리키지만 바둑에서는 '바둑판의 한가운데'라는 의미로 쓰인다 .
④ ㉣ : 무서운 전염병인 '천연두'를 꺼려서 '손님'이라고 불렀다.

11 다음 글에 대한 이해로 적절하지 않은 것은?

> △△시 시장님께
>
> 안녕하십니까? 저는 △△시에서 농장을 운영하는 ㅁㅁㅁ입니다. 이렇게 글을 쓰게 된 것은 우리 농장 근처에 신축된 골프장의 빛 공해 문제에 대해 말씀드리기 위함입니다. 빛이 공해가 될 수 있다는 말이 다소 생소하실 수도 있습니다. 하지만 지나친 야간 조명이 식물의 성장에 부정적인 영향을 끼쳐 작물 수확량을 감소시킬 수 있음은 이미 여러 연구를 통해 입증된 바 있습니다. 좀 늦었지만 △△시에서도 이 문제에 대해 경각심을 가질 필요가 있습니다. 실제로 골프장이 야간 운영을 시작했을 때를 기점으로 우리 농장의 수확률이 현저히 낮아졌음을 제가 확인했습니다. 물론, 이윤을 추구하는 골프장의 야간 운영을 무조건 막는다면 골프장 측에서 반발할 것입니다. 그래서 계절에 따라 야간 운영 시간을 조정하거나 운영 제한에 따른 손실금을 보전해 주는 등의 보완책도 필요합니다. 또한 군에서도 빛 공해 문제를 해결하기 위해 야간 조명의 조도를 조정하는 프로젝트를 진행한 바 있으니 참고해 보시기 바랍니다. 모쪼록 시장님께서 이 문제에 관심을 가지고 농장과 골프장이 상생할 수 있는 정책을 펼쳐주시기를 부탁드립니다.

① 시장에게 빛 공해로 농장이 겪는 어려움에 대해 관심을 촉구하고 있다.
② 건의에 대한 신뢰성을 높이기 위해 인용한 자료의 출처를 밝히고 있다.
③ 다른 지역에서 야간 조명으로 인한 폐해를 해결하기 위해 노력한 사례를 언급하고 있다.
④ 골프장의 야간 운영을 제한할 때 예상되는 문제점과 그 해결방안에 대해 제시하고 있다.

12 다음 대화의 에 대한 설명으로 적절하지 않은 것은?

> 이진 : 태민아, ㉠ 이 책 읽어 봤니?
> 태민 : 아니, ㉡ 그 책은 아직 읽어 보지 못했어 .
> 이진 : 그렇구나. 이 책은 작가의 문체가 독특해서 읽어 볼 만해.
> 태민 : 응, 꼭 읽어 볼게. 한 권 더 추천해 줄래?
> 이진 : 그럼 ㉢ 저 책은 어때? 한국 대중문화를 다양한 시각에서 다룬 재미있는 책이야.
> 태민 : 그래, ㉣ 그 책도 함께 읽어 볼게.
> 이진 : (두 책을 들고 계산대로 간다.) 읽어 보겠다고 하니, 생일 선물로 ㉤ 이 책 두 권 사 줄게.
> 태민 : 고마워, 잘 읽을게.

① ㉠은 청자보다 화자에게, ㉡은 화자보다 청자에게 가까이 있는 대상을 가리킨다.
② ㉢은 화자보다 청자에게 멀리 있는 대상을 가리킨다.
③ ㉢과 ㉣은 같은 대상을 가리킨다.
④ ㉤은 ㉡과 ㉢ 모두를 가리킨다.

13 다음 글에 대한 이해로 적절하지 않은 것은?

> 아동이 부모의 소유물 또는 종족의 유지나 국가의 방위를 위한 수단으로 간주되었던 전근대사회에서는 아동의 권리에 대한 인식이 존재하지 않았다. 산업혁명으로 봉건제도가 붕괴되고 자본주의가 탄생한 근대사회에 이르러 구빈법에 따른 국가 개입과 민간단체의 자발적인 참여로 아동보호가 시작되었다.
>
> 1922년 잽 여사는 아동권리사상을 담아 아동권리에 대한 내용을 성문화하였다. 이를 기초로 1924년 국제연맹에서는 전문과 5개의 조항으로 된『아동권리에 관한 제네바 선언』을 채택하였다. 여기에는 "아동은 물질적으로나 정신적으로 정상적인 발달을 위해 필요한 조건이 충족되어야 한다."라든지 "아동의 재능은 인류를 위해 쓰인다는 자각 속에서 양육되어야 한다." 등의 내용이 포함되었다.
>
> 그러나 여기에서도 아동은 보호의 객체로만 인식되었을 뿐 생존, 보호, 발달을 위한 적극적인 권리의 주체로 인식되지는 않았다. 최근에 와서야 국제사회의 노력에 힘입어 아동은 보호되어야 할 수동적인 존재에서 자신의 권리를 주장할 수 있는 능동적인 존재로 자리매김할 수 있게 되었다. 1989년 유엔총회에서 채택된『아동권리협약』이 그것이다.
>
> 우리나라는 이를 토대로 2016년『아동권리헌장』9개 항을 만들었다. 이 헌장은 '생존과 발달의 권리', '아동이 최선의 이익을 보장받을 권리', '차별 받지 않을 권리', '자신의 의견이 존중될 권리' 등 유엔의『아동권리협약』의 네 가지 기본 원칙을 포함하고 있다. 또한 전문에는 아동의 권리와 더불어 "부모와 사회, 국가와 지방자치단체는 아동의 이익을 최우선으로 고려해야 하며, 다음과 같은 아동의 권리를 확인하고 실현할 책임이 있다."라고 명시하여 아동을 둘러싼 사회적 주체들의 책임을 명확히 하였다.

① 아동의 권리에 대한 인식은 근대 이후에 형성되었다.
②『아동권리헌장』은『하동권리협약』을 토대로 만들어졌다.
③『아동권리에 관한 제네바 선언』,『아동권리협약』,『아동권리헌장』에는 모두 아동의 발달에 대한 내용이 들어가 있다.
④『아동권리에 관한 제네바 선언』은 아동을 적극적인 권리의 주체로 인식함으로써 아동의 권리에 대한 진전된 성과를 이루었다.

14 다음 글의 전개 순서로 가장 자연스러운 것은?

(가) 이 기관을 잘 수리하여 정련하면 그 작동도 원활하게 될 것이요 수리하지 아니하여 노둔해지면 그 작동도 막혀 버릴 것이니 이런 기관을 다스리지 아니하고야 어찌 그 사회를 고취하여 발달케 하리오.
(나) 이러므로 말과 글은 한 사회가 조직되는 근본이요 사회 경영의 목표와 지향을 발표하여 그 인민을 통합시키고 작동하게 하는 기관과 같다.
(다) 말과 글이 없으면 어찌 그 뜻을 서로 통할 수 있으며, 그 뜻을 서로 통하지 못하면 어찌 그 인민들이 서로 이어져 번듯한 사회의 모습을 갖출 수 있으리오.
(라) 그뿐 아니라 그 기관은 점점 녹슬고 상하여 필경은 쓸 수 없는 지경에 이를 것이니 그 사회가 어찌 유지될 수 있으리오. 반드시 패망을 면하지 못할지라.
(마) 사회는 여러 사람이 그 뜻을 서로 통하고 그 힘을 서로 이어서 개인의 생활을 경영항고 보존하는 데에 서로 의지하는 인연의 한 단체라.

– 주시경 「대한국어문법 발문」에서 –

① (마) – (가) – (다) – (나) – (라)
② (마) – (가) – (라) – (다) – (나)
③ (마) – (다) – (가) – (라) – (나)
④ (마) – (다) – (나) – (가) – (라)

15 한자 표기가 옳지 않은 것은?

① 오늘 협상에서 만족(滿足)할 만한 성과를 거두었다.
② 김 위원의 주장을 듣고 그 의견에 동의하여 재청(再請)했다.
③ 우리 지자체의 해묵은 문제를 해결(解結)할 방안이 생각났다.
④ 다수가 그 의견에 동의하지 않았기에 재론(再論)이 필요하다.

16 다음 문장이 들어가기에 가장 적절한 곳을 에서 고르면?

신분에 따라 문체를 고착화하는 것을 인정하지 않았던 것이다.

유럽이 교회로부터 정신적으로 해방된 것은 그리스와 로마의 고대 작가들에 대한 재발견을 통해서였다. [㉠] 그 이후 고대 작가들의 문체는 귀족 중심의 유럽 문화에서 모범으로 여겨졌다. [㉡] 이러한 상황은 대략 1770년대에 시작되는 낭만주의에서부터 변화하기 시작했다. [㉢] 이 낭만주의 시기에 평등과 민주주의를 꿈꿨던 신흥 시민계급은 문학에서 운문과 영웅적 운명을 귀족에게만 전속시키고 하층민에게는 산문과 우스꽝스러운 상황을 배정하는 전통 시학을 거부했다. [㉣] 고전 문학은 더 이상 문학의 규범이 아니었으며, 문학을 현실의 모방으로 인식하는 태도도 포기되었다.

① ㉠ ② ㉡
③ ㉢ ④ ㉣

17 다음 규정에 근거할 때 옳지 않은 것은?

한글맞춤법 제30항
사이시옷은 다음과 같은 경우에 받치어 적는다.
(가) 순우리말로 된 합성어로서 앞말이 모음으로 끝나면서 뒷말의 첫소리가 된소리로 나는 것
(나) 순우리말과 한자어로 된 합성어로서 앞말이 모음으로 끝나면서 뒷말의 첫소리가 된소리로 나는 것

① (가)에 따라 '아래 + 집'은 '아랫집'으로 적는다.
② (가)에 따라 '쇠 + 조각'은 '쇳조각'으로 적는다.
③ (나)에 따라 '전세 + 방'은 '전셋방'으로 적는다.
④ (나)에 따라 '자리 + 세'는 '자릿세'로 적는다.

18 글쓴이의 견해에 부합하는 것은?

문화란 공동체의 구성원들이 공유하는 생각과 행동 양식의 총체라고 할 수 있다 문화를 연구하는 사람들의 주된 관심사는 특정 생각과 행동 양식이 하나의 공동체 안에서 전파되는 기제이다.

이에 대한 견해 중 하나는 문화를 생각의 전염이라는 각도에서 바라보는 것이다 예컨대 리처드 도킨스는 '밈(meme)'이라는 개념을 통해 생각의 전염 과정을 설명하고자 했다. 그에 따르면 문화는 복수의 밈으로 이루어져 있는데, 유전자에 저장된 생명체의 주요 정보가 번식을 통해 복제되어 개체군 내에서 확산되듯이, 밈 역시 유전자와 마찬가지로 공동체 내에서 복제를 통해 확산된다.

그러나 문화 전파의 기제를 설명하는 이론으로는 밈 이론보다 의사소통 이론이 더 적절해 보인다. 일례로, 요크셔 지역에 내려오는 독특한 푸딩 요리법은 누군가가 푸딩 만드는 것을 지켜본 후 그것을 그대로 따라 하는 방식으로 전파되었다기보다는 요크셔 푸딩 요리법에 대한 부모와 친척, 친구들의 설명을 통해 입에서 입으로 전파되고 공유되었을 가능성이 크다.

생명체의 경우와 달리 문화는 완벽하게 동일한 형태로 전파되지 않는다. 전파된 문화와 그것을 수용한 결과는 큰 틀에서는 비슷하더라도 세부적으로는 다를 수밖에 없다. 다시 말해 요크셔 지방의 푸딩 요리법은 다른 지방의 푸딩 요리법과 변별되는 특색을 지니는 동시에 요크셔 지방 내부에서도 가정이나 개인에 따라 약간씩의 차이를 보인다. 이는 푸딩 요리법의 수신자가 발신자가 전해 준 정보에다 자신의 생각을 덧붙였기 때문인데, 복제의 관점에서 문화의 전파를 설명하는 이론으로는 이와 같은 현상을 설명하기 어렵다 반면 의사소통 이론으로는 설명 가능하다. 이에 따르면 사람들은 자신이 들은 이야기를 남에게 전달할 때 들은 이야기에다 자신의 생각을 더해서 그 이야기를 전달하기 때문이다.

① 문화의 전파 기제는 밈 이론보다는 의사소통 이론으로 설명하는 것이 적절하다.
② 의사소통 이론에 따르면 문화의 수용 과정에는 수용 주체의 주관이 개입하지 않는다.
③ 의사소통 이론에 따르면 특정 공동체의 문화는 다른 공동체로 복제를 통해 전파될 수 있다.
④ 요크셔 푸딩 요리법이 요크셔 지방의 가정이나 개인에 따라 세부적인 차이를 보이는 현상은 밈 이론에 의해 설명할 수 있다.

01 맞춤법에 맞는 것만으로 묶은 것은?

① 돌나물, 꼭지점, 페트병, 낚시꾼
② 흡입량, 구름양, 정답란, 칼럼난
③ 오뚝이, 싸라기, 법석, 딱다구리
④ 찻간(車間), 홧병(火病), 셋방(貰房), 곳간(庫間)

02 ㉠의 단어와 의미가 같은 것은?

> 친구에게 줄 선물을 예쁜 포장지에 ㉠ <u>싼다</u>.

① 사람들이 안채를 겹겹이 <u>싸고</u> 있다.
② 사람들은 봇짐을 <u>싸고</u> 산길로 향한다.
③ 아이는 몇 권의 책을 <u>싼</u> 보퉁이를 들고 있다.
④ 내일 학교에 가려면 책가방을 미리 <u>싸</u> 두어라.

03 가장 자연스러운 문장은?

① 날씨가 선선해지니 역시 책이 잘 읽힌다.
② 이렇게 어려운 책을 속독으로 읽는 것은 하늘의 별 따기이다.
③ 내가 이 일의 책임자가 되기보다는 직접 찾기로 의견을 모았다.
④ 그는 시화전을 홍보하는 일과 시화전의 진행에 아주 열성적이다.

04 다음 글의 설명 방식으로 적절하지 않은 것은?

> 빛 공해란 인공조명의 과도한 빛이나 조명 영역 밖으로 누출되는 빛이 인간의 건강하고 쾌적한 생활을 방해하거나 환경에 피해를 주는 상태를 말한다. 국제 과학 저널인 『사이언스 어드밴스』의 '전 세계 빛 공해 지도'에 따르면, 우리나라는 빛 공해가 심각한 국가이다. 빛 공해는 멜라토닌 부족을 초래해 인간에게 수면 부족과 면역력 저하 등의 문제를 유발하고, 농작물의 생산량 저하, 생태계 교란 등의 문제를 일으킨다.

① 빛 공해의 정의를 제시하고 있다.
② 빛 공해의 주요 요인인 인공조명의 누출 원인을 제시하고 있다.
③ 자료를 인용하여 빛 공해가 심각한 국가로 우리나라를 제시하고 있다.
④ 사례를 들어 빛 공해의 악영향을 제시하고 있다.

05 ㉠, ㉡의 사례로 옳은 것만을 짝 지은 것은?

> 용언의 불규칙활용은 크게 ㉠ <u>어간만 불규칙하게 바뀌는 부류</u>, ㉡ <u>어미만 불규칙하게 바뀌는 부류</u>, 어간과 어미 둘 다 불규칙하게 바뀌는 부류로 나눌 수 있다.

	㉠	㉡
①	걸음이 <u>빠름</u>	꽃이 <u>노람</u>
②	잔치를 <u>치름</u>	공부를 <u>함</u>
③	라면이 <u>불음</u>	합격을 <u>바람</u>
④	우물물을 <u>품</u>	목적지에 <u>이름</u>

06 ㉠~㉣의 의미로 적절하지 않은 것은?

> 二月ㅅ 보로매 아으 노피 ㉠ <u>현</u> 燈ㅅ블 다호라
> 萬人 비취실 즈ᅀᅵ샷다 아으 動動다리
> 三月 나며 開ᄒᆞᆫ아으 滿春 ᄃᆞᆯ욋고지여
> ᄂᆞᄆᆡ브롤 ㉡ <u>즈슬</u> 디녀 나샷다 아으 動動다리
> 四月 아니 ㉢ <u>니저</u> 아으 오실셔 곳고리새여
> ㉣ <u>므슴다</u> 錄事니ᄆᆞᆫ 녯 나ᄅᆞᆯ닛고신뎌 아으 動動다리
>
> – 작자 미상, 「動動」에서 –

① ㉠은 '켠'을 의미한다.
② ㉡은 '모습을'을 의미한다.
③ ㉢은 '잊어'를 의미한다.
④ ㉣은 '무심하구나'를 의미한다.

07 한자 표기가 옳은 것은?

① 그분은 냉혹한 현실(現室)을 잘 견뎌 냈다.
② 첫 손님을 야박(野薄)하게 대해서는 안 된다.
③ 그에게서 타고난 승부 근성(謹性)이 느껴진다.
④ 그는 평소 희망했던 기관에 채용(債用)되었다.

08 다음 토의에 대한 설명으로 적절하지 않은 것은?

> 사회자 : 오늘의 토의 주제는 '통일 시대의 남북한 언어가 나아갈 길'입니다. 먼저 최○○ 교수님께서 '남북한 언어 차이와 의사소통'이라는 제목으로 발표해 주시겠습니다.
> 최 교수 : 남한과 북한의 말은 비슷하지만 다른 점이 있습니다. 남한과 북한의 어휘 차이가 대표적입니다. 남한과 북한의 어휘 차이를 분석한 결과, … (중략) … 앞으로도 남북한 언어 차이에 대한 연구가 지속되어야 합니다.
> 사회자 : 이로써 최 교수님의 발표를 마치겠습니다. 다음은 정○○ 박사님의 '남북한 언어의 동질성 회복 방안'에 대한 발표가 있겠습니다.
> 정 박사 : 앞으로 통일을 대비해 남북한 언어의 다른 점을 줄여 나가는 노력이 필요합니다. 실제로도 남한과 북한의 학자들로 구성된 '겨레말큰사전 편찬위원회'에서는 남북한 공통의 사전인 『겨레말큰사전』을 만들며 서로의 차이를 이해하고 받아들이기 위한 노력을 하고 있습니다. … (중략) …
> 사회자 : 그러면 질의응답이 있겠습니다. 시간상 간략하게 질문해 주시기 바랍니다.
> 청중 A : 두 분의 말씀 잘 들었습니다. 남북한 언어의 차이와 이를 극복하는 방안을 말씀하셨는데요. 그렇다면 통일 시대에 대비한 언어 정책에는 무엇이 있을까요?

① 학술적인 주제에 대해 발표 형식으로 진행되고 있다.
② 사회자는 발표자 간의 이견을 조정하여 의사결정을 유도하고 있다.
③ 발표자는 주제에 대한 자신의 견해를 밝혀 청중에게 정보를 제공하고 있다.
④ 청중 A는 발표자의 발표 내용을 확인하고 주제와 관련된 질문을 하고 있다.

09 ㉠~㉣은 '공손하게 말하기'에 대한 설명이다. ㉠~㉣을 적용한 B의 대답으로 적절하지 않은 것은?

> ㉠ 자신을 상대방에게 낮추어 겸손하게 말해야 한다.
> ㉡ 상대방의 처지를 고려하여 상대방이 부담을 갖지 않도록 말해야 한다.
> ㉢ 상대방이 관용을 베풀 수 있도록 문제를 자신의 탓으로 돌려 말해야 한다.
> ㉣ 상대방의 의견에서 동의하는 부분을 찾아 인정해 준 다음에 자신의 의견을 말해야 한다.

① ㉠ A : "이번에 제출한 디자인 시안 정말 멋있었어."
B : "아닙니다. 아직도 여러모로 부족한 부분이 많습니다."
② ㉡ A : "미안해요. 생각보다 길이 많이 막혀서 늦었어요."
B : "괜찮아요. 쇼핑하면서 기다리니 시간 가는 줄 몰랐어요."
③ ㉢ A : "혹시 내가 설명한 내용이 이해 가니?"
B : "네 목소리가 작아서 내용이 잘 안 들렸는데 다시 한 번 크게 말해 줄래?"
④ ㉣ A : "가원아, 경희 생일 선물로 귀걸이를 사주는 것은 어때?"
B : "그거 좋은 생각이네. 하지만 경희의 취향을 우리가 잘 모르니까 귀걸이 대신 책을 선물하는 게 어떨까?"

10 하버마스의 주장에 부합하는 사례로 가장 적절한 것은?

> 하버마스는 18세기부터 현대까지 미디어의 등장 배경과 발전 과정을 분석하면서, 공공 영역의 부상과 쇠퇴를 추적했다. 하버마스에게 공공 영역은 일반적 쟁점에 대한 토론과 의견을 형성하는 공공 토론의 민주적 장으로서 역할을 한다.
>
> 하버마스는 17세기와 18세기 유럽 도시의 살롱에서 당시의 공공 영역을 찾았다. 비록 소수의 사람들만이 살롱 토론 문화에 참여했으나, 공공 토론을 통해 정치적 문제를 해결하는 논리를 도입할 수 있었기 때문에 살롱이 초기 민주주의 발전에 중요한 역할을 했다고 그는 주장한다. 적어도 살롱 문화의 원칙에서 공개적 토론을 위한 공공 영역은 각각의 참석자들에게 동등한 자격을 부여했다.
>
> 그러나 하버마스에 따르면, 현대 사회에서 민주적 토론은 문화 산업의 발달과 함께 퇴보했다. 대중매체와 대중오락의 보급은 공공 영역이 공허해지는 원인으로 작용했다. 상업적 이해관계는 공공의 이해관계에 우선하게 되었다. 공공 여론은 개방적이고 합리적 토론을 통해서가 아니라 광고에서처럼 조작과 통제를 통해 형성되고 있다.
>
> 미디어가 점차 상업화되면서 하버마스가 주장한 대로 공공 영역이 침식당하고 있다. 상업화된 미디어는 광고 수입에 기대어 높은 시청률과 수익을 보장하는 콘텐츠 제작만을 선호하게 되었다. 그 결과 공적 주제에 대한 시민들의 논의와 소통의 장이 줄어들어 결과적으로 공공 영역이 축소되었다. 많은 것을 약속한 미디어는 이제 민주주의 문제의 일부로 변해 버린 것이다.

① 살롱 문화에서 특정 사회 계층에 대한 비판적인 토론은 허용되지 않았다.
② 인터넷의 발달과 보급은 상업적 광고뿐만 아니라 공익 광고도 증가시켰다.
③ 글로벌 미디어가 발달하더라도 국제 사회의 공공 영역은 공허해지지 않는다.
④ 수익성 위주의 미디어 플랫폼과 콘텐츠가 더 많아지면서 민주적 토론이 감소되었다.

11 ㉠~㉤의 전개 순서로 가장 자연스러운 것은?

> 폭설, 즉 대설이란 많은 눈이 시간적, 공간적으로 집중되어 내리는 현상을 말한다.
>
> ㉠ 그런데 눈은 한 시간 안에 5 cm 이상 쌓일 수 있어 순식간에 도심 교통을 마비시키는 위력을 가지고 있다.
> ㉡ 또한, 경보는 24시간 신적설이 20 cm 이상 예상될 때이다.
> ㉢ 다만, 산지는 24시간 신적설이 30 cm 이상 예상될 때 발령된다.
> ㉣ 이때 대설의 기준으로 주의보는 24시간 새로 쌓인 눈이 5 cm 이상이 예상될 때이다.
> ㉤ 이뿐만 아니라 운송, 유통, 관광, 보험을 비롯한 서비스업종과 사회 전반에 영향을 미친다.

① ㉠ - ㉤ - ㉡ - ㉢ - ㉣
② ㉠ - ㉣ - ㉤ - ㉢ - ㉡
③ ㉣ - ㉡ - ㉢ - ㉠ - ㉤
④ ㉣ - ㉠ - ㉤ - ㉢ - ㉡

12 다음 글의 사례로 적절하지 않은 것은?

> 인간은 언어를 사용하며 언어는 인간의 사고, 사회, 문화를 반영한다. 인간의 지적 능력이 발달하게 된 것은 바로 언어를 사용하기 때문이다.
>
> 언어와 사고는 기본적으로 상호작용을 한다. 둘 중 어느 것이 먼저 발달하고 어떻게 영향을 주는지는 알 수 없다. 그러나 언어와 사고가 서로 깊은 관계를 맺고 있다는 사실은 여러 가지 근거를 통해서 뒷받침된다.

① 영어의 '쌀(rice)'에 해당하는 우리말에는 '모', '벼', '쌀', '밥' 등이 있다.
② 어떤 사람은 산도 파랗다고 하고, 물도 파랗다고 하고, 보행 신호의 녹색등도 파랗다고 한다.
③ 일상생활에서 어떠한 사물의 개념은 머릿속에서 맴도는데도 그 명칭을 떠올리지 못할 때가 있다.
④ 우리나라는 수박(watermelon)은 '박'의 일종으로 보지만 어떤 나라는 '멜론(melon)'에 가까운 것으로 파악한다.

13 다음 글의 주된 서술 방식은?

> 변지의가 천 리 길을 마다하지 않고 나를 찾아왔다. 내가 그 뜻을 물었더니, 문장 공부를 하기 위해 나를 찾아왔다고 했다. 때마침 이날 우리 아이들이 나무를 심었기에 그 나무를 가리켜 이렇게 말해 주었다.
>
> "사람이 글을 쓰는 것은 나무에 꽃이 피는 것과 같다. 나무를 심는 사람은 가장 먼저 뿌리를 북돋우고 줄기를 바로잡는 일에 힘써야 한다. …(중략) … 나무의 뿌리를 북돋아 주듯 진실한 마음으로 온갖 정성을 쏟고, 줄기를 바로잡듯 부지런히 실천하며 수양하고, 진액이 오르듯 독서에 힘쓰고, 가지와 잎이 돋아나듯 널리 보고 들으며 두루 돌아다녀야 한다. 그렇게 해서 깨달은 것을 헤아려 표현한다면 그것이 바로 좋은 글이요, 사람들이 칭찬을 아끼지 않는 훌륭한 문장이 된다. 이것이야말로 참다운 문장이라고 할 수 있다."

① 서사 ② 분류
③ 비유 ④ 대조

14 다음 글에 대한 이해로 적절하지 않은 것은?

> 언어마다 고유의 표기 체계가 있는데, 이는 읽기 과정에 영향을 미친다. 알파벳 언어는 표기 체계에 따라 철자 읽기의 명료성 수준이 달라진다. 철자 읽기가 명료하다는 것은 한 글자에 대응되는 소리가 규칙적이어서 글자와 소리의 대응이 거의 일대일이라는 것을 의미한다. 그 예로 이탈리아어와 스페인어가 있다. 이 두 언어의 사용자는 의미를 전혀 모르는 새로운 단어를 발견하더라도 보자마자 정확한 발음을 할 수 있다. 이에 비해 영어는 철자 읽기의 명료성이 낮은 언어이다. 영어는 발음이 아예 나지 않는 묵음과 같은 예외도 많은 편이고 글자에 대응하는 소리도 매우 다양하다.
>
> 한편 알파벳 언어를 읽을 때 사용하는 뇌의 부위는 유사하지만 뇌의 부위에 의존하는 방식에는 차이가 있다. 영어와 이탈리아어를 읽는 사람은 동일하게 좌반구의 읽기 네트워크를 사용한다. 하지만 무의미한 단어를 읽을 때 영어를 읽는 사람은 암기된 단어의 인출과 연관된 뇌 부위에 더 의존하는 반면 이탈리아어를 읽는 사람은 음운 처리에 연관된 뇌 부위에 더 의존한다. 왜냐하면 무의미한 단어를 읽을 때 이탈리아어를 읽는 사람은 규칙적인 음운 처리 규칙을 적용하는 반면에, 영어를 읽는 사람은 암기해 둔 수많은 예외들을 떠올리기 때문이다.

① 알파벳 언어의 철자 읽기는 소리와 표기의 대응과 관련되는데, 각 소리가 지닌 특성은 철자 읽기의 명료성을 판단하는 기준이 된다.
② 영어 사용자는 무의미한 단어를 읽을 때 좌반구의 읽기 네트워크를 활용하면서 암기된 단어의 인출과 연관된 뇌 부위에 더욱 의존한다.
③ 이탈리아어는 소리와 글자의 대응이 규칙적이어서 낯선 단어를 발음할 때 영어에 비해 철자 읽기의 명료성이 높다.
④ 영어는 음운 처리 규칙에 적용되지 않는 예외들이 많아서 스페인어에 비해 소리와 글자의 대응이 덜 규칙적이다.

15 (가)~(라)에 대한 이해로 적절하지 않은 것은?

(가) 반중(盤中) 조홍(早紅)감이 고아도 보이ᄂᆞ다
유자 안이라도 품엄즉도 ᄒᆞ다마ᄂᆞᆫ
품어 가 반기리 업슬새 글노 설워ᄒᆞᄂᆞ이다
(나) 동짓ᄃᆞᆯ 기나긴 밤을 한 허리를 버혀 내여
춘풍 니불 아래 서리서리 너헛다가
어론 님 오신 날 밤이여든 구뷔구뷔 펴리라
(다) 말 업슨 청산(靑山)이오 태(態) 업슨 유수(流水)로다
갑 업슨 청풍(淸風)이오 님ᄌᆞ업슨 명월(明月)이로다
이 중에 병 업슨 이 몸이 분별 업시 늘그리라
(라) 농암(籠巖)에 올라보니 노안(老眼)이 유명(猶明)이로다
인사(人事)이 변ᄒᆞᆫ들 산천이ᄯᆞᆫ가샐가
암전(巖前)에 모수 모구(某水 某丘)이 어제 본 듯ᄒᆞ예라

① (가)는 고사의 인용을 통해 돌아가신 부모님에 대한 그리움을 표현하고 있다.
② (나)는 의태적 심상을 통해 임에 대한 기다림을 표현하고 있다.
③ (다)는 대구와 반복을 통해 자연에 귀의하려는 의지를 표현하고 있다.
④ (라)는 자연과의 대조를 통해 허약해진 노년의 무력함을 표현하고 있다.

16 ㉠에 들어갈 말로 가장 적절한 것은?

한 민족이 지닌 문화재는 그 민족 역사의 누적일 뿐 아니라 그 누적된 민족사의 정수로서 이루어진 혼의 상징이니, 진실로 살아 있는 민족적 신상(神像)은 이를 두고 달리 없을 것이다. 더구나 국보로 선정된 문화재는 우리 민족의 성력(誠力)과 정혼(精魂)의 결정으로 그 우수한 질과 희귀한 양에서 무비(無比)의 보(寶)가 된 자이다. 그러므로 국보 문화재는 곧 민족 전체의 것이요, 민족을 결속하는 정신적 유대로서 민족의 힘의 원천이라 할 것이다.

로마는 하루아침에 만들어지지 않는다는 말도 그 과거 문화의 존귀함을 말하는 것이요, (㉠)는 말도 국보 문화재가 얼마나 힘 있는가를 밝힌 예증이 된다.

① 구르는 돌에는 이끼가 끼지 않는다
② 지식은 나눌 수 있지만 지혜는 나눌 수 없다
③ 사람은 겪어 보아야 알고 물은 건너 보아야 안다
④ 그 무엇을 내놓는다고 해도 셰익스피어와는 바꾸지 않는다

17 다음 글에서 추론한 내용으로 적절하지 않은 것은?

과학의 개념은 분류 개념, 비교 개념, 정량 개념으로 구분할 수 있다. 식물학과 동물학의 종, 속, 목처럼 분명한 경계를 가지고 대상들을 분류하는 개념들이 분류 개념이다. 어린이들이 맨 처음에 배우는 단어인 '사과', '개', '나무' 같은 것 역시 분류 개념인데, 하위 개념으로 분류할수록 그 대상에 대한 정보가 더 많이 전달된다. 또한, 현실 세계에 적용 대상이 하나도 없는 분류 개념도 있을 수 있다. 예를 들어 '유니콘'이라는 개념은 '이마에 뿔이 달린 말의 일종임' 같은 분명한 정의가 있기에 '유니콘'은 분류 개념으로 인정되는 것이다.

'더 무거움', '더 짧음' 등과 같은 비교 개념은 분류 개념보다 설명에 있어서 정보 전달에 더 효과적이다. 이것은 분류 개념처럼 자연의 사실에 적용되어야 하지만, 분류 개념과 달리 논리적 관계도 반드시 성립해야 한다. 예를 들면, 대상 A의 무게가 대상 B의 무게보다 더 무겁다면, 대상 B의 무게가 대상 A의 무게보다 더 무겁다고 말할 수 없는 것처럼 '더 무거움' 같은 비교 개념은 논리적 관계를 반드시 따라야 한다.

마지막으로 정량 개념은 비교 개념으로부터 발전된 것인데, 이것은 자연의 사실로부터 파악할 수 있는 물리량을 측정함으로써 만들어진다. 물리량을 측정하기 위해서는 몇 가지 규칙이 필요한데, 그 규칙에는 두 물리량의 크기를 비교하는 경험적 규칙과 물리량의 측정 단위를 정하는 규칙 등이 포함된다. 이러한 정량 개념은 자연에 의해서 주어지는 것이 아니라 우리가 자연 현상에 수를 적용하는 과정에서 생겨나는 것이다. 정량 개념은 과학의 언어를 수많은 비교 개념 대신 수를 사용할 수 있게 하여 과학 발전의 기초가 되었다.

① '호랑나비'는 '나비'와 동일한 종에 속하지만, 나비에 비해 정보량이 적다.
② '용(龍)'은 현실 세계에 적용할 수 있는 지시물이 없더라도 분류 개념으로 인정된다.
③ '꽃'이나 '고양이'와 같은 개념은 논리적 관계를 따라야 하는 것은 아니기 때문에 비교 개념에 포함되지 않는다.
④ 물리량을 측정할 수 있는 'cm'나 'kg'과 같은 측정 단위는 자연 현상에 수를 적용할 수 있게 해 주었다.

01 안긴문장이 없는 것은?

① 나는 동생이 시험에 합격하기를 고대한다.
② 착한 영호는 언제나 친구들을 잘 도와준다.
③ 해진이는 울산에 살고 초희는 광주에 산다.
④ 아버지께서는 나에게 내일 가족 여행을 가자고 말씀하셨다.

02 밑줄 친 부분이 바르게 쓰이지 않은 것은?

① 지금쯤 골아떨어졌겠지?
② 그 친구, 생각이 깊던데 책깨나 읽었겠어.
③ 갖은 곤욕과 모멸과 박대는 각오한 바이다.
④ 김 과장은 그러고 나서 서류를 보완해 달라고 했다.

03 문장 성분의 호응이 자연스러운 것은?

① 내가 강조하고 싶은 점은 우리가 고유 언어를 가졌다.
② 좋은 사람과 대화하며 함께한 일은 즐거운 시간이었다.
③ 내 생각은 집을 사서 이사하는 것이 좋겠다고 결정했다.
④ 그는 내 생각이 옳지 않다고 여러 사람 앞에서 말을 하였다.

04 ㉠~㉣의 고쳐 쓰기 방안으로 적절하지 않은 것은?

> ㉠ 공사하는 기간 동안 안전사고가 일어나지 않도록 유의해 주십시오.
> ㉡ 오늘 오후에 팀 전체가 모여 회의를 갖겠습니다.
> ㉢ 비상문이 열려져 있어 신속하게 대피할 수 있었다.
> ㉣ 지난밤 검찰은 그를 뇌물 수수 혐의로 구속했다.

① ㉠ : '기간'과 '동안'은 의미가 중복되므로 '공사하는 기간 동안'은 '공사하는 동안'으로 고쳐 쓴다.
② ㉡ : '회의를 갖겠습니다'는 번역 투이므로 '회의하겠습니다'로 고쳐 쓴다.
③ ㉢ : '열려져'는 '-리-'와 '-어지다'가 결합한 이중 피동 표현이므로 '열려'로 고쳐 쓴다.
④ ㉣ : 동작의 대상에게 행위의 효력이 미친다는 의미를 제시해야 하므로 '구속했다'는 '구속시켰다'로 고쳐 쓴다.

05 ㉠ ~ ㉣을 사전에 올릴 때 '한글 맞춤법 규정'에 따른 순서로 적절한 것은?

> ㉠ 곬　　　　㉡ 규탄
> ㉢ 곳간　　　㉣ 광명

① ㉠ → ㉢ → ㉡ → ㉣
② ㉠ → ㉢ → ㉣ → ㉡
③ ㉢ → ㉠ → ㉡ → ㉣
④ ㉢ → ㉠ → ㉣ → ㉡

06 밑줄 친 말의 의미와 거리가 먼 것은?

> • 넌 얼마나 오지랖이 넓기에 남의 일에 그렇게 미주알고주알 캐는 거냐?
> • 강쇠네는 입이 재고 무슨 일에나 오지랖이 넓었지만, 무작정 덤벙거리고만 다니는 새줄랑이는 아니었다.

① 謁見　　② 干涉
③ 參見　　④ 干與

07 글쓴이의 견해에 부합하지 않는 것은?

사물 인터넷(IoT, Internet of Things)의 정의로 '수십 억개의 사물이 서로 연결되는 것'이라고 설명하는 것은 그리 유용하지 않다. 사물 인터넷이 무엇인지 이해하기 위해서는 '사물'에서 출발하기보다는 '인터넷'에서 출발하는 것이 좋다. 인터넷이 전 세계의 컴퓨터를 서로 소통하도록 만든다는 생각이 실현된 것이라면, 사물 인터넷은 이제 전 세계의 사물들을 '컴퓨터로 만들어' 서로 소통하도록 만든다는 생각을 실현하는 것이다. 컴퓨터는 본래 전원이 있고 칩이 있고, 이것이 통신 장치와 프로토콜을 갖게 되어 연결된 것이다. 그렇다면 이제는 전원이 있었던 전자기기나 기계 등은 그 자체로, 전원이 없었던 일반 사물들은 새롭게 센서와 배터리, 통신 모듈이 부착되면서 컴퓨터가 되고 이렇게 컴퓨터가 된 사물들이 그들 간에 또는 인간의 스마트 기기와 네트워크로 연결되는 것이다.

현재의 인터넷과 사물 인터넷의 차이를, 혹자는 사람이 개입되는 것은 사물 인터넷이 아니라고 이야기하면서 엄격한 M2M(Machine to Machine)이라는 개념에 근거해 설명한다. 또 혹자는 사물 인터넷이 실현되려면 사람만큼 사물이 판단할 수 있어야 한다고 주장하면서 사물의 지능성을 중요시하는 경우도 있는데, 두 가지 모두 그릇된 것이다. 사물 인터넷을 제대로 이해하려면 기존 인터넷과의 차이점에 주목하기보다는 오히려 공통점을 인식하는 것이 더 중요하다. 컴퓨터를 서로 연결하는 수준에서 출발한 것이 기존의 인터넷이라면, 이제는 사물 각각이 컴퓨터가 되고, 그 사물들이 사람과 손쉽게 닿는 스마트폰, 스마트워치 등과 서로 소통하는 것이다.

① 사물 인터넷의 개념을 파악하기 위해서는 기존 인터넷과의 공통점을 이해하는 것이 필요하다.
② 센서와 배터리, 통신 모듈 등을 갖춘 사물들이 네트워크로 연결되어 사물 인터넷으로 기능한다.
③ 사물 인터넷은 사람 수준의 지능을 가진 사물들이 네트워크상에서 인간의 개입 없이 서로 소통하는 것으로 정의된다.
④ 사물 인터넷은 컴퓨터가 아니었던 사물도 네트워크로 연결될 수 있다는 점에서 기존의 인터넷과 다르다

08 〈보기〉는 다음 한시에 대한 감상이다. ㉠~㉣ 중 적절하지 않은 것은?

白犬前行黃犬隨	흰둥이가 앞서고 누렁이는 따라가는데
野田草際塚纍纍	들밭머리 풀섶에는 무덤이 늘어서 있네
老翁祭罷田間道	늙은이가 제사를 끝내고 밭 사이 길로 들어서자
日暮醉歸扶小兒	해 저물어 취해 돌아오는 길을 아이가 부축하네

– 이달, 「제총요(祭塚謠)」 –

■ 보기 ■

이달(李達, 1561~1618)이 살았던 시기를 고려할 때, 시인은 임진왜란을 겪었을 것이라 추정된다. ㉠ 이 시는 해질 무렵 두 사람이 제사를 지낸 뒤 집으로 돌아오는 상황을 노래하고 있다. ㉡ 이 시에서 무덤이 들밭머리에 늘어서 있다는 것은 전란을 겪은 마을에서 많은 이들이 갑작스러운 죽음을 맞이했음을 의미한다고 할 것이다. 여기 등장하는 늙은이와 아이는 할아버지와 손자의 관계로 파악할 수 있다. 아마도 이들은 아이의 부모이자 할아버지의 자식에 해당하는 이의 무덤에 다녀오는 길일 것이다. ㉢ 할아버지가 취한 까닭도 죽은 이에 대한 안타까움과 속상함 때문일 것이다. ㉣ 이 시는 전반부에서는 그림을 그리듯이 장면을 묘사하고 후반부에서는 정서를 표출하는 선경후정의 형식을 취하고 있다.

① ㉠
② ㉡
③ ㉢
④ ㉣

09 ㉠~㉣의 한자 표기로 옳은 것은?

과학사를 들춰 보면 기존의 학문 체계에 ㉠ 도전했다가 낭패를 본 인물들의 이야기를 자주 만날 수 있다. 대표적인 인물이 천동설을 부정하고 지동설을 주장한 갈릴레이이다. 천동설을 ㉡ 지지하던 당시의 권력층은 그들의 막강한 힘을 이용하여 갈릴레이를 신의 권위에 도전하는 이단자로 욕하고 목숨까지 위협했다. 갈릴레이가 영원한 ㉢ 침묵을 ㉣ 맹세하지 않고 계속 지동설을 주장했더라면 그는 단두대의 이슬로 사라졌을지도 모른다.

① ㉠ 逃戰
② ㉡ 持地
③ ㉢ 浸默
④ ㉣ 盟誓

10 다음 대화에서 '정민'의 의사소통 방식으로 가장 적절한 것은?

상수 : 요즘 짝꿍이랑 사이가 별로야.
정민 : 왜? 무슨 일이 있었어?
상수 : 그 애가 내 일에 자꾸 끼어들어. 사물함 정리부터 내 걸음걸이까지 하나하나 지적하잖아.
정민 : 그런 일이 있었구나. 짝꿍한테 그런 말을 해 보지 그랬어.
상수 : 해 봤지. 하지만 그때뿐이야. 아마 나를 자기 동생처럼 여기나 봐.
정민 : 나도 그런 적이 있어. 작년의 내 짝꿍도 나한테 무척이나 심했거든. 자꾸 끼어들어서 너무 힘들었어. 네 얘기를 들으니 그때가 다시 생각난다. 그런데 생각을 바꿔 보니 그게 관심이다 싶더라고. 그랬더니 마음이 좀 편해졌어. 그리고 짝꿍과 솔직하게 얘기를 해 봤더니, 그 애도 자신의 잘못된 점을 고치더라고.
상수 : 너도 그랬구나. 나도 생각을 바꾸려고 노력해 보고, 짝꿍하고 진솔한 대화를 나눠 봐야겠어.

① 상대방의 입장을 고려해 용서함으로써 갈등을 해결하고 있다.
② 자신의 경험을 들어 상대방이 해결점을 찾을 수 있도록 돕고 있다.
③ 상대방의 약점을 비판하면서 자신의 장점을 최대한 부각하고 있다.
④ 상대방이 말하는 내용을 경청하면서 그 타당성을 평가하고 있다.

11 다음에서 제시한 글의 전개 방식의 예로 가장 적절한 것은?

'인과'는 원인과 결과를 서술하는 전개 방식이다. 어떤 현상이나 결과가 나타나게 된 원인이나 힘을 제시하고 그로 말미암아 초래된 결과를 나타내는 서술 방식이다.

① 온실 효과로 지구의 기온이 상승할 때 가장 심각한 영향은 해수면의 상승이다. 이러한 현상은 바다와 육지의 비율을 변화시켜 엄청난 기후 변화를 유발하며, 게다가 섬나라나 저지대는 온통 물에 잠기게 된다.
② 이 사회의 경제는 모두가 제로섬 요소로 구성되어 있다. 제로섬(zero-sum)이란 어떤 수를 합해서 제로가 된다는 뜻이다. 어떤 운동 경기를 한다고 할 때 이기는 사람이 있으면 반드시 지는 사람이 있게 마련이다.
③ 다음날도 찬호는 학교 담을 따라 돌았다. 그리고 고무신을 벗어 한 손에 한 짝씩 쥐고는 고양이 걸음으로 보초의 뒤를 빠져 팽이처럼 교문 안으로 뛰어들었다.
④ 벼랑 아래는 빽빽한 소나무 숲에 가려 보이지 않았다. 털구름이 흩어진 하늘 아래 저 멀리 논과 밭, 강을 선물세트처럼 끼고 들어앉은 소읍의 전경은 적막해 보였다.

12 다음 진행자 'A'의 대화 진행 전략으로 적절하지 않은 것은?

A : 여러분, 안녕하세요? 한 지방 자치 단체가 의료 취약계층을 위한 의약품 공급 정보망 구축 사업을 진행해 오고 있는데요. 오늘은 그 관계자 한 분을 모시고 말씀을 들어 보기로 하겠습니다. 과장님, 안녕하세요?
B : 네, 안녕하세요.
A : 의약품 공급 정보망이라는 말이 다소 생소한데 이게 무슨 말인가요?
B : 네, 약국이나 제약 회사가 의약품을 저희에게 기탁하면, 이 약품을 필요한 사회 복지 시설이나 국내외 의료 봉사 단체에 무상으로 줄 수 있도록 연결하는 사이버상의 네트워크입니다.
A : 그렇군요. 그동안 이 사업에 성과가 있었다면 그럴 만한 이유가 있을 텐데요, 이에 대해 말씀해 주세요.
B : 그렇습니다. 약국이나 제약 회사에서는 판매되지 않은 의약품을 기탁하고 세금 혜택을 받습니다. 그리고 복지 시설이나 봉사 단체에서는 필요한 의약품을 무상으로 지원받을 수 있습니다.
A : 그렇군요. 혹시 이 사업에 걸림돌은 없나요?
B : 의약품을 의사의 처방에 따라서 주는 것이 아니라 수요자가 요구하면 주는 방식이어서 전문 의약품을 제공하는 과정에 어려움이 있습니다. 처방전 발급을 부탁할 수도 없고…….
A : 그러니까 앞으로 이런 문제를 해결하기 위한 제도 정비나 의료 전문가의 지원이 좀 더 필요하다는 말씀인 것 같군요. 끝으로 이 사업에 참여하려면 어떻게 해야 하나요?
B : 그건 생각보다 쉽습니다. 저희 홈페이지에 접속하셔서 회원으로 가입하시면 기부하실 때나 받으실 때나 모두 쉽게 참여하실 수 있습니다.
A : 네, 간편해서 좋군요. 모쪼록 이 의약품 공급 정보망 사업이 확대되어 국내외 의료 취약 계층에 많은 도움이 되기를 바랍니다. 감사합니다.

① 상대방의 말을 들었다는 반응을 보인다.
② 상대방의 대답에서 모순점을 찾아 논리적으로 대응한다.
③ 대화의 화제가 된 일을 홍보할 수 있는 대답을 유도한다.
④ 상대방의 말을 대화의 흐름에 맞게 해석하여 상대방의 말을 보충한다.

13 다음 글에 대한 이해로 가장 적절한 것은?

> 용왕의 아들 이목(璃目)은 항상 절 옆의 작은 연못에 있으면서 남몰래 보양(寶壤) 스님의 법화(法化)를 도왔다. 문득 어느 해에 가뭄이 들어 밭의 곡식이 타들어 가자 보양 스님이 이목을 시켜 비를 내리게 하니 고을 사람들이 모두 흡족히 여겼다. 하늘의 옥황상제가 장차 하늘의 뜻을 모르고 비를 내렸다 하여 이목을 죽이려 하였다. 이목이 보양 스님에게 위급함을 아뢰자 보양 스님이 이목을 침상 밑에 숨겨 주었다. 잠시 후에 옥황상제가 보낸 천사(天使)가 뜰에 이르러 이목을 내놓으라고 하였다. 보양 스님이 뜰 앞의 배나무[梨木]를 가리키자 천사가 배나무에 벼락을 내리고 하늘로 올라갔다. 그 바람에 배나무가 꺾어졌는데 용이 쓰다듬자 곧 소생하였다(일설에는 보양 스님이 주문을 외워 살아났다고 한다). 그 나무가 근래에 땅에 쓰러지자 어떤 이가 빗장 막대기로 만들어 선법당(善法堂)과 식당에 두었다. 그 막대기에는 글귀가 새겨져 있다.
>
> – 일연, 「삼국유사」 –

① 천사의 벼락을 맞은 배나무는 저절로 소생했다.
② 천사는 이목을 죽이려다 실수로 배나무에 벼락을 내렸다.
③ 벼락 맞은 배나무로 만든 막대기가 글쓴이의 당대까지 전해졌다.
④ 제멋대로 비를 내린 보양 스님을 벌하려고 옥황상제가 천사를 보냈다.

14 ㉠에 들어갈 주장으로 가장 적절한 것은?

> 경상 지역 방언을 쓰는 사람들은 대체로 'ㅓ'와 'ㅡ'를 구별하지 못한다. 이들은 '증표(證票)'나 '정표(情表)'를 구별하여 듣지 못할 뿐만 아니라 구별하여 발음하지 못하기 십상이다. 또 이들은 'ㅅ'과 'ㅆ'을 구별하지 못하는 경우가 많다. 따라서 이들은 '살밥을 많이 먹어서 쌀이 많이 쪘다'고 말하든 '쌀밥을 많이 먹어서 살이 많이 쪘다'고 말하든 쉽게 그 차이를 알지 못한다. 한편 평안도 및 전라도와 경상도의 일부에서는 'ㅗ'와 'ㅓ'를 제대로 분별해서 발음하지 않는 경우가 종종 있다. 평안도 사람들의 'ㅈ'발음은 다른 지역의 'ㄷ'발음과 매우 비슷하다. 이처럼 (　　㉠　　)

① 우리말에는 지역마다 다양한 소리가 있다.
② 우리말은 지역에 따라 다양한 표준 발음법이 있다.
③ 우리말에는 지역에 따라 구별되지 않는 소리가 있다.
④ 자음보다 모음을 변별하지 못하는 지역이 더 많이 있다.

15 글의 통일성을 고려할 때 ㉠에 들어갈 문장으로 가장 적절한 것은?

> 기술 혁신의 상징으로 화려하게 등장한 이후 글로벌 아이콘이 됐던 소위 스마트폰이 그 진화의 한계에 봉착한듯하다. 게다가 최근 들어 중국 업체들의 성장세가 만만치 않은 상황이 펼쳐지고 있다. 이런 가운데 오랜 기간 스마트폰 생산량의 수위를 지켜 왔던 기업들의 호시절도 끝난 분위기다. (　　㉠　　)
>
> 그렇다면 스마트폰 이후 글로벌 주도 산업은 무엇일까. 첫손가락에 꼽히는 것은 페이스북, 아마존, 넷플릭스, 구글을 뜻하는 '팡(FANG)'이다. 모바일 퍼스트 시대에서 소프트웨어, 플랫폼 사업에 눈뜬 기업들이다. 이들은 지난해 매출과 순이익이 크게 늘었으며 주가도 폭등했다. 하지만 이들이라고 영속 불멸하지는 않을 것이다.

① 온 국민이 절치부심(切齒腐心)하여 반성하지 않으면 안된다.
② 정보 기술 업계의 권불십년(權不十年)이라 하지 않을 수 없다.
③ 다른 나라의 기업들을 보고 아전인수(我田引水)해야 할때다.
④ 글로벌 위기의 내우외환(內憂外患)에 국가 간 협력이 절실하다.

16 다음 글에 대한 이해로 적절하지 않은 것은?

> 희극의 발생 조건에 대하여 베르그송은 집단, 지성, 한 개인의 존재 등을 꼽았다. 즉 집단으로 모인 사람들이 자신들의 감성을 침묵하게 하고 지성만을 행사하는 가운데 그들 중 한 개인에게 그들의 모든 주의가 집중되도록 할때 희극이 발생한다고 보았다. 그러나 그가 말하는 세 가지 사항은 웃음을 유발하는 것이 아니라 그러한 것을 가능케 하는 조건들이다. 웃음을 유발하는 단순한 형태의 직접적인 장치는 대상의 신체적인 결함이나 성격적인 결함을 들 수 있다. 관객은 이러한 결함을 지닌 인물을 통하여 스스로 자기 우월성을 인식하고 즐거워질 수 있게 된다. 이와 관련해 "한 인물이 우리에게 희극적으로 보이는 것은 우리 자신과 비교해서 그 인물이 육체의 활동에는 많은 힘을 소비하면서 정신의 활동에는 힘을 쓰지 않는 경우이다. 어느 경우에나 우리의 웃음이 그 인물에 대하여 우리가 지니는 기분 좋은 우월감을 나타내는 것임은 부정할 수 없다."라는 프로이트의 말은 시사적이다.

① 베르그송에 의하면 희극은 관객의 감성이 집단적으로 표출된 결과이다.
② 베르그송에 의하면 집단, 지성, 한 개인의 존재는 희극발생의 조건이다.
③ 한 개인의 신체적·성격적 결함은 집단의 웃음을 유발하는 직접적인 장치이다.
④ 프로이트에 의하면 상대적으로 정신 활동보다 육체 활동에 힘을 쓰는 상대가 희극적인 존재이다.

17 다음 글의 시사점으로 적절하지 않은 것은?

기존의 의학적 연구는 건장한 성인 남성의 몸을 표준으로 삼아 이루어지는 경우가 많았다. 예를 들어 농약과 같은 화학 물질이 몸에 들어와 어떠한 변화를 일으키는지 검토한 연구에서 생리 주기에 따라 변화하는 여성 호르몬이 그 물질과 어떤 상호작용을 일으킬 수 있는지는 고려되지 않았다. 자동차 충돌 사고를 인체 공학적으로 시뮬레이션할 때도 특정 연령대 남성의 몸이 연구 대상으로 사용되었고, 여성의 신체 특성이나 다양한 연령대 남성의 신체적 특성은 고려되지 않았다.

특정 연령대 성인 남성의 몸을 표준화된 인체로 여겼던 사고방식은 여러 문제점을 낳고 있다. 예를 들어 대사율, 피부와 조직 두께 등을 감안한, 사람이 가장 효과적으로 일할 수 있는 사무실 온도는 21℃로 알려져 있다. 그런데 한 연구에서 남성과 여성 직장인에게 각각 선호하는 사무실 온도를 조사한 결과는 남성은 평균 22℃, 여성은 평균 25℃였다. 남성은 기존의 적정 실내 온도에 가까운 답을 했고, 여성은 더 따뜻한 사무실에서 일하기를 원했다.

이러한 차이의 이유는 무엇일까? 현재 적정 사무실 온도로 알려진 21℃는 1960년대 측정된 자료를 바탕으로 하는데, 당시 몸무게 70kg인 40세 성인 남성을 기준으로 측정된 것이다. 이러한 '표준화된 신체'를 가진 남성의 대사율은 여성이나 다른 연령대 남성들의 대사율과 다르고, 당연히 체내 열 생산의 양도 차이가 있다.

① 표준으로 삼은 대상이 나머지 대상의 특성까지 대표하지 못하므로 앞으로 의학적 연구를 하려면 하나의 표준을 정하기보다 가능한 한 다양한 대상을 선정해서 하는 것이 바람직하다.
② 현재 우리가 알고 있는 의학 지식 중에는 특정 표준대상만을 연구한 결과인 것이 있으므로 앞으로 이런 의학지식을 활용하려면 연구한 대상을 살펴봐서 그대로 활용할지를 결정하는 것이 바람직하다.
③ 성별이나 연령대 등에 따라 신체 조건이 같지 않으므로 근무 환경을 조성할 때 근무자들의 성별이나 연령대를 고려하는 것이 바람직하다.
④ 기존의 사무실 적정 실내 온도가 조사된 것보다 낮게 설정되어 있으므로 향후에 모든 공공 기관의 사무실 온도를 조정할 때 현재보다 설정 온도를 일률적으로 높이는 것이 바람직하다.

18 다음 글을 바탕으로 ㉠을 이해할 때 가장 적절한 것은?

나는 ㉠ '<u>연극에서의 관객의 공감</u>'에 대해 강연한 일이 있다. 나는 관객이 공감하는 것을 직접 보여 주려고 시도했다. 먼저 나는 자원자가 있으면 나와서 배우처럼 읽어 주기를 청했다. 그리고 청중에게는 연극의 관객이 되어 들어 달라고 했다. 한 사람이 앞으로 나왔다. 나는 그에게 아우슈비츠를 소재로 한 드라마의 한 장면이 적힌 종이를 건네주었다. 자원자가 종이를 받아들고 그것을 훑어볼 때 청중들은 어수선했다. 그런데 자원자의 입에서 떨어진 첫 대사는 끔찍한 내용이었다. 아우슈비츠에 관한 적나라한 증언은 너무나 충격적이어서 청중들은 완전히 압도되었다. 자원자는 청중들의 얼어붙은 듯한 침묵 속에서 낭독을 계속했다. 자원자의 낭독은 세련되지도 능숙하지도 않았다. 그러나 관객들의 열렬한 공감을 이끌어 냈다. 과거 역사가 현재의 관객들에게 생생하게 공감되었다.

이것이 끝나고 이번에는 강연장에 함께 갔던 전문 배우에게 셰익스피어의 희곡 「헨리 5세」에서 발췌한 대사를 낭독해 달라고 부탁했다. 그 대본은 400년 전 아쟁쿠르전투(백년 전쟁 당시 벌어졌던 영국과 프랑스의 치열한 전투)에서 처참하게 사망한 자들의 명단과 그 숫자를 나열한 것이었다. 그는 셰익스피어의 위대한 희곡임을 알아보자 품위 있고 고풍스럽게 큰 목소리로 낭독했다. 그는 유려한 어조로 전쟁에서 희생된 이들의 이름을 읽어 내려갔다. 그러나 청중들은 듣는 둥 마는 둥 했다. 갈수록 청중들은 낭독자 따위는 안중에도 없다는 듯이 행동했다. 그들에게 아쟁쿠르 전투는 공감할 수 없는 것으로 분리된 것 같아 보였다. 앞서의 경우와는 전혀 다른 반응이었다.

① 배우의 연기력이 관객의 공감을 좌우한다.
② 비참한 죽음을 다룬 비극적인 소재는 관객의 공감을 일으킨다.
③ 훌륭한 고전이라고 해서 항상 청중의 공감을 불러일으킬 수 있는 것은 아니다.
④ 현재와 가까운 역사적 사실을 극화했다고 해서 관객의 공감 가능성이 커지지는 않는다.

01 밑줄 친 말이 불규칙 활용 용언이 아닌 것은?

① 카페에는 조용한 음악이 흘렀다.
② 하늘이 맑고 파래 한참 동안 바라보았다.
③ 그들은 자정에 이르러서야 집에 도착했다.
④ 외출할 때는 반드시 가스 밸브를 잠가야 한다.

02 밑줄 친 단어가 다의어로 묶인 것은?

① 그는 의심하는 눈으로 나를 쳐다보았다.
　봄이 오니 나뭇가지에 눈이 튼다.
② 얘가 글씨를 또박또박 잘 쓴다.
　어른에게는 존댓말을 써야 한다.
③ 어머니가 아끼시던 화초가 죽었다.
　아저씨의 거칠던 성질이 요즈음은 많이 죽었다.
④ 폭풍우가 치는 바람에 배가 출항하지 못한다.
　나무가 가지를 많이 쳐서 제법 무성하다.

03 다음에서 설명한 공감적 대화로 가장 적절한 것은?

> 대화는 화자와 청자 간에 이루어지는 상호 교섭적 행위이다. 공감적 대화를 하기 위해서는 상대방이 무엇을 생각하고 느끼고 필요로 하는지에 대해 귀 기울여 들을 수 있어야 한다. 진정한 공감은 상대방에게 잘못을 지적하거나 해결책을 제시하거나 조언을 해 주는 것이 아니라 상대방의 경험을 존중하고 이해해 주는 것이다.

① 가 : 요즘 집중력이 떨어지는 것 같아.
　나 : 음, 요즘 날씨 때문에 더 그렇지? 네가 중요하다고 생각하는 시기에 집중력이 떨어진다니 속이 상하겠구나.
② 가 : 시험 날짜가 다가오니 불안한 마음이 들어.
　나 : 안정감을 가져 봐. 많이 지쳐서 그럴 수 있으니 며칠 쉬면서 생각해 보면 어떨까?
③ 가 : 계속 공부를 하니 지치는 것 같아.
　나 : 몸이 지치면 공부를 하기가 더 힘들어지지. 고민만 하지 말고 좋은 방법을 찾아봐.
④ 가 : 이번에는 좋은 결과가 나오지 않을 것 같아.
　나 : 지금이 얼마나 중요한 시기인데 그런 얘길 하니? 마음을 다잡고 일단 최선을 다해 봤으면 좋겠구나.

04 다음 글의 전개 순서로 가장 자연스러운 것은?

> (가) 이처럼 면 대 면 소통에는 시간과 공간의 제약이 따른다.
> (나) 인간의 소통 방식 중 가장 오래되고 직접적인 것은 면 대 면 소통이다.
> (다) 그러나 점차 매체가 발달함에 따라 현대 사회에서는 인간이 시간과 공간의 제약을 벗어나 전신, 전파, 인터넷 등을 통해 의미를 주고받는 다양한 소통 방식이 가능해졌다.
> (라) 면 대 면 소통은 소통에 참여하는 사람들이 같은 시간과 공간에 존재하면서 음성, 몸짓, 표정 등을 통해 의미를 주고받는 방식으로 이루어진다.

① (나) – (라) – (가) – (다)　② (나) – (라) – (다) – (가)
③ (라) – (가) – (나) – (다)　④ (라) – (나) – (다) – (가)

05 한시의 한글 풀이를 참조할 때 ㉠~㉢에 들어갈 말로 가장 적절한 것은?

> 天高日月明　하늘이 높으니 해와 달이 밝고
> ㉠ 草木生　땅이 두터우니 풀과 나무가 나도다.
> 春來梨花白　봄이 오니 배꽃이 하얗고
> 夏至 ㉡ 青　여름이 이르니 나뭇잎이 푸르도다.
> ㉢ 黃菊發　가을은 서늘하여 누런 국화가 피고
> 冬寒白雪來　겨울은 차가우니 흰 눈이 내리도다.

	㉠	㉡	㉢
①	至厚	木葉	科涼
②	地厚	樹葉	秋涼
③	地后	樹葉	私諒
④	地侯	樹草	秋涼

06 다음 작품에 대한 감상으로 적절하지 않은 것은?

(가) 슬프나 즐거오나 옳다 하나 외다 하나
내 몸의 해올 일만 닦고 닦을 뿐이언정
그 밧긔 여남은 일이야 분별(分別)할 줄 이시랴
(나) 내 일 망녕된 줄 내라 하여 모랄손가
이 마음 어리기도 님 위한 탓이로세
아뫼 아무리 일러도 임이 혜여 보소서
(다) 추성(秋城) 진호루(鎭胡樓) 밧긔 울어 예는 저 시내야
무음 호리라 주야(晝夜)에 흐르는다
님 향한 내 뜻을 조차 그칠 뉘를 모르나다
(라) 뫼흔 길고 길고 물은 멀고 멀고
어버이 그린 뜻은 많고 많고 하고 하고
어디서 외기러기는 울고 울고 가느니

－윤선도, 「견회요」에서－

① (가)에서 슬프든 즐겁든 자신의 할 일만 닦을 뿐이라는 것으로 보아 화자의 강직한 태도를 엿볼 수 있군.
② (나)에서 자신의 잘못을 잘 안다고 한 것으로 보아 타인을 원망하기보다는 화자 스스로의 잘못을 더 뉘우치고 있군.
③ (다)에서 임을 향한 뜻을 밤낮 흐르는 시냇물에 비유한 것으로 보아 화자가 지닌 변함없는 연군의 심정을 느낄 수 있군.
④ (라)에서 어버이를 그리는 절절한 정이 표현되는 것으로 보아 화자의 인간적인 면모를 짐작할 수 있군.

07 ㉠~㉣에 해당하는 사례로 적절하지 않은 것은?

문장 오류의 유형으로 ㉠ 서술어와 주어가 서로 호응하지 않는 경우, ㉡ 서술어와의 호응이 필요한 보어가 누락된 경우, ㉢ 서술어와의 호응이 필요한 목적어가 누락된 경우, ㉣ 서술어와의 호응이 필요한 필수적 부사어가 누락된 경우 등이 종종 관찰된다.

① ㉠ : 내 말의 요점은 지속 가능한 기후 환경을 조성하기 위하여 우리 모두 열심히 노력하자.
② ㉡ : 나는 이 일의 적임자를 찾는 것보다 내가 직접 되기로 결심했다.
③ ㉢ : 겁이 많았던 나는 혼자 해외로 여행을 가는 것이 못내 무서워 동행하였다.
④ ㉣ : 우리와 함께 살아가는 동물은 사람을 경계하기도 하지만 때때로 의지하기도 한다.

08 다음 글을 통해 추론한 생각으로 적절하지 않은 것은?

영문자와 달리 한글은 여러 가지 자모를 조합하여 글자를 만들기 때문에 다양한 인코딩(encoding)을 생각할 수 있으며 그만큼 그동안 많은 논의가 있었다. 한글의 코딩 방식, 다시 말해 컴퓨터에서의 한글 구현 방식은 크게 '조합형'과'완성형'으로 구분할 수 있다. 조합형은 한글의 모든 자모 (ㄱ, ㄴ, ㅏ, ㅓ…)에다 일련의 코드를 할당하고, 이를 불러와 조합하여 글자를 구현하는 방식임에 반해, 완성형은 이미 만들어진 글자(가, 각, 간, 갈…) 자체에다 각각의 코드를 할당하여 그 글자를 불러오는 방식이다.

조합형으로는 한글의 구성 원리에 따라 19개의 초성, 21개의 중성, 그리고 28개의 종성을 조합하여 나올 수 있는 11,172자를 표현할 수 있다. 초기 완성형에서는 실제로 우리가 주로 사용하는 2,350개의 글자만을 코드에 반영하여 사용하였기 때문에 자주 사용하지 않는 '똠', '햏', '뷁'과 같은 글자는 쓸 수 없었다. 이를 보완하기 위해 '확장 완성형'이 나왔고 이어서 '유니코드 2.0'이 개발되었다. 유니코드 2.0은 조합형에서 구현할 수 있는 11,172자 모두를 포함하고 있으며, 각각의 자모 또한 포함하여 조합까지 할 수 있다.

① '똠', '햏', '뷁'과 같은 글자를 쓰려면 조합형 방식을 사용할 수밖에 없겠군.
② 유니코드 2.0을 사용하면 조합형 방식을 사용해 만들 수 있는 글자를 모두 표현할 수 있겠군.
③ 한글과 달리 영문자를 인코딩할 때에는 완성형 방식의 한계에 대해 고민할 필요가 없겠군.
④ 컴퓨터로 글자를 입력하기 전에 이미 컴퓨터에는 한글 자모나 글자 각각에 코드가 할당되어 있겠군.

09 다음 글에 대한 이해로 가장 적절한 것은?

> 자유지상주의자에게 있어서 사회는 개인의 자유가 극대화될 때 정의롭다. 그런데 자유에 대한 자유지상주의자의 입장을 명확하게 이해하기 위해서는 '제약으로부터의 자유'인'프리덤(freedom)'과 '강제로부터의 자유'인 '리버티(liberty)'가 동의어가 아니라는 것을 알아야 한다. 프리덤이 강제를 비롯한 모든 제약의 전적인 부재라면, 리버티는 특정한 종류의 구속인 강제의 부재로 이해될 수 있다. 일반적으로 강제는 물리적 힘을 직접적으로 행사하거나 피해를 주겠다고 위협하는 형태로 나타난다.
>
> 프리덤과 리버티가 동의어일 수 없는 이유는 다음 사례에서 잘 드러난다. 일부 국가의 어떤 시민은 특정 도시에서 생활하고 일하기 위해서 정부의 허가를 받아야 한다. 이때 정부는 법률에 복종하지 않을 경우 피해를 주겠다고 위협하거나 직접적인 물리력을 행사해 해당 시민의 자유를 제한할 수 있다. 이와 달리 A국 시민은 거주지 이전의 허가가 필요 없어서 국가로부터의 어떠한 물리적 저지나 위협도 받지 않는다고 하자. 그렇다고 해서 모든 A국 시민이 원하는 곳에 실제로 이사 갈 수 있는 것은 아니다. 일부 시민은 이사 갈 수 있을 만큼의 돈이 없거나, 이사 가려는 곳에서 원하는 직업을 찾지 못할 수도 있다. 결과적으로 이런 경우는 그들이 원하는 바를 충분히 실현할 자유가 제한되는 것이다. 따라서 어떤 개인이 누릴 수 있는 자유는 국가로부터의 강제와 무관하게 다른 많은 방식으로 제한될 수 있다.
>
> 자유지상주의자들이 자유를 극대화해야 한다고 말할 때, 이들이 두 가지 자유를 모두 극대화해야 한다고 주장하는 것은 아니다. 자유지상주의자들은 강제를 극소화하는 것, 특히 정부의 강제적인 간섭을 최소화하는 것을 통해 얻는 자유에 초점을 맞추고 있다.

① 자유지상주의자들은 '제약으로부터의 자유'를 최대한 확보할 때 정의로운 사회가 된다고 주장한다.
② A국 시민들은 다양한 법률이나 제도를 통해 국가로부터 거주지 이전에 관한 '프리덤'을 보장받고 있다.
③ '리버티'에 대한 제한은 직접적인 물리적 힘보다 피해를 주겠다는 위협을 통해 이루어지는 경우가 더 많다.
④ 개인의 행동에 대해 정부 허가가 필요하다면, 그 개인의 '강제로부터의 자유'가 제한되는 것이라고 볼 수 있다.

10 괄호 안에 들어갈 말로 가장 적절한 것은?

> 상등인은 법을 사랑하고, 중등인은 법을 두려워하며, 하등인은 법을 싫어한다. 법을 사랑하는 자는 이를 범하기 부끄러워하고, 법을 두려워하는 자는 이를 범하기 싫어하지만, 법을 싫어하는 자는 이를 범하기 부끄러워하지도 싫어하지도 않는다. 기회만 만나면 하고 싶은 대로 저질러 거리끼는 것이 없다. 그가 다만 죄를 저지르지 않는 까닭은 형편이 그렇지 못하고 처지가 그럴 수 없기 때문이지, 그의 심사가 올바르기 때문이 아니다. 그러나 법률상 인품을 논의하여 세 등급으로 구별한 것은 후천적인 학식의 환경과 지각의 계층에 따른 것이기 때문에, 교화가 넓게 베풀어지는 정도에 따라 범죄 건수가 줄어들고 있다. 이를 통해 본다면, 인간 세상의 풍속을 바로잡는 방법은 (   )

① 법률을 엄격하게 정하고 구체적으로 적용하는 데 있다.
② 법률을 엄격하게 정하고 상황에 맞게 적용하는 데 있다.
③ 법률을 엄격하게 정하는 것보다 교화에 힘쓰는 데 있다.
④ 법률을 엄격하게 정하는 것보다 계층 통합에 힘쓰는 데 있다.

11 다음 글을 통해 추론한 것으로 적절하지 않은 것은?

> 로컬푸드(local food)는 일차적으로 일정한 지역을 기준으로 해당 지역에서 생산되는 농식품을 의미한다. 로컬푸드를 물리적 거리로써 구체적으로 규정하는 경우 좁게는 반경 50 km, 넓게는 반경 100 km의 농촌 지역 내에서 생산되는 농식품을 지칭하곤 한다. 그렇다고 해서 로컬푸드가 이 정도의 물리적 거리나 농촌을 중심으로 한 지역사회의 농식품에 국한되는 것은 아니다. 일본은 행정구역을 중심으로 로컬푸드를 규정하는 경향이 있고, 미국의 경우 넓게는 반경 160 km 정도 내에서 생산되는 농식품으로까지 확대하기도 한다. 이는 생산·유통·소비에 있어서 건강성, 신뢰성, 친환경성 등이 유지될 수 있는 거리를 고려한 것이다.
>
> 로컬푸드가 일정한 거리 이내에서 생산된 농식품을 의미하는 것이라면, 로컬푸드 운동은 친환경적이고 자립적이며 지속가능한 먹거리를 생산·유통·소비하고자 하는 공동체적 노력을 일컫는다. 농업의 해체와 식품 안전성의 위기가 만나는 접점은 로컬푸드 운동이 발아하는 배경이 된다. 전통적인 농업은 관련 인구 감소, 농촌 경제 영세화, '종자에서 식탁까지' 지배하는 거대자본의 위협을 받고 있다. 농약의 과다 사용으로 인해 식품은 물론 자연환경이 위기에 처하게 되었다. 이러한 문제점에 대응하기 위해 친환경 먹거리 생산과 건강한 소비를 연결하고, 나아가 지역 정체성을 강화하는 등 대안적 공동체 운동으로 선순환시키려는 노력이 로컬푸드 운동으로 나타났다.

① 로컬푸드의 범위는 경제적 요소를 고려해서 규정될 수 있다.
② 식품 안전성에 주목하는 로컬푸드 운동은 환경보호 운동과도 밀접한 관련을 지닌다고 볼 수 있다.
③ 지역적 정체성을 드러내는 하나의 전략으로 해당 지역에서 산출되는 로컬푸드를 활용할 수 있다.
④ 지역 농가가 거대자본에 의존하여 생산과 소비를 연결하려는 시도는 로컬푸드 운동의 일환일 수 있다.

12 ㉠에 나타난 말하기 방식에 대한 설명으로 가장 적절한 것은?

> 이른바 규중 칠우는 부인네 방 가온데 일곱 벗이니 글하는 선배는 필묵과 조희 벼루로 문방사우를 삼았나니 규중 녀잰들 홀로 어찌 벗이 없으리오.
>
> 이러므로 침선(針線)의 돕는 유를 각각 명호를 정하여 벗을 삼을새, 바늘로 세요 각시라 하고, 침척(針尺)을 척 부인이라 하고, 가위로 교두 각시라 하고, 인도(引刀)로 인화 부인이라 하고, 달우리로 울 낭자라 하고, 실로 청홍흑백 각시라 하며, 골모로 감토 할미라 하여, 칠우를 삼아 규중 부인네 아침 소세를 마치매 칠위 일제히 모혀 종시하기를 한가지로 의논하여 각각 소임을 일워 내는지라.
>
> 일일은 칠위 모혀 침선의 공을 의논하더니 척 부인이 긴 허리를 자히며 이르되, …(중략)…
>
> 인화 낭재 이르되,
>
> ㉠ "그대네는 다토지 마라. 나도 잠간 공을 말하리라. 미누비 세누비 눌로 하여 저가락같이 고으며, 혼솔이 나곧 아니면 어찌 풀로 붙인 듯이 고으리요. 침재(針才) 용속한 재 들락날락 바르지 못한 것도 내의 손바닥을 한번 씻으면 잘못한 흔적이 감초여 세요의 공이 날로 하여 광채 나나니라."
>
> – 작자 미상, 「규중칠우쟁론기」에서 –

① 풍자적 표현을 통해 내면의 갈등을 드러내고 있다.
② 각자의 역할과 직분을 지켜야 한다고 충고하고 있다.
③ 자신의 도움을 통해 상대방이 빛날 수 있음을 자랑하고 있다.
④ 상대방 말의 허점을 최대한 부각하면서 논리적으로 지적하고 있다.

13 (가)와 (나)의 표현상 특징을 이해한 것으로 적절하지 않은 것은?

> (가) 한국 아이스하키가 북한을 제압, 동메달을 추가했다. 한국 팀은 13일 쓰키사무 실내 링크에서 벌어진 동계 아시안게임 아이스하키 최종 경기에서 북한을 6 대 5로 제치고 1승 2패를 마크, 일본 중국에 이어 3위에 입상했다. 당초 열세가 예상됐던 한국 팀은 이날 필승의 정신력으로 똘똘 뭉쳐 1피리어드 초반부터 파상적인 공격을 펴던 중 3분쯤 첫 골을 성공시키면서 기세를 높였다.
>
> (나) 아이스하키 남북 대결에서 한국이 예상을 뒤엎고 6 대 5로 승리, 동계 아시안게임 동메달을 획득했다. 한국 팀은 13일 삿포로 쓰키사무 실내 링크에서 열린 북한 팀과의 경기에서 초반 수비 치중에 기습 공격 작전이 적중하면서 승세를 타기 시작, 한 차례의 동점도 허용하지 않고 경기를 끝냈다. 한국 팀은 이로써 북한 팀과의 대표 대결에서 3승 1패로 앞섰다.

① (가)는 '제압', (나)는 '승리'라는 말을 사용한 것으로 보아 (나)는 (가)보다 경기 결과를 객관적인 태도로 표현했어.
② (가)는 '필승의 정신력으로 똘똘 뭉쳐', (나)는 '수비 치중에 기습 공격 작전이 적중하면서'라는 말을 사용한 것으로 보아 (가)는 (나)보다 선수들의 의욕을 강조했어.
③ (가)는 '당초 열세가 예상됐던', (나)는 '예상을 뒤엎고'라는 말을 사용한 것으로 보아 (가)와 (나) 모두 경기 전에 한국 팀의 실력이 북한 팀의 실력보다 낮게 평가되었음을 표현했어.
④ (가)는 '3위에 입상했다', (나)는 '동메달을 획득했다'라는 말을 사용한 것으로 보아 (가)와 (나) 모두 아쉬운 경기 결과였음을 강조했어.

14 다음 글을 통해 추론한 생각으로 적절하지 않은 것은?

> 21세기에 우리가 맞닥뜨린 도전은 나 자신을 위해 가장 좋은 것을 하고 싶은 욕망과 윤리적 · 도덕적 기준에 맞춰 살아가는 태도 사이에서 균형을 잡는 일이다. 나를 위해 물건을 사고 싶은 충동이 부수적으로 어떤 피해의 원인을 제공하지는 않는지 확실히 따져 보는 것, 나 자신에게 가장 좋은 일을 하는 행동이 생태계와 다른 사람들에게 어떤 피해도 입히지 않도록 노력하는 것, 나에게 이익이 되는 선택을 하고자 하는 욕망과 다른 사람을 돕고자 하는 욕구를 결합하는 것. 이것들이 바로 이기적 이타주의의 자세이다.
>
> 우리는 자긍심을 충족하려는 과시적 소비가 이끌었던 소비의 시대에서 더 신중하게 소비하는 이기적 이타주의의 시대로의 점진적 전환을 맞고 있다. 이미 몇 세대에 걸쳐 과시적인 소비를 경험했기에 사람들은 쇼핑 중독에서 완전히 벗어나거나 흥미로운 물건을 사는 기쁨을 포기하지는 않을 것이다. 쇼핑이라는 탐험이 사회와 생활 방식에 제공하는 혜택은 많은 사람에게 큰 즐거움을 준다. 자긍심을 높이고자 하는 욕망 또한 언제나 존재할 것이다. 그러므로 사람들이 지금보다 쇼핑을 줄일 것 같지는 않다. 그러나 앞으로 소비 패턴과 품목은 가치관과 태도 변화와 함께 바뀔 것이다.
>
> 과시적인 소비는 자긍심을 향한 인간의 욕구로 주도되었지만 사람들은 이런 소비가 가진 함의나 그 영향에 대해서는 별로 신경을 쓰지 않았다. 이기적 이타주의는 개인적 욕구와 사회적 고려 사이에서 균형을 추구한다. 모든 사람들이 갑자기 지나치게 동정심이 많아지거나 비정한 자본주의자에서 사회복지사로 바뀌고 있는 것은 아니다. 또한 어떤 구매 시스템에서 다른 시스템으로 갑자기 옮겨 가지도 않는다. 이기적 이타주의의 소비는 단지 우리가 무엇을 구입하고 어떻게 구입할지를 결정하는 과정에서 새로운 균형을 이루는 법을 배우는 것이다.

① 이기적 이타주의의 시대에도 소비의 시대와 비교하여 적지 않은 쇼핑 행위가 이루어질 것 같군.
② 가격 대비 성능 비율을 뜻하는 가성비에 집착한 구입이 이기적 이타주의 소비는 아닐 것 같군.
③ 동물 보호를 위해 가죽제품보다 면제품을 사는 경우도 이기적 이타주의 소비의 예에 해당될 것 같군.
④ 이기적 이타주의 소비에 있어서는 소비자의 필요보다 사회적 영향을 더 고려해서 물건을 구매할 것 같군.

15 괄호 안에 들어갈 말로 가장 적절한 것은?

> 판소리 사설은 운문과 산문이 혼합되어 있을 뿐 아니라 여러 계층의 청중들을 상대로 하여 (   )으로 발달한 까닭에 언어의 층위가 매우 다채롭다. 그 속에는 기품 있는 한문 취미의 대목이 있는가 하면 극도로 익살스럽고 노골적인 욕설·속어가 들어 있으며, 무당의 고사나 굿거리 가락이 유식한 한시구와 나란히 나오기도 한다. 이 밖에 민요, 무가, 잡가 등 각종 민간 가요가 판소리 사설 속에 많이 삽입되었다.

① 골계적(滑稽的)　② 연행적(演行的)
③ 우화적(寓話的)　④ 적층적(積層的)

16 밑줄 친 부분이 어법상 적절하지 않은 것은?

① 그토록 찾던 그 친구를 오늘 <u>우연찮게</u> 길에서 만났다.
② 당시 <u>변변한</u> 직업이 없던 그는 어디든 취업하길 바랐다.
③ <u>칠칠치 못하게</u> 그 중요한 문서를 아무 데나 흘리고 다니느냐.
④ 친구가 그렇게 <u>안절부절하는</u> 모습을 보니 나까지 불안한 마음이 들었다.

17 밑줄 친 부분의 문법적 성격이 다른 하나는?

① <u>내가 어제 책을 산</u> 서점은 우리 집 옆에 있다.
② 저는 <u>제가 직접 그분을 만난</u> 기억이 없습니다.
③ 그 화가는 붓을 놓고 <u>이마에 흐르는</u> 땀을 씻었다.
④ <u>햇불을 추켜든</u> 사람들이 골짜기를 샅샅이 뒤졌다.

18 다음 글을 통해 추론할 수 있는 것만을 〈보기〉에서 모두 고르면?

> ‘공정하다’는 말은 여러 가지 맥락에서 사용된다. 우리는 종종 어떤 법적 판단에 대해 공정성을 묻기도 하고, 스포츠 경기에서 심판의 판단에 대해서도 공정성을 묻는다. 공정성이 성립하기 위해서는 적어도 두 가지 조건을 충족해야 한다. 첫 번째는 판단의 결과가 가능한 결과들 중 일부분으로 특별히 치우쳐서는 안 된다는 것이다. 이런 조건은 ‘공평성’이라고 불린다. 두 번째 조건은 ‘독립성’으로, 이는 관련된 판단들이 외적인 것에 의해서 영향을 받지 않아야 한다는 것을 의미한다.
>
> 공정성의 두 조건은 동전 던지기 게임을 사례로 설명할 수 있다. 게임의 규칙은 동전을 던져 뒷면이 나온 사람이 승리하는 것이라고 해 보자. 이 게임이 공평하다는 것은 동전 던지기를 충분히 여러 번 진행했을 때의 가능한 결과, 즉 앞면과 뒷면이 나오는 횟수가 거의 같다는 것을 말한다. 공평성이 성립하지 않는다면 이 게임의 공정성이 성립하지 않는다는 것은 당연하다.
>
> 그러면 독립성이 공정성의 조건이 되는 이유는 무엇일까. 동전 던지기 게임이 독립적이라는 것은 동전 던지기의 결과가 동전 자체가 가진 특성 이외의 특별한 장치에 의해서 조작되지 않는다는 것을 말한다. 만일 게임에 사용된 동전이 특별한 외부 장치에 의해 조작되어서 앞면이 두 번 나온 뒤에는 항상 뒷면이 나온다고 가정해 보자. 이때 두 번 연속으로 앞면이 나온 뒤에 게임에 참여하고, 그렇지 않은 경우에는 게임에 참여하지 않는 전략을 채택한 사람은 언제나 패배하지 않을 수 있다. 이와 같이 동전이 외부 장치에 의해 조작될 경우에는 항상 게임에서 패배하지 않을 수 있는 전략을 만들어 낼 수 있다. 언제나 패배하지 않을 수 있는 전략을 만들어 낼 수 있는 게임은 공정하지 않은 게임이다. 이런 점을 생각할 때, 독립적이지 않은 것은 공정하지 않다고 할 수 있다.

■ 보기 ■

ㄱ. 패배하지 않을 수 있는 전략을 만들어 낼 수 없는 동전 던지기 게임은 독립적이다.
ㄴ. 앞면이 나온 바로 다음에는 반드시 뒷면이 나오고, 뒷면이 나온 바로 다음에는 반드시 앞면이 나오도록 장치가 된 동전 던지기 게임은 공평하지 않다.
ㄷ. 동전 자체의 무게중심이 한쪽으로 쏠려 있어 앞면이 나올 확률과 뒷면이 나올 확률의 차이가 클 때, 그 동전을 이용한 동전 던지기 게임은 공정하지 않다.

① ㄱ, ㄴ　② ㄱ, ㄷ
③ ㄴ, ㄷ　④ ㄱ, ㄴ, ㄷ

01 다음 발표에 대한 설명으로 가장 적절한 것은?

> 1학년 학생 여러분, 반갑습니다. 저는 교내 안전 동아리 '안전 지킴이' 대표 2학년 윤지수입니다. 우리 동아리에서 기획한 안전 캠페인 활동의 일환으로 오늘은 우리 학교 학생들에게 가장 자주 발생하는 교통사고 사례와 예방법을 안내하고자 합니다.
> 작년 한 해 우리 학교 학생들을 대상으로 조사한 교통사고 피해 통계에 따르면, 보행 중 자동차와 충돌하거나 자동차를 피하다가 다친 사례가 제일 많았습니다. 이러한 사고를 당한 학생들 절대다수가 사고 당시에 스마트폰을 보고 있었습니다.
> 요즘 길을 걸으면서 스마트폰을 보는 학생들이 많은데, 이렇게 되면 주변 상황을 제대로 살피기가 어려워 돌발 상황이 벌어졌을 때 반응 속도가 늦어져서 위험합니다. 따라서 보행 중 교통사고를 예방하기 위해서는 보행 중에는 스마트폰을 보지 말아야 합니다.

① 다양한 원인을 진단하여 해결책을 구체적으로 제시하고 있다.
② 실제 조사 내용을 근거로 제시하여 화자의 신뢰도를 높이고 있다.
③ 도입부에 사례를 제시하여 관심을 끈 후에 화제를 제시하고 있다.
④ 청자의 상황과 요구를 고려하여 청자가 관심 있는 정보를 제공하고 있다.

02 다음 대화에 대한 설명으로 적절하지 않은 것은?

> 학생 대표 : 학교에 외부인이 아무 때나 드나들면, 소음이나 교통사고 등 예기치 못한 문제가 발생할 수 있습니다. 주민들의 학교 체육 시설 이용 시간을 오후 5시 이후로 제한했으면 합니다.
> 주민 대표 : 학생들의 수업권과 안전이 우선적으로 보장되어야 한다는 데 동의합니다. 그런데 많은 주민들이 아침에 운동하기를 선호하니 오전 9시 이전까지는 체육 시설 이용을 허용하면 어떨까요? 학생들의 수업 시간과 겹치지 않으면 수업권 보장과 안전에 큰 문제가 없으리라 봅니다.
> 학교장 : 알겠습니다. 주민들이 체육 시설 이용 시간을 잘 준수한다면 9시 이전에도 시설 이용을 허용하도록 하겠습니다. 이용 시간에 대해 주민들에게 잘 안내해 주시기를 부탁드립니다.
> 주민 대표 : 네. 주민 홍보 앱을 활용해서 널리 알리겠습니다. 하나 더 제안할 것이 있는데, 수업이 없는 방학 동안은 주민들이 체육 시설을 시간 제한 없이 이용할 수 있도록 해 주시면 좋겠습니다.

① 상대의 의견을 조건부로 수용하고 있다.
② 자신의 의견을 질문 형식으로 제안하고 있다.
③ 자신의 의견을 제안하기 전에 근거를 먼저 밝히고 있다.
④ 상대의 의견을 반박하여 새로운 제안의 근거를 확보하고 있다.

03 다음 글을 감상한 내용으로 가장 적절한 것은?

> 슬프다! 여러 짐승의 연설을 듣고 가만히 생각하여 보니, 세상에 불쌍한 것이 사람이로다. 내가 어찌하여 사람으로 태어나서 이런 욕을 보는고! 사람은 만물 중에 귀하기로 제일이요, 신령하기도 제일이요, 재주도 제일이요, 지혜도 제일이라 하여 동물 중에 제일 좋다하더니, 오늘날로 보면 제일로 악하고 제일 흉괴하고 제일 음란하고 제일 간사하고 제일 더럽고 제일 어리석은 것은 사람이로다. 까마귀처럼 효도할 줄도 모르고, 개구리처럼 분수 지킬 줄도 모르고, 여우보담도 간사한, 호랑이보담도 포악한, 벌과 같이 정직하지도 못하고, 파리같이 동포 사랑할 줄도 모르고, 창자 없는 일은 게보다 심하고, 부정한 행실은 원앙새가 부끄럽도다. 여러 짐승이 연설할 때 나는 사람을 위하여 변명 연설을 하리라 하고 몇 번 생각하여 본즉 무슨 말로 변명할 수가 없고, 반대를 하려 하나 현하지변(懸河之辯)을 가지고도 쓸데가 없도다. 사람이 떨어져서 짐승의 아래가 되고, 짐승이 도리어 사람보다 상등이 되었으니, 어찌하면 좋을꼬?
>
> – 안국선, 「금수회의록」에서 –

① 대화를 통해 대상을 입체적으로 그리고 있다.
② 감각적 묘사를 통해 대상을 개성적으로 나타내고 있다.
③ 우화 형식을 통해 대상의 양면성을 풍자적으로 그리고 있다.
④ 역전적 시간 구성을 통해 대상들의 갈등을 첨예하게 나타내고 있다.

04 다음 글의 전개 순서로 가장 자연스러운 것은?

> (가) 시가 마음을 담아내는 것이므로 시의 내용은 다양할 수밖에 없다. 사람의 마음은 매우 다양하기 때문이다.
> (나) 그러나 인간이라면 누구나 갖게 되는 마음이 있기에 자주 등장하는 내용도 있다. 대표적인 것이 바로 그리움이다.
> (다) 시는 사람의 내면에만 담아 둘 수 없는 간절한 마음을 말이나 글로 표현할 때 탄생한다는 견해가 있다. 이에 따르면 시를 감상하는 것은 시에 담긴 마음을 읽어 내는 것이다.
> (라) 그리움이 담겨 있는 시가 많은 것은 그리움이 그만큼 간절한 마음이기 때문이다. 이렇게 볼 때, 동서고금을 막론하고 그리움을 노래하는 시가 많은 것은 어쩌면 당연한 일이다.

① (가) – (나) – (라) – (다)
② (가) – (다) – (나) – (라)
③ (다) – (가) – (나) – (라)
④ (다) – (나) – (가) – (라)

05 다음 글의 ㉠~㉣을 〈지침〉에 따라 수정하는 방안으로 적절하지 않은 것은?

> 제목 : ㉠ △△시에서 개최하는 "△△시 취업 박람회"
>
> 1. 목적 : ㉡ 지역 브랜드 홍보와 향토 기업 내실화로 지역 경제 활성화 도모
> 2. 행사 개요
>   가. 일자 : 2023. 11. 11.
>   나. 장소 : △△시청 세종홀
>   다. 주요 행사 : 구직자 상담 및 모의 면접, ㉢ △△시 취업 지원 센터 활동 보고
> 3. 신청 방식 : ㉣ 온라인 신청서 접수

■ 지침 ■
- 제목을 중복된 표현 없이 간결하게 쓴다.
- 목적과 행사 개요를 행사의 주요 대상인 지역민과 지역 기업을 중심으로 작성한다.
- 신청할 수 있는 방식을 다양하게 제시한다.

① ㉠을 '△△시 취업 박람회 개최'로 수정한다.
② ㉡을 '지역민의 취업률 제고'로 수정한다.
③ ㉢을 '△△시 소재 기업의 일자리 홍보'로 수정한다.
④ ㉣을 '행사 10일 전까지 시청 누리집에 신청서 업로드'로 수정한다.

06 밑줄 친 부분을 고유어로 바꿔 쓴 것으로 적절하지 않은 것은?

① 선생님께서 오늘 영면(永眠)하셨다. → 돌아가셨다
② 공무원은 국민을 기망(欺罔)해서는 안 된다. → 속여서는
③ ○○시는 금명간(今明間) 공사를 할 것이라고 발표했다. → 일찍
④ 주무관들에게 회의 시간이 바뀌었다고 공지(公知)했다. → 알렸다

07 다음 글을 감상한 내용으로 적절하지 않은 것은?

(가) 翩翩黃鳥 펄펄 나는 꾀꼬리
雌雄相依 암수 서로 정다운데
念我之獨 외롭구나 이내 몸은
誰其與歸 누구와 함께 돌아갈까

– 유리왕, 「黃鳥歌」 –

(나) 秋風唯苦吟 가을바람에 오직 애써 시만 읊을 뿐
世路少知音 세상길에 날 아는 이 거의 없는데
窓外三更雨 창밖에는 한밤중 하염없는 비
燈前萬里心 등불 앞엔 만리를 달리는 마음

– 최치원, 「秋夜雨中」 –

① (가)의 '黃鳥'는 화자에게 외로움을 유발한다.
② (나)의 '秋風'은 화자에게 외로움과 고뇌를 불러일으킨다.
③ (가)의 화자는 '相依'를 바라고, (나)의 화자는 '知音'을 그리워한다.
④ (가)의 화자는 '與歸'를 지향하려 하고, (나)의 화자는 '萬里心'을 벗어나려 한다.

08 다음 글을 감상한 내용으로 적절하지 않은 것은?

"여보, 영감. 중한 가장 매품 팔아먹고 산단 말은 고금천지 어디 가 보았소? 가지 마오. 불쌍한 영감아, 가지 마오. 하늘이 무너져도 솟아날 구멍이 있는 법이니 설마한들 죽사리까? 제발 가지 마오. 병영 영문 곤장 한 대를 맞고 보면 종신 골병이 든답디다. 불쌍한 우리 영감. 가지 마오." 흥보 자식들이 저의 어머니 울음소리를 듣고, 물소리 들은 거위처럼 고개 들고, "아버지, 병영 가시오?" "오냐." "아버지 병영 다녀오실 때 나 담뱃대 하나만 사다 주오." "이런 후레아들 같으니라구." 또 한 놈이 나오며, "아버지, 병영 다녀오실 때 나 풍안 하나 사다 주시오." "풍안은 무엇 하게?" "뒷동산에 가서 나무할 때 쓰면, 눈에 먼지 한 점 안 들고 좋답디다." 흥보 큰아들이 나와 앉으며, "아고, 아버지!" "너는 왜 또 부르느냐?" "아버지 병영 다녀오실 때, 나 각시 하나 사다 주시오." "각시는 무엇 하게?" "어머니 아버지 재산 없어 날 못 여위어주니, 데리고 막걸리 장사 할라요." 흥보가 병영 길을 허유허유 올라가며, 신세 한탄 울음 울며, "아고, 내 신세야. 누군 팔자 좋아 부귀영화 잘 사는데, 내 어이하여 이 지경인고?"

– 「흥보가」에서 –

① 흥보는 병영에 가서 매품팔이로 생계를 유지하려 한다.
② 아내의 말을 들은 흥보는 매품팔이하는 것을 유보하려 한다.
③ 흥보 자식들은 병영에 가는 아버지에게 태연히 부탁하고 있다.
④ 흥보는 병영으로 가는 길에 자신이 처한 현실을 한탄하고 있다.

09 밑줄 친 부분의 한자 표기가 옳은 것은?

① 병민이는 소정(所定)의 금액을 기부했다.
② 사소한 일에도 관심(觀心)을 가져야 한다.
③ 감사의 표시(表視)로 작은 선물을 마련했다.
④ 우리나라는 여러 지역(地役)에서 축제가 열린다.

10 다음 글을 이해한 내용으로 가장 적절한 것은?

고려시대에는 여러 차례의 전란을 겪으며 서적의 손실이 많았다. 이로 인해 서적을 대량으로 찍어낼 필요가 생겼고, 그 결과 자연스레 금속활자가 등장하게 되었다. 고려인은 청동을 녹여서 불상이나 범종 등을 만드는 기술이 탁월했다. 이러한 고려인에게 금속활자를 제조하는 일은 어려운 일이 아니었다.

고려인은 금속활자를 만들 때, 진흙에 가까운 고운 모래를 사용했다. 이 모래를 상자 속에 가득 채우고, 그 위에 목활자를 찍어 눌러서 틀을 완성했다. 그런 다음 황동 액체를 부어 금속활자를 만들었다. 이러한 과정에서 주목할 만한 것은 바로 고운 모래를 사용했다는 것이다. 그 모래는 황동 액체를 부을 때 거품이 생기는 것을 방지함으로써 활자가 파손되거나 조잡해지는 것을 막는 역할을 했다. 이렇게 만들어진 금속활자를 사용하여 인쇄할 때는 목활자의 경우와 달리 유성먹이 필요했다. 하지만 고려인은 이미 유성먹에 대해 잘 알고 있었기 때문에 금속활자를 사용한 인쇄도 큰 어려움 없이 해낼 수 있었다.

① 고려인은 범종을 만들 때 황동을 사용했다.
② 고려인은 금속활자를 만들 때 목활자를 사용했다.
③ 고려인은 금속활자를 만들 때 황동 틀을 사용했다.
④ 고려인은 금속활자를 만들 때 목활자와 달리 유성먹을 사용했다.

11 다음 글을 이해한 내용으로 가장 적절한 것은?

조선시대에는 국가 체제를 정비하면서 무속을 탄압했다. 도성 내에 무당의 거주와 무업 행위를 금하고, 무당에게 세금을 부과하며, 의료기관인 동서활인서에서도 봉사하게 하였다. 이 중에서 무세(巫稅)는 고려 후기부터 확인되지만, 정식 세금으로 제도화해서 징수한 것은 조선시대부터였다. 제도적 차원에서 실시한 무세 징수로 인해 무당에게는 많은 변화가 일어났다.

무세 징수의 효과는 컸지만, 본래의 의도와 다른 결과를 유발하기도 하였다. 무속을 근절한다는 명목에서 징수한 세금이 관에서 사용됨에 따라 오히려 관에서 무당을 하나의 직업으로 인정하게 되었던 것이다. 하지만 세금으로 인해 무당의 위세와 역할은 크게 축소되기에 이르렀다. 무당이 국가적 차원의 의례를 주관하던 전통은 사라졌고, 성황제를 비롯한 고을 굿은 음사(淫祀)로 규정되어 중단되었다.

① 무당은 관이 원래 의도했던 바와 다른 결과도 얻었다.
② 무당은 치유 능력을 인정받아 의료기관에서 일하였다.
③ 무당은 고려와 조선에 걸쳐 제도 내에서 세금을 납부하였다.
④ 무당은 국가 의례에서 배제되어 고을 의례를 주관하면서 권위가 약화되었다.

12 다음 글을 이해한 내용으로 가장 적절한 것은?

우리 옛 문헌은 한문이든 한글이든 지금과 같은 가로쓰기가 아닌 세로쓰기로 되어 있었다. 물론 외국인이 펴낸 대역사전이나 한국어 문법서의 경우, 알파벳을 쓰기 위해 가로쓰기를 택했다. 1880년에 리델이 편찬한 『한불자전』이나 1897년에 게일이 편찬한 『한영자전』은 모두 가로쓰기 책이다. 다만 푸칠로가 편찬한 『로조사전』은 러시아 문자는 가로로, 그에 대응되는 우리말 단어는 세로로 쓴 독특한 형태이다.

우리나라 사람이 쓴 최초의 가로쓰기 책은 1895년에 이준영, 정현, 이기영, 이명선, 강진희가 편찬한 국한 대역사전 『국한회어(國漢會語)』이다. 국문으로 된 표제어를 한문으로 풀이한 것은, 국한문혼용체의 사용 빈도가 높아진 시대적 분위기가 반영된 것이다. 서문에는 글자와 행의 기술 방식, 표제어 배열 방식 등을 설명하고, 이 방식이 알파벳을 사용하는 서양의 서적을 본뜬 것이라는 사실을 밝혀 놓았다. 주시경의 가로쓰기 주장이 1897년에 나온 것을 고려하면, 『국한회어』의 가로쓰기는 획기적이다. 1897년에 나온 『독립신문』은 띄어쓰기를 했으되 세로쓰기를 했고, 1909년에 발간된 지석영의 『언문』, 1911년에 편찬 작업을 시작한 국어사전 『말모이』 정도가 가로쓰기를 했다.

① 『한불자전』, 『로조사전』, 『언문』, 『말모이』는 가로쓰기 책이다.
② 1895년경에는 가로쓰기 사용이 늘어나는 분위기가 조성되었다.
③ 가로쓰기가 시행되면서 국한문혼용과 띄어쓰기가 활성화되었다.
④ 『국한회어』는 가로쓰기 방식으로 표기한 서양 책의 영향을 받았다.

13 밑줄 친 부분의 '-기'의 문법적 성격이 다른 것은?

① 수진이는 돌연 허공을 <u>보기</u> 시작했다.
② 경주마는 속도는 둘째치고 <u>크기</u>도 놀라웠다.
③ 나무가 <u>굵기</u>는 했지만 열매는 얼마 안 달렸다.
④ 토끼가 너무 빨리 <u>달리기</u> 때문에 따라잡을 수 없었다.

14 밑줄 친 단어의 쓰임이 어법에 맞지 않는 것은?

① 벌에 쏘여 얼굴이 <u>부어</u> 있었다.
② 석공은 망치와 정으로 바위를 <u>부쉈다</u>.
③ 소가 내 엉덩이를 <u>받아</u> 크게 다칠 뻔했다.
④ 요즘 운동을 못 해서 체중이 계속 <u>불고</u> 있다.

15 (가)~(다)에 들어갈 단어를 바르게 연결한 것은?

• 오후의 태양이 뜨겁게 [(가)] 하고 있었다.
• 만료된 비자를 [(나)] 하지 않아서 낭패를 보았다.
• 이번 무역 협상에는 수많은 변수가 [(다)] 되어 있다.

	(가)	(나)	(다)
①	작열	갱신	개재
②	작열	경신	게재
③	작렬	갱신	게재
④	작렬	경신	개재

16 다음 글의 맥락을 고려할 때 빈칸에 들어갈 내용으로 가장 적절한 것은?

사람들은 법을 자유와 대립하는 것으로 착각하여 법을 혐오하는 경향이 있다. 그러나 모든 국민이 법 없이 최대의 자유를 누리는 이상적인 사회질서를 주장했던 자유 지상주의는 환상에 지나지 않는다. 몽테스키외는 인간이 법과 동시에 자유를 가졌다고 말했다. 또한 인간이 법 밖에서 자유를 찾으려 한다면, 주인의 집을 도망쳐 나온 정처 없는 노예처럼 된다고 하였다. 자유는 정당한 행위를 할 수 있는 상태를 의미한다. 그렇다면 자유는 정의를 실현하는 올바른 사회질서에 의해서만 보장될 수 있다. 따라서 법이 없다면 자유도 없다고 할 수 있다. 왜냐하면 [ ] 때문이다. 결국 자유와 법은 대립하는 것이 아니다.

① 법은 정당한 행위를 할 수 있는 상태의 실현 가능성을 높이기
② 자유가 없다면 정의를 실현하는 올바른 사회질서도 확립될 수 없기
③ 정의를 실현하는 올바른 사회질서는 법에 의해서만 확립될 수 있기
④ 법과 자유가 있다면 정의를 실현하는 올바른 사회질서가 확립될 수 있기

17 다음 글의 맥락을 고려할 때 (가)와 (나)에 들어갈 내용으로 가장 적절한 것은?

육각형의 벌집 모양은 자연이 만든 경이로운 디자인이다. 이 벌집의 과학적인 구조는 역사적으로 경탄의 대상이었는데, 다윈은 벌집을 경이롭고 완벽한 과학이라고 평가했다. 벌집의 정육각형 구조는 구멍과 구멍 사이의 간격을 최소화하면서 공간을 최대화할 수 있는 가장 안정적인 형태이다. 이 구조는 [(가)] 는 이점이 있다. 벌이 밀랍 1온스를 만들려면 약 8온스의 꿀을 먹어야 한다. 공간이 최적화됨으로써 필요한 밀랍의 양이 줄어, 벌집을 짓는 데 드는 노력과 에너지가 최소화된다. 이처럼 벌집은 과학적으로 탄탄하고 기술적으로 효율적인 디자인이다. 게다가 예술적으로 아름다운 것은 두말할 필요 없다. 견고하고 가볍고 실용적이면서 아름답기까지 한 이 구조를 닮은 건축양식이나 각종 생활용품을 흔히 발견할 수 있다. 이는 [(나)] 는 뜻이다.

① (가) : 벌집을 짓는 데 소요되는 노동량을 최대화한다
(나) : 자연의 구조인 벌집이 인간의 창조 활동에 영감을 주었다
② (가) : 벌집을 짓는 데 소요되는 노동량을 최대화한다
(나) : 인간이 만든 디자인은 자연이 만든 디자인보다 뛰어날 수 없다
③ (가) : 벌집을 짓기 위해 필요한 밀랍의 양이 적게 든다
(나) : 자연의 구조인 벌집이 인간의 창조 활동에 영감을 주었다
④ (가) : 벌집을 짓기 위해 필요한 밀랍의 양이 적게 든다
(나) : 인간이 만든 디자인은 자연이 만든 디자인보다 뛰어날 수 없다

18 다음 글에서 추론한 내용으로 가장 적절한 것은?

> 언어는 사회적 약속이기 때문에 개인이 함부로 바꿀 수 없다. 하지만 언어는 본질적으로 고정된 것이 아니기 때문에 살아있는 유기체처럼 변화 과정을 거친다. 언어의 변화 원인에는 언어적 원인, 역사적 원인, 사회적 원인, 심리적 원인 등이 있다. 이로 인해 단어의 의미 변화가 일어난다.
>
> 단어의 의미 변화는 대략 세 유형으로 나뉜다. '뫼(메)'는 '밥' 또는 '진지'를 뜻하였으나 오늘날에는 제사 때 신위 앞에 올리는 진지로 국한해서 쓰이고 있다. '지갑'은 원래 종이로 만든 것에만 사용하였지만 지금은 가죽이나 헝겊 따위로 만든 것도 모두 포함해서 사용한다. '어여쁘다'는 본래 '불쌍하다'라는 뜻이었으나 지금은 '아름답다'로 그 뜻이 바뀌었다.

① '지갑'의 의미가 변화한 것은 언어적 원인이 아니라 사회적 원인 때문이다.
② '얼굴'은 '형체'를 뜻하였으나 '안면'만을 가리키는 것으로 바뀐 것은 '지갑'의 의미 변화 유형과 같다.
③ '인정'은 '뇌물'을 뜻하였으나 '사람의 감정'을 뜻하는 것으로 바뀐 것은 '어여쁘다'의 의미 변화 유형과 같다.
④ '다리'는 원래 사람이나 동물의 신체 일부를 지시하였으나 무생물에도 사용하게 된 것은 '뫼(메)'의 의미 변화 유형과 같다.

19 다음 글에서 추론한 내용으로 가장 적절한 것은?

> 미셸 교수는 '마시멜로 실험'을 하였다. 아동들에게 마시멜로를 하나씩 주고 15분간 먹지 않으면 하나 더 주겠다고 한 뒤 아이가 못 참고 먹는지 아니면 끝까지 참는지를 관찰하였다. 아이들이 참을성을 발휘한 시간은 평균 2분이었지만, 25 %의 아이들은 끝까지 참아 내 마시멜로를 더 먹을 수 있었다. 흥미로운 점은 12년이 지나서 당시 실험에 참가했던 아이들을 추적 조사한 결과이다. 1분 이내에 마시멜로를 먹은 아이들은 학교나 가정에서 문제를 일으키는 경우가 많았지만, 15분간 참을성을 발휘한 아이들은 1분 이내에 마시멜로를 먹은 아이보다 대학 진학 시험 점수 평균이 훨씬 더 높았다. 이 실험 결과는 감정이나 욕망을 조절할 수 있는 자기 통제력이 큰 사람이 미래의 성공 가능성이 더 크다는 것을 보여 준다.
>
> 이후 비슷한 실험이 이루어졌다. 그러나 이 실험에서는 마시멜로에 뚜껑을 덮어 두고 기다리게 했다는 점에서 차이가 있었다. 실험 결과 뚜껑이 없이 기다리게 했던 경우보다 뚜껑을 덮었을 때 두 배 가까이 더 아이들이 잘 참을 수 있었다. 뚜껑 하나라는 아주 작은 차이가 아이들의 참을성을 크게 향상시킨 셈이다.

① 자기 통제력이 낮은 아동일수록 주변 환경이 열악하다.
② 자기 통제력은 선천적 요인보다 후천적 요인에 더 영향을 받는다.
③ 자기 통제력을 발휘하는 데에는 환경적 요인이 중요하게 작용한다.
④ 자기 통제력이 높은 아동은 유아기부터 가정과 학교에서 사랑과 관심을 많이 받는다.

01 ㉠~㉣의 말하기 방식을 설명한 내용으로 가장 적절한 것은?

김 주무관 : AI에 대한 국민 이해도를 높이기 위해 설명회를 개최할 필요가 있다고 생각해요.
최 주무관 : ㉠ 저도 요즘 그 필요성을 절감하고 있어요.
김 주무관 : ㉡ 그런데 어떻게 준비해야 효과적으로 전달할 수 있을지 고민이에요.
최 주무관 : 설명회에 참여할 청중 분석이 먼저 되어야겠지요.
김 주무관 : 청중이 주로 어떤 분야에 관심이 있는지 알면 준비할 때 유용하겠네요.
최 주무관 : ㉢ 그럼 청중의 관심 분야를 파악하려면 청중의 특성 중에서 어떤 것들을 조사하면 좋을까요?
김 주무관 : ㉣ 나이, 성별, 직업 등을 조사할까요?

① ㉠ : 상대의 의견에 대해 공감을 표현하고 있다.
② ㉡ : 정중한 표현을 사용하여 직접 질문하고 있다.
③ ㉢ : 자신의 반대 의사를 우회적으로 드러내고 있다.
④ ㉣ : 의문문을 통해 상대의 의견을 반박하고 있다.

02 (가)~(다)를 맥락에 따라 가장 자연스럽게 배열한 것은?

독서는 아이들의 전반적인 뇌 발달에 큰 영향을 미친다.

(가) 그에 따르면 뇌의 전두엽은 상상력을 관장하는데, 책을 읽으면 상상력이 자극되어 전두엽을 많이 사용하게 된다.
(나) A 교수는 책을 읽을 때와 읽지 않을 때의 뇌 변화를 연구해서 세계적인 명성을 얻었다.
(다) 이처럼 책을 많이 읽으면 전두엽이 훈련되어 전반적인 뇌 발달의 가능성이 높아지는데, 그 결과는 교육 현장에서 실증된 바 있다.

독서를 많이 한 아이는 학교에서 더 좋은 성적을 낼 뿐 아니라 언어 능력도 발달한다는 사실이 밝혀진 것이다.

① (나)－(가)－(다)　② (나)－(다)－(가)
③ (다)－(가)－(나)　④ (다)－(나)－(가)

03 ㉠~㉣을 설명한 내용으로 적절하지 않은 것은?

- ㉠ 지원은 자는 동생을 깨웠다.
- 유선은 도자기를 ㉡ 만들었다.
- 물이 ㉢ 얼음이 되었다.
- ㉣ 어머나, 현지가 언제 이렇게 컸지?

① ㉠ : 동작의 주체를 나타내는 주어이다.
② ㉡ : 주어와 목적어를 요구하는 서술어이다.
③ ㉢ : 서술어를 꾸며주는 부사어이다.
④ ㉣ : 문장의 다른 성분과 직접적으로 관련을 맺지 않는 독립어이다.

04 ㉠~㉣과 바꿔 쓸 수 있는 유사한 표현으로 적절하지 않은 것은?

- 서구의 문화를 ㉠ 맹종하는 이들이 많다.
- 안일한 생활에서 ㉡ 탈피하여 어려운 일에 도전하고 싶다.
- 회사의 생산성을 ㉢ 제고하기 위해 노력하자.
- 연못 위를 ㉣ 부유하는 연잎을 바라보며 여유를 즐겼다.

① ㉠ : 무분별하게 따르는　② ㉡ : 벗어나
③ ㉢ : 끌어올리기　④ ㉣ : 헤엄치는

05 (가)와 (나)를 이해한 내용으로 적절하지 않은 것은?

(가) 청산(靑山)은 내 뜻이오 녹수(綠水)는 님의 정(情)이
녹수(綠水)ㅣ 흘너간들 청산(靑山)이야 변(變)홀손가
녹수(綠水)도 청산(靑山)을 못 니저 우러 녜여 가는고.

(나) 청산(靑山)는 엇뎨ᄒᆞ야 만고(萬古)애 프르르며
유수(流水)는 엇뎨ᄒᆞ야 주야(晝夜)애 긋디 아니는고
우리도 그치디 마라 만고상청(萬古常靑)호리라.

① (가)는 ‘청산’과 ‘녹수’의 대조를 활용하여 화자가 처한 상황을 제시하고 있다.
② (나)는 시각적 심상과 청각적 심상을 활용하여 주제를 강조하고 있다.
③ (가)와 (나) 모두 대구를 활용하여 시상을 전개하고 있다.
④ (가)와 (나) 모두 설의적 표현을 활용하여 화자의 정서를 드러내고 있다.

06 다음 글의 중심내용으로 가장 적절한 것은?

> 교환가치는 거래를 통해 발생하는 가치이며, 사용가치는 어떤 상품을 사용할 때 느끼는 가치이다. 전자가 시장에서 결정된다는 점에서 객관적이라면, 후자는 개인에 따라 다르다는 점에서 주관적이다. 상품에는 사용가치와 교환가치가 섞여 있는데, 교환가치가 아무리 높아도 '나'에게 사용가치가 없다면 해당 상품을 구매하지 않을 것이다.
>
> 하지만 이 같은 상식이 통하지 않는 경우를 종종 볼 수 있다. 예를 들어 보자. 인터넷 커뮤니티에서 백만 원짜리 공연 티켓을 판매하는데, 어떤 사람이 "이 공연의 가치는 돈으로 환산할 수 없어요." 등의 댓글들을 보고서 애초에 관심도 없던 이 공연의 티켓을 샀다. 그에게 그 공연의 사용가치는 처음에는 없었으나 많은 댓글로 인해 사용가치가 있을 것으로 잘못 판단한 것이다. 안타깝게도, 그는 그 공연에서 조금도 만족하지 못했다.
>
> 이 사례에서 볼 때 건강한 소비를 위해서는 구매하려는 상품의 사용가치가 어떤 과정을 거쳐 결정된 것인지 곰곰이 생각해 봐야 한다. '나'에게 얼마나 필요한가에 대한 고민 없이 다른 사람들의 말에 휩쓸려 어떤 상품의 사용가치가 결정될 때, 그 상품은 '나'에게 쓸모없는 골칫덩이가 될 수 있다.

① 사용가치보다 교환가치가 큰 상품을 구매해야 한다.
② 상품을 구매할 때 사용가치와 교환가치를 두루 고려해야 한다.
③ 상품에 대한 다른 사람들의 평가를 반영해서 상품을 구매해야 한다.
④ 상품을 구매할 때 사용가치가 자신의 필요에 의해 결정된 것인지 신중하게 따져야 한다.

07 ㉠~㉣ 중 어색한 곳을 찾아 수정하는 방안으로 가장 적절한 것은?

> 조선 후기에 서학으로 불린 천주학은 '학(學)'이라는 말에서도 짐작할 수 있듯이 ㉠ <u>종교적인 관점에서보다 학문적인 관점에서</u> 받아들여졌다. 당시의 유학자 중 서학 수용에 적극적인 이들까지도 서학을 무조건 따르자고 ㉡ <u>주장하지는 않았는데</u>, 서학은 신봉의 대상이 아니라 분석의 대상이었기 때문이다. 그들은 조선 사회를 바로잡고 발전시키기 위해 새로운 학문과 지식이 필요하다고 생각했지만, 외부에서 유입된 사유 체계에는 양명학이나 고증학 등도 있어서 서학이 ㉢ <u>유일한 대안은 아니었다</u>. 그들은 서학을 검토하며 어떤 부분은 수용했지만, 반대로 어떤 부분은 ㉣ <u>지향했다</u>.

① ㉠ : '학문적인 관점에서보다 종교적인 관점에서'로 수정한다.
② ㉡ : '주장하였는데'로 수정한다.
③ ㉢ : '유일한 대안이었다'로 수정한다.
④ ㉣ : '지양했다'로 수정한다.

08 다음 글의 맥락을 고려할 때 빈칸에 들어갈 말로 가장 적절한 것은?

> 능숙한 필자와 미숙한 필자는 글쓰기 과정 중 '계획하기'에서 뚜렷한 차이를 보인다. 전자는 이 과정에 오랜 시간 공을 들이는 반면, 후자는 그렇지 않다. 글쓰기에서 계획하기는 글쓰기의 목적 수립, 주제 선정, 예상 독자 분석 등을 포함한다. 이 중 예상 독자 분석이 중요한 이유는 [   ] 때문이다. 글을 쓸 때 독자의 수준에 비해 너무 어려운 개념과 전문용어를 사용한다면 독자가 글을 이해하기 어렵게 된다. 글쓰기는 필자가 글을 통해 자신의 메시지를 독자에게 전달하는 행위라는 점을 고려하면 계획하기 단계에서 반드시 예상 독자를 분석해야 한다.

① 계획하기 과정이 글쓰기 전체 과정의 첫 단계이기
② 글에 어려운 개념이나 전문용어를 어느 정도 포함해야 하기
③ 필자의 메시지를 독자에게 효과적으로 전달하는 데 도움이 되기
④ 독자의 배경지식 수준을 고려해야 글의 목적과 주제가 결정되기

09 다음 대화를 분석한 내용으로 적절하지 않은 것은?

> 은지 : 최근 국민 건강 문제와 관련해 '설탕세' 부과 여부가 논란인데, 나는 설탕세를 부과해야 한다고 생각해. 그러면 당 함유 식품의 소비가 감소하게 되고, 비만이나 당뇨병 등의 질병이 예방되니까 국민 건강 증진에 도움이 되기 때문이야.
>
> 운용 : 설탕세를 부과하면 당 소비가 감소한다고 믿을 만한 근거가 있니?
>
> 은지 : 세계보건기구 보고서를 보면 당이 포함된 음료에 설탕세를 부과하면 이에 비례해 소비가 감소한다고 나와 있어.
>
> 재윤 : 그건 나도 알아. 그런데 설탕세 부과가 질병을 예방한다는 것은 타당하지 않아. 여러 연구 결과를 보면 당 섭취와 질병 발생은 유의미한 상관관계가 없어.

① 은지는 첫 번째 발언에서 화제를 제시하고 있다.
② 운용은 은지의 주장에 반대하고 있다.
③ 은지는 두 번째 발언에서 자신의 주장에 대한 근거를 제시하고 있다.
④ 재윤은 은지가 제시한 주장의 근거를 부정하고 있다.

10 ㉠~㉣에 들어갈 단어로 적절하지 않은 것은?

> • 우리 회사는 올해 최고 수익을 창출해서 전성기를 [㉠] 하고 있다.
> • 그는 오래 살아온 자기 명의의 집을 [㉡] 하려 했는데 사려는 사람이 없다.
> • 그들 사이에 [㉢] 이 심해서 중재자가 필요하다.
> • 제가 부족하니 앞으로 많은 [㉣] 을 부탁드립니다.

① ㉠ : 구가(謳歌) ② ㉡ : 매수(買受)
③ ㉢ : 알력(軋轢) ④ ㉣ : 편달(鞭撻)

11 밑줄 친 단어의 쓰임이 올바르지 않은 것은?

① 이 일은 정말 힘에 <u>부치는</u> 일이다.
② 그와 나는 전부터 <u>알음</u>이 있던 사이였다.
③ 대문 앞에 서 있는데 대문이 저절로 <u>닫혔다</u>.
④ 경기장에는 <u>겉잡아서</u> 천 명이 넘게 온 듯하다.

12 ㉠~㉢의 한자 표기로 올바른 것은?

> • 복지부 ㉠ <u>장관</u>은 의료시설이 대도시에 편중된 문제에 대해 대책을 마련하라고 지시하였다.
> • 박 주무관은 사유지의 국유지 편입으로 발생한 주민들의 피해를 ㉡ <u>보상</u>하는 업무를 맡고 있다.
> • 김 주무관은 이 팀장에게 부서 운영비와 관련된 ㉢ <u>결재</u>를 올렸다.

	㉠	㉡	㉢
①	長官	補償	決裁
②	將官	報償	決裁
③	長官	報償	決濟
④	將官	補償	決濟

13 다음 글에서 추론한 내용으로 적절하지 않은 것은?

> 우리는 개별적으로 고립된 채 살아가는 존재일 수 없다. 사회 속에서 여럿이 모여 '복수(複數)'의 상태로 살아갈 수밖에 없는 존재라는 것이다. 복수의 상태로 살아가는 우리는 종(種)적인 차원에서 보면 보편적이고 동등한 존재이다. 그러나 우리는 각각 유일무이성을 지닌 '단수(單數)'이기도 하다. 즉 모든 인간은 개인으로서 고유한 인격체라는 특수성을 지닌다. 사회 속에서 우리는 보편적 복수성과 특수한 단수성을 겸비한 채 살아가고 있는 셈이다. 바로 이러한 이유로 우리는 다원적 존재이다. 이러한 존재들로 구성된 다원적 사회에서는 어떠한 획일화도 시도되어서는 안 된다. 우리가 이 같은 사회에서 살아가기 위해서는 타인을 포용하는 공존의 태도가 필요하다. 공동체 정화 등을 목적으로 개별적 유일무이성을 제거하는 것은 우리가 살아가는 사회의 다원성을 파괴하는 일이다.

① 우리는 고립된 상태에서 '단수'로 살아가는 존재가 아니다.
② 우리는 다원성을 지닌 존재로서 포용적으로 공존해야 한다.
③ 개인의 유일무이성을 보존하려는 제도는 개인의 보편적 복수성을 침해한다.
④ 개인의 특수한 단수성을 제거하려는 시도는 사회의 다원성을 파괴하는 결과로 이어질 수 있다.

14 다음 글을 이해한 내용으로 적절하지 않은 것은?

> 매우 치라 소리 맞춰, 넓은 골에 벼락치듯 후리쳐 딱 붙이니, 춘향이 정신이 아득하여, "애고 이것이 웬일인가?" 일자(一字)로 운을 달아 우는 말이, "일편단심 춘향이 일정지심 먹은 마음 일부종사 하잤더니 일신난처 이 몸인들 일각인들 변하리까? 일월 같은 맑은 절개 이리 힘들게 말으시오."
> "매우 치라." "꽤 때리오." 또 하나 딱 부치니, "애고."
> 이자(二字)로 우는구나. "이부불경 이내 마음 이군불사와 무엇이 다르리까? 이 몸이 죽더라도 이도령은 못 잊겠소. 이 몸이 이러한들 이 소식을 누가 전할까? 이왕 이리 되었으니 이 자리에서 죽여 주오."
> "매우 치라." "꽤 때리오." 또 하나 딱 부치니, "애고."
> 삼자(三字)로 우는구나. "삼청동 도련님과 삼생연분 맺었는데 삼강을 버리라 하소? 삼척동자 아는 일을 이내 몸이 조각조각 찢겨져도 삼종지도 중한 법을 삼생에 버리리까? 삼월삼일 제비 같이 훨훨 날아 삼십삼천 올라가서 삼태성께 하소연할까? 애고 애고 서러운지고."
>
> -「춘향전」에서-

① 동일한 글자를 반복함으로써 리듬감을 조성하고 있다.
② 숫자를 활용하여 주인공이 처한 상황을 제시하고 있다.
③ 등장인물 간의 대화를 통해 주인공의 내적 갈등이 해결되고 있다.
④ 유교적 가치를 담고 있는 말을 활용하여 주인공의 의지를 드러내고 있다.

15 다음 글을 이해한 내용으로 적절하지 않은 것은?

고소설의 유통 방식은 '구연에 의한 유통'과 '문헌에 의한 유통'으로 나눌 수 있다. 구연에 의한 유통은 구연자가 소설을 사람들에게 읽어 주는 방식으로, 글을 모르는 사람들과 글을 읽을 수 있지만 남이 읽어 주는 것을 선호하는 이들을 대상으로 이루어졌다. 구연자는 '전기수'로 불렸으며, 소설 구연을 통해 돈을 벌던 전문적 직업인이었다. 하지만 이 방식은 문헌에 의한 유통에 비해 시간과 공간의 제약이 많아서 유통 범위를 넓히는 데 뚜렷한 한계가 있었다.

문헌에 의한 유통은 차람, 구매, 상업적 대여로 나눌 수 있다. 차람은 소설을 소유하고 있는 사람에게 직접 빌려서 보는 것으로, 알고 지내던 개인들 사이에서 이루어졌다. 구매는 서적 중개인에게 돈을 지불하고 책을 사는 것인데, 책값이 상당히 비쌌기 때문에 소설을 구매할 수 있는 사람은 그리 많지 않았다. 상업적 대여는 세책가에 돈을 지불하고 일정 기간 동안 소설을 빌려 보는 것이다. 세책가에서는 소설을 구매하는 것보다 훨씬 적은 비용으로 빌려 볼 수 있었기 때문에 경제적으로 넉넉하지 않은 사람도 소설을 쉽게 접할 수 있었다. 이로 인해 조선 후기 사회에서 세책가가 성행하게 되었다.

① 전기수는 글을 모르는 사람들에게 소설을 구연하였다.
② 차람은 알고 지내던 사람에게 대가를 지불하고 책을 빌려 보는 방식이다.
③ 문헌에 의한 유통은 구연에 의한 유통에 비해 시간과 공간의 제약이 적었다.
④ 조선 후기에 세책가가 성행한 원인은 소설을 구매하는 비용보다 세책가에서 빌리는 비용이 적다는 데 있다.

16 다음 글을 이해한 내용으로 가장 적절한 것은?

『삼국사기』는 본기 28권, 지 9권, 표 3권, 열전 10권의 체제로 되어 있다. 이 중 열전은 전체 분량의 5분의 1을 차지하며, 수록된 인물은 86명으로, 신라인이 가장 많고, 백제인이 가장 적다. 수록 인물의 배치에는 원칙이 있는데, 앞부분에는 명장, 명신, 학자 등을 수록했고, 다음으로 관직에 있지는 않았으나 기릴 만한 사람을 실었다.

반신(叛臣)의 경우 열전의 끝부분에 배치되어 있다. 이들을 수록한 까닭은 왕을 죽인 부정적 행적을 드러내어 반면교사로 삼는 데에 있었으나, 그 목적에 부합하지 않는 내용이 있어 흥미롭다. 가령 고구려의 연개소문은 반신이지만, 당나라에 당당히 대적한 민족적 영웅의 모습도 포함되어 있다. 흔히 『삼국사기』에 대해, 신라 정통론에 기반해 있으며, 유교적 사관에 따라 당시의 지배 질서를 공고히 하고자 했다고 평가한다.

하지만 연개소문의 사례에서 볼 수 있듯 『삼국사기』는 기존 평가와 달리 다면적이고 중층적인 역사 텍스트라고 할 수 있다.

① 『삼국사기』 열전에 고구려인과 백제인도 수록되었다는 점은 이 책이 신라 정통론을 계승하지 않았다는 것을 보여준다.
② 『삼국사기』 열전에 수록된 반신 중에는 이 책에 대한 기존 평가를 다르게 할 수 있는 사례가 있다.
③ 『삼국사기』 열전에는 기릴 만한 업적이 있더라도 관직에 오르지 못한 사람은 수록되지 않았다.
④ 『삼국사기』의 체제 중에서 열전이 가장 많은 권수를 차지한다.

17 다음 글에서 추론한 내용으로 적절하지 않은 것은?

프랑스에서 의무교육 제도를 실시하면서 정규학교에 입학하기 어려운 지적장애아, 학습부진아를 가려내고자 하였다. 이에 기초 학습 능력 평가를 목적으로, 1905년 최초의 IQ 검사가 이루어졌다. 이 검사를 통해 비로소 인간의 지능을 구체적으로 수치화하고 객관적으로 비교할 수 있게 되었다.

이후 오랫동안 IQ가 높으면 똑똑한 사람, 그렇지 않으면 머리가 좋지 않고 학습에도 부진한 사람으로 판단했다. 물론 IQ가 높은 아이는 그렇지 않은 아이에 비해 읽기나 계산 등 사고 기능과 관련된 과목에서 높은 성취도를 보이는 경우가 많다. 이는 IQ 검사가 기초 학습에 필요한 최소 능력인 언어 이해력, 어휘력, 수리력 등을 측정하기 때문이다. 학습의 기초 능력을 측정하는 IQ 검사에서 높은 점수를 받은 아이는 동일한 능력을 측정하는 학업 평가에서도 높은 점수를 받을 가능성이 크다. 하지만 문제는 IQ 검사가 인간의 지능 중 일부만을 측정한다는 점이다.

① 최초의 IQ 검사는 학습 능력이 우수한 아이를 고르기 위해 시행되었다.
② IQ 검사가 만들어지기 전에는 인간의 지능을 수치로 비교할 수 없었다.
③ IQ가 높은 아이라도 전체 지능은 높지 않을 수 있다.
④ IQ가 높은 아이가 읽기 능력이 좋을 확률이 높다.

18 다음 글에서 추론한 내용으로 적절하지 않은 것은?

한글은 소리를 나타내는 표음문자여서 한국어 문장을 읽는 데 학습해야 할 글자가 적지만, 한자는 음과 상관없이 일정한 뜻을 나타내는 표의문자여서 한문을 읽는 데 익혀야 할 글자 수가 훨씬 많다. 이러한 번거로움에도 한글과 달리 한자가 갖는 장점이 있다. 한글에서는 동음이의어, 즉 형태와 음이 같은데 뜻이 다른 단어가 많아 글자만으로 의미를 파악하지 못하는 경우가 많다. 하지만 한자는 그렇지 않다. 예컨대, 한글로 '사고'라고만 쓰면 '뜻밖에 발생한 사건'인지 '생각하고 궁리함' 인지 구별할 수 없다. 한자로 전자는 '事故', 후자는 '思考'로 표기한다. 그런데 한자는 문맥에 따라 같은 글자가 다른 뜻으로 쓰이지는 않지만 다른 문장성분으로 사용되기도 해 혼란을 야기한다. 가령 '愛人'은 문맥에 따라 '愛'가 '人'을 수식하는 관형어일 때도, '人'을 목적어로 삼는 서술어일 때도 있는 것이다.

① 한문은 한국어 문장보다 문장성분이 복잡하다.
② '淨水'가 문맥상 '깨끗하게 한 물'일 때 '淨'은 '水'를 수식한다.
③ '愛人'에서 '愛'의 문장성분이 바뀌더라도 '愛'는 동음이의어가 아니다.
④ '의사'만으로는 '병을 고치는 사람'인지 '의로운 지사'인지 구별할 수 없다.

01 다음 연설에 대한 설명으로 가장 적절한 것은?

> 올림픽 헌장은 "올림픽의 목적은 인류의 조화로운 발전과 인간 존엄성의 수호를 위해, 평화로운 사회를 만들기 위해 스포츠 경기를 하는 것이다."라고 말합니다. 이것이 올림픽 정신이며, 스포츠의 가능성과 힘을 보여 주는 것이라고 저는 굳게 믿습니다. 열 살 때 남북 선수단이 올림픽 경기장에 동시 입장하는 것을 보고 처음으로 스포츠의 힘을 느꼈습니다. 오늘 저는 유엔 총회의 '올림픽 휴전 결의안' 초안 승인을 통해 그때 목격했던 스포츠의 힘을 다시 한번 볼 수 있기를 바랍니다.

① 반대되는 사례를 제시하여 주장을 부각하고 있다.
② 권위 있는 자료를 인용하여 설득력을 높이고 있다.
③ 설의적인 표현을 사용하여 공감대를 형성하고 있다.
④ 연설자의 공신력을 강조하여 신뢰도를 높이고 있다.

02 다음 글의 내용과 부합하는 것은?

> 사적인 필요가 사적 건축을 낳는다면, 공적인 필요는 다수를 위한 공공 건축을 낳는다. 공공 건축은 정부나 지방자치 단체가 주도하면서 사적 자본이 생산해 낼 수 없는 공간을 생산해 내어야 한다. 이곳은 자본의 논리에서 소외된 영역을 보살피는 공적인 영역이다. 따라서 공공 건축은 국민의 삶의 질을 한 단계 높이는 데 기여할 수 있어야 한다. 그리고 특정 개인의 취향이 반영된 것이 아니라 보다 큰 다수가 누릴 수 있는 것을 배려하는 보편성을 갖추어야 한다. 그러면서도 사적 건축으로는 하기 어려운 지역의 정체성과 문화적 전통도 보존해야 한다. 이렇게 공공 건축은 공적인 소통의 장이 되어야 하는 것이다.

① 사적 건축은 국민의 삶의 질을 높이는 역할을 해야 한다.
② 사적 건축은 국민 다수의 보편적인 취향을 반영해야 한다.
③ 공공 건축은 지역의 정체성을 반영한 소통의 장이 되어야 한다.
④ 공공 건축은 사적 자본을 활용하여 다수가 누릴 수 있는 공간을 만들어야 한다.

03 다음 대화에 대한 설명으로 가장 적절한 것은?

> 민서 : 정국이 말이야. 우리한테는 말도 안 해 주고 자기 혼자 공모전에 신청했더라.
> 채연 : 글쎄, 왜 그랬을까?
> 민서 : 그러게 말이야. 정말 기분 나빠.
> 채연 : 정국이도 나름대로 사정이 있었을 거야.
> 민서 : 사정은 무슨 사정? 자기 혼자 튀어 보고 싶은 거겠지.
> 채연 : 내가 지난 학기에 과제를 함께 해 봐서 아는데, 그럴 애가 아니야. 민서야, 정국이에 대해 다시 한번 생각해 보는 건 어때?
> 민서 : 너 자꾸 이럴 거야? 도대체 왜 정국이 편만 드는 거야?

① 채연은 자신의 경험을 예로 들며 민서를 설득하고 있다.
② 채연은 민서의 의견을 수용하며 원만한 갈등 해소를 유도하고 있다.
③ 민서는 정국이의 상황과 감정을 고려하며 대화의 타협점을 찾고 있다.
④ 민서는 채연의 답변에서 모순점을 찾아내며 논리적으로 비판하고 있다.

04 다음 글의 주된 서술 방식으로 가장 적절한 것은?

> 배의 돛은 바람의 힘을 이용하여 배를 멀리까지 항해할 수 있게 한다. 별도의 동력에 의지하지 않고도 추진력을 얻는 것이다. 이와 마찬가지로 우주선도 별도의 동력 없이 먼 우주 공간까지 갈 수 있을 것이다. 우주 공간에도 태양에서 방출되는 입자들이 일으키는 바람이 있어서 '햇살 돛'을 만들면 그 태양풍의 힘으로 추진력을 얻을 수 있기 때문이다.

① 정의 ② 분류
③ 서사 ④ 유추

05 (가)에 들어갈 한자성어로 가장 적절한 것은?

> 소설가 에번 코넬은 단편소설의 초고를 읽어 내려가면서 쉼표를 하나하나 지웠다가 다시 한번 읽으면서 쉼표를 원래 있던 자리에 되살려 놓는 과정을 거치면 단편 하나가 완성된다고 했다. 강박증 환자처럼 보이지만 실은 치열한 문장가가 아닌가! 불필요한 곳에 나태하게 찍혀 있는 쉼표는 글의 논리와 리듬을 망쳐 놓는다. 쉼표를 사용할 필요가 없는 [(가)] 의 문장을 쓰거나 쉼표의 앞뒤를 섬세하게 짚게 하는 치밀한 문장을 만들어야 한다.

① 髀肉之歎　② 聲東擊西
③ 苦盡甘來　④ 天衣無縫

06 밑줄 친 부분의 한자 표기가 옳은 것은?

① 이번 연주회의 백미(百眉)는 단연 바이올린 독주였다.
② 그분은 고령에도 불구하고 노익장(老益壯)을 과시했다.
③ 신춘문예 공모는 젊은 소설가들의 등용문(燈龍門)이다.
④ 우리 회사에는 미봉책(未縫策)이 아닌 근본 대책이 필요하다.

07 밑줄 친 말이 표준어가 아닌 것은?

① 그는 구멍 난 양말을 꼬매고 있다.
② 그는 자동차에 대해서 빠삭한 편이다.
③ 그는 나를 보고 계면쩍게 웃기만 했다.
④ 밥을 제대로 차려 먹기에는 어중된 시간이다.

08 ㉠~㉣을 활용하여 사례의 밑줄 친 부분을 분석한 것으로 옳지 않은 것은?

> 어간과 결합하는 어미는 다음과 같이 분류될 수 있다. 먼저 실현되는 위치에 따라 ㉠ 선어말 어미와 어말 어미로 나뉜다. 다음으로 어말 어미는 그 기능에 따라 ㉡ 연결 어미, ㉢ 종결 어미, ㉣ 전성 어미로 나뉜다.

	사례	분석
①	형이 어머니를 잘 모시겠지만 조금은 걱정돼.	어간+㉠+㉡
②	많은 사람들이 오갔기 때문에 소독을 해야 해.	어간+㉠+㉣
③	어머니께서 할머니께 전화를 드리셨을 텐데.	어간+㉠+㉠+㉡
④	아버지께서 지난주에 편지를 보내셨을걸.	어간+㉠+㉠+㉢

09 밑줄 친 단어가 다의어 관계로 묶인 것은?

① 무를 강판에 갈아 즙을 내었다.
고장 난 전등을 새것으로 갈아 끼웠다.
② 안개에 가려서 앞이 잘 안 보인다.
음식을 가리지 말고 골고루 먹어야 한다.
③ 긴장이 되면 입술이 바짝바짝 탄다.
벽난로에서 장작불이 활활 타고 있다.
④ 이 경기에서 지면 결승 진출이 좌절된다.
모닥불이 지면 한기가 느껴지기 시작한다.

10 다음 시조에 대한 이해로 적절하지 않은 것은?

> 한숨아 셰 한숨아 네 어ᄂᆡ 틈으로 드러온다
> 고모장ᄌᆞ 셰살장ᄌᆞ 가로다지 여다지에 암돌져귀 수돌져귀 ᄇᆡ목걸새 ᄯᅮᆨ닥 박고 용(龍) 거북 ᄌᆞ물쇠로 수기수기 ᄎᆞ엿ᄂᆞᆫ듸 병풍(屛風)이라 덜걱 져븐 족자(簇子)ㅣ라 ᄃᆡᄃᆡ글 ᄆᆞᆫ다 네 어ᄂᆡ 틈으로 드러온다
> 어인지 너 온 날 밤이면 ᄌᆞᆷ 못 드러 ᄒᆞ노라
>
> – 작자 미상, 「한숨아 셰 한숨아」 –

① 부사어를 활용하여 시적 대상의 존재를 부각하고 있다.
② 의인화한 시적 대상과의 대화를 통해 시상을 전개하고 있다.
③ 동일한 구절을 반복하여 시적 대상에 대한 화자의 감정을 강조하고 있다.
④ 유사한 종류의 사물들을 열거하여 시적 대상을 향한 화자의 의지를 나타내고 있다.

11 다음 글의 내용과 부합하지 않는 것은?

> 과거에 예술은 고급 예술만을 의미했다. 특별한 재능을 가진 예술가의 작품을 귀족과 같은 상층 사람들이 제한된 장소에서 감상하기만 했다. 그러나 사진기와 같은 새로운 기술의 발명으로 기존의 걸작품이 복제되어 인테리어 소품이나 낭만적인 엽서로 사용되면서 대중도 예술 작품을 공유할 수 있게 되었다. 원작에 버금가는 위작이 만들어지고, 게다가 일상의 생필품처럼 사용되는 작품도 등장하게 되면서는, 대중은 더 이상 예술 작품을 수동적으로 감상하는 데에 머물지 않고 능동적으로 소비하고 실용적으로 사용하게 되었다.
> 이런 상황의 변화는 예술이 무엇인가를 고민하게 만들었다. 이전까지는 예술 작품이 진본성, 유일성을 가져야 한다고 보았지만 이러한 기술 복제 시대에는 이와 같은 조건이 적용될 수 없었기 때문이다. 또한 공원에 타도록 설치된 그네를 예술 작품이라 하는 것과 같이 일상의 물품 역시 과거와 달리 예술의 범주에 들어갈 수 있게 되었기 때문이다.

① 복제와 관련된 기술의 발명은 예술을 둘러싼 상황을 변화시키는 데 기여했다.
② 기술 복제 시대 전에도 귀족은 예술 작품을 실용적으로 사용했다.
③ 기술 복제 시대에는 진본성을 갖추는 것이 예술 작품의 필수 조건이 되지 못했다.
④ 기술 복제 시대 전에는 인테리어 소품이 예술에 포함될 수 없었지만 기술 복제 시대에는 포함될 수 있었다.

12 (가)와 (나)에 들어갈 말로 가장 적절한 것은?

> A는 다음과 같은 실험을 진행했다. 먼저, 검은색 옷과 흰색 옷을 입은 6명이 두 개의 농구공을 가지고 패스를 주고받는 동안 고릴라 복장의 사람을 지나가게 하고 그 장면을 동영상으로 촬영했다. 그리고 실험 참가자들에게 이 동영상을 보여 주면서 흰색 옷을 입은 사람들이 몇 번 패스를 주고받았는지 세어 달라고 요청했다. 이에 대해 참가자들은 패스 횟수에 대해서는 각자의 답을 말했는데, 동영상 중간 중간에 출현한 고릴라 복장의 사람에 대해서는 하나같이 보지 못했다고 답했다. 참가자들이 패스 횟수를 세는 데 집중하느라 1분이 채 안 되는 동영상 가운데 9초에 걸쳐 등장하는 고릴라 복장의 사람을 인지하지 못한 것이다. A는 이 실험을 통해 다음의 결론을 도출했다. ((가)).
> 이 실험 결과를 우리의 일상에서도 확인해 볼 수 있다. 오토바이 운전자의 안전을 위해 눈에 잘 띄는 밝은색 옷을 입도록 권하는데, 밝은색 옷의 오토바이 운전자는 시각적으로 더 잘 보이고, 덕분에 더 쉽게 알아볼 수 있기 때문이다. 그렇다고 해도 모든 자동차 운전자가 밝은색 옷을 입은 오토바이 운전자를 다 알아보는 것은 아니다. 바라보는 행위는 인지의 ((나)) 없기 때문이다.

① (가) 인간의 인지는 시각과 밀접하게 관련되어 있다
(나) 충분조건일 수는 있어도 필요조건일 수는
② (가) 인간의 인지는 시각과 밀접하게 관련되어 있다
(나) 필요조건일 수는 있어도 충분조건일 수는
③ (가) 인간은 중요하다고 생각하는 것 위주로 주의를 기울인다
(나) 충분조건일 수는 있어도 필요조건일 수는
④ (가) 인간은 중요하다고 생각하는 것 위주로 주의를 기울인다
(나) 필요조건일 수는 있어도 충분조건일 수는

13 ㉠~㉣ 중 적절하지 않은 것은?

寂寞荒田側 적막한 묵정밭 가에
繁花壓柔枝 만발한 꽃이 보드라운 가지를 누르네
香經梅雨歇 향기는 장맛비 지나면 옅어지고
影帶麥風欹 그림자는 보리바람 맞으면 흔들리겠지
車馬誰見賞 수레 탄 사람들이 누가 보아 주리
蜂蝶徒相窺 벌과 나비만 기웃거리는구나
自慙生地賤 천한 땅에 태어난 것 부끄러우니
堪恨人棄遺 사람들에게 버림받은 것 어찌 원망하리오

– 최치원, 「촉규화(蜀葵花)」 –

이 시는 최치원이 당나라 유학 시절, 관직에 오르기 전에 지은 것으로 추정된다. 길가의 촉규화에 자신을 투영하여 출중한 능력에도 원하는 바를 성취할 수 없었던 서글픈 처지를 노래하였다. ㉠ 이 시에서 "만발한 꽃"은 작가 자신이 지니고 있는 빼어난 능력을 가리킨다고 할 수 있다. 그러나 능력이 있다고 해서 곧바로 등용될 수 있는 것은 아니었는데, ㉡ 그에게는 자신의 능력을 알아보고 등용의 기회를 부여해 줄 "수레 탄 사람들"이 필요했다. 뿐만 아니라 ㉢ "수레 탄 사람들"과 자신을 이어줄 수 있는 "벌과 나비" 역시 절실했다. 이 작품에서 ㉣ "천한 땅"은 시적 대상인 촉규화가 피어난 곳을 의미하기도 하고 작가 자신이 태어난 땅을 의미하기도 한다.

① ㉠ ② ㉡
③ ㉢ ④ ㉣

14 다음 글의 전개 순서로 가장 자연스러운 것은?

(가) 젊은이들 가운데 약삭빠르고 방탕하여 어딘가에 얽매이는 것을 싫어하는 자들이 이 말을 듣고 제 세상 만난 듯 기뻐하여 앉고 서고 움직이는 예절을 마음에 내키는 대로 한다.
(나) 성인께서도 사람을 가르치실 때 먼저 겉모습부터 단정히 해야만 바야흐로 자신의 마음을 안정시킬 수 있다고 하시었다. 세상에 비스듬히 눕고 기대서서 멋대로 말하고 멋대로 보면서 주경존심(主敬存心)※ 할 수 있는 사람은 없다.
(다) 근래 어떤 자가 반관(反觀)※으로 이름을 떨쳐 겉모습을 단정하게 꾸미는 것을 가식이요, 허위라고 한다.
(라) 나도 예전에 이 병에 깊이 걸렸던 터라 늙어서까지 예절을 익히지 못했으니 비록 후회해도 고치기가 어렵다.
(마) 지난번 너를 보니 옷깃을 가지런히 하여 똑바로 앉는 것을 즐기지 않아 장중하고 엄숙한 기색을 조금도 볼 수 없었는데, 이는 내 병통이 한 바퀴 돌아 네가 된 것이다.

– 정약용, 「두 아들에게 부침」에서 –

※ 주경존심(主敬存心) : 공경하는 마음을 간직함.
※ 반관(反觀): 남들이 하는 대로 보지 않고 거꾸로 보거나 반대로 생각하는 것.

① 가 – 나 – 다 – 라 – 마
② 나 – 라 – 마 – 다 – 가
③ 다 – 가 – 라 – 마 – 나
④ 마 – 라 – 가 – 나 – 다

15 ㉠~㉣을 문맥을 고려하여 수정한 것으로 가장 적절한 것은?

농촌의 모습을 주된 소재로 삼는 A 드라마에 결혼이주여성이 등장한다는 것은 그녀들이 직면한 여러 문제들을 다룰 기회가 마련되었다는 점에서 일단은 긍정적이다. 하지만 ㉠ 그녀들이 농촌에 정착하는 과정에서 경험하게 되는 다양한 문제들을 단순화할 수 있는 위험성도 내포하고 있다.

이 드라마에는 모문화와 이문화 사이의 차이로 인해 힘겨워하는 여성, 민족적 정체성에 혼란을 겪는 여성, 아이의 출산과 양육 문제로 갈등을 겪는 여성 등이 등장한다. 문제는 이 드라마에서 이러한 갈등의 원인을 제대로 규명하는 것보다는 ㉡ 부부간의 사랑이나 가족애를 통해 극복하는 낭만적인 해결 방식을 주로 선택한다는 데에 있다.

예를 들어, ㅇㅇ화에서는 여성 주인공이 아이의 태교 문제로 내적 갈등을 겪다가 결국 자신의 생각을 포기함으로써 그 갈등이 해소된 것처럼 마무리된다. 태교에 대한 문화적 차이가 주된 원인이었지만, 이 드라마에서는 그것에 주목하기보다 ㉢ 남편과 갈등을 일으키는 여성 주인공의 모습을 부각하여 사랑과 이해에 기반한 순종과 순응을 결혼이주여성이 갖추어야 할 덕목으로 묘사한 것이다.

이 드라마에서 ㉣ 이러한 강요된 선택과 해소되지 않은 심적 갈등이 사실대로 재현되지 않음으로써 실질적인 원인은 은폐되고 여성의 일방적인 양보와 희생을 통해 해당 문제들이 성급히 봉합된다. 이는 어디까지나 한국인의 시선으로만 결혼이주여성과 다문화가정을 바라보고 있기 때문이다.

① ㉠을 "그녀들이 농촌에 정착하는 과정에서 경험하게 되는 다양한 문제들을 탐색할 수 있는 가능성도"로 고친다.
② ㉡을 "시댁 식구를 비롯한 한국인들과의 온정적인 소통을 통해 극복하는 구체적인 해결 방식"으로 고친다.
③ ㉢을 "남편의 의견을 따르는 여성 주인공의 모습"으로 고친다.
④ ㉣을 "이러한 억압적 상황과 해소되지 않은 외적 갈등이 여과 없이 노출됨으로써"로 고친다.

16 (가)에 들어갈 말로 가장 적절한 것은?

자기지향적 동기와 타인지향적 동기는 행위의 적극성과 어떤 관계가 있을까? A는 자율 방범대원들에게 이 일의 자원 동기에 대해 물어보았다. 자기지향적 동기만 말한 사람과 타인지향적 동기만 말한 사람, 그리고 둘 다 말한 사람이 고르게 분포되었다. 그 후 설문에 참여한 사람들이 2개월간 방범 순찰에 참여한 횟수를 살펴보았다. 그 결과 자기지향적 동기를 말한 사람들 모두가 자기지향적 동기를 말하지 않은 사람들보다 순찰 횟수가 더 많은 것으로 나타났다. 그리고 전자 중 타인지향적 동기를 말한 사람들의 순찰 횟수가 그렇지 않은 사람들보다 유의미하게 많은 것으로 나타났다. A는 이를 토대로 ___(가)___ 고 추정하였다.

① 자기지향적 동기만 가진 사람은 타인지향적 동기만 가진 사람보다 행위의 적극성이 높다
② 타인지향적 동기를 가진 사람은 자기지향적 동기를 가진 사람보다 행위의 적극성이 높다
③ 자기지향적 동기는 행위의 적극성에 긍정적 영향을 주기도 하고 부정적 영향을 주기도 한다
④ 자기지향적 동기가 행위의 적극성에 긍정적 영향을 주는 경우 타인지향적 동기는 부정적 영향을 준다

17 갑~병에 대한 평가로 적절한 것만을 〈보기〉에서 모두 고르면?

갑 : 일상적인 언어생활에서 가족이 아닌 이들과 대화할 때 '우리 엄마'라는 표현을 자주 쓰곤 하는데, 좀 이상하지 않아? '우리 동네'라는 표현과 비교하면 무엇이 문제인지 분명하게 알 수 있어. '우리 동네'는 화자의 동네이기도 하면서 청자의 동네이기도 한 특정한 하나의 동네를 지칭하잖아. 그런 식이라면 '우리 엄마'는 형제가 아닌 화자와 청자가 공유하는 엄마를 지칭하는 이상한 표현이 되는 셈이지. 그러니까 이 경우의 '우리 엄마'는 잘못된 어법이고 '내 엄마'라고 하는 것이 올바른 어법이라고 할 수 있어.

을 : 청자가 사는 동네와 화자가 사는 동네가 다른 경우에도 '우리 동네'라는 표현을 쓸 수 있어. 물론 이 표현이 의미하는 것은 청자가 사는 동네와 다른, 화자가 사는 동네가 되겠지. 이 경우 '우리 동네'라는 표현은 '그 표현을 말하는 사람이 사는 동네' 정도를 의미할 거야. 갑이 문제를 제기한 '우리 엄마'의 경우도 마찬가지라고 볼 수 있어.

병 : '우리 엄마'와 '내 엄마'가 같은 뜻을 갖는 것은 아니야. '내 동네'라고 하지 않고 '우리 동네'라고 하는 것은 동네를 공유하는 공동체가 존재하기 때문이겠지. 마찬가지로 '내 엄마'라고 하지 않고 '우리 엄마'라고 하는 것은 우리가 늘 가족 공동체 속에서의 엄마를 생각하기 때문일 거야. 즉, 가족 구성원 중의 한 명인 엄마를 공유하는 공동체가 존재한다는 것이지.

■ 보기 ■

ㄱ. 갑은 '우리 엄마'라는 표현이 화자와 청자 모두의 엄마를 가리킨다고 보는 입장이다.

ㄴ. 형제가 서로 대화하면서 '우리 엄마'라는 표현을 쓸 때 이 표현이 형과 동생 모두의 엄마를 가리킨다는 것은 을의 입장을 약화한다.

ㄷ. 무인도에 혼자 살아온 사람이 그 섬을 '우리 마을'이라고 말하면 어색하게 느껴진다는 것은 병의 입장을 약화하지 않는다.

① ㄱ ② ㄱ, ㄷ
③ ㄴ, ㄷ ④ ㄱ, ㄴ, ㄷ

18 A와 B의 주장에 대한 평가로 적절한 것만을 〈보기〉에서 모두 고르면?

A는 아동의 사고와 언어의 발달이 개인적 차원에서 사회적 차원으로 진행된다고 주장한다. 그에 따르면 말을 배우기 시작하는 2~3세경에 '자기중심적 언어'가 나타났다가 8세경에 학령이 되면서 자기중심적 언어는 소멸하고 '사회적 언어'의 단계로 진입한다고 주장한다.

B는 A가 주장한 자기중심적 언어의 존재를 인정하면서도 그것의 성격에 있어서는 다른 견해를 지닌다. A와 달리 그는 자기중심적 언어가 문제에 대한 해결방법을 구안하는 데 중요한 사고의 도구가 된다고 주장한다. 그에 따르면 자기중심적 언어는 아동이 자기 자신과 대화할 때 나타나는데, 아동은 자신과 대화하는 방식으로 소리 내며 사고한다. 그는 자기중심적 언어가 자연적 존재를 문화적 존재로 변모시키는 기능을 하며, 학령이 되면서 소멸하는 게 아니라 내면화되어 소리 없는 '내적 언어'를 구성함으로써 정신기능을 발달시킬 수 있는 원동력이 된다고 본다.

이러한 두 사람의 입장 차이는 자기중심적 언어의 전(前) 단계에 대한 서로 다른 생각에서 기인한 것으로 보인다. A는 출생 이후 약 2세까지의 아이가 언어 이전의 '환상적 사고'의 단계에 머물러 있는 것으로 보는데, 여기서 환상적 사고는 자신과 대상 세계를 구분하지 못하는 것을 가리킨다. 자신과 대상 세계를 구분하지 못하면 의사소통 행위가 불가능하므로 A는 이 단계의 아이가 보여주는 타인과의 상호작용을 의사소통 행위가 아니라고 주장한다. 반면, B의 경우 출생 이후 약 2세까지의 상호작용을 의사소통 행위로 판단한다. 그에 따르면 이때의 의사소통 행위는 타자의 규제와 이에 따른 자기규제가 작동하는 대화적 상호작용의 일종으로, 사회적 언어를 통해 수행된다.

B 역시 A와 마찬가지로 아동의 언어와 사고의 발달이 3단계로 진행된다고 보지만, 그 방향에 있어서는 사회적 언어에서 출발하여 자기중심적 언어를 거쳐 내적 언어 순으로 진행된다고 본다.

■ 보기 ■

ㄱ. '자기중심적 언어'의 단계 전에 A는 의사소통 행위가 이루어지지 않는 것으로, B는 이루어지는 것으로 본다.

ㄴ. A는 '자기중심적 언어'가 학령이 되면 없어지는 것으로 보는 반면, B는 없어지지 않는 것으로 본다.

ㄷ. A와 B는 '사회적 언어'의 단계로 진입하는 시기에 대해 견해를 달리한다.

① ㄱ ② ㄱ, ㄴ
③ ㄴ, ㄷ ④ ㄱ, ㄴ, ㄷ

01 언어 예절로 가장 적절한 것은?

① 지금부터 회장님의 말씀이 계시겠습니다.
② (시누이에게) 고모, 오늘 참 예쁘게 차려 입으셨네요?
③ (처음 자신을 소개하면서) 처음 뵙겠습니다. 박혜정입니다.
④ (다른 사람에게 자기 아내를 가리키며) 이쪽은 제 부인입니다.

02 다음 글의 주된 서술 방식은?

이지러는졌으나 보름을 가제 지난 달은 부드러운 빛을 흐붓이흘리고 있다. 대화까지는 칠십 리의 밤길. 고개를 둘이나 넘고 개울을 하나 건너고, 벌판과 산길을 걸어야 된다. 길은 지금 긴 산허리에 걸려 있다. 밤중을 지난 무렵인지 죽은 듯이 고요한 속에서 짐승 같은 달의 숨소리가 손에 잡힐 듯이 들리며, 콩 포기와 옥수수 잎새가 한층 달에 푸르게 젖었다.

① 묘사 ② 설명
③ 유추 ④ 분석

03 다음 글에 대한 이해로 적절하지 않은 것은?

연출자가 자신의 저작권을 침해당했다고 주장하기 위해서는 우선 그가 유효한 저작권을 소유하고 있어야 한다. 즉 저작권 보호 가능성이 있는 창작물이 필요하다. 다음으로 창작적인 표현을 도용당했는지 밝혀야 하는데, 이것이 쉽지 않다. 왜냐하면 연출자가 주관적으로 창작성이있다고 느끼는 부분일지라도 객관적인 시각에서는 이미 공연 예술 무대에서 흔히 사용되는 표현 기법일 수 있고, 저작권법상 보호 대상이 아닌 아이디어의 요소와 보호 가능한 요소인 표현이 얽혀 있는 경우가 있기 때문이다. 쉬운 예로 셰익스피어를 보자. 그의 명작 중에 선대에 있었던 작품에 의거하지 않고 탄생한 작품이 있는가. 대부분의 연출자는 선행 예술가로부터 영향을 받아 창작에 임하는 것이 너무도 당연하고 자연스럽다. 따라서 무대연출 작업 중에서 독보적인 창작을 걸러내서 배타적인 권한인 저작권을 부여하는 것은 매우 흔치 않은 경우이고, 후발 창작을 방해하는 요소로 작용할 수도 있다. 저작권법은 창작자에게 개인적인 인센티브를 제공하여 창작을 장려함과 동시에 일반 공중이 저작물을 원활하게 이용할 수 있도록 해야 하는 두 가지 가치의 균형을 이루는 것이 목표다.

① 무대연출의 창작적인 표현의 도용 여부를 밝히기는 쉽지 않다.
② 저작권 침해를 당했다고 주장하려면 유효한 저작권을 소유하고 있어야 한다.
③ 독보적인 무대연출 작업에 저작권을 부여한다고 해서 후발 창작에 방해가 되지는 않는다.
④ 저작권법의 목표는 창작자의 창작을 장려하고 일반 공중의 저작물 이용을 원활하게 하는 것이다.

04 ㉠~㉣의 고쳐 쓰기로 적절하지 않은 것은?

파놉티콘(panopticon)은 원형 평면의 중심에 감시탑을 설치해 놓고, 주변으로 빙 둘러서 죄수들의 방이 배치된 감시 시스템이다. 감시탑의 내부는 어둡게 되어 있는 반면 죄수들의 방은 밝아 교도관은 죄수를 볼 수 있지만, 죄수는 교도관을 바라볼 수 없다. 죄수가 잘못했을 때 교도관은 잘 보이는 곳에서 처벌을 가한다. 그렇게 수차례의 처벌이 있게 되면 죄수들은 실제로 교도관이 자리에 ㉠ 있을 때조차도 언제 처벌을 받을지 모르는 공포감에 의해서 스스로를 감시하게 된다. 이렇게 권력자에 의한 정보 독점 아래 ㉡ 다수가 통제된다는 점에서 파놉티콘의 디자인은 과거 사회 구조와 본질적으로 같았다.

현대사회는 다수가 소수의 권력자를 동시에 감시할 수 있는 시놉티콘(synopticon)의 시대가 되었다. 시놉티콘에 가장 크게 기여한 것은 인터넷의 ㉢ 동시성이다. 권력자에 대한 비판을 신변 노출 없이 자유롭게 표현할 수 있게 되었기 때문이다. 정보화 시대가 오면서 언론과 통신이 발달했고, ㉣ 특정인이 정보를 수용하고 생산하게 되었다. 그로 인해 사회에서 일어나는 일에 대한 비판적 인식 교류와 부정적 현실 고발 등 네티즌의 활동으로 권력자들을 감시하는 전환이 일어났다.

① ㉠을 '없을'로 고친다.
② ㉡을 '소수'로 고친다.
③ ㉢을 '익명성'으로 고친다.
④ ㉣을 '누구나가'로 고친다.

05 다음 글의 전개 순서로 가장 자연스러운 것은?

(가) 과거에는 고통만을 안겨 주었던 지정학적 조건이 이제는 희망의 조건이 되고 있습니다. 이제 한반도는 사람과 물자가 모여드는 동북아 물류와 금융, 비즈니스의 중심지가 될 것입니다. 우리가 주도해서 평화와 번영의 동북아 시대를 열어 나가야 합니다.

(나) 100년 전 우리는 수난과 비극의 역사를 겪었습니다. 해양으로 나가려는 세력과 대륙으로 진출하려는 세력이 한반도를 가운데 놓고 싸움을 벌였습니다. 마침내 우리는 국권을 상실하는 아픔을 감수해야 했습니다.

(다) 지금은 무력이 아니라 경제력이 국력을 좌우하는 시대입니다. 우리나라는 전쟁의 폐허를 극복하고 세계적인 경제 강국을 건설하고 있습니다. 우수한 인력과 세계 선두권의 정보화 기반을 갖추고 있습니다. 바다와 하늘과 땅을 연결하는 물류 기반도 손색이 없습니다.

(라) 그 아픔은 분단으로 이어져서 오늘에 이르고 있습니다. 그 과정에서는 정의가 패배하고 기회주의가 득세하는 불행한 역사를 겪었습니다. 그러나 이제 우리에게도 새로운 희망의 시대가 열리고 있습니다. 세계의 변방으로 머물러 왔던 동북아시아가 북미·유럽 지역과 함께 세계 경제의 3대 축으로 떠오르고 있습니다.

① (가) – (나) – (다) – (라)
② (가) – (라) – (나) – (다)
③ (나) – (가) – (라) – (다)
④ (나) – (라) – (다) – (가)

06 다음 대화에 대한 설명으로 가장 적절한 것은?

A : 예은 씨. 오늘 회의 내용을 팀원들에게 공유해 주시면 좋겠네요.
B : 네. 알겠습니다. 팀장님, 오늘 회의 내용을 요약 정리해서 메일로 공유하면 되겠지요?
A : (고개를 끄덕이며) 맞습니다.
B : 네. 그럼 회의 내용은 개조식으로 요약하고, 팀장님을 포함해서 전체 팀원에게 메일로 보내도록 하겠습니다.
A : 예은 씨. 그런데 개조식으로 회의 내용을 요약하는 방식에는 문제가 있지 않을까요?
B : (고개를 끄덕이며) 그렇겠네요. 개조식으로 요약할 경우 회의 내용이 과도하게 생략되어 이해가 어려울 수 있겠네요.

① A는 B에게 내용 요약 방식을 제안하고 있다.
② A와 B는 대화 중에 공감의 표지를 드러내며 상대방의 말을 듣고 있다.
③ B는 회의 내용 요약 방식에 대한 A의 문제 제기에 대해 자신이 다른 입장임을 드러내고 있다.
④ A는 개조식 요약 방식이 회의 내용을 과도하게 생략하여 이해에 어려움을 줄 수 있다고 명시하고 있다.

07 다음 글에 대한 이해로 적절하지 않은 것은?

올해 A시는 '청소년 의회 교실' 운영에 관한 조례를 발표함으로써 청소년들이 지방의회의 역할과 기능을 이해하고 민주 시민으로서의 소양과 자질을 함양할 수 있는 근거를 마련하였다. 청소년 의회 교실이란 청소년을 대상으로 실시하는 의회 체험 프로그램을 의미한다. 여기에 참여할 수 있는 대상은 A시에 있는 학교에 재학 중인 만 19세 미만의 청소년이다. 이 조례에 따르면 시의회 의장은 의회 교실의 참가자 선정 및 운영 방안을 결정할 수 있다. 운영 방안에는 지방자치 및 의회의 기능과 역할, 민주 시민의 소양과 자질 등에 관한 교육 내용이 포함된다. 또한 시의회 의장은 고유 권한으로 본회의장 시설 사용이 가능하도록 지원할 수 있다. 최근 A시는 '수업 시간 스마트폰 사용 제한에 관한 조례안'을 주제로 본회의장에서 첫 번째 의회 교실을 운영하였다. 참석 학생들은 1일 시의원이 되어 의원 선서를 한 후 주제에 관한 자유 발언 시간을 가졌다. 이어서 관련 조례안을 상정한 후 찬반 토론을 거쳐 전자 투표로 표결 처리하였다. 학생들이 의회 과정 전반에 대해 체험할 수 있었던 뜻깊은 시간이었다.

① A시에 있는 학교의 만 19세 미만 재학생은 청소년 의회 교실에 참여할 수 있는 대상이다.
② A시의 시의회 의장은 청소년 의회 교실의 민주 시민 소양과 관련된 교육 내용을 결정할 수 있다.
③ A시에서 시행된 청소년 의회 교실에서 시의회 의장은 본회의장 시설을 사용하도록 지원해 주었다.
④ A시의 올해 청소년 의회 교실은 의원 선서, 조례안 상정, 자유 발언, 찬반 토론, 전자 투표의 순서로 진행되었다.

08 단어에 대한 설명으로 적절하지 않은 것은?

① 가난 : 한자어 '간난'에서 'ㄴ'이 탈락하면서 된 말이다.
② 어리다 : '어리석다'는 뜻에서 '나이가 적다'는 뜻으로 바뀐 말이다.
③ 수탉 : 'ㅎ'을 종성으로 갖고 있던 '숳'에 '닭'이 합쳐져 이루어진 말이다.
④ 점잖다 : '의젓함'을 나타내는 '점잖이'에 '하다'가 붙어 형성된 말이다.

09 다음 글의 주제로 가장 적절한 것은?

예전에 '혐오'는 대중에게 관심을 끄는 말이 아니었지만, 요즘에는 익숙하게 듣는 말이 되었다. 이는 과거에 혐오가 존재하지 않았다는 말이 아니다. 단지 최근 몇 년 사이에 이 문제가 폭발하듯 가시화되었다는 뜻이다. 혐오 현상은 외계에서 뚝 떨어진 괴물이 만들어 낸 것이 아니라, 거기엔 자체의 역사와 사회적 배경이 반드시 선행한다.

이 문제를 바라볼 때 주의 사항이 있다. 혐오나 증오라는 특정 감정에 집착해선 안 된다는 것이다. 혐오가 주제인데 거기에 집중하지 말라니, 얼핏 이율배반처럼 들리지만 이는 매우 중요한 포인트다. 왜 혐오가 나쁘냐고 물어보면 많은 사람들은 이렇게 답한다. "나쁜 감정이니까 나쁘다.", "약자와 소수자를 차별하게 만드니까 나쁘다." 이 대답들은 분명 선량한 마음에서 나온 것이다. 하지만 문제의 성격을 오인하게 만들 수 있다. 혐오나 증오라는 감정에 집중할수록 우린 '달을 가리키는 손가락만 바라보는' 잘못을 범하기 쉬워진다.

인과관계를 혼동하면 곤란하다. 우리가 문제시하고 있는 각종 혐오는 자연 발생한 게 아니라 사회적으로 형성된 감정이다. 사회문제의 기원이나 원인이 아니라, 발현이며 결과다. 더 정확히 말하자면 혐오는 증상이다. 증상을 관찰하는 일은 중요하지만 거기에만 매몰되면 곤란하다. 우리는 혐오나 증오 그 자체를 사회악으로 지목해 도덕적으로 지탄하는 데서 그치지 말아야 한다.

① 혐오 현상에는 인과관계가 존재하지 않는다.
② 혐오 현상은 선량한 마음으로 바라보아야 한다.
③ 혐오 현상을 만들어 내는 근본 원인을 찾아야 한다.
④ 혐오라는 감정에 집중할수록 사회문제는 잘 보인다.

10 ㉠~㉣에 대한 이해로 적절하지 않은 것은?

> 有此茅亭好　이 멋진 ㉠ 초가 정자 있고
> 綠林細徑通　수풀 사이로 오솔길 나 있네
> 微吟一杯後　술 한 잔 하고 시를 읊조리면서
> 高座百花中　온갖 꽃 속에서 ㉡ 높다랗게 앉아 있네
> 丘壑長看在　산과 계곡은 언제 봐도 그대로건만
> 樓臺盡覺空　㉢ 누대는 하나같이 비어 있구나
> 莫吹紅一點　붉은 꽃잎 하나라도 흔들지 마라
> 老去惜春風　늙어갈수록 ㉣ 봄바람이 안타깝구나
>
> – 심환지, 「육각지하화원소정염운(六閣之下花園小亭拈韻)」 –

① ㉠ : 시간적 흐름에 따른 시상 전개를 매개하고 있다.
② ㉡ : 시적 화자의 초연한 태도를 드러내고 있다.
③ ㉢ : 자연에 대비되는 쇠락한 인간사를 암시하고 있다.
④ ㉣ : 꽃잎을 흔드는 부정적 이미지로 기능하고 있다.

11 밑줄 친 단어 중 사람의 몸을 지시하는 말이 포함되지 않은 것은?

① 선생님께서는 슬하에 세 명의 자녀를 두셨다고 한다.
② 그는 수완이 좋아서 사람들에게 인정을 받는다.
③ 여러 팀이 우승을 위해 긴 시간 동안 각축을 벌였다.
④ 사업단의 발족으로 미뤄 뒀던 일들이 진행되기 시작했다.

12 ㉠과 ㉡에 대한 설명으로 가장 적절한 것은?

> (가)
> ㉠ 계월이 여자 옷을 벗고 갑옷과 투구를 갖춘 후 용봉황월(龍鳳黃鉞)과 수기를 잡아 행군해 별궁에 자리를 잡았다. 그리고 군사를 시켜 보국에게 명령을 전하니 보국이 전해져 온 명령을 보고 화가 머리끝까지 났다. 그러나 보국은 예전에 계월의 위엄을 보았으므로 명령을 거역하지 못해 갑옷과 투구를 갖추고 군문에 대령했다. 이때 계월이 좌우를 돌아보며 말했다.
> "보국이 어찌 이다지도 거만한가? 어서 예를 갖추어 보이라."
> 호령이 추상과 같으니 군졸의 대답 소리로 장안이 울릴 정도였다. 보국이 그 위엄을 보고 겁을 내어 갑옷과 투구를 끌고 몸을 굽히고 들어가니 얼굴에서 땀이 줄줄 흘러내렸다.
>
> – 작자 미상, 「홍계월전」에서 –
>
> (나)
> 장끼 고집 끝끝내 굽히지 아니하여 ㉡ 까투리 홀로 경황없이 물러서니, 장끼란 놈 거동 보소. 콩 먹으러 들어갈 제 열두 장목 펼쳐 들고 꾸벅꾸벅 고개 조아 조츰조츰 들어가서 반달 같은 혀뿌리로 들입다 꽉 찍으니, 두 고패 둥그레지며 … (중략) … 까투리 하는 말이
> "저런 광경 당할 줄 몰랐던가. 남자라고 여자의 말 잘 들어도 패가하고, 계집의 말 안 들어도 망신하네."
> 까투리 거동 볼작시면, 상하평전 자갈밭에 자락머리 풀어 놓고 당굴당굴 뒹굴면서 가슴치고 일어앉아 잔디풀을 쥐어뜯어 애통하며, 두 발로 땅땅 구르면서 붕성지통(崩城之痛) 극진하니, 아홉 아들 열두 딸과 친구 벗님네들도 불쌍타 의논하며 조문 애곡하니 가련 공산 낙망천에 울음소리뿐이로다.
>
> – 작자 미상, 「장끼전」에서 –

① ㉠과 ㉡은 모두 상대에 비해 우월한 지위를 가지고 있다.
② ㉠이 상대의 행동을 비판하는 반면, ㉡은 옹호하고 있다.
③ ㉠이 갈등 상황을 타개하는 데 적극적인 반면, ㉡은 소극적이다.
④ ㉠이 주변으로부터 호의적인 반응을 얻은 반면, ㉡은 적대적인 반응을 얻는다.

13 밑줄 친 말의 쓰임이 올바른 것은?

① 습관처럼 중요한 말을 되뇌이는 버릇이 있다.
② 나는 친구 집을 찾아 골목을 헤매이고 다녔다.
③ 너무 급하게 밥을 먹으면 목이 메이기 마련이다.
④ 그는 어린 시절 기계에 손가락이 끼이는 사고를 당했다.

14 밑줄 친 부분의 한자 표기가 옳지 않은 것은?

① 우리 시대 영웅으로 소방관(消防官)이 있다.
② 과학자(科學者)는 청소년들이 선망하는 직업이다.
③ 그는 인공지능 연구소의 연구원(研究員)이 되었다.
④ 그는 법원의 명령에 따라 변호사(辯護事)로 선임되었다.

15 다음 글에 대한 이해로 적절하지 않은 것은?

> 르네상스가 일어나게 된 요인으로 많은 것들이 거론되어 왔지만, 의학사의 관점에서 볼 때 흥미롭고 논쟁적인 원인은 페스트이다. 페스트가 유럽의 인구를 격감시킴으로써 사회 경제 구조가 급변하게 되었고, 사람들은 재래의 전통이 지니고 있던 강력한 권위에 의문을 품기 시작했다. 예컨대 사람들은 이 무시무시한 질병을 예측하지 못한 기존의 의학적 전통을 불신하게 되었으며, 페스트로 인해 '사악한 자' 들만이 아니라 '선량한 자'들까지 무차별적으로 죽는 것을 보고 이전까지 의심하지 않았던 신과 교회의 막강한 권위에 대해서도 회의하게 되었다.
>
> 속수무책으로 당할 수밖에 없었던 죽음에 대한 경험은 사람들을 여러 방향에서 변화시켰다. 사람들은 거리에 시체가 널려 있는 광경에 익숙해졌고, 인간의 유해에 대한 두려움 또한 점차 옅어졌다. 교회에서 제시한 세계관 및 사후관에 대한 신뢰가 떨어지고, 삶과 죽음 같은 인간의 본질적인 문제에 대해 새롭게 사유하기 시작했다. 중세의 지적 전통에 대한 의구심은 고대의 학문과 예술, 언어에 대한 재평가로 이어졌으며, 이에 따라 신에 대한 무조건적 찬양과 복종 대신 인간에 대한 새로운 관심과 사유가 활발해졌다.
>
> 이러한 움직임은 미술사에서 두드러지게 포착된다. 인간에 대한 관심의 증대에 따라 인체의 아름다움이 재발견되었고, 인체를 묘사하는 다양한 화법도 등장했다. 인체에 대한 관심은 보이는 부분뿐만 아니라 보이지 않는 부분에 대한 관심으로 이어졌다. 기존의 의학적 전통을 여전히 신봉하던 의사들에게 해부학적 지식은 불필요한 것으로 인식되었던 반면, 당시의 미술가들은 예술가이면서 동시에 해부학자이기도 할 만큼 인체의 내부 구조를 탐색하는 데 골몰했다.

① 전염병의 창궐은 르네상스의 발생을 설명하는 다양한 요인 가운데 하나이다.
② 페스트로 인한 선인과 악인의 무차별적인 죽음은 교회가 유지하던 막강한 권위를 약화시켰다.
③ 예술가들이 인체의 아름다움을 재발견함으로써 고대의 학문과 언어에 대한 재평가도 이루어졌다.
④ 르네상스 시기에 해부학은 의사들보다도 미술가들의 관심을 끌었다.

16 밑줄 친 부분에 어울리는 한자 성어로 가장 적절한 것은?

> 추사 김정희의 '세한도'는 글씨를 쓰다 남은 먹을 버리기 아까워 그린 듯이 갈필(渴筆)의 거친 선 몇 개로 이루어져 있다. 정말 큰 기교는 겉으로 보기에는 언제나 서툴러 보이는 법이다. 그러나 대가의 덤덤한 듯, <u>툭 던지는 한마디는 예리한 비수가 되어 독자의 의식을 헤집는다.</u>

① 巧言令色　② 寸鐵殺人
③ 言行一致　④ 街談巷說

17 다음 글에서 추론한 내용으로 가장 적절한 것은?

> 논리실증주의자들에 따르면, 만약 어떤 것이 과학일 경우 거기에서 사용되는 문장은 유의미하다. 그들은 유의미한 문장의 기준으로 소위 '검증 원리'라고 불리는 것을 제안했다. 검증 원리란, 경험을 통해 참이나 거짓을 검증할 수 있는 문장은 유의미하고 그렇지 않은 문장은 유의미하지 않다는 것이다. 다음 두 문장을 예로 생각해 보자.
>
> (가) 달의 다른 쪽 표면에 산이 있다.
> (나) 절대자는 진화와 진보에 관계하지만, 그 자체는 진화하거나 진보하지 않는다.
>
> 위 두 문장 중 경험을 통해 검증할 수 있는 것은 무엇인가? 비록 현실적으로 큰 비용이 들기는 하지만 (가)는 분명히 경험을 통해 진위를 밝힐 수 있다. 즉 우리는 (가)의 진위를 확정하기 위해서 무엇을 경험해야 하는지 알고 있다는 것이다. 이런 점에 근거하여 논리실증주의자들은 (가)는 검증할 수 있고, 유의미한 문장이라고 판단한다. 그럼 (나)는 어떠한가? 우리는 무엇을 경험해야 (나)의 진위를 확정할 수 있는가? 논리실증주의자들은 그런 것은 없다고 주장하고, 이에 (나)는 검증할 수 없고 과학에서 사용될 수 없는 무의미한 문장이라고 말한다.

① 논리실증주의자들에 따르면 무의미한 문장을 사용하는 것은 과학이 아니다.
② 논리실증주의자들에 따르면 과학의 문장들만이 유의미하다.
③ 검증 원리에 따르면 아직까지 경험되지 않은 것을 언급한 문장은 무의미하다.
④ 검증 원리에 따르면 거짓인 문장은 무의미하다.

18 다음 글에서 추론할 수 있는 것만을 <보기>에서 모두 고르면?

> 컴퓨터에는 자유의지가 있을까? 나아가 컴퓨터에 도덕적 의무를 귀속시킬 수 있을까? 컴퓨터는 다양한 전기회로로 구성되어 있고, 물리법칙, 프로그래밍 방식, 하드웨어의 속성 등에 따라 필연적으로 특정한 초기 상태로부터 다음 상태로 넘어간다. 마찬가지로 두 번째 상태에서 세 번째 상태로 이동하고, 이러한 과정이 계속해서 이어진다. 즉 컴퓨터는 결정론적 법칙의 지배를 받는 시스템이라는 것이다. 그럼 이러한 시스템에는 자유의지가 있을까?
>
> 결정론적 법칙의 지배를 받는 시스템의 중요한 특징은 주어진 조건에 따라 결과가 하나로 고정된다는 점이다. 다시 말해, 이러한 시스템에는 항상 하나의 선택지만 있을 뿐이다. 그런 뜻에서 결정론적 지배를 받는다는 것과 자유의지를 가진다는 것은 양립할 수 없음이 분명하다. 어떤 선택을 할 때 그것과 다른 선택을 할 수도 있다는 것은 자유의지의 필요조건이기 때문이다. 결국 결정론적 법칙의 지배를 받는 시스템은 자유의지를 가지지 않는다. 또한 자유의지를 가지지 않는 시스템에 도덕적 의무를 귀속시킬 수 없음은 당연하다.

■ 보기 ■

ㄱ. 컴퓨터는 자유의지를 가지지 않으며 도덕적 의무의 귀속 대상일 수도 없다.
ㄴ. 도덕적 의무를 귀속시킬 수 있는 시스템은 결정론적 법칙의 지배를 받지 않는다.
ㄷ. 어떤 선택을 할 때 그것과 다른 선택을 할 수 없는 시스템은 자유의지를 가지지 않는다.

① ㄱ, ㄴ　② ㄱ, ㄷ
③ ㄴ, ㄷ　④ ㄱ, ㄴ, ㄷ

01 밑줄 친 부분이 어법상 맞는 것은?

① 어머니는 밥을 하려고 솥에 쌀을 앉혔다.
② 요리사는 마른 멸치와 고추를 간장에 조렸다.
③ 다른 사람에 비해 실력이 딸리니 더 열심히 노력해야겠다.
④ 오랫동안 나를 기다리던 친구는 화가 나서 잔뜩 불어 있었다.

02 다음에 제시된 단어의 의미에 맞게 쓴 문장으로 적절하지 않은 것은?

단어	의미	문장
풀다	모르거나 복잡한 문제 따위를 알아내거나 해결하다.	㉠
	어려운 것을 알기 쉽게 바꾸다.	㉡
	긴장된 분위기나 표정 따위를 부드럽게 하다.	㉢
	금지되거나 제한된 것을 할 수 있도록 터놓다.	㉣

① ㉠ : 나는 형이 낸 수수께끼를 풀다가 결국 포기하고 말았다.
② ㉡ : 선생님은 난해한 말을 알아들을 수 있게 풀어 설명하셨다.
③ ㉢ : 막내도 잘못을 뉘우치니, 아버지도 그만 얼굴을 푸세요.
④ ㉣ : 경찰을 풀어서 행방불명자를 백방으로 찾으려 하였다.

03 다음 글의 상황에 어울리는 한자 성어로 적절한 것은?

> 우리나라 축구 대표팀은 올림픽 예선에서 놀라운 성과를 거두었다. 예선이 있기 전 주전 선수들의 부상과 감독의 교체 등으로 대표팀 내부가 어수선했지만, 우리 대표팀은 하루도 쉬지 않고 훈련을 계속하여 조 1위라는 좋은 성적으로 올림픽 본선행을 결정지었다. 우리 대표팀은 국민들의 찬사와 응원 속에 메달권을 향해 더 강도 높은 훈련을 이어가며 경기력 향상에 매진하고 있다.

① 走馬加鞭　② 走馬看山
③ 切齒腐心　④ 見蚊拔劍

04 다음 강연 내용에 대한 반응으로 가장 적절한 것은?

> 오늘은 우리의 전통 건축 문화에 나타난 특징에 대해 말씀드릴까 합니다. 지금이야 아파트에 사는 경우가 많아져서 내가 살 집을 이런저런 조건을 고려해서 짓기 어렵습니다만, 옛날에는 그렇지 않았습니다. 집터를 고를 때 첫 번째로 고려한 조건은 지리(地理)입니다. 지리는 집을 둘러싼 전체적인 지형 곧, 산과 물의 조화를 말하는 것이지요. 둘째가 생리(生利), 곧 살기에 얼마나 편리하냐이고 셋째가 인심(人心), 그리고 마지막으로 산수(山水), 곧 경치입니다. 우리 조상들은 집 한 채를 지으려고 해도 집의 위치가 자연 조건과 잘 어울리도록 따져서 집을 지었던 것이지요.

① 우리 조상들은 자연을 모방해서 거주 공간을 지었군.
② 우리 조상들은 거주 공간을 고를 때 인간과 자연을 모두 고려했군.
③ 우리 조상들은 자연을 적극적으로 변용하여 거주의 편리성을 추구했군.
④ 우리 조상들은 거주 공간을 고를 때 지리, 생리, 인심, 산수를 서로 경쟁하는 요소들로 생각했군.

05 다음 시조에 대한 이해로 적절하지 않은 것은?

> ᄒᆞᆫ 손에 막ᄃᆡ 잡고 ᄯᅩ ᄒᆞᆫ 손에 가싀 쥐고
> 늙ᄂᆞᆫ 길 가싀로 막고 오ᄂᆞᆫ 백발(白髮) 막ᄃᆡ로 치려터니
> 백발(白髮)이 제 몬져 알고 즈럼길노 오더라
>
> – 우탁 –

① 인생의 덧없음을 관조적으로 표현하고 있다.
② 대상을 의인화하여 생동감 있게 표현하고 있다.
③ 거스를 수 없는 자연의 섭리를 해학적으로 표현하고 있다.
④ 인간의 한계를 드러내어 운명은 거부할 수 없음을 표현하고 있다.

06 ㉠~㉣ 중 문장 성분이 다른 하나는?

> 나랏 말ᄊᆞ미 中國에 달아 文字와로 서르 ᄉᆞᄆᆞᆺ디 아니ᄒᆞᆯᄊᆡ 이런 젼ᄎᆞ로 어린 ㉠ 百姓이 니르고져 홇 ㉡ 배 이셔도 ᄆᆞᄎᆞᆷ내 ㉢ 제 ᄠᅳ들 시러 펴디 몯홇 노미 하니라 ㉣ 내 이ᄅᆞᆯ 爲ᄒᆞ야 어엿비 너겨 새로 스믈여듧 字ᄅᆞᆯ ᄆᆡᇰᄀᆞ노니 사ᄅᆞᆷ마다 ᄒᆡᅇᅧ 수ᄫᅵ 니겨 날로 ᄡᅮ메 便安킈 ᄒᆞ고져 홇 ᄯᆞᄅᆞ미니라
>
> – 훈민정음언해 –

① ㉠　② ㉡
③ ㉢　④ ㉣

07 ㉠, ㉡의 주장에 대한 비판으로 적절하지 않은 것은?

> 투표 제도에는 투표권 행사를 투표자의 자유의사에 맡기는 자유 투표제와 투표권 행사를 정당한 사유 없이 기권하면 법적 제재를 가하는 의무 투표제가 있다. 우리나라는 자유 투표제를 채택하고 있는데, ㉠ 의무 투표제를 도입하자는 측은 낮은 투표율로 투표 결과의 정당성이 확보되지 못하는 문제를 지적한다. 법적 제재는 분명 높은 투표율로 이어질 것이므로 의무 투표제가 낮은 투표율을 해결할 최선의 방안이라고 그들은 말한다. 나아가 더 많은 국민이 투표에 참여할수록 정치인들은 정책 경쟁력을 높이려 할 것이므로 정치 소외 계층에 대한 관심이 높아질 것이라고 기대한다.
>
> 반면 ㉡ 의무 투표제에 반대하는 측은 현재 우리나라의 투표율이 정치 지도자들의 대표성을 훼손할 만큼 심각하지는 않다고 본다. 또 시민 교육 등 다른 방식으로도 투표율 상승을 기대할 수 있다며 의무 투표제가 투표율을 높일 가장 효과적인 방안은 아니라고 말한다. 그리고 의무 투표제를 도입하면, 선출된 정치인들이 높은 투표율을 핑계로 안하무인의 태도를 취하는 부작용이 생겨 국민의 뜻이 오히려 왜곡될 수 있다는 우려의 목소리를 내고 있다.

① ㉠은 투표율의 증가가 후보들의 정책 경쟁으로 이어진다는 것에 대한 근거를 제시해야 한다.
② ㉠은 정당한 사유 없는 기권에 대한 법적 제재가 투표율 상승으로 이어진다는 것을 뒷받침할 자료를 제시해야 한다.
③ ㉡은 선출된 정치인들이 높은 투표율을 핑계로 안하무인의 태도를 취하는 부작용에 대한 대책을 제시해야 한다.
④ ㉡은 현재 우리나라의 투표율이 정치 지도자들의 대표성을 훼손할 만큼 심각하지 않다는 것에 대한 근거를 제시해야 한다

08 밑줄 친 부분의 한자 표기가 잘못된 것은?

① 이 경기의 승리는 노력의 결과(結果)이다.
② 사상 초유(初有)의 사태 앞에서 한없이 나약했다.
③ 그는 수많은 곡절(曲絕)을 겪은 후 대통령이 되었다.
④ 그 모임은 새로운 변화의 서막(序幕)을 올린 사건이다.

09 ㉠~㉣에 들어갈 말로 적절하지 않은 것은?

> 제목 : ○○ 청소기 관련 고객 만족도 제고 방안
>
> Ⅰ. 고객 불만 현황
> 1. [㉠]
> 2. 인터넷 고객 문의 접수 및 처리 지연
>
> Ⅱ. [㉡]
> 1. 해외 공장에서 제작한 모터 품질 불량
> 2. 인터넷 고객 지원 서비스 시스템의 잦은 오류
>
> Ⅲ. [㉢]
> 1. 동종 제품 전량 회수 후 수리 또는 신제품으로 교환
> 2. 고객 지원 서비스 시스템 최신화 및 관리 인력 충원
>
> Ⅳ. [㉣]
> 1. 제품에 대한 고객 민원 해결 및 회사 이미지 제고
> 2. 품질 결함 최소화를 위한 품질 관리 체계의 개선 방향

① ㉠ : 소음 과다 및 흡입력 미흡
② ㉡ : 고객 불만 발생의 원인
③ ㉢ : 고객 지원 센터의 지원 인력 부족
④ ㉣ : 기대 효과와 향후 과제

10 ㉠을 설명한 방식으로 적절한 것은?

> 담배가 해로운데도 ㉠ 담배를 피우는 이유는 무엇일까? 첫째, 담배 피우는 모습이 멋있고 어른스럽다고 생각하는 것이다. 요즘은 담배를 마약과 같이 부정적으로 보는 시각이 크지만 과거에는 담배에 대해 긍정적인 인식이 있었다.
>
> 둘째, 담배를 피우면 정신이 안정되어 집중이 잘된다고 생각하는 점도 있다. 이것은 담배를 피움으로써 니코틴 금단 증상이 해소되기 때문인 것으로, 담배를 안 피우는 사람에 비해 더 안정되거나 집중이 잘되는 것은 아니다.
>
> 셋째, 담배를 피우는 이유는 니코틴 의존에도 있다. 체내에 니코틴이 없어지면 여러 가지 금단 증상으로 불안하고 초조해지는 등 고통스럽고, 이 고통 때문에 담배를 끊기 어렵다.
>
> 넷째, 담배를 피우는 이유에는 습관도 있다. 주위에 재떨이, 라이터, 꽁초 등이 눈에 보이면 자기도 모르게 담배에 손이 가고, 식후나 술을 마실 때도 습관적으로 담배 생각이 나서 피우게 된다.

① 정의 ② 분석
③ 서사 ④ 비교

11 다음 글에 대한 이해로 적절하지 않은 것은?

> 15세기 중엽 구텐베르크가 인쇄술을 도입했을 때 인쇄업에는 모험적인 투자가 필요했다. 인쇄 시설은 자주 교체해야 했고 노동비용과 종잇값도 비쌌을 뿐 아니라, 막대한 투자금의 회수도 오래 걸렸다. 결국 15세기 말 인쇄업은 자금을 빌려주는 업자들에게 종속되었는데 그들은 경제적 목적을 가지고 책 사업을 장악하였다. 책은 생산 원가의 2~3배의 이윤을 남기는 고가의 제품이었기 때문이다. 필사본의 수량적 한계를 뛰어넘은 책은 상인들의 교역로를 따라 유럽 각지로 퍼져 나갔다. 이 사치품은 수지맞는 상품으로 시장에서 거래되었고, 그 과정에서 사상의 교환이 촉진되었다. 15세기 후반부에는 라틴어가 가장 중요했기에 라틴어로 된 종교 서적이 인쇄의 주류를 이루었다. 16세기 들어 인쇄술은 고대 문헌들의 출판을 통해 인문주의의 대의에 공헌했으며, 1517년 이후 종교개혁을 위한 수단으로도 이용되었다.

① 16세기에는 인쇄술이 종교개혁에 영향을 주었다.
② 15세기 말 인쇄업은 대금업자들에게 금전적으로 의존했다.
③ 유럽의 상인들이 사상의 교환을 위해서 책을 유통한 것은 아니었다.
④ 15세기 후반부에 라틴어는 인쇄술에 힘입어 가장 중요한 언어가 되었다.

12 다음 글에 대한 이해로 적절한 것은?

> 서양의 드래건(dragon)은 불을 내뿜는 악의 상징이었지만, 동양의 용(龍)은 신령스러움을 상징하는 존재였다. 용에 대한 동양의 인식에 의하면, 용은 날개 달린 드래건과 달리 날개 없이도 자유롭게 하늘을 날아다닐 수 있고 물속에서도 지낼 수 있으며, 네 발이 있으나 땅에서 걷는 일이 없다. 바닷가 사람들은 이러한 용이 주로 바다 속 용궁에서 지낸다고 생각했던 데 비해, 육지 사람들은 주로 하늘 위 구름 속에서 지낸다고 믿었다. 이는 환경 중심적 사고에 기인한바, 어부들은 용을 고깃배를 위협하는 풍랑(風浪)의 원인으로, 농부들은 곡식을 자라게 하는 풍우(風雨)의 원인으로 여긴 까닭이다. 자연히 어부는 '공포', 농부는 '은혜'라는 대립적 관념을 용의 신령함에 결부하게 됐는데 우리나라 전통 사회에서는 농업 비중이 큰 까닭에 대체로 용을 두려움의 대상으로보다는 상서로운 존재로 여겼다.

① 바닷가 어부들에게 '구름'과 '용궁'은 대립적 관념이었다.
② 육지 농부들은 구름 속 용에게 네 발이 있다고 인식했다.
③ 환경 중심적 사고에 의하면 풍랑과 풍우는 상서로운 현상이다.
④ 드래건에 대한 서양의 인식에 의하면 드래건은 하늘을 날 수 없다.

13 다음 글에 대한 이해로 적절하지 않은 것은?

> 아아! 누님이 시집가던 날 새벽에 얼굴을 단장하던 일이 마치 엊그제 같다. 그때 나는 막 여덟 살이었는데, 발랑 드러누워 발버둥을 치다가 새신랑의 말을 흉내 내 더듬거리며 점잖은 어투로 말을 하니, 누님은 그 말에 부끄러워하다 그만 빗을 내 이마에 떨어뜨렸다. 나는 골이 나 울면서 분에다 먹을 섞고 침을 발라 거울을 더럽혔다. 그러자 누님은 옥으로 만든 자그만 오리 모양의 노리개와 금으로 만든 벌 모양의 노리개를 꺼내 나에게 주면서 울음을 그치라고 하였다. 지금부터 스물여덟 해 전의 일이다.
>
> 강가에 말을 세우고 멀리 바라보니 붉은 명정(銘旌)※이 펄럭이고 배 그림자는 아득히 흘러가는데, 강굽이에 이르자 그만 나무에 가려 다시는 보이지 않았다. 그때 문득 강 너머 멀리 보이는 산은 검푸른 빛이 마치 누님이 시집가는 날 쪽 찐 머리 같았고, 강물 빛은 당시의 거울 같았으며, 새벽달은 누님의 눈썹 같았다. 그 옛날 누님이 빗을 떨어뜨리던 걸 생각하니, 유독 어릴 적 일이 생생히 떠오른다.
>
> – 박지원, 「큰누님 박씨 묘지명」에서 –

※ 명정 : 죽은 사람의 관직과 성씨 따위를 적은 기

① 자연물을 통해 누님의 모습을 연상하고 있다.
② 누님과의 영원한 이별에 대한 안타까움을 드러내고 있다.
③ 과거와 현재의 장면을 겹침으로써 상실의 감정을 나타내고 있다.
④ 누님의 결혼과 죽음에 대한 화자의 기쁨과 슬픔을 대조시켜 표현하고 있다.

14 다음 글에서 추론한 내용으로 적절하지 않은 것은?

> 고대 로마에서 사람들의 평균 수명은 불과 21세였다. 아동기를 넘긴 성인은 보통 70~80세 정도 살았지만 출생아의 1/3이 1세 전에, 그 이후 살아남은 아이의 절반이 10세 전에 사망했다. 이렇게 아동 사망률이 높았던 것은 미생물로 인한 질병 때문이었는데, 이를 밝혀 치료의 길을 연 사람은 파스퇴르였다.
>
> 파스퇴르는 1861년 미생물이 활동한 결과로 발효가 일어난다는 것을 밝히고, 이후 음식물의 발효나 부패가 공기 중의 미생물 때문에 일어남을 증명했다. 이는 음식물에서 저절로 새로운 생명체가 생겨나 음식물을 발효·부패시킨다는 자연 발생설을 반박하고 미생물의 존재를 명확히 한 것이었다. 1863년에는 음식물의 맛과 질감을 변화시키지 않으면서 살균하는 방법인 '파스퇴리제이션(pasteurization)'을 발견했다. 이것은 끓는점보다 낮은 온도에서 장시간 가열하는 방식으로, 우유의 경우 밀폐한 채로 63~65 ℃에서 30분 정도 가열하는 살균법이다.
>
> 이러한 연구에 이어 파스퇴르는 사람과 가축에게 생기는 질병의 원인이 미생물임을 밝혔다. 나아가 이를 예방할 수 있는 백신을 처음으로 만들어 사용하고 치료법도 제시하였다. 광견병, 탄저병 등에 대한 연구는 그의 큰 업적으로 남아 있다.

① 고대 로마인의 평균 수명이 낮았던 것은 아이들이 질병으로 많이 죽었던 것이 한 원인이었다.
② 파스퇴르는 음식물의 발효와 부패에 대해 자연발생설을 부인하였다.
③ 끓는점 이하로 가열하는 파스퇴리제이션 살균법은 음식물의 맛과 질감을 높인다.
④ 파스퇴르의 미생물 연구는 질병으로 인한 아이들의 사망률을 줄이는 데에 기여했다.

15 (가)와 (나)의 공통점으로 적절하지 않은 것은?

> (가) 월영암에 사는 탁대사가 냇물에 몸을 씻고 바위 위에 앉아 좌선을 하고 있었다. 이때 하루 종일 먹이를 얻지 못하고 굶은 호랑이가 무슨 먹잇감이 없나 하고 찾다가, 알몸의 사람이 오똑하게 앉아 있는 것을 보고 너무 먹음직스러워 감격했다. 그래서 이런 좋은 것을 그대로 먹으면 감동이 적다고 생각하고, 산 뒤편의 숲속으로 들어갔다. 호랑이는 기분이 좋아 머리를 들어 공중을 향해 크게 웃기도 하고, 앞발을 들어 허공에 휘젓기도 하고, 고개를 좌우로 돌려 소리쳐 웃기도 했다. 한참 동안 이러고 나오니, 이미 날이 저물고 반석 위의 중은 벌써 돌아가고 없었다. 호랑이의 웃음이여, 정말로 웃음거리가 되고 말았구나.
>
> (나) 봉황(鳳凰)의 생일잔치에 온갖 새들이 다 와서 축하하는데, 박쥐는 오지 않았다. 그래서 봉황이 박쥐를 꾸짖어 말하기를, "너는 내 밑에 있는 새이면서 왜 그렇게 방자하냐?" 하고 문책했다. 이에 박쥐는 "나는 발로 기어 다니는 짐승 무리이니 어찌 새인 당신에게 하례를 하겠습니까?"라고 말했다. 뒤에 기린(麒麟)의 생일잔치에 모든 짐승이 와서 하례했는데, 역시 박쥐는 나타나지 않았다. 그래서 기린이 불러 꾸짖으니 박쥐는, "나는 날개가 있어 새의 무리이니 짐승인 당신에게 어찌 축하하러 가겠습니까?" 하고 말하였다. 세상에서 일을 피해 교묘하게 면하는 사람이여, 참으로 '박쥐의 일'이라 하겠구나.

① 화자의 말을 통해 대상을 조소하고 있다.
② 일화를 통해 대상의 성격을 드러내고 있다.
③ 반어적 표현을 통해 대상을 비판하고 있다.
④ 우화적 설정을 통해 대상을 인격화하고 있다.

16 ㉠~㉣에 해당하는 예로 옳지 않은 것은?

표준 발음법 제29항

합성어 및 파생어에서, 앞 단어나 접두사의 끝이 자음이고 뒤 단어나 접미사의 첫음절이 '이, 야, 여, 요, 유'인 경우에는, 'ㄴ' 음을 첨가하여 [니, 냐, 녀, 뇨, 뉴]로 발음한다.

예 색-연필[생년필]

• 다만, 다음과 같은 말들은 'ㄴ' 음을 첨가하여 발음하되, 표기대로 발음할 수 있다. ………… ㉠

예 야금-야금[야금냐금/야그먀금]

• [붙임 1] 'ㄹ' 받침 뒤에 첨가되는 'ㄴ' 음은 [ㄹ]로 발음 한다. ………… ㉡

예 서울-역[서울력]

• [붙임 2] 두 단어를 이어서 한 마디로 발음하는 경우에도 이에 준한다. ………… ㉢

예 잘 입다[잘립따]

• 다만, 다음과 같은 단어에서는 'ㄴ(ㄹ)' 음을 첨가하여 발음하지 않는다. ………… ㉣

예 3.1절[사밀쩔]

① ㉠ : 혼합약 ② ㉡ : 휘발유
③ ㉢ : 열여덟 ④ ㉣ : 등용문

17 다음 대화에 대한 이해로 적절하지 않은 것은?

갑 : 페가수스는 정말로 실존하는 것이겠지?
을 : '페가수스'라는 단어는 실존하지 않는 대상을 지칭한다고 생각해.
갑 : '페가수스'라는 단어가 의미를 지닌다는 것은 분명하지? 단어의 의미는 그 단어가 지칭하는 실존하는 대상이 무엇인가에 따라 결정돼. 모든 단어는 무언가의 이름인 것이지. 그러니 페가수스가 실존하지 않는다면 '페가수스'라는 이름이 어떻게 의미를 지니겠어? 이처럼 모든 이름은 실존하는 대상을 반드시 지칭해.
을 : 단어 '로물루스'를 생각해 봐. 이 단어는 실제로는 이름이 아니라 일종의 축약된 기술어(記述語)야. '자기 동생을 죽이고 로마를 건국하는 등 여러 가지 일을 한 어떤 전설상의 인물'이라는 기술의 축약어일 뿐이란 거지. 만약 이 단어가 정말로 이름이라면, 그 이름이 지칭하는 대상이 실존하는지는 문제도 되지 않았을 거야. 어떤 단어가 이름이라면 그것은 실존하는 어떤 대상을 반드시 지칭하거든. 실존하지도 않는 대상에게 이름이 있을 수 없는 것은 너무 당연하니 말이야. 실존하지 않는 대상을 지칭하는 단어는 실제로는 이름이 아니라 일종의 축약된 기술어인 거야.

① 갑은 축약된 기술어가 실존하는 대상을 지칭할 수 없다고 보는군.
② 을은 실존하지 않는 대상을 지칭하는 단어가 있다고 보는군.
③ 갑은 '페가수스'를 이름으로, 을은 '페가수스'를 축약된 기술어로 보는군.
④ 갑과 을은 어떤 단어가 이름이려면 그 단어는 실존하는 대상을 반드시 지칭해야 한다고 보는군.

18 다음 글의 '이론 X'에 근거한 판단으로 적절한 것만을 〈보기〉에서 모두 고르면?

이론 X에 따르면, 'A가 B의 원인이다.'는 '만약 A가 일어나지 않았더라면 B도 일어나지 않았을 것이다.'와 같다. 예를 들어 '기온이 낮아진 것이 온도계 눈금이 내려간 원인이다.'는 '만약 기온이 낮아지지 않았더라면 온도계 눈금은 내려가지 않았을 것이다.'와 같다.

이론 X에서 '만약 A가 일어나지 않았더라면 B도 일어나지 않았을 것이다.'의 의미는 무엇인가? 그것은, A가 일어나지 않고 B가 일어난 상황보다, A가 일어나지 않고 B도 일어나지 않은 상황이 A가 일어나고 B도 일어난 사실과 더 유사하다는 것이다. 가령 '만약 기온이 낮아지지 않았더라면 온도계 눈금은 내려가지 않았을 것이다.'라는 것은, 기온이 낮아지지 않고 온도계 눈금이 내려간 상황보다, 기온이 낮아지지 않고 온도계 눈금이 내려가지 않은 상황이 기온이 낮아졌고 온도계 눈금이 내려간 사실과 더 유사하다는 것이다.

■ 보기 ■

ㄱ. 갑의 흡연이 갑의 폐암의 원인이라면, 갑이 흡연하지 않았더라면 갑은 폐암에 걸리지 않았을 것이다.
ㄴ. 갑이 홈런을 치지 않고 갑의 팀이 승리한 상황보다, 갑이 홈런을 치지 않고 갑의 팀이 승리하지 않은 상황이 갑이 홈런을 치고 갑의 팀이 승리한 사실과 더 유사하다는 것은, 갑의 홈런이 그 팀의 승리의 원인이라는 것이다.
ㄷ. 까마귀가 날자 배가 떨어졌음에도 까마귀가 난 것이 배가 떨어진 원인이 아니라는 것은, 까마귀가 날지 않고 배가 떨어지지 않은 상황보다, 까마귀가 날지 않고 배가 떨어진 상황이 까마귀가 날고 배가 떨어진 사실과 더 유사하다는 것이다.

① ㄱ, ㄴ ② ㄱ, ㄷ
③ ㄴ, ㄷ ④ ㄱ, ㄴ

01 밑줄 친 부분이 바르게 쓰이지 않은 것은?

① 바쁘다더니 여긴 웬일이야?
② 결혼식이 몇 월 몇 일이야?
③ 굳은살이 박인 오빠 손을 보니 안쓰럽다.
④ 그는 주말이면 으레 친구들과 야구를 한다.

02 밑줄 친 조사의 쓰임이 옳은 것은?

① 언니는 아버지의 딸로써 부족함이 없다.
② 대화로서 서로의 갈등을 풀 수 있을까?
③ 드디어 오늘로써 그 일을 끝내고야 말았다.
④ 시험을 치는 것이 이로서 세 번째가 됩니다.

03 단어의 뜻풀이가 옳지 않은 것은?

① 반나절 : 하루 낮의 반
② 달포 : 한 달이 조금 넘는 기간
③ 그끄저께 : 오늘로부터 사흘 전의 날
④ 해거리 : 한 해를 거른 간격

04 밑줄 친 부분과 바꿔 쓸 수 있는 관용 표현으로 적절하지 않은 것은?

① 몹시 가난한 형편에 누구를 돕겠느냐? - 가랑이가 찢어질
② 그가 중간에서 연결해 주어 물건을 쉽게 팔았다. - 호흡을 맞춰
③ 그는 상대편을 보고는 속으로 깔보며 비웃었다. - 코웃음을 쳤다
④ 주인의 말에 넘어가 실제보다 비싸게 이 물건을 샀다. - 바가지를 쓰고

05 ㉠~㉣에 대한 설명으로 옳지 않은 것은?

> 이때는 오월 단옷날이렷다. 일 년 중 가장 아름다운 시절이라. ㉠ 이때 월매딸 춘향이도 또한 시서 음률이 능통하니 천중절을 모를쏘냐. 추천을 하려고 향단이 앞세우고 내려올 제, 난초같이 고운 머리 두 귀를 눌러 곱게 땋아 봉황 새긴 비녀를 단정히 매었구나. …(중략)… 장림 속으로 들어가니 ㉡ 녹음방초 우거져 금잔디 좌르르 깔린 곳에 황금 같은 꾀꼬리는 쌍쌍이 날아든다. 버드나무 높은 곳에서 그네 타려할 때, 좋은 비단 초록 장옷, 남색 명주 홑치마 훨훨 벗어 걸어 두고, 자주색 꽃신을 썩썩 벗어 던져두고, 흰 비단 새 속옷 턱밑에 훨씬 추켜올리고, 삼 껍질 그넷줄을 섬섬옥수 넌지시 들어 두 손에 갈라 잡고, 흰 비단 버선 두 발길로 훌쩍 올라 발 구른다. …(중략)… ㉢ 한 번 굴러 힘을 주며 두 번 굴러 힘을 주니 발밑에 작은 티끌 바람 좇아 펄펄, 앞뒤 점점 멀어 가니 머리 위의 나뭇잎은 몸을 따라 흔들흔들. 오고갈제 살펴보니 녹음 속의 붉은 치맛자락 바람결에 내비치니, 높고 넓은 흰 구름 사이에 번갯불이 쏘는 듯 잠깐 사이에 앞뒤가 바뀌는구나. …(중략)… 무수히 진퇴하며한참 노닐 적에 시냇가 반석 위에 옥비녀 떨어져 쟁쟁하고, '비녀, 비녀'하는 소리는 산호채를 들어 옥그릇을 깨뜨리는 듯. ㉣ 그 형용은 세상 인물이 아니로다.
>
> – 작자 미상, 「춘향전」에서–

① ㉠ : 설의적 표현을 통해 춘향이도 천중절을 당연히 알 것이라는 점을 서술하고 있다.
② ㉡ : 비유법을 사용하고 음양이 조화를 이룬 아름다운 봄날의 풍경을 서술하고 있다.
③ ㉢ : 음성상징어를 사용하여 춘향의 그네 타는 모습을 시각적으로 서술하고 있다.
④ ㉣ : 서술자의 편집자적 논평을 통해 춘향이의 내면적 아름다움을 서술하고 있다.

06 다음 대화에 대한 설명으로 적절한 것은?

A : 지난번 제안서 프레젠테이션을 마친 후 "검토하고 연락 드리겠습니다."라고 답변을 받았는데 아직 별다른 연락이 없어서 고민이에요.
B : 어떤 연락을 기다리신다는 거예요?
A : 해당 사업에 관하여 제 제안서를 승낙했다는 답변이잖아요. 그런데 후속 사업 진행을 위해 지금쯤 연락이 와야 할텐데 싫어서요.
B : 글쎄요. 보통 그런 상황에서는 완곡하게 거절하는 의사 표현이라 볼 수 있어요. 그리고 해당 고객이 제안서 내용은 정리가 잘되었지만, 요즘 같은 코로나 시기에는 이전과 동일한 사업적 효과가 있을지 궁금하다고 말한 것을 보면 알 수 있죠.
A : 네, 기억납니다. 하지만 궁금하다고 말한 것이지 사업을 수용하지 않는다는 것은 아니지 않나요? 답변을 할 때도 굉장히 표정도 좋고 박수도 쳤는데 말이죠. 목소리도 부드러웠고요.

① A와 B는 고객의 답변에 대해 제안서 승낙이라는 의미로 동일하게 이해한다.
② A는 동일한 사업적 효과가 있을지 궁금하다는 표현을 제안한 사업에 대한 부정적
평가라고 판단한다.
③ B는 고객이 제안서에 의문을 제기한 내용을 근거로 고객의 답변에 대해 판단한다.
④ A는 비언어적 표현을 바탕으로 하여 고객의 답변을 제안서에 대한 완곡한 거절로 해석한다.

07 글쓴이의 견해에 부합하는 대응으로 가장 적절한 것은?

정중하고 단호한 태도를 보이는 것과, 수동적이거나 공격적인 반응을 하는 것은 엄청난 차이가 있다. 수동적인 사람들은 마음속에 있는 자신의 생각을 표현하면 분란이 일어날까 봐 두려워한다. 그러나 자신의 의견을 말하지 않는 한 자신이 원하는 것을 얻을 수는 없다. 이와 반대로 공격적인 태도는 자신의 권리를 앞세워 생각해서 남을 희생시켜서라도 자신이 원하는 것을 얻으려는 것이다. 공격적인 사람은 사람들이 싫어하는 행동을 하곤 한다. 그러나 단호한 반응은 공격적인 반응과 다르다. 단호한 반응은 다른 사람의 권리를 침해하지 않으면서 자신의 권리를 존중하고 지키겠다는 것이다. 이것은 상대방을 배려하는 태도를 보여준다. 상대방을 존중하면서도 얼마든지 자신의 의견을 내세울 수 있다. 단호한 주장은 명쾌하고 직접적이며 요점을 찌른다.

그럼 실제로 연습해 보자. 어느 흡연자가 당신의 차 안에서 담배를 피워도 되는지 묻는다. 당신은 담배 연기를 싫어하고 건강에 해롭다는 것도 잘 알고 있어 달갑지 않다. 어떻게 대응하는 것이 좋을까?

① 좀 그러긴 하지만, 괜찮아요. 창문 열고 피우세요.
② 안 되죠. 흡연이 얼마나 해로운데요. 좀 참아 보시겠어요.
③ 안 피우시면 좋겠어요. 연기가 해롭잖아요. 피우고 싶으시면 차를 세워 드릴게요.
④ 물어봐 줘서 고마워요. 피워도 그렇고 안 피워도 좀 그러네요. 생각해 보시고서 좋은 대로 결정하세요.

08 다음 글의 내용과 부합하는 것은?

미국의 어머니들은 자녀와 함께 놀이를 할 때 특정 사물에 초점을 맞추고 그 사물의 속성을 아이들에게 가르친다. 사물의 속성 자체에 관심을 기울이도록 훈련받은 아이들은 스스로 독립적인 행동을 하도록 교육받는다. 미국에서는 아이들에게 의사소통을 가르칠 때 자신의 생각을 분명하게 표현하고 말하는 사람의 입장에서 대화에 임해야 하며, 대화 과정에서 오해가 발생하면 그것은 말하는 사람의 잘못이라고 강조한다.

반면에 일본의 어머니들은 대상의 '감정'에 특별히 신경을 써서 가르친다. 특히 자녀가 말을 안 들을 때에 그러하다. 예를 들어 "네가 밥을 안 먹으면, 고생한 농부 아저씨가 얼마나 슬퍼하겠니?", "인형을 그렇게 던져 버리다니, 저 인형이 울잖아. 담장도 아파하잖아." 같은 말들로 꾸중하는 모습을 자주 볼 수 있다. 다른 사람과의 관계에 초점을 맞춘 훈련을 받은 아이들은 자신의 생각을 드러내기보다는 행동에 영향을 받는 다른 사람들의 감정을 미리 예측하도록 교육받는다. 곧 일본에서는 아이들에게 듣는 사람의 입장에서 말할 것을 강조한다.

① 미국의 어머니는 듣는 사람의 입장, 일본의 어머니는 말하는 사람의 입장을 강조한다.
② 일본의 어머니는 사물의 속성을 아는 것이 관계를 아는 것보다 더 중요하다고 생각한다.
③ 미국의 어머니는 어떤 일을 있는 그대로 보지 말고 이면에 있는 감정을 읽어야 한다고 생각한다.
④ 미국의 어머니는 자녀가 독립적인 행동을 하도록 교육하며, 일본의 어머니는 자녀가 타인의 감정을 예측하도록 교육한다.

09 다음 글의 결론으로 가장 적절한 것은?

> 인공지능(AI)은 비즈니스 패러다임을 획기적으로 바꾸고 있다. 인공지능은 생물학 분야에도 광범위하게 영향을 미칠 것이며, 애완동물이 인공지능(AI)으로 대체될 수도 있을 것이다. 인공지능(AI)은 스스로 수학도 풀고 글도 쓰고 바둑을 두며 사람을 이길 수도 있다. 인공지능(AI)은 배우면서 성장할 수도 있다. 인공지능(AI)이 사람보다 똑똑해질 수 있을지도 모른다.
>
> 인공지능(AI)이 사람보다 똑똑해질 수 있는지는 차치하고, 인공지능(AI)이 사람을 게으르게 만들 수도 있지 않을까? 이 게으름은 우리의 건강과 행복, 그리고 일상생활의 패턴을 바꿔 놓을 수도 있다.
>
> 인공지능(AI)이 앱을 통해 좀 더 편리한 삶을 제공하여 사람의 뇌를 어떻게 바꾸는지를 일상에서 보여 주는 대표적 사례가 바로 GPS다. 불과 몇 년 전만 해도 지도를 보고 스스로 거리를 가늠하고 도착 시간을 계산했던 운전자들은 이 내비게이션의 등장으로 어디에서 어떻게 가라는 기계 속 음성에 전적으로 의존하기 시작했다. 예전의 방식으로도 충분히 잘 찾아가던 길에서조차 습관적으로 내비게이션을 켠다. 이것이 없으면 자주 다니던 길도 제대로 찾지 못하고 멀쩡한 어른도 길을 잃는다.
>
> 이와 같이 기계에 의존해서 인간이 살아가는 사례는 오늘날 우리의 두뇌가 게을러진 것을 보여 주는 여러 사례 가운데 하나일 뿐이다. 삶을 더 편하게 해 준다며 지름길을 제시하는 도구들이 도리어 우리의 기억력과 창조력을 퇴보시키고 있다. 인간을 태만하고 나태하게 만들어 뇌의 가장 뛰어난 영역인 상상력을 활용하지 않도록 만드는 것이다.

① 인간의 인공지능(AI)에 대한 독립성은 지속적으로 증가하게 될 것이다.
② 인공지능(AI)으로 인해 인간의 두뇌가 게을러지는 부작용이 발생하게 될 것이다.
③ 인공지능(AI)은 인간을 능가하는 사고력을 가질 것이다.
④ 인공지능(AI)은 궁극적으로 상상력을 가지게 될 것이다.

10 다음 글에 대한 이해로 적절한 것은?

> 국제기구인 유엔은 영어, 중국어, 러시아어, 프랑스어, 스페인어, 아랍어 등이 공용어로 사용되나 그곳에 근무하는 모든 외교관들이 이 공용어들을 전부 다 잘해야 하는 것은 아니다. 유럽연합에서의 공용어 개념도 유엔에서의 경우와 마찬가지로 여러 공용어 중 하나만 알아도 공식 업무상 불편이 없게끔 한다는 것이지 모든 유럽연합인들이 열 개가 넘는 공용어를 전부 다 배워야 하는 것은 아니다.
>
> 마찬가지 논리로 우리가 만일 한국어와 영어를 공용어로 지정한다면 이는 한국에서는 한국어와 영어 중 어느 하나를 알기만 하면 공식 업무상 불편이 없게끔 국가에서 보장한다는 뜻이지 모든 한국인들이 영어를 할 줄 알아야 된다는 뜻은 아니다. 따라서 우리가 영어를 한국어와 함께 공용어로 지정하기만 하면 모든 한국인이 영어를 잘할 수 있게 되리라는 믿음은 공용어의 개념을 제대로 이해하지 못한 데서 오는 망상에 불과하다.

① 유엔에서 근무하는 외교관들은 유엔의 공용어를 다 구사하지 않으면 안 된다.
② 유럽연합의 복수의 공용어를 지정하여 공무상 편의를 도모하였다.
③ 한국에서 영어를 공용어로 지정하면 한국인들은 영어를 다 잘할 수 있을 것이다.
④ 한국에서 머지않아 영어가 공용어로 지정될 것이다.

11 다음 글의 내용과 부합하지 않는 것은?

인터넷이 있는 곳이면 어디나 악풀이있기 마련이지만, 한국은 정도가 심하다. 악플러들 가운데는 피해의식과 열등감에 시달리는 이들이 많다고 한다. 그들에게 악플의 즐거움은 무엇인가. 자신이 올린 글 한 줄에 다른 사람들이 동요하는 모습을 보면서 자기 효능감(self-efficacy)을 맛볼 수 있다. 아무에게도 영향력을 행사하지 못하고 자신의 삶과 환경을 통제하지도 못하면서 무력감에 시달리는 사람일수록 공격적인 발설로 자기 효능감을 느끼려 한다.

그런데 자기 효능감은 상대방의 반응에 좌우된다. 마구 욕을 퍼부었는데 상대방이 별로 개의치 않는다면, 계속할 마음이 사라질 것이다. 무시당했다는 생각에 오히려 자괴감에 빠질 수도 있다. 개인주의가 안착된 사회에서는 자신을 향한 비판에 대해 '그건 너의 생각 ' 이라면서 넘겨 버리는 사람들이 많다. 말도 안 되는 욕설이나 험담이 날아오면 제정신이 아닌 사람의 소행으로 웃어넘기거나 법적인 조치를 취할 것이다.

개인주의는 여러 속성을 지니고 있지만, 자신의 존재 가치를 스스로 매긴다는 긍정적 측면이 있다. 한국에는 그런 의미에서의 개인주의가 뿌리내리지 못했다. 남에 대해 신경을 너무 곤두세운다. 그것은 두 가지 차원으로 나뉘는데, 한편으로 타인에게 필요 이상의 관심을 보이면서 참견하고 타인의 영역을 침범한다. 다른 한편으로 자기에 대한 타인의 평가와 반응에 너무 예민하다. 이 두 가지 특성이 인터넷 공간에서 맞물려 악플을 양산한다. 우선 다른 사람에게 너무 쉽게 험담을 늘어놓고 당사자에게 악담을 던진다. 그렇게 약을 올리면 상대방이 발끈하거나 움츠러든다. 이따금 일파만파로 사회가 요동을 치기도 한다. 악플러 입장에서는 재미가 쏠쏠하다. 예상했던 피드백을 즉각적으로 받으면서 자기 효능감을 맛볼 수 있기 때문이다.

① 악플러는 자신의 말에 타인이 동요하는 것을 보면서 자기 효능감을 느낀다.
② 개인주의자는 악플에 무반응함으로써 악플러를 자괴감에 빠지게 할 수 있다.
③ 자신의 삶을 잘 통제하는 악플러일수록 타인을 더욱 엄격한 잣대로 비판한다.
④ 한국에서 악플이 양산되는 것은 한국인들이 타인에 대해 신경을 많이 쓰는 것과 관계가 있다.

12 (가)~(라)에 들어갈 말로 가장 적절한 것은?

정철, 윤선도, 황진이, 이황, 이조년 그리고 무병씨. 우리말로 시조나 가사를 썼던 이들이다. 황진이는 말할 것도 없고 무명씨도 대부분 양반이 아니었겠지만 정철, 윤선도, 이황은 양반 중에 양반이었다. [(가)] 그들이 우리말로 작품을 썼던 걸 보면 양반들도 한글 쓰는 것을 즐겨 했다는 것을 부정할 수는 없다. [(나)] 허균이나 김만중은 한글로 소설까지 쓰지 않았던가. [(다)] 이들이 특별한 취향을 가진 소수의 양반이었다면 이야기는 달라진다. 우리말로 된 문학 작품을 만들겠다는 생각을 가진 특별한 양반들을 제외하고 대다수 양반들은 한문을 썼기 때문에 한글을 모를 수도 있었기 때문이다. 실학자 박지원이 당시 양반 사회를 풍자한 작품 『호질』은 한문으로 쓰여 있다. [(라)] 한 가지 분명한 것은 양반 대부분이 한글을 이해하지 못하는 상황이었다면 정철도 이황도 윤선도도 한글로 작품을 쓰지는 않았을 것이란 사실이다.

	(가)	(나)	(다)	(라)
①	그런데	게다가	그렇지만	그러나
②	그런데	그리고	그래서	또는
③	그리고	그러나	하지만	즉
④	그래서	더구나	따라서	하지만

13 (가)~(라)의 고쳐 쓰기 방안으로 적절하지 않은 것은?

(가) 현재 우리 구청 조직도에는 기획실, 홍보실, 감사실, 행정국, 복지국, 안전국, 보건소가 있었다.
(나) 오늘은 우리 시청이 지양하는 '누구나 행복한 ○○시'를 실현하기 위한 추진 방안을 논의합니다.
(다) 지난달 수해로 인한 준비 기간이 짧았기 때문에 지역 축제는 예년보다 규모가 줄어들었다.
(라) 공과금을 기한 내에 지정 금융 기관에 납부하지 않으면 연체료를 내야 한다.

① (가) : '있었다' 문맥상 시제 표현이 적절하지 않으므로 '있다 '로 고쳐 쓴다.
② '지양'은 어떤 목표로 뜻이 쏠리어 향한다는 의미인 '지향'으로 고쳐 쓴다.
③ '지난달 수해로 인한'은 '준비 기간'을 수식하는 절이 아니므로 '지난달 수해로 인하여'로 고쳐 쓴다.
④ '납부'는 맥락상 금융 기관이 돈이나 물품 따위를 받아 거두어들인다는 '수납'으로 고쳐 쓴다.

14 글의 통일성을 고려할 때 (가)에 들어갈 말로 가장 적절한 것은?

> 혼정신성(昏定晨省)이란 저녁에는 부모님의 잠자리를 봐 드리고아침에는 문안을 드린다는 뜻으로 자식이 아침저녁으로 부모의 안부를 물어 살핌을 뜻하는 말로 '예기(禮記)'의 '곡례편(曲禮篇)'에 나오는 말이다. 아랫목 요에 손을 넣어 방안 온도를 살피면서 부모님께 문안을 드리던 우리의 옛 전통은 온돌을 통한 난방 방식과 관련 깊다. 온돌을 통한 난방 방식은 방바닥에 깔려 있는 돌이 열기로 인해 뜨거워지고, 뜨거워진 돌의 열기로 방바닥이 뜨거워지면 방 전체에 복사열이 전달되는 방법이다. 방바닥 쪽의 차가운 공기는 온돌에 의해 따뜻하게 데워지므로 위로 올라가고, 위로 올라간 공기가 다시 식으면 아래로 내려와 다시 데워져 위로 올라가는 대류 현상으로 인해 결국 방 전체가 따뜻해진다. 벽난로를 통한 서양식의 난방 방식은 복사열을 이용하여 상체와 위쪽 공기를 데우는 방식인데, 대류 현상으로 바닥 바로 위 공기까지는 따뜻해지지 않는다. 그 이유는 [(가)].

① 벽난로에 의한 난방은 방바닥의 따뜻한 공기가 위로 올라가 식으면 복사열로 위쪽의 공기만을 따뜻하게 하기 때문이다.
② 벽난로에 의한 난방이 복사열에 의한 난방에서 대류 현상으로 인한 난방이라는 순서로 이루어졌기 때문이다.
③ 대류 현상을 통한 난방 방식은 상체와 위쪽의 공기만 따뜻하게 하기 때문이다.
④ 상체와 위쪽의 따뜻한 공기는 차가운 바닥으로 내려오지 않기 때문이다.

15 다음 글에서 추론할 수 있는 것은?

> 포도주는 유럽 문명을 대표하는 술이 자동시에 음료수다. 우리는 대개 포도주를 취하기 위해 마시는 술로만 생각하기 쉬우나 유럽에서는 물 대신 마시는 '음료수'로서의 역할이 크다. 유럽의 많은 지역에서는 물이 워낙 안 좋아서 맨 물을 그냥 마시면 위험하기 때문에 제조 과정에서 안전성이 보장된 포도주나 맥주를 마시는 것이다. 이런 용도로 일상적으로 마시는 식사용 포도주로는 당연히 고급 포도주와는 다른 저렴한 포도주가 쓰이며, 술이 약한 사람들은 여기에 물을 섞어서 마시기도 한다.
>
> 소비의 확대와 함께, 포도주의 생산을 다른 지역으로 확산시키려는 노력도 계속되어 왔다. 포도주 생산의 확산에서 가장 큰 문제는 포도 재배가 추운 북쪽 지역으로 확대되기 힘들다는 점이다. 자연 상태에서는 포도가 자라는 북방 한계가 이탈리아 정도에서 멈춰야 했지만, 중세 유럽에서 수도원마다 온갖 노력을 기울인 결과 포도 재배가 상당히 북쪽까지 올라갔다. 대체로 대서양의 루아르강하구로부터 크림반도와 조지아를 잇는 선이 상업적으로 포도를 재배할 수 있는 북방한계선이다.
>
> 적정한 기온은 포도주 생산 가능 여부뿐 아니라 생산된 포도주의 질을 결정하는 중요한 요인이다. 너무 추운 지역이나 너무 더운 지역에서는 포도주의 품질이 떨어질 수밖에 없다. 추운 지역에서는 포도에 당분이 너무 적어서 그것으로 포도주를 담그면 신맛이 강하게 된다. 반면 너무 더운 지역에서는 섬세한 맛이 부족해서 '흐물거리는' 포도주가 생산된다(그 대신 이를 잘 활용하면 포르토나 셰리처럼 도수를 높인 고급 포도주를 만들 수 있다). 그러므로 고급 포도주 주요 생산지는 보르도나 부르고뉴처럼 너무 덥지도 않고 너무 춥지도 않은 곳이다. 다만 달콤한 백포도주의 경우는 샤토디켐(Chateau d'Yquem)처럼 뜨거운 여름 날씨가 지속하는 곳에서 명품이 만들어진다.
>
> 포도주의 수요는 전 유럽적인 데 비해 생산은 이처럼 지리적으로 제한됐기 때문에 포도주는 일찍부터 원거리 무역 품목이 됐고, 언제나 고가품 취급을 받았다. 그런데 한 가지 기억해야 할 점은 이렇게 수출되는 고급 포도주는 오래된 포도주가 아니라 바로 그해에 만든 술이라는 점이다. 우리는 포도주를 오래될수록 좋아진다고 믿는 경향이 있지만, 대부분의 백포도주 혹은 중급 이하 적포도주는 시간이 지날수록 오히려 품질이 떨어진다. 시간이 흐를수록 품질이 개선되는 것은 일부 고급 적포도주에만 한정된 이야기이며, 그나마 포도주를 병에 담아 코르크 마개를 끼워 보관한 이후의 일이다.

① 고급 포도주는 모두 너무 덥지도 춥지도 않은 곳에서 재배된 포도로 만들어졌다.
② 루아르강하구로부터 크림반도와 조지아를 잇는 선은 이탈리아보다 남쪽에 있을 것이다.
③ 유럽에서 일상적으로 마시는 식사용 포도주는 저렴한 포도주거나 고급 포도주에 물을 섞은 것이다.
④ 병에 담겨 코르크 마개를 끼운 고급 백포도주는 보관 기간에 비례하여 품질이 개선되지는 않을 것이다.

01 밑줄 친 외래어 표기가 옳은 것은?

① 그 주제로 <u>심포지엄</u>을 열었다.
② 위험물 주위에 <u>바리케이트</u>를 쳤다.
③ 이 광고에 대한 <u>컨셉트</u>를 논의했다.
④ 인터넷을 통해 많은 <u>컨텐츠</u>가 제공되었다

02 밑줄 친 활용형 중 옳은 것은?

① 식은 국을 따뜻하게 <u>데서</u> 먹었다.
② 아이가 소란을 <u>펴서</u> 정신이 없다.
③ 어린이가 한시를 줄줄 <u>왜서</u> 놀랐다.
④ 나는 뜬눈으로 밤을 <u>새서</u> 너무 피곤하다.

03 ㉠~㉣의 전개 순서로 가장 자연스러운 것은?

1900년대 이후로 다른 문자를 지양하고 한글로만 문자 생활을 영위하고자 하는 경향이 나타났다.

㉠ 이에 따라 각급 학교 교재에 한자는 괄호 안에 넣는 조치를 취했다.
㉡ 그 과정에서 그들이 가장 고심했던 일은 우리말 어휘의 반 이상을 차지하는 한자어를 어떻게 처리하느냐 하는 것이었다.
㉢ 한글학회의 『큰사전』에서는 모든 단어의 표제어는 한글로 적었고 괄호 속에 한자, 로마자 등 다른 문자를 병기하였다.
㉣ 이로 인해 1930년대 이후에 우리 어문 연구가들은 맞춤법과 외래어 표기법을 제정하고 표준어를 사정하였으며 이를 바탕으로 사전 편찬 사업을 추진했다.

① ㉡ – ㉠ – ㉢ – ㉣
② ㉡ – ㉢ – ㉠ – ㉣
③ ㉣ – ㉡ – ㉢ – ㉠
④ ㉣ – ㉢ – ㉠ – ㉡

04 ㉠, ㉡의 한자 표기로 옳은 것은?

• ㉠ <u>간발</u>의 차이로 비행기를 놓쳤다.
• 그의 실력은 장인의 실력에 ㉡ <u>비견</u>될 만하다.

	㉠	㉡
①	間髮	批腑
②	簡拔	比房
③	間髮	比肩
④	簡拔	批腑

05 밑줄 친 단어가 가리키는 대상을 노래한 것은?

珠簾을 고텨 것고 玉階ᄅᆞᆯ 다시 쓸며
啓明星 돗도록 곳초 안자 ᄇᆞ라보니
<u>白蓮花</u> ᄒᆞᆫ 가지ᄅᆞᆯ 뉘라셔 보내신고

– 정철, 「관동별곡(關東別曲)」에서 –

① 구름 빗치 조타 ᄒᆞ나 검기ᄅᆞᆯ ᄌᆞ로 ᄒᆞᆫ다
ᄇᆞ람 소ᄅᆡ ᄆᆞᆰ다 ᄒᆞ나 그칠 적이 하노매라
조코도 그츨 뉘 업기ᄂᆞᆫ 믈뿐인가 ᄒᆞ노라
② 고즌 므스 일로 퓌며셔 쉬이 디고
플은 어이ᄒᆞ야 프르ᄂᆞᆫ ᄃᆞᆺ 누르ᄂᆞ니
아마도 변티 아닐ᄉᆞᆫ 바회뿐인가 ᄒᆞ노라
③ 나모도 아닌 거시 플도 아닌 거시
곳기ᄂᆞᆫ 뉘 시기며 속은 어이 뷔연ᄂᆞᆫ다
뎌러코 四時예 프르니 그를 됴하ᄒᆞ노라
④ 쟈근 거시 노피 떠서 萬物을 다 비취니
밤듕의 光明이 너만ᄒᆞ니 또 잇ᄂᆞ냐
보고도 말 아니 ᄒᆞ니 내 벋인가 ᄒᆞ노라

06 다음 글에 대한 이해로 적절한 것은?

생산량이나 소득처럼 겉보기에 가장 간단할 것 같은 경제학적 개념도 이끌어 내는 데 각종 어려움이 따른다. 거기에 수많은 가치 판단이 들어가기 때문이다. 생산량 통계에 가사 노동을 포함하지 않는 것이 한 예이다. 숫자 자체에 이의를 제기하지 않더라도 생산량이나 소득 통계가 생활수준을 정확히 나타낸다고 말하기는 어렵다. 특히, 가난한 나라보다 식량, 주거, 의료 서비스 등 기본적 필요를 충족한 상태인 부유한 나라들은 더욱 그렇다.

또 구매력, 노동 시간, 생활수준을 결정하는 비금전적인 요인, 비합리적인 소비 행위, 위치재 등이 초래하는 차이도 고려해야 한다. 행복측정 연구는 이런 문제들을 피하려고 노력하지만, 그 연구에는 더 심각한 문제들이 있다. 행복은 그 자체로 측정이 어렵다는 점과 다양한 선호의 문제가 개입된다는 점 때문이다. 행복은 가치의 영역으로서 그에 대해 부여하는 우리의 관념과 욕망, 선호의 지점이 각기 다를 뿐만 아니라 비금전적인 요인 등 복잡한 차이가 존재하므로 행복측정 연구와 같은 영역은 그 대상을 측정하는 것이 그만큼 어려워진다.

물론 이렇게 문제가 있다고 해서 경제학에서 숫자를 사용하면 안 된다는 말이 아니다. 생산량, 성장률, 실업률, 불평등 수준 등에 관한 주요 숫자를 모르고서는 우리는 실제 세상의 경제를 제대로 이해할 수 없다. 그렇지만 이 숫자들이 무엇을 말해 주고, 무엇을 말해 주지 않는지를 항상 명심해야 한다.

① 행복측정 연구에서 측정의 어려움은 선호의 문제로 보완될 수 있다.
② 사람들의 생활수준을 측정하는 것은 가난한 나라보다 부유한 나라에서 더 어렵다.
③ 가치 판단은 측정이 불가능하기 때문에 경제학적 개념을 추출하는 데 어려움을 초래한다.
④ 경제학에서 사용하는 숫자는 객관성이 부족하기 때문에 실제 경제를 이해하는 데 도움이 되지 않는다.

07 밑줄 친 한자어를 고쳐 쓴 것으로 적절하지 않은 것은?

① 우리 시에서는 그 안건을 부의(附議)하겠다고 밝혔다.
→ 우리 시에서는 그 안건을 토의에 부치겠다고 밝혔다.
② 당국은 불법 점유 토지를 명도(明渡)하라고 지시했다.
→ 당국은 불법 점유 토지를 명확하게 파악하라고 지시했다.
③ 우리 조합은 주민들에게 동의서 징구(徵求)를 결정했다.
→ 우리 조합은 주민들에게 동의서 제출 요구를 결정했다.
④ 이 기업은 상여금을 임금에 산입(算入)할 것인지를 논의했다.
→ 이 기업은 상여금을 임금에 포함할 것인지를 논의했다.

08 다음 글에서 추론한 것으로 가장 적절한 것은?

현재 약 7,000개의 언어가 있지만, 그 본질은 다르지 않다. 인간이 언어를 가지게 된 것이 대략 6만 년 전인데, 그동안 많은 언어가 분기하고 사멸하였다. 오늘날의 모든 언어는 나름대로 특별한 역사를 갖는다. 언어는 살아 있는 생명체와 같아서 지금 이 시간에도 변화는 계속되고 있다. 개별 언어들은 발음과 규칙, 그리고 의미의 세밀한 변화를 현재 진행형으로 겪고 있다. 또한 '피진(pidgin)'과 같이 의사소통의 편의를 위해 급조된 언어도 있는데, 이 언어를 사용하는 집단의 후대는 자연스럽게 '크리올(creole)'과 같은 새로운 언어를 탄생시키기도 한다. 피진과 크리올은 비교적 근래에 형성된 것이므로 그 변화의 역사적 과정을 살필 수 있다. 이를 통해 고대의 언어들이 명멸하는 과정도 이와 유사했을 것이라고 짐작할 수 있다.

언어 중에는 영어와 같이 국제적으로 세력을 얻어 글로벌 시대에 의사소통의 가교 역할을 하는 언어도 있다. 이러한 언어들을 '링구아 프랑카(lingua franca)'라고 부른다. 과거에 서양에서는 그리스어나 라틴어가, 동양에서는 한자가 그 역할을 수행하기도 했다. 그러나 지금과 같은 글로벌 사회에서는 미디어나 교통수단의 발달에 힘입어 현재의 국제 통용어로 사용되는 영어가 과거의 국제 통용어들보다 훨씬 많은 힘을 발휘하고 있다.

① 교류와 소통이 증가하면 언어의 분기와 사멸의 속도가 빨라질 것이다.
② 그리스어나 라틴어는 서양의 다른 언어보다 발음, 규칙, 의미가 쉽게 변하지 않는다.
③ 국제사회에서 영향력이 강한 나라가 등장하면 그 나라의 언어가 링구아 프랑카가 될 수 있다.
④ '어리다'의 의미가 '어리석다'에서 '나이가 적다'로 변화한 것은 피진에서 크리올로 변화한 사례이다.

09 ㉠~㉣의 음운 변동에 대한 설명으로 옳지 않은 것은?

㉠ 식용유	㉡ 헛걸음
㉢ 안팎일	㉣ 입학생

① ㉠과 ㉢은 각각 음운의 첨가가 나타난다.
② ㉠과 ㉣은 각각 음운 변동 전과 후의 음운 개수가 같다.
③ ㉡과 ㉢은 각각 음운의 대치가 나타난다.
④ ㉡과 ㉣은 같은 유형의 음운 변동이 있다.

10 밑줄 친 단어가 바르게 쓰인 것은?

① 그는 평생 <u>호의호식</u>을 하며 지냈다.
② 그는 <u>환골탈퇴</u>의 자세로 새 일에 임했다.
③ 부모님은 <u>주야장창</u>으로 자식 걱정뿐이다.
④ <u>산수갑산</u>을 가는 한이 있어도 그 일은 꼭 하고 싶다.

11 밑줄 친 어구와 같은 뜻의 한자 성어는?

> 이생(李生)은 그 이후로 인간사에 게을러져 친척과 빈객의 길흉사가 있어도 문을 닫고 나가지 않았다. 늘 아내 최씨(崔氏)와 더불어 시를 주고받으며 <u>사이좋게 지냈다</u>.
>
> – 김시습, 「이생규장전(李生窺墻傳)」에서 –

① 琴瑟相和 ② 女必從夫
③ 談笑自若 ④ 男負女戴

12 ㉠~㉣에 들어갈 내용으로 적절하지 않은 것은?

> ○ 제목 : 인터넷 범죄 증가의 원인
>
> 1. 국가적 측면 : [㉠] 때문에 인터넷 범죄를 처벌하는 관련 규정이 신속하게 제정되지 않는다.
> 2. 개인적 측면
>   (1) [㉡] 때문에 개인 컴퓨터의 백신 프로그램 설치가 미흡하다.
>   (2) [㉢] 때문에 인터넷상에서 개인 신상 정보 취급이 소홀하게 다루어진다.
> 3. 기술적 측면 : [㉣] 때문에 컴퓨터 보안 프로그램 개발이 미흡하다.

① ㉠ : 인터넷 범죄 처벌 규정의 제정 과정이 지나치게 복잡하기
② ㉡ : 인터넷 사용 시 백신 프로그램을 중요하게 생각하지 않기
③ ㉢ : 자신의 개인 정보는 범죄에 이용되지 않을 것이라고 안이하게 생각하기
④ ㉣ : 컴퓨터 판매량을 늘리기 위한 인프라가 제대로 구축되어 있지 않기

13 다음 글에서 추론한 내용으로 적절하지 않은 것은?

> 금융 회사와 은행 상당수가 파랑을 상징색으로 쓰고 있다. 파랑의 긍정적 속성에는 정직과 신뢰가 있다. 파랑을 사용한 브랜드는 친근성과 전문성이 높아 보인다. 또한 파랑은 테크놀로지 업계에서 선호하는 색이다. 파랑은 소통의 색으로서 소셜 미디어와 잘 어울린다. 페이스북, 트위터, 링크드인의 색을 생각해 보라. 파랑을 상징색으로 사용한 브랜드가 파랑의 긍정적인 가치로 드러날 경우도 있지만, 그렇지 못할 경우에 차갑고 불친절하고 무심한 느낌의 부정적인 가치로 나타나기도 한다.
>
> 파랑은 기업의 단체복에 자주 사용한다. 약간 어두운 톤의 파란색은 친근하고 진지하며 품위 있는 분위기를 전달한다. 어두운 파란색 단체복은 약간의 보수성과 전통을, 밝은 파란색 단체복은 친근한 소통과 창의적인 사고를 표현한다. 이 색은 교복에도 적합하다. 톤을 잘 선택하면 파랑은 집중에 도움을 주고 차분하게 해 주며 활발한 토론과 의견 교환에 도움을 준다.

① 브랜드의 로고를 만들 때 색이 주는 효과를 고려해야 한다.
② 테크놀로지 업계에서 브랜드에 파란색을 써서 성공한 것은 우연한 선택의 결과로 봐야 한다.
③ 색을 효과적으로 사용하려면 색이 주는 긍정적 속성을 잘 파악해야 한다.
④ 색의 톤에 따라 전달하는 분위기가 다르니, 인테리어에 쓸 때 파랑이 지닌 다양한 톤을 알아봐야 한다.

14 다음 발화에 나타난 주장으로 가장 적절한 것은?

> 신어(新語)에 대해 말할 때, 보통 유행어나 비속어, 은어와 같은 한정된 대상을 떠올리는 경우가 많습니다. 그런데 신어 연구의 대상은 특정한 범주의 언어, 소수 집단의 언어에 한정되지 않습니다. 어려운 전문 용어는 의사소통의 효율성이나 교육적 목적을 위해 순화된 신어로 대체할 필요가 있는데, 특히, 상당수의 전문 용어는 신어에 대한 정책적인 고려가 필요해 보입니다. 예를 들어 '좌창(痤瘡)'이라는 의학 용어를 대체한 '여드름'은 일상생활뿐만 아니라 전문 분야에서도 신어로 자리를 잡았습니다. 이와 같은 신어는 전문 용어의 순화에도 일정한 역할을 하고 있습니다. 이는 신어 연구가 단지 새로운 어휘와 몇 가지 주제를 나열하는 연구를 넘어서 한국어 조어론 전반에 대한 연구로 확장되어야 하는 이유이기도 합니다. 이러한 신어의 영역은 대중이 생산하는 '자연 발생적 신어'의 영역과 더불어 '인위적인 신어'의 영역으로 논의되어야 합니다.

① 신어에서 비속어나 은어가 빠져야 한다.
② 신어는 연구 대상과 영역을 확장해야 한다.
③ 자연 발생적인 신어에 대한 정책적 고려가 필요하다.
④ 신어는 의사소통의 효율성을 위해 그 범주를 특정해야 한다.

15 다음 글의 화자에 대한 설명으로 가장 적절한 것은?

> 열 두 째 김도 길샤 설흔 날 지리(支離)ᄒᆞ다. 옥창(玉窓)에 심ᄀᆞᆫ 매화(梅花) 몃 번이나 　여진고. 겨울 밤 차고 찬 제 자최눈 섯거 치고, 여름날 길고 길 제 구ᄌᆞᆫ 비ᄂᆞᆫ 므스 일고. 삼춘 화류(三春花柳) 호시절(好時節)의 경물(景物)이 시름업다. 가을 ᄃᆞᆯ 방에 들고 실솔(蟋蟀)이 상(床)에 울 제, 긴 한숨 디ᄂᆞᆫ 눈물 속절 업시 헴만 만타. 아마도 모진 목숨 죽기도 어려울사. 도로혀 풀쳐 헤니 이리 ᄒᆞ여 어이 ᄒᆞ리. 청등(青燈)을 돌라 노코 녹기금(綠綺琴) 빗기 안아, 벽련화(碧蓮花) 한 곡조를 시름 조ᄎᆞ 섯거 타니, 소상(瀟湘) 야우(夜雨)의 댓소리 섯도ᄂᆞᆫ ᄃᆞᆺ, 화표(華表) 천년(千年)의 별학(別鶴)이 우니ᄂᆞᆫ ᄃᆞᆺ, 옥수(玉手)의 타는 수단(手段) 　소래 잇다마ᄂᆞᆫ, 부용장(芙蓉帳) 적막(寂寞)ᄒᆞ니 뉘 귀에 들리소니. 간장(肝腸)이 구곡(九曲)되야 구 　구 　ᄭᅳᆫ쳐서라. 출하리 잠을 드러 ᄭᅮᆷ의나 보려 ᄒᆞ니, 바람의 디ᄂᆞᆫ 닢과 풀 속에 우는 즘생, 므스 일 원수로서 잠조차 ᄭᅢ오ᄂᆞᆫ다. 천상(天上)의 견우 직녀(牽牛織女) 은하수(銀河水) 막혀셔도, 칠월 칠석(七月七夕) 일년 일도(一年一度) 실기(失期)치 아니거든, 우리 님 가신 후는 무슨 약수(弱水) 가렷관듸, 오거나 가거나 소식(消息)조차 ᄭᅳ 　는고. 난간(欄干)의 비겨 셔서 님 가신 ᄃᆡ 바라보니, 초로(草露)ᄂᆞᆫ 맷쳐 잇고 모운(暮雲)이 디나갈 제, 죽림(竹林) 푸른 고ᄃᆡ 새 소리 더욱 설다. 세상의 서룬 사람 수업다 ᄒᆞ려니와, 박명(薄命)ᄒᆞᆫ 홍안(紅顔)이야 날 가ᄐᆞ니 ᄯᅩ 이실가. 아마도 이 님의 지위로 살동말동 ᄒᆞ여라.
>
> －「규원가(閨怨歌)」에서－

① 시간 변화를 통해 슬픔과 기쁨의 감정 변화를 나타내고 있다.
② 자신이 처한 상황과 그 심정을 자연물에 의탁해서 드러내고 있다.
③ 자신에게 가해지는 차별과 억압의 원인을 연인과의 이별에서 찾고 있다.
④ 운명에 순응하여 힘든 결혼 생활을 견뎌 온 것에 대해 자부심을 가지고 있다.

16 다음 글에 대한 이해로 적절하지 않은 것은?

> 우리 헌법에는 신체의 자유, 거주·이전의 자유, 직업의 자유, 주거의 자유, 통신의 자유 등 명시적으로 개별적인 기본권을 정하고 있다. 하지만 인간의 삶에 필요한 자유가 특정 시점을 기준으로 모두 구체적인 이름을 띠고 있을 수는 없다. 그런 이유로 인간이 살아가면서 발견하게 될 자유도 헌법상 보장되는 장치를 할 필요가 있어서 헌법 제37조 제1항에 "국민의 자유와 권리는 헌법에 열거되지 아니한 이유로 경시되지 아니한다."라고 정함으로써 모든 영역에 걸쳐 자유를 보장하고 있다.
>
> 그런데 자유는 무한하지도 않고, 방임도 아니다. 이런 자유는 타인의 자유와 권리를 침해하지 않는 범위 내에서 인정되며, 공동체의 존속과 발전을 침해하지 않는 범위 내에서 향유할 수 있는 것이다. 우리 헌법이 규율하는 공동체 질서 내에서의 자유는 어디까지나 공동체의 존속, 안전, 평화, 그리고 타인과 더불어 살아가는 상생을 전제로 하는 것이다.
>
> 헌법에서 보장하는 자유도 이러한 범위에서 제한을 받는 것이기는 하지만 국가안전보장, 질서유지, 공공복리라는 가치들이 있기만 하면 국민의 자유가 마음대로 제한될 수 있는 것은 아니다. 이런 가치에 의해 자유를 제한하는 경우에도 과잉금지원칙이 적용되고 기본권의 본질적인 내용은 침해할 수 없다.

① 인간의 자유는 공동체의 존속과 발전을 침해하지 않는 범위 내에서 향유할 수 있다.
② 헌법 제37조 제1항은 헌법에 열거되지 않은 자유에 대해서 보장하는 장치를 마련하고 있다.
③ 헌법에 명시된 자유 외에 새롭게 발견하게 될 자유를 제한할 경우에 과잉금지원칙을 적용한다.
④ 자유는 무한하지도 않고, 방임도 아니므로 특정 시점을 기준으로 구체적인 이름을 부여할 필요가 있다.

17 ㉠과 ㉡에 대한 진술 방식으로 적절하지 않은 것은?

㉠ 예술의 본질은 무엇인가를 표현하는 것이다. 이 말은 예술이 ㉡ 과학과 마찬가지로 일종의 설명적 기능을 하고 있다는 것이다. 예술가는 자신의 언어를 통해서 대상에 대한 자신의 생각이나 느낌을 전달한다. 특히 낭만적인 예술가들은 예술의 기능을 본질적으로 표현에 있다고 보고, 예술의 기능이 과학의 기능과 질적으로 다르지 않다고 하였다. 과학이나 예술은 다 같이 우리들이 경험하고 있는 사물 현상에 질서를 주는 방법이라는 것이다. 과학이나 예술의 목적이 진리를 밝히는 데 있으며, 그들의 언어가 갖는 의미는 그 언어가 가리키는 지시 대상에서 찾아진다는 것이다.

그러나 예술의 언어가 과학의 언어처럼 지시적 기능을 갖고 있다는 사실은 예술에 대한 오해에서 비롯된 것이다. 다빈치의 「모나리자」는 모나리자라는 여인을 모델로 했다고 하더라도, 그러한 인물을 지시하고 표현했기 때문에 예술이 되는 것은 아니다. 이 예술 작품은 실재 인물과 상관없이 표현의 결과물로서 존재한다. 이처럼 예술 작품은 의미를 갖는 언어 뭉치로서 존재하는 것이다. 예술이 '말할 수 없는 것을 말하는 것'이라는 견해도 여기에서 비롯된다.

① ㉠에 대한 예시를 들고 있다.
② ㉠에 대한 개념을 밝히고 있다.
③ ㉠과 ㉡의 공통점을 기술하고 있다.
④ ㉠과 ㉡을 인과적으로 분석하고 있다.

18 ㉠과 ㉡에 대한 글쓴이의 견해로 적절하지 않은 것은?

'대중예술'이라는 용어는 다소 모호하게 사용된다. 이 용어는 19세기부터 쓰였고, 오늘날에는 대중매체 예술뿐 아니라 서민들이 향유하는 예술에도 적용된다. 이 용어의 사용과 관련하여 제기되는 비판과 의문은, 예술이란 용어 자체가 이미 고유한 미적 가치를 함축하고 있기 때문에 대중예술이라는 개념은 본질적으로 모순이며 범주상의 오류라는 것이다. 이 같은 논쟁은 고급 예술과 대중예술 사이의 위계적 이분법 아래에 예술 대 엔터테인먼트라는 대립이 존재함을 알려 준다.

대중예술과 마찬가지로 엔터테인먼트는 고급 문화와 대비하여 저급한 것으로 널리 규정되어 왔다. 결과적으로 엔터테인먼트와 대중예술에 관한 이론은 대개 두 입장 사이에 놓인다. ㉠ 첫 번째 입장은 엔터테인먼트가 고급 문화를 차용해서 타락시키는 것이라고 주장하면서, 엔터테인먼트를 고급 문화에 전적으로 의존하고, 종속되며 그것에서 파생되는 것으로 간주한다. ㉡ 두 번째 입장은 엔터테인먼트를 고급 문화와 동떨어진 영역, 즉 고급 문화에 도전함으로써 대립적인 태도를 유지하면서 엔터테인먼트 자체의 자율적 규칙, 가치, 원리와 미적 기준을 갖고 있는 것으로 규정한다.

첫 번째 입장은 다양한 가치를 이상적인 진리 안에 종속시킴으로써, 예술의 형식과 즐거움의 미적 가치에 대한 어떠한 상대적 자율성도 인정하지 않는다. 두 번째 입장은 대중예술에 대한 극단적 자율성을 주장하는 것으로서, 고급 예술이 대중예술에 대하여 휘두르고 있는 오래된 헤게모니의 흔적을 제대로 평가하지 않을 뿐 아니라 고급 예술과 대중예술 사이의 관계를 설명하지 못한다.

① ㉠은 고급 문화와 엔터테인먼트 사이의 위계성을 설명하지 못한다.
② ㉠은 대중예술과 엔터테인먼트에 비해 고급 예술과 고급 문화의 우월성을 강조한다.
③ ㉡은 고급 예술과 대중예술 사이의 관계성을 설명하지 못한다.
④ ㉡은 고급 예술과 고급 문화에 대해 대중예술과 엔터테인먼트의 독자성을 강조한다.

01 다음에 해당하는 사례로 적절하지 않은 것은?

> 역전앞'과 마찬가지로 '피해(被害)를 당하다'에도 의미의 중복이 나타난다. '피해'의 '피(被)'에 이미 '당하다'라는 의미가 포함되어 있기 때문이다.

① 형부터 먼저 해라.
② 채훈이는 오로지 빵만 좋아한다.
③ 발언자마다 각각 다른 주장을 편다.
④ 그는 예의가 바를 뿐더러 무척 부지런하다.

02 다음 대화에서 밑줄 친 부분의 표현 효과에 대한 설명으로 적절한 것은?

> 김 대리 : 늦어서 죄송합니다. 일이 좀 많았습니다.
> 이 부장 : 괜찮아요. 오랜만에 최 대리하고 오붓하게 대화도 나누고 시간 가는 줄 몰랐네요. 허허허.
> 김 대리 : 박 부장님은 오늘 못 나오신다고 전해 달라셨어요.
> 이 부장 : 그럼, 우리끼리 출발합시다.

① 자신과 상대방의 의견 차이를 최소화한다.
② 상대방에게 부담이 되는 표현을 최소화한다.
③ 화자 자신에게 혜택을 주는 표현을 최소화한다.
④ 상대방에 대한 비방을 최소화하고 칭찬을 최대화한다.

03 '청소년 인터넷 중독의 현황과 문제 해결'에 대한 글을 작성하고자 한다. 글의 내용으로 포함하기에 적절하지 않은 것은?

① 국내 최대 게임 업체의 고객 개인 정보가 유출되어 청소년들에게 성인 광고 문자가 대량 발송된 사건을 예로 제시한다.
② 인터넷에 중독되는 청소년의 비율이 해마다 증가한다는 통계를 활용하여 해당 사안이 시급히 해결되어야 할 문제임을 강조한다.
③ 사회성 결여, 의사소통 장애, 집중력 저하 등 인터넷 중독이 야기할 수 있는 부정적 현상들을 열거하여 문제의 심각성을 환기한다.
④ 청소년 대상 인터넷 중독 상담 프로그램의 개발 및 운영을 위해 할당된 예산이 부족하다는 전문가의 의견을 인용하여 해당 문제에 대한 대처가 미온적임을 지적한다.

04 밑줄 친 단어의 쓰임이 옳은 것은?

① 하노라고 한 것이 이 모양이다.
② 물품 대금은 나중에 예치금에서 자동으로 결재된다.
③ 예산을 대충 걷잡아서 말하지 말고 잘 뽑아 보세요.
④ 행운이 가득하기를 기원하는 것으로 치사를 가름합니다.

05 다음 글의 주장으로 가장 적절한 것은?

> 우리에게 친숙한 동물들의 사소한 행동을 살펴보면 그들이 자신의 환경을 개조한다는 것을 알 수 있다. 가장 단순한 생명체는 먹이가 그들에게 헤엄쳐 오게 만들고, 고등동물은 먹이를 구하기 위해 땅을 파거나 포획 대상을 추적하기도 한다. 이처럼 동물들은 자신의 목적을 위해 행동함으로써 환경을 변형시킨다. 이러한 생존 방식을 흔히 환경에 적응하는 것으로 설명한다. 그러나 이러한 설명은 생명체들이 그들의 환경 개변(改變)에 능동적으로 행동한다는 중요한 사실을 놓치고 있다.
> 가장 고등한 동물인 인간도 다른 생명체와 마찬가지로 생존이나 적응을 넘어서 환경에 대해 적극성을 보인다. 이는 인간의 세 가지 충동 – 사는 것, 잘 사는 것, 더 잘 사는 것 – 으로 인하여 가능하다. 잘 살기 위한 노력은 순응적이기보다는 능동적인 모습으로 나타나게 된다. 인간도 생명체이다. 더 잘 살기 위해서는 환경에 순응할 수만은 없다.

① 인간은 환경에 적응해 왔다.
② 삶의 기술은 생존을 위한 것이다.
③ 생명체는 환경을 능동적으로 변형한다.
④ 인간은 잘 사는 것을 삶의 목표로 한다.

06 밑줄 친 부분의 활용형이 옳지 않은 것은?

① 집에 오면 그는 항상 사랑채에 머물었다.
② 나는 고향 집에 한 사나흘 머무르면서 쉴 생각이다.
③ 일에 서둔 것은 연습이 부족한 까닭이다.
④ 그는 외국어가 서투르므로 해외 출장을 꺼린다.

07 다음에 서술된 A사의 상황을 가장 적절하게 표현한 한자성어는?

> 최근 출시된 A사의 신제품이 뜨거운 호응을 얻고 있다. 이번 신제품의 성공으로 A사는 B사에게 내주었던 업계 1위 자리를 탈환했다.

① 兎死狗烹 ② 捲土重來
③ 手不釋卷 ④ 我田引水

08 다음 글의 주장으로 가장 적절한 것은?

> 예술 작품의 복제 기술이 좋아지고 있음에도 불구하고 원본을 보러 가는 이유는 무엇인가? 예술 작품의 특성상 원본 고유의 예술적 속성을 복제본에서는 느낄 수 없다고 생각하는 경향이 강하기 때문이다. 사진은 원본인지 복제본인지 중요하지 않지만, 회화는 붓 자국 하나하나가 중요하기 때문에 복제본이 원본을 대체할 수 없다고 생각하는 사람들이 많다.
>
> 그러나 이러한 생각은 잘못이다. 회화와 달리 사진의 경우, 보통은 '그 작품'이라고 지칭되는 사례들이 여러 개 있을 수 있다. 20세기 위대한 사진작가 빌 브란트가 마음만 먹었다면, 런던에 전시한 인화본의 조도를 더 낮추는 방식으로 다른 곳에 전시한 것과 다른 예술적 속성을 갖게 할 수 있었을 것이다. 이것은 사진의 경우, 작가가 재현적 특질을 선택하고 변형할 수 있는 방법이 다양함을 의미한다.

① 복제본의 예술적 가치는 원본을 뛰어넘을 수 없다.
② 복제 기술 덕분에 예술의 매체적 특성이 비슷해졌다.
③ 복제본의 재현적 특질을 변형하는 방법은 제한적이다.
④ 복제본도 원본과는 다른 별개의 예술적 특성을 담보할 수 있다.

09 밑줄 친 단어와 바꿔 쓸 수 있는 한자어로 가장 적절한 것은?

① 그는 가수가 되려는 꿈을 버리고 직장을 구했다.
→ 遺棄하고
② 휴가철인 7~8월에 버려지는 반려견들이 가장 많다.
→ 根絕되는
③ 그는 집 앞에 몰래 쓰레기를 버리고 간 사람을 찾고 있다.
→ 投棄하고
④ 취직하려면 그녀는 우선 지각하는 습관을 버려야 할 것이다.
→ 抛棄해야

10 다음 글의 ㉠~㉣에 대한 고쳐 쓰기 방안으로 적절하지 않은 것은?

> 현재 리셋 증후군이 인터넷 중독의 한 유형으로 ㉠ 꼽혀지고 있다. 리셋 증후군 환자들은 현실에서 잘못을 하더라도 버튼만 누르면 해결될 수 있다고 생각해서 아무런 죄의식이나 책임감 없이 행동한다. ㉡ '리셋 증후군'이라는 말은 1990년 일본에서 처음 생겨났는데, 국내에선 1990년대 말부터 쓰이기 시작했다. 리셋 증후군 환자들은 현실과 가상을 구분하지 못하여 게임에서 실행했던 일을 현실에서 저지르고 뒤늦게 후회하는 경우가 많다. 특히, 이러한 특성을 지닌 청소년들은 무슨 일이든지 쉽게 포기하고 책임감 없는 행동을 하며, 마음에 들지 않는 사람이 있으면 ㉢ 막다른 골목으로 몰 듯 관계를 쉽게 끊기도 한다.
>
> 리셋 증후군은 행동 양상이 명확히 나타나지 않는 편이라 쉽게 판별하기 어렵고 진단도 쉽지 않다. ㉣ 이와 같이 예방을 위해 지속적으로 주위 사람들과 대화를 나누고, 현실과 인터넷 공간을 구분하는 능력을 길러야 한다.

① 불필요한 이중 피동 표현으로 어법에 맞게 ㉠을 '꼽고'로 수정한다.
② 글의 맥락상 자연스럽지 않으므로 ㉡은 첫 번째 문장 뒤로 옮긴다.
③ 앞뒤 문맥을 고려할 때 ㉢은 '칼로 무를 자르듯'으로 수정한다.
④ 앞 문장과의 연결을 고려하여 ㉣을 '그러므로'로 수정한다.

11 다음 글에서 의인화하고 있는 사물은?

> 姓은 楮이요, 이름은 白이요, 字는 無玷이다. 회계 사람이고, 한나라 중상시 상방령 채륜의 후손이다. 태어날 때 난초탕에 목욕하여 흰 구슬을 희롱하고 흰 띠로 꾸렸으므로 빛이 새하얗다. … (중략) … 성질이 본시 정결하여 武人은 좋아하지 않고 文士와 더불어 노니는데, 毛學士가 그 벗으로 매양 친하게 어울려서 비록 그 얼굴에 점을 찍어 더럽혀도 씻지않았다.

① 대나무 ② 백옥
③ 엽전 ④ 종이

12 다음 보도 기사별 마무리 표현으로 적절하지 않은 것은?

보도 기사	마무리 표현
소송이나 다툼에 관한 소식	㉠
어느 쪽이 옳다고 말하기 애매한 소식	㉡
사건이 터지고 결과가 드러나기 전 소식	㉢
연예 스캔들 소식	㉣

① ㉠ : 모쪼록 원만히 해결되기 바랍니다.
② ㉡ : 그 의미를 새삼 돌아보게 됩니다.
③ ㉢ : 현재 귀추가 주목되고 있습니다.
④ ㉣ : 호사가들의 입방아에 오르내리고 있습니다.

13 다음 글에 대한 이해로 적절하지 않은 것은?

> 말뚝이 : (벙거지를 쓰고 채찍을 들었다. 굿거리장단에 맞추어 양반 삼 형제를 인도하여 등장.)
> 양반 삼 형제 : (말뚝이 뒤를 따라 굿거리장단에 맞추어 점잔을 피우나, 어색하게 춤을 추며 등장.
> 양반 삼 형제 : 맏이는 샌님[生員], 둘째는 서방님[書房], 끝은 도련님[道令]이다. 샌님과 서방님은 흰 창옷에 관을 썼다. 도련님은 남색 쾌자에 복건을 썼다. 샌님과 서방님은 언청이이며(샌님은 언청이 두 줄, 서방님은 한 줄이다.) 부채와 장죽을 가지고 있고, 도련님은 입이 삐뚤어졌고 부채만 가졌다. 도련님은 대사는 일절 없으며, 형들과 동작을 같이하면서 형들의 면상을 부채로 때리며 방정맞게 군다.)
> 말뚝이 : (가운데쯤에 나와서) 쉬이. (<u>음악과 춤 멈춘다</u>.) 양반 나오신다아! 양반이라고 하니까 노론, 소론, 호조, 병조, 옥당을 다 지내고 삼정승, 육판서를 다 지낸 퇴로 재상으로 계신 양반인 줄 알지 마시오. 개잘량이라는 '양' 자에 개다리소반이라는 '반' 자 쓰는 양반이 나오신단 말이오.
> 양반들 : 야아, 이놈, 뭐야아!
> 말뚝이 : 아, 이 양반들, 어찌 듣는지 모르갔소. 노론, 소론, 호조, 병조, 옥당을 다 지내고 삼정승, 육판서 다 지내고 퇴로 재상으로 계신 이 생원네 삼 형제 분이 나오신다고 그리 하였소.
> 양반들 : (합창) 이 생원이라네. (굿거리장단으로 모두 춤을 춘다. 도령은 때때로 형들의 면상을 치며 논다. 끝까지 그런 행동을 한다.)
>
> – 작자 미상, 「봉산탈춤」에서 –

① 양반들이 자신들을 조롱하는 말뚝이에게 야단쳤군.
② 샌님과 서방님이 부채와 장죽을 들고 춤을 추며 등장했군.
③ 말뚝이가 굿거리장단에 맞춰 양반을 풍자하는 사설을 늘어놓았군.
④ 도련님이 방정맞게 굴면서 샌님과 서방님의 얼굴을 부채로 때렸군.

14 밑줄 친 부분의 띄어쓰기가 옳은 것은?

① <u>해도해도</u> 너무한다.
② 빠른 <u>시일 내</u> 지원해 줄 것이다.
③ 이 그릇은 귀한 거라 손님 <u>대접하는데나</u> 쓴다.
④ 소비 절약을 호소하는 <u>정공법 밖에</u> 달리 도리는 없다.

15 다음 밑줄 친 부분의 의미를 풀어 쓴 것으로 적절한 것은?

2004년 1월 태국에서는 한 소년이 극심한 폐렴 증세로 사망했다. 소년의 폐는 완전히 망가져 흐물흐물해져 있었다.

분석 결과, 이전까지 인간이 감염된 적이 없는 인플루엔자 바이러스가 원인으로 밝혀졌다. 소년은 공식적으로 고병원성 조류 인플루엔자 바이러스, H5N1의 첫 사망자가 되었다.

계절 독감으로 익숙한 인플루엔자 바이러스가 이렇게 치명적일 수 있었던 것은 인간의 면역 반응 때문이다. 인류 역사상 단 한 번도 만나본 적이 없는 새로운 바이러스가 침입하자 면역계가 과민 반응을 일으켜 도리어 인체에 해를 끼친 것이다. 이런 현상을 '사이토카인 폭풍'이라 부른다. 사이토카인 폭풍은 면역 능력이 강한 젊은 층일수록 더 세게 일어난다.

만약 집에 ㉠ 좀도둑이 들었다면 작은 손해를 각오하고 인기척을 내 도둑 스스로 도망가게 하는 것이 상책이다.

그런데 만약 ㉡ 몽둥이를 들고 도둑과 싸우려 든다면 도둑은 ㉢ 강도로 돌변한다. 인체가 H5N1에 감염되면 똑같은 일이 벌어진다. 처음으로 새가 아닌 다른 숙주 몸속에 들어온 바이러스는 과민 반응한 면역계와 죽기 살기로 싸운다. 그결과 50%가 넘는 승률로 바이러스가 승리한다. 그러나 ㉣ 승리의 대가는 비싸다. 숙주가 죽어 버렸기 때문에 바이러스 역시 함께 죽어야만 한다. 이것이 바로 악명을 떨치면서도 조류 독감의 사망 환자 수가 전 세계에서 400명을 넘기지 않는 이유다. 이 질병이 아직 사람 사이에서 감염되는 사례가 나타나지 않은 이유도 바이러스가 인체라는 새로운 숙주에 적응하지 못했기 때문으로 추정할 수 있다.

① ㉠ : 면역계의 과민 반응
② ㉡ : 계절 독감
③ ㉢ : 치명적 바이러스
④ ㉣ : 극심한 폐렴 증세

16 다음 글의 전개 순서로 가장 자연스러운 것은?

ㄱ. 1700년대 중반에 이미 미국 이주민들의 평균 소득은 영국인들의 평균 소득을 넘어섰다.
ㄴ. 그러나 미국은 사실 그러한 분야에서는 다른 산업 국가들에 비해 특별한 우위를 갖고 있지 않았다.
ㄷ. 미국 이주민들의 평균 소득이 높아지게 된 배경에는 좋은 환경으로부터 비롯된 낙관성과 자신감이 있었다. 이후로도 다소 불안정하기는 했지만 미국인들의 소득은 계속해서 크게 증가했다.
ㄹ. 대부분의 미국인들은 남북 전쟁 이후 급속히 경제가 성장한 이유를 농업적 환경뿐만 아니라 19세기의 과학적, 기술적 대전환, 기업가 정신과 규제가 없는 시장 경제 때문이라고 단순하게 생각하는 경향이 있다.
ㅁ. 미국인들이 이처럼 초기 정착기에 풍요로움을 누릴 수 있었던 것은 비옥한 토지, 풍부한 천연자원, 흑인 노동력에 힘입은 농산물 수출 덕분이었다.

① ㄱ－ㄷ－ㅁ－ㄹ－ㄴ ② ㄱ－ㄹ－ㄷ－ㄴ－ㅁ
③ ㄹ－ㄴ－ㅁ－ㄱ－ㄷ ④ ㄹ－ㅁ ㄴ－ㄷ－ㄱ

17 다음 글을 통해 추론할 수 없는 것은?

자신의 신념과 일치하는 정보는 받아들이고 그렇지 않은 정보는 무시하는 경향을 확증 편향(confirmation bias)이라 한다. 자신의 믿음이나 견해와 일치하는 정보는 수용하고 그에 반대되는 정보는 무시하거나 부정하는 심리 경향이다. 사회 심리학자인 로버트 치알디니는 자신이 가진 기존의 견해와 일치하는 정보는 두 가지 이점을 가지고 있다고 한다. 첫째, 그러한 정보는 어떤 문제에 대해 더 이상 고민하지 않고 마음의 휴식을 취할 수 있게 해 준다. 둘째, 그러한 정보는 우리를 추론의 결과에서 자유롭게 해 준다. 즉 추론의 결과 때문에 행동을 바꿔야 할 필요가 없다. 첫째는 생각하지 않게 하고, 둘째는 행동하지 않게 함을 말한다.

일례로 특정 정치 성향을 가진 사람들을 대상으로 조사했을 때, 사람들은 반대당 후보의 주장에서는 모순을 거의 완벽하게 찾은 반면, 지지하는 당 후보의 주장에서는 모순을 절반 정도만 찾아냈다. 이 판단의 과정을 자기 공명 영상 장치로도 촬영했다. 그 결과, 자신이 동의하지 않는 정보를 접했을 때는 뇌 회로가 활성화되지 않았고, 자신이 동의하는 주장을 접했을 때는 긍정적인 반응을 보이면서 뇌 회로가 활성화되는 것을 확인할 수 있었다.

① 사람에게는 자신의 신념이나 행동을 바꾸려 하지 않는 경향이 있다.
② 사람에게는 정보를 객관적으로 판단하지 못하는 심리적 특성이 있다.
③ 사람에게는 지지자들의 말만을 듣고 자기 신념을 강화하는 경향이 있다.
④ 사람에게는 새로운 정보를 접했을 때 심리적 불안을 느끼는 특성이 있다.

18 밑줄 친 부분에서 행위의 주체가 같은 것으로만 묶은 것은?

금와왕이 이상히 여겨 유화를 방 안에 가두어 두었더니 햇빛이 방 안을 비추는데 ㉠ 몸을 피하면 다시 쫓아와서 비추었다. 이로 해서 태기가 있어 알[卵] 하나를 낳으니,크기가 닷 되들이만 했다. 왕이 그것을 버려서 개와 돼지에게 주게 했으나 모두 먹지 않았다. 다시 길에 ㉡ 내다 버리게 했더니 소와 말이 피해서 가고 들에 내다 버리니 새와 짐승들이 덮어 주었다. 왕이 쪼개 보려고 했으나 아무리 해도 쪼개지지 않아 그 어미에게 돌려주었다. 어미가 이 알을 천으로 싸서 따뜻한 곳에 놓아두었더니 한 아이가 ㉢ 껍질을 깨고 나왔는데, 골격과 외모가 영특하고 기이했다.

겨우 일곱 살이 되었을 때, 이미 기골이 뛰어나서 범인(凡人)과 달랐다. 스스로 활과 화살을 만들어 쏘았는데 백발백중이었다. 나라 풍속에 ㉣ 활 잘 쏘는 사람을 주몽이라고 하므로 그 아이를 '주몽'이라 했다.

금와왕에게는 일곱 아들이 있어 항상 주몽과 함께 놀았는데, 재주가 주몽을 따르지 못했다. 맏아들 대소가 왕에게 말했다.

"주몽은 사람의 자식이 아닙니다. 일찍 ㉤ 없애지 않는다면 후환이 있을까 두렵습니다." 왕이 듣지 않고 주몽을 시켜 말을 기르게 하니 주몽은 좋은 말을 알아보고 적게 먹여서 여위게 기르고, 둔한 말을 ㉥ 잘 먹여서 살찌게 했다.

① ㉠, ㉡ ② ㉡, ㉣
③ ㉢, ㉥ ④ ㉣, ㉤

국어 마무리에 날개를 달아줄!

2024 요정노트 매일 30분

하프 모의고사

파 이 널

PART

IV

정답 및 해설

2023년도 국가공무원 9급 기출문제 정답 및 해설

빠른 답 찾기

01	③	02	①	03	③	04	③	05	③
06	①	07	①	08	②	09	④	10	③
11	①	12	②	13	②	14	④	15	③
16	④	17	②	18	③				

01. ③

| 정답 해설 |

③ 생활 속 실천 방법 : 자기 쓰레기는 자기가 집으로 되가져가도록 합시다. / 설의적 표현 : 자기 집이라면 이렇게 함부로 쓰레기를 버렸을가요? / 비유적 표현 : 바다가 몸살을 앓는다고 합니다. (의인법)

| 오답 해설 |

① 생활 속 실천 방법 : X / 설의적 표현 : X / 비유적 표현 : 바다는 쓰레기 없는 푸른 날을 꿈꾸고 있습니다.(의인법)

② 생활 속 실천 방법 : 분리수거를 철저히 하고 일회용품을 줄이는 것 / 설의적 표현 : X / 비유적 표현 : X

④ 생활 속 실천 방법 : X / 설의적 표현 : 인간도 고통받게 되지 않을까요? / 비유적 표현 : X

02. ①

| 정답 해설 |

① 백 팀장은 워크숍 내용을 공유하면 좋을 것 같다는 자신의 바람을 전달하였지만 팀원들에 대한 유대감을 드러내는 표현을 사용하지는 않았다.

| 오답 해설 |

② 고 대리는 영상을 공개하는 것이 부담스럽다는 점과 타 부서와 비교될 수 있다는 점을 이유로 들며 백 팀장의 요청을 거절하였다.

③ 임 대리는 "팀장님 말씀대로 정보를 공유한다는 취지는 좋다고 생각"한다며 백 팀장 발언의 취지에 공감하였다.

④ 임 대리는 "잘 된 것만 시범적으로 한두 개 올리는 것이 어떨까요?"라며 자신의 의견을 의문형으로 간접적으로 드러냈다.

03. ③

| 정답 해설 |

③ 입추의 여지가 없다 : 송곳 끝도 세울 수 없을 정도라는 뜻으로, 발들여놓을 데가 없을 정도로 많은 사람들이 꽉 들어찬 경우를 비유적으로 이르는 말.

| 오답 해설 |

① 홍역을 치르다 : (무엇이) 아주 감당하기 어려운 일을 겪다.

② 잔뼈가 굵다 : 오랜 기간 일정한 곳에서 일을 하여 그 일에 익숙하다.

④ 어깨를 나란히 하다 : 서로 비슷한 지위나 힘을 가지다.

04. ③

| 정답 해설 |

② 첫 문장에서는 기업에서 빅데이터를 바라보는 시각이 변하고 빅데이터의 가치를 받아들였다고 하였다. 이후에는 기업들이 데이터를 얻기 위해 어떻게 활동을 해왔는지에 대한 내용이 이어지는 것이 자연스럽다.

(가)에서는 기업이 많은 돈을 투자해 '마케팅 조사'를 해왔다고 하였으므로 (가)가 처음에 위치하는 것이 자연스럽다. (가)에서 언급한 '마케팅 조사'와 같은 활동은 (다)의 '그런 노력'으로 연결이 된다. 기업의 '그런 노력'이 효과가 있는 경우도 있지만 아쉬운 부분도 있는데, 이는 (나)의 '그런 상황'과 연결이 된다.

05. ③

| 정답 해설 |

④ 침소봉대(針小棒大작은 일을 크게 불리어 떠벌림.
문맥상 과장한다는 의미의 성어가 들어가는 것이 적절하다.

| 오답 해설 |

① 각주구검(刻舟求劍) : 융통성 없이 현실에 맞지 않는 낡은 생각을 고집하는 어리석음을 이르는 말.

② 권토중래(捲土重來) : 땅을 말아 일으킬 것 같은 기세로 다시 온다는 뜻으로, 한 번 실패하였으나 힘을 회복하여 다시 쳐들어옴을 이르는 말.

③ 와신상담(臥薪嘗膽) : 불편한 섶에 몸을 눕히고 쓸개를 맛본다는 뜻으로, 원수를 갚거나 마음먹은 일을 이루기 위하여 온갖 어려움과 괴로움을 참고 견딤을 비유적으로 이르는 말.

06. ①

| 정답 해설 |

① '못 오던가'를 반복하여 오지 않는 '너'에 대한 원망과 서운함을 표출하고 있다.

| 오답 해설 |

② '한 ᄃᆞᆯ', '서른 날'에서 날짜 수를 제시한 것은 맞지만 날짜 수를 대조한 것은 아니다. 동일한 기간을 달과 날로 반복하여 헤어진 기간이 길다는 것을 강조하고 있는 것이다.

③ 연쇄법을 사용한 것은 맞지만 감정의 기복이 드러나지는 않는다. 감정의 변화는 없고, 오지 않는 임에 대한 원망만 드러난다.

④ 단계적으로 공간을 축소한 것은 맞지만 만날 수 있다는 희망은 드러나지 않는다.

07. ①

| 정답 해설 |

① 발음 능력은 영유아기에 훈련을 통해 습득되어 음성 기관의 움직임이 자동화된다고 하였다. 모어에 맞게 자동화된 상태에서는 모어에 없는 외국어 음성은 발음이 어려운 것이다.
필기 능력은 음성 기관을 움직이는 것에 비해서는 의식적이라고 할 수 있다. 하지만 의지와 관계없이 필체가 일정하다는 점에서는 필기 능력에도 무의식적이고 자동적인 면이 있음을 알 수 있다.

08. ②

| 정답 해설 |

② 한글 맞춤법 제40항에서는 "어간의 끝음절 '하'의 'ㅏ'가 줄고 'ㅎ'이 다음 음절의 첫소리와 어울려 거센소리로 될 적에는 거센소리로 적는다."라고 규정하고 있다. 붙임 규정에서는 "'하'가 통째로 줄어드는 경우에는 소리 나는 대로 적는다."라고 규정하고 있는데, '하'가 줄어드는 기준은 '하' 앞에 오는 받침의 소리이다. '하' 앞의 받침

의 소리가 [ㄱ, ㄷ, ㅂ]이면 '하'가 통째로 줄고 그 외의 경우에는 'ㅎ'이 남는다.
㉠ '무정하다'는 'ㅏ'만 줄어 '무정타'가 된다.
㉡ '섭섭하지'는 '하' 앞의 받침의 소리가 'ㅂ'이므로 '하'가 통째로 줄어 '섭섭지'가 된다.
㉢ '선발하도록'은 'ㅏ'만 줄어 '선발토록'이 된다.
㉣ '생각하건대'는 '하' 앞의 받침의 소리가 'ㄱ'이므로 '하'가 통째로 줄어 '생각건대'가 된다.

09. ④

| 정답 해설 |

④ 追憶(쫓을 추, 생각할 억) : 지난간 일을 돌이켜 생각함. 또는 그런 생각이나 일.
記憶(기록할 기, 생각할 억) 이전의 인상이나 경험을 의식 속에 간직하거나 도로 생각해 냄.

| 오답 해설 |

① 도착(到着) : 목적한 곳에 다다름.
② 불상(佛像) : 부처의 형상을 표현한 상.
③ 경지(境地) : 「1」 일정한 경계 안의 땅.
「2」 학문, 예술, 인품 따위에서 일정한 특성과 체계를 갖춘 독자적인 범주나 부분.
「3」 몸이나 마음, 기술 따위가 어떤 단계에 도달해 있는 상태.

10. ③

| 정답 해설 |

③ 이 글에서는 인간의 사고와 프레임에 대해 이야기하고 있다. 인간의 정신 활동은 프레임 없이 일어나지 않는다고 하였을 뿐, 사고의 확장을 위해 프레임을 극복해야 한다는 내용은 언급하지 않았다. 인간의 사고 확장과 프레임 극복과는 관련이 없다.

| 오답 해설 |

①, ④ "사람의 '지각과 생각'은 항상 어떤 맥락, 관점 혹은 어떤 평가 기준이나 가정하에서 일어난다. 이러한 맥락, 관점, 평가 기준, 가정을 프레임이라고 한다."를 통해 확인할 수 있다.
② '우리의 모든 정신 활동은 진공 상태에서 일어나는 것이 아니라, 어떤 맥락이나 가정하에서 일어난다.'를 통해 확인할 수 있다.

11. ①

| 정답 해설 |

① 보잉은 시스템의 불안정을 고려하여 조종사가 통제할 수 있도록 설계되었고, 에어버스는 인간의 실수 가능성을 고려하여 컴퓨터가 통제할 수 있도록 설계되었다.

보잉	에어버스
조종사가 통제	컴퓨터가 조종사의 행동 제한
윌리엄 보잉 "최종 권한은 조종사, 시스템은 완벽하지 않다"	베테유 "인간은 실수할 수 있다"

| 오답 해설 |

② 베테유가 인간을 실수할 수 있는 존재로 본 것은 맞지만 윌리엄 보잉의 시각은 드러나지 않는다. 윌리엄 보잉은 시스템은 불안정하고 완벽하지 않아서 조종사의 판단보다 우선시될 수 없다고 하였을 뿐, 인간이 실수하지 않는 존재라고 한 것은 아니다.
③ 조종사가 자동조종시스템을 통제하는 것은 에어버스가 아니라 보잉이다.
④ 보잉의 조종사는 자동조종시스템을 사용하지 않는 것이 아니라 자동조종시스템을 통제할 수 있는 전권을 가지고 있는 것이다.

12. ②

| 정답 해설 |

② 전기나 가스 사고와 같이 미래에 일어날 사고에 대한 걱정으로 외출을 하지 못하는 것은 불안과 관련이 깊다.

공포	불안
현재 실재하는 객관적 위협	미래에 일어날지 모르는 위협
자신이 위험한 상황에 놓여있다는 사실을 아는 것	자신이 위해를 입을까 봐 걱정하는 것

| 오답 해설 |

① 자신이 처한 위험한 상황을 정확히 인식하는 경우에는 공포감이 더 크다.
③ 시험에 불합격할 수 있다는 것은 미래에 일어날 일에 대한 걱정이다. 이는 불안에 해당한다.
④ 과거에 겪은 사고로 인해 앞으로 또 사고가 일어날까 봐 걱정하는 것은 불안에 해당한다.

13. ②

| 정답 해설 |

② 프톨레마이오스는 천동설과 반대되는 관찰 결과를 얻었지만 지동설을 지지하지 않고, 주전원이라는 복잡한 개념을 만들어서 천동설을 지지하였다.

| 오답 해설 |

① 과학 혁명 이전에는 로마 가톨릭교의 영향으로 천문 분야에서는 천동설이 정설로 자리 잡고 있었다.
③ 우주의 중심을 태양에 둔 것은 지동설이고, 지구를 중심으로 둔 것은 천동설이다.
④ 코페르니쿠스는 우주의 중심을 태양에 놓고 행성들의 운동에 대해 단순하게 설명하였다. 반면 프톨레마이오스는 우주의 중심을 지구에 놓아서 주전원이라는 복잡한 개념을 만들어 행성들의 운동을 설명하였다.

14. ④

| 정답 해설 |

④ '으레'는 '두말할 것 없이 당연히'라는 의미의 부사로 표준어이다. 원래 '의례(依例)'에서 '으례'가 되었던 것인데 모음이 단순화한 형태를 표준어로 규정하여 '레'로 바뀌었으므로 '으레'를 표준어로 삼았다.

| 오답 해설 |

① 일반적으로 수컷을 이르는 접두사는 '수-'로 통일하지만 '숫양, 숫염소, 숫쥐'는 '숫-'을 표준어로 삼는다.*
② '웃-' 및 '윗-'은 명사 '위'에 맞추어 '윗-'으로 통일하지만 된소리나 거센소리 앞에서는 '위-'를 표준어로 하므로 '위층'이 맞다.
③ 일반적으로 'ㅣ' 역행 동화 현상에 의한 발음은 표준 발음으로 인정하지 않는다. 하지만 '아지랑이'는 '아지랭이'로 고쳐진 것이 교과

서에 반영되어 '아지랭이'가 표준어로 쓰여 왔으나, 현대 언중들이 '아지랑이'를 표준으로 인식하는 경향이 강해 '아지랑이'를 표준어로 삼았다.

> * '수'와 뒤의 말이 결합할 때, 발음상 [ㄴ(ㄴ)] 첨가가 일어나거나 뒤의 예사소리가 된소리가 되는 경우 사이시옷과 유사한 효과를 보이는 것이라 판단하여 '수'에 'ㅅ'을 붙인 '숫'을 표준어형으로 규정하였다. 이러한 경우에는 '다만 2' 규정에서 언급한 예들만 해당한다. '숫양, 숫염소'는 발음이 [순냥], [순념소]이지 [수양], [수염소]가 아니므로 '수양, 수염소'와 같은 형태를 비표준어로 규정하였다. 또 '숫쥐'는 발음이 [숟쮜]이지 [수쥐]가 아니므로 '수쥐'와 같은 형태를 비표준어로 규정하였다.

15. ③

| 정답 해설 |

③ '정교하고 빠르게 읽기'는 '정속독(精速讀)'이다. '정속독(正速讀)'은 '바르고 빠르게 읽기'이다.

| 오답 해설 |

① '精讀(정독)'은 '정교한 독서'를 의미하고 '正讀(정독)'은 '바른 독서'를 의미한다. 둘은 소리는 같지만 그 뜻이 다르다.
② ㉡에는 '정교한 독서'를 의미하는 '精讀(정독)'이 적절하다.
④ 빼먹고 읽는 것은 '정독'하지 않은 것이므로 '정독이 빠진 속독'이 적절하다.

16. ④

| 정답 해설 |

④ 에우리피데스의 비극은 '비극의 시대'에 해당한다. 비극의 시대는 신과 인간이 신탁이라는 약한 통로로 연결되어 있는, 반면 '오디세이아'에서는 신과 인간이 하나로 얽혀있으므로 결합의 정도는 오디세이아가 더 높다.

서사시의 시대	일리아드, 오디세이아 신과 인간 세계가 하나로 결합
비극의 시대	소포클레스, 에우리피데스의 비극 신과 인간의 세계가 분리 신이 직접 개입 X, 신탁을 통한 약한 결합
철학의 시대	플라톤, 이미 계몽된 세계 신탁 신뢰 X, 이데아 O 신과 인간 완전히 분리

| 오답 해설 |

① '철학의 시대'가 이미 계몽된 세계라고 하였을 뿐 계몽사상이 서사시의 시대에서 철학의 시대로 전환을 이끌었다는 내용은 제시문에서 확인할 수 없다.
② 플라톤의 이데아는 '철학의 시대'를 표현하는 것이다. '비극의 시대'와는 관련이 없다.
③ 루카치는 신과 인간의 결합 정도인 '총체성'이라는 개념을 기준으로 세 시대로 구분하였다. 각기 다른 기준에 따라 구분한 것이 아니다.

17. ②

| 정답 해설 |

② 16~17세기에는 참여자형 인물이 많았는데, 참여자형은 현실 문제에 대해 의견을 나누고 비판적인 목소리를 냈다. 하지만 17세기 이후에는 몽유자가 구경꾼의 위치에 서 있는 경향이 강했고, 이 시기의 몽유록은 통속적이고 허구적인 성격으로 변화하였으므로 17세기 이후에는 현실 비판의 경향이 약해졌다고 볼 수 있다.

| 오답 해설 |

① 몽유자가 꿈속 인물들의 모임에 참여하는지에 따라 참여자형과 방관자형으로 구분할 수 있다.
③ 17세기 이후에는 몽유자가 구경꾼의 위치에 서 있는 경향이 강했고, 내용도 통속적이고 허구적인 성격으로 변화하였으므로 적절하다.
④ 참여자형 인물은 꿈에서 만난 인물과 토론을 하거나 현실 문제에 대해 의견을 나누고 비판적인 목소리를 낸다.

18. ③

| 정답 해설 |

③ 디지털 트윈의 이용자는 가상 세계에서의 시뮬레이션을 통해 미래 상황을 예측할 수 있으므로 디지털 트윈을 통해 현실 세계의 위험 요소를 사전에 제거하고 방지할 수 있다.

| 오답 해설 |

① 기업들은 디지털 트윈을 활용하여 수익 모델의 효율성을 높인다고 하였다. 실제 실험보다 디지털 디지털 트윈을 활용하면 비용도 적게 든다고 하였으므로 고용률이 향상되었다고 보기는 어렵다.
② 디지털 트윈은 안전성과 경제성 때문에 주목을 받는다. 가상 세계에서의 실험이 비용도 적게 든다고 하였으므로 현실 세계의 실험보다 경제성이 높다고 볼 수 있다.
④ 현실 세계의 이용자에게 새로운 문화적 경험을 제공하는 데 목적이 있는 것은 디지털 트윈이 아니라 메타버스이다.

2022년도 국가공무원 9급 기출문제 정답 및 해설

빠른 답 찾기

01	③	02	②	03	④	04	③	05	②
06	④	07	①	08	②	09	④	10	③
11	②	12	②	13	④	14	⑤	15	③
16	④	17	③	18	①				

01. ③

| 정답 해설 |

③ '걱정이나 근심 따위로 마음이 몹시 괴로운 상태가 되게 만들다.'라는 의미의 단어는 '썩이다'이므로 '부모님 속을 썩여'로 써야 한다.

| 오답 해설 |

① '물건이나 사람 또는 사람의 재능 따위가 쓰여야 할 곳에 제대로 쓰이지 못하고 내버려진 상태로 있게 하다.'라는 의미로 쓰였으므로 '썩히다'가 맞다.

② '유기물이 부패 세균에 의하여 분해됨으로써 원래의 성질을 잃어 나쁜 냄새가 나고 형체가 뭉개지는 상태가 되게 하다.'라는 의미로 쓰였으므로 '썩히다'가 맞다.

④ '물건이나 사람 또는 사람의 재능 따위가 쓰여야 할 곳에 제대로 쓰이지 못하고 내버려진 상태로 있게 하다.'라는 의미로 쓰였으므로 '썩히다'가 맞다.

썩이다「동사」【…을】

걱정이나 근심 따위로 마음이 몹시 괴로운 상태가 되게 만들다. '썩다'의 사동사.

예 이제 부모 속 좀 작작 썩여라.

예 여태껏 부모 속을 썩이거나 말을 거역한 적이 없었다

썩히다「동사」【…을】

「1」 유기물이 부패 세균에 의하여 분해됨으로써 원래의 성질을 잃어 나쁜 냄새가 나고 형체가 뭉개지는 상태가 되게 하다. '썩다'의 사동사.

예 음식을 썩혀 거름을 만들다.

「2」 물건이나 사람 또는 사람의 재능 따위가 쓰여야 할 곳에 제대로 쓰이지 못하고 내버려진 상태로 있게 하다. '썩다'의 사동사.

예 그는 시골구석에서 재능을 썩히고 있다.

예 기술자가 없어서 고가의 장비를 썩히고 있다.

예 이제는 자네 뽐낼 시대도 왔으니 한번 나서 보게. 아까운 영어를 썩히지 말고.≪변영로, 명정 40년≫

「3」 (속되게) 본인의 의사와 관계없이 어떤 곳에 얽매이게 하다. '썩다'의 사동사.

02. ②

| 정답 해설 |

② '어떤 일이 이루어지기를 기다리는 간절한 마음'을 의미하는 단어는 '바람'이다. '바램'은 '바람'의 잘못된 표기이다.

| 오답 해설 |

① 비교가 되는 두 대상이 같지 않다는 의미이므로 '다르다'를 쓰는 것이 적절하다. '틀리다'는 '셈이나 사실 따위가 그르게 되거나 어긋나다. 바라거나 하려는 일이 순조롭게 되지 못하다. 마음이나 행동 따위가 올바르지 못하고 비뚤어지다.'라는 의미이다.

③ 문장의 주어는 '내가 오직 바라는 것'인데 서술어 '좋겠어'와 호응하지 않는다. 주어가 '~것'일 때에는 서술어의 형태를 '~것이다'와 같이 수정해야 주어와 호응이 된다. 따라서 '내가 오직 바라는 것은~ 좋겠다는 거야.'로 수정하는 것이 적절하다.

④ 이어진 문장의 서술어 '주다'는 필수적 부사어를 필요로 하는 세 자리 서술어이다. 이어진 문장에서 부사어가 빠졌으므로 부사어 '인간에게'를 보충해야 한다.

03. ④

| 정답 해설 |

④ '당랑거철(螳螂拒轍)'은 중국 제나라 장공(莊公)이 사냥을 나가는데 사마귀가 앞발을 들고 수레바퀴를 멈추려 했다는 데서 유래한 말로, 제 역량을 생각하지 않고 강한 상대나 되지 않을 일에 덤벼드는 무모한 행동거지를 비유적으로 이르는 말이다. 신중한 태도와는 거리가 멀다.

| 오답 해설 |

① '구곡간장(九曲肝腸)'은 굽이굽이 서린 창자라는 뜻으로, 깊은 마음속 또는 시름이 쌓인 마음속을 비유적으로 이르는 말이므로 그 쓰임이 적절하다.

② '곡학아세(曲學阿世)'는 바른길에서 벗어난 학문으로 세상 사람에게 아첨한다는 의미로 그 쓰임이 적절하다.

③ '구밀복검(口蜜腹劍)'은 입에는 꿀이 있고 배 속에는 칼이 있다는 뜻으로, 말로는 친한 듯하나 속으로는 해칠 생각이 있음을 이르는 말이므로 그 쓰임이 적절하다.

04. ③

| 정답 해설 |

③ '지민'은 면접 전략 강의에서 들었던 내용 중 첫 번째 내용이 인상적이라고 생각하고 '정수'는 두 번째 내용이 더 인상적이라고 생각하고 있다. '지민'은 두 번째 내용이 인상적이라는 '정수'의 말에 그 내용도 설득력이 있다고 상대방의 견해를 존중하였다. 이후 초두 효과의 효용성(첫 번째 내용)도 큰 것 같다며 자신의 의견을 제시하고 있으므로 ③이 가장 적절하다.

| 오답 해설 |

① 면접 전략 강의를 들었던 내용을 이야기 한 것이지 실제 면접 경험을 예로 든 것은 아니다.

② '지민'은 첫 번째 내용이 인상적이었다는 자신의 의견을 제시하였지만 상대방의 약점을 공략하며 상대의 이견을 반박하지는 않았다. 오히려 두 번째 내용이 인상적이었다는 상대의 의견에 대해 그 내용도 설득력이 있었다며 존중하는 태도를 보이고 있다.

④ 상대방과의 갈등이 드러나지 않았다.

05. ②

| 정답 해설 |

② '승상이 놀라 어찌할 바를 모르는 중에'를 통해 '양소유'가 '성진'의 모습으로 돌아와 놀라고 있음을 알 수 있다. '성진'으로 돌아온 그는 '이는 필시 사부가 나의 생각이 그릇됨을 알고 나로 하여금 이런 꿈을 꾸게 하시어 인간 부귀와 남녀 정욕이 다 허무한 일임을 알게 하신 것이로다.'라며 스승이 깨달음을 주기 위해 '양소유'의 모습으로 살게 하였음을 깨닫고 있다. '양소유'가 인간 세상에 환멸을 느껴 '성진'으로 돌아온 것이 아니라 스승이 그에게 깨달음을 주기 위해 '양소유'의 삶을 살게 한 것이다.

| 오답 해설 |

① '처음에 스승에게 책망을 듣고 풍도옥으로 가서 인간 세상에 환도하여 양가의 아들이 되었지. 그리고 장원급제를 하여 한림학사가 된 후'에서 확인할 수 있다.
③ '성진'은 연화도량의 행자 신분으로, 그가 있는 곳은 인간 세상이 아니다.
④ '성진'은 백팔염주가 걸려 있는 손과 까칠까칠한 머리털을 통해 꿈에서 돌아왔음을 인식하고 있다.

06. ④

| 정답 해설 |

④ 이 작품은 임금(중종)의 승하를 애도하는 조식의 시조이다. '삼동에 베옷 입고 암혈에 눈비 맞았다.'라고 하는 것은 벼슬을 하지 않고 초야에 은거하고 있기 때문에 국록을 받은 적이 없다는 의미이다. 그럼에도 불구하고 임금이 돌아가셨다는 소식을 들으니 눈물이 흐른다는 내용으로, 'ᄒᆡ'는 임금을 상징한다.

| 오답 해설 |

① 이 작품은 수양 대군이 왕위 찬탈을 위해 단종을 영월로 폐위시킨 역사적인 사실을 바탕으로 하고 있다. 'ᄇᆞ람, 눈서리'는 수양 대군이 일으킨 정변과 그의 포악함을, '낙락장송'은 단종에게 충성을 다하는 중신(重臣)과 억울하게 해를 입은 충신을 상징한다. '못다 곳'은 이제 막 벼슬길에 나간 젊은 유생들을 상징한다.
② 이 작품은 광해군이 자신의 왕위를 지키기 위해 영창 대군을 죽이고, 인목 대비를 폐위하려는 계략에 반대한 작가가 귀양을 가는 도중에 철령 고개를 넘으며 읊은 것이다. '높은 봉'은 작가가 처한 어려운 상황을, '구름'은 귀양 가는 작가 자신을, '님'은 '임금'을 상징한다.
③ 이 작품은 작가가 자신과 정이 깊었던 임이 서울로 간 후 소식이 없자 그를 그리워하며 지은 것이다. 배꽃이 비처럼 흩날릴 때 이별하는 정회, 낙엽이 지는 가을에 임을 그리는 마음, 멀리 떨어져 있는 임을 재회하는 꿈 등이 섬세하게 그려져 있는 작품으로 '저'는 헤어진 임을 의미한다.

07. ①

| 정답 해설 |

① 승부나 등수 따위를 정하는 일은 '가름'이다. 일정한 기준에 따라 분류하는 것은 '부문'이고, 성질에 따라 갈라놓은 것은 '구별'이다.

| 오답 해설 |

가늠	헤아리다.	▸ 높이를 가늠하다.
가름	둘로 나누다. 승부나 등수를 정하다.	▸ 둘로 가름. ▸ 외발 싸움에서 가름이 났다.
갈음	교체하다. 대체하다.	▸ 인사말을 갈음하다.
부문	일정한 기준에 따라 분류	▸ 중공업 부문. ▸ 사회 과학 부문
부분	전체를 이루는 작은 범위	▸ 썩은 부분을 잘라 내다. ▸ 행사를 세 부분으로 나누어 진행하다.
구별	성질이나 종류에 따라 갈라 놓음.	▸ 공과 사의 구별.
구분	일정한 기준에 따라 전체를 몇 개로 갈라 나눔.	▸ 서정시와 서사시의 구분은 상대적일 뿐이다.

08. ②

| 정답 해설 |

② (가)와 (마)의 순서는 선지에서 고정되어 있으므로 2~4단계의 순서만 '동기화 단계 조직'에 따라 배열하면 된다.
- 2단계 : 문제를 청자와 관련 지어 설명 → (다) 아마 여러분도 가끔 자전거를 타는 경우가 있을 것입니다.
- 3단계 : 해결 방안을 제시 → (나) 자전거를 탈 때 헬멧을 착용하면 머리를 보호할 수 있습니다.
- 4단계 : 해결 방안이 청자에게 어떤 도움이 되는지 구체화 → 헬멧을 착용한다면 사고를 당해도 신체 피해를 75% 줄일 수 있음, 자전거 타기의 즐거움과 편리함을 안전하게 누릴 수 있음.

09. ④

| 정답 해설 |

④ 복지 공감 지도를 통해 복지 기관의 지원 항목과 이를 필요로 하는 대상자와 수급자 현황을 확인할 수 있지만 수급자들의 개별 만족도는 파악할 수 없다.

| 오답 해설 |

① 빅데이터 기반의 복지 공감 지도를 통해 복지 혜택이 필요한 지역과 수급자를 빨리 찾아낼 수 있으므로, 빅데이터를 활용하여 복지 사각지대를 줄이는 방안을 마련할 수 있다는 이해는 적절하다.
② 복지 기관으로부터 도보로 약 15분 내 위치한 수급자에게 복지 혜택이 집중되고 있다는 것은, 복지 기관과 수급자 거주지 사이의 거리가 혜택의 정도에 영향을 주었음을 의미한다.
③ 복지 기관 접근성 분석을 통해 기관 방문이 어려운 수급자를 위해 맞춤형 복지 서비스가 필요한 상황임을 발견하였고, 이를 근거로 복지 셔틀버스 노선을 증설하는 계획을 세웠으므로 적절하다.

10. ③

| 정답 해설 |

③ ⓒ은 특수한 영역에서 사용되던 말이 일반화되면서 의미가 변한 경우에 대해 설명하고 있다. '배꼽'의 경우 '탯줄이 떨어지면서 배의 한가운데에 생긴 자리'가 '배꼽'의 일반적인 의미이고, 바둑에서의 '배꼽'은 특수한 영역에서 사용되는 경우이다. ③은 일반적인 말이

특수한 경우에 쓰이는 예시이므로 변화의 방향이 바뀌었다. 따라서 ⓒ의 예시로 적절하지 않다.

| 오답 해설 |

① '코 묻은 돈'에서 '코'는 '콧물'을 의미한다. '콧물'의 의미가 '코'에 포함되어서 '코'만으로도 '콧물'의 의미를 표현하고 있으므로 ㉠의 사례로 적절하다.

② '수세미'는 식물의 이름이었지만 시대 변화에 따라 지시 대상이 바뀌어 '그릇을 씻는데 쓰는 물건'이라는 의미로 쓰이므로 ㉡의 사례로 적절하다.

④ 전염병 '천연두'는 사람들이 무서움을 느낀다는 심리적인 이유로 '손님'이라는 단어로 부른 것이므로 ㉣의 예시로 적절하다.

11. ②

| 정답 해설 |

② 야간 조명이 식물의 성장에 부정적인 영향을 끼쳐 작물 수확량을 감소시킬 수 있다는 연구 결과를 이야기하였지만, 인용한 연구 자료의 출처를 밝히지는 않았다.

| 오답 해설 |

① 농장 근처에 신축된 골프장의 빛 공해 문제를 이야기하며 수확량 감소와 같은 농장이 겪는 어려움에 대해 시장의 관심을 촉구하고 있다.

③ ㅇㅇ군에서 빛 공해를 문제를 해결하기 위해 야간 조명의 조도를 조정하는 프로젝트를 진행하였던 사례를 언급하였다.

④ 골프장 야간 운영을 제한할 때 골프장이 반발할 것을 예상하고 그 해결 방안으로 계절에 따른 조정이나 손실금 보전 등의 보완책을 제시하였다.

12. ②

| 정답 해설 |

② ⓒ '저 책'은 청자와 화자 모두에게 멀리 있는 대상이다.

| 오답 해설 |

① ㉠ '이 책'은 화자인 '이진'에게 가까이 있는 대상으로 ㉡과 동일한 책이다. ㉡ '그 책'은 화자인 '태민'보다 청자 '이진'에게 가까이 있다.

③ ⓒ '저 책'은 ㉣ '그 책'과 동일한 대상이다.

④ 두 책을 들고 계산대에서 '이 책 두 권'이라고 하였으므로 ㉤ '이 책'은 ㉡과 ⓒ 모두를 의미한다.

13. ④

| 정답 해설 |

④ 아동이 보호되어야 할 수동적인 존재에서 자신의 권리를 주장할 수 있는 능동적인 존재로 인식한 것은 1989년 유엔총회에서 채택된 『아동권리협약』이다. 『아동권리에 관한 제네바 선언』에서 아동은 보호의 객체로만 인식되었을 뿐 생존, 보호, 발달을 위한 적극적인 권리의 주체로 인식되지는 않았다.

| 오답 해설 |

① 1문단 '전근대사회에서는 아동의 권리에 대한 인식이 존재하지 않았다.', '근대사회에 이르러 구빈법에 따른 국가 개입과 민간단체의 자발적인 참여로 아동보호가 시작되었다.'를 통해 아동의 권리에 대한 인식이 근대 이후에 형성되었음을 확인할 수 있다.

② 3문단과 4문단을 통해 우리나라는 『아동권리협약』을 토대로 2016년 『아동권리헌장』을 만들었음을 확인할 수 있다.

③ 『아동권리에 관한 제네바 선언』에서는 "아동은 물질적으로나 정신적으로 정상적인 발달을 위해 필요한 조건이 충족되어야 한다."라는 내용에서 '발달'에 대한 내용이 들어가 있다. 『아동권리헌장』은 '생존과 발달의 권리', '아동이 최선의 이익을 보장 받을 권리', '차별 받지 않을 권리', '자신의 의견이 존중될 권리' 등 유엔의 『아동권리협약』의 네 가지 기본 원칙을 포함하고 있다고 하였으므로 『아동권리헌장』과 『아동권리협약』에는 모두 '발달'에 대한 내용이 들어가 있음을 알 수 있다.

14. ⑤

| 정답 해설 |

(마) 사회는 여러 사람이 <u>그 뜻을</u> 서로 통하고 그 힘을 서로 이어서 개인의 생활을 경영하고 보존하는 데에 서로 의지하는 인연의 한 단체라.
↓
(다) <u>말과 글</u>이 없으면 어찌 <u>그 뜻을</u> 서로 통할 수 있으며, 그 뜻을 서로 통하지 못하면 어찌 그 인민들이 서로 이어져 번듯한 사회의 모습을 갖출 수 있으리오.

(나) 이러므로 <u>말과 글</u>은 한 사회가 조직되는 근본이요, 사회 경영의 목표와 지향을 발표하여 그 인민을 통합시키고 작동하게 하는 <u>기관</u>과 같다.
↓
(가) <u>이 기관</u>을 잘 수리하여 정련하면 그 작동도 원활하게 될 것이요, <u>수리하지 아니하여 노둔해지면</u> 그 작동도 막혀 버릴 것이니 이런 기관을 다스리지 아니하고야 어찌 그 사회를 고취하여 발달케 하리오. ↙

(라) <u>그뿐 아니라</u> 그 기관은 점점 녹슬고 상하여 필경은 쓸 수 없는 지경에 이를 것이니 그 사회가 어찌 유지될 수 있으리오. 반드시 패망을 면하지 못할지라.

(마)에서는 여러 사람이 '뜻'을 통하고 서로 의지하는 단체가 '사회'라고 정의하였다. 이후 사회에서 서로의 '뜻'이 통할 수 있는 것은 '말과 글'이 있기 때문이라는 (다)의 내용과 연결이 된다. (다)의 '말과 글'은 인민을 통합시키는 '기관'이라는 (나)의 내용과 연결이 되고, '이 기관'을 잘 수리하지 않았을 때의 문제점 (가)와 (라)가 연결되는 것이 자연스럽다.

15. ③

| 정답 해설 |

③ 제기된 문제를 해명하거나 얽힌 일을 잘 처리한다는 의미의 '해결'은 '解 풀 해, 決 결정할 결'로 쓴다.
- 해결(解決) : 解 풀 해, 決 결정할 결 (○)
- 해결(解結) : 解 풀 해, 結 맺을 결 (×)

| 오답 해설 |

① 만족(滿足) : 마음에 흡족함. 모자람이 없이 넉넉함.
만족(滿 찰 만, 足 발 족)

② 재청(再請) : 이미 한 번 한 것을 다시 청함.
재청(再 다시 재, 請 청할 청)

④ 재론(再論) : 이미 논의한 것을 다시 논의함.
재론(再 다시 재, 論 논의할 론)

16. ④

| 정답 해설 |

④ 이 글은 전반부에는 낭만주의 이전의 문학에 대해, 후반부에는 낭만주의에서부터의 변화에 대해 서술하고 있다. 낭만주의 시기에는 신흥 시민계급이 영웅적 운명을 귀족에게만 전속시키는 전통 시학을 거부하였기에, 신분에 따라 문체를 고착화하는 것을 인정하지 않았다는 내용은 낭만주의에서 일어난 변화에 해당한다. 따라서 제시된 문장은 글의 후반부에 들어가는 것이 적절하다.
귀족에게는 운문을, 하층민에게는 산문을 배정하는 전통을 거부한 것은 신분에 따라 문체를 고착화하는 것을 인정하지 않았다는 내용과 연결이 되므로 제시된 문장은 ㉣의 위치에 들어가는 것이 가장 적절하다.

17. ③

| 정답 해설 |

③ '전세(傳貰)'와 '방(房)'은 모두 한자어이다. 순우리말이 들어간 합성어가 아니므로 사이시옷을 적지 않고 '전세방'으로 적는다.

| 오답 해설 |

① '아래'와 '집'은 순우리말이고 [아래찝/아랟찝]과 같이 된소리로 발음되므로 (가)에 따라 '아랫집'으로 적는다.
② '쇠'와 '조각'은 순우리말이고 [쇠쪼각/쉗쪼각]과 같이 된소리로 발음되므로 (가)에 따라 '쇳조각'으로 적는다.
④ '자리'와 '세(貰)'는 순우리말과 한자어로 된 합성어이고 [자리쎄/자릳쎄]와 같이 된소리로 발음되므로 (나)에 따라 '자릿세'로 적는다.

18. ①

| 정답 해설 |

① 문화의 전파 기제는 밈 이론과 의사소통 이론으로 설명할 수 있다. 밈 이론으로는 복제의 관점에서 문화의 전파를 설명하기에 문화가 완벽하게 동일한 형태로 전파되지 않는 것을 설명할 수 없다. 글쓴이는 푸딩 요리법이 지역마다 약간씩 차이를 보이는 것을 예로 들어 문화 전파의 기제를 설명하는 이론으로는 밈이론보다 의사소통 이론이 더 적절하다는 견해를 보이고 있다.

| 오답 해설 |

② 의사소통 이론에 따르면 수신자는 발신자가 전해 준 정보에 자신의 생각을 덧붙여 전달하기에 수용 주체의 주관이 개입할 수 있다.
③ 복제를 통해 전파된다는 이론은 밈 이론이다.
④ 밈 이론은 복제의 관점에서 문화의 전파를 설명하기에 요크셔 푸딩 요리법이 세부적인 차이를 보이는 현상은 설명할 수 없다.

2021년도 국가공무원 9급 기출문제 정답 및 해설

빠른 답 찾기

01	②	02	③	03	①	04	②	05	④
06	④	07	②	08	②	09	③	10	④
11	③	12	③	13	③	14	①	15	④
16	④	17	①						

01. ②

| 오답 해설 |

① '꼭짓점'이 바른 표기이다.
③ '딱따구리'가 바른 표기이다. '싸라기'는 부스러진 쌀알을 의미한다.
④ 사이시옷을 받치어 적는 두 음절로 된 한자어 6개는 '곳간(庫間), 셋방(貰房), 숫자(數字), 찻간(車間), 툇간(退間), 횟수(回數)'이다. '홧병(火病)'은 '화병'으로 적어야 한다.

02. ③

| 정답 해설 |

③ ㉠은 '물건을 안에 넣고 보이지 않게 씌워 가리거나 둘러 말다.'라는 의미로 쓰였다. 이와 의미가 같은 것은 '책을 싼 보퉁이'의 '싸다'이다.

| 오답 해설 |

① '어떤 물체의 주위를 가리거나 막다.'라는 의미로 쓰였다.
②, ④ '어떤 물건을 다른 곳으로 옮기기 좋게 상자나 가방 따위에 넣거나 종이나 천, 끈 따위를 이용해서 꾸리다.'라는 의미로 쓰였다.

03. ①

| 정답 해설 |

① '날씨가 선선해지다'와 '책이 잘 읽힌다'라는 문장이 종속적 연결 어미 '-니'를 사용하여 원인과 결과로 연결된 자연스러운 문장이다.

| 오답 해설 |

② '속독'과 '읽는'에서 '읽다'라는 의미가 중복된다.
③ 목적어가 없어서 문장이 정확하지 않으므로 목적어를 보충하여 '내가 이 일의 책임자가 되기보다는 책임자를 직접 찾기로 의견을 모았다.'로 수정해야 한다.
④ '시화전을 홍보하는 일'과 '시화전의 진행'은 서술어 '열성적이다'를 공유하고 있다. 하지만 두 문장의 구조가 달라서 자연스럽지 않으므로, 문장의 구조를 병렬 구조로 동일하게 만들어 주는 것이 좋다. '그는 시화전을 홍보하는 일과 시화전을 진행하는 일에 아주 열성적이다.'라고 병렬 구조로 바꾸어 주는 것이 자연스럽다.

04. ②

| 정답 해설 |

② 빛 공해의 주요 요인이 인공조명의 누출인 것은 맞지만, 인공조명의 누출 원인에 대해서는 제시하지 않았다.

| 오답 해설 |

① '빛 공해란 인공조명의 과도한 빛이나~상태를 말한다.'에서 빛 공해를 정의하였으므로 적절하다.
③ 국제 과학 저널 『사이언스 어드밴스』의 '전 세계 빛 공해 지도'를 자료로 인용하여 우리나라 빛 공해의 심각성을 제시하였다.
④ 수면 부족, 면역력 저하 등의 사례를 들어 빛 공해의 악영향을 제시하였다.

05. ④

| 정답 해설 |

④ '푸다'는 어미 '-어' 앞에서 어간의 'ㅜ'가 탈락하는 '우' 불규칙 용언으로, 어간 불규칙에 해당한다. '이르다'는 어미 '-어'가 결합할 때 어미 '-어'가 '러'로 바뀌는 '러' 불규칙 용언으로, 어미 불규칙에 해당한다.

| 오답 해설 |

① '빠르다'는 모음 어미 앞에서 어간의 'ㅡ'가 탈락 후 'ㄹ' 덧생기는 '르' 불규칙으로, 어간 불규칙에 해당한다. '노랗다'는 어간의 끝소리 'ㅎ'이 탈락하면서 어미 '-아/-어'가 '-애/-에'로 바뀌는 'ㅎ' 불규칙 활용을 하는 용언으로, 어간과 어미가 모두 바뀐다.
② '치르다'는 어미 '-어/-아' 앞에서 어간의 'ㅡ'가 탈락하는데, 'ㅡ' 탈락은 규칙 활용에 해당한다. '하다'는 '하-' 뒤에 어미 '-아'가 결합할 때 '-아'가 '-여'로 바뀌는 '여' 불규칙 활용을 하는 용언으로, 어미 불규칙에 해당한다.
③ '불음'의 기본형은 '붇다'이다. '붇다'는 모음 어미 앞에서 어간의 'ㄷ'이 'ㄹ'로 바뀌는 'ㄷ' 불규칙 활용을 하는 용언으로, 어간 불규칙에 해당한다.

06. ④

| 정답 해설 |

④ '므슴다'는 현대어로 풀이하면 '무엇 때문에'이다.

07. ②

| 정답 해설 |

② 야박(野薄): 野 들 야, 薄 엷을 박

| 오답 해설 |

① 현실(現實): 現 나타날 현, 實 열매 실
③ 근성(根性): 根 뿌리 근, 性 성품 성
④ 채용(採用): 採 캘 채, 用 쓸 용

08. ②

| 정답 해설 |

② 이 토의는 심포지엄이다. 심포지엄은 3~6명의 전문가나 권위자가 특정 주제에 대해 자신의 견해를 밝히고 정보를 제공한다. 전문적인 내용에 대해 다양한 각도로 발언하며, 청중의 질의가 가능하다. 학술적인 주제에 대해 발표 형식으로 진행이 되므로, 사회자가 발표자 간의 이견을 조정하거나 의사 결정을 유도한다는 설명은 적절하지 않다.

09. ③

| 정답 해설 |

③ B는 상대방의 목소리가 작아서 잘 들리지 않았다며 문제를 상대의

탓으로 돌리고 있다. 이것은 ⓒ에서 제시한 공손하게 말하기를 위반한 것이다. "내가 귀가 잘 안 들려서 그러는데, 다시 한 번 말해 줄래?"와 같이 문제를 자신의 탓으로 돌려 말하는 것이 적절하다.

| 오답 해설 |

① 상대의 칭찬에 대해 부족한 부분이 많다며 겸손하게 답하였다. 이는 ㉠에서 제시한 공손하게 말하기를 적용한 것이다.

② 늦게 도착한 상대방의 처지를 고려하여 상대방이 부담을 갖지 않도록 말하고 있다. ㉡을 적용한 말하기이다.

④ 귀걸이를 선물하자는 의견에 '그거 좋은 생각이네.'라고 먼저 동의를 한 후, '책을 선물하는 게 어떨까?'라며 자신의 의견을 말하였다. ⓒ을 적용한 말하기이다.

10. ④

| 정답 해설 |

④ 하버마스는 공공 영역을 쟁점에 대한 토론과 의견을 형성하는 민주적 장이라고 보았다. 그는 17~18세기의 살롱 문화를 공공 영역으로 보았고, 현대 사회에서는 미디어의 보급으로 공공 영역이 침식당한다고 보았다. 미디어의 상업화로 높은 수익을 보장하는 콘텐츠 위주로 제작을 하다보니, 공적 주제에 대한 논의와 소통이 필요한 공공 영역은 축소되고 있기 때문이다. 따라서 수익성 위주의 미디어 플랫폼과 콘텐츠가 많아지면서 민주적 토론이 감소되었다는 내용은 적절하다.

11. ③

| 정답 해설 |

③ '대설이란 많은 눈이 시간적, 공간적으로 집중되어 내리는 현상'이라는 정의로부터 글이 시작되었다. 선지로 제시된 내용들을 보면 '경보'와 '주의보'에 대한 정의(㉡,ⓒ,㉣)와 대설의 피해(㉠,㉤)로 나눌 수 있다. 대설의 정의에 이어서 대설과 관련된 '경보'와 '주의보'의 기준을 제시한 다음, 대설의 피해로 글이 진행되는 것이 자연스럽다.

'폭설, 즉 대설이란 많은 눈이 시간적, 공간적으로 집중되어 내리는 현상을 말한다' 뒤에는 ㉣이 오는 것이 자연스럽다. ㉣의 '이때'는 앞 문장의 '많은 눈이 집중되어 내릴 때'와 자연스럽게 연결된다. 대설 주의보에 대한 설명 이후, 대설 경보에 대한 설명이 동격으로 이어지는 것이 자연스러우므로 ㉣뒤에는 ㉡이 오는 것이 적절하다. ⓒ은 대설 경보에 대한 부가적인 설명이므로 ㉡이후에 오는 것이 적절하다.

이처럼 대설의 정의와 대설의 단계를 먼저 설명한 후, '그런데'로 내용을 전환하여 대설의 피해에 대해 설명하는 것이 자연스럽다. 대설이 순식간에 교통을 마비시킬 수 있다는 ㉠이 먼저 위치하고, ㉤에서 '이(도심 교통을 마비시키는 것)뿐만 아니라' 운송, 유통, 관광 보험 등에도 영향을 미친다는 내용으로 진행되는 것이 자연스럽다.

12. ③

| 정답 해설 |

③ 사고와 언어를 연결하지 못한 상황으로, 언어와 사고의 상호작용이 되지 않은 것이다. 따라서 언어와 사고가 관련을 맺고 있다는 사례로는 부적절하다.

| 오답 해설 |

① 우리나라는 농경 문화이므로 '쌀'에 해당하는 말이 다양하다. 이는 언어에 사회, 문화가 반영된 사례이므로 적절하다.

② '산'과 '물', '녹색등'은 모두 구체적인 색상이 있는 것들인데, 이것을 '파랗다'라고 일반화시켜 말하는 것은 개별 색의 공통성을 바탕으로 추상화한 언어로 나타낸 것이다. 따라서 언어와 사고의 관계가 상호작용한 사례로 적절하다.

④ 우리나라는 '멜론'보다 '박'이 더 친근하여 수박을 '박'의 일종으로 보지만, 다른 나라는 사회 · 문화적인 요인에 따라 '멜론'에 가까운 것으로 파악할 수도 있다. '박'과 '멜론'처럼 같은 대상을 다르게 보는 것은 해당 언어를 사용하는 사회와 문화가 언어에 반영되었기 때문이다.

13. ③

| 정답 해설 |

③ 비유는 어떤 현상이나 사물을 직접 설명하지 않고 다른 비슷한 현상이나 사물에 빗대어서 설명하는 방식이다. 윗글은 "사람이 글을 쓰는 것은 나무에 꽃이 피는 것과 같다"라고 하여 글을 쓰는 것을 꽃이 피는 것에 빗대어 서술하였으므로 ③이 가장 적절하다.

14. ①

| 정답 해설 |

① 알파벳 언어의 철자 읽기가 소리와 표기의 대응과 관련되는 것은 맞다. 하지만 철자 읽기의 명료성을 판단하는 기준은 소리가 지닌 특성이 아니라 표기 체계이다. 1문단에서는 '알파벳 언어는 표기 체계에 따라 철자 읽기의 명료성 수준이 달라진다.'라고 설명하였다.

| 오답 해설 |

② 알파벳 언어를 읽을 때, 영어와 이탈리아어를 읽는 사람은 모두 동일하게 좌반구의 읽기 네트워크를 사용한다. 하지만 무의미한 단어를 읽을 때 영어 사용자는 암기해 둔 수많은 예외들을 떠올리기 때문에 단어의 인출과 연관된 뇌 부위에 더 의존한다. 반면 이탈리아어를 읽는 사람은 음운 처리와 연관된 뇌 부위에 더 의존한다.

③ '이 두 언어의 사용자는 의미를 전혀 모르는 새로운 단어를 발견하더라도 보자마자 정확한 발음을 할 수 있다.'에서 확인할 수 있다.

④ 1문단에서 이탈리아어와 스페인어는 한 글자에 대응되는 소리가 규칙적이어서 글자와 소리의 대응이 거의 일대일이라고 설명하였다. 반면 영어는 발음이 나지 않는 묵음도 있고, 글자에 대응하는 소리도 다양하다. 따라서 글자와 소리의 대응이 거의 일대일인 스페인어에 비해 영어는 소리와 글자의 대응이 상대적으로 덜 규칙적이라고 할 수 있다.

15. ④

| 정답 해설 |

④ (라)는 농암에서 바라보는 고향의 경치를 통해 인간사의 유한함과 자연의 무한함을 대조적으로 나타내고 있다. 자연과의 대조가 드러나는 것은 맞지만, 허약해진 노년의 무력함은 드러나지 않는다.

| 오답 해설 |

① (가)는 작가가 홍시를 대접받았을 때, 회귤 고사(懷橘故事)를 생각하고 돌아가신 어버이를 그리워하며 지은 효도의 노래이므로 고사를 인용하여 부모에 대한 그리움을 표현하였다는 설명은 적절하다.

② (나)는 '서리서리, 구뷔구뷔'와 같은 음성 상징어를 사용하여 임을 기다리는 화자의 마음을 표현하였다.

③ (다)는 자연 속에 묻혀 세속적인 근심과 걱정은을 잊은 채 유유자적하게 살고 싶은 마음을 표현하고 있다. 대구와 반복을 통해 자연을

벗 삼아 사는 즐거움을 효과적으로 표현하였다.

16. ④

| 정답 해설 |

④ 셰익스피어는 영국의 극작가이자 시인으로 많은 명작을 남긴 인물이다. '그 무엇을 내놓는다고 해도 셰익스피어와 바꾸지 않겠다'라는 말은 그가 남긴 작품들에 높은 가치를 부여하여 무엇보다 소중하게 여긴다는 것이므로 문화재의 힘을 강조하는 말로 적절하다.

| 오답 해설 |

① 부지런하고 꾸준히 노력하는 사람은 침체되지 않고 계속 발전한다는 의미로, 문화재의 중요성과는 거리가 멀다.
② 지혜의 소중함을 강조하는 말로, 문화재의 중요성과는 거리가 멀다.
③ 사람의 마음이란 겉으로 언뜻 보아서는 알 수 없으며 함께 오랫동안 지내보아야 알 수 있음을 이르는 말이다. 문화재의 힘과는 거리가 멀다.

17. ①

| 정답 해설 |

① '호랑나비'는 '나비'의 하위 개념이다. 1문단에서 '하위 개념으로 분류할수록 그 대상에 대한 정보가 더 많이 전달'된다고 하였으므로, '호랑나비'는 '나비'에 비해 정보량이 많다는 것을 알 수 있다.

| 오답 해설 |

② 1문단에서 '유니콘'이라는 개념은 현실 세계에 적용 대상이 하나도 없더라도 분명한 정의가 있기에 분류 개념으로 인정된다고 하였다. 따라서 이와 유사한 '용'도 지시물이 없더라도 분류 개념으로 인정될 수 있음을 추론할 수 있다.
③ '꽃'과 '고양이'는 서로 비교가 가능한 논리적 관계가 아니므로 비교 개념에 포함되지 않는다.
④ 3문단에서 정량 개념은 자연현상에 수를 적용하는 과정에서 생겨난 것이라고 하였다. 이러한 정량 개념은 비교 개념 대신 수를 사용할 수 있게 해 주었으므로 ④는 적절한 추론이다.

2020년도 국가공무원 9급 기출문제 정답 및 해설

빠른 답 찾기

01	③	02	①	03	④	04	④	05	②
06	①	07	③	08	④	09	④	10	②
11	①	12	②	13	③	14	③	15	②
16	①	17	④	18	③				

01. ③

| 정답 해설 |

③ '혜진이는 울산에 산다'라는 문장과 '초희는 광주에 산다'라는 두 문장이 이어진 것입니다. 안은문장은 [주어+(주어+서술어)+서술어]의 구조이고, 이어진문장은 [주어+서술어]+[주어+서술어]의 구조입니다.

| 오답 해설 |

① '동생이 시험에 합격하다'라는 문장이 명사형 전성 어미 '-기'를 통해 명사절로 안긴문장입니다.
② '영호가 착하다'라는 문장이 관형사형 어미 '-ㄴ'을 통해 관형절로 안긴문장입니다.
④ '내일 가족 여행을 가자'라는 아버지의 말이 인용절로 안긴문장입니다. 참고로 직접 인용은 부사격 조사 '라고'를 사용하고, 간접 인용은 부사격 조사 '고'를 사용합니다.

안은문장

명사절을 안은문장	• 안긴문장이 전체 문장에서 주어, 목적어, 보어 등의 기능을 하는 문장 • 명사형 어미 '-(으)ㅁ', '-기' 등을 통해 실현 ‣ 농부들은 비가 오기를 학수고대했다. ‣ 결국 그 사람이 범인이었음이 밝혀졌다.
관형절을 안은문장	• 안긴문장이 전체 문장에서 관형어의 기능을 하는 문장 • 관형사형 어미 '-(으)ㄴ, -(으)ㄹ, -는, -던' 등을 통해 실현 ‣ 비가 오는 소리가 들린다. ‣ 철수는 새로 맞춘 양복을 입었다. ‣ 윤규가 지하철에서 만났던 사람은 의사이다.
부사절을 안은문장	• 안긴문장이 전체 문장에서 부사어의 기능을 하는 문장 ‣ 부사형 어미 '-게', '-도록' 등을 통해 실현 ‣ 하늘이 눈이 부시게 푸르다. ‣ 철수가 발에 땀이 나도록 뛰었다. ‣ 우리는 돈 없이 여행을 떠났다.
서술절을 안은문장	• 안긴문장이 전체 문장에서 서술어의 기능을 하는 문장 • 주어+(주어+서술어)의 형태로 실현 • 특정한 절 표지가 따로 없음. ‣ 토끼는 앞발이 짧다. ‣ 코끼리는 코가 길다.
인용절을 안은문장	• 말하는 이의 생각이나 남의 말을 안긴문장으로 인용한 문장 • 인용의 부사격 조사 '라고'(직접 인용)나 '고'(간접 인용)를 통해 실현 ‣ 우리는 인간이 존귀하다고 믿는다. ‣ 아이는 "선생님이 좋아요."라고 말했다.

홑문장	'주어+서술어' 관계가 한 번만 나타나는 문장
겹문장	'주어+서술어' 관계가 두 번 이상 나타나는 문장
이어진문장	[주어+서술어]+[주어+서술어]
안은문장	[주어+(주어+서술어)+서술어]

02. ①

| 정답 해설 |

① '몹시 곤하거나 술에 취하여 정신을 잃고 자다'라는 의미의 단어는 '곯아떨어지다'입니다. '술에 곯아떨어지다. 졸음을 이기지 못하고 잠에 곯아떨어지다.'와 같이 쓰이며, '골아떨어지다'는 잘못된 표기입니다.

| 오답 해설 |

② '책깨나'에서 '깨나'는 어느 정도 이상의 뜻을 나타내는 보조사입니다. '돈깨나 있다고 남을 깔보면 되겠니? 얼굴을 보니 심술깨나 부리겠더구나.'와 같이 쓰입니다.
③ '곤욕'은 '심한 모욕. 또는 참기 힘든 일'을 의미하는 명사입니다. '곤욕을 치르다. 곤욕을 겪다.'와 같이 쓰입니다.
④ '그러고 나서'의 '그러고'는 '그러하고'의 준말입니다. '그러고도 네가 잘했다고 하는 거냐? 그러고 있지 말고 이리 와 봐.'와 같이 쓰입니다. '그러고 나서'의 '나서'는 앞말이 뜻하는 행동이 끝났음을 나타내는 보조 동사로 '돌아가고 나니, 일을 마치고 나니'와 같이 쓰입니다.

03. ④

| 정답 해설 |

④ 이 문장의 주어는 '그는'이고, 서술어는 '하였다'입니다. 주어와 서술어가 자연스럽게 호응합니다.

| 오답 해설 |

① 주어와 서술어의 호응은 자주 출제되는 유형입니다. 이 문장의 주어는 '내가 강조하고 싶은 점'입니다. 이처럼 '~것은' 이나 '~점은'이 주어라면 서술어 역시 '~것이다.'가 되어야 자연스럽게 호응합니다. 하지만 이 문장의 서술어는 '가졌다'로 주어와 호응하지 않습니다. 서술어를 '가졌다는 것이다'로 수정하는 것이 자연스럽습니다.
② 문장의 주어는 '좋은 사람과 대화하며 함께한 일'입니다. 서술어 '즐거운 시간이었다'와 호응하지 않으므로, '좋은 사람과 대화하며 함께한 일은 즐거웠다'로 수정하는 것이 적절합니다.
③ 이 문장의 주어는 '내 생각'이고, 서술어는 '결정했다'입니다. 결정한다는 것은 행동이나 태도를 분명하게 정한다는 의미인데, 주어인 '내 생각'은 서술어와 어울리지 않습니다. 주어를 '나는'으로 수정하고 '나는 집을 사서 이사하는 것이 좋겠다고 생각했다'로 수정하는 것이 적절합니다.

04. ④

| 정답 해설 |

④ 이 문장의 서술어 '구속하다'는 법원이나 판사가 피의자나 피고인을 강제로 일정한 장소에 잡아 가둔다는 의미입니다. 문장의 주어는 '검찰'이고, 구속하는 행위를 한 것도 '검찰'입니다. 사동문은 주어가 다른 대상 에게 어떠한 동작을 하도록 시키는 것인데, 주어가

직접 구속하는 행동을 한 것이므로 '구속시켰다'로 고쳐 쓰는 것은 불필요한 사동 표현입니다.

| 오답 해설 |

① '기간'은 '어느 때부터 다른 어느 때까지의 동안'이라는 의미입니다. '기간'이라는 단어 의미 안에 '동안'의 의미가 이미 포함되어 있으므로 '공사하는 동안'으로 수정하는 것이 바람직합니다.

② '회의를 갖겠다'는 영어 'have conference'를 그대로 번역한 것으로 우리말답지 않은 표현입니다. '회의를 하겠습니다, 회의하겠습니다'로 수정하는 것이 적절합니다.

③ '열려져'는 피동 접미사 '-리-'와 피동의 의미를 가진 '-어지다'가 결합한 이중 피동입니다. 이처럼 파생적 피동과 통사적 피동을 겹쳐 사용하는 것은 바람직하지 않으므로 '열려'로 수정하는 것이 적절합니다.

우리말답지 않은 표현

일본어의 영향	• '에 있어서', '~(으)로의', '~에 다름 아니다', '~에 값한다', '~에 대하여' 등의 일본식 표현의 남용 ▸ 그에게 있어서 가정이란 자고 나가는 곳 외에 아무 의미가 없다. (×) → 그에게 가정이란 자고 나가는 곳 외에 아무 의미가 없다. (○)
영어의 영향	• 피동형 · 수동형 문장, 전치사를 직역한 표현, 관용구를 직역한 표현, 사물을 주어로 삼는 표현 등의 남용 ▸ 이런 사실은 아무리 강조해도 지나치지 않는다. (×) → 이런 사실은 아무리 강조해도 지나침이 없다. (○)

피동 사동 표현 남용

이중 피동	파생적 피동과 통사적 피동을 겹쳐 사용하는 것은 바람직하지 않음. ▸ 12월 중에 한-중 정상회담이 다시 한 번 열릴 것으로 보여집니다. (×) → 12월 중에 한-중 정상회담이 다시 한 번 열릴 것으로 보입니다. (○) ▸ 그 편지는 나에게 잊혀진 지 오래다. (×) → 그 편지는 나에게 잊힌 지 오래다. (○) ▸ 경쟁력 강화와 생산성의 향상을 위해 경영 혁신이 요구되어지고 있다. (×) → 경쟁력 강화와 생산성의 향상을 위해 경영 혁신이 요구되고 있다. (○)
사동 표현 남용	'시키다'의 남용 ▸ 실력 있는 강사진이 수강생 여러분을 직접 교육시켜 드립니다. (×) → 실력 있는 강사진이 수강생 여러분을 직접 교육합니다. (○)

05. ②

| 정답 해설 |

② 오랜만에 출제된 사전 등재 순서 문제입니다. 모음 'ㅗ, ㅠ, ㅘ'의 순서와 받침 글자 'ㄳ, ㄹ'의 순서를 알아야 합니다. 모음의 경우 'ㅗ → ㅘ → ㅠ'의 순서로 사전에 올리고, 받침 글자는 'ㄳ → ㅅ'순서로 사전에 올립니다.

한글 맞춤법 제4항

사전에 올릴 적의 자모 순서는 다음과 같이 정한다.

▸ 자음

ㄱ ㄲ ㄴ ㄷ ㄸ ㄹ ㅁ ㅂ ㅃ ㅅ ㅆ ㅇ ㅈ ㅉ ㅊ ㅋ ㅌ ㅍ ㅎ

▸ 모음

ㅏ ㅐ ㅑ ㅒ ㅓ ㅔ ㅕ ㅖ ㅗ ㅘ ㅙ ㅚ ㅛ ㅜ ㅝ ㅞ ㅟ ㅠ ㅡ ㅢ ㅣ

▸ 받침 글자

ㄱ ㄲ ㄳ ㄴ ㄵ ㄶ ㄷ ㄹ ㄺ ㄻ ㄼ ㄽ ㄾ ㄿ ㅀ ㅁ ㅂ ㅄ ㅅ ㅆ ㅇ ㅈ ㅊ ㅋ ㅌ ㅍ ㅎ

06. ①

| 정답 해설 |

① '오지랖(이) 넓다'는 쓸데없이 지나치게 아무 일에나 참견하는 면이 있다는 의미의 관용구입니다. '謁見(뵐 알, 나타날 현)'은 지체가 높고 귀한 사람을 찾아가 뵙는다는 의미이므로 밑줄 친 관용구와 거리가 멉니다.

| 오답 해설 |

② '干涉(방패 간, 건널 섭)'은 직접 관계가 없는 남의 일에 부당하게 참견한다는 의미이므로 밑줄 친 의미와 유사합니다.

③ '參見(참여할 참, 볼 견)'은 자기와 별로 관계없는 일이나 말 따위에 끼어들어 쓸데없이 아는 체하거나 이래라저래라 하는 것을 의미하므로 '오지랖이 넓다'와 그 의미가 유사합니다.

④ '干與(방패 간, 더불 여)'는 어떤 일에 간섭하여 참여함을 의미합니다.

07. ③

| 정답 해설 |

③ 글쓴이는 '사람만큼 사물이 판단할 수 있어야 사물 인터넷이 실현될 수 있다'라는 주장이 그릇된 것이라고 하였습니다. 글쓴이가 생각하는 사물 인터넷은 사물의 지능성에 초점을 둔 것이 아니라, 사물들이 서로 연결되어 소통하는 것입니다.

| 오답 해설 |

① '사물 인터넷을 제대로 이해하려면 기존 인터넷과의 차이점에 주목하기보다는 오히려 공통점을 인식하는 것이 더 중요하다.'에서 확인할 수 있습니다.

② '전원이 없었던 일반 사물들은 새롭게 센서와 베터리, 통신 모듈이 부착되면서 컴퓨터가 되고 이렇게 컴퓨터가 된 사물들이 그들 간에 또는 인간의 스마트 기기와 네트워크로 연결되는 것이다.'를 통해 확인할 수 있는 내용입니다.

④ 1문단에서 '사물 인터넷은 이제 전 세계의 사물들을 컴퓨터로 만들어 서로 소통하도록 만든다는 생각을 실현한 것'이라고 하였습니다. 인터넷이 컴퓨터를 서로 연결하는 것이라면, 사물 인터넷은 컴퓨터가 아닌 사물도 연결할 수 있는 것입니다.

08. ④

| 정답 해설 |

④ 〈보기〉를 통해 이 시가 임진왜란과 관련이 있다는 것을 알 수 있습니다. 이 시는 한 늙은이가 어린 아이와 더불어 밭머리의 무덤에 가서 제사를 지내고 돌아오는 장면을 그리고 있습니다. 노인과 어린 아이가 어떤 사이인지 명시되어 있지는 않지만 할아버지와 손자의 관계로 추측할 수 있습니다. 무덤의 주인공은 노인의 아들, 즉 아이

의 아버지일 것입니다. 2행에서 무덤들이 풀섶에 늘어서 있다는 정황과 〈보기〉의 내용을 통해 이들은 전란으로 갑작스럽게 죽음을 맞이했음을 추측할 수 있습니다. 한 폭의 그림을 그리듯 제사를 지내고 돌아오는 장면을 간결하게 묘사하고 있을 뿐, 화자의 정서를 표출하고 있지는 않습니다.

09. ④

| 정답 해설 |

④ '맹세'는 일정한 약속이나 목표를 꼭 실천하겠다고 다짐한다는 의미로 '盟誓(맹세할 맹, 맹세할 서)'로 표기할 수 있습니다. '맹서'는 '맹세'의 원말입니다.

| 오답 해설 |

① '학문 체계에 도전했다가'의 '도전'은 정면으로 맞서 싸움을 건다는 의미로, '挑戰(돋을 도, 싸울 전)'으로 표기해야 합니다.
② '천동설을 지지하던'의 '지지'는 '어떤 사람이나 단체 따위의 주의·정책·의견 따위에 찬동하여 이를 위하여 힘을 씀. 또는 그 원조'를 의미하며 '支持(지탱할 지, 가질 지)'로 표기해야 합니다.
③ '침묵'은 '沈默(잠길 침, 잠잠할 묵)'으로 표기해야 합니다.

10. ②

| 정답 해설 |

② '정민'은 짝꿍이랑 사이가 별로라서 고민하는 '상수'에게 '나도 그런 적이 있어.'라면서 작년에 자신이 겪었던 경험을 이야기하였습니다. 그때 짝꿍과 솔직하게 이야기를 하고 해결했었던 경험을 바탕으로 '상수'가 해결점을 찾을 수 있도록 돕고 있습니다.

| 오답 해설 |

① '정민'은 자신의 짝꿍을 용서하여 갈등을 해결한 것이 아니라, 자신의 생각을 바꾸고 짝꿍과 솔직하게 이야기를 하여 문제를 하결하였습니다.
③ 상대방의 약점에 대해 비판하거나 자신의 장점에 대한 말하기는 하지 않았습니다.
④ '그런 일이 있었구나.'에서 상대방의 말을 경청하고 있음을 확인할 수 있습니다. 하지만 그 말에 대해 타당성을 평가하고 있지는 않습니다.

11. ①

| 정답 해설 |

① 온실 효과가 원인이 되어 지구의 기온과 해수면이 상승하고 저지대가 침수하게 된다는 결과를 서술하고 있습니다.

| 오답 해설 |

② '제로섬이란 어떤 수를 합해서 제로가 된다는 뜻이다.'에서 대상의 뜻을 명백히 밝혀 규정하는 '정의'의 방식으로 서술하였습니다.
③ 시간의 흐름에 따른 찬호의 행동과 공간의 이동에 따라 서술되어 있습니다. 이처럼 시간적 흐름에 따른 사건의 진행 과정이나 사물의 움직임과 변화를 이야기하듯 기술하는 방식은 '서사'에 해당합니다.
④ 구체적인 대상을 그림을 그리듯이 표현하는 방식으로 '묘사'에 해당합니다.

12. ②

| 정답 해설 |

② 상대방의 대답에서 모순점을 찾지 않았습니다.

| 오답 해설 |

① '그렇군요', '네, 간편해서 좋군요.' 등의 대답은 상대방의 말을 잘 듣고 있다는 반응에 해당합니다.
③ 이 대화의 화제는 의약품 공급 정보망 사업입니다. 진행자 A는 '이 사업에 성과가 있었다면 그럴 만한 이유가 있을 텐데요, 이에 대해 말씀해 주세요.', '이 사업에 참여하려면 어떻게 해야 하나요?'라는 말을 하여 사업 참여 방법에 대한 안내와 의약품 공급 정보망의 장점에 대해 홍보하는 대답을 할 수 있게 하였습니다.
④ 사회자는 전문 의약품을 제공하는 과정에서 어려움이 있다는 B의 말에 대해 '이런 문제를 해결하기 위한 제도 정비나 의료 전문가의 지원이 좀 더 필요하다'라고 말하며 B의 말을 흐름에 맞게 해석하면서 상대의 말을 보충하였습니다.

13. ③

| 정답 해설 |

③ '그 나무가 근래에 땅에 쓰러지자 어떤 이가 빗장 막대기로 만들어 선법당(善法堂)과 식당에 두었다. 그 막대기에는 글귀가 새겨져 있다.'를 통해 확인할 수 있습니다.

| 오답 해설 |

① 천사의 벼락을 맞은 배나무는 용의 쓰다듬으로 인해 소생할 수 있었습니다. 따라서 저절로 소생했다는 설명은 부적절합니다.
② 천사가 이목을 죽이려 한 것은 사실입니다. 하지만 실수로 배나무에 벼락을 내렸다는 설명은 부적절합니다. 배나무에 벼락을 내린 것은 보양 스님의 배나무를 이목이라고 거짓으로 알려 주었기 때문입니다.
④ 제멋대로 비를 내린 것은 보양 스님이 아니라 이목입니다. 옥황상제는 하늘의 뜻을 모르고 비를 내린 이목을 죽이려 하였습니다.

14. ③

| 정답 해설 |

③ 경상 지역에서는 'ㅓ'와 'ㅡ', 'ㅅ'과 'ㅆ'을 구별하지 못하고 평안도 및 전라도와 경상도의 일부에서는 'ㅗ'와 'ㅓ'를 제대로 분별하지 못합니다. 이는 우리말에는 지역에 따라 구별되지 않는 소리가 있다는 것을 의미합니다.

| 오답 해설 |

① 우리말의 지역에 따른 차이를 이야기하고 있는 것은 맞습니다. 하지만 지역에 따라 다양한 소리가 있음을 이야기하는 것이 아니라, 지역에 따라 서로 다른 소리를 구별하지 못함을 이야기하고 있습니다.
② 지역에 따른 표준 발음법에 대한 내용은 없습니다.
④ 지역에 따라 변별하지 못하는 소리들을 구체적인 예로 제시하였지만, 자음과 모음 중에 모음을 변별하지 못하는 지역이 더 많다는 내용은 찾아볼 수 없습니다. 자음과 모음 모두 비슷한 비율로 예를 들어 설명하였습니다.

15. ②

| 정답 해설 |

② 오랜 시간 정보 통신 업체들이 호황을 누렸지만, 지금은 그 호시점이 끝났습니다. 현재는 소프트웨어, 플랫폼 사업이 각광받고 있지만 이들 역시 계속 불멸하지는 못한다고 하였습니다. 따라서 ㉠에는 아무리 높은 권세라도 오래가지 못함을 이르는 말인 '권불십년(權不十年)'과 관련된 문장이 들어가는 것이 가장 적절합니다.

| 오답 해설 |

① '절치부심(切齒腐心)'은 몹시 분하여 이를 갈며 속을 썩인다는 의미입니다.
③ '아전인수(我田引水)'는 자기 논에 물 대기라는 뜻으로, 자기에게만 이롭게 되도록 생각하거나 행동함을 이르는 말입니다.
④ '내우외환(內憂外患)'은 나라 안팎의 여러 가지 어려움을 의미합니다.

16. ①

| 정답 해설 |

① 베르그송은 '집단으로 모인 사람들이 자신들의 감성을 침묵'하게 해야 희극이 발생한다고 보았습니다. 관객의 감성이 집단적으로 표출되어야 희극이 발생한다는 것은 그의 의견과 반대되는 내용입니다.

| 오답 해설 |

② 첫 문장 '희극의 발생 조건에 대하여 베르그송은 집단, 지성, 한 개인의 존재 등을 꼽았다.'를 통해 확인할 수 있습니다.
③ '웃음을 유발하는 단순한 형태의 직접적인 장치는 대상의 신체적인 결함이나 성격적인 결함을 들 수 있다.'를 통해 확인할 수 있습니다.
④ '한 인물이 우리에게 희극적으로 보이는 것은 우리 자신과 비교해서 그 인물이 육체의 활동에는 많은 힘을 소비하면서 정신의 활동에는 힘을 쓰지 않는 경우이다.'에 제시되어 있는 내용입니다.

17. ④

| 정답 해설 |

④ 이 글의 시사점은 한마디로 다양한 대상을 고려해야 한다는 것입니다. ①에서는 '다양한 대상을 선정'해야 한다고 하였고, ②에서는 연구 결과를 그대로 활용하지 말고 그 대상을 살펴보아야 한다고 했습니다. ③에서는 '성별이나 연령대를 고려'해야 한다고 말합니다. 하지만 선지 ④에서는 '다양함'과 반대되는 '일률적'이라는 표현이 나옵니다. 일률적으로 온도를 설정해야 한다는 것은 이는 글의 주제와 상반되는 내용입니다. 사무실의 적정 실내 온도를 설정할 때에는 근무하는 다양한 대상을 고려하여 설정해야 합니다.

18. ③

| 정답 해설 |

③ 배우가 연기한 셰익스피어의 희곡 『헨리 5세』는 고전으로 평가받는 작품입니다. 하지만 관객들은 배우의 낭독에 공감하지 못하였으므로, 훌륭한 고전이라도 항상 청중의 공감을 불러일으킬 수는 없다는 진술은 적절합니다.

| 오답 해설 |

① 전문 배우가 품위 있고 고풍스럽게 낭독하였음에도 청중은 공감하지 못하였습니다. 연기력에 따라 관객의 공감이 좌우된다면, 청중들은 비전문가인 청중의 낭독보다는 전문가인 배우의 낭독에 더 공감하였을 것입니다. 하지만 청중은 배우가 아닌 일반 청중의 낭독에 더 공감하였으므로 배우의 연기력이 관객의 공감을 좌우한다는 설명은 부적절합니다.
② 청중이 낭독한 아우슈비츠의 증언과 배우가 낭독한 셰익스피어의 희곡은 모두 비극적인 죽음을 소재로 다루고 있습니다. 아우슈비츠는 제이 차 세계 대전 때 나치스의 강제 수용소가 설치되어 유대인 및 폴란드인이 학살된 곳이며, 『헨리 5세』는 처참한 전쟁을 다루고 있습니다. 둘 다 비극적인 죽음을 소재로 하였지만 『헨리 5세』의 낭독은 관객의 공감을 일으키지 못하였으므로 적절하지 않은 내용입니다.
④ 두 작품 중에서 현재와 가까운 역사적 사실을 다루고 있는 것은 아우슈비츠에 관한 증언이고, 관객들은 아우슈비츠 증언에 더 공감하였습니다. 따라서 선지의 내용과 달리 현재와 가까운 역사적 사실에 관객의 공감 가능성이 더 커진다고 할 수 있습니다.

2020년도 국가공무원 7급 기출문제 정답 및 해설

빠른 답 찾기

01	③	02	③	03	①	04	①	05	②
06	②	07	③	08	①	09	④	10	③
11	④	12	③	13	④	14	④	15	④
16	④	17	②	18	②				

01. ③

| 정답 해설 |

④ 어미 '-어/-아' 앞에서 'ㅡ'가 탈락하는 것은 규칙 활용이에요. '잠그-'에 어미 '-아'가 결합하여 '잠가'가 되는 것은 'ㅡ' 탈락으로, 규칙 활용입니다. 이와 같은 예로는 '바쁘-' + '-아' → '바빠', '담그-' + '-아' → '담가', '치르-' + '-어' → '치러' 등이 있어요.

| 오답 해설 |

① '흘러'는 모음 어미 앞에서 'ㅡ' 탈락 후 'ㄹ' 덧생기는 '르' 불규칙 활용을 해요. '흘러' 외에도 '부르다(불러), 오르다(올라), 타오르다(타올라) 등이 있어요.

② '파래'는 어간의 끝소리 'ㅎ'이 탈락하면서 어미 '-아/-어'가 '-애/-에'로 바뀌는 'ㅎ' 불규칙 활용을 하는 용언이에요. '누렇다, 빨갛다, 까맣다' 역시 'ㅎ' 불규칙 활용을 하지요.

③ '이르러'는 어미 '-어'가 결합할 때 어미 '-어'가 '러'로 바뀌는 '러' 불규칙 활용을 해요.

불규칙 활용

불규칙 활용	어간과 어미가 결합하는 과정에서 어간이나 어미, 또는 어간과 어미가 모두 바뀌어 불규칙적인 모습을 보이는 활용	
어간 바뀜	'ㅅ' 불규칙	모음 어미 앞에서 'ㅅ'이 탈락 (짓+어 → 지어) ▸ 잇다, 붓다, 낫다[勝, 好] ↔ 벗다, 빗다, 솟다, 빼앗다
	'ㄷ' 불규칙	모음 어미 앞에서 'ㄷ'이 'ㄹ'로 바뀜 (걷+어 →걸어) ▸ 싣다, 붇다, 일컫다, 긷다, 묻다[問] ↔ 닫다, 쏟다, 얻다
	'ㅂ' 불규칙	모음 어미 앞에서 'ㅂ'이 'ㅗ/ㅜ'로 바뀜 (돕+아 → 도와) ▸ 곱다, 줍다, 눕다, 덥다, 무겁다 ↔ 뽑다, 좁다, 잡다, 입다
	'르' 불규칙	모음 어미 앞에서 'ㅡ' 탈락 후 'ㄹ' 덧생김 (흐르+어 → 흘러) ▸ 부르다, 오르다, 타오르다, 가르다 ↔ 치르다, 우러르다
	'우' 불규칙	어미 '-어' 앞에서 'ㅜ'가 탈락 (푸+어 → 퍼) ▸ '푸다'뿐임 ↔ 주다, 구다, 두다, 쑤다
어미 바뀜	'여' 불규칙	'하-' 뒤에 어미 '-아'가 결합할 때 '-아'가 '-여'로 바뀜 ▸ 하+아 → 하여 ↔ 사다, 나다, 차다, 파다
	'러' 불규칙	어미 '-어'가 결합할 때 어미 '-어'가 '러'로 바뀜 ▸ 이르+어 → 이르러[至], 푸르다, 누르다, 노르다 ↔ 들르다
	'오' 불규칙	'달다'의 명령형 어미가 '-오'로 변함 (달+아라 → 다오) ▸ '다오' 뿐임 ↔ 주다
어간+어미	'ㅎ' 불규칙	어간의 끝소리 'ㅎ'이 탈락하면서 어미 '-아/-어'가 '-애/-에'로 바뀜 (파랗+아 → 파래) ▸ 누렇다, 빨갛다, 까맣다 ↔ 좋다, 좋다

규칙 활용

규칙 활용	활용할 때 어간과 어미의 형태 변화가 없거나, 형태 변화가 있어도 보편적인 음운 규칙으로 설명되는 활용	
종류	'ㄹ' 탈락	'ㄴ, ㄹ, ㅂ, 시, 오'로 시작하는 어미 앞에서 'ㄹ'이 탈락 ▸ 날 + 는 → 나는 (날으는 X) ▸ 팔 + 는 → 파는 (팔으는 X)
	'ㅡ' 탈락	어미 '-어/-아' 앞에서 'ㅡ'가 탈락 ▸ 바쁘 + 아 → 바빠 ▸ 담그 + 아 → 담가 ▸ 치르 + 어 → 치러

02. ③

| 정답 해설 |

③ 다의어와 동음이의어를 구별하는 문제예요. '화초가 죽었다'에서 '죽다'는 '생명이 없어지거나 끊어지다'라는 의미로 '죽다'의 중심적 의미에 해당해요. '성질이 죽었다'에서 '죽다'는 '성질이나 기운 따위가 꺾이다'라는 의미로, '죽다'의 중심 의미에서 파생된 주변적 의미에 해당하죠. 이처럼 중심 의미와 주변적 의미를 가지고 있는 단어는 다의어예요.

| 오답 해설 |

① '의심하는 눈'에서 '눈'은 '빛의 자극을 받아 물체를 볼 수 있는 감각 기관'을 의미하고, '나뭇가지에 눈이 튼다'에서 '눈'은 '새로 막 터져 돋아나려는 초목의 싹'을 의미해요. 두 단어는 서로 소리만 같고 의미는 전혀 다른 동음이의어예요.

② '또박또박 잘 쓴다'에서 '쓰다'는 '붓, 펜, 연필과 같이 선을 그을 수 있는 도구로 종이 따위에 획을 그어서 일정한 글자의 모양이 이루어지게 하다'라는 의미이고, '존댓말을 써야 한다'에서 '쓰다'는 '어떤 말이나 언어를 사용하다'라는 의미예요. 서로 의미의 유사성이 없는 동음이의어예요.

④ '폭풍우가 치는'에서 '치다'는 '바람이 세차게 불거나 비, 눈 따위가 세차게 뿌리다'라는 의미의 단어예요. 반면 '나무가 가지를 많이 쳐서'의 '치다'는 '식물이 가지나 뿌리를 밖으로 돋아 나오게 하다'라는 의미로 두 단어는 서로 유미상 관련성이 없는 동음이의어예요.

다의어와 동음이의어

	다의 관계 (다의어)	동음이의 관계 (동음이의어)
차이점	• 하나의 의미만 지녔던 단어가 의미가 확대된 경우 • 의미들 사이에 관련이 있음. • 중심적 의미가 하나임. (나머지는 주변적 의미) • 사전에서 하나의 단어(표제어)로 처리	• 서로 다른 단어가 우연히 소리(발음)만 같은 경우 • 의미들 사이에 관련이 없음. • 중심적 의미가 여러 개임. (단어마다 있음) • 사전에서 서로 다른 단어(표제어)로 처리
공통점	하나의 소리에 여러 의미가 결합됨.	

03. ①

| 정답 해설 |

① 집중력이 떨어진 것 같다는 상대의 고민에 대해 많이 속상하겠다고 말하며 상대방의 감정을 존중하고 이해하는 말하기를 하고 있어요.

| 오답 해설 |

② 안정감을 가져 보라던지, 며칠 쉬면서 생각해 보라는 것은 상대에게 해결책을 제시하는 것이에요. 진정한 공감은 해결책을 제시하거나 조언을 해 주는 것이 아니라고 하였으므로 공감적 대화로 적절하지 않아요.

③ 고민만 하지 말고 좋은 방법을 찾아보라는 것은 상대에게 하는 조언이에요. 조언이나 해결책을 제시하는 것은 공감적 대화로 적절하지 않아요.

④ 좋은 결과가 나오지 않아서 속상한 상태인데, 지금 중요한 시기인데 그런 얘길 한다면서 상대방을 지적하는 태도를 보이고 있어요. 당연히 공감적 대화라고 할 수 없지요.

04. ①

| 정답 해설 |

① (가)의 '이처럼'과 (다)의 '그러나'를 중심으로 글을 배열하면 돼요. 중심 화제는 '면 대 면 소통'인데, (가)에서 '이처럼' 면 대 면 소통에는 시간과 공간의 제약이 따른다고 했으니 시간과 공간의 제약과 관련된 내용이 (가) 앞에 위치해야 해요. 이러한 제약과 관련된 내용은 (라)의 '같은 시간과 공간에 존재하면서'에서 확인할 수 있어요. 따라서 '(라)-(가)'의 순서가 정해지죠. (다)는 매체의 발달에 따라 시공간의 제약을 벗어나 다양한 소통 방식이 가능하다는 내용인데, '(라)-(가)'의 내용과 반대되는 내용이에요. 따라서 '(라)-(가)' 뒤에 '그러나'로 내용이 연결되는 것이 자연스럽죠.

(나) 인간의 소통 방식 중 가장 오래되고 직접적인 것은 면 대 면 소통이다.(중심 화제 소개)

(라) 면 대 면 소통은 소통에 참여하는 사람들이 같은 시간과 공간에 존재(시간과 공간의 제약)하면서 음성, 몸짓, 표정 등을 통해 의미를 주고받는 방식으로 이루어진다.

(가) 이처럼 면 대 면 소통에는 시간과 공간의 제약이 따른다.

(다) 그러나(시간과 공간의 제약과 반대되는 내용으로 이어져야 함) 점차 매체가 발달함에 따라 현대 사회에서는 인간이 시간과 공간의 제약을 벗어나 전신, 전파, 인터넷 등을 통해 의미를 주고받는 다양한 소통 방식이 가능해졌다.

05. ②

| 정답 해설 |

② 땅이 두텁다는 의미의 한자어는 '地厚(땅 지, 두터울 후)'예요. 나뭇잎을 의미하는 한자어는 '樹葉(나무 수, 잎 엽)', '木葉(나무 목, 잎 엽)' 모두 가능해요. 가을의 서늘한 기운을 의미하는 한자어는 '秋涼(가을 추, 서늘할 량)'이므로 모두 적절한 것은 ②번이에요.

| 오답 해설 |

① 至厚(이를 지, 두터울 후)

③ 私諒(사사로울 사, 살펴 알 량)

④ 地侯(땅 지, 제후 후)

06. ②

| 정답 해설 |

② (나)를 현대어로 풀이해 보면 '내 일이 잘못된 줄 나라고 하여 모르겠는가 / 이 마음 어리석은 것도 모두 임(임금) 위하기 때문일세 / 아무개가 아무리 헐뜯더라도 임이 헤아려 살피소서'입니다. 시대적 배경을 고려해 본다면, 여기서 말하는 '내 일'이란 이이첨의 횡포를 고발하는 상소를 올린 일을 의미해요. 상소를 올린 일에 대해 자신도 분수에 넘치는 일이라는 것을 알고 있다고 말하고 있지요. 하지만 화자는 이것이 모두 임금을 위한 것이었다며 자신의 억울한 심정을 하소연하고 결백을 주장하고 있어요. 따라서 화자 스스로의 잘못을 더 뉘우치고 있다는 감상은 적절하지 않아요.

| 오답 해설 |

① 화자가 말하는 자신의 할 일은 우국충정, 임금에 대한 충성이에요. 따라서 화자의 강직한 태도를 엿볼 수 있지요.

③ 화자는 울면서 흐르는 시내에 자신의 감정을 이입하여 임금을 향한 변함없는 충성에 대한 의지를 드러내고 있어요.

④ '뫼'와 '물'은 화자와 어버이 사이를 가로막는 장애물이에요. 화자는 멀리 떨어져 있는 부모님에 대한 그리움을 울고 가는 외기러기에 이입하여 표현하고 있지요. 이처럼 부모님을 그리워하는 모습을 통해 화자의 인간적인 면모를 짐작할 수 있어요.

07. ③

| 정답 해설 |

③ '겁이 많았던 나는 혼자 해외로 여행을 가는 것이 못내 무서워 (친구와) 동행하였다.' 이 문장에서는 '누구와' 동행하였는지가 빠져있어요. '동행하다'는 '~와/과'와 같은 부사어를 필요로 하죠. 부사어가 나타나지 않을 경우에는 '둘이'와 같이 여럿임을 뜻하는 말이 주어로 와야 해요. '동생과', '친구와' 같은 부사어를 보충해 주어야 하므로 목적어가 누락되었다는 설명은 적절하지 않아요.

| 오답 해설 |

① '~요점은'이나 '~것은'이 주어라면 서술어는 '~것이다.'가 되어야 자연스럽게 호응해요. 하지만 이 문장의 서술어는 '노력하자'로 주어와 호응하지 않죠. 서술어를 '노력하자는 것이다'로 수정하는 것이 자연스러워요.

② 보어는 '되다, 아니다'를 보충하는 '무엇이'에 해당하는 문장 성분이에요. 이 문장에서는 무엇이 되기로 했는지에 해당하는 보어가 빠져 있어요. '나는 이 일의 적임자를 찾는 것보다 내가 직접 적임자가 되기로 결심했다.'와 같이 수정하는 것이 적절해요.

④ '우리와 함께 살아가는 동물은 사람을 경계하기도 하지만 때때로 (사람들에게) 의지하기도 한다.' '의지하다'는 '~에게'라는 부사어를 필요로 해요. 하지만 이 문장에서는 동물들이 누구에게 의지하지 그 대상이 누락되었어요. '사람들에게'와 같은 필수적 부사어를 보충해 주어야 해요.

문장 성분 갖추기 (보충)

주어 보충	서술어가 요구하는 주어가 부당하게 생략된 경우 주어를 보충한다. ▸ 혜진이는 은진이에게 가방을 주었는데, 그 보답으로 혜진이에게 책을 선물하였다. (×) → 혜진이는 은진이에게 가방을 주었는데, 그 보답으로 은진이가 혜진이에게 책을 선물하였다. (○)

목적어 보충	서술어가 요구하는 목적어가 부당하게 생략된 경우 목적어를 보충한다. ▸ 인간은 자연에 복종하기도 하고, 지배하기도 한다.(×) → 인간은 자연에 복종하기도 하고, 자연을 지배하기도 한다.(○)
부사어 보충	서술어가 요구하는 부사어가 부당하게 생략된 경우 부사어를 보충한다. ▸ 유사한 내용의 제안이 접수되었을 때에는 먼저 접수된 것이 우선한다. (×) → 유사한 내용의 제안이 기관에 접수되었을 때에는 먼저 접수된 것이 그보다 우선한다. (○)

문장 성분의 호응

주어와 서술어의 호응	주어와 서술어를 연결했을 때 적절하게 호응하지 않는 경우 ▸ 무엇보다도 중요한 것은 서류가 전부는 아닙니다. → 무엇보다도 중요한 것은 서류가 전부는 아니라는 것입니다.
부사어와 서술어의 호응	특정한 부사어가 서술어와 적절하게 호응하지 않는 경우 ▸ 나는 결코 이 일을 해야 해. → 나는 반드시 이 일을 해야 해. *'결코'는 부정적인 단어와 호응 ▸ 그 사람은 좀체 화를 낸다. → 그 사람은 좀체 화를 내지 않는다. *'좀체'는 부정적인 단어와 호응 ▸ 그는 역에서 아마 아직도 널 기다리고 있다. → 그는 역에서 아마 아직도 널 기다리고 있을 것이다. *'아마'는 추측 표현과 호응
목적어와 서술어의 호응	목적어와 서술어를 연결했을 때 적절하게 호응하지 않는 경우 ▸ 그는 창작 활동과 전시회를 열었다. → 그는 창작 활동을 하고 전시회를 열었다. ▸ 효진이는 춤과 노래를 불렀다. → 효진이는 춤을 추고 노래를 불렀다. ▸ 선생님은 학생들의 애환을 친절하게 들어주고 위로해 주셨다. → 선생님은 학생들의 슬픔을 친절하게 들어주고 위로해 주셨다. *애환(哀歡) : 슬픔과 기쁨

08. ①

| 정답 해설 |

① 초기 완성형에서는 '똠', '햏', '뷁'과 같은 글자는 쓸 수 없었어요. 하지만 이를 보완하기 위해 '확장 완성형'이 나왔다고 하였으므로, '확장 완성형'에서는 '똠', '햏', '뷁'과 같은 글자를 쓸 수 있을 것이라고 추론할 수 있어요. 또한 이후에 나온 '유니코드 2.0'도 조합형에서 구현할 수 있는 모든 글자를 포함하고 있으므로 ①은 적절하지 않은 내용이에요.

| 오답 해설 |

② '유니코드 2.0은 조합형에서 구현할 수 있는 11,172자 모두를 포함하고 있으며, 각각의 자모 또한 포함하여 조합까지 할 수 있다.'에서 확인할 수 있어요.

③ 글의 처음에서 '영문자와 달리 한글은 여러 가지 자모를 조합하여 글자를 만들기 때문에 다양한 인코딩(encoding)을 생각'하는 것이에요. 영어는 문자를 조합하여 글자를 만드는 것이 아니므로 조합형이나 확장형과 같은 인코딩에 대한 고민을 할 필요가 없어요.

④ 조합형은 한글의 모든 자모에다 일련의 코드를 할당하여 이를 불러와 조합하여 글자를 구현하는 방식이에요. 완성형은 이미 만들어진 글자 자체에다 각각의 코드를 할당하여 그 글자를 불러오는 방식이죠. 어떤 방식을 사용하든 컴퓨터로 글자를 입력하기 전에 컴퓨터에는 이미 한글 자모나 글자 각각에 코드가 할당되어 있어야 해요.

09. ④

| 정답 해설 |

④ 정부의 허가나 법률 등은 '강제'에 해당해요. 개인의 행동에 대해 정부의 허가가 필요하고 법률을 통해 간섭을 받는다면 이것은 '강제로부터의 자유'가 제한되고 있는 것이에요.

| 오답 해설 |

① 글의 마지막 문단 '자유지상주의자들은 강제를 극소화하는 것, 특히 정부의 강제적인 간섭을 최소화하는 것을 통해 얻는 자유에 초점을 맞추고 있다.'를 통해 자유지상주의자들은 '제약으로부터의 자유'가 아니라 '강제로부터의 자유'를 추구한다는 것을 알 수 있어요.

② A국 시민은 거주지 이전의 허가가 필요 없어서 국가로부터의 어떠한 물리적 저지나 위협도 받지 않아요. 이것은 국가의 강제적인 간섭이 없는 것으로 '강제로부터의 자유'인 '리버티'를 보장받고 있는 것이에요.

③ '리버티'는 강제의 부재(강제로부터의 자유)를 말해요. '강제는 물리적 힘을 직접적으로 행사하거나 피해를 주겠다고 위협하는 형태로 나타난다.'라고 하였으므로 리버티에 대한 제한은 물리적인 힘을 직접적으로 행사하기도 한다는 것을 알 수 있어요.

10. ③

| 정답 해설 |

③ 괄호 앞에서는 '교화가 넓게 베풀어지는 정도에 따라 범죄 건수가 줄어들고 있다.'라고 하였어요. 또한 법률상의 인품은 후천적인 환경에 따른 것이라고 하였으니, 교화에 따라서 법률상 인품이 변화될 수 있는 것이지요. 따라서 풍속을 바로잡는 방법으로는 교화에 힘쓰는 것이 효과적이라는 결론을 이끌어 낼 수 있어요.

| 오답 해설 |

①, ② 법을 싫어하는 하등인은 법을 범하는 것을 부끄러워하거나 싫어하지 않아요. 따라서 법률을 엄격하게 정한다 해도 하등인에게는 효과적이지 않아요.

④ 계층 통합에 힘쓰자는 것은 글의 내용과 관련이 없어요. 상등인, 중등인, 하등인은 법률상 인품을 논의하여 등급을 구별한 것이에요. 이러한 등급은 후천적인 학식의 환경과 지각의 계층에 따른 것이고 변화가 가한 것이죠. 글쓴이가 말하고자 하는 것은 교화를 넓게 베풀어서 후천적인 인품을 변화시키자는 것이에요.

11. ④

| 정답 해설 |

④ 로컬푸드 운동의 배경에는 농업의 해체와 식품 안전성의 위기가 있어요. 이중에서 농업의 해체는 관련 인구 감소, 농촌 경제 영세화, 거대자본의 위협이 원인이죠. 거대자본은 농업을 위협하는 존재이므로 거대자본이 로컬푸드 운동의 일환이 될 수 있다는 것은 적절하지 않은 추론이에요.

| 오답 해설 |

① 로컬푸드의 범위는 물리적 거리로 규정하기도 하고 행정구역을 중심으로 규정하기도 해요. 또한 생산이나 유통, 소비 등을 고려하여 규정하기도 한다고 하였으므로, 경제적 요소를 고려해서 로컬푸드의 범위가 규정될 수 있다는 추론은 적절해요.

② '농약의 과다 사용으로 인해 식품은 물론 자연환경이 위기에 처하게 되었다. 이러한 문제점에 대응하기 위해 친환경 먹거리 생산과 건강한 소비를 연결'한다는 부분을 통해 로컬푸드와 환경보호 운동과의 관련성을 추론할 수 있어요.
③ 글의 마지막 '지역 정체성을 강화하는 등 대안적 공동체 운동으로 선순환시키려는 노력이 로컬푸드 운동으로 나타났다.'라는 부분을 통해 지역적 정체성을 드러내는 전략으로 로컬푸드가 활용될 수 있음을 추론할 수 있어요.

12. ③

| 정답 해설 |

③ ㉠에서 말하고 있는 이는 '인화 낭자' 다리미예요. 바느질 솜씨가 평범하고 특징이 없어도 자신이 인두로 한 번 다리면 잘못한 흔적이 감추어 진다고 말하고 있지요. 바늘의 공은 자신의 도움으로 인해 광채가 난다고 말하고 있는 상황이에요. 상대의 공은 인정하지 않고 자신의 도움으로 상대가 빛난다면서 자신의 공만 내세우는 말하기를 하고 있어요.

규중칠우쟁론기

갈래	국문 수필, 내간체 수필
성격	우화적, 논쟁적, 풍자적, 교훈적
제재	바느질 도구들의 공치사와 불평
주제	공치사만 일삼는 이기적인 세태 풍자 역할과 직분에 따른 성실한 삶 추구
특징	• 일상적인 사물을 의인화하여 세태를 풍자함 • 3인칭 시점에서 객관적으로 관찰, 서술함 • 봉건적 질서 속에서 변화해 가는 여성 의식을 반영함

규중칠우 별명의 근거

	별명	별명의 근거
자	척 부인	한자 '尺(자 척)'과 발음이 같음
가위	교두 각시	가윗날(머리)이 교차하는 모양
바늘	세요 각시	허리가 가는(세요) 모양
실	청홍흑백 각시	실의 다양한 색깔
가위	감토 할미	감투와 비슷한 생김새와 주름
인두	인화 부인	불에 달구어 사용 (쓰임새)
다리미	울 낭자	한자 '熨(다릴 울)'에서 따옴 '울'은 '울다'의 어간과 같으므로 다리미에서 수증기가 올라오는 모습을 연상해서 붙인 것 (쓰임새)

줄거리

'규중칠우쟁론기'는 규방 부인이 바느질에 사용하는 '자, 바늘, 가위, 실, 골무, 인두, 다리미'를 의인화하여 인간 심리의 변화, 이해관계에 따라 변하는 세태를 우화적으로 풍자한 작품으로, 바느질 도구를 각시, 부인, 낭자, 할미 등 구체적 인물로 설정하여 생김새와 쓰임새를 생동감 있게 그려 내고 있다.
규중 부인이 칠우와 더불어 일해 오던 중, 주인이 잠이 든 사이에 칠우는 서로 제 공을 늘어놓으며 다툰다. 그러다가 부인에게 꾸중을 듣고, 부인이 다시 잠들자 이번에는 자신들의 신세 타령과 부인에 대한 원망과 불평을 늘어놓았다. 잠에서 다시 깬 부인에게 꾸중을 듣고 쫓겨나게 되었는데, 이때 감토 할미(골무)가 나서서 사죄함으로써 용서를 받고, 부인은 이 감토 할미를 가장 귀하게 여긴다.
구성상 크게 규중 칠우들이 공을 다투는 부분과 인간에 대한 원망을 하소연하는 부분으로 나누어진다. 전반부에서는 자신들의 공치사를 내세우면서 서로를 비난하고 헐뜯는 관계에 있지만, 후반부에서는 인간에 대한 원망을 드러내면서 서로 같은 입장이 되어 탄식하고 동정하는 관계로 변모한다. 전반부의 규중 칠우는 풍자의 대상으로 이기적이고 남을 깎아내리기 좋아하는 인간들의 모습 자체를 나타내고, 후반부의 규중 칠우는 풍자를 하는 주체로 실제 인간을 비판하고 풍자하는 역할을 한다.

13. ④

| 정답 해설 |

④ '3위에 입상했다', '동메달을 획득했다'는 모두 객관적인 사실을 표현한 것이에요. 아쉬운 경기 결과였음을 강조하려 했다면 '동메달에 머물렀다', '동메달 획득에 그쳤다'등과 같은 말을 사용했을 것이에요.

14. ④

| 정답 해설 |

④ 3문단에서 '이기적 이타주의는 개인적 욕구와 사회적 고려 사이에서 균형을 추구한다. 모든 사람들이 갑자기 지나치게 동정심이 많아지거나 비정한 자본주의자에서 사회복지사로 바뀌고 있는 것은 아니다.'라고 하였어요. 따라서 소비자의 필요보다 사회적 영향을 더 고려한다는 추론은 적절하지 않아요.

| 오답 해설 |

① 2문단 '이미 몇 세대에 걸쳐 과시적인 소비를 경험했기에 사람들은 쇼핑 중독에서 완전히 벗어나거나 흥미로운 물건을 사는 기쁨을 포기하지는 않을 것이다.'에서 확인할 수 있는 내용이에요.
② 이기적 이타주의는 개인적 욕구와 사회적 고려 사이에서 균형을 추구한다고 하였어요. 가성비에 집착한 소비는 나에게 이익이 되는 선택을 하는 것이에요. 다른 사람을 돕고자 하거나 윤리적·도덕적 기준을 고려하는 사회적 고려와는 관련이 없으므로 이기적 이타주의의 소비라고 할 수 없어요.
③ 동물 보호를 위한 가죽제품보다 면제품을 사는 것은 1문단에서 설명한 '나를 위해 물건을 사고 싶은 충동이 부수적으로 어떤 피해의 원인을 제공하지는 않는지 확실히 따져 보는' 이기적 이타주의의 소비에 해당해요.

15. ④

| 정답 해설 |

④ 괄호 안에는 판소리 사설에서 언어 층위가 다채로운 까닭이 들어가야 해요. 판소리에는 평민의 언어도 있지만, 양반의 기품있는 언어도 포함되어 있지요. 이것은 판소리가 '적층'문학이기 때문이에요. '적층적'이라는 것은 한 개인의 창작물이 아니라 여러 사람의 이야기가 합쳐진 것을 의미해요.

| 오답 해설 |

① '골계적(滑稽的)'은 '익살을 부리는 가운데 어떤 교훈을 주는 것'을 의미해요. 판소리 사설에서 골계적인 표현이 사용되는 경우가 많기는 하지만, 언어의 층위가 다채로운 것과는 관련이 없어요.

② '연행적(演行的)'은 '배우가 연기를 하거나 연출로 행하는 것'을 의미해요. 판소리가 연행적인 성격을 가지고 있는 것은 맞지만, 언어의 층위가 다채로운 것과는 관련이 없어요.
③ '우화적(寓話的)'은 '인격화한 동식물이나 기타 사물을 주인공으로 하여 그들의 행동 속에 풍자와 교훈의 뜻을 나타내는 것'이에요. 언어의 층위가 다채로운 것과는 무관하죠. 참고로 판소리 '수궁가'가 우화적인 작품에 해당해요.

16. ④

| 정답 해설 |

④ 한글 맞춤법 제25항에서는 '의미가 똑같은 형태가 몇 가지 있을 경우, 그중 어느 하나가 압도적으로 널리 쓰이면, 그 단어만을 표준어로 삼는다.'라고 규정하고 있어요. 이에 따라 '안절부절못하다'가 표준어이고, '안절부절하다'는 비표준어예요.

| 오답 해설 |

① 한글 맞춤법 제39항에서는 '어미 '-지' 뒤에 '않-'이 어울려 '-잖-'이 될 적과 '-하지' 뒤에 '않-'이 어울려 '-찮-'이 될 적에는 준 대로 적는다.'라고 규정하고 있어요. 이에 따라 '우연하지 않게'는 '우연찮게'로 적는 것이 적절해요.
② '변변하다'는 '제대로 갖추어져 충분하다, 지체나 살림살이가 남보다 떨어지지 아니하다.'라는 의미예요. 제시된 문장은 제대로 된 직업이 없었다는 의미이므로 '변변한'은 문장에서 적절하게 쓰였어요. 반면 '변변찮다'는 '제대로 갖추어지지 못하여 부족한 점이 있다. 지체나 사는 형편이 남보다 좀 못하다.'라는 의미예요.
③ '칠칠하다'는 '성질이나 일 처리가 반듯하고 야무지다.'라는 의미예요. 제시된 문장은 일처리가 야무지지 못하다는 의미이므로 '칠칠치 못하게'로 쓴 것은 적절해요.

17. ②

| 정답 해설 |

② 동격 관형절과 관계 관형절을 구별하는 문제예요. 관형절이 수식하는 체언이 관형절 안의 문장 성분과 일치하여 그 성분이 생략되면 관계 관형절이에요. 반면 동격 관형절은 안긴문장이 바로 뒤에 오는 체언과 동일한 의미를 가지는데, 체언의 내용을 설명하는 것이므로 문장 성분을 생략할 수 없어요. '제가 직접 그분을 만난'은 '기억'의 내용을 설명하는 것이므로 문장 성분을 생략할 수 없는 동격 관형절에 해당해요.

| 오답 해설 |

① 밑줄 친 부분은 본래 '내가 어제 서점에서 책을 샀다'라는 문장이었어요. 관형절로 안기면서 '서점에서'가 생략된 관계 관형절이에요.
③ 밑줄 친 부분은 본래 '이마에 땀이 흐르다'라는 문장이었어요. 관형절로 안기면서 주어 '땀이'가 생략된 관계 관형절이에요.
④ 밑줄 친 부분은 본래 '사람들이 횃불을 추켜들다'라는 문장이었어요. 관형절로 안기면서 주어 '사람들이'가 생략된 관계 관형절이에요.

<table>
<tr><th colspan="2">관형절을 안은문장</th></tr>
<tr><td colspan="2">• 안긴문장이 전체 문장에서 관형어의 기능을 하는 문장
• 관형사형 어미 '-(으)ㄴ, -(으)ㄹ, -는, -던' 등을 통해 실현</td></tr>
<tr><td>동격 관형절</td><td>• 안긴문장이 바로 뒤에 오는 체언과 동일한 의미를 가지는 것
• 체언의 내용을 설명하는 것이므로 문장 성분을 생략할 수 없음
▸ 나는 <u>그가 착한 사람이라는</u> 생각이 들었다.
▸ <u>눈이 내리는</u> 풍경이 아름답다.</td></tr>
<tr><td>관계 관형절</td><td>• 뒤에 오는 체언이 관형절 속의 성분과 동일하여 그것을 생략한 것
• 뒤의 체언이 앞의 관형절에서 어떠한 문장 성분으로 기능할 수 있음
▸ 한국인의 <u>따뜻한</u> 마음을 안고 떠납니다.
▸ 지민은 그 <u>예쁜</u> 고양이가 자꾸 생각났다.
▸ 정국이가 <u>그린</u> 그림이 좋다.</td></tr>
</table>

18. ②

| 정답 해설 |

② 공정성은 '공평성'과 '독립성'이라는 조건을 충족해야 해요.
  * 공평성 = 판단의 결과가 치우쳐서는 안 된다.
  (동전 던지기 게임에서 앞뒷면 나오는 횟수가 거의 같아야 함)
  * 독립성 = 외적인 것에 의해 영향을 받지 않아야 한다.
  (동전 던지기 게임에서 외부 장치에 의해 조작되면 안 됨)

ㄴ. 공평성은 앞뒷면의 나오는 횟수가 거의 같다면 충족할 수 있어요. 'ㄴ'의 경우 게임을 계속 진행하면 앞뒷면이 나오는 횟수가 거의 같기에 공평성의 조건은 충족해요. 외부 장치가 개입한 것이므로 독립적이지는 않지만(독립성X), 공평하다고는 할 수 있어요.(공평성O)
ㄱ. 외부 장치에 의해 조작된다면, 패배하지 않을 수 있는 전략을 만들어 낼 수 있어요. 이것은 독립적이지 않은 것이죠. 반면 패배하지 않을 수 있는 전략을 만들어 낼 수 없다면 외적인 것에 의해 영향을 받지 않는 것이므로 독립적이라고 할 수 있어요. 동전 던지기 게임은 동전 던지기의 결과가 동전 자체가 가진 특성 이에 다른 장치에 의해 조작되지 않으므로 독립적이라고 할 수 있어요.
ㄷ. 동전의 무게중심이 한쪽으로 쏠려서 한쪽만 나올 확률이 높아진다면 이것은 판단의 결과가 한쪽으로 치우치는 것이에요. 판단의 결과가 가능한 결과들 중 일부분으로 특별히 치우쳐서는 안 된다는 '공평성'에 어긋나는 것이죠. 공정한 것은 공평성과 독립성을 모두 충족해야 하므로, 공평하지 않은 것은 공정하다고 할 수 없어요.

2023년도 지방공무원 7급 기출문제 정답 및 해설

빠른 답 찾기

01	②	02	④	03	③	04	③	05	④
06	③	07	④	08	②	09	①	10	②
11	①	12	④	13	②	14	④	15	①
16	③	17	③	18	③				

01. ②

| 정답 해설 |

② '작년 한 해 우리 학교 학생들을 대상으로 조사한 교통사고 피해 통계'를 근거로 제사하여 보행 중 스마트폰을 보는 것이 교통 사고의 원인이 될 수 있다고 하였다. 교통사고 피해 통계를 제시하여 보행 중 스마트폰을 보지 말아야 한다는 자신의 주장에 대한 신뢰도를 높이고 있으므로 적절한 설명이다.

| 오답 해설 |

① 발표에서 제시한 고통사고의 원인은 보행 중 스마트폰을 사용하는 것 하나이다. 따라서 다양한 원인을 진단하였다는 설명을 부적절하다. 또한 발표자는 보행 중 스마트폰을 보지 말아야 한다고 주장하였는데 이에 대한 구체적인 해결책은 제시하지 않았다.

③ 도입부에는 자기 소개와 발표할 내용에 대해 설명하였다. 실제 사례를 제시하지는 않았다.

④ 청자인 학생들을 대상으로 하는 발표에서 학생들에게 자주 발생하는 교통사고 사례와 예방법을 안내하는 것은 청자의 상황을 고려한 것이라고 볼 수 있다. 하지만 청자에게 관심 있는 정보인지는 확인할 수 없다.

02. ④

| 정답 해설 |

④ 학교 측과 주민 측은 서로의 의견을 절충하며 타협하였다. 상대의 의견을 반박하지 않았다.

| 오답 해설 |

① 학교장은 주민들이 체육 시설 이용 시간을 잘 준수한다는 조건으로 9시 이전 시설 이용을 허용하였다.

② 주민 대표는 "오전 9시 이전까지는 체육 시설 이용을 허용하면 어떨까요?"라고 질문 형식으로 의견을 제안하였다.

③ 주민 대표는 주민들이 아침에 운동하기를 선호한다는 것을 근거로 먼저 제시한 다음에 오전 9시 이전에도 시설 이용을 허용해 달라는 의견을 제안하였다.

03. ③

| 정답 해설 |

③ 여러 짐승들이 사람과 같이 연설을 하는 것에서 우화 형식임을 알 수 있다. 화자는 만물 중에 귀하고 제일이라는 인간으로 태어났지만 짐승들의 연설을 통해 인간이 짐승보다 못하다는 것을 깨달으며 인간의 양면성을 드러내고 있다.

| 오답 해설 |

① 대화는 드러나지 않고 인간의 독백만 제시되었다.

② 감각적 묘사는 드러나지 않는다.

④ 짐승의 연설을 듣고 깨달음을 얻고 부끄러워하고 있으므로 시간의 흐름에 따라 구성되었다고 볼 수 있다. 역전적 시간 구성은 드러나지 않으며 대상들의 갈등도 드러나지도 않는다.

04. ③

| 정답 해설 |

③ (다)에서는 시를 감상하는 것은 '시에 담긴 마음을 읽어내는 것'이라고 하였다. 이 내용은 (가) '시가 마음을 담아내는 것'으로 자연스럽게 연결이 된다. 시는 사람의 다양한 마음을 담아둘 수 있지만 자주 갖게 되는 마음인 '그리움'은 시에 더 자주 등장한다. 시가 다양한 사람의 마음을 담아내기에 다양하다는 (가)의 내용과 시에는 '그리움'이 자주 등장한다는 내용은 서로 상반된 내용이므로 (가)와 (나)는 '그러나'를 통해 연결되는 것이 자연스럽다. (라)는 인간의 마음 중에서 '그리움'을 담은 시가 많은 이유에 대해 설명하는 내용이므로 (나) 뒤에 오는 것이 적절하다.

05. ④

| 정답 해설 |

④ 시청 누리집에 신청서를 업로드하는 것은 온라인 신청 접수의 구체적인 방법일 뿐, 신청 방식을 다양화한 것은 아니다. 신청 방식을 다양화 하려면 온라인 신청 외에 전화 접수, 우편 접수, 방문 접수 등의 내용이 추가되어야 한다.

| 오답 해설 |

① '△△시'가 반복되고 있다. 중복되는 표현 없이 '△△시 취업 박람회 개최'로 수정하는 것이 적절하다.

② 지역 브랜드 홍보는 행사와 관련 없는 내용이다. 취업 박람회라는 행사 목적에 맞게 '지역민의 취업률 제고'로 수정하는 것이 적절하다.

③ 취업 지원 센터 활동 보고는 목적과 맞지 않는 행사이므로 수정하는 것이 적절하다.

06. ③

| 정답 해설 |

③ 금명간(今明間) : 오늘이나 내일 사이. ≒금명.
'일찍'은 '일정한 시간보다 이르게'라는 의미의 부사이다. '일찍'으로 바꿔쓰면 오늘이나 내일 사이 공사를 시작한다는 본래의 문장과 뜻이 달라진다.

| 오답 해설 |

① 영면하다(永眠하다) : 영원히 잠든다는 뜻으로, 사람이 죽는 것을 이르는 말.

② 기망하다(欺罔하다) : 남을 속여 넘기다.=기만하다.

④ 공지하다(公知하다) : 세상에 널리 알리다.

07. ④

| 정답 해설 |

④ '與歸(여귀)'는 함께 돌아간다는 의미이므로 (가)의 화자가 '與歸(여귀)'를 지향한다는 설명은 적절하다. '萬里心(만리심)' 창작 시기에 따라 다르게 해석할 수 있는데, 최치원이 유학 생활을 하면서 지었다고 본다면 '萬里心(만리심)'은 고향을 그리는 마음으로 해석할 수 있다. 따라서 萬里心(만리심)'을 벗어나려 한다는 감상은 부적절하다. 참고로 (나)를 최치원이 당나라에서 귀국한 뒤 개혁을 위한 노력이 좌절된 후 지었다고 본다면 萬里心(만리심)'은 자신의 뜻을 이루지 못한 지식인의 고뇌로 해석할 수 있다.

| 오답 해설 |

① 암수 서로 다정한 모습을 보이는 '黃鳥(황조)'는 외로운 화자의 처지와 대비되어 화자에게 외로움을 유발하고 있다.
② '秋風(추풍)'은 가을바람을 뜻한다. 서정적인 분위기를 형성하고 화자에게 외로움과 고뇌를 불러일으키고 있다.
③ (가)의 화자는 서로 정다운 모습의 꾀꼬리를 부러워하고 있으므로 '相依(상의)'를 바란다는 설명은 적절하다. '知音(지음)'은 마음이 서로 통하는 친한 벗을 비유적으로 이르는 말인데 화자는 '知音(지음)'이 없음을 한탄하고 있다. 따라서 (나)의 화자가 '知音(지음)'을 그리워한다는 설명은 적절하다.

08. ②

| 정답 해설 |

② 유보한다는 것은 어떤 일을 당장 처리하지 아니하고 나중으로 미루는 것이다. 흥보는 부인의 만류에도 불구하고 신세 한탄을 하며 병영 길을 올랐으므로 부인의 말을 듣고 매품팔이를 유보했다는 설명은 부적절하다.

| 오답 해설 |

① 매품을 팔려는 흥보를 말리는 부인과 흥보에게 부탁하는 아들들과의 대화를 통해 흥보가 매품을 팔아 생계를 유지하려 한다는 것을 알 수 있다.
③ 흥보 자식들은 병영에 가는 아버지에게 담뱃대, 풍안, 각시 등을 사다 달라며 철없는 부탁을 하였으므로 적절하다.
④ 흥보는 병영 길에 "아고, 내 신세야. 누군 팔자 좋아 부귀영화 잘 사는데, 내 어이하여 이 지경인고?"라고 한탄하였으므로 적절하다.

09. ①

| 정답 해설 |

① 소정(所定) : 정해진 바. (所 바 소, 定 정할 정)

| 오답 해설 |

② 관심(關心) : 어떤 것에 마음이 끌려 주의를 기울임. 또는 그런 마음이나 주의. (關 빗장 관, 心 마음 심) / (觀 볼 관)
③ 표시(表示) : 겉으로 드러내 보임. (表 겉 표, 示 보일 시) / (視 볼 시)
④ 지역(地域) : 일정하게 구획된 어느 범위의 토지. (地 땅 지, 域 지경 역) / (役 부릴 역)

10. ②

| 정답 해설 |

② 2문단 '고려인은 금속활자를 만들 때, 진흙에 가까운 고운 모래를 사용했다. 이 모래를 상자 속에 가득 채우고, 그 위에 목활자를 찍어 눌러서 틀을 완성했다.'를 통해 고려인이 금속활자를 만들 때 목활자를 사용했다는 것을 알 수 있다.

| 오답 해설 |

① 1문단 '고려인은 청동을 녹여서 불상이나 범종 등을 만드는 기술이 탁월했다.'를 통해 고려인은 범종을 만들 때 황동이 아닌 청동을 사용했다는 것을 알 수 있다.
③ 고려인이 금속활자를 만들 때 사용한 틀은 황동 틀이 아니라 모래로 만든 틀이다. 2문단 '고려인은 금속활자를 만들 때, 진흙에 가까운 고운 모래를 사용했다. 이 모래를 상자 속에 가득 채우고, 그 위에 목활자를 찍어 눌러서 틀을 완성했다.'를 통해 확인할 수 있다.
④ 유성먹을 사용한 것은 금속활자를 만들 때가 아니라 인쇄할 때이다. 2문단 '금속활자를 사용하여 인쇄할 때는 목활자의 경우와 달리 유성먹이 필요했다.'에서 확인할 수 있다.

11. ①

| 정답 해설 |

① 관은 무속을 근절한다는 명목으로 세금을 부과하고 의료기관에서 봉사하게 하였지만 징수한 세금이 관에서 사용됨에 따라 관에서 무당을 하나의 직업으로 인정하는 결과를 낳았다. 이는 관에서 의도했던 바와는 다른 결과이다.

| 오답 해설 |

② 무당이 의료기관인 동서활인서에서 일하게 된 것은 무당이 치유 능력을 인정받은 것이 아니라 무속 탄압의 일종으로 강제적으로 봉사하게 한 것이었다.
③ 무당이 세를 납부한 기록은 고려 후기부터 확인이 되지만 제도화하여 징수하게 된 것은 조선시대부터이다. '무세(巫稅)는 고려 후기부터 확인되지만, 정식 세금으로 제도화해서 징수한 것은 조선시대부터였다.'를 통해 확인할 수 있다.
④ 무당이 국가적 차원의 의례를 주관하던 전통을 사라지고 무당의 권위가 약화된 것은 맞다. 하지만 고을 굿은 음사로 규정되어 중단되었다고 하였으므로 무당이 고을 의례를 주관하였다는 설명은 부적절하다.

12. ④

| 정답 해설 |

④ 『국한회어』의 서문에는 글자와 행의 기술 방식, 표제어 배열 방식 등을 설명하고, 이 방식이 알파벳을 사용하는 서양의 서적을 본뜬 것이라는 사실을 밝혀 놓았다.

| 오답 해설 |

① 『한불자전』, 『언문』, 『말모이』는 가로쓰기 책이 맞지만 『로조사전』은 러시아 문자는 가로로, 그에 대응되는 우리말 단어는 세로로 쓴 형태이다.
② 주시경의 가로쓰기 주장이 1897년에 나온 것을 고려하면, 1895년에 『국한회어』를 가로쓰기로 한 것은 획기적이라고 하였다. 따라서 1895년경에 가로쓰기 사용이 늘어나는 분위기가 조성되었다는 설명은 적절하지 않다.
③ 『독립신문』은 띄어쓰기를 했지만 세로쓰기를 했으므로 가로쓰기가 시행되면서 띄어쓰기가 활성화되었다는 설명은 부적절하다.

13. ②

| 정답 해설 |

② 명사형 전성 어미와 명사 파생 접미사는 그 형태가 같아서 구별이 중요하다. 둘을 구분하는 가장 명확한 방법은 '서술성'이 있는지 확인하는 것인데, 서술성 여부는 문장이나 절에서 서술어의 역할을 하는지 살펴보면 된다. 명사형 전성 어미와 결합한 것은 본래 품사의 특성인 서술성이 그대로 남아 있다. 반면 명사 파생 접미사가 결합한 것은 품사 자체가 명사로 바뀌었기 때문에 서술성이 없고 조사와 결합이 가능하다. '크기'는 '사물의 넓이, 부피, 양 따위의 큰 정도'를 나타내는 명사이며 조사 '도'와 결합이 가능하다.

| 오답 해설 |

① '수진이가 허공을 보다'와 같이 '보다'에는 서술성이 있으므로 '-기'는 명사형 전성 어미이다.
③ '나무가 굵다'와 같이 '굵기'에는 서술성이 있으므로 '-기'는 명사형 전성 어미이다.
④ '토끼가 너무 빨리 달리다'와 같이 '달리다'에는 서술성이 있으므로 '-기'는 명사형 전성 어미이다.

14. ④

| 정답 해설 |

④ 붇다 : 「1」 물에 젖어서 부피가 커지다
「2」 분량이나 수효가 많아지다.
「3」 살이 찌다. (불어, 불으니, 붇는)
'붇다'는 불규칙 활용을 하는 용언으로, 모음 어미 앞에서 'ㄷ'이 'ㄹ'로 바뀐다. (불어, 불으니) '-고'는 모음 어미가 아니므로 어간의 'ㄹ'이 'ㄷ'으로 바뀌지 않는다. 따라서 '체중이 계속 붇고 있다'가 어법에 맞는 표현이다.

| 오답 해설 |

① 붓다 : 살가죽이나 어떤 기관이 부풀어 오르다. (부어, 부으니, 붓는)
② 부수다 : 단단한 물체를 여러 조각이 나게 두드려 깨뜨리다. (부수어, 부숴, 부수니)
③ 받다 : 머리나 뿔 따위로 세차게 부딪치다. (받아, 받으니, 받는)

15. ①

| 정답 해설 |

① 작열(灼熱)
「1」 불 따위가 이글이글 뜨겁게 타오름.
「2」 몹시 흥분하거나 하여 이글거리듯 들끓음을 비유적으로 이르는 말.
갱신(更新) : 이미 있던 것을 고쳐 새롭게 함.=경신.
개재(介在) : 어떤 것들 사이에 끼여 있음.

| 오답 해설 |

작렬(炸裂)
「1」 포탄 따위가 터져서 쫙 퍼짐.
「2」 박수 소리나 운동 경기에서의 공격 따위가 포탄이 터지듯 극렬하게 터져 나오는 것을 비유적으로 이르는 말.
경신(更新)
「1」 이미 있던 것을 고쳐 새롭게 함. ≒갱신.
「2」 기록경기 따위에서, 종전의 기록을 깨뜨림.
「3」 어떤 분야의 종전 최고치나 최저치를 깨뜨림.
게재(揭載) : 글이나 그림 따위를 신문이나 잡지 따위에 실음.

16. ③

| 정답 해설 |

③ 글쓴이는 자유와 법은 대립하는 것이 아니라 법이 바탕이 되어야 자유의 실현이 가능하다고 주장하고 있다. 정당한 행위를 할 수 있는 '자유'의 상태는 올바른 사회질서에서만 보장이 될 수 있는데 그 역할을 '법'이 해주고 있는 것이다. 따라서 빈칸에는 정의를 실현하는 올바른 사회질서는 법에 의해 확립될 수 있다는 내용이 들어가야 한다.

| 오답 해설 |

① 자유는 정의를 실현하는 올바른 사회질서에 의해서만 보장될 수 있다고 하였다. 이러한 질서는 법에 의해서만 확립이 될 수 있는 것이므로 법 없이는 자유의 실현이 불가능하다.
② 정의를 실현하는 올바른 사회질서를 확립하는 것은 자유가 아니라 법이다.
④ 올바른 사회질서는 법에 의해 확립될 수 있다. 자유가 올바른 사회질서 확립에 필요하다는 내용은 확인할 수 없다.

17. ③

| 정답 해설 |

③ 공간이 최적화되면 벌집을 짓는 데 필요한 밀랍의 양이 줄어들어 벌집을 짓는 데 드는 노력과 에너지가 최소화될 수 있다고 하였다. (가)에는 육각형 벌집 모양의 장점이 들어가야 하므로 벌집을 짓기 위해 필요한 밀랍의 양이 적게 든다는 내용이 들어가는 것은 적절하다. 또한 벌집 구조를 닮은 건축이나 생활용품들을 흔히 발견할 수 있다고 하였으므로 (나)에는 자연 구조인 벌집이 인간에게 영감을 주었다는 내용이 들어가는 것이 적절하다.

| 오답 해설 |

①, ② (가)에는 벌집 구조의 이점이 들어가야 한다. 벌집을 짓는데 소요되는 노동량을 최소화하는 것은 이점에 해당하지만 노동량을 최대화한다는 것은 이점이라고 볼 수 없다.
④ 벌집의 과학성과 아름다움에 대해 예찬하였으므로 자연이 만든 디자인이 뛰어나다는 것은 허용할 수 있다. 하지만 인간이 만든 디자인과 자연이 만든 디자인을 비교하며 우열을 가리지는 않았다. 자연에서 만든 디자인이 인간이 만든 디자인에 영감을 주었을 뿐 어느 것이 더 뛰어난지에 대해서는 언급하지 않았다.

18. ③

| 정답 해설 |

③ '인정'은 '뇌물'에서 '사람의 감정'으로 의미가 이동하였다. '어여쁘다'도 '어리석다'에서 '예쁘다'로 의미가 이동하였으므로 의미 변화의 유형이 같다.

| 오답 해설 |

① 언어의 변화 원인으로 '언어적 원인, 역사적 원인, 사회적 원인, 심리적 원인' 등이 있다고 언급만 하였을 뿐, 변화가 일어난 원인과 특징에 대해서는 상세하게 설명하지 않았다.
② '얼굴'은 '형체'에서 의미가 축소되어 '안면'만을 가리킨다. '지갑'은 종이로 된 것만을 의미하다가 현재는 의미가 확대되어 다른 소재들도 지갑이라고 한다.
④ '다리'는 신체 일부에서 의미가 확대되어 무생물에도 사용한다. 반면 '뫼(메)'는 '밥'에서 제사 때 올리는 진지로 의미가 축소되었다.

19. ③

| 정답 해설 |

③ 뚜껑을 덮어 두었던 마시멜로 실험에서는 두 배 가까운 아이들이 더 참을 수 있었다. 이것은 '뚜껑'이라는 환경적인 요인이 작용한 것이므로 자기 통제력을 발휘하는 데에는 환경적 요인이 중요하다는 설명은 적절하다.

| 오답 해설 |

① 1분 이내에 마시멜로를 먹었던 자기 통제력이 낮은 아이들은 이후에 학교나 가정에서 문제를 일으키는 경우가 많았다. 하지만 이들의 주변 환경이 열악했는지 여부는 글을 통해 확인할 수 없다.
② 후천적 요인이 자기 통제력을 발휘하는 데 영향을 줄 수 있다는 내용은 제시되었으나 자기 통제력이 선천적 요인인지, 후천적 요인인지는 글을 통해 확인할 수 없다.
④ 자기 통제력이 높은 아동은 이후에 성공 가능성이 크다고 하였지만 이들이 유아기부터 가정과 학교에서 사랑과 관심을 받았는지 여부는 글을 통해 확인할 수 없다.

2023년도 지방공무원 9급 기출문제 정답 및 해설

빠른 답 찾기

01	①	02	①	03	③	04	④	05	②
06	④	07	④	08	③	09	②	10	②
11	④	12	①	13	③	14	③	15	②
16	②	17	①	18	①				

01. ①

| 정답 해설 |

① 최 주무관은 AI 이해도를 높이기 위해 설명회가 필요하다는 김 주무관의 의견에 대해 본인도 그 필요성을 절감하고 있다며 공감을 표현하였다.

| 오답 해설 |

② 해요체를 사용하여 높이고 있으므로 정중한 표현을 사용했다는 것은 적절하지만 직접 질문을 하지는 않았다.
③ 설명회에 참여할 청중의 관심 분야를 파악하기 위한 논의를 하고 있으므로 청문회 개최에 찬성하는 것으로 볼 수 있다.
④ 의문문을 사용한 것은 맞지만 상대의 의견에 대한 반박은 아니다.

02. ①

| 정답 해설 |

① (가)는 '그에 따르면'으로 시작하고 있으므로 (가) 앞에는 '그'가 누구인지 특정한 인물이 먼저 제시되어야 한다. (나)에서는 'A교수'의 연구에 대해 설명하고 있으므로 (가)에서 말하는 '그'는 'A교수'임을 알 수 있다. 따라서 (가)는 (나) 뒤로 위치해야 한다. (다)에서는 '이처럼' 책을 읽으면 전두엽이 훈련되어 뇌 발달의 가능성이 높아진다고 설명하고 있으므로 (다) 앞에는 책을 읽으면 전두엽이 훈련된다는 내용이 있어야 한다. (가)에서는 책을 읽으면 전두엽을 많이 사용한다는 설명이 있으므로 (가)는 (다)의 앞에 위치해야 한다. 정리해보면 (나)-(가)-(다) 순서가 가장 자연스럽다.

03. ③

| 정답 해설 |

③ '얼음이'는 부사어가 아니라 보어이다. 보어는 '되다, 아니다'를 보충하는 '무엇이'에 해당하는 성분을 말한다. '되다'와 '아니다'는 주어와 보어가 필요한 서술어이다.

| 오답 해설 |

① 동생을 깨우는 행동의 주체는 '지원'이다. 주격 조사가 생략되고 보조사가 결합한 형태이다.
② '만들다'는 주어와 목적어를 필요로 하는 두 자리 서술어이다.
④ '어머나'는 독립어이다. 독립어는 문장 내에서 다른 성분들과 직접적인 관계를 맺지 않고 독립적으로 쓰이는 문장 성분을 의미한다.

04. ④

| 정답 해설 |

④ '헤엄치다'는 '사람이나 물고기 따위가 물속에서 나아가기 위하여 팔다리를 젓거나 지느러미를 움직이다.'라는 의미이다. 연잎은 헤엄을 칠 수 있는 대상이 아니므로 떠다닌다는 의미의 '부유하다'가 적절하다.

* 부유하다(浮遊하다/浮游하다) : 물 위나 물속, 또는 공기 중에 떠다니다.

| 오답 해설 |

① 맹종하다(盲從하다) : 옳고 그름을 가리지 않고 남이 시키는 대로 덮어놓고 따르다.
② 탈피하다(脫皮하다) : 일정한 상태나 처지에서 완전히 벗어나다.
③ 제고하다(提高하다) : 수준이나 정도 따위를 끌어올리다.

05. ②

| 정답 해설 |

② (나)에서는 '청산', '푸르르며'에서 시각적 심상이 드러나지만 청각적 심상을 활용하지는 않았다. 화자는 오랜 세월 동안 푸른 청산을 통해 자연의 영원성을 나타내며 이를 본받아 꾸준히 학문 수양에 정진할 것을 강조하고 있다.

| 오답 해설 |

① 시냇물의 가변성과 청산의 불변성을 대조하고 있다. 화자는 임의 사랑이 흘러가는 시냇물처럼 변하는 상황에서도 임을 향한 화자의 사랑은 청산처럼 영원할 것임을 강조하고 있다.
③ (가)는 초장에서, (나)는 초장과 중장에서 대구를 활용하여 시상을 전개하고 있다.
④ (가)는 중장에서 설의법을 활용하여 변하지 않는 화자의 사랑을 강조하였다. (나)는 중장에서 설의법을 활용하여 유수의 영원성을 예찬하였다.

06. ④

| 정답 해설 |

④ 글의 첫 부분에서는 상품의 교환가치와 상품가치에 대해 설명하고 이후 타인의 댓글로 인해 사용가치를 잘못 판단했던 사례를 제시하였다. 이를 통해 상품을 구매할 때에는 다른 사람의 말에 휩쓸려 사용가치를 결정하지 않아야 한다고 이야기하고 있으므로, 상품을 구매할 때에는 자신의 필요에 의해 사용가치가 결정된 것인지 신중하게 따져보아야 한다는 내용이 글의 주제로 가장 적절하다.

| 오답 해설 |

① 사용가치보다 교환가치가 더 큰 상품을 구매하라는 내용은 없다.
② 교환가치가 아무리 높아도 나에게 사용가치가 없다면 해당 상품을 구매하지 않을 것이라고 하였으므로 상품을 구매할 때에는 사용가치를 중심으로 고민해야 함을 알 수 있다.
③ 다른 사람들의 평가를 반영해서 상품을 구매하였다가 만족하지 못했던 사례가 제시되어 있다. 다른 사람들의 말에 휩쓸려 상품의 사용가치가 결정되는 것은 지양해야 한다.

07. ④

| 정답 해설 |

④ 문맥상 수용하지 않았다는 내용이 들어가는 것이 적절하다. '더 높은 단계로 오르기 위하여 어떠한 것을 하지 아니하다.'라는 의미의 '지양하다'가 들어가는 것이 적절하다. (지향하다 : 어떤 목표로 뜻이 쏠리어 향하다.)

| 오답 해설 |

① '학(學)'이라는 명칭을 통해 종교적인 관점보다 한문적인 관점에서 받아들여졌음을 짐작할 수 있다.
② 서학은 분석의 대상(학문의 대상)으로 보았기에 서학을 따르자고 주장하지 않았던 것이다.
③ 외부에서 유입된 양명학이나 고증학도 있었기에 서학이 유일한 대안은 아니었다.

08. ③

| 정답 해설 |

③ 독자 분석을 정확하게 하고, 예상 독자를 고려하여 글의 방식 등을 결정해야 전달하고자 하는 내용을 효과적으로 전달할 수 있다.

| 오답 해설 |

① 계획하기 과정이 글쓰기의 첫 단계라는 내용은 찾을 수 없다. 또한 첫 단계와 예상 독자 분석은 관련이 적다.
② 예상 독자의 수준에 따라 어려운 개념이나 전문용어의 사용 여부를 결정할 수 있다. 글에 어려운 개념이 항상 포함되어야 하는 것은 아니다.
④ 글의 목적과 주제를 선정하고 독자의 배경지식 수준을 고려하여 글의 표현 방법이나 어휘 등을 고민할 수 있다. 독자의 배경지식에 따라 글의 목적과 주제가 결정된다는 내용은 찾을 수 없다.

09. ②

| 정답 해설 |

② 운용은 설탕세 부과로 질병이 예방될 수 있다는 은지의 주장에 대해 근거를 물었을 뿐 설탕세 부과에 대해 반대 의견을 제시한 것은 아니다.

| 오답 해설 |

① 은지는 첫 번째 발언에서 설탕세 부과라는 화제를 제시하였다.
③ 은지는 세계보건기구 보고서를 근거로 제시하였다.
④ 은지가 제시한 보고서는 설탕세를 부과하면 설탕 소비가 감소한다는 내용이다. 이에 대해 재윤은 설탕 섭취와 질병 발생에는 유의미한 상관관계가 없다며 은지가 제시한 주장의 근거를 부정하였다.

10. ②

| 정답 해설 |

② 그는 자기가 살던 집을 팔려고 하는 것이므로 물건을 팔고 사는 일을 의미하는 '매수(買售)'가 들어가는 것이 적절하다. '매수(買收)'는 물건을 사들이는 것을 의미하므로 적절하지 않다.
  * 매수(買受) : 물건을 사서 넘겨받음.
  * 매수(買售) : 물건을 팔고 사는 일.=매매.

| 오답 해설 |

① 구가하다(謳歌하다)
  「1」 여러 사람이 입을 모아 칭송하여 노래하다.
  「2」 행복한 처지나 기쁜 마음 따위를 거리낌 없이 나타내다.
③ 알력(軋轢) : 수레바퀴가 삐걱거린다는 뜻으로, 서로 의견이 맞지 아니하여 사이가 안 좋거나 충돌하는 것을 이르는 말.
④ 편달(鞭撻) : 경계하고 격려함.

11. ④

| 정답 해설 |

④ 경기장에 온 인원을 어림잡아 짐작해 보는 것이므로 '겉잡아서'를 쓰는 것이 옳다.
  * 걷잡다 : 한 방향으로 치우쳐 흘러가는 형세 따위를 붙들어 잡다. (예 걷잡을 수 없는 사태.)
  * 겉잡다 : 겉으로 보고 대강 짐작하여 헤아리다. (예 예산을 대충 겉잡아서 말하지 말고 잘 뽑아 보시오.)

| 오답 해설 |

① 부치다 : 모자라거나 미치지 못하다.
② 알음 : 사람끼리 서로 아는 일.
③ 닫히다 : 열린 문짝, 뚜껑, 서랍 따위가 도로 제자리로 가 막히다. '닫다'의 피동사.

12. ①

| 정답 해설 |

㉠ 장관(長官) : 국무를 나누어 맡아 처리하는 행정 각부의 우두머리.
㉡ 보상(補償) : 남에게 끼친 손해를 갚음.
㉢ 결재(決裁) : 결정할 권한이 있는 상관이 부하가 제출한 안건을 검토하여 허가하거나 승인함.

| 오답 해설 |

㉠ 장관(將官) : 군사를 거느리는 우두머리.
㉡ 보상 (報償) : 남에게 진 빚 또는 받은 물건을 갚음.
㉢ 결제(決濟)
  「1」 일을 처리하여 끝냄.
  「2」 증권 또는 대금을 주고받아 매매 당사자 사이의 거래 관계를 끝맺는 일.

13. ③

| 정답 해설 |

③ 개별적 유일무이성을 제거하는 것은 사회의 다원성을 파괴하는 일이라고 하였으므로, 개인의 유일무이성을 보존하려는 제도는 다원성을 지키는 것임을 알 수 있다. 하지만 개인의 유일무이성을 보존하려는 제도가 개인의 보편적 복수성을 침해하는지 여부는 글을 통해 확인할 수 없다.

| 오답 해설 |

① '우리는 개별적으로 고립된 채 살아가는 존재일 수 없다. 사회 속에서 여럿이 모여 '복수(複數)'의 상태로 살아갈 수밖에 없는 존재라는 것이다.'를 통해 확인할 수 있다.
② '다원적 사회에서는 어떠한 획일화도 시도되어서는 안 된다. 우리가 이 같은 사회에서 살아가기 위해서는 타인을 포용하는 공존의 태도가 필요하다.'를 통해 확인할 수 있다.
④ '공동체 정화 등을 목적으로 개별적 유일무이성을 제거하는 것은 우리가 살아가는 사회의 다원성을 파괴하는 일이다.'를 통해 확인할 수 있다.

14. ③

| 정답 해설 |

③ 등장인물 간의 대화가 드러나는 것은 맞지만 이를 통해 춘향의 내적 갈등이 해결되는 것은 아니다. 춘향은 이몽룡을 향한 일편단심을 이야기하며 자신의 처지를 한탄하고 있다.

| 오답 해설 |

①, ② '일, 이, 삼'과 같이 숫자를 활용하여 춘향의 상황을 제시하고 있다. '일편단심, 일정지심, 일부종사, 일신난처, 일각인들', '이부불경, 이군불사, 이 몸이, 이도령', '삼청동, 삼생연분, 삼강을, 삼척동자'와 같이 첫 음절에 동일한 글자를 반복하여 리듬감을 강조하고 있다.

④ 춘향은 '일편단심, 일부종사, 이부불경'등과 같이 유교적인 가치가 담긴 말들을 활용하여 정절에 대한 의지를 드러내고 있다.

15. ②

| 정답 해설 |

② 차람은 소설을 소유하고 있는 사람에게 직접 빌려서 보는 것으로, 알고 지내던 개인들 사이에서 이루어졌다. 대가를 지불했는지 여부는 글을 통해 확인할 수 없다.

| 오답 해설 |

① 전기수는 글을 모르는 사람들과 글을 읽을 수 있지만 남이 읽어 주는 것을 선호하는 이들을 대상으로 소설을 구연하였다.

③ 전기수가 구연하는 방식은 시간과 공간의 제약이 많았지만 문헌에 의한 유통은 시간과 공간의 제약이 적었다.

④ 2문단 '세책가에서는 소설을 구매하는 것보다 훨씬 적은 비용으로 빌려 볼 수 있었기 때문에 경제적으로 넉넉하지 않은 사람도 소설을 쉽게 접할 수 있었다. 이로 인해 조선 후기 사회에서 세책가가 성행하게 되었다.'에서 확인할 수 있다.

16. ②

| 정답 해설 |

② 고구려의 연개소문의 사례는 『삼국사기』가 신라 정통론에 기반했다는 기존 평가와 달리 다면적이고 중층적인 역사 텍스트라고 볼 수 있는 사례에 해당한다.

| 오답 해설 |

① 2문단에서 '『삼국사기』에 대해, 신라 정통론에 기반해 있으며, 유교적 사관에 따라 당시의 지배 질서를 공고히 하고자 했다고 평가한다.'라고 하였으므로 신라 정통론을 계승하지 않았다는 설명은 부적절하다.

③ 1문단 '앞부분에는 명장, 명신, 학자 등을 수록했고, 다음으로 관직에 있지는 않았으나 기릴 만한 사람을 실었다.'를 통해 관직에 오르지 못한 사람도 수록되었음을 알 수 있다.

④ 『삼국사기』는 본기 28권, 지 9권, 표 3권, 열전 10권의 체제로 되어 있다. 가장 많은 권수를 차지하는 것은 본기 28권이다.

17. ①

| 정답 해설 |

① 1문단에서 '기초 학습 능력 평가를 목적으로, 1905년 최초의 IQ 검사가 이루어졌다.'라고 하였다. IQ 검사는 학습 능력이 우수한 아이를 고르는 것이 아니라 정규학교에 입학하기 어려운 지적장애아, 학습부진아를 가려내고자 한 것이다.

| 오답 해설 |

② IQ 검사를 통해 비로소 인간의 지능을 구체적으로 수치화하고 객관적으로 비교할 수 있게 되었다고 하였으므로 그 이전에는 인간의 지능을 수치로 비교할 수 없었음을 추론할 수 있다.

③ IQ 검사는 인간의 지능 중 일부만을 측정하기에 IQ가 높은 아이라도 전체 지능은 높지 않을 수 있다.

④ IQ 검사가 기초 학습에 필요한 최소 능력인 언어 이해력, 어휘력, 수리력 등을 측정하기 때문에 IQ가 높은 아이는 그렇지 않은 아이에 비해 읽기나 계산 등 사고 기능과 관련된 과목에서 높은 성취도를 보이는 경우가 많다고 하였다.

18. ①

| 정답 해설 |

① 한자가 문맥에 따라 다른 문장성분으로 사용되기도 한다고 하였지만 문장성분이 한국어 문장보다 복잡하다는 내용은 지문에서 언급하지 않은 내용이다.

| 오답 해설 |

② '정수(淨水)'에서 '정(淨)'은 관형어로 쓰일 수도 있고, 서술어로 쓰일 수도 있다. 문맥상 '깨끗하게 한 물'이라면 '정(淨)'은 '수(水)'를 수식하는 관형어로 쓰인 것이다.

③ '애인(愛人)'에서 '애(愛)'는 관형어(사랑하는 사람)로 쓰일 수도 있고, 서술어(사람을 사랑하다)로 쓰일 수도 있다. 한자는 문맥에 따라 문장성분이 바뀔 수는 있지만, 같은 글자가 다른 뜻으로 쓰이지 않는다고 하였으므로 '애(愛)'는 동음이의어가 아니다.

④ 한글에서는 병을 고치는 '의사'와 의로운 지사인 '의사'가 형태와 음이 같고 뜻이 다른 동음이의어이다. 그래서 글자만으로는 그 의미를 파악하지 못하는 단점이 있다.

2022년도 지방공무원 7급 기출문제 정답 및 해설

빠른 답 찾기

01	②	02	③	03	①	04	④	05	④
06	②	07	①	08	③	09	③	10	②
11	②	12	④	13	③	14	③	15	③
16	①	17	②	18	⑤				

01. ②

| 정답 해설 |

② 글의 시작 부분에서 "올림픽의 목적은 인류의 조화로운 발전과 인간 존엄성의 수호를 위해, 평화로운 사회를 만들기 위해 스포츠 경기를 하는 것이다."라는 올림픽 헌장을 인용하여 연설의 설득력을 높이고 있다.

| 오답 해설 |

① 화자는 올림픽 정신을 바탕으로 '올림픽 휴전 결의안' 승인을 요청하고 있는데, 올림픽 정신과 반대되는 사례를 주장하지 않았다. 오히려 올림픽 정신을 보여주는 남북 선수단이 동시 입장했던 사례를 통해 자신의 주장을 부각하고 있다.

③ 설의적인 표현을 사용하지 않았다.

④ 연설자는 올림픽 헌장의 내용을 인용하였을 뿐, 연설자의 공신력과 관련된 내용은 없다.

02. ③

| 정답 해설 |

③ 지문의 마지막 부분 "공공 건축은 공적인 소통의 장이 되어야 하는 것이다."를 통해 확인할 수 있다.

| 오답 해설 |

① "공공 건축은 국민의 삶의 질을 한 단계 높이는 데 기여할 수 있어야 한다."를 통해 국민의 삶의 질을 높이는 것은 사적 건축이 아니라 공공 건축이라는 것을 알 수 있다.

② 지문에서 공공 건축은 "특정 개인의 취향이 반영된 것이 아니라 보다 큰 다수가 누릴 수 있는 것을 배려하는 보편성을 갖추어야 한다."라고 하였다. 다수의 보편적인 취향을 반영해야 하는 것은 사적 건축이 아니라 공공 건축이다.

④ 공공 건축은 정부나 지방자치 단체가 주도하면서 사적 자본이 생산해 낼 수 없는 공간을 생산한다고 하였다. 공공 건축이 다수가 누릴 수 있는 공간을 만들어야 하는 것은 맞지만 사적 자본을 활용하는 것은 아니다.

03. ①

| 정답 해설 |

① 채연은 지난 학기에 정국이와 함께 과제를 했던 경험을 예로 들면서 정국이에 대해 다시 한번 생각해 보도록 민서를 설득하고 있다.

| 오답 해설 |

② 채연은 정국이에 대한 불만을 이야기하는 민서에게 "글쎄, 왜 그랬을까?", "정국이도 나름대로 사정이 있었을 거야."라고 말하며 정국이와 갈등을 해소할 수 있도록 유도하고 있다. 민서의 의견을 수용하는 모습은 드러나지 않는다.

③ 정국이의 상황과 감정을 고려하여 타협점을 찾고 있는 사람은 민서가 아니라 채연이다. 민서는 정국이의 상황이나 감정을 고려하려 하지 않고 혼자 튀어 보고 싶어서 그럴 것이라며 비난하는 태도를 보인고 있다.

④ 정국이와의 갈등을 해소하도록 유도하는 채연의 말에 민서는 왜 정국이 편만 드냐며 화를 내고 있다. 채연의 말에 논리적으로 비판하는 것이 아니라 감정적으로 대응하고 있다.

04. ④

| 정답 해설 |

④ 별도의 동력 없이 추진력을 얻는 돛의 원리를 설명하며 우주선도 별도의 동력 없이 추진력을 얻을 수 있다고 설명하고 있다. 이처럼 두 개의 대상이 범주가 달라 그 본질은 다르지만 밖으로 드러난 비슷한 점을 중심으로 설명하는 방법은 유추에 해당한다.

| 오답 해설 |

① 정의는 대상이 속하는 범위를 정한 후 그 본질을 밝히는 방법이다.

② 분류는 대상이 여러 개일 때, 그것을 일관된 기준으로 나누거나 묶는 것이다.

③ 서사는 대상이 시간의 흐름에 따라 변화하는 모습이나 움직임을 그려 내는 것이다.

05. ④

| 정답 해설 |

④ '天衣無縫(천의무봉)'은 천사의 옷은 꿰맨 흔적이 없다는 뜻으로, 일부러 꾸민 데 없이 자연스럽고 아름다우면서 완전함을 이르는 말이다. (가)는 쉼표가 필요 없는 완벽한 문장을 의미하므로 '天衣無縫(천의무봉)'이 가장 적절하다.

| 오답 해설 |

① 髀肉之嘆(비육지탄) : 재능을 발휘할 때를 얻지 못하여 헛되이 세월만 보내는 것을 한탄함을 이르는 말이다. ≪삼국지≫ 〈촉지(蜀志)〉에서 중국 촉나라 유비가 오랫동안 말을 타고 전쟁터에 나가지 못하여 넓적다리만 살찜을 한탄한 데서 유래한다.

② 聲東擊西(성동격서) : 동쪽에서 소리를 내고 서쪽에서 적을 친다는 뜻으로, 적을 유인하여 이쪽을 공격하는 체하다가 그 반대쪽을 치는 전술을 이르는 말이다.

③ 苦盡甘來(고진감래) : 쓴 것이 다하면 단 것이 온다는 뜻으로, 고생 끝에 즐거움이 옴을 이르는 말이다.

06. ②

| 정답 해설 |

② 노익장(老益壯) : 늙었지만 의욕이나 기력은 점점 좋아짐. 또는 그런 상태. (老 늙을 로, 益 더할 익, 壯 장할 장)

| 오답 해설 |

① 白眉(백미) : 흰 눈썹이라는 뜻으로, 여럿 가운데에서 가장 뛰어난 사람이나 훌륭한 물건을 비유적으로 이르는 말. 중국 촉한(蜀漢) 때 마씨(馬氏) 다섯 형제가 모두 재주가 있었는데 그중에서도 눈썹 속에 흰 털이 난 마량(馬良)이 가장 뛰어났다는 데서 유래한다. (白 흰 백, 眉 눈썹 미) / 百 : 일백 백

③ 등용문(燈龍門) : 용문(龍門)에 오른다는 뜻으로, 어려운 관문을 통과하여 크게 출세하게 됨. 또는 그 관문을 이르는 말. 잉어가 중국

황허강(黃河江) 중류의 급류인 용문을 오르면 용이 된다는 전설에서 유래한다. (登 오를 등, 龍 용 용, 門 문 문) / 燈 : 등 등
④ 彌縫策(미봉책) : 눈가림만 하는 일시적인 계책(計策). ≒미봉지책. (彌 미륵 미, 縫 꿰맬 봉, 策 꾀 책) / 未 : 아닐 미

07. ①

| 정답 해설 |

① '옷 따위의 해지거나 뚫어진 데를 바늘로 깁거나 얽어매다'라는 뜻의 단어는 '꼬매다'가 아니라 '꿰매다'이다. '꿰매다'는 '꿰매어, 꿰매, 꿰매니' 등과 같이 활용한다.

| 오답 해설 |

② '빠삭하다'는 '어떤 일을 자세히 알고 있어서 그 일에 대하여 환하다.'라는 의미의 형용사로 표준어이다. '그는 컴퓨터에 빠삭하다. 그래 봬도 언니가 대중가요는 빠삭한 모양이야.'와 같이 쓰인다.
③ '계면쩍다'는 '쑥스럽거나 미안하여 어색하다.'라는 의미를 가진 형용사 '겸연쩍다'의 변한말로 표준어이다. '계면쩍게 웃다. 안주얼마 가지고 떠든 것이 계면쩍기도 했다. 그녀를 쳐다보기가 계면쩍어 피식 웃었다.'와 같이 쓰인다.
④ '어중되다'는 '이도 저도 아니어서 어느 것에도 알맞지 아니하다.'라는 의미의 형용사로 표준어이다.

08. ③

| 정답 해설 |

③ 드리셨을 : 드리-(어간), -시-(선어말 어미), -었-(선어말 어미), -을(관형사형 전성 어미) / '-을'은 연결 어미가 아니라 관형사형 전성 어미이다.

| 오답 해설 |

① 모시겠지만 : 모시-(어간), -겠-(선어말 어미). -지만(연결 어미)
② 오갔기 : 오가-(어간), -았-(선어말 어미), -기(명사형 전성 어미)
④ 보내셨을걸 : 보내-(어간), -시-(선어말 어미), -었-(선어말 어미), -을걸(종결 어미)

09. ③

| 정답 해설 |

③ 동음이의어와 다의어를 구별하는 문제이다. 동음이의어는 서로 의미상 연관성이 없지만, 다의어는 의미상 연관성이 있다는 것이 가장 큰 차이점이다. '타다'는 중심 의미 '불씨나 높은 열로 불이 붙어 번지거나 불꽃이 일어나다.'외에 '피부가 햇볕을 오래 쬐어 검은색으로 변하다, 뜨거운 열을 받아 검은색으로 변할 정도로 지나치게 익다, 마음이 몹시 달다, 물기가 없어 바싹 마르다.'의 주변적 의미로도 쓰인다.
'벽난로에서 장작불이 활활 타고 있다.'는 중심 의미로 쓰인 것이고, '긴장이 되면 입술이 바짝바짝 탄다.'는 '물기가 없어 바싹 마르다.'라는 주변적 의미로 쓰인 것이다.

| 오답 해설 |

① '무를 강판에 갈아 즙을 내었다.'에서 '갈다'는 '잘게 부수기 위하여 단단한 물건에 대고 문지르거나 단단한 물건 사이에 넣어 으깨다'라는 의미이고, '고장 난 전등을 새것으로 갈아 끼웠다.'에서 '갈다'는 '이미 있는 사물을 다른 것으로 바꾸다.'라는 의미이다. 두 단어는 의미적 연관성이 없는 동음이의어이다.
② '안개에 가려서 앞이 잘 안 보인다.'에서 '가리다'는 '보이거나 통하지 못하도록 막히다.'라는 의미의 동사이고, '음식을 가리지 말고 골고루 먹어야 한다.'에서 '가리다'는 '음식을 골라서 먹다.'라는 의미의 동사이다. 두 단어는 의미적 연관성이 없는 동음이의어이다.
④ '이 경기에서 지면 결승 진출이 좌절된다.'에서 '지다'는 '내기나 시합, 싸움 따위에서 재주나 힘을 겨루어 상대에게 꺾이다.'라는 의미이고, '모닥불이 지면 한기가 느껴지기 시작한다.'에서 '지다'는 '불이 타 버려 사위어 없어지거나 빛이 희미하여지다.'라는 의미이다. 두 단어는 서로 의미상 연관성이 없는 동음이의어이다.

	다의 관계 (다의어)	동음이의 관계 (동음이의어)
차이점	• 하나의 의미만 지녔던 단어가 의미가 확대된 경우 • 의미들 사이에 관련이 있음. • 중심적 의미가 하나임. (나머지는 주변적 의미) • 사전에서 하나의 단어(표제어)로 처리	• 서로 다른 단어가 우연히 소리(발음)만 같은 경우 • 의미들 사이에 관련이 없음. • 중심적 의미가 여러 개임. (단어마다 있음) • 사전에서 서로 다른 단어(표제어)로 처리
공통점	하나의 소리에 여러 의미가 결합됨.	

10. ②

| 정답 해설 |

② 화자는 한숨을 '너'로 부르며 말을 건네는 방식을 취하고 있다. 대상에게 말을 건네는 행위는 상대를 말이 통하는 사람으로 인식하는 것이므로 의인화했다는 것은 적절하다. 하지만 화자의 말만 있을 뿐, 한숨의 대답은 드러나지 않으므로 '대화'를 통해 시상을 전개했다고 볼 수는 없다. 화자가 대상에게 말을 건네고 대상도 대답을 하였을 경우에만 '대화'라고 볼 수 있다. 대상의 대답이 없을 경우에는 '말을 건네는 방식'이라고 한다.

| 오답 해설 |

① '덜걱', 'ㄷㆍㅣㄷㆍㅣ글' 등의 부사어를 활용하여 화자가 막아 놓은 문을 열고 들어오는 한숨의 존재를 부각하고 있다.
③ 초장과 중장에서 '네 어ㄴㆍㅣ 틈으로 드러온다'를 반복하여 한숨에 대한 원망스러운 화자의 감정을 강조하고 있다.
④ 중장에서 여러 가지 잠금 장치를 열거하여 한숨을 막아보려는 화자의 의지를 드러내고 있다.

11. ②

| 정답 해설 |

② 과거에는 예술가의 작품을 귀족과 같은 상층 사람들이 제한된 장소에서만 감상할 수 있었다. 예술 작품을 실용적으로 사용하게 된 것은 복제와 관련된 기술이 발명된 이후이다.

| 오답 해설 |

① 사진기와 같은 복제 기술이 발명된 이후에는 대중도 예술 작품을 공유할 수 있게 되었다. 예술 작품을 능동적으로 소비하고 실용적으로 사용할 수 있게 되었으므로 복제 기술의 발명이 예술을 둘러싼 상황을 변화시켰다는 것은 적절한 설명이다.
③ 진본성, 유일성이 예술의 필수 조건이 되었던 시대는 기술 복제 이전 시대이다. 기술 복제 시대에는 이와 같은 조건이 적용될 수 없다고 하였다.
④ 기술 복제 시대 전에는 예술 작품을 제한된 장소에서 감상만 할 수 있었는데, 기술 복제 시대 이후에는 생필품처럼 사용되는 작품도 등장하고 예술 작품을 실용적으로 사용하게 되었다. '사진기와 같

은 새로운 기술의 발명으로 기존의 걸작품이 복제되어 인테리어 소품이나 낭만적인 엽서로 사용되면서 대중도 예술 작품을 공유할 수 있게 되었다.'를 통해 기술 복제 시대에는 인테리어 소품과 엽서와 같은 다양한 형태의 예술 작품이 존재한다는 것을 알 수 있다.

12. ④

| 정답 해설 |

④ (가) A의 실험을 통해 사람들은 중요하게 생각하는 것(패스 횟수) 위주로 주의를 기울이고, 상대적으로 중요하지 않은 것(고릴라 복장의 사람)은 주의를 기울이지 않음을 알 수 있다. 따라서 (가)에는 '인간은 중요하다고 생각하는 것 위주로 주의를 기울인다'라는 내용이 들어갈 수 있다.

(나) 밝은 색의 옷을 입는 것은 시각적으로 더 눈에 띄기는 하지만 모든 운전자가 다 알아보는 것은 아니다. 모든 운전자들이 밝은 옷을 입은 오토바이 운전자를 알아본다면, 밝은 옷을 입는 것이 충분조건이 된다. 하지만 모든 운전자들이 알아보는 것은 아니므로 밝은 옷을 입는 것은 필요조건이 된다.
따라서 (나)에는 '필요조건일 수는 있어도 충분조건일 수는'이 들어가는 것이 적절하다.

13. ③

| 정답 해설 |

③ '수레 탄 사람'은 화자를 보지 않고, '벌과 나비'만 기웃거린다는 것을 통해 '벌과 나비'는 화자가 반기지 않는 존재라는 것을 알 수 있다. '벌과 나비'는 기웃거리며 화자에게 실망감을 주는 존재이므로 화자에게 '벌과 나비'가 절실했다는 감상은 적절하지 않다.

| 오답 해설 |

① '만발한 꽃'은 장원 급제할 정도로 높은 경지에 오른 화자의 학문적 경지를 의미한다.
② '수레 탄 사람들'은 화자의 능력을 알아보고 등용의 기회를 줄 사람들이지만 그들은 화자를 쳐다보지 않는 상황이다.
④ '천한 땅'는 촉규화가 피어 있는 거친 밭을 의미하기도 하고 화자가 태어난 땅을 의미하기도 한다. '촉규화'는 탐스럽고 아름다운 꽃을 피우면서도 거친 밭에서 태어났기에 귀인들로부터 외면당하는데 이는 화자의 상황과 유사하다.

14. ③

| 정답 해설 |

③ (가)에서는 '이 말'을 듣고 마음 내키는 대로 한다고 하였으므로, (가) 앞에는 예의를 지키지 않아도 된다는 의미의 말이 위치해야 한다. (다)에서 겉모습을 단정하게 꾸미는 것이 가식이고 허위라는 내용이 있으니 (다)가 (가)의 앞에 위치하는 것이 자연스럽다. / (다)-(가)
(라)의 '이 병'은 예절을 지키지 않고 마음대로 하는 행동을 의미하므로 (가)의 뒤로 연결되는 것이 자연스럽다. / (다)-(가)-(라)
(마)는 자신의 경험을 바탕으로 아들에게 조언을 하는 내용으로, (마)의 '병통'은 (다)에서 말한 '이 병'과 밀접하게 연결이 된다. / (다)-(가)-(라)-(마)
(나)는 성인의 가르침을 언급하며 겉부터 단정해야 한다는 주장을 이끌어내고 있으므로 글의 마지막에 위치하는 것이 가장 자연스럽다. / (다)-(가)-(라)-(마)-(나)

15. ③

| 정답 해설 |

③ ㉣의 내용은 '순종과 순응을 결혼이주여성이 갖추어야 할 덕목으로 묘사'하였다는 내용과 어울리지 않는다. 남편의 의견에 따르는 주인공의 모습이 '순종과 순응'하는 모습에 해당하므로 ③과 같이 수정하는 것이 적절하다.

| 오답 해설 |

① ㉠ 앞에는 드라마를 통해 결혼이주 여성의 문제들을 다루는 기회가 생겨 긍정적이라는 내용이 있다. 이후 '하지만'이라는 접속어가 있으므로 이후에는 부정적인 내용이 연결되는 것이 자연스럽다. '다양한 문제를 탐색할 수 있는 가능성'은 앞에서 언급한 긍정적인 내용과 유사하므로 '하지만' 뒤로 이어지는 것은 어색하다. '하지만' 뒤에는 '다양한 문제들을 단순화할 수 있는 위험성'이라는 부정적인 내용이 이어지는 것이 자연스럽다.
② 드라마에서는 갈등의 원인을 제대로 규명하기보다는 가족애나 사랑으로 극복하려 한다. 이는 현실과는 거리가 먼 낭만적인 해결 방식이며, 구체적인 해결 방안이라고 할 수 없다.
④ 드라마에는 구체적인 해결 방식이 드러나지 않고, 여성의 순종과 순응을 덕목으로 묘사하며 그녀들이 겪는 다양한 문제들을 단순화하고 있다고 하였다. 다양한 문제들이 해결되지 않은 상황에서 성급하게 봉합하고 있는 상황을 '외적 갈등이 여과 없이 노출'되었다고 볼 수 없으므로 ④와 같이 수정하는 것은 부적절하다.

16. ①

| 정답 해설 |

① 순찰 횟수를 통해 행위의 적극성을 판단해 보면 '둘 다 말한 사람 〉 자기지향적 동기만 말한 사람 〉 타인지향적 동기만 말한 사람' 순서로 적극성이 높다고 할 수 있다. 자기지향적 동기만 가진 사람은 타인지향적 동기만 가진 사람보다 순찰 횟수가 많았으므로 행위의 적극성이 더 높다고 할 수 있다.

| 오답 해설 |

② 타인지향적 동기를 가진 사람은 자기지향적 동기를 가진 사람보다 행위의 적극성이 낮다.
③, ④ 자기지향적 동기는 행위의 적극성에 긍정적 영향을 준다는 것은 지문을 통해 확인할 수 있지만, 부정적 영향을 준다는 내용은 지문에서 확인할 수 없다.

17. ②

| 정답 해설 |

ㄱ. '갑'은 '우리 엄마'라는 표현이 화자와 청자 모두의 엄마를 가리킨다고 본다. '갑'의 입장에서는 형제가 아닌 경우, '우리 엄마'는 화자와 청자가 공유하는 엄마를 지칭하는 이상한 표현이므로 '내 엄마'라고 하는 것이 옳다고 본다.
ㄷ. '병'은 '우리 엄마'라는 표현이 공동체 속에서 엄마를 생각하기 때문이라고 생각한다. 무인도에서 혼자 살아온 사람은 공동체의 존재가 약하기에 '우리 마을'이라고 말하면 어색하게 느껴질 수 있다. 이는 '병'의 입장과 비슷한 맥락이므로 병의 입장을 약화하지 않는다.

| 오답 해설 |

ㄴ. '을'은 청자와 화자가 같은 동네에 살 때와 다른 동네에 살 때 모두 '우리 동네'라는 표현을 쓸 수 있다고 하였다. '우리 엄마' 역시 엄마가 같은 경우와 다른 경우 모두 사용할 수 있다고 하였다. 따라서 형

제가 대화하며 '우리 엄마'라는 표현을 쓰는 것은 '을'의 입장에서 가능한 것이므로 '을'의 입장을 약화하지 않는다.

18. ⑤

| 정답 해설 |

ㄱ. A는 출생 이후 약 2세까지의 아이가 언어 이전의 '환상적 사고'의 단계에 머물러 있는 것으로 보는데, 이 단계의 아이가 보여주는 타인과의 상호작용을 의사소통 행위가 아니라고 주장하였다. 반면 B는 약 2세까지의 상호작용을 의사소통 행위로 판단하였다.

ㄴ. A는 2～3세경에 자기중심적 언어가 나타났다가 8세경에 학령이 되면서 소멸한다고 보았다. 반면 B는 자기중심적 언어가 소멸하는 것이 아니라 내면화된다고 보았다.

ㄷ. A는 말을 배우기 시작하는 2～3세경에 '자기중심적 언어'가 나타났다가 8세경에 학령이 되면서 자기중심적 언어는 소멸하고 '사회적 언어'의 단계로 진입한다고 주장하였다. 반면 B는 출생 이후 약 2세까지의 상호작용을 의사소통 행위로 판단하여 이때의 의사소통 행위를 사회적 언어로 보았다.

2022년도 지방공무원 9급 기출문제 정답 및 해설

빠른 답 찾기

01	③	02	①	03	③	04	②	05	④
06	②	07	④	08	④	09	③	10	④
11	③	12	③	13	④	14	④	15	③
16	②	17	①	18	④				

01. ③

| 정답 해설 |

③ 처음 자신을 소개하는 자리에서 '처음 뵙겠습니다.'라고 인사를 하고, 'ㅇㅇㅇ입니다.'라고 자신을 소개하는 것은 적절한 언어 예절이다.

| 오답 해설 |

① '말씀'은 간접 주체 높임의 대상이다. 간접 높임은 높여야 할 주체의 신체나 소유물과 같이 밀접한 관계를 맺고 있는 대상을 높여 주체를 간접적으로 높이는 표현 방식이다. 간접 높임에서 높임의 특수어휘를 사용하지 않고 높임의 선어말 어미 '-시-'를 사용하므로, '회장님의 말씀이 있으시겠습니다.'라고 수정하는 것이 적절하다.

② 시누이에게는 '형님'이나 '아가씨(아기씨)'라는 호칭을 사용하는 것 적절하다. '고모'는 아이가 남편의 누나나 여동생을 부르는 호칭이다.

④ 다른 사람에게 자신의 아내를 소개할 때에는 '아내', '집사람', '안사람', '처'라고 칭하는 것이 적절하다. '부인'은 다른 사람의 아내를 높여 부르는 호칭이다.

02. ①

| 정답 해설 |

① '묘사'란 그림을 그리듯 생생하게 표현하는 것으로, 대상에게서 받은 인상을 구체적인 표현을 통하여 개성적으로 그려내는 방법이다. 묘사는 독자들의 눈앞에 구체적인 심상을 생생하게 재현시켜 준다. 제시된 부분은 이효석의 『메밀꽃 필 무렵』의 일부분으로, 묘사의 대표적인 예시로 꼽히는 부분이다.

| 오답 해설 |

② 설명은 어떤 대상에 대해 정보나 지식을 전달하는 서술 방식이다. 묘사는 대상에게서 받은 인상을 전달하고자 한다는 점에서 설명과 구별된다.

③ 유추는 소로 범주가 달라 그 본질은 다르지만 밖으로 드러난 비슷한 점을 중심으로 서술하는 방식들 말한다.

④ 분석은 하나의 대상을 마치 해부를 하듯이 나누어 서술하는 방식이다. 참고로 분류는 대상이 여러 개일 때 그것을 일관된 기준으로 나누거나 묶어 서술하는 방식을 말한다.

03. ③

| 정답 해설 |

③ '무대연출 작업 중에서 독보적인 창작을 걸러내서 배타적인 권한인 저작권을 부여하는 것은 매우 흔치 않은 경우이고, 후발 창작을 방해하는 요소로 작용할 수도 있다.'라고 하였으므로, 저작권 부여가 후발 창작에 방해가 되지 않는다는 진술은 부적절하다.

| 오답 해설 |

① '창작적인 표현을 도용당했는지 밝혀야 하는데, 이것이 쉽지 않다.'를 통해 확인할 수 있다.

② 글의 첫 문장 '연출자가 자신의 저작권을 침해당했다고 주장하기 위해서는 우선 그가 유효한 저작권을 소유하고 있어야 한다.'를 통해 확인할 수 있다.

④ 글의 마지막 부분에서 저작권법은 창작자에게 인센티브를 제공하여 창작을 장려하고, 일반 공중이 저작물을 원활하게 이용하도록 하여 두 가치의 균형을 이루는 것이 목표라고 하였으므로 적절한 설명이다.

04. ②

| 정답 해설 |

② 파놉티콘은 소수의 교도관이 다수의 죄수를 감시하는 시스템이므로, 권력자(교도관)에 의한 정보 독점 아래 다수(죄수)가 통제된다는 진술은 적절하다.

| 오답 해설 |

① 파놉티콘은 교도관은 죄수를 볼 수 있지만, 죄수는 교도관을 볼 수 없는 감시 시스템이다. 죄수들이 잘못했을 때 잘 보이는 곳에서 처벌을 가하면 죄수들은 교도관이 자리에 없을 때에도 스스로 감시하게 되므로 '있을'을 '없을'로 고치는 것은 적절하다.

③ '익명성'은 어떤 행위를 한 사람이 누구인지 드러나지 않는 특성을 말한다. 신변 노출 없이 자유롭게 표현할 수 있는 특징에 대해 설명하고 있으므로 '익명성'으로 고치는 것이 적절하다.

④ 언론과 통신의 발달로 누구나 정보를 수용하고 생산할 수 있게 되었으므로 '누구나가'로 고쳐 쓴 내용은 적절하다.

05. ④

| 정답 해설 |

(나) 100년 전 우리는 수난과 비극의 역사를 겪었습니다. 해양으로 나가려는 세력과 대륙으로 진출하려는 세력이 한반도를 가운데 놓고 싸움을 벌였습니다. 마침내 우리는 국권을 상실하는 아픔을 감수해야 했습니다.

(라) 이 아픔은 분단으로 이어져서 오늘에 이르고 있습니다. 그 과정에서는 정의가 패배하고 기회주의가 득세하는 불행한 역사를 겼었습니다. 그러나 이제 우리에게도 새로운 희망의 시대가 열리고 있습니다. 세계의 변방으로 머물러 왔던 동북아시아가 북미 유럽 지역과 함께 세계 경제의 3대 축으로 떠오르고 있습니다.

(다) 지금은 무력이 아니라 경제력이 국력을 좌우하는 시대입니다. 우리나라는 전쟁의 폐허를 극복하고 세계적인 경제 강국을 건설하고 있습니다. 우수한 인력과 세계 선두권의정보화 기반을 갖추고 있습니다. 바다와 하늘과 땅을 연결하는 물류 기반도 손색이 없습니다.

(가) 과거에는 고통만을 안겨 주었던 지정학적 조건이 이제는 희망의 조건이 되고 있습니다. 이제 한반도는 사람과 문자가 모여드는 동북아 물류와 금융, 비즈니스의 중심지가 될 것입니다. 우리가 주도해서 평화와 번영의 동북아 시대를 열어 나가야 합니다.

(가)와 (나) 중에서 (가)는 내용을 정리하고 집약하는 마무리 문단의 성격을 드러내므로 시작 문단으로 적절하지 않으므로 (나)로 시작하는 것이 적절하다. (나)에서는 우리의 지형적인 조건으로 인해 겪었던 아픔을 이야기하고 있다. 이후 (라)에서는 (나) '아픔'을 이어받아 우리가 겪은 아픔에 대해 이어서 진술하다가 '그러나' 이후로 내용이 반전된다. 과거에는 고통을 겪었지만 현재에는 극복하여 경제 강국을 이루고 있다는 것으로 내용이 전환되되는 것이 자연스럽다. 이후 국력을 좌우하는 경제력에 대해 (다) 문단에서 추가로 설명을 하고, 바다와 하늘을 연결하는 물류 기반을 장점으로 이야기하는 것이 자연스럽다. 마지막으로 (가)에서 앞의 내용을 정리하며 앞으로의 밝은 미래를 전망하는 내용으로 마무리하는 것이 자연스럽다.

06. ②

| 정답 해설 |

② A와 B는 모두 상대의 말에 '(고개를 끄덕이며)' 공감의 표지를 드러냈다.

| 오답 해설 |

① 회의 내용을 개조식으로 요약하겠다고 제안한 것은 A(팀장)가 아니라 B(예은)이다. A(팀장)는 B(예은)가 제안한 개조식 방식에 대해 문제를 제기했을 뿐, 특정한 요약 방식을 제안하지는 않았다.

③ B(예은)는 자신이 제안한 회의 내용 요약 방식에 대해 문제를 제기한 A(팀장)의 의견에 대해 공감하였다. 과도한 생략으로 이해가 어려울 수도 있다며 A(팀장)의 문제 제기에 동의하였다.

④ A(팀장)는 개조식으로 할 경우 문제가 있을 것 같다는 언급만 하였다. 내용이 과도하게 생략되어 어려움이 있을 수 있다고 명시한 것은 B(예은)이다.

07. ④

| 정답 해설 |

④ 청소년 의회 교실은 '의원 선서, 자유 발언, 조례안 상정, 찬반 토론, 전자 투표'의 순서로 진행되었다.

| 오답 해설 |

① '여기에 참여할 수 있는 대상은 A시에 있는 학교에 재학 중인 만 19세 미만의 청소년이다.'를 통해 확인할 수 있다.

② 시의회 의장은 의회 교실의 참가자 선정 및 운영 방안을 결정할 수 있다고 하였다. 운영 방안에는 지방자치 및 의회의 기능과 역할, 민주 시민의 소양과 자질 등에 관한 교육 내용이 포함된다고 하였으므로 적절한 내용이다.

③ '시의회 의장은 고유 권한으로 본회의장 시설 사용이 가능하도록 지원할 수 있다.', '최근 A시는 ~첫 번째 회의 교실을 운영하였다.'를 통해 확인할 수 있다.

08. ④

| 정답 해설 |

④ '점잖다'는 '점잖이'에 '하다'가 붙은 것이 아니라, '젊다'와 '-지 않다'가 축약이 되어 형성된 말이다. (한글 맞춤법 39항 : 어미 '-지' 뒤에 '않-'이 어울려 '-잖-'이 될 적과 '-하지' 뒤에 '않-'이 어울려 '-찮-'이 될 적에는 준 대로 적는다.)

| 오답 해설 |

① '가난'은 한자어 '간난(艱難)'에서 'ㄴ'이 탈락한 형태이다. (艱 어려울 간, 難 어려울 난)

② '어리다'는 중세 국어에서는 '어리석다'라는 뜻이었는데, 현대 국어에서는 '나이가 적다'라는 뜻으로 사용된다. 단어의 의미가 이동한 예시에 해당한다.

③ '수탉'에서 '수'의 옛말은 'ㅎ'을 종성으로 가진 '숳'였다. '숳'과 '돍'이 결합하여 오늘날 '수탉'의 형태가 된 것이다.

09. ③

| 정답 해설 |

③ 마지막 문단에서 글쓴이는 혐오라는 증상에 매몰되지 말고 혐오를 지탄하는 데서 그치지 말아야 한다고 하였다. 혐오 현상에는 사회적 배경이 반드시 선행한다는 1문단의 내용과 연결지어 보면, 혐오라는 감정에 집중하지 말고 혐오 현상을 만들어 내는 근본적인 원인을 찾아야 한다는 것을 주제로 이끌어 낼 수 있다.

| 오답 해설 |

① '혐오 현상은 외계에서 뚝 떨어진 괴물이 만들어 낸 것이 아니라, 거기엔 자체의 역사와 사회적 배경이 반드시 선행한다.'를 통해 혐오는 자연적으로 발생한 것이 아니라 사회적 문제가 원인이 되어 생겨난 것임을 알 수 있다. 따라서 혐오 현상에 인과관계가 존재하지 않는다는 것은 부적절하다.

② 글쓴이는 혐오나 증오라는 감정에 집중하면 인과관계를 혼동할 수 있다고 하였다. 선량한 마음에서 혐오를 비판하는 사람들이 있지만 이러한 마음만으로는 문제의 성격을 오인하게 만들 수 있다고 하였으므로 현상을 선량한 마음으로 보아야 한다는 것은 글의 주제로 적절하지 않다.

④ 글쓴이는 혐오라는 감정에 집중하는 것에 대해 '달을 가리키는 손가락만 바라보는 잘못'이라고 표현하였다. 여기서 달은 근본적인 원인을 의미하고, 손가락은 혐오라는 감정을 의미한다. 혐오라는 감정에 집중하면 사회문제는 잘 보이지 않는 것이다.

10. ④

| 정답 해설 |

④ 화자는 붉은 꽃잎이 봄바람에 흔들리는 것을 안타까워하며 봄바람에게 꽃잎을 흔들지 말라고 명령하고 있다. 이를 통해 화자에게 봄바람은 꽃잎을 흔드는 부정적인 이미지로 기능하고 있음을 알 수 있다.

| 오답 해설 |

① '초가 정자'는 화자가 바라보는 대상으로, 시간의 흐름과는 무관하다.

② 초연한 태도는 어떤 현실 속에서 벗어나 그 현실에 아랑곳하지 않고 의젓한 태도를 말한다. 화자가 온갖 꽃 속에서 '높다랗게' 앉아 있는 것으로 보아, 화자는 만개한 봄꽃들 사이에서 초연한 태도를 드러내고 있다고 볼 수 있다.

③ 산과 계곡은 변하지 않지만 인간이 만든 누대는 비어있는 모습을 통해, 자연(산과 계곡)에 대비되는 쇠락한 인간사(누대)를 느낄 수 있다.

11. ③

| 정답 해설 |

③ 각축(角逐)은 서로 이기려고 다투며 덤벼드는 것을 의미한다. '脚(다리 각)'을 사용할 것이라고 착각해서 틀린 경우가 많은데, '각축(角逐)'은 '角(뿔 각)'자를 사용한다. 뿔은 동물에게 있는 것이므로, 사람의 몸을 지시하는 말이라고 할 수 없다.

| 오답 해설 |

① 슬하(膝下)는 무릎의 아래라는 뜻으로, 어버이나 조부모의 보살핌 아래, 주로 부모의 보호를 받는 테두리 안을 이른다. 사람의 몸을 지시하는 말로 '슬(膝 무릎 슬)'이 포함되어 있다. (膝 무릎 슬, 下 아래 하)

② 수완(手腕)은 일을 꾸미거나 치러 나가는 재간을 의미한다. 사람의 몸을 지시하는 말로 이루어져 있다. (手 손 수, 腕 팔 완)

④ 발족(發足)은 어떤 조직체가 새로 만들어져서 일이 시작됨. 또는 그렇게 일을 시작함을 의미한다. 사람의 신체를 나타내는 말로 '족(足 발 족)'이 포함되어 있다. (發 필 발, 足 발 족)

12. ③

| 정답 해설 |

③ ㉠(계월)은 자신에게 예를 갖추지 않는 보국의 행동을 보고 예를 갖추라고 명령을 하여 상황을 해결하였다. 보국와 계월의 갈등 상황에서 계월은 적극적으로 갈등 상황을 타개한 것이다. 반면 ㉡(까투리)은 콩을 먹겠다는 장끼의 고집을 꺾지 못하고 콩을 먹도록 물러났으므로 갈등 상황을 타개하는 데 소극적이었다고 할 수 있다.

| 오답 해설 |

① (가)에서 계월은 군사를 시켜 보국에게 명령을 전하였고, 보국은 화가 났지만 계월의 명령에 따라 예를 갖추었다. 따라서 ㉠(계월)은 상대(보국)에 비해 우월한 지위를 지니고 있음을 확인할 수 있다. 반면 (나)의 ㉡(까투리)은 장끼가 고집을 부리며 콩을 먹으러 가는 행동을 말리지 못하고 물러서는 것으로 보아 상대에 비해 우월한 지위를 가지고 있다고 보기 어렵다.

② ㉠(계월)은 예를 갖추지 않는 보국에게 "어찌 이다지도 거만한가? 어서 예를 갖추어 보아라."라고 명령하며 보국의 행동을 비판하였다. ㉡(까투리) 역시 "계집의 말 안들어도 망신하네."라고 말하며 자신의 말을 듣지 않고 콩을 먹다가 변을 당하는 장끼의 행동을 비판하고 있다.

④ ㉠(계월)의 호령에 군졸의 대답 소리가 장안이 울릴 정도였다는 부분에서 ㉠(계월)이 주변으로부터 호의적인 반응을 얻었다는 것을 확인할 수 있다. (나)에서도 장끼의 죽음에 대해 자녀들과 친구들이 애통해 하였으므로 ㉡(까투리)도 주변으로부터 호의적인 반응을 얻었다고 볼 수 있다.

13. ④

| 정답 해설 |

④ '끼이다'는 '벌어진 사이에 들어가 죄이고 빠지지 않게 되다.'라는 의미로, '끼다'의 피동사이다. '끼이어, 끼이니, 끼여' 등으로 활용하고, '기계에 손가락이 끼여 다쳤다.'와 같이 쓰이므로 문맥상 그 쓰임이 적절하다.

| 오답 해설 |

① '되뇌다'는 '같은 말을 되풀이하여 말하다.'라는 의미로 '되뇌어, 되놰, 되뇌니' 등과 같이 활용한다. '되뇌이다'는 '되뇌다'의 잘못된 표현이다.

② '헤매다'는 '갈 바를 몰라 이리저리 돌아다니다.'라는 의미로 '헤매어, 헤매, 헤매니' 등과 같이 활용한다. '헤매이다'는 '헤매다'의 잘못된 표현이다.

③ '메다'는 '뚫려 있거나 비어 있는 곳이 막히거나 채워지다.'라는 의미로 '메어, 메, 메니'와 같이 활용하고, '밥을 급히 먹으면 목이 멘다.'와 같이 쓰인다. 문맥상 '메이다'는 '메다'의 잘못된 표현이다. '메이다'는 '어깨에 걸치거나 올려놓다, 어떤 책임을 지거나 임무를 맡다.'의 의미인 '메다'의 피동사로 쓰일 경우에만 적절하다.

14. ④

| 정답 해설 |

④ 사람을 나타내는 단어를 알면 쉽게 풀 수 있다. '변호사'에서 '사'는 직업의 뜻을 더하는 접미사로, '事(일 사)'가 아닌 '士(선비 사)'를 사용한다. 변호사(辯 말 잘할 변, 護 보호할 호, 士 선비 사)

| 오답 해설 |

① 소방관(消防官) : 消 꺼질 소, 防 막을 방, 官 벼슬 관

② 과학자(科學者) : 科 품등 과, 學 배울 학, 者 놈 자

③ 연구원(研究員) : 硏 갈 연, 究 궁구할 구, 員 관원 원

15. ③

| 정답 해설 |

③ 예술가들이 인체의 아름다움을 재별견하여 고대의 학문에 대한 재평가가 이루어진 것이 아니라, 고대의 학문에 대한 재평가가 이루어지면서 인간에 대한 관심이 증대하여 인체의 아름다움이 재발견된 것이다.

| 오답 해설 |

① 첫 문장 '르네상스가 일어나게 된 요인으로 많은 것들이 거론되어 왔지만, 의학사의 관점에서 볼 때 흥미롭고 논쟁적인 원인은 페스트이다.'를 통해 확인할 수 있다.

② 1, 2문단에서 페스트로 인해 교회에 대한 신뢰가 떨어지고 인간의 본질적인 문제에 대해 사유하기 시작했다고 하였다. 선량한 자들까지 무차별적으로 죽는 것을 보고 신에 대한 무조건적인 찬양과 복종에 대해 회의하게 된 것이다. 이로 인해 교회가 가지고 있던 막강한 권위가 약화되었다.

④ 마지막 문단 '의사들에게 해부학적 지식은 불필요한 것으로 인식되었던 반면, 당시의 미술가들은 예술가이면서 동시에 해부학자이기도 할 만큼 인체 내부 구조를 탐색하는 데 골몰했다.'를 통해 확인할 수 있다.

16. ②

| 정답 해설 |

② 촌철살인(寸鐵殺人)은 한 치의 쇠붙이로도 사람을 죽일 수 있다는 뜻으로, 간단한 말로도 남을 감동하게 하거나 남의 약점을 찌를 수 있음을 이르는 말이다. '툭 던지는 한마디는 예리한 비수가 되어 독자의 의식을 헤집는다.'라는 내용과 가장 잘 어울린다.

| 오답 해설 |

① 교언영색(巧言令色) : 아첨하는 말과 알랑거리는 태도

③ 언행일치(言行一致) : 말과 행동이 하나로 들어맞음. 또는 말한 대로 실행함. ≒말짓일치.

④ 가담항설(街談巷說) : 거리나 항간에 떠도는 소문. ≒가담항어, 가담항의, 가설항담.

17. ①

| 정답 해설 |

① '어떤 것이 과학일 경우 거기에서 사용되는 문장은 유의미하다'라는 내용에서 '사용된 문장이 무의미하다면 어떤 것은 과학이 아니다'라는 결론을 이끌어 낼 수 있으므로 적절한 추론이다.

| 오답 해설 |

② 과학의 문장은 유의미한 문장보다 더 포괄적이다. 유의미한 문장에 과학의 문장이 포함되므로, 과학의 문장들 외에도 유의미한 문장이 있을 수 있다. 따라서 과학의 문장들만이 유의미하다는 추론은 부적절하다.

③ (가)와 같이 아직까지 경험되지 않은 것이라도 경험에 의해 진위를 밝힐 수 있는 것은 유의미하다.

④ 검증 원리에서는 문장의 거짓 여부가 아니라, 경험을 통해 참이나 거짓을 검증할 수 있는 문장을 유의미하다고 본다. 거짓이라도 경험을 통해 거짓을 검증할 수 있는 문장이라면 유의미한 것이다.

18. ④

| 정답 해설 |

* 컴퓨터 = 결정론적 법칙의 지배를 받음 → 결과가 하나로 고정 → 자유의지 × → 도덕적 의무 귀속 ×

㉠ 컴퓨터는 결정론적 법칙의 지배를 받아 결과가 하나로 고정되는데 이것은 자유의지를 가지지 않은 것이므로 도덕적 의무의 귀속 대상일 수 없다.

㉡ 지문의 내용을 반대로 적용하면, '도덕적 의무 귀속 ○ → 자유의지 ○ → 결과가 하나로 고정 × → 결정론적 법칙의 지배를 받지 않음'이 된다. 따라서 도덕적 의무를 귀속시킬 수 있는 시스템은 결정론적 법칙의 지배를 받지 않는다.

㉢ 어떤 선택을 할 때 결과가 하나로 고정되어 다른 선택을 할 수 없는 것은 자유의지를 가지지 않는 것이고, 그것과 다른 선택을 할 수 있는 것은 자유의지를 가진 것이다.

2021년도 지방공무원 7급 기출문제 정답 및 해설

빠른 답 찾기

01	②	02	④	03	①	04	②	05	①
06	③	07	③	08	③	09	③	10	②
11	④	12	②	13	④	14	③	15	③
16	①	17	①	18	①				

01. ②

| 정답 해설 |

② '조리다'는 '양념을 한 고기나 생선, 채소 따위를 국물에 넣고 바짝 끓여서 양념이 배어들게 하다.'라는 의미로 어법에 맞게 쓰였다. 참고로 '졸이다'는 '졸다'의 사동사로 '찌개, 국, 한약 따위의 물을 증발시켜 분량을 적어지게 하다.'라는 의미로 '찌개를 졸이다'와 같이 쓰인다.

| 오답 해설 |

① '밥, 떡, 찌개 따위를 만들기 위하여 그 재료를 솥이나 냄비 따위에 넣고 불 위에 올리다.'라는 의미의 단어는 '안치다'이다. '쌀을 안쳐다'로 적어야 올바르다.

③ '재물이나 기술, 힘 따위가 모자라다.'라는 의미의 단어는 '달리다'이다. '실력이 달리니'로 적어야 올바르다.

④ '성이 나서 뾰로통해지다.'라는 의미의 단어는 '붓다'이다. '붓다'는 'ㅅ 불규칙 활용'을 하므로 '잔뜩 부어'로 적어야 한다.

02. ④

| 정답 해설 |

④ '경찰을 풀어서'의 '풀다'는 '사람을 동원하다.'라는 뜻이므로 ㉣의 예시로 적절하지 않다. ㉣의 예시로는 '구금을 풀다. 통금을 풀다.'가 있다.

| 오답 해설 |

① '수수께끼를 풀다'의 '풀다'는 '모르거나 복잡한 문제 따위를 알아내거나 해결하다.'라는 의미로 쓰였으므로 적절하다.

② '풀어 설명하셨다'의 '풀다'는 '어려운 것을 알기 쉽게 바꾸어 설명했다'라는 의미로 쓰였으므로 적절하다.

③ '얼굴을 푸세요'의 '풀다'는 '긴장된 분위기나 표정 따위를 부드럽게 하다'라는 의미로 쓰였으므로 적절하다.

03. ①

| 정답 해설 |

① '走馬加鞭(주마가편)'은 달리는 말에 채찍질한다는 뜻으로, 잘하는 사람을 더욱 장려함을 이르는 말이다. 우리나라 대표팀은 올림픽 예선에서 놀라운 성과를 거두고도 메달권을 향해 더 강도 높은 훈련을 이어가고 있는 상황이므로 '走馬加鞭(주마가편)'이 가장 적절하다.

| 오답 해설 |

② '走馬看山(주마간산)'은 말을 타고 달리며 산천을 구경한다는 뜻으로, 자세히 살피지 아니하고 대충대충 보고 지나감을 이르는 말이다. 대표팀은 본선행을 결정짓고도 더 강도 높은 훈련을 이어가고 있으므로 상황에 어울리지 않는다.

③ '切齒腐心(절치부심)'은 몹시 분하여 이를 갈며 속을 썩임을 이르는 말이다. 팀 내부가 어수선하긴 했지만 '切齒腐心(절치부심)'의 상황이라고 보기는 어렵다.

④ '見蚊拔劍(견문발검)'은 모기를 보고 칼을 뺀다는 뜻으로, 사소한 일에 크게 성내어 덤빔을 이르는 말이다.

04. ②

| 정답 해설 |

② 우리 조상들이 거주 공간을 고를 때 고려했던 것은 '지리, 생리, 인심, 산수'이다. 이 중 '지리, 산수'는 자연을 고려한 것이고, '생리, 인심'은 인간을 고려한 것이므로 거주 공간을 고를 인간과 자연을 모두 고려했다는 설명은 적절하다.

| 오답 해설 |

① 지리와 산수를 고려하여 집터를 골랐다는 사실을 확인할 수 있지만, 자연을 모방해서 거주 공간을 지었는지 여부는 확인할 수 없다.

③ '집을 둘러싼 전체적인 지형 곧, 산과 물의 조화', '집의 위치가 자연조건과 잘 어울리도록 따져서 집을 지었던 것'을 통해 자연을 변용하기보다는 자연과 조화를 이루는 집을 지었다고 추측할 수 있다.

④ '지리, 생리, 인심, 산수'는 집터를 고를 때 고려한 조건들이다. 하지만 우리 조상들이 이 요소들을 서로 경쟁적으로 생각했는지 여부는 강연 내용을 통해 확인할 수 없다.

05. ①

| 정답 해설 |

① '관조적'이란 '고요한 마음으로 사물이나 현상을 관찰하거나 비추어 보는 것'을 의미한다. 이 시조는 '늙음'이라는 추상적인 개념을 구체적인 형상을 가진 실체로 표현하여 늙음이 지름길로 온다며 해학적인 태도를 드러내고 있다. 늙음을 막을 수 없다는 점에서 인생의 덧없음이 드러난다고 할 수는 있지만 관조적으로 표현하였다는 것은 적절하지 않다.

| 오답 해설 |

② '백발(늙음)'이라는 추상적인 개념을 의인화하여 오지 못하게 막고 있는 화자를 피해 지름길로 온다며 생동감 있게 표현하였다.

③ 화자는 늙는 길을 막고 오는 백발을 막대로 치며 늙음을 막아 보려 하였다. 하지만 '백발(白髮)이 제 몬져 알고 즈럼길'로 왔다. 이는 거스를 수 없는 자연의 섭리에 대한 해학적인 표현에 해당한다.

④ 화자는 세월을 거역하려 하지만 늙음을 막을 수 없는 인간의 한계를 인식하고, 운명을 거부할 수 없는 인간의 한계를 해학적으로 표현하였다.

우탁, <ᄒᆞᆫ 손에 막ᄃᆡ 잡고~>

갈래	평시조
성격	탄로가(嘆老歌), 해학적
주제	늙음에 대한 한탄(탄로)
특징	의인법, 대구법 등 다양한 수사법을 활용함

06. ③

| 정답 해설 |

③ '제'는 '저'에 관형격 조사 'ㅣ'가 결합한 것으로 현대어로 풀이하면 '저의(자기의) 뜻'이다. 따라서 ㉢의 문장 성분은 '뜻'을 수식하는 관형어이다. 나머지는 모두 주어이다.

| 오답 해설 |

① '백셩'에 주격 조사 '이'가 결합한 것으로 ㉠의 문장 성분은 주어이다.
② '바'에 주격 조사 'ㅣ'가 결합한 것으로 ㉡의 문장 성분은 주어이다.
④ '나'에 주격 조사 'ㅣ'가 결합한 것으로 ㉣의 문장 성분은 주어이다.

현대어 풀이

우리나라 말이 중국과 달라 한자와는 서로 통하지 아니 하여서 이런 까닭으로 어리석은 백성이 말하고자 하는 바가 있어도 마침내 저(자기)의 뜻을 능히 펴지 못하는 사람이 많다. 내가 이것을 가엾게 여겨 새로 스물여덟 글자를 만드니, 모든 사람들로 하여금 쉽게 익혀서 날마다 쓰는 데 편하게 하고자 할 따름이다.

07. ③

| 정답 해설 |

③ 선출된 정치인들이 높은 투표율을 핑계로 안하무인의 태도를 취하는 것은 의무 토표제를 도입하였을 때의 부작용에 해당한다. 따라서 이러한 부작용에 대한 대책은 의무 투표제를 도입하자고 주장하는 ㉠이 제시해야 한다.

| 오답 해설 |

① ㉠은 '많은 국민이 투표에 참여할수록 정치인들은 정책 경쟁력을 높이려 할 것'이라고 주장하였으므로 이에 대한 근거를 제시하는 것은 적절하다.
② 정당한 사유 없이 기권하면 법적 제재를 가하는것이 의무 투표제이다. ㉠은 '법적 제재는 분명 높은 투표율로 이어질 것'이라고 주장하고 있으므로 이를 뒷받침할 자료를 제시하라는 비판은 적절하다.
④ ㉡은 현재 우리나라의 투표율이 정치 지도자들의 대표성을 훼손할 만큼 심각하지는 않다고 주장하므로 이에 대해 근거를 제시하라는 비판은 적절하다.

08. ③

| 정답 해설 |

③ '순조롭지 아니하게 얽힌 이런저런 복잡한 사정이나 까닭'을 뜻하는 곡절은 '曲折'로 표기한다. (曲 굽을 곡, 折 꺾을 절) '曲絶'은 없는 단어이다. (曲 굽을 곡, 絶 끊을 절)

| 오답 해설 |

① '열매를 맺음. 또는 그 열매, 어떤 원인으로 결말이 생김. 또는 그런 결말의 상태.'를 뜻하는 '결과'는 '結果'로 표기한다. (結 맺을 결, 果 실과 과)
② '처음으로 있음.'을 뜻하는 '초유'는 '初有'로 표기한다. (初 처음 초, 有 있을 유)
④ '일의 시작이나 발단.'을 뜻하는 '서막'은 '序幕'과 같이 표기한다. (序 차례 서, 幕 막을 막)

09. ③

| 정답 해설 |

③ 제품을 회수하고 교환하는 것, 고객 서비스 시스템을 보완하는 것은 고객의 불만에 대한 해결 방안으로 'Ⅰ. 고객 불만 현황'의 하위 항목과 자연스럽게 연결이 된다. 따라서 ㉢에는 '고객 불만의 해결 방안'이 들어가는 것이 적절하다. '고객 지원 센터의 지원 인력 부족'은 Ⅰ-2의 원인에 해당한다.

| 오답 해설 |

① '소음 과다 빛 흡입력 미흡'은 제품에 대한 문제로 고객의 불만 사항에 해당한다. 따라서 'Ⅰ. 고객 불만 현황'의 하위 항목으로 적절하다.
② Ⅱ-1, 2는 모두 불만 발생의 원인에 해당하므로 ㉡은 적절한 내용이다.
④ Ⅳ-1은 고객의 불만을 해결했을 때의 기대 효과에 해당한다. Ⅳ-2는 회사가 해야 할 향후 과제이므로, ㉣의 내용은 적절하다.

10. ②

| 정답 해설 |

② '분석'은 하나의 대상을 마치 해부를 하듯이 나누는 전개 방식이다. 제시문은 '담배를 피는 이유'를 네 가지로 나누어 설명하고 있으므로 '분석'의 방식을 활용한 글이다.

| 오답 해설 |

① '정의'는 대상이 속하는 범위를 정한 후 그 본질을 밝히는 방법을 말한다. 제시문에서는 정의의 방식을 사용한 부분이 없다.
③ '서사'는 대상이 시간의 흐름에 따라 변화하는 모습이나 움직임을 그려 내는 방식을 말한다. 니코틴이 없어지면 일어나는 증상에 대한 설명에서 부분적으로 서사의 방식이 활용되었으나 글의 전체적인 설명 방식에 해당하지는 않는다.
④ '비교'는 둘 이상의 사물에 대해 비슷한 점에 초점을 두고 설명하는 방식이다. 담배에 대한 인식을 설명한 부분에서 부분적으로 비교의 방식을 사용하였지만 글의 전체적인 설명 방식에 해당하는 것은 아니다.

11. ④

| 정답 해설 |

④ 15세기 후반부에는 라틴어가 가장 중요했기에 라틴어로 된 종교 서적이 인쇄의 주류를 이룬 것일 뿐, 인쇄술에 힘입어 라틴어가 중요한 언어가 된 것은 아니다.

| 오답 해설 |

① '인쇄술은 고대 문헌들의 출판을 통해 인문주의의 대의에 공헌'되었다는 내용과 '1517년 이후 종교개혁을 위한 수단으로도 이용'되었다는 부분을 통해 확인할 수 있다.
② '15세기 말 인쇄업은 자금을 빌려주는 업자들에게 종속'되었다는 것을 통해 인쇄업이 대금업자들에게 금전적으로 의존했음을 확인할 수 있다.
③ 유럽의 상인들이 책을 유통한 것은 책이 원가의 2~3배를 남길 수 있는 고가의 제품이었기 때문이다. 책은 '수지맞는 상품으로 시장에서 거래되었고, 그 과정에서 사상의 교환이 촉진'된 것이다. 사상의 교환을 위해 책을 유통한 것은 아니다.

12. ②

| 정답 해설 |

② 동양에서는 용에 대해 '네 발이 있으나 땅에서 걷는 일이 없다'라고 인식하였으므로, 육지 농부들이 용에게 발이 있다고 인식하였음을 추론할 수 있다. 또한 '육지 사람들은 주로 하늘 위 구름 속에서 지낸다고 믿었다.'를 통해 육지 농부들은 용이 구름 속에 있다고 인식했음을 확인할 수 있다.

| 오답 해설 |

① '구름'은 육지 사람들이 용이 지낸다고 생각하는 곳이고, '용궁'은 바닷가 사람들이 용이 지낸다고 생각하는 곳이다. 용이 거주하는 곳에 대한 인식이 지역(바닷가, 육지)에 따라 대비되는 것일 뿐, 바닷가 어부들에게 '구름'가 '용궁'이 대립적인 관념은 아니다.

③ '어부들은 용을 고깃배를 위협하는 풍랑(風浪)의 원인으로, 농부들은 곡식을 자라게 하는 풍우(風雨)의 원인'으로 여겼다는 부분을 통해 '풍랑'은 상서로운 현상이 아니라 공포였음을 알 수 있다.

④ '용은 날개 달린 드래건과 달리 날개 없이도 자유롭게 하늘을 날아다닐 수 있'는 존재라는 설명을 통해 드래건은 날개가 있고 날 수 있는 존재라는 것을 추측할 수 있다.

13. ④

| 정답 해설 |

④ 누님의 죽음에 대한 슬픔은 드러나지만 누님의 결혼에 대한 기쁨은 드러나지 않는다.

| 오답 해설 |

① '강 너머 멀리 보이는 산은 검푸른 빛이 마치 누님이 시집가는 날 쪽 찐 머리 같았고, 강물 빛은 당시의 거울 같았으며, 새벽달은 누님의 눈썹 같았다.'를 통해 확인할 수 있다.

② '나'는 강가에 말을 세우고 명정이 펄럭이는 배를 바라보며 누님의 죽음으로 인한 슬픔과 안타까움을 느끼고 있다.

③ '나'는 누님이 죽은 현재의 상황에서 누님이 결혼하던 과거의 장면을 떠올리며 누님에 대한 상실의 감정을 부각하고 있다.

14. ③

| 정답 해설 |

③ 2문단에서 파스퇴르는 '음식물의 맛과 질감을 변화시키지 않으면서 살균하는 방법인 '파스퇴리제이션(pasteurization)'을 발견했다.'라고 하였다. 따라서 피스퇴리제이션이 음식물의 맛과 질감을 높인다는 설명은 부적절하다.

| 오답 해설 |

① 1문단 '출생아의 1/3이 1세 전에, 그 이후 살아남은 아이의 절반이 10세 전에 사망했다'를 통해 고대 로마인의 평균 수명이 낮았던 것은 아이들이 질명으로 많이 죽었기 때문이었음을 알 수 있다.

② 2문단 '음식물의 발효나 부패가 공기 중의 미생물 때문에 일어남을 증명했다. 이는 음식물에서 저절로 새로운 생명체가 생겨나 음식물을 발효·부패시킨다는 자연 발생설을 반박하고 미생물의 존재를 명확히 한 것'이라는 부분을 통해 확인할 수 있다.

④ 아동 사망률이 높았던 것은 미생물로 인한 질병 때문이었는데, 파스퇴르는 질병의 원인이 미생물임을 밝히고 예방할 수 있는 백신을 만들었다. 따라서 파스퇴르가 질병으로 인한 아이들의 사망률을 줄이는 데에 기여했다는 추론은 적절하다.

15. ③

| 정답 해설 |

③ 대상에 대한 비판적인 태도는 드러나지만 반어적 표현을 사용하지는 않았다. (가)에는 체면을 차리다가 실속을 외면하는 태도에 대한 비판이 드러나며, (나)는 상황에 따라 교묘하게 핑계를 대는 처세에 대한 비판이 드러난다.

| 오답 해설 |

① (가)는 '호랑이의 웃음이여, 정말로 웃음거리가 되고 말았구나.', (나)는 '세상에서 일을 피해 교묘하게 면하는 사람이여, 참으로 '박쥐의 일'이라 하겠구나.'를 통해 화자는 대상을 조소하고 있다.

② (가)는 격식을 차리려다 멋잇감을 놓친 호랑이의 일화를 통해 실속을 외면하고 체면부터 차리는 대상의 성격이 드러난다. (나)는 봉황과 기린의 생일잔치에 참석하지 않았던 박쥐의 일화를 통해 상황에 따라 교묘하게 핑계를 대는 박쥐의 성격을 드러내고 있다.

④ '우화적'이란 '인격화한 동식물이나 기타 사물을 주인공으로 하여 그들의 행동 속에 풍자와 교훈의 뜻을 나타내는 것'을 의미한다. (가)는 호랑이를, (나)는 박쥐를 주인공으로 하여 대상을 인격화하고 있다.

16. ①

| 정답 해설 |

① '혼합약'은 명사 '혼합'과 명사 '약'이 결합한 합성어이다. 앞 단어 '혼합'의 끝이 자음이고 뒤 단어의 첫음절이 '야'인 경우에 해당한다. '혼합약'은 'ㄴ' 음을 첨가하고(혼합냑) 비음화를 반영하여 [혼함냑]으로 발음한다. 표기대로 발음하는 단어가 아니므로 ㉠의 예시로 적절하지 않다. '색연필[생년필]'과 같이 제29항의 일반적인 예시에 해당한다.

| 오답 해설 |

② '휘발유'는 명사 '휘발'과 접사 '-유'가 결합한 파생어이다. 앞 단어인 '휘발'의 끝이 자음이고 뒤 단어의 첫음절이 '유'인 경우에 해당하므로 'ㄴ' 음을 첨가하여 발음하는 제29항의 내용으로 적절하다. 또한 'ㄹ' 받침 뒤에 첨가되는 'ㄴ' 은 유음화로 인해 [휘발류]와 같이 발음하므로, ㉡의 예시로 적절하다.

③ '열여덟'은 '열'과 '여덟'이 결합한 합성어이다. 앞 단어인 '열'의 끝이 자음이고 뒤 단어의 첫음절이 '여'인 경우에 해당하므로 'ㄴ' 음을 첨가하여 발음하는 제29항의 내용으로 적절하다. 또한 두 단어를 이어서 [열려덜]로 발음하므로, ㉢의 예시로 적절하다.

④ '등용문'은 'ㄴ'음을 첨가하여 발음하지 않고, [등용문]으로 발음한다. '3.1절[사밀쩔]'과 같이 'ㄴ' 음을 첨가하여 발음하지 않으므로, ㉣의 예시로 적절하다.

17. ①

| 정답 해설 |

① 축약된 기술어에 대해 의견을 밝힌 것은 '을'이다. '갑'은 축약된 기술어에 대한 의견을 밝히지 않았으므로 ①의 내용은 제시된 대화를 통해 확인할 수 없다.

| 오답 해설 |

② 을은 '로물루스'라는 단어를 통해 '실존하지 않는 대상을 지칭하는 단어는 실제로는 이름이 아니라 일종의 축약된 기술어'라고 하였으므로 적절하다.

③ 갑은 "모든 이름은 실존하는 대상을 반드시 지칭해."라고 하였으므

로, '페가수스'를 실존하는 대상의 이름으로 볼 것이다. 반면, 을은 "'페가수스'라는 단어는 실존하지 않는 대상을 지칭한다고 생각해.'라고 하였으므로, '페가수수'를 실존하지 않는 대상을 지칭하는 '축약된 기술어'로 볼 것이다.

④ 갑은 모든 이름은 실존하는 대상을 반드시 지칭한다고 하였고, 을도 어떤 단어가 이름이라면 그것은 실존하는 어떤 대상을 반드시 지칭한다고 하였다. 따라서 갑과 을은 어떤 단어가 이름이려면 그 단어는 실존하는 대상을 지칭한다고 보고 있음을 알 수 있다.

18. ①

| 정답 해설 |

① ㄱ. 이론 X에 따르면 '갑의 흡연(A)이 갑의 폐암(B)의 원인'이라는 조건은 '갑의 흡연이 일어나지 않았더라면(not A) 갑의 폐암도 일어나지 않았을 것이다(not B).'와 같다.

ㄴ. 2문단에서는 'A가 일어나지 않고 B가 일어난 상황보다, A가 일어나지 않고 B도 일어나지 않은 상황이 A가 일어나고 B도 일어난 사실과 더 유사하다'라고 하였다. 'not A → B'의 상황보다 'not A → not B'의 상황이 'A → B'의 상황과 더 유사한 것이다. 따라서 '갑이 홈런을 치지 않고(not A) 갑의 팀이 승리한 상황(B)보다, 갑이 홈런을 치지 않고(not A) 갑의 팀이 승리하지 않은 상황(not B)이 갑이 홈런을 치고(A) 갑의 팀이 승리한 사실(B)과 더 유사하다. 따라서 '갑의 홈런(A)이 그 팀의 승리(B)의 원인'이라는 것은 이론 X에 근거한 적절한 판단으로 볼 수 있다.

| 오답 해설 |

ㄷ. 까마귀가 날자(A) 배가 떨어졌음(B)에도 까마귀가 난 것이 배가 떨어진 원인이 아니라고 하는 것은 A와 B의 인과 관계를 부정하는 것이다. 이론 X는 'A가 B의 원인이다'라는 인과 관계를 증명하는 것이므로, 'A가 B의 원인이 아니다'라는 'ㄷ'의 내용은 이론 X에 근거한 판단으로 적절하지 않다.

2021년도 지방공무원 9급 기출문제 정답 및 해설

빠른 답 찾기

01	②	02	③	03	정답 없음	04	②	05	④
06	③	07	③	08	④	09	②	10	②
11	③	12	①	13	④	14	④	15	④

01. ②

| 정답 해설 |

② 한글 맞춤법 제27항의 '붙임2' 규정에서는 '어원이 분명하지 아니한 것은 원형을 밝히어 적지 아니한다.'라고 규정하며 '며칠, 업신여기다, 부리나케' 등을 예시로 제시하고 있다. '며칠'이 바른 표기이다.

| 오답 해설 |

① '어찌 된 일. 의외의 뜻'을 나타내는 말은 '웬일'이 맞다.
③ '박이다'는 '손바닥, 발바닥 따위에 굳은살이 생기다.'라는 의미의 동사로 그 쓰임이 적절하다.
④ '으레'는 '다음 단어는 모음이 단순화한 형태를 표준어로 삼는다.'라는 표준어 사정 원칙 제10항에 따라 '으레'로 쓴다. '으레'는 원래 '의례(依例)'에서 '으례'가 되었던 것인데 '례'의 발음이 '레'로 바뀌었으므로 '으레'를 표준어로 삼은 것이다.

02. ③

| 정답 해설 |

'로써'는 다음과 같이 세 가지의 의미가 있다.
「1」 어떤 물건의 재료나 원료를 나타내는 격 조사.
「2」 어떤 일의 수단이나 도구를 나타내는 격 조사.
「3」 시간을 셈할 때 셈에 넣는 한계를 나타내거나 어떤 일의 기준이 되는 시간임을 나타내는 격 조사.
③ '오늘로써'는 시간을 셈할 때 한계를 나타내므로 그 쓰임이 적절하다.

| 오답 해설 |

① '아버지의 딸'이라는 지위나 신분 또는 자격을 나타내므로 '딸로서'가 적절하다.
② '대화'는 갈등을 해결하는 수단을 의미하므로 '대화로써'가 적절하다.
④ 시간을 셈하는 것이므로, '이로써'가 적절하다. '로써「3」시간을 셈할 때 셈에 넣는 한계를 나타내거나 어떤 일의 기준이 되는 시간임을 나타내는 격 조사'로 쓰인 것이다.

03. 정답 없음

| 정답 해설 |

① 국립국어원 사전 정보에 따르면 '반나절'은 '한나절의 반'을 의미하므로 '하루 낮의 반'이라는 풀이는 부적절하다. 하지만 표준국어대사전에서 '반나절'의 두 번째 의미로 '하룻낮의 반(半). =한나절.'이라고 제시하고 있으므로 두 번째 의미를 기준으로 본다면 정답에 대한 논란의 여지가 있을 수 있다.

| 오답 해설 |

② '달포'는 '한 달이 조금 넘는 기간'으로 그 뜻풀이가 정확하다.
③ '그끄저께'는 '그저께의 전날, 오늘로부터 사흘 전의 날'을 의미하므로 그 풀이가 정확하다.
④ '해거리'는 '한 해를 거름. 또는 그런 간격.'을 의미하므로 그 뜻풀이가 정확하다.

04. ②

| 정답 해설 |

② '연결해 준다'라는 의미를 가진 관용 표현은 '다리를 놓다'이다.

| 오답 해설 |

① '가랑이가 찢어지다'는 '몹시 가난하다'라는 의미이다.
③ '코웃음을 치다'는 '남을 깔보고 비웃다'라는 의미이다.
④ '바가지를 쓰다'는 '부당하게 많은 돈을 치르다'라는 의미이다.

05. ④

| 정답 해설 |

④ 서술자는 편집자적 논평을 통해 그네를 타는 춘향이의 외적인 아름다움에 대해 예찬하고 있다. 춘향이의 내면적 아름다움은 드러나지 않는다.

| 오답 해설 |

① '천중절을 모를쏘냐'는 춘향이도 천중절을 알고 있다는 설의적인 표현에 해당한다.
② '황금 같은 꾀꼬리'에서 비유법이 사용되었고, '녹음방초 우거져 금잔디 좌르르'에서 아름다운 봄날의 풍경이 드러난다. '녹음방초'는 '푸르게 우거진 나무와 향기로운 풀'을 의미하는데, '오월 단옷날'이라는 시간적 배경이 제시되었으므로 봄날의 풍경이라고 볼 수 있다.
③ '펄펄', '흔들흔들'과 같은 음성상징어를 사용하여 춘향의 그네 타는 모습을 시각적으로 표현하였다.

06. ③

| 정답 해설 |

③ B는 고객이 '요즘 같은 코로나 시기에는 이전과 동일한 사업적 효과가 있을지 궁금하다고 말한 것'을 근거로 고객의 답변이 완곡한 거절이라고 판단하고 있다.

| 오답 해설 |

① A는 고객의 답변을 승낙으로, B는 거절로 해석하고 있다.
② A는 동일한 사업적 효과가 있을지 궁금하다는 고객의 표현에 대해 사업을 수용하지 않는 것은 아니라고 생각하며 고객의 답변을 긍정적으로 예측하고 있다.
④ A는 고객의 표정과 목소리 등을 바탕으로 답변이 긍정적일 것으로 해석하고 있다.

07. ③

| 정답 해설 |

③ 단호한 반응은 다른 사람의 권리를 침해하지 않으면서 자신의 권리를 존중하고 지키는 것이다. '안 피우시면 좋겠어요.'는 자신의 권리를 지키는 것이고, '피우고 싶으시면 차를 세워 드릴게요.'는 상대의 권리를 침해하지 않는 것이므로 가장 적절하다.

| 오답 해설 |

① 상대의 권리를 침해하지 않았지만 자신의 권리를 지키지 못하였다.
② 자신의 권리는 지켰지만, 다른 사람의 권리를 침해하였다.
④ 단호한 주장은 명쾌하고 직접적이어야 한다. ④는 상대의 권리와 자신의 권리에 대해 모두 명쾌한 답을 하지 않았고 직접적으로 이야기하지 않았으므로 부적절하다.

08. ④

| 정답 해설 |

④ 이 글은 미국의 어머니와 일본의 어머니를 대조의 방식으로 서술하고 있다. 독립적인 행동을 하도록 교육하는 것은 미국의 방식이고, 타인의 입장에서 말하는 것을 교육하는 것은 일본의 방식이다.

| 오답 해설 |

① 듣는 사람의 입장을 강조하는 것은 일본의 어머니이다.
② 사물의 속성에 집중하여 가르치는 것은 미국의 어머니이다.
③ 미국에서는 의사소통에서 자신의 생각을 분명하게 표현하는 것을 강조한다. 반면 일본의 어머니는 대상의 감정을 중심으로 상대의 감정을 읽어야 한다고 가르친다.

09. ②

| 정답 해설 |

② 윗글은 인공지능이 사람의 뇌를 어떻게 바꾸는지 GPS의 사례를 예로 들어 습관적으로 내비게이션을 찾고 기계에 의존하는 모습을 제시하였다. 이러한 사례를 통해 기계에 의존하여 기억력과 창조력이 퇴보되고, 우리의 두뇌가 게을러진다는 결론을 이끌어 낼 수 있다.

10. ②

| 정답 해설 |

② 유럽연합에서 공용어의 개념은 여러 공용어 중 하나만 알아도 공식 업무상 불편이 없게끔 한다는 것이다. 모든 공용어를 전부 다 알아야 하는 것을 아니며, 복수의 공용어 중에서 하나만 알아도 공식 업무상 불편이 없게 하여 공무상 편의를 도모한 것이다.

| 오답 해설 |

① '모든 유럽연합인들이 열 개가 넘는 공용어를 전부 다 배워야 하는 것은 아니다.'를 통해 확인할 수 있다.
③ '영어를 한국어와 함께 공용어로 지정하기만 하면 모든 한국인이 영어를 잘할 수 있게 되리라는 믿음은 공용어의 개념을 제대로 이해하지 못한 데서 오는 망상'이라고 하였으므로 부적절한 내용이다.
④ '우리가 만일 한국어와 영어를 공용어로 지정한다면'이라는 가설을 제시하였을 뿐, 한국에서 영어가 공용어로 지정될 것이라는 내용은 제시되지 않았다.

11. ③

| 정답 해설 |

③ 자신의 삶과 환경을 통제하지도 못하면서 무력감에 시달리는 사람일수록 공격적인 발설(악플)로 자기 효능감을 느끼려 한다고 설명하였다. '자신의 삶을 잘 통제하는' 것은 악플러의 특성과 반대되는 내용이므로 '자신의 삶을 잘 통제하는 악플러'는 윗글의 내용과 부합하지 않는다.

12. ①

| 정답 해설 |

① 일반적으로 '양반이라는 신분'과 '한글의 사용'은 서로 어울리지 않는 특성이다. (가)의 앞에는 '정철, 윤선도, 이황'이 양반이라는 내용, (가)의 뒤에는 우리말로 작품을 썼다는 내용이 제시되므로 (가)에는 '그런데'가 들어가는 것이 적절하다. (나) 뒤에는 양반이 한글을 사용한 것과 더불어 소설까지 썼다는 부연 설명이 이어지므로 (나)에는 '게다가'라는 접속어가 들어가는 것이 적절하다. (다) 이후에는 양반의 한글 사용이 소수의 특별한 취향이라는 반대의 내용이 제시되므로 '그렇지만'이 들어가는 것이 적절하다. (라)의 앞에는 '호질'이 한문으로 쓰였다는 내용이 있고, 뒤에는 양반 대부분은 한글을 이해했을 것이라는 반대의 내용이 이어지므로 (라)에는 '그러나'가 들어가는 것이 적절하다.

13. ④

| 정답 해설 |

④ '납부'는 세금이나 공과금 따위를 관계 기관에 내는 것을 의미하고, '수납'은 돈이나 물품 따위를 받아 거두어들이는 것을 의미한다. (라)에서 '납부'를 '수납'으로 고치면 문장의 주체가 '금융 기관'이 되어 문장이 어색해 진다.

14. ④

| 정답 해설 |

④ 온돌 : 방바닥 돌이 뜨거워짐 → 방바닥이 뜨거워 짐 → 방 전체로 복사열 전달 → [방바닥 찬 공기는 위로 → 공기가 식으면 아래로 → 다시 데워져 위로 → 방 전체가 따뜻해짐]

: [ ] 대류 현상

벽난로 : 복사열 전달 → 상체와 위쪽 공기를 데움

벽난로의 경우, 복사열이 상체와 위쪽 공기를 데운다. 위쪽의 따뜻한 공기는 차가운 바닥으로 내려오지 않으므로 온돌과 같은 대류 현상은 일어나지 않는다.

| 오답 해설 |

① 벽난로에 의한 난방은 상체와 위쪽 공기만 데우고 방바닥을 데우지 못한다.
② 벽난로에 의한 난방은 복사열에 의한 난방만 이루어지고, 대류 현상으로 바닥에 있는 공기까지 데우지는 못한다.
③ 벽난로가 상체와 위쪽의 공기만 따뜻하게 하는 것은 대류 현상을 통한 난방이 아니라 복사열을 이용한 난방 방식이다.

15. ④

| 정답 해설 |

④ 마지막 문단에서 '시간이 흐를수록 품질이 개선되는 것은 일부 고급 적포도주에만 한정'된다고 하였으므로 '백포도주'는 보관 기간에 비례하여 품질이 개선되지 않을 것으로 추론할 수 있다.

| 오답 해설 |

① 3문단에서 '너무 추운 지역이나 너무 더운 지역에서는 포도주의 품질이 떨어질 수밖에 없다.'라고 하였지만, '달콤한 백포도주의 경우는 샤토디켐(Chateau d'Yquem)처럼 뜨거운 여름 날씨가 지속하는 곳에서 명품이 만들어진다.'라고 하였다. 고급 백포도주는 뜨거운 곳에서 재배된 포도로 만들어지므로 선지에서 '모두'라는 표현

은 부적절하다.

② 2문단에서는 포도주의 생산을 확산시키기 위해 '온갖 노력을 기울인 결과 포도 재배가 상당히 북쪽까지 올라갔다.'라고 하였다. 따라서 현재 포도를 재배할 수 있는 북방한계선인 루아르강 하구로부터 크림반도와 조지아를 잇는 곳은 이탈리아보다 북쪽에 있을 것으로 추론할 수 있다.

③ 1문단에서 '일상적으로 마시는 식사용 포도주로는 당연히 고급 포도주와는 다른 저렴한 포도주가 쓰이며, 술이 약한 사람들은 여기에 물을 섞어서 마시기도 한다.'라고 하였으므로 일상적으로 마시는 포도주가 고급 포도주에 물을 섞은 것이라는 추론은 부적절하다.

2020년도 지방공무원 7급 기출문제 정답 및 해설

빠른 답 찾기

01	③	02	③	03	③	04	③	05	④
06	②	07	②	08	③	09	②	10	①
11	①	12	④	13	②	14	②	15	②
16	④	17	④	18	①				

01. ③

| 정답 해설 |

① 'symposium'은 '심포지엄'으로 표기하는 것이 옳아요. '심포지움'은 잘못된 표기이므로 주의해야 해요. 2014 지방직 9급에서도 출제된 단어이니 반드시 기억해야 해요.

| 오답 해설 |

② 'barricate'는 '바리케이드'로 표기해야 해요.

③, ④ 'con-'은 '콘-'으로 표기하기도 하고, '컨-'으로 표기하기도 해요. '컨-'으로 표기하는 단어는 '컨트롤, 컨디션, 컨테이너, 컬렉션' 등이 있어요. '콘-'으로 표기하는 단어는 '콘텐츠, 콘셉트, 콘테스트, 콤플렉스'등이 있지요. 'concept'는 '콘셉트'로, 'contents'는 '콘텐츠'가 옳은 표기예요. 'con-'의 표기는 자주 출제니 '컨-'으로 표기하는 단어와 '콘-'으로 표기하는 단어는 암기하고 있어야 해요.

유의해야 할 외래어 표기

[ʌ], [ɔ]	
디지털	디지탈X
컨트롤	콘트롤X
컨디션	콘디션X
리모컨	리모콘X
에어컨	에어콘X
커미션	코미션X
컨테이너	콘테이너X
컬렉션	콜렉션X
매스컴	매스콤X
콘서트	컨서트X
콘텐츠	컨텐츠X
콘센트	컨센트X
콘테스트	컨테스트X
콤플렉스	컴플렉스X

음성 모음	
소파	쇼파X
캐럴	캐롤X
캐럿	캐롯X
케첩	케찹
타월	타올X
스펀지	스폰지X
어댑터	어답터X
미스터리	미스테리X
스탠더드	스탠다드X
커스터드	커스타드X
심포지엄	심포지움X
오리지널	오리지날X

02. ③

| 정답 해설 |

③ '왜서'는 '외다'에 어미 '-어서'가 결합하여 준말이에요. '외어서'는 줄여서 '왜서'로 쓸 수 있지요. '외다'는 '글이나 말을 기억하여 두었다가 한 자도 틀리지 않게 그대로 말하다.'의 의미를 가진 '외우다'의 준말이에요. 준말과 본말이 다 같이 널리 쓰이면서 준말의 효용이 뚜렷이 인정되는 것은, 두 가지를 다 표준어로 삼는다는 규정에 따라 '외다, 외우다' 모두 표준어예요. 참고로 '외우다'는 어미 '-어서'와 결합하면 '외워서'로 활용하죠.

| 오답 해설 |

① '식었거나 찬 것을 덥게 하다.'라는 의미의 단어는 '데우다'예요. '데우다'는 '데우어(데워), 데우니'와 같이 활용해요. 밑줄 친 부분은 '데워서'로 수정해야 해요.

② 일부 명사와 함께 쓰여 그 명사가 뜻하는 행동이나 태도를 나타내다.'라는 의미의 단어는 '피우다'예요. '피우어(피워), 피우니'와 같이 활용하지요. 밑줄 친 부분은 '피워서'로 수정해야 해요.

④ '한숨도 자지 아니하고 밤을 지내다'라는 의미의 단어는 '새우다'예요. '새우어(새워), 새우니'와 같이 활용하지요. 밑줄 친 부분은 '새워서'로 수정해야 해요. 참고로 '새다'는 '날이 밝아 오다'라는 의미의 동사이고, '날이 새는지 창문이 뿌옇게 밝아 온다.'와 같이 쓰여요.

03. ③

| 정답 해설 |

③ 제시된 첫 문장은 다른 문자(한자)를 지양하고 한글로만 문자 생활을 영위하고자 하는 경향이 나타났다는 내용이에요. 이러한 경향이 원인이 되어 어문 연구가들이 맞춤법과 외래어 표기법을 제정하고 표준어를 사정하는 사업을 추진하게 된 것이지요.

첫 문장의 내용이 원인이 되어 '이로 인해' 다양한 관련 사업이 추진되었다는 ㉣로 내용이 이어지는 것이 자연스러워요. 이러한 사업을 추진하는 과정에서 '어문 연구가들'은 한자어 처리에 대해 고민을 한 것입니다. ㉣의 '어문 연구가들'은 ㉡의 '그들'로 연결되는 것이 자연스러워요. 어문 연구가들의 고민은 한자어 처리였고(㉡), 표제어를 한글로 적고 괄호에 다른 문자를 병기하는 것으로 결론을 내립니다.(㉢) 이러한 결정은 각급 학교 교재에도 영향을 주어, 한자를 괄호에 넣는 조치가 취해진 것이지요.

1900년대 이후로 다른 문자를 지양하고 한글로만 문자 생활을 영위하고자 하는 경향이 나타났다.

㉣ 이로 인해 1930년대 이후에 우리 어문 연구가들은 맞춤법과 외래어 표기법을 제정하고 표준어를 사정하였으며 이를 바탕으로 사전 편찬 사업을 추진했다.

㉡ 그 과정(사전 편찬 사업)에서 그들(어문 연구가들)이 가장 고심했던 일은 우리말 어휘의 반 이상을 차지하는 한자어를 어떻게 처리하느냐 하는 것이었다. ↳ 문제

㉢ 한글학회의 『큰사전』에서는 모든 단어의 표제어는 한글로 적었고 괄호 속에 한자, 로마자 등 다른 문자를 병기하였다.
↳ 해결 방안

㉠ 이에 따라 각급 학교 교재에 한자는 괄호 안에 넣는 조치를 취했다.

04. ③

| 정답 해설 |

③ '아주 잠시 또는 아주 적음을 이르는 말'인 '간발(間髮)'은 '間髮(사이 간, 터럭 발)'이 옳은 표기예요.
'서로 비슷한 위치에서 견줌. 또는 견주어짐'의 '비견(比肩)'은 '比肩(견줄 비, 어깨 견)'으로 표기해요.

| 오답 해설 |

㉠ 簡拔(대쪽 간, 뺄 발)
'簡拔(간발)'은 '여러 사람 가운데 골라 뽑음'을 의미해요.

㉡ 批腑(칠 비, 장부 부), 比房(견줄 비, 방 방)

05. ④

| 정답 해설 |

밑줄 친 '白蓮花(백년화)'는 흰 연꽃처럼 아름다운 달을 표현한 것이에요. 원관념은 '달'이죠. 선지로 제시된 작품은 윤선도의 오우가인데, '물, 돌, 소나무, 대나무, 달'을 예찬한 노래예요. 여기서 '달'에 대해 노래하고 있는 수를 찾으면 됩니다.

④ 작은 것이 높이 떠서 만물을 다 비추니
한밤중에 밝은 것이 너만 한 것이 또 있겠느냐?
(세상의 선과 악 모든 것을) 보고도 말을 하지 않으니 내 벗인가 하노라.
➜ 달의 밝음과 과묵함을 예찬하고 있어요. '白蓮花(백년화)'와 마찬가지로 '달'을 대상으로 하고 있지요.

| 오답 해설 |

① 구름의 빛이 깨끗하다고 하나 검기를 자주 한다.
바람 소리 맑다고 하나 그칠 때가 많도다.
깨끗하고도 그칠 때가 없는 것은 물뿐인가 하노라.
➜ 물의 깨끗함과 영원성을 예찬하고 있어요.

② 꽃은 무슨 일로 피자마자 곧 져 버리고,
풀은 어찌하여 푸르러지자마자 곧 누런 빛을 띠는가?
아마도 변치 않는 것은 바위뿐인가 하노라.
➜ 바위의 불변성을 예찬하고 있어요.

③ 나무도 아닌 것이, 풀도 아닌 것이
곧게 자라기는 누가 시켰으며, 속은 어찌 비었느냐?
저러고도 사시사철 푸르니 그를 좋아하노라.
➜ 대나무의 지조와 절개를 예찬하고 있어요.

정철, 관동별곡(關東別曲)

갈래	양반 가사, 기행 가사, 정격 가사
성격	서정적, 지사적, 서경적
율격	3(4) · 4조의 4음보
제재	내금강과 관동 팔경
주제	금강산, 관동 팔경에 대한 감탄과 연군지정 및 애민 사상
특징	• 영탄법, 대구법, 생략법 등을 활용함. • 우리말의 아름다움을 잘 살림.

윤선도, 오우가(五友歌)

갈래	평시조, 연시조 (전 6수)
성격	찬미가(讚美歌), 예찬적
제재	물, 바위, 소나무, 대나무, 달
주제	오우(五友 : 수·석·송·죽·월) 예찬
특징	• 대상의 속성을 예찬의 근거로 제시함 • 자연물을 의인화하여 예찬함 • 우리말의 아름다움이 잘 드러남

06. ②

| 정답 해설 |

② 1문단에서는 소득 통계가 생활수준을 정확히 나타낸다고 말하기 어렵다고 했어요. '가난한 나라보다 식량, 주거, 의료 서비스 등 기본적 필요를 충족한 상태인 부유한 나라들은 더욱 그렇다'를 통해 부유한 나라의 생활수준을 측정하는 것이 가난한 나라보다 더 어렵다는 것을 알 수 있어요.

| 오답 해설 |

① 2문단에서 행복측정 연구의 문제로 행복이 그 자체로 측정이 어렵다는 점과 다양한 선호의 문제가 개입된다는 점을 꼽았어요. 따라서 다양한 선호의 문제는 행복측정 연구를 보완하는 것이 아니라 연구를 어렵게 하는 것이에요.

③ 2문단에서는 행복이 가치의 영역이고 복잡한 차이가 존재하므로 행복측정 연구와 같은 영역은 그 대상을 측정하는 것이 어렵다고 했어요. 이러한 가치 판단은 측정이 어려운 것일 뿐, 측정이 불가능한 것은 아니에요. 어려운 것과 불가능한 것은 분명 다르죠. 가치 판단이 측정 불가능하다는 내용은 지문에서 찾을 수 없어요.

④ 3문단에서는 '생산량, 성장률, 실업률, 불평등 수준 등에 관한 주요 숫자를 모르고서는 우리는 실제 세상의 경제를 제대로 이해할 수 없다'라고 했어요. 숫자들이 모든 것을 반영하는 것은 아니지만, 실제 경제를 이해하는 데는 분명 도움이 된다는 의미죠.

07. ②

| 정답 해설 |

② '명도(明渡)'는 '건물·토지·선박 따위를 남에게 넘겨주거나 맡김. 또는 그러한 일'을 의미하므로, '명확하게 파악'하는 것으로 고쳐 쓰는 것은 적절하지 않아요. (明 밝을 명, 渡 건널 도)

| 오답 해설 |

① '부의(附議)'는 '토의에 부침'을 의미해요. '안건을 부의하겠다'를 '토의에 부치겠다'로 고쳐 쓴 것은 적절해요. (附 붙을 부, 議 의논할 의)

③ '징구(徵求)'는 '돈·곡식 따위를 요구함'을 의미해요. 따라서 '동의서 징구'를 '동의서 제출 요구'로 고쳐 쓰는 것은 적절해요. (徵 부를 징, 求 구할 구)

④ '산입(算入)'은 '셈에 넣음.'을 의미해요. '미수금은 월수에 산입하지 않았다, 급료에는 특근 수당이 산입되었다.'와 같이 쓰이지요. 따라서 '임금에 산입할 것'을 '임금에 포함할 것'으로 고쳐 쓴 것은 적절해요. (算 셀 산, 入 들 입)

08. ③

| 정답 해설 |

③ 2문단에서는 '영어와 같이 국제적으로 세력을 얻어 글로벌한 시대에 의사소통의 가교 역할을 하는 언어도 있다.'라고 했어요. 이를 통해 국제사회에서 영향력이 강한 나라가 등장하면 그 나라의 언어가 지금의 영어와 같이 링구아 프랑카로 기능할 수 있다는 것을 추론할 수 있어요.

| 오답 해설 |

① 1문단에서는 6만 년 동안 많은 언어가 분기하고 사멸하였다고 했어요. 언어가 생명체와 같아서 변화한다고 설명하기는 했지만, 교류와 소통이 언어의 분기와 사멸의 속도와 어떤 관련이 있는지는 설명하지 않았어요.

② 2문단에서는 그리스어나 라틴어가 과거 서양에서 의사소통의 가교 역할을 했다고 설명했어요. 당시에 그리스어나 라틴어가 '링구아 프랑카'로 기능했다는 것을 바탕으로 해당 언어가 국제적으로 세력을 얻었던 것을 알 수 있지요. 하지만 그리스어나 라틴어가 다른 언어보다 발음, 규칙, 의미가 쉽게 변하지 않는다는 내용은 확인할 수 없는 내용이에요.

④ '피진'은 의사소통의 편의를 위해 급조된 언어이고, '크리올'은 후대에서 탄생시킨 새로운 언어예요. '어리다'의 의미가 '어리석다'에서 '나이가 적다'로 변화한 것은 1문단에서 설명한 시간의 흐름에 따른 언어의 변화에 해당하죠. '어리다'의 원래 의미였던 '어리석다'를 의사소통을 위해 급조된 언어인 '피진'이라고 할 수 없어요.

09. ②

| 정답 해설 |

② '식용유'의 음운 변동 전 음운 개수는 'ㅅ, ㅣ, ㄱ, ㅛ, ㅇ, ㅠ' 6개였어요. 하지만 음운 변동 후에는 'ㄴ'이 첨가되어 'ㅅ, ㅣ, ㄱ, ㅛ, ㅇ, ㄴ, ㅠ' 7개가 되었어요. '입학생'의 음운 변동 전 음운 개수는 'ㅣ, ㅂ, ㅎ, ㅏ, ㄱ, ㅅ, ㅐ, ㅇ' 8개였는데, 음운 변동 후에는 'ㅣ, ㅍ, ㅏ, ㄱ, ㅆ, ㅐ, ㅇ' 7개로 줄었어요.

| 오답 해설 |

① ㉠과 ㉢은 모두 'ㄴ'첨가가 일어났어요. 합성어 및 파생어에서, 앞 단어나 접두사의 끝이 자음이고 뒤 단어나 접미사의 첫음절이 '이, 야, 여, 요, 유'인 경우에는 이처럼 'ㄴ' 음이 첨가되기 때문이지요.

③ 음운의 '대치'는 '교체'와 같은 말이에요. ㉡은 음절의 끝소리 규칙과 된소리되기가 일어났으므로 대치가 나타난 것이 맞아요. ㉢은 음절의 끝소리 규칙과 비음화가 일어났지요. '팎'의 종성 'ㄲ'이 'ㄱ'으로 변화한 것도 음절의 끝소리 규칙에 해당돼요. 된소리도 하나의 음운이므로, 'ㄲ'이 'ㄱ'이 된 것은 탈락이 아니라 대치(=교체)예요.

④ ㉡은 음절의 끝소리 규칙과 된소리되기가 일어났어요. ㉣은 축약과 된소리되기가 일어났지요. 모두 대치에 해당하는 음운 변동이 있어요.

교체(=대치)

음절의 끝소리 규칙	받침(홑받침, 쌍받침)이 대표음 'ㄱ, ㄴ, ㄷ, ㄹ, ㅁ, ㅂ, ㅇ' 중 하나로만 발음되는 규칙 ▸ 표준 발음법 8항
	• ㄱ, ㅋ, ㄲ → [ㄱ] ▸ 부엌[부억], 밖[박] • ㄴ → [ㄴ] ▸ 간[간] • ㄷ, ㅌ, ㅈ, ㅊ, ㅅ, ㅆ, ㅎ → [ㄷ] ▸ 솥[솓], 낮[낟], 꽃[꼳], 옷[옫], 있고[읻꼬], 히읗[히읃] • ㄹ→ [ㄹ] ▸ 발[발] • ㅁ→ [ㅁ] ▸ 몸[몸] • ㅂ, ㅍ → [ㅂ] ▸ 집[집], 잎[입] • ㅇ→ [ㅇ] ▸ 강[강]
비음화	비음이 아닌 자음이 비음이 되는 현상 ▸ 표준 발음법 18항, 표준 발음법 19항
	▸ 국만[궁만], 국민[궁민], 입는다[임는다] ▸ 학력[항녁], 독립[동닙], 강릉[강능] ▸ 꽃내음[내음(음절의 끝소리 규칙) → 꼰내음(비음화)]
된소리 되기	예사소리가 된소리로 바뀌는 현상 ▸ 표준 발음법 23항, 표준 발음법 24항, 표준 발음법 25항, 표준 발음법 26항, 표준 발음법 27항
	▸ 깎고[깍꼬], 입고[입꼬], 국밥[국빱] ▸ 닮고[담: 꼬], 신고[신:꼬], 앉고[안꼬] ▸ 넓게[널께], 떫지[떨:찌], 핥다[할따] ▸ 갈등[갈뜽], 몰상식[몰쌍식], 발전[발쩐] ▸ 할 것을[할꺼슬], 만날 사람[만날싸람]

첨가

'ㄴ' 첨가	합성어 및 파생어에서, 앞 단어나 접두사의 끝이 자음이고 뒤 단어나 접미사의 첫음절이 '이, 야, 여, 요, 유'인 경우에, 'ㄴ' 음을 첨가하여 [니, 냐, 녀, 뇨, 뉴]로 발음되는 현상 ▸ 표준 발음법 29항
	▸ 솜이불[솜:니불], 식용유[시 뉴], 금융[금늉/그뮹] ▸ 맨입[맨닙], 색연필[생년필], 한여름[한녀름]

축약

자음 축약 (거센소리 되기)	예사소리 'ㅂ, ㄷ, ㅈ, ㄱ'과 'ㅎ'이 만나 거센소리 'ㅍ, ㅌ, ㅊ, ㅋ'으로 바뀌는 현상
	• [ㅂ] + ㅎ → [ㅍ] ▸ 입학[이팍], 잡히다[자피다] • [ㄷ] + ㅎ → [ㅌ] ▸ 맏형[마텽], 좋다[조타] • [ㅈ] + ㅎ → [ㅊ] ▸ 놓지[노치], 꽂히다[꼬치다] • [ㄱ] + ㅎ → [ㅋ] ▸ 축하[추카], 먹히다[머키다]

10. ①

| 정답 해설 |

① '호의호식(好衣好食)'은 '좋은 옷을 입고 좋은 음식을 먹음'을 의미해요. 제시된 문장에서 바르게 쓰였어요.

| 오답 해설 |

② '환골탈태(換骨奪胎)'는 '사람이 보다 나은 방향으로 변하여 전혀 딴사람처럼 됨'을 의미해요. 비슷한 말로는 '탈태, 환골, 환탈' 등이 있지요. '환골탈퇴'는 잘못된 표현이에요.

③ '주야장천(晝夜長川)'은 '밤낮으로 쉬지 아니하고 연달아'라는 의미의 부사예요. '부모님들은 주야장천 자식 걱정뿐이다.'처럼 쓰이지요. '주야장창, 주구장창'은 모두 잘못된 표현이에요.

④ '삼수갑산(三水甲山)'은 우리나라에서 가장 험한 산골이라 이르던 삼수와 갑산을 의미해요. 조선 시대에 귀양지의 하나였지요. 관용 표현 '삼수갑산에 가는 한이 있어도'는 자신에게 닥쳐올 어떤 위험도 무릅쓰고라도 어떤 일을 단행할 때 하는 말이에요. '산수갑산'은 잘못된 표현이에요.

11. ①

| 정답 해설 |

① '琴瑟相和(금슬상화)'는 금(琴)과 슬(瑟)이 합주하여 화음(和音)이 조화되는 것같이 부부 사이가 다정하고 화목함을 비유적으로 이르는 말이에요. 이생과 아내 최씨가 사이좋게 지내는 상황과 가장 잘 어울려요.

| 오답 해설 |

② '女必從夫(여필종부)'는 아내는 반드시 남편을 따라야 한다는 말이에요. 부부가 서로 사이좋게 지내는 것과는 거리가 멀어요.

③ '談笑自若(담소자약)'은 근심이나 놀라운 일을 당하였을 때도 보통 때와 같이 웃고 이야기하는 것을 의미해요. 두 사람이 서로 시를 주고받으며 사이좋게 지낸 것은 근심이나 놀라운 일과는 관련이 없어요. 인간사에 게을러진 것을 근심이나 놀라운 일이라고 보기는 어려워요.

④ '男負女戴(남부여대)'는 남자는 지고 여자는 인다는 뜻으로, 가난한 사람들이 살 곳을 찾아 이리저리 떠돌아다님을 비유적으로 이르는 말이에요. 이생과 최씨는 인간사를 멀리하고 외부적인 활동을 하지 않았으므로 이리저리 떠돌아다닌다는 성어는 적절하지 않아요.

김시습, 이생규장전(李生窺墻傳)

갈래	한문 소설, 전기(傳奇) 소설, 명혼(冥婚) 소설
성격	전기적(傳奇的), 낭만적, 비극적
배경	고려 공민왕 때, 송도(개성)
주제	죽음을 초월한 남녀 간의 애절한 사랑
특징	• '만남-이별'을 반복하는 구조로 이루어짐 • 유(儒) · 불(佛) · 선(仙) 사상이 혼재함 • 시를 삽입하여 등장인물의 심리를 효과적으로 전달함

줄거리

송도에 사는 이생(李生)은 어느 봄날 서당에 갔다 오던 중 우연히 담 너머로 최씨 집안의 아름다운 처녀를 보게 된다. 두 사람은 사랑하는 사이가 되어 시를 주고받았고, 이생이 밤마다 그 집 담을 넘어 밀애를 계속한다. 두 사람의 행실을 눈치챈 이생의 부모는 크게 노해서 이생을 고향인 울주로 쫓아 버렸고, 최랑은 이생과 만나지 못해 상사병에 걸린다. 이 사실을 알게 된 최랑의 부모는 이생 부모를 설득하여 이생과 최랑을 혼인시킨다.

그 후 홍건적의 난이 일어나 이생은 간신히 도망하여 목숨을 보전하였으나, 최랑은 정조를 지키다가 끝내 홍건적의 손에 죽임을 당한다. 난이 평정된 후 집으로 돌아온 이생은 황폐화된 집에서 가족의 생사를 알 수 없어 슬픔에 잠긴다. 그러던 중, 죽은 아내의 환신(幻身)이 돌아오고, 이생은 그녀가 이미 죽은 환신인 줄 알면서도 3년 동안 행복한 삶을 산다.

3년이 지난 어느 날, 최랑은 자신의 유골을 거두어 장사 지내 줄 것을 부탁하며 이생에게 영원한 이별을 고한다. 이생은 아내의 유언에 따라 장사를 지내 주고, 이내 병들어 아내의 뒤를 따라 죽는다.

12. ④

| 정답 해설 |

④ 컴퓨터 판매량을 위한 인프라 구축이 부족한 것은 컴퓨터 보안 프로그램의 개발이 미흡한 것과 관련이 없어요. 또한 글의 전체 주제인 인터넷 범죄 증가의 원인과도 거리가 먼 내용이에요.

| 오답 해설 |

① 인터넷 범죄 처벌 규정의 제정 과정이 복잡한 것은 관련 규정이 신속하게 제정되지 않는 원인으로 적절해요. 이것은 인터넷 범죄 증가의 국가적인 원인에 해당하지요.

② 인터넷 사용 시 백신 프로그램을 중요하게 생각하지 않는 것은 개인적 측면의 원인으로 적절해요. 개인 컴퓨터의 백신 프로그램 설치가 미흡한 것과도 자연스럽게 연결이 되지요.

③ 자신의 개인 정보에 대해 안이하게 생각하는 것 역시 개인적 측면의 원인에 해당돼요. 사람들의 이러한 인식으로 개인 신상 정보 취급이 소홀하게 다루어져서 인터넷 범죄가 증가하게 되는 것이지요.

13. ②

| 정답 해설 |

② 1문단에서 '파랑은 테크놀로지 업계에서 선호하는 색', '파랑은 소통의 색' 이라고 했어요. 파랑의 긍정적 속성으로 정직과 신뢰, 친근성과 전문성도 언급했지요. 따라서 테크놀로지 업계에서 파랑을 쓴 것은 우연한 것이 아니라 파랑의 긍정적 속성을 고려하여 의도적으로 선택한 것이라고 추론할 수 있어요.

| 오답 해설 |

① 1문단에서는 파랑의 긍정적 속성에 정직과 신뢰가 있어서 금융 회사와 은행 상당수에서는 파랑을 상징색으로 쓴다고 설명했어요. 이를 통해 색상의 특성이 브랜드와 연결된다는 것을 추론할 수 있지요. 따라서 브랜드의 로고를 만들 때에는 색이 주는 효과에 대해서도 고려를 해야 해요.

③ 파랑은 정직과 신뢰, 소통이라는 긍정적 속성이 있지만 차갑고 불친절하고 무심한 느낌의 부정적 가치로 나타나기도 해요. 따라서 색을 효과적으로 사용하려면 색이 주는 긍정적 속성을 잘 파악하고 사용해야 하지요.

④ 2문단에서는 기업의 단체복과 교복을 예로 들어 톤에 따라 전달하는 분위기가 달라질 수 있다고 설명했어요. 톤에 따라서 친근한 분위기를 줄 수도 있고, 진지한 분위기를 전달할 수도 있는 것이지요. 따라서 파랑을 인테리어에 쓸 때에는 파랑이 지닌 다양한 톤을 알아보아야 해요.

14. ②

| 정답 해설 |

② 일반적으로 신어에 대해 말할 때, 유행어나 비속어와 같은 한정된 대상을 떠올리지만 신어 연구의 대상은 이처럼 특정한 범주의 언어에 한정되는 것이 아니라는 것이 글쓴이의 주장이에요. 글쓴이는 신어의 대상을 한국어 조어론 전반으로, 대상을 '자연 발생적 신어'와 '인위적인 신어'의 영역으로 확장해야 한다고 주장하고 있어요.

| 오답 해설 |

① '신어(新語)에 대해 말할 때, 보통 유행어나 비속어, 은어와 같은 한정된 대상을 떠올리는 경우가 많습니다. 그런데 신어 연구의 대상은 특정한 범주의 언어, 소수 집단의 언어에 한정되지 않습니다.'를 통해 신어 연구의 대상은 비속어나 은어와 같은 한정된 대상을 넘어 폭넓게 진행해야 한다는 것을 알 수 있어요. 비속어나 은어가 빠지는 것이 아니라, 다른 언어들도 더 포함하여 연구 대상을 넓혀야 한다는 것이지요.

③ 어려운 전문 용어는 신어에 대한 정책적인 고려가 필요하다며 '좌창'이라는 의학 용어를 대체한 '여드름'을 소개했어요. 이와 같은 신어는 '인위적인 신어'에 해당하죠. 글쓴이는 어려운 전문 용어를 대체할 '인위적인 신어'에 대한 정책적 고려가 필요하다고 주장하고 있어요.

④ '여드름'은 일상생활뿐만 아니라 전문 분야에서도 신어로 자리잡았어요. 이처럼 의사소통의 효율성을 위해서는 그 범주를 특정하지 않는 것이 좋아요.

15. ②

| 정답 해설 |

② 화자는 '실솔'에 감정을 이입하고 있어요. 슬프고 애달픈 자신의 심정을 귀뚜라미에 이입하여, 귀뚜라미가 침상에서 울고 있다고 표현하였지요.

| 오답 해설 |

① '겨울 밤', '여름날', '가을'에서 시간의 변화를 확인할 수 있어요. 하지만 시간이 변화해도 화자는 임에 대한 원망과 애달픈 심정에는 변화가 없지요. 따라서 시간 변화를 통해 슬픔과 기쁨의 감정 변화를 나타냈다는 설명은 적절하지 않아요.

③ 당시 봉건적인 사회 속에서 여성이 남편을 기다려야 하는 상황이 차별과 억압이라고 할 수는 있어요. 하지만 화자는 자신의 처지에 대해 한탄하고 있을 뿐, 자신에게 차별과 억압이 가해진다고 느끼고 있지는 않아요. 임과 이별한 상황에서 이별의 슬픔과 그리움, 원망의 정서를 표현하고 있을 뿐이죠.

④ 화자는 '세상의 서룬 사람 수업다 ᄒᆞ려니와, 박명(薄命)ᄒᆞᆫ 홍안(紅顔)이야 날 가ᄐᆞ니 ᄯᅩ 이실가.'라며 자신의 처지에 대해 안타까워하고 있어요. 힘든 결혼 생활을 견뎌온 자신의 처지를 서럽다고 느끼고 있으므로 자부심을 가진다는 설명은 적절하지 않아요.

허난설헌, 규원가

갈래	규방(내방) 가사
성격	원망적, 체념적, 절망적, 고백적
제재	규방 부인의 한 많은 삶
주제	봉건 제도하에서 겪는 부녀자의 한
특징	• 다양한 대상에 화자의 심정을 이입함(실솔) • 고사와 한문을 많이 사용함 • 대구법, 은유법 등 다양한 표현법을 사용함 • 계절과 자연물을 통해 화자의 정서를 표현함 • 현전하는 최초의 여류가사, 규방(내방) 가사 • 가사의 작자층을 여성으로 확대시킨 작품

16. ④

| 정답 해설 |

④ 자유는 인간의 자유는 공동체의 존속과 발전을 침해하지 않는 범위 내에서 향유할 수 있으므로 무한하다고 할 수 없어요. 2문단에서도 '자유는 무한하지도 않고, 방임도 아니다'라고 하였지요. 하지만 선지의 뒷부분이 틀렸어요. 1문단에서는 '인간의 삶에 필요한 자유가 특정 시점을 기준으로 모두 구체적인 이름을 띠고 있을 수는 없다.'라고 했어요. 인간이 살아가면서 새로운 자유들이 발견될 수 있고, 언제든 변화가 가능한 것이기 때문이지요.

| 오답 해설 |

① 2문단 ' 자유는 타인의 자유와 권리를 침해하지 않는 범위 내에서 인정되며, 공동체의 존속과 발전을 침해하지 않는 범위 내에서 향유할 수 있는 것'에서 확인할 수 있는 내용이에요.

② 우리 헌법에서는 신체, 거주 이전, 직업, 주거 등의 자유를 보장하고 있어요. 하지만 법으로 모든 구체적인 것들을 규정할 수는 없기에 헌법 37조 1항을 통해 헌법에 열거되지 않는 자유에 대해 보장하고 있지요. 헌법 37조 1항의 내용은 "국민의 자유와 권리는 헌법에 열거되지 아니한 이유로 경시되지 아니한다."인데, 모두 1문단에서 확인할 수 있는 내용이에요.

③ 3문단에서는 '자유를 제한하는 경우에도 과잉금지원칙이 적용되고 기본권의 본질적인 내용은 침해할 수 없다.'라고 했어요. 헌법 37조 1항에서 헌법에 열거되지 않은 자유에 대해서도 보장한다고 하였으니, 새롭게 발견하게 될 자유를 제한할 경우에도 과잉금지원칙을 적용할 수 있어요.

17. ④

| 정답 해설 |

④ '인과'는 원인과 결과를 말해요. 지문은 예술과 과학의 공통점을 중심으로 설명을 하고 있어요. 예술과 과학이 어떤 영향이 원인이 되어 어떤 결과에 이르렀는지에 대한 분석적인 내용은 없어요.

| 오답 해설 |

① 2문단에서 '모나리자'를 ㉠의 예시로 들고 있어요.

② 1문단 ' 예술의 본질은 무엇인가를 표현하는 것이다'에서 ㉠(예술)에 대한 개념을 밝히고 있어요.

③ '예술이 과학과 마찬가지로 일종의 설명적 기능을 하고 있다는 것', '예술의 기능이 과학의 기능과 질적으로 다르지 않다', '과학이나 예술은 다 같이 우리들이 경험하고 있는 사물 현상에 질서를 주는 방법' 등을 통해 예술과 과학의 공통점을 확인할 수 있어요. 예술과 과학은 모두 설명적 기능을 한다는 공통점을 가지고 있는데, 1문

단에서는 그 공통점을 중심으로 기술하고 있어요.

18. ①

| 정답 해설 |

① ㉠은 '엔터테인먼트가 고급 문화를 차용해서 타락시키는 것이라고 주장하면서, 엔터테인먼트를 고급 문화에 전적으로 의존하고, 종속되며 그것에서 파생되는 것으로 간주'한다고 했어요. 이것은 고급 예술이 대중예술의 우위에 있고, 둘 사이에는 위계성이 있다는 것을 의미해요.

| 오답 해설 |

② ㉠은 고급 예술과 대중예술이 위계적인 관계라고 보고, 고급 예술과 고급 문화가 더 우월하다고 주장해요. 2문단 '엔터테인먼트가 고급 문화를 차용해서 타락시키는 것', '엔터테인먼트를 고급 문화에 전적으로 의존하고, 종속되며 그것에서 파생되는 것'에서 확인할 수 있어요.

③ ㉡은 '엔터테인먼트를 고급 문화와 동떨어진 영역'이라고 주장해요. 서로 동떨어진 영역으로 보고 있으니, 고급 예술과 대중예술의 관계성을 설명할 수 없지요.

④ ㉡은 대중예술이 '고급 문화에 도전함으로써 대립적인 태도를 유지하면서 엔터테인먼트 자체의 자율적 규칙, 가치, 원리와 미적 기준을 갖고 있는 것'이라고 주장해요. 고급 문화에 종속되거나 의존하는 것이 아니라 독자적인 특성을 가지고 있는 것으로 보는 것이지요.

2020년도 지방공무원 9급 기출문제 정답 및 해설

빠른 답 찾기

01	④	02	②	03	①	04	①	05	③
06	①	07	②	08	④	09	③	10	①
11	④	12	②	13	③	14	②	15	③
16	①	17	④	18	③				

01. ④

| 정답 해설 |

④ '-ㄹ뿐더러'는 '어떤 일이 그것만으로 그치지 않고 나아가 다른 일이 더 있음'을 나타내는 연결 어미로 원칙적으로는 '바를뿐더러'와 같이 붙여 써야 합니다. '무척'은 다른 것과 견줄 수 없다는 의미의 부사로 '부지런하다'를 수식하고 있습니다. '그는 예의가 바른 것에 그치지 않고 매우 부지런하다'라는 의미이므로, 밑줄 친 부분에서 의미의 중복은 나타나지 않았습니다. '뿐더러'를 의존 명사 '뿐'과 조사 '더러'가 결합한 것으로 보더라도 의미의 중복은 일어나지 않았습니다.

| 오답 해설 |

① '먼저'는 시간적으로나 순서상으로 앞선 때를 의미하는 명사입니다. '부터'는 어떤 일이나 상태 따위에 관련된 범위의 시작임을 나타내는 보조사로, 둘 다 '순서'의 의미를 포함하고 있으므로 의미가 중복됩니다.

② '오로지'는 '오직 한 곬으로'라는 의미의 부사이고, '만'은 다른 것으로부터 제한하여 어느 것을 한정함을 나타내는 보조사입니다. 특정한 대상을 한정한다는 의미가 중복됩니다.

③ '마다'는 '낱낱이 모두'의 뜻을 나타내는 보조사입니다. '각각'은 '사람이나 물건의 하나하나마다'를 의미하므로 '하나하나(낱낱)'의 의미가 중복됩니다.

02. ②

| 정답 해설 |

② 이 부장은 김 대리가 늦은 상황을 탓하지 않고 있습니다. 오히려 오랜만에 최 대리와 대화를 나누고 시간 가는 줄 몰랐다며 이 부장의 부담을 덜어주고 있습니다. 이처럼 상대에게 부담이 되는 표현을 최소화하는 말하기를 '요령의 격률'이라고 합니다.

| 오답 해설 |

① 자신과 상대방의 의견 차이를 최소화하는 것은 '동의의 격률'입니다.

③ 화자 자신에게 혜택을 주는 표현을 최소화하는 것은 '관용의 격률'이라고 합니다.

④ 상대방에 대한 비방을 최소화하고 칭찬을 최대화하는 것은 '찬동의 격률'이라고 합니다.

공손성의 원리

요령의 격률	상대방에게 부담이 되는 표현은 최소화하고, 상대방의 이익을 극대화하는 표현을 최대화하라.
관용의 격률	화자 자신에게 혜택을 주는 표현은 최소화하고, 부담을 주는 표현을 최대화하라.
찬동의 격률	다른 사람에 대한 비방은 최소화하고, 칭찬을 극대화하라.
겸양의 격률	자신에 대한 칭찬은 최소화하고, 비방을 극대화하라.
동의의 격률	다른 사람과의 의견 차이를 최소화하고, 일치점을 극대화하라.

03. ①

| 정답 해설 |

① 개인 정보의 유출과 청소년들에게 성인 광고 문자가 발송된 사건은 '청소년 인터넷 중독의 현황'이나 문제 해결 방안과는 무관합니다.

| 오답 해설 |

② 인터넷에 중독되는 청소년의 비율이 증가한다는 통계는 청소년 인터넷 중독의 현황을 보여주는 자료로 적절합니다. 이를 통해 문제 해결의 시급성을 강조할 수 있습니다.

③ '사회성 결여, 의사소통 장애, 집중력 저하'처럼 인터넷 중독이 야기하는 부정적인 현상들을 구체적으로 열거하면 청소년 인터넷 중독 문제의 심각성을 환기할 수 있으므로 글의 내용에 포함하기에 적절합니다.

④ 청소년 인터넷 중독의 문제를 해결하기 위한 상담 프로그램의 개발과 운영에 할당된 예산이 부족하다는 내용은 해당 문제에 대한 대처가 미온적이라는 것을 보여줍니다. 문제 해결에 대한 적극적인 대처가 필요하다는 내용과 연결될 수 있으므로, 글의 내용으로 포함하기에 적절합니다.

04. ①

| 정답 해설 |

① 어미 '-노라고'와 '-느라고'의 차이를 구별하야 합니다. '-노라고'는 자기 나름대로 꽤 노력했음을 나타내는 연결 어미로, '하노라고 했는데 마음에 드실지 모르겠습니다.'와 같이 쓰입니다. 이 문장에서는 그 쓰임이 적절합니다. 반면 '-느라고'는 앞 절의 사태가 뒤 절의 사태에 목적이나 원인이 됨을 나타내는 연결 어미로 '철수는 어제 책을 읽느라고 밤을 새웠다.'와 같이 쓰입니다.

| 오답 해설 |

② '결재'와 '결제'의 차이를 알아야 합니다. '결재'는 '결정할 권한이 있는 상관이 부하가 제출한 안건을 검토하여 허가하거나 승인하는 것'을 말합니다. '결재 서류, 결재를 받다.'와 같이 쓰입니다. 반면 '결제'는 '증권 또는 대금을 주고받아 매매 당사자 사이의 거래 관계 관계 관계를 끝맺는 일'을 의미합니다. '결제 자금, 어음의 결제'와 같이 쓰입니다. 선지에서는 '물품 대금'을 지급하는 것이므로 '결제된다'로 써야 합니다.

③ '걷잡다'는 '한 방향으로 치우쳐 흘러가는 형세 따위를 붙들어 잡다'라는 의미로 '걷잡을 수 없는 사태, 불길이 걷잡을 수 없이 번져 나갔다.'와 같이 쓰입니다. 반면 '겉잡다'는 '겉으로 보고 대강 짐작하여 헤아리다'라는 의미입니다. 선지의 문장에서는 예산을 대충

짐작한다는 의미를 드러내야 하므로 '겉잡아서'로 써야 합니다.
④ '갈음'은 '다른 것으로 바꾸어 대신함'을 의미하고, '가름'은 '쪼개거나 나누어 따로따로 되게 하는 일'을 의미합니다. '치사'를 대신하는 것이므로 '갈음'을 쓰는 것이 적절합니다.

05. ③

| 정답 해설 |

③ 글의 전반부는 동물들이 목적을 위해 자신의 환경을 변형시킨다고 이야기합니다. 이러한 생존 방식을 환경에 적응하는 것이라고 하였습니다. 하지만 '그러나' 이후 생명체는 환경에 순응적인 것이 아니라 적극적이고 능동적이라고 합니다. '능동'과 '적극'은 '순응'과 대비되는 것으로, 필자는 '능동'과 '적극'을 여러 번 쓰며 생명체가 순응적이지 않다고 말합니다. 따라서 글쓴이가 주장하는 것은 생명체가 환경을 능동적으로 변형한다는 것입니다.

| 오답 해설 |

① 적응하며 살아가는 것은 능동적인 모습과 반대되는 것입니다. 인간은 순응적이기보다는 능동적인 모습으로 환경에 순응할 수만은 없다고 하였으므로, 인간이 환경에 적응해 왔다는 주장은 부적절합니다.
② 먹이를 구하기 위해 먹이가 헤엄쳐 오게 만들거나 땅을 파는 행동 등은 생존을 위한 삶의 기술이라고 할 수 있습니다. 하지만 이러한 삶의 기술과 관련된 내용은 글의 첫 부분에서만 언급한 부분적인 내용이므로, 글의 주장으로 보기는 어렵습니다.
④ 이 글에서는 인간의 세 가지 충동을 '사는 것, 잘 사는 것, 더 잘 사는 것'이라고 하였습니다. 따라서 인간의 삶의 목표는 '더 잘 사는 것'이라고 할 수 있겠습니다. 이를 위해 인간은 환경에 순응하지 않고 능동적으로 노력하는 것입니다.

06. ①

| 정답 해설 |

① '머무르다'는 모음 어미 앞에서 'ㅡ'가 탈락 하고 'ㄹ' 덧생기는 '르' 불규칙 활용을 하는 용언입니다. '머물러, 머무르니'와 같이 활용하고 '머물다'로 줄여 쓸 수 있습니다. 준말 '머물다'는 모음 어미와 결합할 수 없기 때문에 '머물어, 머물었다'와 같이 쓸 수 없습니다.
  모음 어미 '-었-'이 결합할 수 있는 것은 '머무르다'로 어간 ''머무르-'에서 어간의 'ㅡ'가 탈락하고 'ㄹ'이 덧생겨 '머물렀다'로 써야 합니다.

| 오답 해설 |

② '머무르다'는 모음으로 시작하는 어미 앞에서만 불규칙 활용을 합니다. 어미 '-면서'는 모음으로 시작하는 어미가 아니므로 불규칙 활용을 하지 않습니다. 어간 '머무르-'에 그대로 결합하여 '머무르면서'로 씁니다.
③ '서툴다'는 '서투르다'의 준말로 '서투니, 서툰, 서툽니다'와 같이 활용합니다. '머물다'와 마찬가지로 준말인 '서툴다'는 모음 어미와 연결될 때에는 준말의 활용형을 인정하지 않기 때문에 '서툴어, 서툴은'과 같이 쓸 수 없습니다.
④ '서투르다'는 '머무르다'와 마찬가지로 모음 어미 앞에서 'ㅡ'가 탈락 하고 'ㄹ' 덧생기는 '르' 불규칙 활용을 합니다. 모음으로 시작하는 어미 '-어서'와 결합할 때에는 '서툴러'가 되지만, '-므로'는 모음으로 시작하는 어미가 아니므로 '-므로'와 결합할 때에는 불규칙 활용을 하지 않습니다. 따라서 '서투르므로'와 같이 쓰는 것이 맞습니다.

07. ②

| 정답 해설 |

② '捲土重來(권토중래)'는 땅을 말아 일으킬 것 같은 기세로 다시 온다는 뜻으로, 한 번 실패하였으나 힘을 회복하여 다시 쳐들어옴을 이르는 말입니다. 어떤 일에 실패한 뒤에 힘을 가다듬어 다시 그 일에 착수함을 비유하여 이르기도 합니다. A사가 1위를 빼앗겼던 것을 실패로, 빼앗겼던 1위 자리를 다시 탈환한 것을 회복한 것으로 볼 수 있으므로 A사의 상황에는 '권토중래(捲土重來)'가 가장 적절합니다.

| 오답 해설 |

① '兎死狗烹(토사구팽)'은 토끼가 죽으면 토끼를 잡던 사냥개도 필요 없게 되어 주인에게 삶아 먹히게 된다는 뜻으로, 필요할 때는 쓰고 필요 없을 때는 야박하게 버리는 경우를 이르는 말입니다. A사의 상황과는 무관합니다.
③ '手不釋卷(수불석권)'은 '손에서 책을 놓지 아니하고 늘 글을 읽음'을 의미합니다.
④ '我田引水(아전인수)'는 자기 논에 물 대기라는 뜻으로, 자기에게만 이롭게 되도록 생각하거나 행동함을 이르는 말입니다. A사가 자신에게만 이롭게 행동하였다는 내용은 없으므로 적절하지 않습니다.

08. ④

| 정답 해설 |

④ 글의 초반에서는 '복제본이 원본을 대체할 수 없다고 생각하는 사람들이 많다.'라고 이야기하였으나 '그러나' 이후 '이러한 생각(복제본이 원본을 대체할 수 없다는 생각)은 잘못'이라고 말합니다. 글쓴이는 사진을 예로 들어 복제본도 조도를 낮추는 방식 등으로 다른 곳에 전시한 것과 다른 예술적 속성을 가질 수 있다고 하였습니다. 따라서 복제본도 원본과 다른 예술적 특성을 가질 수 있고 가치가 있다는 것이 필자의 주장임을 알 수 있습니다.

| 오답 해설 |

① 글쓴이는 복제본도 예술적 특성을 가질 수 있다고 주장하였을 뿐, 원본과 복제본의 예술적 가치를 비교하거나 우열을 가리지는 않았습니다.
② 예술 작품의 복제 기술이 좋아졌다는 것은 글의 첫 문장에서 언급하였으나 예술의 매체적 특성이 비슷해 졌다는 내용은 찾아볼 수 없습니다.
③ 글의 마지막에서 '사진의 경우 작가가 재현적 특질을 선택하고 변형할 수 있는 방법이 다양'하다고 하였으므로, 복제본의 특질을 변형하는 방법이 제한적이라는 주장은 적절하지 않습니다.

09. ③

| 정답 해설 |

③ '投棄(던질 투, 버릴 기)'는 '함부로 버리다'라는 의미이므로 '쓰레기를 投棄하고'로 바꿔 쓸 수 있습니다.

| 오답 해설 |

① '遺棄 (남길 유, 버릴 기)'는 내다 버리는 것을 의미하므로 ②의 '버려지는'과 바꿔 쓸 수 있습니다.
② '根絶 (뿌리 근, 끊을 절)'은 '다시 살아날 수 없도록 아주 뿌리째 없애 버림'을 의미하므로, ④와 바꿔 나쁜 습관을 없앤다는 의미로 쓸 수 있습니다.
④ '抛棄(던질 포, 버릴 기)'는 하려던 일을 도중에 그만두어 버리는 것

을 의미하므로 ①과 바꿔 쓸 수 있습니다.

10. ①

| 정답 해설 |

① '꼽혀지다'는 '꼽다'에 피동 접미사 '-히-'와 피동의 의미를 나타내는 '-어지다'를 사용한 이중 피동 표현입니다. 중복되는 피동 표현을 삭제하여 '꼽히고'로 수정하는 것이 적절합니다. 참고로, '꼽히고'는 부사어를 필요로 하고, '꼽다'는 목적어를 필요로 하는 타동사입니다. 밑줄 친 부분만 수정해야 하고, ㉠ 앞에는 '유형으로'라는 부사어가 위치하고 있으므로 타동사인 '꼽고'로 수정하는 것은 부적절합니다.

| 오답 해설 |

② ㉡은 '리셋 증후군'이라는 말의 기원이므로 첫 번째 문장 뒤로 옮기는 것이 자연스럽습니다. '리셋 증후군'이라는 말의 기원을 먼저 언급하고, 히우 리셋 증후군 환자들의 특징을 서술하는 것이 글의 흐름상 자연스럽습니다.

③ '막다른 골목'은 더는 어떻게 할 수 없는 절박한 경우를 비유적으로 이르는 말입니다. 관계를 쉽게 끊어 버리는 것과 절박한 것은 거리가 멉니다. '칼로 무를 자르듯'은 명확하게 끊는다는 의미이므로, 관계를 쉽게 끊어 버리는 상황에 적절한 표현입니다.

④ ㉣ 앞에서는 리셋 증후군의 판별과 진단이 어렵다는 것을 이야기하였고, ㉣의 뒤에는 리셋 증후군의 예방 방법에 대해 언급하고 있습니다. 앞의 내용은 이어지는 내용에 대한 이유와 근거에 해당하므로 '그러므로'라는 접속어로 수정하는 것이 자연스럽습니다.

11. ④

| 정답 해설 |

④ 이 글은 가전체 소설인 '저생전'으로 종이를 의인화한 작품입니다. 첫 문장 '姓(성)은 楮(저)이요'에서 '楮(닥나무 저)'는 종이를 만드는 원료가 되는 나무입니다. '이름은 白(백)이요, 字(자)는 無玷(무점)'이라는 것은 종이의 흰 색을 의미하고, '채륜'은 종이의 발명자입니다 '武人(무인)은 좋아하지 않고 文士(문사)와 더불어' 논다는 것은 문인들이 주로 종이를 사용하였음을 의미합니다. 그의 얼굴에 점을 찍는 벗 '毛學士(모학사)'는 붓을 의미하는 것입니다.

12. ②

| 정답 해설 |

② '그 의미를 새삼 돌아보게 됩니다.'라는 마무리 표현은 보도하는 소식의 의미를 강조하거나 환기할 때 쓰는 것이 적절합니다. 어느 쪽이 옳다고 말하기 애매한 소식의 경우에는 '귀추가 주목됩니다.'와 같은 표현이 적절합니다. 참고로 '귀추'는 '일이 되어가는 형편'을 의미하고, '호사가'는 일을 벌이기 좋아하는 사람이나 남의 일에 특별히 흥미를 가지고 말하기 좋아하는 사람을 말합니다.

13. ③

| 정답 해설 |

③ 굿거리장단은 말뚝이가 양반 삼 형제를 인도하여 등장하는 부분에서 나옵니다. 이후 양반 삼 형제는 그 장단에 맞추어 춤을 추는데, 말뚝이가 양반을 풍자하는 사설을 할 때에는 음악과 춤이 멈춥니다.

| 오답 해설 |

① 말뚝이는 '양반'의 뜻풀이를 다르게 하여 양반을 조롱하였습니다. 이를 들은 양반들은 "야아, 이놈 뭐야아!"라고 말하며 버럭 화를 내고 호통을 쳤습니다.

② 샌님과 서방님은 부채와 장죽을 가지고 굿거리장단에 맞추어 어색하게 춤을 추며 등장하였습니다.

④ 도련님은 부채로 형들의 면상을 부채로 때리며 방정맞게 행동합니다. 이처럼 양반 삼 형제를 언청이와 방정맞은 모습으로 표현한 것은 양반의 모습을 희화화하여 어리석은 양반의 모습을 부각하기 위함입니다.

봉산 탈춤

갈래	가면극(탈춤) 대본, 민속극
성격	풍자적, 해학적, 서민적, 비판적
배경	조선 후기(18세기경), 황해도 봉산
주제	양반에 대한 풍자와 조롱
특징	• 각 과장이 복합적으로 구성되어 독립적임 • 언어유희, 열거, 대구, 익살, 과장 등을 통하여 양반을 풍자하고 비판함 • 서민 계층의 언어와 양반 계층의 언어가 함께 사용됨 • 무대와 객석, 배우와 관객이 엄격하게 구분되지 않음

재담 구조

제시된 부분은 '봉산탈춤'의 제6과장 '양반춤 마당'으로 '양반의 위엄 → 말뚝이가 양반의 위엄 파괴 → 양반의 호령 → 말뚝이의 변명 → 안심하는 양반'의 재담 구조가 반복된다.

양반의 위엄	양반과 하인 말뚝이의 정상적인 관계를 나타냄
말뚝이의 조롱	말뚝이의 도전으로 양반의 위엄이 급격히 파괴됨
양반의 호통	양반은 민감한 반응을 보이면서 제재를 가해 '말뚝이의 조롱'을 부정하고 '양반의 위엄'을 세우려 함
말뚝이의 변명	말뚝이는 표면적으로는 '말뚝이의 조롱'을 부정하고 '양반의 위엄'과 '양반의 호통'을 긍정하는 척함
양반의 안심	양반은 '말뚝이의 변명'의 표면만 알고 기분 좋게 생각하나, 그것은 양반의 착각에 해당함. 객관적으로는 '양반의 위엄'과 '말뚝이의 변명'이 부정되고 '말뚝이의 조롱'이 긍정됨

14. ②

| 정답 해설 |

② '시일 내'에서 '내'는 '일정한 범위의 안'을 의미하는 의존 명사입니다. '범위 내, 건물 내, 일주일 내'와 같이 앞말과 띄어서 써야 합니다. 참고로 '저녁내', '끝내'는 붙여서 쓰는데, 여기서 '-내'는 부사를 만드는 접미사입니다.

| 오답 해설 |

① '해도해도'는 합성 동사가 아니라 동사가 두 개 이어진 것입니다. '해도 해도'와 같이 띄어서 써야 합니다. 참고로, '하고하다, 하고많다'는 합성 동사로 붙여서 씁니다.

③ '대접하는'의 수식을 받는 '데'는 의존 명사로 앞말과 띄어서 '대접하는 데'와 같이 써야 합니다. 앞말과 붙여서 쓰는 '-데'는 아래에 표로 정리하였습니다.

④ 밑줄 친 '밖에'는 '그것 말고는', '그것 이외에는'의 뜻을 나타내는 보조사로 앞말과 붙여서 '정공법밖에'로 써야 합니다. 앞말과 띄어서 쓰는 '밖에'는 바깥을 뜻하는 명사 '밖'과 조사 '에'의 결합으로 '밖에 누가 왔니?'와 같이 쓰입니다.

'-데'

<table>
<tr><td rowspan="12">-데</td><td colspan="2">1. 막연한 의문이 있는 채로 그것을 뒤 절의 사실이나 판단과 관련시키는 데 쓰는 연결 어미</td></tr>
<tr><td>-ㄴ데</td><td>예 날씨가 추운데 외투를 입고 나가거라.
예 그 사람이 정직하기는 한데 이번 일에는 적합하지 않다.</td></tr>
<tr><td>-는데</td><td>예 그 애는 노래는 잘 부르는데 춤은 잘 못 춰.</td></tr>
<tr><td>-은데</td><td>예 볼 것은 많은데 시간이 모자란다.
예 방이 좁은데 가구를 너무 많이 가져오지 마라.</td></tr>
<tr><td>-던데</td><td>예 너 고향에 자주 가던데 집에 무슨 일 있니?</td></tr>
<tr><td colspan="2">2. 감탄</td></tr>
<tr><td colspan="2">예 어머님이 정말 미인이신데.
예 나무가 정말 큰데.
예 성적이 많이 올랐는데.</td></tr>
<tr><td colspan="2">3. (의문사와 함께 쓰여) 일정한 대답을 요구하는 질문</td></tr>
<tr><td colspan="2">예 그 옷은 얼만데?
예 누가 제일 예쁜데?</td></tr>
<tr><td>-데</td><td>-대</td></tr>
<tr><td>직접 경형≒더라</td><td>1. 사실에 대한 의문</td></tr>
<tr><td>예 그이가 말을 아주 잘하데.
예 그 친구는 아들만 둘이데.</td><td>예 왜 이렇게 일이 많대?
예 신랑이 어쩜 이렇게 잘생겼대?
2. (품사 없음) 간접 전달 ≒-다고 해
예 그 사람이 아주 똑똑하대.
예 철수도 오겠대?</td></tr>
</table>

15. ③

| 정답 해설 |

③ 도둑의 예시는 '㉠ 좀도둑 → ㉡ 몽둥이를 듦 → ㉢ 도둑이 강도로 돌변'으로 정리할 수 있습니다. 이를 인체에 적용해 보면 '㉠ 바이러스 → ㉡ 면역계의 과민 반응 → ㉢ 치명적인 바이러스로 돌변'이 됩니다. 바이러스와 면역계가 싸우면 50%의 승률로 바이러스가 승리하는데, 숙주가 죽었기 때문에 바이러스도 죽게 됩니다. 따라서 '㉣ 승리의 대가'는 '㉣ 숙주의 죽음'에 대응됩니다.

16. ①

| 정답 해설 |

① 선지를 통해 'ㄱ'이나 'ㄹ'이 처음에 위치한다는 것을 알 수 있습니다. 'ㄱ'에서는 미국 이주민의 평균 소득이 높다는 것을 이야기 하고 있습니다. 'ㄷ'에서는 국 이주민들의 평균 소득이 높아지게 된 배경에 대해 이야기 하므로 'ㄱ' 뒤에 'ㄷ'이 위치하는 것이 자연스럽습니다. 'ㄷ'에서 소득이 높아진 배경으로는 '좋은 환경'을 언급하였는데, 이것은 'ㅁ'의 '비옥한 토지, 풍부한 천연자원'과 연결됩니다. 이후 'ㄹ'에서는 미국인들이 경제 성장의 이유를 농업적 환경뿐 아니라 다른 분야(과학 기술과 규제 없는 시장 경제)때문이라고 생각한다는 내용을 제시하였습니다. 'ㄴ'에서는 그러한 분야(과학 기술, 규제 없는 시장 경제)에서는 다른 국가들에 비해 우위를 갖고 있지 않다며 반박하고 있습니다.

17. ④

| 정답 해설 |

④ 이 글은 자신의 신념이나 견해와 일치하는 정보와 그렇지 않은 정보를 대하는 사람들의 태도에 대해 이야기하고 있습니다. 신념의 일치 여부에 따른 정보 처리 방식을 이야기 하였을 뿐, 새로운 정보를 접했을 때의 사람들의 특성이나 반응은 언급하지 않았습니다.

| 오답 해설 |

① 자신의 신념과 일치하는 정보를 받아들이고 그렇지 않은 정보를 무시한다는 것을 통해, 사람이 자신의 신념이나 행동을 바꾸려 하지 않으려는 경향을 가지고 있음을 추론할 수 있습니다.

② 특정 정치 성향을 가진 사람들을 대상으로 한 조사를 보면, 지지하는 당 후보의 주장에서는 모순을 절반 정도만 찾아냈습니다. 이를 통해 사람에게는 정보를 객관적으로 판단하지 못하는 특성이 있음을 추론할 수 있습니다.

③ 자신의 신념과 일치하는 정보는 수용하고 반대되는 정보는 무시하는 심리와 특정 정치 성향을 가진 사람을 대상으로 한 실험의 결과를 종합하면 사람에게는 지지자들의 말만을 듣고 자신의 신념을 강화하는 경향이 있다는 것을 이끌어 낼 수 있습니다.

18. ③

| 정답 해설 |

㉠에서 몸을 피하는 행동의 주체는 '유화'입니다.
㉡에서 알을 내다 버리게 한 주체는 '금와왕'입니다.
㉢에서 알의 껍질을 깨고 나온 주체는 '주몽'입니다.
㉣은 활을 잘 쏘는 모든 사람을 의미합니다.
㉤에서 주몽을 없애라고 말하는 것은 금와왕의 아들 '대소'입니다. 문제에서는 발화의 주체가 아니라 행위의 주체를 묻고 있습니다. '대소'는 '금와왕'에게 주몽을 없애라고 조언을 했을 뿐입니다. 따라서 주몽을 없애는 행위의 주체는 '금와왕'으로 볼 수 있습니다.
㉥에서 둔한 말을 잘 먹여서 살찌우게 한 주체는 '주몽'입니다.

주몽 신화

갈래	건국 신화
성격	신화적, 서사적, 영웅적
제재	주몽과 고구려의 건국 경위
주제	주몽의 일생과 고구려의 건국
특징	• 난생(卵生) 화소와 천손 하강형(天孫下降型), 천부 지모형(天父地母型) 화소가 결합됨. • '탄생-기아-구출-시련-극복'의 영웅 일대기적 구성으로 이루어짐. • 영웅 서사 문학의 기본 틀을 갖추어 후대 문학에 영향을 줌.

영웅 서사 구조

영웅 소설 특징	주몽 신화
고귀한 혈통	천제의 아들인 해모수와 하백의 딸인 유화 사이에서 태어남.
비정상적 출생	유화가 햇빛을 통하여 주몽을 임신하고 알을 낳음.
유년기의 위기	주몽이 알의 형태로 태어나자 금와가 버리게 함.
구출 · 양육	알을 버리니 짐승들이 보살펴 줌.
탁월한 능력	주몽의 외모가 훌륭하고 활을 잘 쏨.
성장 후의 위기	• 금와왕의 아들들이 주몽을 죽이려 함. • 주몽이 배가 없어 길이 막힘.
고난 극복과 승리	• 물고기와 자라가 다리를 놓아 줌. • 부여에서 탈출에 성공하고, 고구려를 건국함.